VERÖFFENTLICHUNGEN DER

HISTORISCHEN KOMMISSION ZU BERLIN

BAND 49

W
DE
G

Walter de Gruyter · Berlin · New York

1980

GERHARD BESIER

PREUSSISCHE KIRCHENPOLITIK

IN DER BISMARCKÄRA

Die Diskussion in Staat und Evangelischer Kirche
um eine Neuordnung der kirchlichen Verhältnisse Preußens
zwischen 1866 und 1872

Mit einem Vorwort von

KLAUS SCHOLDER

W
DE
G

Walter de Gruyter · *Berlin* · *New York*

1980

Gedruckt mit Unterstützung der Deutschen Forschungsgemeinschaft,
Bonn-Bad Godesberg.
Die Schriftenreihe der Historischen Kommission zu Berlin erscheint
mit Unterstützung des Senators für Wissenschaft und Forschung, Berlin.

Lektorat der Schriftenreihe:

Christian Schädlich

CIP-Kurztitelaufnahme der Deutschen Bibliothek

Besier, Gerhard:
Preussische Kirchenpolitik in der Bismarckära:
d. Diskussion in Staat u. Evang. Kirche um e.
Neuordnung d. kirchl. Verhältnisse Preussens
zwischen 1866 u. 1872/Gerhard Besier. Mit e.
Vorw. von Klaus Scholder. — Berlin, New York:
de Gruyter, 1979.
(Veröffentlichungen der Historischen Kommission
zu Berlin; Bd. 49)
ISBN 3-11-007176-6

Satz: Historische Kommission zu Berlin, Berlin 38
Umbruch: Union Presse Hass & Co., Berlin 38
Druck: Werner Hildebrand, Berlin 65
Einband: Lüderitz & Bauer, Berlin 61

VORWORT

Kirchenpolitik in der Bismarckära war bisher gleichbedeutend mit Kulturkampf. Daß Preußen auch mit der evangelischen Kirche seine Probleme hatte, oder die Kirche mit Preußen, wurde meist übersehen. So eröffnet die vorliegende Arbeit einen ganz neuen Aspekt der preußischen Innenpolitik in den entscheidenden Jahren zwischen 1866 und 1872.

Die Arbeit hat die evangelische Kirchenpolitik im Blick, ihre Parteien, Interessen, Probleme und Entscheidungen. Das Ergebnis der Untersuchung ist überraschend. Nach der Überzeugung des Verfassers sind die Entscheidungen über die endgültige verfassungsrechtliche Gestalt der preußischen Kirche nicht erst nach dem deutsch-französischen Krieg in der Zeit des Kulturkampfes gefallen, sondern schon zwischen 1866 und 1872. Diese These ist neu, und sie widerspricht, wie man in der Einleitung nachlesen kann, der ganzen bisherigen Forschung. Aber sie scheint mit der vorliegenden Arbeit bewiesen.

Die Darstellung geht aus von der kirchlichen, kirchenpolitischen und politischen Situation Preußens nach dem deutsch-österreichischen Krieg und den Annexionen, verfolgt dann die oft verwirrenden und wechselnden Positionen bis an den Anfang der 70er Jahre und zeigt schließlich, wie Bismarck, sein Kultusminister Falk und der preußische Evangelische Oberkirchenrat in ihrer Kirchenpolitik nur jene Ansätze realisiert haben, die Falks Vorgänger v. Mühler weithin gegen Bismarck vorgeprägt hatte.

Nach 1866 hatte die preußische Kirchenpolitik vor allem drei Probleme zu bewältigen. Da war zunächst das Problem der oktroyierten Union von 1817, die vom lutherischen Konfessionalismus immer nachhaltiger in Frage gestellt wurde; da war zum anderen die Frage der Weiterentwicklung der Kirchenverfassung in Richtung auf eine größere Freiheit und Selbständigkeit der Kirche; und da war schließlich das Verhältnis von Kirche und Staat, das im Zeitalter des selbstbewußten Liberalismus in seiner traditionellen staatskirchlichen Form einem wachsenden Veränderungsdruck ausgesetzt war.

Diese drei Probleme, die für ein Jahrzehnt gleichsam geruht hatten, wurden jäh virulent, als nach dem preußisch-österreichischen Krieg Preußen eine Reihe von Ländern annektierte, die kirchlich ganz verschiedene verfassungsmäßige und konfessionelle Gebiete darstellten. Die konsistorial-synodal verfaßten Hannoverschen Lutheraner, die unierten Nassauer, die synodal orientierten Frankfurter ebenso wie die konservativen Lutheraner Schleswig-Holsteins gehörten nun rechtlich unter das Kirchenregiment des Königs von Preußen. Aber die Zeiten des »cuius regio eius religio« hatten sich geändert. Am Ende des 19. Jahrhunderts war die einfache Gleichschaltung dieser Kirchen mit der Kirche der altpreußischen Union nicht mehr möglich. Dies war der Kern des Streites, der nun begann. Der preußische Oberkirchenrat (EOK) und der König, der an der Union hing, drängten auf unverzügliche Angleichung auch der Kirchenverfassung in den neupreußischen Gebieten. Die Staatsraison dagegen gebot, nicht noch mehr Zündstoff zu schaffen, als die Annexionen ohnehin aufgehäuft hatten, und wenigstens den Territorialkirchen einen Teil jener Selbständigkeit zu belassen, die die Territorien verloren hatten. Dies war die Linie, die sich schließlich durchsetzte.

Die öffentliche Diskussion der Problematik machte deutlich, wie sehr das kirchliche Problem zugleich auch immer ein politisches war. Das neue Luthertum innerhalb und außerhalb Preußens solidarisierte sich mit den süddeutschen Anhängern der legitimistischen großdeutschen Lösung, weil beide Bismarcks Eroberungspolitik verurteilten. Die Oberkirchenratspartei, vermittlungstheologisch orientiert, verband sich mit dem preußischen Nationalpatriotismus. Der liberale Protestantismus, organisert im Protestantenverein, wollte eine über dem Bekenntnis stehende deutsche Nationalkirche auf der Basis des Gemeindeprinzips. Entsprechend sahen dann jeweils auch die kirchlichen Lösungsvorschläge aus. Das Luthertum wollte die Altpreußische Union in ihre konfessionellen Bestandteile auflösen. Die Positiv-Unierten strebten eine große unierte preußische Kirche an. Der Protestantenverein schließlich hatte eine nationalprotestantische Reichskirche vor Augen und forderte die strikte Trennung von Kirche und Staat.

In dieser Form hatte freilich keiner dieser Vorschläge eine Chance, verwirklicht zu werden. So legt der Verfasser mit Recht Gewicht auf einen differenzierten Kompromißvorschlag, den Friedrich Fabri, Missionsinspektor bei der Rheinischen Mission und für einige Zeit nicht ohne Einfluß auf Bismarck, 1866 vorlegte. Fabri schlug vor, die Schwerpunkte der kirchlichen Verfassung in die einzelnen Provinzen zu verlegen, dort eine selbständige presbyteriale und synodale Ordnung zu schaffen und den EOK in ein staatskirchliches Obertribunal umzugestalten, das die staatlichen Interessen gegenüber der Kirche zu vertreten hatte. Fabris Einfluß war zwar nicht unbekannt; seine weitreichende Wirkung gerade auch im Zusammenhang mit Bismarcks Entscheidung wird jedoch in dieser Darstellung zum ersten Mal ganz deutlich.

Nachhaltiges Augenmerk widmet der Verfasser auch der Fortbildung der preußischen Synodalverfassung zwischen 1866 und 1872, und zwar getrennt nach der Entwicklung in den sechs östlichen Provinzen Preußens und den Reorganisationsversuchen in den neupreußischen Provinzen Hannover, Kurhessen, Nassau, Frankfurt und Schleswig-Holstein. Diese Entwicklung ist, so weit ich sehe, bisher noch nirgends im Zusammenhang dargestellt worden. Soweit es überhaupt dazu Arbeiten gibt, sind sie unter territorialgeschichtlichen Aspekten entstanden. Dabei ging gerade das Wesentliche, nämlich das Gemeinsame wie das Verschiedene dieser parallelen Entwicklungen verloren. Am überraschendsten ist vielleicht die Darstellung der Beratungen der außerordentlichen Provinzialsynoden in den sechs östlichen Provinzen: Preußen, Brandenburg, Pommern, Schlesien, Posen und Sachsen. Der Verfasser hat sich die Mühe gemacht, die gesamten Synodalprotokolle dieser Synoden durchzuarbeiten und ihre zum Teil sehr unterschiedlichen Stellungnahmen im einzelnen zu ermitteln. Durch das Übergewicht der konservativen Lutheraner geriet der EOK in ein erhebliches Dilemma: entweder er hielt sich zu der mit dem Liberalismus verbündeten Staatsregierung, dann riskierte er den Konflikt mit den Lutheranern; oder er schwenkte stärker auf die konservativ-konfessionelle Linie ein, dann verdarb er es mit dem Abgeordnetenhaus und gefährdete die Union.

Schließlich gelang es 1872 den neuen Männern im Kultusministerium und im EOK, eine Kirchenverfassung durchzusetzen, die zwar den Vorschlägen von 1869 sehr nahe kam, nun aber politisch realisierbar war, weil Staatsregierung, EOK und Landtagsmehrheit sich endlich halbwegs einig waren.

Die endgültige Entscheidung der ganzen Frage lag nach der Struktur Preußens freilich in den Händen Bismarcks. Der Verfasser wertet sehr sorgfältig die spärlichen Zeugnisse des Kanzlers über sein Verhältnis zur Kirche und über seine Kirchenpolitik aus und kommt zu dem Schluß, daß Bismarck seiner Überzeugung nach wohl ein »Independentist« war und — wenn er es vermocht hätte — in Preußen die radikale Trennung von Staat und Kirche durchgeführt hätte. Dies jedoch war ein Punkt, an dem er sich gegen seinen Monarchen nicht durchzusetzen vermochte. Es gelang ihm zwar, Kultusminister v. Mühler, der diesen Plänen — insbesondere der Kulturkampfgesetzgebung — nachdrücklichen Widerstand entgegensetzte, zu stürzen; die Verwirklichung der Mühlerschen und Mathisschen Reorganisationsvorschläge bezüglich der evangelischen Landeskirche aber vermochte er nicht mehr zu ändern. Der neue Kultusminister Falk und der Präsident des EOK Herrmann vollzogen im Grunde nur das, was ihre Vorgänger im wesentlichen schon 1869 so konzipiert hatten. So wird deutlich, wie Preußen zu jener ungemein komplizierten, aber schließlich doch wirkungsvollen Kirchenverfassung kam, die dann unangefochten bis zum Ende der preußischen Monarchie die preußische Landeskirche bestimmte.

Es ist nicht zuletzt die Wechselwirkung zwischen Staat und Kirche, Politik und Glaube, wie sie hier im einzelnen dargestellt wird, die dieser Arbeit über ihr besonderes Thema hinaus ihre Bedeutung gibt.

Klaus Scholder

INHALT

EINLEITUNG

Thema, Aufgabe und Anlage der Arbeit
Zur Quellenlage und Literatur

ERSTER TEIL

Rückblick auf die Entwicklung der preußischen Landeskirche
von den Stein/Hardenbergschen Reformen (1807)
bis zum preußisch-österreichischen Krieg (1866)

ZWEITER TEIL

Die Krise der Preußischen Union
zwischen 1866 und 1872

DRITTER TEIL

Die Fortbildung der preußischen Synodalverfassung von 1866 bis zur Berufung Emil Herrmanns in den EOK (1872)

VIERTER TEIL

Die Kirchenpolitik der preußischen Staatsregierung zwischen 1866 und 1872

Anhang

VORBEMERKUNG

Die vorliegende Arbeit wurde im Februar 1976 vom Fachbereich Evangelische Theologie der Universität Tübingen als Dissertation angenommen. An erster Stelle habe ich meinem Lehrer, Herrn Prof. Dr. Klaus Scholder, der auch das Hauptgutachten für den Fachbereich erstattet hat, für vielfachen Rat — von der Präzisierung der Fragestellung bis hin zur Drucklegung des Manuskriptes — aufrichtig zu danken. Mein Dank gilt ebenso dem Korreferenten, Herrn Prof. Dr. Siegfried Raeder.

Er gilt ferner den vielen Institutionen und Einzelpersonen, die meine Arbeit durch zahlreiche Hinweise, Anregungen und Hilfeleistungen gefördert haben. Namentlich zu nennen sind hier vor allem das Archiv der Evangelischen Kirche der Union und sein Leiter, Herr Kirchenarchivrat Dr. Gerhard Fischer, dem ich für die kontinuierliche Unterstützung Dank schulde, ferner auch das Zentrale Staatsarchiv der DDR, Historische Abteilung II, in Merseburg. Der Deutschen Forschungsgemeinschaft bin ich zu Dank verpflichtet für die Finanzierung einer ausgedehnten Archivreise in die DDR und für den namhaften Druckkostenzuschuß, der die Drucklegung meiner Arbeit überhaupt erst ermöglicht hat. Auch dem Rat der EKU und dem Präsidenten der Kirchenkanzlei, Herrn Kraske, möchte ich für die gewährte Druckkostenbeihilfe danken. Ferner danke ich der Historischen Kommission zu Berlin für die Aufnahme der Arbeit in ihre Reihe. Nicht zuletzt gilt mein Dank Frau Annegret Dinkel, die einen Teil des Archivmaterials für mich transskribiert und damit die Auswertung wesentlich beschleunigt hat.

Dieses Buch widme ich meiner Frau Christa. Ohne ihren Zuspruch und ihre Geduld, aber auch ohne ihre vielfältigen technischen Hilfeleistungen wäre es niemals geschrieben worden.

Tübingen
im Frühjahr 1979   *Gerhard Besier*

Thema, Aufgabe und Anlage der Arbeit
Zur Quellenlage und Literatur

Eine wissenschaftliche Untersuchung über die evangelische Kirchenpolitik und Kirchenverfassungsdiskussion in Preußen zwischen 1866 und 1872 liegt bislang nicht vor. Dagegen ist eine Fülle von Literatur erschienen, die die spektakulären kirchenpolitischen Ereignisse in der Folgezeit, hauptsächlich die Auseinandersetzungen des preußischen Staates mit der römisch-katholischen Kirche, zum Gegenstand ihrer Behandlung machte. Das Bild der geistigen und politischen Emanzipationsbestrebungen des Staates von den beiden großen Konfessionen sowie das der umgekehrten Bewegung auf kirchlicher Seite — der hier herrschende Wunsch, sich vom Staat zu emanzipieren, ohne freilich das grundsätzliche Postulat der Christlichkeit der monistischen »Staatsgesellschaft« aufzugeben — wurde daher lange Zeit bestimmt von dem preußisch-katholischen Gegensatz, wie er im Kulturkampf zum Austrag kam. Dieser Umstand verleitete zu einer allzu vordergründigen Sicht des Verhältnisses von evangelischer Kirche und preußischem Staat, als deren Ergebnis die Evangelische Landeskirche der älteren preußischen Provinzen lediglich in der Funktion des obrigkeitshörigen Anhängsels staatlicher Kirchenpolitik erscheint.

Es gehört darum zu den großen Verdiensten der Kirchenhistoriker in neuerer Zeit — genannt seien hier vor allem Heinrich Bornkamm, Karl Kupisch und Ernst Bammel —[1], den Aspekt der preußisch-protestantischen Auseinandersetzung wieder mehr in den Vordergrund gerückt zu haben. Erstaunlicherweise übernahmen sie aber von den Kulturkampfhi-

---

[1] Vgl. Heinrich Bornkamm, *Die Staatsidee im Kulturkampf*. Mit einem Nachwort zum Neudruck, Darmstadt 1969; Karl Kupisch, *Deutschland im 19. und 20. Jahrhundert*, Göttingen 1966, S. 73—76; ders., *Zwischen Idealismus und Massendemokratie*, 4. Aufl., Berlin 1963, S. 85—93; Ernst Bammel, *Die evangelische Kirche in der Kulturkampfära. Eine Studie zu den Folgen des Kulturkampfes für Kirchentum, Kirchenrecht und Lehre von der Kirche*, Evang. Theol. Diss., Bonn 1949; ders., *Die Reichsgründung und der deutsche Protestantismus*, Erlangen 1973.

storikern auf katholischer Seite sowohl die äußere zeitliche Abgrenzung
als auch ihre wichtigsten Fragestellungen und behandelten die kirchenpolitische Diskussion der Epoche zwischen 1866 und 1872 meist nur als Vor-
spann oder in Fußnoten. Die Ursachen für dieses Vorgehen liegen einmal
in dem scheinbar offenkundigen Sachverhalt begründet, daß die Entscheidungen über die innere Ordnung der evangelischen Kirche — in der Tat
die wesentlichste Voraussetzung für ihre Unabhängigkeit vom Staat —
ausgerechnet während der Zeit fielen, als der Kulturkampf am heftigsten
tobte (1873/75), und zum anderen in der allgemein anerkannten Geschichtsauffassung, derzufolge die kirchliche Frage erst nach dem deutsch-
französischen Krieg in ihr entscheidendes Stadium trat. Beides ist so nicht
richtig.

Die bis heute in den historischen Urteilen nachwirkende Überbetonung
der kirchenverfassungsrechtlichen Arbeit in Preußen während der Amtszeit von Falk und Herrmann sowie die damit zwangsläufig verbundene
Herabsetzung ihrer Vorgänger Mühler und Mathis sind das Ergebnis der
liberalen Geschichtsschreibung des vorigen Jahrhunderts. Männer wie
Hase und Nippold stilisierten den beinahe selbstverständlichen Abschluß
der langjährigen Kirchenverfassungsdiskussion als Lebenswerk des nationalliberalen Kultusministers Falk und des ihnen politisch wie kirchenpolitisch ebenfalls nahestehenden EOK-Präsidenten Herrmann.[2] Der konservative v. Mühler erschien dagegen als der unverbesserliche Reaktionär,
und selbst die große Mühler-Biographie von Reichle aus dem Jahr 1938
vermochte diesen Eindruck offenbar nicht zu korrigieren.[3] So einleuchtend
diese liberalen Darstellungen unmittelbar auch sein mögen — einer genauen Überprüfung anhand des Aktenmaterials halten sie nicht stand.

---

[2] Vgl. Friedrich Nippold, *Geschichte der Kirche im deutschen Protestantismus des neunzehnten Jahrhunderts* (= *Handbuch der neuesten Kirchengeschichte*, Bd. 5), Leipzig 1906, S.
541. Hier unternimmt es Nippold, »die bleibenden Errungenschaften ... von Herrmanns
Lebenswerk richtig [zu] würdigen...« (*a. a. O.*, S. 542). Vgl. daneben Karl v. Hase, *Geschichte der protestantischen Kirche im 19. Jahrhundert* (= *Kirchengeschichte auf der
Grundlage akademischer Vorlesungen*, 3. Th., 2. Abth., 2. Hälfte, I), Leipzig 1892, S. 648 f.
[3] Vgl. Wilhelm Reichle, *Zwischen Staat und Kirche. Das Leben und Wirken des preußischen Kultusministers Heinrich v. Mühler*, Berlin 1938. Als Beispiel der liberalen Agitation
gegen Mühler, sogar nach dessen Rücktritt, sei die anonyme Broschüre *Ein Stück aus der
Hinterlassenschaft des Herrn von Mühler. Zur Erwägung für die Folgezeit*, Berlin 1872, genannt. Darin wird Mühler beschuldigt, die theologischen Lehrstühle einseitig im Interesse
der konfessionellen Partei besetzt zu haben. »... erst jetzt läßt sich der Schaden ganz übersehen,« schreibt der Anonymus, »den seine zehnjährige Verwaltung gestiftet hat«. Vgl. *Neue
Evangelische Kirchenzeitung* (im folgenden *NEKZ* zitiert), 1872, Sp. 86 f.

Entgegen der weitverbreiteten Annahme, erst die Reichsgründung sei der eigentlich auslösende Faktor für die kirchenpolitischen Auseinandersetzungen sowohl im innerkirchlichen Bereich als auch mit dem Staat gewesen, fällt bei einer gründlichen Durchsicht der Kleinliteratur aus jener Zeit auf, daß die wirklich bedeutenden kirchenpolitischen Reformvorschläge und die Diskussion über sie innerhalb der Kirche und auf seiten des Staates sich vor allem auf die Jahre 1867/69 konzentrierten. Die Vergrößerung Preußens im Jahre 1866 gab den wichtigsten Anstoß für diese intensive Beschäftigung mit der kirchlichen Problematik, da die Annexionen großer, konfessionell andersgearteter Landesteile prinzipiell schon alle Fragen aufwarfen, die sich dann auch 1870/71 — freilich in einer veränderten Dimension — noch einmal stellten. Nach Königgrätz galt es nur mehr als eine Frage der Zeit, wann die deutsche Einigung abgeschlossen sein würde. Den Ausgang des preußisch-österreichischen Konfliktes betrachtete man als Anfang der deutschen Reichsgründung — die Kaiserproklamation bildete lediglich den Schlußpunkt in dieser Entwicklung; sie konnte niemanden mehr überraschen und war nichts anderes als der Vollzug lang gehegter Hoffnungen, die während der Vorbereitungsphase zwischen 1866 und 1871 auch im kirchlichen Raum längst konstruktive theoretische Gestalt angenommen hatten. Wirklich neue kirchenpolitische Konzeptionen entstanden nach 1870/71 nicht mehr; diese lagen vielmehr seit 1867/69 fertig vor, und lediglich staatlicherseits schwankte man noch bis Herbst 1872, welchem Modell der Vorzug gegeben werden sollte.

Die vorliegende Untersuchung hat es sich zur Aufgabe gemacht, im Detail zu zeigen, daß in der Zeit zwischen 1866 und 1872 alle wesentlichen kirchenpolitischen und kirchenverfassungsrechtlichen Entscheidungen in Preußen getroffen wurden, die dann auch bis zum Ende des Zweiten Reiches bleibende Gültigkeit behalten sollten. In dem genannten Zeitraum setzte sich im Prinzip die konsistorial-synodale Mischverfassung durch, der Evangelische Oberkirchenrat (EOK) und die Evangelische Landeskirche der älteren preußischen Provinzen überstanden heil ihre letzte große Existenzkrise (die neupreußischen Provinzialkirchen wurden nicht eingegliedert), das landesherrliche Kirchenregiment in seiner historischen Ausprägung konnte ungeschmälert sein Lebensrecht behaupten, und der Gedanke einer strikten Trennung von Staat und evangelischer Kirche verlor jede Aussicht auf Verwirklichung.

Obwohl die evangelische Kirche von der Kulturkampfgesetzgebung zweifellos mitbetroffen wurde, änderte dies an den grundlegenden Entscheidungen überhaupt nichts mehr. Das im wesentlichen von Mühler begonnene Kirchenverfassungswerk schloß Herrmann mit der vollen Unterstützung Falks und der teilweisen Zustimmung des Landtages ab, ohne daß die kirchenpolitischen Ereignisse noch irgendwelche inneren oder äußeren Auswirkungen gezeitigt hätten. Die evangelische Kirche in Preußen erlebte keinen unmittelbar gegen sie gerichteten Kulturkampf. Als der preußische Staat im Frühjahr 1873 die Konfrontation mit dem Ultramontanismus eskalierte, bestanden klare, durch mündliche Absprachen unter den Amtsträgern gesicherte Verhältnisse zwischen den Staatsorganen und der evangelischen Kirchenregierung.

Allein die Tatsache, daß die Ergebnisse der rein machtpolitischen Auseinandersetzung zwischen Preußen und Österreich erhebliche kirchenpolitische Folgeerscheinungen hervorriefen, weist auf die engen Zusammenhänge zwischen der Kirchenpolitik und der allgemeinen Politik sowie deren rechtliche Konsequenzen hin. Oft lösten sich hier wie dort die Ereignisse in einer Art Wechselwirkung gegenseitig aus und bedingten einander. Auch der Abschluß der kirchenpolitischen Diskussion im Winter 1872 wurde letztlich bestimmt von politischen Faktoren, insbesondere dem Scheitern der Bismarckschen Bemühungen, sich wieder stärker auf die Konservativen zu stützen. Es erscheint darum nur folgerichtig, wenn die Arbeit das politische Geschehen in Preußen gebührend mitberücksichtigt.

Die Untersuchung gliedert sich — wenn man von dem kurzen, die Vorgeschichte beschreibenden ERSTEN TEIL absieht — in drei nach sachlichen Gesichtspunkten getrennte Hauptteile, deren inhaltliche Schwerpunkte jedoch chronologisch aufeinanderfolgen.

Der erste Hauptteil (der ZWEITE TEIL dieser Arbeit), bei dem eine gewisse zeitliche Verdichtung des Geschehens in die Jahre 1867 bis 1869 fällt, verfolgt die Diskussion um die kirchliche Frage, so wie sie sich der — allerdings sehr eingeschränkten — Öffentlichkeit darstellte.[4] Dabei geht er aus von den publizierten Lösungsvorschlägen namhafter Kirchenpolitiker und Kirchenrechtler, deren Namen oft eine kirchenpolitische Richtung oder Partei repräsentierten (Hengstenbergianer, Vilmarianer, Beyschlagsche Mittelpartei und Schenkelpartei). Es folgt eine Bespre-

---

[4] Der renommierte Kirchenrechtsprofessor Hinschius schrieb am 6. März 1867 in einem Artikel *Zur augenblicklichen Lage der preußischen Landeskirche*, in: *Spenersche Zeitung*, Nr. 55: »Abgesehen von den theologischen Kreisen und den wenigen, mit kirchenrechtlichen Dingen sich beschäftigenden Juristen, ist aber anscheinend die hier in Rede stehende Frage dem größeren Publikum bisher so gut wie fremd geblieben, vielleicht theils weil die wichtigen politischen Vorgänge der Gegenwart das Interesse vorwiegend in Anspruch nehmen, theils aber wohl auch deshalb, weil die folgenschwere Bedeutung der der Lösung harrenden kirchlichen Frage nicht genügend und nicht allgemein genug erkannt wird.«

chung der zahlreichen, zumeist anonymen Streitschriften, denen freilich oft nur lokale Bedeutung zukam. Die Denkschrift des Evangelischen Ober-kirchenrates »betreffend die gegenwärtige Lage der evangelischen Landes-kirche Preußens« vom 18. Februar 1867 bildete die Antwort auf diese Flut kirchenpolitischer Kleinliteratur, verursachte aber statt einer Beruhigung der Gemüter in ganz Preußen eine überaus heftige Widerstandsbewegung des lutherischen Konfessionalismus gegen das unierte Kirchenregiment. Dieser Teil der Arbeit endet schließlich mit einer Schilderung der drei gro-ßen theologischen und kirchenpolitischen Sammlungsbewegungen, dem Evangelischen Kirchentag, dem Deutschen Protestantentag und der All-gemeinen Lutherischen Konferenz. Die in der fraglichen Zeit abgehalte-nen Veranstaltungen dieser Organisationen bildeten einen gewissen Ab-schluß der breiten Diskussion, indem hier das Anliegen und die Forderun-gen der drei kirchenpolitischen Hauptrichtungen noch einmal programm-matisch formuliert und die Konzeption für die kommenden Jahre festgelegt wurde.

Als Resultat vielschichtiger Kompromisse zwischen diesen kirchenpo-litischen Konzeptionen einerseits und den Zielvorstellungen der preußi-schen Staatsregierung und des EOK andererseits sowie aus einer Reihe ausschließlich politischer Entscheidungen und Bedingungen ergab sich schließlich der konkrete Versuch einer Fortbildung der preußischen Kir-chenverfassung. Er bildete den äußeren Anlaß für die deutliche Zäsur in den kirchenpolitischen Auseinandersetzungen der ausgehenden sechziger Jahre, denn die Einberufung außerordentlicher Provinzialsynoden für die sechs östlichen Kirchenprovinzen durch den EOK (1869) und die etwa gleichzeitig vom Kultusministerium begonnene kirchenverfassungsrecht-liche Reorganisation in Neupreußen schien den Streit um die kirchliche Frage vorerst zu beenden. Eine Erörterung dieser Vorgänge unternimmt der zweite Hauptteil (der DRITTE TEIL der Arbeit). Hier wird insbeson-dere versucht, anhand der faktischen Verfassungsentwicklung in Alt- und Neupreußen die Hauptthese der Arbeit zu verifizieren, daß bis Ende 1872 im wesentlichen alle kirchenpolitischen Entscheidungen gefallen waren und daß Herrmann die vormals am Widerspruch des Kanzlers und des Landtages gescheiterten Entwürfe zur inneren Ordnung der Kirche zwi-schen 1873 und 1876 unter völlig gewandelten politischen Verhältnissen nur wenig oder gar nicht verändert rezipierte.

Nach dem Scheitern des Provinzialsynodalentwurfes richtete sich die Hoffnung nahezu aller kirchenpolitischen Gruppierungen auf das energi-sche Eingreifen entweder des Königs, des Staatsministeriums oder des Parlamentes zugunsten ihrer Konzeption. Hier setzt der dritte Hauptteil (der VIERTE TEIL der Arbeit) ein, der — mit zeitlichem Schwerpunkt auf den Jahren 1870/72 — die Kirchenpolitik der preußischen Staatsregierung behandelt. Dabei wird angesichts der beinahe unbegrenzten Machtfülle des preußischen Ministerpräsidenten der Haltung Bismarcks zur kirchlichen Frage besondere Aufmerksamkeit geschenkt. Von seinem Urteil, seinem Gewährenlassen oder Verhindern hing letztlich entscheidend die zukünftige Gestaltung der evangelischen Kirche in Preußen ab. Die im Staatsministerium angestellten kirchenpolitischen Überlegungen entzogen sich selbstverständlich ebenso dem Blick der Öffentlichkeit wie die Differenzen unter den einzelnen Ministerien, zwischen König und Kanzler, Kultusminister und EOK. Diese Meinungsverschiedenheiten auf Regierungsebene liegen bis heute noch völlig im Dunkeln; die Arbeit versucht, sie so weit wie möglich aufzuhellen.

Die Arbeit betritt Neuland. Sie basiert auf viel und zum Teil sehr schwer zugänglichem Material. Darum schien es dem Verfasser oft notwendig, seine Aussagen über eine bloße Angabe der Quellen hinaus auch mit längeren Zitaten zu belegen.[4*]

Weite Teile der Untersuchung beruhen auf der Auswertung von Akten aus dem EKU-Archiv in Berlin und dem Zentralen Staatsarchiv in Merseburg (DDR). Daneben wurden ungedruckte Quellen aus dem Geheimen Staatsarchiv in Berlin-Dahlem, dem Archiv der Rheinischen Mission in Barmen, dem Landeskirchlichen Archiv in Nürnberg, dem Zentralarchiv der Evangelischen Kirche in Hessen und Nassau und der Zentralbibliothek Zürich herangezogen.

Da der offizielle Notenwechsel zwischen Staatsministerium, EOK und Königlichem Geheimen Zivilkabinett (in diesem liefen alle Fäden zusammen) aus Gründen der Diskretion wesentliche Aspekte der kirchenpolitischen Diskussion vielfach unerwähnt läßt, stützt sich die Darstellung ergänzend auf bisher noch unveröffentlichte private Korrespondenzen, soweit diese zugänglich waren.[5]

[4*] Diesem Buch unmittelbar einen Dokumentenanhang beizugeben, ließ sich aus finanziellen Gründen leider nicht verwirklichen. Große Teile des hier zugrunde liegenden Quellenmaterials werden aber in einer vom Verf. bearbeiteten Edition in der Reihe *Texte zur Kirchen- und Theologiegeschichte* (Gütersloher Verlagshaus Gerd Mohn) unter dem Titel *Preußischer Staat und Evangelische Kirche in der Bismarckära* im Frühjahr 1980 erscheinen.

[5] Man wird sich für die Geschichtsforschung an Bismarcks Bemerkung halten müssen: »Die Hauptsache liegt immer in Privatbriefen und konfidentiellen Mitteilungen, auch mündlichen, was alles nicht zu den Akten kommt. Das erfährt man nur auf vertraulichem Wege, nicht auf amtlichem« (Tischgespräche am 21. und 22. Februar 1871 in Versailles, Ta-

Einen unschätzbaren Quellenwert besitzt auch die reiche Memoirenliteratur mit ihrem Briefgut, die schon Friedrich Nippold für die Kirchengeschichte auszuwerten empfahl.[6] Unstreitig Quellencharakter für eine Analyse der kirchenpolitischen Stimmungen und Tendenzen hat ebenfalls die meist unter dem Schutz der Anonymität verfaßte Kleinliteratur, in der Themen von kirchenpolitischer Brisanz oft mit einer Offenheit diskutiert wurden, die einige Rückschlüsse auf die Ventilfunktion dieser Schriften zuläßt.

Es wurde bereits oben erwähnt, daß sich, abgesehen von ganz wenigen Ausnahmen, die Darstellungen und Untersuchungen zum Komplex der Kirchenpolitik in der Bismarckära vorwiegend mit den siebziger Jahren beschäftigen, so daß auf sie nur »am Rande« zurückgegriffen werden konnte. Häufige Verwendung fanden dagegen zeitlich übergreifende Monographien und zahlreiche Hinweise in Sammelwerken und Lexika aus der Jahrhundertwende.

Der Streit um die Kirche der Altpreußischen Union und ihre Verfassung sowie die Auseinandersetzungen um eine Trennung von Kirche und Staat entstanden natürlich nicht erst im Jahre 1866. Sie gehören vielmehr zu den bestimmenden Problemkreisen der Kirchengeschichte des ganzen 19. Jahrhunderts. Dieser Sachverhalt rechtfertigt eine einleitende skizzenhafte Darstellung der unter Friedrich Wilhelm III. und IV. bereits versuchten und gescheiterten kirchlichen Neuordnung, denn die Erfahrungen aus der unmittelbaren geschichtlichen Vergangenheit beeinflußten selbstverständlich das kirchenpolitische Denken der Bismarckära. Überdies bleibt dieser dritte Versuch, die evangelische Kirche Preußens aus ihrer Bindung mit dem Staat zu lösen und ihr eine eigene zeitgemäße Verfassung zu geben, in seinen Voraussetzungen unverständlich, wenn nicht markante Stationen auf diesem Weg, zum Beispiel die Einführung der Union 1817, vorher kurz in Erinnerung gerufen werden.[7]

---

gebuchaufzeichnungen von Moritz Busch, Otto v. Bismarck, *Die Gesammelten Werke* [= Friedrichsruher Ausgabe], Bd. 7, S. 505). Die einschränkende Betreuung bei der Benutzung des Archivs in Merseburg setzte dem Forscherdrang des Verfassers hier freilich recht enge Grenzen.

[6] F. Nippold, *Geschichte der Kirche* . . . , S. 508; 551; 612 u. ö.

[7] Vgl. zu diesem einleitenden Kapitel auch Gerhard Besier, *Das kirchenpolitische Denken Friedrich Fabris auf dem Hintergrund der staatskirchlichen Geschehnisse im 19. Jahrhundert*, in: *Zeitschrift für bayerische Kirchengeschichte* (im folgenden *ZBKG* zitiert) 46 (1977), S. 177 ff.

ERSTER TEIL

Rückblick auf die Entwicklung der preußischen Landeskirche von den Stein/Hardenbergschen Reformen (1807) bis zum preußisch-österreichischen Krieg (1866)

Auflösung und Neubildung der preußischen Kirchenverfassung im Jahre 1808

Der vollständige Zusammenbruch Preußens nach dem Siege Napoleons bei Jena und Auerstedt (1806) zog infolge der engen Verflechtung von Staat und Kirche auch den Untergang der kirchlichen Konsistorialverwaltung nach sich.[1] Seine Wiedergeburt verdankte der preußische Staat einem kleinen Kreis patriotischer Reformer unter Führung des Freiherrn vom Stein (1757—1831),[2] den König Friedrich Wilhelm III. (1795—1840) im Jahre 1807 zum Ersten Minister ernannte.

Die Reorganisationspläne Steins und seiner Helfer bedeuteten einen scharfen Bruch mit der Regierungstradition des Absolutismus, in dem sie die Ursache für den Zusammenbruch sahen. Das Edikt vom 24. November 1808 schuf ein modernes Staatsministerium mit Fachressorts und organisierte die Staatsverwaltung im Sinne einer bürokratischen Kontrolle. Gemeinsam mit den vorangegangenen Verordnungen (Edikt vom 9. 10. 1807; Städteordnung vom 19. 11. 1808) zum Ausbau der Selbstverwaltung, die eine tätige Mitarbeit weiter Bevölkerungsschichten erforderte, sollten diese Maßnahmen alle geistigen und physischen Kräfte des Volkes zusammenfassen.

Ihr besonderes Augenmerk richteten die Reformer auf die Religion als eine selbständige geistige Macht.[3] Über den Konfessionen stehend, trotz

---

[1] Vgl. Robert Stupperich, *Die Auflösung der preußischen Kirchenverfassung im Jahre 1808 und ihre Folgen*, in: *Jahrbuch für brandenburgische Kirchengeschichte*, 1938, S. 114—122.

[2] Vgl. Max Lehmann, *Freiherr vom Stein*, 3 Bde., Leipzig 1902—1904; Gerhard Ritter, *Stein, eine politische Biographie*, 2 Bde., 3. Aufl., Stuttgart 1958.

[3] Zu den Auswirkungen der Steinschen Reformen auf die evangelische Kirche und ihr Verhältnis zum Staat vgl. die eingehenden Darstellungen von: Erich Foerster, *Die Entste-*

seiner konservativen Gebundenheit zu liberalen Anschauungen neigend, lehnte Stein den weltanschaulich neutralen Staat der jüngsten Vergangenheit zugunsten einer Fürsorgepflicht des Staates für die Religion ab, da er deren sittlich prägenden Einfluß auf den preußischen Staatsbürger hoch einschätzte. Dies bekräftigt er in seinem »Politischen Testament«: »Damit... Treue und Glauben, Liebe zu König und Vaterlande in der Tat gedeihen: so muß der religiöse Sinn des Volkes neu belebt werden. Vorschriften und Anordnungen allein können dieses nicht bewirken. Doch liegt es der Regierung ob, mit Ernst diese wichtige Angelegenheit zu beherzigen.«[4]

Der Passus belegt, daß es nicht der Absicht Steins entsprach, die evangelische Kirche durch bürokratische Reglements zum willfährigen Werkzeug des Staates zu degradieren. Er plante vielmehr die Errichtung einer kirchlichen Selbstverwaltung nach dem Vorbild der westfälischen Presbyterial- und Synodalverfassung. So wurde Schleiermacher (1768—1834), der von seinem theologischen Denken einer »idealgesinnten Brüdergemeine« her schon 1803 in einem Gutachten für die völlige Neuordnung der evangelischen Kirche im Sinne des Synodalsystems eingetreten war, von dem Minister beauftragt, den Entwurf einer entsprechenden Kirchenverfassung für den preußischen Staat auszuarbeiten.[5]

hung der Preußischen Landeskirche unter der Regierung König Friedrich Wilhelms des Dritten, Bd. 1, Tübingen 1905, S. 124 ff.; Franz Schnabel, *Deutsche Geschichte im 19. Jahrhundert*, Bd. 8: *Die protestantischen Kirchen in Deutschland* (= Herder-Bücherei, Bd. 211/212), Freiburg i. Brsg. 1965, S. 64 ff.; Karl Kupisch, *Die deutschen Landeskirchen im 19. und 20. Jahrhundert*, Göttingen 1966, S. 51 f.; Otto Hintze, *Die Epochen des evangelischen Kirchenregiments in Preußen*, in: *Geist und Epochen der preußischen Geschichte. Gesammelte Abhandlungen*, Bd. 3, Leipzig 1943, S. 92 ff.

[4] Zit. nach M. Lehmann, *Freiherr vom Stein...*, Bd. 2, S. 606. Vgl. auch Steins während des Sommers 1807 verfaßte sog. Nassauer Denkschrift, in der er seine Gedanken über die notwendigen Reformen niederschrieb (*a. a. O.*, Bd. 2, S. 65 ff.).

[5] Friedrich Daniel Ernst Schleiermacher, *Sämmtliche Werke*, Erste Abth., Bd. 5, Berlin 1846; vgl. dazu auch Wilhelm Dilthey, *Das Leben Schleiermachers*, Berlin 1922, S. 633 ff. In seinem Werk *Über die Religion. Reden an die Gebildeten unter ihren Verächtern* (= Philosophische Bibliothek, Bd. 255), Hamburg 1958, entwickelt Schleiermacher einen neuen Religionsbegriff, nach dem Religion weder ein Wissen noch ein Tun, weder Metaphysik noch Moral sei, sondern »Sinn und Geschmack fürs Unendliche« (aus der 2. Rede). Jede positive Religion ist eine eigentümliche Erscheinung der unendlichen Religionen, woraus sich für das Verhältnis von Staat und Kirche das Postulat einer vollkommenen Freiheit letzterer von ersterem ergibt (vgl. vor allem die 4. Rede), sowie einer Bestimmung von Kirche als einer freien religiösen Gemeinschaftsbildung gleichgestimmter Seelen. Zum kirchenpolitischen Denken Schleiermachers vgl. vor allem Martin Redeker, *Friedrich Schleiermacher* (= Sammlung Göschen, Bd. 1177/1177a), Berlin 1968, S. 269—287.

Dessenungeachtet betrachtete der Minister die Staatsregierung als die einzig mögliche Institution, die den kirchlichen Neubau durchzuführen vermochte. Entsprechend seiner Auffassung, das Kirchenwesen müsse in die Staatsverwaltung eingebaut werden, wurden sämtliche kirchliche Behörden — sowohl das lutherische Oberkonsistorium, das reformierte Kirchendirektorium und das französische Oberkonsistorium als auch die Konsistorien in den Provinzen — durch Publicandum vom 16. Dezember 1808 aufgehoben und deren Befugnisse der staatlichen Zentralverwaltung unterstellt. Statt dessen bildete man im Ministerium des Innern eine Sektion für Kultus (Leitung: Nicolovius) und öffentlichen Unterricht (Leitung: W. v. Humboldt), die außer der Kirche, der Schule, den Universitäten und Akademien auch die königlichen Theater zu ihrem Ressort angewiesen erhielt. Ebenso bildete man in den Provinzialregierungen rein staatliche, paritätische Deputationen für den Kultus und den öffentlichen Unterricht.[6] Mit diesem Organisationsgesetz hatte Stein, auch wenn nun der neue Staat von sich aus bereit war, das religiöse Leben im christlichen Geiste zu fördern, eine Verstaatlichung der Kirche erreicht, wie sie radikaler kaum zu denken war. Da das Kulturdepartement die Aufsicht und Verwaltung über alle Kirchen führte, gab es im eigentlichen Sinne in Preußen weder eine lutherische noch eine reformierte Kirche mehr, sondern nur noch isolierte Gemeinden, die unverbunden nebeneinander bestanden. Die Kirche war damit völlig im Staat aufgegangen und seiner Gliederung eingefügt, während der Staat sein konfessionelles Gepräge längst verloren hatte.

Die Entlassung Steins am 24. November 1808 — zwar von Napoleon veranlaßt, aber auch in Preußen selbst von manchen Kreisen betrieben — ließ das große Reformwerk in anderen Bahnen weiterlaufen, als es ursprünglich beabsichtigt war. Mit der Berufung Hardenbergs (1750—1822) am 4. Juni 1810 an die Spitze der preußischen Regierung begann eine neue Ära der Reform, in der Gedanken an Vertretung und Reichsstände, an

---

[6] Vgl. die Beurteilung der Steinschen Reformen in: Heinrich v. Mühler, *Die Geschichte der protestantischen Kirchenverfassung in der Mark Brandenburg*, Weimar 1846, S. 291 ff.; Aemilius Ludwig Richter, *Die Geschichte der evangelischen Kirchenverfassung in Deutschland*, Leipzig 1851; Karl Rieker, *Die rechtliche Stellung der evangelischen Kirche Deutschlands in ihrer geschichtlichen Entwicklung bis zur Gegenwart*, Leipzig 1893, S. 322; Paul Schoen, *Das evangelische Kirchenrecht in Preußen*, Bd. 1, Berlin 1903, S. 69; Emil Friedberg (Hrsg.), *Die geltenden Verfassungs-Gesetze der evangelischen deutschen Landeskirchen*, Freiburg i. Brsg. 1885, S. 12. Dokumente zur Steinschen Behördenreform und dem preußischen Kirchenwesen in: Ernst Rudolf Huber/Wolfgang Huber (Hrsg.), *Staat und Kirche im 19. und 20. Jahrhundert. Dokumente zur Geschichte des deutschen Staatskirchenrechts*, Bd. 1, Berlin 1973, S. 54 ff.

Presbyterial- und Synodalverfassung abgelehnt wurden und die erstrebte
Einheit durch eine straffe bürokratische Politik verwirklicht werden sollte.
Entscheidend war dabei die Haltung Friedrich Wilhelms III.

Unter dem Eindruck der siegreichen Befreiungskriege hatte der König,
der sein Amt als *summus episcopus* ganz im Sinne seines monarchischen
Herrschaftsanspruchs verstand,[7] zunächst dem Verlangen nach einer
freien Synodalverfassung nachgegeben. Eine großenteils aus Hofpredigern gebildete Kommission erarbeitete einen Verfassungsentwurf, der —
unter Wahrung eines Übergewichtes des landesherrlichen Kirchenregimentes — eine Verbindung der Konsistorialverfassung mit Elementen
der Presbyterial- und Synodalverfassung vorsah. Nach dem Willen Schleiermachers und seiner Freunde hingegen sollten Presbyterien und Synoden
allmählich die staatlich-kirchlichen Behörden entbehrlich machen, und
das Recht des Landesherrn sollte lediglich in einer Oberaufsicht bestehen.[8]

Der König nahm die Vorschläge der Kommission an und befahl die
Wiederbelebung der Kreissynoden, dann — als zweiten Schritt — im Jahre
1819 die Einberufung von Provinzialsynoden, zu denen in der Hauptsache
aber nur die Superintendenten zusammentraten. Das Experiment kam jäh
ins Stocken, als die Brandenburgische Provinzialsynode, an der auch
Schleiermacher teilnahm, für die Zeit unerhört radikale Beschlüsse faßte:
Man bekannte sich zu einem Aufbau der Kirchenverfassung von unten her
und wollte an die Stelle der Konsistorien Ausschüsse der Provinzialsynode
treten lassen. Das landesherrliche Kirchenregiment wäre zu einer bloßen
Farce geworden.

Darauf reagierte Friedrich Wilhelm III., ganz im Geiste der einsetzenden politischen und kirchlichen Restauration, mit der Liquidierung des
probeweise in Gang gesetzten Synodalapparates. Im Grunde war ihm eine

---

[7] Vgl. dazu Walter Wendland, *Die Religiosität und die kirchenpolitischen Grundsätze
Friedrich Wilhelms III. in ihrer Bedeutung für die Geschichte der kirchlichen Restauration*
(= Studien zur Geschichte des neueren Protestantismus, Bd. 5), Gießen 1909.

[8] Das Werk der Kommission bestand aus einem Kompromiß zwischen den Prinzipien
der absolutistischen Staatspartei, vertreten von Staatsminister v. Schuckmann, der reaktionären und wissenschaftlich desinteressierten Pastorenpartei (vor allem die Superintendenten Neumann, Küster und Triebel; vgl. deren Schrift: *Grundlinien der künftigen Verfassung
der protestantischen Kirche im preußischen Staate*, Berlin 1815) und der Schleiermacherschen Richtung. Schleiermacher kritisiert in seiner Schrift: *Über die für die protestantische
Kirche des preußischen Staats einzurichtende Synodalverfassung (Sämmtliche Werke . . .,*
Erste Abth., Bd. 5, S. 219 ff.) denn auch den unzulänglichen Synodalordnungsentwurf als
Projekt einer reinen Geistlichkeitssynode, das nichts weiter als ein verbesserungswürdiger
Anfang sein könne.

freie Kirche im nationalen Staate ebenso unvorstellbar wie Karl v. Altenstein (1770—1840), den er 1817 zum Minister eines nunmehr selbständigen Kultusministeriums ernannt hatte[9] und der auf der theoretischen Grundlage der Philosophie Hegels[10] vom Standpunkt der modernen Staatsomnipotenz handelte.

So beschränkte sich die Reorganisation der Kirchenverwaltung lediglich auf die Wiederherstellung der von Stein ehemals beseitigten Provinzial-Konsistorien im Jahre 1815, die zudem ihre Befugnisse noch mit den Regierungen teilen mußten. Eine besondere Bedeutung gewannen die 1829 neu eingesetzten Generalsuperintendenten — das Amt hatte seit 1632 geruht —, da sie sowohl den königlichen Konsistorien wie den geistlichen Regierungsabteilungen angehörten und ihre Machtbefugnis Visitationen, Ordinationen und die Einrichtung neuer Kirchen einschloß.[11]

Allerdings scheiterte der verstiegenste Plan des Königs, nämlich die bischöfliche Verfassung in der evangelischen Kirche einzuführen, am Widerstand des Kultusministers, der nur auf die Einführung des Bischofstitels einging, den zwischen 1826 und 1840 alle Generalsuperintendenten führten; den ihm nahestehenden Borowski[12] (1740—1831) in Königsberg ernannte Friedrich Wilhelm III. sogar zum evangelischen Erzbischof.

Dem König war es damit gelungen, den landesherrlichen Summepiskopat — indem er noch in den zwanziger Jahren des 19. Jahrhunderts eine geschlossene, straff zentralisierte Landeskirche schuf — zu seiner strengsten Ausprägung in der preußischen Geschichte zu führen.

Aber es war zugleich der Anfang einer Protestbewegung weiter Kreise der Bevölkerung gegen dieses Staatskirchentum. Zahlreiche Denkschrif-

---

[9] Die Verordnung zur Errichtung des Kultusministeriums ist abgedruckt in: Walter Göbell (Hrsg.), *Die Entwicklung der Evangelischen Kirchenverfassung vom 18. bis zum 20. Jahrhundert* (= Kirchengeschichtliche Quellenhefte, H. 17), Gladbeck 1966, S. 26.

[10] Die philosophische Rechtfertigung des omnipotenten Polizeistaates, der sich insbesondere Altenstein bediente, gründet in Hegels Definition des Staates als dem Reich der Begriffe, dem sich die Kirche, das Reich der Vorstellungen, unterzuordnen habe. Da Gesinnung und das Bewußtsein derselben in Grundsätzen ein wesentliches Moment des Staates ausmachen, obliege es dem Staate, die Kirchengemeinden zu schützen und zu fördern. Vgl. dazu Hegels Rechtsphilosophie, besonders § 269, in: G. W. F. Hegel, *Studienausgabe*, Bd. 2 (= Fischer Bücherei 877), Frankfurt a. Main 1968, S. 249 f.

[11] Abgedruckt in: W. Göbell (Hrsg.), *Die Entwicklung der Evangelischen Kirchenverfassung . . .*, S. 26 u. S. 31 ff.

[12] Zu Borowski vgl. Walter Wendland, *Ludwig Ernst von Borowski, Erzbischof der evangelischen Kirche in Preußen* (= Schriften der Synodalkommission für ostpreußische Kirchengeschichte, H. 9), Königsberg i. Pr. 1910.

ten und Petitionen belegen das.[13] Das Vorgehen des Staates hatte das Bewußtsein kirchlicher Eigengesetzlichkeit geweckt, den fortan sich immer wieder artikulierenden Willen nach einer unabhängigen freien Kirche. »Das Verlangen nach größerer Freiheit ist der Kirche in Preußen geradezu mit Gewalt aufgenötigt worden.«[14]

Die territorialistisch-absolutistische Behandlung der evangelischen Kirche wird vollends an der Kirchenordnung für die evangelischen Gemeinden der Provinz Westfalen und der Rheinprovinz vom 5. März 1835 deutlich, wo die »Gemeinden unter dem Kreuz« sich bis dahin ihre Selbständigkeit mühsam bewahrt hatten. Aufgrund langer, zäher Verhandlungen zwischen den Repräsentanten der Provinzialkirche und der Staatsregierung kam schließlich jene für die Zukunft so bedeutsame »Kompromißverfassung« zustande, wonach die historisch gewachsenen, presbyterial-synodalen Elemente zwar erhalten blieben, aber durch konsistoriale derart stark beschränkt wurden, daß das Prinzip einer staatsunabhängigen Kirchenordnung für lange Zeit seine Geltung verlor.

Die Selbstverwaltung der rheinisch-westfälischen Kirche baute sich auf den Gemeinden auf, die ein Presbyterium leitete, und ging über Kreissynoden zur Provinzialsynode weiter, deren Präsidium sich jedoch nur in »außerordentlichen und dringenden Fällen« zwischen den im Abstand von 3 Jahren tagenden Synoden versammeln durfte (Rescript vom 6. 9. 1836). Die allgemeine Leitung der Kirche übernahmen ein vom König gebildetes Konsistorium und ein königlicher Generalsuperintendent. Diese Gestaltung, die genau dem Prinzip des damaligen Staatsaufbaus entsprach, sollte typisch für die kirchliche Verwaltung der zweiten Hälfte des 19. Jahrhunderts werden.[15]

Die Einführung der Union und der Agendenstreit

Der König ließ es bei der Wiederherstellung der kirchlichen Verwaltung und der Einrichtung einer obersten Kirchenbehörde nicht bewenden, sondern hielt die Zeit für reif, auf dem Wege einer innerterritorialen Kon-

---

[13] Vgl. z. B. R. Stupperich, *Die Auflösung der preußischen Kirchenverfassung . . .*, in: *Jahrbuch für brandenburgische Kirchengeschichte*, Berlin 1938, S. 116 ff.; Theodor Wangemann, *Sieben Bücher Preußischer Kirchengeschichte*, Bd. 1, Berlin 1859—1860, S. 16.

[14] Karl Holl, *Die Bedeutung der großen Kriege für das religiöse und kirchliche Leben innerhalb des deutschen Protestantismus*, Tübingen 1917, S. 99.

[15] Eine ausführliche Darstellung der gemischt presbyterial-konsistorialen Kirchenordnung der rheinisch-westfälischen Kirche gibt K. Rieker, *Die rechtliche Stellung . . .*, S. 366

sensusunion zwischen der lutherischen und reformierten Kirche eine preußische evangelische Landeskirche zu begründen.[16]

Die geistesgeschichtlichen Voraussetzungen schienen diesem Unternehmen tatsächlich günstig. Die Generation, aus deren Gedanken die Union hervorging, war noch unter dem Einfluß der Aufklärung groß geworden, die die Bekenntnisse hinter der Vorherrschaft von Vernunft und Moral zurücktreten ließ; die beiden herrschenden theologischen Richtungen des Rationalismus und des Supranaturalismus hatten das dogmatische Gewicht der Unterscheidungslehren geschwächt.[17] Eine neuerwachte, glutvolle Frömmigkeit, welche sich an die gewaltigen Bewegungen der Jahre 1813 bis 1815 anschloß und sich unmittelbar an die Hl. Schrift und das innerste religiöse Gemütsleben hielt, ließ nichts leichter und selbstver-

ff.; vgl. auch Walter Göbell, *Die Rheinisch-Westfälische Kirchenordnung vom 5. März 1835. Ihre geschichtliche Entwicklung und ihr theologischer Gehalt*, 2 Bde., Duisburg 1948—1954.

[16] Zur Geschichte der Preußischen Union und der Kirchenpolitik Friedrich Wilhelms III. vgl. W. Wendland, *Die Religiosität . . .*, S. 30 ff.; Richard Marsson, *Die preußische Union. Eine kirchenrechtliche Untersuchung*, Berlin 1923; Walter Geppert, *Das Wesen der preußischen Union. Eine kirchengeschichtliche und konfessionskundliche Untersuchung*, Berlin 1939; Walter Elliger (Hrsg.), *Die evangelische Kirche der Union. Ihre Vorgeschichte und Geschichte*, Witten 1967; Gerhard Fischer, *Die Altpreußische Union (1817—1834)*, in: *Blätter für Pfälzische Kirchengeschichte und religiöse Volkskunde* 35 (1968), S. 106—112; Hans-Joachim Schoeps, *Die Preußische Union von 1817*, in: *Union und Ökumene. 150 Jahre Evangelische Kirche der Union*, hrsg. von Ferdinand Schlingensiepen, Berlin 1968, S. 134—170; Franz-Reinhold Hildebrandt, *Die Evangelische Kirche der Union*, in: John Webster Grant (Hrsg.), *Die unierten Kirchen* (= Die Kirchen der Welt [Reihe A] Bd. 10), Stuttgart 1973, S. 29—105; Gerhard Ruhbach, *Die Religionspolitik Friedrich Wilhelms III. von Preußen*, in: *Bleibendes im Wandel der Kirchengeschichte. Kirchenhistorische Studien*, hrsg. von B. Moeller u. G. Ruhbach, Tübingen 1973, S. 307 ff. Die wichtigsten Dokumente zur Einführung der Union und zum Agendenstreit sind abgedruckt bei: E. R. Huber/W. Huber (Hrsg.), *Staat und Kirche . . .*, Bd. 1, S. 564 ff. Darüber hinaus wird die Unionsfrage in einer Reihe übergreifender Geschichtswerke ausführlich behandelt. E. Foerster, *Die Entstehung der Preußischen Landeskirche . . .*, Bd. 1, S. 199—286; Heinrich v. Treitschke, *Deutsche Geschichte im 19. Jahrhundert*, Bd. 2, Leipzig 1928, S. 236 ff.; Heinrich Hermelink, *Das Christentum in der Menschheitsgeschichte*, Bd. 1, Tübingen-Stuttgart 1953, S. 309 ff.; Karl Kupisch, *Zwischen Idealismus und Massendemokratie*, 4. Aufl., Berlin 1963, S. 30 ff.; Alfred Adam, *Nationalkirche und Volkskirche im deutschen Protestantismus. Eine historische Studie*, Göttingen 1938, S. 39 ff.; Karl v. Hase, *Geschichte der protestantischen Kirche im 19. Jahrhundert*, Th. 3, 2. Abt., 2. Hälfte II, Leipzig 1892, S. 527 ff.; Theodor Woltersdorf, *Zur Geschichte der evangelisch-kirchlichen Selbständigkeitsbewegung*, in: *Protestantische Monatshefte*, NF 9, Berlin 1905, S. 41—54; 91—110; 138—155.

[17] Vgl. Otto Kirn, *Rationalismus und Supranaturalismus*, in: *RE*, 3. Aufl., Bd. 16, S. 447—463.

ständlicher erscheinen, als den dreihundertjährigen Riß im Protestantismus endlich zu schließen. Auf der anderen Seite war allerdings auch eine angehende romantische Bewegung zu beobachten, die es mit rückwärts auf die Vergangenheit gerichtetem Blick unternahm, die Dimension des geschichtlich Gewordenen zu verstehen. Die allgemeine Rückkehr zur Gläubigkeit hauchte auch dem scheinbar erstorbenen Luthertum wieder neues Leben ein und brachte die Bekenntnisunterschiede der evangelischen Konfessionen erneut in Erinnerung.

Ein weiterer Antrieb zur Verwirklichung der an sich alten Unionsidee[18] lag im Charakter des brandenburgisch-preußischen Staates und seiner Dynastie. Seit dem Übertritt Johann Sigismunds zum Calvinismus im Jahre 1613 gehörte eine enge Verbindung der beiden evangelischen Kirchen zu den wichtigsten Anliegen des preußischen Herrscherhauses. Überdies wies die Bevölkerung Preußens durch den Anschluß von Kleve und Mark (1614), die Einwanderung der Hugenotten und Salzburger sowie die Einverleibung Schlesiens und großer Teile Polens trotz des Übergewichts der Lutheraner eine beträchtliche konfessionelle Verschiedenheit auf.

Der Lehrer Friedrich Wilhelms III., der Oberkonsistorialrat Friedrich Samuel Sack (1738—1817),[19] gehörte zu den entschiedensten Verfechtern des Unionsgedankens und der Agendenreform. Nach dem Regierungsantritt des Königs wurde er von diesem im Jahre 1798 zu einem Promemoria veranlaßt, in dem er die Erwartung aussprach, daß eine von Lutheranern und Reformierten gemeinsam verwandte Agende den Zusammenschluß der Protestanten befördern könne.[20]

[18] Der Gedanke der Union war von verschiedenen Theologen und Philosophen der Aufklärung und des Pietismus entwickelt worden. So entwarf Gottfried Wilhelm Leibniz einen dreistufigen Plan zu einer kirchlichen Reunion (vgl. dazu Franz Xaver Kiefl, *Leibniz und die religiöse Widervereinigung Deutschlands. Seine Verhandlungen mit Bossuet und europäischen Fürstenhöfen über die Versöhnung der christlichen Konfessionen*, 2., wesentl. umgearb. Aufl., Regensburg 1925, und Ernst Benz, *Leibniz und die Wiedervereinigung der christlichen Kirchen*, in: *Zeitschrift für Religions- und Geistesgeschichte* 2 [1949/50], S. 97—113). Die Geschichte der Unionsidee seit dem Marburger Gespräch dokumentierte Carl Immanuel Nitzsch mit seinem *Urkundenbuch der Evangelischen Union*, Bonn 1853. Zum Allgemeinen vgl. Paul Kawerau, *Die ökumenische Idee seit der Reformation*, Stuttgart 1968.
[19] Vgl. zu Friedrich Samuel Gottfried Sack: *ADB* 37, S. 307 ff.; Annelies Roseeu, *Zur Theologie und Kirchenpolitik am Preußischen Hof (1786—1850). Dargestellt an den Hofpredigern: Sack, Eylert, Strauß*, Phil. Diss., Göttingen 1957.
[20] Abgedruckt in Niels Nikolaus Falck, *Aktenstücke betreffend die neue preußische Kirchenagende*, Kiel 1827, S. V ff.

Vierzehn Jahre später nahm er in einer Denkschrift *Ueber die Vereinigung der beiden protestantischen Kirchenparteien in der preußischen Monarchie*[21] noch einmal zur Unionsfrage Stellung und meinte, die Unterscheidungslehren seien »bloß als Dokumente ehemaliger Streitigkeiten« anzusehen, die »das Wesen des Christentums und des Protestantismus nicht betreffen und nicht erheblich genug sind, um eine förmliche kirchliche Absonderung fortdauern zu lassen«.

Die wirkungsvollste Unterstützung aber erhielt der König von D. F. Schleiermacher, dem bedeutendsten Theologen seiner Zeit, der sich bereits im Jahre 1804 in *Zwei unvorgreiflichen Gutachten*[22] für die Union ausgesprochen hatte und seine Glaubenslehre als Unionsdogmatik konzipierte.

Nach mancherlei fehlgeschlagenen Ansätzen und der erzwungenen Unterbrechung durch die preußische Katastrophe des Jahres 1806 erließ Friedrich Wilhelm III. schließlich zur Jubelfeier der Reformation im Jahre 1817 einen von Eylert (1770—1852)[23] verfaßten Aufruf, in dem er die protestantische Öffentlichkeit aufforderte, als Anfang zu einer kirchlichen Vereinigung dem Beispiel ihres Königs freiwillig zu folgen und gemeinsam das Abendmahl zu feiern. Dabei sicherte er allen Untertanen uneingeschränkte Bekenntnisfreiheit zu: »Aber so sehr Ich wünschen muß, daß die reformierte und lutherische Kirche in Meinen Staaten diese Meine wohlgeprüfte Ueberzeugung mit mir teilen möge, so weit bin Ich, ihre Rechte und Freiheit achtend, davon entfernt, sie aufdringen und in dieser Angelegenheit etwas verfügen und bestimmen zu wollen.«[24]

Noch ehe dieser Unionsaufruf — datiert vom 27. September 1817 — veröffentlicht war, gab die Berliner Geistlichkeit unter dem Vorsitz von Schleiermacher eine *Amtliche Erklärung der Berlinischen Synode über die*

[21] Friedrich Samuel Gottfried Sack, *Über die Vereinigung der beiden protestantischen Kirchenparteien in der preußischen Monarchie*, Berlin 1812; vgl. bes. S. 3; 30.

[22] Friedrich Daniel Schleiermacher, *Zwei unvorgreifliche Gutachten*, 1804, in: Ders., *Sämmtliche Werke*, Erste Abth., Bd. 5, Berlin 1846, S. 41—156.

[23] H. v. Treitschke (*Deutsche Geschichte ...*, Bd. 2, S. 239) urteilte über Rulemann Friedrich Eylert, er sei »eine jener schmiegsamen Prälatennaturen, welche der Kirche freilich nicht durch den Mut des Bekenners voranleuchten, doch zuweilen ... bei einem Werke der Vermittlung ihr unentbehrlich werden«. Vgl. *ADB* 4, S. 458; Walter Wendland, *Zur reaktionären Gesinnung Rulemann Friedrich Eylerts*, in: *Jahrbuch für Brandenburgische Kirchengeschichte* 9/10 (1913), S. 403—406.

[24] Kabinetts-Ordre vom 27. September 1817. Zitiert nach dem Abdruck von R. Marsson, *Die preußische Union ...*, S. 182.

am 30. Oktober von ihr zu haltende Abendmahlsfeier[25] heraus, in der sie bekanntgab, das bevorstehende Reformationsfest durch eine gemeinsame Abendmahlsfeier nach dem Ritus des Brotbrechens und einer dem biblischen Wortlaut angepaßten Spendenformel zu feiern.

Diese von der Auffassung Friedrich Wilhelms durchaus verschiedene Stellungnahme offenbarte zugleich die inhaltlichen Schwächen der königlichen Kabinetts-Ordre: Schleiermacher und die Berliner Geistlichen wünschten keine per Staatsakt verordnete Union, sondern lediglich eine allgemeine Kommunikantenduldung im Sinne einer Kultusunion unter Annahme einer überparteilich gedachten Abendmahlsform. Der König hingegen hatte offenbar die Absicht, eine Konsensusunion zu begründen, ohne jedoch den Konsensus angeben zu können. Mit einem oberflächlichen und ungeschichtlichen Gewaltstreich wollte er hinter die Reformation auf die »Urgebiete des Christentums«[26] zurückgreifen und die protestantischen Religionsparteien, die »nur noch durch äußere Unterschiede« getrennt seien, zu einer »neubelebten evangelisch-christlichen Kirche im Geiste ihres heiligen Stifters« vereinen.[27]

Wenn zunächst auch die Erwartung des Monarchen, daß die Bevölkerung seines Landes dem Aufruf mit großer Mehrheit folgen werde, Bestätigung fand, so kühlte sich die Begeisterung um so schneller ab, als man merkte, auf welchem Wege der König sich durchsetzen wollte. Die allgemeine Zustimmung wich Gleichgültigkeit, Bedenken und offenem Widerstand. Zu diesem Stimmungsumschwung trug vor allem auch Freiherr v. Altenstein bei, der es für seine Aufgabe hielt, die Union mit allen ihm zu Gebote stehenden staatlichen und kirchlichen Mitteln voranzutreiben.[28]

---

[25] Daniel Friedrich Schleiermacher, *Amtliche Erklärung der Berlinischen Synode über die am 30. Oktober von ihr zu haltende Abendmahlsfeier,* in: Ders., *Sämmtliche Werke...,* Erste Abth., Bd. 5, S. 302 f.

[26] Vgl. die Äußerungen des Königs im Gespräch mit Eylert, *Charakterzüge und historische Fragmente aus dem Leben des Königs von Preußen Friedrich Wilhelm III.,* T. 3, 2. Abt., Magdeburg 1846, S. 37 f.; 207.

[27] Kabinetts-Ordre vom 27. September 1817. Zit. nach R. Marsson, *Die preussische Union...,* S. 181.

[28] E. Foerster, *Die Entstehung der Preußischen Landeskirche...,* Bd. 1, S. 284, urteilt über den Minister, der König habe »einen gefügigeren Diener nicht finden« können. »... man darf auch das nicht übersehen, daß es ihm an Selbständigkeit und offener Gradheit bedenklich mangelte, und mit ihm an die Stelle zwar nüchterner, aber gesunder und klarer Grundsätze eine weichliche Prinzipienlosigkeit trat.« Vgl. auch das von Altenstein ausgehende Reskript vom 8. 5. 1821. Abgedruckt in: Albert Lührs (Hrsg.), *Die Union in Alt-Preußen, Actenstücke und Zeitstimmen, den Einverleibten in Norddeutschland zu Nutz und Frommen,* Braunschweig 1868, S. 8.

Die heftige Auseinandersetzung Schleiermachers mit Friedrich Wilhelm III. in den zwanziger Jahren schadete der Festigung und allgemeinen Anerkennung der Union zweifellos am meisten. Der große Theologe, der dem Unionsgedanken grundsätzlich positiv gegenüberstand, sah sich aufgrund seines Kirchenverständnisses veranlaßt, gegen die Durchführung der kirchlichen Vereinigung Einspruch zu erheben.[29]

Es kann nach Schleiermacher gar nicht darum gehen, eine Kirchengemeinschaft durch äußere Zwangsmaßnahmen neu herzustellen, denn Kirche als lebendige Gemeinschaft des Glaubens, in der Christus ereignishaft durch seine geistliche Gegenwart den Organismus des Gesamtlebens der Gläubigen stiftet und erhält, ist längst vorhandene geistliche Wirklichkeit. Eine organisierte Konsensusunion gefährdet die reale geistliche Einheit nur, indem sie den beiden schon vorhandenen Konfessionen eine dritte hinzufügt, deren neues Bekenntnis in seiner Andersartigkeit die Trennung noch verfestigt. Die Bekenntnisschriften der Väter tragen demgegenüber einen ganz anderen Charakter: Sie gehören zu den geschichtlichen Zeugnissen über die Verkündigung und Theologie der Geistesgemeinschaft der Gläubigen aus der ersten Zeit der protestantischen Kirchen. »Sie sind nicht Gebote über das Credendum, sondern sie sind Bekenntnisse über das Creditum.«[30]

Zu den schärfsten Gegnern der Union aus dem Lager der konfessionellen Lutheraner gehörte der Kieler Prediger Claus Harms (1778—1855),[31] dessen zum Reformationsjubiläum aufgestellte 95 Thesen den Anstoß zur Begründung des Neuluthertums gaben.

In diesen Thesen verurteilte Harms die moderne wissenschaftliche Theologie als Abfall vom christlichen Glauben und protestierte gegen die Union als eine Verirrung des Rationalismus. »Sagen, die Zeit habe Scheidewände zwischen Lutheranern und Reformierten aufgehoben, ist keine reine Sprache. Es gilt, welche sind abgefallen von dem Glauben ihrer Kirche, die Lutheraner oder die Reformierten oder beide!« Und weiter heißt

---

[29] Zur Frage der Union hat sich D. F. Schleiermacher in seinen Schriften mehrfach geäußert: Ders., *Der christliche Glaube nach den Grundsäzen der evangelischen Kirche im Zusammenhange dargestellt,* sechste unveränderte Ausgabe, Bd. 1, S. VI (Vorrede) und § 27, S. 136—143; Ders., *Über den eigentümlichen Wert und das bindende Ansehen symbolischer Bücher,* in: Ders., *Sämmtliche Werke . . .,* Erste Abth., Bd. 5, S. 423 ff. Ders., *Sendschreiben an Herrn Dr. von Cölln und Dr. Schulz,* in: a. a. O., S. 667 ff. Vgl. dazu die Untersuchung von Martin Stiewe, *Das Unionsverständnis Friedrich Schleiermachers. Der Protestantismus als Konfession in der Glaubenslehre,* Witten 1969.
[30] M. Redeker, *Friedrich Schleiermacher . . .,* S. 276.
[31] Vgl. Martin Schmidt, *Claus Harms,* in: *RGG,* 3. Aufl., Bd. 3, Sp. 76.

es: »War auf dem Colloquio zu Marburg 1529 Christi Leib und Blut im Brot und Wein, so ist er es auch noch 1817.« In seiner 75. These warnt er das soeben preußisch gewordene Wittenberg: »Als eine arme Magd möchte man die lutherische Kirche jetzt durch eine Kopulation reich machen. Vollziehet den Akt ja nicht über Luthers Gebein! Er wird lebendig davon und dann — weh Euch!«[32]

So setzten schon bald nach der Proklamation des Königs lebhafte und vielbeachtete Gegenströmungen ein, die es zunehmend zweifelhaft erscheinen ließen, ob die Union in weiten Teilen Preußens sich würde durchsetzen können.[33] Erschwert aber wurde die Lage noch durch den Umstand, daß Friedrich Wilhelm neben der Union auch auf die Einführung einer neuen Agende hindrängte, für ihn das Herzstück seines Reformwerkes. Die Agendenreform bildete den Prüfstein für das Konfessionsbewußtsein in der preußischen Landeskirche, denn sie griff tief in das religiöse Leben der einzelnen Gemeinden ein.

Tatsächlich war in Preußen im 18. Jahrhundert die Gottesdienstordnung durch die Einwirkung der Aufklärung derart willkürlich verändert, uneinheitlich und nüchtern geworden, daß man durchaus von Verfallserscheinungen reden konnte.

Gerade diese kultische Verwilderung und Öde trug nach der Auffassung des Königs vornehmlich die Schuld daran, daß die Gebildeten der Kirche fern blieben und Konversionen zur katholischen Kirche sich häuften. Diese Entwicklung rückgängig zu machen und dem preußischen Staat sein einheitliches christliches Gepräge zu erhalten, lag im Brennpunkt der religiösen Interessen des Monarchen. Der Plan einer Liturgiereform beschäftigte ihn darum seit seinem Regierungsantritt und lag zeitlich lange vor seinen Unionsbestrebungen, wenngleich beide Gedanken sich schwerlich voneinander trennen lassen, wie das 1798 von Sack vorgelegte Promemoria[34] belegt.

Am 18. Juli 1798 befahl der König in einer Kabinettsorder eine »Commission zur Besorgung einer neuen, für beide Confessionen gemeinschaftlichen Kirchenagende«[35] einzuberufen, doch der Krieg von 1806 unterbrach das heikle Unternehmen.

---

[32] *Ausgewählte Schriften und Predigten*, Peter Meinhold (Hrsg.), *Claus Harms*, Bd. 1, Flensburg 1955, S. 222.

[33] Vgl. Walter Wendland, *Schwierigkeiten in der Durchführung der Union von 1817*, in: *Jahrbuch für Brandenburgische Kirchengeschichte* 16 (1918), S. 94—101.

[34] Siehe oben S. 15.

[35] Abgedruckt in: A. Lührs (Hrsg.), *Die Union in Alt-Preußen ...*, S. 3 f.

Im Jahre 1814[36] wurde dann eine zweite liturgische Kommission eingesetzt, die sich nach dem Willen des Königs vornehmlich mit der Agendenreform beschäftigen sollte, doch die Kommissare dachten gar nicht daran,
ihre Aufgaben so eng zu fassen, und bereicherten ihre Sitzungsordnung
unter anderem mit der Frage einer Kirchenverfassungsreform.[37] Im Mai
1815 vollendeten sie ihr voluminöses Gutachten, dessen Abschnitt über
die Liturgie Friedrich Wilhelm aber ganz und gar nicht befriedigte. Zur
Abfassung des Finalberichtes wurden die Vorschläge der Kommission
dann dem Staatsminister zugeleitet, der sie wiederum an Nicolovius wei-
terreichte. Nicolovius vermißte wie sein Monarch in dem liturgischen Teil
des Gutachtens Rückgriffe auf den Schatz altehrwürdiger Formen und
fand sein Urteil durch den Sonderbericht Schuckmanns[38] bestätigt, der sich
sichtlich bemühte, den Anschauungen des Königs weit entgegenzukom-
men.

Daraufhin entwarf der König selbst eine Gottesdienstordnung, die 1816
zunächst probeweise als Liturgie für die Hof- und Garnisonsgemeinde zu
Potsdam und für die Garnisonskirche in Berlin gedacht war. Doch die neue
Liturgie sollte nur ein Versuch sein. Noch war keine Rede von dem *ius liturgicum* des Landesherrn, und wie unsicher sich der König noch fühlte,
geht am besten daraus hervor, daß er Eylert, Ribbeck, Hanstein und Sack
Aufträge zu Entwürfen für eine Sonntagsgottesdienstordnung erteilte.

Die nachhaltige Beschäftigung mit Luther und den ältesten Formen des
lutherischen Kultus führten dann allmählich zu einem Sinneswandel des
Monarchen. Hinzu kam die herbe Kritik an seinem Agendenentwurf von
1816 und dessen verbesserter Ausführung im folgenden Jahr. Kraft seines
oberstbischöflichen Amtes entschloß er sich nun, von seinem liturgischen
Recht Gebrauch zu machen. So arbeitete er unter Rückgriff auf die ver-

---

[36] Die Art, wie die Diskussion um Union und Agendenreform zu dieser Zeit in Hofkreisen geführt wurde, charakterisiert R. F. Eylert, *Charakterzüge und historische Fragmente . . .,* T. I, 1. Abt., S. 176 f.: Anläßlich der Konfirmation des Kronprinzen äußerte der
König sein Bedauern über die getrennten Konfessionen. Die Geistlichen Sack, Ribbeck und
Eylert betonten die Schwierigkeiten, die sich bei der Bildung einer Konsensusunion ergäben,
während der Feldpropst Offelsmeyer lebhaft einfiel: »Ei was! Kampf muß sein; der Sieg ist
dann um so herrlicher. Sind wir erst mit den hoffärtigen Franzosen fertig, dann wollen wir
auch schon fertig werden mit den renitenten Theologen.« Sack: »Mit diesen wird man nicht
fertig!« Offelsmeyer: »Freilich nicht, wenn man immer auf Socken geht; man muß aber
große Stulpstiefel mit Nägeln beschlagen anziehen.«
[37] Vgl. E. Foerster, *Die Entstehung der Preußischen Landeskirche . . .,* Bd. 1, S. 206 f. und
S. 221 ff.
[38] Abgedruckt *a. a. O.,* Bd. 1, S. 395 ff.

meintlich klassischen ältesten Formen des lutherischen Gottesdienstes, auf Luthers eigene — viele Zugeständnisse enthaltende — Formulare von 1523 und 1526 und auf Joachims II. brandenburgische Agende von 1540, höchstpersönlich in der Abgeschiedenheit seines Kabinetts eine Liturgie aus, die Weihnachten 1821 als Kirchenagende für die Königliche Preußische Armee und 1822 mit geringen Verbesserungen für die Hof- und Domkirche herausgegeben wurde. Diese letzte — von ihm endgültig überarbeitete — Agende führte der König mit der Kabinettsordre vom 19. Februar 1822 — zunächst noch als Empfehlung — in den Kirchen seines Territoriums ein. Die sehr zögernde Annahme führte jedoch bald zu repressiven Maßnahmen wie dem Ministerialreskript vom 17. Oktober 1822, in dem es heißt: »Die Königlichen Regierungen haben bei denjenigen Gemeinden, in welchen der Unions-Ritus, wenn auch nur in Abwechselung mit dem alten, eingeführt ist, nur solche zu Pfarrern, Diakonen etc. zu ernennen und zu bestätigen, welche ihren Beitritt zur Union dem Consistorio der Provinz schriftlich erklärt haben.«[39]

Lutheraner, Reformierte und Unionsfreunde reagierten mit heftigem Protest, der sich sowohl gegen die unprotestantisch-katholisierenden Tendenzen des königlichen Werkes als auch gegen die caesaropapistische Vorgehensweise des Monarchen richtete. Nur der sechste Teil der preußischen Geistlichkeit erklärte sich zur Annahme der Agende bereit. Mit der oktroyierten Agende hatte der Landesherr seine Rechte gegenüber der Kirche weit überzogen, denn nach der Regelung des preußischen Landrechts von 1794[40] stand das *ius liturgicum* nicht dem König, sondern den Einzelgemeinden zu.

Aus der Flut von Schriften gegen die königliche Agende[41] verdient zweifellos Schleiermachers Stellungnahme aus dem Jahre 1824: *Über das liturgische Recht evangelischer Landesfürsten*[42] besondere Beachtung. In ihr wird Friedrich Wilhelm III. vorgeworfen, er habe mit der Einführung seiner Agende das Landrecht gebrochen und stehe in Widerspruch zu den Grundanliegen der Reformation. Zur Verteidigung seiner Agende verfaßte der König 1827 eine Gegenschrift mit dem Titel: *Luther in Beziehung auf die preußische Kirchenagende von 1822 mit den im Jahre 1823*

---

[39] Zit. nach A. Lührs (Hrsg.), *Die Union in Alt-Preußen ...*, S. 8 f.

[40] Vgl. § 46 des Titel 11, Abt. 2 im preußischen Allgemeinen Landrecht von 1794.

[41] Vgl. E. Foerster, *Die Entstehung der Preußischen Landeskirche ...*, Bd. 2, S. 70; 191; 192; 197.

[42] Die Schrift wurde unter dem Pseudonym »Pacificus sincerus« veröffentlicht. Friedrich Daniel Schleiermacher, *Kleine Schriften und Predigten,* hrsg. von Hayo Gerdes und Emanuel Hirsch, Bd. 2: *Schriften zur Kirchen- und Bekenntnisfrage,* Berlin 1969, S. 167 ff.

bekannt gemachten Verbesserungen und Vermehrungen.[43] Darin kam
zum Ausdruck, daß der König Luther als den Gesetzgeber der Kirche in einer für alle Zeiten bindenden Periode ihrer Geschichte ansah, während
Schleiermacher die gesetzesfreie Kirche und die prinzipielle Unabge-
schlossenheit der Reformation als das Proprium reformatorischer Lehre
betonte. Schließlich spielten in der Kontroverse um die Agendenreform
auch kirchenregimentliche Gesichtspunkte eine entscheidende Rolle.
Während der König über eine einheitliche Agende sein landesherrliches
Summepiskopat noch stärker befestigen wollte, strebte Schleiermacher
zunächst eine presbyterial-synodale Kirchenverfassung an, damit die Kirche sich dann selber eine liturgische Ordnung geben konnte.

Am 19. April 1829[44] wurde die Agende durch Kabinettserlaß endgültig
eingeführt — freilich nicht ohne erhebliche Korrekturen und Kompromisse. Um dem allgemeinen Widerstand zu begegnen, gestattete man die
Ausgabe von Provinzialagenden mit Parallelformularen, die den provinziellen Eigentümlichkeiten und konfessionellen Anschauungen Raum ließen.

Mit diesem Erlaß begann ein Rückbildungsprozeß von der absorptiven
Konsensusunion des Jahres 1817 zur konföderativen Union, der gegen
Ende des vierten Jahrzehnts als abgeschlossen gelten konnte.

Die Abneigung gegen die Agende erzeugte und vermehrte die Vorbehalte gegen die Union, denn obgleich die Agende parteilos sein wollte, bildete sie doch in erster Linie ein Vorbereitungsmittel für die Union. Deshalb sprachen ihre Gegner nur von der »Unionsagende«.

In diesem Urteil bestärkte sie Kultusminister v. Altenstein, der das
300jährige Jubiläum der Augsburger Konfession im Jahre 1830 zum Anlaß
nahm, die Unionssache agendarisch zu fördern. Zu diesem Zweck schlug
er vor, das Brechen des Brotes als den symbolischen Ausdruck des Beitritts
zur Union zu betrachten.[45] Um die oppositionellen Stimmen gegen die

---

[43] Vgl. dazu W. Wendland, *Die Religiosität und die kirchenpolitischen Grundsätze Friedrich Wilhelms III. . . .*, S. 85 ff. Die überaus geistreiche Entgegnung Schleiermachers mit
dem Titel *Gespräch zweier selbst überlegender Christen über die Schrift: Luther in Bezug
auf die neue preußische Agende. Ein leztes Wort oder ein erstes,* 1827 (*Sämmtliche
Werke . . .*, Erste Abth., Bd. 5, S. 537—625) erhellt den theologischen Stellenwert des Streites.

[44] A. Lührs, *Die Union in Alt-Preußen . . .*, S. 9 ff.

[45] Vgl. die Kabinettsorder vom 4. April 1830 und die sich daran anschließende Verordnung vom 30. April 1830 (abgedruckt in: A. Lührs, *a. a. O.*, S. 14 f.). Vgl. auch die Denkschrift des Ministers über Förderung der Union vom 16. April 1830 (abgedruckt in: E. Foerster, *Die Entstehung der Preußischen Landeskirche . . .*, Bd. 2, S. 478 ff.)

Union zum Schweigen zu bringen, versicherte er gleichzeitig in einer Reihe von Verordnungen,[46] die Union enthalte keinen Konfessionswechsel und verändere den Bekenntnisstand nicht.

Dessenungeachtet setzte nach 1830 in aller Schärfe die lutherische Bewegung gegen Union und Agende ein, denn inzwischen hatte die restaurative Erweckungsbewegung das konfessionelle Sonderbewußtsein wieder gestärkt. Mit einer Erklärung von höchster Stelle — der Kabinettsorder vom 28. Februar 1834[47] — unternahm der König nun einen letzten Beschwichtigungsversuch. Er erklärte einerseits die Annahme der Agende für unbedingt erforderlich, versicherte aber andererseits, die Einführung der Agende schließe nicht den Beitritt zur Union ein. Hinsichtlich der Union gelte vielmehr wie bisher das Prinzip der Freiwilligkeit, wenngleich man versucht habe, alle möglichen Gewissensbedenken aus dem Wege zu räumen. Obwohl die Wirkung auch dieser Order nicht den Erwartungen entsprach, bestand der König bis zu seinem Tode im Jahre 1840 mit äußerster Strenge auf der Annahme der Agende.

Als Ergebnis der langjährigen königlichen Bemühungen war ein blutarmes und blasses Gebilde entstanden, das ständig Anlaß zu neuen Auseinandersetzungen um eine bessere Kirchengestalt bot. Überdies wurde mit der Union ein dritter evangelischer Kirchentyp geschaffen, der den Protestantismus noch stärker aufspaltete — zumal sich als Folgeerscheinung auch noch Freikirchen bildeten.[48] So erstrebenswert ein Zusammenschluß der evangelischen Konfessionen an sich auch war (und bis heute ist), auf dem von Friedrich Wilhelm III. eingeschlagenen Weg des Oktroyierens und der anschließenden Zwangsmaßnahmen ließ sich die schmerzliche Trennung des Protestantismus nicht aufheben, sondern mußte sich im Gegenteil verschärfen.

Die wohl härteste Belastungsprobe für Union und Agende stellte die Separation der Altlutheraner in Schlesien dar, deren Wortführer Johann

---

[46] Vgl. R. Marsson, *Die preußische Union . . .*, S. 66 ff.

[47] Abgedruckt in: Gerhard Ruhbach (Hrsg.), *Kirchenunionen im 19. Jahrhundert*, Gütersloh 1967, S. 36 f.

[48] Sehr viel positiver wird die Einführung der Union bei W. Elliger (Hrsg.), *Die Evangelische Kirche der Union . . .*, S. 65, beurteilt: »Als Friedrich Wilhelm III. am 7. Juni 1840 . . . starb, durfte er die Augen mit dem Bewußtsein schließen, die große Mehrheit der evangelischen Bevölkerung Preußens für die Sache der Union gewonnen zu haben.« Die Wandlung des Unionsverständnisses zwischen 1817 und 1834 führt man gar auf die Einsicht der Verantwortlichen zurück, daß man mit der absorptiven Union eine dritte Konfession schaffen würde. Offensichtlich wurden die Autoren hier von der euphorischen Stimmung über das 150jährige Bestehen der Union mitgerissen.

Gottfried Scheibel (1783—1843)[49] sich bereits in seiner ersten theologischen Schrift *Einige Worte über die Wahrheit der christlichen Religion* (1815) als unversöhnlicher Gegner der rationalistischen Kritik an Bibel, Schöpfungs- und Versöhnungslehre auswies.

Im Juni 1830 weigerte er sich in seiner Eigenschaft als Diakonus der St. Elisabeth-Kirche in Breslau, statt der bisher in Gebrauch gewesenen alten Wittenberger Agende die neue evangelische Agende anzunehmen, weil es sein Gewissen nicht erlaube, mit einer Veränderung der gottesdienstlichen Handlungen zur Union hinzuleiten. Da jedoch die preußische Agende kirchenordnungsgemäß durch die Mehrheit der Breslauer Pfarrer eingeführt worden war, endete die Auseinandersetzung nach einem fruchtlosen Streit mit der Suspendierung und schließlich der Entlassung Scheibels.

Daraufhin konstituierten sich die Anhänger Scheibels als selbständige lutherische Gemeinde und wählten eine Repräsentation unter Leitung der Professoren Steffens und Huschke. Auf Vorschlag ihres ehemaligen Pfarrers richteten sie Privatgottesdienste ein und ließen die Sakramente durch Laien austeilen.

Nicht nur in Schlesien, sondern auch in Pommern und Brandenburg, ja sogar in Berlin und Potsdam bildeten sich separierte Gemeinden. Minister v. Altenstein und der König lehnten die Bildung dieser freien lutherischen Gemeinden entschieden ab, obwohl sie sich in einer schwierigen Lage befanden, weil der Kronprinz aus seiner Sympathie für die sich rasch ausbreitende Bewegung keinen Hehl machte. Die Regierung verbot unter Androhung schwerer Strafen mit einer Verordnung »Über die Grenzen des Konventikelwesens«[50] private religiöse Zusammenkünfte und die Verrichtung pfarramtlicher Handlungen durch Nichtgeistliche.

In der Gemeinde Hönigern bei Namslau griff der Staat zu härtesten Gewaltmaßnahmen, um der »Rebellion« Einhalt zu gebieten.[51] Als der dortige Pfarrer seine Suspension ignorierte, wurde er verhaftet und nach Breslau überführt; einrückende Truppen drangen mit Waffengewalt in das verschlossen gehaltene Kirchengebäude ein. Dabei leisteten die Gemeindeglieder so verzweifelten Widerstand, daß zahlreiche Verhaftungen vor-

---

[49] Vgl. RE, 3. Aufl., Bd. 17, S. 547 ff.; Martin Kiunke, *Johann Gottfried Scheibel und sein Ringen um die Kirche der lutherischen Reformation*, Phil. Diss., Erlangen 1941; E. Foerster, *Die Entstehung der Preußischen Landeskirche . . .*, Bd. 2, S. 254 ff.

[50] Vgl. E. Foerster, *a. a. O.*, S. 284.

[51] Eine sorgfältige Quellensammlung der Ereignisse in Hönigern nahm A. Lührs (Hrsg.), *Die Union in Alt-Preußen . . .*, S. 18 ff. vor. Vgl. auch E. Foerster, *Die Entstehung der Preußischen Landeskirche . . .*, Bd. 2, S. 291—302.

genommen werden mußten. Als Strafe für diese ungewohnte Renitenz quartierte man 500 Soldaten in dem Ort ein, die solange bleiben sollten, bis die Gemeinde einen agendentreuen Pfarrer annehmen würde.

Im Jahre 1837 — nach der Aufhebung des Auswanderungsverbotes — durften die Separierten schließlich »wegen Religionsdruckes« nach Australien und Nordamerika emigrieren. Eine Duldung der sogenannten Altlutheraner in Preußen erfolgte erst mit der Thronbesteigung Friedrich Wilhelms IV., der 1841 auch die erste altlutherische Generalsynode in Breslau gestattete.

Der »christliche Staat« Friedrich Wilhelms IV.

Der Regierungsantritt Friedrich Wilhelms IV. (1840—1858)[52] fiel in eine Zeit gärender Unruhe, die die Grundlagen christlicher Kultur zu zerstören schien. Der Zusammenbruch des Hegelschen Systems verursachte eine anhaltende Lähmung der Philosophie; die Krisis der Synthese von Christentum und Wissenschaft stand vor aller Augen. 1835 erschien Strauß' *Leben Jesu;* 1840 folgte seine *Glaubenslehre.* Feuerbachs *Wesen des Christentums* (1841) stieß beim politischen Liberalismus des Bürgertums auf hämischen Beifall; die Gemeinschaft der Lichtfreunde, in der der Rationalismus seit 1841 noch eine Zeit lang sektenhaft bei vielen Geistlichen fortlebte, fand in bürgerlichen Kreisen begeisterte Zustimmung und Unterstützung.[53]

Dieser Geistesströmung stellte sich die Erweckungsbewegung[54] entgegen, die ein neubelebter Inspirationsglaube und ein tief empfundenes Ver-

[52] Vgl. zu dem ganzen Abschnitt K. v. Hase, *Geschichte der protestantischen Kirche im 19. Jahrhundert* . . ., S. 552 ff.; H. Hermelink, *Das Christentum in der Menschheitsgeschichte* . . ., Bd. 2, S. 316 ff.; K. Kupisch, *Die deutschen Landeskirchen im 19. und 20. Jahrhundert* . . ., S. 56 ff.; F. Schnabel, *Deutsche Geschichte im 19. Jahrhundert* . . ., Bd. 8, S. 308 ff. Speziell zu Friedrich Wilhelm IV. ist die Arbeit von Herman v. Petersdorff, *König Friedrich Wilhelm der Vierte,* Stuttgart 1900, wichtig. Ebenso Ernst Benz, *Bischofsamt und apostolische Sukzession im deutschen Protestantismus,* Stuttgart 1953, und Ewald Schaper, *Die geistespolitischen Voraussetzungen der Kirchenpolitik Friedrich Wilhelms IV. v. Preußen,* Stuttgart 1938.
[53] Im März 1847 erließ der König ein Toleranzpatent über die Bildung neuer Religionsgesellschaften, das sich vor allem gegen die Gruppen der »Lichtfreunde« richtete. Ihn leitete dabei keineswegs der Gedanke der Gewissensfreiheit; vielmehr glaubte er auf diesem Wege ohne Polizeigewalt die Landeskirche von fremden radikalen Elementen reinigen zu können. Vgl. dazu K. v. Hase, *Geschichte der protestantischen Kirche im 19. Jahrhundert* . . ., S. 565 ff.; Richard Hoenen, *Die freien evangelischen Gemeinden in Deutschland,* Tübingen 1930.
[54] Vgl. L. Tiesmeyer, *Die Erweckungsbewegung in Deutschland während des 19. Jahrhunderts,* 4 Bde., Kassel 1901—1912; Martin Schmidt, *Die innere Einheit der Erweckungs-*

langen der Herzen nach der Gemeinschaft mit Christus als dem Herrn der Seelen leitete, denn das neuerwachte Sündengefühl der Erweckten bedurfte der Erlösung vom Zorne Gottes.

In dieser Situation war es dem König als einem Freund und Anhänger der romantischen Erweckung ein persönliches Anliegen, das gesamte öffentliche Leben mit den religiösen Kräften der Bewegung zu durchdringen, um so einen »christlichen Staat« zu schaffen, der die Entwicklung des 19. Jahrhunderts doch noch in die Bahnen des Christentums zu lenken vermöchte.[55]

Friedrich Wilhelm IV. übernahm im kirchlichen Bereich mit der umstrittenen Union und der noch ungelösten Verfassungsfrage gewiß kein leichtes Erbe.[56] Bei seiner romantischen Frömmigkeit lag ihm die Festigung des Unionswerkes noch stärker am Herzen als seinem Vater, aber er gedachte die Arbeit in einem neuen Geiste — ohne die bis dahin üblichen Zwangsmaßnahmen — fortzusetzen. Als seine wiederholten Bemühungen, die separierten Lutheraner der Landeskirche wieder einzugliedern, ergebnislos blieben, ermöglichte er den Dissidenten durch die Generalkonzession vom 23. Juli 1845 den Zusammenschluß zu eigenen, von der Landeskirche unabhängigen Gemeinden und die Bildung eines eigenen Kirchenregimentes.[57]

Hinsichtlich der Kirchenreform verfolgte der Monarch hochfliegende Pläne: Er sah es als seine göttliche Sendung an, auf einen Zusammenschluß aller christlichen Kirchen des Abendlandes hinzuwirken. Die geeignete Grundlage für ein solches Unternehmen schien ihm die anglikanische Kirche zu bieten. Insbesondere für die vom Hochadel getragene hochkirchliche Oxford-Bewegung,[58] die neben der Bibel auch die Geltung der

---

bewegung im Übergangsstadium zum lutherischen Konfessionalismus, in: *Theologische Literaturzeitung* 74 (1949), Sp. 18—28; Holsten Fagerberg, *Bekenntnis, Kirche und Amt in der deutschen konfessionellen Theologie des 19. Jahrhunderts*, Uppsala 1952.

[55] Der König hielt den Streit der Konfessionen angesichts der großen Auseinandersetzung zwischen Christentum und Materialismus für grundsätzlich überholt. Darum bemühte er sich um ein Vertrauensverhältnis mit der katholischen Kirche und lenkte nach seinem Regierungsantritt im Kölner Kirchenstreit sofort zum Frieden ein.

[56] Vgl. Alfred Adam, *Nationalkirche und Volkskirche im deutschen Protestantismus. Eine historische Studie*, Göttingen 1938, S. 52 ff.; W. Elliger (Hrsg.), *Die Evangelische Kirche der Union . . .*, S. 65 ff.; Emil Friedberg, *Die Grundlagen der preußischen Kirchenpolitik unter Friedrich Wilhelm IV.*, Leipzig 1882; Aemilius Ludwig Richter, *König Friedrich Wilhelm IV. und die Verfassung der evangelischen Kirche*, Berlin 1861.

[57] Die Generalkonzession vom 23. 7. 1845 ist abgedruckt in: A. Lührs (Hrsg.), *Die Union in Alt-Preußen . . .*, S. 43 f.

[58] Vgl. Yngve Brilioth, *The Anglican Revival. Studies in the Oxford Movement*, London 1925.

Überlieferung stark betonte und den katholischen Kultus bevorzugte, faßte der König tiefe Sympathie. Darin bestärkte ihn sein Freund Bunsen (1791—1860),[59] der bald nach dem Regierungswechsel zum Gesandten in London ernannt wurde, um dort auf Betreiben seines Königs engere Beziehungen zwischen der preußischen und der anglikanischen Kirche zu knüpfen. Aus dieser Tätigkeit erwuchs die Errichtung eines gemeinschaftlichen preußisch-anglikanischen Bistums in Jerusalem, das den Unionsgedanken fördern und die Einrichtung des Episkopalsystems im deutschen Protestantismus vorbereiten sollte.[60] Dem ersten deutschen der abwechselnd vom englischen und preußischen König ernannten Bischöfe erteilte ein anglikanischer Bischof (Erzbischof von Canterbury) die apostolische Weihe und Sukzession, womit Friedrich Wilhelm IV. nur die anglikanische Ordination als vollwertig anerkannt hatte.[61]

Auf den gleichen Ideen gründete der Verfassungsvorschlag des Königs für die preußische Landeskirche, den er kurz vor Regierungsantritt Bunsen als seinen »Sommernachtstraum« anvertraut hatte.[62] Danach plante der Monarch die Umformung der evangelischen Kirche zu einer straff organisierten bischöflichen Hochkirche nach anglikanischem Muster, basierend auf dem durch »göttliche Einsetzung« geschaffenen Unterschied der drei kirchlichen Ämter — Diakone, Presbyter und Bischöfe. Das allgemeine Priestertum aller Gläubigen sollte in Presbyterien aus Geistlichen und Laien als beratenden Kirchendienern zu seinem Recht kommen. An der Stelle der bisherigen Konsistorien wünschte er sich Metropoliten und Kapitel, über ihnen einen mit apostolischer Sukzession ausgestatteten Fürstbischof von Magdeburg als Primas Germaniae. Seine eigene Stellung in diesem Gefüge beschrieb der König so: »Er gehört der Kirche, ist ihr Sohn, aber alle ihre Gläubigen sind seine Untertanen. Diese Wahrheit ignorieren zu wollen, führt zu schmählichen Komödien. Er also, der evangelische Landesfürst, das gekrönte Mitglied der Kirche, muß eben weil er

[59] Zu Bunsen vgl. Karl Kupisch, *Christian Karl Josias Freiherr von Bunsen*, in: *RGG*, 3. Aufl., Bd. 1, Sp. 1525 f. (mit Literatur).

[60] Das Bistum war als Missionszentrum und Protektorat für alle im Gebiet des Islam und unter Juden lebenden Evangelischen gedacht. Als im Jahre 1881 die anglikanische Kirche den Vertrag nicht mehr erneuerte, wurde es aufgehoben; an seine Stelle trat die Jerusalemstiftung. Vgl. Kurt Schmidt-Clausen, *Vorweggenommene Einheit. Die Gründung des Bistums Jerusalem im Jahre 1841*, Berlin-Hamburg 1965; vgl. auch Ernst Benz, *Bischofsamt . . .*, S. 148 ff.

[61] Vgl. F. Schnabel, *Deutsche Geschichte im neunzehnten Jahrhundert . . .*, Bd. 8, S. 314 ff.

[62] Vgl. Leopold v. Ranke, *Aus dem Briefwechsel Friedrich Wilhelms IV. mit Bunsen*, Leipzig 1873, S. 61 ff.

beides ist, das Band sein, das Staat und Kirche eint.«[63] Gleichwohl verstand
er sich als Gegner des landesherrlichen Summepiskopats, der den Tag zu
segnen versprach, »an welchem ich die Kirchengewalt wieder in die rechten Hände zurückgeben kann«.[64]

Die herrschenden kirchlichen Verfassungstheorien jedoch, insbesondere das ihm verhaßte — weil demokratische — Presbyterialsystem,[65] verwarf er ausnahmslos, weil diese Änderungsvorschläge seinem Kirchen-
ideal nicht entsprachen. In der Hoffnung, seinen Bauplan doch noch in die
Tat umsetzen zu können, nahm er eine abwartende Stellung ein und ver-
schleppte alle notwendigen kirchenpolitischen Entscheidungen.

Inzwischen wuchs aber die Einsicht in die Notwendigkeit, der Kirche
eine wirkliche Eigenständigkeit zuzugestehen. So ermutigte Kultusminister Eichhorn (1779—1856)[66] im Jahre 1843 den König, zunächst die alten
Kreissynoden der Pfarrer wieder einzuberufen. Die Synoden verhandelten
über Union und Konfession, Synodalordnung und Kirchenregiment. Sie
empfahlen, zur Förderung des innerkirchlichen Lebens synodale Einrichtungen zu schaffen, und sprachen sich dafür aus, die gesamte kirchliche
Verwaltung auf kirchliche Behörden übergehen zu lassen. Ein Jahr später
traten die hauptsächlich von Superintendenten gebildeten Provinzialsynoden zusammen, die ebenfalls die Einsetzung presbyterialer Organe und
rein kirchlicher Verfassungsbehörden forderten.[67] Insbesondere wurden
umfassende Erwägungen hinsichtlich einer kirchlichen Verfassung angestellt, die ganz überwiegend dahin gingen, die Konsistorialverfassung wieder spezifisch kirchlich zu gestalten und mit ihr in irgendeiner Weise Synoden und Presbyterien zu verbinden.

Nach Lage der Dinge war die Einberufung einer Generalsynode für die
Gesamtkirche unausweichlich geworden und fand schließlich auch die Zustimmung Friedrich Wilhelms IV. — zumal der König sich schon 1840
eine denkbar einfache Strategie für die Behandlung von Synodalbeschlüs-

---

[63] *A. a. O.,* S. 60.

[64] A. L. Richter, *König Friedrich Wilhelm IV. und die Verfassung der Kirche* . . ., S. 37.

[65] Vgl. die beiden ausführlichen Aufsätze des Königs aus dem Jahre 1845, in denen er
seine Ansichten über Kirchenverfassung äußert. Abgedruckt in Ernst Ludwig v. Gerlach,
Aufzeichnungen aus seinem Leben und Wirken, Bd. 2, Schwerin i. Mecklenburg 1903,
S. 444 ff.

[66] Vgl. Karl Kupisch, *Eichhorn,* in: *RGG,* 3. Aufl., Bd. 2, Sp. 345. Der Entschluß des Königs, die evangelische Kirche über ihre Zukunft selbst bestimmen zu lassen, ist in der *Berliner Kirchenzeitung,* Nr. 84 von 1845, veröffentlicht.

[67] Vgl. die *Protokolle der Provinzial-Synoden,* 1844.

sen zurechtgelegt hatte: »Fällt es ungünstig aus, so macht man sein Buch zu, und alles bleibt wie es war.«[68]

Unmittelbar vor Beginn der Generalsynode schlossen sich die liberaler denkenden Kreise in der Kirche, die für Gewissens- und Lehrfreiheit eintraten sowie die Union bejahten, gegen die Polemik der neuorthodoxen Vertreter zusammen. Sie hielten am 1. August 1845 im Berliner Tiergarten eine Protestkundgebung ab und organisierten eine Unterschriftensammlung.

Besonders der Berliner Professor Hengstenberg (1802—1869),[69] der im Zusammenhang mit dem Erstarken des Konfessionalismus durch die von ihm redigierte *Evangelische Kirchenzeitung* einen beträchtlichen kirchenpolitischen Einfluß besaß, attackierte in seinem Blatt jede freiere Geisteshaltung.

Zur Überraschung ihrer Gegner erschien aber zu der vom 2. Juni bis 29. August 1846 tagenden Generalsynode[70] nur ein hervorragender Repräsentant der konfessionellen Partei — der Professor für Staats- und Kirchenrecht Friedrich Julius Stahl (1802—1861).[71] Die drei Gebrüder Gerlach[72] und Hengstenberg waren nicht unter den Ernannten. Den Gegenpol bildete die Schleiermachersche Linke unter Führung von Pfarrer Sydow

---

[68] Zitiert nach Johannes Heintze, *Die Grundlagen der heutigen preußischen Kirchenverfassung in ihren Vorstadien seit der Generalsynode von 1846*, Greifswald 1931, S. 57.

[69] Zu Ernst Wilhelm Hengstenberg siehe unten S. 58 ff. Vgl. auch Johannes Bachmann/Theodor Schmalenbach, *Ernst Wilhelm Hengstenberg*, 3 Bde., Gütersloh 1876—1892; Anneliese Kriege, *Geschichte der Evangelischen Kirchen-Zeitung unter der Redaktion Ernst Wilhelm Hengstenbergs*, Theol. Diss., Bonn 1958; Marshall Kenneth Christensen, *Ernst Wilhelm Hengstenberg and the Kirchenzeitung faction. Throne and altar in 19th century Prussia*, Ann Arbor (Michigan) 1978 (Univ. Microfilms).

[70] Vgl. *Verhandlungen der preußischen Generalsynode zu Berlin vom 2. Juni bis 29. August 1846. Amtlicher Abdruck*, Berlin 1846; *Album der evangelischen Generalsynode zu Berlin*, Berlin 1846; Gustav Krüger, *Berichte über die erste evangelische Generalsynode Preußens*, Leipzig 1846; Johannes Heintze, *Die Grundlagen der heutigen preußischen Kirchenverfassung in ihren Vorstadien seit der Generalsynode von 1846*, Greifswald 1931; Aemilius Ludwig Richter, *Die Verhandlungen der neupreußischen Generalsynode*, Leipzig 1847. Einige wichtige Dokumente der Generalsynode von 1846 sind jetzt auch abgedruckt bei E. R. Huber/W. Huber (Hrsg.), *Staat und Kirche . . .*, Bd. 1, S. 612 ff.

[71] Vgl. zu Stahl Karl Kupisch, in *RGG*, 3. Aufl., Bd. 6, Sp. 327, sowie S. 33 f., Anm. 93 dieser Arbeit.

[72] Zu Leopold, Ernst Ludwig und Otto v. Gerlach vgl. Karl Kupisch, in: *RGG*, 3. Aufl., Bd. 2, Sp. 1429 ff.

(1800—1882)[73] und Graf Schwerin,[74] dem Schwiegersohn Schleiermachers. Die überwiegende Mehrheit der Teilnehmer gehörte der kirchenpolitisch wie theologisch vermittelnden Richtung an und betrachtete den Bonner Professor Karl Immanuel Nitzsch (1787—1868)[75] als ihren anerkannten Wortführer.

Die Verhandlungen über die Verpflichtung der Geistlichen auf die Bekenntnisschriften und — im Zusammenhang damit — die Klarlegung des Wesens der Union, nahmen auf der Synode den breitesten Raum ein. Als Referent der Bekenntniskommission verfaßte Nitzsch ein Ordinationsformular, das zwar mit 48 gegen 17 Stimmen von der Synode gebilligt wurde, aber die Zustimmung des Königs nicht fand, weil er es als eine Beseitigung des Apostolikums ansah.[76]

In der Diskussion über das rechte Unionsverständnis vertraten Nitzsch und Julius Müller (1801—1878)[77] unter Berufung auf die Kabinettsorder von 1817 die Auffassung, weder die Gleichförmigkeit des Kultus noch die Einheit des Kirchenregiments, noch die gegenseitige Duldung der beiden evangelischen Bekenntnisse machten das Wesen der Union aus, sondern die wahre Einheit liege in einem gemeinsamen Bekenntnis. Eine von Nitzsch ausgearbeitete »Lehrordnung«, in der der Konsensus der beiden evangelischen Konfessionen bekenntnismäßig formuliert war, wurde zwar von der Synode angenommen, erlangte aber, wie alle Synodalbeschlüsse, keine Gesetzeskraft, da der König ihnen seine Zustimmung versagte.[78] Es war dies der erste und letzte Versuch in der Geschichte der

---

[73] Im Jahre 1872, noch im hohen Alter, polemisierte Sydow derart heftig gegen das Apostolikum, daß ihm eine Amtsentsetzung drohte; siehe unten S. 182 f., Anm. 367.

[74] Vgl. Wilhelm Theodor Woltersdorf, *Zur Erinnerung an den Grafen von Schwerin,* in: *Zur Geschichte und Verfassung der evangelischen Landeskirche in Preußen. Gesammelte Aufsätze,* Greifswald 1891, S. 122 ff.

[75] Nitzschs Pläne über Kirchenverfassung sind niedergelegt in der *Verständigung über die Kirchenverfassung* vom Jahre 1842 (vgl. Willibald Beyschlag, *Karl Immanuel Nitzsch. Eine Lichtgestalt der neueren deutsch-evangelischen Kirchengeschichte,* Berlin 1872, S. 205).

[76] Das Ordinationsformular der Generalsynode von 1846 ist abgedruckt bei A. Lührs (Hrsg.), *Die Union in Alt-Preußen . . .,* S. 60 f.; vgl. *Verhandlungen der evangelischen Generalsynode 1846 . . .,* 2. Abth., S. 78 ff.

[77] Vgl. Julius Müller, *Die evangelische Union, ihr Wesen und ihr göttliches Recht,* Berlin 1854; ders., *Die erste Generalsynode der evangelischen Landeskirche Preußens und die kirchlichen Bekenntnisse,* Breslau 1847.

[78] *Evangelischer Consensus, wie er vor der Preußischen Generalsynode von 1846 verhandelt worden.* Abgedruckt in: Carl Immanuel Nitzsch, *Urkundenbuch der Evangelischen Union,* Bonn 1853, S. 127 ff.; Gerhard Ruhbach (Hrsg.), *Kirchenunionen im 19. Jahrhun-*

Preußischen Union, ein Unionsbekenntnis zu verfassen, das offiziell den Status einer Konsensusunion intendiert hätte.

Die Erörterung über die Verfassungsfrage, von der Diskussion um den Bekenntnisstand merkwürdig in den Hintergrund gedrängt, übertrug immerhin das Prinzip einer Vereinigung von Konsistorial- und Presbyterialverfassung auf die gesamte preußische Landeskirche, doch zu einer Beschlußfassung hierüber kam es ebenfalls nicht. Zur Ausführung gelangte allein die auf Anregung der Generalsuperintendenten gebildete rein kirchliche Oberbehörde, das Oberkonsistorium — freilich unter dem Vorsitz des Kultusministers.

In seinen Erwartungen enttäuscht und von den konservativen Freunden gedrängt, vertagte der König schließlich am 29. August 1846 diese erste preußische Generalsynode, um sie nie wieder zu eröffnen.[79] Die Fülle von Gedanken und Anregungen jedoch, die die Generalsynode von 1846 der preußischen Landeskirche gab, wirkte in ihrer Verfassungsgeschichte fort und wurde zur Grundlage der späteren Gestaltung der preußischen Kirchenverfassung.

Im gleichen Jahr trat auf Betreiben des Königs die *Deutsch-Evangelische Kirchen-Konferenz* — von 27 Kirchenregierungen beschickt — zusammen, die darüber beraten sollte, wie die Einheit von Bekenntnis, Verfassung und Kultus auf überterritorialer Ebene gefördert werden könnte.[80] Der Gedanke ergab sich aus dem Einheitsdrang der Nation, der den Wunsch nach einer Reichskirche einschloß, und aus antiultramontanen Motiven. Eine direkte Fortsetzung der Konferenz scheiterte jedoch am Widerstand der Landesregierungen, die um die Souveränität ihrer Territorien fürchteten; es blieb — abgesehen vom Wittenberger Kirchentag 1848[81] — seit 1852 lediglich eine ständige Fühlungnahme der Kirchen in den *Eisenacher Kirchenkonferenzen* erhalten.[82]

dert, Gütersloh 1967, S. 38 ff. Der Versuch, 1846 ein Unionsbekenntnis zu formulieren, wird von W. Geppert, *Das Wesen der preußischen Union ...*, S. 177 ff., ausführlich erörtert.

[79] Ein Jahr später entwarf Friedrich Wilhelm IV. selbst eine Kirchenverfassung, die freilich der Öffentlichkeit nie vorgestellt wurde; vgl. Johannes Heckel, *Ein Kirchenverfassungsentwurf Friedrich Wilhelms IV. von 1847*, in: *Gesammelte Aufsätze*, Wien 1964, S. 434 ff.

[80] Vgl. A. Adam, *Nationalkirche und Volkskirche ...*, S. 57 ff.; Hermann v. Zeller, *Die Berliner Kirchenkonferenz 1846 — ein Grundstein zum Deutschen Evangelischen Kirchenbund*, Stuttgart 1930.

[81] Siehe unten S. 33.

[82] Vgl. Herbert von Hintzenstern, *Die Eisenacher Kirchenkonferenz von 1852 und ihre Auswirkungen*, in: *Herbergen der Christenheit. Jahrbuch für deutsche Kirchengeschichte* 1973/74, Berlin 1975, S. 173—180, und E. R. Huber/W. Huber (Hrsg.), *Staat und Kirche ...*, Bd. 2, S. 293 ff.

Während in der evangelischen Kirche alles beim alten blieb, brach der Sturm der Revolution über Deutschland herein und schien eine radikale Änderung der bestehenden Verhältnisse — auch der kirchlichen — einzuleiten:

Die Reichsverfassung der Frankfurter Nationalversammlung proklamierte — ausgehend von dem Gedanken der Gewissensfreiheit des demokratischen Bürgers — im Rahmen der Grundrechte Art. III §§ 14—26 die Emanzipation des Individuums von der Kirche, die grundsätzliche Trennung von Kirche und Staat sowie die Freiheit der Bildung von Religionsgesellschaften. Die bürgerliche Gültigkeit der Ehe sollte nur von der Vollziehung der Ziviltrauung abhängig sein; das Unterrichts- und Erziehungswesen sollte — abgesehen vom Religionsunterricht — der Oberaufsicht des Staates unterstehen.[83]

Aber anders als der katholischen Kirche fehlten der evangelischen, die 300 Jahre unter staatlicher Bevormundung gehalten worden war, einfach die nötigen Organe, um von dem ihr so plötzlich verliehenen Recht der Selbständigkeit Gebrauch machen zu können. Der wegen seiner liberalen Haltung zum Kultusminister berufene Graf Schwerin löste das gerade durch Kabinettsorder vom 28. Januar 1848 neu gebildete Oberkonsistorium auf, nachdem es nicht mehr als eine einzige Sitzung erlebt hatte, und berief eine Kommission für die Ausarbeitung eines Wahlgesetzes zur konstituierenden Landessynode.[84] Diese aus freien Volkswahlen hervorgegangene Reichssynode sollte sich dann ihre eigene, rein presbyterial-synodale Kirchenverfassung geben.[85] Doch diesen Bemühungen um eine Liberalisierung des kirchlichen Lebens wurde nach der nur vier Monate währenden Amtszeit Schwerins ein Ende gesetzt.[86] Das Übergangsministerium Ladenberg ließ Gutachten über das Vorhaben, eine aus Volkswahlen hervorgegangene verfassungsgebende Synode einzuberufen, erstellen und

---

[83] Vgl. bei K. Rieker, *Die rechtliche Stellung* . . ., S. 381 ff., den Art. III der von der Nationalversammlung formulierten Grundrechte; ders., *Die Krisis des landesherrlichen Kirchenregiments in Preußen 1848—1850 und ihre kirchenrechtliche Bedeutung,* in: *Deutsche Zeitschrift für Kirchenrecht*, 3. F., Bd. 10, Tübingen-Leipzig 1901, S. 1—60.

[84] Vgl. Theodor Woltersdorf, *Das preußische Staatsgrundgesetz und die Kirche. Studien und Urkunden zur Verfassungsfrage der evangelischen Landeskirche in Preußen*, Berlin 1873, S. 71 ff.

[85] Vgl. Aemilius Ludwig Richter, *Vortrag über die Berufung einer evangelischen Landessynode,* Berlin 1848.

[86] Vgl. Theodor Woltersdorf, *Das preußische Staatsgrundgesetz und die Kirche* . . ., S. 54—70.

fand seine erwünschten Bedenken bestens bestätigt.[87] Niemand wagte es, nach dem Scheitern der Revolution für eine aus Urwahlen hervorgehende Synode zu plädieren — stand doch der synodale Gedanke in Parallele zur Demokratie.

Im September 1848 trat auf Anregung der zwei Jahre zuvor in Berlin abgehaltenen Evangelischen Kirchenkonferenz[88] der *Wittenberger Kirchentag*[89] unter Leitung von Bethmann-Hollweg (1795—1877)[90] und Stahl zusammen, um über die Bildung eines evangelischen Kirchenbundes für Deutschland zu beraten. Die Versammlung stand ganz unter dem Eindruck der fehlgeschlagenen Revolution, was sich besonders in Anträgen der konservativen Rechten (vor allem Ernst Ludwig v. Gerlach) niederschlug, die sich dafür einsetzte, die Revolution als Schändung irdischer und göttlicher Majestät zu ächten. Die Konföderation scheiterte am gegenseitigen Mißtrauen der politischen und kirchlichen Parteien, die sich am Ende der vierziger Jahre bildeten.

Besonders die konservative Partei,[91] die sich seit 1848 um die *Neue preußische Zeitung (Kreuzzeitung)*[92] sammelte, bildete mit ihren geistigen Führern Hengstenberg und Stahl den Hauptträger der politischen und kirchlichen Reaktion. Vor allem Stahl — der Philosoph der Gegenrevolution — lieferte dem monarchischen Prinzip die theoretische Begründung für seine Weigerung, im Staate wie in der Kirche mitregierende Vertretungen zuzulassen.[93] Die Orthodoxie beherrschte die Leitung des Univer-

[87] *Amtliches Gutachten.* Im Auftrage durch Ernst Ludwig Richter, Berlin 1849; vgl. Max Goebel, *Die evangelische Kirchenverfassungsfrage. Mit Aktenstücken*, Coblenz 1848.

[88] Siehe oben S. 31.

[89] Vgl. Christian Friedrich Kling (Hrsg.), *Die Verhandlungen der Wittenberger Versammlung für Gründung eines deutschen evangelischen Kirchenbundes im September 1848*, Berlin 1848.

[90] Vgl. Fritz Fischer, *Moritz August von Bethmann-Hollweg und der Protestantismus. Religion, Rechts- und Staatsgedanken*, Berlin 1938.

[91] Vgl. H. Hermelink, *Das Christentum in der Menschheitsgeschichte...*, Bd. 2, S. 340 ff. Zur Position des protestantischen Konservativismus nach den Revolutionsereignissen vgl. vor allem die ausgezeichnete Analyse von Horst Zilleßen, *Protestantismus und politische Form. Eine Untersuchung zum protestantischen Verfassungsverständnis*, Gütersloh 1971, S. 39 ff.

[92] Vgl. Ludwig Salomon, *Geschichte des Deutschen Zeitungswesens von den ersten Anfängen bis zur Wiederaufrichtung des Deutschen Reiches*, Bd. 3, Oldenburg-Leipzig 1906, S. 561 ff. Der Spitzname *»Kreuzzeitung«* rührte von dem Eisernen Kreuz im Titelkopf des Blattes her.

[93] Stahl rechnete unter Zuhilfenahme der Methode der Rechtsphilosophie auf historischer Grundlage mit dem Rationalismus als menschliche Selbstvergottung ab, in dessen ab-

sitäts- und Schulwesens und verfolgte in der Kirchenpolitik — mit wohlwollender Duldung der konservativen Regierung — die Beseitung der
Union, indem sie sie verdächtigte, Träger und Förderer liberalen, ja revolutionären Geistes zu sein. Tatsächlich fühlten sich die Vertreter des liberalen Denkens der Union zumeist enger verbunden, und besonders der am
14. Juni 1848 gegründete *Verein für evangelische Kirchengemeinschaft* (=
Unionsverein)[94] zählte vorwiegend kirchlich liberal gesinnte Männer zu
seinen Mitgliedern.

Die 1848 oktroyierte, 1849/50 revidierte Verfassungsurkunde für den
preußischen Staat betonte ausdrücklich in Artikel 12 beziehungsweise 15
— in Übereinstimmung mit den Beschlüssen des Frankfurter Parlaments
— die kirchliche Selbständigkeit.[95] Aber im Widerspruch mit dem Sinn der
Verfassungsurkunde blieb das landesherrliche Kirchenregiment, entsprechend dem Willen des Königs und seiner »Kamarilla«,[96] ungeschmälert
erhalten.

An die Stelle des von Schwerin aufgehobenen Oberkonsistoriums setzte
der König zunächst die Abteilung für innere evangelische Kirchensachen,
dann (am 9. 6. 1850) wurde die dem Konsistorium vorgeordnete Ministe-
rialabteilung im Kultusministerium zum *Evangelischen Oberkirchenrat*

straktem Denken — seine vornehmliche Kritik an der Hegelschen Philosophie — er die
Wurzel aller naturrechtlichen Irrtümer erblickte. Dagegen setzte er seine Irrationalitätsphi-
losophie, die ihren Erfolg dem Zusammenklang seiner theistischen Weltansicht und den Bedürfnissen der Zeit verdankte. Die absoluten Werte lassen sich in der Vielgestaltigkeit der
geschichtlichen Welt nur aus einem persönlichen schöpferischen Wesen als höchstem Prinzip begreifen. Daraus ergibt sich ein personalistischer Staatsbegriff, der in Staat und Kirche
eine Persönlichkeit als einende und herrschende Gewalt über eine vielschichtige Gemeinschaft als notwendig erscheinen ließ. Der obrigkeitliche Staat ist in dieser Lehre eine gott-
verordnete Anstalt, die sich als christlich ausweist, indem sie die Kirche in sich aufnimmt
und ihre Ziele fördert; Revolution ist der Geist, der sich erhebt gegen die gottgegebene Ordnung. Von der konservativen Doktrin Hallers unterschied sich Stahl insofern, als er auch
ständische und konstitutionelle Gedanken aufnahm. Vgl. dazu auch Friedrich Julius Stahl,
Philosophie des Rechts, 5. Aufl., Darmstadt 1963.

[94] Zur Rolle des Unionsvereins in den kirchenpolitischen Auseinandersetzungen nach
1866 siehe unten S. 179 u. ö.

[95] Zur preußischen Verfassungsurkunde vgl. K. Rieker, *Die rechtliche Stellung* ... ,
S. 390 ff.

[96] Zu diesem außerhalb der verfassungsrechtlichen Verantwortung stehenden Sonderka-
binett gehörten die Generaladjutanten Leopold v. Gerlach und Gustav v. Rauch, die Hofmar-
schälle L. v. Massow und Graf Keller, der Hausminister Anton Graf Stolberg und der Kabinettsrat Marcus Niebuhr.

erhoben, der nunmehr unmittelbar dem König unterstehen und keine dem Kultusministerium untergeordnete Behörde mehr sein sollte.[97]

Diese Maßnahme war von entscheidender Bedeutung für die Geschichte der preußischen Landeskirche, denn mit dem EOK erhielt sie seit ihrem Bestehen erstmals eine eigene, von staatlichen Instanzen nominell unabhängige, leitende Behörde, die siebzig Jahre lang — bis zum Ende der preußischen Monarchie — die Geschicke der größten evangelischen Glaubensgemeinschaft auf deutschem Boden wesentlich bestimmen sollte.

Die Kompetenzen der oktroyierten Kirchenregierung blieben zunächst freilich unklar; eindeutig war dagegen die Absicht des Königs, mit diesem Schritt der verfassungsrechtlich an sich gebotenen Einberufung einer konstituierenden Generalsynode auszuweichen, um nicht die Fortführung des landesherrlichen Kirchenregimentes und die alte kirchliche Konsistorialordnung insgesamt durch den vordrängenden liberalen Protestantismus in Frage stellen zu lassen.

Die personelle Zusammensetzung der neuen Oberbehörde sowie der in eigener Machtvollkommenheit vollzogene Akt seiner Einsetzung erregte denn auch prompt den Widerspruch der Unionsvereine. Die rheinische Provinzialsynode bezweifelte gar die kirchliche Legitimität des EOK, da er ohne Mitwirkung der Provinzialsynoden zustandegekommen sei. Alle Proteste verliefen jedoch ergebnislos.[98]

Gerade in den Anfangsjahren lavierte der EOK mühsam zwischen Ministerium Konsistorien und den kirchenpolitischen Gruppen; seine Arbeit vollzog sich in fast unablässigen Spannungen mit einflußreichen Hofkreisen, die auf die Haltung des Königs einzuwirken wußten.

Kirchenbehörde — reichte der Präsident des EOK — Rudolf von Uechtritz (1803—1863) — eine Denkschrift ein, die für die Einführung einer synodalen Verfassung plädierte, doch das Ansinnen wurde von Friedrich Wilhelm IV. in einem Schreiben an den neuen Kultusminister v. Raumer (1805—1858) abgelehnt. Dem erzkonservativen Minister erschien selbst

---

[97] Vgl. W. Göbell, *Die Entwicklung der evangelischen Kirchenverfassung ...*, S. 35 f.; Walter Wendland, *Die Entstehung des EOK,* in: *Jahrbuch für brandenburgische Kirchengeschichte* 28 (1933), S. 3—30; *Von der Generalversammlung der Unionsfreunde,* 2. Aufl., Potsdam 1853; Oskar Söhngen (Hrsg.), *Hundert Jahre Evangelischer Oberkirchenrat der altpreußischen Union 1850—1950,* Berlin 1950; Th. Woltersdorf, *Das preußische Staatsgrundgesetz und die Kirche ...,* S. 463 ff.

[98] Mit der Schrift: *Die Selbständigkeit der evangelischen Landeskirche und ihre Vollziehung durch das Cultusministerium.* Aktenmäßig dargestellt und der 2. Preußischen Kammer überreicht von Jonas, Sydow, Eltester, Krause, Lisco, Müller, Berlin 1851, wies man alle Beschwerden zurück.

der EOK als Konzession an den liberalen Zeitgeist; mit seiner Einrichtung
betrachtete er den Artikel 15 der Verfassung als erfüllt, da die Kirche nunmehr eine von der Staatsregierung unabhängige Behörde besaß. Im
Grunde aber blieb ihm das Kirchenregiment des Landesherrn die allein
rechtmäßige Verfassung.[99]

Inzwischen hatte die unionsfeindliche Stimmungsmache, an der sich
selbst v. Raumer beteiligte, in einem Maß zugenommen, daß der EOK
1852 dem König eine Denkschrift überreichte, um seine Auffassung über
die Union darzulegen. Die hier anknüpfende Kabinettsorder vom 6. März
1852, »die Verhältnisse des Evangelischen Oberkirchenrats betreffend«,[100] bekräftigte die 1834 aufgestellten Grundsätze einer föderativen
Union. Der Erlaß zeigte aber den Altlutheranern immerhin ein gewisses
Entgegenkommen, was wiederum auf der Seite der antikonfessionellen
Unionsfreunde so lebhaften Protest auslöste, daß der König in der Kabinettsorder vom 7. Januar 1853 und vom 12. Juli 1853 ein ausdrückliches Bekenntnis zur Union ablegte und unionsfeindliche konfessionelle Sonderbestrebungen verurteilte.[101]

Trotz seiner unüberwindlichen Abneigung gegen presbyterial-synodale
Einrichtungen ließ sich Friedrich Wilhelm IV. noch einmal zur Einberufung einer Generalsynode auf Mai 1855 bewegen, die freilich nicht über die
Verfassungsfrage verhandeln sollte, sondern über die Wiederherstellung
des apostolischen Diakonats, das Problem kirchlicher Wiedertrauung von
Geschiedenen und die Gottesdienstgestaltung. Die Bedenken des EOK
vereitelten jedoch diesen Plan.

Statt dessen trat Anfang November 1856 im Berliner Schloß Monbijou
eine Konferenz zusammen, an der die Generalsuperintendenten, die Konsistorialpräsidenten und einige auf Vorschlag der Konsistorien ausgewählte Pfarrer und Laien teilnahmen. Neben den schon für die ursprünglich geplante Generalsynode vorgesehenen Verhandlungspunkten erörterte und beschloß man auch die schon 1850 vom EOK zur freiwilligen Annahme vorgelegten »Grundzüge einer evangelischen Gemeindeordnung«,

---

[99] Vgl. die *Berliner Kirchenzeitung* vom 8. Februar 1851. Mit den sogenannten Regulativen von 1854, die den Lehrstoff drastisch auf vaterländischen Geschichts- und Religionsunterricht beschränkten und Lehrer wie Schüler zu demütigen und treuen Untertanen erziehen sollten, betrieb der Minister die entsprechende Schulpolitik. Die »Regulative« wurden erst 1876 durch Kultusminister Falk außer Kraft gesetzt.

[100] Abgedruckt in G. Ruhbach (Hrsg.), *Kirchenunionen im 19. Jahrhundert ...*, S. 41 f.

[101] Vgl. A. Lührs, *Die Union in Alt-Preußen ...*, S. 77 ff. Zum Widerstand der Unionsfreunde vgl.: *Die Union. Ein Zuruf an die evangelischen Gemeinden in Preußen*. Von der Generalversammlung der Unionsfreunde, Potsdam 1853.

die noch im selben Jahr auf dem Verordnungswege in allen Provinzen als obligatorisch eingeführt wurden.[102]

Im Vergleich zu den Prinzipien der Generalsynode von 1846 stellte auch die revidierte Gemeindekirchenordnung zweifellos einen Rückschritt dar, denn die Gemeinde durfte ihre Vertreter nicht selbst wählen, sondern die bisherigen Gemeindeautoritäten — Pfarrer, Patron und in den Städten der mit der Finanzverwaltung betraute Kirchenvorstand — stellten eine bindende Vorschlagsliste der nach ihrem Ermessen für das Amt qualifizierten Männer auf. Dieser Karikatur einer wahren Gemeindeverfassung blieb denn auch zunächst der Erfolg versagt; erst die Erlasse von 1860 erzwangen allmählich ihre Durchführung.[103]

Als im Oktober 1858 Wilhelm I. für seinen in geistige Umnachtung gefallenen Bruder die Regentschaft übernahm, hatte keine Institution in Preußen so unverändert die politischen Erschütterungen der vergangenen achtzehn Jahre überstanden wie die preußische Landeskirche.

Die neue Ära unter Wilhelm I.

Bald nach der Übernahme der Regentschaft — am 8. November 1858 — hielt Wilhelm vor seinem neu ernannten Staatsministerium eine programmatische Ansprache, in der die Ausführungen zur Kirchenpolitik den breitesten Raum einnahmen: »Eine der schwierigsten und zugleich zartesten Fragen, die ins Auge gefaßt werden muß, ist die kirchliche, da auf diesem Gebiete in der letzten Zeit viel vergriffen worden ist. Zunächst muß zwischen beiden christlichen Konfessionen eine möglichste Parität obwalten. In beiden Kirchen muß aber mit allem Ernste den Bestrebungen entgegengetreten werden, die dahin abzielen werden, die Religion zum Deckmantel politischer Bestrebungen zu machen. In der evangelischen Kirche, wir können es nicht leugnen, ist eine Orthodoxie eingekehrt, die mit ihrer Grundanschauung nicht verträglich ist und die sofort in ihrem Gefolge Heuchler hat. Diese Orthodoxie ist dem segensreichen Wirken der evangelischen Union hinderlich in den Weg getreten, und wir sind nahe daran gewesen, sie zerfallen zu sehen. Die Aufrechterhaltung derselben und ihre Weiterbeförderung ist mein fester Wille und Entschluß, mit aller billigen

---

[102] Vgl. *Aktenstücke aus der Verwaltung des evangelischen Ober-Kirchenraths*, Bd. 4, Berlin 1856. Der Band enthält die *Verhandlungen der auf Allerhöchsten Befehl vom 2. November bis 5. Dezember 1856 in Berlin abgehaltenen kirchlichen Konferenz.*

[103] *Aktenstücke aus der Verwaltung des evangelischen Ober-Kirchenraths*, Bd. 5, Berlin 1866, S. 1 ff., 117 ff.

Berücksichtigung des konfessionellen Standpunktes, wie dies die dahin einschlagenden Dekrete vorschreiben. Um diese Aufgabe lösen zu können, müssen die Organe zu deren Durchführung sorgfältig gewählt und teilweise gewechselt werden. Alle Heuchelei, Scheinheiligkeit, kurzum alles Kirchenwesen als Mittel zu egoistischen Zwecken ist zu entlarven, wo es nur möglich ist. Die wahre Religiosität zeigt sich im ganzen Verhalten des Menschen; dies ist immer ins Auge zu fassen und von äußerem Gebahren und Schaustellungen zu unterscheiden. Nichtsdestoweniger hoffe ich, daß je höher man im Staate steht, man auch das Beispiel des Kirchenbesuchs geben wird. — Der katholischen Kirche sind ihre Rechte verfassungsmäßig festgestellt, Übergriffe über diese hinaus sind nicht zu dulden.«[104]

Die proklamierte religiöse Toleranz wurde von der Öffentlichkeit weithin hoffnungsvoll begrüßt — stand sie doch ganz im Zeichen eines neuartigen liberalen Realismus, der nach der gescheiterten Revolution und der reaktionären Stagnation der fünfziger Jahre im Zusammenwirken mit den Kräften der Tradition und monarchischen Autorität eine tragfähige, dem deutschen Geist wahrhaft gemäße Basis für die preußische Politik abzugeben versprach.[105]

Den königlichen Worten folgten zunächst auch Taten. Das neue Ministerium bestand aus gemäßigt konservativen und liberalen Männern. An die Stelle des bisherigen Kultusministers Raumer wurde Bethmann-Hollweg berufen, die Clique um Friedrich Wilhelm IV. verschwand von der Bildfläche. Stahl schied auf sein Gesuch hin aus dem Evangelischen Oberkirchenrat aus, Hengstenberg wurde aus der wissenschaftlichen Prüfungskommission entlassen. Die Erörterung über die Einführung der Zivilehe kam wieder in Gang,[106] und auch die vorbereitenden Arbeiten auf dem Gebiet des kirchlichen Verfassungswesens wurden auf Veranlassung des Prinzregenten wieder aufgenommen.

Neben der Kabinettsorder vom 27. Februar 1860, die die allgemeine Einführung der Gemeindekirchenordnung in den östlichen Provinzen an-

---

[104] Ernst Berner, *Kaiser Wilhelm des Großen Briefe, Reden und Schriften*, Bd. 2, Berlin 1906, S. 447 f.

[105] Vgl. Otto Westphal, *Welt- und Staatsauffassung des deutschen Liberalismus. Eine Untersuchung über die Preussischen Jahrbücher und den konstitutionellen Liberalismus in Deutschland von 1858—1863* (= Historische Bibliothek, Bd. 41), München 1919.

[106] Vgl. *Aktenstücke . . .* , Bd. 5, S. 41 ff. Mit welcher Empörung selbst in gemäßigten christlichen Kreisen die Diskussion um die fakultative Zivilehe aufgenommen wurde, verdeutlicht Fabris Schrift *Über den christlichen Staat*, Barmen 1859, S. 175 ff. Im Jahre 1860 verfiel denn auch der vom preußischen Abgeordnetenhaus schon angenommene Gesetzentwurf im Herrenhaus der Ablehnung.

ordnete,[107] schritt das Kirchenregiment zum Aufbau der nächsthöheren Stufe fort: Am 5. Juni 1861 erfolgte durch königlichen Erlaß die Einrichtung von Kreissynoden zunächst in der Provinz Preußen, am 5. April 1862 in der Provinz Posen, am 21. Juni 1862 in der Provinz Pommern und schließlich am 13. Juni 1864 in den Provinzen Brandenburg, Schlesien und Sachsen.[108]

Die Kreissynoden sollten sich zusammensetzen aus den Geistlichen des Kirchenkreises und ebensoviel weltlichen Mitgliedern der Gemeindekirchenräte. Die Anzahl der Patrone sollte auf höchstens drei beschränkt bleiben.

Ein besonderes Verdienst, daß die Kirchenverfassungsfrage nach 1848 trotz vieler Hemmungen schließlich doch bis zu den Kreissynoden gediehen war, kam den Kirchentagen zu, auf denen sich die Freunde einer positiven Union wieder gesammelt hatten. So setzte schon der zweite Kirchentag in Wittenberg (1849) die presbyteriale Organisation der Gemeinde und der vierte in Elberfeld (1851) die Bildung von Kreissynoden auf seine Tagesordnung. Über beide Problemfelder der Kirchenverfassung referierte Nitzsch.[109] Von außerordentlich großer Bedeutung für die Entwicklung der preußischen Kirchenverfassung sollte vor allem der auf dem 12. Kirchentag zu Brandenburg (1862) gehaltene Vortrag des Göttinger Kirchenrechtslehrers Emil Herrmann (1812—1885) über *Die nothwendigen Grundlagen einer die consistoriale und synodale Ordnung vereinigenden Kirchenverfassung* werden.[110]

Bis zu den Kreissynoden war der Aufbau der synodalen Organisation, den Wilhelm I. anfangs so energisch vorantrieb, verhältnismäßig reibungslos verlaufen. Erst der Entwurf einer Provinzialsynodalordnung, den der EOK im Jahr 1867 den Kreissynoden zur Besprechung vorlegte, offen-

---

[107] Siehe oben S. 36 f.

[108] Vgl. *Aktenstücke . . .*, Bd. 5, S. 124 ff. (Preußen); S. 219 ff. (Posen und Pommern); S. 382 ff. (Brandenburg, Schlesien und Sachsen); siehe auch den Artikel: *Die Kreissynoden in der Provinz Preußen*, in: NEKZ, 1863, Sp. 193 ff.

[109] *Verhandlungen der zweiten Wittenberger Versammlung für Gründung eines Deutschen Evangelischen Kirchenbundes im September 1849*, hrsg. von Dr. Weiß, Berlin 1949, S. 58 ff.; *Verhandlungen des 4. deutschen evangelischen Kirchentages zu Elberfeld im September 1851*, hrsg. von Krafft, Berlin 1851, S. 42 ff.

[110] Emil Herrmann, *Die nothwendigen Grundlagen einer die consistoriale und synodale Ordnung vereinigenden Kirchenverfassung. Ein Kirchentagsvortrag*, Berlin 1862. Vgl. auch: *Verhandlungen des 12. Kirchentages zu Brandenburg*, Berlin 1862. Zur Person E. Herrmanns sowie seiner Rolle in der preußischen Kirchenkrise siehe unten S. 154 ff.; 525 ff.

barte die innere Zerrissenheit der preußischen Kirche und führte zu harten Auseinandersetzungen.[111]

Nach dem Tode Friedrich Wilhelms IV. am 2. Januar 1861 zeigte sich bald, wie sehr Wilhelm I. und seine militärische Umgebung dem konservativen Staatsbewußtsein verhaftet waren: Der neue König, durchdrungen von der Vorstellung seines Gottesgnadentums, bestand auf dem seit 1701 nicht mehr geübten Brauch der feierlichen Krönung. Bei den in Königsberg stattfindenden Krönungsfeierlichkeiten erklärte Wilhelm: »Von Gottes Händen ist mir die Krone zugefallen, und wenn ich mir dieselbe von seinem geweihten Tische auf das Haupt setzen werde, so ist es sein Segen, der sie mir erhalten wolle.«[112]

Im tiefsten Grunde seines Wesens blieb Wilhelm I. die wesentlich vom Bürgertum getragene liberale Bewegung fremd; er gehörte vielmehr dem alten preußisch-konservativen System an, dessen Gewalten auch zunehmend Macht über ihn gewannen.

Der Umschwung ereignete sich im Zuge der von ihm geplanten und persönlich ausgearbeiteten Heeresreform, die an dem Widerstand der fortschrittlichen Mehrheit des Abgeordnetenhauses zu scheitern drohte. Auf Empfehlung Roons (1803—1879)[113] berief der König daraufhin im Herbst 1862 den als erzkonservativ bekannten Bismarck zum Ministerpräsidenten. An die Stelle des Ministeriums der »Neuen Ära« trat ein ausgesprochen konservatives Kabinett, zu dessen maßgeblichsten Mitgliedern der Kultusminister Heinrich v. Mühler (1813—1874) zählte. Ihm sollte zehn Jahre lang die preußische Kultus- und Kirchenpolitik anvertraut bleiben.[114] Obwohl Mühler auch noch lange nach seiner Entlassung die Gunst des Monarchen besaß, war das Verhältnis nicht frei von Konflikten.

Die ersten Meinungsverschiedenheiten zwischen Wilhelm und seinem Kultusminister bahnten sich an, als durch den Tod des bisherigen EOK-Präsidenten, Rudolf v. Uechtritz, im Jahre 1863 der Vorsitz im EOK frei-

---

[111] Siehe unten S. 255 ff.

[112] E. Berner, *Kaiser Wilhelm des Großen Briefe ...*, Bd. 2, S. 19.

[113] Zu Roon vgl. Waldemar v. Roon (Hrsg.), *Denkwürdigkeiten aus dem Leben des Generalfeldmarschalls Kriegsministers Grafen von Roon. Sammlung von Briefen, Schriftstücken und Erinnerungen*, 4. Aufl., 3 Bde., Breslau 1897 (siehe unten S. 491 ff.).

[114] Zu H. v. Mühler vgl. Wilhelm Reichle, *Zwischen Staat und Kirche. Das Leben und Wirken des preußischen Kultusministers Heinrich v. Mühler.* Dargestellt unter Benutzung des schriftlichen Nachlasses des Ministers, Berlin 1938 (siehe unten S. 452 ff.).

geworden war.[115] Am 15. März 1864 wandte sich der EOK mit der Bitte an
den König, August v. Bethmann-Hollweg als Nachfolger zu berufen. Da
der gemäßigte Liberale im Hinblick auf die veränderte politische Lage
nach v. Mühlers Auffassung auf diesem Posten aber nur schwer tragbar
war, riet der Kultusminister in einem Schreiben vom 31. März 1864 von
seiner Berufung ab und schlug statt dessen drei andere Kandidaten vor:
den Konsistorialdirektor Nöldechen, den Oberkonsistorialrat Stahn und
den geheimen Oberregierungsrat Hegel.[116] Am 10. August antwortete
Wilhelm aus Bad Gastein, die Argumente, die Mühler gegen Bethmann-
Hollweg vorgebracht habe, überzeugten ihn nicht; er werde darum das in
Rede stehende Amt Bethmann-Hollweg übertragen.[117] Daraufhin bat ihn
Mühler eindringlich, von einem persönlichen Vorgehen zunächst abzusehen, bis das Staatsministerium sein Votum abgegeben habe.

Noch während die ganze Angelegenheit der Neubesetzung in der
Schwebe hing, eröffnete v. Mühler dem König überraschend einen anderen Plan, der vorsah, das Präsidium des EOK dem Kultusminister zu übertragen; aber Wilhelm lehnte diesen Gedanken mit Bestimmtheit ab.

Als sich herausstellte, daß Bethmann-Hollweg überhaupt nicht gewillt
war, den Vorsitz im EOK zu übernehmen, favorisierte der König nunmehr
den Brandenburger Konsistorialpräsidenten Ludwig Emil Mathis
(1797—1874), der in Regierungskreisen ebenfalls als gemäßigt liberal
galt.[118]

---

[115] Der Streit um die Berufung des neuen EOK-Präsidenten wird in dieser Vorgeschichte
darum etwas ausführlicher geschildert, weil er ein charakteristisches Licht auf die Verhal-
tensweise der Beteiligten wirft, die im folgenden ja zu den Hauptakteuren auf der kirchenpolitischen Bühne gehören. Überdies erklärt der Ausgang der Berufungsverhandlungen z.
T. die schweren Spannungen zwischen Kultusministerium und EOK. Der Darstellung liegt
die Akte »Besetzung der Präsidentenstelle beim Evangelischen Oberkirchenrat« aus dem
Zentralen Staatsarchiv (im folgenden ZSTA zitiert), Hist. Abt. II, Merseburg, Geheimes
Zivilkabinett, 2. 2. 1. Nr. 22821 zugrunde; vgl. auch Bernt Satlow, *Wilhelm I. als »summus
episkopus« der altpreußischen Landeskirche: Persönlichkeit, Frömmigkeit, Kirchenpolitik*,
Evang. Theolog. Diss., Halle 1960 (Masch. Schr.), S. 131.

[116] Vgl. dazu Immanuel Hegel, *Erinnerungen aus meinem Leben*, Berlin 1891, bes. S. 23;
vgl. auch unten S. 135 f., Anm. 255.

[117] Vgl. B. Satlow, *Wilhelm I. . . .* , S. 132 ff.

[118] Der *ADB*-Artikel über Mathis, verfaßt von Wippermann (Bd. 21 S. 790 ff.), weist eine
Reihe von Fehlern auf. So wird Hermes als der Nachfolger Mathis' genannt. Als Präsident
des EOK muß Mathis dann einen ziemlichen Wandel durchgemacht haben, denn der Biograph Emil Herrmanns, Artur v. Kirchenheim (*Emil Herrmann und die preußische Kirchenverfassung. Nach Briefen und andern meist ungedruckten Quellen*, Berlin 1912),
schreibt, daß er im EOK als »schroff orthodox galt« (*a. a. O.,* S. 57).

Nun sorgte Mühler für ein ausführliches Votum des Staatsministeriums (unterm 1. 1. 1865) gegen Mathis und für Hegel. Der König reagierte am 21. Januar 1865 mit ziemlich ungnädigen Schreiben an seinen Kultusminister und das Staatsministerium, in denen er auf der Berufung Mathis' bestand. Als Mathis am 24. Januar 1865 dann tatsächlich zum Präsidenten des EOK ernannt wurde, hatte sich Wilhelm I. gegen das gesamte Staatsministerium unter Einschluß von Bismarck durchgesetzt.

Inzwischen hatte sich das in weiten Kreisen verbreitete Mißtrauen gegenüber der obersten Kirchenbehörde noch verstärkt, denn bis zur Neubesetzung war v. Mühler mit der interimistischen Verwaltung des Präsidentenamtes betraut worden, was die behauptete Unabhängigkeit des EOK vom Staatsministerium natürlich noch unglaubwürdiger erscheinen ließ.

Als die evangelische Landeskirche Preußens in das neue Zeitalter des bürgerlich-liberalen Imperialismus mit seinen nationalstaatlichen und fortschrittsgläubigen Idealen eintrat, hatte sie wie keine andere Institution noch mit den unbewältigten Problemen aus ihrer bewegten Geschichte in der ersten Hälfte des 19. Jahrhunderts zu kämpfen. Es bedurfte nur eines geringen Anstoßes von außen, einer kleinen Erschütterung oder Veränderung, um die fragwürdige innere Ordnung der Kirche in eine schwere Krise zu stürzen.

Die 1817 oktroyierte Union besaß in weiten Teilen der Monarchie keinen Rückhalt, und einflußreiche konfessionelle Gruppen warteten nur auf eine günstige Gelegenheit, sie aufzulösen. Der gleichfalls ohne Mitwirkung kirchlicher Organe ins Leben gerufene Evangelische Oberkirchenrat repräsentierte allein die ungeliebte unierte Staatskirche und war ständigen Angriffen von seiten liberaler und orthodoxer Kreise ausgesetzt, die seine Abschaffung oder zumindest doch wesentliche Umgestaltung als unabdingbare Voraussetzung für eine stabile kirchliche Neuordnung ansahen. Die in den Anfängen steckengebliebene, überaus restriktive und darum heftig umstrittene Kirchenverfassung bildete schließlich einen weiteren kritischen Punkt, denn solange diese nicht abgeschlossen war, blieb der Verfassungsauftrag (§ 15 der preußischen Verfassungsurkunde vom 31. 1. 1850), wonach die Kirchen ihre Angelegenheiten selbständig ordnen und verwalten sollten, unerfüllbar, und der Staat übte durch Kultusministerium und EOK weiterhin eine gewisse Oberaufsicht über die Kirche aus. Diese drei ungelösten, miteinander eng verbundenen Problemfelder lösten unter einer scheinbar bewegungslosen Oberfläche doch schwere kirchenpolitische Unruhen aus, die sich bei der geringsten Veränderung der äußeren Verhältnisse schlagartig entladen mußten. Der Deutsche Krieg von 1866 brachte solche Veränderungen.

ZWEITER TEIL

Die Krise der Preußischen Union zwischen 1866 und 1872

Union — Konföderation — Partikularismus

Situationsbeschreibung

Obgleich weder die Auseinandersetzungen mit dem lutherischen Konfessionalismus um die Bekenntnisfrage beendet noch die eindringliche Forderung von evangelisch-unierter und protestantisch-freisinniger Seite nach einer die Selbständigkeit der Kirche garantierenden Verfassung erfüllt waren, zeigte doch die Tatsache, daß die amtlichen Erlasse über die Union seit etwa 1860 völlig aufgehört hatten, eine wenigstens vorläufige Stabilisierung der inneren Verhältnisse an. Doch diese Beruhigung erwies sich als äußerst trügerisch: Mit der Zuspitzung des Konfliktes Österreich-Preußen und der damit verbundenen »deutschen Frage« begannen sich auch die kirchenpolitischen Kräfte wieder zu regen — zunächst freilich mit veränderter Stoßrichtung.

Wenn es sich auch im preußisch-österreichischen Krieg im Sommer 1866 keineswegs um einen Religionskrieg handelte, sondern um die militärische Entscheidung über die politische Vormachtstellung in Deutschland,[1] so stellte man doch den konfessionellen Gegensatz katholisch-evangelisch als ernsthaftes Motiv für die Gegnerschaft heraus und feierte mit seltener Einhelligkeit den Sieg des Protestantismus über den österreichischen Ultramontanismus.[2]

Zuvor hatten sich beide Kirchen lebhaft an der Kriegshetze beteiligt. So rief man in Österreich und Süddeutschland zu einem Kreuzzug wider die Ketzer auf, während man auf preußischer Seite die geschichtliche Mission

---

[1] Vgl. dazu Walter Bussmann, *Das Zeitalter Bismarcks. 1852—1890*, 4. Aufl., Frankfurt/Main 1968, S. 89 ff.; Hans-Joachim Schoeps, *Der Weg ins Deutsche Kaiserreich*, Berlin 1970, S. 88 f.

[2] Vgl. L. F. Wilhelm Hoffmann, *Deutschland Einst und Jetzt im Lichte des Reiches Gottes*, Berlin 1868, S. 440 u. ö.

für sich reklamierte, Deutschland als geistiges Zentrum des Weltprotestantismus zu einigen und gegen die romanischen Völker zu stärken.[3] Angesichts dieser Polemik, die bereits den Geist einer frühen Kulturkampfstimmung atmet, nimmt es denn auch nicht wunder, daß trotz des milden Prager Friedensschlusses vom 23. August 1866 ein durch politische und religiöse Leidenschaften in Nord und Süd zerrissenes Deutschland zurückblieb.

Die Annexionen Preußens, nach Denkkategorien und Vorstellungswelt der Betroffenen eine Ungeheuerlichkeit, lösten zahlreiche Proteste aus und waren ganz dazu angetan, die allgemeine Animosität gegen den unsittlichen preußischen Eroberungsstaat noch zu verstärken.[4] Zu den Hauptträgern der Opposition in den neupreußischen Gebieten gehörten vornehmlich der einheimische Adel und die Geistlichkeit beider Konfessionen. Dieser Umstand ließ es überaus schwierig erscheinen, eine sinnvolle und praktikable Lösung für die Einordnung der Kirchen der neupreußischen Provinzen in das Gesamtgefüge und für ihre Zuordnung zur preußischen Union zu finden, denn die Abneigung gegen die staatliche Einigung mit Preußen äußerte sich auch in kirchlichen Antipathien und konfessionellem Einspruch.

---

[3] Selbst in einer so gemäßigten, auf Versöhnung hinarbeitenden Schrift wie der von Friedrich Fabri, *Die politischen Ereignisse des Sommers 1866. Ein Wort zur Verständigung und zum Frieden zwischen Nord- und Süddeutschland*, Barmen-Elberfeld 1866, S. 128 ff., stößt man auf solche Urteile. Der erbitterte Ton wird jedoch verständlich, wenn man sich vergegenwärtigt, daß zwei Jahre zuvor die Enzyklika »Quanta cura« und der Syllabus erschienen waren, die zur geistigen Festigung des papalistischen Geistes die leitenden Ideen des modernen Kulturlebens verurteilt hatten.

[4] Ludwig von Gerlach schrieb ein Büchlein: *Annexionen*, in dem er »die ungerechte, rohe Bismarcksche Politik«, die Zerstückelung von Deutschland, das Prinzip des Länderraubs und die Kopfzahl an den Pranger stellt (E. Ludwig v. Gerlach, *Aufzeichnungen aus meinem Leben und Wirken [1795—1877]*, Schwerin i. Mecklenburg 1903, S. 299). Vgl. auch F. Fabri, *Die politischen Ereignisse . . .* , S. 141 ff. Jacob Burckhardt sah in dem Krieg von 1866 die »große deutsche Revolution« (*Weltgeschichtliche Betrachtungen*, in: *Gesammelte Werke*, Bd. 7, hrsg. von Oeri/Dürr, Stuttgart 1929, S. 155) — mit Recht, denn Metternichs Befürchtungen, daß in Preußen Elemente an die Macht kommen könnten, die mit Hilfe des deutschen Nationalgefühls den unzusammenhängenden Staatskörper Preußens auf revolutionärem Wege ausbauen würden, waren eingetreten. Das Gefühl, mit dem Krieg und den nachfolgenden Annexionen sei ein tiefes Unrecht geschehen, beherrschte denn auch weite Kreise in Deutschland. So behauptet Theodor Fontane: »Beinahe das ganze Land war gegen den Krieg« (*Der deutsche Krieg von 1866*, Bd. 1, Berlin 1871, S. 64); ganz ähnlich urteilte Rudolf von Delbrück, der spätere Präsident des Reichskanzleramtes (*Lebenserinnerungen*, Bd. 2, Leipzig 1905, S. 370).

Mit einem Schlage waren der evangelischen Kirche Preußens etwa vier Millionen Seelen aus verschiedenen, bisher selbständigen Landeskirchen zugewachsen, die überwiegend dem lutherischen Bekenntnis angehörten und damit die Front des preußisch-lutherischen Konfessionalismus gegen die unierte Evangelische Landeskirche der älteren preußischen Provinzen verstärken halfen.[4*] Diese Änderung der konfessionellen Mehrheitsverhältnisse im preußischen Staatsverband beendete jäh den knapp siebenjährigen Burgfrieden zwischen Unierten und Lutheranern innerhalb der preußischen Landeskirche. Das exklusive Luthertum sah die einmalige Chance gekommen, der verhaßten Union in ihrem fünfzigsten Jubiläumsjahr den Todesstoß zu versetzen und unter Einschluß der annektierten Provinzen eine mächtige lutherische Landeskirche zu begründen. Die Unionsfreunde dagegen verfolgten den Plan, trotz aller Widerstände die ehemals selbständigen Kirchenprovinzen in der Evangelischen Landeskirche der älteren preußischen Provinzen aufgehen zu lassen. Zwischen den harten Fronten der totalen Union beziehungsweise Separation der verschiedenen evangelischen Bekenntnisse verschaffte sich eine dritte Gruppe Gehör, die das Modell einer unterschiedlich definierten Konföderation verwirklicht wissen wollte.

Die Bekenntnisfrage wurde zugleich als Hebel für die Lösung der nun schon so lange verschleppten Kirchenverfassungsfrage benutzt, wobei man die Interdependenz beider Problemkreise evident zu machen versuchte, ohne sich über Wesen und Priorität in dieser Verquickung einigen zu können.

Die Meinungen schwankten zwischen einer hierarchisch geordneten Bischofskirche und einer rein presbyterial-synodalen Verfassung; weitaus die Mehrheit gab einer gemäßigten, gemischt presbyterial-konsistorialen Kirchenordnung den Vorzug.

Schließlich spielte in diese Frage auch das noch immer ungeklärte Verhältnis von Staat und evangelischer Kirche hinein, denn die Konstituierung einer selbständig verfaßten, autonomen Landeskirche setzte voraus, daß der Staat mit der seit 1850 verfassungsrechtlich gewährleisteten Unabhängigkeit der Religionsgesellschaften endlich Ernst machte.[5] So konfus die Diskussion oft wirkte, unbedingte Einigkeit herrschte in dieser einen Sache: Man strebte gemeinsam nach einer größeren Selbständigkeit

[4*] Die offizielle Statistik über die Religionszugehörigkeit der preußischen Bürger im Jahre 1867 — siehe die TABELLE im ANHANG des Buches — trennt nicht zwischen Unierten, Lutheranern und Reformierten.

[5] Über den Ursprung der liberalen Forderung nach einer Trennung von Kirche und Staat sowie über die Motive dieses Gedankens vgl. Karl Rothenbücher, *Die Trennung von Staat und Kirche*, München 1908, bes. S. 28 ff., und Uwe Krüger, *Das Prinzip der Trennung von*

der Kirche vom Staat und wollte diese Unabhängigkeit in einer Kirchenverfasssung garantiert sehen.

Ähnlich wie in der Diskussion um 1850 führte man die Auseinandersetzung mittels einer Flut von zumeist anonymen Streitschriften und Zeitungsartikeln, die an Deutlichkeit, besonders hinsichtlich persönlicher Diffamierungen, kaum zu wünschen übrig ließen und gleichwohl in ihrer Unsicherheit und Hilflosigkeit belegten, auf welch schwachen Füßen sich das gerade eben erwachte kirchliche Selbstverständnis noch bewegte.

Fünfzig Jahre früher hätte die Annexion der neuen Provinzen noch keine kirchenpolitische und -rechtliche Krise ausgelöst. Nach dem alten territorialen Kirchenrecht wären alle Landeskirchen fraglos unter die Oberhoheit des preußischen landesherrlichen Kirchenregiments gefallen. Allein Artikel 15 der Verfassungsurkunde vom 31. Januar 1850 zufolge, der auf dem Papier die Emanzipation der Kirche vom Staat und des Staates von der Kirche erklärte, bestand jenes territoriale Recht nicht mehr. Um die Fortdauer des landesherrlichen Kirchenregimentes dennoch zu rechtfertigen, gebrauchte man die Theorie, nach welcher der Landesherr in seiner Eigenschaft als *praecipuum membrum ecclesiae* Inhaber der Kirchengewalt bleiben sollte. Die Sinnwidrigkeit jener Regelung trat jetzt ans Tageslicht, denn hätte der entthronte König Georg von Hannover das evangelische Kirchenregiment als »vorzüglichstes Mitglied« kraft persönlicher Eigenschaften ausgeübt, hätte von Rechts wegen auch nach seiner Entfernung vom Thron nichts gegen eine Fortführung des Amtes gesprochen, da seine persönlichen Eigenschaften sich mit seiner Entthronung ja nicht verändert hatten.

Die Befürworter einer einheitlichen kirchlichen Regelung in Preußen argumentierten jedoch von dem faktisch noch bestehenden territorialistischen Prinzip im deutschen Raum her, indem sie darauf verwiesen, daß selbst der katholische Kaiser von Österreich, die katholischen Könige von Sachsen und Bayern als rechtmäßige Bischöfe der protestantischen Kirchen ihrer Länder angesehen werden müßten. Gemessen an diesen Verhältnissen hielten sie es für durchaus legitim, daß der unierte König Wilhelm von Preußen auch die Episkopalgewalt über die neu hinzugekommenen lutherischen Landeskirchen ausübte.[6]

Natürlich hätte aufgrund der realen Machtverhältnisse und unter Mißachtung der preußischen Verfassung auch im Jahre 1867 die Möglich-

---

Staat und Kirche in Deutschland, in: *Festschrift für Erwin Jacobi aus Anlaß der fünfzigsten Wiederkehr seiner Promotion an der Juristenfakultät zu Leipzig*, Berlin [Ost] 1957, S. 261 ff.

[6] So z. B. Emil Friedberg, *Die evangelische und katholische Kirche der neu einverleibten Länder in ihren Beziehungen zur Preußischen Landeskirche und zum Staate*, Halle 1867, S. 34.

keit eines gewaltsamen kirchlichen Anschlusses der neuen Kirchenprovinzen bestanden, aber aus politischer Rücksicht — man wollte die ohnehin schon mächtige Opposition besonders in Hannover nicht unnötig provozieren — scheute man sich vor einem solchen Schritt. Andererseits konnte der preußische Staat aber auch schwerlich dulden, daß sich die Kirchen der annektierten Länder aufgrund der ihnen gewährten Unabhängigkeit zum Sammelbecken der separatistischen Los-von-Preußen-Bewegung entwickelten und die von Preußen vorangetriebene staatliche Einigung behinderten, indem sie fortgesetzt an die Geschehnisse von 1866 erinnerten. Insbesondere die sich organisierende Welfenpartei fand in der hannoverschen Geistlichkeit starken Rückhalt.[7]

Die Dinge komplizierten sich vollends dadurch, daß es hinsichtlich der zu erwägenden kirchlichen Umstrukturierungsmaßnahmen galt, neben den politischen und konfessionellen Gegensätzen auch den unterschiedlichen Entwicklungsgrad des kirchlichen Verfassungsrechtes in Alt- und Neupreußen zu berücksichtigen.

Die Kirchenverfassungsverhältnisse in Neupreußen

Der preußischen Landeskirche mit ihrer noch völlig im Fluß befindlichen Kirchenverfassung standen eine Reihe zum Teil selbständiger, verfassungsrechtlich in sich abgeschlossener Landeskirchen gegenüber; an erster Stelle die seit 1864 presbyterial-synodal verfaßte *lutherische Landeskirche Hannovers.*

Diese politisch und kirchenpolitisch bedeutendste der neuen Provinzen umfaßte 1 923 492 Einwohner, von denen ungefähr 82 % (1 548 767) der lutherischen, 5 % der reformierten, 12 % der katholischen Konfession angehörten. Die Dissidenten und Juden zählten nicht ganz 1 %.

Schon die älteren Landesgesetze Hannovers hatten synodale Einrichtungen verheißen und die Mitwirkung von Synoden für gewisse Anordnungen der landesherrlichen Kirchengewalt als notwendig hingestellt; ganz besonders geschah dies im Landesverfassungsgesetz vom 5. Septem-

---

[7] Die konfessionellen, politisch-theologischen sowie politisch-rechtlichen Auseinandersetzungen zwischen dem Preußischen Staat und der evangelisch-lutherischen Landeskirche Hannovers schildert in wünschenswerter Ausführlichkeit Wolfgang Rädisch, *Die evangelisch-lutherische Landeskirche Hannovers und der preußische Staat 1866—1885*, Hildesheim 1972, bes. S. 1—110. Leider erhielt Rädisch keine Benutzungsgenehmigung für das ZSTA Merseburg, so daß er über die Vorgänge auf höchster Regierungsebene kein Aktenmaterial zur Verfügung hatte und auf indirekte Schlußfolgerungen angewiesen war.

ber 1848. »In der evangelischen Kirche«, so heißt es in § 23, »werden die Rechte der Kirchengewalt vom Könige, so weit es die Kirchenverfassung mit sich bringt, unmittelbar oder mittelbar durch die Consistorial- oder Presbyterialbehörden, welche aus evangelischen geistlichen und weltlichen Personen bestehen, unter königlicher Oberaufsicht ausgeübt, vorbehaltlich der den Gemeinden und Einzelnen dabei zustehenden Rechte.«[8]
Die mit solcher Bestimmtheit formulierten Versprechungen wurden indessen von der Regierung erst erfüllt, nachdem sie sich durch die Einführung eines Katechismus im Jahre 1862 selbst in erhebliche Bedrängnis manövriert hatte.[9] Diese Maßnahme erregte einen Sturm des Unwillens, und die immer höher gehenden Wogen der Agitation drängten mit Ungestüm zu einer Synode. Die Staatsregierung gab der von Rudolf v. Bennigsen (1824—1902)[10] geführten Bewegung nach und ernannte einen Ausschuß zur Vorbereitung einer Vorsynode, aus deren Beratung der Entwurf einer Kirchengemeinde- und Synodalordnung hervorging, die von beiden Kammern mit großer Mehrheit gebilligt und am 9. Oktober 1864 als Kirchengesetz verkündet wurde.[11]

[8] Landesverfassungsgesetz des Königreichs Hannover vom 5. September 1848, § 23. Abgedruckt in: *Gesetz-Sammlung* 1848, Abth. 1, S. 197; vgl. zur Entwicklung der hannoverschen Synodalverfassung: Philipp Meyer, *Hannover und der Zusammenschluß der deutschen evangelischen Landeskirchen im 19. Jahrhundert. Zugleich ein Beitrag zur Geschichte der kirchlichen deutschen Einheitsbewegung* (= Forschungen zur Geschichte Niedersachsens, Bd. 1, H. 3), Hannover-Leipzig 1906, S. 20 ff. Zu den Kirchenverfassungsverhältnissen in Neupreußen vgl. allgemein hier wie im folgenden vornehmlich Emil Friedberg, *Die geltenden Verfassungs-Gesetze der evangelischen deutschen Landeskirchen*, Freiburg/Brsg. 1885, S. 112—279.
[9] Vgl. dazu den Aufsatz von Rudolf Smend, *Zur neueren Bedeutungsgeschichte der evangelischen Synode*, in: *Zeitschrift für evangelisches Kirchenrecht* (im folgenden *ZevKR* zitiert) 10 (1963/64), S. 248 ff., und Gerhard Uhlhorn, *Hannoversche Kirchengeschichte in übersichtlicher Darstellung*, Stuttgart 1902, S. 148 ff.
[10] Vgl. Hermann Oncken, *Rudolf v. Bennigsen. Ein deutscher liberaler Politiker nach seinen Briefen und hinterlassenen Papieren*, Bd. 1, Stuttgart-Leipzig 1910, S. 615 f.
[11] Die *Kirchenvorstands- und Synodalordnung für die evangelisch-lutherische Kirche des Königreichs Hannover* ist abgedruckt bei Richard Wilhelm Dove, *Sammlung der wichtigeren neuen Kirchenordnungen, Kirchen-Verfassungsgesetze, Synodal- und kirchlichen Gemeindeordnungen des evangelischen Deutschlands. Urkunden zur Darstellung des gegenwärtigen Zustandes der Verfassung in den deutschen Landeskirchen.* Ergänzungsband der *Zeitschrift für Kirchenrecht*, Tübingen 1865, S. 32 ff., und bei Christian Hermann Ebhardt (Hrsg.), *Gesetze, Verordnungen und Ausschreiben für den Bezirk des Königlichen Consistorii zu Hannover, welche in Kirchen- und Schulsachen ergangen sind*, 2. Folge: *1858—1868*, Hannover 1869, S. 121 ff., und jetzt auch bei E. R. Huber/W. Huber (Hrsg.), *Staat und Kirche...*, Bd. 2, S. 336 ff.

Mit dieser Verordnung führte man Bezirkssynoden und eine Landessynode ein, während die Zwischenstufe der Provinzialsynoden weiterer Entwicklung vorbehalten wurde. Die ersteren standen unter dem Vorsitz des Bezirkssuperintendenten und setzten sich zusammen aus sämtlichen geistlichen Mitgliedern der Kirchenvorstände, allen übrigen Pfarrern und den Geistlichen der öffentlichen Anstalten des Bezirks. Hinzu kamen eine gleiche Zahl von weltlichen Gemeindegliedern, die die Kirchenvorstände aus ihrer Mitte wählten, zwei evangelisch-lutherische Volksschullehrer und zwei von der Kirchenregierung zu ernennende Ortsbeamte. Die Bezirkssynoden traten alljährlich zusammen, um Aufsicht über den kirchlichen und sittlichen Stand ihres Bezirks zu führen, Vorlagen zu erledigen, die Disziplin der Kirchenvorsteher zu überprüfen und Entscheidungen über Streitigkeiten zu treffen.

Eine wesentlich größere Bedeutung als die nur mit sehr unbestimmt beratender und äußerst begrenzt beschließender Zuständigkeit betrauten Bezirkssynoden nahm die Landessynode ein. Sie war alle 6 Jahre zu berufen und jedesmal durch neue Wahlen beziehungsweise Ernennungen zusammenzusetzen; ihr gehörten an, der Präsident des in Hannover errichteten Landeskonsistoriums, der Abt zu Loccum, ein von der theologischen Fakultät der Landesuniversität gewählter theologischer und ein vom König ernannter juristischer Professor, je 6 vom König ernannte geistliche und weltliche Mitglieder, schließlich 29 geistliche und nichtgeistliche Abgeordnete, zu deren Wahl die Bezirkssynoden zu 29 Wahlkreisen zusammengeschlossen wurden.

Die Landessynode hatte ihre Aufmerksamkeit auf die kirchlichen Zustände des Landes zu richten und durch Anträge und Beschwerden bei der Kirchenregierung sowie durch Erledigung von deren Vorlagen auf den Gebieten der Verwaltung und Gesetzgebung das allgemeine kirchliche Interesse wahrzunehmen. Kirchliche Ausgaben, die von den Gemeinden zu tragen waren, bedurften der Genehmigung der Landessynode; die Kirchenregierung benötigte ihre Zustimmung zur Verabschiedung neuer oder Abänderung bestehender Kirchengesetze und durfte nur mit der Genehmigung der Landessynode neue Katechismen, Agenden oder Gesangbücher einführen.

Das Landeskonsistorium wurde durch Verordnung vom 17. April 1866[12] unter Hinweis auf § 57 der Synodalordnung eingerichtet und nahm seine Wirksamkeit am 18. Juni, dem Tage, an dem die preußischen Truppen in Hannover einrückten, auf. Es war allen kirchlichen Behörden vor-

---

[12] Abgedruckt bei Chr. H. Ebhardt (Hrsg.), *Gesetze ...* , 2. Folge, S. 47 ff.

gesetzt und unterstand seinerseits dem Kultusministerium. Seinem Geschäftskreis gehörten alle Angelegenheiten zu, die Bekenntnis, Lehre, Seelsorge, Kultus und Kirchenzucht betrafen; ferner die Vorbildung, Prüfung und Ordination für das geistliche Amt, die Anstellung und Entlassung der Geistlichen, Superintendenten und Generalsuperintendenten, deren Amtsführung, Fortbildung und Wandel.

Mit dieser neuen Kirchenordnung, die sich übrigens der Zustimmung aller kirchlichen Parteien erfreute, hatte die hannoversche Landeskirche einen Grad der Verselbständigung gegenüber dem Staat erreicht, wie er in der preußischen Landeskirche erst zehn Jahre später verwirklicht werden sollte. Diese merkliche Lockerung des Verhältnisses von Kirche und Staat wurde vor allem auch dadurch verursacht, daß die von der Vorsynode verabschiedeten Kirchengesetze unabhängig von der staatlichen Gesetzgebung eine einheitliche lutherische Landeskirche im Rechtssinn eigentlich erst geschaffen hatten, ein Umstand, der das Luthertum Hannovers noch mehr zum Kernpunkt der gesamtdeutschen lutherischen Bewegung werden ließ und den Widerstandswillen gegen kirchliche Einverleibungspläne Preußens noch erheblich verstärkte. Smend betont darum zu Recht, die wichtigste — freilich nicht vorauszusehende — Wirkung des Werkes der Vorsynode sei die gewesen, »daß der Bestand der Ordnung von 1864 wesentlich dazu beigetragen hat, den Bestand der Landeskirche überhaupt gegen die preußische Annexion zu stützen«.[13] Ähnlich urteilten damals unmittelbar beteiligte Persönlichkeiten wie Theodor Lohmann, Bruel und Uhlhorn.[14]

In der Tat hätte Preußen einen aufsehenerregenden, schweren Rechtsbruch begangen, wenn es die durch Kirchen- und Staatsgesetz als selbstän-

[13] R. Smend, *Zur neueren Bedeutungsgeschichte* ... , in: ZevKR 10 (1963/64), S. 255. Smend erwähnt in diesem Zusammenhang, daß bei den meisten deutschen Einzelstaaten, wie in Hannover, die rechtliche Herauslösung der evangelischen Landeskirche aus dem Staatsgefüge durch die gesetzliche Einführung der Presbyterial-Synodalverfassung und damit eigener kirchlicher Rechtssetzungsmacht unwiderruflich geworden sei. »Insofern kann die Einführung zumal von Landessynoden als der Eckstein fortschreitender landeskirchlicher Selbständigkeit gelten, auch wenn zumeist diese Wirkung nicht so drastisch und augenfällig eingetreten ist, wie in Hannover 1866.« (*A. a. O.*, S. 256.)
[14] Theodor Lohmann, *Kirchengesetze der evangelisch-lutherischen Kirche des vormaligen Königreichs Hannover*, Hannover 1871, Vorwort, S. IV; vgl. auch: Hans Beyer, *Kirchenverfassung und Sozialreform bei Th. Lohmann und E. F. Wyneken*, in: *Jahrbuch der Gesellschaft für niedersächsische Kirchengeschichte* 54 (1956), S. 114 ff.; bes. S. 121—126. Ferner: L. A. Bruel, *Die Selbständigkeit der evangelisch-lutherischen Landeskirche Hannovers*, Hannover 1870, S. 10 u. 108; G. Uhlhorn, *Hannoversche Kirchengeschichte* ... , S. 159.

dige Korporation verfaßte und in Bestand und Ordnung nur durch hannoversches Kirchengesetz in Frage zu stellende hannoversche Landeskirche zu einer Kirchenprovinz der preußischen Landeskirche gemacht hätte. Diesen unzweifelhaft bestehenden praktischen Verfassungsschutz bestätigte Wilhelm I. in seiner Erklärung vom 8. Dezember 1866, in der er versicherte, »die Ordnungen, welche erst vor wenigen Jahren als Frucht schwerer Kämpfe für die evangelisch-lutherische Kirche in dem vormaligen Königreich Hannover aufgerichtet sind, an[zu]erkennen und [zu] achten und für ihre weitere Durchführung [zu] sorgen . . . «.[15]

Die reformierte und lutherische Kirche in dem vormaligen *Kurfürstentum Hessen* bekannte sich außer zu den allgemeinen christlichen Symbolen nur zur Augsburger Konfession, der Apologie und dem 1607 eingeführten Katechismus. Zwar wird der Heidelberger Katechismus in den Konsistorialausschreiben von 1726 und 1777 als symbolisches Buch erwähnt, aber doch nicht als ein der CA gleichstehendes Glaubensbekenntnis behandelt; ähnlich gebrauchte man in der lutherischen Grafschaft Schaumburg neben der CA den lutherischen Katechismus und die Schmalkaldischen Arikel.[16] Die Dordrechter Artikel und die Konkordienformel haben dagegen nirgends in Hessen Aufnahme gefunden. In der Grafschaft Hanau herrschte seit dem Jahre 1818 die Union; gleichwohl bestand in den Gemeinden das reformierte und lutherische Bekenntnis in seiner ursprünglichen Berechtigung fort. Ähnlich wie in Sachsen hatte sich auch in Kurhessen die Konsistorialverwaltung lange Zeit uneingeschränkt erhalten. Durch das Organisationsedikt vom 29. Juni 1821, auf dem die Verfassung der hessischen Kirche im Jahre 1866 beruhte, wurde für jede der neu gestalteten Provinzen, mit Ausnahme des katholischen Fulda, ohne Rücksicht auf die Konfession ein »evangelisches Konsistorium«[17] geschaffen, das man mit Mitgliedern der reformierten und lutherischen — für Hanau der unierten — Kirche besetzte und dem Ministerium des Inneren unterordnete.

---

[15] A. Lührs, *Die Union in Alt-Preußen* . . ., S. 102. Der Erlaß ist jetzt auch abgedruckt bei E. R. Huber/W. Huber (Hrsg.), *Staat und Kirche* . . . , Bd. 2, S. 354 ff.

[16] Über den Bekenntnisstand der hessischen Kirche vgl. G. Ludwig Büff, *Kurhessisches Kirchenrecht*, Cassel 1861, S. 79 ff.; Wilhelm Ebert, *Die Geschichte der Kirche in Kurhessen von der Reformation bis auf die neueste Zeit das Zeugniß des Unionscharakter dieser Kirche kurz dargestellt*, Cassel 1860, S. 4 ff.

[17] Die Konsistorialbefugnisse siehe bei G. L. Büff, *Kurhessisches Kirchenrecht* . . ., S. 356 ff.

So umfaßte der Konsistorialbezirk Kassel mit ungefähr 362 000 Einwohnern reformierten Bekenntnisses auch die lutherischen Gemeinden der Grafschaft Schaumburg und der Herrschaft Schmalkalden. Zum Konsistorialbezirk Marburg mit 12 000 Lutheranern gehörte die reformierte Inspektion Ziegenrück. Dem dritten Konsistorialbezirk, Hanau, fielen sämtliche unierte Gemeinden (insgesamt etwa 110 000 Gläubige) der beiden Provinzen Hanau und Fulda zu. Den Konsistorien unterstanden Superintendenten und Metropolitane.

Die oberste Kirchengewalt gebührte nach § 134 der Verfassungsurkunde von 1831 (§ 102 vom 13. 4. 1853) dem evangelischen Landesherrn. Einschränkend heißt es dort jedoch: »Ueberhaupt aber wird in liturgischen Sachen der evangelischen Kirchen keine Neuerung ohne die Zustimmung eine Synode stattfinden, welche von der Staatsgewalt berufen wird.«[18]

Es hat an Versuchen, die verheißene Kirchenverfassung einzuführen, nicht gefehlt. Zunächst wurde im Jahre 1831 eine Kirchenkommission zusammenberufen, die einen der Rheinisch-Westfälischen Kirchenordnung ähnlichen Entwurf ausarbeitete; dann verfaßte eine neue Kirchenkommission im Jahre 1848 eine Wahl- und Geschäftsordnung, der die Kirchengewalt übertragen werden sollte. Beide Entwürfe gelangten nicht zur Ausführung.

Die Einwohner des von dem *Großherzogtum Hessen* an die preußische Regierung abgetretenen Landesteiles Biedenkopf gehörten überwiegend dem lutherischen Bekenntnis an. Hessen-Darmstadt besaß noch keine Synodalverfassung; das Edikt vom 6. Juni 1832 bestimmte lediglich die Organisation von Kirchenvorständen, die die Funktionen der früheren Senioren zu übernehmen hatten und mit Presbyterien nicht auf gleiche Linie gestellt werden konnten.[19]

Es versteht sich, daß angesichts dieser disparaten Verhältnisse — anders als in Hannover — gute Aussichten für eine kirchliche Reorganisation und die Eingliederung in die preußische Landeskirche bestanden, aber auch hier ergaben sich unvorhergesehene Widerstände.[20]

---

[18] Vgl. *Die Verfassungsurkunde des Kurfürstenthums Hessen sowie die darauf Bezug habenden Verordnungen und Gesetze vom 13. April 1852*, Cassel 1852, § 102.

[19] Vgl. *Allgemeines Kirchenblatt für das evangelische Deutschland*, Bd. 2 (1853), S. 433 ff.

[20] Siehe unten, S. 386 f.

Im *Herzogtum Nassau* war auf der durch Herzog Wilhelm im Jahre 1817 nach Idstein berufenen Synode die Union eingeführt worden.[21] Das Kirchenregiment wurde seit 1850 von dem sogenannten Kirchensenat gehandhabt, einer Behörde, die aus dem Ministerialpräsidenten des Herzogtums, dem evangelischen Bischof, einem Kirchenrat und zwei weltlichen Mitgliedern bestand; seit 1851 traten noch zwei weitere Geistliche hinzu. Der evangelische Bischof, dem die Oberaufsicht über die Kirchenbeamten, die Abhaltung von Dekanatsvisitationen und der Vorschlag der anzustellenden Geistlichen zustand, nahm eine den preußischen Generalsuperintendenten analoge Stellung ein. Die durch das Edikt vom 1. April 1818 angeordneten Kirchenvorstände hatten Anteil an der Gemeindevermögensverwaltung und standen dem Pfarrer bei der Ausübung der Kirchenzucht zur Seite.

Synoden hatte man zwar im Jahre 1848 versprochen, dachte aber im Gefolge der Reaktion nicht mehr an ihre Einberufung. So führte denn die Regierung Katechismus, Agende und Gesangbuch neu und selbständig ein.

Ähnlich wie für Hessen gilt auch für Nassau, daß seine noch unentwickelte vorrevolutionäre Kirchenverfassung einen Anschluß an die preußische Landeskirche eher ermöglicht hätte als die durchgebildete presbyterial-synodal verfaßte Kirchenordnung Hannovers. Auch das gemeinsame Unionsbekenntnis wäre einer solchen Entwicklung förderlich gewesen.

In dem ebenfalls einverleibten *Frankfurt a. M.* existierten seit dem Organisationspatent vom 10. Oktober 1806 die lutherische und die reformierte Konfession in gleichberechtigter öffentlicher Religionsausübung nebeneinander. Als einzige der freien Städte hatte es Frankfurt a. M. vor 1848, nämlich schon 1816,[22] zu einer Verfassung im modernen Sinne gebracht. In Artikel 34 dieser Verfassung wurde allen drei christlichen Konfessionen noch einmal das Recht zugestanden, weitgehend unabhängig vom Senat ihre religiösen, kirchlichen, Schul- und Erziehungsangelegenheiten zu besorgen. Außerdem stellte man in Artikel 40 den drei christlichen Gemeinden anheim, einen besonderen kirchlichen Gemeindevorstand anzuordnen.

Die reformierten Gemeinden besaßen jede ein eigenes Presbyterium, eine eigene Diakonie und die uneingeschränkte Freiheit der Pfarrerwahl.

---

[21] Vgl. G. Ruhbach (Hrsg.), *Kirchenunionen im 19. Jahrhundert* ... , S. 12 ff.
[22] Konstitutions-Ergänzungs-Akte zu der alten Stadtverfassung der freien Stadt Frankfurt vom 19. Juli 1816. Vgl. E. Friedberg, *Die geltenden Verfassungs-Gesetze...*, S. 257.

Daher entbehrte das im Jahr 1820 begründete reformierte Konsistorium,[23] zusammengesetzt aus je einem Presbyter, dem ältesten Pfarrer und je einem Senator aus jeder Gemeinde, eigentlich seiner kirchenregimentlichen Begründung und übte lediglich — gemeinsam mit dem lutherischen Konsistorium — die Rechte einer oberen Schulbehörde aus.

Über die sieben lutherischen Land- und die eine, zahlenmäßig weit größere Stadtgemeinde ließ der aus allen christlichen Konfessionen zusammengesetzte Senat der Stadt das Kirchenregiment durch ein im Jahre 1728 begründetes Konsistorium führen, das aufgrund der organischen Gesetze vom 5. Februar 1857 eine Umbildung erfahren hatte.[24] Nach dieser Reorganisation bestand das lutherische Konsistorium aus zwei lutherischen Senatoren, je einen auf Lebenszeit gewählten geistlichen und rechtsgelehrten und je zwei auf drei Jahre gewählten geistlichen und weltlichen Konsistorialräten.

Am gleichen Tage brachte ein weiteres Gesetz die Neuregelung der Zusammensetzung und des Geschäftskreises der lutherischen Gemeindevorstände. Danach setzte sich der Vorstand aus den Pfarrern, 18 Ältesten und ebensovielen Diakonen zusammen, von denen jährlich ein Drittel ausschied.

Mit dieser streng paritätischen Kirchenverfassung verzichtete der Senat völlig auf das ihm nach der Rechtsauffassung jener Zeit an sich zustehende Kirchenregiment über die beiden evangelischen Kirchengemeinden, die ebenso wie die katholische das Recht der Autonomie in allen ihren Angelegenheiten besaßen. Der Senat beschränkte sich lediglich auf die staatliche Oberaufsicht, die Anordnung besonderer Feste, die Bestätigung der Pfarrer und die oberste Disziplinargewalt über dieselben. Daß eine gewaltsame Eingliederung dieser freien Gemeinden in die preußische Landeskirche Zündstoff zum Aufruhr geliefert hätte, bedarf keiner weiteren Erörterung und geht bereits aus den voranstehenden Überlegungen, die im Zusammenhang mit der hannoverschen Landeskirche angestellt wurden, hervor.

Die ungünstige geopolitische Lage und die dadurch verursachte bewegte Geschichte *Schleswig-Holsteins*, vor allem die beständigen Landesteilungen, hatten eine einheitliche und kontinuierliche kirchliche Entwicklung in diesem Gebiet nicht zugelassen, denn in jedem Rumpfterrito-

---

[23] *Gesetz- und Statutensammlung der freien Stadt Frankfurt*, Bd. 2, Frankfurt 1842, S. 283 ff.

[24] Abgedruckt bei R. W. Dove, *Sammlung der wichtigeren neuen Kirchenordnungen . . .*, S. 303 ff. Vgl. auch E. Friedberg, *Die geltenden Verfassungs-Gesetze . . .*, S. 261 ff.

rium richtete der besitzende Fürst ein seinen Vorstellungen entsprechendes eigenes Kirchenregiment ein und bestellte eigene Beamte.[25]

Bis zum Wiener Frieden im Jahre 1864 bestanden im Herzogtum Schleswig 227 Kirchen mit 242 Predigern, gegliedert in 11 Propsteien, die einem Superintendenten untergeordnet waren. Daneben gab es 29 Kirchen mit 24 Predigern, die dem Bischof von Ripen und 18, die dem von Alsen unterstellt waren.

Im Herzogtum Holstein standen 139 Kirchen mit 298 Predigern unter dem Regiment von 11 Pröpsten, die ihrerseits von einem Generalsuperintendenten beaufsichtigt wurden.

Der König von Dänemark als Landesherr übte sein Kirchenregiment durch ein beratendes und unmittelbare Entschließungen entgegennehmendes Kollegium, die Königliche Schleswig-Holstein-Lauenburgische Kanzlei in Kopenhagen, aus, der zugleich die Oberaufsicht über die Universität, die Schulen und Seminarien in den drei Herzogtümern oblag.

Unter dieser Kanzlei und in ziemlicher Abhängigkeit von ihr stand die Königliche Schleswig-Holsteinische Provinzialregierung als obere Aufsichts- und Verwaltungsbehörde für beide Herzogtümer. Ihre erste Sektion, bestehend aus dem Regierungspräsidenten, vier rechtsgelehrten und zwei geistlichen Mitgliedern, bearbeitete das Kirchen-, Schul- und Armenwesen. Dieser Sektion untergeben waren die verschiedenen Kirchenvisitatorien, je zusammengesetzt aus einem Ziviloberbeamten und einem Superintendenten (Propst), die in ihrem Distrikt die Aufsicht und Verwaltung über die genannten Bereiche ausübten, im Namen des Landesherrn jedes zweite Jahr Visitationen vornahmen und deren Ergebnisse an die Regierung weiterleiteten.

Auch der Generalsuperintendent (Bischof) war landesherrlicher Aufsichtsbeamter über alle Kirchen des Herzogtums. Er visitierte dieselben aufgrund der Verordnung vom 15. Mai 1737 alle drei Jahre und erstattete dann direkt an den König Bericht.

Neben diesen Verwaltungsbehörden bestanden kirchliche Gerichtsbehörden, da in Holstein nicht allein die Eheprozesse, sondern auch alle

---

[25] Vgl. dazu Chr. Callisen, *Abriß des Wissenswürdigsten aus den für den Prediger und sein Amt in den Herzogthümern Schleswig und Holstein betreffenden Verordnungen*, 3. Aufl., Altona 1843; Heinrich Franz Chalybäus, *Sammlung der Vorschriften und Entscheidungen betreffend das Schleswig-Holsteinische Kirchenrecht*, Bd. 1, Kiel 1883; Franz Martin Rendtorff, *Zur Entstehungsgeschichte der schleswig-holsteinischen Landeskirche*, in: *Schriften des Vereins für schleswig-holsteinische Kirchengeschichte*, 2. Reihe, Bd. 5, Kiel 1910—1913, S. 72—87.

Streitigkeiten über Kirchen- und Schulangelegenheiten vor einem kirchlichen Forum verhandelt wurden.

Die erste Instanz wurde von den Unterkonsistorien, bestehend aus den Kirchenvisitatoren (Amtmann und Propst) und einigen Predigern jeder Propstei, gebildet; das Holsteinische Oberkonsistorium in Glückstadt, zusammengesetzt aus einem Direktor, sechs rechtsgelehrten und drei geistlichen Mitgliedern, fungierte als zweite und das Schleswig-Holstein-Lauenburgische Oberappellationsgericht in Kiel mit nur rechtsgelehrten Beisitzern als dritte Instanz.

Die Beteiligung der Gemeinden am Kirchenregiment beschränkte sich auf von den Kirchenvisitatoren ernannte Schulkollegien, zusammengesetzt aus den Predigern, einigen Magistratspersonen und den Schulvorstehern, sowie Schul- und Armenvorständen und sogenannten Kirchenjuraten für die kirchliche Vermögensverwaltung, die dem Pfarrer zur Seite standen. Im übrigen besaß die Gemeinde das Recht, den Pfarrer aus dem Kreis der von den adligen Patronen, den Kirchenvisitatoren oder den Magistraten Präsentierten zu wählen, wobei das Wahlrecht an Eigentum gebunden war. Das Wahlergebnis bedurfte auch noch obrigkeitlicher Bestätigung.

In Schleswig-Holstein herrschte in exklusiver Weise das lutherische Bekenntnis; erst die Gesetze vom 4. Juli 1863 und 23. April 1864 gewährten Andersgläubigen eine größere Freiheit. Eine feststehende liturgische Ordnung des Gottesdienstes gab es nicht; sie war vielmehr in das Belieben des einzelnen Predigers gestellt und von der liturgischen Tradition der betreffenden Gemeinde bestimmt.

Das ebenfalls lutherische *Lauenburg* hat seine auf der noch geltenden Kirchenordnung vom Jahre 1585[26] basierende kirchliche Verfassung fast unverändert bis zum Jahre 1876[27] beibehalten. Eine Reform fand nur in untergeordneten Fragen statt, presbyterial-synodale Elemente blieben völlig ausgeschlossen.

Der Landesherr besaß als Bischof zwar die oberste kirchenregimentliche Gewalt, konnte jedoch kirchliche Verordnungen nur mit Genehmi-

---

[26] Vgl. Otto Mejer, *Institutionen des gemeinen deutschen Kirchenrechts*, Göttingen 1856, S. 147; 223 f. Die Kirchenordnung ist abgedruckt bei Aemilius Ludwig Richter (Hrsg.), *Die evangelischen Kirchenordnungen des sechzehnten Jahrhunderts. Urkunden und Regesten zur Geschichte des Rechts und der Verfassung der evangelischen Kirche in Deutschland*, Bd. 2, Weimar 1846, S. 469—472.

[27] Vgl. E. Friedberg, *Die geltenden Verfassungs-Gesetze . . .*, S. 195—229; siehe auch unten S. 423.

gung der Ritterschaft und der Landstände sowie nach vorgängiger Anhörung des Konsistoriums erlassen. Letzterem war auch die Ausübung der bischöflichen Rechte verfassungsmäßig übertragen. Es bestand aus dem Präsidenten der Landesregierung, dem Superintendenten, einem von der Geistlichkeit gewählten geistlichen Beisitzer, einem Mitglied der Ritterschaft und der Landstände und besaß die Doppelfunktion einer kirchlichen Justiz- und Regierungsbehörde.

Alljährlich traten die Geistlichen unter dem Vorsitz des Superintendenten zu einer Synode zusammen, um über Glauben und Wandel eine gegenseitige Kontrolle auszuüben.

Die Gottesdienstordnung war außer in der genannten Kirchenverfassung noch durch die Verordnung vom 24. März 1770 festgelegt worden.

Inhaber des Kirchenregimentes sämtlicher oben behandelter evangelischer (lutherischer, reformierter, unierter) Kirchen war nunmehr der König von Preußen als Träger der preußischen Staatsgewalt und Rechtsnachfolger in der Staatsgewalt der annektierten Länder. Denn obgleich nach staatsrechtlichen Grundsätzen das landesherrliche Kirchenregiment über die evangelische Kirche nur als ein Annex der Staatsgewalt definiert war, teilte es rechtlich mit dieser doch die allgemeinen Erwerbs- und Verlustgründe, wodurch man eine Trennung von Staats- und Kirchengewalt von vornherein ausschloß.[28]

Ein verfassungsrechtlicher Widerspruch zu dieser Rechtspraxis ergab sich allein aus Artikel 15 der preußischen Verfassungsurkunde vom 31. Januar 1850, die durch die Anschlußgesetze vom 20. September beziehungsweise 24. Dezember 1866 auch für die neupreußischen Staatsgebiete galt und derzufolge »die evangelische und die römisch-katholische Kirche sowie jede andere Religionsgesellschaft« ihre Angelegenheiten selbständig ordnen und verwalten sollten.[29]

Nachdem im ersten Abschnitt die Problemkreise skizziert und eine Übersicht der kirchlichen Verfassungsverhältnisse im Umriß gegeben wurde, beschäftigt sich das folgende Teilstück mit den damals zahlreich geäußerten Ansichten und Theorien über eine mögliche Vereinigung oder zumindest doch lockere Verbindung zwischen den einzelnen Landeskir-

[28] Vgl. zur Behandlung dieser Frage Dove in der *Zeitschrift für Kirchenrecht* 4 (1864), S. 131 ff.; A. L. Richter, *Kirchenrecht . . .,* S. 198.
[29] Vgl. *Gesetz-Sammlung für die Königlichen Preußischen Staaten*, Berlin 1866, Nr. 6406, S. 555 f.

chen. Dabei — soviel sei schon vorweggenommen — fällt auf, daß sowohl die namhaften als auch die weithin unbekannten Kirchenpolitiker jener Zeit ihre Reformvorschläge zumeist im Laufe der Jahre 1867 bis 1869 der Öffentlichkeit vorlegten — als Reaktion auf den Deutschen Krieg von 1866 und die erhebliche Vergrößerung Preußens! Diese programmatischen Entwürfe behielten — wenn man von einigen wenigen Modifikationen absieht — für die ganze Epoche des Zweiten Reiches ihre Gültigkeit und gingen in den siebziger Jahren in die Programme der politischen und kirchenpolitischen Parteien ein.

Für die nachfolgende Darstellung der wichtigsten Lösungsvorschläge zu den umstrittenen Bekenntnis- und Kirchenverfassungsfragen schien ein durch Kapitelüberschriften gekennzeichnetes Gliederungsprinzip in »Lutheraner«, »Unierte« und »liberale Protestanten« im Interesse einer differenzierten Betrachtung untauglich, da viele der genannten Persönlichkeiten eine eigene kirchenpolitische Richtung innerhalb, aber auch außerhalb der genannten Gruppierungen repräsentierten. Ein Mann wie Friedrich Fabri zum Beispiel ließe sich ebensogut auf dem linken Flügel des Luthertums wie auf dem rechten der Unionsanhänger einordnen, und gegen eine Entscheidung in diesem oder jenem Sinne könnte eine ganze Reihe von Argumenten vorgebracht werden. Auch bei dem Kirchenrechtler Paul Hinschius fiele es äußerst schwer zu entscheiden, ob man ihn noch der Mitte oder schon den liberalen Protestanten zurechnen sollte.

Die Darstellung beginnt darum bei der »äußersten Rechten« — kirchenpolitisch gleichbedeutend mit dem Streben nach partikularistischen Konfessionskirchen — und endet mit der Erörterung einer wichtigen »fortschrittlichen« Position. Dieses Gliederungsprinzip wird auf Theologen[30] und Kirchenrechtler[31] getrennt angewandt, da die Probleme und Fragestellungen in beiden Gruppen naturgemäß eine unterschiedliche Akzentuierung erfuhren.

Eine Ausnahme von dem geschilderten Verfahren macht die Vorordnung Hengstenbergs vor Vilmar. Obwohl jener sachlich, das heißt aufgrund seiner kirchenpolitischen Konzeption, eindeutig nach diesem stehen müßte, wird Vilmar wegen seiner bloß lokalen Bedeutung, die ihn von den übrigen Persönlichkeiten unterscheidet, erst nach dem ungleich gewichtigeren Herausgeber der *Evangelischen Kirchen-Zeitung* behandelt.

---

[30] Siehe unten S. 59—89.
[31] Siehe unten S. 90—105.

Lösungsvorschläge zu den umstrittenen Bekenntnis- und Kirchenverfassungsfragen

Ernst Wilhelm Hengstenberg (1802—1869)

Der Berliner Theologieprofessor und Herausgeber der *Evangelischen Kirchen-Zeitung*, jahrzehntelang unangefochtener Wortführer des lutherischen Konfessionalismus innerhalb der Union und Gegner des Rationalismus in allen seinen Erscheinungsformen, vertrat angesichts der veränderten Lage noch einmal mit aller Entschiedenheit seine kirchenpolitische Position. Der vierundsechzigjährige kränkelnde Hengstenberg, den die Übernahme der Regentschaft durch Wilhelm I. einen großen Teil seines Einflusses gekostet hatte, sah am Ende seines Lebens die letzte Gelegenheit gekommen, der einst von ihm verteidigten Preußischen Union doch noch das Lebenslicht auszublasen.[32] Unter der Überschrift *Die lutherische Kirche und die Union* veröffentlichte er im Dezember 1866 in seiner Kirchenzeitung die entsprechenden Überlegungen zu Umstrukturierungsmaßnahmen der Preußischen Landeskirche.

Er beginnt mit der Versicherung, die lutherische Kirche existiere ungebrochen in der Preußischen Landeskirche fort, obwohl das Kirchenregiment nichts unversucht gelassen habe, ihren Geist in seiner Entfaltung zu hindern. Die innere Kraft für dieses Durchhaltevermögen schöpfte man bislang aus der Gemeinschaft der separierten Lutheraner, vor allem aber leisteten die rein lutherischen Landeskirchen, allen voran Hannover, diesen Dienst. »Gelänge es, auch die neuen Gebiete in den Kreis der unterschiedslosen Union hineinzuziehen, so wäre das eine ernstliche Gefahr für das Bestehen der Lutherischen Kirche.«[33] Deshalb müsse der gegenwärtige Bestand der Kirche in den annektierten Ländern um jeden Preis erhal-

---

[32] Vgl. dazu meine Bemerkungen oben S. 29 f. und Johannes Bachmann/Theodor Schmalenbach, *Ernst Wilhelm Hengstenberg nach seinem Leben und Wirken*, 3 Bde., Gütersloh 1876—1892. Eine gute Darstellung der Hengstenbergschen Gedanken sowie der Bedeutung der *Evangelischen Kirchenzeitung* gibt Holsten Fagerberg, *Bekenntnis, Kirche und Amt in der deutschen konfessionellen Theologie des 19. Jahrhunderts*, Uppsala 1952, S. 35—49.

[33] Ernst Wilhelm Hengstenberg, *Die Lutherische Kirche und die Union*, in: *Evangelische Kirchenzeitung* (im folgenden *EKZ* zitiert) 79 (1866), Sp. 1161—1184. Vgl. dazu die Kritik F. Fabris, *Die Unions- und Verfassungsfrage . . .* , S. 67 ff. Ebenso die Artikel in der *Neuen Evangelischen Kirchenzeitung* (im folgenden *NEKZ* zitiert), 1867: *Der Einfluß der neuen Gebietserwerbungen Preußens auf die Union und die lutherische Kirche*. Von einem Juristen (Sp. 37 ff. u. 55 ff.); *Die neuesten kirchlichen Reformvorschläge* (Sp. 53 ff.). Scharfe Kritik aus der Sicht des Protestantenvereins übte J. W. Hanne, *Anti-Hengstenberg. Drei protestantische Briefe nebst einem Anhang protestantischer Thesen*, Elberfeld 1867. Vgl.

ten bleiben und eine Ausdehnung der Kompetenz des EOK auf diese Gebiete unbedingt verhindert werden. Hengstenberg warnt jedoch die politische Opposition in den neuen Provinzen davor, den allein noch intakten kirchlichen Organismus zum Zentrum des Widerstandes gegen die Annexion auszubauen, denn gerade ein solcher Schritt würde den aus dem Selbsterhaltungstrieb des Preußischen Staates geborenen Einheitsdrang nur rechtfertigen und verstärken.

Eine kirchliche Abgrenzung — das sieht Hengstenberg realistisch — wird sich nach Beseitigung der staatlichen Grenzen kaum aufrecht erhalten lassen, denn abgesehen von der Tatsache, daß in den ehemals konfessionell relativ geschlossenen Territorien jetzt Bevölkerungsverschiebungen eintreten werden, verlöre eine nach außen hin abgeschlossene lutherische Kirche gegenüber der Union jegliche Anziehungskraft. »Es wäre schon eine, Lähmung und Schwächung des kirchlichen Bewußtseins mit sich führende Abnormität, wenn sie den in kirchlicher Beziehung unbedingt als einen Fremden betrachteten König von Preußen als die Spitze ihres Kirchenregimentes ansehen müßte und dem wird sie sich doch nicht entziehen können und dürfen.«[34] Bei allem Verständnis für die Ressentiments, die man gegen den Summepiskopat des preußischen Königs hegen mag, empfiehlt Hengstenberg doch seine Anerkennung, wie überhaupt der ganze Artikel von dem Gedanken getragen ist, der Regierung in Berlin um den Preis einer gesamtlutherischen Kirche in Preußen die politische Loyalität der annektierten Gebiete zu offerieren. Aber zu diesem Plan fehlt ihm offensichtlich auch noch die Zustimmung der Lutherischen Kirchen in Neupreußen, denn an ihre Adresse gewandt wirbt er für eine Gemeinschaft mit den altpreußischen Lutheranern. Er erinnert an das Schicksal der lutherischen Separation in Preußen und fährt dann fort: »Die Kirche, wo sie auf einen engen Raum eingegränzt ist, was in Hannover noch mehr der Fall ist, wie anderwärts, da dort auch die einzelnen, zum Teil sehr kleinen Consistorialgebiete gegen einander abgeschlossen sind, versinkt gar leicht in ein stagnirendes Wesen, man ist der Gefahr ausgesetzt, daß der Gesichtskreis sich verengt ... Wir können uns von dem Gedanken nicht losmachen, daß die politischen Veränderungen in unserm Deutschen Va-

---

auch die wohlwollende Rezension des *Anti-Hengstenberg* in der *Protestantischen Kirchenzeitung* (im folgenden *PKZ* zitiert) 14 (1867), Sp. 82 ff. Der Herausgeber der *PKZ*, Krause, schrieb im selben Jahrgang ebenfalls einen Artikel gegen Hengstenberg: *Die Zukunft der Kirche nach dem großen Propheten*, Sp. 209 ff.

[34] E. W. Hengstenberg, *Die Lutherische Kirche und die Union*, in: *PKZ* 14 (1867), Sp. 1163.

terlande zugleich für die Kirche Bedeutung haben, daß es Gottes Absicht sei, die Kirche der Deutschen Reformation aus der bisherigen territorialen Abgeschlossenheit zu erlösen . . .«[35]

Hengstenberg will die maßgeblichen Regierungskreise glauben machen, der tiefste Grund der Abneigung gegen Preußen, vornehmlich in Hannover und Bayern, gründe in der herzlichen Liebe zur lutherischen Kirche und in der Furcht, mit der preußischen Herrschaft ziehe zugleich das Kirchenregiment der »unterscheidungslosen Union« ein. Die Ursache allen Übels liegt seines Erachtens in der unionshörigen kirchlichen Oberbehörde, deren servile, opportunistische Vertreter, gestützt auf die marode Vermittlungstheologie, allein die Interessen der Union behaupten. Bei der Besetzung der theologischen Lehrstühle wie bei den kirchenregimentlichen Stellungen wird ». . . das Tüchtige zurückgesetzt, [es] ergießt sich nach und nach über die Kirche ein Strom von Lauheit, Halbherzigkeit und Mattherzigkeit . . .«.[36] Unter Berufung auf die Joh.-Apk. 3,15 ff. plädiert Hengstenberg darum »im Interesse der allgemeinen christlichen Kirche« leidenschaftlich für das Eindämmen des Unionseinflusses zugunsten der Evangelisch-Lutherischen Kirche in Preußen, der sowohl historisch als auch vom Bevölkerungsanteil her, die erste Stelle zukomme. Zur Bekräftigung seiner Behauptung zergliedert Hengstenberg die preußischen Provinzen nach ihrem konfessionellen Bestand.

Im Vergleich zu der lutherischen besitzt die reformierte Kirche in den westlichen Provinzen wie in Westfalen nur geringes Gewicht. Lediglich in der Rheinprovinz und Ostfriesland hat sie durch den Einfluß des benachbarten Holland eine schärfere Ausprägung erhalten.

Die unterscheidungslose Union verfügt in den alten Provinzen ebenfalls über einen nur geringen Einfluß, wenn man den Bekenntnisstand der Gemeinden nach ihrem geschichtlichen Bestand beurteilt. Eine Anerkennung dieses Grundsatzes hätte das Ende der Altpreußischen Union bedeutet. Hengstenberg räumt jedoch ein, die Union habe mit den neuen Provinzen Nassau und Hessen-Kassel einen bedeutenden Zuwachs erhalten. Gleichzeitig warnt er die Behörden aber vor der Einführung einer Presbyterial- und Synodalverfassung in diesen Gebieten, denn das hieße »dem ihr einwohnenden Oppositionsgeiste eine bedenkliche Ausdehnung gewähren, um so mehr, da dieser in den neuerworbenen Gebieten sich mit der po-

---

[35] *A. a. O.*, Sp. 1164 u. 1166.
[36] *A. a. O.*, Sp. 1168.

litischen Opposition vermählen würde«,[37] und erweckt damit den Eindruck der politischen Unzuverlässigkeit gerade der Union.

Hengstenberg beantragt nun für jedes der drei Bekenntnisse ein selbständiges Kirchenregiment. »Mit einer bloßen itio in partes innerhalb einer alle Bekenntnisse umfassenden Kirchenbehörde würde sich das Lutherische Bewußtsein nimmer zufrieden geben«,[38] weil man bei dieser Regelung die Wahl der lutherischen Mitglieder dann so treffen werde, daß konfessionelle Indifferenz und Verträglichkeit die Hauptkriterien für eine Berufung bildeten.

Nur eine auf das Bekenntnis der lutherischen Kirche verpflichtete Behörde besitzt die Einmütigkeit im Glauben, um schon lange anstehende kirchliche Probleme, in denen reformierte und lutherische Kirche weit auseinander gehen, bleibend zu lösen. Hengstenberg nennt die Gesangbuchsfrage, die notwendige Verbesserung der Liturgie, die Spendenformel beim Abendmahl, Katechismusangelegenheiten, Erbauungsbücher und Kirchenzuchtsfragen.

Ein weiteres Anliegen der evangelisch-lutherischen Kirche ist nach ihrem Wortführer, daß man ihr das Recht auf ihren Namen beläßt. »Die Anerkennung einer Lutherischen und Reformierten Kirche schließt die einer Landeskirche so wenig aus, wie die Anerkennung einer Landeskirche mit dem: ich glaube eine heilige allgemeine Kirche, im Widerspruch steht.«[39]

Schließlich wünscht Hengstenberg, man möge die gesetzliche Forderung der Abendmahlsgemeinschaft, die aus Liebe gern gewährt würde, aufheben und künftig die bei den Reformierten übliche Form des Brotbrechens nicht mehr den Lutheranern aufzwingen.

Unter der Voraussetzung, daß man die genannten Rechtsverletzungen beseitigt und die lutherische Kirche in ihrer freien Entfaltung nicht hindert, erkennen die Lutheraner in Preußen auch die Notwendigkeit an, das den evangelischen Kirchen Gemeinsame angemessen zu betonen. »Es bleibt uns nicht verborgen, daß es in dem berechtigten Interesse des Staates liegt, daß die auf dem Grunde der Reformation ruhenden Kirchen in Preußen auch äußerlich sich als Einheit darstellen.«[40] Die Einheit einer »Evangelischen Landeskirche« könnte bekenntnismäßig durch die Verpflichtung auf die Augsburger Konfession von 1530 gewahrt bleiben. Und die beißende Polemik, mit der er fortfährt, zeigt deutlich die Frontstellung:

---

[37] *A. a. O.*, Sp. 1171, Anm. 1.
[38] *A. a. O.*, Sp. 1172.
[39] *A. a. O.*, Sp. 1175.
[40] *A. a. O.*, Sp. 1178.

»Für die unirte Confession würde in solcher Weise ein fester Lehrgrund gewonnen und sie damit des Namens einer Confession würdig werden, den sie vorläufig nur auf Hoffnung führen kann. Daß es bei den vagen und längst veralteten Redensarten nicht bleiben kann, welche z. B. in Nassau und Hanau die Stelle des Bekenntnisses vertreten, daß es anderen Kirchen nicht zugemuthet werden kann, mit einer so in der Luft schwebenden charakterlosen Gemeinschaft, die immer lernt und nimmer zur Erkentnis der Wahrheit komt, die das grade Gegenteil der Säule und Grundveste der Wahrheit ist, in Verbindung zu treten, liegt am Tage.«[41]

Die verschiedenen Abteilungen des Kirchenregimentes würden in Fragen, bei denen das konfessionelle Moment mehr in den Hintergrund tritt — Hengstenberg denkt an die Problematik der Ehescheidung, der kirchlichen Bauten, der Sonntagsheiligung, des Disziplinarrechtes und an Auseinandersetzungen mit Katholiken und Dissidenten — in vereinigten Plenarsitzungen zusammenarbeiten und so die Einheit der preußischen Landeskirche dokumentieren.

Abschließend versichert Hengstenberg der Staatsregierung noch einmal die unbedingte Treue der lutherischen Untertanen und die Anerkennung der »politischen Mission Preußens« als einigender Macht in Deutschland. Im selben Atemzug mahnt er alle Freunde der lutherischen Kirche: »Aber die Hände müssen rein sein: wo sie mit politischen Neigungen befleckt sind, halte man sie zurück.«[42]

August Friedrich Christian Vilmar (1800—1868)

Weit schärfer agitierten die streng konfessionellen und zugleich antipreußischen Kreise in den annektierten Provinzen. Unter ihnen ragt der Marburger Theologieprofessor und Führer der kirchlich-konservativen Partei in Kurhessen, A. F. C. Vilmar, hervor, der fraglos alle lutherischen Gesinnungsgenossen seiner Zeit an Hartnäckigkeit und Eigenwilligkeit bei weitem übertraf.[43] Wie Hengstenberg erlebte er noch kurz vor seinem Tode, doch ohne wirkliches Verständnis, die tiefgreifenden nationalstaat-

---

[41] *A. a. O.*, Sp. 1179.
[42] *A. a. O.*, Sp. 1184.
[43] Vgl. zu A. F. C. Vilmar: *RE*, 3. Aufl., Bd. 20, S. 649—661, u. *RGG*, 3. Aufl., Bd. 6, Sp. 1401 f. Dort finden sich zahlreiche Literaturhinweise. Siehe auch Wolfgang Philipp (Hrsg.), *Der Protestantismus im 19. und 20. Jahrhundert*, Bremen 1965, S. 155 ff. Ausdrücklich zu nennen ist noch Wilhelm Hopf, *August Vilmar. Ein Lebensbild*, 2 Bde., Erlangen 1912—1913; vgl. vor allem *a. a. O.*, Bd. 2, S. 406—457.

lichen Veränderungen im deutschen Raum, als deren Folge auch die kirchliche Einheitsbewegung zunehmend an Boden gewann.

Schon »auf der Grube gehend«, gleichsam als sein kirchenpolitisches Testament, veröffentlichte er im Jahre 1867 die Schrift: *Die Gegenwart und die Zukunft der niederhessischen Kirche.*[44] Darin äußert Vilmar die Befürchtung, die niederhessische Kirche werde genauso von der preußischen Union absorbiert, wie die politischen Einrichtungen der annektierten Provinzen von der preußischen Staatsmacht vernichtet worden seien.

Als ersten Schritt auf diesem Wege betrachtet er eine Anfrage des Kultusministeriums in Berlin an den niederhessischen Generalsuperintendenten, ob nicht etwa die Einführung der Rheinisch-Westfälischen Presbyterial- und Synodalordnung in die hessische Kirche als empfehlenswert bezeichnet werden könne. Daraufhin sprachen sich zahlreiche Pfarrer trotz drohender Suspendierung in Eingaben an den König und das Kultusministerium für die uneingeschränkte Beibehaltung ihrer Kirchenverfassung aus dem Jahre 1657 aus. Obwohl auch Vilmar die Kirchenordnung von 1657 für mustergültig hält, wendet er sich scharf gegen die dem niederhessischen Kirchenpartikularismus zugeneigte Richtung, die in der Auseinandersetzung mit der vordringenden Union auf eine energische Betonung des lutherischen Bekenntnisses — besonders der Augsburger Konfession von 1530 — zu verzichten gedenkt und statt dessen die prinzipielle Unveränderlichkeit der Kirchenordnungen zur Grundlage ihrer Argumentation macht. »Der volle und ganze Glaube einer Kirchengemeinschaft erzeugt als Ausdruck desselben das Bekenntnis, und das Bekenntnis erzeugt wieder den Kultus und die übrige Ordnung der betreffenden kirchlichen Gemeinschaft, erzeugt die Kirchenordnung.«[45] Eine Abschwächung des Bekenntnisses jedoch schwächt auch die Kraft der Berufung auf die Kirchenordnung und die Bedeutung der Kirchenordnung selbst.

Dieser Partikularismus ist nach Vilmars Auffassung keine singulär niederhessische Erscheinung, sondern er beherrscht so gut wie alle lutherischen Gliedkirchen in Neupreußen, verhindert den notwendigen Zusammenschluß gegen die Preußische Landeskirche und ermöglicht es der Preußischen Union, sich ihrer einzeln zu bemächtigen. Ebenso hat der Partikularismus »überall, von Hanover herab bis nach Niederhessen, das

---

[44] August Friedrich Christian Vilmar, *Die Gegenwart und Zukunft der niederhessischen Kirche. In Aphorismen erörtert*, Marburg 1867.

[45] *A. a. O.*, S. 10. Vgl. auch August Friedrich Christian Vilmar, *Geschichte des Confessionsstandes der evangelischen Kirche in Hessen*, Marburg 1860, bes. S. 248 ff.; siehe auch unten S. 357 ff.

zu seinem Wesen, daß er aus der den Kirchen gegenwärtig drohenden Gefahr eine Verfaßungsfrage machen will, während dieselbe im ersten Rang eine Bekenntnisfrage, und eine Verfaßungsfrage nur in so fern ist, als die Verfaßung vom Bekentnis abhängt. Verfaßungsfragen als solche aber sind allezeit der Discussion unterworfen, was mit Bekentnisfragen nicht der Fall ist.«[46]

Vilmar lehnt die Rheinisch-Westfälische Presbyterial- und Synodalverfassung vor allem deshalb strikt ab, weil sie das Schlüsselamt der Gemeinde überträgt und damit gegen Artikel 28 der CA verstößt, demzufolge die Kirchendisziplin den *episcopis seu pastoribus* zukommt. Mithin widerspricht diese Verfassung dem Amtsbegriff der lutherischen Kirche, nach dem die geistliche Gewalt allein den Bischöfen und Pfarrern verliehen ist, und schließt einen Abfall von der Augsburger Konfession in sich. Außerdem dringt mit ihr die Willkürherrschaft der ungläubigen Massen in die Kirche ein und bereitet so den Boden für die spekulative, schwankende Unionstheologie.[47]

Ein ganz besonderer und in seiner Art einmaliger Umstand ist es, der die niederhessische Kirche veranlassen muß, vor dem Zugriff der absorptiven Union auf der Hut zu sein: »die Thatsache, daß wir weder bekenntnismäßig reformiert, noch nominell lutherisch sind, ist bereits die vollzogene Union, und nichts steht im Wege, uns unverweilt an die preußische Union anzuschließen.«[48] Die niederhessische Kirche trägt zwar den Namen »reformiert«, aber nicht wegen der in ihr gültigen Lehre, sondern lediglich wegen der ihr durch die sogenannten Verbesserungspunkte des Landgrafen Moritz im Jahre 1605 aufgedrungenen Kultusformen. »Wir reden ja lutherisch, lehren auch lutherisch, wozu wir durch die Kirchenordnung, Reformationsordnung und Norma doctrinae verpflichtet sind, aber neben diesen kirchlichen Gesetzen läuft ein fremdartiger Name her . . .«[49]

---

[46] A. F. C. Vilmar, *Die Gegenwart und Zukunft der niederhessischen Kirche* . . ., S. 18. Vgl. dazu die posthum als Buch erschienene Vorlesung von August Friedrich Christian Vilmar, *Die Lehre vom geistlichen Amt*, Marburg 1870.

[47] Vgl. dazu August Friedrich Christian Vilmar, *Ueber Synodal- und Presbyterial-Verfassung. Ein kurzes Wort*, Frankfurt/Main 1869. Zu Vilmars Amtsbegriff und der von ihm propagierten autoritären Verfassungsstruktur der sichtbaren Kirche vgl. Christoph Link, *Die Grundlagen der Kirchenverfassung im lutherischen Konfessionalismus des 19. Jahrhunderts insbesondere bei Theodosius Harnack*, München 1966, S. 98 ff.

[48] A. F. C. Vilmar, *Die Gegenwart und Zukunft der niederhessischen Kirche* . . ., S. 29.

[49] *A. a. O.*, S. 13.

Vilmar fürchtet nun, Preußen werde aufgrund dieses Sachverhaltes die Aufgabe der Unterscheidungslehren fordern und — um die staatskirchliche Einheit Preußens sicherzustellen — ein uniertes Kirchenregiment einsetzen, denn der preußische Staat sei wie alle Eroberungsstaaten auf Absorption und Unifikation ihm fremder Elemente angelegt.

Durch die Ereignisse des Jahres 1866 sieht sich Vilmar auch vollends in seiner prinzipiellen Gegnerschaft zum landesherrlichen Summepiskopat bestätigt. »Wie ist es einer Kirche möglich, sich bei einer Aenderung des politischen Besitzes, bei Ländertausch, Länderabtretung, Eroberung und was der Art mehr ist, wie einen Ball aus einer Hand in die andere werfen zu lassen, und in diesem Hin- und Hergeworfenwerden jedesmal ihr Bekenntnis in Frage gestellt, dasselbe der Modification je nach der besonderen kirchlichen oder unkirchlichen Stellung des jeweiligen Landesherrn ausgesetzt zu sehen?«[50] Er meint, im 16. Jahrhundert habe man unmöglich eine derartige Entwicklung voraussehen können. Allein der angestammte Landesherr, der sich mit seinem Volk der Reformation angeschlossen hätte, könne legitim dieses Amt bekleiden. Überdies widerspricht nach seiner Auffassung die Lehre vom landesherrlichen Summepiskopat der Confessio Augustana (Prolog, Artikel 28, Epilog),[51] woraus er die Schlußfolgerung zieht, das landesherrliche Kirchenregiment müsse durch ein geistlich-bischöfliches ersetzt werden.

Vilmars Schrift fand außerhalb Hessens kaum Beachtung,[52] regte dafür aber um so mehr die Diskussion in der eigenen Landeskirche an. Zunächst antwortete der in Vilmars Ausführungen heftig attackierte hessische Generalsuperintendent Martin, beschuldigte seinerseits Vilmar und seine Anhänger des Abfalls von dem »eigenthümlichen Charakter« der niederhessischen Kirche und schloß mit der eindringlichen Warnung: »Diejenigen, welche die Erhaltung unserer Kirchen wollen, haben in Vilmar den allerschlimmsten Gegner. Seine Schrift will die Eigenthümlichkeit unserer Kirche nicht erhalten, nein zerstören. Sein Abscheu geht dahin, daß die

---

[50] *A. a. O.*, S. 34. Vgl. dazu das von Vilmar verfaßte Jesberger Memorandum (Kassel 1849), das die Übergabe des Kirchenregimentes an die Superintendenten empfiehlt (vgl. W. Hopf, *August Vilmar . . .* , Bd. 2, S. 62—75).

[51] Leider gibt Vilmar nicht genauer an, welche Sätze aus den genannten Teilen der CA seiner Meinung nach dem Institut des landesherrlichen Kirchenregimentes widersprechen. Art. 28 heißt es beispielsweise: »Non igitur commiscendae sunt potestates ecclesiastica et civilis« (*Die Bekenntnisschriften der evangelisch-lutherischen Kirche*, 6. Aufl., Göttingen 1967, S. 122).

[52] Immerhin brachte die *NEKZ* (Jg. 1867, Sp. 657 ff.) eine ausführliche Besprechung.

Niederhessische Kirche, das was sie seit 1577 im Unterschied von den lutherischen Kirchen ist, aufgebe und diesen gleich werde.«[53]

Auf diese erste Reaktion hin folgte eine Reihe von Stellungnahmen für und wider Vilmars Versuch, Bekenntnisstand und Verfassung der niederhessischen Kirche als genuin lutherisch auszuweisen.[54] Auch Vilmars grimmigster Gegner, der Marburger Kirchenhistoriker Heinrich Heppe (1820—1879), meldete sich mit einer Broschüre[55] zu Wort, in der er zwar Vilmar nicht persönlich angreift, aber für die hessische Kirche die einer »deutsch-reformierten Kirchengemeinschaft« — sie steht in ausgesprochenem Gegensatz zum Luthertum der Konkordienformel[56] — allein angemessene presbyterial-synodale Organisation nach dem emphatisch gepriesenen Muster der preußischen Provinzialsynodalordnung (Entwurf von 1867)[57] fordert: »Der Entwurf ist trefflich danach angethan, um auf dem Grunde der inneren Zusammengehörigkeit der evangelischen Bekenntnisse und ohne irgend welche Alterirung derselben, also auf dem Grunde der Zugehörigkeit zur Einen evangelischen Landeskirche Preußens, einen synodalen Organismus erstehen zu lassen, welcher nicht als Gegensatz, sondern als Erweiterung und Ergänzung des bestehenden Kirchenregiments, dem kirchlichen Leben der Einzelnen und der Gemeinden neue Liebe, neue Freudigkeit und neue Kraft einzuhauchen und das Wort des Lebens auf ganz neuen Wegen wirksam zu machen vermag.«[58]

Im Auftrage des preußischen Kultusministers, dessen Vertrauen er besaß, arbeitete Heppe ein Gutachten für die zukünftige Organisation der

[53] I. Martin, *Einige Worte der Erwiderung auf die Schrift des Prof. Dr. Vilmar: Die Gegenwart und Zukunft der niederhessischen Kirche. Zunächst für die Geistlichen der Diöcese Cassel bestimmt*, Cassel o. J., S. 25; vgl. auch S. 357 ff.

[54] Vgl. z. B. C. Spranck, *Hat die Lehre von der mündlichen Nießung und von der Nießung der Ungläubigen in der niederhessischen reformirten Kirche ihre Berechtigung, oder nicht? Ein offenes Wort der Entgegnung auf die Schrift des Herrn General-Superintendenten Martin: »Einige Worte der Erwiderung auf die Schrift des Prof. Dr. Vilmar: Die Gegenwart und Zukunft der niederhessischen Kirche«*, Marburg 1868, und Friedrich Klemme, *Das gute Recht der evangelisch-reformirten Kirche in Hessen. Ein Beitrag zu einer gerechten Beurtheilung derselben*, Marburg 1867. Der Verfasser sucht gegen Vilmar zu beweisen, daß die hessische Kirche »eine reformirte und nichts anderes« (a. a. O., S. 7), auch keine unierte ist.

[55] Heinrich Heppe, *Die Presbyteriale Synodalverfassung der evangelischen Kirche in Norddeutschland nach ihrer historischen Entwicklung und evangelisch-kirchlichen Bedeutung beleuchtet*, Iserlohn 1868.

[56] Vgl. dazu H. Heppes grundlegende Schrift über *Die Einführung der Verbeßerungspunkte in Hessen von 1604—1610 und die Entstehung der hessischen Kirchenordnung von 1657 ... aus dem Jahre 1849.*

[57] Siehe unten S. 255 ff.

[58] H. Heppe, *Die Presbyteriale Synodalverfassung ...*, S. 114.

hessischen Provinzialkirchen aus, in dem er die Schaffung einer presbyterial-synodalen Repräsentation und eines Gesamtkonsistoriums für Hessen empfahl.[59] Nach der vollzogenen Einigung der drei hessischen Konsistorien weigerten sich jedoch dreiundvierzig Pfarrer unter Führung Wilhelm Vilmars (1804—1884), dieses gemischte Konsistorium anzuerkennen. Als auch Konsistorialreskripte und Geldbußen nichts fruchteten, blieb dem neuen Kirchenregiment nichts anderes übrig, als die »Renitenten« abzusetzen, deren Anhänger schließlich acht separierte altlutherische Gemeinden bildeten.[60]

Friedrich Fabri (1824—1891)

Während die vorstehenden Positionen der Öffentlichkeit seit langem bekannt waren und dementsprechend gelassen aufgenommen wurden, erregten die Schriften des Missionsinspektors bei der Rheinischen Mission in Barmen, Friedrich Fabri, großes Aufsehen, weil seine Konzeption die Möglichkeit eines kirchenpolitischen Neuansatzes zu bieten schien.[61]

Schon seit seiner Jugend hatte sich der vielseitige Mann mit kirchenpolitischen Fragestellungen befaßt, wenngleich man diesen frühen Arbeiten

[59] Vgl. W. Reichle, *Zwischen Staat und Kirche* ... , S. 247 ff.

[60] Die Hessische Renitenz existierte als kleine staatsfreie Kirche bis 1952. Vgl. dazu auch Karl Wicke, *Die hessische Renitenz, ihre Geschichte und ihr Sinn*, Kassel 1930.

[61] Zu Friedrich Fabri vgl.: Hans Beyer, *Friedrich Fabri über Nationalstaat und kirchliche Eigenständigkeit. Mission und Imperialismus*, in: *Zeitschrift für bayerische Kirchengeschichte* 30 (1961) S. 70 ff.; Eugen Sachsse, Art. *Friedrich Fabri*, in: *RE*, 3. Aufl., Bd. 5, S. 722—730; Karl Kupisch, Art. *Friedrich Fabri*, in: *RGG*, 3. Aufl., Bd. 2, Sp. 855; Theo Sundermeier, *Mission, Bekenntnis und Kirche. Missionstheologische Probleme des 19. Jahrhunderts bei C. H. Hahn*, Wuppertal-Barmen 1962, S. 48 ff.; Wolfgang R. Schmidt, *Mission, Kirche und Reich Gottes bei Friedrich Fabri*, Wuppertal-Barmen 1965; Robert Steiner, *Pearsall Smith im Wuppertal*, in: *Monatshefte für Evangelische Kirchengeschichte des Rheinlandes* 22 (1973), S. 195—228; Klaus Jürgen Bade, *Friedrich Fabri und der Imperialismus in der Bismarckzeit: Revolution — Depression — Expansion*, Freiburg i. Br.-Zürich 1975, ders., *Friedrich Fabri*, in: *Fränkische Lebensbilder*, Bd. 6 (= Veröffentlichungen der Gesellschaft für Fränkische Geschichte, Reihe VII A), Würzburg 1975, S. 263—289; Gerhard Besier, *Das kirchenpolitische Denken Friedrich Fabris auf dem Hintergrund der staatskirchlichen Geschehnisse im 19. Jahrhundert*, in: *ZBKG* 46 (1977), S. 173—238, und Karl Hammer, *Weltmission und Kolonialismus. Sendungsideen des 19. Jahrhunderts im Konflikt*, München 1978, S. 105 ff. und 251—258.

Eine auführliche Lebensbeschreibung Fabris fehlt bislang leider ebenso wie eine Arbeit über den Kirchenpolitiker Fabri. Die Quellenlage ist freilich äußerst schwierig, da das Archiv der Rheinischen Mission die Akten Fabris im Krieg verloren hat und die im Familienbesitz befindlichen Unterlagen infolge eines Wassereinbruchs vollständig zerstört wurden.

kaum Beachtung schenkte.[62] Nachdem Fabri in einer vielbeachteten, 1866
erschienenen Schrift *Die politischen Ereignisse des Sommers 1866* im nationalstaatlichen wie evangelischen Interesse die siegreiche Politik Bismarcks[63] als »Handleitung Gottes« dankbar begrüßt hatte, aber nur am
Rande auf die Bedeutung des Kriegsausganges für die beiden Konfessionen eingegangen war,[64] griff er mit der zunächst im November 1866 anonym publizierten Broschüre *Die politische Lage und die Zukunft der
evangelischen Kirche in Deutschland*[65] unmittelbar in die große zeitgenössische Kirchenverfassungsdiskussion ein. Zusammen mit der als Verteidigung und Ergänzung gedachten Schrift: *Die Unions- und Verfassungsfrage. Ein Wort zur Abwehr und Verständigung* (März 1867), bildet
sie Fabris grundlegende kirchenpolitische Konzeption, die er in der Folgezeit auch nahezu unverändert beibehält. Auffallend an seinen zahlreichen
Stellungnahmen, die sich damit wohltuend von der ätzenden Polemik der
zeitgenössischen theologischen, juristischen und politischen Literatur ab-
heben, ist ihre große Sachlichkeit und Sachkenntnis.[66]
  Die vielen Schwierigkeiten der evangelischen Kirche in Preußen während der vergangenen vierzig Jahre führt Fabri auf die territorialistische
Kirchenordnung Preußens zurück, weil sie für ein derart gewachsenes
Staatsgebilde unzureichend geworden sei. Die Union, die man eingeführt
habe, um die landesherrliche Kirchengewalt aufrecht halten zu können,

---

[62] Es handelt sich um die Schriften: *Die materiellen Nothstände der protestantischen
Kirche Bayerns und deren mögliche Abhülfe. Eine Denkschrift,* Nürnberg 1848; *Die politische Bewegung in Deutschland und die Geistlichkeit. Ein Sendschreiben an Herrn Dr.
Eisenmann,* Würzburg 1848; *Ueber den christlichen Staat,* Barmen 1859 (abgedruckt als
Beilage zu der Schrift: *Die Entstehung des Heidenthums und die Aufgabe der Heidenmission*).
  [63] Interessant ist in diesem Zusammenhang Fabris Urteil über Bismarck, dem er mit
Recht das politische Verdienst zuerkennt, die geschichtliche Notwendigkeit des Krieges
klar erkannt, die realen Machtverhältnisse richtig durchschaut und nach dieser Überzeugung im gegebenen Augenblick mit rücksichtsloser Energie gehandelt zu haben.« ... dieser
politische Realismus [sei] doch wohl auch eine Vorbedingung für jeden politisch produkti-
ven, bedeutenden Staatsmann.« (Friedrich Fabri, *Die politischen Ereignisse des Sommers
1866. Ein Wort zur Verständigung und zum Frieden zwischen Nord- und Süddeutschland,*
Barmen-Elberfeld 1866, S. 121 f.) Vgl. auch den überaus lobenden Kommentar zu Fabris
Schrift in der *NEKZ,* Jg. 1866, Sp. 691 ff.
  [64] F. Fabri, *Die politischen Ereignisse des Sommers 1866* ... , S. 128 ff.
  [65] Die bei F. A. Perthes in Gotha verlegte Schrift erlebte innerhalb von zwei Jahren drei
Auflagen.
  [66] So urteilen übereinstimmend H. Beyer, *Friedrich Fabri* ... , S. 70, u. H. Bornkamm, *Die
Staatsidee im Kulturkampf* ... , S. 31.

lasse sich als kirchenregimentliches Prinzip nicht auf die neuen Provinzen übertragen, da deren Kirchenführer schärfsten Protest gegen einen einfachen Anschluß an die bekenntnisindifferente Evangelische Landeskirche der älteren preußischen Provinzen und eine Unterstellung unter den mit dem Makel der Union behafteten EOK eingelegt haben. Eine Sonderregelung für die annektierten Provinzen würde aber auf die Dauer auch die innere Auflösung der Evangelischen Landeskirche der älteren preußischen Provinzen nach sich ziehen, denn die lutherische Partei in Altpreußen fordere dann mit Sicherheit die gleichen Vorrechte wie ihre lutherischen Brüder in Neupreußen. Als einzige Lösung denkt man vielmehr »in den entscheidenden Kreisen, auch hier unter Bismarcks persönlicher Initiative, der als guter Lutheraner gilt, ernstlich daran, ein dreitheiliges Kirchenregiment — lutherisch, uniert, reformiert — zu errichten an Stelle des gegenwärtigen evangelischen Oberkirchenrathes«.[67] Fabri genügt jedoch die Aufhebung der Union und eine bloße Dreiteilung des Kirchenregimentes *(itio in partes)* nicht, denn so bleibe die alte Abhängigkeit der Kirche von der Staatsgewalt erhalten, und »jede Verfassungs-Reform, die die Freiheit herbeiführt, ist verwerflich ... Jede Verfassungs-Reform, die das Grundwesen der Kirche als eine Stiftung von Oben her mißkennt, mit der geschichtlichen Entwicklung der Kirche bricht und ihre Motive aus anderen, der Kirche heterogenen Lebensgebieten entnimmt, ist verwerflich. Zwei Gefahren hat also jede Verfassungsreform heutigen Tages zu überwinden; den Cäsaro-Papismus und die kirchliche Demokratie.«[68] Aber auch ein gemischt presbyterial-konsistorialer Aufbau, also die Verbindung beider — verkehrter — Prinzipien, hält Fabri für nicht vereinbar mit einer wahren, originär kirchlichen Verfassung. Wenn eines jener drei falschen Modelle beibehalten beziehungsweise neu eingeführt werde, müsse man damit rechnen, daß sich die Landeskirchen auflösen und an ihre Stelle Freikirchen treten — eine Konsequenz, die Fabri zugunsten der alten Volkskirche vermieden wissen will.

Die positive Grundlegung einer evangelischen Kirchenverfassung ist für Fabri verkörpert in der Formel »Einheit in der Mannigfaltigkeit« und geht dahin, die Entstaatlichung der Kirche so zu vollziehen, daß die Evangelische Landeskirche der älteren preußischen Provinzen in einzelne konfessionshomogene Provinzialkirchen dezentralisiert wird und eine föderative Zusammenarbeit in einem obersten Rat aller evangelischen Kirchen

---

[67] Rundschreiben Nr. 28 vom Dezember 1866. Archiv der Rheinischen Missionsgesellschaft (Akten sind nicht signiert).
[68] F. Fabri, *Die politische Lage* ... , S. 28.

stattfindet. Diese konföderative Deutung der Union gewährleistet die weiteste konfessionelle Freiheit — lediglich die Abendmahlsgemeinschaft nach der lokal üblichen Form soll gewahrt bleiben —, ohne die preußische Landeskirche aufzulösen. Als Voraussetzung für eine derartige Umstrukturierung nennt Fabri die finanzielle Sicherstellung der kirchlichen Organe durch eine angemessene staatliche Dotation.[69]

Um seinen Ausführungen mehr Gewicht zu verleihen, beruft sich Fabri wiederholt auf Friedrich Wilhelm IV.[70] und Friedrich Julius Stahl,[71] aber auch Alexandre Vinet[72] und Emil Friedberg[73] werden als Geistesver-

---

[69] Diese kirchenpolitischen Reformvorschläge gründeten in Fabris Erfahrungen mit den konfessionellen Schwierigkeiten der Mission, die er ebenfalls auf dem Wege der Verwaltungsgemeinschaft gelöst hatte. Vgl. dazu auch seine eigene Darstellung, in: Friedrich Fabri, *Die Unions- und Verfassungsfrage. Ein Wort zur Abwehr und Verständigung*, Gotha 1867, S. 20 f.

[70] Dem König ist die Broschüre *Die politische Lage und die Zukunft der evangelischen Kirche in Deutschland* gewidmet.

[71] Fabri stützt sich ausschließlich auf Friedrich Julius Stahls Buch: *Die Kirchenverfassung nach Lehre und Recht der Protestanten*, Erlangen 1840. Hierin bedauert es Stahl, daß die Reformation nicht überall an der bischöflichen Verfassung festgehalten habe. »Es ging aber dieses Majestätsrecht von selbst in die Kirchengewalt über, weil die Gründer und deßhalb die natürlichen Häupter der gereinigten Kirche, die Reformatoren, sich selbst nur dazu für berufen erkannten, Zeugnis der Wahrheit zu geben, nicht aber Kirchenobere zu seyn, [118] also in Bezug auf kirchliche Anordnungen nur ihren wesentlichen Inhalt anzugeben, nicht aber sie auszuführen und kraft ihrer persönlichen Autorität Gehorsam für dieselben zu fordern; ähnlich wie die Propheten des alten Testaments, die auch weder Priester noch Bischöfe waren.« (*A. a. O.*, S. 117 f.) In sich gegensätzlich klingen die positiven Aussagen über das landesherrliche Kirchenregiment einerseits und sein Konzept einer Selbstregierung der Kirche andererseits. »Jedenfalls aber beruht die ächte Kirchenverfassung nach protestantischem Principe darauf, daß dem Lehrstande, dem Volke und dem Fürsten, jedem sein eigenthümlicher und selbständiger Antheil an der Kirchengewalt zukomme, und nur durch ihre Übereinstimmung und ihr Zusammenwirken die Kirche regiert werde.« (*A. a. O.*, S. 125.) Der »eigentümliche« Anteil des Fürsten solle in der cura bestehen, der Kirchenpflege, die Stahl vom Kirchenregiment unterscheidet. Die zweiundzwanzig Jahre später erschienene 2. Aufl. ist in vieler Hinsicht verschwommener und redet davon, daß der Landesfürst die *advocatio ecclesiae* habe. Im Jahre 1848 sprach Stahl den Grundsatz aus, im konstitutionellen Staate sei es rechtlich und faktisch unmöglich, daß der König im Besitz der *iura circa sacra* und der *iura in sacra* bleibe. Nachdem wieder Beruhigung eingetreten war, verkündete er, das Heil der evangelischen Kirche fordere die Vereinigung dieser beiden Rechte in der Hand des Monarchen.

[72] Vgl. F. Fabri, *Die Unions- und Verfassungsfrage*..., S. 53. Der Staat als bloß menschliche Vereinigung gründet sich bei Alexandre Vinet — ich referiere aus seinem Buch: *Mémoire en fraveur de la liberté des cultes*, Paris 1826 — nicht auf ein moralisches Gefühl wie die Kirche, sondern auf ein äußerliches Bedürfnis. Er hat nur eine gemeinsame soziale »Moral« aufrechtzuerhalten, die dem Zweck der Selbsterhaltung und des Nutzens dient. «Le gou-

wandte bemüht. Indem er so als Sachwalter des königlichen Vermächtnisses auftritt und zugleich seine Sympathie mit dem Gründer der Waadtländischen Freikirche bekundet, empfiehlt er sich als Vermittler in der preußischen Kirchenverfassungsdiskussion zwischen Lutheranern und Unierten. Dagegen grenzt sich Fabri hart gegen die kirchliche Linke ab. Er ist davon überzeugt, daß das Postulat eines liberal-protestantischen Theologen — unzweifelhaft ist Richard Rothe[74] gemeint — zur Apotheose des Territorialismus führen müsse, und weist die Vermutung, er stimme in einigen Gedanken mit Schenkel überein, entrüstet von sich.[75]

Nach diesen prinzipiellen Erörterungen stellt Fabri in aller Ausführlichkeit seinen Entwurf einer Kirchenverfassung vor und bietet damit —

vernement, qu'on a appelé le moyen de la societé, ne repose pas sur des idées morales, il n'est que le représentant, et, si j'ose le dire, l'agent de ce commerce d'échange entrepris dans le but de la conversation et de la defense mutuelle.« (*A. a. O.*, S. 177.) Somit enthält der Staat in sich kein wahrhaft ethisches Prinzip und steht in keiner Beziehung zur Religion und Kirche, gegen die er sich völlig gleichgültig zu verhalten hat. Von dieser Voraussetzung aus ergeben sich folgende Forderungen: Trennung von Staat und Kirche (*a. a. O.*, S. 184), Zivilstandsgesetzgebung (*a. a. O.*, S. 201) sowie Gleichheit aller bürgerlichen Rechte ungeachtet der Religionszugehörigkeit des Bürgers (*a. a. O.*, S. 192). Vgl. auch Otto Erich Strasser, *Alexandre Vinet. Sein Kampf um ein Leben der Freiheit*, Zürich 1946, bes. S. 214 ff.

[73] Die in Rede stehende Arbeit von Emil Friedberg, *Die evangelische und katholische Kirche der neu einverleibten Länder in ihren Beziehungen zur Preußischen Landeskirche und zum Staate*, Halle 1867, wird weiter unten S. 99 ff. behandelt werden.

[74] Richard Rothes Theologie (hier: Richard Rothe, *Die Anfänge der christlichen Kirche und ihrer Verfassung*, Wittenberg 1837, sowie Richard Rothe, *Theologische Ehtik*, Bd. 3, Wittenberg 1848, § 477) ist ein Erzeugnis spekulativer Philosophie in den Begriffen des Hegelschen Systems. Das Christentum stellt ein Lebensprinzip dar, das im allmählichen Fortgang der Geschichte das ganze menschliche Leben durchdringen muß; die Vollendung ist das Reich Gottes. »Will man sich in dem gegenwärtigen Stande der Christenheit zurechtfinden, so ist die Vorbedingung dazu die Anerkenntnis, daß das kirchliche Stadium der geschichtlichen Entwicklung des Christenthums vorüber ist, und der christliche Geist bereits in sein sittliches, d. h. politisches Lebensalter eingetreten ist . . . das Christentum will eben seinem innersten Wesen nach über die Kirche hinaus, es will nichts Geringeres als den Gesamtorganismus des menschlichen Lebens überhaupt zu seinem Organismus haben, d. h. den Staat. Es geht wesentlich darauf aus, sich immer vollständiger zu verweltlichen, d. h. sich von der kirchlichen Form, die es bei seinem Eintritt in die Welt anlegen mußte, zu entkleiden und die allgemein menschliche, die an sich sittliche Lebensgestalt anzutun« (*Theologische Ehtik* . . . , Bd. 3, § 477, 1010). (R. Rothe ist der theologische Ahne moderner Säkularisierungstheologie, besonders der Christentumstheologie Trutz Rendtorffs.)

[75] Vgl. dazu F. Fabri, *Die Unions- und Verfassungsfrage* . . . , S. 51, Anm. Fabris Kritiker berufen sich dabei vor allem auf Daniel Schenkels Aufsatz *Die Zukunft des Protestantismus* in seiner *Allgemeinen kirchlichen Zeitschrift* (Elberfeld 1866, S. 574 ff.); vgl. dazu C. Ullmann, *Theologische Studien und Kritiken*, H. 3, Hamburg 1867, S. 592. In Wirklichkeit aber vertritt Schenkel in diesem Konflikt eine ganz andere Haltung (siehe unten S. 85 ff.).

im Gegensatz zu den anderen, vorwiegend polemisch ausgerichteten Voten — eine sachliche Diskussionsgrundlage an.[76]

Die *Provinzialkirchen* sollen ein Kirchengebiet umfassen, das ein geschlossenes eigentümliches Gepräge trägt, wie zum Beispiel die Landesteile Rheinland und Westfalen, ohne Rücksicht auf die politische Provinzialeinteilung, die sich zwar mit der kirchlichen decken kann aber nicht muß. Entsprechend dem Gesichtspunkt der Übersichtlichkeit darf die Provinzialkirche durchschnittlich nicht mehr als 500 bis 600 Pfarreien umfassen. Fabri rät darum, die alten Provinzen Sachsen, die Mark, Schlesien und Preußen unter Berücksichtigung der erkennbaren Stammesnuancen in je zwei beziehungsweise drei Kirchenprovinzen einzuteilen. Bei den neuen Provinzen denkt er an eine Aufteilung in folgende Kirchengebiete: Schleswig-Holstein mit Lauenburg, das ältere Hannover, Ostfriesland sowie eine Sonderung der Provinz Hessen-Nassau in eine südliche und nördliche Provinzialkirche. Alle diese Kirchenprovinzen hätten den Status selbständiger Kirchenkörper, die ihre Kirchenangelegenheiten durch ihre Organe frei und selbständig verwalten würden.

Bischof und Konsistorium. Da die innere Entwicklung der Kirche an lebendige, von Glaubens- und Geisteskräften getragene Persönlichkeiten geknüpft ist,[77] muß das durch die Reformation verlorene Vorsteheramt wiedergewonnen werden. Diese Forderung unterstreicht Fabri mit dem Zeugnis so verschiedener Persönlichkeiten wie Schleiermacher, Bunsen, Friedrich Wilhelm IV. und Stahl.[78] Ob man den Leiter der Provinzialkirche Aufseher, Bischof, Vorsteher oder Generalsuperintendent, Ephorus, Visitator usw. nennen sollte, läßt er offen, wenngleich er persönlich aus historischen Gründen für »Bischof« votiert. Bei aller Übereinstimmung in den

---

[76] Eine graphische Darstellung des Fabrischen Kirchenverfassungsmodells siehe im ANHANG am Ende des Buches.

[77] Hier wird deutlich, welchen großen Einfluß Stahls »Idee der Persönlichkeit«, sein personalistischer Staatsbegriff, auf das Denken Fabris hatte. In seiner Schrift *Über Kirchenzucht im Sinne und Geiste des Evangeliums. Eine Synodalfrage im Zusammenhange kirchlicher Zeitfragen*, Stuttgart 1854, S. 84 f., spricht Fabri seinen Glauben an die Bedeutung der Persönlichkeit noch plastischer aus: »Die Kirche Christi ist ja nicht das Terrain äußerer Institute und Ordnungen; krafterfüllte, [85] von Oben erleuchtete, in einem heiligen Wandel stehende P e r s ö n l i c h k e i t e n , das sind die eigentlichen, treibenden Organe, deren der Herr sich je und je zur Leitung und weiterem Fortschritt Seines Reiches auf Erden bedient.«

[78] Dabei stützt er sich auf Schleiermachers Verfassungsentwurf von 1808 und Christian Carl Josias Bunsens Buch: *Die Verfassung der Kirche der Zukunft. Praktische Erläuterungen zu dem Briefwechsel über die deutsche Kirche, das Episkopat und Jerusalem*, Hamburg 1845. Zu Friedrich Julius Stahl vgl. Anm. 71 in diesem Teil.

Grundgedanken des Bedürfnisses eines solchen Amtes unterscheiden sich die vier genannten Zeugen Fabris doch beträchtlich, was die Umgrenzung der Stellung und Aufgabe eines Bischofs betrifft. Während Fabri den »unevangelischen Hierarchismus« Stahls und Friedrich Wilhelms IV., besonders dessen Idee einer bischöflichen Sukzession sowie der unzulässigen Ausweitung bischöflicher Kompetenzen, bemängelt, stimmt er mit Bunsen darin überein, daß der Bischof ein freies Gewissensrecht hinsichtlich der Zulassung zur Ordination besitzen und ihm als zweites persönliches Recht die Visitation obliegen müsse. Diese zwei Befugnisse sollen jedoch keine spezifisch höhere priesterliche Dignität implizieren, sondern nur Ehren- und Aufsichtsrechte darstellen, die man den Bischöfen aufgrund kirchlicher Ordnung zuerkannt hat.

Das Konsistorium denkt Fabri sich als ein Kollegium unter dem Vorsitz des Bischofs, das alle Angelegenheiten kirchlicher Verwaltung in kollegialischer Weise zu besorgen hätte. Es würde sich außer dem Bischof aus zwei Theologen und einem Juristen zusammensetzen.

Presbyterien, Kreis- und Provinzialsynoden. Trotz grundsätzlicher Bedenken hält Fabri synodale Institutionen — freilich nur als *ein* Faktor des kirchlichen Organismus — für ein unbedingtes geschichtliches Bedürfnis der Kirche der Gegenwart. Das Kirchenregiment kann man keinesfalls allein oder auch nur vorwiegend in die Hände der Synoden legen, wohl aber sollen sie in der Lokal-, Kreis- und Provinzialgemeinde als Ergänzung des Kirchenregimentes ihre Stellung finden, dergestalt, daß sie als selbstkirchliches Amt mit der Verantwortung eines solchen neben und mit der Geistlichkeit und den kirchlichen Ämtern eine Mannigfaltigkeit in der Einheit kirchlicher Lebensgestaltung darstellen. Fabri schlägt vor, sich hier nicht auf Experimente einzulassen, sondern sich im Falle einer allgemeinen Einführung synodaler Verfassungselemente Rat und Belehrung bei den Kirchen Rheinlands und Westfalens zu holen, die überhaupt in ihrem Aufbau für die zukünftigen Provinzialkirchen ein vorbildliches Muster abgäben.

Nach dem Grundsatz, daß man keine Rechte ohne Pflichten erhält, was in diesem Bereich ganz besonders von den finanziellen Angelegenheiten gelte, stellt Fabri die Forderung auf, daß jede Kirchengemeinde für ihre kirchlichen Bedürfnisse selbst sorgen müsse, indem sie eine Selbstbesteuerung einführt.

Er empfiehlt, um die Kirchenvorstände oder Presbyterien einen weiteren Kreis von Vertretern, eine Repräsentation oder einen Kirchengemeindeausschuß treten zu lassen. Diese Repräsentation, bestehend aus 30 bis 80 Mitgliedern, versammelt sich etwa zwei oder dreimal im Jahr, der Kirchenvorstand, der 7 bis 16 Presbyter umfassen sollte, monatlich einmal. Beide vereinigt, bilden den Gemeindekörper, der die Pastoren sowie die Presbyter wählt und über alle Angelegenheiten, die den jährlichen Kirchenetat berühren, entscheidet. Der Pastor der Gemeinde führt den Vorsitz im Presbyterium wie in der Repräsentation. Jedes unbescholtene fünfundzwanzigjährige Gemeindemitglied, das einen eigenen Haushalt führt, soll aktives Wahlrecht besitzen. Das passive Wahlrecht soll einem jeden qualifizierten und bewährten Glied der Gemeinde zuerkannt werden.

Die Kreissynoden setzen sich nach der Vorstellung Fabris aus sämtlichen Pastoren und einem von jeder Gemeinde aus dem Presbyterium gewählten weltlichen Abgeordneten zusammen. Diese wählen für sechs Jahre den Superintendenten, falls seine Berufung nicht lebenslänglich sein soll. Die Bestätigung der Wahl muß jedoch von seiten des Konsistoriums erfolgen; oder die Kreissynode präsentiert drei Geistliche, von denen das Konsistorium einen zum Superintendenten ernennt. Einem Synodalausschuß wird zwar die Prüfung und Revision der Gemeindekirchenrechnungen überlassen, die Billigung des Jahresetats bleibt jedoch dem Konsistorium vorbehalten.

Die Provinzialsynode wird von sämtlichen Superintendenten und je einem geistlichen und einem weltlichen von den Kreissynoden zu wählenden Abgeordneten sowie einem Vertreter der der Kirchenprovinz nächstgelegenen und auch bei den Kandidatenprüfungen vertretenen theologischen Fakultät gebildet. Die Synode wählt ihre Moderatoren, denen kirchliche Ehrenrechte, wie Assistenz bei Ordinationen und kirchlichen Weihen, Teilnahme an Kandidatenprüfungen, Zuziehung zu den Sitzungen des Konsistoriums bei wichtigen Verwaltungsfragen etc. einzuräumen sind. Die Synode versammelt sich alle drei Jahre, die Wahlen für dieselbe gelten für sechs Jahre. Der Bischof eröffnet und schließt die Provinzialsynode, ist im übrigen aber — ebenso wie die Konsistorialräte — nur beratender Teilnehmer an ihren Verhandlungen. Die Provinzialsynode bezeugt die unantastbare Bekenntnisgrundlage der Provinzialkirche, sei diese lutherisch, uniert oder reformiert, stellt die Kirchen- und Gottesdienstordnung auf und entscheidet über kirchliche Gesang- und Lehrbücher sowie über Höhe und Verwendung der Provinzialkirchensteuern. Fabri gesteht jedoch dem Bischof ein suspensives Veto gegenüber den Beschlüssen der Provinzialsynode zu, das dieser zwar — wird der Beschluß der Synode in der nächsten Session mit einer Majorität von 2/3 der Synodalen erneuert — wiederholen kann, sich damit aber verpflichtet, die Sache der nächsten Kirchenkonvokation zur Entscheidung vorzulegen.

Der Bischof wird »gewählt«, indem die Provinzialsynode entweder unmittelbar oder durch Vermittlung des Oberkirchenrates dem König als *membrum praecipuum ecclesiae* drei Geistliche präsentiert, von denen dieser einen zum Bischof ernennt. Alternativ schlägt Fabri die umgekehrte Prozedur vor, daß der Oberkirchenrat im Namen des Königs drei Kandidaten aufstellt, von denen die Synode einen erwählt, der allerdings wiederum der königlichen Bestätigung bedarf. In gleicher Weise ist bei der Berufung der Konsistorialräte vorzugehen, nur daß es sich hier um ein Wechselspiel zwischen Bischof und Provinzialsynode handelt.

Oberkirchenrat und Kirchenkonvokation. Die von Fabri auch gewünschte Einheit aller Provinzialkirchen ruht auf dem Grunde geistlicher Gemeinschaft, auf der wesentlichen Einheit des Glaubens in Bekenntnis und Lehre, äußerlich sichtbar durch die Abendmahlsgemeinschaft und organisatorisch gefestigt durch das Band kirchlicher Konföderation. Diese Gesamtkirche soll durch einen neu zu konstituierenden evangelischen Oberkirchenrat, der seinen Sitz in der Hauptstadt des Landes hat, gegenüber der Staatsgewalt, mit der man zum Beispiel über Dotationsfragen aus Staatsmitteln verhandeln muß, repräsentiert werden. Die zweite Funktion dieses neuen EOK besteht in der Stellung eines obersten kirchlichen Gerichtshofes, während die Disziplinargewalt auf erster Stufe den Kreissynoden zukommt; auf zweiter Stufe werde man dieselbe auch fernerhin in den Händen der Konsistorien belassen.

Diesem EOK, gebildet aus vier theologischen und vier rechtsgelehrten Mitgliedern unter dem Vorsitz des ersten Oberhofpredigers, dem man den Ehrentitel eines Erzbischofs verleihen kann, ist ein Beirat, eine Kirchenkonvokation beizugeben, in der jede Provinzialkirche durch den Bischof, den Präses und zwei gewählte Mitglieder der Provinzialsynode vertreten ist. Diese oberste Repräsentation würde ad hoc für einen oder mehrere festbestimmte Verhandlungsgegenstände durch den EOK oder auch durch eine Provinzialsynode einberufen werden. Sie kann nur in kirchenrechtlichen Angelegenheiten, nicht aber in Fragen kirchlicher Verwaltung bindende Beschlüsse fassen und müßte sich bei etwaigen kirchenregimentlichen Verhandlungen allein auf Beratung beschränken. Zum Ausdruck der Einheit und Gemeinschaft des Glaubens würde die Kirchenkonvokation bei der konstituierenden Versammlung ihr Bekenntnis zur CA aussprechen. Sie bestünde bei der empfohlenen Anzahl von 18 Provinzialkirchen aus etwa 80 Mitgliedern, zu denen noch je ein von den verschiedenen theologischen Fakultäten gewählter Vertreter hinzutreten würde.

Der Verfassungsentwurf verdient darum eine so ausführliche Behandlung, weil sein Autor auf der Grundlage methodischer Kompromisse und unter dem Gesichtspunkt der praktischen Ausführbarkeit, ein Verfassungskonglomerat schuf, das die Vorstellungen der verschiedensten kirchlichen Parteirichtungen von ganz rechts bis weit zur Mitte zu berücksichtigen sucht. Aber gerade mit diesem überparteilichen, freilich etwas theoretischen Lösungsversuch setzte sich Fabri zwischen alle Stühle, denn den liberalen Protestanten schien die Synodalordnung nur ungenügend entwickelt, die Lutheraner beklagten, er habe der konfessionellen Problematik nicht ausreichend Rechnung getragen, die konservativen Anhänger der Union bezichtigten ihn der Zerstörung derselben und Hofkreise forderten eine entschiedene Erweiterung der Ehrenrechte des Monarchen.

Fabris erste Broschüre löste denn auch eine Fülle von Gegenschriften aus, so daß er sich — um Angriffe und Mißdeutungen abzuwehren — mit einem großen Teil der kirchlichen Kleinliteratur des Jahres 1867 auseinandersetzen mußte.[79] Untersucht man die zahlreichen kritischen Stellungnahmen in den kirchlichen Blättern, die sich das ganze Jahr über ausführlich mit seinen Neuordnungsvorschlägen befaßten, fällt überraschend auf, daß der keiner theologisch-kirchlichen Partei angehörende, immer kompromißbereite Kirchenpolitiker eher zu den konfessionellen Lutheranern als zu den Unierten gerechnet wurde. So schreibt die unionsfreundliche *Neue Evangelische Kirchenzeitung,* die dem EOK nahestand, daß man es hier zwar nicht mit »einem prinzipiellen Gegner der Union«[80] zu tun habe, aber seine »theils zufälligen, theils wesentliche Berührungen«[81] mit dem Hengstenbergschen Vorschlag, insbesondere seine Ablehnung des EOK, rückten ihn in ein etwas zweideutiges Licht. Hengstenbergs Organ dagegen begrüßte die von »fühlbarer evangelischer Wärme getragene« Schrift Fabris als »unparteiisches Zeugnis« und »nicht unwichtiger Beitrag zu der ernsten Wahrheit, daß die preußische Union durch eine höhere Hand in ein neues Stadium geführt sei, und daß alle Illusionen hierüber je länger festgehalten nur desto schmerzlichere Verwicklungen für das unschätzbare Gut evang. landeskirchlicher Einheit eintragen können«.[82] Die *Allgemeine kirchliche Zeitschrift* des liberalen Protestanten Schenkel

[79] F. Fabri, *Die Unions- und Verfassungsfrage ...,* passim.
[80] *NEKZ,* 1867, Sp. 36.
[81] *A. a. O.,* Sp. 53. Folgende *NEKZ*-Artikel des Jahrgangs 1867 setzen sich ausführlich mit Fabris Broschüren auseinander: *Die politische Lage und die Zukunft der evangelischen Kirche in Deutschland,* Sp. 33 ff.; *Die neuesten kirchlichen Reformvorschläge,* Sp. 65 ff.; *Union oder Conföderation,* Sp. 81 ff. u. 100 ff.; *Eine neue Schrift Dr. Fabris zur Unions- und Verfassungsfrage,* Sp. 323 ff.; *Zur Abwehr gegen Herrn Dr. Fabri,* Sp. 356 ff.
[82] *EKZ,* 1867, Sp. 317; 319 f. Der Aufsatz ist betitelt *Die Zukunft der Deutschen Evangelischen Kirche* und wurde über die Nummern 27—30 fortgesetzt.

warf Fabri vor, er betreibe die »Erneuerung und Befestigung des confessionellen Dogmatismus«[83] und opfere dafür die kirchliche Einheit der seit einem halben Jahrhundert rechtsbeständigen Union. Auch die *Theologischen Studien und Kritiken* veröffentlichten eine ausführliche Rezension über den Fabrischen Verfassungsvorschlag. Der Autor, »ein Deutscher Jurist«, kritisiert — vornehmlich aus Gründen der Pietät — den gegen das landesherrliche Kirchenregiment geführten Schlag. »Noch besteht das landesherrliche Kirchenregiment. Warum soll es nicht fortdauern können, wenn es aufhört ein staatliches, territorialistisch geübtes zu sein und die Behörden für die kirchliche Verwaltung nicht mehr kirchliche Staatsbehörden sind?«[84] Als Resultat seiner Ausführungen resümiert er: »Die von dem deutschen Theologen gemachten Vorschläge über Aufhebung des kirchenregimentlichen Princips der Union und ihre Ersetzung durch eine Conföderation, die Aufhebung des Kirchenregiments des evangelischen Königs und der obersten Kirchenbehörde, des Evangelischen Ober-Kirchenraths, und die an deren Stelle proponirte absolute Freistellung der einzelnen Provinzialkirchen, sowie die Begründung eines rein richterlichen, kirchlichen Obertribunals und einer nur berathenden kirchlichen Convocation, sind nicht geeignet, die Einheit der evangelischen Kirche Preußens zu erhalten, sondern involviren eine Zerstörung der evangelischen Landeskirche.«[85]

In ungewöhnlich scharfer Form polemisierte ein offenbar dem Protestantenverein angehörender »süddeutscher Kirchenmann« unter dem Titel *Großpreußen und die Union der evangelischen Kirche in Deutschland*, »von H. v. H.« (Elberfeld 1867) gegen Stahl, Hengstenberg und vor allem Fabri, die er allesamt des Eklektizismus bezichtigt. Er charakterisiert Fabri, den er für einen Schüler Stahls hält, als einen bürokratisch-kirchendiplomatischen Beamten ohne wissenschaftliches Verständnis, was die »principlose Aggregatbildung« seiner ganzen Reformpolitik vollkommen bestätige, und faßt sein Urteil so zusammen: »Zuletzt entpuppte und ent-

---

[83] *Allgemeine kirchliche Zeitschrift*, 1867, Sp. 213. Zwei Beiträge dieses Jahrgangs beschäftigen sich eingehend mit Fabris Plänen: *Die Verfassungskrise in der evangelischen Kirche Preußens*, S. 205 ff.; *Unionskirche und Confessionskirche*, S. 405 ff.

[84] *Die Neugestaltung der evangelischen Landeskirche Preußens. Betrachtungen über die Gedanken eines deutschen Theologen: »Die politische Lage und die Zukunft der evangelischen Kirche in Deutschland.«* Von einem Deutschen Juristen, in: C. Ullmann, *Theologische Studien und Kritiken ...*, H. 3 (1867), S. 614.

[85] *A. a. O.*, S. 622. Eine Besprechung der einschlägigen Artikel in der Darmstädter *Allgemeinen Kirchenzeitung* und den *Kirchlichen Blättern* des Jahres 1867 erübrigt sich, da keine neuen Argumente hinzukommen.

larvte sich der milde Kirchenmann vor meinen Augen als ein pfäffischer Bureaukrat, in der Hand den bischöflichen Krummstab statt der Feder!«[86] Außerordentlich überraschend mutet eine über 100 Seiten starke Gegenschrift von einem angeblich »evangelisch-lutherischen Theologen der Provinz Hannover«[87] an, der — ganz auf dem großpreußischen Kurs — Fabri beschuldigt, er wolle den Rechtsbestand der unierten Kirche Preußens zerstören. Der Verfasser, ein Anhänger des Kollegialsystems, erkennt in den Reformvorschlägen des Missionsinspektors einen »unevangelischen Hierarchismus«; gegen eine wie immer geartete Trennung von Kirche und Staat wendet er ein: »Aber unter den Verhältnissen dieser Zeit, um dem sogenannten Cäsaropapismus zu entgehen, jedes Band zwischen Staat und Kirche aufheben, daß hieße dem Erfolge nach nichts Anderes, als den Staat entchristianisieren und paganisieren; Freiheit und Selbständigkeit der evangelischen Kirche mit Aufhebung jeder Form des landesherrlichen Kirchenregimentes fordern heißt in der gegenwärtigen Zeitlage unter hochtönenden Worten die evangelische Kirche prinzipiell jedes berechtigten Einflusses auf das Staatsleben berauben oder von vorn herein darauf Verzicht leisten.«[88]

---

[86] *Großpreußen und die Union der evangelischen Kirche in Deutschland. Briefe eines süddeutschen an einen norddeutschen Kirchenmann* von H. v. H., Elberfeld 1867, S. 97.

[87] *Ueber die zukünftige Gesammtverfassung der evangelischen Kirche Preußens. Eine kritische Beleuchtung darauf gerichteter Vorschläge mit besonderer Beziehung auf die Schrift eines »Deutschen Theologen« über: »die politische Lage und die Zukunft der evangelischen Kirche in Deutschland.«* Von einem evangelisch-lutherischen Theologen der Provinz Hannover, Göttingen 1867.

[88] *A. a. O.*, S. 40 f. Die positiven Vorschläge des hannoverschen Lutheraners lauten in der von ihm selbst (*a. a. O.*, S. 98 ff.) formulierten Zusammenfassung folgendermaßen:

»Das Ziel ist:

Eine e i n h e i t l i c h e , provinziell gegliederte, presbyterial und synodal verfaßte evangelische Kirche Preußens mit einem g e m e i n s a m e n Kirchenregiment, dessen oberster Träger der König als landesherrliches membrum praecipuum bleibt, und welches durch einen vom Könige zu besetzenden E v a n g e l i s c h e n O b e r k i r c h e n r a t h geführt wird, dem in b e s t i m m t e n I n t e r v a l l e n eine a l l g e m e i n e S y n o d e aus Mitgliedern sämmtlicher Kirchenprovinzen, durch deren Provinzialsynoden frei gewählt, mit dem Rechte der kirchlichen Gesetzgebung und Besteuerung zu kirchlichen Bedürfnissen unter königlicher Sanktion, dem Rechte der Kenntnißnahme von allen wichtigeren Angelegenheiten der kirchlichen Verwaltung, dem Rechte der Bitte und Beschwerde u. s. w. zur Seite tritt.

Der Weg zu diesem Ziele ist:

E r h a l t u n g d e r U n i o n sowohl in der bisherigen evangelischen Landeskirche Preußens, als auch in denjenigen Kirchenterritorien der neuen Provinzen, in welchen sie besteht; unveränderter F o r t b e s t a n d d e s E v a n g e l i s c h e n O b e r - K i r c h e n r a - t h e s zu Berlin zur Erfüllung seiner bisherigen Aufgaben.

Besondere Sorgfalt widmete Fabri in seiner Entgegnung der anonymen Schrift: *Die neuen evangelischen Landestheile Preußens und die Union. Auch ein Votum über die Gestaltung der evangelischen Landeskirche in Preußen.*[89] Ihr Verfasser tritt am schärfsten, aber auch am eingehendsten vom Standpunkt des positiven kirchlichen Rechtsbestandes aus, den beiden meistbeachteten Vorschlägen von Hengstenberg und Fabri entgegen.

Freilassung eines Weges für die unirten Kirchenterritorien der n e u e n Provinzen zur Selbstentscheidung darüber, ob sie schon in nächster Zukunft dem E v a n g e l i s c h e n O b e r k i r c h e n r a t h zu Berlin k i r c h e n r e g i m e n t l i c h unterstellt werden, oder bis auf Weiteres unter der kirchlichen Verwaltung des K ö n i g l i c h e n K u l t u s m i n i - s t e r i u m s verbleiben wollen.

Erhaltung des konfessionellen Charakters und der presbyterialen und synodalen Institutionen in den evangelischen Kirchenterritorien derjenigen neuen Provinzen, welche solche bereits besitzen, und Bildung presbyterialer und synodaler Organe in denjenigen, in welchen sie noch nicht bestehen, durch das königliche K u l t u s m i n i s t e r i u m, welches die obere kirchliche Verwaltung aller jener Kirchenterritorien b i s d a h i n zu führen hat, wo dieselben nach ihrer gliedlichen Stellung im Gesammtverbande der evangelischen Kirche Preußens in den wirklichen Besitz der auch ihnen durch Artikel 15 der preußischen Staatsverfassungs-Urkunde zu gewährenden Rechte versetzt werden können.

Baldige Schaffung eines i n t e r i m i s t i s c h e n E v a n g e l i s c h e n K i r c h e n s e - n a t e s von konföderirtem Charakter zur B e r a t h u n g des königlichen K u l t u s m i - n i s t e r i u m s für die in den n e u e n Provinzen mit der wünschenswerthen und erforderlichen Rücksicht auf die a l t e n zu treffenden organisatorischen Maßregeln zur Verwirlichung des § 15 der preußischen Staatsverfassungsurkunde, sowie zur Ertheilung anderer etwa wünschenswerth erscheinender Rathschläge.

Dieser interimistische Evangelische Kirchensenat, der k e i n p e r m a n e n t e s K o l - l e g i u m, sondern nur zur Berathung wichtiger Angelegenheiten j e d e s m a l vom königlichen Kultusministerium z u s a m m e n z u b e r u f e n wäre, könnte etwa aus 8 Deputirten des Evangelischen Ober-Kirchenraths zu Berlin, aus 3 Mitgliedern des Landeskonsistoriums zu Hannover und 2 oder 3 angesehenen Mitgliedern der evangelisch-lutherischen Kirche in Schleswig-Holstein-Lauenburg und 2 dergleichen in den hessischen, 2 in den nassauischen Kirchenterritorien und 1 in demjenigen Frankfurts gebildet werden, wobei es vorbehalten bleiben könnte, zur Berathung über Maßregeln, welche ein einzelnes besonderes Kirchenterritorium betreffen, noch ein und das andere sachkundige Mitglied aus demselben dazu zu berufen.

Ist das gesammte provisorische kirchliche Organisationswerk in den alten und neuen Provinzen Preußens, dort durch den Evangelischen Ober-Kirchenrath, hier durch das königliche Kultusministerium unter dem Beirath des Evangelischen Kirchensenates beendet, so wird eine G e n e r a l s y n o d e der ganzen evangelischen Kirche Preußens, zu der die Wahlen am zweckmäßigsten durch die Provinzialsynoden erfolgen dürften, zur definitiven Feststellung der kirchlichen Verfassung vom Könige berufen.«

[89] (Willibald Beyschlag), *Die neuen evangelischen Landestheile Preußens und die Union. Auch ein Votum über die Gestaltung der evangelischen Landeskirche in Preußen*, Berlin 1867.

Es ist niemand anderes als Willibald Beyschlag,[90] der Fabri schon an dem Verleger kenntlich war, wie seine Anspielungen »Mein geehrter Gegner aus Halle« und »der rüstigste und bedeutendste unter den jüngeren Vertretern der positiven Union« verraten.[91]

Willibald Beyschlag (1823—1900)

Der gemäßigt-konservative Vermittlungstheologe, seit 1860 Professor für Praktische Theologie und Neues Testament in Halle, vertrat in seiner preußischen Zeit — sie findet hier allein Beachtung — überzeugend und erfolgreich die Kirchenpolitik der unionsfreundlichen (nach 1876 so genannten) evangelischen Mittelpartei.[92] Die kirchenpolitische Tätigkeit hatte Beyschlag schon während seiner Hofpredigerzeit in Karlsruhe zwischen 1856 und 1860 aufgenommen, wo er im Badischen Kirchenstreit zugunsten des vermittlungstheologischen Kirchenregimentes Ullmann eingriff.[93] Nicht ganz zu Unrecht nannten ihn seine Zeitgenossen boshaftspöttisch den »Panegyriker Nitzschs«, denn in der Tat verstand sich

---

[90] Beyschlag bekennt sich in seiner Biographie *Aus meinem Leben*, Bd. 2, Halle 1899, S. 278, ausdrücklich zu dieser kirchenpolitischen Schrift. Merkwürdigerweise erwähnt R. Stupperich, *Die Preußische Union in der Krise des Jahres 1867* ..., S. 162, den Namen des Autors nicht.

[91] F. Fabri, *Die Unions- und Verfassungsfrage* ..., S. 21 f. Neben den genannten wichtigsten Besprechungen und Gegenschriften werden Fabris Reformvorschläge noch in folgenden Zeitschriften und Broschüren diskutiert: W. Gaß, *Das Recht der Union. Eine Schutzrede*, Gießen 1867. Es handelt sich um einen Vortrag, der Ende April vor der Versammlung der evangelischen Konferenz in Friedberg gehalten wurde und sich vorwiegend mit Fabris Plänen auseinandersetzt. Gaß verurteilt Fabris Partikularismus und seine Absicht, die Union in ihrer derzeitigen Form aufgeben zu wollen. F. Klemme, *Das gute Recht der evangelisch-reformierten Kirche in Hessen* ..., S. 18 ff.

[92] Beyschlags Autobiographie, *Aus meinem Leben* ..., insbes. Bd. 2, ist ein wichtiges Zeugnis für die Kirchenpolitik in der Bismarckära und birgt noch viel auszuwertendes Material für die Kirchengeschichte in der zweiten Hälfte des 19. Jahrhunderts. Zur Person Beyschlags vgl. auch die fünf Jahre nach seinem Tod von seinem Schwiegersohn K. H. Pahncke verfaßte Lebensbeschreibung: *Willibald Beyschlag. Ein Gedenkblatt zur fünfjährigen Wiederkehr seines Todestages*, Tübingen 1905, und Pahnckes Artikel in der RE, 3. Aufl., Bd. 23, S. 192 ff.

[93] Vgl. W. Beyschlag, *Aus meinem Leben* ..., Bd. 2, S. 57 ff.; ebenso Josef Becker, *Liberaler Staat und Kirche in der Ära von Reichsgründung und Kulturkampf. Geschichte und Strukturen ihres Verhältnisses in Baden 1860—1876*, Mainz 1973, S. 87 ff., und Otto Friedrich, *Einführung in das Kirchenrecht unter besonderer Berücksichtigung des Rechts der Evangelischen Landeskirche in Baden*, Göttingen 1961, S. 175 ff.

Beyschlag als sein getreuer Erbwalter auf theologischem wie kirchenpolitischem Sektor.[94]

Ähnlich wie Fabri sorgte sich Beyschlag, »daß die Verfassung, welche kommen mußte, weder von rechts noch von links her schon in der Geburt verkrüppelt werde«.[95] In diesem Sinne griff er bereits 1863 in der *NEKZ*[96] die aus Stahls Nachlaß eben erschienene Neubearbeitung der *Kirchenverfassung nach Lehre und Recht der Protestanten* aufs heftigste an, indem er der hierarchischen Verfassungstheorie Stahls biblische und wahrhaft reformatorische Prinzipien einer echten Kirchenverfassung entgegenzuhalten suchte. Um so mehr fühlte er sich in dem für die evangelische Kirche so ungemein wichtigen Jahre 1867 dazu aufgerufen, Stellung gegen Gutachten zu beziehen, deren Ratschläge er ganz oder teilweise für verderblich halten mußte. Darum begann er in der bereits oben erwähnten anonymen Broschüre[97] mit dem ihm eigenen, übertriebenen und undiplomatischen Pathos — wie er es einmal in einem Brief an Friedrich Nippold (1838—1918) selbstkritisch formulierte[98] — an dem kirchenpolitischen

[94] Beyschlags Nitzsch-Biographie, die er liebevoll ausarbeitete (vgl. *Aus meinem Leben* . . . , Bd. 2, S. 311 ff. u. 345 ff.) trägt den bezeichnenden Titel: *Karl Immanuel Nitzsch. Eine Lichtgestalt der neueren deutsch-evangelischen Kirchengeschichte,* Berlin 1872. Übrigens beendete Nitzsch 1867 — also ein Jahr vor seinem Tod — den 3. Bd. (2. Buch 2. Abschn.) seiner *Praktischen Theologie,* in der auch ein großer Abschnitt der *Subjektiven Kirchen-Ordnung* (a. a. O., S. 293 ff.) gewidmet ist. Aber — soweit wir sehen — spielten seine darin geäußerten Vorschläge für die zeitgenössische Kirchenverfassungsdiskussion keine Rolle.

[95] W. Beyschlag, *Aus meinem Leben* . . . , Bd. 2, S. 197.

[96] *Stahl's »Kirchenverfassung nach Lehre und Recht der Protestanten. Erlangen 1862«.* Conferenzvortrag von Prof. D. Beyschlag in Halle. Abgedruckt in: *Neue Evangelische Kirchenzeitung,* Jg. 1863, Sp. 374 ff.; 390 ff.

[97] Vgl. Anm. 89. Am 31. Oktober 1867 hielt Beyschlag in der Aula der Halleschen Universität auch die Festrede zum fünfzigsten Jahrestag der evangelischen Union (*Die evangelische Union. Akademische Festrede an ihrem fünfzigjährigen Stiftungstag [31. Oktober 1867],* in: *Zur deutsch-christlichen Bildung. Popular-theologische Vorträge,* 2. Aufl., Halle 1899, S. 204—216). Dabei berührte er jedoch nur kurz ihre bedrängnisreiche Geschichte bis in die jüngste Gegenwart. »Ich stellte mir vielmehr als Thema den Nachweis, daß die Unionsbewegung, und zwar mit dem Ziele einer e i n h e i t l i c h e n evangelischen Kirche, in der That solch eine gottgewollte Strömung sei; daß es das innere Gesetz der evangelischen Kirche sei, dies Ziel anzustreben« (W. Beyschlag, *Aus meinem Leben* . . . , Bd. 2, S. 283).

[98] Schreiben Beyschlags an Nippold vom 26. November 1886. Abgedruckt in: K. H. Pahncke, *W. Beyschlag* . . . , S. 143 f. Eine Probe des Beyschlagschen Stils mag der folgende Satz bieten: »Die Kirchengeschichte wird es zu verzeichnen haben, daß inmitten des neunzehnten Jahrhunderts ein angesehener evangelischer Theologe (sc. Hengstenberg) seinem königlichen Herrn solche empörenden Vorschläge (sc. die Union aufzuheben) zu machen gewagt hat — unter dem Hinzufügen, daß die Befolgung derselben ein Sieg sein würde 'so glänzend wie der von Königgrätz'« (W. Beyschlag, *Die neuen evangelischen Landestheile und die Union* . . . , S. 8).

Streit um die Neuordnung der preußischen Landeskirche teilzunehmen.

Den kirchenpolitischen Standpunkt Hengstenbergs, dessen Votum er als »entschieden territorialistisch« bezeichnet, fertigt er rasch ab, um sich sogleich den Fabrischen Vorschlägen zuzuwenden, die ihm sichtlich näherstanden.

Beyschlag wirft Fabri vor, er rufe den von ihm selbst verpönten Territorialismus auf, eine kirchliche Ordnung zu beseitigen, die nach seinen eigenen Grundsätzen nur durch die Selbstentscheidung der Kirche aufgehoben werden könne. Die Partei Hengstenberg — das erkennt Beyschlag klar — wird Fabris Votum zu ihren Gunsten interpretieren, indem sie seine Kirchenorganisationsideen zwar lächelnd beiseite schiebt, dafür aber um so eifriger seine Position wider die Union herausstellt. Gegen Fabri, der die Union ja für eine Ausgeburt des Territorialismus und Rationalismus hält, sieht Beyschlag in Schleiermacher den Hauptträger des Unionsgedankens, dem Friedrich Wilhelm III. — ganz in der fürstlichen Tradition der Reformationszeit — lediglich rechtzeitig mit der Kabinettsorder von 1817 Geltung verschafft hätte. Die Verunglimpfung der Unionsgründung ist zudem völlig unangebracht, denn »beide Kirchen jener Tage sind jenem Wunsche, dessen freilassender Sinn noch in der Cabinetsordre von 1834 betont ward, entgegengekommen und haben sich den königlichen Gedanken angeeignet, so gut sie nach ihrer mangelhaften, ja in den östlichen Provinzen fast völlig fehlenden Organisation es nur immer vermochten«.[99]

Einmal ganz abgesehen davon, daß eine Dreiteilung der Landeskirche vom politischen und patriotischen Gesichtspunkt aus wenig wünschenswert sein würde, existierten in den partikularistischen Konfessionskirchen in vielen Gebieten noch immer unierte, lutherische und reformierte Gemeinden nebeneinander, was für die Minderheiten — insbesondere in den expansionshungrigen lutherischen Provinzialkirchen — die Gefahr der Gewissensbedrückung wahrscheinlich machen würde. Schwierigkeiten ergäben sich auch bei den theologischen Fakultäten. Dort gibt es zwar konfessionalistisch gesinnte Theologen, aber keine konfessionelle Theologie. Bewußt bekenntnisgebundene Provinzialkirchen müßten verlangen, daß ihre Diener nicht in unierter, sondern exklusiv konfessioneller Theologie ausgebildet würden. »So gewiß nun diese tiefere Strömung in unserer Zeit evangelisch ist und nicht lutherisch noch reformiert, so gewiß die ganze lebendige Theologie unserer Zeit über den confessionellen Dualismus hinaus ist, so gewiß ist die Union das allein gesunde, wahrhaftige, auf die Dauer mögliche Prinzip unserer kirchlichen Existenz.«[100]

---

[99] W. Beyschlag, *a. a. O.*, S. 15.
[100] *A. a. O.*, S. 27.

Daraus folgt für Beyschlag jedoch nicht die gewaltsame Eingliederung der annektierten Provinzen in die unierte Landeskirche, sondern die Wahrung des Prinzips der Gewissensfreiheit. Unter Berufung auf § 15 der preußischen Verfassung, die in den alten wie in den neuen Landesteilen Gesetzeskraft besitzt und das Recht der evangelischen Kirche auf Selbstverwaltung verbürgt, plädiert Beyschlag vielmehr dafür, ohne Antastung des Bekenntnisstandes eine für alle gemeinsame Kirchenverfassung auszuarbeiten, die die evangelische Kirche dann instandsetzt, ihre Lebensfragen selbständig zu beantworten.

Aber anders als Fabri, der als letzten Akt des Territorialismus die landesherrliche Oktroyierung einer nach seinen Plänen gestalteten Kirchenverfassung vorschlägt, will Beyschlag die in den einzelnen Provinzen schon bestehenden presbyterial-synodalen Einrichtungen so weit ausbauen, daß »man im nächsten Jahre schon, in zwei Jahren längstens eine wohlfundamentierte, aus den Gemeinde-, Diöcesan- und Provinzialvertretungen organisch herausgebildete Landessynode haben« kann.[101] Allein diese Generalsynode ist nach Beyschlags Auffassung das zuständige Gremium für die Beurteilung der verschiedenen Kirchenverfassungsvorschläge — auch des Fabrischen, mit dem er in vielen Punkten übereinstimmt. »Zuerst unsere volle Zustimmung zu den beiden Grundprincipien seines Verfassungsentwurfs, dem Prinzip der Selbständigkeit der Kirche dem modernen Staat gegenüber, das er (sc. Fabri) mit Recht bis zum wesentlichen Aufhören des landesherrlichen Kirchenregiments folgerichtig durchführt, und dem der Fernehaltung jener kirchlichen Demokratie, welche die eigenste Natur der Kirche verkennend die Selbständigkeit derselben nur durch vom Staate geborgte Formen zu verwirklichen und ebendamit zur Karikatur und Illusion zu machen versteht.«[102] Ebenso erklärt er sich damit einverstanden, die presbyterial-synodalen Institutionen mit einer episkopal-konsistorialen Organisation zu verbinden, das Bischofsamt einzuführen und Provinzialkirchen zu installieren, betont aber gleichzeitig die Notwendigkeit, die nationalkirchliche Einheit zu fördern.

Die neuen Provinzialkirchen durch das Kultusministerium verwalten zu lassen, wäre ein Rückschritt auf dem Weg verfassungsmäßiger Selbständigkeit der evangelischen Landeskirche. Andererseits fürchtet Beyschlag, daß ein mit nichtunierten Mitgliedern verstärkter EOK seinen Unionscharakter verlöre. Außerdem hegt er ähnlich wie Fabri ein tiefes Mißtrauen gegen diese Behörde, weil sie ihr Hauptmandat, die Organisa-

---

[101] *A. a. O.*, S. 30.
[102] *A. a. O.*, S. 31.

tion der kirchlichen Selbstverwaltung, seit ihrem Bestehen systematisch verschleppt hatte. Er schlägt darum vor, bis zur Einberufung der Landessynode eine dem EOK analoge interimistische Kirchenkommission für die neuen Provinzen einzusetzen, mit der Auflage, Provinzialsynoden herbeizuführen.

Sollte sich auf der Landessynode dann herausstellen, daß die Union außerhalb ihres seitherigen Gebietes keinen erheblichen Anhang besitzt, hält Beyschlag es für legitim, dem Rat der beiden kritisierten Votanten zu folgen und der Zerspaltung der evangelischen Kirche in drei Konfessionskirchen zuzustimmen.

Abschließend warnt er vor neuen Experimenten und Oktroyierungen, aber auch vor einer Fortsetzung der bisherigen kirchenpolitischen Gleichgültigkeit: »Je länger der Kirche geordnete Mittel und Wege ihre Lebensfragen zu schlichten vorenthalten bleiben, um so weiter wird die zerfressende Parteiung, wird der klaffende Riß zwischen einer dem Confessionalismus sich in die Arme werfenden Geistlichkeit und einer dem Protestantenverein zufallenden Laienwelt um sich greifen, und ob dann durch irgend eine geschichtliche Wendung die eine oder die andere extreme Partei einmal plötzlich das Heft in die Hand bekommt — das Resultat wird ziemlich das gleiche sein, die kirchliche Revolution, die Zersprengung der evangelischen Volkskirche in Deutschland.«[103] Ein Jahr später schreibt Beyschlag in einem vertraulichen Brief an Meßner, den Herausgeber der *Neuen Evangelischen Kirchen-Zeitung (NEKZ)*, er sehe die Sache der positiven Unionisten, die nicht einmal ein klares Programm besäßen, für verloren an, und prophezeit, der Protestantenverein werde aus der gegenwärtigen kirchenpolitischen Auseinandersetzung als Sieger hervorgehen.[104]

Daniel Schenkel (1813—1885)

Zwischen dem Heidelberger Professor für systematische Theologie — Mitbegründer des Protestantenvereins und des liberalen Kirchenregimentes in Baden — und Beyschlag herrschte eine von persönlichem Haß getrübte leidenschaftliche Gegnerschaft, die ihren Ursprung im Badischen Kirchenstreit hatte.[105] Beide Seiten leisteten sich damals verbale Entglei-

---

[103] *A. a. O.*, S. 40.

[104] Der Brief ist abgedruckt in dem Aufsatz von R. Stupperich, *Die Preußische Union in der Krise des Jahres 1867* . . . , S. 170 f.

[105] Vgl. W. Beyschlags Darstellungen aus dieser Zeit (*Aus meinem Leben* . . . , Bd. 2, S. 1—119), insbesondere seine Auseinandersetzung mit Schenkel (*a. a. O.*, S. 168 ff.; 203 ff.

sungen, über die Friedrich Nippold urteilt, sie hätten ihn angewidert.[106]

In die Diskussion um die Neuordnung der preußischen Landeskirche griff Schenkel jetzt ebenfalls mit Beiträgen in der von ihm herausgegebenen *Allgemeinen kirchlichen Zeitschrift* ein[107] und hielt eine Reihe kirchenpolitischer Vorträge, in denen er eine Lösung nach dem badischen Vorbild propagierte. Man muß seine Voten auf dem Hintergrund der neuen Generalsynode Badens im Jahre 1867 sehen, auf der es der freisinnigen Mehrheit gelungen war, einen Antrag zur Annahme zu bringen, der den alten Bekenntnissen der Kirche ihre gesetzliche Bedeutung nehmen sollte, zugunsten einer Gleichberechtigung der freien theologischen Forschung mit der bekenntnisgebundenen.[108]

In seiner Schrift *Die gegenwärtige Lage der protestantischen Kirche in Preußen und Deutschland*[109] unterzieht Schenkel die Vorschläge von Hengstenberg, Fabri und Beyschlag einer kritischen Sichtung, wobei er sich einer gewohnt scharfen Polemik bedient.

Hengstenberg, »der schlaue Agitator, dessen Rücken die in Parade aufmarschierenden Pastorenfreischaaren decken, hat erkannt, daß der bild-

u. ö.). Hier erscheint der badische Liberalismus der fünfziger und sechziger Jahre in denkbar ungünstigem Licht. Zu Schenkel vgl. *RGG*, 3. Aufl., Bd. 5, Sp. 1401, und *RE*, 3. Aufl., Bd. 17, S. 555 ff.

[106] F. Nippold, *Handbuch der neuesten Kirchengeschichte* . . . , Bd. 5, S. 420. Auf den folgenden Seiten bemüht sich Nippold dann um eine Korrektur der Selbstbiographie Beyschlags hinsichtlich der Badischen Ereignisse.

[107] Besonders wichtig ist seine Abhandlung *Ueber das Princip der Union*, in: *Allgemeine kirchliche Zeitschrift*, 8. Jg., Elberfeld 1867, S. 608 ff. Vgl. auch: Daniel Schenkel, *Kirchliche Umschau* (a. a. O., S. 1 ff.); *Die Verfassungskrise in der evangelischen Kirche Preußens* (a. a. O., S. 205 ff.); *Unionskirche und Confessionskirche* (a. a. O., S. 405 ff.). Von einiger Bedeutung in unserem Zusammenhang sind auch folgende Publikationen Schenkels: *Christenthum und Kirche im Einklange mit der Culturentwicklung. Zwanzig Betrachtungen*, 2. Abt., Wiesbaden 1867, bes. S. 185 ff.; ders., *Der Unionsberuf des evangelischen Protestantismus aus der principiellen Einheit, der confessionellen Sonderung und der unionsgeschichtlichen Entwicklung derselben nachgewiesen*, Heidelberg 1865; ders., *Brennende Fragen in der Kirche der Gegenwart. Drei Vorträge*, Wiesbaden 1869, bes. S. 37 ff.; ders., *Die protestantische Freiheit in ihrem gegenwärtigen Kampfe mit der kirchlichen Reaktion*, Wiesbaden 1865; vgl. auch unten S. 185 f.

[108] Vgl.: *Verhandlungen der Generalsynode Badens*, Karlsruhe 1867. Der in Rede stehende Antrag wurde mit 40 gegen 14 Stimmen angenommen. Als die Minorität daraufhin Verwahrung einlegte, bestätigte der Großherzog diesen Beschluß nicht.

[109] Daniel Schenkel, *Die gegenwärtige Lage der protestantischen Kirche in Preußen und Deutschland. Ein Vortrag* gehalten im Auftrage des deutschen Protestanten-Vereins, Mannheim 1867. Die Schrift wurde in der *NEKZ*, Jg. 1867, Sp. 275, in einer Weise besprochen, die ihr zweifellos nicht gerecht wird.

same Teig der unionistischen Durchschnittsgläubigen den Hammerschlägen der confessionellen Starrköpfigkeit auf die Dauer nicht zu widerstehen vermag«. Fabri ist nichts weiter als sein »Schildknappe«, der »augenscheinlich Hengstenbergs ureigenste Gedanken in etwas presbyterial-synodale rheinisch-westphälische Baumwolle eingehüllt« hat. Beyschlag schließlich, »dieser angeblich freisinnige Theologe, der auf jedes freisinnige Ja, das er vorbringt, wieder ein reaktionäres Nein? folgen läßt«, fürchtet das Gemeindeprinzip mehr als Hengstenbergs Plan, die Union zu vernichten, weil ihm blinder kirchlicher Parteihaß die Augen verdunkelt.[110]

Schenkel erwartet drei verhängnisvolle Folgen für die evangelische Kirche Preußens im Falle einer Auflösung der preußischen Union:

Ähnlich wie Beyschlag[111] führt er das Argument an, mit der Union ginge auch die protestantische Lehrfreiheit mitsamt ihrer wissenschaftlichen Legitimität verloren, denn an ihre Stelle träte ein rein konfessionelles Ausbildungssystem, das um der reinen Lehre willen mit »exegetischen Verdrehungs- und Vertuschungskünsten« arbeiten müßte.

Die zweite verhängnisvolle Folge wäre die Auflösung der einen evangelischen Kirche Preußens in partikularistische konfessionstreue Sonderkirchen. Zur Erhaltung ihrer Einheit aber gehört ein ungeteiltes Kirchenregiment, die Beibehaltung des Namens »evangelisch uniert«, eine gemeinsame Liturgie und ein einheitlicher Verfassungsorganismus auf der Grundlage des Gemeindeprinzips. Die kirchliche Einheit Preußens muß vor allem auch deshalb gewahrt bleiben, weil die preußische Kirche das letzte Bollwerk des freien Protestantismus in Europa gegen den erstarkenden römischen Katholizismus jesuitischer Prägung darstellt.

Die Aufhebung der Union würde schließlich nach Schenkels Auffassung auf unabsehbare Zeit den kirchlichen Verfassungsbau nach dem Grundsatz des Gemeindeprinzips verhindern. Er rät darum zur beschleunigten Einrichtung und Ausbildung der repräsentativen Organe in den betreffenden Provinzen, spricht sich aber für ein neues Wahlgesetz aus, das nicht nur einzelnen Klassen und Ständen, sondern auch der Mehrheit der Gemeindemitglieder die Ausübung ihrer verfassungsmäßigen Rechte sichert. Der Einberufung einer Generalsynode aus der Mitte der Provinzialsynoden zur Vollendung des kirchlichen Gesamtverfassungswerkes stände nach solchen Vorbereitungen kein erhebliches Hindernis mehr im Wege, denn die Streitfrage des Bekenntnisunterschiedes bietet nach Schenkels Überzeu-

---

[110] Vgl. D. Schenkel, *Die gegenwärtige Lage der protestantischen Kirche in Preußen und Deutschland . . .*, S. 41; 43; 60.

[111] Siehe oben S. 83.

gung keine Schwierigkeit mehr, sobald man von der Voraussetzung ausgeht, daß die Lehre frei ist und die Mannigfaltigkeit ihrer Formen Kraft und Einheit der Kirche wesentlich fördert. Von daher schenkt er auch dem Problem der Eingliederung der annektierten protestantischen Landesteile wenig Beachtung, denn die Union darf nicht als Lehrunion aufgefaßt werden, sondern als »sittliche Gemeindetat«.[112] Dabei gesteht Schenkel jeder Religion durchaus den Fortbestand ihrer provinziellen Eigentümlichkeiten zu, soweit diese nicht die Einheit der Gesamtkirche stören, denn »die dogmatische Periode der protestantischen Kirche ist abgelaufen. Nicht mehr die Dogmen der Kirchenversammlungen und Theologen, die Ideen und Grundsätze des Evangeliums sind das Band, das uns verbindet.«[113].

In diesem Sinne wurden die verwirrten kirchlichen Verhältnisse in Baden geordnet, so daß jetzt eine volle und unverkümmerte Union besteht, in der die Bezeichnung der konfessionellen Parteien völlig aufgehoben ist. Die badische Kirche ist nach Schenkels Verständnis keine »demokratische Kirche ohne Bekenntnis und Zucht«,[114] wie sie ihre Gegner — insbesondere Beyschlag — immer wieder verketzern, sondern ihre Kirchenverfassung[115] ruht auf dem urchristlichen und ursprünglich reformatorischen Gemeindeprinzip. »Ist die Staatskirche unhaltbar, die Geistlichkeitskirche begriffswidrig, dann ist vernünftiger Weise nur noch die Gemeindekirche möglich.«[116]

Der Vorwurf der kirchlichen Demokratie bezog sich vornehmlich auf § 14 der badischen Kirchenverfassung, der jedem unbescholtenen Mann nach Vollendung des 25. Lebensjahres die Stimmberechtigung einräumte, ohne sie an die Bedingung der regelmäßigen Teilnahme am öffentlichen Gottesdienst und heiligen Abendmahl zu binden. Im übrigen ruhte die badische Kirchenverfassung kaum auf einer demokratischen Grundlage, wenn man berücksichtigt, daß sie zwischen mittelbarer und unmittelbarer Stimmberechtigung scharf unterschied, die Ausübung der Gemeindebefugnisse in eine gewählte Kirchengemeindeversammlung und nicht in die unterschiedslose Gesamtheit der selbständigen Mitglieder legte, dem

---

[112] D. Schenkel, *Die gegenwärige Lage* ... , S. 35.

[113] *A. a. O.*, S. 56.

[114] W. Beyschlag, *Die neuen evangelischen Landestheile Preußens und die Union* ... , S. 40.

[115] Die Verfassung der evangelischen protestantischen Kirche des Großherzogtums Baden vom 5. September 1861 (bei R. W. Dove, *Sammlung* ... , S. 148 ff.) ist nach dem Vorbild der revidierten Oldenburgischen aus dem Jahre 1853 gearbeitet. Vgl. auch E. Friedberg, *Die geltenden Verfassungs-Gesetze* ... , S. 475 ff. und 560 ff.

[116] D. Schenkel, *Die gegenwärtige Lage* ... , S. 62.

geistlichen Stande die gleiche Anzahl von Abgeordneten in die General-synode zustand wie den Laien und ihm den Vorsitz im Kirchengemeinde-rat und den Kreissynoden einräumte und außerdem noch an die Spitze des Kirchenregimentes die kirchenverfassungsmäßig beschränkte landesherr-liche Kirchengewalt stellte.

Abschließend faßt Schenkel noch einmal programmatisch in sechs Punkten zusammen, was ihm in der gegenwärtigen Situation für die evan-gelische Kirche Preußens unerläßlich scheint:

1. Die altpreußischen protestantischen Landesteile haben die Pflicht, an der seit fünfzig Jahren in Preußen rechtsbeständigen Union festzuhalten und sie weiter auszubilden.

2. Die neupreußischen noch nicht unierten protestantischen Landesteile dürfen zum Beitritt zur Union in keiner Weise genötigt werden, aber es muß ihnen auch jederzeit freistehen, sich ihr anzuschließen.

3. Dieselben treten aber gleichwohl in den allgemeinen Verband der preußischen evangelischen Kirche ein und sind in allen nicht speziell kon-fessionellen Angelegenheiten dem einheitlichen Kirchenregiment unter-geordnet.

4. Die Ausbildung der presbyterialen und synodalen Verfassungsformen ist in allen diesen Landesteilen zu beschleunigen. Über den Beitritt zur Union entscheidet die in Presbyterien und Synoden vertretene Landesge-meinde, nicht die Geistlichkeit.

5. Die Ausführung des Artikel 15 der preußischen Staatsverfassung wird, mit der nötigen schonenden Rücksicht auf prinzipielle Eigentüm-lichkeiten, sofort in Angriff genommen und der evangelischen Landesge-meinde Preußens ihre staatsrechtlich verbürgte volle Selbständigkeit ge-währt.

6. Die evangelische Kirche Preußens unternimmt nach ihrer Konstitu-ierung die erforderlichen Schritte, um mit den außerpreußischen evangeli-schen Landeskirchen Deutschlands eine engere organische Verbindung anzubahnen.

Auf den letzten Punkt legt Schenkel verhältnismäßig großes Gewicht, denn das kirchenpolitische Ziel seiner Partei bestand in der Einigung aller deutschen Protestanten in einer Nationalkirche.

An der Diskussion um eine Neuordnung der preußischen Landeskirche aufgrund der Ereignisse von 1866 nahmen aber nicht nur Theologen teil, sondern auch bekannte Kirchenrechtslehrer und Juristen, deren Voten ebenfalls von einer dezidiert konfessionellen Parteinahme bis zu einer freisinnig-liberalen Position reichten.

Christoph Gottlieb Adolf Frhr. v. Scheurl (1811—1893)

Scheurl,[117] seit 1845 ordentlicher Professor des römischen Rechts und des Kirchenrechts an der Universität Erlangen, beschäftigte sich vornehmlich mit den schwebenden Fragen der evangelischen Kirchenverfassung jener Zeit, wobei er in zahlreichen Schriften und Rechtsgutachten für die Belange des konfessionell bestimmten Luthertums eintrat, was ihm den Ehrentitel eines »Syndikus der lutherischen Kirche« eintrug. Nachdem er 1852 schon *die Sache der Lutheraner in Baden*[118] vertreten hatte, verteidigte er 1867 die Rechte der lutherischen Kirche in Preußen und in den neupreußischen Staatsgebieten.

Auf der Leipziger evangelisch-lutherischen Pastoralkonferenz im Juni 1867[119] hielt Scheurl einen Vortrag über *die lutherische Kirche in dem neupreußischen Staatsgebiete*,[120] in dem er die möglichen Folgen der politischen Veränderungen für die lutherische Kirche erörtert. So sehr er sich über die Zusammenfassung mehrerer lutherischer Kirchen in einem größeren Staatsverband freut, macht er doch auf eine beginnende Gefahr aufmerksam, die den lutherischen Kirchen Deutschlands bei einem Fortschreiten dieser Entwicklung drohe: ihre Auflösung und ihr Aufgehen in einer einheitlichen evangelischen Kirche Deutschlands.

Im Kampf gegen die atheistischen Kräfte der Zeit wäre aber eine solche äußerliche Vereinigung zu einer von den Bekenntnisunterschieden absehenden Kirchengemeinschaft wenig hilfreich, denn allein die sorgfältige Bewahrung und Treue zum lutherischen Bekenntnis vermag den widerchristlichen Bestrebungen Einhalt zu gebieten und die von römischer Seite so oft geweissagte und herbeigewünschte Selbstauflösung des Protestantismus zu verhindern.

Die preußische Staatsregierung hat den Lutheranern in den neuen Provinzen zwar den Schutz und die Pflege ihres Bekenntnisses zugesagt, aber wenn man solche Versprechungen an dem Recht der lutherischen Kirchen in Preußen mißt, gibt das wenig Grund zur Beruhigung: Die Lutheraner

---

[117] Vgl. *ADB*, Bd. 54, Leipzig 1908, S. 3 ff., oder: *RE*, 3. Aufl., Bd. 17, Leipzig 1906, S. 564 ff. Der Verf. des Art. über Scheurl ist beidemal Emil Sehling.

[118] Christoph Gottlieb Adolf v. Scheurl, *Die Sache der Lutheraner in Baden aus dem Gesichtspunkte der Gewissensfreiheit*, Stuttgart 1852; ders., *Das gute Recht der Lutheraner in Baden. Eine kirchenrechtliche Erörterung*, Stuttgart 1852.

[119] Siehe unten S. 201 f.

[120] Adolf v. Scheurl, *Die lutherische Kirche in dem neupreußischen Staatsgebiete. Vortrag* auf der Leipziger evangelisch-lutherischen Pastoralkonferenz. Nebst Zustimmungs-Erklärungen, Leipzig 1867.

sind kraft gesetzlicher Verpflichtung zur Abendmahlsgemeinschaft mit Reformierten und Unierten gezwungen, die Ordination erfolgt immer für das Amt in der evangelisch-unierten Kirche; es besteht die oktroyierte Gemeinschaft der Gottesdienstordnung und ein gemeinschaftliches Kirchenregiment, das ausschließlich mit unierten Mitgliedern besetzt ist. Die Rechtsgeltung des lutherischen Bekenntnisses im preußischen Staate beruhte bisher auf dem Mißverständnis, daß das Bekenntnis Sondergut der einzelnen Gemeinden, nicht Gemeingut der lutherischen Kirche ist. Aber »das lutherische Bekenntniß ist nichts anderes als das Wort Gottes selbst, wie es die lutherische Kirche in ihrer Gesammtheit sich durch gläubige Erkenntniß, fortschreitend darin in den Fußstapfen der alten Kirche, geistig angeeignet« hat.[121] Die Gesamtheit der lutherischen Kirchengemeinden in Preußen bildet im rechtlichen Sinn des Wortes keine lutherische Kirche, denn zu einer rechtlich verfaßten Kirche gehört zur Darstellung und Erhaltung ihrer Einheit ein eigenes Kirchenregiment, das allein dem lutherischen Bekenntnis verpflichtet sein muß. Der preußische EOK hingegen ist mit Männern besetzt, die die Union der beiden Bekenntnisgemeinschaften pflegen und fördern und mithin die Festigung des lutherischen Bekenntnisstandes zu verhindern suchen.

Da es jedoch den kirchenverfassungsmäßigen Charakter des EOK wesentlich beeinträchtigen würde, wenn man den unierten Mitgliedern Vertreter des lutherischen Bekenntnisses beigäbe, schlägt Scheurl für die lutherischen Kirchen des neupreußischen Staatsgebietes die Einrichtung einer selbständigen, neben dem EOK stehenden, rein lutherischen Kirchenbehörde vor, die mit der Verpflichtung bestellt würde, für die Aufrechterhaltung des lutherischen Bekenntnisses zu sorgen. Dazu gehört die Ordination durch Geistliche lutherischen Bekenntnisses und der Verzicht auf die gesetzliche Verordnung der Abendmahlsgemeinschaft, die der höchste und feierlichste Ausdruck völliger kirchlicher Gemeinschaft ist. »Wenn die lutherische Kirche dieses Zugeständniß der reformierten Kirche machen könnte, so wären auch alle anderen, als die weit geringeren, unversagbar; mit diesem einen Zugeständniß würde die lutherische Kirche jedem Anspruch auf gesonderte kirchliche Existenz und zwar in der bezeichnendsten Weise entsagen.«[122]

Daß die Haltung nicht als Ausfluß verwerflicher religiöser Intoleranz, sondern als Kampf der lutherischen Kirche um ihr Recht der Gewissens-

---

[121] *A. a. O.*, S. 13 f.
[122] *A. a. O.*, S. 20.

freiheit anzusehen ist, sucht Scheurl in seiner Schrift *Die Gewissensfreiheit und das Recht der lutherischen Kirche*[123] zu erweisen.

Die lutherische Kirche in ihrer Gesamtheit lebt von der Überzeugung, aufgrund der Lutherischen Lehre im Besitz richtiger Erkenntnis der in der Hl. Schrift niedergelegten göttlichen Offenbarung zu sein. »Von jener Ueberzeugung ist aber unzertrennlich der Gewissensdrang, ihre Erkenntnis des Inhalts der göttlichen Offenbarung, wie sie in ihren Bekenntnisschriften dargelegt ist, auch beständig als den durchgreifenden und ausschließlichen Bestimmungsgrund der gesammten kirchlichen Thätigkeit zu behandeln, darauf bedacht zu sein, daß alles amtliche Lehren ihrer Diener, alle Gottesdienstübung ihrer Gemeinden, ihre ganze Verfassung stets im Einklang damit erhalten oder wieder in Einklang damit gebracht werden.«[124]

Für die sich daraus notwendig ergebende Forderung nach einem eigenen lutherischen Kirchenregiment beruft sich Scheurl auf ein geschichtlich begründetes Recht: Im Westfälischen Frieden (24. 10. 1648) wurde die Ausübung des *ius reformandi* der Reichsstände zugunsten der Gewissensfreiheit eingeschränkt, indem man den Grundsatz durchbrach, daß die Gewissensfreiheit der Untertanen schlechthin durch die Übereinstimmung ihrer religiösen Überzeugung mit der ihres Landesherrn bedingt sei. Artikel VII enthält die Bestimmung, daß im Falle eines Bekenntniswechsels des Landesherrn oder wenn ein Territorium unter die Herrschaft eines Landesherrn mit anderem Bekenntnis gelangt, die kirchenregimentliche Leitung durch Personen des angestammten Bekenntnisses gesichert sein muß.[125]

Da man von reformierten oder unierten Verwaltern des Kirchenregimentes aber nur Schonung, nicht angelegentliche Bewahrung und Aufrechterhaltung des lutherischen Bekenntnisses erwarten kann, besteht die lutherische Kirche im Namen der Gewissensfreiheit auf ihrem historisch begründeten Recht, ein eigenes lutherisches Kirchenregiment zu errichten.

[123] Adolf v. Scheurl, *Die Gewissensfreiheit und das Recht der lutherischen Kirche,* Erlangen 1867.

[124] *A. a. O.,* S. 15 f.

[125] Text des Friedensvertrages: *Instrumenta Pacis Westphalicae. Die Westfälischen Friedensverträge 1648.* Vollständiger lateinischer Text mit Übersetzung der wichtigeren Teile und Regesten, bearb. von K. Müller, Berlin 1949, S. 46 f. Vgl. auch Fritz Dickmann, *Der Westfälische Frieden,* Münster/Westf. 1959. Mit seiner Interpretation befindet sich v. Scheurl in Übereinstimmung mit Karl Friedrich Eichhorn, *Grundsätze des Kirchenrechts der katholischen und evangelischen Religionsparteien in Deutschland,* Bd. 1, Berlin 1831, S. 382, und Aemilius Ludwig Richter, *Lehrbuch des katholischen und evangelischen Kirchenrechts mit besonderer Berücksichtigung auf deutsche Zustände,* 4. Aufl., Leipzig 1853, § 85.

Dies schließt jedoch nach Scheurls Überzeugung eine Eintracht zwischen den verschiedenen Bekenntniskirchen nicht aus, sondern ermöglicht vielmehr ein Zusammenwirken nach außen hin. »Gerade dazu, daß die lutherische, die reformierte und die unirte Kirche, welche wirklich zu dem, was beiden evangelischen Bekenntnissen gemeinsam ist, mit Treue sich bekennt, gegen einander die rechte schwesterliche Gesinnung bethätigen, und in ungestörtem Frieden nebeneinander bestehen, ist es erforderlich, daß sie nicht wider ihren Willen unter eine und dieselbe Kirchenregierung zusammengefaßt werden.«[126]

Im selben Jahr äußert sich Scheurl in einem Aufsatz noch einmal *zu den Streitfragen über Kirchenverfassung,*[127] in dem er unter Berufung auf Luther[128] die Organisation einer wahrhaft evangelischen Kirchenleitung skizziert.

Obwohl *Synoden* — wenn man einmal von den Konzilien absieht, die vorzugsweise aus Geistlichen bestehen — bisher in der lutherischen Kirche unbekannt und von Luther selbst nur für Zeiten kirchlicher Not vorgesehen waren, hält Scheurl es für falsch, daraus eine Verwerfung regelmäßiger Synoden abzuleiten. »Der wahrhaft wesentliche Gedanke dabei ist nur der, dass Synoden nicht das Kirchenregiment führen, oder mitführen sollen, sondern dass durch sie die Gemeinde bloss an besonders wichtigen Aufgaben des Kirchenregiments sich betheiligen soll, nämlich an eigentlicher Kirchengesetzgebung und an solchen Entscheidungen, für welche die Autorität der amtlichen Organe des Kirchenregiments sich betheiligen soll, nämlich an eigentlicher Kirchengesetzgebung und an solchen Entscheidungen, für welche die Autorität der amtlichen Organe des Kirchenregiments nicht zureichen würde.«[129]

Der *Landesherr* besitzt nach der lutherischen Kirchenverfassung mit der Kirchenhoheit ein »bischöfliches« Recht nur insoweit, als er Organe für das Kirchenregiment zu bestellen ermächtigt ist. *praecipuum membrum ecclesiae* zu sein impliziert keine geistliche Regierung; vielmehr kommt die eigentliche Kirchengewalt *(iura vicaria sive mandata)* den Konsistorien zu, und summepiskopale Reservatrechte sollten im Interesse der Kirchenfreiheit so eng wie möglich bestimmt werden. »Das Oberhaupt eines gemäss göttlicher Fügung, oder wenn man lieber will, Zulas-

---

[126] A. v. Scheurl, *Die Gewissensfreiheit* ... , S. 29.

[127] Adolf v. Scheurl, *Zu den Streitfragen über Kirchenverfassung,* in: *Zeitschrift für Kirchenrecht,* hrsg. von R. Dove u. E. Friedberg, 7. Jg., Tübingen 1867, S. 151 ff.

[128] *A. a. O.,* S. 157; 169; 173.

[129] A. v. Scheurl, *Zu den Streitfragen über Kirchenverfassung* ... , S. 175.

sung, konfessionell gespaltenen Volks ist hiernach nicht verpflichtet, dafür zu sorgen, dass die Lehre im Lande rein bewahrt bleibe, wie es nach seiner Ueberzeugung die göttliche Offenbarung fordert, sondern nur, dass sie in jeder Bekenntnisskirche des Landes dem Bekenntnisse derselben gemäß rein bewahrt bleibe.«[130]

Die wichtigste Stellung nimmt für Scheurl das *Superintendentenamt* ein, deren Träger als Diener Christi und Erzhirten der Gemeinde nicht im Auftrag des Landesherrn, sondern unmittelbar im Namen der Kirche handeln. Es beeinträchtigt »dieses köstliche Amt« erheblich, wenn seine auf persönlicher Führung gründende geistweckende Kirchenregierung durch bloße Handlanger- und Vermittlungsdienste zwischen Konsistorien und Pfarrämtern ausgelaugt wird. »Das wahre Mittel, den Territorialismus zu beseitigen, besteht eben darin, dass das wirkliche Bischofsamt der lutherischen Kirche, das Superintendentenamt, recht frei und selbständig gestellt wird, um dadurch eine wirksame persönliche Führung des wesentlichen Kirchenregiments zu ermöglichen.«[131]

Otto Mejer (1818—1893)

Weit gemäßigter als Scheurl äußerte sich der bekannte Kirchenrechtslehrer Otto Mejer, seit 1851 Professor für Kirchenrecht in Rostock und ebenfalls überzeugter Lutheraner.

Die Beschäftigung mit dem Charakter der römischen Kirche, ihrer Politik und Machtentfaltung[132] sowie seine Beziehungen zu Kliefoth, mit dem zusammen er zwischen 1854 und 1860 die *Kirchliche Zeitschrift* herausgab, verstärkten diesen Zug zum konfessionellen Luthertum noch. In seinen *Institutionen des gemeinen deutschen Kirchenrechts*[133] sprach er von Auflage zu Auflage deutlicher aus, daß evangelisches Kirchenrecht nur konfessionell dargestellt werden könne, weil zum Beispiel der heilsanstaltliche lutherische Kirchenbegriff ebenso wie die theologische Begründung

---

[130] *A. a. O.*, S. 182.

[131] *A. a. O.*, S. 191.

[132] Vgl. Otto Mejer, *Zur Geschichte der römisch-deutschen Frage*, 3 Bde., Rostock 1871—1885; ders., *Das Veto deutscher protestantischer Staatsregierungen gegen katholische Bischofswahlen*, Rostock 1866; ders., *Um was streiten wir mit den Ultramontanen?*, Hamburg 1875; ders., *Zur Naturgeschichte des Centrums*, Freiburg i. Brsg. 1882.

[133] Otto Mejer, *Institutionen des gemeinen deutschen Kirchenrechts*, Göttingen 1845 (2. Aufl. 1856. Unter dem Titel *Lehrbuch des deutschen Kirchenrechts* erschien 1869 die völlig umgearbeitete dritte Auflage).

des lutherischen Kirchenregimentes die Ausbildung eines genuin lutherischen Kirchenrechtes erforderlich machten.

Unabhängig von diesem dezidiert konfessionellen Standpunkt bemühte
sich Mejer in seinen kirchenpolitischen Stellungnahmen jedoch um eine
überwiegend unparteiische Klärung der Rechtslage seiner Zeit, wovon
auch die 1867 erschienene Schrift *Der Rechtsschutz für die lutherische
Kirche in den neupreußischen Provinzen*,[134] mit der er in die Auseinandersetzungen eingreift, Zeugnis ablegt. Auch hier beschränkt sich Mejer bewußt auf die Darlegung der rechtlichen Sachlage; ethische, kirchenpolitische und theologische Aspekte bleiben unberücksichtigt.

Die Betrachtung der kirchengeschichtlichen Entwicklung, durch die das
Kirchenregiment an die deutschen Landesherren gelangte, führt ihn auf
den Begriff der Landeskirche, deren Ursprung er auf die lutherische Lehre
zurückführt, nach der die Landesobrigkeit verpflichtet ist, andere als die
rein lutherische Lehr- und Sakramentsverwaltung im Lande nicht zu dulden. Das Reich gab im Augsburger Religionsfrieden mit dem später sogenannten *ius reformandi* ebenfalls seine Garantie für die freie Ausübung
dieser landesobrigkeitlichen *custodia prioris tabulae*.

Etwa seit der Mitte des 17. Jahrhunderts wurden diese altlandeskirchli-
chen Rechtszustände jedoch abgelöst durch das Staatsprinzip der Toleranz, das die ungehinderte religiöse Entwicklung der Untertanen verlangte, die Etablierung landesfremder Kirchen nicht mehr unterband und
allen Kirchen nur noch den Status »religiöser Vereine« zugestand. Obwohl
damit die Landeskirche im reformatorischen Sinne aufgehört hatte, blieb
die bodenständige Kirche durch die Fortdauer jener positiven Rechte be-
vorzugt.

Auf dieser Darstellung basiert Mejers Definition von Landeskirche:
»Landeskirche heißt sonach nicht bloß das Landeskircheninstitut der reformatorischen Zeit, sondern auch der aus demselben hervorgegangene,
dem Bekenntnisse der alten Landeskirche angehörige, mit mancherlei öf-
fentlich-rechtlichen Privilegien bevorzugte Kirchenverein im Lande.«[135]

Mit diesem Standpunkt weiß er sich in Gegensatz zu Emil Herrmann,[136]
der die Auffassung vertrat, daß — unabhängig von etwaigen Bekenntnisunterschieden — die Nationalität oder der Staat kirchlich vereinigen und
somit »Landeskirche« begründen. Dagegen argumentiert Mejer, die refor-

---

[134] Otto Mejer, *Der Rechtsschutz für die lutherische Kirche in den neupreußischen Provinzen*, Rostock 1867.
[135] *A. a. O.*, S. 11.
[136] Siehe unten S. 157 f.

matorische Landeskirche sei nicht durch die Tatsache der territorialen Einheit an sich entstanden, sondern der Landesherr habe letztere als Voraussetzung gebraucht, eine konfessionell geschlossene Landeskirche zu schaffen. Das herrschende Toleranzprinzip erlaube jedoch ein solches Vorgehen heute nicht mehr.

Insbesondere in Artikel 12, 13 und 15 der preußischen Verfassung von 1850 sieht Mejer dieses Toleranzprinzip mit einer solchen Entschiedenheit verwirklicht, daß er die Furcht der Lutheraner, in der preußischen Union unterzugehen, nicht teilt, sondern vielmehr die Schutzfunktion der Verfassung hervorhebt. Artikel 15 spricht zwar von »evangelischer Kirche«, doch darf die Bezeichnung »evangelisch« nicht mit »uniert« identifiziert werden, wie rechtsvergleichende Untersuchungen ergeben. So war zum Beispiel der Sprachgebrauch »evangelische Religionspartei« zur Reichszeit üblich, worunter man beide protestantische Konfessionen subsumierte, und die hannoversche Verfassung von 1833 und 1840 sprach ebenfalls von »evangelischer Kirche«, wiewohl sie bestimmt keine Union einzuführen beabsichtigte. Nach Mejers Überzeugung kann der Verfassungsartikel 15 vor allem deshalb zur Einführung der Union in Neupreußen nicht mißbraucht werden, weil er die selbständige Ordnung aller innerkirchlichen Verhältnisse garantiert.

Die preußische Verfassung von 1850 hatte die schon vorher gültigen Konzessionierungen und Privilegierungen der evangelischen und römisch-katholischen Kirche nicht aufgehoben, obwohl der preußische Staat nunmehr formalrechtlich lediglich zwischen Religionsgesellschaften mit und ohne Körperschaftsqualität unterschied. Dadurch entstand faktisch zwischen diesen öffentlich aufgenommenen privilegierten Religionsgesellschaften mit ihren geschichtlichen Vorrechten und den Religionsgesellschaften ohne Korporationsrechten (zum Beispiel Quäker, Mennoniten etc.) eine Mittelgruppe, die zwar mit Korporationsqualität ausgestattet war, aber die darüber hinausgehenden Privilegierungen der ersten Gruppe nicht genoß (zum Beispiel die Brüdergemeinden und die separierten Lutheraner). Die Lutheraner der neuen preußischen Provinzen befürchteten nun, jener mittleren Gruppe zugerechnet zu werden und damit ihre traditionellen landeskirchlichen Vorrechte zu verlieren oder gar ihrer Körperschaftsqualität verlustig zu gehen, falls sie nicht der preußischen Union beiträten.

Auch in dieser Frage äußert sich Mejer zuversichtlich: Die lutherischen Kirchen Neupreußens behalten sowohl ihre Korporationsrechte als auch jene alten Rechtstitel, die sie in ihrer ehemaligen Qualität als Landeskirche erworben haben, denn die Verfassung spricht dergleichen wohlerworbenen Rechte ebensowenig ab wie der neue Landesherr, der vielmehr im Gegenteil der lutherischen Provinzialkirche Hannovers Erhaltung und Schutz zugesagt hat.

Auch die Tatsache, daß der preußische König als Inhaber des Kirchenregimentes nunmehr an der Spitze ganz verschiedener Religionsgesellschaften steht, genügt nach Mejers Rechtsauffassung nicht, diese höchst unterschiedlichen Kirchen zu einer Religionsgesellschaft zu verschmelzen. Will der König sich keiner Amtspflichtverletzung schuldig machen, muß er sich in der Führung seines Kirchenregimentes nach den bestehenden positiven Kirchenordnungen richten und darf lediglich »Verordnungen« erlassen, welche die bestehenden Ordnungen handhaben, ohne neues Recht zu begründen.

Die viel diskutierte Frage, ob ein reformierter Landesherr auch persönlich fähig zur Führung eines Amtes sei, das so sehr der lutherischen Überzeugung bedürfe, verneint Mejer mit Entschiedenheit. Jeder nichtlutherische Landesherr ist verpflichtet, sachverständigen Lutheranern die Besorgung des lutherischen Kirchenregimentes zu übertragen. Überdies ist der König von Preußen durch Artikel 15 zu diesem Vorgehen verfassungsrechtlich gehalten, denn wenn es dort heißt, daß jede Religionsgesellschaft ihre Angelegenheiten, zu denen ihr Kirchenregiment doch gewiß mit gehört, selbständig verwaltet, so ist damit auch die lutherische Religionsgesellschaft gemeint. Insbesondere schließt dieser Verfassungsartikel nach Mejers Überzeugung eine Verwaltung der lutherischen Kirchenprovinzen durch den Berliner Oberkirchenrat aus, da diese Behörde einer unlutherischen Religionsgemeinschaft angehöre.

Mejer resümiert, der Rechtsschutz, welcher den lutherischen ehemaligen Landeskirchen als privilegierten Religionsgesellschaften durch die preußische Verfassung geboten werde, stelle sie de jure nicht schlechter als in der Zeit vor 1866 und genüge zur Erhaltung ihres Bestandes, so lange die preußische Regierung sich nicht dazu entschließen wolle, durch ihre Verfassung unzweifelhaft gesetztes Recht zu brechen.

Obwohl Mejer also die preußische Verfassung zur Sicherung der Rechtsverhältnisse in Neupreußen für zureichend hält, schließt er auch die sogenannten *pacta religionis* und den Westfälischen Frieden in seine Betrachtungen ein.

Bei den Religionspacta handelte es sich um vertragsmäßige Abmachungen zwischen Landesfürsten und Landständen, in denen sich der Fürst — unabhängig von seiner Konfession — verpflichtet, dem Land seinen bodenständigen konfessionellen Charakter zu belassen. Da der preußische König jedoch die alten Ständeprivilegien in den neupreußischen Provinzen nicht anerkannt hatte, fehlte den Religionspacta — wie Mejer selbst zugesteht — jede praktische Bedeutung.

Anders lagen die Dinge jedoch hinsichtlich Artikel VII des Westfälischen Friedens, auf den sich Mejer mit demselben Recht wie Scheurl[137] berufen konnte, wenngleich er anders als der radikalere Erlanger und in Kenntnis preußischer Rechtspraxis einschränkend hinzufügt, Artikel VII besitze nicht mehr das Gewicht, welches ihm ehedem zugekommen sei.

Aber davon unberührt hält Mejer das Argument, Artikel VII dürfe deshalb nicht herangezogen werden, weil er schon seit der Reichszeit in vielen Punkten unausgeführt geblieben sei, für gegenstandslos, denn dieser Sachverhalt setze ihn nicht außer Kraft. Dem zweiten, häufig geäußerten Einwand, Artikel VII sei auf einen anderen Tatbestand gemünzt, begegnet Mejer, indem er behauptet, das alte Landrecht daure in seiner Qualität als lutherisches Vereinsrecht fort, womit auch die betreffenden Bestimmungen des Westfälischen Friedens ihre Geltung behielten.

Aufgrund dieser Überlegungen zieht er darum den Schluß: »Die Sache liegt rechtlich so, daß die lutherische Kirche der neupreußischen Gebiete von Niemanden unirt gemacht werden kann, wenn sie lutherisch bleiben will.«[138]

Emil Friedberg (1837—1910)

Unter ganz anderen Vorzeichen beteiligte sich der zu jener Zeit noch außerordentliche Professor für Kirchenrecht in Halle, Emil Friedberg, an der Kirchenverfassungsdiskussion.[139] Er galt in der zweiten Hälfte des 19. Jahrhunderts als der energischste Vorkämpfer für die Hoheitsgewalt des Staates über die Kirche und wollte von einer völligen Trennung beider Institutionen nichts wissen. Vielmehr setzte er sich einerseits für größtmögliche Selbständigkeit und staatliche Privilegierung der Kirchen, insbesondere des einzelnen Gläubigen ein, forderte jedoch andererseits eine starke Kontrolle und Beaufsichtigung der Religionsgesellschaften durch den Staat.

In diesem Sinne beeinflußte Friedberg später als ordentlicher Professor in Leipzig vornehmlich die Kulturkampfgesetzgebung, an der er zwar persönlich keinen Anteil hatte, aber durch seine öffentlichen Stellungnahmen

---

[137] Siehe oben S. 92.
[138] *A. a. O.*, S. 38.
[139] Zur Person Friedbergs vgl. *RE*, 3. Aufl., Bd. 23, S. 489 ff., u. *RGG*, 3. Aufl., Bd. 2, Sp. 1133 (mit Literatur).

dem preußischen Staate das nötige historische und juristische Rüstzeug lieferte, um den Streit auf diese Weise zu führen.

In seiner 1867 erschienenen Schrift *Die evangelische und katholische Kirche der neu einverleibten Länder in ihrer Beziehung zur Preußischen Landeskirche und zum Staate* (Halle 1867) unterzieht Friedberg die vor seiner Stellungnahme veröffentlichten Lösungsvorschläge einer kritischen Prüfung und versucht dann eine eigene, betont wissenschaftlich gehaltene Würdigung der kirchenpolitischen Verhältnisse. Dabei läßt sich eine auffallende Übereinstimmung zwischen den kirchenverfassungsrechtlichen Grundgedanken Fabris und Friedbergs — sie ist übrigens beiden bewußt[140] — feststellen, an der gemessen die Differenz hinsichtlich des Unionsverständnisses unerheblich scheint.

Im Gegensatz zu seinen Kollegen Scheurl und Mejer vertritt Friedberg die Auffassung, daß nach evangelischem Kirchenrecht dem Landesherrn die oberste Kirchengewalt als Annex seiner Souveränität gebührt und er diese auch selbst ausüben darf, gleichgültig, ob der Fürst dem gleichen Bekenntnis wie seine Untertanen angehört oder nicht. So findet auch die Episkopalgewalt des preußischen Königs allenfalls an dessen Gewissen und Einsicht ihre Schranken, nicht aber aufgrund der Tatsache, daß im neupreußischen Staatsgebiet rein lutherische Kirchen existieren, während der preußische König sich zur vermittelnden Union bekennt.

Bisher waren die einzelnen Landeskirchen die Hauptträger des Partikularismus in Deutschland, gerade weil sie die politische Spaltung Deutschlands auch zum kirchlichen Prinzip erhoben haben. Darum hofft Friedberg, daß die evangelischen Landeskirchen, die im Grunde lediglich Produkte der territorialen Entwicklung sind, ebenso zerfallen wie die sie einst verursachenden Staatsgebilde.

Die zunächst am einfachsten scheinende Lösung — Übernahme des obersten Kirchenregimentes in den neuen Landeskirchen durch den EOK — verwirft Friedberg, denn sie widerspricht der rechtlichen Natur des EOK, der nicht die evangelische Kirche Preußens repräsentiert, sondern als oberste *landesherrliche* Kirchenbehörde die dem König zustehenden Reservatrechte ausübt. Da der EOK überdies das Kirchenregiment nur als Provisorium bis zur Konstituierung der Selbstverwaltung der Kirche führen soll und durch Artikel 1 der preußischen Verfassung auch lokal beschränkt ist, darf er nicht automatisch — wie das preußische Staatsmini-

---

[140] Vgl. Emil Friedberg, *Die evangelische und katholische Kirche der neu einverleibten Länder in ihren Beziehungen zur Preußischen Landeskirche und zum Staate*, Halle 1867, S. 102, Anm. 36, und F. Fabri, *Die Unions- und Verfassungsfrage...*, S. 54.

sterium — seine Kompetenz auf das neupreußische Staatsgebiet ausdehnen. Man muß vielmehr die Entscheidung des Landesherrn darüber abwarten, ob er seine Episkopalgewalt über die neuen Landeskirchen ebenfalls von dieser Behörde verwalten lassen will oder nicht.

Aber das stärkste Argument gegen eine lokale Ausdehnung des EOK sieht Friedberg — genau wie Fabri — in der tiefen Abneigung der neuen Provinzen vor dem gegenwärtigen preußischen Kirchenregiment, die sich nur durch eine völlige Umstrukturierung der Behörde im Sinne einer *itio in partes* überwinden ließe und mithin auch die gewonnene kirchliche Einheit in Altpreußen wieder rückgängig machte.

Dem Vorschlag von preußischen Lutheranern, die Union aufzulösen und die oberste Kirchenleitung zwei oder drei koordinierten konfessionellen Behörden zu übertragen, begegnet Friedberg mit einer bloß äußerlichen Deutung des Begriffs »Landeskirche« und dem Hinweis darauf, daß nach evangelischer Kirchenlehre die Kirchenverfassung zu den Adiaphora gehört: Das lutherische Gepräge der einzelnen Gemeinden bleibt von dem Organismus der preußischen Landeskirche unberührt, und eine gemischte Kirchenbehörde vermag nach geltendem Kirchenrecht weder das lutherische Gewissen zu bedrücken noch das Bekenntnis anzutasten. »Gälte es in Preußen die Einführung der Union und eine beiden Confessionen gemeinsame Kirchenverfassung, so würden wir die Bedenken unserer Lutheraner für gewichtig genug halten, davon Abstand zu nehmen: jetzt, wo die Aufhebung eines Bestehenden gefordert wird, vermögen wir nicht, sie der Berücksichtigung werth zu erachten.«[141]

Daneben führt Friedberg auch rein juristische Bedenken gegen die Auflösung der Evangelischen Landeskirche der älteren preußischen Provinzen an. Artikel 12 der Preußischen Verfassungsurkunde vom 5. Dezember 1848 garantiert die Freiheit der Kirche gegenüber dem Staat unter ausdrücklicher Erwähnung der »evangelischen Landeskirche« und der »römisch-katholischen Kirche«. Eine neu gegründete lutherische und reformierte Kirche verlöre demzufolge ihre bisherige privilegierte Stellung und besäße den gleichen Rechtsstatus wie die altlutherische Kirche, denn die Kammern würden einer Verfassungsänderung mit Sicherheit nicht zustimmen.

Nach dieser Kritik fremder Ansätze erläutert Friedberg, wie er sich die Vereinigung der verschiedenen Kirchen in Großpreußen denkt. Angesichts der gleichförmigen Entwicklung der Landeskirchen — alle besitzen

---

[141] E. Friedberg, *Die evangelische und katholische Kirche der neu einverleibten Länder* . . . , S. 49.

eine Presbyterialverwaltung oder doch zumindest Ansätze in dieser Richtung, und überall existieren landesherrliche kollegialische Behörden — empfiehlt er die Bildung von Kreis- und Provinzialsynoden zur Organisation von Kirchenprovinzen, die an die Stelle der früheren Territorialkirchen treten sollen. Die Kirchenprovinzen (= Provinzialkirchen) denkt sich Friedberg als mit allen kirchlichen Regierungsrechten ausgestattete Einheiten mit je einem Konsistorium und einem Generalsuperintendenten. In ihrer Gesamtheit werden diese Provinzialkirchen von einer Generalsynode und einem Oberkonsistorium repräsentiert, die allerdings nur einen föderativen Charakter tragen sollen. Ebenso wie die oberste konfessionell-gemischte kollegialische Kirchenbehörde hat die Generalsynode lediglich für die Aufrechterhaltung der Einheit Sorge zu tragen und die Gesamtinteressen der Kirche gegenüber dem Staat und seinen Behörden wahrzunehmen.

Bis zur Vollendung der kirchlichen Neuordnung befürwortet Friedberg die Erhaltung des status quo und die Unterstellung der neuen Kirchen unter den preußischen Kultusminister, um so jeglichen gegen den Staatsbestand gerichteten partikularen Bestrebungen entgegenzuwirken.

Über die projektierte Kirchenverfassung hinaus hofft Friedberg auf die Erweiterung der Preußischen Gesamtkirche zu einer norddeutschen Bundeskirche und »vielleicht ist es uns vergönnt, noch ehe das Gesammtvaterland durch ein politisches Band verbunden ist, in einer deutschen evangelischen Kirche zu leben und zu wirken«.[142]

Der bekannte Göttinger Kirchenrechtslehrer Emil Herrmann (1812—1885) schrieb in den *Göttinger gelehrten Anzeigen* eine ausführliche Rezension über Friedbergs Büchlein, in der er dem Verfasser vorwirft, sein Vorschlag einer provinzialkirchlichen Föderation enthalte »sowohl eine schwere Unbill gegen die preußische Landeskirche, als eine unbefriedigende und vorgreifliche Formel für die Kirchen der einverleibten Länder«, denn in einer Zeit schwerer kirchlicher Kämpfe könne eine Kirche mit kleineren Dimensionen nicht bestehen. Er betont dagegen die Bedeutung einer kirchlichen Zentralinstanz, die »die Trennungstriebe der Unterschiede zügelt«, und rät, von definitiven verfassungsrechtlichen wie konfessionellen Entscheidungen abzusehen, bis gewisse vorgefaßte Meinungen in den neuen Provinzen, insbesondere in Hannover, überwunden seien. »Will man nicht im ungünstigsten Moment weitaussehende Dinge anfassen, welche sichere Verwirrungen in der Gegenwart und schwere Präjudize für die Zukunft mit sich bringen, so gewähre das Kirchenregi-

---

[142] *A. a. O.*, S. 61.

ment der neuen Landesobrigkeit der lutherischen Kirche Hannovers die stetige Weiterführung ihrer neuen Einrichtungen, fördere die reformierte Kirche auf dem Wege zu demselben Ziele und vertage alle eingreifenden Veränderungen, auch in den Organen der Verwaltung, insbesondere die Frage nach einer engeren Gemeinschaft mit der bisherigen preußischen Kirche und ihrer obersten Behörde, auf eine spätere Zukunft, welche günstigere Bedingungen für wichtige und reife Entschlüsse bietet.«[143]

Paul Hinschius (1835—1898)

Einen Herrmann ganz ähnlichen Standpunkt vertrat der außerordentliche Professor für Kirchenrecht, deutsches Recht und Zivilprozeßrecht an der Universität Halle, Paul Hinschius.[144] Der vom kirchlichen Liberalismus geprägte Kirchenrechtslehrer setzte sich für die unbedingte Souveränität des Staates gegenüber der Kirche ein, was ihm 1872 — auf Betreiben Falks — die Berufung zum ordentlichen Professor an die Berliner Juristenfakultät eintrug. Hier nahm er hervorragenden Anteil an der technischen und inhaltlichen Ausarbeitung der kirchenpolitischen Gesetze zwischen 1873 und 1875.[145]

Als Verfechter der harten Linie betrachtete er die Beilegung des Kulturkampfes als unverzeihliche politische Kurzsichtigkeit.

Aber auch an der Kirchenverfassungsdiskussion in der evangelischen Kirche nahm er regen Anteil. Wie eine ganze Reihe seiner Kollegen meldete er sich 1867 zu Wort mit der Broschüre *Die evangelische Landeskirche in Preußen und die Einverleibung der neuen Provinzen.*[146] Hierin warnt der Autor dringend vor einer Realisierung der Vorschläge von

---

[143] *Göttinger gelehrte Anzeigen,* Stück 14 (1867), S. 537 ff. Die Zitate finden sich (der Reihenfolge nach) auf S. 550; 540; 547. Eine eingehende Analyse des Herrmannschen Standpunktes während des in Rede stehenden kirchlichen Konfliktes erfolgt im Zusammenhang der Erörterung über den Kieler Kirchentag (siehe unten S. 154 ff.).

[144] Vgl. zu Hinschius *RE*, 3. Aufl., Bd. 8, S. 90 ff.; *RGG*, 3. Aufl., Bd. 3, Sp. 355 (mit Literatur).

[145] Vgl. Paul Hinschius, *Die preußischen Kirchengesetze des Jahres 1873.* Hrsg. mit Einleitung und Kommentar, Berlin 1873; ders., *Die preußischen Kirchengesetze der Jahre 1874 und 1875 nebst dem Reichsgesetz vom 4. Mai 1874.* Hrsg. mit Einleitung und Kommentar, Berlin 1875.

[146] Paul Hinschius, *Die evangelische Landeskirche in Preußen und die Einverleibung der neuen Provinzen,* Berlin 1867. Zum Teil liegt der Schrift ein von Hinschius in der *NEKZ* 9 (1867), Sp. 37—40 u. 55—59, veröffentlichter Artikel zugrunde (*Der Einfluß der neuen Gebietserwerbungen Preußens auf die Union und die lutherische Kirche*), der gemäß den Redaktionsprinzipien des Blattes anonym erscheinen mußte. Die EOK-Denkschrift vom 18. 2.

Hengstenberg, Fabri und Friedberg, denn ihre Projekte gefährdeten die Union, förderten einen der Kirche verderblichen Territorialismus und verhinderten den Abschluß einer die wichtigsten kirchlichen Interessen schützenden Kirchenverfassung. Eine ihm verwandte Anschauung vertreten nach seiner Auffassung dagegen Beyschlag, »H. v. H.« und die Schrift eines »evangelisch-lutherischen Theologen in der Provinz Hannover«.[147]

Hinschius geht es in erster Linie darum, die preußische Landeskirche vor der Zerstörung durch eine konfessionelle Dreiteilung oder durch die Auflösung in autonome Provinzialkirchen zu bewahren und wenigstens die Regimentsgemeinschaft als einigendes Band zwischen den bisher selbständigen Kirchen der annektierten Länder und der preußischen Landeskirche anzustreben. Augenblicklich besteht die Einheit nur in der Person des Landesherrn, dem nach evangelischem Kirchenrecht die Episkopalgewalt auch über die neuen Provinzen zufällt.

Eine Vereinigung der verschiedenen Kirchen dadurch in die Wege zu leiten, daß man sofort eine Landessynode einberuft, die mit einem Schlage die Kirchenverfassungsfrage für das ganze Gebiet des preußischen Staates lösen soll, hält Hinschius angesichts der partikularistischen Agitation für wenig klug, und obwohl dem EOK nicht der Vorwurf gemacht werden kann, innerhalb der preußischen Landeskirche die Konfession zugunsten der Union beeinträchtigt zu haben, dürfte doch die sofortige Unterstellung der neuen Provinzen unter diese Oberbehörde wegen der Vorurteile der konfessionellen Lutheraner ebenso unzweckmäßig sein.

Erweist sich so die Lösung der Verfassungsfrage als ungeeignet zur Erledigung der Bekenntnisunterschiede, gilt dasselbe auch umgekehrt: Sondert man die zur Union geneigten Gemeinden aus den neuen Provinzialkirchen aus und gliedert sie der preußischen Landeskirche ein, verschärft man den konfessionellen Gegensatz nur. Überdies geraten die übriggebliebenen Kirchenfragmente in die Lage von separierten Kirchengesellschaften, denen juristisch gesehen zudem das gesamte Kirchenvermögen aus den ehemaligen Kirchen zustünde. »Während es so nur als das Zweckmäßigste angerathen werden kann, in der Unionsfrage die Entwicklung, welche sicherlich nicht zu einem der Union ungünstigen Ziel führen wird, ihren ruhigen ungestörten Verlauf nehmen zu lassen, wird dagegen eine vorläufige Lösung der Verfassungsfrage in Angriff genommen werden müssen.«[148]

1867 (siehe unten S. 117 ff.) kommentierte Hinschius in einem vielbeachteten Artikel: *Zur augenblicklichen Lage der preußischen Landeskirche* in der *Spenerschen Zeitung*, Nr. 55/56 vom 6. und 7. März 1867.

[147] Siehe oben S. 78 f.
[148] P. Hinschius, *Die evangelische Landeskirche in Preußen* ..., S. 60.

Dazu schlägt Hinschius vor, in allen Territorien, möglichst im Anschluß an die bestehenden Verhältnisse, die vorhandenen Reste von presbyterial-synodalen Ordnungen weiter auszubilden und eine Reihe prinzipieller Fragen eingehend zu erörtern. Hier denkt er besonders an die Stellung des landesherrlichen Kirchenregimentes, das seines Erachtens einer Modifikation bedarf, damit ihm der rechte Platz innerhalb der zu erwartenden presbyterial-synodalen Verfassung zugewiesen werden könne. Von der erforderlichen Auseinandersetzung zwischen den Sphären des Staates und der evangelischen Kirche sind ebenfalls alle Gliedkirchen betroffen, und auch über das prinzipielle Verhältnis der Konsistorien zu den einzelnen Provinzialsynoden und über das einer obersten ständigen Behörde, eines Oberkirchenrats oder Oberkonsistoriums, zu einer etwaigen Landessynode muß Klarheit gewonnen werden. »Auf diese Weise gewinnt man unter vorläufiger Konservierung des Rechtszustandes der neuen Provinzen in den obersten Synoden der einzelnen Kirchenkörper die Unterlage für eine allgemeine Preußische Landessynode, welcher schließlich der definitive Verfassungsentwurf vorgelegt werden kann.«[149]

Bis zur Ausführung der provisorischen Organisation ruht die Unionsfrage, um dann — nachdem die erhitzten Gemüter sich etwas abgekühlt haben — von den einzelnen Provinzialsynoden je für ihre Kirchenprovinz entschieden zu werden. Somit steht es jeder Provinzialkirche frei, der Union beizutreten oder nicht.

Davon unberührt bleibt freilich die Regimentsgemeinschaft, denn »die Einrichtung des Regiments gehört zur Kompetenz des gesetzgebenden Organs der Gesammtkirche, und wer auch hier das Recht auf Erhaltung des Bekenntnißstandes durch die Unterwerfung unter eine konfessionell gemischte oberste Leitungsbehörde gefährdet sieht, der möge bedenken, daß nach evangelischem Kirchenrecht nicht einmal dem katholischen Landesherrn absolut das oberste Kirchenregiment abzusprechen ist, und daß es nur darauf ankommt, daß der Schutz des Bekenntnisses durch die sonst vorhandenen Verfassungseinrichtungen garantirt ist«.[150]

Die Leitung der provisorischen kirchlichen Organisation sollte nach Hinschius' Urteil vorläufig dem Kultusministerium belassen werden; die Einsetzung einer interimistischen Kirchenkommission hält er nicht für sinnvoll, denn sie könnte separatistische Neigungen unterstützen und damit das definitive Organisationswerk verzögern. Zur Schaffung der vorläufigen Organe sollten aus jeder Provinz eine Reihe von Sachverständi-

---

[149] *A. a. O.*, S. 62 f.
[150] *A. a. O.*, S. 68.

gen ausgewählt werden, die dem Minister Vorschläge zur Genehmigung unterbreiten. »Die definitive Verfassung der gesammten erweiterten Preußischen Landeskirche endlich ist einer für diese aus den gedachten Einzelsynoden einzuberufenden Landessynode zur Beschlußfassung vorzulegen.«[151]

Die kirchenpolitischen Stellungnahmen in Flugschriften und Zeitungen

Während die oben besprochenen Voten bekannter Persönlichkeiten entweder unter deren vollem Namen erschienen oder der Verfasser — wie im Falle Beyschlags — sich durch die Wahl des Verlages jedermann zu erkennen gab, nahmen an der Kirchenverfassungsdiskussion auch einige — nicht weniger berühmte — Theologen unter dem Schutz wirklicher Anonymität teil. Ihre Beiträge fanden freilich oft nur lokale Verbreitung und gingen in der großen Zahl der Flugschriften unter, die ein Heer von Pfarrern und Juristen — zum Teil ebenfalls anonym — in den heimischen Kirchenkreisen und Provinzen unter die Leute brachte. Da sie sich auf diese Weise bewußt in die große Schar weitgehend unbekannter Kirchenpolitiker mischten, besteht auch kein Anlaß, ihre Stellungnahmen von den übrigen zu sondern. Vielmehr dokumentieren diese Flugschriften insgesamt, in welch hohem Maße die anstehenden Bekenntnis- und Kirchenverfassungsfragen nicht nur das Interesse eines relativ kleinen Kreises professioneller Kirchenrechtler und -politiker gefangen hielten, sondern darüber hinaus für die meisten deutschen Theologen und interessierten Laien zum Hauptthema der Jahre 1867/69 wurden.[152]

Soweit sie oben nicht berücksichtigt wurden, soll auch den Veröffentlichungen der wichtigsten kirchlichen Blätter einige Beachtung geschenkt werden, denn sie verdeutlichen einmal die erstaunliche Breitenwirkung des in Rede stehenden Problemfeldes, aber auch die sich verfestigende Parteihaltung der kirchenpolitischen Kräfte.

---

[151] *A. a. O.*, S. 73.

[152] Folgende einschlägige kirchenpolitische Flugschriften (bzw. Verhandlungsprotokolle) der Jahre 1867/69 konnten aus öffentlichen Bibliotheken der Bundesrepublik und der DDR nicht mehr beschafft werden und mußten daher unberücksichtigt bleiben: Carl Brachmann, *Die Stellung der evangelischen Landeskirche in Preußen zu den Provinzialkirchen der neuerworbenen Landestheile. Vortrag*, gehalten auf der rheinischen Pastoral-Conferenz, Gütersloh 1867, Friedrich Wilhelm Paul Ludwig Feldner, *Preußens Ländererwerb und die lutherische Kirche*, Essen 1866; *Verhandlungen der Kreissynode Altenkirchen in ihrer Versammlung zu Gebhardshain am 30. Juli 1867* (als Manuskript), Buchdruckerei von Ed. Kriegskorte, Altenkirchen 1867.

Natürlich sahen insbesondere die Lutheraner der Preußischen Landeskirche die Gelegenheit gekommen, die Aufhebung der Union zu betreiben, oder doch zumindest ihre unangefochtene Stellung in Altpreußen schwer zu erschüttern.

So empfiehlt — unter wiederholter Berufung auf Fabri — ein anonymer »Lutheraner der Preußischen Landeskirche«, da man den »zwar so viel gemißbrauchten Namen der Union nicht wird aufgeben wollen, ihn wenigstens ruhen zu lassen und den verschiedenen Confessionen in der That und Wahrheit gerecht zu werden«.[153] In Übereinstimmung mit Hengstenberg[154] gehört für ihn dazu, daß man — ausgehend von dem »geschichtlichen« Bekenntnisstand vor 1817 — erneut die Gemeinden vor die Wahl stellt, entweder der Union beizutreten oder lutherisch beziehungsweise reformiert zu bleiben. Bezüglich der Kirchenverfassung fordert er, an die Spitze der Konsistorien Generalsuperintendenten oder Bischöfe zu stellen, da eine persönliche Regierung für die Kirche angemessener sei als eine kollegiale. Und wenn er die baldige Einberufung wesentlich selbständiger Provinzialsynoden wünscht, denkt er an eine Begünstigung partikularer Interessen: »Um die Bedürfnisse des Landes — oder aller Provinzial-Kirchen zu berathen, wird es vollkommen genügen, wenn von Zeit zu Zeit die General-Superintendenten und vielleicht die Präsides der Provinzial-Synoden mit dem Oberkirchenrat in Berlin zusammen treten zu einer Kirchen-Convocation.«[155]

»Die bisherigen Conflicte, Unionsideen und Unionsversuche zwischen Lutheranern und Reformierten in Ostfriesland«[156] seit der Reformation untersucht die *Pastoralkonferenz für Emden und Umgebung* und weist trotz mancher unionsfreundlicher Ansätze den Gedanken einer »förmlichen Union« weit von sich.

»Warum sich kein Lutheraner bei seiner Seelen Seligkeit an eine 'unierte' Kirche anschließen darf«, sucht der *Dresdner Lutheranerverein* mit Hilfe von Bibel- und Lutherzitaten sowie durch eine Gegenüberstel-

---

[153] *Union und lutherische Kirche in den alten östlichen Provinzen des preußischen Staates. Eine geschichtliche und rechtliche Erörterung von einem Lutheraner der preußischen Landeskirche*, Berlin 1867, S. 100 f. Der Verfasser der Schrift ist kein geringerer als Carl Meinhold (1813—1888), einer der bedeutendsten Führer der neulutherischen Bewegung innerhalb der evangelischen Landeskirche Preußens (Theodor Meinhold, *Lebensbild des D. Carl Meinhold. Superintendent in Cammin in Pommern*, Berlin 1899, S. 72). Vgl. auch S. 141 ff. in dieser Arbeit.

[154] Siehe oben S. 61.

[155] Th. Meinhold. *Lebensbild des D. Carl Meinhold* ..., S. 103.

[156] So der Titel der in Aurich herausgegebenen Konferenzmitteilungen.

lung der lutherischen und reformierten Lehre zu erweisen, um die Brüder vor dem »feingesponnenen Unionsnetze«[157] zu bewahren.

Aber nicht alle lutherischen Schriften begnügten sich mit mehr oder weniger separatistischen Reorganisationsvorschlägen und dem eindringlichen Hinweis auf die Wahrung ihres Bekenntnisstandes. Auffallend hart und kompromißlos agitierte der berühmte Erlanger Lutheraner *v. Hofmann* (1810—1877) in anonymen Flugblättern, deren Aufgabe darin bestand, die in Lokalzeitungen verstreuten Berichte sowie noch ungedruckte Nachrichten über verübte Gewaltakte gegen die Lutheraner zugunsten der Union zu sammeln und den lutherischen Freunden in ganz Deutschland als Argumentationsmaterial zu übermitteln. Nr. 1 des Flugblattes beschäftigt sich mit der Preußischen Verordnung vom 24. Juni 1867, die die evangelische Militärseelsorge für das Gebiet des ehemaligen Königreiches Hannover im unierten Sinne regelte.[158]

Im Oktober 1867 ließ der wegen »Benutzung seines geistlichen Amtes zu entschiedener Agitation« vom Königlichen Generalgouvernement zu Hannover suspendierte und wegen seiner »fünfzig Thesen« gegen die Union strafrechtlich verurteilte Pastor *Grote* eine dreihundert Seiten zählende Schmähschrift gegen die Union im Selbstverlag erscheinen, die in weiten Teilen Deutschlands Protest und Empörung hervorrief.[159] Der Verfasser lehnt darin nicht allein ein Gastrecht Reformierter am lutherischen Abendmahl ab,[160] sondern verurteilt sogar »gemischte Ehen« zwischen Lutheranern und Calvinisten. Wesentlich wohlwollender beurteilt

[157] *Warum sich kein Lutheraner bei seiner Seelen Seligkeit an eine »unierte« Kirche anschließen darf.* Herausgegeben vom Lutheraner-Verein zu Dresden, Dresden 1868, S. 6.

[158] *Aus der lutherischen Kirche der neupreußischen Lande,* 2 Tle., Erlangen 1867. Die Verfasserschaft des anonymen Pamphlets klärt ein vertraulicher Brief v. Hofmanns an seinen Bruder vom 4. August 1867 (vgl. Paul Wapler, *Johannes v. Hofmann. Ein Beitrag zur Geschichte der theologischen Grundprobleme, der kirchlichen und der politischen Bewegungen im 19. Jahrhundert,* Leipzig 1914, S. 321, Anm. 1). Vgl. auch die Besprechung der Schrift in der *NEKZ,* Jg. 1867, Sp. 724 f. Vgl. zu dem hier angesprochenen Sachproblem Hartmut Rudolph, *Das evangelische Militärkirchenwesen in Preußen,* Göttingen 1973, S. 164 ff. Zu v. Hofmann siehe unten S. 204 ff.

[159] Ludwig Grote, *Was ist die Union? Die brennende Kirchenfrage der Gegenwart unter besonderer Berücksichtigung der Hannöverschen Landeskirche beantwortet,* Hannover 1867; vgl. *NEKZ,* 1867, Sp. 805 ff., und W. Rädisch, *Die Evangelisch-lutherische Landeskirche Hannovers...,* S. 47 ff.

[160] Die entschiedene Ablehnung jeglicher Abendmahlsgemeinschaft war an sich nichts Ungewöhnliches. Ganz ähnlich argumentiert auch Karl Ernst, ein lutherischer Pastor aus Hannover, in seiner Schrift: *Über die Abendmahlsgemeinschaft der lutherischen Kirche mit Reformirten und Unirten in besonderer Rücksicht auf die Hannöversche Lutherische*

er die römisch-katholische Kirche, die gegen die lutherische »nie aggressiv verfahren« sei. Über die Entstehung der Union urteilt Grote: »Als die Leute schliefen, kam der Feind und säete Unkraut auf den Weizenacker. Auch die Union wurde eingeführt, 'als die Leute schliefen!'.«[161] Sie ist ihm ein überwiegend politisches Machwerk der Hohenzollern, ihrer Geheimräte und Hoftheologen, eine großartige Verirrung des Caesaropapismus und Folterbank für lutherische Gewissen.

Nicht weniger entschlossen rief eine anonyme Broschüre aus den Reihen des lutherischen Konfessionalismus in Erlangen zum Kampf zunächst einmal für die Minimalforderung auf, den einzelnen lutherischen Provinzen ihr selbständiges lutherisches Kirchenregiment zu erhalten und diese nicht dem EOK, sondern dem Kultusministerium zu unterstellen. Als notwendiges weitergehendes Ziel soll ein gemeinsames lutherisches Kirchenregiment für alle neupreußischen Länder angestrebt werden. Die Schrift ist in einem selbst für diese Zeit ungewöhnlichen Pathos abgefaßt: »Auf die Wacht, auf den Kampfplatz, was Lutheraner heißt und lutherische Treue bewahrt hat in treulosen Zeiten!«[162]

In welch engem Zusammenhang in Hannover der konfessionell-kirchliche Widerstand mit dem politischen stand, belegt die Schrift eines Pastors aus Müden an der Oerze. Er schreibt: Wir sehen »in dieser Einverleibung ein schweres Unrecht gegen unser altes Fürstenhaus und gegen unser Land. Aber wir wißen aus Gottes Wort, daß wir der Obrigkeit unterthan sein sollen, die Gewalt über uns hat.«[163] Aber hinsichtlich der Glaubensangelegenheiten findet der Gehorsam gegenüber der Obrigkeit seine Grenzen. Freilich wird Preußen in Hannover die Union nicht unter Zwang einführen, aber durch Bevölkerungsverschiebungen werden die konfessionellen Grenzen verwischt, Lutheraner aus Hannover in altpreußisches Gebiet verschlagen. Gerade letzteren hat der Verfasser seine Schrift gewidmet und mahnt sie eindringlich: ». . . zum Genuß des heiligen

Kirche, Hannover 1869. Eine Gewährung der Abendmahlsgemeinschaft ist identisch mit der Kirchengemeinschaft (vgl. A. v. Scheurl, *Die Gewissensfreiheit . . .*, S. 72) und auch die gastweise Zulassung paralysiert das alte lutherische Bekenntnis.

[161] L. Grote, *Was ist die Union?* . . . , S. 56.
[162] *Die lutherische Kirche in den neupreußischen Ländern, ihre Gefahr und ihre Pflicht*, Erlangen 1867, S. 14. Der Autor der Schrift war Gerhard v. Zezschwitz, wie aus einem Brief v. Hofmanns an seinen Bruder hervorgeht (vgl. P. Wapler, *Johannes v. Hofmann . . .*, S. 321). Über Hintergründe und Motive der Erlanger Waffenhilfe siehe unten S. 199 ff.
[163] R. Lohmann, *Lutherische und unirte Kirche. Ein Wort der Warnung an die Glieder unserer lutherischen Landeskirche, die ihr Beruf in das Gebiet der preußischen Union führt*, Berlin 1867, Zitate: S. 3; 22 (Hervorhebungen im Original).

Abendmahls in einer unierten Gemeinde soll ein rechter Lutheraner sich unter keinen Umständen bewegen lassen. Denn das steht unter Christen fest, daß Einer sich zu der Kirche bekennt, in der er das heilige Abendmahl genießt.« Er rät, aus Bekenntnistreue lieber auf die Gnadengabe des Abendmahls zu verzichten oder sich zu der nächsten altlutherischen Gemeinde zu halten.

Nicht alle Lutheraner vertraten jedoch diesen kompromißlosen Standpunkt. Die *NEKZ*[164] begrüßte zum Beispiel die Broschüre eines »hannoverschen Lutheraners weltlichen Standes«[165] als Zeichen sich anbahnender Verständigung in dem Streit zwischen der evangelisch-lutherischen Kirche Hannovers und der evangelisch-unierten Kirche Preußens. Der ungenannte Verfasser verleugnet zwar nicht sein genuin lutherisches Bekenntnis, distanziert sich aber vom exklusiven Luthertum, indem er sich für eine gastweise Zulassung Reformierter und Unierter zum Hl. Abendmahl ausspricht und vor »ängstlicher Absperrung« der lutherischen Kirche Hannovers warnt.

Noch weiter geht ein evangelisch-lutherischer Prediger aus Schleswig,[166] der — unter der Voraussetzung, daß man auf seiten der Preußischen Union die in der Stiftungsurkunde von 1817 garantierte Berücksichtigung der wesentlichen Eigentümlichkeiten auch einhalte — seiner Gemeinde sogar den Beitritt zur Union empfiehlt.

Neben den Lutheranern artikulierten vereinzelt auch Vertreter der reformierten Kirche ihre Besorgnis über die neuen Machtverhältnisse. So klagt »eine Stimme aus ihrer Mitte«: »... wenn dieselbe Union, die jetzt in Preußen herrscht und deren stetige Arbeit in überredender und zwingender Weise dahin geht, die Bekenntnißunterschiede in Lehre und Gemeindeform zu entfernen, auch in Hannover, Hessen und Frankfurt sich ausbreitete, so würde wahrscheinlich das Ende dieses Jahrhunderts auch das

---

[164] *NEKZ*, Jg. 1867, Sp. 321 ff.

[165] *Die evangelisch-lutherische Kirche Hannovers in ihrer Berührung mit der evangelisch-unirten Kirche Preußens*. Von einem hannoverschen Lutheraner weltlichen Standes, Hannover 1867. Hinter der Anonymität verbarg sich Ludwig A. Brüel, der zwischen 1866 und 1868 als Direktor des hannoverschen Kultusdepartements tätig war. Obwohl er in konfessionellen Fragen durchaus zur Toleranz neigte, kämpfte Brüel fanatisch für die kirchenpolitische Selbständigkeit seiner Landeskirche und gehörte nach seiner Entlassung zu den verbissensten Preußenfeinden innerhalb der Deutsch-Hannoverschen Partei (siehe unten S. 342 ff.).

[166] C. M. Christiansen, *Kann ein Lutheraner ohne Gewissensbeschwerung der Union zustimmen?*, Hamburg Altona 1867.

Ende der reformierten Kirche Deutschlands sein«.[167] Allein die Bildung reformierter Provinzialkirchen gäbe seines Erachtens Anlaß zur Hoffnung. Weiterhin wäre die Anerkennung sämtlicher reformierter Kirchen des Landes als eine Reformierte Kirche nötig ebenso wie die Festsetzung der gemeinschaftlichen Lehrnorm (Heidelberger Katechismus) und der Aufbau einer presbyterial-synodalen Organisation. Mit großer Hoffnung sieht der Verfasser auf Fabris Modell. »Dankenswerth sind uns seine (sc. Fabris) Vorschläge über die Bildung kleiner Kirchen übersichtlichen Umfanges: dies wären unsere reformierten Provinzialkirchen.«[168]

Wesentlich konzilianter gibt sich der reformierte Pastor *Hassencamp* aus Elberfeld, der sich ausdrücklich zur preußischen Landeskirche bekennt und sogar den Standpunkt vertritt, eine Auflösung der Preußischen Union widerspräche dem Interesse der Reformierten. »Ich halte nicht dafür, daß gegenwärtig Umstände und Motive vorliegen, welche uns Reformirte verpflichten könnten, aus der preußischen Landeskirche auszutreten.«[169] Aber während die altpreußischen Reformierten an der gegebenen Einheitlichkeit des Kirchenregiments gern und willig festhalten wollen, nehmen die Reformierten der annektierten Provinzen mit Recht eine ganz andere Stellung ein. »Diese sind noch nicht geschichtlich in die Union eingewachsen; haben nicht nöthig, da sie nur fern zu bleiben brauchen, alte Beziehungen zu lösen und bewährte Segensgaben aufzugeben. Es kann vielleicht wesentlich zur Stärkung der Reformirten beitragen, wenn dieselben vornherein eine freiere oder ganz freie Stellung der Landeskirche gegenüber einnehmen.«[170] Im Gegensatz zu der vorstehenden Position hält Hassencamp es für unmöglich, daß eine Kirchenformation gefunden werde, die alle reformierten Gemeinden zusammenfassen könnte. Gleichzeitig hebt er hervor, die Annexion der neuen Provinzen bedinge nicht automatisch eine Krisis der Union, denn nichts zwinge zu einer einheitlichen kirchlichen Regelung.

Aus dem Lager der Unionsfreunde hörte man natürlich vor allem den Ruf nach einer einheitlichen unierten Landeskirche. »Durch der Theologen rechthaberisches Streiten ist vor dreihundert Jahren die evangelische Kirche zerrissen worden, durch die Gemeinden muß dieser Schaden wie-

---

[167] *Furcht und Hoffnung der reformierten Kirche Deutschlands*. Eine Stimme aus ihrer Mitte, Elberfeld 1867, S. 4.

[168] *A. a. O.*, S. 23.

[169] Friedrich Wilhelm Hassencamp, *Das Wesen der reformirten Kirche und die Union*, Elberfeld 1867, S. 54.

[170] *A. a. O.*, S. 57.

der gut gemacht werden«,[171] formulierte ein Göttinger reformierter Pfarrer und schien damit die nahezu einhellige Auffassung seiner Parteifreunde auszusprechen.

Ein wohl dem Protestantenverein nahestehender Berliner Anonymus suchte den Sturmlauf gegen die Union als »verrosteten Dogmatismus« zu entlarven. Nach seiner Auffassung ist es ganz entschieden die Aufgabe der Union, »...die vom Staate annektierten Provinzen sich einzuverleiben«.[172] Fernerhin gehört es zu ihrem Beruf, den »evangelischen Geist« zu fördern, was die Schaffung eigener kirchlicher Verwaltungsorgane und das Streben nach einer Trennung von Kirche und Staat einschließt.

In einem Vortrag bemühte sich der Schleswiger Propst *Hansen*, »die Union im Zusammenhang der Zeitgeschichte« zu deuten, um die Bedenken eines großen Teils seiner Landsleute gegen eine kirchliche Einigung zu zerstreuen. Erst wenn man die Union im Kontext der nationalen und politischen Gestaltung Deutschlands begreift, erkennt man ihre innere Notwendigkeit. »Der nun unbestritten mächtigste deutsche Staat hat die Staatsreform, diese unabweisliche Consequenz der Kirchenreformation, mit vollem Ernst in die Hand genommen und seine Existenz dafür eingesetzt«; dieses Ereignis wird auch »die dogmatischen Unterschiede zwischen den protestantischen Kirchengliedern zurücktreten lassen gegen die größere sittliche Aufgabe, welche allen gemeinsam ist«.[173]

Der damals ziemlich bekannte preußische Stadtrichter zu Berlin, Dr. *Altmann*, unternahm es, die rechtsgeschichtliche Entwicklung der evangelischen Union in Preußen seit 1817 darzustellen und vom juristischen Standpunkt die Frage zu untersuchen, welche Stellung die Union zu den evangelischen Kirchen der annektierten Länder zu nehmen habe. Dabei vertritt er die Auffassung, die Preußische Union sei von Anfang an nicht darauf angelegt gewesen, die Bekenntnisse der lutherischen und reformierten Kirche zu beseitigen, sondern lediglich darauf, den Differenzlehren die frühere kirchentrennende Bedeutung zu nehmen und als geringste Gemeinsamkeit die Abendmahlsgemeinschaft zu fordern.

Im Hinblick auf das fruchtbare Gemeindeleben der preußisch-unierten Kirche hält Altmann es nicht für vertretbar, die Union aufzuheben; sie besitze vielmehr einen wohlbegründeten Anspruch auf unausgesetzte Förde-

[171] Friedrich Brandes, *Die Wiedervereinigung der beiden evangelischen Kirchen. Fünf Reden. Nebst einer Zuschrift an die evangelisch lutherischen Gemeinden in der Provinz Hannover*, Göttingen 1868, S. VII.

[172] *Für die Union. Ein Beitrag zur Orientierung über dieselbe*, Berlin 1868, S. 28.

[173] R. Hansen, *Die Union im Zusammenhang der Zeitgeschichte*, Schleswig 1867, S. 34 f.

rung. »Die Förderung der evangelischen Union und mit ihr die gesunde Entwicklung der Confession wird aber erst dann in wirksamster Weise eintreten, wenn die zum Zwecke des Vollzuges des Artikels 15 der Verfassungsurkunde angebahnte synodale Gliederung der evangelischen Landeskirche Preußens ihrer Vollendung entgegengeführt und demnächst der evangelischen Kirche die selbständige Ordnung und Verwaltung ihrer Angelegenheiten übertragen worden ist.«[174] Hinsichtlich der Verwirklichung der verheißenen Verfassung stimmt er wie Hinschius mit den Vorschlägen des »ev. lutherischen Theologen der Provinz Hannover« voll überein.

Altmann will von einer Nötigung der annektierten Provinzen, sich der Evangelischen Landeskirche der älteren preußischen Provinzen anzuschließen, nichts wissen. Allein die evangelischen Gemeinden der hessischen und nassauischen Gebiete dürften vorerst geneigt sein, der Union beizutreten. »Eine derartige Beitrittserklärung an und für sich würde, wie hier bemerkt werden mag, in keiner Weise die Einführung der betreffenden Kirchenkreise in die altpreußische Landeskirche nach ihrer gegenwärtigen Verfassung bedingen. Dies ergiebt sich schon daraus, daß die Begriffe 'Union' und 'evangelische Landeskirche Preußens' nicht identisch sind.«[175] Rechtsgültigkeit erhalte eine solche Beitrittserklärung nur dann, wenn sie — in Ermangelung synodaler Organe — durch die Gemeinde erfolge. Die Argumentationsweise Altmanns läßt an Durchsichtigkeit nichts zu wünschen übrig: Da er annimmt, die negativ vorbelastete preußischunierte Landeskirche hindere viele Gemeinden aus den neuen Provinzen am Beitritt zur Union, grenzt er Bekenntnis und Kirchenregiment streng voneinander ab, obwohl er wissen mußte, daß sich diese Scheidung angesichts der einsetzenden nationalkirchlichen Einheitsbewegung auf die Dauer nicht aufrechterhalten lassen würde.

Gerade gegen den Sachverhalt, daß die Diskussion über Bekenntnisstand und Verfassung nicht theologisch, sondern überwiegend juristisch geführt wurde, protestierte ein Pfarrer namens *Krüger* aus Bremen. Unbedingt gelte es einzusehen, »daß die eigentliche Schwierigkeit, mit der unsere kirchliche Entwicklung zu kämpfen hat, nicht die Verfassungs-, sondern die Unionsfrage ist«,[176] weshalb letztere auch zuerst geklärt werden

---

[174] Albrecht Altmann, *Die evangelische Union in Preußen, ihre Entwicklung, ihr Recht und ihre Stellung in den neu einverleibten Provinzen. Eine Gedenkschrift zur fünfzigjährigen Feier ihres Bestehens*, Braunschweig 1867, S. 36. Vgl. auch die wohlwollende Rezension in der *NEKZ*, 1867, Sp. 690.

[175] A. Altmann, *Die evangelische Union in Preußen . . .* , S. 53.

[176] W. Krüger, *Die Aufgabe der Union in der Gegenwart. Conferenz-Vortrag*, Barmen 1867, S. 4.

müsse. Entschieden weist er den Gedanken ab, eine Konfession zugunsten der anderen auszuschalten, beide Konfessionen als überholte Denkformen abzulösen (gegen Schenkel)[177] oder die Union konföderativ zu deuten (gegen Fabri).[178] Er bekennt sich vielmehr zu der »positiven Consensus-Union«, die die Differenzlehren für nicht wichtig genug erachtet, um eine Gemeinschaft in Regiment und Kultus unmöglich erscheinen zu lassen. »Von der Annahme einer großen, wesentlichen Übereinstimmung der beiden Confessionen ist die Union ursprünglich ausgegangen, zu derselben muß sie immer wieder zurückkehren, wenn sie sich nicht selbst aufgeben will.«[179]

Im Bereich der Verfassungsfrage plädiert der Autor für eine gemischt presbyterial-konsistoriale Verfassung und begrüßt »die Lösung des bisherigen Bandes zwischen Kirche und Staat«.

Noch stärker in die Richtung einer theologischen Bewältigung der Alternative »Union — Konfession« drängte der Geltinger Hauptpastor *Ziese*. Nach seiner Überzeugung werden die großen kirchlichen Fragen, die gegenwärtig zur Lösung anstehen und nunmehr in unaufhaltsame Bewegung gekommen sind, nicht ausgetragen durch die Erledigung der Frage, ob Union oder Konfession zukünftig in Preußen als kirchliches Prinzip die Herrschaft übernimmt. Beide, geschichtliche Union und Konfession, weisen über sich hinaus auf Christus, der in die von Sünde zerrissene Welt als einigende Kraft eingetreten ist. »Christus selbst ist die personificierte Union.«[180] Die gegenwärtig so erfolgreichen antichristlichen »Lügensysteme«, der Deismus, Pantheismus und Materialismus, verlangen die gemeinsame Überwindung durch eine neue religiös-sittliche »Bekenntnißthat«, so daß »Union und Confession nicht wie bisher neben und außer einander liegen und gehen, sondern daß sie, auf diesem Stadium angelangt, zusammenfallen, ja eins und dasselbe sein werden, ›höhere Union in neuer Confession‹«.[181]

Die im wesentlichen von Fabri in die Diskussion eingebrachte Alternative »Union oder Konföderation« spielte selbstverständlich in der darauf einsetzenden Auseinandersetzung der Jahre 1867/69 eine erhebliche Rolle. Auch der Herborner Professor August *Nebe* griff die Frage auf, um die Fronten im Hessischen abzuklären. Nach seiner Überzeugung handelt

---

[177] Siehe oben S. 87 f.
[178] Siehe oben S. 70 f.
[179] W. Krüger, *Die Aufgabe der Union...*, S. 38.
[180] J. H. Ziese, *Nicht Union oder Confession, sondern Union in n e u e r Confession. Eine Gabe zur Reformationsfeier des Jahres 1867*, Flensburg 1867, S. 18.
[181] *A. a. O.*, S. 36.

es sich bei der Union in der preußischen Landeskirche um keine Lehr-, sondern lediglich um eine Regimentsunion; die Konföderation würde diese Einheit des Kirchenregimentes aufheben. Da zwischen der lutherischen und reformierten Konfession aber kein prinzipieller Gegensatz besteht und der Herr nur eine Kirche hat stiften wollen, muß die an sich mögliche Union schlechterdings Wirklichkeit werden. Die Aufhebung der Union würde dagegen die evangelische Kirche in Preußen spalten und der unionsfreundlichen Wissenschaft an den Hochschulen einen empfindlichen Schlag beibringen. Und schließlich: »Die Stellung der evangelischen Kirche überhaupt gegen die römisch-katholische Kirche einerseits, wie gegen die Feindschaft der Welt wider den Herrn fordert einen möglichst engen organischen Zusammenschluß, — also nicht Conföderation, sondern Union!«[182]

Eben diese Alternative hält ein »Rheinischer Theologe« vom Standpunkt der wissenschaftlichen Theologie aus für überholt, denn eine richtige Lösung gewährt seines Erachtens nur der positive biblische Realismus; das heißt, man muß sich streng an dem Wortlaut der Hl. Schrift orientieren. Bis diese Einsicht sich bei allen Parteien durchgesetzt hat, bleibt einstweilen nichts übrig, »als die neuen Landeskirchen unter das Cultusministerium zu stellen, in der Erwartung, sie würden sich im Laufe der Zeit günstiger zur Union stellen«.[183] Genau wie bei Hinschius soll nach dem Wunsch des Verfassers die endgültige Regelung der Bekenntnis- und Verfassungsfrage auf Kreis- und Provinzialsynoden, deren Einführung voranzutreiben ist, vorbereitet und dann auf einer Generalsynode beschlossen werden. Eine unbedingte Aufhebung des landesherrlichen Summepiskopats jedoch würde zur Zerstörung der einheitlichen landeskirchlichen Regimentsgemeinschaft führen und ist darum abzulehnen. »Der Oberkirchenrath, als höchste kirchliche Landesbehörde, wird vom König ernannt, doch erhält derselbe größere Befugnisse als bis jetzt in Preußen es der Fall war, und ist eine itio in partes, als Provisorium zu empfehlen, namentlich in Bezug auf die neuen Landestheile.«[184]

Nicht allein die zahlreichen Broschüren, sondern auch die kirchlichen und politischen Zeitschriften informierten die Öffentlichkeit über die anstehenden kirchlichen Neuordnungsfragen und die zu ihrer Lösung vorgebrachten Anregungen.

[182] August Nebe. *Union oder Conföderation?*, Hamburg 1867.
[183] *Zur 50jährigen Jubelfeier der Union in Preußen. Die Zukunft der Preußischen Evang. Landeskirche.* Von einem rheinischen Theologen, Neuwied-Leipzig 1867, S. 173.
[184] *A. a. O.*, S. 180.

Erwähnung verdienen insbesondere die publizistischen Schlachten zwischen *Hengstenbergs Evangelischer* und *Meßners Neuer Evangelischer Kirchenzeitung*, die auf beiden Seiten mit größter Erbitterung geführt wurden. Dabei fällt die inhaltliche Gleichförmigkeit der Artikel in der jeweiligen Zeitung ins Auge; sie verdeutlicht das kompromißlose Beharren der kirchenpolitischen Gruppen auf dem eigenen Standpunkt.[185] Die Auseinandersetzung kristallisierte sich vornehmlich um die EOK-Behörde, als deren Sprachrohr die *NEKZ* nicht ganz zu Unrecht galt[186] und die darum natürlich zur Verteidigung des EOK fortgesetzt mit Nachdruck betonte, dieser habe »zur Aufrechterhaltung des Bekenntnisses innerhalb der Union und zur Reinerhaltung der reformatorischen Lehre«[187] wesentlich beigetragen.

Auf der kirchlich-liberalen Seite fochten *Krauses Protestantische Kirchenzeitung*[188] und *Schenkels Allgemeine kirchliche Zeitschrift*[189] für das »Unionsprinzip«, um so den Geist des »Dogmatismus« zu überwinden, eine presbyterial-synodale Kirchenverfassung einzurichten und schließlich den gesamten deutschen Protestantismus in einer deutschen Nationalkirche zusammenzuschließen. »Eine repräsentative Kirchenverfas-

---

[185] Vor allem in den Artikeln der *Evangelischen Kirchenzeitung* werden stereotyp die Forderungen Hengstenbergs (siehe oben S. 59 ff.) wiederholt. Vgl. z. B.: *Die gegenwärtige kirchliche Lage in Hannover* (*EKZ* 79 [1866], Sp. 1021 ff.); *Der Ländererwerb Preußens in kirchlicher Bedeutung* (*EKZ* 79 [1866], Sp. 1054 ff.); *Die neuen Provinzen und die lutherische Kirche* (*EKZ* 79 [1866], Sp. 1065 ff.); *Zur Bezeichnung und Erwägung der Lage der Lutherischen Kirche im erweiterten Preußen* (*EKZ* 80 [1867], Sp. 97 ff.); *Die Rechtfertigung als Prinzip der evang.-luth. Kirche und die Rechtfertigung als Prinzip der kirchl. Union* (*EKZ* 81 [1867], Sp. 790 ff.); *Zur Frage über Union und Kirchenregiment* (*EKZ* 81 [1867], Sp. 1045). Vgl. allgemein zum Einfluß der kirchlichen Publizistik: Gottfried Mehnert (Hrsg.), *Programme evangelischer Kirchenzeitungen im 19. Jahrhundert*, Witten 1972, S. 11 ff. *EKZ*: S. 44 ff.

[186] Vgl. Wilhelm Hoffmann, *Deutschland Einst und Jetzt im Lichte des Reiches Gottes*, Berlin 1868, S. 505 f., Anm.

[187] *NEKZ*, 1867, Sp. 167. Viele in diesem Zusammenhang wesentliche *NEKZ*-Artikel wurden bereits oben erwähnt. Vgl. G. Mehnert (Hrsg.), *Programme der evangelischen Kirchenzeitungen . . .*, S. 92 ff.

[188] Vgl. die Art.: *Zur Jubelfeier der Union*, in: *PKZ* 14 (1867), Sp. 1090 ff.; H. Krause, *Preußische Kirchenfrage*, in: *PKZ* 14 (1867), Sp. 881 ff.; *Das Berliner Unionsjubiläum*, in: *PKZ* 14 (1867), Sp. 977; 1001; vgl. G. Mehnert (Hrsg.), *Programme der evangelischen Kirchenzeitungen . . .*, S. 79 ff.

[189] Vgl. dazu die z. T. schon oben (S. 77 f.) verarbeiteten Artikel: *Die Verfassungskrise in der evangelischen Kirche Preußens*, in: *AKZ* 8 (1867), Sp. 205 ff.; *Unionskirche und Konfessionskirche*, in: *AKZ* 8 (1867), Sp. 405 ff.; D. Schenkel, *Ueber das Prinzip der Union*, in: *AKZ* 8 (1867), Sp. 608 ff.

sung ist die beste Bürgschaft für den Bestand der Union; darum könnte dem Gedächtniß der weltgeschichtlichen That des König Friedrich Wilhelm III., durch welche im Jahr 1817 die Union begründet wurde, keine würdigere Jubelfeier zu Theil werden, als wenn sie im Jahre 1867 in einer wahrhaft evangelischen Kirchenverfassung ihre angemessene Ordnung und eine dauernde Sicherheit gewönne.«[190]

Aus der großen Zahl der weniger bedeutenden — weil lokal mehr gebundenen — Zeitungen,[191] ragt das in Westfalen viel gelesene Wochenblatt *Der Westfälische Hausfreund* heraus. Sein Herausgeber, *Friedrich von Bodelschwingh*, damals Pfarrer in Dellwig, schrieb die Leitartikel und äußerte sich darin zu aktuellen Problemen in Kirche und Staat. Der lutherische Unionsfreund erwartet eine schwere Bedrohung der Preußischen Union infolge der königlichen Zusage an Hannover vom 8. Dezember 1866, ihre Kirche unangetastet zu lassen.[192] »So wahr — und wohl auch gerecht — ist seitdem der laute Ruf der Lutheraner in Preußen, nach gleichem Recht und gleicher Freiheit, daß nach meiner festen Überzeugung keine Macht der Welt diesen Ruf wieder unterdrücken wird.«[193]

Den Überlegungen preußischer Lutheraner, aus der Landeskirche auszutreten, begegnet Bodelschwingh mit dem Unionsverständnis, das auf dem Standpunkt der Königlichen Kabinettsorder vom 6. März 1852 beruht und den Verfasser des Artikels als Anhänger der Verwaltungsunion ausweist. Darum wendet sich Bodelschwingh auch energisch gegen ein Verwischen der Bekenntnisunterschiede sowie ein Vermischen beider Lehren. »Wenn eine Kirche ihre Fahne, ihr Bekenntnis, sinken läßt, so reißt die unglaublichste Unordnung ein, wenn verschiedene bekenntnislose Haufen durcheinander geraten, so gibt es statt Einheit und Kraft, Verwirrung und Schwäche, statt Union — Confusion.«[194] Diese alles zerstörende Unordnung und Konfusion würde auch durch Fabris Verfassungsvorschlag in die Kirche hineingetragen, denn statt einer Kirche erhielte man dreimal achtzehn Provinzialkirchen, »die bunt und kraus durcheinanderfahren«.

---

[190] *PKZ* 14 (1867), Sp. 884.

[191] Es sei vornehmlich erinnert an die Erlanger *Zeitschrift für Protestantismus und Kirche*, die *Lutherische Monatsschrift für Pommern*, das *Hallische Volksblatt für Stadt und Land* und die Rudelbach-Guerickische *Lutherische Zeitschrift*.

[192] Siehe oben S. 50 f.

[193] Friedrich v. Bodelschwingh, *Ausgewählte Schriften*, Bd. 1: *Veröffentlichungen aus den Jahren 1858 bis 1871*, Bethel 1955, S. 321 (= Abdruck des Leitartikels aus dem *Westfälischen Hausfreund* vom 3. 2. 1867).

[194] *A. a. O.*, S. 337 (= Abdruck des Leitartikels aus dem *Westfälischen Hausfreund* vom 17. 3. 1867).

Nach Bodelschwinghs Vorstellungen sollte die Union nur in der Geneigtheit zu gegenseitiger Zulassung zum hl. Abendmahl und in der Gemeinschaft des Kirchenregiments über Lutherische und Reformierte (!) bestehen. Die Mitglieder dieser Behörde sollen bekenntnisgebunden sein, und bei allen Fragen, die das Bekenntnis berühren, dürften nur die Anhänger der betreffenden Konfession ihre Stimme abgeben.

Die Denkschrift des EOK vom 18. Februar 1867

Inhalt

Im Februar 1867 hatte die Diskussion einen solchen Grad der Erregung erreicht, daß der EOK, wollte er nicht den Eindruck völliger Hilflosigkeit erwecken, sich genötigt sah, mit einer eigenen offiziellen Stellungnahme hervorzutreten. In dem der Denkschrift beiliegenden Begleitschreiben an die Konsistorien erläuterte EOK-Präsident Mathis[195] Motiv und Zweck dieses Schrittes an die Öffentlichkeit: Die Konsistorien könnten versichert sein, daß »der Evangelische Ober-Kirchenrath unter fortwährender treuer Bewahrung des Rechtes der Confession, mit allen ihm zu Gebote stehenden Mitteln sowohl das Recht der Union, wo sie besteht, als die bestehende landeskirchliche Einheit gegen alle anarchischen Angriffe und Agitationen, von welcher Seite her sie kommen mögen, pflichtgemäß vertreten und schirmen wird.«[196]

Die streng gegliederte Denkschrift beginnt mit einer Laudatio auf die positiven Grundlagen und Errungenschaften der evangelischen Landeskirche — unter besonderer Herausstreichung der Verdienste des EOK: Das *Bekenntnis* der Evangelischen Landeskirche der älteren preußischen Provinzen ruht auf den gemeinchristlichen und gemeinevangelischen Grundwahrheiten, der Hl. Schrift, den ökumenischen Bekenntnissen: der Augsburger Konfession und ihrer Apologie. Gemessen an diesem starken Band der konfessionellen Eintracht verlieren die noch übrigen Differenzlehren an Gewicht. Obwohl es möglich war, auf dieser Basis der Mehrzahl der Protestanten in Preußen gerecht zu werden, bewies die Landeskirche

---

[195] Siehe oben S. 41 f.
[196] Abgedruckt in: *Aktenstücke aus der Verwaltung des Evangelischen Ober-Kirchenraths*, Bd. 6, Berlin 1867, S. 1. Die *Denkschrift des Evangelischen Ober-Kirchenraths betreffend die gegenwärtige Lage der evangelischen Landeskirche Preußens* vom 18. 2. 1867 ist ebenfalls in den *Aktenstücken* (a. a. O., Bd. 6, S. 2—21) veröffentlicht und jetzt auch in der Edition von E. R. Huber/W. Huber (Hrsg.), *Staat und Kirche . . .*, Bd. 2, S. 334 f., auszugsweise wiedergegeben. Im folgenden wird nach den *Aktenstücken* zitiert.

auch darin ihre Umfassungskraft und wahre Katholizität, daß sie den lutherischen und reformierten Gemeinden, die der Union nicht beitreten wollten, die Freiheit ihres Bekenntnisses und Kultus uneingeschränkt erhielt. Der *Kultus* steht ebenfalls auf gutem reformatorischen Grunde; durch die allgemein gesetzlich eingeführte agendarische Ordnung, »um die manche andere deutsche Kirchen uns beneiden«,[197] haben die Gottesdienste an Fülle und Leben gewonnen und keiner leidet unter einer unevangelischen Beengung.

Gemeinsam mit den theologischen Fakultäten fördert die Landeskirche alle wahren *Kulturinteressen* und weckt Verständnis für die wirklichen Bedürfnisse der Zeit; »dieser allmälig angesammelte Schatz von geistigen Kräften [hat sich] in dem denkwürdigen Jahre 1866 zum Besten des Vaterlandes glänzend offenbart«.

Aber bei aller Gemeinschaft mit den Interessen des Volkes bewahren die evangelische *Kirche* Preußens und ihre Geistlichen doch eine unabhängige Stellung zum *Staat*, wie im Erlaß des EOK vom 15. Januar 1863 auch rechtsverbindlich festgestellt worden ist.[198]

Die langen und angestrengten Bemühungen um eine den geschichtlichen Verhältnissen angemessene evangelische *Kirchenverfassung* zeitigen jetzt erste Erfolge, und die aus presbyterial-synodalen und konsistorialen Elementen bestehende Kirchenordnung wird die alte Theologenkirche endlich zu einer evangelischen Volkskirche umformen helfen, die so an innerer Einheit gewinnt.

Die evangelische Landeskirche Preußens läßt aber auch den freien christlichen Vereinen, zum Beispiel *der Inneren und Äußeren Mission*, jeden erdenklichen Beistand zuteil werden, setzte sich seit eh für die Gründung evangelischer Gemeinden im Ausland ein (Bistum Jerusalem)[199] und vergaß nie, die internationale Diaspora durch Geldmittel und Abstellung von Geistlichen zu unterstützen.

Darüber hinaus vermag die preußische Landeskirche mit ihrer integrierenden Kraft im Prozeß der nationalstaatlichen Einigung eine wichtige

---

[197] EOK-Denkschrift vom 18. 2. 1867, *a. a. O.*, S. 5; ebenso das folgende Zitat.

[198] Der angesprochene Erlaß über das gewünschte *Verhalten der Geistlichen zu den politischen Fragen* (abgedruckt in: *Aktenstücke aus der Verwaltung des Evangelischen Ober-Kirchenraths*, Bd. 5, Berlin 1866, S. 336—342), verlangt von den Pfarrern eine entschiedene Zurückhaltung in politischen Angelegenheiten. Der Pfarrer »wird aber auch die Gelegenheit nicht versäumen, was das Evangelium über die bürgerliche Ordnung deutlich lehrt, den Gehorsam gegen die Obrigkeit und gegen das Gesetz aus dem Worte Gottes zu begründen und einzuschärfen«. Damit unterstützte die Kirche eindeutig die bestehende Ordnung.

[199] Siehe oben S. 27.

Aufgabe zu erfüllen, indem sie dazu beiträgt, Gegensätze im evangelischen Deutschland zu verhüten oder zumindest auszugleichen.

Im zweiten Teil seiner Denkschrift beschreibt der EOK die gefährlichen Folgen einer Auflösung oder Zerspaltung der bisher als so segensreich vorgestellten evangelischen Landeskirche Preußens und erhebt dabei schwere theologische Vorwürfe gegen die Feinde der Preußischen Union. Den Befürwortern einer Aufhebung aller Landeskirchen zugunsten einer einheitlichen deutsch-protestantischen Nationalkirche wirft die Denkschrift vor, sie strebe einerseits eine uniformierende Tilgung auch berechtigter Eigentümlichkeiten an, fördere zugleich aber eine in Glaubensangelegenheiten fast unbegrenzte individuelle Willkür und Indifferenz.

Während der EOK jedoch keinen Zweifel daran läßt, daß er nicht an die Verwirklichung dieser unrealistischen Pläne glaubt, nimmt er die Gegner auf der konfessionellen Seite und ihr Projekt einer Auflösung der preußischen Landeskirche in drei unabhängige Bekenntniskirchen um so ernster. Die konfessionelle Trennung widerspricht dem Gebot christlicher Liebesgemeinschaft und überdies auch praktischer Weisheit, denn sie vereitelt das Verfassungswerk und bedroht die gottesdienstliche Neuordnung, verringert die Fürsorge für die evangelische Diaspora und läßt die Vertretung der evangelischen Kirche nach außen hin bedeutungslos werden. Aber auch das Prinzip der Gerechtigkeit verbietet eine einfache Auflösung der Preußischen Union, denn die große Mehrzahl der Evangelischen in Preußen bekennt sich zu der seit fünfzig Jahren bestehenden Union. In diesem Zusammenhang droht der EOK den Lutheranern unüberhörbar mit dem Verlust der Körperschaftsqualität: »Und da ein gesonderter lutherischer Kirchenorganismus auch einen gesonderten Bestand der Geistlichkeit und sonstigen Amtsträgern erfordern würde, so ergäbe sich auch eine Auflösung der bisherigen Parochien und die Nothwendigkeit einer endlosen Vermehrung der Kirchensysteme, wobei jedoch die dem bisherigen Rechtszustand treubleibenden, seien sie Wenige oder Viele, im Besitz und Gebrauch ihrer Rechte zu schützen wären .«[200]

Die Sicherheit der Massen hinsichtlich der evangelischen Wahrheit — so argumentiert die Denkschrift weiter — werde durch eine Dreiteilung schwer bedroht, und die Sekten sowie die katholische Kirche erhielten angesichts der großen Verwirrung regen Zulauf. Ein solcher Schritt wäre um so unverantwortlicher, als eine unmittelbare Gewissensnot für die Lutheraner nicht besteht, »denn wäre das Verbleiben in der Landeskirche an sich

---

[200] EOK-Denkschrift vom 18. 2. 1867, in: *Aktenstücke* ..., Bd. 6, S. 11 (Hervorhebung im Original).

Sünde, so wäre es auch Sünde, bisher in ihr zu sein, Aemter von ihr anzunehmen und noch zu bekleiden«.[201]

Aber nicht in den Anhängern der »reinen reformatorischen Lehre Luthers«, die ja Schutz und Pflege durch das Kirchenregiment genieße, sondern im »romanisierenden Neuluthertum«, das in Wahrheit nicht in Übereinstimmung mit den lutherischen Grundsätzen stehe, sieht der EOK den Hauptgegner der preußischen Landeskirche. Er klagt das Neuluthertum an, es verfolge nur darum die Zerspaltung der Landeskirche, um die von der Reformation überwundenen Irrtümer wieder uneingeschränkt zur Geltung bringen zu können.

Insbesondere das Amtsverständnis des Neuluthertums prangern die Verfasser der Denkschrift als eine Nachahmung der hierarchischen Struktur der römisch-katholischen Kirche an. Aber auch der neulutherische Kirchenbegriff weiche entscheidend von CA VII ab, indem der sakramentalistische Anstaltscharakter der äußeren Kirche zur Hauptsache erhoben werde.

Eine Rückbildung der reformatorischen Grundprinzipien ins Romanisierende glaubt der EOK auch hinsichtlich des Schriftverständnisses feststellen zu müssen: Das Vertrauen in die *perfectio* und *perspicuitas* der Hl. Schrift wird zugunsten einer Betonung der Tradition erschüttert. Selbst das Herzstück reformatorischen Denkens, die Rechtfertigungslehre, werde verfälscht, indem an die Stelle der Rechtfertigung durch den Glauben die Sakramente gesetzt würden und man Rechtfertigung und Heiligung derart vermenge, daß eine Art Werkgerechtigkeit Einzug halte.

Offenbar zielten diese schweren Vorwürfe sowohl auf die konfessionelle Theologie der Rostocker als auch der Erlanger Schule; sie trafen unterschiedslos ebenso die katholisierenden, hierarchisch denkenden »Amtslutheraner« Löhe, Hengstenberg, Münchmeyer, Vilmar, Kliefoth und Stahl, wie die »Sakramentslutheraner« Höfling, Thomasius, Hofmann, v. Scheurl und Richter, die das Amt aus der Gemeinde als dem primären Träger der göttlichen Vollmachten ableiteten.[202] Erstaunlicherweise

---

[201] *A. a. O.*, S. 12.

[202] Vgl. dazu Löhes *Neue Aphorismen* über Kirche und Amt (1851), denen Höfling, unterstützt von Hofmann, mit seinen *Grundsätzen evangelisch-lutherischer Kirchenverfassung* (in 3 Auflagen 1850—1852!) entgegentrat. Zur weiteren Erläuterung der Begriffe »Amtslutheraner« bzw. »Sakramentslutheraner« vgl. H. Hermelink, *Das Christentum in der Menschheitsgeschichte* ..., Bd. 2, S. 409.

Aus dem Kreis der Erlanger Theologen kam auch der schärfste Widerspruch zur Denkschrift; vgl. *Die Denkschrift des ev. Oberkirchenraths betreffend die gegenwärtige Lage der evangelischen Landeskirche Preußens. Beleuchtet von einem lutherischen Theologen*, Erlangen 1867. Vgl. auch oben S. 107 und unten S. 204 ff.

schien vornehmlich Hofmann, übrigens ein überzeugter Vertreter der kleindeutschen Lösung,[203] im theologischen Schußfeld gestanden zu haben; in seiner heilsgeschichtlich aufgefaßten Versöhnungslehre tritt der forensische Charakter des Todes Jesu zurück hinter der Betonung der innerlich-ethischen Wendung zur wahrhaften Sittlichkeit des geheiligten Menschen.[204] Die seiner lutherischen Ethik zugrunde liegende Wiedergeburtserfahrung rückte ihn methodisch in die Nähe Schleiermachers und erklärt seine Gefährlichkeit für die herrschende Vermittlungstheologie.[205]

Als abschreckendes Beispiel erinnert der EOK an die hochkirchliche Bewegung in der anglikanischen Kirche, die zunächst den antikirchlichen Tendenzen des Liberalismus mit Reformbestrebungen gegen die Schäden der Zeit entgegengetreten war und aus der sich dann die ritualistische Oxfordbewegung entwickelt hatte.

Auch die evangelische Kirche in Deutschland ist nach Auffassung des EOK von solchen Versuchungen und Verirrungen bedroht, und es gehört zur Aufgabe der preußischen Landeskirche, dieser Entwicklung zu wehren, indem sie das echt lutherische Bekenntnis, das zugleich ja auch dem allgemein evangelischen entspricht, schützt und erhält. »Endlich aber und vornehmlich gilt es, der großen Mission, die unserer evangelischen Landeskirche für sich, für Deutschland, ja die evangelische Christenheit geworden ist, nicht untreu zu werden. Sie ist an Zahl und Umfang die bei weitem größte auf dem ganzen Kontinent; die Zukunft des Protestantismus, zunächst in Deutschland, hängt größtentheils ab von ihrer Zukunft.«[206]

Geistige Träger: W. Hoffmann und I. A. Dorner

Die Denkschrift war unterzeichnet vom Präsidenten des EOK, Ludwig Emil Mathis,[207] und den Oberkonsistorialräten Bischof Daniel Amadeus Neander (1775—1869), Hofprediger Karl Wilhelm Moritz Snethlage (1792—1871), Professor Karl Immanuel Nitzsch (1787—1868), Profes-

---

[203] Vgl. Theodor Kliefoth, *Zwei politische Theologen. I. Dr. Daniel Schenkel in Heidelberg. II. Dr. J. Chr. K. v. Hofmann in Erlangen*, in: *Theologische Zeitschrift*, red. von A. W. Dieckhoff u. Th. Kliefoth, Bd. 5, Schwerin 1864, S. 650 ff.

[204] Zur Geschichte des darüber geführten Streites vgl. Philipp Bachmann, *J. Chr. K. v. Hofmanns Versöhnungslehre und der über sie geführte Streit. Ein Beitrag zur Geschichte der neueren Theologie* (= Beiträge zur Förderung christlicher Theologie, Jg. 14, H. 6), Gütersloh 1910; zur Kirchenpolitik v. Hofmanns siehe unten S. 204 ff.

[205] Siehe *ebda*.

[206] EOK-Denkschrift vom 18. 2. 1867, in: *Aktenstücke . . .* , Bd. 6, S. 21.

[207] Siehe oben S. 41 f. Robert Stupperich, *Die Preußische Union in der Krise des Jahres 1867*, in: *Blätter für pfälzische Kirchengeschichte und religiöse Volkskunde* 35 (1968), S. 164, hält irrtümlicherweise Hermes für den Präsidenten des EOK.

sor August Detlev Christian Twesten (1789—1876), Hofprediger Ludwig Friedrich Wilhelm Hoffmann (1806—1873), Johann Hinrich Wichern (1808—1881), Feldprobst Peter Thielen (1806—1887), Professor Isaak August Dorner (1809—1884) sowie den im EOK hauptamtlich tätigen Oberkonsistorialräten Stahn (geb. 1806) und Ottomar Hermes (1826 —1893).[208]

Allein die Zusammensetzung des EOK verrät, wie es im Jahre 1867 um diese Institution bestellt war. Sie hatte als einzige staatliche Behörde — sowohl personell als auch inhaltlich — die Umwälzungen der vergangenen Jahre nahezu unverändert überlebt und sah sich nun vor die Lösung einer kirchlichen Aufgabe gestellt, deren politische Bedingungen vielen ihrer Mitglieder im tiefsten unverständlich bleiben mußten.

Neander hatte sich bereits fünfzig Jahre vorher unter Friedrich Wilhelm III. an der Bildung der Preußischen Union hervorragend beteiligt; der reformierte Vertreter im EOK, Snethlage, einst persönlicher Seelsorger Friedrich Wilhelms IV., siechte seit 1866 dahin und fiel zeitweise in geistige Umnachtung;[209] der große Vermittlungstheologe der vierziger und fünfziger Jahre, Nitzsch, seit 1866 nur noch Ehrenmitglied des Kollegiums, war erblindet und litt unter einem schon »unsicheren Gedächtnis«,[210] sein Freund Twesten, ein Anhänger der Verwaltungsunion, vermochte wegen seines hohen Alters ebenfalls den kirchenpolitischen Vorgängen kaum noch zu folgen. In dieser ehrwürdigen Greisenversammlung agierten eigentlich nur drei Männer: Mathis, Hoffmann und Dorner. Inwieweit der EOK-Präsident an der Verfassung der Denkschrift selbst beteiligt war, läßt sich kaum feststellen, zumal der etwas farblose Mathis niemals eine eigene kirchenpolitische Konzeption vertreten hat.[211]

Ganz anders liegen dagegen die Dinge bei Dorner und vor allem bei *Hoffmann*. Zweifellos bestimmte letzterer die Politik des EOK bis zum Eintritt Emil Herrmanns im Jahre 1872.[212]

---

[208] Die Akten des Königl. Geheimen Zivilkabinetts, betr. den Ev. Oberkirchenrath, ZSTA, Hist. Abt. II, Merseburg (2. 2. 1. Nr. 22816 u. 22817), belegen deutlich, daß nahezu die gesamte Verwaltungstätigkeit in der Hand dieser beiden Männer lag, deren Personalakten (EKU-Archiv Berlin, Stahn: Präs. Personalia S 4 und Acta pers. des Königl. Kammergerichtes zu Berlin Nr. 384; Hermes: Präs. Personalia H 4) leider nicht einmal die vollständigen Lebensdaten enthalten.

[209] Vgl. den Nachruf für Snethlage in der *NEKZ*, 1871, Sp. 136 ff.

[210] W. Beyschlag, *Karl Immanuel Nitzsch . . .*, S. 457; 461; 463. Vgl. auch Anm. 94 dieses Teils der Arbeit.

[211] Ein Teil des Mathis-Nachlasses befindet sich im ZSTA, Hist. Abt. II, Merseburg; er durfte von dem Verf. jedoch nicht eingesehen werden.

[212] Dies bestätigt Artur v. Kirchenheim (*Emil Herrmann und die preußische Kirchenverfassung. Nach Briefen und andern meist ungedruckten Quellen*, Berlin 1912), indem er

Der seit 1853 dem EOK angehörende königlich-preußische Oberhofprediger und Generalsuperintendent der Kurmark geriet als gebürtiger Württemberger während des preußisch-österreichischen Konfliktes ins Schußfeld zahlreicher süddeutscher Freunde, die von ihm erwarteten, er möge dem preußischen König seine gottlose Annexionspolitik vorhalten. »Ich bin«, so schreibt er, »in Briefen aus andern Theilen Deutschlands über die Politik der Preußischen Regierung zur Rechenschaft gezogen worden, als wäre sie mein eigenstes Werk, ich bin über Krieg und Kriegsrüstungen, über Frieden und Friedensbedingungen, denen allen ich so fern stand, wie die Schreiber der Briefe, vor den ewigen Gerichtshof Gottes gerufen worden, ich habe mit meinen Amtsgenossen den Strom von verurtheilenden, höhnenden und bitteren Reden über mich ergehen lassen müssen, der uns als falsche Propheten, als zur Unzeit Schweigende, ja als solche brandmarken wollte, die den Dolch eingesegnet, welchen der Räuber in das Herz seines Opfers stoße, und zwar das Alles wegen der öffentlichen Gebete, die wir angerathen und deren Abhaltung wir geordnet und selbst mit vollzogen haben.«[213] Und seinem Freund Zeller in Winnenden klagt er: »Daß man auch unser christliches und religiöses Wesen hier, und uns selbst, besonders die Hofprediger des Königs, mit frecher Verläumdung öffentlich angeklagt hat, das that mir wehe, nicht für mich, aber für mein liebes Heimatland, aus welchem diese Stimmen am stärksten kamen.«[214]

Diese seine eigenartige Stellung als Süddeutscher in preußischen Diensten — in vielem vergleichbar mit der Lage und dem Selbstverständnis Fabris —[215] veranlaßte Hoffmann nach dem Kriege, erklärend und ausgleichend im Sinne einer Versöhnung und Einigung zwischen Nord- und

dort (S. 57) schreibt, Hoffmann sei »von größtem Einfluß auf die Gestaltung der dortigen (s. c. preußischen) Kirchenverhältnisse . . .«, gewesen und auch Beyschlag schreibt in seinen Memoiren, Hoffmann sei die »treibende Kraft im Oberkirchenrath« gewesen (*Aus meinem Leben . . .* , Bd. 2, S. 281). Dieses Urteil wird von den Ergebnissen der vorliegenden Arbeit noch unterstrichen (siehe auch VIERTER TEIL, S. 425 ff.).

[213] Carl Hoffmann, *Leben und Wirken des Dr. Ludwig Friedrich Wilhelm Hoffmann*, Bd. 2, Berlin 1880, S. 171 f.

[214] A. a. O., S. 173.

[215] Auch Fabri versuchte als Süddeutscher, der auf preußischem Territorium lebte und arbeitete, zwischen dem in Nord und Süd zerrissenen Deutschland zu vermitteln (siehe S. 69, Anm. 63). Die verblüffende Parallelität im Biographischen — der viel ältere Hoffmann war zwischen 1839 und 1850 Missionsinspektor bei der Baseler Missionsgesellschaft — und das gemeinsame Interesse für die Kirchenpolitik läßt eine Untersuchung des Verhältnisses beider während der Zeit der Kirchenverfassungsdiskussion überaus interessant erscheinen. Leider fehlt von dem Hoffmann-Nachlaß bislang noch jede Spur, und die persönlichen Aufzeichnungen Fabris sind, wie schon erwähnt, durch Kriegseinwirkungen für immer verloren.

Süddeutschland — insbesondere auf dem kirchlich-politischen Sektor — tätig zu werden.

In seiner Predigt bei der Eröffnung des Reichstages am 24. Februar 1867 betonte er darum auch die religiöse Bedeutung der geschichtlichen Entwicklung: »Gott hat diese reichbegabten deutschen Stämme in diesem großen deutschen Lande nicht zusammengeordnet, damit sie fremd, ja feindselig sich gegenüberständen, sondern damit sie als Brüder sich die Hände reichten zum gemeinsamen Schutze friedlicher Entwicklung, zum segensreichen Austausch ihrer Gaben und Güter und zum Bau des Reiches Gottes, eines christlich reinen edlen Volkslebens, das ausgestattet wäre mit allen Kräften der Gesundheit und allem schönen Schmucke des Daseins.«[216]

Die Hoffmann tiefbewegenden Veränderungen in Deutschland und die vielen Angriffe und aufgedrungenen Rechtfertigungen der preußischen Politik im Jahre 1866 bewogen ihn schließlich, seine Gedanken über die kirchliche und politische Entwicklung Deutschlands in einer größeren Schrift niederzulegen. Das *Deutschland Einst und Jetzt im Lichte des Reiches Gottes* (Berlin 1868) betitelte Werk — es umfaßt immerhin mehr als 500 Seiten — geht von der Voraussetzung aus, daß Staat und Kirche in steter Wechselbeziehung stehende Faktoren des Reiches Gottes sind und im Verlauf der Geschichte das Christentum dem Staat die entscheidenden geistigen Impulse und Grundsätze lieferte, während der Staat die äußere Struktur der Organisation Kirche weitgehend bestimmte. »Durch die protestantische Kirche wurde der Staat protestantisiert. Die Staaten der Neuzeit ... tragen alle dasselbe beherrschende Lebensprincip in sich, auch die stärkste Macht der Centralisation konnte es nicht unterdrücken, nur aufhalten, das Princip der Nationalität und der Persönlichkeit.«[217]

Die kirchenpolitischen Gedanken Hoffmanns, die in dem Buch einen breiten Raum einnehmen, decken sich völlig mit den offiziellen und offiziösen Verlautbarungen der obersten Kirchenbehörde, wie denn auch der Autor selbst bestätigt, daß »seine Grundsätze ... die des evangelischen Ober-Kirchenraches im Ganzen sind«.[218]

Der Hofprediger ist von dem »geschichtlichen Recht, ja von der historischen und durch Gottes Reich herbeigeführten Nothwendigkeit der evangelischen Union«[219] völlig überzeugt und nach dem natürlichen Gang der

[216] *NEKZ*, 1867, Sp. 130.
[217] W. Hoffmann, *Deutschland Einst und Jetzt im Lichte des Reiches Gottes* ... , S. 6.
[218] *A. a.O.*, S. 506, Anm.
[219] *A. a. O.*, S. 483.

Dinge wäre längst das ganze evangelische Deutschland uniert, wenn nicht feindliche konfessionelle Kräfte diese Entwicklung immer wieder aufgehalten hätten.

Genau wie in der Denkschrift wird dem exklusiven Konfessionalismus vorgeworfen, er betone »das Sacrament, in falschem Uebergewicht über das Wort, unlutherisch und bereits romanisirend«,[220] was in der preußischen Kirche deutlich eine Tendenz zum englischen Ritualismus belege.

Auch das Kirchenverständnis der lutherischen Kirche komme einer Verfälschung der reformatorischen Intention gleich, fährt Hoffmann fort, denn seinerzeit habe man lediglich eine die mannigfaltigsten Ausprägungen zulassende evangelische Kirche auf der Grundlage des Urchristentums verlangt, keine Konfessionskirchen. »Ein krankes Luthertum wäre es, wenn die unevangelische und ganz romanische, das heißt undeutsche und daher auch unlutherische Vorstellung von der Kirche gelten sollte als der Gnadenspenderin, als der eigentlichen Mutter, als der nothwendigen Verkörperung des Christenthums, ohne die dieses nicht bestände, wenn im Zusammenhang damit die Stellung des Geistlichen als eines Richters über der Gemeinde, als eines Klerikers außerhalb der Gemeinde, als eines Nachfolgers der Apostel, der unmittelbar von Christo sein Amt hätte und divino jure handelte, gefordert würde.«[221]

Die kompromißlose Gegnerschaft zum Protestantenverein ist ein weiteres Charakteristikum der Hoffmannschen Kirchenpolitik. Ausführlich und mit scharfer Polemik erklärt er seinen Verzicht auf die Bundesgenossenschaft mit den liberalen Theologen im Kampf für die Union und gegen den lutherischen Konfessionalismus. »Was aber der Protestantenverein als Union betrachtet, das ist das Aufgeben aller Dogmen, aller Ergebnisse der Geschichte auf dem Gebiete des Glaubens und seiner Erkenntniß, ist das Neugestalten des Glaubens und der Glaubenslehre, und zwar nicht aus der heiligen Schrift, sondern aus dem 'Gemeindeprincip', das heißt aus der Art, wie in der Gemeinde die heilige Schrift sich abspiegelt ... Dieses Gemengsel nun von schlechter Philosophie, misbrauchter Naturwissenschaft, falschem Humanitarismus, ästhetischer, oft auch sehr zweifelhafter Cultur eine Bildung, eine christliche Bildung, oder gar eine Union zu nennen, ist eine Beleidigung gegen die Begriffe des Christenthums, der Union und der Bildung ... Es ist diese Partei in der Kirche, wie die äußerste Fortschrittspartei im Staate, keine nationale, sondern eine europäische, und auch dies nicht blos, sondern eine kosmopolitische. Nimmermehr

---

[220] *A. a. O.*, S. 486.
[221] *A. a. O.*, S. 488.

kann sie in der preußischen Landeskirche als eine zu Recht bestehende unter dem Namen einer der berechtigten Formen der Union geduldet werden, sie kann nur wie die Freigemeinden, selbst nur wie die Juden zur Kirche stehen.«[222]

An keiner Stelle wurde bisher so deutlich, wie sehr das durch den Krieg von 1866 neu entflammte Nationalbewußtsein die Diskussion um Form und Inhalt der Kirche bestimmte. Protestantenverein und konfessionelles Luthertum disqualifizieren sich weniger theologisch als patriotisch; eine »romanisierende« beziehungsweise »kosmopolitische« Theologie ist »undeutsch«, also unlutherisch, das heißt unreformatorisch — Luther und die Reformation wurden als spezifisch deutsches Phänomen gewertet — und darum abzulehnen.

Das dem gerade entstehenden deutschen Nationalstaat allein angemessene und notwendige kirchliche Äquivalent ist die in sich geschlossene deutsche evangelische Nationalkirche, zu deren Gunsten das partikularistische Landeskirchenprinzip weichen muß. Die innere, bekenntnismäßige Voraussetzung jener mächtigen Nationalkirche aber ist das Unionsprinzip aufgrund der 21 Artikel der Augsburgischen Konfession (*variata* und *invariata*).

Lediglich Willibald Beyschlag[223] hatte vorher in ähnlicher Weise — freilich viel zurückhaltender —, argumentiert und wohl nicht zuletzt deshalb ein Schreiben von Hoffmann erhalten, in dem dieser sich mit den kirchenpolitischen Vorschlägen des Hallensers ganz einverstanden erklärte.[224]

Es versteht sich fast von selbst, daß Hoffmann, der sich so stark mit dem preußischen Kirchenregiment identifizierte und wohl auch namhaften Anteil an seinen Entscheidungen hatte, die Verdienste des EOK um die

---

[222] *A. a. O.*, S. 491 ff. Diese Position gegenüber dem Protestantenverein, vornehmlich seinen Wortführern, hat Hoffmann auch später behauptet (vgl. dazu: *Deutschland. Eine periodische Schrift zur Beleuchtung deutschen Lebens in Staat, Gesellschaft, Kirche, Kunst und Wissenschaft, Weltgeschichte und Zukunft*, hrsg. von Wilhelm Hoffmann, Berlin 1872, S. 73 ff). Vgl. die Entgegnung seines liberalen Kollegen aus Gotha, Carl Schwarz (*Zur Geschichte der neuesten Theologie*, 4. Aufl., Leipzig 1869, S. 528 ff). Im Herbst 1869 versagte das Konsistorium dem Protestantenverein, der seine Jahresversammlung in Berlin abhielt, die Kirchen der Residenz. Professor Michael Baumgarten (1812—1889), der Hoffmann für den Urheber des Beschlusses hielt, veröffentlichte daraufhin eine Streitschrift mit dem Titel: *Herr Generalsuperintendent Dr. W. Hoffmann in Berlin vor den Richterstuhl der deutschen Christenheit gestellt*, Berlin 1869. Wahrscheinlich war Hoffmann an dem Beschluß des Konsistoriums völlig unbeteiligt gewesen, denn er hatte um diese Zeit gerade sechs Wochen Urlaub genommen.

[223] Siehe oben S. 83 ff.

[224] W. Beyschlag, *Aus meinem Leben* . . . , Bd. 2, S. 281.

preußische Landeskirche überaus lobend hervorhebt. Nach seiner Überzeugung erledigte die oberste Kirchenbehörde trotz fortwährender Opposition der Konfessionellen und Liberalen ihre Repräsentations-, Kirchenverfassungs- und Aufsichtspflichten in vorbildlicher Weise, wobei die erfolgreiche Sammlung und Neugründung von Gemeinden im Ausland besonderer Erwähnung bedürfe. Mit Nachdruck bestreitet Hoffmann, daß der EOK einseitig alle Unionsbestrebungen unterstütze, ein Vorurteil, das die sofortige Unterordnung der evangelischen Kirchen in den neupreußischen Gebieten unter die einzig rechtmäßige Behörde verhindert habe. Um zukünftig solche Mißverständnisse von vornherein auszuschalten, schlägt er die Umorganisation des EOK im Sinne einer *itio in partes* vor, so daß auch den lutherischen Kirchen innerhalb der Evangelischen Landeskirche Preußens die unzweifelhafte Gewißheit zuteil würde, der EOK vertrete auch ihre Interessen. »Die jetzigen, 'bis auf Weiteres' angeordneten Zustände tragen den Stempel des Provisorischen, und es mag politisch vorteilhaft erscheinen, sie noch eine Weile so zu belassen. Die Frage der Zugehörigkeit zu der preußischen Landeskirche wird aber sicher doch einmal zur Entscheidung, und zwar durch Einverleibung kommen müssen. Der äußerste Termin dafür wird unausbleiblich die Vollendung der synodalen Verfassung in Preußen sein.«[225]

Diese Beurteilung der Situation zeigt, wie gut Hoffmann über den Diskussionsstand im Staatsministerium informiert gewesen sein muß, denn nur wenigen war bekannt, daß die Regelung der unmittelbaren Unterstellung der neupreußischen Landeskirchen unter den Kultusminister lediglich für die Zeit einer Denkpause vor der endgültigen Entscheidung gelten sollte.[226]

Unter Berufung auf Emil Herrmann[227] plädiert Hoffmann für die konsequente Ausgestaltung einer gemischt konsistorial-presbyterialen Kirchenverfassung, die eine bischöfliche Regierung der Superintendenturkreise vorsehen müsse. Vom Landesherrn erwartet er eine freiwillige Einschränkung seiner Summepiskopalrechte auf die Ernennung der konsistorialen Kirchenbehörde und einer Mitwirkung bei der Wahl und eventuell bei der Amtsentlassung der Bischöfe.

---

[225] W. Hoffmann, *Deutschland Einst und Jetzt* . . . , S. 508.

[226] Siehe unten S. 340 ff.

[227] Hoffmann weist auf den auch hier schon mehrfach erwähnten Kirchentagsvortrag von Emil Herrmann (*Welches sind die nothwendigen Grundlagen einer die consistoriale und synodale Ordnung vereinigenden Kirchenverfassung?*, in: *Verhandlungen des 12. deutschen evangelischen Kirchentages*, Berlin 1862, S. 5 ff.) hin, der unten S. 154 ff. ausführlich besprochen werden soll.

Als »äußerste gehoffte Frucht« der geplanten nationalkirchlichen Entwicklung — sie soll auch die katholische Kirche Deutschlands einschließen — strebt Hoffmann »eine Conföderation der deutschen Christenheit . . . in einem deutschen National-Consilium aller Bischöfe beider Kirchen« an.[228]

Als Ergänzung zu dieser Schrift fügte Hoffmann 1869 in gleicher historischer Behandlungsweise unter dem Titel *Deutschland und Europa im Lichte der Weltgeschichte*,[229] eine Darstellung der Beziehungen Deutschlands zu den übrigen europäischen Mächten hinzu, die bei ihrer gedanklichen Verwandtschaft mit der ersteren hier nicht mehr eigens charakterisiert werden muß.

Dorner, seit 1862 auf Nitzschs Lehrstuhl in Berlin, nahm zwar regen Anteil an der kirchlichen Tagespolitik, insbesondere an den Vorarbeiten für die Verfassungsgestalt der evangelischen Kirche, bezog aber in den nach 1866 einsetzenden Auseinandersetzungen in der Öffentlichkeit keine Stellungnahme mehr, sondern beeinflußte lediglich aus dem Hintergrund den Gang der Dinge.[230] So erfuhr der spätere Präsident des EOK, Emil Herrmann, mit dem er von der gemeinsamen Kieler Zeit her (1839—1843) gut befreundet war, von ihm so manche Anregung.[231]

Dorners kirchenpolitisches Streben galt — ähnlich wie das Hoffmanns — einer deutschnationalen, evangelischen Reichskirche unter Einschluß des nationalen Katholizismus. Diese Auffassung veränderte selbstverständlich das Unionsverständnis in die Richtung einer »nationalökumenischen« Konsensusunion, die den Vollzug einer zweiten Reformation — ausgelöst durch den Fingerzeig Gottes im politischen Raum — voraussetze.

Aus der religiösen Beurteilung der politischen Ereignisse, bereits vorbereitet durch Geschichte und Mythos der Freiheitskriege,[232] zog Dorner mit

---

[228] W. Hoffmann, *Deutschland Einst und Jetzt* . . . , S. 512.

[229] Ders., *Deutschland und Europa im Lichte der Weltgeschichte. Ein zurückgelegtes Capitel aus: Deutschland Einst und Jetzt im Lichte des Reiches Gottes*, Berlin 1869.

[230] Das war früher anders, wie Isaak August Dorners Schrift *Sendschreiben über Reform der evangelischen Landeskirchen im Zusammenhang mit der Herstellung einer evangelisch-deutschen Nationalkirche*, Bonn 1848, an Nitzsch und Julius Müller beweist.

[231] Vgl. A. v. Kirchenheim, *Emil Herrmann und die preußische Kirchenverfassung* . . . , S. 38.

[232] Am 23. Juli 1870, also wenige Tage nach Kriegsausbruch, schrieb Dorner an Herrmann: »Es ist etwas Großes in dieser gewaltigen Staatsmaschine, und dieser Ordnung und Präcision, dieser Ruhe und Besonnenheit in der allgemeinen Erregung. Die Begeisterung ist wie ich von Augenzeugen d. J. 1813 höre, höher, die allg. Theilnahme des Volkes gewaltiger als damals. In Preußen keine Partei mehr, alles um den ernsten, vielgeliebten Heldenkönig geschart und voll muthigen Vertrauens (ZSTA, Hist. Abt. II, Merseburg, Nachlaß Herrmann, Nr. 1, Dorner an Herrmann 18 70 83).

vielen seiner Zeitgenossen den Schluß, daß eine politisch große Zeit auch gleichartige und gewichtige religiös-kirchliche Folgen nach sich ziehen müsse. Genau das spricht der Hechinger Pastor Neidhardt, der seit langem mit Dorner befreundet war und in seinem ausdrücklichen Auftrag handelte, in einer anonymen Schrift aus: »Es muß in diesen Tagen eine Homogenität zwischen unseren staatlichen und kirchlichen Zuständen eintreten.« Und: wir »dürfen daher den Sieg Deutschlands über Frankreich zugleich als ein Angeld reicher Segnungen betrachten, die der Herr in Seinem Reich auf geistlichem Gebiet uns schenken will«.[233]

Selbst der Krieg besitzt für Dorner — als Werkzeug Gottes — die Funktion eines ethisch-religiösen Katalysators. Kurz nach dem Ausbruch der deutsch-französischen Kampfhandlungen schreibt er an Herrmann, (der in Heidelberg den französischen Heeren näher war): »Gott . . . gebe Euch Kraft und Muth, das undeutsche Gewürm niederzuhalten und den deutschen Geist oben. Er reinige unser Volk durch den Sturm und das Feuer, die über uns gekommen sind und heile die Partheien, alle hinaushebend über sich selbst.«[234]

Daß Dorner auch gedanklichen Anteil an der EOK-Denkschrift von 1867 genommen hatte, verraten ein Brief von ihm an Martensen aus dieser Zeit (22. April 1867) und einige Bemerkungen in seiner *Geschichte der protestantischen Theologie*, die in der ersten Auflage 1867 erschienen war.

»Auch wir sind in trüben Verhältnissen«, klagt er Martensen. »Der Puseyitismus hat auch in Deutschland um sich gegriffen, — der falsche Rückgang zum Altchristlichen; er ist in Hengstenberg bereits zum Angriff auf das reformatorische Prinzip, die formale und materiale Seite desselben fortgegangen. Sein Einfluß ist groß bei den Pommern usw. Nachdem nun lutherische Lande in den preußischen Staat aufgenommen sind, wollen manche Lutheraner sich mit denselben zu einer exclusiv lutherischen Kirche zusammenthun und die preußische Landeskirche, die übrigens auch zahlreiche Nichtunirte enthält, verlassen. Da die Häupter dieser Richtung puseyitische Tendenzen haben, so heißt das so viel als: unter lutherischem Namen würde eine großartige Retractation der Reformation ins Werk gesetzt werden. Dem hat der Evangelische Oberkirchenrath in einer Denkschrift über die gegenwärtige Lage der preußischen Landeskirche sich ent-

---

[233] *Die Friedensaufgabe der evangelischen Kirche im einigen Deutschland.* Von einem schwäbischen Theologen, Tübingen 1871, S. 8; 16. Dorner bestätigte selbst im EOK, daß Neidhardt mit dieser Schrift seine, Dorners Pläne, lancieren sollte (vgl. dazu Ernst Bammel, *Die Reichsgründung und der deutsche Protestantismus*, Erlangen 1973, S. 39).

[234] Brief Dorners an Herrmann vom 23. Juli 1870. Vgl. Anm. 232.

gegengesetzt. Aber wie das Alles werden wird, wenn was nicht unwahrscheinlich, mehrere obersten Kirchenregimente in demselben Staat sich bilden, ist nicht abzusehen.«[235]

In seiner *Geschichte der protestantischen Theologie* beschreibt Dorner die konfessionelle Bewegung, deren Beginn er mit der politischen Reaktion zusammenfallen sieht, als »deutschen Puseyismus« und mahnt die deutschen Kirchen vor der »unevangelischen Enge des Kirchenbegriffs«, der eine Entzweiung gebracht habe, die überwunden werden müsse. »Es ist zu wünschen und zu hoffen, daß in der ganzen deutschen evangelischen Kirche diese Verständigung immer mehr auf dem Grunde der wieder gewonnenen Einsicht in die Macht der reformatorischen Principien, und in die Gefahr jeder Alterirung derselben fortschreite. Eine ernste Warnung gegen die polemische Unersättlichkeit, und eine ebenso ernste Mahnung, die wesentlichen und nächsten Bedürfnisse der Zeit richtig zu schätzen und zu befriedigen, liegt für alle die es wohl mit der evangelischen Kirche meinen, und anarchischen Agitationen, von welcher Seite sie kommen, abhold sind, nicht bloß in der ganzen durchlaufenden Geschichte unserer Kirche, sondern auch in der Gegenwart. Denn das ist unverkennbar, der so schön im Gang gewesene Proceß der Wiedergewinnung der Herzen des deutschen Volkes für seine Kirche ist durch die Entzweiung seiner an dem Glauben der Kirche festhaltenden geistlichen Führer, besonders durch das kriegerische Auftreten gegen Union und gegen Reformirte, sammt den archaistischen und hierarchischen Tendenzen in Stockung gekommen. Großen Massen ist dadurch unsicher geworden, was das wahre evangelische Christenthum sei.«[236]

Carl Scheele (1810—1871),[237] bis 1864 Professor an einem Magdeburger Seminar zur Heranbildung von Religionslehrern und überzeugter Vertreter des konfessionellen Luthertums, vertrat in einer 1868 erschienenen Schrift die These, daß das in der EOK-Denkschrift ausgesprochene

[235] *Briefwechsel zwischen H. L. Martensen und I. A. Dorner 1839—1881.* Herausgegeben aus deren Nachlaß, Bd. 2, Berlin 1888, S. 34 f. Hier finden sich auch eine Menge anderer wichtiger Bemerkungen zur Kirchenverfassungsfrage und Kirchenpolitik (vgl. S. 30; 32 ff.; 41 f.; 46 f.; 56; 59; 68; 71; 77 f.; 81 f.; 90; 96 f.).
[236] Isaak August Dorner, *Geschichte der protestantischen Theologie, besonders in Deutschland, nach ihrer prinzipiellen Bewegung und im Zusammenhang mit dem religiösen, sittlichen und intellectuellen Leben betrachtet,* München 1867, S. 823 ff.; vgl. S. 887.
[237] Scheele war der Bruder der damals weit über die deutschen Grenzen hinaus bekannten christlichen Romanschriftstellerin Marie Nathusius, die ihren Mann, Philipp v. Nathusius, auch bei dessen christlich-sozialer Arbeit (Gründung des Knabenrettungs- und Diakonenhauses Lindenhof nach dem Muster des Rauhen Hauses) unterstützte. (Vgl. auch Anm. 256.)

Unionsverständnis auf Dorners Anschauungen beruhe. »Das Ernsteste vielmehr war dieß, daß sie (sc. die Denkschrift) ein ganz neues Kirchenprincip als Unionsprincip andeutete, — eben dasselbe, das ausführlich in Dr. Dorners Geschichtswerk deducirt ist, — ein Princip, das nicht etwa bloß die bisherige Geltung der geschichtlichen Bekenntnisse aufheben, sondern das jede Kirchengemeinschaft unmöglich machen würde, ja das die wirkliche Auflösung des Protestantismus in sich trägt.«[238] Der Brennpunkt des Dornerschen Unionsprinzips besteht nämlich nach Scheeles Überzeugung in der Proklamation des Rechtes der Subjektivität gegenüber der kirchlichen Objektivität, dem Verzicht auf formulierte Glaubensregeln der Kirche, weil allein Christus im gläubigen Subjekt der wahre Exeget des Wortes sei.

Wenn Scheele damit auch Dorners Ansatz stark überzeichnet, so trifft doch gewiß zu, daß der Wunschtraum einer das Bekenntnis nivellierenden, indifferenten deutschnationalen Reichskirche mehr aus der Aktualität des politischen Geschehens und seiner geistigen Verarbeitung, als aus der häufig angeführten lutherischen Tradition lebte.

Kirchenpolitische Auswirkungen

Die EOK-Denkschrift erzielte genau das Gegenteil von dem, was sie eigentlich beabsichtigt hatte: Statt die Gemüter zu beruhigen und die Gegner der Union von der Weitherzigkeit der Evangelischen Landeskirche der älteren preußischen Provinzen zu überzeugen, wirkte sie wie »ein Hagelschlag auf grünes Feld«.[239] Sowohl von lutherischer wie von reformierter Seite erschienen Gegenschriften, die erneut zu einer Verschärfung der Diskussion beitrugen.

Der Lutheraner Scheele sah in der Stellungnahme des Kirchenregimentes »keine oberhirtliche Ansprache ..., aus welcher jedes Bekenntnis die väterliche Stimme hört, sondern lediglich eine Streitschrift gegen das [lutherische] Bekenntnis«.[240]

Ein Theologe von der Erlanger Opposition[241] sucht in einer anonymen, mit Glossen gespickten Gegenschrift die Argumente des EOK zu entkräf-

---

[238] Carl Scheele, *Der kirchliche Beruf Preußens für Deutschland und sein neues Unionsprincip nach D. Dorner*, Berlin 1868, S. 32.

[239] *A. a. O.*, S. 29.

[240] *A. a.O.*, S. 31.

[241] Am 21. 6. 1868 schreibt Dorner an Martensen: »Haben Sie die Leidenschaft bemerkt, mit welcher die Erlanger und ein Teil der Leipziger Theologen, v. Zezschwitz, Luthardt, Harleß, gegen die Preußische Landeskirche angehen?« (*Briefwechsel . . .* , Bd. 2, S. 56.)

ten. »Die Zeit wo man mit Soldaten Union machte, ist vorüber«, erinnert er zunächst die preußischen Kirchenpolitiker im Kirchenregiment und fragt sie spöttisch: »Ist es wirklich die Meinung des Oberkirchenraths und getraut er sich zu beweisen, dass diese Forderung selbständigen lutherischen Kirchenwesens an Stelle der steten Verkümmerung und Bedrohung des lutherischen Bekenntnisses durch die Union lediglich erhoben werde auf Grund romanisirender Abweichung von den Principien der Reformation?«[242] Man habe vielmehr, um den kirchlichen Massen vor den lutherischen Stimmführern einen gehörigen Schrecken einzuflößen, den Popanz des »Romanisierens« und des daraus folgenden Puseyismus künstlich aufgerichtet; »die ganze Schilderung der romanisirenden Lutheraner sammt ihren Vorbildern in der anglikanischen Kirche ist ein recht handlicher Auszug aus jener 'Geschichte der protestantischen Theologie'«[243] von Dorner. Ganz auf der gleichen Ebene bloßer Diffamierung bewege sich der Vorwurf, die konfessionellen Lutheraner schadeten dem deutschen Patriotismus, indem sie eine selbständige kirchliche Organisation anstrebten.

Ähnlich wie Scheele glaubt auch der Erlanger Lutheraner, überall in der Denkschrift die Signatur Dorners zu erkennen: »Die Denkschrift des Oberkirchenraths, in den Fußstapfen Dorner's gehend, setzt ohne Weiteres als Thatsache voraus, was Dr. Dorner meint, dass die Union sein könnte und sein sollte.«[244]

Sichtlich überrascht zeigt sich der Autor von einem neuen Zug in der Argumentation des EOK: Statt wie bisher mit dogmatischen Differenzen recht großzügig zu verfahren, bemühte sich die Denkschrift, den Lutheranern häretische Lehrabweichungen nachzuweisen. »Aber meine Herren«, bemerkt dazu der Erlanger, »wer in einem Glashause wohnt, der soll nicht mit Steinen werfen, und wer mit bunt zusammengenähten Flicken kaum seine Blöße zu decken vermag, der thut nicht wohl daran, viel von dem Riss zu reden, den er in des Andern Mantel erspäht hat.«[245]

[242] *Die Denkschrift des Evangelischen Oberkirchenraths betreffend die gegenwärtige Lage der evangelischen Landeskirche Preußens.* Beleuchtet von einem lutherischen Theologen, Erlangen 1867, S. 13; 15. Vgl. dagegen die Erlanger *Zeitschrift für Protestantismus und Kirche*, hrsg. von Johann Christian Conrad v. Hofmann, 1867, S. 203 ff., die trotz ihrer dezidiert lutherischen Einstellung partiell ihr Einverständnis mit der Denkschrift erklärt.

[243] *Die Denkschrift des EOK* ... Beleuchtet von ... , S. 32.

[244] *A. a. O.*, S. 30. Eine Seite weiter heißt es: »Es ist nichts charakteristischer in der Denkschrift als die Harmlosigkeit, mit welcher der Oberkirchenrath Resultate der historischen Forschung Dorner's mir nichts dir nichts für die evangelische Landeskirche acceptirt, ja mehr noch, als von derselben bereits ratificirt darstellt.« Die *EKZ* 81 (1867), Sp. 747 f.; 758, vertritt ebenfalls die Auffassung, daß die Denkschrift ganz auf der Dornerschen Unionstheologie beruhe.

[245] *Die Denkschrift des Evangelischen Oberkirchenrath* ... Beleuchtet von ..., S. 28.

Die *Evangelische Kirchenzeitung,* das Organ der Lutheraner, setzt sich in einer ausführlichen Artikelserie mit der Denkschrift auseinander[246] und schließt nach einer scharfen Kritik mit der Forderung einer Umbesetzung des EOK: »Hat Preußen, was wir hoffen, noch eine große kirchliche Aufgabe zu lösen, ist diese zweifellos seit 1866 eine ernstere und bedeutungsvollere geworden, so reicht seine jetzige kirchliche Führung an jene Aufgabe nicht heran, sondern es bedarf einer gerechten, einer Friede verbürgenden Führung, die nicht von einer einseitigen Doktrin, nicht von einem einzigen der giltigen Bekentnisse allein bestimt wird...«[247]

An diesem Votum wird wieder deutlich, wie sehr sich die Lutheraner Altpreußens von ihren Brüdern im übrigen Deutschland unterschieden. Hengstenbergs Blatt erkennt — anders als die Erlanger — Preußen eine besondere kirchliche Mission zu und hätte auch gegen die Behörde des Evangelischen Oberkirchenrates an sich nichts einzuwenden gehabt, wenn dort endlich eine wirkliche *itio in partes* eingerichtet worden wäre.[248]

Der wohl am meisten beachtete Diskussionsbeitrag stammte von dem renommierten Kirchenjuristen Professor Hinschius,[249] der in der *Spenerschen Zeitung* Nr. 56 vom 7. März 1867 die Denkschrift lobend bespricht: »Unsere unirte Landeskirche zählt unter ihren Geistlichen ebenfalls eine Anzahl, welche jener theologischen Partei (sc. dem Neuluthertum) angehören, und gerade darum ist es mit Freuden zu begrüßen, daß der Ober-Kirchenrath in der erwähnten Denkschrift auch hinsichtlich jener neulutherischen Lehre eine feste, dieselbe abwehrende Stellung genommen und damit jeder derartigen von Geistlichen ausgehenden Agitation eine Schranke gesetzt hat. In den hervorgehobenen Beziehungen ist also der Erlaß der Denkschrift nicht nur ein Ereignis, welchem man seine Zustimmung nicht versagen wird, sondern das auch geeignet ist, manche Besorgnisse zu zerstreuen.« Sehr kritisch beurteilt er dagegen die Abgrenzungspolitik des EOK gegenüber dem liberalen Protestantismus, »... während

---

[246] *EKZ* 81 (1867), Sp. 629 ff.; 637 ff.; 653 ff.; 738 ff.; 758 ff.; 773 ff.; 787 ff.; 797 ff.; 818 ff.

[247] *A. a. O.,* Sp. 820.

[248] Vgl. auch Friedrich H. O. Danneil, *Zur Verständigung über die vorhandene Frage: Was heißt Romanisiren?,* Magdeburg 1868; die (in öffentlichen Bibliotheken der BRD nicht vorhandene) Broschüre wurde am 14. 9. 1868 mit einem Begleitschreiben dem EOK überreicht (Archiv der EKU, Berlin, Ev. Oberkirchenrat, Gen I, 31 Bd. II, pag. 56). Aber nicht nur aus dem Lager der Lutheraner waren kritische Stimmen zu hören; so sandte auch ein rheinischer Pfarrer aus Ottweiler bei Trier »im Namen und Auftrag einer Anzahl gleichgesinnter Männer aus hiesiger Gegend« eine »Offene Antwort auf die Denkschrift des Hochwürdigen Ev.-Ober-Kirchenraths vom 18. Februar 1867« (Saarbrücken 1867), in: Archiv der EKU, Berlin, Ev. Oberkirchenrat, Gen I, 31 Bd. 1, pag. 156.

[249] Siehe oben S. 102 ff.

es jetzt vor allem gilt, gegen den gemeinsamen Gegner Front zu machen.«[250]

In der Beilage zu den *Berlinischen Nachrichten von Staats- und gelehrten Sachen* würdigte man die Zielvorstellungen und den angeblich versöhnlichen Ton der Denkschrift; sie »spricht und kämpft in höchst löblicher Weise für Milde, Friede, Einigkeit, und verwirft mit Recht die in Vorschlag gebrachte Dreitheilung der protestantischen Christenheit«.[251]

Die Haltung der *Neuen Evangelischen Kirchenzeitung*, »welcher man das Bewusstsein der Einigkeit mit den Intentionen des Oberkirchenraths abfühlt«,[252] überraschte niemanden: Neben einem vollständigen Abdruck der Denkschrift übernahm sie es auch, dieselbe gegen Angriffe von rechts und links zu verteidigen, indem sie auswärtigen Kritikern »mangelhafte Kentniß und schiefe Auffassung der thatsächlichen Verhältnisse innerhalb der preußischen Landeskirche« vorwarf.[253]

Die lutherische Opposition in Altpreußen

Die Denkschrift ging — wie schon oben erwähnt — den Königlichen Konsistorien zur Mitteilung an die Superintendenten zu. Zugleich wurden die Konsistorien in einer begleitenden Verfügung aufgefordert, den gegen die Einheit der Landeskirche sich richtenden Bestrebungen ihre volle Aufmerksamkeit zu schenken und vor allem etwaigen Amtsträgern der Landeskirche, die solche Absichten verfolgten, entschieden zu begegnen.[254] Die Konsistorien wiederum verschickten die Denkschrift nebst Verfügung sämtlichen Superintendenten ihrer Provinz und stellten nochmals in einem Begleitschreiben unmißverständlich klar, welche Position es einzunehmen gelte. So schreibt das Konsistorium der Provinz Pommern: »Wie wir selber dem Evangelischen Ober-Kirchen-Rath unsere volle Übereinstimmung mit der von ihm eingenommenen Stellung zu der berührten brennenden Kirchenfrage zu erkennen gegeben und Denselben unserer treuen und gewissenhaften Mitwirkung in der Durchführung seiner Bestrebungen versichert haben, so gewärtigen wir mit Zuversicht, daß auch die Herren Superintendenten der Ihnen anvertrauten kirchlichen

---

[250] Paul Hinschius, *Zur augenblicklichen Lage der preußischen Landeskirche*, T. 1 u. 2, in: *Spenersche Zeitung*, Nr. 55/56 vom 6. und 7. März 1867.

[251] *Beilage zu den Berlinischen Nachrichten von Staats- und gelehrten Sachen*, Nr. 87 vom 12. April 1867.

[252] *Denkschrift des EOK ... Beleuchtet von ...* , S. 10.

[253] *NEKZ*, 1867, Sp. 131 ff.; 152 ff.; 169 ff.; 305 ff.; Zitat: Sp. 307.

[254] *Aktenstücke aus der Verwaltung des Ev. Oberkirchenraths ...* , Bd. 6, S. 1.

Stellung entsprechend mit Hingebung die Bemühungen der Central- und Provincial-Kirchenbehörden unterstützen und im Verein mit ihren Herren Synodalgeistlichen pflichtgetreu allen Bestrebungen mit Festigkeit entgegentreten werden, welche geeignet sind oder bezwecken, die bestehende landeskirchliche Einheit in Frage zu stellen. Sofern derartige Bewegungen oder Ereignisse in Ihrem Aufsichtskreise hervortreten sollten, wollen die Herren Superintendenten uns sofort davon Kenntnis geben.«[255]

Um so erstaunlicher ist es, daß trotz dieser nahezu lückenlosen Vorkehrungen zu einer wirksamen Rechtfertigung und Verteidigung der Denkschrift und ihrer Intentionen ein unvorhersehbarer Widerstand auf der Pfarrer- und Superintendentenebene gegen die EOK-Stellungnahme einsetzte, der vor allem von den konfessionellen Ultras in Pommern, Schlesien und Sachsen getragen wurde. Die Strategen der Bewegung verfolgten dabei die Absicht, die noch im selben Jahr stattfindenden lutherischen Pastoralkonferenzen in Gnadau, Neudietendorf, Berlin, Pommern, Schlesien und Posen zur Plattform einer einheitlichen Opposition des preußischen Luthertums gegen Union und EOK zu gestalten.

Zu diesem Zweck lancierten die Führer des preußischen Luthertums am 10. April im *Volksblatt für Stadt und Land*[256] einen Aufruf, der zur syste-

---

[255] Reskript des Königlichen Konsistoriums der Provinz Pommern an sämtliche Superintendenten der Provinzialkirche (Archiv der EKU, Berlin, Gen I, 31 Bd. 1, pag. 59). Ganz anders klingt dagegen das Schreiben des Konsistorialpräsidenten der Provinz Brandenburg, Hegel (Archiv der EKU, Berlin, Gen I, 31 Bd. 1, pag. 120; vollständige Wiedergabe des Dokuments bei Gerhard Besier, *Die preußische Kirchenpolitik 1866—1872,* Evang. Theol. Diss., Tübingen 1976, S. 680 [Masch. Schr.]). Der Sohn des großen Philosophen war nach Beyschlags Urteil »einer der ausgeprägtesten Konsistorialbürokraten, die je in Preußen regiert« (*Aus meinem Leben . . . ,* Bd. 2, S. 405). Er gehörte zusammen mit Kleist-Retzow (vgl. S. 485 ff.) zu den Wortführern der Konfessionellen auf den Synoden und verkörperte den »schärfsten Vertreter einer unbeugsamen Orthodoxie, dem es als die oberste Pflicht seines Amtes galt, die seiner Verwaltung unterstellte Provinz vor dem Eindringen jeder liberalen Richtung zu bewahren und das Monopol des Konfessionalismus aufrechtzuerhalten« (E. Foerster, *Adalbert Falk . . .,* S. 370). In seinen *Erinnerungen aus meinem Leben,* Berlin 1891, ergeht sich Hegel in ausführlicher Polemik gegen Hoffmann (S. 29) und den Evangelischen Oberkirchenrat, den er als konfessionsfeindliche Ausgeburt des liberalen Zeitgeistes verurteilt. Wegen seines Amtes mußte er jedoch manchen Kompromiß schließen, was seine charakterliche Geschmeidigkeit bezeugt. Am 9. März 1868 meldete sich Hegel im Evangelischen Verein für kirchliche Zwecke auch bezüglich der »evangelischen Kirchenverfassung« zu Wort; sein Beitrag verdient jedoch keine weitere Beachtung (vgl. *EKZ* 82 [1868], Sp. 474 ff.).

[256] *Volksblatt für Stadt und Land zur Belehrung und Unterhaltung,* hrsg. von Philipp v. Nathusius, 24. Jg., Neinstadt b. Quedlinburg 1867, Sp. 453. Der Herausgeber war der Schwager des doktrinären Lutheraners Carl Scheele (vgl. Anm. 237).

matischen Organisation einer Auflehnung der Provinzialkirchen gegen den Oberkirchenrat aufforderte. Die Losung lautete: »Auf allen Conferenzen aber wird, wie die Sachen der lutherischen Confession jetzt liegen, es an einer unzweideutigen Kundgebung darüber nicht fehlen dürfen, auf welcher Seite sie stehen und ferner fest zu stehen entschlossen sind, ob auf Seiten der Evangelischen Kirchenzeitung oder auf Seiten der Neuevangelischen.«

Offenbar sollten beide Kirchenblätter — *EKZ* wie *NEKZ* — die jeweilige Partei repräsentieren und zugleich als Sammelbecken dienen. Aber während die *Evangelische Kirchenzeitung* den Aufruf völlig unerwähnt läßt, weist Meßners Organ die ihm zugeschobene Aufgabe, als Parteiblatt für die EOK-Treuen zu fungieren, entrüstet von sich: »Die Losung ist nicht: hier evangelische Kirchenzeitung und dort neue evangelische; sondern hier Hengstenberg und dort das Evangelium ... Von Niemand verlangen wir, daß er sich um unsre Zeitung schaare.«[257]

Das, was der EOK bestimmt nicht beabsichtigt, auch nicht erwartet, wohl aber im Geheimen doch gefürchtet hatte, war eingetreten: Die Denkschrift sollte zum Fanal für die Bildung einer evangelisch-lutherischen Kirche Preußens werden. In dem Aufruf wurde bereits für Herbst 1867 eine Generalversammlung aller lutherischen Vereinigungen Preußens, ein »Norddeutscher lutherischer Kirchentag« ins Auge gefaßt.

Aufgeschreckt durch das Vorhaben der Lutheraner, »eine solche Agitation und Demonstration gegen die Denkschrift in möglichst weitem Umfang«[258] in Szene zu setzen, und auch auf Veranlassung einer geheimen Verfügung des Oberkirchenrats vom 26. April 1867 verfaßten die Generalsuperintendenten vertrauliche Zirkularschreiben an die Superintendenten der als unzuverlässig bekannten Diözesen, in denen sie diese aufforderten, den kirchlichen Amtsträgern »erforderlichen Falls mit Hinweisung auf die übernommenen amtlichen Pflichten gegen die Landeskirche von Schritten und Beschlüssen, die mit jenen Pflichten unverträglich sind, und auch zum Unheil der Kirche gereichen würden, ernstlich abzurathen«.[259]

---

257 *NEKZ*, 1867, Sp. 256 f.
258 Vertrauliches Schreiben des Generalsuperintendenten der Provinz Schlesien, Erdmann, an die Superintendenten der Ephorien Glogau, Parchwitz, Liegnitz, Hirschberg, Striegau-Waldenburg, Bolkenhayn, Sagau, Grünberg, Breslau I, Bunzlau I, Goldberg, Oppeln, Pleß, Wohlau und Rothenburg I, datiert vom 8. Mai 1867 (Archiv der EKU, Berlin, Gen I, 31 Bd. I, pag. 133—134).
259 *Ebda.*

Nicht überall freilich kam es zu so entschiedenen Stellungnahmen, wie sie aus dem eben zitierten Schreiben des Generalsuperintendenten der Provinz Schlesien, Erdmann, ersichtlich ist. Erdmann (geb. 1821) gehörte zum engsten Freundeskreis Hoffmanns und stand diesem auch kirchenpolitisch nahe.[260] In einem zehn Seiten umfassenden, streng vertraulichen Bericht vom 23. Juli 1867 an das Konsistorium schildert er in Beantwortung einer diesbezüglichen Anfrage vom 1. Mai ausführlich, welche Schritte er unternommen habe, um »einer kirchlichen Agitation und Demonstration« in Schlesien zu begegnen. »Im Einverständniß mit den auf diese Angelegenheit bezüglichen Berathungen und Beschließungen der Sitzung des Königlichen Consistorii vom 1. Mai d. J. habe ich es mir zunächst als Aufgabe gestellt, auf schriftlichem Wege in vertraulicher Besprechung der Sache theils mit den Superintendenten derjenigen Diöcesen, in denen meines Erachtens solche Provokationen, wie sie vom Hallischen Volksblatt und durch seine Anregung von anderen Seiten her ausgegangen waren, Anknüpfungspunkte hätten finden können, theils mit den Vorständen der beiden schlesischen Pastoral-Conferenzen, namentlich dem Vorstand der Gnadenberger Conferenz, die den lutherischen Pastoralverein in sich schließt, jeglicher Agitation und Demonstration gegen das Kirchenregiment vorzubeugen.«[261]

Das Ergebnis dieser vertraulichen Schreiben und Gespräche fiel für die Provinz Schlesien äußerst beruhigend aus, denn sowohl der einflußreiche Begründer des lutherischen Vereins in Schlesien, Pastor Frühbuß aus Prettag (Diözese Grünberg), als auch der Vorsitzende der Gnadenberger lutherischen Konferenz, Pastor Deutschmann aus Bienowitz, sprachen sich für den Bestand der evangelischen Landeskirche Preußens aus. So schrieb Deutschmann dem Generalsuperintendenten: »Wir sind treue Anhänger der Landeskirche und ihres geschichtlichen Annexus, und darum prinzipielle Gegner aller Separation, die wir unbedingt verdammen, so lange in der Landeskirche das lutherische Bekenntniß nur irgend noch gilt, und zu Recht besteht. Wir erstreben allerdings die Erhaltung, Förderung und Durchführung des lutherischen Bekenntnisses auch im Cultus wie in der Verfassung, werden aber zur Erreichung dieses Zieles nie andere als legale und insonderheit dem Kirchenregiment gegenüber allzeit streng in den

---

[260] C. Hoffmann, *Leben und Wirken des Dr. L. Fr. W. Hoffmann ...*, S. 198.

[261] Bericht des Generalsuperintendenten der Provinz Schlesien vom 23. Juli 1867 an das Königliche Konsistorium der Provinz Schlesien, betr. die beabsichtigten Agitationen gegen die in der Denkschrift des EOK vertretene Einheit der preußischen Landeskirche (Archiv der EKU, Berlin, Gen I, 31 Bd. I, pag. 135—146; Zitat: pag. 135).

Schranken des vierten Gebots sich haltende Wege einschlagen. — Namentlich kann ich von mir als aufrichtigem und eifrigem Lutheraner mit voller Wahrheit verbürgen, daß ich mich niemals zu irgend welchen Demonstrationen und Schriften hinreißen lassen würde, welche die Auflösung unserer evangelischen Landeskirche zum Zweck hätten oder die Pietät gegen das Kirchenregiment verletzen könnten. — Ich werde deshalb auch als Präses des schlesischen lutherischen Provincial-Vereins und Vorsitzender der Gnadenberger ... lutherischen Pastoral-Conferenz niemals in den von mir abhängigen Kreisen und soweit mein Einfluß reicht, dergleichen Anträge dulden, noch, sollten sie wirklich gestellt werden, darauf eingehen, sondern ihnen auf das Bestimmteste entgegentreten«. Schließlich beteuerte er, »daß er von einer beabsichtigten revolutionären Zusammenkunft widerspänstiger lutherischer Elemente aus den verschiedenen Provinzen nichts wisse, die eine Demonstration gegen die Denkschrift oder gar gegen das Kirchenregiment zum Zweck hätte.«[262]

Nachdem er sich der Unterstützung des Vorsitzenden der Liegnitzer Pastoralkonferenz, des Superintendenten Stiller, versichert hatte, nahm Erdmann am 13. Juni 1867 an dieser Veranstaltung teil und erhielt sogar Gelegenheit, sich in einem kurzen Votum zum Verhandlungsthema (»Welche Aufgaben hat die evangelische Kirche in der Gegenwart gegenüber dem Vordringen der römisch-katholischen Kirche zu erfüllen?«) zu äußern, wobei er die großen Verdienste der Preußischen Union im Kampf gegen den ultramontanen Katholizismus hervorhob.

Auch die am 26. und 27. Juni in Gnadenberg stattfindende zweite schlesische Pastoralkonferenz nutzte Erdmann, um die »nicht zutreffende Fassung des Unionsbegriffs abzuwehren« und statt dessen zu betonen, daß das preußische Kirchenregiment alle Bekenntnisse schütze und pflege. »Eine gleiche Zustimmung fand ich in der Conferenz in Bezug auf das von mir als revolutionär bezeichnete Gebaren und Verfahren gewisser Richtungen, die auf die Zerstörung der Einheit der Landeskirche und Zersetzung derselben in drei Kirchen ausgingen.«[263]

Nach diesen Erfahrungen resümiert Generalsuperintendent Erdmann, »daß nirgends in unserer Provinzialkirche derartige Befürchtungen wie sie in der gen. Verfügung des Oberkirchenraths angedeutet worden, eingetroffen sind«.

Etwas anders verliefen die Dinge dagegen in Sachsen, einer der Hochburgen des konfessionellen Widerstandes. Von dort war der Aufruf zum

[262] A. a. O., pag. 138.
[263] A. a. O., pag. 143.

Zusammenschluß aller lutherischen Kräfte in Preußen ergangen und dort fand auch alljährlich die bekannteste der lutherischen Konferenzen, die Gnadauer Frühjahrskonferenz statt.[264]

Besonders hohe Erwartungen brachte man von lutherischer Seite Professor Wuttke (1819—1870) aus Halle entgegen, einem hervorragenden Vertreter des lutherischen Bekenntnisses innerhalb der Union, der sich bereit erklärt hatte, am 30. April 1867 in Gnadau den Hauptvortrag »Über die Aufgabe der evangelischen Kirche in Beziehung auf die Neugestaltung unseres Vaterlandes« zu übernehmen. Man stelle sich die Enttäuschung der intransigenten Konfessionalisten vor, als Wuttke mit einem zur Versöhnung mahnenden Vortrag überraschte. »Die Geschichte der Union«, sagte er, »zeigt manche beklagenswerthe Seiten, Einmischung unlauterer Elemente und Anwendung ungeeigneter und gewaltsamer Mittel; aber dies berechtigt uns nicht, zu folgern, daß die seit einem halben Jahrhundert bestehende und in fast allen kirchlichen Verhältnissen eingelebte Union wieder in ihre Elemente aufzulösen sei... jene Auflösung würde... nicht zwei, sondern drei Kirchen bilden, und dieß wäre doch gewiß kein wünschenswerthes Ergebniß.«[265]

Um so schwerer waren die Ausfälle, die Pastor Münkel (1809—1888) aus Oiste bei Verden gegen den Evangelischen Oberkirchenrat unternahm. Daraufhin empörte sich der Superintendent Borghardt aus Stendal, daß die Münkelschen Anschuldigungen gegen die Oberbehörde der preußischen Landeskirche nicht geduldet werden könnten; der Vorsitzende der Konferenz müsse Münkel wenigstens zurechtweisen.

Nachdem sie noch eine Reihe anderer Pfarrer (vor allem Resch und Danneil) im Sinne Münkels geäußert hatten und der Superintendent Arndt aus Wernigerode den Hengstenbergschen Vorschlag einer Auflösung der Union in die Verhandlungen eingebracht hatte, hinderte die fortgeschrittene Zeit an einer Fortsetzung der Debatte.

Eine Minderheit wünschte jedoch in der Diskussion fortzufahren und verlangte die Annahme einer vorbereiteten, ziemlich schroffen Adresse an den Oberkirchenrat als Antwort auf seine Denkschrift.[266] Dessenungeach-

---

[264] Schon seit Juni 1827 waren die Gnadauer Frühjahrs- und Herbstkonferenzen der Sammelpunkt der preußischen Lutheraner in der Landeskirche. Am 17. April 1849 trat hier auch der lutherisch-kirchliche Verein der Provinz Sachsen zum erstenmal in organisierter Gestalt zusammen. Aus Sachsen stammte auch eine spontane, nicht organisierte Protesterklärung gegen die EOK-Denkschrift, unterzeichnet von 54 Pastoren (vgl. *EKZ*, 1867, Sp. 936 f.).

[265] *NEKZ*, 1867, Sp. 295 f. Vgl. *EKZ* 80 (1867), Sp. 481 ff.

[266] Abgedruckt im *Volksblatt für Stadt und Land*, 1867, Sp. 577 f., Wortlaut: »Nachdem wir in schuldiger Ehrerbietung von dem Inhalte der uns empfohlenen Denkschrift des

tet verließ der größte Teil der Versammelten schon am Abend Gnadau, ohne daß die sogenannte »Gnadauer Erklärung« zur Vorlage kam. Tags darauf erklärte die noch verbliebene Minorität ihre Zustimmung zu der Stellungnahme, die freilich wegen ihrer merkwürdigen Verabschiedung wenig Eindruck hinterließ und überdies durch Höflichkeitsfloskeln entscheidend abgeschwächt war.

Zehn Tage später legte der Superintendent Borghardt, jener kirchenregimentsloyale Kritiker der Münkelschen Ausführungen, dem Königlichen Konsistorium der Provinz Sachsen die »Gnadauer Erklärung« vor, bekannte sich als ihr Verfasser und beantragte, dieselbe dem Evangelischen Oberkirchenrat einzureichen. Vermutlich beabsichtigte Borghardt mit diesem Schritt aus der Anonymität, das lutherisch gesonnene Konsistorium und seine Kollegen zu einem Bekenntnis für die fast verlorene Sache zu zwingen, denn der Konsistorialpräsident Nöldechen (1805—1885), der auf eine Stärkung der lutherischen Konfession aus war und den vereinslutherischen Standpunkt nach Möglichkeit zu wahren suchte, geriet jetzt in Zugzwang. Aber Borghardt hatte sich verrechnet. Am 22. Mai erhielt er ein Schreiben von Nöldechen, in dem sich dieser voll hinter die Denkschrift des EOK stellte, Borghardt eine scharfe Rüge erteilte und ihm na-

Evang. Oberkirchenraths Kentniß genommen haben, so erkennen wir die wohlmeinende Fürsorge unserer kirchlichen Oberbehörde für einen gesegneten Fortbestand unserer evangelischen Landeskirche auch unter den neuen durch die bedeutsamen Eräugnisse des vorigen Jahres herbeigeführten Verhältnissen um so dankbarer, je mehr auch wir uns bewußt sind, nur das wahre Wohl derselben auf betendem Herzen zu tragen und der Förderung desselben unsere besten Kräfte zu weihen, fühlen uns aber eben deshalb als Diener derselben in Anbetracht mancher in uns erweckter Bedenken in unserm Gewissen zu folgender ehrerbietigen Erklärung gedrungen, welche wir in vertrauensvoller Freimüthigkeit aussprechen.

1. Freudig wissen wir uns in vollkommener Uebereinstimmung mit der Denkschrift, sofern sie den vierten Artikel der Augsburgischen Confession von der Rechtfertigung durch den Glauben, welche auch unser einziger Trost im Leben und Sterben ist, als das Fundament der evangelischen Kirche bezeichnet; glauben aber, daß die übrigen Artikel dieser Bekenntnißschrift der ganzen evangelischen Kirche nicht minder zur wesentlichen Grundlage derselben gehören.

2. Wenn wir auf Grund der oft wiederholten officiellen Erklärungen daran festhalten müssen, daß innerhalb der preußischen Union die lutherische Kirche, so wie die reformirte Kirche und eine Anzahl durch besonderen Akt unirter Gemeinden zu Recht bestehen, so glauben wir auch zu der zuversichtlichen Hofnung berechtigt zu sein, daß jede dieser drei Kirchengemeinschaften ihre gehörige Vertretung in dem Kirchenregimente finden wird.

3. Wir wissen uns dabei von allen Tendenzen gewaltsamer Veränderungen frei, und wollen allein, daß wohlbegründete Rechte in geordneten Wegen uns gesichert bleiben.

4. Je mehr wir uns bewußt sind, daß wir nur das theure Kleinod unsers evangelischen Glaubens treu bewahren wollen, desto fester sind wir überzeugt, daß wir von dem Vorwurf des Romanisirens in keiner Weise getroffen werden.«

helegte, sein Superintendentenamt niederzulegen.[267] Aber Borghardt blieb im Amt.

Mit dem Scheitern der Gnadauer Demonstration brach der geplante gemeinsame Widerstand der preußischen Lutheraner in sich zusammen.

Auf der Berliner Pastoralkonferenz am 19. und 20. Juni desselben Jahres wichen die Referenten durchweg der aktuellen Fragestellung aus. Hengstenberg hielt einen Vortrag über die »Zukunft des jüdischen Volkes«, Pastor Grützmacher aus Schneidemühl über das Thema »Der religiöse Roman, sein Segen und seine Gefahren«. Zuvor hatte Generalsuperintendent Jaspis aus Stettin ausdrücklich weggewiesen von den Zeiterscheinungen auf den allen gemeinsamen »Dienst des Geistes«.[268]

Die zur gleichen Zeit stattfindende Pastoralkonferenz zu Hannover schien gar eine Wende in dem konfessionellen Hader anzukündigen. Als der Hauptreferent Pastor Lohmann (Thema: »Was soll unter den dermaligen Umständen vom Seelsorger geschehen, um seine Pfarrkinder in der Treue gegen unsre lutherische Kirche zu befestigen?«) wie eh und je[269] gegen die Union polemisierte, trat ihm ausgerechnet Münkel entgegen, indem er den Standpunkt des zur Separation drängenden Konfessionalisten als verwerflich bezeichnete und vor einer Übertreibung der konfessionellen Differenzen warnte. Auch Konsistorialrat Münchmeyer (1807—1882), als bekenntnistreuer Lutheraner und unversöhnlicher Gegner des Liberalismus bekannt, verurteilte die Vorschläge Lohmanns und vertrat die vom Provinzialkonsistorium zu Hannover angeordnete Maßnahme einer gastweisen Zulassung der Unierten zum Abendmahl.[270]

Im Herbst des Jahres 1867 verfolgte man nur noch in Pommern, der letzten und zugleich wohl stärksten Bastion des konfessionalistischen Luthertums innerhalb der Evangelischen Landeskirche der älteren preußi-

[267] Schreiben des Konsistoriums der Provinz Sachsen vom 22. Mai 1867 an den Superintendenten Borghardt (Archiv der EKU, Berlin, Gen I, 31 Bd. I, pag. 173—175; vollst. Wiedergabe des Dokumentes bei G. Besier, *Preußische Kirchenpolitik 1866—1872 . . .,* S. 681 f.).
[268] Vgl. die Berichte über die Konferenz in der *NEKZ,* 1867, Sp. 404 ff., und der *EKZ* 81 (1867), Sp. 659; 661; 685 ff.
[269] Siehe oben S. 108 f.
[270] Vgl. den kargen Bericht in der *NEKZ,* 1867, Sp. 457 ff. Die Bonner Pastoralkonferenz für Rheinland und Westfalen (26. Juni 1867), an der u. a. auch Fabri teilnahm, übertraf in ihrer devoten Haltung gegenüber dem Kirchenregiment alle vergleichbaren Stellungnahmen des Jahres 1867; ohne ein Wort der Kritik bezeugte sie in einer Adresse an den EOK als einzige Pastoralkonferenz Preußens überhaupt »einen herzlichen und warmen Dank« für die Denkschrift (*NEKZ,* 1867, Sp. 459 f.).

schen Provinzen, ungebrochen die Strategie der totalen Konfrontation mit dem Evangelischen Oberkirchenrat. In dem Kamminer Superintendenten Carl Meinhold (1813—1888) besaß diese mutige Widerstandsbewegung freilich einen Führer, der schon seit den Auseinandersetzungen der vierziger Jahre — zusammen mit Wilhelm Otto (1812—1890) — das Rückgrat des preußischen Neuluthertums bildete und eine wichtige Rolle im »lutherischen Zentralverein« (Vereinslutheraner) einnahm.[271]

Die von Meinhold geleitete, alljährlich stattfindende Kamminer Pastoralkonferenz war zum Mittelpunkt des kirchlichen Lebens in Pommern geworden und sah es im Oktober 1867 folglich auch als ihre Hauptaufgabe an, namens der lutherischen Kirche Stellung zu der Denkschrift des Evangelischen Oberkirchenrates zu nehmen.

Nach dem Eröffnungsgottesdienst und der gemeinsamen Feier des Abendmahls hielt Meinhold am 2. Oktober vor sechzig bis achtzig Geistlichen, die zum Teil aus der Mark gekommen waren, einen ausführlichen Vortrag über die gegenwärtige Lage der lutherischen Kirche. Darin sprach er seine Übereinstimmung mit Hengstenbergs Vorschlägen: »Zur Umgestaltung der Kirche in Preussen«[272] aus, die man wegen dessen mißglücktem Versuch, die Rechtfertigungslehre fortzubilden, zu Unrecht mit verurteilt habe,[273] und beklagte das Erscheinen der EOK-Denkschrift. Diese richte sich mit ihrem Vorwurf, in lutherischen Kreisen der Evangelischen Landeskirche der älteren preußischen Provinzen herrschten romanisierende Tendenzen, eindeutig gegen die lutherischen Vereine, ohne dieselben — von einzelnen sie vertretenden Persönlichkeiten vielleicht abgesehen — treffen zu können. Ferner trat er der Behauptung des EOK entgegen, alle Gemeinden in Preußen bis auf zehn oder zwölf seien der Union seinerzeit rite und rechtsgültig beigetreten. In diesem Zusammenhang verwies er auf die Darstellung der wirklichen Rechtslage in der anonymen

---

[271] Die lutherischen Provinzialvereine von Sachsen, Pommern, Schlesien und Posen vereinigten sich am 10. September 1848 in Wittenberg zur Wahrung ihrer konfessionellen Rechte und Durchführung des lutherischen Bekenntnisses in Kultus, Gemeindeordnung und Regiment. Nach diesem »Lutherischen Zentralverein« erhielten die in der Union bleibenden Neulutheraner den Namen »Vereinslutheraner«.

[272] Siehe oben S. 59 ff.

[273] Etwa gleichzeitig, aber unabhängig von seinen kirchlichen Reorganisationsplänen, hatte Hengstenberg in der *EKZ* einige Artikel über die Rechtfertigung veröffentlicht, in denen er verschiedene Stufen der Rechtfertigung entwickelte. Er unterschied die Rechtfertigung aus dem Glauben (Paulus) von der Rechtfertigung um der Werke willen (Jakobus), da erstere sonst leicht zu einem Ruhekissen für den faulen alten Adam werde. Er erfuhr jedoch sofort so heftigen Widerspruch auch aus seinem eigenen Lager, daß er seine katholischen Neigungen bald fallen ließ.

Broschüre: *Union und lutherische Kirche in den alten östlichen Provinzen des preußischen Staates,* ohne freilich zu erwähnen, daß er selbst sie verfaßt hatte.[274] Auch die Anschuldigung des EOK, das landeskirchliche Luthertum wolle die Union abschaffen, wies Meinhold entschieden zurück. Es ginge den Lutheranern allein um die Realisierung der föderativen Union, wie sie in den Kabinettsordern von 1834 und 1852 ausdrücklich zugesichert werde; wenn die Forderung nach einem bischöflichen Kirchenregiment und einer größeren Selbständigkeit der einzelnen Provinzialkirchen den Tatbestand des Romanisierens schon erfülle, dann müßten Männer wie Bunsen, Friedrich Wilhelm IV. und Fabri (!) ebenfalls als Romanisten gelten.[275]

Die zündende Rede des allseits verehrten Superintendenten bewirkte, daß tags darauf zwei folgenschwere Beschlüsse gefaßt wurden: Erstens schickte die Versammlung ein Schreiben an Bischof Koopmann, in dem sie ihm für seine Haltung auf dem Kieler Kirchentag[276] dankte und ihre Solidarität mit den neupreußischen Provinzialkirchen bekundete: »Wir nehmen um so lebhafteren Anteil an dem Ergehen und der Gestaltung des Kirchen-Wesens in den neuen Provinzen als wir der Ueberzeugung sind, daß dieselbe auf die Niederhaltung oder Befreiung der luth. Kirche in den alten Provinzen von der eingreifendsten Bedeutung sein wird. Umgekehrt sind wir auch der Ueberzeugung, daß die Zukunft der lutherischen Kirche in ganz (Nord-)Deutschland davon wesentlich bestimt wird wie in der sogenanten evangelischen Landeskirche Alt-Preußens das Verhältnis von Union und Confession schließlich geregelt wird. Wir glauben also, daß Ihr Kampf unser Kampf und unser Kampf der Ihrige ist, und rufen daher aus vollem tiefem Herzen unser Dominus vobiscum! zu Ihnen hinüber.«[277]

Zweitens verfaßten die Mitglieder des Vereins eine Eingabe an den Kultusminister, in dem sie über die Denkschrift des EOK Beschwerde einlegten. Der ungefähre Inhalt des Gesuches lautete: »Die Denkschrift des Ev. O.-K.-R. vom 18. Februar c. ist gegen die confessionelle luth. Richtung in der evangl. Landeskirche Preußens gerichtet. Wir gehören dieser Richtung an, und kenzeichnen uns durch zweierlei: Wir erkennen die Notwendigkeit der reicheren und festeren Ausgestaltung der Kirche an und gehen völlig darauf ein; unser Streben geht weiter dahin, der luth. Confession den ihr gebührenden Raum in dieser neuen Rechtsbildung unverkürzt zu erhalten. Wir stehn dabei im guten Glauben an unser Recht, wie dasselbe u.

[274] Vgl. S. 106 u. S. 269 f. dieser Arbeit.
[275] Vgl. *NEKZ,* 1867, Sp. 665 f.; *EKZ* 80 (1867), Sp. 1092; 1101 ff.
[276] Siehe unten S. 165 f.
[277] Zitiert nach *EKZ* 80 (1867) Sp. 1106.

A. der Erlaß des Ev. O.-K.-R. vom 28. August 1849 für Pommern unumwunden anerkant hat. Wir haben den geordneten Weg des Antrages nie verlassen. Dieser Richtung gilt die Rüge der Denkschrift. Sie trifft uns zwar nicht, denn in dem Bilde, daß sie zeichnet, erkennen wir uns nicht. Aber sie meint uns, und wird allgemein auf uns bezogen. Durch die Publication im Buchhandel ist sie zu einer öffentlichen Anklage gegen und vor der ganzen Kirche und vor jedem einzelnen Gemeindegliede geworden. Wir können dazu nicht schweigen; das sähe aus, als hätten wir nichts zu unserer Verteidigung zu sagen. Auf die öffentliche Anklage öffentlich zu antworten verbietet uns die unserer kirchlichen Oberbehörde schuldige Rücksicht. Da möchten wir vor die höchste irdische Instanz, vor den Schirmherrn unserer Kirche treten, vor ihm unsere Rechtfertigung versuchen und seinen Schuz gegen die wider uns erhobenen Beschuldigungen erbitten; und befehlen unsere Sache dem Minister, welchem die Sorge für die Kirche mit anvertraut ist, mit dem Anheimstellen, unsere Rechtfertigung bei Sr. Majestät vermitteln zu wollen.

I. Die Denkschrift wirft den Sprechern der confessionellen Richtung vor, sie wollten die Einheit der Kirche in drei Stücke zerreißen, aus der bisherigen Landeskirche ausscheiden, neue confessionelle Verbindungen mit andern Ländern eingehen, und trachten zu dem Zweck selbst die neueren politischen Erfolge Preußens' 'auszubeuten'. Die Einheit der Kirche ist uns ein hohes Gut; wir lieben und suchen sie; nicht zerreißen, sondern organisch gliedern wollen wir sie, und stehen damit unzweifelhaft auf dem Boden der Cabinets-Ordre vom 6. März 1852. Dennoch bezeichnet die Denkschrift unser Streben als ein rechtloses. Es soll gegen die Bekenntnisse der luth. Kirche streiten, eine gesonderte kirchliche Organisation für die Bekenntnisse zu fordern. Diese Behauptung wonach das Bekenntnis sich selbst das Recht absprechen soll, kirchenbildendes Princip zu sein, steht in vollem Gegensatze gegen die reformatorischen Anschauungen und gegen die ganze Geschichte der evangel.-luth. Kirche. Es soll gegen das bestehende Recht sein, so behauptet die Denkschrift weiter, und annullirt also mit einem Federstrich die bündigsten Zusagen, mit welchen unsere Landesherren bis in die neueste Zeit hinein der luth. Kirche ihren Bestand und dem luth. Bekentnis seine alle Lebensäußerungen der Kirche beherschende Macht verbürgt habe. Dagegen erscheint eine Remedur als dringend geboten. Der Erlaß der Denkschrift steht, wie wir glauben, in directestem Widerspruch gegen die Forderungen der gegenwärtigen Zeit. Die evangl. Landeskirche Preußens hat nationale Bedeutung; auch die neuen lutherischen Provinzen sollten als in ihrem Bekenntnis berechtigte und geschätzte Glieder in sie eintreten. Wie können sie dazu geneigt werden, wenn die Oberbehörde der Landeskirche der luth. Kirche das Recht auf eigene Existenz bestreitet?

II. Die Denkschrift wirft der confessionellen Richtung romanisirende Irrlehren und Abweichung vom luth. Bekentnis vor. Ob die Kirche primär Anstalt oder Gemeinde der Gläubigen ist, ob das geistliche Amt göttliche Institution oder Mandat der Gemeinde ist, wie die Wirkung der Sacramente zu der des Wortes sich verhalte, darüber entscheiden die Bekenntnisse Nichts; die theologische Verhandlung dieser Fragen ist auch noch in vollem Flusse. Wenn auch die Lehre von der Rechtfertigung, die Haupt- und Grundlehre der evangl. Kirche, welche in den Bekenntnissen zum Abschluß gekommen war, neuerlich noch wieder in die theologische Bewegung hineingezogen ist, so werden etwanige Irrungen, die hierin zu Tage treten, durch die weiteren theologischen Verhandlungen auch ohne kirchenregimentlichen Spruch geklärt und berichtigt werden. Einzelne Irrungen der ganzen Richtung zur Last legen, ist hart. Wenn nun in allen jenen Fragen die Denkschrift behauptet, sie seien durch die Bekenntnisse endgültig entschieden und ihre einzelne Entscheidung mit kirchenregimentlichem Ansehen bekleidet, und die hierin anders Denkenden als Irrlehrer öffentlich brandmarkt, so ist damit die Herschaft einer theologischen Schule etablirt, die theologische Wissenschaft gelähmt, die protestantische Freiheit zu Grabe getragen. Parallelen hizu fänden sich nur in den Entscheidungen der Römischen Kurie. Dabei verschmäht es die Denkschrift nicht, die Antipathien des evangl. Volkes gegen katholische Irtümer auf die confessionelle Richtung zu lenken.

Ja sie verschmäht es nicht, unsern Patriotismus zu bemängeln. Tiefer konte man uns nicht kränken. Uns dagegen zu verteidigen, liegt uns ferne. Thatsachen mögen reden. Wo immer Sr. Majestät Regierung den patriotischen Sinn des Volkes anrief, hat sie in den Trägern der confessionellen Richtung ihre festesten Stützen gehabt und wird sie haben. Diejenigen, welche den Bestrebungen auf Erhaltung und Stärkung königlicher Machtfülle abwartende Passivität oder positiven Widerstand entgegensetzten, finden sich nicht auf confessioneller Seite. Auch hier bitten wir den Minister um Schutz und Vertretung bei unserm König und Landesvater.«[278]

Um sich nicht dem Vorwurf auszusetzen, man spinne geheime Intrigen, reichte Meinhold als Präses des Vereins dem Evangelischen Oberkirchenrat eine Abschrift der Beschwerde ein, in der freilich die Unterschriften der übrigen sechzig bis achtzig Konferenzteilnehmer fehlten.

Vom Kultusminister traf bald die Antwort ein, daß er nicht in der Lage

---

[278] Zitiert nach *EKZ* 80 (1867), Sp. 1106 ff.

sei, die Rechtfertigung der Konferenz bei Sr. Majestät zu vermitteln.[279] Falls die Petenten sich angegriffen fühlten, bleibe es ihnen aber unbenommen, den für nötig gehaltenen Schritt selbst zu tun. Daraufhin schickte Meinhold die Eingabe direkt an den König.

Inzwischen richtete das Konsistorium auf Veranlassung des EOK eine Anfrage an Meinhold nach Statuten, Vorstand und Mitgliedern des lutherischen Vereins. Meinhold weigerte sich jedoch, die Mitglieder zu nennen. Obwohl das Konsistorium nachträglich darauf verzichtete, gaben alle Mitglieder ihre Namen freiwillig an, weil sie glaubten, dies Meinhold und der Behörde schuldig zu sein.

Da die Ähnlichkeit der Eingabe mit dem Meinholdschen Vortrag so auffällig war, daß man nach dem geistigen Urheber des Schriftstückes nicht lange zu fahnden brauchte, wurde der Kamminer Superintendent am 7. Januar 1868 zur ersten Vernehmung nach Stettin berufen. Das Verhör endete mit der Erklärung Meinholds, daß er in der Form vielleicht hier und da zu weit gegangen sein könne, worüber er herzlich gern sein Bedauern aussprechen wolle, aber sachlich etwas zurückzunehmen sei er nicht in der Lage. Die Aufforderung, sein Ephoralamt freiwillig niederzulegen, lehnte er mit der Begründung ab, dazu sehe er angesichts seines Standpunktes keine Veranlassung.

Hierauf wurde ein Disziplinarverfahren gegen ihn eingeleitet, das »wegen fortgesetzter Verletzung der vermöge seines Superintendenturamtes ihm obliegenden Pflicht des Gehorsams und der Ehrerbietung gegen seine kirchlichen Oberen« Meinholds Strafversetzung auf eine Pfarrstelle anordnete, die nicht mit einem Superintendenturamt verbunden war.[280] Das Urteil wurde indessen nicht vollstreckt, weil man die daraus resultierenden kirchenpolitischen Verwicklungen fürchtete und sich überdies in der ganzen Provinz kein Nachfolger fand.[281]

---

[279] Vgl. Th. Meinhold, *Lebensbild des D. Carl Meinhold . . .*, S. 102 ff.; *EKZ* 82 (1868), Sp. 1002 ff.; 1028 ff.

[280] Th. Meinhold, *Lebensbild des D. Carl Meinhold . . .*, S. 106. Das Urteil wurde übrigens erst am 3. März 1869 gefällt. Vgl. auch *NEKZ*, 1868, Sp. 516 ff.; 633; 728; *NEKZ*, 1869, Sp. 209; 255; 693; *NEKZ*, 1870, Sp. 508; *EKZ* 84 (1869), Sp. 47; 321.

[281] Am 8. April 1874 verfügte der König, daß von der Amtsenthebung Meinholds Abstand genommen werde, weil er bei der Ausführung der neuen Kirchengemeinde- und Synodalordnung »eine den Intentionen des Kirchenregimentes entsprechende gedeihliche Wirksamkeit bethätigt hat« (Th. Meinhold, *Lebensbild des D. Carl Meinhold . . .*, S. 107). Gerade dieser Erklärung aber fehlte die sachliche Basis. In Wirklichkeit übte wohl die gesamte konservative Fraktion einschließlich Bismarcks Druck auf den König aus. Dabei spielte Kleist-Retzow eine hervorragende Rolle (vgl. auch S. 489).

Mit ihrem massiven Widerstand gegen das unionsfreundliche Kirchenregiment hatte die Kamminer Pastoralkonferenz offenbar auch in den anderen Provinzialkirchen den Willen zur Abwehr aufs neue entfacht, denn
die Gnadauer Frühjahrskonferenz des Jahres 1868 verlief um einiges tur-
bulenter als die des Vorjahres.[282]

In der Versammlung des kirchlichen Zentralvereins der Provinz Sachsen zu Gnadau am 21. April 1868 beschlossen 160 Geistliche mit nur fünf
Gegenstimmen, folgende Erklärungen zu veröffentlichen:»In Erwägung,
daß die durch Allerhöchste Cabinetsordre vom 28. Februar 1834 und vom
6. März 1852 aufs neue anerkanten, unveräußerlichen Rechte der lutherischen Kirche in Altpreußen auf dem bisherigen Wege zu ihrer gebührenden Anerkennung und Durchführung nicht gekommen sind, erklären wir
es für eine Forderung unseres guten kirchlichen Rechtes, daß in Uebereinstimmung mit der in der Allerhöchsten Cabinetsordre von 1852 angeordneten, aber bisher nicht zur praktischen kirchlichen Gestaltung gekom-
menen und für den Schutz der lutherischen Kirche wirkungslos gebliebenen itio in partes dem Kirchenregiment eine solche conföderative Gliederung gegeben werde, daß der lutherischen Abtheilung desselben der
Schutz und die Pflege des lutherischen Bekenntnisses zur kirchenregimentlichen Aufgabe gemacht werde.«[283]

Die Resolution erregte in allen kirchlichen Kreisen Deutschlands großes Aufsehen, denn man verstand sie ausnahmslos als eine bis dahin uner-
hörte Anklage gegen das Kirchenregiment Seiner Majestät. Es erschien
darum selbstverständlich, daß das sächsische Konsistorium die vorgebrachten Anschuldigungen mit Entschiedenheit zurückweisen und den
Verantwortlichen eine scharfe Verwarnung erteilen würde. Aber wider
Erwarten geschah zunächst nichts.

Der Grund für das ungewöhnliche Schweigen der Provinzialkirchenbe-
hörde zu dem Vorfall lag in ihrer parteiischen Gespaltenheit: Während die
Majorität (darunter auch Superintendent Borghardt) unter Führung von
Vizegeneralsuperintendent Ludwig Karl Möller (geb. 1816) dafür plädierte, die Gnadauer Resolution in einer Verfügung an sämtliche Geistliche der Provinz zu mißbilligen, lehnte die Minorität unter Konsistorialpräsident Nöldechen ein solches Vorgehen ab. Diesen Sachverhalt suchte

---

[282] Die Gnadauer Herbstversammlung des Jahres 1867 war so schwach besucht, daß man
von jeglicher Demonstration absah (vgl. *EKZ* 80 [1867], Sp. 1108 ff.).

[283] *Volksblatt für Stadt und Land*, 1868, Sp. 579. Vgl. auch den dort abgedruckten ausführlichen Bericht über die Gnadauer Frühlingskonferenz, Sp. 577 ff. Die Kamminer Herbstkonferenz des Jahres 1868 erklärte übrigens ausdrücklich ihre Zustimmung zu der Gnadauer
Resolution.

Nöldechen gegenüber dem Evangelischen Oberkirchenrat zu verschleiern, indem er in seinem Präsidialbericht die Meinungsverschiedenheiten unerwähnt ließ und die Auffassung der Minderheit als die des Konsistoriums in seiner Gesamtheit vortrug. Unter Berufung auf seine fünfzehnjährige Amtszeit argumentierte er, ein energisches Vorgehen gegen die »Gnadauer Erklärung« verhindere die Absorption der lutherischen Bewegung in die unierte Kirchenprovinz Sachsen und begünstige in unvertretbarer Weise die Agitation der konfessionellen Partei und der sie unterstützenden Kirchenblätter.

Daraufhin entdeckte Möller dem Evangelischen Oberkirchenrat in einem Gegenbericht »den Stand der Parteien in unserem Collegium und ... die äußerst peinliche Unerquicklichkeit der confessionellen Verhandlungen, die in ihr gepflogen werden«.[284] Darin beschuldigt er Nöldechen, falsche Angaben gemacht zu haben, um die exklusiv lutherische Partei auch weiterhin einseitig fördern zu können. »Wenn ... der Herr Präsident auf seine objective Behandlung der confessionellen Fragen und auf den Segen, der hieraus für die Ruhe und Ordnung der Provinzialkirche erwachsen sei, hinweist, so konnte man hinsichtlich dieses Segens sehr bedenklich werden beim Blick auf die Thatsache, wie ... hier die kirchlichen Parteien sind und wider einander stehen, und hinsichtlich jener objectiven Behandlung darf ich es nicht verschweigen, daß sie von Manchen schmerzlich vermißt wird.«[285] Durch eine klare Stellungnahme gegen die lutherischen Bestrebungen, fährt Möller fort, würden dagegen »manche Mittaumelnde ernüchtert, Geärgerte getröstet, Bange ermuthigt werden«. Endlich bat er den EOK namens der Konsistorialmehrheit, in dieser Angelegenheit eine Entscheidung zu treffen.

Der Evangelische Oberkirchenrat schloß sich der Auffassung der Majorität an.[286] Am 16. September — ein halbes Jahr nach der Frühjahrsversammlung, aber früh genug, um die Gnadauer Konferenzteilnehmer vor ähnlichen Eskapaden im Herbst zu warnen — verurteilte das Königliche Konsistorium zu Sachsen in einem Zirkularerlaß öffentlich die »Gnadauer Erklärung« vom Frühjahr 1868.[287]

Die in der »Erklärung« enthaltenen Behauptungen werden als falsch und unbegründet zurückgewiesen, vor allem aber Art und Weise der Beschwerdeführung als Aufruhr von »Dienern der Kirche ... gegen ihre

---

[284] Schreiben des Vizegeneralsuperintendenten Möller an das Präsidium des EOK vom 6. Juli 1868 (Archiv der EKU, Berlin, Gen I, 31 Bd. 2, pag. 91—92).

[285] *A. a. O.*, pag. 92.

[286] Möller avancierte übrigens noch im selben Jahr zum ersten Generalsuperintendenten.

[287] Abgedruckt in: *EKZ* 83 (1868), Sp. 1026 ff.

kirchliche Obrigkeit« interpretiert. Freilich zeugt der begütigende Ton des Erlasses noch von seinem halbherzigen Zustandekommen: »Wenn wir daher jene Gnadauer Resolution ernstlich misbilligen und die Geistlichen unserer Provinz warnen und bitten müssen, auf diesem Wege nicht weiter vorzugehen oder auch nur an änlichen Bestrebungen sich zu betheiligen, so sind wir der Zuversicht, daß unsere Warnung und Bitte nicht blos bei der weitaus größten Anzal der Geistlichen unserer Provinz, sondern auch bei der Mehrzahl derer, die an den Gnadauer Conferenzen sich zu betheiligen pflegen, willigen Eingang finden werden. Wir reden ja nur gegen eine Abirrung, ja wir glauben sagen zu dürfen gegen eine durch Unklarheit über die rechtliche und factische Lage unserer Kirche herbeigeführte Uebereilung dieser Conferenz, nicht gegen ihre sonstige Haltung. Wir erkennen vielmehr gern an, daß der ernste kirchliche Sinn, von welchem die meisten ihrer Verhandlungen Zeugnis geben, die Geburts- und Pflegestätte mannigfaltigen Segens für unsere Provinzialkirche gewesen ist.«[288]

Merkwürdig dunkel — so als wüßte man um die Hintergründe — formulierte denn auch die *EKZ* in ihrem Kommentar: »Am schmerzlichsten aber mußte es uns treffen, daß auch ... das Consistorium unserer Provinz, ... welches in den schwersten Zeiten, die wir haben durchleben müssen, eine kräftige Stütze gewesen ist, ... zum ersten Male uns hat entgegentreten müssen (!).«[289]

Auf der Gnadauer Herbsttagung, obwohl ungewöhnlich gut besucht, verzichtete man trotz des brisanten Themas »Union und Conföderation« auf jegliche Provokation des Kirchenregimentes, versicherte vielmehr wiederholt seine unbedingte Loyalität und beharrte lediglich auf dem Standpunkt, daß allein von einer konföderativen Gliederung des Oberkirchenrates ein ausreichender Schutz für das lutherische Bekenntnis zu erwarten sei.[290]

Die Opposition der Lutheraner in der Evangelischen Landeskirche der älteren preußischen Provinzen gegen die EOK-Denkschrift — und das ihr zugrunde liegende theologische wie kirchenpolitische Denken — wurde darum so ausführlich dargestellt, weil sie einmal Grenzen und Möglichkeiten des kirchlichen Widerstandes in Preußen unter den herrschenden staatskirchlichen Bedingungen verdeutlicht und zum anderen das Vorge-

---

[288] Die beiden letzten Zitate: *A. a. O.*, Sp. 1027 u. 1028.
[289] *EKZ* 83 (1868), Sp. 1009.
[290] Ein ausführlicher Bericht der Gnadauer Herbstkonferenz des Jahres 1868 ist abgedruckt in: *EKZ* 83 (1868), Sp. 1009 ff.; vgl. auch *AELKZ* 1 (1868), Sp. 75 f.

hen der Inhaber des preußischen Kirchenregimentes gut beleuchtet. Die hierarchische Verwaltungsstruktur der preußischen Landeskirche — sie ermöglichte es dem EOK, bei den ersten Anzeichen von Aufruhr über die Konsistorien Druck auf die Superintendenten auszuüben — verhinderte bereits im Frühstadium die Bildung größerer oppositioneller Zusammenschlüsse, die allein in der Lage gewesen wären, wirkungsvoll gegen das Kirchenregiment aufzutreten.

Allerdings verursachte die Abwehr solcher Angriffe auf die bestehende kirchliche Ordnung genug Lärm, um die ohnehin schon verbreitete Abneigung gegen den EOK noch zu verstärken. Bei der engen Verbindung von staatlicher und kirchlicher Verwaltung zeitigten solche Vorkommnisse natürlich auch sofort ihre Wirkungen im politischen Bereich. Diese veranlaßten schließlich Bismarck und das Staatsministerium, beim König gegen die wenig diplomatische Kirchenpolitik des EOK Protest einzulegen.[291]

Der vierzehnte deutsche evangelische Kirchentag in Kiel vom 3. bis 6. September 1867

Vorgeschichte

Ursprünglich hatte man als Ort der Versammlung Stuttgart in Aussicht genommen, aber auf Anregung Wicherns gab man dann Kiel den Vorzug, um mit dieser Geste die Zugehörigkeit Schleswig-Holsteins zum deutschen preußischen Staat zu dokumentieren und das Ende der dänischen Oberherrschaft anzuzeigen.[292] Aber damit stellte man freilich zugleich auch den Erfolg des Kirchentages in Frage, denn viele der streng konfessionellen Lutheraner argwöhnten, diese Maßnahme bilde den Auftakt für die Einführung der Union in Schleswig-Holstein, und lehnten ihre Teilnahme an einem solchen »preußischen« Kirchentag ab.[293] Erstmals seit Bestehen des deutschen evangelischen Kirchentages wurde das Landeskomitee der gastgebenden Provinz — ihm gehörten die beiden Generalsuperintendenten Schleswig-Holsteins an — mit der Auswahl der Verhandlungsgegenstände betraut. Erstaunlicherweise wich man

---

[291] Siehe unten S. 440 f.

[292] Vgl. die *Verhandlungen des vierzehnten deutschen evangelischen Kirchentages zu Kiel im September 1867.* Im Auftrage der vereinigten Ausschüsse hrsg. von dem Secretariat, Berlin 1867, S. 3. Zur Entstehungsgeschichte des Kirchentages siehe oben S. 33.

[293] Eine repräsentative Zusammenfassung der kritischen Stimmen gibt die *NEKZ*, 1867, Sp. 497 ff.

der aktuellen Problematik nicht aus, sondern entschied sich für die Behandlung des Themas: »Wie weit bedürfen in der Gegenwart die evangelischen Sonderbekenntnisse zu ihrer Sicherung und gedeihlichen Wirksamkeit einer selbständigen kirchlichen Ausgestaltung?«

Um etwaigen Vorschlägen eines kirchlichen Zusammenschlusses im Sinne der Union, die in der Thematik natürlich latent angelegt waren, rechtzeitig vorzubeugen, trafen sich eine große Anzahl besorgter lutherischer Geistlicher am 17. Juli in Hardersleben und gaben folgende Erklärung ab: »Wenn auf Grund dieses so formulirten Thema's in Kiel solche Resolutionen gefaßt werden sollten, welche die Selbständigkeit unserer luth. Kirche gefährden könten, so fühlen wir uns, als auf die Invariata eidlich verpflichtete Diener der luth. Kirche, in unserm Gewissen gedrungen, zu erklären:

1. daß wir hier keine Sonderbekenntnisse haben, sondern die auf dem luth. Bekentnisse ruhende lutherische Kirche;

2. daß wir uns für verpflichtet erachten, für die Selbständigkeit dieser unserer Kirche nach Kräften einzustehen;

3. daß unsere evang.-luth. Kirche ein unantastbares Recht auf eigene, ausschließlich luth. Kirchenverwaltung hat, ohne welche sie aufhören würde, luth. Kirche zu sein.[294]

Propst Valentiner-Thyrstrup erhielt den Auftrag, diese Erklärung dem Kirchentag vorzulegen, sobald der Diskussionsverlauf eine Gefährdung der lutherischen Konfession oder der Selbständigkeit der lutherischen Landeskirche Schleswig-Holsteins erkennen lasse.

Am 25. Juli fand in Neustadt die *Schleswig-Holsteinische Kirchenkonferenz* statt. Unter den etwa siebzig Geistlichen und Laien der Versammlung waren der Generalsuperintendent Godt, Propst Hansen aus Schleswig,[295] Propst Versmann aus Itehoe, die Professoren Weiß (1827—1918), Lipsius (1830—1892) und Dove (1833—1907), Staatsrat Francke, Regierungsrat Krauß aus Kiel und andere.

Hauptgegenstand der Verhandlungen war die Regelung der kirchlichen Verfassungsfrage, zu deren Klärung Professor Dove neun Thesen vorbereitet und der Versammlung gedruckt vorgelegt hatte.[296] Die Thesen I bis VII enthalten — unter Aufrechterhaltung der konfessionellen Eigentümlichkeiten der evangelisch-lutherischen Kirche der Herzogtümer — einen

---

[294] *EKZ* 81 (1867), Sp. 926.

[295] Siehe oben S. 111.

[296] Die Thesen Doves sind uns im Wortlaut leider nicht erhalten geblieben und werden darum nach den Berichten der *NEKZ*, 1867, Sp. 486 ff., und der *PKZ* 14 (1867), Sp. 697 ff., wiedergegeben.

ausführlichen Organisationsplan für die geforderte Provinzialsynode (landesherrliches Kirchenregiment, Errichtung eines Konsistoriums, Stellung der Generalsuperintendenten, Pröpste und Kirchenvisitatoren, Einführung freigewählter Gemeindekirchenräte, von Kreissynoden und einer Provinzialsynode aus geistlichen und nichtgeistlichen Mitgliedern). Bis zur Einrichtung jener Organe wurde die interimistische Vereinigung der kirchlichen Verwaltung in höherer Instanz und der staatlichen Kirchenhoheit in der Hand des Ministers für geistliche Angelegenheiten vorgeschlagen (These VIII). Schließlich verlangte These IX, (nicht lutherische) evangelische Mitchristen aus den übrigen Teilen der Monarchie, die in Schleswig-Holstein lebten, an den kirchlichen Einrichtungen teilhaben zu lassen und sie geistlich zu betreuen.

Professor Lipsius, allgemein anerkannter Wortführer der freisinnigen Protestanten Schleswig-Holsteins, der schon am Abend vorher gemeinsam mit Staatsrat Francke und einem Kreis jüngerer Geistlicher — ohne Wissen der anderen Konferenzteilnehmer — eine Vorberatung abgehalten hatte, beantragte nach den Ausführungen Doves im Namen seiner Anhänger statt einer ausführlichen Diskussion der Thesen die Verabschiedung einer sinngemäßen, jedoch knapper gehaltenen Resolution. Diese war natürlich schon am Vorabend entstanden und lautete:

»1. Die kirchliche Conferenz verlangt für die Schlesw.-Holst. Kirche eine presbyteriale synodale Verfassung mit Gleichberechtigung der Geistlichen und Laien unter provisorischer Unterordnung unter das Cultusministerium behufs baldmöglichster Ausführung des Art. 15 der Verfassung.

2. Mit der Ausführung des Art. 15 ist unter Leitung des Cultusministeriums ein Provinzial-Consistorium zu betrauen, welches aber alles in Lehre, Cultus und Sitte bis zum Zusammentritt der Provinzialsynode im status quo zu belassen hat.

3. Inzwischen hat die Provinzialkirche in Uebereinstimmung mit der bisherigen Praxis anderen evangelischen Mitchristen, welche sich in ihrer Mitte aufhalten, und die Thätigkeit ihres geistlichen Amtes, sowie ihre kirchlichen Einrichtungen in Anspruch nehmen, zur Befriedigung ihrer geistlichen Bedürfnisse Handreichungen zu thun, insbesondere aber ihnen, unter Aufrechterhaltung des bestehenden Ritus, volle Abendmahlsgemeinschaft zu gewähren. Ein Confessionswechsel wird durch die Teilnahme Reformirter oder Unirter am heiligen Abendmale nach luth. Ritus nicht constatirt.«[297]

---

[297] *EKZ* 81 (1867), Sp. 927.

Die Resolution wurde so gut wie einstimmig angenommen, der letzte Punkt gegen eine Minorität von drei Stimmen. Generalsuperintendent Godt (Schleswig) gehörte zu den Zustimmenden; die Vertreter des exklusiven Luthertums in Schleswig-Holstein, Bischof Koopmann (1814—1871) — ein intransigenter Konfessionalist und erbitterter Gegner von Lipsius —, und Pastor Docker, fehlten bei der Konferenz überhaupt.

Als die Orthodoxen jedoch von dem Ausgang der Kirchenkonferenz hörten, sandten sie ihre »Harderslebener Erklärung« vom 17. Juli weiteren Gesinnungsgenossen zu und brachten insgesamt so etwa sechzig Geistliche hinter sich. Anläßlich einer Besprechung in Flensburg wurde verabredet, am Vorabend des ersten Kirchentages (2. 9. 1867) in der Kieler Börse eine Vorversammlung abzuhalten.

Wirklich trafen sich beide Parteien in getrennten Lokalen am 2. September 1867, um ihre Strategie für die kommenden Tage endgültig festzulegen. Auf seiten der Liberalen und Positiv-Unierten faßte man den Entschluß, jeder Äußerung der orthodoxen Gegenpartei, die schriftlich oder mündlich während der Kirchentagsverhandlungen abgegeben würde, sofort mit einem anderslautenden Votum entgegenzutreten, um so dem Eindruck zu wehren, als herrsche in Schleswig-Holstein uneingeschränkt der lutherische Konfessionalismus.

Die Lutheraner beschlossen, noch vor Eröffnung des Kirchentages mit einer Erklärung für das lutherische Bekenntnis und die lutherische Kirche hervorzutreten; sie verfaßten darum eine kurze Verlautbarung, die Propst Valentiner und Hauptpastor Müller (Hadersleben) als Unterzeichner dem Präsidium einreichten. Diese hatte folgenden Wortlaut: »Die Gefahr, welche augenblicklich unserer ev.-luth. Kirche von Seiten der Union droht und seit Wochen die luth. Geistlichkeit beider Herzogtümer aufs tiefste erregt und beunruhigt, dazu auch unsere Gemeinden mit bangen Befürchtungen wegen ihres väterlichen Glaubens erfüllt, hatte gestern Abend eine sehr zahlreiche Versammlung von c. 100 Schlesw.-Holst. Geistlichen veranlaßt, über die Rettung der Selbständigkeit unserer luth. Kirche zu beraten. Alle waren darin einverstanden, sich unbedingt gegen eine Unterstellung der luth. Kirche unter den evangelischen Oberkirchenrath und für die baldigste Erwirkung einer lutherischen Oberkirchenbehörde unsern beiden General-Superintendenten gegenüber zu erklären. Nachdem ich aus Kräften für dieses Resultat mitgewirkt habe, muß ich es andrerseits für Pflicht halten, die Mitwirkung für den deutschen ev. Kirchentag aufzugeben und aus dem Schlesw.-Holst. Comité auszuscheiden.«[298]

[298] *A. a. O.*, Sp. 928.

Damit hatte der Kirchentag einen denkbar ungünstigen Anfang genommen, denn eine Polarisierung der beiden Gruppen, die einen konstruktiven und unvoreingenommenen Gedankenaustausch von vornherein vereiteln mußte, schien unvermeidlich.

Emil Herrmann

Als Referenten für das Thema des ersten Tages hatte man den bekannten Göttinger Kirchenrechtslehrer Emil Herrmann[299] gewonnen, der dem Kirchentag zuerst als Mitglied, dann mehrmals als Berichterstatter angehört hatte und schließlich 1864 zum Präsidenten gewählt worden war.

Die Position Herrmanns in der kirchenpolitischen und kirchenverfassungsrechtlichen Diskussion der sechziger Jahre war allgemein bekannt: Er gehörte zu dem Kreis um Dorner und Hoffmann, denen er auch persönlich verbunden war, und strebte wie sie eine unierte deutsche Nationalkirche unter preußischer Führung an. Daß unter seiner Ägide auch der Kirchentag diesen Zielvorstellungen dienen sollte, geht aus einem Schreiben unmittelbar nach seiner Wahl zum Kirchentagspräsidenten hervor: »Ich sehe darin (sc. in der Wahl) eine Aufforderung, mein Nachdenken mehr als bisher den Bedingungen des Wachstums des Kirchentags zuzuwenden, dessen Zielpunkt es sein muß, solange als uns ein Organismus der deutschen evangelischen Kirche versagt bleibt, einen solchen teils vorzubereiten, teils in der freilich dürftigen gesellschaftlichen Form zu ersetzen. Auf jenes Ziel wird die Leitung natürlich vorsichtig und schonsam, aber doch bewußt und beharrlich hinzuarbeiten haben ... Der nächste Kirchentag sollte ein darauf zielendes Thema zur Verhandlung stellen, wie etwa: Die Bedingungen einer organischen Verbindung der deutschen evangelischen Landeskirchen.

Weiter möchte es auch wohl angemessen sein und mit dem obigen Ziele im Einklang stehen, wenn jeder Kirchentag auch einen Bericht über das im Gebiet der Verfassungsentwicklung der Landeskirchen in der Zwischenzeit Geleistete gebe; denn ein gewisses Maß dieser Entwicklung gehört entschieden zu den Bedingungen einer über Eisenach hinausgehenden Verbindung der Landeskirchen.«[300]

Bereits auf dem Kirchentag zu Brandenburg (1862) war Herrmann mit einem wirklich epochemachenden Vortrag über *»die nothwendigen*

---

[299] Vgl. oben S. 101 f.

[300] A. v. Kirchenheim, *Emil Herrmann* ..., S. 127 f. Am 18. Februar 1866 schreibt Herrmann: ... »seine Mission hat er (sc. der Kirchentag) nicht eher erfüllt, als bis er es zu einer d e u t s c h e n   e v a n g e l i s c h e n   S y n o d e gebracht hat« (*a. a. O.*, S. 128).

Grundlagen einer die consistoriale und synodale Ordnung vereinigenden Kirchenverfassung«[301] hervorgetreten, der ihn mit einem Schlag in ganz Deutschland bekannt und berühmt gemacht hatte und dessen Hauptgedanken hinsichtlich einer zeitgerechten Verfassungsreform der evangelischen Landeskirchen in allen danach entstandenen Kirchenverfassungen maßgeblichen Eingang fanden.

Da in diesem bald als eigene Schrift herausgegebenen Vortrag praktisch die Prinzipien vorabgebildet sind, nach denen dann auch die preußische Kirchenordnung gestaltet wurde, gebührt ihm eine nähere Betrachtung. Überdies versteht man aufgrund der dort entfalteten Gedanken auch Herrmanns Einstellung zur konfessionellen Frage, deren einschneidende Bedeutung für die Neuordnung der preußischen Landeskirche er im tiefsten gar nicht begriff, sondern sie tatsächlich auf dem — ihm vorrangigen — Verfassungswege glaubte lösen zu können.

Die von der hochkirchlichen Richtung propagierten Vorschläge zur Kirchenverfassungsreform — eine selbständigere Gestaltung der Konsistorien mittels Beseitigung territorialistischer Relikte oder durch Wiederherstellung eines wahren Episkopats — lehnt Herrmann als völlig unzureichend ab, denn die Existenzform der Kirche als Gemeinde erfordere mit ethischer Notwendigkeit eine Verbindung synodaler Elemente mit den konsistorialen, um so den gemeindlichen Charakter der Verfassung zum Ausdruck zu bringen. Über die Verbindung des Konsistorialismus und Synodalismus gibt es zwei Theorien, die der Göttinger Rechtsgelehrte als falsch zurückweist.

Die erste »blos historische und deshalb äußerlich combinierende«[302] Auffassung geht von der unterschiedlichen lutherischen und reformierten Verfassungsentwicklung seit der Reformation aus. Die in lutherischen Kirchen überwiegend herrschende Konsistorialverfassung — sie übereignet dem Träger der politischen Gewalt auch das Kirchenregiment, dessen Geschäfte dann von einer königlichen Kollegialbehörde geführt werden — ist mit dem Nachteil verknüpft, daß sie jede Mitwirkungsmöglichkeit der Gemeinde an der kirchlichen Regierung von vornherein ausschließt. Die in reformierten Kirchen übliche Synodalverfassung gewährt zwar al-

---

[301] Emil Herrmann, *Die nothwendigen Grundlagen einer die consistoriale und synodale Ordnung vereinigenden Kirchenverfassung. Ein Kirchentags-Vortrag*, Berlin 1862. Seine Grundansichten kommen auch in den weniger bekanntgewordenen Schriften des Jahres 1861 *Ueber den Entwurf einer Kirchenordnung für die sächsische Landeskirche*, in: Zeitschrift für Kirchenrecht 1 (1861), S. 43—99, und *Zur Beurteilung des Entwurfs der badischen Kirchenverfassung*, Göttingen 1861, gut zum Ausdruck.
[302] E. Herrmann, *Die nothwendigen Grundlagen* ... , S. 7.

len Kirchengliedern gestaltende Mitverantwortung für ihre Kirche, besitzt aber den Nachteil, daß ein synodales Zentralorgan wegen der räumlich zerstreuten Mitglieder häufig handlungsunfähig und durch die oft wechselnde Zusammensetzung keiner auf festen Maximen gründenden Kirchenpolitik fähig ist. Durch eine bloße Kombination beider Typen würde ihr innerer Widerspruch jedoch nicht aufgehoben, sondern eher verschärft; die eigentümlichen Nachteile des einen Modells würden nicht durch die Vorteile des anderen kompensiert, denn für eine Beschränkung der jeweiligen Verfassungsreform auf ihre positiven Aspekte fehlt — nach Herrmanns Überzeugung — dem bloß kombinierenden Verfahren das übergeordnete Prinzip.

Ein anderer Gesichtspunkt spricht für Herrmann noch gegen eine einfache Verbindung der konsistorialen und synodalen Ordnung: Konfessionalistische Kreise könnten in einem solchen Verfahren die Herstellung einer charakteristischen Unionsverfassung sehen und sie darum mit Entschiedenheit ablehnen.

Demgegenüber hält Herrmann es schon für einen Fortschritt, wenn man der Verbindung der beiden Ordnungen ein Prinzip zugrunde legt, wie das Richard Rothe (er bleibt freilich ungenannt) und sein Kreis mit dem »kirchlichen Konstitutionalismus« taten. Obwohl Herrmann ihnen das formale Verdienst zuerkennt, hier die Weichen gestellt zu haben, kann er inhaltlich der bloß analogen Anwendung des Konstitutionalismus auf den kirchlichen Bereich nicht zustimmen, denn trotz der Tatsache, daß Staat und Kirche beide sittliche Gemeinwesen seien, unterschieden sie sich nach Art und Bestimmung doch erheblich. So organisiere sich in der Kirchengemeinde die Idee der Kirche, nicht aber in der bürgerlichen Gemeinde die Idee des Staates; die kirchliche Ortsgemeinde sei schon Kirche, die bürgerliche Lokalgemeinde dagegen keineswegs Staat.

Auch bezeichnet er die Vorstellung als unhaltbar, nach der das landesherrliche Kirchenregiment und die konsistoriale Ordnung als die kirchliche Ausprägung des monarchischen, dagegen die Synode als die des parlamentarischen Elementes zu denken sei. Denn während das Regiment der Kirche aus dem ursprünglichen Recht der einzelnen Gemeinden abgeleitet sei, das diese in freiwilliger Selbstbeschränkung an den Monarchen delegiert hätten, beruhe die Einheit der Staatsgewalt in der Hand des Fürsten auf keiner Ableitung von einzelnen Kommunen, sondern der Staat trage seine Gewalt schlechthin in sich selbst. Deshalb steht es nach Herrmanns Überlegungen einer Kirchengemeinde wohl zu, sich von dem gemeinsamen Kirchenregiment loszulösen, aber »niemals könnten im Staate die Gemeinden für befugt erklärt werden, Rechte der Staatsgewalt an sich zurückzunehmen, welche ihnen als Gemeinden schlechthin nicht zustehen . . .«.[303]

Für ebenso unsinnig hält Herrmann eine Analogie zwischen Synode und Parlament, denn letzteres besitze keinen Anteil an der Staatsgewalt, sondern gründe in der Verschiedenheit und inneren Beziehung von Staat und Volk, während die Synode die Landeskirche als Verband von Einzelgemeinden repräsentiere. »Das Parlament ist nicht der Staat und übt daher keine Staatsgewalt aus: aber wohl kann man sagen, die Synode ist die Landeskirche und ist an sich von keinem der Rechte der Kirchengewalt ausgeschlossen, die auf den landeskirchlichen Verband und dessen Regiment aus der Rechtssphäre der Gemeinde übertragen sind.«[304]

Der Staatsbegriff Herrmanns weist eine deutliche Abhängigkeit von den Ideen des Historikers Heinrich v. Treitschke (1834—1896) auf, mit dem er politisch völlig übereinstimmte und seit seiner Kieler Zeit rege verkehrte.[305] Als Bewunderer der preußischen Militärmonarchie formulierte der berühmte Historiker sein nationalromantisches Staatsideal: »Ein König, der regiert, ein Adel, der ihn umgibt, und ein Volk, das gehorcht.«[306] Für die Wirksamkeit eines Parlamentes blieb da wenig Raum.

Um so mehr überrascht Herrmanns Bestimmung von Kirche als autonomer Gemeinde, seine Absage an die ganz vom Amt getragene hierarchisch geordnete Pastorenkirche zugunsten des zuerst vom liberalen Protestantismus geforderten »Gemeindeprinzips«. Freilich ist das nur die eine Seite seines Kirchenverständnisses, denn sein »Gemeindeprinzip«, das für Herrmann einzig wahre individuell und spezifisch kirchliche Prinzip zur Bildung einer evangelischen Kirchenverfassung, findet gerade dadurch seine Charakterisierung, daß es die synodale Ordnung mit der konsistorialen in rechter Weise verbindet.

Bestimmte kirchliche Aufgaben lassen sich nicht von einzelnen Kirchengemeinden bewältigen, sondern erfordern eine größere Gemeinschaft, die Herrmann als ethische Notwendigkeit »durch das innere Entwicklungsgesetz des sittlichen Leibes Christi« begründet sieht. »Die wichtige Frage aber, nach welchem Einigungsgrunde sich diese größern Kreise zusammenschließen und gegen einander abgrenzen sollen, hat die evange-

---

[303] *A. a. O.*, S. 19.

[304] *A. a. O.*, S. 21.

[305] Herrmann schenkte Treitschke zu dessen Geburtstag am 15. 9. 1868 ein Bild des preußischen Königs mit dem Vers: »Langsam reifen Gottes Saaten, / Was wir glauben wird zur Tat, / Aus dem Chaos deutscher Staaten / Steigt empor der deutsche Staat.« (A. v. Kirchenheim, *Emil Herrmann* . . . , S. 45; vgl. S. 48; 100 ff.)

[306] Walter Theimer, *Geschichte der politischen Ideen*, 2. Aufl., Bern 1955, S. 368 f.

lische Kirche richtig dahin beantwortet, daß die Gemeinsamkeit des nach Staatsgebieten abgeschlossenen national-politischen Lebens die reichsten Gaben und Mittel für die Bildung dieser Kreise zu lebendigen und beharrlichen individuellen Ganzen entgegenbringe. Darin ist für die evangelische Kirche im Deutschen Volke die Eintheilung in Landeskirchen , und in diesen wieder das Bestreben und der Beruf begründet, ihren Verband zu dem einer deutschen evangelischen Kirche zu erweitern.«[307]

Die Landeskirchen benötigen ein Gesamtkirchenregiment, das zwangsläufig die ihm zugehörigen Gemeinden rechtlich beschränkt. Das heißt jedoch nicht, daß der umfassendere Gemeindeverband die Rechtsstellung der Einzelgemeinde als Kirche aufhebt, sondern letztere bleibt Subjekt eines Kirchenregimentes, jedoch unter Ausklammerung derjenigen Aufgaben, welche innere und äußere Mittel in Anspruch nehmen, die der enge Kreis Gemeinde nicht in sich selbst, sondern erst in der ergänzenden Gemeinschaft mit anderen findet.

Um seinen Aufgaben zu genügen, muß das Kirchenregiment als Organ des Gemeindeverbandes Landeskirche drei Anforderungen erfüllen:

1. Es sollte als Träger eines »objektiv-kirchlichen Berufes« erscheinen, das heißt ein eigenes selbständiges Organ besitzen, das seine Autorität nicht bloß als Mandatar aus den unter ihm verbundenen Gemeinden ableitet.

2. Die oberste Kirchenbehörde sollte eine ständige Einrichtung sein und nicht ein Kollegium aus räumlich zerstreuten Personen, das nur zeitweise zusammentritt. Hierzu reicht das in der reinen Synodalverfassung vorgesehene Moderamen nicht aus, denn es fehlt ihm an der für ein handlungsfähiges Subjekt nötigen Kontinuität und Selbständigkeit sowie an Unabhängigkeit gegenüber der Synode. Die Konsistorialverfassung dagegen gewährleistet in viel höherem Maße die Einrichtung eines ständigen und aus eigenem Recht handelnden, kollegial verfaßten Zentralorganismus. Dabei betont Herrmann, daß auch dann, wenn der historisch gegebene, juristische Zusammenhang zwischen der konsistorialen Ordnung und dem landesherrlichen Kirchenregiment verlorengehen sollte, die erstere gleichwohl ihren Sinn behielte.

3. Umgekehrt sollte die Kirchenregimentsbehörde — wenn sie nicht übersehen will, daß die Landeskirche ein Verband von Gemeinden ist — keinesfalls isoliert über den Gemeinden handeln, sondern deren einigenden Mittelpunkt bilden; eben dazu bedarf die Konsistorialverfassung der synodalen Ergänzung. Herrmann erwartet, daß Konsistorium und Synode

[307] E. Herrmann, *Die nothwendigen Grundlagen . . .*, S. 24 f. (Hervorhebungen im Original).

in einer wirklichen Gemeinschaft zusammenarbeiten, »Verbindungsfäden hinüber und herüber laufen«[308]: Das Konsistorium soll an Synodalbeschlüssen teilhaben und Synodalausschüsse im Verwaltungsbereich Einfluß nehmen.

Mit der Betonung des synodalen Elementes, des idealen Zusammenwirkens der konsistorialen und synodalen Ordnung und schließlich mit seiner lediglich pragmatischen Argumentation gegen ein Moderamen und für eine konsistoriale Spitze der Landeskirche verdeckt Herrmann nur die wahren Gründe seiner Abneigung vor einer reinen Synodalverfassung: Es ist die seit der Revolution in Staat und Kirche grassierende Furcht vor dem »Herrn omnes«, der festgefügte Ordnungen zum Einsturz bringt und — da er seine Legitimität allein aus dem Volke bezieht — seine Herrschaft auf einer sehr schwankenden, von Diskontinuität bestimmten Basis gründet. Diese Furcht lenkt hin auf eine bleibende, von oben und dadurch göttlich qualifizierte Ordnung, die mittels ihrer Kontinuität Sicherheit gewährleistet.

Herrmanns Gedanken zur Kirchenverfassung liegen praktische Erfahrungen zugrunde. Bereits im Jahre 1849 hatte er in einer Kommission, in der er hauptsächlich Entwürfe zur Einführung und Ausbildung von Presbyterien- und Synodalvereinigungen ausarbeitete, für die Neugestaltung der hannoverschen Kirchenverfassung wichtige Dienste geleistet. Aber erst im Februar 1862, nachdem die politische und konfessionell-hierarchische Reaktion der fünfziger Jahre überwunden war, griff man auf die Vorarbeiten von damals zurück. Herrmann wurde in die am 6. Oktober 1862 eröffnete Vorsynode berufen, deren Ergebnis, die hannoversche Kirchenvorstands- und Synodalordnung von 1864, man als sein Werk bezeichnen kann.[309]

---

[308] *A. a. O.*, S. 37.

[309] Wie sehr Herrmann durch die Reform der hannoverschen Kirchenverfassung in Anspruch genommen wurde, geht aus einem Schreiben vom 12. Januar 1863 an Bluntschli hervor. Hierin bittet er den Herausgeber des in Vorbereitung befindlichen Staatswörterbuchs um Aufschub für die Ablieferung des von ihm übernommenen Artikels »Protestantische Kirche«: »So rasch, wie ich hoffte, bin ich aber doch nicht mit der Arbeit fortgeschritten. Ich bleibe aber daran, und lasse den Rest in Kurzem folgen. Da ich augenblicklich schwer beladen bin, und auch durch die endlich in Angriff genommenen Veränderungen unserer Kirchenverfassung in Anspruch genommen war, so wäre es mir viel werth, wenn ich nicht gar zu stark von Ihnen gedrängt würde, oder werden müßte. Sagen Sie mir mit zwei Zeilen, bis zu welchem *äußersten* Zeitpunkte das Manuscript in der Druckerei sein muß, und seien Sie versichert, daß ich bis dahin, am besten vielleicht durch directe Einsendung des Restes an H. Schultheiß, der übernommenen Verpflichtung nachkommen werde. In ganz kurzer Zeit soll ich zu den Commissionsarbeiten nach Hannover, und noch habe ich mit keinem Gedanken

Schon während dieser Arbeiten geriet Herrmann mehr und mehr in die Konfrontation mit dem konfessionalistischen Luthertum des Königreichs Hannover, die sich durch die politischen Ereignisse des Jahres 1866 noch verschärfte, weil die lutherische Kirche als stärkste Stütze des welfischen Partikularismus hervortrat.

Besonders im universitären Bereich besaß die Welfenpartei — der Orientalist Heinrich Ewald (1803—1875) und der Historiker Georg Waitz (1813—1886) beherrschten die Szene —[310] so große Sympathien, daß Herrmann, der an die geschichtliche Mission Preußens glaubte, Deutschland zu einem großen Reich zu einigen und eine deutsche evangelische Nationalkirche zu begründen, sich in seiner geistigen und wissenschaftlichen Freiheit eingeengt fühlte: »Nicht die kleinste Winkeluniversität kann kleinlicher, engherziger, exklusiver, verfolgungssüchtiger sein als sich Göttingen in dieser Zeit gezeigt hat und zu zeigen fortfährt. Unsereiner athmet hier in einer Sumpfluft, die ohne Schaden an Leib und Seele nicht lange mehr zu ertragen ist.«[311]

meiner Vorbereitung darauf mich widmen können.« (Zentralbibliothek Zürich, Nachlaß Joh. Caspar Bluntschli, Korrespondenz FA Bluntschli 5. 358 b Nr. 3.) Zur Entwicklung der hannoverschen Synodalverfassung und Herrmanns Rolle dabei vgl. auch Ph. Meyer, *Hannover und der Zusammenschluß der deutschen evangelischen Landeskirchen im 19. Jahrhundert* . . . , S. 20—33.

[310] Wegen seiner extremen welfischen Gesinnung wurde Ewald abgesetzt (vgl. Hans Beyer, *Heinrich Ewald und die Entwicklung in Deutschland*, in: *Jahrbuch der Gesellschaft für niedersächsische Kirchengeschichte*, Bd. 56 [1958], S. 150—183) und P. de Lagarde auf seinen Lehrstuhl berufen. Herrmann urteilt über Ewald: »Jede Sache, für welche dieser leidenschaftliche und trotz seiner Gelehrsamkeit gründlich rohe und ungebildete Mann sich einsetzte, wird durch ihn so verdorben, daß ihr bald auch das berechtigte Interesse fehlt« (ZSTA, Hist. Abt. II, Merseburg, Nachlaß Herrmann, Nr. 1, Schreiben Herrmanns an Dorner vom 29. November 1866). Auch Waitz trifft Herrmanns Kritik (*ebda.*, Schreiben Herrmanns an Dorner vom 17. Juli 1866): »Am schmerzlichsten ist mir, daß wir Waitz verloren haben. Dieser deutsche Historiker wird von Gott gewürdigt, eine der größten Entscheidungen des deutschen Lebens mitzuerleben, den Kampf um die größten Principien, um welche jemals Blut vergossen worden ist — und ist der Meinung, diesen Krieg habe Bismarck und der preußische Hochmuth gemacht, dessen Niederwerfung durch Österreich jetzt das dringendste Bedürfnis unserer Zukunft sei! Ich kann ihn mir nur begreiflich machen, wenn ich mir seinen Blick völlig absorbirt durch den Herzog von Augustenburg, und sein Gefühl als völlig beherrscht von seiner nahezu tollen Frau denke.« Unter einer Reihe *dicta probantia*, die Herrmann seinem Freund Dorner übermittelt, ist auch ein Ausspruch von Frau Waitz: »Ich denke mir es idealisch schön unter Frankreich zu stehn: aber unter Preußen — Attitüde des Erbrechens« (ZSTA, Hist. Abt. II, Merseburg, Nachlaß Herrmann, Nr. 1, Schreiben Herrmanns an Dorner vom 21. Juli 1866). Man denke sich Herrmanns Empörung.

[311] ZSTA, Hist. Abt. II, Merseburg, Nachlaß Herrmann, Nr. 1, Schreiben Herrmanns an Dorner vom 17. Juli 1866. Es kam Herrmann darum sehr gelegen, als er einen Ruf nach Heidelberg erhielt. So leicht ihm der Abschied aus Göttingen fiel, so schwer wurde ihm das Ver-

Dabei gehörte Herrmann nicht einmal zu den Anhängern des schrankenlosen preußischen Annexionismus. So schreibt er am 29. November 1866 an Dorner: »Du wirst Dich aus meinen früheren ... Mittheilungen erinnern, daß und weshalb ich gegen die politische Richtigkeit der Einverleibung ganz Hannovers Bedenken gehegt habe. Diese Bedenken bestehen fort und was ich täglich um mich herum erlebe ist nicht geeignet, sie zu heben.« Dasselbe gilt für den kirchenpolitischen Sektor, auf dem er freilich vor allem aus taktischen Erwägungen empfiehlt, die hannoversche Landeskirche nicht der Evangelischen Landeskirche der älteren preußischen Provinzen anzugliedern: »Ich glaube, man sollte fürs erste die Hannoverschen Kirchenverhältnisse intact lassen, aber jede Gelegenheit benützen, bei der man bewähren kann, daß man die Durchführung der Synodalordnung zu beschleunigen, und billige Wünsche der Gemeinden im Streit mit confessionellen Hierarchen zu berücksichtigen gewillt ist. Auf diese Weise wird man sich einen für spätere organische Veränderungen empfänglichen Boden in den Gemeinden schaffen, den die Verdächtigungen durch die hierarchische Partei nicht werden erschüttern können. Nur glaube ich nicht, daß es möglich sein wird, durch Begünstigung dieser Partei einen Fußbreit vorwärts zu kommen. Auch bei den Besetzungen der regimentlichen Aemter muß man sich dem Einfluß dieser Confessionellen zu entwinden wissen.«[312]

Doch angesichts der fortschreitenden und immer schärfer ausfallenden Polemik kirchlicher Kreise im ehemaligen Königreich Georgs V. gegen den heidnischen preußischen Staat und seine Kirchenunion —[313] es bildete sich gar eine unheilige Allianz zwischen Protestantenverein und Hochlu-

---

lassen preußischen Territoriums, zumal ihm seine Freunde Dorner, Bethmann-Hollweg und Hoffmann dringend von der Annahme des Antrages abrieten. Sie versuchten vielmehr v. Mühler zu bestimmen, Herrmann in Preußen zu halten (vgl. A. v. Kirchenheim, *Emil Herrmann...*, S. 43 ff.). Die Berufung nach Heidelberg verdankte Herrmann vor allem dem liberalen Juristen Bluntschli (1808—1881), wie ein Dankschreiben an ihn vom 6. 12. 1867 verrät (wiedergegeben bei G. Besier, *Preußische Kirchenpolitik 1866—1872...*, S. 683 f.). Trotz dieser an sich günstigen Ausgangslage und intensiver Bemühungen von seiten Herrmanns, gelang es den beiden Rechtswissenschaftlern jedoch nicht, über ihre unterschiedliche kirchenpolitische Auffassung hinweg sich ein herzliches, kollegiales Verhältnis zu erhalten. Das belegt ein Brief Herrmanns an Bluntschli vom 17. Januar 1869; er verdeutlicht die zunehmende Spannung zwischen den kirchenpolitischen Parteien und die Verfestigung der Fronten bis ins Persönliche hinein (vgl. *a. a. O.*, S. 685).

[312] Die beiden letzten Zitate: ZSTA, Hist. Abt. II, Merseburg, Nachlaß Herrmann, Nr. 1, Schreiben Herrmanns an Dorner vom 29. November 1866.

[313] *Ebda.* Schreiben Herrmanns an Dorner vom 25. Oktober 1866: »Man rechnet auf eine weite Verbreitung (sc. einer in Hannover neugegründeten politischen Zeitung) im Volke, auch durch die Geistlichen, welche mit Vorliebe in ihren Predigten das Thema variieren, daß

thertum —[314] drängte Herrmann zunehmend heftiger auf eine Intervention der preußischen Behörden zur Beendigung dieser kirchlich-politischen Agitation. Er fürchtete, daß die anhaltende Wühlarbeit schließlich Früchte zeitigen und das gewünschte Ergebnis des Krieges — den Anfang zu einer politischen und kirchlichen Einigung Deutschlands — zunichte machen könnte. »Welfenthum und Lutherthum heben und stützen sich gegenseitig. Geistliche und Kirchenbehörden gehen in dieser Kirchenpolitik täglich weiter ... und finden von Berlin aus kein Hinderniß auch bei den willkührlichsten und gehässigsten Veränderungen des confessionellen Status quo. Gegen die vogelfreie Union schlägt man, und Preußen meint man und trifft man. Die Gemeinden erfahren von ihren Geistlichen, daß Preußen eine andere Religion habe und daß es darauf ausgehe, freilich nicht mit Gewalt, aber so unter der Hand und allmählig Hannover um sein reines Christenthum zu bringen. Immer wird ihnen von der Kanzel ... von den ungeheuren Gefahren vorgeredet, welche der Kirche in Folge der politischen Veränderungen drohen, und Gott inbrünstig gedankt, daß er sie bisher abzuwenden gnädig geholfen habe! Und was geschieht von Berlin aus, um die Hannov. Kirchenbehörde und Geistlichen zu ihrer Pflicht anzuhalten? um das achte Gebot zu wahren?«[315]

das Volk Gottes, d. h. die Hannoveraner, um seiner Sünde willen vor dem Herrn in die Hände der Heiden, d. h. der Preußen, gegeben worden sei. Ich fürchte, wenn nicht Ernst gegen diese frommen Gottlosigkeiten und die sonstigen Wühlereien gebraucht wird, kommen wir bald beim politischen Meuchelmord an ... Du kannst Dir denken, was ich für eine Ansicht über den Werth des Einflusses habe, welcher von den masgebenden hannoverschen Persönlichkeiten in den kirchlichen Fragen geübt wird, die aus der Verbindung Hannovers mit Preußen sich ergeben.«

[314] *Ebda.,* Schreiben Herrmanns an Dorner vom 29. November 1866: »So sonderbar hat der letzte Sommer alle Stellungen verrückt, daß Ewald mit den hochlutherischen Pastoren wenigstens im Negiren einig ist: Der Oberkirchenrath und die preußische Union haben die Ehre, von beiden abgewiesen zu werden, von Ewald, weil sie ein preußisches Gewächs sind, von den Pastoren, weil sie überhaupt ein Gewächs, also Leben, Entwicklung sind. Hier will der Protestantenverein gar nichts sagen: die verständigeren Bürger, die ihm angehören, haben ihm den Rücken gekehrt, aufgebracht durch die Zumuthung, die Ewaldschen Vorträge anzuhören ... Wenn aber auch Ewaldsche Thesen dem Zusammenwachsen der Hannov. Landeskirche mit der preußischen nicht nachtheilig werden können, so droht um so mehr die Gefahr von den Pastoren, die sich den Gemeinden, mit denen sie durch den Katechismusstreit gründlich zerfallen waren, jetzt durch ihren antipreußischen Eifer empfehlen.« (Vgl. Anm. 310.)

[315] *Ebda.,* Brief Herrmanns an Dorner vom 9. Februar 1868.

Kirchentagsverhandlungen

Man begreift auf diesem Hintergrund leicht, wie ungeschickt es war, in einer gesamtdeutschen kirchlichen Veranstaltung einem so exponierten Vertreter der Preußischen Union und des preußischen Staatsideals den Hauptvortrag zu überlassen — dazu noch bei einer Fragestellung wie der vorliegenden.[316]

Es überraschte darum auch niemanden, als Herrmann — trotz aller Vorsicht, die er bei seinen Formulierungen walten ließ — doch unüberhörbar der Angliederung der lutherischen Kirchen in den neuen Provinzen an die Evangelische Landeskirche der älteren preußischen Provinzen das Wort redete — allerdings mit der Einschränkung, daß den geschichtlichen Bedingungen und Eigentümlichkeiten der beteiligten Kirchen genügend Rechnung getragen würde.

Herrmann setzt — im Anschluß an Dorners Geschichtsauffassung — mit der These ein, nicht die innere, in den Bekenntnisschriften als gegensätzlich bezeugte Lehre könne man als Ursache der konfessionellen Sonderung betrachten, sondern ihre äußere Trennung als Folge des Territorialprinzips. »Kein unbefangener Blick wird verkennen, daß, ganz abgesehen und unabhängig von dem dogmatischen Trennungsgrunde, die Lebensmacht der bestimmten, durch die äußere Absonderung entwickelten Individualitäten es ist, aus welcher die Schranke zwischen den Confessionskirchen ihre beharrliche Kraft gezogen hat.«[317]

Aber die Verschiebung der Territorialgrenzen sowie die vom Merkantilsystem geförderten Einwanderungen führten schon im 17. Jahrhundert zur Lockerung der konfessionellen Geschlossenheit, besonders da der westfälische Friedensvertrag das *ius reformandi* außer kraft gesetzt hatte.[318]

[316] Dabei wäre es leicht gewesen, einen anderen zum Präsidenten und Ersten Referenten zu bestimmen. Noch in der ersten Hälfte des Jahres 1866 hatte Herrmann selbst vorgeschlagen, den nächsten Kirchentag in Göttingen abzuhalten und Lichtenberg (1816—1883), seit April 1866 Präsident des neu errichteten Landeskonsistoriums, an seiner statt zum Präsidenten zu wählen. Herrmann, der mit Lichtenberg ungeachtet ihrer gegensätzlichen kirchlichen und politischen Anschauungen eng befreundet war, hielt einen derartigen Schritt angesichts der angespannten konfessionellen Lage in Deutschland für angebracht, um den Willen Preußens zur kirchlichen Befriedung zu bekunden (Quellen: Briefe Herrmanns an Dorner vom 1. 1. 66; 25. 1. 66; 25. 10. 66; 2. 11. 66/ZSTA, Hist. Abt. II, Merseburg, Nachlaß Herrmann, Nr. 1).

[317] *Die Verhandlungen des vierzehnten deutschen evangelischen Kirchentages zu Kiel im September 1867.* Im Auftrage der vereinigten Ausschüsse hrsg. von dem Secretariat, Berlin 1867, S. 10.

[318] Durch den Reichsdeputationshauptschluß erfuhren besonders die Rheinbundstaaten eine beträchtliche Erweiterung durch Zuwachs von z. T. ganz anderen Konfessionen ange-

Wenn diese geschichtliche Entwicklung schon in den meisten Landeskirchen zu einer kirchenregimentlichen Verwaltungsunion führte und dazu beitrug, die konfessionellen Gegensätze allmählich abzubauen, so verlangt — nach Herrmanns Auffassung — die derzeitige Überwindung der politischen Zersplitterung zugunsten eines deutschen Nationalstaates erst recht von den Konfessionen, die ehemals durch das Territorialprinzip verursachte Trennung aufzugeben. Allerdings sollen berechtigte »geschichtliche Individualitäten« der betreffenden Kirchenkreise bewahrt und geschützt werden, was für Herrmann jedoch keinesfalls die Notwendigkeit sonderkonfessioneller Kirchenbehörden einschließt, wie das Hochluthertum sie beständig fordert.

Der Anspruch auf Absonderung könnte überdies nur aufgrund der unterschiedlichen Inhalte des lutherischen und reformierten Bekenntnisses erhoben werden, aber beide Konfessionen weisen kraft »ihrer wesentlichen Einheit im formalen und materialen Principe der Reformation eine weit und tief reichende Uebereinstimmung ihres Inhalts«[319] auf. Die sogenannten gemeinevangelischen Bekenntnisinhalte — Herrmann erinnert an die Augsburger Konfession — drängten daher zu einer diesen Gemeinsamkeiten entsprechenden kirchlichen Einigung, wenn nur die Konfessionalisierung freier geschichtlicher Bildungen — zum Beispiel hätten Kirchenverfassung und Eherecht mit der Zeit Bekenntniswert erhalten — als Adiaphora erkannt und aufgegeben würden. »Dieses Verfahren, das man als Bekenntnismacherei bezeichnen darf, vermag allerdings Verwirrung anzurichten, die Leidenschaft zu erregen, die gesunde kirchliche Entwicklung aufzuhalten, ist aber ohne nachhaltige Kraft: denn es giebt Schein für Wesen, und ist durch Artikel 7 der Augustana, sowie durch die in derselben confessionellen Gruppe sich findenden Mannichfaltigkeiten widerlegt.«[320]

Der jetzt zur Diskussion stehende Anschluß konfessioneller Kirchenkreise an eine evangelische Landeskirche unterscheidet sich nach Herrmanns Verständnis von zahlreichen ähnlichen Vorgängen in früherer Zeit

hörenden Gebietsteilen, was sie zwang, durch besondere Religionsedikte (vgl. K. Rieker, *Die rechtliche Stellung der evangelischen Kirche Deutschlands . . .* , S. 337 ff.) die kirchlichen Verhältnisse in ihrem Gebiet neu zu ordnen. Den neuen Verhältnissen trug schließlich auch die Verfassung des Deutschen Bundes im Artikel 16 Rechnung, in dem es heißt: »Die Verschiedenheit der christlichen Religionsparteien kann in den Ländern und Gebieten des deutschen Bundes keinen Unterschied im Genusse der bürgerlichen und politischen Rechte begründen.« Der bislang konfessionell geschlossene Staat verwandelte sich in einen christlichen paritätischen Staat.

[319] *Verhandlungen des Kieler Kirchentages 1867 . . .* , S. 17.
[320] *A. a. O.*, S. 19.

allein dadurch, daß er sich mehr als diese an den Wahrheitsgehalt des rechtmäßigen Territorialprincips annähert, der in der Nationalkirche besteht.

Von dieser Sacheinschätzung ausgehend, untersucht Herrmann, inwieweit die Forderungen der Konfessionalisten zur Sicherung ihres Bekenntnisses angebracht und berechtigt erscheinen, ohne daß die Mittel zum Schutz der betreffenden Konfession andere Güter verletzen, denen absoluter Wert zukommt. Als einen Verstoß gegen diese religiös-ethische Proportionalität der Mittel bezeichnet er die Weigerung der Lutheraner, mit Reformierten und Unierten das Abendmahl zu feiern.

In der Verbindung verschiedener konfessioneller Denominationen unter dem Kirchenregiment desselben evangelischen Landesherrn sieht Herrmann keine Gefahr für die einzelnen Bekenntnisse, sondern das notwendige Band, »mittels dessen die innere Theilnahme und Widmung des Kirchenobern der evangelischen Kirche zugewendet bleibt«.[321]

Obwohl er die Frage der Einrichtung sonderkonfessioneller kirchlicher Regierungsbehörden nicht von vornherein verwirft, gibt Herrmann doch unmißverständlich einer gemeinsamen Kirchenverwaltung den Vorzug, denn diese ließe den Wert »gemeinevangelischer Grundsätze« erkennen und wehre einer partikularistischen »Bekenntnistreiberei«. Er rät freilich, die bestehenden Kirchenbehörden so lange nicht aufzulösen, bis der zur Zeit noch herrschende »überspannte Bekenntnisbegriff« durch die wachsende gemeindliche Urteils- und Entscheidungsfähigkeit abgeschwächt worden sei und die Mehrheit der Kirchenglieder sich für eine einheitliche Kirchenregierung ausgesprochen habe. »Erst wenn der Kirchenkörper durch seine Synode handlungsfähig geworden ist, werden die Fragen nach engerer Gemeinschaft mit dem landeskirchlichen Ganzen ihrer Erledigung zuzuführen sein, und zwar so, daß einerseits zwar dabei für die Geltendmachung der Werthe der neuen Gemeinschaft gesorgt ist, andererseits aber dem Theile die rechtliche Möglichkeit der Festhaltung und Pflege desjenigen verbleibt, worauf er als sonderconfessioneller Körper Werth legt.«[322]

Die zu schaffende Gemeinde- und Synodalordnung, so glaubte also der Kirchenrechtslehrer, werde das Konfessionsproblem einer endgültigen Lösung im Sinne der Preußischen Union zuführen.

Bischof Koopmann antwortete als erster auf Herrmanns Vortrag. Nachdem er zunächst noch einmal die Notwendigkeit der lutherischen

---

[321] *A. a. O.*, S. 24.
[322] *A. a. O.*, S. 25 f.

Forderung nach einer eigenen Kirchenbehörde hervorgehoben hatte, wies er mit Entschiedenheit den Terminus »Sonderbekenntnisse« zurück, der »vom Standpunkte der doktrinären Abstraktion aus« gebraucht werde und daher zur Bezeichnung des wahren Sachverhaltes untauglich sei. Wer in seinem Bekenntnis den richtigen Weg zur Errettung der verlorenen Seelen gefunden habe, »der nennt dies nicht mehr ein Sonderbekenntnis«. Dann erinnerte Koopmann daran, daß alle Geistlichen Schleswig-Holsteins nicht nur einer einzelnen Gemeinde verpflichtet, sondern durch ihren Eid auch an die evangelisch-lutherische Kirche gebunden seien, zu deren Bestand konstitutiv ein spezifisch lutherisches Kirchenregiment gehöre.

Zum Schluß distanzierte sich der Bischof von einer Interpretation seiner Unterschrift auf der Einladung zum Kirchentag, nach der es hieß, er habe damit seine ungeteilte Zustimmung zu der Versammlung gegeben: »Es könnte sein, daß der Kirchentag einen antilutherischen Verlauf nähme. Gestern hat man gesagt, daß wer die Einladung zum Kirchentage unterschrieben habe, sich auch zu demselben bekenne. In diesem Sinne habe ich meine Unterschrift nicht gegeben.«[323]

Den taktischen Abmachungen gemäß[324] meldete sich nun Lipsius zu Wort, der im Namen einer Anzahl Geistlicher aus Schleswig-Holstein erklärte, sie teilten die Befürchtungen Koopmanns nicht und wünschten »im Gegenteil den innigsten Anschluß an die evangelische Kirche Preußens«.

Im folgenden gedieh die Diskussion recht lebhaft, wobei vor allem die Vertreter der lutherischen Seite ständig unterbrochen wurden, so daß der Eindruck entstehen mußte, als befürwortete weitaus die Mehrheit eine Annäherung an die Evangelische Landeskirche der älteren preußischen Provinzen.

Am zweiten Verhandlungstag hatten sich die Gemüter erheblich abgekühlt, der Höhpunkt des Kirchentages war mit Herrmanns Referat sichtlich überschritten. Dorners Vortrag über »die Rechtfertigung durch den Glauben an Christus in ihrer Bedeutung für christliche Erkenntnis und christliches Leben«[325] hinterließ bei allen kirchenpolitischen Gruppierun-

---

[323] *A. a. O.*, S. 29. Dorner bemerkt in einem Brief vom 23. 9. 1867 gegenüber Martensen: »Es hat mir und fast noch mehr den Landsleuten des Bischof Dr. Koopmann leid gethan, daß derselbe statt das ächt Lutherische, Feine und Durchschlagende des Herrmannschen Vorschlages zu fassen, die Debatte auf ein anderes Gebiet — nämlich ob Union oder Nicht? — hinüberspielte und dabei sich durch ungeschickte, polternde Derbheiten schwer compromittirte« (*Briefwechsel* . . . , Bd. 2, S. 41).

[324] Siehe oben S. 153.

[325] Abgedruckt in den *Verhandlungen des Kieler Kirchentages 1867* . . . , S. 38—60.

gen einen günstigen Eindruck. Lediglich Bischof Koopmann widersprach heftig Dorners These, die Rechtfertigungslehre sei vorzüglich geeignet, Grundlage und Prinzip für eine Einigung der reformatorischen Kirchen zu bilden. »Luther sagt von dem Artikel der Rechtfertigung: 'davon kann man nichts weichen oder nachgeben, es falle Himmel und Erde oder was nicht bleiben will; und auf diesem Artikel steht Alles, was wir wider Papst, Teufel und Welt lehren und leben'. Das sagt er aber von der lutherischen Rechtfertigung. Ich muß das 'lutherische' betonen und kann dafür nicht 'evangelisch' sagen, denn das Wort 'evangelisch' ist vielfach gemißbraucht worden. Die lutherische Rechtfertigung als das materiale Princip der Reformation hängt aber zusammen mit allen großen Wahrheiten unseres Bekenntnisses, mit der Lehre vom dreieinigen Gott, mit der Lehre Jesu Christo und seiner Stellvertretung des Menschen vor Gott.«[326]

Obwohl mit dieser Vereinnahmung der lutherischen Rechtfertigungslehre durch das exklusive Luthertum nicht gerade dem konfessionellen und kirchenpolitischen Frieden das Wort geredet wurde, entschieden sich die Konfessionalisten bei ihrer abendlichen Besprechung doch dafür, auf eine Erklärung zu verzichten und sich mit den Anhängern von Lipsius ins Einvernehmen zu setzen, wenn diese folgenden drei Punkten zustimmen wollten: 1. keine Unterstellung unter den Oberkirchenrat; 2. die schleswig-holsteinische Kirche bleibt evangelisch-lutherisch; 3. Einrichtung eines Landeskonsistoriums zur Bildung einer Kirchenverfassung.

Darauf ging aber die Gegenseite nicht ein, sondern formulierte einen auf die vorläufige Erhaltung des status quo hinzielenden Kompromißvorschlag: »Wir wünschen beiderseits, daß vor Allem eine Verfassung für die Landeskirche eingeführt werde und daß, bis die Landessynode gesprochen hat, nach keiner Seite hin die Entwicklung präjudicirt werde.«[327]

Als Reaktion auf diesen Vorschlag brachen die radikalen schleswig-holsteinischen Lutheraner, die inzwischen eine überwältigende Mehrheit besaßen (das Verhältnis war etwa 150 zu 60), die Verhandlungen mit ihren gemäßigten Glaubensbrüdern ab; die Bischöfe und andere hohe geistliche Würdenträger lutherischer Provenienz verließen den Kirchentag, um damit gegen die unionsfreundliche Verhandlungsführung und die bekundeten Einverleibungsabsichten der Vertreter und Sympathisanten der Evangelischen Landeskirche der älteren preußischen Provinzen zu protestieren.

[326] *A. a. O.*, S. 62.
[327] *EKZ* 81 (1867), Sp. 935.

Das Ende der Kirchentagsbewegung

Der Eklat in Kiel bildete in der von Zwischenfällen dieser Art so reichen Geschichte der deutschen evangelischen Kirchentage gewiß keine aufsehenerregende Ausnahme.

So hielten sich schon die orthodoxen Lutheraner von dem zweiten Kirchentag im Jahre 1849 fern, weil Harleß (1806—1879) zuvor auf der Leipziger lutherischen Konferenz die beabsichtigte Konföderation der Kirchen verschiedener Bekenntnisse für unausführbar und unvereinbar mit den Prinzipien der lutherischen Kirche erklärt hatte. Den sechsten, 1853 in Berlin zusammengetretenen Kirchentag nutzte Hoffmann, um in seiner Eröffnungspredigt hart gegen die Konfessionellen zu Felde zu ziehen.[328] Auf dem neunten Kirchentag in Stuttgart (1857) kam es zwischen den dem Kirchentag noch treu gebliebenen Lutheranern und den Unionstheologen zu einer heftigen Kontroverse über Heidenmission und evangelische Katholizität, die damit endete, daß Hengstenberg, Stahl und andere die Versammlung verließen.[329]

Diese fortwährenden konfessionellen Differenzen, hervorgerufen durch das wachsende gegenseitige Mißtrauen der kirchlichen Parteien, die sich seit 1848 über die landeskirchlichen Grenzen hinweg gebildet und damit zu einer allgemeinen Verhärtung der kirchenpolitischen Fronten beigetragen hatten, führten immer weiter von dem eigentlichen Ziel der Kirchentage — der Gründung eines deutschen evangelischen Kirchenbundes — fort.

Der politische Druck Preußens auf Deutschland, seine Expansionsbestrebungen unter Wilhelm I., taten ein übriges: Die noch unabhängigen deutschen Staaten fürchteten, der Kirchentag könne als Vehikel preußischer Machtgelüste mißbraucht werden, und hintertrieben darum die kirchlichen Einigungsbemühungen.[330]

Dieselben Absichten verfolgte natürlich auch die Partei der exklusiven Lutheraner, denn sie wünschte die Erhaltung und Neugründung rein lutherischer Kirchen sowie deren organisatorische Verbindung in einer konföderierten evangelisch-lutherischen Kirche Deutschlands. Deshalb favorisierte sie einen großdeutschen föderalistischen Staatenbund unter Österreichs Herrschaft. Nachdem 1866 die Entscheidung zugunsten eines klein-

---

[328] Vgl.: *Das Bekenntnis der lutherischen Kirche gegen das Bekenntnis des Berliner Kirchentages*, Erlangen 1853.

[329] Vgl. dazu die im Druck herausgegebenen Verhandlungsprotokolle der genannten Kirchentage.

[330] Siehe oben S. 31.

deutschen zentralistischen Bundesstaates unter der Hegemonie Preußens gefallen und Österreich aus Deutschland hinausgedrängt war, verschärfte sich aufgrund der preußischen Annexionen und der damit verbundenen Angst um die Selbständigkeit ihrer lutherischen Kirchen die Opposition der Lutheraner gegen die Preußische Union und die preußische Staatsphilosophie.

Das Ziel der Kirchentagsbewegung, die kirchliche Einigung Deutschlands, war infolge der politischen Ereignisse des Jahres 1866 ferner gerückt als je zuvor. Doch damit nicht genug, sollte der Kirchentag die schwere kirchenpolitische Krise, die den Unionsgedanken erfaßt hatte und die Existenz der Evangelischen Landeskirche der älteren preußischen Provinzen gefährlich bedrohte, nicht überstehen.

Anders als in Kiel versuchte man auf dem *15. deutschen evangelischen Kirchentag in Stuttgart (1869)* die innerevangelisch-konfessionellen Gegensätze zu übertönen, indem man den alle Bekenntnisse vereinigenden Kampf gegen die wesentlich unchristliche Humanitätsreligion und den ultramontanen Katholizismus als vordringliches Anliegen des deutschen Protestantismus in den Vordergrund schob.

Den in diesem Sinne akzentuierten Hauptvortrag mit dem Thema »Die religiösen Grundsätze des 19. Jahrhunderts verglichen mit denen des 16. Jahrhunderts nach ihrer Verwandtschaft und ihrem Unterschiede« hielt der in der Kirchenpolitik bis dahin nicht in Erscheinung getretene Baseler Theologieprofessor Hermann v. d. Goltz (1835—1906). Freilich galt über diesen Umweg die Stoßrichtung des Goltzschen Referates dennoch dem exklusiven Konfessionalismus ebenso wie dem liberalen Protestantenverein, denn beide leisten den oben genannten religiösen Verirrungen Vorschub. »In diesem neuen Kampfe sind zwei Gegensätze beschlossen, welche in unseren kirchlichen Parteien vielfach vermischt, aber innerlich verschieden sind: Der Gegensatz zwischen positivem Christenthum und bloßer Humanitätsreligion; der Gegensatz zwischen einer conservativen, in ihrem Extrem gesetzlichen [das ist: katholisierenden], und einer fortschrittlichen, in ihrem Extrem weltförmigen [das ist: atheistischer Humanismus] Richtung christlichen Glaubens.«[331]

Als überzeugter Mann der Union konnte Goltz auch die Forderung der Lutheraner nach einer selbständigen evangelisch-lutherischen Kirche nicht gutheißen. Dem Geist der Zeit folgend, plädierte er vielmehr für eine

---

[331] *Die Verhandlungen des fünfzehnten deutschen evangelischen Kirchentages und Congresses für die innere Mission zu Stuttgart vom 31. August bis 3. September 1869*, Stuttgart 1869, S. 8.

überkonfessionelle Volkskirche »nach Maaßgabe nationaler und sprachlicher Zusammengehörigkeit, sowie politischer und geschichtlicher Bande« und bekannte sich damit zu dem kirchenpolitisch mächtigen Block der Positiv-Unierten.

»Die Einheit der Kirche«, so formulierte er die kirchlich-theologische Problemstellung der ausgehenden sechziger Jahre, »verträgt Verschiedenheit der Lehre, Sitte und Verfassung, wenn nur die Fundamente christlichen Glaubens unangetastet bleiben. Das also ist die einzige, aber auch unerläßliche Bedingung für das Suchen und Bewahren brüderlicher Gemeinschaft, und eine Verständigung hierüber zu erzielen, welches diese Fundamente sind, das wesentlich Christliche, das Grundlage und Grenze der Gemeinschaft und zugleich Norm der kirchlichen Lehrfreiheit ist, ist die theologische Hauptaufgabe der Zeit.«[332]

Angesichts solcher Thesen war es nicht erstaunlich, daß der als Gast dem Kirchentag beiwohnende Altlutheraner und Theologieprofessor Karl Friedrich August Kahnis (1814—1888) aus Leipzig — obwohl kein Freund einer rein antiquarischen Repristination des Luthertums, doch auch ein alter Kämpe gegen die »Doktrinäre der Union«[333] — auf Goltz' Ausführungen entgegnete: »Ich erkenne mit meinen Freunden die Union, wo sie zu Recht besteht, als eine berechtigte Gestalt des Protestantismus an, aber es ist etwas Anderes, ob die Union das Alles beherrschende Princip sein soll. Nimmt der Kirchentag diese Thesen an und erhebt er sie zu Beschlüssen, so ist es den Lutheranern nicht möglich, weiter am Kirchentage Theil zu nehmen.«[334]

So überschattete die Polarität der evangelischen Bekenntnisse auch diesen Kirchentag und verhinderte eine geschlossene protestantische Willensbildung, die für die bevorstehende Auseinandersetzung mit dem Staat um die künftige Gestalt der evangelischen Kirche und für ein Abklärung ihrer Rolle in dem von allen erwarteten geeinten Deutschland so überaus wichtig gewesen wäre.

Durch den siegreichen Krieg 1870/71 erhielt der Einheitsgedanke im deutschen Protestantismus dann wieder mächtigen Auftrieb, denn man glaubte allgemein, daß eine politisch große Zeit auch im kirchlichen Bereich Früchte tragen müsse. In direkter Analogie zum politischen Geschehen, unter dem tiefbewegten Eindruck der politischen Einigung

[332] Paul Gennrich/E. v. d. Goltz, *Hermann von der Goltz. Ein Lebensbild als Beitrag zur Geschichte der deutschen evangelischen Kirche im 19. Jahrhundert*, Göttingen 1935, S. 55 f.
[333] Es sei an die zahlreichen Kampfschriften gegen Nitzsch und Julius Müller erinnert.
[334] *Verhandlungen des 15. Kirchentages zu Stuttgart 1869* ... , S. 38.

Deutschlands, forderten weite Kreise in der evangelischen Kirche eine nationale Zusammenfassung des deutschen Protestantismus.

Da der Gedanke ganz in der Tradition des Deutschen Evangelischen Kirchentages stand, war es nur folgerichtig, daß Dorner, Hoffmann und Wichern, die Hauptträger der Kirchentagsbewegung in der zweiten Hälfte der sechziger und Anfang der siebziger Jahre, die Initiative ergriffen und vorschlugen, anstatt des Kirchentages im *Oktober 1871* eine große *Konferenz* nach *Berlin* zu berufen.[335] Es erging denn auch im Juli 1871 überall in Deutschland die Einladung zu einer freien kirchlichen Versammlung, deren Ziel es sein sollte, zunächst die kirchenpolitischen Parteien zu veranlassen, das Gespräch miteinander wieder aufzunehmen, um dann gemeinsame Vorbereitungen für eine nationale Einigung der deutschen Kirchen treffen zu können.

Obgleich von seiten des Hochluthertums sofort die Formel »verkappter Kirchentag« geprägt wurde,[336] gab die wohlwollende Haltung der gemäßigten Lutheraner Anlaß zu der Hoffnung, daß wenigstens die Stahlsche Entscheidung von 1857[337] revidiert werden würde. »In der Tat haben sich Deutschland und die christliche Kirche allezeit gegenseitig gefordert«, gab Kahnis zu, und Hofmann erklärte gar, als habe es darüber nie Differenzen gegeben: »Wie sollten wir nicht ... den Wunsch haben, daß es eine einige evangelische Kirche deutscher Nation gäbe!«[338]

Die Einbeziehung der gemäßigten Konfessionellen war durch die kluge Berufung von Benno Bruno Brückner (1824—1905) als Hauptreferenten geglückt, denn einerseits gehörte der glänzende Rhetoriker seit 1869 dem EOK an, besaß aber andererseits auch gute Verbindungen zu den Lutheranern. Überaus diplomatisch führte Brückner aus, daß nach der nationalpolitischen Entwicklung »der deutsche Volksgeist« auch auf eine kirchliche Einigung hindränge und die Alternative hie Reichskirche hie lutherische Bekenntniskirche das wichtige Kriterium der Konfession zu einseitig betone. In bewußter Mäßigung beschränkte er sich für ein Zusammenwirken des deutschen Protestantismus lediglich auf zwei Forderungen: Gewährung der Abendmahlsgemeinschaft und Herstellung einer Kirchenkonvokation, die als Anfang einer Föderation der einzelnen Landeskirchen ge-

[335] Vgl. dazu die ausführliche Darstellung bei Ernst Bammel, *Die Oktoberversammlung des Jahres 1871*, in: *... und fragten nach Jesus. Beiträge aus Theologie, Kirche und Geschichte. Festschrift für Ernst Barnikol zum 70. Geburtstag*, Berlin 1964, S. 251—267.

[336] Vgl. *AELKZ* vom 25. 8. 1871, Sp. 602; vgl. Sp. 530.

[337] Siehe oben S. 168.

[338] *Die Verhandlungen der kirchlichen October-Versammlung in Berlin vom 10. bis 12. Oktober 1871*, Berlin 1872, S. 78; 83.

dacht war. Die Aufgaben der geplanten Institution sollten allein auf die mehr äußerlichen Dinge und das Verhältnis zum Staat beschränkt bleiben und sich keinesfalls auch auf Lehrfragen erstrecken. Die Kirchenkonvokation sollte jährlich zusammentreten und für die Zwischenzeit einen ständigen Ausschuß wählen; schließlich wollte man neben den Vertretern der Kirchenregimente auch solche der Synoden bestellen, um damit die Einheit des deutschen Kirchenvolkes zu bekunden.

Der Vortrag hätte seine Wirkung gewiß nicht verfehlt, wenn nicht durch den Ton des Korreferenten Hermann Theodor Wangemann (1818—1894) alle Hoffnungen auf eine kirchliche Einigung zumindest auf dieser Versammlung zunichte gemacht worden wären.[339]

Der Berliner Missionsdirektor und Verfasser der *Sieben Bücher preußischer Kirchengeschichte* nutzte nämlich im Überschwang seiner konfessionalistischen Lebensphase — später wandelte er sich gründlich zum überzeugten Unionstheologen — das Interesse der kirchlichen Öffentlichkeit an den Verhandlungen, um den Beschwerden der preußischen Lutheraner größeren Nachdruck zu verleihen und die Aufmerksamkeit der Versammelten auf angebliche kirchliche Mißstände in Preußen zu lenken. Zur allgemeinen Entrüstung der meisten Anwesenden versuchte er vor diesem und mit Hilfe dieses nichtpreußischen Forums eine Umgestaltung der Evangelischen Landeskirche der älteren preußischen Provinzen durchzusetzen, indem er das preußische Kirchenregiment aufforderte, die Existenz einer evangelisch-lutherischen Kirche in Preußen anzuerkennen.

Um die sonst unausweichliche Spaltung der Teilnehmer zu vermeiden — die Erlanger Professoren, an ihrer Spitze Hofmann, drohten abzureisen, wenn die Versammlung sich für eine deutsch-evangelische Abendmahlsgemeinschaft aussprechen würde —,[340] verzichtete das Präsidium unter Bethmann-Hollweg auf die ursprünglich geplante Abstimmung über die Brücknerschen Anträge. Am folgenden Tag bestand der Berliner Hofprediger Hoffmann jedoch auf einem Verfahren, nach dem einzelne sich in einer Zustimmungsliste für Brückners Vorschläge erklären konnten.[341]

[339] *A. a. O.*, S. 67 ff. »Was in Deutschland gläubig ist, hat fast ohne Ausnahme bis auf diesen Tag ein entschieden lutherisches Gepräge« (*a. a. O.*, S. 73; 89).

[340] Vgl. W. Beyschlag, *Aus meinem Leben . . .*, Bd. 2, S. 334—339; vgl. ders., *Das Bedürfnis einer engeren Verbindung der deutsch-protestantischen Landeskirchen*, Halle 1899, S. 4. Hier macht Beyschlag für das Mißlingen der Berliner Oktoberversammlung den Umstand verantwortlich, daß man sich »von einer Handvoll preußischer und bayrischer Unionsfeinde« habe einschüchtern lassen.

[341] Vgl. Benno Bruno Brückner, *Die Gemeinschaft der evangelischen Landeskirchen im deutschen Reich*, Berlin 1872, S. 23 ff.

Obwohl das so zustandegekommene Mehrheitsvotum von 563 Unterschriften das Anliegen der Veranstalter, einen deutsch-evangelischen Kirchenbund zu gründen, als durchaus legitim erwies, nahm ihnen die Furcht vor ähnlichen Überraschungen und die Möglichkeit einer Beeinträchtigung der Evangelischen Landeskirche der älteren preußischen Provinzen die Lust zu weiteren Unternehmungen. Man ging in tiefster Verstimmung auseinander.

Die Versammlung hatte zwar noch eine Kommission zur Vorbereitung der nächsten Tagung benannt, aber in internen Beratungen zweifelte man, ob eine Wiederholung wünschenswert sei.[342] Am 18. März 1872 veröffentlichte schließlich die Kommission eine Erklärung, in der es hieß, daß man sich für die einstweilige Sistierung der Oktoberversammlung entschlossen habe, um die widerstrebenden Lutheraner nicht zu überstimmen.[343] In Wirklichkeit aber war man sich dessen gar nicht so sicher, sondern befürchtete die Absetzung der Brücknerschen Vorschläge durch eine zweite Konferenz. Auf lutherischer Seite wiederum wollte man sich mit einem halben Sieg jetzt nicht mehr zufriedengeben, sondern gedachte die vorübergehende Schwäche der Unierten auszunutzen und keinen Fußbreit mehr vom konfessionalistischen Standpunkt abzuweichen.

Der alte Bethmann-Hollweg klagte Beyschlag in maßloser Enttäuschung: »Es ist charakteristisch für unsere Zeit, daß das beste aus dem Geist und Charakter stammende Zeugnis nicht mehr wirkt als die elendeste Phrase, und noch betrübender ist, daß auch Thaten Gottes, Segnungen oder Gerichte, für die Einigung der Parteien in der Kirche so gut wie nichts wirken. Beweis: unsre Octoberversammlung, die trotz der unvollkommenen Vorbereitung mehr hätte wirken müssen, wenn Parteisucht nicht unsre Arglosigkeit mißbraucht hätte.«[344]

---

[342] »Ich war Anfangs zweifelhaft, ob die Wiederkehr der Versammlung wünschenswerth sei. In der Hoffnung, daß in Zukunft solche Angriffe auf die erste Landeskirche Deutschlands (sic!) und ihren rechtlichen und factischen Bestand nicht mehr vorkommen dürfen, also unter der Bedingung der Anerkennung der Unantastbarkeit der evangelischen Landeskirchen Deutschlands habe ich dann zu der weiteren Versammlung in Dresden pro 1872 zugestimmt« (*Briefwechsel* ... , Bd. 2, S. 129).

[343] Vgl. *AELKZ* 5 (1872), Sp. 241 f.; 798; 914 ff.

[344] W. Beyschlag, *Aus meinem Leben* ... , Bd. 2, S. 339; vgl. dagegen das zuversichtliche Schlußurteil Martin Kählers (*Bedeutung und Erfolge der kirchlichen October-Versammlung zu Berlin. Ein Wort zur Verständigung über dieselbe an ihre Mitglieder und ihre Beurtheiler* von einem schweigenden Theilnehmer, Gotha 1872, S. 64): »Sind die Erwartungen enttäuscht, daß die Versammlung ein zusammenklingender Ausdruck nationaler Einheit sein werde, laßt uns nicht, das Herz voll Zuversicht und Muth, um des Segens willen, der über unser Volk gekommen, dem Verdruß über unsere Kirche Raum geben. Ihr Gedeihen

Es sei dahingestellt, ob die Reichsgründung als Segnung Gottes zu werten war; ihr Impetus jedenfalls, damit traf Bethmann-Hollweg ins Schwarze, hatte offensichtlich nicht ausgereicht, um der kirchlichen Einigungsbewegung zum Erfolg zu verhelfen. Das beweisen auch die letzten beiden Anstrengungen in dieser Richtung.

Auf der *zehnten Eisenacher Konferenz im Juni 1870* hatte der preußische Evangelische Oberkirchenrat eine von langer Hand vorbereitete Parallelaktion zur Oktoberversammlung eingeleitet. Mathis stellte dort den Antrag, die Eisenacher Konferenz möge angesichts der Tatsache, daß in den meisten deutschen Landeskirchen in die bestehende Konsistorialverfassung synodale Elemente aufgenommen worden seien, nicht mehr wie bisher nur Vertreter der Kirchenregimente, sondern auch synodale Mitglieder hinzuziehen.[345] Mit diesem Schritt erhoffte man sich — unter Umgehung der in den Statuten ausdrücklich verankerten Bestimmung, daß sämtliche Kirchenverfassungs- und Bekenntnisfragen von den Verhandlungen auszuklammern seien — die Umfunktionierung der Eisenacher Konferenzen zu einer kirchenleitungsähnlichen Repräsentation aller evangelischen Kirchen Deutschlands nach dem Muster des Brücknerschen Konvokationsplanes.[346]

Zwei Jahre später, auf der *elften Eisenacher Konferenz im Juni 1872*, beriet man dann über den preußischen Vorschlag, dessen Interpretation der verhältnismäßig junge Göttinger Kirchenrechtslehrer Richard Wilhelm Dove,[347] wie Friedberg, Hinschius und Mejer ein Schüler Richters, übernommen hatte. Dove stand dabei vor keiner ganz leichten Aufgabe, zumal der preußische EOK seinem Antrag vom 13. Februar 1872 die weitere Be-

---

verdient noch mehr Schweiß und Selbstüberwindung geduldiger Liebesarbeit, als die nationale Sache. Ihre Zukunft ist sicherer, denn sie hat Verheißung: die Pforten der Hölle sollen sie nicht überwältigen.« Wahrhaftig ein prophetisches Wort! Die Kirche überlebte den totalen Zusammenbruch des Zweiten Reiches.

[345] *Protokolle der deutschen evangelischen Kirchen-Conferenz im Juni 1870,* Stuttgart o. J., S. 70 f. Der Wortlaut des Antrages lautet: »Es wird daher der hochwürdigen Conferenz als Proponendum vorgelegt: Dieselbe wolle zu § 1 der Geschäftsordnung für die Abhaltung wiederkehrender Conferenzen von Abgeordneten der obersten Kirchenbehörden im evangelischen Deutschland vom Jahre 1851 beschließen: Die Kirchenbehörden sind befugt, neben den aus ihren eigenen Mitgliedern entnommenen Abgeordneten auch Mitglieder der in ihrem Gebiet bestehenden Landessynoden (für Preußen auch Provinzialsynoden) zur Conferenz zu deputiren.«

[346] Vgl. Theodor Braun, *Zur Frage der engeren Vereinigung der deutschen evangelischen Landeskirchen,* Berlin 1902, S. 27 f.

[347] Siehe oben S. 151 f.

gründung hinzugefügt hatte, »daß die seit der Formulierung des Proponendums, 16. Mai 1870, in den politischen Verhältnissen von Deutschland
vorgegangene Veränderung einen weiteren Grund dafür giebt, gegenüber
der in wichtigen Stücken eingetretenen Zusammenfassung der Staatsgewalt das in der Eisenacher Conferenz gegebene Organ einer einheitlichen
Action der evangelischen Landeskirchen Deutschlands in seinem Gewicht
thunlichst zu stärken«.[348] Welche Beklemmung dieses Argument — ausgerechnet aus preußischem Munde — verursachen mußte, bedarf kaum einer weiteren Erläuterung; mehr denn je fürchtete man nach 1871 die staatliche wie kirchliche Bevormundung des Deutschen Reiches durch Preußen.

Dove suchte nun derartige Befürchtungen zu zerstreuen, indem er das
preußische Proponendum äußerst zurückhaltend interpretierte und ausdrücklich hervorhob, »daß die Eisenacher Konferenz nicht die Stelle ist,
von welcher aus die Organisation einer deutsch-evangelischen Kirche im
rechtlichen (!) Sinne in die Hand genommen werden kann und daß deßhalb auch der vorliegende Antrag des evangelischen Oberkirchenraths zu
Berlin nicht das bezeichnete höhere Ziel in das Auge gefaßt haben kann«.
Schließlich forderte er die Anwesenden auf, »Alles zu vermeiden, was den
Schein zu gewähren vermöchte, als handele es sich hier um Herstellung einer deutsch-evangelischen Kirchenorganisation«.[349]
Dieses defensive Vorgehen war auch insofern geboten, als die Voraussetzungen, unter denen der Antrag von Preußen eingebracht worden war —
nämlich die vollständige Einrichtung von Provinzialsynoden in allen preußischen Provinzen[350] — wider Erwarten bis 1872 nicht verwirklicht werden konnten, so daß der Referent selbst darum bitten mußte, die Entscheidung über die geplante Änderung der Geschäftsordnung auf die nächstfol-
gende Konferenz zu verschieben.

Zunächst schien es, als habe Dove mit seinen Ausführungen zumindest
eine gemeinsame Verhandlungsplattform geschaffen, denn Harleß wie
Kliefoth erklärten, »im Wesentlichen mit der Anschauung des Referates

---

[348] *Protokolle der deutschen evangelischen Kirchen-Conferenz im Mai und Juni 1872*,
Stuttgart o. J., S. 87.
[349] *A. a. O.*, S. 118 (Hervorhebungen im Original). Vgl. zu den Verhandlungen Richard
W. Dove, *Deutsche evangelische Kirche und Eisenacher Konferenzen*, in: *Zeitschrift für
Kirchenrecht* 15 (1874), S. 1 ff.; Friedrich Martin Schiele, *Die Kirchliche Einigung des Evangelischen Deutschland*, Tübingen 1908, S. 51 ff.; aus der Sicht des Protestantenvereins: Karl
Lechler, *Die Taufpatenschaft. Ein Mittel zur geistlichen und sittlichen Hebung der deutschen Jugend*, Heilbronn 1886, S. 48 ff.
[350] Siehe unten S. 334 ff.

und mit dem Schlußantrag einverstanden« zu sein.[351] Freilich äußerten sie im Interesse »klarer Verhältnisse« auch Bedenken, den Charakter der Konferenz zu verändern und Synodalmitglieder mit erweiterten Kompetenzen einzuladen. Allmählich verhärtete sich jedoch der lutherische Standpunkt wieder zunehmend, und als dann auf der *zwölften Eisenacher Kirchenkonferenz 1874* nach einem abermaligen Vortrag Doves der preußische Antrag tatsächlich angenommen wurde, fehlten die Vertreter von sieben Landeskirchen; Bayern und Mecklenburg-Schwerin verließen die Konferenz.[352]

Nach den vorangegangenen Fehlschlägen besann sich der schon achtzigjährige Bethmann-Hollweg erneut auf den »alten überlebten *Kirchentag*«,[353] der dann auch zum letzten Mal *im Oktober 1872* in Halle abgehalten wurde. Dieser Kirchentag glich einer Parteiversammlung der Positiv-Unierten, denn da weder Vertreter des Luthertums noch des liberalen Protestantismus erschienen waren, blieb man völlig unter sich. Was als machtvolle Demonstration kirchlichen Einigungs- und Selbständigkeitswillens des ganzen evangelischen Deutschland gedacht war, verlief in stiller, friedlicher Provinzialität ziemlich kläglich.

Der Vortrag Bethmann-Hollwegs über »die Aufgabe des deutschen evangelischen Kirchentages in der Gegenwart« brachte keine Überraschungen, sondern wiederholte die alten Formeln, deren Zauberkraft längst erloschen war. Auf der Grundlage der »evangelischen Bekenntnisse« sollten alle Anstrengungen unternommen werden, »die Gemeinschaft aller deutschen evangelischen Kirchen ... zu stärken, das Recht und die Freiheit der evangelischen Kirche [Singular!] gegen jeden Angriff von Außen zu wahren und durch sie als eine dem Staat verbündete Friedensmacht unserem Vaterlande die Segnungen des Evangeliums überhaupt und insbesondere das unschätzbare Gut des kirchlichen Friedens zu erhalten«.[354] Als zweites dringliches »Bedürfnis der Gegenwart« stellte Bethmann-Hollweg die Organisation einer vom Staat unabhängigen, syn-

---

[351] *Protokolle der deutschen evangelischen Kirchen-Conferenz 1872 ...*, S. 26.

[352] *Protokolle der deutschen evangelischen Kirchen-Conferenz im Juni 1874 ...*, S. 3 ff.; 51 ff. Vgl. *AELKZ* 5 (1872), Sp. 840; 896; 936. Wegen des Boykotts der genannten Landeskirchen blieb der Konferenz schließlich 1880 nichts anderes übrig, als zu erklären, der Beschluß von 1874 sei als erledigt anzusehen, nachdem sich die Kirchenregierungen über ihn nicht hätten einigen können. Protokoll: *Allgemeines Kirchenblatt 1880*, S. 407.

[353] W. Beyschlag, *Aus meinem Leben ...*, Bd. 2, S. 339.

[354] *Die Verhandlungen des sechzehnten deutschen evangelischen Kirchentages und Congresses für die innere Mission zu Halle vom 1. bis 4. October 1872*, Halle 1872, S. 5.

odal verfaßten evangelischen Kirche heraus, ohne jedoch das »kirchenregimentliche Oberältesten-Amt« des Monarchen auch nur in Frage zu stellen.

Angesichts der homogenen Zusammensetzung der Versammlung wurde bei der anschließenden Aussprache keine Kritik laut. Nachdem sie ihre Übereinstimmung mit dem Referat genugsam bekundet hatten, stimmten vielmehr alle Anwesenden den in einer Resolution knapp zusammengefaßten Hauptpunkten uneingeschränkt zu.

Ganz analog gestaltete sich die Debatte über das am folgenden Tag von Professor Gustav A. L. Baur (1816—1889) vorgetragene Referat über »die evangelische Kirche und der Staat im deutschen Reiche«. Selbst der Tenor der Baurschen Ausführungen glich dem des vorangegangenen Tages aufs Haar: Die durch die Gründung des deutschen Reiches notwendig gewordene Neugestaltung der evangelischen Kirche sollte sich konzentrieren: »1) auf die Lösung der Kirche aus ihrer bisherigen, die freie Entfaltung und selbständige Organisation ihres eigenthümlichen Lebens hemmende, Abhängigkeit von dem, nun paritätisch gewordenen, Staate, sowie auf die Herstellung dieser selbständigen Organisation und 2) auf die Herstellung der bisher fehlenden lebendigen Wechselbeziehung und engeren Verbindung zwischen den evangelischen Landeskirchen Deutschlands.«[355]

Damit schloß die durch die achtundvierziger Revolution[356] ins Leben gerufene Kirchentagsbewegung — nicht zufällig ein Jahr nach der Reichsgründung, denn ihre geistigen Träger mußten jetzt erkennen, daß sie sich über die wahren Ursachen der kirchlichen Zersplitterung schlicht Illusionen hingegeben hatten. Wohl wirkte die politische Struktur Deutschlands in der Reformationszeit bestimmend auf die Gestaltung der evangelischen Kirche, aber der Umkehrschluß, daß mit der politischen Veränderung des Deutschen Reiches zum nationalen Einheitsstaat auch eine kirchliche Einigung erfolgen würde, erwies sich als Trugschluß. Die kirchenpolitisch-verfassungsrechtlichen und konfessionellen Differenzen waren eben doch viel tiefgreifender, als es die Mittelgruppe der Positiv-Unierten wahrhaben wollte.[357]

[355] *A. a. O.*, S. 60.
[356] Siehe oben S. 33.
[357] Die Tradition der Deutschen Evangelischen Kirchentage wurde übrigens erst 1919 wieder aufgenommen. Zuvor waren im Mai des Jahres in Dresden Vertreter der Kirchenleitungen, der Synoden und der freien kirchlichen Verbände aus allen deutschen evangelischen Landeskirchen übereingekommen, eine Neubelebung des Kirchentages mit dem Ziel der

Als Angel- und Wendepunkt in der Entwicklung des Kirchentages ist eindeutig die Kieler Veranstaltung (1867) anzusehen, denn dort zeichnete sich bereits ab, daß ein Zusammenschluß mehrerer Landeskirchen sowohl am Widerstand der intransigenten lutherischen als auch an den Herrschaftsansprüchen der unierten Partei scheitern mußte.[358] Zwischen der Vergrößerung des preußischen Territoriums 1866 — und den daraus erwachsenden Möglichkeiten einer kirchlichen Einigung — und der Reichsgründung 1871 bestand ein Unterschied nur in den Dimensionen, nicht aber im Prinzipiellen.[359]

Der Deutsche Protestantentag

Gründung und Selbstverständnis

»Im Jahr 1847 ist die sog. deutsch-protestantische Kirchenconferenz zusammengetreten, welche seither alle zwei Jahre in Eisenach tagte ... Allein diese Versammlung vertritt nur einige zwanzig deutsche Kirchenregimente und ist von hochkirchlicher Seite, z. B. von Kliefoth, zu sehr beeinflußt, als daß sie irgend als Hort der Interessen des deutsch-protestantischen Volkes gelten könnte. Neben diesem durchaus verunglückten amtlichen Versuch, die Einheit der deutschen Kirche herzustellen, gibt es noch einen zweiten freieren: es ist der sogenannte deutsche Kirchentag... Der Kirchentag hat seit seinem Bestehen Alles gethan, um jede freie Bewegung mit dem Bann zu belegen. Er hat durch terroristische Beschlüsse, durch unbefugtes Eingreifen in die besonderen Angelegenheiten der Landeskirchen, durch enges Bündnis mit der politischen Reaction schon längst allen Credit beim deutschen Volk verloren und ist jetzt nur noch eine vergrößerte Gnadauer Conferenz... Um so dringender thut es Noth, daß der deutsch protestantische Geist sich ein neues Organ schaffe.«[360] So motivierte der Heidelberger Stadtvikar Wilhelm Hönig (1840—1910) die Gründung des deutschen Protestantentages, der erstmals im Juni 1865 zu-

Vorbereitung eines föderativen Zusammenschlusses der Kirchen ins Werk zu setzen; vgl. Max Berner, *Die rechtliche Natur des Deutschen Evangelischen Kirchenbundes*, Berlin 1930.

[358] Vgl. dazu (L. Schultze), *Die Partei der positiven Union, ihr Ursprung und ihre Ziele*, Halle 1878, S. 6 ff.; *Deutsch-Evangelische Blätter*, 1878, S. 271 ff.; W. Geppert, *Das Wesen der preußischen Union ...*, S. 307—340 (mit Literatur).

[359] Siehe unten S. 246 ff.

[360] *Der erste Deutsche Protestantentag zu Eisenach am 7. und 8. Juni 1865*, Elberfeld 1865, S. 99 f.

sammentrat und als Organ des Protestantenvereins gedacht war, um dessen Zielen eine größere Publizität zu verleihen.

Obgleich Baden eindeutig als Geburtsstätte und Hort des liberalen Protestantismus anzusehen ist, besaß dieser auch im Berliner »Unionsverein« Freunde und Gesinnungsgenossen, die auf preußischen Kathedern und Kanzeln regen Zulauf fanden.[361]

Im Unterschied zu dem bis 1875 weit gefaßten, nicht eindeutig abgrenzbaren Kreis der dogmatisch positiv ausgerichteten Freunde der Union, deren zergliedertes Vereinswesen es allenfalls erlaubte, eine gemeinsame Basis im jeweiligen kirchenpolitischen Kurs des EOK und der *Neuen Evangelischen Kirchenzeitung* abzulesen, besaß der Protestantenverein ein in Statuten klar festgelegtes Kampfprogramm und legte überdies Wert auf eine straff gegliederte Organisation.[362] Das lag gewiß nicht zuletzt daran, daß der Verein als jüngste Parteibildung — seine Gründung erfolgte erst 1863 — mehr als die anderen kirchenpolitischen Gruppierungen exakt auf die Auseinandersetzungen der sechziger Jahre zugeschnitten

---

[361] Der Berliner Unionsverein bestand vornehmlich aus einem Kreis liberaler Theologen, der sich um die *Protestantische Kirchenzeitung* scharte. Ihm gehörten vor allem der Herausgeber der *PKZ,* Krause, sowie die Berliner Pfarrer Thomas, Lisco und Sydow (vgl. auch S. 182 Anm. 367) an.

[362] Vgl. dazu Johannes Caspar Bluntschli, *Die nationale Bedeutung des Protestanten-Vereins für Deutschland. Vortrag,* gehalten im Unions-Verein am 15. Mai 1868, Berlin 1868; Daniel Schenkel, *Der deutsche Protestantenverein und seine Bedeutung in der Gegenwart. Nach den Akten dargestellt,* Wiesbaden 1868; *Der allgemeine deutsche Protestantenverein in seinen Statuten, den Ansprachen seines engern, weitern und geschäftsführenden Ausschusses und den Thesen und Resolutionen seiner Hauptversammlungen 1865—1888,* 2. Aufl., Berlin 1889; W. Hönig, *Die Arbeit des deutschen Protestantenvereins während seines fünfundzwanzigjährigen Bestehens,* Berlin 1888; ders., *Der deutsche Protestantenverein,* Berlin 1904; hier (S. 28 ff.) sind auch die im September 1864 revidierten Statuten des Vereins abgedruckt, die über seine Motive und Ziele Aufschluß geben. § 1 lautet: »Auf dem Grunde des evangelischen Christenthums bildet sich unter denjenigen deutschen Protestanten, welche eine Erneuerung der protestantischen Kirche im Geiste evangelischer Freiheit und im Einklang mit der gesamten Kulturentwicklung unserer Zeit anstreben, ein Verein, der den Namen D e u t s c h e r P r o t e s t a n t e n v e r e i n führt. Der Verein verfolgt folgende Zwecke: 1) den Ausbau der deutschen evangelischen Kirchen auf der Grundlage des Gemeindeprinzips je nach den besonderen Verhältnissen der verschiedenen Länder mit deutscher Bevölkerung, sowie die Anbahnung einer organischen Verbindung der Landeskirchen; 2) die Bekämpfung alles unprotestantischen hierarchischen Wesens innerhalb der einzelnen Landeskirchen und die Wahrung der Rechte, der Ehre und der Freiheit des deutschen Protestantismus; 3) die Erhaltung und Förderung christlicher Duldung und Achtung zwischen den verschiedenen Konfessionen und ihren Mitgliedern; 4) die Anregung und Förderung des christlichen Lebens, sowie aller der christlichen Unternehmungen und Werke, welche die sittliche Kraft und Wohlfahrt des Volkes bedingen.«

war·und aus den Fehlern früherer Zusammenschlüsse lernen konnte.

Seine aufklärerisch-rationalistischen Parolen, nicht auf Konfession und Kirche, sondern auf Religion und Einigkeit der Herzen komme es an, verstand der Protestentenverein als der Lehre des »Stifters unserer Religion«, Luther, durchaus gemäß und berief sich hinsichtlich der Bekenntnisstreitigkeiten in den sechziger Jahren auf die Lösungsvorschläge des Unionsgründers Friedrich Wilhelm III. und Schleiermachers. »Wir preisen die Union hoch«, heißt es in einem Protestaufruf des Vereins, »als eine weltgeschichtliche Tat, durch welche der Ausschließungs- und Verdammungseifer der lutherischen und reformierten Orthodoxie, welche den Protestantismus während Jahrhunderte entzweit und gefährdet hat, überwunden ist. Wir wollen auch diese Errungenschaft unseres Jahrhunderts sowohl gegen offenen Angriff als gegen heimliche Untergrabung schützen helfen.«[363]

Die Autorität der auf den Bekenntnisgrundlagen ruhenden theologischen Dogmen wird abgelöst durch die Autorität der jeweiligen, sich in Bewegung und Fortschritt charakterisierenden Kulturentwicklung.[364] Die solcherart dogmatischer Kriterien entbundenen und ganz dem privaten Urteilsvermögen anheimgestellten christlichen Lehrinhalte sollen im Einklang mit der Kultur und Wissenschaft des Säkulums stehen, das Christentum sich in den Formen seines Kulturlebens darstellen, um so die der Kirche Entfremdeten wieder zurückzugewinnen.

Der erklärte Wille des liberalen Kulturprotestantismus zur Mitgestaltung und Mitbestimmung am gesellschaftlichen Leben der protestantischen Nation, zur Teilhabe an den aktuellen Zeitereignissen, den alle bewegenden Zeitfragen, der Wunsch nach einer demokratisierten Kirche, eines sich in die Gesellschaft hinein auflösenden Christentums, ließe ebenso wie Punkt eins des Vereinsprogramms (»Ausbau der deutschen evangelischen Kirchen auf der Grundlage des Gemeindeprinzips«) erwarten, daß

Die Konfessionsfrage führte 1875 zur Spaltung der Positiv-Unierten in zwei Fraktionen: In die sogenannte evangelische Mittelpartei unter der Leitung Willibald Beyschlags mit einer scharfen Grenzlinie nach rechts und einer größeren Offenheit nach links und die neue Gruppe der Positiven Union unter der Leitung Rudolf Kögels mit einer stärkeren Betonung des Bekenntnisses; vgl. dazu Gottfried Kögel, *Rudolf Kögel. Sein Werden und Wirken*, Bd. 3, Berlin 1904, S. 51 ff.; Günter Wolf, *Rudolf Kögels Kirchenpolitik und sein Einfluß auf den Kulturkampf*, Evang. Theol. Diss., Bonn 1968, S. 166 ff.; W. Beyschlag, *Aus meinem Leben* ... , Bd. 2, S. 393 ff.

[363] Abgedruckt bei: Dettmar Schmidt, *Der Protestantenverein in. zehn Briefen für und wider beleuchtet und aus den Vereinsverhandlungen und den Schriften seiner Vertreter dargestellt*, Gütersloh 1873, S. 134.

[364] Vgl. *a. a. O.*, S. 167.

der Protestantenverein ein detailliertes Kirchenverfassungsmodell anzubieten hatte. Entgegen diesen Erwartungen kam man jedoch, wie Friedrich Fabri mit Recht kritisch anmerkt, über die stereotype Wiederholung schlagwortartiger Formeln nicht hinaus. So sprach man wiederholt vom »Gemeindeprinzip« als der Grundlage für die in der protestantischen Kirche nötige Verfassungsreform, ohne den Begriff inhaltlich wirklich zu füllen. »Warum«, fragt Fabri, »wird ... jene Bestimmung ein 'Prinzip' genannt? Soll es als solches eine unbedingte Gültigkeit haben? Dann müßte der Protestantenverein für den reinen Gemeinde-Independentismus, wie er in England, Amerika ja umfangreich verwirklicht ist, sich erklären. Dies widerspricht aber offenbar seinem sonstigen Standpunkte, wie seinen Tendenzen. Soll aber das Gemeindeprincip eben nur für die Basis, für die unterste Stufe des Verfassungsbaues gelten, so fragt man: wie weiter? Man spricht in den Kreisen des Vereins natürlich auch von Synoden, vom Prävaliren des Laienelementes, von der Fernhaltung alles Hierarchismus, ja wohl von einer Nationalkirche und Nationalsynode; aber wie dies Alles werden, wie es sich gliedern, wie es Angesichts der gegebenen Wirklichkeit und kirchlichen Parteiverhältnissen ins Leben gerufen werden soll, darüber fehlt bis jetzt eine deutliche und zusammenhängende, von der Partei anerkannte Auseinandersetzung.«[365] Über das Verhältnis von Gemeindeprinzip und landesherrlichem Kirchenregiment fehlte ebenso eine zureichende Definition wie in Beziehung auf die Frage der Neuordnung des Verhältnisses von Staat und Kirche.

Natürlich betonte man die Notwendigkeit der Trennung von Kirche und Staat, aber doch ersichtlich mit einer gewissen Unsicherheit, denn zur Verwirklichung seiner Vorstellungen benötigte der Protestantenverein, wollte er nicht zu einem zweitrangigen Verein für Humanität herabsinken, die Staatskirche. Die radikale Trennung von Kirche und Staat hätte zweifellos zur Auflösung der bisherigen Landeskirchen und zur Gründung von Bekenntniskirchen geführt, ein Prozeß, den der religiöse Individualismus — im Gegensatz zum Luthertum und den Positiv-Unierten — wohl kaum überlebt haben dürfte.

So liegt der Verdacht nahe, daß es dem liberalen Protestantismus nicht so sehr um die Realisierung der freien Kirche im freien Staat zu tun war, als um die Verbreitung liberalen Gedankengutes, um schließlich über einen politischen Systemwechsel auch die kirchliche Herrschaft in den Landeskirchen zu übernehmen. Tatsächlich traten die radikalen Parolen zwi-

---

[365] Friedrich Fabri, *Staat und Kirche. Betrachtungen zur Lage Deutschlands in der Gegenwart*, Gotha 1872, S. 53.

schen 1866 und 1872 in dem Maße in den Hintergrund, wie der nationale Liberalismus maßgeblichen Anteil am inneren Ausbau des werdenden Deutschen Reiches gewann. Das Bündnis zwischen Bismarck und dem bürgerlichen Liberalismus während des Kulturkampfes führte dann sogar zu einem generellen Verzicht auf weitere Vorstöße in der evangelischen Kirchenpolitik und zur Konzentration auf den Kampf mit dem ultramontanen Katholizismus.

Voten zur Kirchenverfassungs- und Unionsproblematik

Verfolgt man die Diskussion über die Neugestaltung der evangelischen Kirche auf den deutschen Protestantentagen, so fällt auf, daß führende Persönlichkeiten im Protestantenverein — wie Michael Baumgarten (1812—1889), Johann Caspar Bluntschli (1808—1881), Heinrich Ewald,[366] Ferdinand Hitzig (1807—1875), Franz v. Holtzendorff (1828—1889), Karl Julius Holtzmann (1804—1877), Heinrich Krause (1816—1868), Emil Gustav Lisco (1819—1887), Karl Leopold Adolf Sydow (1800—1882) und Karl Zittel (1802—1871) —[367] sich oft merkwürdig zurückhielten, wenn es um die ausschlaggebende Konkretisierung der

---

[366] Siehe oben S. 160.

[367] Die Aufzählung erhebt keinen Anspruch auf Vollständigkeit; es handelt sich bei den Genannten um Personen, die über die Tätigkeit im regionalen Verein hinaus durch ihr Auftreten während der Allgemeinen Deutschen Protestantentage und durch ihre wissenschaftlichen Leistungen in ganz Deutschland als liberale Theologen bekannt geworden waren. Die beiden liberalen Prediger Sydow und Lisco sprachen Anfang des Jahres 1872 im Rahmen einer öffentlichen Vortragsfolge des Berliner Unionsvereins über »das apostolische Glaubensbekenntnis« und »die wunderbare Geburt Jesu Christi«. Dabei setzte sich Lisco lebhaft für die Beseitigung des apostolischen Credos ein, Sydow leugnete gar die physische Gottessohnschaft und die Schriftautorität. Aufgrund der sich daran anschließenden erregten kirchlichen Parteidiskussion wuchsen sich die Ereignisse zu einem »Fall« aus. Eine unter dem Vorsitz Hegels (vgl. Anm. 255) einberufene Disziplinaruntersuchung hätte fast zur Amtssuspension des 72jährigen Sydow geführt. Eine ganz gute Zusammenfassung der Vorgänge gibt G. Wolf, *Rudolf Kögels Kirchenpolitik . . .*, S. 136—142. Vgl. auch die (von Wolf nicht berücksichtigte) Darstellung in Sydows Biographie: Marie Sydow, *Dr. Adolf Sydow. Ein Lebensbild, den Freunden gewidmet*, Berlin 1885, S. 143—174. (Die bisher noch nicht ausgewerteten Nachlaß-Materialien zum »Fall Sydow« befinden sich im Geheimen Staatsarchiv Berlin-Dahlem: Das Disziplinarverfahren gegen Sydow A III Personalia 3. Best. Nr. 290—304 CIc; Adolf Sydow und sein Disziplinarverfahren Best. Nr. 2489—2499). Lisco war schon 1886 als zentrale Figur in den sogenannten Berliner Kirchenstreit verwickelt (vgl. dazu *NEKZ*, 1868, Sp. 417—429; 669 ff.; *PKZ* 15 [1868], Sp. 777—785; 817; 867; 963).

so häufig zitierten Grundsätze ging. Lediglich Richard Rothe (1799—1867),[368] Daniel Schenkel[369] und Carl Heinrich Wilhelm Schwarz (1812—1885) bildeten hier eine Ausnahme.

Richard Rothe, der »Heilige des Protestantenvereins«, hielt auf dem *ersten Protestantentag im Juni 1865* eine Rede über die alle bedrückende Frage: »Durch welche Mittel können die der Kirche entfremdeten Glieder ihr wiedergewonnen werden?« Darin stellt er auch Forderungen für eine Modifizierung der evangelischen Kirchenverfassung: »Es muß ... durch sie in der Kirche und bei ihrer Leitung dem weltlichen Christenthum der gebührende Einfluß eröffnet werden. In ihm liegen heute die eigentlichen Lebenstriebe der Christenheit, nicht in dem kirchlichen Christenthum, im weltlichen Stande, nicht im geistlichen. Das ist die moderne Ueberzeugung. Ihre Consequenz ist aber, daß die Kirche nicht eine Theologenkirche, nicht eine Geistlichkeitskirche sein darf, sondern eine Gemeindekirche sein soll ... Nimmt aber die Kirche nur erst einmal die Selbstthätigkeit ihrer Glieder reichlicher für ihre Aufgaben in Anspruch, so zeigt die Erfahrung, daß auch die Theilnahme jener für sie nicht ausbleibt. Je freiheitlicher sie sich organisiert, desto gewisser werden kirchlicher Gemeinsinn und Patriotismus erblühen.«[370] Damit begab sich Rothe in schärfste Opposition zu sämtlichen Vertretern der Mittelgruppe, die in seltener Einhelligkeit nichts mehr fürchteten, als die Okkupation ihrer Kirche durch den »Herrn omnes«.

Für den Bereich der Bekenntnisfrage ergänzte Schwarz die radikalen Rotheschen Kirchenverfassungsthesen aufs beste. »Die Grenzen der protestantischen Lehrfreiheit«, so führte er in einem gleichbetitelten Vortrag aus, »werden nicht durch die Bekenntnisschriften gezogen, die vielmehr der Fortbildung bedürfen und nichts anderes als die geschichtlichen Documente der Glaubensfassung und Schriftauslegung der Reformations-Zeit sind«, sondern durch die »religiös-sittlichen Grundwahrheiten des Christenthums«.[371]

---

[368] Vgl. auch S. 72, Anm. 74.

[369] Siehe oben S. 85 ff.

[370] *Der erste Protestantentag zu Eisenach am 7. u. 8. Juni 1865 ...*, S. 40 f. (Hervorhebungen im Original); Hengstenbergs Berichterstatter war so überrascht von dem schlichten Auftreten Rothes und seiner herzlichen Sprache, daß er fragte: »Wie kommt der Mann in den Protestantenverein?« (*EKZ* 77 [1865], S. 644). Zu Rothes Vorstellungen über eine Kirchenverfassungsreform vgl. auch Adolf Hausrath, *Richard Rothe und seine Freunde*, Bd. 2, Berlin 1906, S. 436—445.

[371] *A. a. O.*, S. 58.

Die Debatte über die Referate geriet zur bloßen Akklamation und wies eine große Ähnlichkeit mit dem Stil des Deutschen Evangelischen Kirchentages auf, wie überhaupt der ganze erste Protestantentag daran krankte, daß er eine eigene Form noch nicht gefunden hatte und sich daher von seinem Negativvorbild Kirchentag nicht so recht zu lösen vermochte, was häufig den peinlichen Eindruck einer schlechten Kopie vermittelte.[372]

Unzweifelhaft den Höhepunkt der liberalen Kirchenverfassungsdiskussion bildete der *zweite Deutsche Protestantentag zu Neustadt a. d. Haardt am 26. und 27. September 1867,* dem fünfzigsten Jahrestag der Preußischen Union. Man hatte bewußt diesen Termin gewählt, um damit einmal mehr zu dokumentieren, welcher Tradition man sich verpflichtet fühlte, und zum anderen dem Kieler Kirchentag — er fand zum gleichen Zeitpunkt statt — den alleinigen Anspruch auf das Unionserbe streitig zu machen. Allein nicht daher kam diesem Protestantentag eine so große Bedeutung zu, sondern wegen der Tatsache, daß »der mächtigste Staat Deutschlands vor der Thüre einer ernsten kirchlichen Krise steht«, wie es in der Einleitung der Verhandlungsaufzeichnungen heißt.[373]

Nicht zuletzt gehörte es auch zu den dringlichen Aufgaben dieses Protestantentages, die 1866 entstandenen innerparteilichen Risse wieder zu kitten. Denn obgleich die Ausschaltung des konservativ-legitimistischen Einflusses Österreichs den Liberalen an sich gelegen kommen mußte, spaltete der Krieg den Protestantenverein in Großdeutsche und Kleindeutsche.[374]

---

[372] Die *PKZ* 12 (1865), Sp. 611, besaß kritischen Geist genug, dies zu monieren. Vgl. auch die hier abgedruckten ausführlichen Berichte über den 1. Protestantentag (*a. a. O.*, Sp. 521—531; 545—560). Im übrigen vgl. zum Eisenacher Protestantentag A. Hausrath, *Richard Rothe* ... , S. 479—486.

[373] *Der Zweite Deutsche Protestantentag, gehalten zu Neustadt a. d. Haardt am 26. und 27. September 1867,* Elberfeld 1867, S. 1; vgl. auch die ausführlichen Berichte in der *PKZ* 14 (1867), Sp. 882 ff.; 905 ff.

[374] Der Streit über Bismarcks Politik führte z. B. zwischen Schenkel, der für die großdeutsche Lösung Stellung bezog, und Bluntschli zu harten Auseinandersetzungen. Vgl. die Andeutungen Bluntschlis in seiner Autobiographie (*Denkwürdigkeiten aus meinem Leben*, Bd. 3, Nördlingen 1884, S. 157 f.) und den Briefwechsel zwischen Bluntschli und Schenkel, der das ambivalente Verhältnis der beiden Persönlichkeiten vorzüglich beleuchtet (Zentralbibliothek Zürich, Nachlaß Johann Caspar Bluntschli, Korrespondenz FA Bluntschli 14. 747, Nr. 1—19). Bismarck gegenüber zunächst sehr kritisch eingestellt, gesellte sich Bluntschli nach 1866 zu seinen heißesten Verehrern und gab diesem Gefühl in einem Huldigungsschreiben an den Kanzler vom 22. November 1867 sogar Ausdruck: »Der Grund, aus welchem ich mir erlaube, das Buch Eurer Exzellenz darzureichen [es handelte sich um: Johann Caspar Bluntschli, *Das moderne Völkerrecht der civilisierten Staaten als Rechtsbuch dargestellt*, Nördlingen 1867 (d. V.)], liegt aber viel weniger in dem unsicheren Vertrauen auf die mögliche Brauchbarkeit desselben, als vielmehr in dem tief gefühlten Bedürfniß des Her-

Welche Folgen die Umwälzungen des Jahres 1866 für die evangelische Kirche zeitigen sollten, formulierte Stadtpfarrer Schellenberg von Mannheim (»So laßt uns reden endlich als Deutsche!«) gleich zu Beginn in seiner Eröffnungspredigt: »Die Kirche muß in ihrem innersten und eigensten Leben selbständig werden, dies Gefühl geht jetzt so mächtig wie nie zuvor durch die Herzen. Sodann haben die Ereignisse des vorigen Jahres näher und dringender den politischen Gedanken der deutschen Nationalkirche gebracht. Auf eine einige umfassende deutsch-evangelische Volkskirche geht der Zug des Geistes hin.«[375]

Nach dem Tode Richard Rothes galt Daniel Schenkel[376] im Protestantenverein als unbestrittene Autorität für Unions- und Verfassungsfragen, wiewohl ihn sein *Charakterbild Jesu* (1863) selbst in Freundeskreisen zu einem Gezeichneten gemacht hatte.[377] Die allseitigen Angriffe wegen seines umstrittenen Buches hatten Schenkel bewogen, sich auf dem Eisenacher Protestantentag zurückzuhalten. Um so energischer griff er 1867 mit einem Vortrag über »das Prinzip der Union« in die Verhandlungen ein, nachdem er schon seit Beginn des Jahres in zahlreichen Vorträgen und Zeitungsartikeln seinen Standpunkt dargelegt hatte.[378] »Die Union«, so

zens, endlich einmal bei schicklicher Gelegenheit dem Staatsmann meine Verehrung persönlich auszudrücken, der die deutsche Nation zuerst zu einem politischen Volke zu machen und mit männlichem Staatsgeist zu erobern verstanden hat. Ich empfinde dieses Bedürfniß um so stärker, als ich mir die beschämende Erkenntniß nicht ersparen kann, daß ich — obwohl gewohnt, Menschen und Verhältnisse selbstständig zu beurtheilen — dennoch während Jahren mich durch die verbreitete Meinung habe mißleiten lassen, welche Ihr großes Streben so wenig begriffen und so schmählich verkannt hatte« (Zentralbibliothek Zürich, Nachlaß Johann Caspar Bluntschli, Korrespondenz FA Bluntschli 27. 5.). Schon am 20. Mai d. J. hatte Bluntschli, überwältigt von Bismarcks politischer Genialität, gegenüber Bennigsen bemerkt: »Es ist in dem antediluvianischen Manne eine seltsame Verbindung von lauterster Offenheit und tiefster Verschlagenheit, von rückhaltloser Wahrhaftigkeit und bewußter Täuschung. Er muß die Diplomaten fürchterlich angelogen haben.« (*Denkwürdigkeiten aus meinem Leben* . . . , Bd. 3, S. 218.)

[375] *PKZ* 14 (1867), Sp. 907 (Hervorhebungen im Original).

[376] Siehe oben S. 85 ff.

[377] Daniel Schenkel, *Das Charakterbild Jesu. Ein biblischer Versuch*, Wiesbaden 1864. Theologen wie Baumgarten und Ewald mieden ihn seitdem; vgl. zum Schenkelstreit A. Hausrath, *Richard Rothe* . . . , S. 487—523; Josef Becker, *Liberaler Staat und Kirche in der Ära von Reichsgründung und Kulturkampf*, Mainz 1973, S. 182—190. Auch Schenkels großdeutsche Stellungnahme benutzten viele, um von ihm abzurücken.

[378] Vgl. oben S. 85 ff. sowie Anm. 107 in diesem Teil der Arbeit. Schenkel trat 1870 mit zwei kirchenpolitischen Schriften noch einmal an die Öffentlichkeit (Daniel Schenkel, *Der Erneuerungskampf des deutschen Volkes nach seiner religiös-sittlichen Bedeutung. Predigt* gehalten zu Heidelberg am 28. 8. 1870, Heidelberg 1870; ders., *Luther in Worms und Wit-*

führt Schenkel aus, »ist der thatsächliche und rechtliche Ausdruck für das moderne protestantische christliche Bewußtsein, daß der Schwerpunkt des Christenthums nicht auf dem kirchlichen Dogma, sondern auf der christlich-sittlichen Lebensgemeinschaft beruhe.«[379] Mit der Durchsetzung des Unionsprinzips bestehen für eine gemeinsame kirchliche Verfassungs- und Lebensgemeinschaft keine konfessionellen Hindernisse mehr. Wenn man den Grundsatz der protestantischen Geistesfreiheit nicht verletzen will, darf man jedoch nicht die sogenannte Konsensusunion als Voraussetzung dieser neuen Gemeinschaft bezeichnen, denn das würde heißen, daß mit Ausnahme der Unterscheidungslehren die ganze Lehrsubstanz der Bekenntnisschriften noch immer verbindlich sei. »Das letzte Ziel der Unionsstiftung in Deutschland ist die deutsche protestantische Nationalkirche, deren Ausbau den Fortbestand provinzial-kirchlicher Eigenthümlichkeiten keineswegs ausschließt.«[380] Da das Unionsprinzip mit dem Gemeindeprinzip, der Konstituierung freier Kirchenverfassungen, in unzertrennlicher Wechselwirkung steht, bildet es den Schlüssel zur Überwindung der kläglich zerrissenen Geistlichkeitskirche in Deutschland.

Der freisinnige Heidelberger Juraprofessor Bluntschli, wider Willen Präsident der ersten Protestantentage,[381] eröffnete die Diskussion mit einer Lobrede auf die Union, die er als den »größten Fortschritt seit der Reformation« und »als größte That des Preußischen Königthums auf national-kirchlichem Gebiete« pries. Eingehend auf die kirchliche Lage in Preußen warnt er im Interesse der »Religion« vor einer Auflösung der Preußischen Union, denn als Folge davon würde sich seines Erachtens erneut die »Dogmenherrschaft« der Konfessionalisten etablieren. »Es ist ganz unmöglich, daß die bereits gewonnene religiöse Gemeinschaft in derselben Zeit, in welcher die deutsche Nation die politische Einigung erreicht, wieder zerrissen werde, bloß weil der Eifer der Schulen, die Engherzigkeit einzelner Parteien auseinander treibt. Es kommt darauf an, das denen klar zu machen welche berufen sind, zu leiten. Mir kommt es vor, als ob man in Preußen im Besitze eines großen Schatzes sei, voll Edelsteinen und Goldes, und nicht wisse, wie reich und groß dieser Schatz sei.«[382]

tenberg und die Erneuerung der Kirche in der Gegenwart, Elberfeld 1870), ohne jedoch in diesen seine Position von 1867 zu modifizieren. Es handelt sich vielmehr um eine Bekräftigung seines Standpunktes.

[379] *Der zweite deutsche Protestantentag 1867 ...*, S. 17.
[380] A. a. O., S. 18.
[381] »Vergeblich suchte ich mich der Leitung desselben zu entziehen«, schreibt er in seiner Autobiographie (*Denkwürdiges aus meinem Leben...*, Bd. 3, S. 180); vgl. zu Bluntschli auch Anm. 311 u. 374 in diesem Teil der Arbeit.
[382] *Der zweite deutsche Protestantentag 1867 ...*, S. 43.

Bluntschli begreift die Union als geistesgeschichtliches Signum des »modernen Weltalters«, in dem die fortgeschrittene geistige Entwicklung das enge Gehäuse mittelalterlichen Bekenntniszwanges endlich sprengte und Raum gab für das Individualprinzip religiöser Bekenntnisfreiheit. Die Geschichte dieses, mit der geistigen Aufklärung allmählich wachsenden Rechts auf religiöse Bekenntnisfreiheit, ließ Bluntschli 1867 als Broschüre erscheinen, um der protestantischen Öffentlichkeit seinen Unionsstandpunkt zu verdeutlichen.[383]

Auf dem *dritten Deutschen Protestantentag zu Bremen im Juni 1868* hielt Bluntschli den Hauptvortrag »über das Verhältnis des modernen Staates zur Religion«.

Ganz aus der Sicht des Staates als religiös indifferenter, politischer Rechtsgemeinschaft vertrat er die strikte Trennung beider Bereiche, ohne jedoch die Tatsache einer mittelbaren Einwirkung der Religion auf das geschäftlich-politische Leben von vornherein zu verurteilen. »Der Maßstab, nach welchem der Staat den Wert der Kirchen bemißt und die Regel, welche sein Verhältniß zu denselben bestimmt, ist nicht der religiöse Glaube noch die religiöse Wahrheit, sondern theils die rechtliche Erwägung, in wiefern eine Kirche ein berechtigter Körper sei, theils die politische Rücksicht, auf die wohlthätige oder schädliche Einwirkung derselben auf die Volkswohlfahrt.«[384] Die »sittlichen und humanen Kräfte« zum Beispiel, welche die christliche Religion freisetzt, kommen dem Staatsgebilde zugute. Darum gehört es zur Pflicht moderner Staaten, diese Kräfte zu schonen und zu schützen.

Diese selbst für den Protestantenverein unerhört radikalen Thesen blieben nicht ohne Widerspruch.

Äußerst geschickt faßte Schenkel zunächst Bluntschlis Vortrag in zwei annehmbar formulierte Grundgedanken zusammen und suchte dann den unguten Eindruck zu korrigieren, als trage die Kirche allein die Schuld an dem bestehenden staatskirchlichen System.[385] »In der großen allgemeinen Verwirrung (sc. nach der Reformation), in einem Augenblick, wo das zün-

---

[383] Johann Caspar Bluntschli, *Geschichte des Rechts der religiösen Bekenntnißfreiheit*, Elberfeld 1867. Es handelt sich um einen alten Vortrag aus dem Jahre 1860.

[384] *Der dritte Protestantentag, gehalten zu Bremen am 3. und 4. Juni 1868*, Elberfeld 1868, S. 11.

[385] Schenkel formulierte (*a. a. O.*, S. 39): 1) »Der Staat giebt seinerseits die Religion frei, betrachtet sie als eine selbständige Angelegenheit, in die er mit seinen Mitteln und seinen Kräften sich nicht zu mischen hat, und ebenso umgekehrt die Religion läßt den Staat frei, läßt ihn seine Wege gehen und mischt sich nicht in seine Angelegenheiten.« 2) »Der Staat ist deßhalb, weil er religiös frei geworden ist, nicht gleichgültig gegen die Religion, sondern sie ist ihm eine sehr respectable Sache, eine respectable Thatsache. Wie er seinerseits andere

dende Wort — Gemeinde, Selbstverwaltung der protestantischen Gemeinde — noch nicht gefunden war, da mußte der Staat als Vertreter der allgemeinen Interessen an die Stelle der Gemeinde treten, bis der entscheidende Augenblick kam, der leider bis jetzt noch nicht durchschlagend gekommen ist, wo der Gemeinde zurückgegeben wird, was ihr von Gottes und Rechts wegen gehört.«[386]

Die Entgegnung von Carl Schwarz aus Gotha drang tiefer, denn der kluge Oberhofprediger überführte das laizistische Trennungsdenken Bluntschlis der unrealistischen Fiktion, indem er auf die gesellschaftliche Dimension des Staates hinwies, in die hinein *qua* Auftrag die Kirche verflochten bleiben muß. Der Einwirkungsanspruch beider Institutionen auf die unteilbare gesellschaftliche Öffentlichkeit führt zwangsläufig zu einer Überschneidung der Interessensphären *(res mixtae),* die darum einer permanenten gemeinsamen Klärung bedürfen. »Der Staat«, so formulierte Schwarz diesen Sachverhalt, »ist nicht blos Rechtsstaat im engeren Sinne des Worts, er hat sich nicht blos mit der Civil- und Criminal-Gesetzgebung zu befassen, sondern er ist die Totalität aller sittlichen Kräfte des Volks«, er ist das »organisirte Volk, das organisirte Volksleben, unter die Form des Gesetzes gestellt. Insofern giebt es keine völlige gegenseitige Unabhängigkeit und Gleichgültigkeit von Kirche und Staat; es giebt Punkte, wo sich beide berühren, mit einʹnder zusammen wirken und sich ergänzen müssen ...«.[387]

In der abschließenden Verteidigung seiner problematischen Thesen ging Bluntschli auf die Schwarzschen Einwände überhaupt nicht ein, sondern beschränkte sich vornehmlich auf die Wiederholung allgemein akzeptierter Phrasen: »Unsere Bestrebungen sind wesentlich Bestrebungen der nationalen Union und zugleich der religiösen Union.«[388] Die Versammlung applaudierte.

Thatsachen und Kräfte schützt, ihnen seinen Rechtsschutz angedeihen läßt und sie auch fördert, z. B. Kunst und Wissenschaft, in noch höherem Maße stellt er unter seinen Rechtsschutz die Religion, aber nicht eine besondere, sondern alle Religionsgemeinschaften.«
[386] *Der dritte deutsche Protestantentag 1868* ... , S. 41.
[387] *A. a. O.,* S. 46 f. Vergleicht man die gegenwärtige staatskirchenrechtliche Diskussion in der BRD mit diesen Aussagen, überrascht die Aktualität und analytische Kraft der Schwarzschen Formulierungen (vgl. Wolfgang Huber, *Kirche und Öffentlichkeit,* Stuttgart 1973; Ernst Gottfried Mahrenholz, *Die Kirchen in der Gesellschaft der BRD,* 2. Aufl., Hannover 1972; Wolf-Dieter Marsch, *Institution im Übergang. Evangelische Kirche zwischen Tradition und Reform,* Göttingen 1970).
[388] *Der dritte deutsche Protestantentag 1868* ... , S. 58. Vgl. allgemein zum Bremer Protestantentag die Berichte der kirchlichen Blätter: *NEKZ,* 1868, Sp. 369 ff.; *PKZ* 15 (1868), Sp. 601 ff.; 627 ff.; 649 ff.

»Den Abschluß dieser Periode« des liberalen Protestantismus, so schreibt der Historiograph des Vereins, Hönig, »bildet[e] der Protestantentag in Berlin 1869«.[389]

Dieser *vierte Deutsche Protestantentag* war überschattet von den vorausgegangenen Auseinandersetzungen über die Benutzungsgenehmigung dreier Berliner Kirchen zur Abhaltung der Festgottesdienste und der Verhandlungen. Der Magistrat der preußischen Metropole hatte in die Benutzung der St. Nikolaikirche, der Dorotheenstädtischen und der Neuen Kirche eingewilligt, nachdem vorher auch die Ministerien und Vorstände der betreffenden Kirchen sich gerne bereit erklärt hatten, dieselben zu dem erwähnten Zweck zur Verfügung zu stellen. Das Ersuchen wurde vom Magistrat dann an das Königliche Konsistorium mit der Bitte um dessen Plazet weitergeleitet. Darauf erfolgte wider Erwarten ein abschlägiger Bescheid: »Berlin, den 12. August 1869. Der Magistrat hat auf den Wunsch des Vorstandes des 'Berliner Unions-Vereins', welcher Seitens des 'geschäftsführenden Ausschusses des deutschen Protestanten-Vereins zu Heidelberg' mit der Vorbereitung für die am 6. und 7. Oktober c. bevorstehende Abhaltung des 'vierten allgemeinen deutschen Protestantentags' beauftragt worden ist, mittels Bericht vom 26. v. M. den Antrag gestellt, daß für diesen Protestantentag die Benutzung von hiesigen evangelischen Kirchen unsererseits gestattet werde, und zwar sowohl für die Abhaltung von vorbereitenden Abendgottesdiensten am 5. Oktober c. die St. Nicolai, die Dorotheenstädtische und die neue Kirche, als auch insbesondere die letztere für die gleichfalls mit einem Gottesdienst zu eröffnenden am 6. und 7. ejsd. statthabenden Verhandlungen des Vereins. Diesem Gesuche müssen wir hiermit unsere Genehmigung versagen und erachten wir uns dazu von Aufsichtswegen verpflichtet, da der 'Protestantenverein' durch seine Statuten sowohl als durch die im Laufe der letztvergangenen Jahre vielfach von ihm ausgegangenen unzweideutigen Kundgebungen, welche keinen Zweifel über die von ihm verfolgten Ziele übrig lassen, auch solchen Bestrebungen und Auffassungen der Heilswahrheit volle Berechtigung zuerkennt, welche die wesentlichen Grundlagen des christlichen Glaubens verwerfen und daher mit der Lehre, dem Cultus und der

---

[389] W. Hönig, *Der Deutsche Protestantenverein* ..., S. 11. Auch Walter Nigg (*Geschichte des religiösen Liberalismus. Entstehung — Blütezeit — Ausklang*, Zürich-Leipzig 1937, S. 221) sieht in dem 4. Protestantentag eine entscheidende Zäsur der Bewegung: »Nach diesem Ereignis (sc. dem 4. Protestantentag) begann ein merkliches Erlahmen, wenn nicht von einem direkten Abstieg gesprochen werden soll.« Vgl. dagegen Wilhelm Schubring, *Der Deutsche Protestantenverein. Rückblick und grundsätzliche Besinnung*, in: *Protestantenblatt* 71 (1938), Sp. 687.

Verfassung der evangelischen Kirche im offenen Widerspruch stehen. Das Kirchenregiment kann nicht zum Ausdruck und zur Verfolgung derartiger Tendenzen die allein für die Verkündigung des christlichen Glaubens nach dem evangelischen Bekenntniß deutscher Reformation geweihten Kirchen und Kanzeln dem Protestantentage einräumen. Königliches Consistorium der Provinz Brandenburg. Hegel.«[390]

Der Magistrat wandte sich daraufhin in einem Schreiben vom 27. August an den Evangelischen Oberkirchenrat, mit dem Ersuchen, die Entscheidung des Konsistoriums zu revidieren. Am 9. September traf folgende, dieses Mal weniger überraschende Antwort ein: »In der Vorstellung vom 27. v. M. führt der Magistrat darüber Beschwerde, daß das hies. Königl. Consistorium den Antrag des Vorstandes des Berliner Unionsvereins, es solle dem Deutschen Protestantenverein für eine am 5. 6. und 7. Oktober d. J. in Berlin abzuhaltende Versammlung die Benutzung dreier hiesiger, unter städtischem Patronat stehenden Kirchen zur Abhaltung von Gottesdiensten und zu den Vereins-Versammlungen gestattet werden, durch Verfügung vom 12. v. M. abgelehnt hat. Wir ersehen keine begründete Veranlassung, daß der Magistrat in die Stellung des Beschwerdeführers tritt, weil ein von einem Vereinsvorstand ausgehender Antrag Seitens des Königl. Consistoriums Zurückweisung erfahren hat; indessen wollen wir die Erklärung nicht zurückhalten, daß wir nach den öffentlichen Kundgebungen des Protestantenvereins zu Heidelberg und nach den Vorkommnissen bei bisherigen Versammlungen desselben die Entscheidung des Königl. Consistoriums aufzuheben uns nicht veranlaßt sehen. Ev. Ober-Kirchenrath.«[391]

Was hatte den Evangelischen Oberkirchenrat veranlaßt, mit dem orthodoxen, unionsfeindlichen Hegel gegen den liberalen Protestantismus zu paktieren?

Einmal sicherlich die Überlegung, daß es gelte, eine billige Gelegenheit zu nutzen, um das mächtige preußische Luthertum von der Rechtgläubigkeit der Positiv-Unierten zu überzeugen. Der Protestantenverein besaß nicht genug Einfluß in Norddeutschland, als daß er es vermocht hätte, wegen dieser engherzigen und unevangelischen Entscheidung das preußische Kirchenregiment in ernsthafte Schwierigkeiten zu bringen.[392]

[390] *Der vierte Deutsche Protestantentag, gehalten zu Berlin am 6. und 7. October 1869*, Elberfeld 1869, S. 2 (Hervorhebung im Original).

[391] *PKZ* 16 (1869), Sp. 884 f.

[392] Man vgl. die geringe Beachtung des Protestantenvereins durch die EOK-Denkschrift vom 18. 2. 1867 (oben S. 119 in meiner Arbeit), da man an eine Verwirklichung der kirchenpolitischen Pläne des liberalen Protestantismus nie und nimmer glaubte.

Zum anderen vermutete Michael Baumgarten — als Anhänger der Schleiermacherschen Rechten und Schüler v. Hofmanns übrigens ein ziemlich isolierter Außenseiter im Protestantenverein —[393] den persönlichen Einfluß Wilhelm Hoffmanns, der in seinem Buch *Deutschland Einst und Jetzt* die liberalen Protestanten ja den Juden gleichgestellt hatte.[394]

Unmittelbar nach dem Berliner Protestantentag veröffentlichte Baumgarten gegen den vermeintlichen Widersacher die polemische Streitschrift: *Herr Generalsuperintendent Dr. W. Hoffmann vor dem Richterstuhl der deutschen Christenheit* (Berlin 1869). Darin versucht er, im Zusammenhang der kirchlichen Gesamtlage auf die heillose Wirkung der

---

[393] Auf dem vierten Deutschen Protestantentag (*Der vierte Deutsche Protestantentag 1869*..., S. 115) sagte Baumgarten von sich selbst: »Meine Stellung im Verein ist allerdings eine ziemlich isolierte, und eben deshalb glaube ich auch, mich dann und wann darüber aussprechen zu müssen, weil ich fortwährend nur mißverstanden werde. Es ist von Anfang an, seit unser Verein besteht, eine rechte und eine linke Seite unterschieden worden. Ich bin in die rechte Seite hineingestellt worden, und zwar in einer Weise, daß ich in der That denen, die uns von der rechten Seite gegenüberstehen, es völlig gleich thue in dem ganzen Ernste alles Dessen, was kirchliches Bekenntniß heißt; ich nehme es mit ihnen Allen auf, nur das Eine verlange ich, daß vollkommene Freiheit gewährt werde, und meine Stellung auf der rechten Seite — die sich allerdings sehr auch nach der rechten Seite unserer Gegnerschaft wendet — ist nicht etwa von der Art, daß ich nur mit Einem Fuße in unserem Vereine stände.«

Offensichtlich erst nach dem deutsch-französischen Krieg gelang Baumgarten der kirchenpolitische Durchbruch und damit die volle Anerkennung im Protestantenverein. Im Jahr 1870 veröffentlichte er unter seinem vollen Namen eine Flugschrift *An seine Majestät, Wilhelm den Ersten, König von Preußen. Ein nothgedrungenes Wort zum Schutz des deutschen Protestantenvereins.* Auf dem fünften Deutschen Protestantentag (Oktober 1871) hielt er einen Hauptvortrag über das Thema: *Protestantische Aufgaben gegenüber dem Papismus innerhalb der evangelischen Kirche (Der Deutsche Protestantentag, gehalten zu Darmstadt am 4. und 5. October 1871*, Elberfeld 1871, S. 64 ff.); es folgte: *Der deutsche Protestantenverein. Ein heiliges Panier im Deutschen Reich*, Berlin 1871. Aber schon sein Sammelband aus dem Jahre 1869 (*Zwölf kirchengeschichtliche Vorträge zur Beleuchtung der kirchlichen Gegenwart*) enthält wesentliche kirchenpolitische Beiträge: *Der Nothstand der kirchl. Gegenwart, oder die Macht des römischen Papstthums und die Ohnmacht des deutschen Protestantismus; Der deutsche Protestantenverein. Eine nicht abzuweisende Stütze in der gegenwärtigen Kirchennoth; Die deutsche Volkskirche oder die Vollendung der Reformation.* Vgl. auch Baumgartens Stellung im sogenannten Bremer Kirchenstreit: *PKZ* 15 (1868), Sp. 409 ff.; *NEKZ*, 1868, Sp. 136 ff.; Michael Baumgarten, *Ein Wort zum Frieden in dem Bremer Kirchenstreit*, Bremen 1869. Als Schenkel im Jahre 1876 Anhängern der Positiven Union die Mitbenutzung einer Heidelberger Kirche verweigerte, protestierte Baumgarten gegen diese im Namen der Freiheit verübte Intoleranz. Schenkel entgegnete, gegen die Intoleranz brauche man nicht tolerant zu sein. Noch im selben Jahr sah sich Baumgarten wegen der daraufhin einsetzenden Angriffe gegen ihn gezwungen, den Verein zu verlassen.

[394] Vgl. oben S. 125 f.

»Exkommunication des Protestantenvereins« in der öffentlichen Meinung aufmerksam zu machen, und fordert Hoffmann »als den verantwortlichen Urheber jener kirchenregimentlichen Unthat« zur öffentlichen Buße auf. »Petrus hat sich nicht geschämt, vor Paulus und der Antiochenischen Christengemeinde seinen Fehltritt wieder gut zu machen. Die heilige Opferflamme, in welcher ein hochgestellter Kirchenmann in der Protestantischen Metropolis sein öffentliches Unrecht auf dem Altar der ewigen Wahrheit Christi verbrennt, leuchtet weit hinein in die Welt und ist ein Osterlicht auf hohen Bergen, welches eine neue und bessere Zeit der Christenheit verkündet.«[395]

Die *Neue Evangelische Kirchenzeitung* veröffentlichte wenige Tage später eine höhnische Empfangsanzeige Hoffmanns, in der dieser an den »Mecklenburgischen Kirchenstreit«, Baumgartens Absetzung und seine schwache Position in den eigenen Reihen erinnert sowie eine Beteiligung an der Berliner Entscheidung energisch von sich weist.[396] Der Streit zwischen Hoffmann und Baumgarten dauerte fort bis zum Tod des ersteren.[397]

Obwohl auf dem vierten Protestantentag die Schulfrage[398] im Mittelpunkt des Interesses stand, hatte man Daniel Schenkel beauftragt, in ei-

---

[395] Vgl. H. H. Studt (Hrsg.), *Professor Michael Baumgarten. Ein aus 45jähriger Erfahrung geschöpfter biographischer Beitrag zur Kirchenfrage*, Bd. 2, Kiel 1891, S. 35 ff.; Zitat: S. 41 f.

[396] Wortlaut der Empfangsanzeige: *NEKZ*, 1869, Sp. 718. Zur Rostocker Entlassungsaffäre — sie war übrigens der Anlaß zu Baumgartens Eintritt in den Protestantenverein — vgl. die veröffentlichten Aktenstücke, die Entlassung Baumgartens betreffend (Hrsg. A. Brömel), Berlin 1858, sowie Walter Nigg, *Kirchliche Reaktion. Dargestellt an Michael Baumgartens Lebensschicksal*, Bern 1939 (mit Literatur); vgl. auch die Beurteilung der Ereignisse durch Baumgartens Lehrer, v. Hofmann (P. Wapler, *Johannes v. Hofmann . . .*, S. 263 ff.).

[397] Vgl. dazu Michael Baumgarten, *Eine abgenöthigte Erwiderung*, in: *PKZ* 17 (1870), Sp. 73—81.

[398] Die Thesen Professor Holtzmanns zur Schulfrage geben die Haltung des Protestantenvereins in dieser Angelegenheit gut wider (*Der vierte Deutsche Protestantentag 1869 . . .*, S. 22 f.): »I. Die oberste Leitung der öffentlichen Schule gehört dem Staate allein. Unzulässig ist daher jedes Eingreifen der kirchlichen Behörde als solcher in das Leben der Schule. II. Dagegen sind bei der Zusammensetzung der Schulbehörden die Interessen der kirchlichen Gemeinde so gut zu vertreten, wie diejenigen der bürgerlichen, oder die der Familien und der Pädagogik. III. Eine heilsame Verbindung von Kirche und Schule bleibt so lange unmöglich, als die kirchliche Gemeinde mit ihrem Rechtsanspruch auf eine selbständige Leitung ihrer Interessen nicht durchgedrungen ist. IV. Bürgerliche Gleichberechtigung der Staatsgenossen ohne Rücksicht auf die verschiedenen Confessionen ist oberster Grundsatz unseres staatlichen Gesellschaftslebens, also auch Norm für die Ausgestaltung des

nem Vortrag »über die kirchlichen Zustände der Gegenwart« vor allem über die Entwicklung und Verbreitung synodaler Elemente in deutschen Kirchenverfassungen zu berichten.

Dabei legte Schenkel sein Hauptaugenmerk auf die umfassendste Landeskirche in Deutschland, auf die Evangelische Landeskirche der älteren preußischen Provinzen. Die in den Reaktionsjahren entstandenen »Grundzüge einer evangelischen Gemeindeordnung für die östlichen Provinzen« vom 29. Juni 1850[399] hält er für das Hauptbollwerk gegen das Gemeindeprinzip, denn sie zementieren die konsistoriale und klerikale Kirchengewalt: »Die Gemeindekirchenräthe sind berufen, die Macht der Consistorien und Pastoren zu unterstützen und zu verstärken, nicht aber die Gesinnung und den Willen der Gemeinden zum Ausdruck und zur Geltung zu bringen«.[400] Diese und andere Früchte der konfessionalistisch-klerikalen Partei treiben in Berlin die ärgsten Blüten; »hier hat die kirchliche Reaktion ihre finstersten Zwingburgen errichtet; hier sind dem Adler der Freiheit die Schwingen am kläglichsten geschnitten; hier ist in Kirche und Schule ein Geschlecht groß gezogen worden, das wohl bücken und drücken gelernt, aber unfähig geworden ist, den Protestantismus zu begreifen, fortzubilden und zu schützen«.[401]

Schulwesens. V. Die öffentliche Schule steht daher allen Confessionen offen. Mit ausschließend confessionellem Charakter ist sie ein Widerspruch in sich selbst. Kirchenschulen, wo sie noch existiren, können nur als Privatschulen gelten. VI. Der Gedanke, die Religion aus der öffentlichen Schule auszuschließen, würde sich nur als Mittel der Nothwehr gegenüber einer kulturfeindlichen Entwicklung der Kirchen empfehlen. Vielmehr gehört die Religion als eine Bildungsmacht erster Größe durchaus zum Ganzen der Volkserziehung und muß obligatorischer Unterrichtsgegenstand der Volksschule bleiben. VII. Einem solchen Religionsunterricht kann aus politischen und pädagogischen Gründen die confessionelle Bestimmtheit nicht abgehen. Deßhalb müssen bei confessionell gemischter Bevölkerung Schulen mit mehrseitigem Religionsunterrichte gesetzlich ermöglicht sein. VIII. Der Religionsunterricht der öffentlichen Schule soll das Wissen und das Verständniß von der Religion, ihren Urkunden und ihrer Geschichte vermitteln. Die Heranbildung der Jugend zu thätiger Mitgliedschaft bei einer besonderen Religionsgemeinde ist Sache des Confirmationsunterrichtes. IX. In Betreff der Lehrerbildung verwerfen wir jede Art von theologischer Vereinseitigung und kirchlicher Dressur. Statt solcher systematischer Herabdrückung derselben verlangen wir, daß unsere Volksschullehrer religiös sittliche Charaktere und durchgebildete Pädagogen seien, welche die voksthümlichen Bildungsinteressen der Zeit zu würdigen und an ihrem Theile zu fördern wissen.« Vgl. zu den Verhandlungen auch: *PKZ* 16 (1869), Sp. 468 ff.; *NEKZ*, 1869, Sp. 639 ff.

[399] Siehe oben S. 36 f.
[400] *Der vierte Deutsche Protestantentag 1869...*, S. 88.
[401] *A. a. O.*, S. 89.

Die preußische Verzerrung der Kirche Christi zur Konsistorial- und Pastoralkirche wird auch durch die Einrichtung der Provinzialsynoden nicht behoben, denn es handelt sich hier um eine »bloße Scheinconcession an das Gemeindeprincip«.

»Die evangelische Kirche Deutschlands«, so urteilt Schenkel abschließend, »ist hauptsächlich deshalb im Innern zerrissen und erlahmt und gegen römische Angriffe und Uebergriffe theilweise machtlos, weil die freie Entfaltung ihrer Principien und Lebensbedingungen in weiten Kreisen amtlich verkümmert und gehemmt ist«.[402]

Mit dem vierten Deutschen Protestantentag endete dessen erste Periode der Kirchenverfassungs-Diskussion,[403] ohne daß der Öffentlichkeit eine liberale Musterverfassung vorgelegt worden war, die als wirkliche Alternative zu den diversen gemischt konsistorial-synodalen Verfassungsmodellen der Positiv-Unierten hätte begriffen werden können. Merkwürdigerweise existierte aber ein solcher Entwurf.[404]

Der Gothaische Kirchenverfassungsentwurf

Anfang Juli 1869 berichteten die kirchlichen Blätter erstmals flüchtig über einen gemeinschaftlichen Kirchenverfassungsentwurf für die beiden Herzogtümer Sachsen-Coburg und Gotha, der als liberales Experiment im Sinne des Gemeindeprinzips gedacht sei.[405]

Der vom Staatsministerium als oberster Kirchenbehörde vorgelegte Entwurf stammte aus der Feder des Ministerialmitgliedes Carl Schwarz,[406]

---

[402] A. a. O., S. 104.

[403] Die Protestantentage in Leipzig (1873), Breslau (1875) und Gotha (1880) — die beiden letztgenannten mit spezieller Bezugnahme auf die preußischen Verhältnisse — befaßten sich dann zwar noch einmal mit Kirchenverfassungsfragen, aber auch hier kam man über eine Wiederholung der 1865 verfochtenen Grundsätze nicht hinaus. Abgesehen davon, waren die Entscheidungen in Preußen ja schon Ende 1872 gefallen.

[404] Die Badische Kirchenverfassung vom 5. September 1861 kam als Musterentwurf kaum in Betracht, denn abgesehen davon, daß sie ihre viel älteren Vorlagen, die Oldenburgische und Rheinpreußische Kirchenverfassung, um nichts an Liberalität übertraf (vgl. S. 88 f. dieser Arbeit sowie E. Friedberg, *Die geltenden Verfassungs-Gesetze . . .*, S. 473 ff.), war sie durch die Art ihrer Einführung im Badischen Kirchenstreit völlig desavouiert worden (vgl. W. Beyschlag, *Aus meinem Leben . . .*, Bd. 2, S. 102—113; J. Becker, *Liberaler Staat und Kirche in der Ära von Reichsgründung und Kulturkampf . . .*, S. 179 ff.).

[405] Vgl. *PKZ* 17 (1869), Sp. 81 f.; *NEKZ* 1869, Sp. 425.

[406] Ulrich Heß (*Die Verwaltungsorganisation der Evangelischen Landeskirchen in Thüringen bis zur Gründung der Thüringer Evangelischen Kirche 1914*, in: *Aus zwölf Jahrhunderten. Einundzwanzig Beiträge zur thüringischen Kirchengeschichte* (= Thüringer kirchli-

zugleich Oberkonsistorialrat und Oberhofprediger Herzog Ernsts II. von Coburg-Gotha.[407] Schwarz, der schon als Mitglied der Frankfurter Nationalversammlung für die Freiheit der Kirche im Staat eingetreten war und als Mitbegründer des Protestantenvereins den geistigen Mittelpunkt des liberalen Protestantismus in Thüringen bildete, betrachtete die Durchsetzung dieser neuen, von jedem Symbolzwang freien Kirchenordnung als das Hauptziel seiner lebenslangen kirchenpolitischen Anstrengungen.[408]

Bereits im Eingangsparagraphen der Kirchenverfassung, in dem gemeinhin der Bekenntnischarakter der betreffenden Kirche genau formuliert wird, verzichtete Schwarz auf eine nähere Bestimmung der konfessionellen Grundlage.[409] Dies begründete er teilweise mit dem neuen, antipartikularistischen Selbstverständnis der Landeskirche Coburg-Gotha als eines Gliedes der erst zu schaffenden nationalprotestantischen deutschen Volkskirche: »§ 1. Die evangelische Kirche der Herzogthümer Coburg und Gotha ist ein Theil der evangelischen Kirche Deutschlands und mit dieser

che Studien 2), Berlin [Ost] 1973, S. 237—257, hier: S. 249) vertritt dagegen die Auffassung, der Geheime Staatsrat Rudolf Brückner habe den Kirchenverfassungsentwurf ausgearbeitet. Aus den mir zugänglichen Akten des Landeskirchlichen Archivs Nürnberg (Bestand Herzogl.-Sächs. Staatsministerium Coburg, Akt Nr. 56: Die Umgestaltung und Verbesserung der Verfassung der evangelischen Kirchen Thüringens 1849—1919. Inhalt: Wortlaut des Kirchenverfassungsentwurfes, Gutachten und Verhandlungsprotokolle) geht jedoch eindeutig hervor, daß Schwarz der geistige Motor jener Kirchenverfassungsbewegung war und den Entwurf auch selbst verfaßte. Richtig ist freilich, daß Brückner im Rahmen seiner amtlichen Stellung mit der Kirchenverfassungsfrage befaßt war und mit Schwarz eng zusammenarbeitete. Die liberale Kirchenverfassungsbewegung in den Herzogtümern ist im Zusammenhang der alljährlich im September stattfindenden Thüringischen Kirchentage, einer freien Versammlung von Geistlichen, zu sehen, denn diese Versammlungen bildeten den Anstoß für die Bestrebungen, auf eine engere Verbindung der kleinen thüringischen Landeskirchen hinzuarbeiten. Ausgerechnet im September 1869 wurden von diesem Kreis *Thesen über die wünschenswerthe größere Conformität in den evangelischen Landeskirchen Thüringens* verabschiedet (Wortlaut: *PKZ* 16 [1869], Sp. 910 f.).

[407] Siehe oben S. 188.

[408] Theologisch gehörte Schwarz zu den geistigen Erben von Schleiermacher und Hegel, deren Gedanken er jedoch in durchaus selbständiger Weise verarbeitete. Nachdem Kultusminister von Eichhorn ihm im Jahre 1845 als einem exponierten Vertreter kirchlicher Umsturzpläne die *venia legendi* entzog, verfaßte Schwarz zu seiner Rehabilitierung ein Buch über *Das Wesen der Religion*, 2 Thle. in 1 Bd., Halle 1847, in dem er seinen theologischen Standpunkt ausführlich darlegte. In seiner unstreitig bedeutendsten Schrift, *Zur Geschichte der neuesten Theologie*, Leipzig 1856, 4. Aufl. 1869, unternimmt es Schwarz, einen theologiegeschichtlichen Abriß von Hegel bis Hausrath zu geben.

[409] Selbst die Badische Kirchenverfassung verwies in § 1 zur Bestimmung der Bekenntnisgrundlage auf die Ausführungen der Unionsurkunde vom 13. 8. 1821 (vgl. E. Friedberg, *Die geltenden Verfassungs-Gesetze ...* , S. 473 ff.).

ein Glied der evangelischen Gesammtkirche. Sie steht demnach auf dem Grund der heiligen Schrift als der alleinigen Quelle evangelischen Glaubens und in Uebereinstimmung mit den Grundsätzen der reformatorischen Bekenntnisse als der ersten Zeugnisse protestantischer Lehre«.[410] In Anlehnung an den Wortlaut der Badischen Verfassung proklamiert § 2 die Unabhängigkeit der Kirche vom Staat: »Sie ordnet und verwaltet ihre Angelegenheiten selbständig, unbeschadet der gesetzlich festgestellten Rechte des Staates.« Nichtsdestoweniger bleibt der Herzog als Landesbischof Inhaber des Kirchenregimentes und übt dasselbe nach den Bestimmungen der neuen Verfassung aus (§ 3).

In den Gemeinden mit über 35 stimmfähigen Mitgliedern fungiert für die wichtigeren ökonomischen Fragen, Pfarrwahlen und Verfassungsfragen neben dem Kirchenvorstand, in den der Bürgermeister als ständiges Mitglied gewählt werden soll, noch ein weiterer Kirchenausschuß. Die Wahlfähigkeit und Wählbarkeit wird lediglich an das Staatsbürgerrecht, die Selbständigkeit und ein Alter von fünfundzwanzig Jahren geknüpft. In beiden Herzogtümern bestehen sieben Bezirkssynoden, gebildet aus sämtlichen Pfarrern und ebenso vielen Laienmitgliedern. Der Oberkirchenrat als oberste Behörde der Landeskirche mit Sitz in Gotha wird vom Herzog berufen und auf die Kirchenverfassung verpflichtet. Ihm zur Seite steht die alle sechs Jahre tagende Landessynode, deren Mitglieder ebenfalls auf die Kirchenordnung vereidigt werden und der aus vier Synodalen bestehende ständige Synodalausschuß; letzterer ist dem EOK beigeordnet. Der Generalsynode gehören 5 vom Herzog ernannte und je 19 gewählte geistliche und weltliche Mitglieder an. Erstere werden von sämtlichen in den Kirchenvorständen stimmberechtigten Geistlichen, letztere in den zwei städtischen Wahlbezirken durch direkte Wahl der Kirchenvorsteher, in den übrigen vier Bezirken durch Vermittlung von Wahlmännern gewählt. Der Synode obliegt die Beobachtung und gesetzgeberische Mitverantwortung für Lehre, Liturgie, Zucht und Verfassung; selbst eine geringfügige Modifizierung der genannten Bereiche bedarf ihrer Zustimmung. Das Einkommen der Pfarreien soll nach Klassen eingeteilt, die Vergütung der Pastoren jedoch nach Dienstalter vorgenommen werden, so daß der junge Inhaber einer reichen Pfründe die ihm nicht zustehenden Überschüsse zwecks

---

[410] *Entwurf der Kirchenverfassung der Herzogthümer Coburg und Gotha nebst den dazu gehörigen Gesetzen*, Gotha 1869, S. 1; *ebda.*, das folgende Zitat. Vgl. *NEKZ*, 1869, Sp. 680 f.; *PKZ* 16 (1869), Sp. 1109; *AKZ*, 1869, S. 556. Der genaue Diskussionsverlauf um die neue Kirchenverfassung läßt sich am besten in der *Coburger Zeitung (nebst Regierungsblatt für das Herzogthum Coburg*, Jge. 1867—1870) verfolgen. Die wichtigsten Zeitungsausschnitte enthält auch die o. g. Akte des LKA Nürnberg.

Weiterverteilung an die Landeskirchen zu überführen hat, eine Praxis, die der Erhebung von Gemeindekirchensteuern gleichkommt.[411]

Der Kirchenverfassungsentwurf wurde von der 1874 zusammengetretenen Vorsynode eingehend beraten und angenommen. Aufgrund des bis dahin unbeschränkten kirchlichen Gesetzgebungsrechtes des Landesbischofs hätte diese Verfassung durch dessen Entschließung zum Kirchengesetz erhoben und in den Herzogtümern eingeführt werden können, wenn nicht durch einzelne darin geordnete Neuerungen auch landesgesetzliche Vorschriften aufgehoben und geändert worden wären. Folglich mußten die betreffenden Teile des Verfassungsentwurfes dem gemeinschaftlichen Landtag vorgelegt werden, um dessen Zustimmung für die nötigen landesgesetzlichen Änderungen einzuholen. Es handelte sich im wesentlichen um die Aufhebung der Zuständigkeit des Staatsministeriums in Angelegenheiten der evangelischen Kirche zugunsten einer rein kirchlichen Behörde. Wegen der Aufhebung der Ephorien und Kirchenämter sowie der Umlage und Beitreibbarkeit der kirchlichen Abgaben und Steuern wären weitere Vorlagen an die Speziallandtage nötig gewesen. Der Verfassungsentwurf in seiner Gesamtheit aber wurde dem gemeinschaftlichen Landtag lediglich zur Kenntnisnahme zugefertigt, weil er als Ganzes das staatliche *ius circa sacra* nicht berührte, sondern in den ausschließlich kirchlichen beziehungsweise landesbischöflichen Verantwortungsbereich des *ius in sacra* gehörte. Der Landtag beanspruchte jedoch eine Mitwirkung an der gesamten neuen Kirchenverfassung und lehnte, als ihm dies von der Regierung nicht zugestanden wurde, auch das Eingehen auf die ihm gemachte Teilvorlage ab.[412]

Doch wenden wir uns noch einmal dem Jahr 1869 zu und betrachten die Reaktion auf die liberale Musterverfassung. Erstaunlicherweise kommentierten die freisinnigen Protestanten den verheißungsvollen Entwurf, auch nachdem sie seinen vollständigen Wortlaut in Händen hielten, äußerst zurückhaltend. Schenkel empfand es zwar als »wohlthuend«, zu hören, daß in den Herzogtümern Sachsen-Gotha und Coburg »die Initiative zu allen liberalen Weiterentwicklungen in Schule und Kirche von dem Kirchenregiment ausgeht« und begrüßte auch den Kirchenverfassungsentwurf als erfreuliches Fortschreiten der liberalen Kirchenverfassungs-

---

[411] Vgl. den *Entwurf der Kirchenverfassung der Herzogthümer Coburg und Gotha...*, S. 3 ff.

[412] Vgl. dazu Karl Friedrich v. Strenge/Georg Rudloff/Friedrich Claus, *Die Grundsätze des Kirchenrechts der evangelischen Landeskirchen der Herzogthümer Sachsen-Coburg und Gotha*, Gotha 1908, S. 42.

bewegung,[413] verwandte aber in seiner *Allgemeinen kirchlichen Zeitschrift* nicht einmal eine halbe Seite auf die Besprechung des fortschrittlichen Modells.[414] Auch die *Protestantische Kirchenzeitung* brachte nur eine kurze Notiz des örtlichen Korrespondenten und Doves *Zeitschrift für Kirchenrecht,* in der man wohl einen Abdruck erwartet hätte, schwieg sich über die bemerkenswerte kirchenverfassungspolitische Initiative gar völlig aus.[415]

Von den bedeutenden überregionalen kirchlichen Organen schenkte die *Neue Evangelische Kirchenzeitung* dem Verfassungsprojekt noch die größte Aufmerksamkeit — freilich nicht ohne den Entwurf »als Verfassungsexperiment der bedenklichsten Art...«, der die kirchlichen Dinge nach politischer Schablone und nach den Gelüsten unkirchlicher Zeitströmungen zurecht macht«, zu verurteilen. »Wollte Gott«, so schließt der Verfasser des Artikels, »daß diese Wiege der Reformation nicht zur Stätte einer kirchlichen Revolution werde, welche die schwererkämpften Güter der Väter pietätlos über Bord wirft«.[416] Auch die *Allgemeine Evangelisch-Lutherische Kirchenzeitung* protestierte heftig, weil sie die Unterdrükkung der lutherischen Konfession befürchtete: »Diese Bestimmungen müssen jeden, welcher der ev.-luth. Kirche von Herzen zugethan ist mit der bangsten Besorgniß erfüllen, denn der Bekenntnißstand unserer Kirche wird durch dieselben aufs tiefste alterirt.«[417]

Wie läßt sich die Zurückhaltung des liberalen Protestantismus gegenüber der Schwarzschen Musterverfassung erklären? Warum war die Kritik ihrer Gegner ausführlicher als die Laudatio ihrer Freunde?

Natürlich hatte Schwarz mit der herzoglichen Regierung Kompromisse schließen müssen, konnte man allenfalls von einem kirchlichen Konstitutionalismus, nicht von einer kirchlichen Demokratie reden. Aber die Einigung auf den Verfassungsentwurf hätte dem Protestantenverein endlich die Möglichkeit geboten, dem alten Einwand zu begegnen,[418] an eine Verwirklichung seiner radikalen Gemeindeprinzip-Theorien sei angesichts der politischen Realitäten gar nicht zu denken. Die allgemeine Annahme des Modells hätte den kirchlichen Freisinn von seiner kirchenpolitischen Außenseiterposition befreit und ihn zu einem ernsthaften Gegner für die

---

[413] *Der vierte Deutsche Protestantentag 1869...*, S. 101 f.
[414] *AKZ,* 1869, S. 556.
[415] *PKZ* 16 (1869), Sp. 81 f.
[416] *NEKZ,* 1869, Sp. 681 f.
[417] *AELKZ* 2 (1869), Sp. 680 f.
[418] Siehe oben S. 180 f.

Mittelgruppe werden lassen. Trotzdem verzichtete man darauf, sich mit dem Projekt uneingeschränkt zu identifizieren und hielt weiterhin an der bloßen Propagierung nur wenig faßbarer Prinzipien fest, die außerhalb jeder Praktikabilität zu liegen schienen.

Man begnügte sich nicht mit der Festlegung auf einen relativ liberalen Entwurf, sondern strebte in Wahrheit nach einem kirchlichen Umwälzungsprozeß, der sich tatsächlich unter den derzeitigen politischen Machtverhältnissen nicht verwirklichen ließ. Mit gutem Grund — der politische Liberalismus gewann mehr und mehr an Boden[419] — glaubte man jedoch, auf politische Veränderungen warten zu können, und nahm dafür getrost in Kauf, durch diese Strategie vorerst ins kirchenpolitische Hintertreffen zu geraten.[420]

Mit dieser Entscheidung hatte sich allerdings der liberale Protestantismus zumindest bis 1872 kirchenpolitisch selbst ausmanövriert und spielte in der Auseinandersetzung um die Neuordnung der preußischen Landeskirche nur mehr eine untergeordnete Rolle.

Die (erste) Allgemeine lutherische Konferenz
in Hannover vom 1. und 2. Juli 1868

Geschichte der neulutherischen Sammlungsbewegung

Die kirchenpolitischen Vorstellungen der Positiv-Unierten in Preußen waren also zwischen 1866 und 1872 kaum durch die Opposition des Protestantenvereins bedroht, sondern vielmehr durch die unerbittliche Gegnerschaft des deutschen Luthertums.

Zunächst schien es so, als sei der Widerstand der intransigenten preußischen Lutheraner nach dem Scheitern ihrer Aktionen gegen die EOK-Denkschrift aus dem Jahre 1867 endgültig gebrochen,[421] aber schon auf der von Gebhardt und Ahlfeld einberufenen *Leipziger Pastoralkonferenz am 13. Juni 1867* wurde deutlich, daß man gar nicht mehr daran dachte, die Unions- und Verfassungsfrage weiterhin nur als innerpreußische Angelegenheit zu behandeln. Zur Durchsetzung der lutherischen Forderungen holten sich die Hengstenbergische Partei und vor allem die neupreußi-

---

[419] Siehe unten S. 246 ff.

[420] Insbesondere die preußischen Protestantenvereinler glaubten in Ruhe abwarten zu können, bis der zweiundsiebzigjährige Monarch gestorben war und sein Sohn Friedrich, der ihnen kirchenpolitisch sehr nahe stand, die Macht übernehmen würde (siehe unten S. 474 ff.).

[421] Siehe oben S. 149 f.

schen Lutheraner jetzt Unterstützung aus Süddeutschland, namentlich bei den konfessionellen Theologen der Erlanger Schule. Dieser Schritt rückte freilich das lutherische Anliegen in ein schiefes Licht, denn der ideologische Anschluß an den süddeutschen Partikularismus konnte nicht auf die Kirchenpolitik beschränkt bleiben, sondern mußte als Folgeerscheinung unweigerlich auch den Lebensnerv preußischer Außenpolitik — die Einigung Deutschlands unter Preußens Oberherrschaft — treffen. Dem preußischen Neuluthertum haftete daraufhin in maßgeblichen politischen wie kirchlichen Kreisen der Ruch politischer Unzuverlässigkeit an; ein guter Lutheraner galt fortan als schlechter Patriot.[422]

Der Münchner Konsistorialpräsident Adolf v. Harleß (1806—1879), hervorragender Verfechter der österreichischen Politik in der Kammer der Reichsräte, führte den Vorsitz auf der Leipziger Pastoralkonferenz, was gewiß nicht dazu beitrug, die preußischen Bedenken zu zerstreuen.[423] Ihm zur Seite standen die Erlanger Theologieprofessoren Reinhold Frank (1827—1894), Johannes Christian Konrad v. Hofmann (1810—1877), Heinrich Schmid (1811—1885), Gottfried Thomasius (1802—1877) und Gerhard v. Zezschwitz (1825—1886).[424] Sie erhielten Unterstützung aus dem Königreich Sachsen von ihren Kollegen Christoph Ernst Luthardt (1823—1903), Karl Friedrich August Kahnis (1814—1888) und Philipp Wackernagel (1800—1877).[425] Mit den ebenfalls teilnehmenden Dorpater Ordinarien der theologischen Fakultät: Moritz v. Engelhardt (1828—1881), Theodosius Harnack (1817—1889), Johann Heinrich Kurtz (1809—1890), Alexander v. Oettingen (1827—1906) und Wilhelm

---

[422] Dieser Eindruck verstärkte sich noch durch die Haltung der rechtskonservativen Partei in allen nationalpolitischen Fragen nach 1866. Ihre Repräsentanten, überwiegend strenggläubige, hochkirchlich gesinnte Lutheraner, allen voran Ludwig v. Gerlach und v. Kleist-Retzow, ihr Führer, verurteilten die preußischen Annexionen als unsittlichen Willkürakt nackter Staatsgewalt (vgl. Anm. 4 in diesem Teil der Arbeit), verweigerten ihre Zustimmung zur Indemnitätsvorlage und distanzierten sich scharf von der Kulturkampfpolitik Bismarcks und Falks (vgl. Eugen Jedele, *Die kirchenpolitischen Anschauungen Ernst Ludwig v. Gerlachs*, Phil. Diss., Tübingen 1910, S. 42; Herman v. Petersdorff, *Kleist-Retzow. Ein Lebensbild*, Stuttgart-Berlin 1907, S. 380 ff.; Otto v. Bismarck, *Gedanken und Erinnerungen*, Bd. 2, Stuttgart 1898, S. 142 ff.).

[423] Vgl. Theodor Heckel, *Adolf v. Harleß. Theologie und Kirchenpolitik eines lutherischen Bischofs*, München 1933 (mit Literatur).

[424] Vgl. H. Fagerberg, *Bekenntnis, Kirche und Amt* ... , S. 49—82.

[425] Vgl. H. Hermelink, *Das Christentum in der Menschheitsgeschichte* ... , Bd. 2, S. 376 ff.

Volck (1835—1904)[426] war mit Ausnahme der lutherischen Theologen
Preußens also nahezu die gesamte lutherische Prominenz des deutschspra-
chigen Raumes erschienen, um den bedrängten Brüdern kirchenpolitischen Beistand zu leisten.

Den Mittelpunkt der Tagung bildete fraglos ein Referat des Erlanger
Kirchenrechtslehrers v. Scheurl über »die lutherische Kirche in dem neupreußischen Staatsgebiete«.[427] Der Vortrag schloß mit vier Thesen, zu denen sich eine überwältigende Mehrheit der Versammelten (insgesamt 573
Personen!) durch Namensunterzeichnung bekannte. Die Resolution lautet:

»1. Die Folge der politischen Ereignisse des vorigen Jahres, daß lutherische Landeskirchen der landesherrlichen Kirchengewalt des Königs von
Preußen unterstellt worden sind, ist eine Thatsache, in welche die davon
Betroffenen sich zu fügen, angesichts welcher aber sie selbst und mit ihnen
alle deutschen Lutheraner insgesammt das Recht der lutherischen Kirche
standhaft zu wahren haben.

2. Das in dieser Richtung zu wahrende Recht der lutherischen Kirche
hat zu seinem wesentlichen Inhalte die Aufrechterhaltung des vollen lutherischen Bekenntnisses als Bestimmungsgrundes des gesammten kirchlichen Gemeinlebens.

3. Damit ihr Bekenntniß in dieser Art aufrechterhalten, nicht blos als
Bekenntniß der einzelnen Kirchenglieder und Gemeinden geschont
werde, hat die lutherische Kirche, indem sie im vorliegenden Falle mit andern Bekenntnißgemeinschaften unter einer und derselben Kirchengewalt vereinigt ist, das Recht darauf anzusprechen und zu behaupten, daß
sie durch eine oberste Kirchenbehörde regiert werde, welche ausschließlich mit Personen besetzt ist, die dem lutherischen Bekenntnisse zugethan
und dasselbe aufrecht zu erhalten förmlich verpflichtet sind.

4. Desgleichen hat die lutherische Kirche das Recht darauf anzusprechen und zu behaupten, daß sie nicht genöthigt werde, den Gliedern der
mit ihr unter der gleichen Kirchengewalt stehenden Kirchen nichtlutheri-
schen Bekenntnisses die Abendmahlsgemeinschaft zu gewähren, sondern

---

[426] Als Ausbildungsstätte für die evangelischen Gemeinden in ganz Rußland besaß die
streng lutherisch ausgerichtete theologische Fakultät der Universität Dorpat mit ihren fünf
Lehrstühlen eine weit über die Ostseeprovinzen hinausreichende Bedeutung (vgl. Otto Seesemann, *Die Theologische Fakultät der Universität Dorpat 1802—1918*, in: Reinhard Wittram (Hrsg.), *Baltische Kirchengeschichte. Beiträge zur Geschichte der Missionierung und
der Reformation der evangelisch-lutherischen Landeskirche und des Volkskirchentums in
den baltischen Landen*, Göttingen 1956, S. 206—219).

[427] Siehe oben S. 90 ff.

die Freiheit behalte, dieselbe gegebenen Falles nur in so weit einzuräumen, als sie es ohne Verläugnung des Bekenntnisses thun kann.«[428]

Die Formulierung in These eins war so gewählt, daß der Anschluß der ehemals selbständigen Staaten an Preußen als eine wahre Kalamität erscheinen mußte (»die davon Betroffenen«); die Wendung »aller Lutheraner insgesamt« unterstrich die beabsichtigte Demonstration lutherischer Einheit und Stärke und deutete von fern bereits auf die geplante Gründung einer deutschen lutherischen Kirche. Von der »lutherischen Kirche« sprach denn auch These zwei und betonte durch die Hervorhebung »volles lutherisches Bekenntnis« (gemeint ist: Augsburger Konfession *und* Konkordienformel) die unüberwindliche Kluft zwischen der lutherischen, reformierten und unierten Konfession. Folgerichtig forderte These drei in aller Offenheit die Einrichtung einer autonomen lutherischen Konfessionskirche in Preußen mit einer rein lutherischen obersten Kirchenbehörde; nur das landesherrliche Oberhoheitsrecht blieb unangetastet und wurde dem preußischen König zugestanden. These vier zielte darauf ab, mit dem Verlangen nach Auflösung der Abendmahlsgemeinschaft das letzte Band zwischen den evangelischen Bekenntnissen in Preußen zu zerschneiden und damit die Union faktisch aufzuheben.

Ungeachtet dieser massiven Angriffe auf die Preußische Union erklärte der Vorsitzende Harleß seelenruhig, die Sätze seien nicht als Demonstration, sondern als Wahrung der Interessen der lutherischen Kirche anzusehen.[429]

»Größere Bedeutung als die öffentliche Konferenz«, so berichtete v. Hofmann später von Erlangen aus seinem Bruder, »hatte die Besprechung, welche Harleß auf seinem Zimmer veranstaltete, wo sich am Freitag Vormittag die wenigen, die aus den neupreußischen Ländern gekommen waren, mit uns Erlangern und einigen Leipzigern zusammenfanden.«[430] In diesem kleinen Kreis besonders Eingeladener wurde beschlossen, zur Herstellung einer obersten lutherischen Kirchenbehörde für alle lutherischen Landesteile Preußens in den verschiedenen preußischen Gegenden Vertrauensmänner aufzustellen und von Erlangen aus je nach Bedürfnis mit Flugschriften in die kirchenpolitischen Kämpfe einzugrei-

---

[428] Chr. v. Scheurl, *Die lutherische Kirche in dem neupreußischen Staatsgebiete...*, S. 21 f.

[429] Vgl. die Berichte der Kirchenzeitungen über die Leipziger Pastoralkonferenz von 1867: *NEKZ*, 1867, Sp. 397 f.; *PKZ* 14 (1867), Sp. 617 f.; *AKZ* 8 (1867), S. 405 ff.; *EKZ* 80 (1867), Sp. 603 f.

[430] Zitiert nach P. Wapler, *Johannes v. Hofmann...*, S. 321.

fen.[431] In konsequenter Weiterführung des lutherischen Einheitsgedankens, zu dessen Durchsetzung in Preußen man sich eben entschlossen hatte, beriet diese Rumpfversammlung sodann über die Einberufung eines allgemeinen lutherischen Kirchentages. Das Projekt ging auf eine Anregung des Oberpfarrers Resch aus Zeulenroda (Reuß) zurück, der nach der mißlungenen Gnadauer Frühjahrskonferenz[432] bei einer Reihe von Persönlichkeiten hierfür Interesse zu wecken wußte.[433] Man hielt selbstverständlich diese Überlegungen vor der Öffentlichkeit noch streng geheim, denn es galt vorerst, innerhalb des Luthertums eine gemeinsame Basis zu finden.

An sich war der Gedanke eines allgemeinen evangelisch-lutherischen Kirchentages zur Sammlung des deutschen Luthertums so alt wie die von Rudelbach (1792—1862) schon 1843 begründete Leipziger Pastoralkonferenz.[434] Letztere setzte auf ihrer Tagung im August 1848 sogar einen Ausschuß unter Harleß' Vorsitz ein, der den Kirchentagsplan vorbereiten und vorantreiben sollte; ihm gehörten außerdem noch Kliefoth, Petri, Thomasius, Huschke und der Jurist Elvers an. Man trug dem Komitee auf, »sich mit den lutherischen Kirchen und Elementen in Deutschland möglichst weit und eng in Korrespondenz zu setzen, sich dadurch in Kenntnis der Geschicke zu erhalten, welche im Laufe dieser Zeit der lutherischen Kirche in Deutschland hier und da zu teil werden möchten, und hiervon der lutherischen Kirche durch das Organ einer baldmöglichst einzurichtenden Zeitschrift Kunde zu geben.«[435]

Daneben war es bereits dieser Konferenz gelungen, eine Einigung über die von Kliefoth formulierten »Thesen zur Kirchenverfassungsfrage« zu erzielen; sie wurden nebst einer ebenfalls von Kliefoth verfaßten Erklärung von einer überwältigenden Mehrheit der 250 Konferenzteilnehmer gutgeheißen.[436]

---

[431] Die erste Flugschrift, die auf diese Absprache hin verfaßt wurde, stammte von Zezschwitz und trug den Titel: *Die lutherische Kirche in den neupreußischen Ländern, ihre Gefahr und ihre Pflicht* (vgl. oben S. 108); ihr folgte bald eine ebenfalls anonyme Broschüre von v. Hofmann nach (vgl. oben S. 107).

[432] Siehe oben S. 138 ff.

[433] Vgl. *NEKZ*, 1867, Sp. 413.

[434] Vgl. August Gottlieb Rudelbach, *Bericht über die in Leipzig gehaltene 1. allgemeine Konferenz von Gliedern der evangelisch-lutherischen Kirche 1843*, Leipzig 1843; Theodor Wangemann, *Sieben Bücher preußischer Kirchengeschichte*, Bd. 3, Berlin 1860, S. 123 ff.

[435] Zitiert nach Ernst Haack, *Theodor Kliefoth. Ein Charakterbild aus der Zeit der Erneuerung des christlichen Glaubenslebens und der lutherischen Kirche im 19. Jahrhundert*, Schwerin i. Mecklenburg 1910, S. 207.

[436] Wortlaut: *Zeitblatt für die lutherische Kirche Mecklenburgs*, 1848, S. 45 ff.

Aber wegen der kirchlich-theologischen Differenzen unter den Neulutheranern blieb dem ganzen Unternehmen bis 1868 der durchschlagende Erfolg versagt. Erst die Ereignisse von 1866, die eine Ausdehnung der verhaßten Preußischen Union befürchten ließen, veranlaßten das Neuluthertum — unter Hintanstellung seiner inneren Gegensätze — zu dem entscheidenden Zusammenschluß.

Die Führer des Neuluthertums: J. v. Hofmann, Th. Kliefoth, A. v. Harleß

Die neulutherische Bewegung, jene politisch wie theologisch restaurative Reaktion des konfessionellen Luthertums auf den epochalen geistesgeschichtlichen Einbruch von Aufklärung und Rationalismus, bildete keineswegs ein homogenes, in sich geschlossenes Phänomen, denn neben einer bloßen Repristinationstheologie im engeren Sinne, wie sie etwa die Rostocker Fakultät vertrat, versuchte die Erlanger Schule in bewußtem Gegensatz zum Hochluthertum über eine einfache Rezeption reformatorischen Gedankengutes hinaus zu einer auf die geschichtliche Offenbarung bezogenen Glaubenstheologie vorzudringen;[437] die Reproduktion des Dogmas soll aus einer Reihe von heilsgeschichtlichen Tatsachen exegetisch begründet (Schrift) und dogmengeschichtlich (Kirche) bestätigt werden.

Diese theosophische Geschichtskonstruktion, wie sie vornehmlich der Vater der Erlanger Theologie, *Johannes v. Hofmann* lehrte, ermöglichte die Überwindung überholter kirchenpolitischer Positionen und ein relativ unvoreingenommenes Eingehen auf aktuelle Fragestellungen. Selbst eine einmal getroffene Entscheidung blieb der sie korrigierenden Erfahrung ausgesetzt, was zu einer überraschend flexiblen Kirchenpolitik führte.

So konnte v. Hofmann in seinem ersten Werk zum Beispiel die Auffassung vertreten, der Begriff des christlichen Staates sei eine Lüge,[438] und eindringlich auf den Unterschied von »kirchlich« und »kirchenamtlich« verweisen, mit dem Vermerk, das letztere habe recht wenig mit der Ge-

---

[437] Über die inhaltliche Abgrenzung der dogmengeschichtlichen Erscheinung des Neuluthertums bestehen kontroverse Auffassungen; der Begriff wird hier im Anschluß an H. Hermelink, *Das Christentum in der Menschheitsgeschichte* ..., Bd. 2, S. 404 u. ö., in der Definition gebraucht, daß er das Phänomen der lutherischen Restaurationstheologie im 19. Jahrhundert umfassend bezeichnet.

[438] Johannes Christoph Konrad v. Hofmann, *Weissagung und Erfüllung im AT und NT*, Bd. 2, Nördlingen 1844, S. 377.

meinde Jesu Christi zu tun.[439] Ende der sechziger Jahre plädierte er im Interesse einer gegenseitigen Unabhängigkeit von Kirche und Staat für den Verzicht auf die kirchliche Schulaufsicht, setzte sich für die Überweisung des Religionsunterrichts als einer rein kirchlichen Angelegenheit an die Pfarrer ein und begrüßte später das Reichszivilehegesetz vom 6. Februar 1875.[440] Seine Forderung, die staatliche Bevormundung der kirchlichen Gemeinschaft müsse aufhören, erstreckte sich nicht allein auf die beiden großen Kirchen, sondern schloß auch die bisher nicht privilegierten Sekten ein: »Freiheit für alle, aber nicht bloß für die einzelnen, sondern auch für die Körperschaften, Freiheit auf dem Gebiet der bürgerlichen Ordnung, aber auch auf dem kirchlichen Gebiete: Das sollte, dächte ich, die Losung sein, das wäre das Heilmittel, welches für die Schäden unserer Zeit auf dem Wege der Gesetzgebung möglich ist.«[441] Aufgrund der Kulturkampferfahrungen verschob sich dann jedoch seine Argumentation hinsichtlich des Verhältnisses von Staat und Kirche in Richtung auf die unbedingte Wahrung der staatlichen Souveränität: die selbständige Stellung der Institution Kirche ist eingegrenzt durch ihre Existenz in dem ihr vorgeordneten Staat, der, da er rechtlich und geschichtlich gesehen einen höheren Rang als die Kirche einnimmt, dieser keine genuin staatlichen Aufgaben übereignen darf.[442] Andererseits liegt Hofmann die Propagierung der alten Staatskirche ebenso fern wie die einer strikten Trennung von Staat und Kirche: »Sie kehren sich nicht den Rücken zu, sondern erneuern das Verhältniß, in welchem sie bisher zu einander gestanden haben, auf Grund einer klarern und richtigern Gränzbestimmung ihrer beiderseitigen Gebiete.«[443]

Mit den andringenden Kirchenverfassungsfragen setzte sich Hofmann schon unmittelbar nach der großen politischen Wende des Jahres 1848 in den beiden Aufsätzen *Was lehrt die hl. Schrift über Kirchenverfassung* und *Die rechte Verwaltung der Konfirmation, eine Grundvoraussetzung*

---

[439] Christoph Konrad v. Hofmann, *Vermischte Aufsätze. Eine Auswahl aus der Zeitschrift für Protestantismus und Kirche*, zusammengestellt von H. Schmid, Erlangen 1878, S. 182; ders., *Theologische Ethik*. Abdruck einer im Sommer 1874 gehaltenen Vorlesung, Nördlingen 1878, S. 191 f.; siehe oben S. 120 f.

[440] Vgl. P. Wapler, *Johannes v. Hofmann . . .* , S. 327 ff.

[441] *A. a. O.*, S. 325.

[442] Vgl. dazu: Johannes v. Hofmann, *Die Kirche im Staate*, in: ZPK 69 (1875), S. 119—126; vgl. auch E. Bammel, *Die Reichsgründung und der deutsche Protestantismus...*, S. 68 ff.

[443] Johannes v. Hofmann, *Das Verhältnis von Staat und Kirche*, in: ZPK 57 (1869), S. 271.

rechter Kirchenverfassung auseinander.[444] Darin polemisiert er gegen den Schriftgebrauch der Reformierten, lutherisch Hochkirchlichen und Irvingianer, die den Verfassungsformen der apostolischen Zeit normative Geltung zuschrieben, obwohl sie in Wahrheit nichts anderes darstellten als ein bestimmtes Stadium in der heilsgeschichtlichen Entwicklung, über das die Kirche auf dem in der neutestamentlichen Prophetie angekündigten Weg zu ihrem überweltlichen Endziel bereits hinausgeschritten sei.

Die Gegenwart wird bestimmt durch die historische Tatsache, daß ganze Völker mit ihrer Obrigkeit der Kirche beigetreten sind, so daß eine gänzlich verweltlichte, der alttestamentlichen Volkskirche ähnliche Gemeinschaft entstand. Die Reformation befreite diese Volkskirche zwar aus der priesterlichen Tyrannei, vermochte sie aber nicht von ihren verderbten Elementen zu befreien. Da Hofmann unbedingt an der Volkskirche festzuhalten wünscht[445] — die Gemeinde der Vollbürger (= Gemeinde der Heiligen) wäre sofort imstande, eine in sich selbständige evangelische Verfassung zu schaffen — schlägt er eine kirchenverfassungsrechtliche Übergangsgestaltung vor, die einerseits an den bisherigen Tatbeständen, soweit sie die Selbständigkeit der Kirche nicht wesentlich einschränken, festhält, andererseits aber die kirchliche Neuordnung einleitet, wie sie die Weissagung der Endzeit in Aussicht stellt. Monarchische Staatsgebilde, in denen der Fürst zugleich Summepiskopalrechte wahrnimmt, ermöglichen diesen Übergang in zufriedenstellender Weise. »Möchte nirgend die Ungeduld christlichen Eifers oder die Willkür unchristlicher Neuerungssucht den vom Herrn der Kirche angezeigten Fortschritt in der einen oder der anderen Seite hin überspringen.«[446]

Der schärfste Gegner Hofmanns im lutherischen Lager war *Theodor Kliefoth,* über fünfzig Jahre lang die führende Persönlichkeit im großherzoglich mecklenburg-schwerinschen Oberkirchenrat.

Die theologische Fakultät des Herzogtums in Rostock bildete die Hochburg des deutschen Neuluthertums in seiner intoleranten, klerikal-sakramentalen Ausprägung. Nicht zufällig gewann ausgerechnet in Mecklenburg-Schwerin nach den Revolutionswirren auch die politische Reaktion derart die Überhand, daß schon im September 1850 die alte ständische Verfassung, welche die Einrichtung einer Synode nicht zuließ, wieder her-

---

[444] Anonym erschienen in der *ZPK* 17 (1849), S. 137—151, und 18 (1849), S. 1—18.
[445] Gemeinsam mit Harleß trat Hofmann den Separationsdrohungen Löhes entgegen; vgl. Löhes Schrift *Die bayrische Generalsynode vom Frühjahr 1849 und das lutherische Bekenntnis,* Nürnberg 1849, die eine förmliche Absage an die Landeskirche enthält.
[446] Zitiert nach P. Wapler, *Johannes v. Hofmann* . . . , S. 193.

gestellt werden konnte.[447] Dies hatte zur Folge, daß kein eigentliches kirchliches Parteileben wie in den anderen deutschen Staaten entstand und so das feudal-orthodoxe Kirchenregiment gemeinsam mit der Rostocker Fakultät völlig unangefochten die kirchenpolitische Szene zu beherrschen vermochte. Die geringste Abweichung von der bekenntnismäßigen Lehre ahndete man mit strengster Kirchenzucht, widerstrebende Professoren wie Michael Baumgarten[448] wurden entlassen oder mußten, wie Karl Holsten (1825—1897),[449] auswandern.

Kliefoth, die Seele dieses konfessionalistischen Regimentes in der mecklenburgischen Landeskirche, knüpfte bald nach der fehlgeschlagenen Revolution geschickt und systematisch berufliche wie persönliche Verbindungen zu allen einflußreichen Lutheranern in den verschiedenen Landeskirchen, so daß Mitte der sechziger Jahre schließlich sämtliche Fäden der evangelisch-lutherischen Bewegung in seiner Hand zusammenliefen.

In der von ihm gemeinsam mit Mejer[450] und später Dieckhoff herausgegebenen *Kirchlichen* beziehungsweise *Theologischen Zeitschrift* griff er in die Kämpfe über die wichtigen kirchlichen und kirchenpolitischen Fragen seiner Zeit ein und stieß dabei heftig mit v. Hofmann zusammen, dessen theologisches System nach seiner Auffassung das lutherische Bekenntnis verletzte.[451] Der zweite Grund für die unversöhnliche Gegnerschaft zwischen den beiden führenden Lutheranern lag in der politischen Tätigkeit v. Hofmanns. Als aktives Mitglied der bayerischen Fortschrittspartei kämpfte der Erlanger für die von Kliefoth heftig befehdeten Prinzipien des Liberalismus, in denen der Mecklenburger den Versuch sah, eherne göttliche Ordnungen zu zerstören.[452]

---

[447] Vgl. Theodor Kliefoth, *Das Verhältnis des Landesherrn als Inhaber der Kirchengewalt zu ihren Kirchenbehörden*, Schwerin 1861 (Separatdruck seines Vortrages auf der Eisenacher Konferenz vom 4. Juli 1861). Mecklenburg-Schwerin blieb bis 1919 das rückständigste Land auf deutschem Boden mit der stärksten Auswanderung, der relativ größten Zahl von Analphabeten und unehelichen Kindern (vgl. H. Hermelink, *Das Christentum in der Menschheitsgeschichte* ... , Bd. 2, S. 421).

[448] Vgl. Anm. 396 in diesem Teil der Arbeit.

[449] Vgl. Adolf Hausrath, *Karl Holsten. Worte der Erinnerung*, Heidelberg 1897, S. 11.

[450] Siehe oben S. 94 ff.

[451] Vgl. Theodor Kliefoth, *Der Schriftbeweis des Dr. J. Chr. K. v. Hofmann*, Schwerin-Rostock 1860. Es handelt sich um die gründlichste zeitgenössische Auseinandersetzung mit der heilsgeschichtlichen Theologie Hofmanns.

[452] Vgl. die heftig polemische Schrift von Kliefoth: *Zwei politische Theologen. II Dr. J. Chr. K. v. Hofmann in Erlangen*, in: *Theologische Zeitschrift* 5 (1864), S. 737 ff. Die bedeutendste Darlegung seiner politischen Grundgedanken gibt v. Hofmann am 2. März 1870 auf einer öffentlichen Parteiversammlung in Erlangen; das Thema seines später gedruckten

Es ging Kliefoth theologisch einzig und allein um die Wiederherstellung der rechten, treuen Gnadenmittelverwaltung in Kirche und Gemeinde, um die Wiederaufrichtung der sie garantierenden reformatorischen Ordnungen, um die Rückkehr zum geschichtlich überkommenen Erbe der Väter und um die Bewahrung desselben in den einzelnen Landeskirchen.[453]

Um die göttliche Stiftung der Heilsanstalt Kirche und das sie verwaltende, ebenfalls von Gott gesetzte Predigtamt in allen deutschen Landeskirchen rein zu bewahren beziehungsweise wiederherzustellen, bedürfe es einer engeren Gemeinschaft der lutherischen Kirchenkörper über die Grenzen der deutschen Länder hinaus.[454] Diese kirchenpolitische Forderung einer konföderierten evangelisch-lutherischen Reichskirche zielte vornehmlich gegen die preußischen Unionsbestrebungen sowohl in ihrer absorptiven wie kirchenregimentlichen Spielart und gegen die Einrichtung einer gemeinevangelischen Nationalkirche.

Endlich mißtraute Kliefoth auch der von den Positiv-Unierten und kirchlich Liberalen propagierten Einführung einer Presbyterial- und Synodalordnung, denn er hielt diese ursprünglich reformierte Verfassungsform für ein dem Luthertum gänzlich fremdes Gewächs, das dem lutherischen Gnadenmittleramt nur ernstlichen Schaden zufügen könne.

Ähnlich wie v. Hofmann wünschte Kliefoth, den Summepiskopat des Landesherrn aufrechtzuerhalten, um die Volkskirche nicht zu gefährden, verlangte aber von dem summus episcopus, er müsse seine oberbischöfliche Gewalt als reines Kirchenamt ansehen und nicht nach politischen, sondern genuin kirchlichen Grundsätzen handeln.[455] Damit redete Kliefoth jedoch nicht einmal ansatzweise einer Trennung von Kirche und

---

Vortrages lautete: *Die gegenwärtige Lage und was wir aus ihr lernen sollten,* Erlangen 1870. Sein politisches Engagement stieß nicht allein bei den konfessionellen Lutheranern auf Mißbilligung, auch in kirchlich gemäßigten Kreisen traf er auf kein Verständnis. Hauck urteilt: »Wenn er [sc. Hofmann] dabei von der Voraussetzung ausging, daß Kirchliches und Politisches geschiedene Gebiete seien, weshalb man auf dem einen mit Männern zusammenarbeiten könne, denen man auf dem andern entgegentreten muß, so fragt es sich sehr, ob Hofmann mit dieser Anschauung der Kirche und dem Glauben mehr geschadet hat, als diejenigen, welche Kirchliches und Politisches überall vermengen.« (*RE,* 3. Aufl., Bd. 8, Art. *Hofmann,* S. 238).

[453] Seine Auffassung hierüber hat er im ersten Band seiner *Acht Bücher von der Kirche,* Schwerin-Rostock 1854, niedergelegt.

[454] Zu Kliefoths Kirchen- und Amtsbegriff vgl. näherhin Chr. Link, *Die Grundlagen der Kirchenverfassung* . . . , S. 86 ff.

[455] Zum Verständnis der Volkskirche bei Kliefoth vgl. H. Fagerberg, *Bekenntnis, Kirche und Amt* . . . , S. 239—269.

Staat das Wort; vielmehr beharrten er und seine Gesinnungsgenossen auf der Gestalt des christlichen Staates, da die Religion ihn als »eine Offenbarung des erhaltenden und regierenden Gottes in der Menschheit« verstehe.[456] Gleichwohl bestehe ein tiefgreifender Unterschied zwischen Kirche und Staat, denn der Staat ist zwar, »gleich der ihm so eng verwandten Ehe, ... wie die Kirche ein göttliches Institut, aber nicht wie die Kirche ein durch die Heilsordnung, sondern durch die Naturordnung gesetztes ... göttliches Institut«.[457]

Schon aus den genannten kirchenpolitischen Maximen geht hervor, daß Kliefoth im Kulturkampf — anders als v. Hofmann — nicht auf seiten der preußischen Staatsregierung stehen konnte, weil er die Übergriffe der Staatsgewalt auf das innere kirchliche Leben sowie die Trennung beider Bereiche, wie sie in der Kulturkampfgesetzgebung vorlagen, streng verurteilte. In seiner Einschätzung der verheerenden kirchlichen und politischen Folgen dieses Kampfes traf er sich vielmehr mit den Anschauungen Friedrich Fabris.[458]

Obwohl v. Hofmann und Kliefoth zweifellos die beiden herausragendsten Persönlichkeiten des deutschen Neuluthertums der sechziger und siebziger Jahre waren, fällt auf, daß keiner von ihnen den Vorsitz über eine der großen gesamtdeutschen lutherischen Versammlungen jener Zeit führte, sondern immer *Adolf v. Harleß,* seit 1852 Präsident des Oberkonsistoriums für ganz Bayern.

Gewiß zählte Harleß, als Wegbereiter der Erlanger Schule und Reorganisator der evangelisch-lutherischen Kirche Bayerns,[459] ebenfalls zu den

---

[456] So formulierte Otto Krabbe, ein Mitglied der Rostocker Fakultät und Mitarbeiter Kliefoths, in einer Broschüre: *Wider die gegenwärtige Richtung des Staatslebens im Verhältniß zur Kirche. Ein Zeugniß*, Rostock 1873, S. 105; vgl. auch E. Bammel, *Die Reichsgründung und der deutsche Protestantismus* ... , S. 64 ff.

[457] Th. Kliefoth, *Acht Bücher von der Kirche* ... , Bd. 1, S. 418; der Ordnungsmacht Staat wird der gesamte ethische Lebensbereich anvertraut; »es ist ihm (sc. dem Staat) gegeben, das ganze ethische Leben der Menschheit gesetzlich durch Gebot und Verbot zu ordnen« (a. a. O., S. 419).

[458] Vgl. Theodor Kliefoth, *Der preußische Staat und die Kirchen*, Schwerin 1873, und Friedrich Fabri, *Staat und Kirche. Betrachtungen zur Lage Deutschlands in der Gegenwart*, Gotha 1872.

[459] Harleß regelte auf friedliche Weise die verfassungsrechtliche Selbständigkeit der Reformierten Bayerns und führte für die bayerische ev. Kirche die Benennnung: »evangelisch-lutherische Kirche rechts des Rheins« ein. Auf der »ersten ungeteilten Synode evangelisch-lutherischen Bekenntnisses zu Bayreuth« (1853) wurden ein neues Gesangbuch und eine

großen lutherischen Theologen des 19. Jahrhunderts; das belegen auch seine hervorragenden Leistungen auf wissenschaftlichem Gebiet — es sei nur an seine *Theologische Enzyklopädie* erinnert[460] — und seine Tätigkeit als Herausgeber der 1838 von ihm gegründeten *Zeitschrift für Protestantismus und Kirche*.[461]

Aber nicht diese Befähigung zeichnete ihn vor allen anderen lutherischen Glaubensbrüdern aus und ließ ihn für die Leitung gesamtdeutscher lutherischer Veranstaltungen besonders geeignet erscheinen, sondern sein Vermögen, vermittelnd zwischen den verschiedenen lutherischen Positionen auszugleichen.[462]

So stand er v. Hofmann in prinzipiellen theologischen Fragen zwar näher als Kliefoth, fühlte sich den Rostockern aber um so mehr in der Beurteilung vieler politischer und kirchenpolitischer Problemfelder eng verbunden.

Wie Kliefoth plädierte Harleß für die großdeutsche Lösung und blieb zu allen Zeiten, auch nach 1870, ein entschiedener Gegner Bismarcks; mit dem überzeugten Kleindeutschen und Liberalen v. Hofmann geriet er dagegen über dessen konsequente Scheidungstheorie von Kirche und Staat in einen heftigen Streit, den zu beenden keiner von beiden eine Möglichkeit sah. Im Bund mit den katholischen Bischöfen stand Harleß während des Kulturkampfes in vorderster Linie gegen das Ministerium Hohenlohe-Lutz.[463]

---

neue Gottesdienstordnung vorgelegt, ein Agendenkern und Landeskatechismus ausgearbeitet und die Förderung der Privatbeichte (nicht Ohrenbeichte!) empfohlen. Weiterhin wurde die Erhaltung und Pflege der noch vorhandenen Reste von Kirchenzucht angeordnet.

[460] *Theologische Enzyklopädie und Methodologie vom Standpunkt der protestantischen Kirche*, Nürnberg 1837. Die beiden anderen Hauptwerke Harleß' sind: *Commentar über den Brief Pauli an die Epheser*, Erlangen 1834, und die *Christliche Ethik*, 2., unveränd. Abdruck, Stuttgart 1842.

[461] Gleichwohl ist dem Biographen Harleß', Theodor Heckel, zuzustimmen, der sagt: »Die Leistungen von Harleß verblassen vor dieser geschichtlichen und kritischen Genialität (sc. v. Hofmann). Seine Rolle ist ungleich bescheidener und sie ist nicht ohne Tragik. Denn die schöpferische Stunde seiner Theologie fällt in eine Übergangszeit, des Übergangs von der Erweckung zum Konfessionalismus« (*Adolf v. Harleß . . .*, S. 153). Vgl. auch S. 235 f. dieser Arbeit.

[462] So war es Harleß 1851 gelungen, Löhe von der angedrohten Separation abzuhalten und dadurch die Einheit der ev.-lutherischen Landeskirche Bayerns zu retten; vgl. Wilhelm Löhe, *Die bayrische Generalsynode vom Frühjahr 1849 und das lutherische Bekenntnis* Nürnberg 1849, und Johannes v. Hofmann, *Die gegenwärtige Stellung Löhes und seiner Freunde zur lutherischen Landeskirche Bayerns*, in: *ZPK* 22 (1851), S. 282—290.

[463] Siehe unten S. 231 f.

Aber auch in ihrer theologischen Auffassung gab es manches Trennende zwischen v. Hofmann und Harleß, was diesen wiederum mit Kliefoth verband. Harleß dachte zwar wie der geniale Schrifttheologe heilsgeschichtlich, und beide wollten auch die Autorität der Heiligen Schrift sichergestellt wissen; aber während Harleß die Kluft, den die historische Kritik zwischen der Geschichte Jesu und dem Zeugnis von ihr aufgerissen hatte, gar nicht theologisch verarbeitend realisierte, beschritt Hofmann mit seinem dialektischen System völlig neue Bahnen. Hofmann sparte denn auch nicht an Kritik und rückte in seiner *Encyklopädie der Theologie* den Vorläufer der Erlanger Theologie gar in eine Reihe mit den unwissenschaftlichen kirchlichen Supranaturalisten.[464]

Auf dem Gebiet der kirchlichen Verfassungspolitik läßt sich ebenfalls gut zeigen, warum Harleß so vorzüglich geeignet war, die lutherische Mitte zu repräsentieren. Obgleich es ihm nicht an kritischer Einsicht in die Mängel überkommener Kirchenverfassungen fehlte, zauderte er in »fast abergläubischer Scheu vor dem menschlichen Ändernwollen bestehender Ordnungen«.[465] Diese Haltung führte einmal zu inneren Widersprüchen in Harleß' Kirchenverfassungsdenken und darüber hinaus zu einer tiefen Diskrepanz zwischen dieser unsicheren Theorie und einer ihr direkt widerstreitenden kirchenregimentlichen Praxis.

Harleß war nicht allein eine bischöfliche Persönlichkeit, er bekannte sich in einem späteren Selbstzeugnis auch zur bischöflichen Verfassung.[466] Eine tiefe Abneigung vor dem synodalen Prinzip, vor dem Geschrei von der Mündigkeit der Gemeinden, entsprach ganz seiner aristokratischen Natur. Die Gemeinden ». . . sind im Durchschnitt so beschaffen, daß man

[464] Christoph Konrad v. Hofmann, *Encyklopädie der Theologie*, nach Vorlesung und Manuscripten, hrsg. von H. J. Bestmann, Nördlingen 1879, S. 28 ff.
[465] Th. Heckel, *Adolf v. Harleß* . . . , S. 240.
[466] Vgl. Erich Kolde, *Aus Adolf Harleß' Briefwechsel 1850—1875* (= Beiträge zur bayerischen Kirchengeschichte, Bd. 23), Erlangen 1917, S. 49—61, bes. S. 59 f. In seinen *Erinnerungen aus vergangenen Tagen*, Leipzig 1889, S. 46, charakterisiert Luthardt Harleß so: »Harleß' akademische Wirksamkeit beruhte weniger auf den Vorzügen seiner Methode. In der Exegese war er grammatisch genau und gründlich, aber es fehlte ihm die Weise der eigentlichen Entwicklung. Er gab mehr die Resultate, klar, bestimmt entschieden. Aber eben in dieser bestimmten Entschiedenheit lag seine Wirkung. Er war eine kirchliche Persönlichkeit. Vielleicht in keinem der neueren lutherischen Theologen seit dem Beginn der dreißiger Jahre hat sich das neu erwachte kirchliche Bewußtsein und Wesen so kraftvoll und zugleich so gesund und nüchtern persönlich zusammengefaßt wie in Harleß. Das hat ihn, unterstützt von dem Imponierenden seiner Gestalt und der Wucht seiner Worte wie von der Liebenswürdigkeit seines Verkehrs und der Vielseitigkeit seiner Bildung, zum Führer der kirchlichen Richtung gemacht.«

von einem klaren und lebendigen Bewußtsein ihrer kirchlichen Pflichten
und Rechte nicht viel sagen kann, also auch nicht imstande ist, sich von einer Organisation derselben zur Ausübung ihrer Rechte und Pflichten viel
zu versprechen«.[467]

Andererseits sieht er wohl, daß nicht der Habitus der Gemeinde Ausgangspunkt ihrer Kirchenordnung sein darf, sondern die vom Evangelium
an die Gläubigen ergehenden Anforderungen. Das reformatorische Prinzip kennt den Unterschied von Laien und Klerus, wonach erstere den
Geistlichen zu unbedingtem Gehorsam verpflichtet sind, nicht, sondern
bekräftigt vielmehr die evangelische Berufung der Gemeinde zur Mitzeu-
genschaft. »Nur zwei Extreme«, sagt Harleß, »können das Verderben der
Kirche beschleunigen: die Theorie von der unbedingten Macht der geistlichen Amtsgewalt einerseits und andererseits die Theorie vom unbedingten Recht des faktischen sogenannten Gemeindebewußtseins. In der Mitte
zwischen beiden Extremen liegt allein die Möglichkeit, den unheilschwan-
geren Konflikt auszugleichen.«[468] Zu dieser Mitte gehören fraglos auch
synodale Verfassungselemente. Und tatsächlich bekennt sich Harleß zum
freien Wahlrecht der Gemeinde. Trotz der plerophorischen Darlegung erfährt man jedoch nichts über den genauen Umfang der von ihm befürworteten selbständigen kirchlichen Gemeindeordnung. Aus den skizzierten
Gedanken geht allerdings hervor, daß Harleß den Ton vornehmlich auf
die Pflichten der Gemeinde legt, auf die Mitverantwortung für die kirchlichen Aufgaben. Abgesehen davon wird den Synoden lediglich die Funktion
eines kirchenregimentlichen Beirates eingeräumt, dem man zwar die offene Aussprache mit dem Kirchenregiment, aber keine Beteiligung an den
oberkirchenbehördlichen Entscheidungen zu gestatten gewillt ist.[469]

Immerhin beweisen diese Überlegungen, daß Harleß keineswegs einem
starren kirchlichen Legitimismus huldigte; vielmehr begründet er in seiner kirchlichen Evolutionstheorie die abstrakte Möglichkeit kirchlicher
Verfassungsreformen und lehnt eine Idealisierung der apostolischen Ur-

---

[467] Zitiert nach Th. Heckel, *Adolf v. Harleß* ... , S. 251.

[468] *A. a. O.*, S. 253. Die liberale Forderung nach einer Demokratisierung der Kirche hielt
er für eine schlechte Transformation von staatlicher auf kirchliche Ordnung: »Und soweit
behaupte auch ich, daß in gar mancher Hinsicht eine sogenannte fortschrittliche Deforma-
tion des reformatorischen Kirchenbegriffs die Folge verkehrter Uebertragung politischer
Anschauungen oder Meinungen auf das Gebiet der Kirche ist« (Adolf v. Harleß, *Das Verhältniß des Christenthums zu Cultur- und Lebensfragen der Gegenwart*, 2., verm. Aufl., Erlangen 1866, S. 162 f.).

[469] Vgl. dazu den nie realisierten Verfassungsentwurf Harleß' aus dem Jahre 1850 (abgedruckt in: Th. Heckel, *Adolf v. Harleß* ... , S. 254—256).

gemeinde ausdrücklich ab: »Für die kirchliche Verfassung hat die Kirche in der Schrift weder eine gesetzgebende Vorschrift noch einen formal wandellosen Typus.«[470] Das Zeugnis der Hl. Schrift liefert für die Entwicklung einer zeitgemäßen Kirchenverfassung allenfalls ein begrenztes Geschichtsbild von hohem exemplarischem Wert.

In praxi freilich hinderte Harleß der Respekt vor dem geschichtlich Gewachsenen an einem Ausbau der Kirchenverfassung in Richtung auf die Eigenverantwortung und Selbstverwaltung der Gemeinden. Mit einer nachgerade penetranten Passivität paralysierte die kirchliche Oberbehörde unter seiner Leitung erfolgreich alle Anstrengungen des liberalen Kultusministers von Bayern, Lutz (1826—1890) — mit ihm und dem bayerischen Ministerpräsidenten Hohenlohe-Schillingsfürst (1819—1901)[471] kooperierte übrigens v. Hofmann aufs engste —, eine fortschrittliche Kirchenverfassung für Bayern zu entwickeln.[472] Auch die Forderungen auf den Synoden von 1869, 1873 und 1877 nach Bildung eines ständigen Synodalausschusses lehnte das Oberkonsistorium als »Schwächung des geistlichen Amtes und der kirchenregimentlichen Autorität« kategorisch ab.[473]

Im staatskirchenrechtlichen Bereich gewinnt man ebenfalls den Eindruck, als weiche Harleß erschrocken vor den Konsequenzen seiner eigenen Gedanken zurück. So formuliert er einerseits: »Die Kirche kann nie, ohne die Souveränität Christi zu beeinträchtigen, das ihr geltende Recht für gültig deshalb ansehen, weil es der Staat und die Staatsgewalt aufgestellt und sanktioniert hat«, annulliert das Gesagte aber sogleich wieder, indem er fortfährt: »sondern sie kann nur von einer öffentlichen Gültigkeit ihres Rechts nicht eher reden, als bis und insoweit der Staat es als solches anerkannt hat.«[474] Harleß' Forderung nach Autonomie der Kirche

---

[470] Adolf v. Harleß, *Die Stellung der obersten Kirchenbehörden in der Gegenwart*, in: ZPK 45 (1863), S. 132.

[471] Vgl. Friedrich Curtius (Hrsg.), *Denkwürdigkeiten des Fürsten Chlodwig zu Hohenlohe-Schillingsfürst*, Bd. 1, Stuttgart-Leipzig 1907, S. 194 ff.

[472] Vgl. Ph. Zorn, *Die Reform der Evangelischen Kirchenverfassung in Bayern*, Tübingen 1878, S. 26 ff.; Adolf v. Scheurl, *Die verfassungsmäßige Stellung der Evangelisch-lutherischen Kirche in Bayern zur Staatsgewalt*, Erlangen 1872; ders., *Sammlung kirchenrechtlicher Abhandlungen* 1.—4. Abth., Erlangen 1872—1873. Zu dem Verhältnis des Ministeriums Hohenlohe-Schillingsfürst, v. Hofmann und Harleß, siehe unten S. 232.

[473] *Verhandlungen der vereinigten General-Synode zu Ansbach im Jahre 1877*, Ansbach 1877, S. 256 ff.; vgl. dazu auch: E. Friedberg, *Die geltenden Verfassungs-Gesetze ...*, S. 292, Anm. 3.

[474] A. v. Harleß, *Die Stellung der obersten Kirchenbehörden ...*, S. 131; so schon sehr richtig und überzeugend Th. Heckel, *Adolf v. Harleß ...*, S. 245 f.

verliert auch dadurch an Glaubwürdigkeit, daß er meinte, das Interesse am Fortbestehen der Volkskirche verbiete dieser eine Trennung vom Staate. »Der Fanatismus der Theorie (sc. einer Trennung von Kirche und Staat)«, so polemisiert er mit überraschender Schärfe, »kümmert sich nicht darum, aus eigener Machtvollkommenheit [!] eine reale Welt der Dinge in Trümmer zu schlagen. Das Geschichtliche hat für den Fanatismus kein Recht, nur die abstrakte Konsequenz seines Prinzips hat recht. Dieser kirchliche Radikalismus ist aber um kein Haar besser als jeder andere.«[475] Die staatskirchenrechtliche Lösung in Form eines Staatsvertrages und die Möglichkeit einer etwaigen Schädigung der Volkskirche durch ihre enge Bindung an den Staat traten erst gar nicht in Harleß' Blickfeld.

Nachdem Harleß schon mit einigem Erfolg auf den Leipziger Pastoralkonferenzen den Vorsitz geführt hatte, fiel nun auch die Wahl auf ihn, als man sich nach einem Präsidenten für den geplanten ersten lutherischen Kirchentag umsah. Die Nominierung des renommierten Lutheraners stand am Ende langer, zäher Verhandlungen zwischen den Erlanger, Rostocker und Leipziger Theologen um einen allgemein akzeptierten Kandidaten. Das endliche Zustandekommen des Kirchentages — er erhielt den Namen »Allgemeine lutherische Konferenz« — hatte man an sich Kliefoths Engagement und Rührigkeit zu verdanken, so daß zweifellos ihm der Vorsitz gebührt hätte; aber seine Wahl wäre gleichbedeutend gewesen mit dem Verzicht auf so berühmte Lutheraner wie den Erlanger v. Hofmann. So wählte man Kliefoth lediglich in den Ausschuß der engeren Konferenz — ihm gehörten außer Harleß noch Wilhelm Kolbe (1826—1888),[476] Bischof Koopmann,[477] Bernhard Langbein (1815—1873),[478] Münkel,[479] Gustav Schlosser (1826—1890),[480] Eduard Niemann (1804—1884)[481] und

[475] *A. a. O.*, S. 141; vgl. auch Adolf v. Harleß, *Staat und Kirche oder Irrtum und Wahrheit in den Vorstellungen von »christlichem« Staat und »freier« Kirche*, Leipzig 1870.
[476] W. Kolbe war bis 1887 Pfarrer in Marburg, danach lutherischer Generalsuperintendent und Konsistorialrat in Kassel. Als Schüler von Vilmar und Thiersch griff er mit seiner Schrift *Das gute Recht der evangelisch-lutherischen Kirche in Oberhessen*, Marburg 1869, zugunsten der Lutheraner in die konfessionellen Kämpfe seines Landes ein.
[477] Siehe oben S. 165 f.
[478] Bernhard Adolf Langbein hatte als Nachfolger von Harleß in Dresden das Amt des Geheimen Kirchenrats und ständigen Hofpredigers inne; in zahlreichen Vorträgen setzte er sich für das Recht der lutherischen Kirche ein; vgl. die 1873 in Leipzig erschienene Vortragssammlung: *Der christliche Glaube nach dem Bekenntniß der lutherischen Kirche*.
[479] Siehe oben S. 139 ff.
[480] Wie Kolbe war Schlosser lutherischer Geistlicher in Hessen und trat vor allem als Vorkämpfer für eine selbständige lutherische Kirche in seiner Heimat in Erscheinung.
[481] Seit 1866 außerordentliches Mitglied des hannoverschen Landeskonsistoriums.

Friedrichs an — was schon genügte, die Teilnahme v. Hofmanns als ungewiß erscheinen zu lassen. Trotz seiner Abwehr wählte ihn jedoch die Erlanger Fakultät zum Abgeordneten und bezeugte damit öffentlich ihr Vertrauen zu dem berühmten, aber gleichwohl umstrittenen Theologen. Dieses Votum enthielt zugleich eine scharfe Absage an Kliefoths Absicht, v.
Hofmann aus der Führerschaft der lutherischen Kirche hinauszudrängen.
Den letzten Ausgleich aller Spannungen zwischen den beiden Männern
besorgte der Leipziger Theologieprofessor Christoph Luthardt[482] durch
längere Verhandlungen mit der Erlanger Fakultät und v. Hofmann selbst,
der schließlich die Zusicherung gab, »daß ich ihm (sc. Kliefoth) persönlich
[!] keine andere Gesinnung als die des Friedens entgegenbringen werde,
wenn Gott uns zusammenführt«.[483]

Nach einer letzten Vorberatung im Oktober 1867 in Hannover[484] stand
einer machtvollen Demonstration lutherischer Einheit nun nichts mehr
im Wege.[485] Inszeniert wurde die konfessionalistische Selbstdarstellung
freilich nicht von Harleß — der neben seiner Funktion als innerer Stabili-
sator auch nach außen hin seine Wirkung auf die Öffentlichkeit als konser-
vativ-vornehmes Aushängeschild wissenschaftlichen Luthertums nicht
verfehlte —, sondern von dem wahren Drahtzieher und heimlichen Führer der neulutherischen Einigungsbewegung, dem intransigenten orthodoxen Konfessionalisten Kliefoth.[486]

---

[482] Siehe oben S. 200.

[483] P. Wapler, *Johannes v. Hofmann* . . . , S. 331. Luthardt eignete sich für diese Mission
besonders gut, denn er war ein persönlicher Schüler Hofmanns, ohne jedoch der Erlanger
Schule im engeren Sinne anzugehören. Der Biograph Luthardts, Johannes Kunze (*Christoph Ernst Luthardt. Ein Lebens- und Charakterbild*, Leipzig 1903, S. 58) urteilt: » . . . wenn
auf dieser Konferenz Kliefoth und Hofmann einander wieder als Freunde begegneten (diese
Bezeichnung ihres Verhältnisses dürfte allerdings übertrieben sein, d. Verf.), so wird man
darin auch einen Erfolg Luthardtscher Vermittlung sehen dürfen.«

[484] Vgl. *NEKZ*, 1867, Sp. 710 f.

[485] Vgl.: *Die Allgemeine lutherische Conferenz in Hannover am 1. und 2. Juli 1868*, Hannover 1868, S. 3—9.

[486] Die Auffassung teilt auch der Biograph von Harleß, Theodor Heckel; er schreibt;
»Harleß saß in München zu weit abseits und war durch mancherlei Krankheit an persönlicher Mitarbeit gehindert. Man gewinnt den Eindruck, daß die eigentliche Initiative und
Energie bei Kliefoth lag. Er besaß ohne Zweifel auch mehr Sinn für Institution als Harleß.
Die verfassungspolitischen Änderungen im staatlichen Leben besah sich Kliefoth mit schar-
fem Auge auf ihre staatskirchenrechtlichen Folgen hin. Sein Vortrag 'Was fordert Art. VII
der Augsburger Konfession hinsichtlich des Kirchenregiments der lutherischen Kirche!'
hatte der ganzen Konferenz in Hannover den entscheidenden Charakter verliehen« (*Adolf
v. Harleß* . . . , S. 272). Vgl. auch E. Haack, *Theodor Kliefoth* . . . , S. 196 ff. (hier wird Kliefoth
als »Führer der Lutheraner« [Kapitelüberschrift] apostrophiert) und S. 210: »War Kliefoth
so von Anfang an der leitende Geist der Allgemeinen evangelisch-lutherischen Konferenz,

Konferenzverhandlungen

Man kann ohne Übertreibung sagen, daß sämtliche lutherischen Theologen von Rang und Namen aus Deutschland — ausgenommen die altpreußischen Lutheraner[487] — der engeren Konferenz angehörten.[488] Der Einladung zur ersten Allgemeinen lutherischen Konferenz waren satzungsähnliche Bestimmungen beigegeben, welche über den organisatorischen Aufbau der Vereinigung Auskunft gaben.[489]

Die Konferenz begann am Morgen des ersten Juli mit einem Gottesdienst über 1. Kor. 4,1 f. Luthardt, der die Predigt hielt, sorgte sogleich für die richtige Einstimmung: Die lutherische Kirche erschien unmerklich als einzige christliche Gemeinschaft, die das vom Herrn Empfangene treu bewahrt habe, während die Unionsanhänger nicht allein ihre Christentreue gebrochen hätten, sondern auch noch gewaltsam versuchten, die Luthera-

so trat er nach dem Tode von Harleß 1879 auch äußerlich an ihre Spitze, wie ihm auch der Ehrenvorsitz in dem Kollegium der evangelisch-lutherischen Mission in Leipzig, diesem gemeinsamen Unternehmen der lutherischen Kirche, von selber zufiel.«

[487] Hengstenberg und seine Gesinnungsgenossen (»Hengstenbergianer«) bezahlten ihr Verbleiben in der Evangelischen Landeskirche der älteren preußischen Provinzen damit, daß das Luthertum der offiziell lutherischen Landeskirchen sie als zweitrangige Lutheraner behandelte und sich gegen einen Zusammenschluß mit ihnen sperrte. Den Altlutheranern fühlte man sich dagegen um so mehr verpflichtet, da sie für die ungeschmälerte Erhaltung ihres lutherischen Bekenntnisses wirkliche Opfer gebracht hatten und auch noch brachten. Die Frage, welche Haltung man gegenüber den Lutheranern in der Evangelischen Landeskirche der älteren preußischen Provinzen einnehmen sollte, kam seit der Leipziger Konferenz von 1843 nicht mehr zur Ruhe und führte 1908 gar zu einer Abspaltung des »Lutherischen Bundes« von der »Allgemeinen evangelisch-lutherischen Konferenz«, weil diese Lutheraner aus der Evangelischen Landeskirche der älteren preußischen Provinzen aufgenommen hatte. So kämpfte man auch auf der ersten Allgemeinen evangelisch-lutherischen Konferenz 1868 in erster Linie nicht etwa für die Selbständigkeit aller Lutheraner in Preußen, sondern nur für die aus den annektierten Provinzen, d. h. für die bis 1866 von der Union unabhängigen lutherischen Landeskirchen. Die Lutheraner aus der preußischen Landeskirche durften zwar — wenn auch ohne die Ehrenrechte voller Mitgliedschaft — an den Konferenzen teilnehmen, mußen dabei aber so entwürdigende Vorgänge wie 1868 in Kauf nehmen, wo man noch in der letzten Abendsitzung der engeren Konferenz heftig darüber debattierte, ob man den Lutheranern der Preußischen Landeskirche überhaupt Rederecht erteilen sollte (vgl. *NEKZ*, 1868, Sp. 459; *NEKZ*, 1869, Sp. 323 ff.).

[488] Das Mitgliederverzeichnis ist abgedruckt: *Die Allgemeine lutherische Conferenz in Hannover 1868 ...* , S. 6—8.

[489] *A. a. O.*, S. 4 f. Wiederabgedruckt bei Paul Fleisch, *Für Kirche und Bekenntnis. Geschichte der Allgemeinen Evangelisch-Lutherischen Konferenz*, Berlin 1956, S. 5 f. Vgl. dort auch Fleischs Darstellung von den Anfängen der Evangelisch-Lutherischen Konferenz (S. 5—19).

ner ihrer abgefallenen Unionskirche einzuverleiben.»Aber, Geliebte, die Bewahrung ist nicht eine Ruhe, sondern eine Arbeit. Der Schatz den unsere Kirche zu verwalten, die seligmachende Wahrheit, die sie zu verkündigen den Beruf hat, ist nicht ein todter Besitz, den man ins Schweißtuch hüllen und vergraben könnte. Wir besitzen ihre Wahrheit nur, wenn wir sie stets erwerben.«[490] Zur Bewahrung der lutherischen Wahrheit, so führte Luthardt weiter aus, gehöre unabdingbar »Einigkeit nach innen, aber Abwehr nach außen«, denn nur so erhalte die lutherische Forderung Gewicht, »daß man uns bleiben lasse, die wir sind, und unseres Glaubens und Bekenntnisses in Frieden leben lasse, und nicht uns Einzelne blos, und nicht die einzelnen Gemeinden blos, sondern unsere Kirche. Dies ist unsere Friedensbedingung, unsere einzige, aber unsere unabänderliche Friedensbedingung.«[491]

Mit seiner entschiedenen, ja geradezu programmatischen Predigt überraschte Luthardt nicht wenige, denn bis dahin war er als Vertreter einer eher milden Richtung im Luthertum aufgetreten.[492] Dieser auffällige Positionswechsel, namentlich im Bereich der Kirchenpolitik — seine Theologie blieb nach wie vor abhängig von der eigenwilligen Rezeption Hofmannscher Gedanken —, profilierte ihn für die Herausgeberschaft des geplanten Zentralorgans der lutherischen Kirchen in Deutschland.[493] Am Ende der Konferenz konnte Luthardt denn auch bekanntgeben, daß an ihn die Aufforderung ergangen sei, »die Redaktion einer allgemeinen lutherischen Kirchenzeitung zu übernehmen ... Wollen wir nicht ein Band knüpfen, das uns zusammenhält in Arbeit, Streit und Leid? Dieses Band des Geistes innerlich und äußerlich zu stärken möchte unser Blatt dienen. Es soll ein Ort sein, da wir uns begegnen und uns die Hände reichen.«[494] Die

---

[490] *Die Allgemeine lutherische Conferenz in Hannover 1868 ...*, S. 19.

[491] *A. a. O.*, S. 21 f.

[492] Für diese Einschätzung sprachen seine Verteidigung Hofmanns gegen die Rostocker Angreifer sowie sein 1863 erschienenes Buch über *Die Lehre vom freien Willen im Verhältnis zur Gnade*, Leipzig 1863, das nicht auf der strengen Linie alter lutherischer Dogmatik lag.

[493] Zur Kirchenpolitik Luthardts vgl. auch J. Kunze, *Christoph Ernst Luthardt ...*, S. 56 ff., und Luthardts eigene Aufzeichnungen *Erinnerungen aus vergangenen Tagen*, Leipzig 1889, 2. Aufl. 1891. Trotz des beschriebenen Rechtsruckes währte übrigens Luthardts herzliche Freundschaft mit Fabri fort, der ihm zwischen 1868 und 1889 freimütig seine Ansichten zur kirchenpolitischen Lage mitteilte (Landeskirchliches Archiv Nürnberg, Pers. Rep. 101 VIII Nachlaß Luthardt, Nr. 1 Korrespondenz Fabri).

[494] *Die Allgemeine lutherische Conferenz in Hannover 1868...*, S. 114 f. Zunächst hatte Luthardt die Herausgeberschaft abgelehnt, wozu ihm Hofmann, der sich an dem Projekt einer lutherischen Gesamtkirche ohnedies nur mit halbem Herzen beteiligte, in einem Brief

Gründung der *Allgemeinen Evangelisch-Lutherischen Kirchenzeitung* gehörte zu den wichtigsten Ergebnissen der Konferenz.[495]

Harleß eröffnete als Vorsitzender die Konferenzverhandlungen mit einer Ansprache, keine gefeilte und groß angelegte Programmrede, sondern ein stark dem Augenblick abgefühltes Wort:[496] Wir sagen »offen und ehrlich, daß das, was uns zusammengeführt hat, vor Allem eine gemeinsame Noth ist, die wir alle empfinden. Und wenn wir von einer Noth unserer Wunden reden, so denken wir viel weniger an jene, die uns Andere bereitet, als an die Wunden, die wir in Unverstand oder Untreue uns selbst geschlagen haben.«[497] Darum gipfelte dieser Leitgedanke des Bußrufes in der Aufforderung, die innere Einheit der lutherischen Kirche auf der Basis des überkommenen gemeinsamen Glaubens und Bekenntnisses zu pflegen und zu stärken. »In diesem Sinne denken auch wir allerdings an Erhaltung und Bewahrung einer Kirche deutscher Nation. Aber den Grund dieser Nationalkirche suchen wir nicht in Zukunftsphantasieen, noch das Werkzeug ihres Baues und ihrer Erhaltung in weltlichen Machtmitteln.«[498] Lehnte er so mit Blickrichtung auf Preußen die staatliche Projektion natio-

vom 20. Januar 1868 gratulierte: »Ich bezweifle sehr die Möglichkeit, durch eine neue Kirchenzeitung der lutherischen Kirche zu besserer Einigkeit zu verhelfen. Es ist mir sehr lieb, daß Du es abgelehnt hast, dieser letzteren Arbeit, in welcher sich aller Verdruß der Danaiden, des Sisyphus und des Tantalus zusammenfindet, keine kostbare Arbeitszeit zu widmen« (J. Kunze, *Christoph Ernst Luthardt* . . . , S. 58).

[495] Bereits am 2. Oktober erschien die erste Nummer der *AELKZ*, der in den folgenden Jahrzehnten für die Sammlung und den Zusammenschluß des deutschen Luthertums, besonders der lutherischen Landeskirchen, eine besondere Bedeutung zufallen sollte. Vgl. Programm und Leitartikel, abgedruckt in der ersten Nummer (*AELKZ* 1 [1868], Sp. 1—11, oder: G. Mehnert [Hrsg.], *Programme evangelischer Kirchenzeitungen im 19. Jahrhundert* . . . , S. 107—124). Zugleich — dies scheint für die Geschichte der kirchlichen Presse im 19. Jahrhundert bedeutsam zu sein — verlor mit der Gründung der *AELKZ* die *EKZ* ihre zentrale Bedeutung als größtes überregionales Kampfblatt des konfessionalistischen Luthertums. Sie sank nach dem Tode Hengstenbergs im Mai 1869 — also wenige Monate nach der *AELKZ*-Gründung — zu einer langweiligen provinziellen Zeitung herab und verlor jeden Einfluß auf das Luthertum Deutschlands außerhalb der Evangelischen Landeskirche der älteren preußischen Provinzen.

[496] Die *ZPK* (1868, S. 9 ff.) charakterisierte die Rede Harleß' als »Worte eines Oberhirten, getragen von der männlichen Kraft und wahrhaft fürstlichen Haltung, die ihm in solchen Momenten eigen ist und seiner Rede so tiefen Eindruck verleiht«.

[497] *Die Allgemeine lutherische Conferenz in Hannover 1868* . . . , S. 25 f. In diesem Zusammenhang wehrt er auch den allgemeinen Eindruck eines öffentlichen Spektakels ab: »Ist aber dies unser Sinn, so kann es uns auch nicht beikommen, daß wir aus unserem Zusammentritt ein Schaustück und eine Schaustellung machen wollen, oder was man in fremder Zunge eine Demonstration zu nennen beliebt.«

[498] *Die Allgemeine lutherische Conferenz in Hannover 1868* . . . , S. 27.

nalkirchlicher Einigungspläne ab, warnte er umgekehrt auch seine eigenen lutherischen Glaubensbrüder, »Kirche und kirchliche Zwecke vor-[zu]-schieben, um dies ... zum Deckmantel fremdartiger (sc. politischer) Hintergedanken ... zu machen«.[499]

Wie schon Luthardt vor ihm identifizierte Harleß in seinen Ausführungen die lutherische Konfessionskirche so sehr mit der Kirche Christi, daß die Union zwangsläufig als Brutstätte des Unglaubens erscheinen mußte, während die Reformierten gänzlich ignoriert wurden.

Auch an der Ernsthaftigkeit von Harleß' Bitte um politische Abstinenz durfte man füglich zweifeln, denn so wie die Konferenz angelegt war und auch durchgeführt wurde, stellte sie eindeutig einen Affront gegen den preußischen Staat dar. So fanden beispielsweise die abendlichen Festmahlzeiten und geselligen Vereinigungen der Konferenzteilnehmer im »Odeon« statt, einem Vergnügungsort, der als Schauplatz von Welfendemonstrationen bekannt und darum preußischen Beamten und Militär zu besuchen verboten war.

Der auf Harleß' Eröffnungsrede folgende, mehrstündige Vortrag Kliefoths — er war als Kabinettstück des ganzen Unternehmens gedacht und enttäuschte diesbezügliche Erwartungen nicht — machte vollends die Verquickung von politischer und kirchenpolitischer Argumentation deutlich. Der Mecklenburger zögerte nämlich nicht, in seiner Beschreibung der Preußischen Union diese als die kirchliche Erscheinungsform des (unsittlichen) preußischen Eroberungsstaates zu charakterisieren; der politischen Annexion durch Preußen — so lautete seine These — folgt auf dem Fuße die kirchliche Einverleibung durch die Evangelische Landeskirche der älteren preußischen Provinzen: »Da lag von selbst der Gedanke sehr nahe, daß wie jene erste Territorialveränderung Deutschlands (sc. durch den Wiener Kongreß 1814/15) die Geburt der Union gewesen, so diese neueste Territorialveränderung Deutschlands der Fortgang und schließliche Sieg der Union werden müsse.«[500]

Nachdem Kliefoth gegen den Versuch einer solchen »Polypenumarmung« mit dem entschiedensten Widerstand der Lutheraner in ganz Deutschland und der Stiftung von Freikirchen gedroht hatte, wandte er sich seinem eigentlichen Thema zu: »Was fordert Art. VII der Augsburger Confession hinsichtlich des Kirchenregiments der lutherischen Kirche?«

Zunächst bestreitet er den »Doctrinairen der Union« das Recht, sich für die Gründung einer evangelischen Nationalkirche auf Artikel VII der CA

---

[499] *A. a. O.*, S. 26.
[500] *A. a. O.*, S. 29.

zu berufen, weil dieser, wie sie sagen, zur Einheit der Kirche nur das »pure docetur et recte administrantur sacramenta« fordere,[501] die übrige kirchliche Gestaltung aber, insbesondere das Kirchenregiment, den Adiaphora zurechne. Kliefoth sucht das Gegenteil zu beweisen und fragt, sein Thema präzisierend, zurück: ».. . sind wir trotz desselben Artikels und vielleicht gar auf Grund desselben Artikels berechtigt, lutherische Kirchen mit durch dieses Bekenntnis bestimmter Organisation und Kirchenleitung sein und bleiben zu wollen?«

Die Unionstheologie muß bei ihrer Interpretation von CA VII annehmen, daß Kirchenverfassung und Kirchenregiment ebenso unter die *traditiones humanas*[502] gehören, wie Riten und Zeremonien. Aber selbst wenn dem so ist, bindet CA VII auch diese an die reine Lehre des Evangeliums und die rechte Sakramentsverwaltung, denn mit letzteren müssen sie sich, wie verschieden sie auch gestaltet sein mögen, in Einklang befinden (»consentire de doctrina evangelii«). In diesem Sinne kann sich das Luthertum bei seiner Forderung nach lutherischen Kirchenregimenten mit weit größerem Recht auf CA VII berufen als die Union, weil es unzumutbar ist, »daß unsere Kirchen... unter eine Kirchenleitung dismenbrirt werden, die einer anderen als der in der Augsburgischen Confession verfaßten reinen Lehre zugethan ist«.[503] Wenn CA VII die schriftgemäße Predigt des Evangeliums und die einsetzungsgemäße Verwaltung der Sakramente als einzig ausschlaggebende Kriterien für die kirchliche Einheit anführt, so versteht sie darunter den Konsensus aufgrund des vollständigen Augsburger Bekenntnisses und nicht nur einiger herausgegriffener Artikel. Allein das gemeinsame Bekenntnis besitzt also kirchenbildende Kraft, nicht aber das Prinzip der Territorialität oder Nationalität, wie die Unionstheologen lehren. Deshalb widerspricht es CA VII auch, daß ein Landesherr mit anderem Bekenntnis das Kirchenregiment über eine lutherische Kirche ausübt, denn er gehört dieser Kirche ja gar nicht an und kann folglich nicht ihr vornehmstes Glied sein. »Und weil wir nicht dem Kirchenbegriff unserer Gegner, sondern wahrlich dem Kirchenbegriff der Augustana zustimmen, darum ziehen wir schließlich auch für die in unserem Thema speciell hervorgehobene Kirchenregimentsfrage die Folgerung, daß lutherischen Kirchen auch lutherisches Kirchenregiment zukomme.«[504]

[501] Siehe oben S. 117 f.

[502] Vgl. Apol. VII, 32 (in: *Die Bekenntnisschriften der evangelisch-lutherischen Kirche*, 6. Aufl., Göttingen 1967, S. 242).

[503] *Die Allgemeine lutherische Conferenz in Hannover 1868 . . .*, S. 36. Die Behauptung, daß die Unionskirchen sich nicht zur CA bekennten, ist absolut unsinnig.

[504] *A. a. O.*, S. 44.

Allein schon Fragestellung und Argumentationsgang stehen der Behauptung Kliefoths, er vertrete den Kirchenbegriff der Augustana, direkt entgegen; seine Ausführungen belegen überdies, in welchem Umfang er die CA mißverstanden haben muß.

Die Kirche als die Versammlung von Heiligen ist nach dem Verständnis der CA allein das Werk des Hl. Geistes durch reine Lehre und rechte Sakramentsverkündigung. Als einzige Voraussetzung für die kirchliche, das heißt aber zugleich geistliche Einheit, ohne die der Glaube im Herzen gar nicht zu existieren vermag, muß Einigkeit über die Gnadenmittel bestehen.[505] Alles, was über Verkündigung und Sakramente hinausgeht, also auch Kirchenverfassung, Kirchenregiment, Gottesdienstordnung etc., gehört nicht zur Definition von Kirche und liegt im Bereich bloßer menschlicher Überlieferung.

Kliefoths verfehlter Kirchenbegriff dagegen — der über diese Definition hinaus Kirche als göttlich eingesetzte, sichtbare Anstalt und Werkzeug für den göttlichen Erlösungswillen bestimmt —[506] stellte gesetzliche, von der Gerechtigkeit des Glaubens abweichende Bedingungen für die Einheit der Kirche auf.[507] Eine einheitliche Kirche, so lehrte der orthodoxe Konfessionalist, muß auf äußere, greifbare Weise als Glaubensgemeinschaft und mit einem allgemein angenommenen Bekenntnis hervortreten. Daraus folgt zwangsläufig die falsche Interpretation des »consentire de doctrina evangelii« als der durch das Bekenntnis dogmatisch festgelegten, richtigen Lehre der einen wahren exklusiv-lutherischen Kirche. »Die CA«, stellt Leif Grane dagegen mit Recht fest, »ist . . . als vorkonfessionalistisch

[505] In seiner Schrift *Von dem Papsttum zu Rom wider den hochberühmten Romanisten zu Leipzig* aus dem Jahr 1520 definiert Luther seinen Kirchenbegriff so: »Die zeichenn/da bey man eußerlich mercken kan/wo die selb kirch in der welt ist/sein die tauff/sacramēt und das Euangelium/unnd nit Rom/diß oder der ort. Dan wo die tauff und Euangelium ist/da sol niemant zweyffeln es sein heyligen da/und soltens gleich eytel kind in der wigen sein« (zitiert nach Otto Clemen [Hrsg.], *Luthers Werke in Auswahl,* Bd. 1, 6. Aufl. Berlin 1966, S. 339, Zeile 16—20).

[506] »Wir nun«, sagt Kliefoth, »können dieser Ansicht nicht zugeben, dass der Herr und seine Gnadenmittel blosse Voraussetzungen der Kirche wären«. Die Gnadenmittel gehören zu der Kirche als »das Erzeugende, Sammelnde, Zusammenhaltende, Bestimmende«. In diesem Sinne begreift Kliefoth die in der Augustana beschriebene Kirche als Organismus, der sowohl Gnadenmittel wie Gemeinde in sich schließt. Wichtig ist die Reihenfolge: Erst nachdem Gott in der von ihm gestifteten Anstaltskirche durch die Gnadenmittel gehandelt hat, entsteht Gemeinde. Vgl. dazu Th. Kliefoth, *Acht Bücher von der Kirche . . .*, S. 126—240 (Zitate: *A. a. O.,* S. 220; 237).

[507] Zu Kliefoths Kirchenbegriff vgl. H. Fagerberg, *Bekenntnis, Kirche und Amt . . .*, S. 90; 96; 113; bes. S. 239—269.

zu bezeichnen insofern, als die CA all das, was im Begriff Konfession (im Sinne einer gegenüber anderen abgegrenzten Kirchengemeinschaft) liegt, gar nicht im Blick hat«.[508]

Zum Abschluß seines Vortrages suchte Kliefoth auch die anderen Argumente der Unionsvertreter für eine gemeinevangelische Nationalkirche zu entkräften und trifft mit seinem ersten Einwand zweifellos einen wunden Punkt der unierten Kirchenpolitik.

In ihrem Kampf gegen das Luthertum, so sagt er, argumentieren die Unionstheologen nicht allein theologisch, sondern bemühen zur Förderung ihrer Idee einer gemeinevangelischen Nationalkirche auch den politischen Zeitgeist: »Ein Drängen nach nationaler Einigung hat das deutsche Volk ergriffen, und wem sein Herz irgendwie an seines deutschen Stammes Geschichte, an seines Landes Eigenart hängt, der ist der augenblicklichen öffentlichen Meinung ein Partikularist, und als solcher der Böseste der Bösen.«[509] Unter Ausnutzung dieser öffentlichen Meinung werten die Unionsfreunde das lutherische Bekenntnis als »Sonderbekenntnis« ab[510] und verdächtigen die Lutheraner als kirchliche Partikularisten, um sie »in ihre erträumte deutsche Nationalkirche hinein zu terrorisiren«. In Wirklichkeit unternimmt die Union mit ihren Bemühungen um eine konfessionelle Nivellierung nur den verzweifelten Versuch, sich durch Aufstellung eines sogenannten Konsensus wieder eine Lehrbasis zu schaffen.

Als weiteres Argument für einen kirchlichen Zusammenschluß weisen die Unionsvertreter auf innerlutherische Lehrdifferenzen hin, vergessen dabei aber, daß es sich hier lediglich um Lehrabweichungen handelt, die das gemeinsame Bekenntnis nicht tangieren.

[508] Leif Grane, *Die Confessio Augustana. Einführung in die Hauptgedanken der Reformation*, Göttingen 1970, S. 68; vgl. dagegen den dezidiert konfessionellen Standpunkt von Edmund Schlink, *Theologie der lutherischen Bekenntnisschriften*, München 1940, S. 280 f.: »Wenngleich in den Aussagen der Augsburgischen Konfession über die Einigkeit der Kirche nicht direkt von der Einheit des Bekenntnisses die Rede ist, so ist doch diese unvergleichlich dringlicher als die Gleichheit äußerer Ordnung. Denn das Bekenntnis ist ja nichts anderes als die Formulierung des 'consentire de doctrina evangelii et de administratione sacramentarum' (CA VII, 2), das als ausreichend, aber auch als notwendig zur wahren Einheit der Kirche gefordert wird. Das Bekenntnis ist ja nichts anderes als die einmütige schriftgemäße Bestimmung des »pure« und »recte« der Evangeliumspredigt und Sakramentsverwaltung. Da das Bekenntnis aus der Einmütigkeit der Evangeliumspredigt und des Glaubens erwächst und der Erhaltung der Evangeliumspredigt und des Glaubens dient, ist Einigkeit der Kirche wesensgemäß auch Einigkeit des Bekenntnisses.« Friedrich Brunstäd, *Theologie der lutherischen Bekenntnisschriften*, Gütersloh 1951, S. 121, behandelt diese Frage, an der sich tatsächlich die Geister scheiden, so flüchtig, daß seine Auffassung nicht recht deutlich wird.

[509] *Die Allgemeine lutherische Conferenz in Hannover 1868 ...*, S. 50; ebenso das folgende Zitat.

Mit diesen Beschönigungsversuchen strafte Kliefoth nicht allein seine persönliche Überzeugung Lügen, v. Hofmann habe den Boden des gemeinsamen Bekenntnisses längst verlassen, er ignorierte auch schlicht den lauten Protest vieler Lutheraner gegen die Mitgliedschaft v. Hofmanns in der engeren Konferenz. So schrieb das *Kirchenblatt für die Angelegenheiten der lutherischen Kirche in Braunschweig und Hannover* noch unmittelbar vor Beginn der Konferenzverhandlungen: »Die engere Konferenz der nach Hannover berufenen allgemeinen lutherischen Konferenz trägt von vornherein den Todeskeim schon in sich: in der Liste ihrer Mitglieder findet sich der Name des Professors Dr. v. Hofmann in Erlangen — des Mannes, der es sich zur besonderen Aufgabe gemacht hat, den eigentlichen Kern des Evangeliums, die Lehre von der stellvertretenden Genugthuung Christi, öffentlich zu bekämpfen. . . Haben wir denn reine Sache in dem uns verordneten Kampfe wider die Union, wenn wir in demselben uns die Bundesgenossenschaft eines so groben Irrlehrers [!] aufdrängen lassen? Hätte die Erlanger Fakultät, in der wir so gern eine tapfere Vorkämpferin für gesundes Lutherthum ehren möchten, der lutherischen Kirche dies Aergerniß nicht sparen können? Wie wunderlich müßen doch die Zustände in Erlangen sein, daß die Fakultät es nicht hat umgehen mögen, unter ihren Vertrauensmännern zur engeren Conferenz einen Theologen zu senden, von welchem jedes ihrer Glieder — vielleicht mit Ausnahme seines Apologeten Schmid — sicher nicht leugnen wird, daß er in tiefgehendem Widerspruch gegen das lutherische Bekenntniß steht!«⁵¹¹

Die Widersacher des Luthertums, so führte Kliefoth weiter an, »wollen uns auch mit dem Recht erwürgen«, indem sie darauf verweisen, daß die Unterstellung lutherischer Kirchen unter das Kirchenregiment von anderskonfessionellen Landesherrn schon früher vorgekommen sei.«⁵¹² Wir haben . . . nie behauptet, daß nicht z. B. ein der Union angehörender Landesherr die Kirchengewalt über lutherische Kirchen inne haben könne; wir haben nur nöthig befunden zur Sicherstellung, daß er dann solche Kirchen auch durch lutherische Kirchenbehörden nach ihrem Bekenntniß regiere.«⁵¹³ Gesteht man das der lutherischen Kirche nicht zu, zwingt man

---

⁵¹⁰ Siehe oben S. 163 ff.

⁵¹¹ *Kirchenblatt für die Angelegenheiten der lutherischen Kirche in Braunschweig und Hannover* 19 (1868), S. 94; vgl. auch *NEKZ*, 1868, Sp. 454 f.

⁵¹² Siehe oben S. 46.

⁵¹³ *Die Allgemeine lutherische Conferenz in Hannover 1868 . . .*, S. 55; freilich schränkt Kliefoth sogleich ein, man werde »jenes damit verbundene Uebel [!]« — nur das unierte Kirchenregiment Preußens konnte gemeint sein — um der Ordnung und des Friedens willen »ertragen«.

Lutheraner wie Reformierte, mit der landesherrlichen Kirchengewalt zu brechen »und sich als zwei ansehnliche Freikirchen zu establiren«.[514]

Schließlich forderte Kliefoth mit dem Ruf »verbum dei manet in aeternum« — offensichtlich gedachte er, die kirchenpolitischen Auseinandersetzungen in der Dimension einer zweiten Reformation zu führen — seine Zuhörer auf, sich im Sinne von CA VII zu folgenden Thesen zu bekennen:

»1) Zur wahren Einheit der Kirche genügend, aber auch unerläßlich ist Uebereinstimmung in der rechten Lehre und Sacramentsverwaltung, die wir in den Bekenntnissen der lutherischen Kirche dargelegt finden.

2) Auch dem Kirchenregiment, als einem wichtigen Gliede der Kirche, gilt die Forderung, in der rechten Lehre und Sacramentsverwaltung übereinzustimmen mit der Kirche, die es regieren soll.

3) Daher ist unzulässig, Kirchen durch ein gemeinsames Kirchenregiment ohne Uebereinstimmung in der Lehre und Sacramentsverwaltung zu vereinigen.

4) Weshalb auch einem Landesherrn nicht das Recht beigemessen werden darf, ihm zufallende Kirchengebiete ohne Rücksicht auf ihre Lehre und Sacramentsverwaltung in das Ganze einer Landeskirche so aufzulösen, daß solche Kirchen darin nur als einzelne Gemeinden mit ihrer privaten Lehre und Sacramentsverwaltung fortbeständen.«[515]

Kliefoth hatte den Thesen eine Fassung gegeben, die sich ganz vortrefflich eignete, den inneren Zwiespalt im Luthertum zu verdecken. Darauf deutet vor allem der unbestimmte Ausdruck (daß wir die rechte Lehre »in den Bekenntnissen der lutherischen Kirche dargelegt finden«) in der ersten These, der es jedem gestattete, aus den Bekenntnissen dasjenige herauszugreifen, das ihm die rechte Lehre zu enthalten schien.

Der Wortlaut der Thesen war so gewählt, daß er zwar nicht unmittelbar Anstoß erregte, durch die allgemein bekannte Intention der Konferenzteilnehmer und angesichts der konkreten Lage aber einen fraglos brisanten Sinn erhielt.

Insbesondere die vierte These, in der offensichtlich die Pointe der ganzen Resolution lag, konnte nur als Attacke gegen den EOK in Berlin, den Summepiskopat des unierten Königs und den unierten Minister der geistlichen Angelegenheiten aufgefaßt werden. So verstanden es denn auch die Zuhörer, wie aus der anschließenden Debatte hervorging. Thomasius erklärte im Namen der Erlanger Deputierten, »daß wir der 1. These ganz

---

[514] *A. a. O.,* S. 56.
[515] *A. a. O.,* S. 60 f.

von Herzen beistimmen, um so mehr als Kirchengemeinschaft, Bekenntnißgemeinschaft und Sacramentsgemeinschaft sich gegenseitig decken,
und die letztere nur im Zusammenhange mit Bekenntnißgemeinschaft
stattfinden kann. Ebenso stimmen wir der 2. und 3. These zu. Mit dem Inhalt der 4. These sind wir sachlich [!] einverstanden.«[516] Augenscheinlich
lag den Erlangern daran, der vierten These den direkten Bezug auf die
preußischen Verhältnisse zu nehmen.

Der Rostocker Konsistorialrat Krabbe (1805—1873), ein treuer Inter-
pret der Kliefothschen Gedanken, konkretisierte These vier noch, indem
er die Zusicherungen Wilhelms I. für den Bestand der lutherischen Kirchen in Neupreußen[517] als unzureichend kritisierte: »Der Rechtsbestand
dieser lutherischen Landeskirchen ist nicht verbürgt, und wird auch nicht
garantiert durch die einstweilige Erhaltung lutherischer Kirchenregimente. Ihre Feststellung für die Zukunft scheint nicht gesichert, da der all-
mälige freiwillige Uebergang in die Union wiederholt gewünscht worden
ist.«[518]

Daneben nahm der Beifall über die vermeintlich neu gewonnene Einheit unter den Lutheranern breiten Raum ein. Der Erlanger Professor v.
Zezschwitz sah gerade darin die Bedeutung der Konferenz: ». . . groß soll
man diesen Tag nennen, weil von einem Edlen und zu oberst Berufenen
unter uns thatsächlich der Beweis geliefert ist, daß wir Lutheraner, statt
über Principienfragen uns zu zerfleischen, über das, was zur Erbauung der
Kirche unerläßlich ist, in Frieden uns berathen können, und daß wir dieses
unseligen Haders ledig sein sollen . . . Von nun an marschirt keiner allein.«[519] Auch Professor Kahnis aus Leipzig äußerte sich in diesem
Sinne.[520]

Die Thesen wurden einstimmig angenommen. Der Tag schloß mit einer Predigt des separierten Pfarrers Max Frommel (1830—1890) aus Baden, der eindringlich vor Neuerungssucht (Apg. 17, 21 ff.) und Abfall von
dem »alten Glauben« warnte und dazu aufrief, immer wieder unerschrok-
ken »das alte Wort . . . von dem alten Heiland« zu predigen (Röm. 1, 15
f.).[521]

---

[516] *A. a. O.*, S. 65.
[517] Siehe unten S. 342 ff.
[518] *Die Allgemeine lutherische Conferenz in Hannover 1868 . . .* , S. 66.
[519] *A. a. O.*, S. 69.
[520] *A. a. O.*, S. 70: »Eben die große Mannigfaltigkeit beweist aber doch auch die Lebensfä-
higkeit; und mächtiger als die Gegensätze ist die Einheit, davon ist diese Conferenz ein
thatsächliches Zeugnis.«
[521] *A. a. O.*, S. 119—127. Max Frommel war der Bruder des bekannten Volksschriftstel-
lers und Pfarrers Emil Frommel (1828—1896). Während letzterer zur »rechten« Vermitt-

Trugen die Verhandlungen des ersten Konferenztages einen sehr stür-
mischen und aufgeregten Charakter — die Redner wurden häufig durch
zustimmende Zwischenrufe etc. unterbrochen —, der den Eindruck einer
wirklichen Massenkundgebung erweckte, so wirkte der zweite Tag um so
lähmender und ernüchternder.[522]
Die Schuld an diesem Stimmungsumschwung lag bei v. Zezschwitz, der
in einem zweistündigen, überaus langatmigen und theologisch differenzierten Vortrag über die »Rechtfertigung des Sünders vor Gott in ihrem
Verhältniß zu der Gnadenmittelwirkung und der ewigen Erwählung«
sprach.[523] Der Erlanger konnte sich dieses Mal polemische Ausfälle gegen
die Union sparen, weil er seine — unerhört radikale — Meinung zu den
kirchenpolitischen Verhältnissen in Preußen erst einen Monat zuvor, auf
der lutherischen Konferenz zu Leipzig, ausführlich dargelegt hatte.[524]

lungstheologie gehörte, verurteilte Max Frommel die Union als schriftwidrig und aus staats-
kirchlichem Denken entstanden. In einer überaus polemischen, gegen die Preußische Union
gerichteten Schrift *Kirche der Zukunft oder Zukunft der Kirche. Den Brüdern zum Dienst,
den Gegnern zur Prüfung,* Hannover 1869, forderte er darum eine staatsfreie lutherische
Kirche auf schriftgemäßem Bekenntnis.

[522] Vgl. die Beschreibung in der *NEKZ*, 1868, Sp. 456.

[523] *Die Allgemeine lutherische Conferenz in Hannover 1868 ...* , S. 74—105.

[524] Carl Adolph Gerhard v. Zezschwitz, *Ueber die Aufgaben welche die Selbständigkeitspflicht der lutherischen Kirche auf Grund der Ereignisse der letzten Jahre stellt. Vortrag auf
der lutherischen Conferenz zu Leipzig den 4. Juni 1868,* Leipzig 1868. In dem genannten
Vortrag setzte sich Zezschwitz zunächst kritisch mit Hoffmanns Buch (*Deutschland Einst
und Jetzt ...,* siehe oben S. 124 ff.) auseinander und empfahl dem Luthertum an der Kirchen-
verfassungsstruktur der Theologenkirche festzuhalten, denn die Pfarrerschaft sei der einzige
Garant für die Erhaltung des Bekenntnisstandes. Sodann forderte er die Lutheraner Alt- und
Neupreußens auf, allen Absorptionsversuchen der Union entschieden Widerstand entgegenzusetzen. »Von der Treue und Entschlossenheit dieser Lutheraner in der Union, die den
Namen wirklich verdienen [!], wird es vor allem abhängen, ob es gelingt, der lutherischen
Kirche innerhalb des Preußischen Staatsgebietes die volle Selbständigkeit wieder zu er-
kämpfen. Sie bitten wir insbesondere unsere Ratschläge zu erwägen und über ihnen sich mit
uns zu vereinigen. Der höhere Pflichtstand gegen den himmlischen Herrn und die Kirche
ihres Bekenntnisses schütze diese einsamen Streiter davor, daß sie der Einflüsterung Raum
geben, als verletzten sie damit ihre patriotischen Pflichten, sofern sie die Einheit des Staates
selbst bedrohten.« (*A. a. O.,* S. 16.) Jede einzelne Provinz in Neupreußen ermunterte er, mit
allen Mitteln für ihre lutherische Kirche zu kämpfen: »Wem es aber um Erhaltung der lutherischen Kirche, ja nur, in welcher Form es selbst die Union zu wünschen vorgibt, um Erhaltung der lutherischen Richtung zu tun ist, gegenüber der zeitmächtigten Strömung des
Unionsgeistes und der Unionspraxis, der muß in diesen sauren schmerzlichen Kampf eintreten und das Verwerfungsurteil über sich ergehen lassen, das in völliger Uebereinstimmung Union und Weltgeist über diesen Stand einsamer Treue fällen.« (*A. a. O.,* S. 20.)
Schließlich riet er zur Bildung von Pfarrkonferenzen, deren Aufgabe es sein sollte, im Falle
einer Suspension die gesamte Pfarrerschaft zu animieren, gleichfalls ihr Amt niederzulegen.

Überdies war der Vortrag von der Konferenzleitung wohl als der wissen-schaftlich-theologische Höhepunkt der Veranstaltung gedacht gewe-sen.[525]

Pastor Münkel[526] erklärte sich nach Zezschwitz' Ausführungen (»we-gen Unwohlseins«) außerstande, sein Referat »Der besondere Beruf des Christen« in der geplanten Ausführlichkeit vorzutragen. So beschränkte er sich auf die wesentlichen Hauptpunkte, deren bemerkenswertester, der Verzicht auf kirchliche Lehrfreiheit, doch einige Betrachtung verdient.

Die Revolution, so führt Münkel aus, sprengte erstarrte Formen und brach der neuen Freiheit Bahn — an sich eine respektable geschichtliche Erscheinung, wenn sie nicht zugleich Verwirrung und Schwindel mit sich gebracht hätte, indem sie die Grenzen ihres Berufes überschritt: »Reli-gionsfreiheit, Lehrfreiheit ist jetzt das Feldgeschrei ... Aber Lehrfreiheit können wir innerhalb der Kirche nicht verstatten.«[527]

Bei den Grenzüberschreitungen des christlichen Berufes leistet »eine Partei in Preußen« Hilfestellung: sie läßt Gaben sammeln, um katholische Gemeinden zu evangelisieren. ». . . Niemand hat ein Recht, in eine solche Gemeinde öffentlich hineinzugreifen, so lange er nicht von der Gemeinde berufen ist. Katholische Gemeinden sind auch Christusgemeinden, weil sie die fünf Hauptstücke noch haben, und sollen nicht wie Heiden behandelt werden, daß man ihnen die Rechte der Christen aberkennt.«[528] So wie in diesem Falle verletzt die Union auch gegenüber den Lutheranern das 9. Gebot, denn ohne fremde Rechte zu achten, begehrt sie das Haus ihrer Nächsten.

»Vom Kirchenregiment der betreffenden lutherischen Länder in allen solchen Fällen die In-itiative zu erwarten oder auch nur Entscheidungen officieller Art selbständig zu veranlassen ist unbillig. Officielle Beziehungen, Rücksichten aufs Gesammtwohl des Vaterlandes wie der vaterländischen Kirche können die Hände binden, auch wo es an gutem Willen, Rechtssinn und Muth nicht fehlt.« (*A. a. O.*, S. 23.) Man bedenke, was es in jener Zeit bedeutete, zum Aufruhr gegen die Staatsgewalt aufzurufen!

Als Endziel schwebte Zezschwitz offensichtlich eine evangelisch-lutherische Kirche Deutschlands vor: »Es gilt in der That einen Männerbund der Treue, wie alle Zeiten außer-ordentlicher Gefahr dergleichen ins Leben gerufen haben. Dann würde an der durch alle lu-therischen Lande Deutschlands zu einem unverbrüchlichen Bunde der Treue zusammenge-schlossenen lutherischen Pfarrerschaft die Einheit und Selbständigkeit unserer Kirche ei-nen neuen ersten Ausdruck gewinnen, der von ganz anderer Lebenskraft wäre als die noch erhaltene Rechtsbeständigkeit einzelner Landeskirchen.« (*A. a. O.*, S. 24.)

[525] Vgl. Harleß' Kommentar zu dem Vortrag: *Die Allgemeine lutherische Conferenz in Hannover 1868* . . . , S. 105 f.

[526] Siehe oben S. 139 ff.

[527] *Die Allgemeine lutherische Conferenz in Hannover 1868* . . . , S. 110.

[528] *A. a. O.*, S. 111.

Nur allzu deutlich kündigte sich bereits zu diesem Zeitpunkt eine kirchenpolitische Allianz zwischen Katholizismus und Luthertum gegen die Politik der unierten Evangelischen Landeskirche der älteren preußischen Provinzen an, ein Bündnis, wie es im Kulturkampf dann tatsächlich Gestalt gewann und bei allen nationalen Kräften in Deutschland Abscheu und Widerwillen hervorrief.[529]

Dem Vorsitzenden Harleß schienen Münkels Worte aus der Seele gesprochen, denn in seinem abschließenden Votum nahm er dessen Gedanken in einem Bild noch einmal auf, indem er zum letzten Mal eindringlich zur gemeinsamen Abwehr gegen die Union aufrief, die »über den Zaun hinüber springt und die Beete des Nächsten vor lauter gottseligem Eifer mit ungeschickten Füßen zertritt«.[530]

Trotz vieler starker Worte — darüber ließ sich nicht hinwegtäuschen — ging man auseinander, ohne ein wirkliches Kampfprogramm gegen die Union verabschiedet zu haben. Man beließ es vielmehr bei der Demonstration und offenbarte damit nur allzu deutlich die Grenzen lutherischer Einheit.[531]

Das Scheitern des Planes einer lutherischen Gesamtkirche

Die *zweite Allgemeine lutherische Konferenz* tagte erst wieder Mitte *Juni 1870* in Leipzig — gerade einen Monat vor Ausbruch des deutsch-französischen Krieges — und ließ bereits auf den ersten Blick einschneidende Veränderungen gegenüber 1868 erkennen: Die Versammlung, welche zwei Jahre zuvor mit so viel Begeisterung und reger Teilnahme ein eindrucksvolles kirchenpolitisches Debüt gegeben hatte, war von Programm und Teilnehmerzahl her auf den Rang der üblichen kirchlichen Konferenzen herabgesunken. Die beachtliche Schar von zweitausend Lutheranern, die in Hannover gegen die Preußische Union demonstriert hatte, war auf kaum achthundert Teilnehmer zusammengeschmolzen, davon ein knappes Viertel Theologiestudenten der Leipziger Fakultät, denen lediglich eine Statistenrolle zukam.[532] Überdies fehlten so hervorragende lutherische Vertreter wie v. Hofmann, Krabbe, Münkel, Philippi, Thomasius und v. Zezschwitz. Was war geschehen?

[529] Siehe oben S. 199 f.

[530] *Die Allgemeine lutherische Conferenz in Hannover 1868 . . .* , S. 113.

[531] Vgl. die Beurteilung der lutherischen Konferenz durch die Kirchenzeitungen: *NEKZ*, 1868, Sp. 449—459; *PKZ* 15 (1868), Sp. 694 f.; *EKZ*, 1868, Sp. 686—696.

[532] Vgl. *Die zweite Allgemeine lutherische Conferenz in Leipzig am 9. und 10. Juni 1870*, Leipzig 1870, S. 5; *NEKZ*, 1870, Sp. 385.

Ein wesentliches Moment für den allgemeinen Rückgang des kirchenpolitischen Interesses lag gewiß in dem Sachverhalt begründet, daß der
preußisch-österreichische Konflikt nunmehr vier Jahre zurücklag und die
preußische Regierung anscheinend nicht mehr daran dachte, die Kirchen
der annektierten Provinzen dem EOK zu unterstellen. Andererseits war
deutlich genug geworden, daß sich Maximalforderungen, wie die Errichtung einer evangelisch-lutherischen Kirche Preußens, gegen den Widerstand namhafter Vertreter der Evangelischen Landeskirche der älteren
preußischen Provinzen und des *summus episcopus*[533] kaum verwirklichen
ließen.

Ausschlaggebend für den jähen Bedeutungsschwund der Konferenz und
den dadurch spürbaren Zerfall der neulutherischen Sammlungsbewegung
wurde jedoch die *bayerische Schulreformfrage,* in deren Verlauf sich die
anfänglichen leichten Spannungen zwischen Harleß und Hofmann zur offenen Feindschaft auswuchsen.

Schon seit Anfang der sechziger Jahre schwelte in Bayern der Streit um
die Reorganisation des Volksschulwesens, wobei der ständig steigende
Einfluß liberalen Gedankengutes eine zunehmende Verschärfung des konservativen Gegensatzes hervorrief.[534] Im Oktober 1867 legte schließlich
das Königliche Staatsministerium des Innern für Kirchen- und Schulangelegenheiten der Abgeordnetenkammer einen Gesetzentwurf über das
Volksschulwesen vor, der eine überwiegend freisinnige Signatur trug.[535]
So sah der Entwurf die völlige Übertragung des Religionsunterrichtes an
die Geistlichkeit und die grundsätzliche Neuregelung des Aufsichtsrechtes
über die Schule durch seine Übertragung an weltliche Instanzen vor.

Hofmann gehörte nun dem Kammerausschuß an, der über das Gesetz
zu beraten hatte; er veröffentlichte sogleich in der *Wochenschrift der Fortschrittspartei in Bayern* eine Artikelserie *Zum Entwurf eines Gesetzes*

---

[533] Siehe unten S. 465 ff.

[534] Vgl. Johannes Böhm, *Beiträge zur Geschichte der bayrischen Volksschule,* Nürnberg
1900; zur Diskussion vor 1867 siehe die Ausführungen von Harleß' Hauptmitarbeiter:
Adolf Stählin, *Zur Schulreformfrage,* Nördlingen 1865.

[535] Vgl. die *Verhandlungen der Kammer der Abgeordneten des bayerischen Landtages
Nr. 37 vom 31. Oktober 1867 (Stenographische Berichte von der XXIX. Sitzung am 30. September 1867 bis zur LXI. Sitzung am 28. Januar 1868,* Bd. 2, München o. J., S. 125 f.); *Entwurf
eines Gesetzes über das Volksschulwesen,* München 1867; *Entwurf eines Gesetzes mit Bemerkungen,* Regensburg 1867; Johann Nepomuk Hollweck, *Zur Verstaatlichung der bayrischen Volksschule,* Regensburg 1867; Chlodwig v. Hohenlohe-Schillingsfürst, *Denkwürdigkeiten,* hrsg. von Friedrich Curtius, Bd. 1, Stuttgart 1907, S. 353.

über das Volksschulwesen, in der er seine Prinzipien für eine Modifikation der Vorlage entwickelte und begründete.[536] Dabei plädierte er für eine noch schärfere Trennung von Kirche und Staat, als in dem Regierungsentwurf vorgesehen, um dem beherrschenden Einfluß der katholischen Kirche auf das gesamte staatliche Leben Bayerns ein Ende zu setzen. Hofmann bedauerte zwar, daß dadurch auch die evangelische Kirche in Mitleidenschaft gezogen werde, hielt aber eine unterschiedliche Behandlung des protestantischen und katholischen Schulwesens für nicht realisierbar, da sie dem Grundsatz der Parität widersprochen hätte.[537]

Es handelte sich im wesentlichen um drei Punkte, die Hofmann korrigiert wissen wollte: 1. eine rigorose Einschränkung privater kirchlicher Schulen 2. die Ausübung des Religionsunterrichtes vornehmlich durch staatliche Lehrer und 3. die Übernahme der Schulaufsicht durch den Staat in *allen* Bereichen.[538]

Der Regierungsentwurf wurde denn auch entsprechend den Hofmannschen Änderungsvorschlägen im Ausschuß umgearbeitet, kam aber wegen Überlastung der Kammer während der Session 1867/68 im Plenum nicht mehr zur Verhandlung. Allein diesem Umstand war es zu verdanken, daß nicht schon die erste Allgemeine lutherische Konferenz unter den Auswirkungen des bayerischen Schulstreites litt und die Erlanger Theologen 1868 noch relativ geschlossen auftraten.

In der letzten Session seiner Mandatszeit (10. 12. 1868—27. 4. 1869) setzte Hofmann nun alles daran, das von seinen Vorstellungen geprägte Schulgesetz endlich durchzubringen. Noch einmal verteidigte er gegen den Sturmlauf zahlreicher katholischer und protestantischer Würdenträger in einem *Die Kirche* betitelten Aufsatz seine Haltung zu dieser Frage als die allein evangelische.[539]

---

[536] *Wochenschrift der Fortschrittspartei in Bayern,* 1867, S. 371 ff.; 381 ff.; 389 ff.; 398 ff.

[537] Er führte darüber sogar ein Gespräch mit Harleß, wie aus seiner Biographie hervorgeht (P. Wapler, *Johannes v. Hofmann* ... , S. 328).

[538] In dem Regierungsentwurf hatte man den kirchlichen Oberbehörden noch ein Aufsichtsrecht über das religiös-sittliche Leben der Schule zugestanden.

[539] Johannes v. Hofmann, *Die Kirche,* in: *Wochenschrift der Fortschrittspartei in Bayern,* 1868, S. 379 f. Die Erzbischöfe und Bischöfe Bayerns verwahrten sich gegen das Gesetz in einer Denkschrift an den König und ließen gemeinsam mit Harleß von ihren Anhängern die Vorlage in Streitschriften befehden: vgl. Anton Eberhard, *Kritik des bayrischen Schulgesetzes im Entwurf. Ein Wort an die Familienväter des Landes,* Regensburg 1868, C. J. Brand, *Streiflichter zur Schulreformfrage in Bayern,* Kempten 1869; Philaleth Allgor, *Zur Schulfrage in Bayern,* München 1868; *Die Schulerneuerung* von einem Priester des Bistums, Regensburg 1867.

Nach wochenlangen Verhandlungen, an denen natürlich Hofmann maßgebend beteiligt war, gelang es der Fortschrittspartei schließlich, für die nur wenig veränderte liberale Ausschußfassung eine überwältigende Mehrheit im Landtag (116 : 27) zu gewinnen.[540] Aber die schwierigste Hürde stand dem Gesetz noch bevor, denn es galt als äußerst zweifelhaft, ob die überwiegend konservative Reichsratkammer der Vorlage zustimmen würde.[541] Die Tatsache, daß der Staatsregierung ein Verfahrensfehler unterlaufen war — sie hatte es unterlassen, vor der Weitergabe des Entwurfes an die zweite Kammer die kirchlichen Oberbehörden über dessen Inhalt zu informieren —, verschlechterte die Aussichten für eine positive Entscheidung der ersten Kammer noch erheblich. Tatsächlich lehnten die Reichsräte, geführt von dem Bischof von Dinkel und dem Präsidenten von Harleß, den Entwurf wegen seiner freisinnigen Tendenzen mit großer Mehrheit ab.

Zugleich entfesselte Harleß an der Spitze der ihm ergebenen protestantischen Geistlichkeit einen derartigen Proteststurm gegen die liberale Staatsregierung, daß Kultusminister v. Gresser und Innenminister v. Hörmann zurücktreten mußten und die Stellung des kleindeutsch gesinnten Ministerpräsidenten Hohenlohe-Schillingsfürst bedenklich erschüttert wurde.[542]

Hofmann betrachtete die Ablehnung des von ihm überarbeiteten Volksschulgesetzentwurfes als persönliche Niederlage und setzte den Kampf für die Richtigkeit seiner Gedanken bis zum Ende des Jahres mit unverminderter Vehemenz fort. Vor allem suchte er in Vorträgen und Zeitungsartikeln das Mißtrauen der positiv-evangelischen Kreise gegen die Fortschrittspartei zu zerstreuen und sie vor dem gefährlichen Treiben der reaktionären, ultramontanen Patriotenpartei — diese hatte sich während der Auseinandersetzungen um das Schulgesetz gebildet — zu warnen. »Es wäre ein verhängnißvoller Irrthum, wenn diejenigen, sie seien Protestanten oder Katholiken, welchen das Christenthum heilig ist und die Christlichkeit unseres Volkes am Herzen liegt, zum Zwecke der Wahrung der Kirche mit denen gemeinschaftliche Sache machen wollten, die für die

---

[540] Vgl. die *Verhandlungen der Kammer der Abgeordneten des bayrischen Landtages Nr. 84 vom 6. April 1868 (Stenographische Berichte von der LXII. Sitzung am 4. Februar 1868 bis zur LXXXVI. Sitzung am 8. April 1868*, Bd. 3, München o. J., S. 513 f.; vgl. S. 113; 285 f.; 475).

[541] Vgl. *Das bayrische Schulgesetz in der Kammer der Reichsräte des Königreichs Bayern*, Augsburg 1869.

[542] *Denkwürdigkeiten . . . des Fürsten Chl. Hohenlohe-Schillingsfürst*, Bd. 1, S. 417 ff.; Bd. 2, S. 12.

Sätze des Syllabus einstehen. Insonderheit aber könnte unserer Kirche nichts Schlimmeres widerfahren, als wenn ihre Geistlichen zu erkennen gäben, daß die sich so nennende patriothische Partei die ihnen verwandte sei. Gesetzt auch, sie verhälfen ihr dadurch nicht zu einem Siege, welcher gleichbedeutend wäre mit der Aufkündigung der Gewissensfreiheit und der confessionellen Gleichberechtigung, so würden sie sich bei ihren Gemeinden, so weit dieselben von richtiger Einsicht oder auch nur von gesundem Instinkt geleitet werden, um alles Vertrauen bringen, und es wäre bloße Selbsttäuschung, wenn sie sich einredeten, daß nur die ohnehin Ungläubigen und Unkirchlichen ihrer politischen Belehrung unzugänglich seien.«[543]

Hofmanns Aufruf an die Geistlichen blieb ohne Erfolg.[544] Ungeachtet seiner Anstrengungen erlitt die bayerische Fortschrittspartei im März 1870 einen empfindlichen Rückschlag, der Fürst Hohenlohe-Schillingsfürst seinen Sitz im Ministerium kostete.[545] Als unversöhnlicher Gegner hatte Harleß dessen Sturz auch nach dem Fall der Gesetzesvorlage weiter betrieben, obwohl Hohenlohe zuvor in hochherziger Weise dem König widerraten hatte, den aufsässigen Kirchenmann zu entlassen. Ebenso nobel wie Hohenlohe verhielt sich Hofmann, der eine Adresse der Erlanger Fakultät an den König mit unterzeichnete, in welcher zwar das politische Vorgehen von Harleß beklagt und streng getadelt, aber auch die Bitte ausgesprochen wurde, man möge dem Verlangen seiner Entfernung aus dem Amt nicht Folge leisten.

Die politischen Ereignisse von 1870/71 überholten dann bald diese Episode der bayerischen Innenpolitik. Für Harleß jedoch, der in vorderster Front gegen die Fortschrittspartei gekämpft hatte, wurde diese Auseinandersetzung zur Schicksalswende seines Lebens. Sie bedeutete — infolge des sich anbahnenden breiten Gesinnungswandels und seiner eigenen politischen Starrheit — den Anbruch einer sich mehr und mehr steigernden

---

[543] Johannes v. Hofmann, *An die protestantische Geistlichkeit des diesseitigen Bayern*, in: *Wochenschrift der Fortschrittspartei in Bayern* vom 23. Oktober 1869; vgl. auch die vernichtende Kritik an Harleß in der *NEKZ*, 1870, Sp. 227 f.

[544] Vgl. P. Wapler, *Johannes v. Hofmann ...*, S. 337.

[545] Der Schulgesetzentwurf bildete jedoch nur noch den auslösenden Faktor für den Sturz des Kabinetts Hohenlohe. Die Partikularisten und Ultramontanen Bayerns befehdeten die Staatsregierung vor allem wegen ihrer preußenfreundlichen Politik (Hohenlohe hatte 1866 den Anschluß Bayerns an Preußen gefordert) und Hohenlohes Zirkulardepesche vom 9. April 1869 an die europäischen Mächte, in der er darauf hinwies, daß die geplante Proklamierung der päpstlichen Unfehlbarkeit über das rein religiöse Gebiet hinausgreife und »hochpolitischer Natur« sei (*Denkwürdigkeiten ...*, Bd. 1, S. 351 ff.).

Vereinsamung.[546] Harleß' Votum gegen den Schulgesetzentwurf hatte den bayerischen Staat zutiefst getroffen, den König persönlich verletzt und ihn bei den Kammerabgeordneten verfehmt. Sein Bündnis mit dem ultramontanen Katholizismus und der bayerischen Patriotenpartei, an deren Spitze Harleß sich während der kulturpolitischen Auseinandersetzung gestellt hatte, erregte in weiten evangelischen Kreisen tiefes Mißtrauen gegen den ehemals so beliebten Oberkonsistorialpräsidenten und ließ ihn mit der Zeit zu einer für das Neuluthertum untragbaren Gestalt werden.[547] Er verlor in der bayerischen Kirche jedoch nie ganz seine Autorität, denn »ein gewisser Nimbus umgab auch jetzt noch seine Person. Man hatte Geduld mit seinem Alter, weil man seine Jugend liebte.«[548]

Innerhalb von zwei Jahren — während der Auseinandersetzung um den bayerischen Schulgesetzentwurf — hatte Harleß also genau jene Reputation verloren, die ihn noch 1868 zum idealen integrierenden Mittelpunkt der neulutherischen Sammlungsbewegung werden ließ. Gleichwohl blieb er Präsident der Allgemeinen lutherischen Konferenz. Aber was seine lutherischen Glaubensbrüder wohl insgeheim befürchteten, sprachen die Gegner von der Positiven Union in aller Offenheit aus: »Es kann der lutherischen Conferenz nur schaden, wenn der politische Genosse der Jesuiten und der Feind des nationalen Einigungswerkes seine Person an die Spitze der kirchlichen Bewegung stellt.«[549] Der klägliche Konferenzverlauf gab ihnen recht.

Die zweite lutherische Konferenz 1870 wurde von dem Kieler Bischof Dr. Koopmann[550] mit einer Predigt über Hebr. 4, 14—16 (»Lasset uns halten an dem Bekenntnis!«) eröffnet. Der neupreußische Lutheraner wie-

---

[546] In Harleß' Eröffnungsansprache zur zweiten lutherischen Konferenz (siehe unten S. 235 f.) im Juni 1870 stand denn auch — gewiß nicht zufällig — das Thema »Vereinsamung« im Zentrum seiner Überlegungen. Der folgende Satz mag belegen, wie stark den alternden Kirchenfürsten seine persönliche Problematik beschäftigen mußte — so stark, daß er sich nicht scheute — und welch' ein Anspruch verband sich damit! —, sie mit hineinzunehmen in seine Reflexion über die Lage der lutherischen Kirche. »Es sind Tage der Entscheidung und Sichtung; da mag der Einzelne sich darauf gefaßt machen, daß rechts und links alte Freunde von ihm abfallen, und daß er einsam steht. Nun das muß er tragen« (*Die zweite Allgemeine lutherische Conferenz in Leipzig 1870 ...* , S. 31 f.).

[547] Gleichwohl behielt Harleß den Vorsitz über die Allgemeine evangelisch-lutherische Konferenz und die Leipziger Pastoralkonferenz bis zu seinem Tode; danach übernahm Kliefoth diese Aufgaben, obwohl zweifellos der gemäßigte Luthardt sich dafür besser geeignet hätte.

[548] Th. Heckel, *Adolf v. Harleß ...* , S. 474.

[549] *NEKZ*, 1870, Sp. 389.

[550] Siehe oben S. 153.

derholte darin den Anspruch auf die alleinige Geltung des lutherischen Bekenntnisses und die Forderung nach einer lutherischen Konfessionskirche in Preußen. »Keine Kirche ohne Bekenntniß, aber auch kein gesichertes Bekenntniß ohne Kirche. Das sind die beiden Wahrheiten, meine theuren Brüder, welche uns hier zusammenführen.«[551] Eine bekenntnislose Kirche vermag die Bekennenden nicht vor der Macht durchtriebener »Lügengeister« zu schützen, so daß die Gläubigen unweigerlich zur Beute des »bekenntnißfeindlichen Unglaubens« werden.

»Aber wenn wir nun unser Bekenntniß so hoch halten, dann werden sie rings umher sehr zornig über uns sein, und lassen uns harte Worte hören, auch, die sonst wohl unsere Freunde in Christo sein möchten. Sie sagen dann: ihr katholisirt, macht das Bekenntniß zu einem papiernen Papst und den tödtenden Buchstaben zu eurem Götzen, euch selbst aber zu Götzendienern und Buchstabenknechten.«[552] Diese Schmach übler Verleumdung muß jedoch um der seligmachenden Wahrheit und um das Herz Jesu willen geduldig und voll Demut getragen werden, wenn man aus dem Kampf wider die satanischen Versuchungen wie Jesus selbst (ständiger Hinweis auf Matth. 4, 1—11 par.) siegreich hervorgehen will. Der Versucher nun, welcher an die lutherische Kirche herangetreten ist, lockt diese mit seiner Macht und blendenden Herrlichkeit, indem er spricht: »Kommt her zu uns! Denn wie wir den rechten Glauben haben, so haben wir ja auch die Macht. Und mit dieser unserer Macht wollen wir euch schützen bei eurem persönlichen Bekenntniß. Niemand soll euch darin hindern oder stören. Aber Bekenntniß einer lutherischen Kirche kann es nicht bleiben, das müßt ihr aufgeben. Und das könnt ihr mit Recht nicht fordern, daß das Regiment der Kirche sich beuge unter euer Bekenntniß. Denn wir haben Größeres zu thun zur Ehre Jesu Christi. Wir müssen ihm eine schönere Kirche bauen, als die lutherische, einen mächtigen Dom, der sich wölbt über die ganze Nation. — Und überdies wir lieben unser Vaterland! Wir wollen beides zugleich erreichen, das Vaterland groß und stark und einig machen helfen durch unseren Kirchenbau, und dem Herrn Jesus Christus das ganze Reich zu Füßen legen. Dazu ist euer Bekenntniß aber zu eng, und wenn ihr daran haltet, so liebt ihr euer Vaterland nicht, schwächt, statt zu stärken, zertrennt, statt zu einigen; und sucht nicht die Ehre des Herrn.«[553]

Obwohl Koopmann mit keinem einzigen Wort die unierte Evangelische Landeskirche der älteren preußischen Provinzen erwähnte, stand doch je-

---

[551] *Die zweite Allgemeine lutherische Conferenz in Leipzig 1870 ...*, S. 10.
[552] *A. a. O.*, S. 18.
[553] *A. a. O.*, S. 21 f. (Hervorhebungen im Original).

dermann vor Augen, daß nur sie gemeint sein konnte, wenn der Bischof in so anmaßender Weise von dem verführenden Satan sprach. Dabei strapazierte er seine Metaphern weit über Gebühr; so scheute er sich beispielsweise nicht, die unierte Evangelische Landeskirche der älteren preußischen Provinzen im Bilde mit dem verirrten Petrus, aus dem der Satan redet (Matth. 16, 22 f. par.), die lutherische Kirche aber mit dem in der Wüste (= äußere Armut der lutherischen Kirche) vom Satan heimgesuchten Jesus gleichzusetzen: »Sie wissen nicht, wer aus ihnen redet. Petrus wußte es auch nicht, wer aus ihm redete, als er das Wort sprach: Herr, das widerfahre dir nur nicht! Aber der Herr Jesus wußte es. Er kannte den Versucher, und hatte mit ihm zu thun gehabt in der Wüste.«[554] Diese wahrhaft haßerfüllte und fanatische Hetzpredigt mußte jedoch erheblich an Glaubwürdigkeit verlieren, berücksichtigte der Hörer nur, daß sich der Bischof einer preußischen Provinz solche Predigten leisten konnte, ohne irgendwelchen Pressionen oder gar Martyrien seitens des preußischen Kirchenregiments ausgesetzt zu sein.[555]

Die Eröffnungsansprache von Harleß war zum Teil schon enthalten in seinem kurz davor erschienenen Buch Staat und Kirche.[556] Der bayerische Kirchenführer begann seinen Bericht mit einer Charakterisierung der kirchenpolitischen Lage. »Diese«, so führte er aus, »ist, seitdem wir uns vor zwei Jahren in Hannover versammelten, schlimmer geworden, als sie damals war, und doch in anderer Weise und in einem gewissen Sinne besser als damals. Denn damals führte uns vor Allem die Sorge um denkbare Möglichkeiten zusammen. So steht es jetzt nicht mehr. Wir haben es nicht mehr mit Möglichkeiten, wir haben es mit kaum verdeckten, ja offenen Thatsachen bedrohter Rechtsexistenz zu thun.«[557]

Einmal bedrohe »jene Massenbewegung« des organisierten »Antichristhums« mit ihrer inneren Lügenhaftigkeit — gemeint ist wohl der Liberalismus — die Existenz der lutherischen Kirche; zum anderen erfahre letztere eine ständige »Rechts-Mißachtung von oben«. Diese gesetzlosen Verhältnisse bestünden jedoch noch nicht allzu lange. »Man konnte ... noch bis vor kurzem an ein Schiedsgericht in der deutschen Nation denken, bei welchen [!] etwa auch Klagen über Beeinträchtigung kirchli-

---

[554] A. a. O., S. 23 (Hervorhebungen im Original).

[555] Es war Koopmanns letzter großer Auftritt gegen die Union; am 20. Mai 1871 starb er — übrigens bis zuletzt unbehelligt vom preußischen Kultusministerium — auf einer Amtsreise in Hamberge.

[556] Vgl. Adolf v. Harleß, Staat und Kirche, oder: Irrtum und Wahrheit in den Vorstellungen von »christlichem« Staat und »freier« Kirche, Leipzig 1870, S. 73—98.

[557] Die zweite Allgemeine lutherische Conferenz in Leipzig 1870 ... , S. 27.

chen Rechts anzubringen gewesen wären.«[558] Solche Hoffnungen seien nun endgültig zunichte geworden, denn inzwischen fehle die dazu nötige »Gesinnung«, und überdies sei die deutsche Nation in ihrem »Rechtsbestande zertrümmert und zerstört« worden.

Nach dieser preußenfeindlichen, großdeutschen Propaganda stellte Harleß Überlegungen darüber an, wie man aus eigener Kraft das Recht der lutherischen Kirche gegen »Gewalt- und Machteingriffe von oben« schützen könne. Statt mit großangelegten Aktionen die Macht- und Rechtsbefugnisse der Konferenz allen sichtbar zu überschreiten, rät er zur Überwindung der lutherischen Vereinzelungstendenz. »Die Erziehung des rechten Gemein-Geistes ist mir mehr werth, als ein Halbdutzend sogenannter gemachter Thaten.«[559] Nur ein solches »Gemeingefühl« helfe, die bevorstehenden »Leiden oder Martyrien« der lutherischen Kirche ohne wesentliche Einbußen zu überstehen.

Unter den »Halben« — gemeint sind die Anhänger der Union — werde es freilich noch nicht zu Gewalttaten gegen bekenntnistreue Lutheraner kommen, aber »sie bereiten in ihrem halben Wesen, in theologischem Floskelwerk oder kirchlichen Verfassungsschnörkeln und dergleichen dem Antichristenthum, welches zwar den Worten nach 'nicht nach Blut dürstet', aber unter Umständen ein bischen Blutvergießen kaum scheuen dürfte, den vollen und ganzen Weg«.[560]

Nach dieser Einleitung hielt Luthardt den Hauptvortrag »Ueber die Bedeutung der Lehreinheit für die lutherische Kirche in der Gegenwart«. Gleich zu Beginn betonte der Leipziger Lutheraner, das Prinzip der Lehreinheit sei nicht die Schwäche der lutherischen Kirche, wie ihre Gegner behaupteten, sondern ihre Stärke, denn allein der Konsensus in der einen wahren Lehre bilde die Existenzgrundlage von Kirche überhaupt.

Die Unterschiede zwischen der lutherischen und den anderen christlichen Kirchen — fuhr Luthardt fort — lägen in dem »verschiedenen Maß des Gehorsams gegen das Wort der Wahrheit«.[561] Keine andere Kirche achte so streng auf die Reinheit der wahren Lehre von Jesu Christo wie die lutherische; sie mache dieselbe zur unumgänglichen Bedingung der Gemeinschaft und lasse sich bis heute — auch durch die schmerzliche Trennung von abgefallenen Brüdern — nicht von diesem Grundsatz abbringen. Ausschließlich »das Bekenntnis und seine Lehre« — nicht die Verfassung

---

[558] *A. a. O.*, S. 28.
[559] *A. a. O.*, S. 32 (Hervorhebungen im Original).
[560] *A. a. O.*, S. 33.
[561] *A. a. O.*, S. 38.

wie etwa in der katholischen Kirche bildeten »auch in dem Wechsel der Zeiten« das Einheitsband der lutherischen Kirche.

Darum habe die lutherische Kirche von jeher alle Unionsversuche abgewiesen, denn diese gründeten nicht auf dem »Fortschritt der Erkenntniß und der Lehre«, sondern auf dem »Rückschritt in derselben«. Das bedeute jedoch keineswegs, daß das Luthertum der reformierten oder auch der römischen Kirche ihr Existenzrecht bestritte; vielmehr reiche die lutherische Kirche ihnen die »christliche Bruderhand ...«, aber die Hand der kirchlichen Gemeinschaft müssen wir verweigern, so lange wir nicht in der Lehre eins sind.«[562]

Bemerkenswert ist, daß Luthardt die Union mit keinem Wort erwähnt — ihr reicht die lutherische Kirche nicht die Bruderhand, denn sie spricht ihr im Grunde natürlich das Recht auf kirchliche Qualität ab.

Die Gemeinden, so fürchtete Luthardt, müßten zuerst verwirrt und dann gleichgültig gegen alle Lehre werden, wenn sie in der Union den Eindruck bekämen, als bedeuteten Lehrunterschiede nichts mehr. »Und das letzte Resultat ist dann notwendig, daß der Grundsatz der Lehrverschiedenheit sich zum Grundsatz der schrankenlosen Lehrfreiheit entwickelt und so denn diese Union der Richtung des sogen. Protestantenvereins die Wege bereitet ... Mag auch die Union den Protestantenverein nicht anerkennen, so erkennt doch der Protestantenverein die Union an.«[563]

Beide Richtungen, die der Lehrverschiedenheit (Union) und der Lehrwillkür (Protestantenverein) hätten sich je einer Institution bemächtigt, um mit deren Hilfe die bekenntnistreue lutherische Kirche zu bekämpfen. Es handele sich um den Summepiskopat, der überwiegend im Dienste der Union stehe, und um die Synoden, auf deren Unterstützung vor allem der Protestantenverein rechne.

Die Einrichtung des Summepiskopates gehöre nicht zum Wesen der Kirche, sondern trage den Charakter einer geschichtlichen Notstandsregelung. Gleichwohl vertrage sie sich mit dem Verständnis von Kirche, wenn sie nicht die wahre Lehre hindere und das Bekenntnis verachte. Gegenwärtig scheine es allerdings so, als müsse, wie in der Reformation der Episko-

---

[562] *A. a. O.*, S. 38 f. (Hervorhebungen im Original).

[563] *A. a. O.*, S. 43 f. Es folgt eine Reihe schlagkräftiger Kampfparolen gegen Union und Protestantenverein: »Protestanten heißen wir, weil wir in Glaubenssachen die Autorität der Majoritäten verwerfen. Jene aber nennen sich Protestanten, weil sie mit ihrem sogenannten Gemeindeprinzip die jeweilige Majorität in Glaubenssachen für entscheidend erklären. — Die Kirche ist eine Gemeinschaft der Bekennenden und nicht eine Schule der Suchenden oder ein Tummelplatz der Streitenden oder ein Haufe von Verneinenden.«

pat, jetzt der Summepiskopat fallen, »denn nachdem Rom den Staat für eine Provinz der Kirche erklärt hat, ist es nicht die richtige evangelische Antwort, die Kirche für eine Provinz des Staates zu erklären«.[564] Überdies schweige die größte protestantische Macht zu den Bedrückungen, welche die evangelischen Glaubensgenossen in den Ostseeprovinzen des russischen Reiches erlitten; ja sie mißachte selbst auf eigenem Territorium das legitime Recht der lutherischen Kirche. »Schätzen die Staatsregierungen das landesherrliche Kirchenregiment als einen wesentlichen Machtzuwachs der obrigkeitlichen Gewalt, so mögen sie wohl zusehen, daß sie nicht durch Mißbrauch und Ueberspannung es selbst zerstören.«[565]

Bei der Frage des Verhältnisses von Staat und Kirche setzten die Befürworter der Synodalverfassung ein, indem sie die Auffassung vertraten, die Selbständigkeit der evangelischen Kirche gegenüber dem Staat ließe sich nur auf diese Weise gewinnen. Luthardt (»keine Kirche wird diesem Schicksal entgehen«) betonte demgegenüber, er sei zwar kein prinzipieller Gegner von Synoden und verlange auch keine reinen Geistlichkeitssynoden, aber alle Synoden lutherischer Kirche müßten »ihre Beschlüsse der Autorität der lutherischen Lehre unterwerfen und aus der Uebereinstimmung mit derselben allein ihre Berechtigung erholen«.[566] Die Einhaltung dieses Grundsatzes sei jedoch kaum gesichert, denn es seien vornehmlich die negativen Kräfte, welche sich für die Einrichtung von Synoden einsetzten, um die einzige bekenntnismäßige Kirche zu beseitigen. Auf dem Wege des Gemeindeprinzips, wonach allen bürgerlich Unbescholtenen das Stimmrecht zugestanden und zu »Agitationen und Unwürdigkeiten« mißbraucht werde, wolle man sich *per majora* über die rechte Lehre von Kirche und Amt einfach hinwegsetzen. »So hat der Apostel Petrus sein Wort vom allgemeinen Priesterthum der Gläubigen nicht gemeint, daß man dasselbe verwandeln dürfte in das kirchliche Demokratenthum aller Fünf- oder Einundzwanzigjährigen.«[567] Der eigentliche Angriff dieser bekenntnislosen Synoden richte sich also gegen die bekenntnismäßige Lehre der lutherischen Gesamtkirche als einer geschlossenen Glaubens- und Bekenntnisgemeinschaft, von der ihre Gegner glaubten, sie existiere nicht, weil ihr eine gemeinsame Verfassung fehle. All diesen Bestrebungen gegenüber sei es »unsere Pflicht jeden Fußbreit Landes zu vertheidigen ... das edelste Gut des deutschen Volkes ist seine lutherische Kirche.«[568]

[564] *A. a. O.*, S. 46.
[565] *A. a. O.*, S. 48.
[566] *A. a. O.*, S. 58.
[567] *A. a. O.*, S. 52.
[568] *A. a. O.*, S. 60 f.

Es war dies die letzte große programmatische Rede eines namhaften Lutheraners zur kirchlichen Frage. Obschon sie scheinbare Konzessionen dem Ton und auch der Sache nach enthält, blieb Luthardt im Kern doch hart, wie seine Haltung gegenüber den Synoden nur allzu deutlich belegt: Er betrachtet sie letztlich als Akklamationsgremien für eine von der Geistlichkeit beherrschte Kirche, denn nach seiner Vorstellung hätte der Klerus jederzeit von der Möglichkeit Gebrauch machen können, mit dem Hinweis auf die wahre Lehre — deren einzig legitimer Hüter er ja war — oppositionelle Synodale zu domestizieren. Aber auch andere Punkte des Luthardtschen Referates gehörten zu dem seit 1866 üblichen Repertoire lutherischer Selbstdarstellung und Polemik. So wiederholt der Leipziger Theologe die längst unglaubhaft gewordene Behauptung von der lutherischen Lehreinheit, obwohl inzwischen für jedermann die Lehrabweichungen etwa von Philippi, Hofmann und Kahnis in der Rechtfertigungs- und Abendsmahlslehre offenkundig sein mußten.[569] Besonders empörend für unierte und reformierte Theologen war es auch, daß Luthardt wie die meisten anderen Lutheraner den Dissens mit Rom und Genf auf eine Ebene stellte, ohne den zweifellos bestehenden innerevangelischen Glaubensübereinstimmungen — dem Marburger Konsensus in vierzehn Artikeln bei einer Abweichung und der Augsburgischen Konfession, zu der die Reformierten mit Vorbehalt eines einzigen Artikels ihre Zustimmung geben — auch nur die geringste Beachtung zu schenken.

Luthardt hatte seinen Vortrag in sechs Thesen, die seit Beginn der Konferenz der Versammlung vorlagen, zusammengefaßt; zum Schluß des Referates bat er die Anwesenden um einmütige Zustimmung zu deren Inhalt:

»1. Die Einheit in der bekenntnißmäßigen Lehre ist nach den unfraglichen Grundsätzen der lutherischen Kirche das Band der kirchlichen Einheit und darum eine unveräußerliche Forderung unserer Kirche.

2. Darum verwerfen wir sowohl den Irrthum welcher die Verschiedenheit der Lehre, als den andern welcher die Freiheit bekenntnißwidriger Lehre in der Kirche für berechtigt erklärt.

3. Aus demselben Grunde müssen wir vom landesherrlichen Kirchenregiment erwarten und fordern, daß es sich in seinen Maßnahmen an die be-

---

[569] Vgl. H. Fagerberg, *Bekenntnis, Kirche und Amt . . .*, S. 82 ff. In seiner *Lutherischen Dogmatik*, 3 Bde., Leipzig 1861—1868, wich Kahnis in den wichtigsten Punkten von der orthodoxen Lehre des lutherischen Bekenntnisses ab; insbesondere vertrat er eine subordinatianische Christologie; vgl. dazu auch Franz Delitzsch, *Für und wider Kahnis. Kritik der Dogmatik von Kahnis mit Bezug auf dessen Vertheidigungsschrift*, Leipzig 1863, und Friedrich Julius Winter, *Karl Friedrich Kahnis. Ein theologisches Lebens- und Charakterbild*, Leipzig 1896, S. 75 ff.

kenntnißmäßige Lehre der Kirche und an die Mitwirkung der darauf ver-
pflichteten kirchlichen Organe für gebunden erachte, und müssen das Gegentheil als Mißachtung der Kirche und als Mißbrauch der Gewalt bezeichnen.

4. Nicht minder können wir Synoden und ihre Beschlüsse nur dann als
kirchlich berechtigt anerkennen, wenn sie sich auf die bekenntnißmäßige
Lehre der Kirche gründen, und können ihnen deßhalb kein Recht der Aenderung in Betreff dieser Lehre, an welche sie von Rechts- und Gewissens-
wegen gebunden sind, zugestehen.

5. Darum richten wir an alle Inhaber der Kirchengewalt in unserer Kirche die ernstliche Bitte, daß sie um des Gewissens willen die lutherische
Kirche bei der Einheit und Geltung der bekenntnißmäßigen Lehre erhalten und alles ihr eigenes Handeln an der Kirche davon bestimmen lassen.

6. An alle unsere Brüder aber, deren Kirchen in Gefahr stehen der Einheit in der lutherischen Lehre beraubt zu werden, richten wir die brüderliche Zusprache und Ermahnung, auf der Geltung der lutherischen Lehre
unverrückt zu beharren, damit in dieser das Band bewahrt werde, welches
die einzelnen lutherischen Kirchen, eine jede in sich und alle untereinander, verbindet.«[570]
Da auf eine eigentliche Debatte über die Luthardtschen Thesen verzichtet
werden sollte, folgten lediglich Zustimmungserklärungen, unter anderen
von dem Metropolitan Wilhelm Vilmar,[571] der zunächst vor innerer Erregung kaum zu sprechen vermochte.

Zum Schluß ergriff Harleß noch einmal das Wort: »Unser theurer
Freund und Bruder Luthardt hat über das, was unter den Feinden in der Gegenwart vorgeht, in meinen Augen sich sehr maßhaltend und gelinde geäußert. Wenn ich mich vielleicht minder fein ausdrücke, so müssen Sie mir
das zu gute halten, damit ich den Druck von meinem Herzen losbekomme.
Ich bin alt geworden, und meine Haare sind grau. Ich habe manches
Schwere erlebt in den kirchlichen Zuständen und Zuständen der Zeit und
dieser Welt überhaupt. Aber so schlimm wie die Gegenwart jetzt ist nach
der Seite hin, die ich benennen soll, so schlimm ist es meines Bedünkens
nie gewesen.«[572] Dann ließ er über die Luthardtschen Thesen abstimmen;
es überraschte niemanden, daß die Versammlung mit nur drei ablehnenden Voten ihre Zustimmung erklärte.

Tags darauf standen Themen auf dem Programm, die die kirchliche

---

[570] *Die zweite Allgemeine lutherische Conferenz in Leipzig 1870 . . .* , S. 61 f.
[571] Siehe unten S. 357 ff.
[572] *Die zweite Allgemeine lutherische Conferenz in Leipzig 1870 . . .*, S. 68 f.

Frage nicht mehr berührten. Es fiel auf, daß die Teilnehmerzahl der Konferenz sich auf drei- bis vierhundert Personen verringert hatte, was immerhin einige Rückschlüsse auf die allgemeine Interessenlage zuläßt. So endete die zweite Allgemeine Lutherische Konferenz ohne demonstrative Schlußkundgebung in aller Stille, und wieder waren die erwarteten Signale zum entschlossenen Kampf gegen die allmächtige, bekenntnisindifferente Evangelische Landeskirche der älteren preußischen Provinzen ausgeblieben. Angesichts dieses Ausgangs mußte es jedermann klar geworden sein, wie schlecht es um die innere Einheit und Widerstandskraft des Luthertums stand.[573]

Noch während des Deutsch-Französischen Krieges, im November 1870 — die deutschen Truppen belagerten gerade Paris und Bismarck bereitete in Versailles die Gründung des Zweiten Deutschen Reiches vor —, unternahmen die lutherischen Strategen Harleß und Kliefoth einen letzten verzweifelten Versuch, das kirchenpolitische Kräfteverhältnis zu ihren Gunsten zu verändern oder doch zumindest eine bleibende Garantie des status quo zu erhalten.

Nach den vorangegangenen militärischen Siegen der vereinten deutschen Armeen schien auch eine politische Einigung der deutschen Staaten nicht mehr zweifelhaft, und man nahm allgemein an, daß mit einer neuen Reichsverfassung auch ein Reichskirchenrecht konstituiert werden würde. Für das Luthertum galt es jetzt, rechtzeitig die Gefahr einer deutschen Nationalkirche unter der Hegemonie der Evangelischen Landeskirche der älteren preußischen Provinzen zu bannen, eine Reichsgarantie für die Autonomie der Landeskirchen in der neuen Reichsverfassung zu erwirken und darüber hinaus einen reichsrechtlichen Zusammenschluß der konfessionsverwandten Kirchenregierungen zu betreiben.

Zur Errichtung dieses Zieles knüpften Harleß, Kliefoth und Danckwerts (Göttingen) nun Kontakte zu den anderen lutherischen Landeskirchen Deutschlands und berieten auf einer Reihe von Treffen über die weitere Vorgehensweise.[574] Schließlich wurde vereinbart, daß Harleß als Vorsitzender der Allgemeinen Lutherischen Konferenz eine Eingabe, verbunden mit einem persönlichen Begleitbrief, an Bismarck richten sollte. Weiterhin sollten die Könige von Bayern und Sachsen um ihre Unterstützung in der fraglichen Sache gebeten werden, und das bayerische Kirchen-

---

[573] Vgl. die Konferenzberichte in der *NEKZ*, 1870, Sp. 385—394, der *AELKZ* 3 (1870), Sp. 461—477; 485—504; 509—515; die *EKZ* erwähnte die Konferenz mit keinem Wort!
[574] Vgl. Th. Heckel, *Adolf v. Harleß* ... , S. 482.

und Staatsregiment wollte man auffordern, die Initiative für eine Vereinigung der lutherischen Kirchenregierungen zu ergreifen. Die von Kliefoth verfaßte Petition[575] an den Bundeskanzler verlangte dem Wortlaut nach, »daß mittelst einer in die zu erwartende neue deutsche Bundesakte aufzunehmende[n] Bestimmung oder in einer andern Form der evangelisch-lutherischen Kirche ihr öffentlicher Rechtsstand in Deutschland aufs neue zugesichert werde«.[576] Zuvor hatte man in einem historischen Exkurs betont, daß es sich nicht um die Erteilung neuer, sondern lediglich um die Bestätigung von alters her gültiger Rechte handle. Wenn man gleichwohl um eine ausdrückliche Garantie der bestehenden Rechtsverhältnisse nachsuche, so deshalb, weil das deutsche Luthertum sich ernsthaft um die Existenz der lutherischen Kirche sorgen müsse: »Alle diese Kreise aber durch ganz Deutschland hindurch sind dermalen erfüllt von der schweren Besorgnis, daß es der lutherischen Kirche in Deutschland in nicht ferner Zukunft beschieden sein könnte, von Territorium zu Territorium aus ihren rechtlichen Stellungen herausgedrängt und in die Lage einer separierten Sekte zurückgeworfen zu werden.«[577] Diese sich allmählich abzeichnende Entwicklung von der lutherischen Volkskirche zur Freikirche könne schwerlich im volks- und auch staatspolitischen Interesse liegen.

In seinem Begleitschreiben stellte Harleß zuerst die Lutherische Konferenz (»Das Gefühl gemeinsamer Bedürfnisse und Kämpfe sowie der Übelstand der Vereinsamung territorial zersplitterter Landeskirchen hat in weiten Kreisen den Wunsch brüderlicher Beratung wachgerufen.«),[578] dann seine eigene Person vor. Dabei suchte der populäre Bismarck- und Preußenfeind[579] den großen Staatsmann doch tatsächlich glauben zu machen, er trete »mit Freude und Vertrauen vor Ew. Exzellenz« und sein — Harleß — antipreußischer Ruf beruhe auf übler gegnerischer Verleumdung: »Bin ich doch nicht der einzige, dessen kirchlichem Tun und Streben man kein besser begründetes Motiv unterzuschieben gewußt hat, als das des 'Partikularismus' und der 'Preußenfeindschaft'.«[580]

[575] Darauf weist der Artikel *Der deutsche Bund und die Kirchen* in der ZPK 61 (1871), S. 269, hin.

[576] Eingabe von v. Harleß an den Bundeskanzler des Norddeutschen Bundes Graf Bismarck vom 25. November 1870, abgedruckt in: Th. Heckel, *Adolf v. Harleß . . .* , S. 486.

[577] *A. a. O.,* S. 483.

[578] Begleitschreiben von v. Harleß an den Grafen v. Bismarck, abgedruckt in: Th. Heckel, *Adolf v. Harleß . . .,* S. 489.

[579] Siehe oben S. 200.

[580] Th. Heckel, *Adolf v. Harleß . . .* , S. 490. Schon in der Eingabe beklagte er sich darüber, daß man die lutherische Sache politisch mißverstehe: »Die Folge ist, daß sich an die Unsrigen vielfach wider ihren Willen politische Richtungen und Bestrebungen hinandrängen,

Während sich Kliefoth in der Eingabe vorsichtig auf das Ersuchen beschränkt hatte, die bestehenden Rechtsverhältnisse zu garantieren, deutete Harleß in seinem Begleitschreiben den heimlichen Wunschgedanken der lutherischen Gesamtkirche an: »Wie anders lägen z. B. die Dinge, wenn in Preußen ein lutherisches kirchenrechtliches Zentralorgan bestände, mit welchem sich die obersten Kirchenbehörden der übrigen lutherischen Landes- oder Provinzial-Kirchen Deutschlands in freier Vereinbarung zu einem gegliederten Ganzen verbinden können! Das wäre ein Magnet, wirksam zu innerkirchlicher Einigung, wie sich kein anderes Mittel erdenken ließe. Doch Ew. Exzellenz werden vielleicht dies Träume nennen.«[581]

Harleß empfahl seinen Traum als Bollwerk gegen die anarchischen Protestantenvereinler, die mit Hilfe des trojanischen Rosses Union die lutherische Kirche bedrohten und auch dem Staat »politisch schwerste Gefahren« brächten.

Kopien der Petition wurden mit einem Begleitschreiben den Königen von Bayern und Sachsen zugeleitet.[582]

Das Ergebnis dieser Bemühungen war niederschmetternd. Bismarck, der Harleß' Reichsratsvoten aus dem Jahre 1866 gewiß nicht vergessen hatte,[583] antwortete überhaupt nicht, und auch der bayerische König reagierte mit Schweigen.

mit denen sie an sich gar nichts gemein haben, und deren aufgedrängte Bundesgenossenschaft nur dazu führen kann, die lutherische Sache selbst zu verdächtigen und zu trüben« (*a. a. O.*, S. 485).

[581] *A. a. O.*, S. 491.

[582] Begleitschreiben an S. M. den König von Bayern bei Übersendung der Bittvorstellung an den Grafen v. Bismarck, abgedruckt in: Th. Heckel, *Adolf v. Harleß* . . . , S. 491 f.

[583] Als einflußreichstes Mitglied der betreffenden Kommission hatte Harleß im Auftrag des bayrischen Reichsrates einen Adreßentwurf auf die Thronrede des bayerischen Königs verfaßt, in dem es u. a. hieß: »Mit um so tieferem Schmerze blicken wir auf jene Ereignisse, durch welche unser Zusammentritt veranlaßt und der nächste Gegenstand unserer diesmaligen Aufgabe bezeichnet ist. Die Zerwürfnisse der zwei mächtigsten deutschen Bundesglieder wären niemals ausgebrochen, wenn nie der Boden des Bundesrechts verlassen und dagegen allezeit, statt Sonderinteressen und partikularer Machterweiterung, Recht, Ehre und Interesse des gemeinsamen Vaterlandes im Auge behalten worden wäre. Dann hätte man sich auch in bundestreuer Gesinnung vor jener verabscheuungswürdigen Stimme (sc. Bismarck, d. Verf.) gehütet, welcher Macht vor Recht geht, und welche jetzt uns der Gefahr nahe gebracht hat, reindeutsche Angelegenheiten der völlig unberechtigten Einmischung auswärtiger Mächte preisgegeben zu sehen« (gemeint ist die Preußisch-italienische Offensiv- und Defensiv-Allianz vom 8. 4. 1866, d. Verf.) . . . Kein bundestreuer Staat kann aber den kommenden Dingen in thatenscheuer Neutralität entgegen sehen. Es gilt vielmehr in Verbindung mit gleichgesinnten Regierungen sich auf Abwehr von bundeswidrigen Gewaltangriffen, woher sie auch immer kommen mögen, rechtzeitig und mit Entschlossenheit zu rüsten«

Allein König Johann von Sachsen, der Harleß seit dessen Tätigkeit als Oberhofprediger in Dresden (1850—1852) überaus zugetan blieb, nahm Stellung zur Initiative der Neulutheraner; in einem höflichen, wohlbegründeten Schreiben lehnte er jegliche Unterstützung jener Eingabe ab. »Schon aus politischen Gründen«, so argumentierte Johann, »halte ich jede weitere Ausdehnung der Kompetenz des Deutschen Reiches für bedenklich. Und gerade die kirchlichen Angelegenheiten hat man bis jetzt sorgfältig von derselben ausgeschieden.«[584] Er versicherte dem Kirchenmann, daß er grundsätzlich zu allem gern die Hand bieten würde, was der lutherischen Kirche förderlich sein könnte, aber eine Erweiterung der Reichskompetenzen sei gleichbedeutend mit der Ausdehnung des preußischen Einflußbereiches, und das läge doch gewiß nicht in Harleß' Absicht.

Kliefoths eingehender Kommentar zur Antwort von König Johann akzentuierte die Motive der kirchenpolitischen Aktion schärfer als die verklausulierte Petition: Man beabsichtigte mit der reichsrechtlichen Verbriefung des Rechtsbestandes der lutherischen Landeskirchen eine gewisse Unabhängigkeit vom Rechtsschutz des Landesherrn und hoffte, so die kirchliche Machtstellung der einzelnen Länder, insbesondere natürlich Preußens, zurückzudrängen. Der reichsrechtliche Kirchenschutz sollte schließlich die Bahn freigeben für die Gründung einer lutherischen Reichskirche.[585]

Die Petition an Bismarck krankte vor allem daran, daß ihr eine stichhaltige Begründung für das Verlangte fehlte, weil man die wirklichen Motive,

(*Verhandlungen der Kammer der Reichsräthe des Königreiches Bayern vom Jahre 1866* [*Zweiundzwanzigster Landtag*], Bd. 1, München 1866, S. 30; 32; vgl. S. 41 ff.; S. 83. Vgl. *a. a. O.*, Bd. 2, S. 17 ff.).

[584] Th. Heckel, *Adolf v. Harleß* ... , S. 275.

[585] Stellungnahme Kliefoths zu der Äußerung des Königs von Sachsen vom 13. Januar 1871; vgl. auch Kliefoths Promemoria an den Großherzog von Mecklenburg vom 4. Februar 1872 über die reichskirchenrechtliche Lage. Beide abgedruckt in: Th. Heckel, *Adolf v. Harleß* ... , S. 493—497.

Parallel zu den lutherischen Anstrengungen um eine reichskirchenrechtliche Garantie ihres kirchlichen Bestandes bemühte sich der katholische Bischof Ketteler von Mainz um die Aufnahme der preußischen Verfassung in die Reichsverfassung, weil dort (Art. 15) die Selbständigkeit der Religionsgesellschaften garantiert wurde (vgl. *Stenographische Berichte des Reichstages vom 3. 4. 1871* ... , S. 106). Fast zur gleichen Zeit wie Harleß (am 1. Oktober 1870) wandte er sich mit seinem Anliegen an Bismarck, erhielt aber ebenfalls keine Antwort (Fritz Vigener, *Ketteler. Ein deutsches Bischofsleben des 19. Jahrhunderts*, München 1924, S. 613 ff.; vgl. dazu auch Heinrich v. Poschinger, *Fürst Bismarck und die Parlamentarier*, 2. Aufl., Bd. 3, Breslau 1896, S. 255 f.). Es wäre äußerst interessant, der Frage nachzugehen, ob diese merkwürdige Übereinstimmung etwa aufgrund einer vorherigen Absprache zustande kam.

die zur Entstehung der Bittschrift geführt hatten, natürlich verschwieg. »Man wollte in der Tat mehr, als man sagte, und konnte doch nicht alles sagen, was man wollte«, beschreibt Heckel vollkommen zutreffend diesen Sachverhalt.[586]

Immerhin besaßen die Lutheraner genug politische Einsicht, um aus der gegebenen Lage die richtigen Schlüsse zu ziehen: Der Traum von einer preußisch-lutherischen Landeskirche mit eigenem Kirchenregiment oder gar einer deutsch-lutherischen Reichskirche war für sie vorerst in weite Ferne gerückt. So fällt auf, daß bis zur Berufung Emil Herrmanns zum Präsidenten des preußischen EOK im Jahre 1872 — also so lange wie die lutherische Partei hoffen durfte, daß noch keine endgültige Entscheidung über die Zukunft der größten deutschen Landeskirche gefallen war — maßgebende Lutheraner einen kirchenpolitischen Kurswechsel vortäuschten oder auch tatsächlich vornahmen, indem sie offen mit »rechten« Unionskirchenpolitikern sympathisierten und einer kirchlichen Föderation mit Glaubensgemeinschaften unierten und reformierten Bekenntnisses zustimmten. Man orientierte sich dabei vorwiegend an den Brücknerschen[587] und Fabrischen[588] Vorschlägen.

Als Fabri nach der Veröffentlichung seiner Schrift *Staat und Kirche* (1872)[589] in einem anonymen Pamphlet äußerst heftig angegriffen wurde,[590] übernahm sogar Harleß in der *ZPK* seine Verteidigung und bekannte öffentlich, Fabris kirchenpolitische Grundgedanken fänden in vieler Hinsicht seine Zustimmung.[591]

---

[586] Th. Heckel, *Adolf v. Harleß* ... , S. 277.

[587] Siehe oben S. 171 f.

[588] Siehe oben S. 68 ff.

[589] Vgl. Friedrich Fabri, *Staat und Kirche. Betrachtungen zur Lage Deutschlands in der Gegenwart*, Gotha 1872.

[590] *Moderne Kirchenbaupläne mit besonderer Beziehung auf Dr. Fabri's Schrift: »Staat und Kirche«*, Gotha 1872. Fabri verfaßte daraufhin eine Entgegnung (*Kirchenpolitisches Credo. In einem Worte der Abwehr an den Verfasser der Schrift: »Moderne Kirchenbaupläne«*, Gotha 1872), in der er, ohne auf die persönlichen Anwürfe seines Gegners einzugehen, die Grundgedanken seiner kirchenpolitischen Vorschläge noch einmal darlegt (siehe unten S. 512 ff.).

[591] Adolf v. Harleß, *Auch ein »kirchen-politisches« Credo*, in: *ZPK*, NF 63 (1873), S. 242 ff. Sein eigenes Credo, so führte Harleß weiter aus, sei in erster Linie gegen den »Mischmasch von Politik und Kirche« gerichtet, den vom Nationalgeist korrumpierte Theologen [gemeint ist der Kreis um den Hofprediger Hoffmann] mit Unterstützung des »staatlichen Neu-Rom« (sc. Preußen) zur Zerstörung der Bekenntnisfreiheit und Aufrichtung einer Nationalkirche betreiben. Man könne nicht unter Berufung auf das »allgemeine Priestertum aller Gläubigen« auf demokratischem Wege das wahrhaft christliche Gemein-

Mit dieser Annäherung der lutherischen Partei an den rechten Flügel der Positiv-Unierten verringerten sich für den Zeitraum 1870/72 die kirchenpolitischen Alternativen entscheidend: Neben der Beibehaltung des status quo, wie er seit 1866 bestand, blieb der preußischen Staatsregierung nur noch die Wahl zwischen dem im Grunde unmöglichen Weg einer gewaltsamen Ausdehnung der Evangelischen Landeskirche der älteren preußischen Provinzen auf Neupreußen oder der Verwirklichung der Fabrischen Konföderationsidee. Welchen Weg würde Bismarck einschlagen?

Zusammenfassung

Das Nachzeichnen der öffentlichen Diskussion um die sogenannte kirchliche Frage zwischen 1866 und 1870/71 — diese beinhaltet die Problemkreise Konfession, Kirchenverfassung und Kirchenpolitik, speziell das Verhältnis von Kirche und Staat — ließ dreierlei deutlich werden:
1. Der preußisch-österreichische Krieg (1866) — ein Krieg gegen die öffentliche Meinung, weil er das konservative Legitimitätsprinzip zugunsten revolutionärer Machtpolitik verletzte[592] — löste die dritte Phase der Auseinandersetzung um eine kirchenverfassungsrechtliche Neuordnung der preußischen Landeskirche aus.[593] Zugleich mit der politischen Polari-

---

debekenntnis eruieren, denn »wir wollen nicht wissen, was Hinz und Kunz glaubt oder nicht glaubt, sondern was nach Christi und seiner Apostel Wort Inhalt jenes Glaubens sei, durch welchen der Mensch vor Gott gerecht, und durch dessen Bekenntnis er selig wird«. (*A. a. O.*, S. 260.) Es gelte vielmehr an den konfessionellen Provinzeigentümlichkeiten festzuhalten, »denn eine Kirche ohne Bekenntnis ist gar keine Kirche . . . « (*A. a. O.*, S. 264; vgl. dazu den ähnlichen Ausspruch Fabris in *Staat und Kirche* . . . , S. 51 f.) Harleß' abschließende Warnung vor zuviel Reformplänen war aber auch an Fabris Adresse gerichtet: »Ich bitte euch, laßt eure aberwitzigen Reformgedanken! H a l t e, was du hast — das ist der Ruf, der mehr denn je auch an unsere Zeit ergeht« (*Auch ein »kirchen-politisches« Credo*, in: ZPK, NF 63 [1873], S. 262).

[592] Vgl. Hans-Joachim Schoeps, *Der Weg ins deutsche Kaiserreich*, Berlin 1970, S. 147 ff.; J. C. Bluntschli, *Denkwürdigkeiten aus meinem Leben* . . . , Bd. 3, S. 166; Oskar Regele, *Feldzeugmeister Benedek*, Wien 1960, S. 479 f. Die Karikatur »Ein neuer Gulliver« von dem berühmten französischen Maler und Zeichner Honoré Daumier (1808—1879) spiegelt nicht nur die Empörung in dem (feindlichen) Nachbarstaat Frankreich über die rücksichtslose Machtpolitik Preußens wider, sondern stimmt auch mit dem Urteil weiter Bevölkerungskreise in Deutschland selbst überein. (Die Karikatur ist u. a. abgebildet in: *1871 — Fragen an die deutsche Geschichte. Historische Ausstellungen im Reichstagsgebäude in Berlin und in der Paulskirche in Frankfurt am Main aus Anlaß der hundertsten Wiederkehr des Jahres der Reichsgründung 1871, Katalog*, Nr. 170.)

[593] Gegen Hermann v. d. Goltz, *Kirche und Staat. Eine akademische Vorlesung*, Berlin 1907, S. 104 ff., der unter einseitiger Berücksichtigung allein der evangelischen Kirchenver-

sierung Deutschlands in Nord und Süd verschärften sich die Gegensätze im deutschen Protestantismus.[594] Denn angesichts der herrschenden staatskirchlichen Verhältnisse und der gegenseitigen ideologischen Abhängigkeit von Kirche und Staat — so komplettierte der preußische König als Förderer des christlichen Lebens sein politisches Mandat mit einem religiösen, moralisch sittlichen (Summepiskopalrechte), und die Politik der Zentrumspartei wie der Rechtskonservativen gründete in einer dezidiert konfessionell-christlichen Weltanschauung[595] — war es selbstverständlich, daß jede Veränderung im staatlichen Bereich ihre Auswirkungen auf die evangelische Kirche zeitigen mußte.

Die konservativ-orthodoxen Kräfte der neulutherischen Bewegung innerhalb und außerhalb Preußens solidarisierten sich mit den süddeutschen Anhängern der legitimistischen, großdeutschen Lösung, weil sie Bismarcks Eroberungspolitik für nicht vereinbar mit den Grundsätzen eines »christlichen Staates« hielten.[596] Die vermittlungstheologisch orientierten Vertreter der Positiven Union (Oberkirchenratspartei) unterstützten nach Kräften den preußischen Nationalpatriotismus, in der Hoffnung, daß nach den politischen Annexionen nun auch die unierte preußische

---

fassungsentwicklung in Europa die dritte Periode der kirchenpolitischen Auseinandersetzung schon mit dem Jahr 1860 beginnen läßt.

[594] Siehe oben S. 43 ff.

[595] Vgl. *Die Kirchenpolitik der Hohenzollern* von einem Deutschen, Frankfurt am Main 1906, bes. S. 229 ff.; Heinrich Bornkamm, *Die Staatsidee im Kulturkampf*, Darmstadt 1969, S. 20 ff.

[596] Als der opportunistische Hengstenberg mit pharisäerhafter Moralität den Feldzug zu einem »vor Gott gerechten Krieg« erklärte, brach Gerlach endgültig die Beziehungen zu dem langjährigen Kampfgenossen ab (*EKZ* 80 [1867], Sp. 20 ff.). Hodenberg bezeichnete die Männer um die *EKZ* gar als »Straßenräubertheologen«, weil sie die »preußische Verlogenheit« theologisch verbrämten (Karl-Georg Faber, *Realpolitik als Ideologie. Die Bedeutung des Jahres 1866 für das politische Denken in Deutschland*, in: *Historische Zeitschrift* (im folgenden *HZ* zitiert), Bd. 203 [1966], S. 1—45. Aber auch auf liberaler Seite wurden schwere Bedenken gegen die preußische Politik laut. Am 17. August 1866 schrieb Richard Rothe an Frau Gebler: »Zuerst hat mich der innere Krieg zwischen Deutschen und Deutschen tief angegriffen in der Seele. Dann habe ich die in allen Beziehungen wahrhaft bewunderungswürdigen Waffenthaten Preußens mit aufrichtiger Freude begleitet und mich der ganz unerwarteten und unerwartet schnellen Erfolge derselben herzlich gefreut. Freilich, daraus brauche ich Dir ja keinen Hehl zu machen, nicht ohne Schmerz über diejenige Politik, welche die Gelegenheiten zu ihnen gemacht hatte und die ich, weil ich sie moralisch nicht billigen kann, nicht zu loben, geschweige denn zu bewundern vermag« (zitiert nach Friedrich Nippold, *Richard Rothe. Ein christliches Lebensbild auf Grund der Briefe Rothe's entworfen*, Bd. 2, Wittenberg 1874, S. 625).

Staatskirche eine Erweiterung ihres Machtbereiches erfahren würde.[597]
Der Protestantenverein schließlich, die kirchliche Organisation des liberalen Protestantismus, glaubte sich seinem Ziel, einer bekenntnisunabhän-
gigen deutschen Nationalkirche auf der Basis des »Gemeindeprinzips«,
entscheidend nähergerückt, weil der Krieg das National- und Einheitsbe-
wußtsein der Deutschen, wie es in den Befreiungskriegen erwacht war,
aufs neue kräftig mobilisiert hatte.[598]

2. Die Abhängigkeit der Kirchenpolitik vom politischen Zeitgeschehen
zeigte sich aber auch unmittelbar in den kirchenverfassungsrechtlichen
Änderungsvorschlägen aller drei Gruppen:
Das Luthertum Großpreußens — hier muß man allerdings unterschei-
den zwischen den kompromißlosen antiunionistischen (und antipreußischen!) Lutheranern der neuen Provinzen, den ebenfalls intransigenten
Altlutheranern aus den sechs alten Provinzen und der auf beiden Seiten
hinkenden, von den zuerst genannten Richtungen im Grunde verachteten
Hengstenbergischen Partei — plädierte für eine hierarchisch geordnete
Bischofskirche mit von der Geistlichkeit beherrschten »Synoden«. Die
Evangelische Landeskirche der älteren preußischen Provinzen sollte in
ihre ursprünglichen konfessionellen Bestandteile aufgelöst und statt dessen konfessionsgebundene Provinzialkirchen mit kirchenverfassungs-
rechtlich weitreichenden Kompetenzen gegründet werden. Die lutherischen Provinzialkirchen Altpreußens wollte man mit den bestehenden lutherischen Landeskirchen Neupreußens zu einer »evangelisch-lutherischen Kirche Preußens« vereinigen, um diese nach erfolgter Reichsgründung schließlich zur reichsrechtlich geschützten »evangelisch-lutherischen Kirche Deutschlands« zu erweitern.
Mit diesem partikularistischen Modell unterstützte man bewußt — besonders in Hannover — die Verfechter des welfischen Legitimitätsprin-

---

[597] Vgl. z. B. den Artikel *Kirchliche Einigung durch den Krieg*, in: *NEKZ*, 1866, Sp. 532 f.
Hier heißt es u. a.: »... unsere Hoffnung war, daß bei der engen Verknüpfung des Kirchlichen und Politischen, wie sie auf dem Gebiet der deutsch-evangelischen Kirche zur Zeit
noch besteht, die politische Einigung des in sich zerrissenen deutschen Vaterlandes nicht
ohne Einfluß auf die engere Gestaltung der Beziehung zwischen den einzelnen Landeskirchen bleiben werde.«
[598] Vgl. dazu Karl Lechler, *Der deutsch-evangelische Kirchenbund*, Gütersloh 1890, S. 30;
Friedrich Michael Schiele, *Die kirchliche Einigung des Evangelischen Deutschland im 19.
Jahrhundert*, Tübingen 1908, S. 45 f.

zips, das hieß aber: die Staatsfeinde Preußens.[599] Die staatstreuen religiösen Kräfte setzten sich denn auch sofort zur Wehr, indem sie nach 1866 das konfessionelle Luthertum und den ultramontanen Katholizismus als die beiden Hauptträger der Opposition gegen den politischen und kirchlichen Vormachtsanspruch Preußens aus dem nationalen Deutschland herauszudrängen oder aber zu absorbieren suchten.

Kirchlicherseits wurden diese Bestrebungen begünstigt von der stärksten Kirchenpartei in Preußen, den sogenannten Positiv-Unierten. Seit Bestehen des evangelischen Oberkirchenrats bestimmte sie dessen Kirchenpolitik und ihr publizistisches Organ, Meßners *Neue Evangelische Kirchenzeitung*, gehörte zu den meistgelesenen Kirchenblättern in Preußen.

Die Anhänger dieser positiven, offenbarungsgläubigen Richtung favorisierten — analog zur Gestaltung des damaligen Staatsaufbaus[600] — eine gemischt presbyterial-konsistoriale Kirchenordnung und wünschten eine straff zentralisierte, großpreußisch-unierte Nationalkirche unter Leitung des EOK. Nach der allgemein erwarteten politischen Einigung Deutschlands unter Preußens Führung[601] plante man — quasi als kirchliches Äquivalent — auf der Basis dieser konfessionellen und kirchenverfassungsrechtlichen Vorstellungen die Gründung einer deutschnationalen evangelischen Reichskirche, die auch' den nationalen Katholizismus mit einschließen sollte.[602]

Bemühte das konfessionelle Luthertum zur Verteidigung seiner kirchenpolitischen Position überwiegend dogmatisch-theologische Argumente aus dem Zeitalter der protestantischen Orthodoxie,[603] so gewannen für die vermittlungstheologische Kirchenpolitik vor allem zeitgeschichtliche Ereignisse Offenbarungsqualität.[604] So erkannte das Auge des Glau-

---

[599] Vgl. Werner Leffler, *Ursachen und Anfänge der Deutschhannoverschen (welfischen) Bewegung 1866 bis 1879*, Phil. Diss., Rostock 1932, S. 87 ff. Wilhelm Spael, *Ludwig Windthorst. Bismarcks kleiner großer Gegner. Ein Lebensbild*, Osnabrück 1962, S. 44.

[600] Siehe oben S. 13.

[601] Vgl. die Karikatur »Reichsprognostikon«, in: *Kladderadatsch. Humoristisch-satyrisches Wochenblatt*, Nr. 41 vom 9. September 1866, 19. Jg., Berlin 1866, S. 164.

[602] Siehe oben S. 128.

[603] Siehe oben S. 206 ff.

[604] Vgl. dazu das Glückwunschschreiben des EOK an Wilhelm anläßlich dessen Krönung zum deutschen Kaiser (G. Besier, *Preußische Kirchenpolitik 1866—1872 . . .*, S. 688 f.) und Günter Brakelmann, *Das »Heilige evangelische Reich deutscher Nation«*, in: *Evangelische Kommentare* 4 (1971), S. 11—15. (Eine ausführlichere Fassung des Brakelmannschen Aufsatzes unter dem Titel: *Der Krieg 1870/71 und die Reichsgründung im Urteil des Protestantismus* jetzt in Wolfgang Huber/Johannes Schwerdtfeger (Hrsg.), *Kirche zwischen*

bens in der wechselvollen Geschichte Preußens ein zielgerichtetes Handeln Gottes mit dem Herrscherhaus der Hohenzollern. Durch die Träger der preußischen Krone läßt Gott sein Werk an Deutschland ausrichten. Die immer schneller wachsende protestantische Großmacht Preußen arbeitete schon seit Jahrhunderten unter dem Mandat einer besonderen Berufung. Diese »Mission Preußens« — das Wort kommt häufig vor[605] — heißt die politische und kirchliche Einigung Deutschlands auf dem geistigen und kulturellen Fundament des deutsch-lutherischen Protestantismus. Preußen hat seinen Beruf in der nationalen Geschichte erst erfüllt, wenn ein protestantisches Kaiserreich, das »heilige evangelische Reich deutscher Nation«, wie Stoecker es später formulierte,[606] auf den Trümmern des untergegangenen Deutschen Reiches aufgerichtet ist. Daß der Herr der Geschichte mit seinem Werkzeug Preußen diese besondere Absicht verfolgt, beweist das Debakel des katholischen Österreich und seines Habsburgischen Kaiserhauses. Königgrätz ist die gewaltige Apotheose der Wahrheit göttlicher Schöpfungsordnung, die ihr Zentrum in den preußischen Strukturprinzipien obrigkeitlichen Gottesgnadentums und gehorsamen Untertanentums hat. Preußen ist Mandatar Gottes.

Während also Unionsfreunde wie Lutheraner alles daran setzten, die Gunst der Stunde für sich zu nutzen, wußte die dritte kirchenpolitische Kraft, der politisch nationalliberal gesinnte Protestantenverein, daß seine Zeit noch nicht gekommen war. Dem kirchenpolitischen Programm des Protestantenvereins — Verwirklichung einer rein presbyterial-synodalen Kirchenverfassung auf der Basis des sogenannten Gemeindeprinzips, Einberufung einer Nationalsynode, Anerkennung und Gleichberechtigung der verschiedenen religiös-kirchlichen Richtungen, Aussöhnung des Christentums mit der modernen Kultur und die (wohl nicht ganz ernst ge-

Krieg und Frieden. Studien zur Geschichte des deutschen Protestantismus, Stuttgart 1976, S. 293—320.)

[605] Siehe oben S. 121.

[606] In einem Brief an seinen Freund Professor Brockhaus vom 27. 1. 1871 (zitiert nach Walter Frank, *Hofprediger Adolf Stoecker und die christlich-soziale Bewegung*, Berlin 1928, S. 32 f.). Schon die Ereignisse des Jahres 1866 begrüßte Stoecker jubelnd, weil er auf eine nationale Erneuerung der evangelischen Kirche hoffte: »Eine evangelische Nationalkirche auf Grund der Augsburger Konfession — meinetwegen der variata — das wäre mein Ideal« (Brief an Brockhaus vom 23. 3. 1867, *a. a. O.*, S. 32). Dem Begriff des »evangelischen Reiches deutscher Nation« korrespondiert der ebenfalls häufig gebrauchte eines »evangelischen Kaisertums«; vgl. dazu Gustav Adolf Rein, *Die Revolution in der Politik Bismarcks*, Göttingen 1957, S. 261 ff.; Dominik Gröbl, *Preußens protestantische Kaiseridee und Österreichs katholisch-politische Zukunft*, 2., verm. Aufl., Eichstätt 1872, bes. S. 76; 124.

meinte)[607] Forderung einer strikten Trennung von Kirche und Staat[608] — fehlte in dieser kompromißlosen Fassung jede Aussicht auf das Plazet, geschweige denn auf eine Förderung durch die konservative preußische Staatsregierung; denn angesichts der strukturellen Ähnlichkeit und Verflechtung von staatlicher und kirchlicher Verwaltung mußte man sehr wohl mit einem Übergreifen dieser umstürzlerischen Ideen auf den politischen Sektor rechnen.[609] Darum zog es der kirchliche Freisinn — ohne ernsthafte Chance, einen Machtwechsel in der Evangelischen Landeskirche der älteren preußischen Provinzen zu bewirken — zunächst vor, lediglich liberales Gedankengut weiten Kreisen der christlichen Bevölkerung nahezubringen, um dann, nach dem endlichen Sieg des politischen Liberalismus, auch in der Kirche die Herrschaft anzutreten.

Neben den genannten, freilich etwas schematisch skizzierten drei Grundpositionen gab es natürlich auch von diesen abweichende, rechts- oder linksextreme, aber ebensogut auch stärker vermittelnde Kirchenverfassungsvorschläge einzelner Persönlichkeiten.

Unter diesen ragt deutlich Fabris Projekt einer provinzialkirchlichen Konföderation heraus, mit dem er die nach 1866 überaus verwickelte kirchenpolitische Situation in Großpreußen aufklären wollte. Fabri, der zum rechten Flügel der Positiven Union gezählt wurde, verfolgte den Plan,[610] das offizielle Band zwischen den Kirchenprovinzen der vereinigten Landeskirche zu lockern, den Oberkirchenrat in ein staatskirchliches Obertri-

---

[607] Siehe oben S. 181.

[608] Auch Lutheraner und Unionsfreunde verlangten zwar immer wieder eine größere Selbständigkeit der Kirche vom Staat, eine Lockerung der staatskirchlichen Bande, aber keine ausgesprochene Trennung.

[609] Hinsichtlich der Analogie von staatlicher und kirchlicher Verwaltung vgl. Wilhelm Zimmermann, *Die Entstehung der provinziellen Selbstverwaltung in Preußen 1848—1875*, Berlin 1932; Fritz Hartung, *Verantwortliche Regierung, Kabinette und Nebenregierungen im konstitutionellen Preußen 1848—1918*, 2 Tle., in: *Forschungen zur Brandenburgischen und Preußischen Geschichte*, Bd. 44 (1932), S. 1—45 u. 302—373, und für den kirchlichen Bereich Johannes Niedner, *Grundzüge der Verwaltungsorganisation der altpreußischen Landeskirche*, in: *Verwaltungsarchiv*, Bd. 11 (1903), S. 1—127; E. Nitze, *Verfassungs- und Verwaltungs-Gesetze der evangelischen Landeskirche in Preußen mit besonderer Berücksichtigung der 7 östlichen Provinzen*, 2., wesentlich verm. u. verb. Aufl., Berlin 1895; Hans Streich, *Der rechtliche Charakter der Synoden in der evangelischen Landeskirche Preußens, insbesondere im Vergleich zu dem von Landtag und Stadtverordnetenversammlung*, Jur. Diss., Breslau 1910. *Die Entwicklung der evangelischen Landeskirche der älteren Preußischen Provinzen seit der Errichtung des Evangelischen Oberkirchenrats*, Berlin 1900.

[610] Siehe oben S. 73 ff.

bunal zur Wahrung der Staatsinteressen umzugestalten und den Schwerpunkt der kirchlichen Verfassung in die einzelnen Provinzen zu verlegen. Die kirchlichen Provinzialbehörden sollten aus Synoden hervorgehen und von staatlichen Institutionen weitgehend unabhängig sein.

Obwohl dieser Vorschlag die allgemein gewünschte Unabhängigkeit der Kirche vom Staat relativ gut absicherte und eine Milderung der konfessionellen Spannungen versprach, erhoben sich aus dem Lager der Unionsfreunde zahlreiche Gegenstimmen,[611] weil man eine bedenkliche kirchliche Zersplitterung und die Gefährdung der Preußischen Union fürchtete.

Keines der genannten Kirchenverfassungsmodelle ließ sich ohne das Einverständnis und die Unterstützung der preußischen Staatsregierung verwirklichen. Unter diesem Gesichtspunkt schieden von vornherein die beiden extremen Positionen, die des Hochluthertums ebensowohl wie die des Protestantenvereins, aus dem Kreis der realisierbaren Möglichkeiten aus.[612] Neben der Beibehaltung des status quo, wie er nach 1866 zunächst praktiziert wurde, blieben folglich nur noch die Konzeption des EOK — also eine Ausdehnung der Evangelischen Landeskirche der älteren preußischen Provinzen auf Neupreußen — oder Fabris Kirchenverfassungsvorschlag übrig.

3. Es fällt auf, daß die kirchenpolitischen Reformvorschläge und die Diskussion über sie innerhalb der Kirche sich auf die Jahre 1867/69 konzentrierten, während danach das Interesse zusehends abflaute. Bei diesen Vorschlägen handelte es sich aber keineswegs um flüchtige Entwürfe der ersten Stunde, sondern um programmatische, fortgeltende Konzepte der jeweiligen Partei, von denen man annehmen durfte, daß sie wohlerwogen waren. Die nach 1866 formulierten kirchenpolitischen Fragestellungen behielten sogar bis weit in die achtziger Jahre hinein bleibende Gültigkeit.[613]

---

[611] Siehe oben S. 77; 79.

[612] Siehe oben S. 245 f.

[613] Vgl. Albert v. Bamberg, *Ist für die deutschen evangelischen Kirchengemeinschaften Föderation oder Union anzustreben? Ein Versuch*, Gotha 1887. Die Frage bezog sich auf die mögliche Gestaltung des schließlich von Beyschlag, Nippold und Lipsius 1886/87 begründeten »Evangelischen Bundes« und wurde von Bamberg ganz im Sinne Fabris beantwortet: »Die Lösung wird nicht davon ausgehen können, was diesem oder jenem als K i r c h e n - i d e a l vorschweben mag, sondern von dem, was unter den gegebenen Verhältnissen erreichbar erscheint. Schon der soeben genommene Rückblick lehrt, daß n i c h t U n i o n , s o n d e r n F ö d e r a t i o n im Bereich des Möglichen liegt« (*a. a. O.*, S. 3, Hervorhebungen im Original). In diesem Zusammenhang betont Bamberg auch die große Bedeutung des Jahres 1866, »welches Deutschland auf politischem [!] Gebiet dem von vielen gehegten Ideal

Ausgelöst wurde die »kirchliche Frage« und der sich daran anschließende kirchenpolitische Kampf zweifellos durch das Ergebnis des preußisch-österreichischen Krieges. Der durch die Befreiungskriege erwachte
Wunsch nach einer staatlichen Einigung Deutschlands, der Gründung eines Zweiten Deutschen Reiches, hatte im Bewußtsein der Bevölkerung
mit Königgrätz Gestalt angenommen; die Vollendung des Einigungswerkes schien jedermann greifbar nahegerückt und gab in allen Bereichen des
Volkslebens — nicht zuletzt auch im kirchlichen — dem deutschen Natio-
nalgedanken mächtigen Auftrieb.[614] Für den berühmten Historiker Heinrich Leo wie für den durchschnittlichen, politisch interessierten Bürger jener Zeit stand mit Königgrätz fest, daß Deutschland in Preußen aufgehen
müsse.[615] Max Duncker erklärte gar ungewöhnlich hellsichtig, für eine
Vereinigung der deutschen Staaten mit Preußen sei nichts förderlicher als
ein Krieg gegen Frankreich, und Constantin Rößler unterstützte die preußische Annexionspolitik von 1866 mit dem Argument: »Das vergrößerte
Preußen wird auf Süddeutschland eine unwiderstehliche Attraktion ausüben, weit stärker als je zuvor.«[616]

Nach den Ereignissen von 1866 galt es nur mehr als eine Frage der Zeit,
wann die deutsche Einigung abgeschlossen sein würde — die Vergrößerung Preußens betrachtete man bereits als den Anfang der Deutschen
Reichsgründung.[617]

Auch die sowohl föderalistische wie unitaristische Prinzipien vereini-
gende Verfassung des Norddeutschen Bundes verdeutlichte — indem sie
bereits auf den möglichen Beitritt der süddeutschen Staaten hin angelegt
war — nur zu gut, daß man den Zusammenschluß der norddeutschen Staaten lediglich als die erste Stufe einer völligen Einigung Deutschlands an-

---

eines Einheitsstaates durch die Vergrößerung Preußens um ein gutes Stück näher brachte«
(*a. a. O.*, S. 2), während er die Ereignisse von 1870/71 völlig unerwähnt läßt.

[614] Karl Heinrich Höfele charakterisierte die Überraschung und den nationalen Stimmungsumschwung zugunsten Preußen-Deutschlands in einer repräsentativen Zusammenstellung von Stimmen bedeutender Zeitgenossen (*Königgrätz und die Deutschen von 1866*,
in: *Geschichte in Wissenschaft und Unterricht*, 1966, S. 393—416).

[615] *Volksblatt für Stadt und Land*, 1866, Sp. 1365; Karl Zeitz, *Kriegserinnerungen eines
Feldzugsfreiwilligen aus den Jahren 1870 und 1871*, Altenburg 1895, S. 6 ff. Ebenso dachte z.
B. auch Richard Rothe (F. Nippold, *Richard Rothe . . .*, Bd. 2, S. 626): »Mit Eurem Schwarz-
Weiß wird eben von nun an g a n z Deutschland, wenn auch im Süden nur sehr langsam, co-
lorirt werden, und eben dadurch, daß es diese preußische Art in sich aufnimmt, wird es poli-
tisch groß werden und ohne Frage weit tüchtiger.«

[616] Max Duncker, *Politischer Briefwechsel aus seinem Nachlaß*, hrsg. von Johannes
Schultze, Stuttgart 1923, S. 423.

[617] Vgl. K.-G. Faber, *Realpolitik als Ideologie . . .*, in: *HZ* 203 (1966), S. 3.

sah.[618] Überdies schloß der Norddeutsche Bund 1867 Schutz- und Trutz-bündnisse mit den süddeutschen Staaten ab; eine weitere Klammer bildete das neugeschaffene Zollparlament des deutschen Zollvereins, in das Abgeordnete aus allen deutschen Staaten gewählt wurden.

Die Kaiserproklamation im Spiegelsaal zu Versailles am 18. Januar 1871 bildete lediglich den Schlußpunkt in dieser Entwicklung; sie konnte niemanden mehr überraschen und war nichts anderes als der Vollzug lang gehegter Hoffnungen, die während der Vorbereitungsphase zwischen 1866 und 1871 schon längst Gestalt angenommen hatten.

Die angespannte Diskussion um die Neuordnung der preußischen Landeskirche während der Jahre 1866/69 spiegelt in einem Teilbereich — selbstverständlich mit eigenartig modifizierter Fragestellung — den Einheitsdrang, welcher das ganze deutsche Volk erfaßt hatte, wider. Wie auf dem politischen Sektor gilt auch hier, daß nicht die Reichsgründung 1871 der auslösende Faktor für die kirchenpolitische Auseinandersetzung war, sondern der preußisch-österreichische Krieg, dessen Ausgang mit Recht erfahren wurde als revolutionärer Anbruch einer gänzlich neuen Epoche.[619] Die Reichsgründung verstärkte allenfalls die Motive bestimmter Gruppen, gab der Bewegung eine andere, eine gesamtdeutsche Dimension. Wirklich neue kirchenpolitische Konzeptionen aber entstanden nicht mehr; diese lagen vielmehr seit 1867/69 fertig vor und lediglich darüber, welchem Modell man staatlicherseits folgen sollte, setzte ein heftiges Ringen ein.

[618] Vgl. Karl Binding (Hrsg.), *Deutsche Staatsgrundgesetze in diplomatisch genauem Abdrucke. Zu amtlichem und zu akademischem Gebrauche.* Heft 1: *Die Verfassungen des Norddeutschen Bundes vom 17. April 1867 und des Deutschen Reichs vom 16. April 1871,* Leipzig 1892 (3. Aufl. 1906). Über die Entstehung der Bundesverfassung und den bruchlosen Übergang zur Reichsverfassung, insbesondere im Hinblick auf die Stellung des Bundes- bzw. Reichskanzlers, vgl. Rudolf Morsey, *Die oberste Reichsverwaltung unter Bismarck 1867—1890,* Münster 1957. Hans-Joachim Schoeps, *Preußen. Geschichte eines Staates,* 8. Aufl., Berlin 1968, S. 259 f., urteilt über das Verhältnis von Bundes- und Reichsverfassung: »Bei der Verfassung von 1866 ging es um das gleiche Grundanliegen, auf dem die Deutsche Reichsverfassung von 1871 gegründet worden ist: Die nach allen Seiten ausgebaute und abgesicherte Hegemonialstellung des Staates Preußen und seiner Krone innerhalb des größeren Bundesverbandes ... « An der Rechtslage der evangelischen Kirche in Deutschland wurde verfassungsrechtlich übrigens nichts geändert; sie wurde vielmehr wie früher in den Grundgesetzen des Deutschen Bundes, so jetzt in der Verfassung des Norddeutschen Bundes und in der Reichsverfassung mit Stillschweigen übergangen; vgl. dazu auch Theodor Braun, *Die Frage der engeren Vereinigung der deutschen evangelischen Landeskirchen,* Berlin 1902, S. 23 f.

[619] Gegen Ernst Bammel, *Die Reichsgründung und der deutsche Protestantismus,* Erlangen 1973, bes. S. 37—46, der den entscheidenden kirchenpolitischen Anstoß erst in der Reichsgründung sieht. Vgl. auch Friedrich Wilhelm Kantzenbach, *Der Weg der evangelischen Kirche vom 19. zum 20. Jahrhundert,* Gütersloh 1968, S. 49 ff.

DRITTER TEIL

Die Fortbildung der preußischen Synodalverfassung von 1866 bis zur Berufung Emil Herrmanns in den EOK (1872)

Die Einberufung außerordentlicher Provinzialsynoden in den östlichen Provinzen (1869)

Der Entwurf zur Provinzialsynodalordnung von 1866/67

Während der ganzen Zeit, in der die Diskussion um eine grundlegende kirchenverfassungsrechtliche Neuordnung der preußischen Landeskirche in vollem Gange war, bemühte sich der Oberkirchenrat weiterhin um die Fortbildung der 1858 in der liberalen Ära Wilhelms I. begonnenen, ziemlich konservativen Synodalverfassung.[1] Diese war mit den zwischen 1861 und 1864 eingeführten Kreissynoden, in denen die Geistlichen und königlichen Beamten (Superintendenten) die Zweidrittelmehrheit besaßen, zu einem vorläufigen Abschluß gelangt.[2] Es schien in der Tat geboten, mit der Einführung von Provinzialsynoden erst einmal so lange zu warten, bis im Bewußtsein der evangelischen Gläubigen Preußens wirkliches Verständnis und Einsicht für die oktroyierten synodalen Organe auf der Gemeinde- und Kreisebene zugenommen haben würde.

Aber schon im Jahre 1865 überreichte der Evangelische Oberkirchenrat — unter strikter Einhaltung der Allerhöchsten Kabinettsorder vom 29. Juni 1850, nach der ein Provinzialsynodalverfassungsentwurf den Kreissynoden erst dann zur verfassungsmäßigen Beratung zugestellt werden durfte, wenn der EOK ihn zuvor gemeinsam mit dem Ministerium für

---

[1] Siehe oben S. 38 ff.

[2] Wirklichen Einfluß auf die Geschicke ihres Kirchenkreises hatten die Kreissynoden nicht; die Entscheidungen fielen durch das Königliche Konsistorium und die den Kreissynoden vorsitzenden Superintendenten. Wenn eine Kreissynode von ihren bescheidenen Rechten, z. B. dem der Anfrage an das Konsistorium, wirklichen Gebrauch machte, mußte sie mit einer gründlichen Zurechtweisung rechnen; vgl. den Generalbescheid des Brandenburgischen Konsistoriums: *Verordnungen in Betreff der Einrichtung von Gemeindekirchenräthen und Kreissynoden der Provinz Brandenburg. Amtlicher Abdruck*, Berlin 1866, S. 118.

geistliche Angelegenheiten dem König zur vorläufigen Genehmigung vorgelegt hatte[3] — Kultusminister v. Mühler[4] ein Proponendum zur Provinzialsynodalordnung, das sich eng an die rheinisch-westfälische Kirchenordnung von 1835 anschloß und mithin ein überraschend liberales Gepräge trug.

v. Mühler wies den Entwurf wegen dessen kirchlich-demokratischer Ausrichtung jedoch entschieden zurück und legte einen Gegenentwurf vor, nach dem die Provinzialsynode nur als Anhängsel des Provinzialkonsistoriums — im Sinne einer begutachtenden Versammlung — gedacht war. So fehlte darin jeder Hinweis auf eine künftige Landessynode, der Generalsuperintendent sollte der geborene Präses der Synode sein, und auch ein zwischen den Sitzungsperioden fortbestehender Synodalvorstand, wie ihn der EOK vorgeschlagen hatte, wurde abgelehnt.

Daraufhin wandte sich der Evangelische Oberkirchenrat mit der Bitte an den König, eine Konferenz sämtlicher Konsistorialpräsidenten, Generalsuperintendenten und Justitiare der Konsistorien über die Angelegenheit verhandeln zu lassen, um einen Kompromißvorschlag zu erarbeiten. Der König stimmte zu.[5]

Da man die vorausgegangenen Meinungsverschiedenheiten zwischen Kultusministerium und EOK der kirchlichen Öffentlichkeit selbstverständlich verborgen gehalten hatte, ja diese nicht einmal von dem Plan der Einführung einer Provinzialsynodalverfassung etwas wußte, traf die Nachricht von Verhandlungen »wegen des weiteren Ausbaus der Kirchenverfassung durch Berufung von Provinzialsynoden in den östlichen Provinzen«[6] — wie es in offiziellen Verlautbarungen nur hieß — weite evangelische Kreise »wie ein Blitz aus heiterm Himmel«.[7]

Unter dem Vorsitz des EOK-Präsidenten Mathis[8] wurde die Versammlung, an der neben den Konsistorialpräsidenten, den Generalsuperintendenten und den Mitgliedern des Oberkirchenrates auch zwei Vertrauensleute v. Mühlers (Graf Schlieffen und Oberhofprediger Kögel) teilnahmen, am 2. Mai eröffnet.

---

[3] Vgl. *Aktenstücke aus der Verwaltung des Evangelischen Ober-Kirchenraths*, Bd. 1 (1. Heft 1851), Berlin 1854, S. 1.

[4] Siehe oben S. 40 ff.

[5] Zur Auseinandersetzung zwischen Kultusministerium und EOK wegen der Entwürfe zur Provinzialsynodalverfassung aus dem Jahre 1865 vgl. Archiv der EKU, Berlin, Gen. III, 13 Bd. I, pag. 39—168.

[6] *NEKZ*, 1866, Sp. 283.

[7] So der Herausgeber der *Protestantischen Kirchenzeitung* Krause, *PKZ* 13 (1866), Sp. 386.

[8] Siehe oben S. 41 ff.

Auf der Tagesordnung stand die Beratung eines vom EOK vorgelegten, jedoch mit dem Kultusministerentwurf bereits kompilierten »Proponendum für die außerordentlichen Provinzial-Synoden«, das nur in wenigen, besonders kritischen Punkten zwei Alternativfassungen anbot. Außerdem wollte man sich mit der durch die synodale Fortbildung eventuell nötig werdenden Revision der Kreissynodalordnung beschäftigen und schließlich die Frage erörtern, wie die Kosten für die projektierten Provinzialsynoden (man schätzte sie auf 20 000 bis 22 000 Taler) aufzubringen seien.[9]

Der Referent des Evangelischen Oberkirchenrates, Oberkonsistorialrat Hermes,[10] leitete die Verhandlungen ein, indem er auf die Notwendigkeit der synodalen Fortentwicklung hinwies, um den Bestimmungen des Artikels 15 der Preußischen Verfassungsurkunde aus dem Jahre 1850 gerecht zu werden. Dann nahm er eine vorläufige Abgrenzung des Tätigkeitsfeldes der zukünftigen Provinzialsynoden vor. Der Aufgabenbereich einer Kirchenbehörde, so führte er aus, zerfalle in gesetzgebende, verwaltende und richterliche Funktionen. Im Interesse der Kontinuität und unabhängigen kirchlichen Rechtsprechung empfehle es sich, die beiden letztgenannten Komplexe auch weiterhin dem Evangelischen Oberkirchenrat allein zu überlassen und den Provinzialsynoden lediglich hinsichtlich der kirchlichen Gesetzgebung bestimmte Einflußmöglichkeiten zu gewähren. Über diese könne man jedoch zum jetzigen Zeitpunkt noch nicht reden, da zuvor das Verhältnis zwischen Provinzialsynoden und Landessynode (= Generalsynode) — bislang habe sich hier noch keine Einmütigkeit mit dem Kultusministerium erzielen lassen — geklärt werden müsse.

Obwohl Hermes in seiner Einführung die den Provinzialsynoden zugedachte Rolle als so begrenzt dargestellt hatte, daß niemand eine wirkliche Veränderung der Herrschaftsverhältnisse in der Evangelischen Landeskirche der älteren preußischen Provinzen zu befürchten brauchte, erhob der Konsistorialpräsident von Schlesien, v. Roeder, schwerste Bedenken gegen eine Fortbildung der Synodalverfassung überhaupt, denn diese gefährde den in zwölfjähriger Arbeit mühsam hergestellten konfessionellen Frieden und führe schließlich zum Zerfall der Preußischen Landeskirche.

Dieser Auffassung wiedersprach der sächsische Konsistorialpräsident v. Nöldechen[11] mit Nachdruck, indem er darauf hinwies, daß in der Kir-

---

[9] Vgl. hierzu wie im folgenden: Protokolle über die in den Tagen vom 2. bis einschließlich 5. Mai 1866 abgehaltenen Conferenzen über die Einrichtung von Provinzial-Synoden in den sechs östlichen Provinzen (Archiv der EKU, Berlin, Gen. III, 13 Bd. I, pag. 170—265).

[10] Siehe oben S. 122.

[11] Siehe oben S. 140 ff.; 147 ff.

chenprovinz Sachsen ganz analoge konfessionelle Probleme bestünden und er sich von der Provinzialsynode einen Ausgleich der Gegensätze verspreche. Ihm pflichtete Generalsuperintendent Erdmann (Schlesien)[12] zwar grundsätzlich bei, gab aber zu bedenken, daß man — zumindest in Schlesien — die Einrichtung einer Provinzialsynode nicht übereilen dürfe, zumal noch nicht einmal die Kreissynoden funktionsfähig seien.

Generalsuperintendent Moll (1806—1878) aus Preußen suchte alle Bedenken gegen die bisherigen Synodaleinrichtungen zu zerstreuen, indem er darauf hinwies, daß sich die in seiner Kirchenprovinz am längsten (seit 1861) bestehenden Gemeindekirchen- und Kreissynoden bei allen Mängeln »doch als segensreich und wachsthumsfähig bewährt«[13] hätten. Der Vorsitzende des Konsistoriums der Provinz Preußen, Oberpräsident v. Eichmann, fügte ergänzend hinzu, »daß man im Consistorium von der Bedürfnißfrage als von einer bereits gegebenen Sache ausgegangen sei und auch die Opportunität als eine nicht mehr fragwürdige betrachtet habe.«[14]

Präsident v. Roeder nahm noch einmal das Wort und erinnerte an die schweren Kämpfe, die seinerzeit durch die Einführung der Agende in der Provinz Schlesien hervorgerufen worden waren.[15] Um ähnliche Auseinandersetzungen zu vermeiden, halte er es im Einverständnis mit den erfahrenen Superintendenten seiner Kirchenprovinz darum für angebracht, eine Provinzialsynodalordnung »erst in einigen Jahren« einzuführen.

Generalsuperintendent Cranz aus Posen erklärte für seine Kirchenprovinz, es bestehe ein entschiedenes Bedürfnis nach der Einrichtung einer Provinzialsynode; es dürfe jedoch wegen der katholischen polnischen Einwohner nicht der Eindruck entstehen, als handele es sich um politische Versammlungen. Auch Konsistorialpräsident Hegel[16] meinte der Einrichtung einer Provinzialsynode in der Provinz Brandenburg zustimmen zu können, sofern »constitutionelle Formen« ferngehalten und — wie bisher (!) — das Bekenntnis durch die Union nicht beeinträchtigt würde.

Generalsuperintendent Erdmann meldete sich erneut zu Wort, um Roeders Aussagen in bezug auf die Kirchenprovinz Schlesien zu korrigieren. Auf seinen Dienstreisen habe er eine große Anzahl Geistlicher kennengelernt, die »die Kreissynode freudig begrüßt hätten und die Provinzialsynode wünschten«. Man könne natürlich nicht ausschließen, daß erneut kon-

---

[12] Siehe oben S. 137.

[13] *Protokolle . . .*, in: Archiv der EKU, Berlin, Gen. III, 13 Bd. 1, pag. 182.

[14] *A. a. O.*, pag. 183.

[15] Siehe oben S. 23 ff.

[16] Siehe oben ZWEITER TEIL, S. 135, Anm. 255.

fessionelle Streitigkeiten entstünden, »es werde aber auch wieder die Beruhigung gelingen«.[17]

Generalsuperintendent Lehnerdt (1803—1866) stimmte in der Beurteilung der kirchenpolitischen Verhältnisse Sachsens Präsident Nöldechen vorbehaltlos zu, sprach sich aber dafür aus, daß die Einführung der Provinzialsynoden in allen sechs östlichen Provinzen gleichzeitig erfolgen müsse.

Selbst der lutherische Konfessionalist, Generalsuperintendent Büchsel (1803—1889), votierte für die Provinzialsynoden, denn ohne sie verlören die Kreissynoden und Gemeindekirchenräte ihre Bedeutung. Überdies hoffe er, daß, ebenso wie die Union die Konfession gestärkt habe, die Provinzialsynoden sich auf das preußische Luthertum segensreich auswirkten.

Für die Provinz Pommern ergriff abschließend Konsistorialpräsident Heindorf das Wort und versicherte, die Pfarrer seiner Kirchenprovinz erwarteten wohl eine Fortbildung der Synodalordnung, lehnten aber jede allzu große Beschleunigung dieser Entwicklung ab.

Nachdem man so die grundsätzliche Haltung der preußischen Kirchenführer zu den Provinzialsynoden abgeklärt hatte — bis auf Konsistorialpräsident v. Roeder (Schlesien) schienen alle dem Projekt prinzipiell zugeneigt — schritt man zur Spezialdiskussion über einzelne Sachfragen des vom EOK formulierten, 12 §§ umfassenden Entwurfes zur Provinzialsynodalordnung.[18]

Bereits die Verbesserungsvorschläge für den Einleitungsparagraphen (Bestimmung der Provinzialsynoden) ließen die konfessionellen Differenzen zwischen den Verhandlungsteilnehmern deutlich werden. Man rang mit unglaublicher Zähigkeit um jedes Wort, wobei die Lutheraner sichtlich die stärkste Position innehatten. Anstatt der Formulierung »Aufrechterhaltung des historischen Bekenntnißstandes«, die als zu negativ gegenüber dem lutherischen und reformierten Bekenntnis empfunden wurde, akzeptierte man schließlich das Amendement Hegel/Fournier »unter Wahrung des Bekenntnißstandes«.

Die Frage nach der Zusammensetzung der Provinzialsynoden bereitete die ersten ernsthaften Schwierigkeiten. Es herrschte zwar — entgegen den Vorstellungen des Kultusministers — unter den Versammelten grund-

---

[17] *Protokolle...*, in: Archiv der EKU, Berlin, Gen. III, 13 Bd. I, pag. 185.

[18] Der Entwurf ist u. a. abgedruckt in: *Zeitschrift für Kirchenrecht* 7 (1867), S. 468—472; *NEKZ*, 1867, Sp. 408 ff.; *PKZ* 14 (1867), Sp. 656 ff. Eine Abschrift des Entwurfes, in dem die Amendements der einzelnen kirchlichen Persönlichkeiten gekennzeichnet sind, befindet sich bei G. Besier, *Preußische Kirchenpolitik 1866—1872...*, S. 690 ff.

sätzliches Einverständnis darüber, die Synodalverfassung für die sechs östlichen Provinzen möglichst genau nach dem Muster der rheinisch-westfälischen Kirchenordnung von 1835 zu bilden, aber erhebliche strukturelle Unterschiede standen einer einfachen Übertragung im Wege.

Wenn man das Prinzip der Vertretung jeder einzelnen Kreissynode übernahm und den (dem ursprünglichen Kultusministerentwurf entnommenen) Vorschlag einer Turnusregelung ablehnte, mußte man eine Verminderung der Kreissynoden erwägen, um eine für die Provinzialsynode arbeitsfähige Größenordnung zu erreichen. So umfaßte in der Rheinprovinz eine Kreissynode durchschnittlich dreiundzwanzig Parochien, während zum Beispiel von den zweiundzwanzig Kreissynoden Posens fünfzehn nur fünf bis sieben Parochien vertraten.

Gegen eine Teilung der Kirchenprovinz sprach die Rücksicht auf die Konsistorialverwaltung. Gleichwohl entschied sich die Mehrheit für die Bildung mehrerer Kirchenprovinzen in größeren preußischen Provinzen (zum Beispiel Brandenburg und Sachsen), sofern ein Bedürfnis hierfür bestehen sollte (§ 3), und für die unmittelbare Vertretung aller in ihrem Bestand unveränderten Kreissynoden (§ 2 Abs. 2). Damit hatte die Konferenz im Sinne der ursprünglichen EOK-Fassung votiert.

Erhoben sich keine Bedenken gegen die Teilnahme eines Mitgliedes der evangelisch-theologischen Fakultät der Provinzialuniversität (§ 2 Abs. 3), so lehnte die Mehrheit vom Landesherrn ernannte Mitglieder (ursprünglicher Kultusministerentwurf) für die Provinzialsynoden (nicht aber für spätere Generalsynoden!) ab. Dagegen fand das Amendement Fournier, seitens der Provinzialsynode (höchstens sechs) Ehrenmitglieder zu berufen, breite Zustimmung (§ 2 Abs. 4).

Die Diskussion über § 4 (Wählbarkeit und Wahlmodus) verlief bemerkenswert kurz, weil das Amendement Wiesmann (Münster/Westfalen)/Heindorf (»Wählbar sind die vollberechtigten Mitglieder der Gemeindekirchenräte des Synodalbezirks und die Ehrenmitglieder der Kreissynode«) sofort dankbar angenommen wurde.

Auf Mathis' Vorschlag hin zog man die Beratungen über § 6 (Aufgaben der Provinzialsynode) vor, um erst danach Gestalt und Kompetenzen des Synodalpräsidiums (§§ 5 und 7) zu erörtern.

Im Einleitungspassus sollte die Bekenntnisgrundlage der Provinzialsynoden festgelegt werden, was unter den Versammelten zu konfessionellen Streitigkeiten führte. Während der Generalsuperintendent von Pommern, Jaspis (1809—1885), auf eine Hervorhebung und Garantie der konfessionellen Besonderheiten in den einzelnen Provinzen drängte, entschied sich die Mehrheit (mit Nöldechen und Hegel als Sprecher) für die »möglichst einfache Fassung« der EOK-Vorlage, wonach die Synode »auf dem Grund des lauteren Wortes Gottes, wie es in der heiligen Schrift enthalten und in den in unserer evangelischen Landeskirche zu Recht bestehenden reformatorischen Bekenntnissen bezeugt ist«, stehen sollte. Überdies wies Oberpräsident Eichmann ausdrücklich darauf hin, daß »man alles vermeiden müsse, was die Union und den Frieden gefährden könne«.[19]

Trotz schwerer rechtlicher Bedenken von Hermes nahm die Versammlung das Amendement Erdmann (§ 6 Abs. 1) an, wonach (im Sinne v. Mühlers!)[20] die Provinzialsynode befugt sein sollte, nicht allein »die Reinheit der Lehre« im Religionsunterricht, sondern in der Schule überhaupt zu überwachen.

§ 6 Abs. 5 regelte die Einsicht der Provinzialsynode in vom Konsistorium verwaltete kirchliche Stiftungen. Konsistorialpräsident Hegel wünschte eine Ausweitung dieser Kompetenz auch auf die vom Kultusministerium und den Provinzialregierungen verwalteten kirchlichen Fonds, doch scheiterte sein Vorschlag an dem entschiedenen Widerspruch von v. Mühlers Emissär, Regierungsrat v. Schlieffen.

Generalsuperintendent Wiesmann (1811—1884) aus Westfalen überreichte ein Amendement, wonach zu § 6 folgender Absatz hinzugefügt werden sollte:

»Sie [sc. die Provinzialsynode] verteilt den Ertrag einer jährlich zum Besten der dürftigen Gemeinden in der Provinz abzuhaltenden Kirchen- und Haus-Collecte bei ihrem jedesmaligen Zusammentritt« (§ 6 Abs. 7).[21] Obwohl der Referent des EOK, Hermes, diesen Zusatz als Eingriff in die Befugnisse der — dem Kirchenregiment vorbehaltenen — Verwaltung ansah, wiesen die Versammelten auf eine analoge Bestimmung in der Kirchenordnung Rheinland-Westfalens (§ 135)[22] hin und stimmten mehrheitlich dem Ergänzungsvorschlag zu.

Da die Zeit drängte, beschränkte man sich am letzten Verhandlungstage auf die wichtigsten Hauptfragen. Dazu gehörte vor allem die noch unklare Stellung des Synodalpräses und -vorstandes (§§ 5 und 7), insbesondere die Entscheidung darüber, ob das Moderamen über die Sitzungsperiode hinaus bestehen bleiben sollte oder nicht.

Graf Schlieffen warnte im Namen seines Ministers eindringlich vor der Einrichtung eines ständigen Synodalvorstandes, denn die Bestimmung,

---

19 *Protokolle . . .,* in: Archiv der EKU, Berlin, Gen. III, 13 Bd. I, pag. 194.
20 Vgl. W. Reichle, *Zwischen Staat und Kirche . . .,* S. 192.
21 Siehe G. Besier, *Preußische Kirchenpolitik 1866—1872 . . .,* S. 691.
22 Vgl. E. Friedberg, *Die geltenden Verfassungs-Gesetze . . .,* S. 47.

nach der die Synode nur bei der Anwesenheit von zwei Drittel ihrer Mitglieder beschlußfähig sein sollte (§ 8), biete keinen Schutz vor einer möglichen Agitation des Moderamens zwischen den Sitzungsperioden gegen den Generalsuperintendenten und das Konsistorium. Auch würde durch die ständige Synodalrepräsentation eine Zwiespältigkeit in die kirchliche Verwaltung hineingetragen, die das Kirchenregiment entscheidend schwäche. Hoffmann[23] und Nitzsch[24] machten demgegenüber geltend, daß man damit die Synode zu einer bloß beratenden Kommission des Konsistoriums herabdrücken und von allen Seiten Proteste gegen derartige Einschränkungen heraufbeschwören würde. Nur Konsistorialpräsident v. Roeder pflichtete vorbehaltlos Schlieffen bei, indem er ausführte, ein Moderamen weiche vom geltenden bischöflich-landesherrlichen Prinzip ab und »leite ... zu einer parlamentarischen kirchlichen Regierung über«.[25]

Der Vorschlag Eichmanns und Hegels, dem Generalsuperintendenten zugleich das Amt des Synodalpräses zu übertragen, stellte eine Vermittlung zwischen beiden Positionen dar, denn er übernahm zumindest teilweise die ursprüngliche kultusministerielle Fassung[26] und konnte sich überdies auf die Praxis der Generalsynode von 1846 stützen.[27]

Aber Oberkirchenrat Dorner[28] wandte — unterstützt von Mathis — ein, der Generalsuperintendent sei königlicher Verwaltungsbeamter und könne in dieser Funktion nicht zugleich dem Amt des Synodalpräses gerecht werden. Die Verhältnisse in der Rheinisch-Westfälischen Kirche widerlegten im übrigen die Befürchtungen eines kirchlichen Doppelregimentes; es bestehe hier wie dort kaum die Möglichkeit, durch Synodalbeschluß die Exekutive aus der Hand des Konsistoriums in die des Moderamens zu legen.

Offenbar hatte Dorner die Versammelten von der Ungefährlichkeit eines ständigen Moderamens überzeugt, denn mit großer Majorität sprach man sich sowohl für dieses, als auch für die Wahl des Präses sowie dessen Befugnisse, die Provinzialsynode einzuberufen, aus (§ 7). Die Frage, ob der Präsident befugt sein sollte, an den Kreissynodalversammlungen der Provinz mit beratender Stimme teilzunehmen, beantworteten die Anwesenden dagegen mit einem klaren Nein.

---

[23] Siehe oben S. 122 ff.
[24] Siehe oben S. 122.
[25] *Protokolle...*, in: Archiv der EKU, Berlin, Gen. III, 13 Bd. I, pag 217.
[26] Siehe oben S. 256.
[27] Vgl. J. Heintze, *Die Grundlagen der heutigen preußischen Kirchenverfassung...*, S. 47 ff.
[28] Siehe oben S. 128 ff.

Durch die Bestimmung, daß Synodalbeschlüsse der Zweidrittelmehrheit bedurften (§ 8), erhielt die Diskussion darüber, ob der Präses in dringenden Fällen — mit Genehmigung des Konsistoriums — befugt sei, eine schriftliche Abstimmung der nicht versammelten Synode zu veranlassen (so die ursprüngliche EOK-Fassung), erheblich an Gewicht. Obwohl Roeder, Hegel und Büchsel sich wortreich gegen ein solches Verfahren aussprachen, erklärte sich die Mehrheit für diese Möglichkeit (vgl. § 5).

Trotz Hegels Einspruch gegen das vorgeschlagene Wahlverfahren für das Moderamen (Wahl am Schluß der Synode für sechs Jahre und Bestätigung durch den EOK; vgl. § 6 Abs. 6), stimmte die Majorität auch hier der den Synodalorganen günstigeren Vorlage zu. Der Alternativentwurf sah eine Wahl des Synodalvorstandes auf nur drei Jahre vor, was dessen Position entscheidend geschwächt hätte.

Auf eine prinzipielle Beteiligung der Synode bei dem kirchlichen Prüfungswesen und bei Disziplinarstrafsachen (in der ursprünglichen EOK-Fassung beabsichtigt) verzichtete man, weil man Zweifel hinsichtlich der Ausführbarkeit hegte, behielt sich aber eine Mitwirkung im Sinne von § 6 Abs. 1 vor.

Am Schluß der Verhandlungen stand die für die Durchführung der Provinzialsynoden ausschlaggebende Frage: auf welchem Wege würden die Synodalkosten zu beschaffen sein? In der Vorlage (§ 12) hieß es zwar, die Provinzialsynodalkasse bezöge ihre Mittel aus den Kreissynodalkassen,[29] aber ein Bericht Graf Schlieffens machte deutlich, daß letztere entweder noch nicht eingerichtet oder aber einfach leer waren.

Kultusminister v. Mühler ließ durch Schlieffen auch mitteilen, er hege ebenso rechtliche Bedenken gegen einen Zuschlag zu den Stolgebühren wie gegen die Verwendung der Hebammengelder zu Synodalzwecken; einem königlichen Erlaß oder einer sonstigen kirchenregimentlichen Anordnung fehle ebenfalls die rechtliche Grundlage.

Die Ursache dieser Misere lag in den lückenhaften landrechtlichen Bestimmungen, nach denen das Kirchenvermögen allein für die Erhaltung des Gottesdienstes bestimmt war und die Gemeinden ausschließlich für ihren Geistlichen aufzukommen hatten, nicht aber für die Bestreitung von Synodalkosten herangezogen werden konnten. Nirgends ist im Allgemeinen Landrecht für das evangelische Kirchenwesen ein höherer kirchlicher Verband als die Lokalgemeinde anerkannt. Auch die durch Artikel 15 der Preußischen Verfassung angesprochene theoretische Anerkennung der evangelischen Kirche als selbständige Rechtspersönlichkeit führte zu kei-

---

[19] In Analogie zur Entnahme der Kosten der Provinziallandtage aus den Kreislandtagen.

nerlei praktischen, in Rechtsverordnungen niedergelegten Konsequenzen für den pekuniären Bereich.[30]

An eine außerordentliche finanzielle Unterstützung durch den preußischen Staat war ebenfalls nicht zu denken, denn schon drei Jahre zuvor hatte das königliche Staatsministerium mit Entschiedenheit jede Verpflichtung des Staates zur Aufbringung von Synodalkosten abgelehnt.[31] Zudem hätte ein staatlicher Zuschuß der Zustimmung durch den Landtag bedurft, wobei — so Schlieffen ungewöhnlich weitsichtig[32] — »nicht zu bezweifeln wäre, daß, wenn der Landtag darüber verhandele, derselbe dabei die kirchliche Verfassungsfrage aufnähme und im Sinne seiner jetzigen (sc. liberalen) Majorität zu erledigen bestrebt sein werde«.[33]

Die zuversichtlichen Berichte aus ihren Provinzen, mit denen die Versammelten zu Beginn der Verhandlungen den Eindruck erweckt hatten, als besäße der synodale Gedanke in den Gemeinden bereits eine solide Grundlage, entpuppte sich angesichts der Kostenfrage als schlichte Übertreibung. Konsistorialpräsident Nöldechen versuchte nun, in realistischer Einschätzung der Sachlage einen Rückzug einzuleiten: »Man solle nicht vorgehen mit der Einrichtung von Synoden, ehe die Kosten gedeckt seien. Daß man auf die Liebe zur Sache nicht zu sicher trauen dürfe (!), habe man an den Kreissynoden gesehen.«[34]

Generalsuperintendent Jaspis gab sich weiterhin optimistisch, da es ja zunächst nur gelte, die Kosten für die erste Provinzialsynode zu bestreiten, wofür sich eine Kollekte anböte. Ihm widersprach sogleich Generalsuperintendent Moll, indem er ähnlich wie Nöldechen argumentierte: »Man sei in der Provinz Preußen allgemein der Ansicht, daß eine so bedeutende organische Einrichtung wie die Provinzialsynode nicht auf zufällige Einnahmen basirt werden könne. Wolle man auf die Mildthätigkeit verweisen, so möge man lieber die Einführung der Synode noch auf einige Jahre vertagen. Von den Geistlichen sei dringend gebeten worden, sie mit Kollekten für diesen Zweck zu verschonen.«[35]

[30] Vgl. Johannes Niedner, *Die Ausgaben des preußischen Staats für die evangelische Landeskirche der älteren Provinzen. Ein Beitrag zur Geschichte der evangelischen Kirchenverfassung in Preußen*, Stuttgart 1904, S. 101 ff.; 199 ff.
[31] ZSTA, Hist. Abt. II, Merseburg, Geheimes Zivilkabinett, 2. 2. 1. Nr. 22771, pag. 137+R.
[32] Siehe unten S. 270 ff.
[33] *Protokolle . . .*, in: Archiv der EKU, Berlin, Gen. III, 13 Bd. I, pag. 261.
[34] *A. a. O.*, pag. 262.
[35] *A. a. O.*, pag. 264.

Präsident Hegel verwies noch einmal auf die Möglichkeit, die Stolgebühren zu erhöhen; Graf Schlieffen warnte jedoch scharf vor den unabsehbaren Folgen (»Beschwerden beim Abgeordnetenhaus«), wobei ihm Nöldechen eifrig beistimmte.

So trennte man sich unverrichteter Dinge, aber in der guten Hoffnung, trotz aller Bedenken »eine Allerhöchste Ermächtigung für verschiedene Wege zur Beschaffung der Kosten zu extrahiren«.[36]

Die Konferenz — das spiegeln die Verhandlungsprotokolle deutlich wider — hatte den zur Diskussion stehenden Kompromißentwurf von Kultusministerium und Evangelischem Oberkirchenrat eindeutig im Sinne der EOK-Fassung aus dem Jahre 1865 modifiziert.

Es wäre freilich falsch, aus diesem Ergebnis eine allgemeine Liberalisierung des kirchlichen Beamtenapparates ableiten zu wollen. Gemeinsam mit dem EOK verfolgten die unionstreuen Provinzialkirchenregierungen vielmehr die Absicht, den konstitutionellen preußischen Verfassungsprinzipien — gewissermaßen als Zugeständnis an den Zeitgeist — zwar formal zu genügen, indem sie den Aufbau relativ freiheitlicher synodaler Organe unterstützten, diesen jedoch wesentliche kirchliche Befugnisse nicht einräumen wollten. Der dieser Haltung scheinbar zugrunde liegende Widerspruch löst sich auf, wenn man die Strategie des Evangelischen Oberkirchenrates — auf der Konferenz im Mai 1866 beispielhaft durchgeführt — näher untersucht: Erst nachdem der Referent des EOK, Hermes, den der Provinzialsynode zugedachten Handlungsspielraum sorgfältig abgegrenzt und so die kirchenregimentliche Machtsphäre ausreichend gesichert hatte, nahmen die EOK-Vertreter im Rahmen dieser Begrenzung einen recht liberalen Standpunkt ein. Daß auf dem schmalen Terrain synodaler Freiheiten tatsächlich ernsthafter Widerstand gegen das traditionelle Machtgefüge in Kirche und Staat nicht zu wachsen vermochte, beweist die kirchliche Entwicklung bis 1918.

Die dem konfessionellen Luthertum zugeneigten Konsistorialpräsidenten, allen voran v. Roeder, befürchteten, eine Synodalverfassung schwäche die lutherische Bekenntniskirche innerhalb der Evangelischen Landeskirche der älteren preußischen Provinzen zugunsten der indifferenten Union. Da offener Widerstand gegen das synodale Projekt jedoch zweifelsfrei zu ihrer Entlassung geführt hätte, unterstützten sie eifrig alle auf der Konferenz laut werdenden Bedenken seitens des Kultusministeriums (Graf Schlieffen) und votierten für den restriktiven Mühlerschen Entwurf,

---

[36] *A. a. O.*, pag. 263.

der den Geistlichen und Kirchenpatronen die ungeteilte Herrschaft in der Kirche sicherte und Artikel 15 der Preußischen Verfassung von 1850 nicht einmal nach außen hin Genüge tat.

Noch eines belegen diese Verhandlungsprotokolle deutlich: Seit der Reformation bestand eine hierarchisch geordnete Obrigkeitskirche, geführt von einer aus Theologen und Juristen gebildeten Beamtenoligarchie. Seit Jahrhunderten hatte diese Pastorenkirche eine entmündigte Gemeinde zu kirchlichem (und politischem!) Gehorsam erzogen. Nach anfänglichem Widerstreben[37] gehorchte man schließlich auch der kirchenamtlichen Verordnung, synodale Einrichtungen zu bilden. Aber die Bereitschaft zu Statistendiensten auf der gerade eben — ohne innere Beteiligung der Gemeinden — errichteten synodalen Bühne, schloß die in der Rheinisch-Westfälischen Kirche selbstverständliche Opferbereitschaft für synodale Organe natürlich aus. Es entbehrt nicht einer gewissen Komik, daß man das Fehlen der volkskirchlichen Basis erst gewahr wurde, als man sie zur Kasse bitten wollte.

Am Abend des letzten Verhandlungstages empfing der preußische König die Konferenzteilnehmer und ließ sich über den Fortgang der Verhandlungen berichten. Das Gespräch konzentrierte sich aber bald auf den drohenden Krieg mit Österreich, auf den man sich in Preußen gerade vorbereitete.[38]

Der Ausbruch der Feindseligkeiten und die nachfolgende politische Neuordnung Preußens und Norddeutschlands verzögerten den Ausbau der Synodalverfassung um ein weiteres Jahr. Erst im Juni 1867 — als sich bereits abzeichnete, daß die neupreußischen Provinzialkirchen vorläufig nicht der Evangelischen Landeskirche der älteren preußischen Provinzen eingegliedert werden würden[39] — legte der Evangelische Oberkirchenrat den Entwurf einer Provinzialsynodalordnung über die Konsistorien den Kreissynoden zur Besprechung vor. Es handelte sich dabei um das aus den Verhandlungsergebnissen im Mai 1866 hervorgegangene, nur noch unwesentlich abgeänderte Proponendum. Dieses bildete denn auch bis weit in die Mitte des Jahres 1869 die einzige Diskussionsgrundlage für die kirchliche Öffentlichkeit, obwohl sich für das Kultusministerium und den EOK schon 1866 die Dinge wieder etwas anders darstellten.

---

[37] Siehe oben S. 43 f.
[38] Vgl. *NEKZ*, 1866, Sp. 289 ff.
[39] Siehe unten S. 425 ff.

Die Diskussion über das Proponendum bis 1869

Noch bevor erste Stellungnahmen aus den Provinzialkirchen vorlagen, gaben die drei großen preußischen Kirchenblätter ihr Urteil über den Entwurf ab: Während sich die *Neue Evangelische Kirchenzeitung,* wie immer dem EOK gegenüber äußerst loyal, darauf beschränkte, die dem Proponendum beigegebenen »Motive«[40] wohlwollend zu besprechen und schließlich wünschte, der Entwurf »möge unter Gottes Segen ... bald Wirklichkeit und Leben gewinnen«,[41] übte die *Protestantische Kirchenzeitung* harte Kritik an der Provinzialsynodalordnung.[42]

Dem EOK wurde hier vorgeworfen, »die im Entwurfe vorgesehene Art der Einführung« widerspräche der Staatsverfassung, der Entwurf selbst diene nur dazu, »das noch immer im Widerspruch mit diesem Recht von außerkirchlicher Stelle geübte Regiment über die Kirche zu ergänzen und zu erweitern« und erkläre darüber hinaus sogar ausdrücklich den Verzicht der Kirche auf ihr Recht, kirchliche Angelegenheiten selbständig, das heißt ohne staatliche Mitwirkung, zu ordnen und zu verwalten.

Nach dieser mehr grundsätzlichen Kritik beleuchtete der Autor des — im übrigen anonymen — Artikels den Inhalt der Ordnung näher und brachte gleichzeitig Verbesserungsvorschläge vor, wobei kein Paragraph des Verfassungsentwurfes unverändert blieb.

An die Artikel schlossen sich einige ergänzende Bemerkungen Krauses zu der überaus problematischen Dotationsfrage (§ 12) an, die bereits als Entwurf für die Strategie des liberalen Protestantismus im Kampf gegen die Provinzialsynodalordnung anzusehen sind. »... das Kirchenregiment«, so führte der einflußreiche Herausgeber der *Protestantischen Kirchenzeitung* aus, »hat guten Grund die Augen gegen diesen Weg [sc. Zuschuß durch die Staatskasse] zu verschließen; denn der Staat giebt keinen Groschen heraus anders als an die selbständige Kirche, diese aber kann das Kirchenregiment nicht produzieren. Und der Staat giebt das Recht Kirchensteuern gesetzlich aufzulegen nur der selbständigen Kirche, nicht aber einer interimistischen Staatskirchenbehörde.«[43] Offenbar dachte Krause schon zu diesem Zeitpunkt daran, den kirchlichen Verfassungsentwurf mittels der Finanzierungsfrage vor den Preußischen Landtag zu bringen, in der sicheren Gewißheit, daß dieser nicht allein die Zuschüsse ent-

---

[40] Archiv der EKU, Gen. III, 13 Bd. 1, pag. 269—270+R.
[41] *NEKZ,* 1867, Sp. 428.
[42] *PKZ* 14 (1867), Sp. 1073—1087.
[43] *A. a. O.,* Sp. 1087.

schieden verweigern, sondern auch die Verabschiedung der konservativen Synodalverfassung durch Intervention beim Staatsministerium, wenn nicht verhindern, so doch verzögern würde.

Auf eine Abänderung der Vorlage in ihrem Sinne durften die liberalen Protestanten jedoch kaum hoffen, denn die von ihnen faktisch vorgesehene Beschneidung der monarchischen Summepiskopatsrechte durch eine erhebliche Entmachtung der königlichen Kirchenbeamten mußte mit Sicherheit am Widerspruch des preußischen Regenten und seiner kirchenpolitischen Ratgeber scheitern.[44]

Glaubte der Protestantenverein, der Verfassungsentwurf gebe mühsam erkämpfte Unionsprinzipien preis, so sorgten sich die konfessionellen Lutheraner sogleich um die Wahrung ihres Bekenntnisses. Darauf weisen verschiedene Beiträge in der *Evangelischen Kirchenzeitung,* dem Organ des preußischen Luthertums, hin. So ».. . kann . . . nicht ausdrücklich genug darauf hingewiesen werden«, erklärt der Verfasser eines anonymen Artikels, »daß diese Bestimmung im § 6 zur Sicherung des Bekenntnisses auf der Provinzial-Synode keineswegs genügt, sondern ihr noch eine andere zur Seite treten muß, wenn nicht auch auf dieser Verfassungsstufe mit der andern Hand genommen werden soll, was mit der einen gegeben wird. Das ist die itio in partes bei Beschlußfassung über confessionelle Fragen.«[45] Neben einer noch stärkeren Betonung der konfessionellen Unterschiedenheit und der Garantie, daran nichts ändern zu wollen (§§ 1 und 4), verlangten die preußischen Lutheraner also eine partielle *itio in partes.* Zu diesem Zweck brachten sie für § 8 folgenden Ergänzungsvorschlag ein: »Bei confessionellen Fragen tritt behufs der Abstimmung die itio in partes nach den beiden Confessionen ein, und die Vorfrage, ob die Angelegenheit eine confessionelle sei, wird ebenfalls von der durch dieselbe berührten Abteilung gesondert entschieden.«[46]

Es liegt außer allem Zweifel, daß man mit dieser Bestimmung gemeinsame unierte Provinzialsynoden, ja die Union überhaupt torpedieren wollte, denn einmal ist nur von »den beiden Confessionen« die Rede und zum anderen konnte man mit Hilfe dieses Zusatzes aus jeder überkonfessionellen kirchenpolitischen Frage eine konfessionelle machen. Da man sich aber darüber im klaren sein mußte, daß der EOK derartigen Vorschlägen nie zustimmen konnte, dienten diese letztlich nur der Verschleppung oder gar Verhinderung des weiteren synodalen Aufbaus in der preußischen Landeskirche.

---

[44] Siehe unten S. 425 ff.; 465 ff.
[45] *EKZ* 80 (1867), Sp. 960; vgl. *a. a. O.,* Sp. 949 ff.; *EKZ* 81 (1868), Sp. 56 ff.
[46] *A. a. O.,* Sp. 962.

Als der Evangelische Oberkirchenrat im Herbst 1867 alle Kreissynoden der östlichen Provinzen einberufen ließ, damit sie sich über die Verfassungsvorlage gutachtlich äußerten, hatte er schon für das Jahr 1868 die Konstituierung außerordentlicher Provinzialsynoden in Aussicht genommen. Nach seinem Zeitplan sollten die Kreissynodalprotokolle bis spätestens Ende 1867 den Provinzialkonsistorien zugeleitet sein, deren Aufgabe es dann war, die Gutachten nebst einer Zusammenstellung der wichtigsten Abänderungsvorschläge und Zusätze zu dem Entwurf an den Evangelischen Oberkirchenrat weiterzuleiten. Aber viele Konsistorialberichte liefen bis zu dem vorgesehenen Termin, Ostern 1868, deshalb nicht ein, weil die Konsistorien auf noch ausbleibende Kreissynodalprotokolle warteten.

In den Berichten, soweit sie schließlich dann doch vorlagen, hatte sich — wie zu erwarten — die Mehrzahl der Provinzialkirchen für den EOK-Entwurf ausgesprochen und ihn allenfalls in orthodoxem Sinne verschärft wissen wollen.[47] Das heißt freilich nicht, daß einzelne lutherisch bestimmte Kreissynoden nicht doch auch erhebliche Kritik an der Vorlage laut werden ließen und ihre Annahme mit allen Mitteln zu verhindern trachteten.[48]

Besonders in Pommern machten zahlreiche Kreissynoden von ihrem Recht, Abänderungsvorschläge einzubringen, gründlich Gebrauch. Bereits am 6. August 1867 versammelten sich in Pasewalk vierzehn Superintendenten und mehr als dreißig Geistliche, um die drei problematischen Hauptfragen — Bekenntnis, Status der Patrone und Dotation — gemeinsam zu beraten. Man kam überein, zu beantragen, daß in § 6 des EOK-Entwurfes — analog zur rheinisch-westfälischen Provinzialsynodalordnung —[49] alle geltenden Bekenntnisse für die evangelisch-lutherischen und evangelisch-reformierten Gemeinden Pommerns genau angegeben werden sollten. Über die zweite Frage, ob die Patrone als Glieder der Gemeinde eine besondere Vertretung erhalten müßten, konnte man sich

---

[47] Vgl. z. B. die Mitteilung des Konsistoriums der Provinz Sachsen an die Kreissynoden über das Ergebnis der Verhandlungen (Archiv der EKU, Berlin, Gen. III, 13 Bd. II, pag. 10—13).

[48] So vertrat die Kreissynode Weferlingen-Wolfsburg aus der Kirchenprovinz Sachsen in sieben unerhört radikalen Thesen kompromißlos den Standpunkt des lutherischen Konfessionalismus und drohte (in These 3) dem Kirchenregiment, die »Kr.-Syn. würde sich event. außer Stande sehen, auf solche Ordnung einzugehen« (*EKZ* 80 [1867], Sp. 1049—1051); vgl. auch den Kreissynodalbericht aus Samter, Kirchenprovinz Posen (*a. a. O.*, Sp. 963 f.; 979 ff.).

[49] Von dem Bekenntnisstande der evangelischen Landeskirche in Rheinland und Westphalen, § II (E. Friedberg, *Die geltenden Verfassungs-Gesetze . . .* , S. 21).

nicht einigen; auch bezüglich der Synodalkosten traf man keine Entscheidung, war aber darin einer Meinung, daß der Staat diese zu tragen hätte.[50]

Sein entschieden konfessionalistisches Gepräge erhielt das Gutachten des pommerschen Konsistoriums vor allem durch die Vorschläge der einflußreichen Kamminer Kreissynode unter ihrem Superintendenten Carl Meinhold,[51] dem unbestrittenen Führer der lutherischen Orthodoxie in Pommern.

Forderungen nach einer Liberalisierung des EOK-Entwurfes zur Provinzialsynodalordnung erhoben sich in den Kreissynoden dagegen so gut wie nie. Lediglich in der Hochburg des Protestantenvereins, im Stadtbezirk Greifswald, gelang es den liberalen Pastoren Hanne und Woltersdorf, gemeinsam mit dem Kreisgerichtsrat Wuthenow, Amendements im Sinne des Berliner Unionsvereins durchzusetzen. Aber selbst dieser schmale Erfolg verliert noch an Gewicht, wenn man sich vor Augen hält, daß die Kreissynode der Stadt Greifswald nur aus insgesamt fünfzehn Mitgliedern (sechs Predigern, sechs weltlichen Abgeordneten und drei Vertretern des städtischen und akademischen Patronats) bestand, von denen bei den in Rede stehenden Verhandlungen gar nur dreizehn anwesend waren. Überdies wurden sogar hier weitreichendere Abänderungsvorschläge — zum Beispiel die Streichung der konfessionellen Bestimmungen in den §§ 1 und 6 sowie eine Ausdehnung der Wählbarkeit — mit geringer Majorität abgelehnt.[52]

Spätestens Anfang des Jahres 1868 mußte der kirchliche Liberalismus einsehen, daß er überhaupt keine Chance hatte, über die Kreissynoden auf den EOK-Entwurf einzuwirken. Durch die bindenden Vorschlagslisten[53] auf der untersten synodalen Ebene gelangte vor allem in den ländlichen Bezirken kaum je ein Gesinnungsgenosse des Protestantenvereins in den Gemeindekirchenrat, und auch in vielen Städten war die Kirche, ungeachtet der gegenläufigen politischen Entwicklung, nach wie vor ein Hort des Konservativismus geblieben, der allen liberalen Bestrebungen feindselig gegenüberstand.

Um die Annahme des Entwurfes in seiner derzeitigen Fassung doch noch zu verhindern, bot sich für diese kirchenpolitische Partei ohne kirchliche Basis daher nur noch der Ausweg, im Widerspruch zu ihren eigenen

---

[50] Vgl. *NEKZ*, 1867, Sp. 535.
[51] Siehe oben S. 142 ff.
[52] Vgl. *PKZ* 14 (1867), Sp. 1049 ff. und Sp. 1131.
[53] Siehe oben S. 37.

Prinzipien das Abgeordnetenhaus zur Einmischung in die kirchliche Verfassungsfrage aufzurufen.

Der Evangelische Oberkirchenrat wußte natürlich um diese Gefahr[54] und trieb zur Eile. Wohl auf seinen Wink hin drängte die *Neue Evangelische Kirchenzeitung* seit März 1868 auf eine »energische Beschleunigung der Vorarbeiten«, riet den Konsistorien, nicht länger auf »diese Nachzügler« (sc. die Kreissynoden, die sich bis dahin zu dem Entwurf noch nicht geäußert hatten) zu warten und sprach sich dafür aus, trotz der eingetretenen Verzögerung noch im Laufe des Jahres 1868 die Wahlen zur Provinzialsynode zu vollziehen.[55]

Wollte der EOK das Abgeordnetenhaus vor vollendete Tatsachen stellen, dann mußte man sich wirklich beeilen, denn schon im Januar 1868, im Zusammenhang mit der Vorberatung des Etats für das Kultusministerium, kam die kirchliche Verfassungsfrage zur Sprache. Die Veranlassung dazu gab der Abgeordnete Richter, indem er den Antrag stellte: »Das Haus der Abgeordneten wolle beschließen: In Erwägung, daß die Ordnung und Verwaltung kirchlicher Angelegenheiten durch einen Staatsbeamten nach Artikel 15 der Verfassungs-Urkunde unzulässig ist, die Königliche Staats-Regierung aufzufordern, eine verfassungsmäßige Kirchen-Regierung für die evangelische Kirche der neuen und alten Provinzen unter entscheidender Mitwirkung freigewählter kirchlicher Vertreter herzustellen.«[56]

In der Begründung seines Antrages ging Richter auch auf die geplante Provinzialsynodalordnung ein und warf v. Mühler vor, er fahre mit der 1861 begonnenen Praxis fort, der evangelischen Kirche eine Verfassung aufzuoktroyieren, nur um »unter dem Scheine der Synodal-Verfassung jede Selbständigkeit [zu] ertödten«. Das mögliche Argument gegen seinen Antrag, der Staat greife in die inneren Angelegenheiten der Kirche ein, wenn er zu dem Verfassungsentwurf Stellung nehme, wehrte er mit den Worten ab: »Meine Herren! Wir haben es hier nur mit der Stellung des Staates zur Kirche zu thun; wenn aber eine Provinzial-Ordnung in's Leben gerufen werden soll, in welcher z. B. die sämtlichen Königlichen Superintendenten als die geborenen Vertreter der Provinz hingestellt werden, finden Sie darin ein Mittel, die Selbständigkeit der Kirche im Sinne des Artikels 15 der Verfassung herbeizuführen? Wenn nach dieser Verordnung die

---

[54] Siehe oben S. 264.

[55] *NEKZ*, 1868, Sp. 200 f.; vgl. *PKZ* 15 (1868), Sp. 368 f.

[56] *Stenographische Berichte über die Verhandlungen der durch die Allerhöchste Verordnung vom 7. November 1867 einberufenen beiden Häuser des Landtages. Haus der Abgeordneten,* Bd. 2 (29. Session vom 7. 1. 1869 bis 6. März 1869), Berlin 1868, S. 1079.

Königlichen Behörden, die Konsistorien allein die Entscheidenden bleiben sollen und die Vertreter der Kirchenkreise nur gehört werden sollen — finden Sie darin wirklich eine kirchliche Selbständigkeit?«[57]

Nachdem der Abgeordnete Dr. Löwe in einer heftigen Rede gegen die kirchliche Bürokratie[58] die Annahme des Richterschen Antrages empfohlen hatte, nahm der Regierungskommissar Lehnert das Wort und bestritt unter Berufung auf den Kultusminister dem Abgeordnetenhause das Recht, »über Modalitäten der Verfassung, über den Modus der Ausführungen entscheidende Beschlüsse zu fassen, und hierüber der Staats-Regierung bestimmte Vorschriften zur Nachachtung zu ertheilen. Es würde aber ein sehr tiefer Eingriff, ein sehr bedeutendes Präjudiz für die organisatorischen Maßregeln, welche die Kirche durch ihre nun einmal gegebenen und, wie ich meine verfassungsmäßigen Behörden, die nicht ohne Weiteres fortdisputirt werden können, treffen will, ich sage, es würde ein gewaltiges Präjudiz für diese künftigen Maßregeln und den weiteren Ausbau der Verfassung der evangelischen Kirche begründen, wenn gegenwärtig das Haus mit maßgebender, verbindlicher Kraft die Staats-Regierung auffordern und verpflichten wollte, unter allen Umständen eine Verfassung im Sinne des Herrn Antragstellers unter entscheidender Mitwirkung frei gewählter kirchlicher Vertreter herbeizuführen.«[59]

Hierauf sprachen sich eine Reihe von Abgeordneten, darunter vor allem Miquel und Florschütz, gegen den Richterschen Antrag aus, welcher auch durch den Verbesserungsvorschlag Hugenbergs[60] im Plenum keine größere Zustimmung mehr fand. So zogen Richter und Hugenberg ihre Anträge zurück. Immerhin führte die Debatte, während der sich zahlreiche Abgeordnete gegen einen Eingriff in die innerkirchliche Gesetzgebung ausgesprochen hatten, zur Bewilligung sämtlicher, für den EOK im Etat vorgesehenen, Summen.[61]

---

[57] A. a. O., S. 1080 f.

[58] A. a. O., S. 1082: » . . . wir alle haben das Interesse, daß . . . endlich die Herrschaft der Hoftheologie, die das Gewissen knechtet bis in die untersten Kreise hinein . . . gebrochen wird.«

[59] A. a. O., S. 1083. Er könne unmöglich mit dem Antragsteller darin übereinstimmen, führte Lehnert weiter aus, daß die Angehörigen der kirchlichen Behörden »lediglich als Staatsbeamte anzusehen seien und sich daher an der Ordnung und Verwaltung der Angelegenheiten der Kirche nicht beteiligen dürften«.

[60] A. a. O., S. 1085: »Das Haus der Abgeordneten wolle beschließen, die Königliche Regierung aufzufordern: die nothwendigen Maßnahmen zu treffen, um die evangelische Kirche des Landes, soweit dies nicht bereits geschehen ist, in den Besitz der durch Artikel 15 der Verfassungsurkunde verheißenen Selbständigkeit zu setzen.«

[61] A. a. O., S. 1089; vgl. auch NEKZ, 1868, Sp. 67 ff.

Noch während derselben Sitzung wurden die projektierten Provinzial-synoden ein zweites Mal zum Gegenstand der Erörterung, denn der Abge-ordnete Bieck — offenbar ermutigt durch den Verlauf der vorangegange-nen Debatte — stellte den Antrag, »die Königliche Staats-Regierung zu ersuchen, auf den Etat pro 1869 eine größere Summe für den evangeli-schen Kultus in Ansatz zu bringen, damit vornehmlich die durch Einrich-tung von Synoden entstehenden Kosten bestritten, die zu gering dotirten Pfarrstellen im Einkommen angemessen erhöhet, auch bedürftigen Geist-lichen und Prediger-Wittwen namhaftere Unterstützung als bisher ge-währt werden könne«.[62]

Zur Begründung seines Antrages führte Bieck an, es könne dem Staat nicht gleichgültig sein, in welcher finanziellen Misere sich die Institution befände, der »die Pflege des kirchlichen, sittlichen, religiösen Lebens« im Staat anvertraut sei; überdies bestehe auch eine »rechtliche Verpflichtung gegen die Kirche«. Letztere gründet sich nach Biecks Auffassung auf die Kabinettsordres aus den Jahren 1816, 1844 und 1845/46, durch die für die Provinzialsynoden beziehungsweise die Generalsynode (von 1846) Staats-zuschüsse gewährt worden waren; die Synoden in Rheinland und Westfa-len unterstützte der Staat bei deren Gründung im Jahre 1835/38 ebenfalls mit finanziellen Beihilfen.[63]

Diese widerspruchsvolle Argumentation lieferte freilich den Liberalen mannigfaltige Ansatzpunkte für ihre Entgegnung, denn indem sich Bieck auf die vor 1850 erfolgten Erlasse berief, um daraus einen Rechtsanspruch für die Bezuschussung der geplanten Provinzialsynoden abzuleiten, be-hauptete er zugleich eine verfassungsrechtliche Kontinuität zwischen der vorrevolutionären Staatskirche Friedrich Wilhelms III. und IV. und der seit 1850 angeblich selbständigen Landeskirche mit einer vom Staat unab-hängigen Oberbehörde. Alle nichtliberalen evangelischen Kräfte mußten aber daran festhalten, daß mit der Konstituierung des Evangelischen Oberkirchenrates eine entscheidende Zäsur in der preußischen Kirchen-verfassung stattgefunden hatte, da allein diese Behörde den Positiv-Unier-ten rechtmäßig die Möglichkeit gab, die Angelegenheiten der Evangeli-schen Landeskirche der älteren preußischen Provinzen ohne eine letzte staatliche Einmischung, die mit Sicherheit liberale Vorstellungen begün-stigt hätte, unter sich zu ordnen. Diese Strategie erforderte allerdings den Verzicht auf eine staatliche Subventionierung des Kirchenverfassungspro-

---

[62] *A. a. O.*, S. 1098.
[63] Vgl. E. Foerster, *Die Entstehung der preußischen Landeskirche ...*, Bd. 1, S. 423 ff.; Karl August Hase, *Kirchengeschichte*, Leipzig 1886, S. 581 ff.

jektes, dem die liberale Mehrheit des Abgeordnetenhauses aus Überzeugung ihre Zustimmung nicht geben konnte. Mit seinem Antrag, gegen den sich selbstverständlich die Majorität entschied,[64] hatte Bieck seinen Gesinnungsgenossen letztlich einen Bärendienst erwiesen, denn sein Vorpreschen lieferte dem Berliner Unionsverein den lange gesuchten Vorwand zum Gegenschlag auf der Ebene des Abgeordnetenhauses.

Am 7. Dezember 1868 lud der Vorstand des Berliner Unionsvereins eine Anzahl Abgeordneter zur Beratung darüber ein, auf welche Weise man im Abgeordnetenhause die kirchliche Verfassungsfrage im Sinne des Protestantenvereines beeinflussen könnte. Der Versammlung gehörten die bekannten liberalen Theologen Hoßbach (er führte den Vorsitz), Lisco, Thomas, Sydow und W. Müller an; von den Abgeordneten erschienen A. Oetker, Bunsen, Löwe, Bening, Ellissen, Dencker, Buiren, Struckmann, Lauenstein und Schläger. Anwesend war auch der Berliner Stadtverordnete Kochhann, der im weiteren Verlauf der Dinge eine wichtige Rolle spielen sollte.

Nach eingehenden Verhandlungen entschloß man sich, keine Petition wegen Ausführung des § 15 der Verfassung im Abgeordnetenhause einzubringen, weil die Mehrheitsverhältnisse für einen solchen Antrag nicht gesichert und die Haltung der Staatsregierung ungewiß sei. Dagegen hielt man eine Bittschrift — eingereicht von einer Berliner Notabelnversammlung — für angebracht, in der Beschwerde über das Kirchenregiment und die oberste Verwaltung geführt und die Übelstände in Ehesachen angeprangert werden sollten. Gleichzeitig wurde vereinbart, daß im Abgeordnetenhause die Vorberatungen des Etats für das Kultusministerium pro 1869 (vom 11. 12. 1868—17. 12. 1868) zum Anlaß genommen werden sollten, gegen die Schulgesetzvorlagen und den Provinzialsynodalentwurf zu opponieren.[65]

Dieser Plan gelangte denn auch zur Ausführung, verfehlte jedoch seine beabsichtigte Wirkung, indem es trotz härtester Polemik gegen die Kirchenpolitik des Kultusministeriums und EOKs nicht zur Verhinderung oder Veränderung der in Rede stehenden Projekte kam.[66]

Daraufhin verbreiteten liberale Kreise Berlins unter namhafter Beteiligung Kochhanns das — von vornherein unglaubwürdige — Gerücht, man

---

[64] Vgl. die Voten der Abgeordneten Techow, Hennig und Schwerin (*Stenographische Berichte über die Verhandlungen der ... beiden Häuser des Landtages ...* , Bd. 2, S. 1096 f.)

[65] *NEKZ*, 1868, Sp. 813 f.

[66] *Stenographische Berichte über die Verhandlungen ... der beiden Häuser des Landtages ...* , Bd. 1 (*28. Session vom 4. 11. 1868 bis 19. 12. 1868*), Berlin 1869, S. 641—655; 769—804; 807—838; 839—855. Vgl. den Kommentar in der *NEKZ*, 1868, Sp. 816 ff.

werde von konservativer Seite die kirchliche Verfassungsfrage vor den
Landtag bringen, indem der Abgeordnete Bieck erneut die Bewilligung der
nötigen Geldmittel für die Provinzialsynoden im Abgeordnetenhause be-
antrage.[67]

Um die Landeskirche vor schwerem Schaden zu bewahren — so die offizielle Begründung — trat als Reaktion auf diese angebliche Initiative der
Konservativen am 20. Dezember 1868 eine Anzahl von Berliner Bürgern
unter dem Vorsitz Kochhanns zu Beratungen über die kirchlichen Angelegenheiten zusammen. Das schon vorher feststehende Ergebnis der Verhandlungen bestand in einer Petition an das Abgeordnetenhaus: »Dasselbe wolle Seine Aufmerksamkeit auf's Neue der Lage unserer evangelischen Kirche zuwenden und solche Rechtsverhältnisse für dieselbe herbeiführen, wie sie den Bedürfnissen des evangelischen Volkes und der
Staatsverfassung entsprechend das Gedeihen der Kirche zu fördern im
Stande sind.«[68]

In der weitausholenden Begründung wurde beantragt, zu den beabsichtigten Provinzialsynoden die Geldmittel zu versagen, ferner für eine wirkliche Vertretung der evangelischen Gemeinden sorgen zu helfen und den
sechs östlichen Kirchenprovinzen zumindest dasselbe Recht, dieselbe
selbständige Ordnung und Verwaltung ihrer Angelegenheiten gesetzlich
ermöglichen zu wollen, deren sich die Rheinisch-Westfälische Kirche erfreue.

Diese mit fast 5750 Unterschriften aus Berlin und anderen preußischen
Städten versehene Bittschrift leitete man am 7. Januar 1869 dem Abgeordnetenhause zu. Dort empfahl die aus 21 Mitgliedern bestehende Petitionskommission des Preußischen Landtages schon einen Monat später, am 8.
Feburar, mit 18 Stimmen, die Petition der Königlichen Staatsregierung
mit der Erklärung zu überreichen: »I. Der Entwurf einer Provinzial-Synodal-Ordnung für die evangelische Kirche, wie er den Kreis-Vertretungen
der sechs östlichen Provinzen zur Begutachtung vorgelegt worden ist, ist
ungeeignet eine selbständige Verwaltung kirchlicher Angelegenheiten
herbeizuführen. II. Zur Beschlußfassung über die einzuführende Synodal-

---

[67] Vgl.: *Die Berufung der Provinzial-Synoden. Ein Wort an die evangelischen Gemeinden der sechs östlichen Provinzen.* Gerichtet von dem Vorstande des Berliner Unions-Vereins, Berlin 1869, S. 5 f., und: *Die Provinzial-Synode in der preußischen evangelischen Landes-Kirche. Ein Wort der Erwiderung für den Berliner Unions-Verein* von einem treuen
Freunde der Union, Berlin 1869, S. 11 f.

[68] Petition, die verfassungsmäßige Weiterentwicklung der evangelischen Landeskirche
in den sechs östlichen Provinzen betreffend (Archiv der EKU, Berlin, Gen III, 13 Bd. II, pag.
148b, S. 39 f.). Vgl. auch *NEKZ*, 1869, Sp. 41 ff.; *PKZ* 16 (1869), Sp. 13 ff.

Ordnung sind nur Versammlungen geeignet, welche unabhängig von den bisherigen gesetzlichen Vertretern der evangelischen Kirche Patronat, Gemeinde und geistliches Amt gewählt sind.«[69]

Am 2. März des Jahres kam dann die Kommissionsempfehlung im Abgeordnetenhaus zur Verhandlung — ungeachtet des Antrages Bieck, über die Petition zur Tagesordnung überzugehen, da das Haus zur Beratung der in ihr berührten inneren Kirchenangelegenheiten nicht kompetent sei. Gleich zu Beginn der Diskussion brachte der Abgeordnete Graf Schwerin einen vermittelnden Antrag vor, den einige katholische Mitglieder des Hauses, darunter Windthorst, unterstützten. Dieser lautete: »Das Haus der Abgeordneten wolle beschließen: In Erwägung, daß der Landesvertretung zwar nicht zusteht, in die inneren Angelegenheiten der evangelischen Kirche durch Beschlüsse einzugreifen, dagegen unzweifelhaft es innerhalb ihrer Kompetenz liegt, auf die Ausführung des Artikels 15 der Verfassung als ein Postulat derselben zu dringen, die vorliegenden Petitionen aber das dringende Bedürfniß nach einer solchen Ausführung bekunden, dieselbe der Königlichen Regierung zur Berücksichtigung zu überweisen.«[70]

Dagegen sprachen sich die Abgeordneten v. Hennig, Graf Bethusy-Huc und Twesten für den Kommissionsantrag aus. Bethusy-Huc wies darauf hin, daß die Provinzialsynoden überhaupt nur durch die Einführung einer Kirchensteuer existieren könnten. Dazu sei jedoch die Zustimmung des Landtages unbedingt erforderlich, welche allein den frei gewählten Repräsentanten der Evangelischen Kirche, nicht aber dem Königlichen Oberkirchenrat erteilt werde. »Wenn man uns das Brod der Selbstverwaltung verspricht, und giebt uns statt dessen, statt geeigneter Organe, den Stein des büreaukratischen Ober-Kirchenraths und die rein hierarchischen Synoden, so sind wir nicht verpflichtet zu sagen: 'Alle Ansprüche auf das uns von Euch versprochene Brod sind für uns erfüllt.'«[71]

Windthorst, der von Bieck heftig attackiert worden war, weil er als katholischer Zentrumsabgeordneter den Antrag des Grafen Schwerin unterschrieben hatte, entgegnete unter lebhaftem Beifall der Linken: »Was ich ... mit meinen eigenen Augen sehe, kann ich nicht verleugnen, und ich sehe, daß der Preußische Kultus-Minister, welcher ein Staats- und nicht

[69] *PKZ* (1869), Sp. 175; 193 ff.; Vgl. *Stenographische Berichte über die Verhandlungen der ... beiden Häuser des Landtages ...*, Bd. 2 *(29. Session vom 7. 1. 1869 bis 6. März 1869)*, Berlin 1869, S. 1751 f.

[70] *A. a. O.*, S. 2063.

[71] *A. a. O.*, S. 2066.

ein Kirchen-Beamter, wesentlich die evangelische Kirche beeinflußt, so lange der Preußische Kultus-Minister als Beamter des Staates dies thut, ist die Kirche nicht selbständig.«[72]

Nach Abschluß der Diskussion verteidigte der Abgeordnete Richter (Sangerhausen) als Berichterstatter der Petitionskommission deren Antrag. Dabei warf er dem abwesenden Kultusminister vor, er habe es offensichtlich nicht für nötig gefunden, der wichtigen Debatte beizuwohnen oder zumindest seinen Kommissar (Regierungsrat de la Croix) zu instruieren, denn dieser habe sich bislang noch nicht geäußert. Schon zu einem früheren Zeitpunkt sei eine Anfrage seitens seiner Kommission an v. Mühler, wie er sich zu der Petition stelle, nur mit Schweigen beantwortet worden. Hinsichtlich der Kompetenzfrage erläuterte Richter, gegen die Konservativen gewandt: »...wenn Sie nichts dagegen einwenden, daß der Herr Minister die Fortbildung der Kirchen-Verfassung in der Hand hat, dann können Sie auch nichts dagegen einwenden, daß wir über das Thun und das Vorhaben des Herrn Ministers unser Urtheil abgeben.«[73] Solange die Kirche vom preußischen Staatsregiment geführt werde, sei es das legitime Recht des preußischen Abgeordnetenhauses als dem Repräsentanten dieses Staates, für die Ausführung der Staatsverfassung Sorge zu tragen.

Die unmittelbar auf dieses Votum erfolgende Abstimmung über den Antrag des Abgeordneten Bieck, den der Petitionskommission und schließlich den des Grafen Schwerin (in dieser Reihenfolge!) ergab eine relativ knappe Majorität von 141 gegen 114 Stimmen für die Kommissionsempfehlung; 177 Landtagsabgeordnete waren den Verhandlungen fern geblieben.[74]

Immerhin hatte die Mehrheit des Abgeordnetenhauses mit dieser Entscheidung unmißverständlich deutlich gemacht, daß sie ihre — zweifellos rechtmäßige — Kompetenz zur Überwachung des Artikels 15 der Preußischen Verfassung zu nutzen gedachte, um der geplanten Kirchenverfassung einen liberaleren Anstrich zu geben, als Kultusministerium und EOK das ursprünglich beabsichtigten.

Eine ganze Reihe EOK-treuer Unionsfreunde glaubte ebenso wie weite Kreise des liberalen Protestantismus noch bis weit in die Mitte des Jahres 1869 hinein, daß das Kirchenregiment trotz der Intervention des Abgeordnetenhauses gar nicht daran dachte, seinen Entwurf zur Provinzialsynodalverfassung zurückzuziehen, sondern nun erst recht auf einer beschleu-

---

[72] *A. a. O.*, S. 2067.
[73] *A. a. O.*, S. 2070.
[74] Vgl. die Kommentare in der *PKZ* 16 (1869), Sp. 227 ff.; *NEKZ*, 1869, Sp. 165 ff.

nigten Einberufung der Provinzialsynoden bestehen würde.[75] In dieser Vermutung fanden sie sich vor allem durch einen Artikel in der gewöhnlich bestens informierten *Neuen Evangelischen Kirchenzeitung* bestärkt. Dort hieß es: »Wir appelliren im gegenwärtigen Zeitpunkt aufs Neue an die Weisheit und Energie der obersten kirchlichen Behörde und an das Herz des Landesherrn, welcher deutlich genug gezeigt hat, daß er die Kirche sich im Frieden bauen lassen und ihr das Recht und den Segen ihrer Selbständigkeit wahren will, und fordern dringend — sofortige Berufung der Provinzialsynoden.«[76]

Hier täuschte man sich freilich, denn die das politische Kräftefeld verändernden Ereignisse der Jahre 1866/67 hatten v. Mühler offenbar zum Umdenken veranlaßt.[77] Unter dem 7. Oktober 1868 sandte er an den EOK die Kopie einer von ihm verfaßten und dem König schon Mitte September eingereichten Denkschrift »Betreffend die Lage der evangelischen Landeskirche in Preußen und die für dieselbe erforderlichen weiteren Maßnahmen«.[78]

Den wahren Sachverhalt umkehrend, beschuldigt er darin den EOK, die Fortentwicklung der kirchlichen Verfassung nicht genügend gefördert zu haben, und fährt dann fort: ». . . in unseren Synodal-Ordnungen der sechs östlichen Provinzen hat sich aus Furcht vor der Analogie constitutioneller Principien der Grundsatz eingeschlichen, daß die Synoden nicht eine Vertretung der Geistlichen und der Gemeinde darstellen, sondern nur eine Erweiterung des Kirchenregiments. Dieser Grundsatz ist falsch. Er nimmt den Synoden, der Geschichte und dem Rechte der Verfassungs-Urkunde zuwider, den Charakter eines selbständigen Factors für das kirchliche Verfassungsleben, und verwandelt sie in bloße Sachverständigen-Commissio-

---

[75] Vgl. *Die Provinzial-Synode . . .*, S. 13 f.; *Die Berufung der Provinzial-Synode . . .*, S. 7 f.

[76] *NEKZ*, 1869, Sp. 169 (Hervorhebung im Original).

[77] Bismarck hatte unmittelbar nach dem preußisch-österreichischen Krieg eine neue Phase der Innenpolitik eingeleitet, die ganz darauf ausgerichtet war, die zukunftsträchtige liberale Partei für sich zu gewinnen, um seine Pläne hinsichtlich der Reichsgründung verwirklichen zu können. Die Brücke zu diesem Unternehmen sollte das sogenannte Indemnitätsgesetz bilden, in dem die Regierung den neuen Landtag um nachträgliche Billigung der Staatsausgaben ersuchte. Mühler wandte sich mit den Konservativen gegen das Indemnitätsgesuch, gab aber bald seine offene Opposition gegen Bismarcks Politik auf und suchte fortan sein Verhältnis zu den Liberalen zu verbessern (vgl. W. Reichle, *Zwischen Staat und Kirche . . .*, S. 179). In diesem Zusammenhang muß auch die veränderte Haltung des Kultusministers zur Kirchenverfassungsfrage gesehen werden (siehe S. 281 ff.)

[78] Siehe unten S. 454 ff.

nen. Er verwischt und beschädigt aber auch das Wesen des landesherrlichen Kirchenregiments, indem er dasselbe in eine Breite auflöst, wo regimentliche Erfahrung und regimentliche Behandlung der Dinge zuletzt aufhört.«[79]

Den gleichen Tenor weist auch ein umfassendes Kirchenverfassungsprogramm v. Mühlers mit dem Titel: »Gesichtspunkte für die Entwerfung einer Verfassungs-Urkunde für die evangelische Kirche in Preußen«[80] auf, das der Kultusminister nur wenig später, am 20. November 1868, dem König und Bismarck übergab.[81]

Als im Zusammenhang der Vorberatung des Etats für das Kultusministerium pro 1869 am 11. Dezember 1868 im Landtag der Abgeordnete Richter (Sangerhausen) dem »System Mühler« den Vorwurf machte, dieses sei auf kirchlichem Gebiet den Grundsätzen der Selbstverwaltung entgegengetreten, um die Institution Kirche zentral und uneingeschränkt von oben her beherrschen zu können, da leugnete der Kultusminister jegliche Beteiligung an der Gestaltung der Kirchenverfassung: »... wenn man mir den Vorwurf macht, daß in den zwei Jahren die rückwärts liegen, die Entwicklung der synodalen Verfassung auf dem kirchlichen Gebiete keine weiteren Fortschritte gemacht habe, so ist das ein Vorwurf, den ich für meine Person nicht annehmen kann. Es liegt diese Entwicklung nicht in meiner Hand, ich habe nach der bestehenden Verfassung dabei nur ein begleitendes Votum, dergestalt, daß ich durch meinen Einspruch zwar bis zu einem gewissen Grade Schritte hindern kann, aber ich habe nicht die Initiative. Allerdings wäre es mein lebhafter Wunsch gewesen, daß in diesen zwei Jahren die Entwicklung des synodalen Wesens in unsern alten Pro-

---

[79] Heinrich v. Mühler, Denkschrift, betr. die Lage der evang. Landeskirche in Preußen und die für dieselbe erforderlichen weiteren Maßnahmen (Archiv der EKU, Berlin, Gen. III, 13 Bd. II, pag. 55—64. Weitere Exemplare der Denkschrift befinden sich im ZSTA, Hist. Abt. II, Merseburg, Geh. Zivilkabinett 2. 2. 1. Nr. 22771 (früher Rep. 89 H Vol II Nr. 24, Bd. 1), pag. 289—307, und: ZSTA, Hist. Abt. II, Merseburg, Nachlaß Mühler, Rep. 92). Den im Text angesprochenen Vorwurf gegen den EOK formulierte v. Mühler so: »Der Evangelische Ober-Kirchenrath, welcher durch die Königlichen Ordres vom 26. Januar 1849 und 29. Juni 1850 gerade zu diesem Zwecke eingerichtet wurde, die Fortentwicklung der kirchlichen Verfassung zu fördern, hat diese seine eigentliche Aufgabe in den alten Provinzen noch nicht gelöst. Um so nothwendiger wird es sein, im Hinblick auf die neuen Provinzen einen rascheren Gang einzuschlagen.« Vgl. auch Mathis' Stellungnahme zur Denkschrift in seinem Immediatsbericht vom 17. 2. 1869 (ZSTA, Hist. Abt. II, Merseburg, Geh. Zivilkabinett 2. 2. 1. Nr. 22771, pag. 330—340).

[80] ZSTA, Hist. Abt. II, Merseburg, Geh. Zivilkabinett 2. 2. 1. Nr. 22771, pag. 317—328; Vgl. W. Reichle, *Zwischen Staat und Kirche* ... , S. 229; 233 f.

[81] Siehe unten S. 458 ff.

vinzen jedenfalls bis zur Stufe der Provinzial-Synode zur Ausführung gekommen wäre. Denn ich halte dafür und spreche es ganz offen aus, daß die Bildung einer evangelischen Provinzial-Synode in unseren östlichen Provinzen ... das nächste und dringendste Bedürfniß und die unerläßliche Aufgabe unserer Kirchen-Entwicklung ist, und daß, was in meinen Kräften steht, um dieses Ziel zu erreichen und zwar in einer Weise, die kein bloßer Schein ist, sondern der Synode einen wirklichen Repräsentativ-Charakter verleiht — ich es daran nicht werde fehlen lassen.«[82] Vor aller Öffentlichkeit schob v. Mühler damit die alleinige Verantwortung für den Stand der Kirchenverfassung sowie deren inhaltliche Grundsätze dem Evangelischen Oberkirchenrat zu; darüber hinaus deutete er auch noch an, er selbst habe sich um eine freiheitliche Kirchenordnung bemüht.

Im Grunde aber blieben v. Mühlers Voten für eine liberale Kirchenverfassung doch nur ein bloßes Lippenbekenntnis, denn als Anfang 1869 im Kultusministerium ein wirklich demokratischer Gesetzentwurf »betreffend die Ausführung des Artikels 15 der Verfassungsurkunde betreffend die evangelische Kirche des preußischen Staates« erörtert wurde, der von liberalen Kreisen des Abgeordnetenhauses vorgelegt worden war, tat der Minister nichts zu dessen Verabschiedung.[83] Im Februar 1869 schaltete sich sogar der König — alarmiert durch die Gegensätze zwischen EOK und Kultusministerium[84] — in den Streit um den Entwurf zur Provinzialsynodalordnung ein. In einer Allerhöchsten Order vom 17. des Monats ersuchte er seinen Kultusminister um einen Bericht darüber, ob die in den Petitionen an den Landtag vorgebrachten Einwände gegen das Proponendum begründet seien und welche Abänderungen er eventuell empfehle. v. Mühler leistete dieser Aufforderung nicht unmittelbar Folge, sondern wartete ab, bis die Entscheidung im Abgeordnetenhaus gefallen war. Erst dann, am 30. März 1869, bezog er in einem ausführlichen Schreiben Stellung.

---

[82] *Stenographische Berichte des Abgeordnetenhauses über die Verhandlungen ... der beiden Häuser des Landtages ...* , Bd. 1, S. 648.

[83] Vgl. Erich Foerster, *Adalbert Falk. Sein Leben und Wirken als Preußischer Kultusminister* dargestellt auf Grund des Nachlasses unter Beihilfe des Generals d. I. Adalbert v. Falk, Gotha 1927, S. 184 ff. Weder aus der sonst sehr gründlichen Biographie v. Mühlers (W. Reichle, *Zwischen Staat und Kirche ...*) noch aus Unterlagen der Archive von Merseburg und Berlin läßt sich allerdings diese Notiz erhärten, so daß ihr nur verhältnismäßig geringer historischer Wert zukommt. E. Bammel, *Die Reichsgründung und der deutsche Protestantismus ...* , S. 35, Anm. 8, berichtet auch von Kirchenverfassungsvorschlägen, die P. de Lagarde dem Kultusminister im Frühjahr 1870 machte. Diese sind jedenfalls ebensowenig berücksichtigt worden wie der zuvor erwähnte Entwurf.

[84] Siehe unten S. 425 ff.

Über das Vorgehen des Landtages urteilte der Kultusminister: »... er überschreitet die Grenzen seiner Competenz, wenn er, wie hier geschehen, über die Art und Weise, wie die Verfassung der Kirche eingerichtet und herbeigeführt werden soll, unmittelbar selbst maßgebende Beschlüsse zu fassen unternimmt.«[85]

Die Vorbehalte des Abgeordnetenhauses gegen den Entwurf seien überdies »in der Sache selbst unbegründet« und zielten letztlich darauf ab, das gesamte Verfassungswerk bis hinunter zu den Gemeindekirchenräten von Grund auf zu revidieren.

Andererseits entbehrten manche Einwände nicht einer gewissen Berechtigung: »Wenn ... die Gemeinde-Kirchen-Räthe als Grundlage einer selbstständigen Kirchen-Verfassung dienen sollen, so ist es eine durchaus berechtigte und unerläßliche Forderung, daß die bisherige Aufstellung einer bindenden Vorschlagsliste aufgegeben und die freie Wahl der Gemeinde zugestanden werde. Dieses freie, durch keine Vorschlagsliste gebundene Wahlrecht der Gemeinden ist auch in *allen* in Deutschland gegenwärtig in Kraft stehenden kirchlichen Gemeinde-Ordnungen der letzten 50 Jahre anerkannt.«

Mit dem Zugeständnis der freien Gemeindewahl auf der untersten synodalen Ebene erledige sich zugleich der gegen die Legitimität der Kreissynoden erhobene Protest.

»Dagegen muß ich mit den Petenten auf der Stufe der Provinzial-Synoden die Gleichzahl der geistlichen und weltlichen Abgeordneten befürworten ... Auch auf den Kreis-Synoden und in den Consistorien der östlichen Provinzen hat es nicht an Stimmen gefehlt, welche die Gleichheit der geistlichen und der weltlichen Mitglieder in den Provinzialsynoden empfehlen und ich schließe mich dieser Auffassung, welcher ein principieller Grundsatz nicht entgegensteht, aus Gründen der Opportunität auch meinerseits an.« Das paritätische Verhältnis zwischen Geistlichen und Laien will v. Mühler durch eine Verminderung der geistlichen Mitglieder auf die Hälfte erreichen, dergestalt, daß die Superintendenten nicht mehr automatisch — wie in dem Entwurf ursprünglich vorgesehen — den Provinzialsynoden angehören, sondern jede Kreissynode einen geistlichen Deputierten frei wählt, sei es den Superintendenten oder irgendeinen anderen Geistlichen.

---

[85] Bericht des Kultusministers v. Mühler über den Entwurf zur Provinzialsynodalordnung an König Wilhelm I. vom 30. März 1869 (Archiv der EKU, Berlin, Gen III, 13 Bd. II, pag. 175—179). Ebenso wie dieses sind auch die folgenden Zitate v. Mühlers Bericht entnommen. Die Hervorhebungen entsprechen dem Original.

In Anlehnung an die Synodalordnungen von Oldenburg, Baden, Hannover, Sachsen und Württemberg[86] empfiehlt der Minister schließlich, auf je acht bis zehn gewählte Provinzialsynodalabgeordnete nur einen Deputierten durch landesherrliche Ernennung zu berufen.

»In keinem Fall aber kann ich es rathsam finden, schon jetzt mit einer landesherrlichen Verordnung vorzugehen, welche die Provinzial-Synoden als eine organische Einrichtung für die östlichen Provinzen *definitiv* constituiert. Die Vorberathung des Entwurfs durch die in ihrer Legitimität angefochtenen Kreis-Synoden, bildet eine zu wenig ausreichende Basis, als daß sich auf dem Grunde derselben schon jetzt eine definitive Organisation mit Sicherheit aufführen ließe. Vielmehr bin ich der Ansicht, daß in den östlichen Provinzen mit der Berufung *außerordentlicher* Provinzial-Synoden der Anfang zu machen sein wird, deren Zusammensetzung nach dem ... empfohlenen Modus zu bewirken und mit deren Mitwirkung sodann eine feste Provinzial-Synodal-Ordnung aufzurichten ist. Um von vornherein dem Einwande der bloßen Schein-Repräsentation zu begegnen, wird es zwar einer Reorganisation der Wahlkörper, nämlich einer Neubildung der Gemeinde-Kirchen-Räthe durch freie Wahl der Gemeinden ohne Aufstellung einer Vorschlagsliste bedürfen. Von dieser ist dann die Neuwahl zu der Kreis-Synode vorzunehmen, und die Kreis-Synoden wiederum wählen zur Provinzial-Synode je einen geistlichen und einen weltlichen Deputirten, letzteren aus der Zahl ihrer ordentlichen oder Ehren-Mitglieder. Hierzu kommt eine von dem Regiment durch landesherrliche Vocation ernannte Zahl von gleich viel geistlichen und weltlichen Mitgliedern. Das Kirchen-Regiment beruft die Synode, es eröffnet die Verhandlungen und schließt die Session. Zu den Aufgaben dieser außerordentlichen Provinzial-Synoden gehört vornehmlich die Begutachtung der neuen Provinzial-Synodal-Ordnung und die Annahme einer später bei dem Landtag einzubringenden Verordnung, durch welche letztere die Aufbringung der Kosten der Kreis- und Provinzial-Synoden durch die Gemeinden für die Folge sicher gestellt wird. Erst mit Hülfe dieser Zwischenstufe einer außerordentlichen Provinzialsynode wird eine sichere Basis für eine definitive Constituirung ordentlicher Synoden gewonnen werden.«

Nach diesen detaillierten Änderungsvorschlägen, sowohl zur Kirchenverfassung überhaupt als auch zur Vorgehensweise bei der Einrichtung von Provinzialsynoden im besonderen, ging v. Mühler auf die gespannte

---

[86] Vgl. E. Friedberg, *Die geltenden Verfassungs-Gesetze* ..., S. 560 ff.; 475 ff.; 129 ff.; 363 ff.; 431 ff.

kirchenpolitische Lage ein, die nach seinem Urteil zu einer baldigen Verwirklichung seiner Vorstellungen drängte: »Es ist nothwendig, daß an diese Arbeiten unverzüglich Hand angelegt werde. Uebernimmt das Kirchen-Regiment nicht durch eine rasche energische Thätigkeit die Führerschaft in den gegenwärtig mächtig anwachsenden kirchlichen Bewegungen, so entgleiten ihm die Zügel und fallen in die Hände der Parteien. Insbesondere vermag ich nicht abzusehen, wie es möglich sein sollte, die evangelische Kirchenleitung dem nächsten Landtage gegenüber irgendwie zu vertreten, wenn nicht noch im Laufe dieses Sommers der Zusammentritt der Provinzial-Synoden in den östlichen Provinzen wirklich erfolgt.«

Die verfahrene kirchenpolitische Situation lastet der Minister voll dem Evangelischen Oberkirchenrat an, der zu Unrecht die Einberufung von Provinzialsynoden zu einem früheren Zeitpunkt unterlassen habe, weil er sich angeblich wegen der fehlenden Geldmittel dazu außerstande sah. »... nachdem das Abgeordnetenhaus nicht allein den Antrag der Abgeordneten Bieck und Genossen auf Bewilligung einer entsprechenden Summe unberücksichtigt gelassen hat, sondern auch zu einer so ungünstigen Kritik der bisherigen Verfassungsarbeit übergegangen ist, kann ich es nicht für thunlich halten, dem Votum des Hauses zuwider, eine so beträchtliche Summe, wenn auch aus den zu Ew. Königl. Majestät Allergnädigster Disposition stehenden Fonds bei der General-Staats-Kasse anzuweisen. Vielmehr muß das Votum des Landtages dahin führen, um so energischer die Selbstthätigkeit der Kirche in Anspruch zu nehmen und nunmehr die Synoden *ohne* Reisekosten-Vergütung und *ohne* Diäten zusammenzurufen.«

Abschließend erinnerte v. Mühler den König unter Hinweis auf seine »Gesichtspunkte ... «[87] daran, daß die Provinzialsynoden nur einen Teil der »Gesamtverfassung bilden und es ist hohe Zeit, sich ein Bild zu machen, wie diese Verfassung beschaffen sein soll«.

Der Bericht des Kultusministers ist darum so interessant, weil er belegt, daß v. Mühler in der Kirchenverfassungsfrage zu erheblichen Zugeständnissen an die Liberalen bereit war und seine Pläne aus dem Jahre 1865 vollkommen hatte fallen lassen — freilich ohne auch nur mit einer Silbe zu erwähnen, daß das Kultusministerium einen Großteil der Schuld an der Verzögerung der Synodalverfassung trug. Seine Darstellungen aus den Jahren 1868/69 mußten vielmehr den Eindruck erwecken, als habe er schon immer — doch leider erfolglos — versucht, den EOK zu einem freiheitlicheren Kirchenverfassungsentwurf zu bewegen.

---

[87] ZSTA, Hist. Abt. II, Merseburg, Geh. Zivilkabinett 2.2.1 Nr. 22771, pag. 317—328.

Wie reagierte der Evangelische Oberkirchenrat auf den Meinungsumschwung des Kultusministers und die Intervention des Abgeordnetenhauses?

Am 16. Februar 1869 eröffnete Präsident Mathis eine außerordentliche Session des EOK, in der eine Revision des Provinzialsynodalentwurfes vorgenommen werden sollte.

Gleich zu Beginn der Verhandlungen stellte der EOK-Referent, Oberkonsistorialrat Hermes, den Antrag, »nachdem aus der jüngst im Collegium berathenen Denkschrift des Herrn Ministers... [vom 16. 9. 1868]... dessen veränderte Stellung zur kirchlichen Verfassungsfrage bekannt geworden sei«, die ursprüngliche Fassung des § 1 [»zu vertreten und zu fördern«], welche nur auf Veranlassung des genannten Herrn Ministers die gegenwärtige Form erhalten habe«, wiederherzustellen.[88] Die Mehrheit der Versammelten stimmte dem Antrag zu. Im Anschluß daran wurden noch einmal Punkt für Punkt alle strittigen Fragen der ersten vier Paragraphen erörtert, wobei man sich deutlich wieder dem EOK-Entwurf von 1865 annäherte.

Drei Tage später war die Unsicherheit im Kollegium über die »von dem Herrn Minister der geistlichen Angelegenheiten gegenwärtig [!] eingenommene Haltung zur Frage der kirchlichen Verfassung« derart angewachsen, daß Mathis vorschlug, die weitere Beratung vorläufig zu vertagen, bis »eine nähere amtliche Kenntniß von dem Standpunkte« v. Mühlers eingeholt sein würde. Hermes unterstützte den Antrag, indem er ausführte, »daß der vorliegende Entwurf keineswegs überall den Intentionen des Evangelischen Oberkirchenraths entspreche, sondern aus einem Kompromiß mit dem Herrn Minister hervorgegangen sei, an welchen man bei weiterer Berathung sich nicht würde zu binden haben, wenn man voraussetzen müsse, daß der Herr Minister seinerseits nicht mehr daran festhalten wolle. Um hiernach einen sicheren Maßstab für die Weiterberathung zu haben, werde dieselbe für jetzt auszusetzen sein, bis die einzuholende Anforderung des Herrn Ministers über seine jetzige Stellung zu dem Entwurf vorliege.«[89]

Mathis durfte mit gutem Grund annehmen, daß v. Mühler sich in nächster Zeit zu dem Entwurf einer Provinzialsynodalordnung werde äußern

[88] Protokolle der außerordentlichen Kollegialsitzungen des EOK vom 16. Februar bis 30. April 1869 (Archiv der EKU, Berlin, Gen. III, 13 Bd. II, pag. 128—148. Die Zählung der §§ im Provinzialsynodalentwurf verschiebt sich im folgenden insofern, als man den ehem. § 3 gestrichen hatte, so daß nunmehr die früheren §§ 4, 5, 6 usw. um eine Ziffer niedriger wurden).
[89] Archiv der EKU, Berlin, Gen. III, 13 Bd. II, pag. 130.

müssen, denn in seinem Immediatsbericht vom 17. Februar 1869 an den König beschuldigte er den Kultusminister — unter Hinweis auf dessen Denkschrift vom 16. September 1868 — einer undurchsichtigen, wankelmütigen Kirchenpolitik. »Diese Ausführungen [sc. in der Denkschrift]«, so schreibt er, »haben uns überraschen müssen, da sie mit den in den Vorverhandlungen uns gegenüber früher abgegebenen Erklärungen im Gegensatz stehen.«[90] Nach einer sorgfältigen Aufzählung der Punkte, in welchen v. Mühler noch 1865 diametral entgegengesetzt gedacht hatte,[91] gab Mathis seiner Erwartung Ausdruck, der Landesherr werde nun selbst seinen Kultusminister dazu auffordern, eine klare Position zu beziehen: »Es ist uns peinlich, diese Differenzen bis ins Einzelne Eurer Königlichen Majestät vortragen zu müssen, indessen wir haben vom Minister bisher keine Mittheilung, daß und warum er seine Ansichten gewechselt hat, daher es uns nicht möglich war, den Versuch einer vorgängigen Verständigung mit ihm zu unternehmen, ehe er seine Anträge an die Allerhöchste Stelle brachte; auch können wir nicht die Stellung einnehmen, daß während die Denkschrift in wesentlichen Stücken unsere Ansichten vertheidigt, wir in den Anschein gerathen, eben hier erfolgreich widerlegt zu werden.«[92]

---

[90] Immediatsbericht des Ev. Oberkirchenrates an König Wilhelm I. vom 17. 2. 1869 (ZSTA, Hist. Abt. II, Merseburg, Geh. Zivilkabinett 2. 2. 1. Nr. 22771, pag. 330—340; hier: pag. 338).

[91] *A. a. O.*, pag. 338 R: »Wir haben in unserem ersten Entwurf der Provinzial-Synodal-Ordnung die Synoden hingestellt als berufen, die kirchlichen Interessen ihrer Bezirke zu fördern und zu *vertreten,* der Minister hat gegen den Begriff der Vertretung als den Ausführungen der Allerhöchsten Ordre vom 30. Dezember 1850 zuwider, Bedenken erhoben und zur Vermeidung von Mißverständnissen die Streichung des Ausdrucks 'vertreten' verlangt, worauf wir, obschon nicht überzeugt, den Ausdruck aufgegeben haben. Der Minister hat den Grundsatz, daß die Synode nicht als Gegensatz, sondern als Erweiterung des Kirchenregiments hinzustellen sei, wiederholt als richtig anerkannt, jetzt nennt er ihn falsch; der Minister hat nur die Analogie zwischen Synoden und politischen Versammlungen entgegengebracht und die daraus erwachsenen Befürchtungen für die Kirche und das landesherrliche Kirchenregiment derselben in ausführlichster Weise auseinandergesetzt; wir haben Beidem ausführlich widersprochen; der Minister endlich hat in seinen lebhaft vertheidigten Vorschlägen die Provinzial-Synode durch Abschneidung des selbständigen Moderamen, Aufstellung des General-Superintendenten als gesetzlichen Synodal-Präses und ähnliches so unselbständig gestalten wollen, daß wir ihm entgegnet haben, die Synode solle keine vom Konsistorium zu handhabende, nach dessen Ermessen in Thätigkeit zu setzende Verwaltungs-Einrichtung, sondern ein selbständiger Organismus sein, der in den unteren Synodalstufen die Quellen eines eigenthümlichen Lebens besitze und jenem wieder Belebung und neue Kräfte zurückgebe. Und in diesem Punkte haben wir bis jetzt fest bleiben müssen.«

[92] *A. a. O.*, pag. 339. Wie schon oben (S. 280) dargestellt, ließ v. Mühler die wohl durch Mathis' Immediatsbericht veranlaßte Aufforderung Wilhelms an seinen Kultusminister, über den Stand der Kirchenverfassungsfrage zu berichten, eineinhalb Monate lang unbeantwortet.

Am 6. April traf sich das Kollegium des EOK nach einer Pause von eineinhalb Monaten in Mathis' Wohnung wieder, um über das inzwischen
eingegangene Schreiben v. Mühlers an den König vom 30. März des Jahres
zu beraten.

Oberkonsistorialrat Hermes referierte kurz den Inhalt der ministeriellen Stellungnahme und widerlegte die darin vorgebrachten Argumente,
welche für eine Ausführung der Mühlerschen Vorschläge sprachen, indem
er hervorhob, daß Stellung und Aufgabenbereich der ersten (außerordentlichen) Provinzialsynoden in den Plänen des Kultusministers weitgehend
unklar blieben. Insbesondere »die Neuwahlen zu den Gemeinde-Kirchen-
Räthen und Kreis-Synoden ad hoc, welche der Minister proponire, würden
namentlich gegenwärtig bedenkliche Aufregung hervorrufen und es hätte
deren Bildung auch im Hinblick auf die bereits vorhandenen, rechtlich exi-
stenten Verfassungsstufen juristische Bedenken.«[93] Der Korreferent, Generalsuperintendent Hoffmann, wies — in Ergänzung von Hermes' rechtlichen Bedenken — darauf hin, daß »den Zeitströmungen, welchen die
Vorschläge des Herrn Ministers entgegen kommen wollten ... keine entscheidende Rechnung getragen ... « werden dürfe. In dieser Ansicht unterstützte ihn Oberkonsistorialrat Twesten, und sein Kollege Kundler erklärte, »daß das vom Herrn Minister vorgeschlagene Verfahren die Stimmen aller positiv Gerichteten gegen sich haben dürfte ... «.[94]

Nachdem sich alle Anwesenden in ähnlicher Weise geäußert hatten,
stellte Mathis als einstimmigen Beschluß der Versammlung fest, der Vorschlag des Ministers, das Wahlprinzip für die Gemeindekirchenräte noch
vor der Berufung von Provinzialsynoden zu ändern, sei vom EOK abgelehnt.

Auch der Vorschlag v. Mühlers, in der Provinzialsynode eine numeri-
sche Gleichzahl zwischen Geistlichen und Laien herzustellen, was zudem
den erwünschten Nebeneffekt einer Verkleinerung der Synoden bewirke,
stieß im EOK auf wenig Gegenliebe. Allein die zuletzt genannte, durchaus
sekundäre Seite des Mühlerschen Amendements wurde aufgenommen, indem die Versammlung einen Vorschlag Hoffmanns guthieß. Nach diesem
sollten sich drei oder vier Kreissynoden vereinigen und gemeinschaftlich
einen der Superintendenten, einen Geistlichen und einen Laien wählen.

Schließlich faßte man den Beschluß, am 16. April des Jahres mit der un-
terbrochenen Beratung des Entwurfes zur Provinzialsynodalordnung fortzufahren.

[93] Protokolle der außerordentlichen Kollegialsitzungen des EOK vom 16. Februar bis 30.
April 1869 (Archiv der EKU, Berlin, Gen. III, 13 Bd. II), pag. 132.
[94] A. a. O., pag. 133.

An diesem Tage erschien jedoch Oberkonsistorialrat Dorner erstmals wieder zu den Verhandlungen der laufenden Session und entwickelte — ungeachtet der Tatsache, daß in der vorangegangenen Sitzung bereits bindende Beschlüsse gefaßt worden waren — einen Alternativvorschlag, der eine weitergehende Mitwirkung der Gemeinden bei der Bildung der Provinzialsynoden vorsah. Er regte an, unter Belassung der bereits bestehenden Verfassungsorganismen, letztere zu erweitern, indem die Gemeinden das Recht erhalten sollten, zusätzlich eine bestimmte Anzahl von Laienmitgliedern aus ihrer Parochie, die nicht dem Gemeindekirchenrat angehörten, in die Kreissynode zu deputieren. Diesen Abgeordneten sollte dann die Aufgabe zufallen, statt der angestammten Kreissynodalmitglieder die Wahl zur Provinzialsynode vorzunehmen. Damit, so meinte Dorner, entfalle der Vorwurf einer Scheinvertretung.

Obwohl sich Hermes, Hoffmann (der vorgeschlagene Modus sei »zu künstlich und geschraubt«) und Mathis geschlossen gegen eine Wiederaufnahme der Debatte aussprachen, stimmte das Kollegium — bezeichnend für Dorners Ansehen — einer Fortsetzung der Diskussion zu.

Gegen Dorners Amendement machten Stahn und Hermes nun geltend, seine Durchführung verursache einen nicht wünschenswerten Aufschub und erwecke in der Öffentlichkeit zudem den Eindruck, als ließe der EOK seine Grundsätze aus opportunistischen Erwägungen fallen. Dorner erwiderte, »ein Vorwurf der Wandelbarkeit würde bei Annahme dieses Vorschlages den Ev. OberK.Rath nur *scheinbar* treffen; derselbe habe bei seinen Plänen immer die Rhein. Westf. Kirchen-Ordnung vor Augen gehabt und nur dem Herrn Minister in manchen Stücken nachgeben müssen; anderenfalls würde man jetzt eventuell inconsequent sein, um formell consequent zu erscheinen«.[95]

Mathis betonte, das Kollegium wolle an der Vorschlagsliste für die Gemeindekirchenräte gar nicht festhalten, die Entscheidung darüber aber den nach der geltenden Verfassung einzuberufenden Provinzialsynoden überlassen. Dann beantragte er die Abstimmung über Dorners Vorschlag, der von der Mehrheit jetzt abgelehnt wurde — offenbar, weil man um keinen Preis den Eindruck erwecken wollte, opportunistische Kirchenpolitik zu treiben.

Am 19. April des Jahres setzte man dann die Überarbeitung des Provinzialsynodalentwurfes mit der Erörterung von § 5 fort.

Um die Entscheidung über theologische Kontroversen zu vermeiden, kompilierte man die Einleitung des Paragraphen aus Vorschlägen, die das

---

[95] *A. a. O.*, pag. 138.

(überwiegend unierte) Brandenburgische und (gut lutherische) Pommersche Konsistorium eingereicht hatten. »Bezüglich des sonstigen Inhalts des § 5 war die Erwägung maßgebend, daß derselbe wesentlich ein Resultat von Compromissen mit dem H. Minister sei und man die Befugnisse der Pr.-Synode deßhalb vornehmlich auf eine Begutachtung habe einschränken müssen, um nicht andernfalls einer zukünftigen Landessynode — deren doch nicht habe Erwähnung geschehen sollen — Schwierigkeiten zu bereiten. In dieser Hinsicht sei man bei dem gegenwärtigen Standpunkt des Herrn Ministers, welcher jetzt selbst eine thatkräftige Vertretung durch die Pr.-Synoden wünsche, unabhängiger und könne sich wieder mehr der ursprünglichen... Fassung des Entwurfs annähern.«[96]

Eine Reihe weiterer Abänderungen, welche man an den §§ 6 bis 11 vornahm, war zwar für die Endgestalt der Provinzialsynodalordnung ohne einschneidende Bedeutung, läßt aber erkennen, daß man auch hier durchweg auf den ursprünglichen EOK-Entwurf zurückgriff.

Den letzten Sitzungstag (30. 4. 1869) hatte das Kollegium zur Klärung der konfessionellen Problematik reserviert, die sich im Zusammenhang der Provinzialsynodalordnung um die Frage der *itio in partes* kristallisierte.

Der Referent, Oberkonsistorialrat Hermes, berichtete eingangs, alle Konsistorien hätten sich für eine *itio in partes* ausgesprochen; angesichts dieser konfessionellen Stimmung könne man in der Synodalordnung den kritischen Punkt keinesfalls mit Stillschweigen übergehen. Er schlage daher einen Zusatz zu § 7 vor, der im wesentlichen die Grundsätze der Allerhöchsten Order von 1852[97] für die Konsistorien und den EOK aufnehme, dergestalt, daß bei konfessionellen Vorfragen die Entscheidung kollegialisch nach Stimmenmehrheit der Mitglieder des betreffenden Bekenntnisses erfolge und diese Entscheidung der endgültigen Beschlußfassung durch das Plenum zugrunde gelegt werde.

Mathis teilte hierauf mit, eine solche Regelung widerspräche zwar den Vorstellungen des Ministers — dieser wünsche lediglich seine Bestimmung, nach welcher jedes Mitglied der Synode in jedem Falle namentliche Abstimmung fordern könne — er selbst aber unterstütze den Antrag Hermes'.

Nur Oberkonsistorialrat Dorner sprach sich nachdrücklich gegen eine *itio in partes* aus, denn »die Einführung derselben müsse den Argwohn bestärken, daß die Union zurückgedrängt werden solle«.[98]

---

[96] *A. a. O.*, pag. 141.

[97] Siehe oben S. 36.

[98] Protokolle der außerordentlichen Kollegialsitzungen des EOK vom 16. Februar bis 30. April 1869..., pag. 145.

Er schlug statt dessen vor, den Anfang des § 5 ganz im Sinne der pommerschen Fassung[99] zu gestalten. Dann wandte er sich scharf gegen das Amendement der Oberkonsistorialräte Stahn und Kundler, die sogar angeregt hatten — im Anschluß an die Kabinettsorder vom 6. März 1852[100] — in dem Zusatz zu § 7 von »beiden evangelischen Bekenntnissen« zu sprechen. Tatsächlich wäre eine solche Formulierung gleichbedeutend gewesen mit dem Ausschluß der noch bestehenden Konsensusgemeinden.

In diesem Punkt stimmte Mathis Dorner zu, hielt aber an dem Zusatz selbst fest und schlug vor, die schon in § 5 gewählte Bestimmung des Bekenntnisstandes (». . . aus einem der für den Bereich der Provinz zu Recht bestehenden Bekenntnisse . . . «) wieder aufzunehmen.

In der folgenden Abstimmung entschied sich die Majorität gegen den Antrag Dorners und für die Ergänzung zu § 7 in der von Hermes und Mathis vorgeschlagenen Fassung.

Um einem konfessionellen Streit über die Abendmahlsfrage vorzubeugen, beschloß man schließlich noch, den Anfang von § 9 so abzuändern, daß die Teilnahme an der — ursprünglich zusammen mit dem Gottesdienst als selbstverständlich vorgestellten — Abendmahlsfeier nunmehr eindeutig den Charakter der Freiwilligkeit annahm.

Damit war für Kultusministerium und EOK die Diskussion um die Provinzialsynodalordnung für die sechs östlichen preußischen Provinzen vorerst beendet. Ihr Verlauf zeigt nur allzu deutlich die Hintergründe für die ständigen Behinderungen, welche einer ungestörten Fortbildung der Kirchenverfassung den geraden Weg versperrten. Kultusminister v. Mühler, durch die liberalen Zeitströmungen und das Staatsministerium[101] zu einem totalen kirchenpolitischen Frontenwechsel gezwungen, begab sich dadurch notgedrungen in Opposition zum Evangelischen Oberkirchenrat. Hatte er dessen damals aussichtsreichen, gemäßigt freiheitlichen Verfassungsentwurf von 1865 mit seinem Veto blockiert und eine reaktionäre Beschneidung der dort zugestandenen synodalen Befugnisse durchgesetzt, so überraschte er die Kirchenbehörde Ende 1868 plötzlich mit Vorschlägen, die denen des Berliner Unionsvereins nahekamen. Um seine angegriffene politische Position in dem neu geordneten Kräftefeld Preußens wieder zu stärken, desavouierte er überdies den EOK in der kirchlichen Öffentlichkeit, indem er im Parlament allein ihm die Schuld an der verfahrenen kirchenpolitischen Lage gab.

[99] Siehe oben S. 260 f.
[100] Siehe oben S. 36.
[101] Siehe unten S. 469 ff.

Der Evangelische Oberkirchenrat, den das politische Ränkespiel v. Mühlers erhebliches Ansehen gekostet und dessen Verfassungspläne der Minister völlig durchkreuzt hatte, reagierte in vorbildlicher Beachtung preußischen Obrigkeitsdenkens. Weit davon entfernt, die Öffentlichkeit über den wahren Verlauf der Diskussion zu informieren, akzeptierte er die ihm vom Kultusministerium zudiktierte Rolle, als bloßes Werkzeug staatskirchlicher Reaktion zu erscheinen, und beschränkte seine Proteste lediglich auf Immediatsberichte an den König.[102]

Eine Annäherung an den neuen kirchenpolitischen Kurs des Kultusministeriums versagte sich der EOK nicht allein aus Gründen der inneren Überzeugung seiner Mitglieder, sondern vor allem, um sich nicht des politischen Opportunismus bezichtigen zu lassen. Dieses zweite Motiv bestimmte das Kollegium derart stark, daß es nicht einmal die ganze Kompromißfassung aus dem Jahre 1866 zugunsten seines eigenen, liberaleren Entwurfes von 1865 zurückzog, sondern nur einzelne Verbesserungen im Sinne des letzteren vornahm.

Auf diese Weise fehlte dem mühsam ausgehandelten Verfassungswerk, mit dem sich weder das Kultusministerium noch der EOK voll zu identifizieren vermochten, von vornherein der breite Rückhalt, den es nötig gebraucht hätte, um die Angriffe sowohl von seiten der lutherischen Orthodoxie als auch des liberalen Protestantismus heil zu überstehen.

Die Beratungen der außerordentlichen Provinzialsynoden
in den sechs östlichen Provinzen (1869)

Verhandlungsgrundlage, Zusammensetzung und Finanzierung
der Synoden

Am 5. Juni 1869 ordnete Wilhelm I. durch Allerhöchsten Erlaß an das Kultusministerium und den Evangelischen Oberkirchenrat endlich die Einberufung außerordentlicher Provinzialsynoden für die sechs östlichen Provinzen des Staates an.[103] Gleichzeitig wurden den Generalsuperintendenten durch die Kirchenbehörden zwei Proponenda zur Begutachtung für die Synodalverhandlungen zugestellt.

---

[102] Nur der offenbar gut informierte Verfasser der Broschüre *Die Provinzial-Synode in der evangelischen Landes-Kirche* . . . , deutet S. 23 den wahren Sachverhalt an, was vermuten läßt, daß er dem Evangelischen Oberkirchenrat nahestand; vgl. *NEKZ*, 1869, Sp. 612 f.; 630 f.

[103] *Aktenstücke aus der Verwaltung des Evangelischen Oberkirchen-Raths*, Bd. 6, H. 3, Berlin 1869, S. 165.

Das erste enthielt den *Entwurf einer Provinzialsynodalordnung,* so wie er aus den Kollegiumssitzungen des EOK im April des Jahres hervorgegangen war.[104] In den beigefügten Motiven dazu heißt es: »Der wesentliche Theil ihrer Thätigkeit [sc. der der Provinzialsynoden] ist die kirchliche Gesetzgebung in ihrer ganzen Ausdehnung; hierbei tritt sie als ein gleichberechtigter Factor den kirchlichen Behörden zu gemeinsamer Arbeit hinzu. Ihre Organisation beruht auf der Zugehörigkeit zur Landeskirche, nicht auf der confessionellen Unterscheidung innerhalb derselben. Letztere wird durch die Art der Bildung der Synode nicht alterirt, und auch die Synode hat in ihrer Wirksamkeit das Gebiet der confessionellen Unterscheidung in seinen berechtigten Grenzen zu achten.«[105]

Das zweite Proponendum betraf die *Revision der kirchlichen Gemeindeordnung* vom 27. Februar 1860 und umfaßte drei Punkte: 1. *Beseitigung der bindenden Vorschlagsliste* und Wahl der Ältesten durch die Gemeinde in der Weise, daß dabei das aktive Wahlrecht, die Wählbarkeit und die Handhabung der Disziplin durch besondere Anordnungen geregelt wird. 2. *Verschmelzung der* nach Maßgabe des Allgemeinen Landrechts noch immer bestehenden *Kirchenvorstände mit den neuen Gemeindekirchenräten.* 3. Vorschläge für die *Einsetzung einer ständigen*, aus kirchlich qualifizierten Personen zu wählenden *größeren Gemeindevertretung.*[106]

---

[104] *Proponendum für die außerordentlichen Provinzial-Synoden. Entwurf für die Provinzial-Synodal-Ordnung,* in: *Aktenstücke* ..., Bd. 6, S. 172—177.

[105] *A. a. O.,* S. 178.

[106] *Proponendum für die außerordentlichen Provinzial-Synoden, betreffend Revision der Gemeinde- und Kreis-Synodal-Verfassung,* in: *Aktenstücke* ... , Bd. 6, H. 3, S. 208—228. Schon am 10. Mai 1869 hatte der EOK in einem Erlaß die Kreissynoden mit einem Gutachten über die Revision der bisherigen Gemeindeordnung beauftragt. Vgl. J. Heintze, *Die Grundlagen der heutigen preußischen Kirchenverfassung* ... , S. 64 f.; *NEKZ,* 1869, Sp. 456 ff. Kurz nach der Veröffentlichung des Proponendums erschien eine anonyme Broschüre mit dem Titel: *Die Vorschlagsliste und die Provinzialsynode. Ein Wort zur Verständigung von einem Unparteiischen,* Berlin 1869. Darin verlangte der Verfasser die Aufhebung der bindenden Vorschlagsliste; vgl. auch *NEKZ,* 1869, Sp. 694 f. Im gleichen Zeitraum, also zwischen dem Bekanntwerden der Proponenda und dem Beginn der Provinzialsynodalverhandlungen, veröffentlichte der zum Protestantenverein gehörende Pfarrer Senckel ein Schriftchen, in welchem er den »kirchlichen Constitutionalismus in Presbyterien und Synoden« als dringendes Bedürfnis der Gegenwart vorstellte (E. Senckel, *Ein Leib und ein Geist! Zu den gegenwärtigen Erörterungen über unsere Gemeindeordnung,* Berlin 1869). Das dritte Büchlein zur aktuellen Fragestellung jener Zeit stammte aus der Feder des positiv-uniert gesinnten Pfarrers Krummacher aus Brandenburg und stellte die Entwicklung der Kirchenverfassung von der apostolischen Zeit bis zu Schleiermacher dar (Hermann Krummacher, *Ueber evangelische Kirchenverfassung, ihr Wesen, ihre Geschichte und ihre notwendige Fortbildung in der Gegenwart. Fingerzeige zur Orientierung,* Gotha 1869).

Diese auf die Feststellung einer definitiven Synodalordnung begrenzte Aufgabenstellung verlieh den erstmaligen Provinzialsynoden eindeutig den Charakter außerordentlicher Vorsynoden, wodurch das Kirchenregiment — v. Mühler hatte dem König gegenüber darauf gedrungen[107] — vermeiden wollte, die östlichen Provinzialkirchen gegen die Opposition des Abgeordnetenhauses, nur gestützt auf die Autorität des Landesherrn, zu organisieren.

Die provisorische *Wahlordnung* zu den Provinzialsynoden bestimmte, daß teils die einzelnen Kreissynoden, teils aber auch — je nach Größe oder geschichtlicher Zusammengehörigkeit — mehrere Kreissynoden zu einer Bezirkssynode vereinigt als Wahlkörper fungieren sollten. Während die Kreissynode je einen geistlichen und weltlichen Deputierten wählt, denen sich der Superintendent als ihr Präses hinzugesellt, entsenden die Bezirkssynoden einen Superintendenten, einen Geistlichen und zwei weltliche Abgeordnete. In welchem Umfang die geistlichen Deputierten ihre weltlichen Kollegen zu majorisieren vermochten, richtete sich folglich nach der Zahl der als selbständige Wahlkörper auftretenden Kreissynoden.

Die Regelung, zu Deputierten weltlichen Standes die selbständigen Mitglieder aller zum Wahlkörper gehörigen evangelischen Pfarrgemeinden für wählbar zu erklären, enthielt in den Augen der positiven Unionsfreunde ein wesentliches Zugeständnis an den liberalen Protestantismus. Die geistlichen Abgeordneten mußten sich dagegen aus der Zahl der vollberechtigten Mitglieder der Kreissynoden rekrutieren.

Schließlich gestand das Wahlreglement dem Landesherrn das Recht zu, eine Anzahl von Geistlichen und Laien zu berufen, deren Zahl jedoch den sechsten Teil der Gesamtsynode nicht übersteigen sollte.[108]

Nach dem Ausgang der Verhandlungen im Landtag stand außer Zweifel, daß der Staat die für die Einführung der beabsichtigten Provinzialsynoden notwendigen *Geldmittel* nicht bewilligen würde; den Königlichen Dispositionsfond zu diesem Zweck in Anspruch zu nehmen, empfahl sich aus naheliegenden Gründen, die v. Mühler seinem Monarchen deutlich vor Augen geführt hatte,[109] ebensowenig. Da der Evangelische Oberkirchenrat aber auch den Vorschlag des Kultusministers, an die Opferbereitschaft der Deputierten zu apellieren,[110] nicht akzeptieren wollte,

---

[107] Siehe oben S. 282 f.

[108] *Verordnung, betreffend die Berufung außerordentlicher Provinzial-Synoden für Preußen, Brandenburg, Pommern, Schlesien, Posen und Sachsen,* in: *Aktenstücke...,* Bd. 6, S. 166 f., vgl. *NEKZ,* 1869, Sp. 401 ff.; 441 ff. *PKZ* 16 (1869), Sp. 617 ff.

[109] Siehe oben S. 283.

[110] *Ebda.*

mußte die Dotation aus den Kreissynodalkassen erfolgen, die häufig aus diesem Anlaß erst gegründet wurden und zumeist nur wenig enthielten.

Die Gesetzesgrundlage für dieses Verfahren lieferte die »auf Allerhöchster Ermächtigung beruhende« Verordnung vom 16. Juni 1869, in der es § 7 unzweideutig heißt: »Jede Bezirks- resp. einzeln wählende Kreis-Synode hat für die von ihr zur außerordentlichen Provinzial-Synode entsendeten Deputirten die entstehenden Kosten der Reise und des Unterhalts selbst zu beschaffen. Die allgemeinen Kosten der Versammlung, sowie die Kosten für die landesherrlich berufenen Mitglieder werden aus allgemeinen kirchlichen Fonds bestritten.«[111]

Mit den im zweiten Teil des Paragraphen angesprochenen »allgemeinen kirchlichen Fonds« war hauptsächlich der »Collektenfond, bestimmt für die dringendsten Nothstände der evangelischen Landeskirche«, gemeint, der aus den alle zwei Jahre gesammelten Landeskollekten gebildet wurde und an sich für die bedürftigen Gemeinden der Diaspora verwendet werden sollte. Die offensichtliche Zweckentfremdung dieser Gelder bot dem opponierenden Protestantenverein die Hauptangriffsfläche.[112]

Den endgültigen Abschluß der Diskussion um die Dotationsfrage bildete schließlich ein Schreiben Mathis' vom 3. November 1869, also kurz vor Eröffnung der Provinzialsynoden, in dem er den Königlichen Konsistorien ausdrücklich versicherte, »daß es keinem Bedenken unterliegt, für die Kosten der außerordentlichen Provinzial-Synoden, soweit sie den Bezirks- und Kreis-Synoden zur Last fallen, die Kreis-Synodal-Kassen in Anspruch zu nehmen«; anschließend legte er das Eintreibungsverfahren sowie die Höhe der Abgeordnetendiäten genau fest.[113] Obwohl auf diese Weise die Kostendeckung für die ersten Provinzialsynoden einigermaßen gesichert war, wußte freilich jedermann, daß eine solche unsichere und zum Teil auch unredliche Finanzierung sich nicht würde wiederholen lassen.

Die außerordentliche Provinzialsynode der Provinz Preußen

Am 13. November konstituierte sich (ebenso wie in Posen und Schlesien) die preußische Provinzialsynode durch die Wahl des Vorstandes. Die dreiundachtzig Synodalen (aus achtzehn Bezirkssynoden und einer Kreis-

---

[111] *Aktenstücke . . .* , Bd. 6, S. 167.
[112] Vgl. *Die Berufung der Provinzial-Synoden . . .* , S. 7 f.; 15 f., und *Die Provinzial-Synode in der preußischen evangelischen Landes-Kirche . . .* , S. 10 ff.
[113] Archiv der EKU, Berlin, Gen III, 13 Bd. III, pag. 269.

synode, sieben Abgeordnete fehlten noch) verfuhren dabei gemäß der Instruktion des Evangelischen Oberkirchenrates vom 21. Juli 1869, wonach der erste Generalsuperintendent (für Preußen: Moll) die Verhandlungen eröffnen und bis zur Wahl des Synodalvorstandes leiten sollte.[114] Superintendent Erdmann wurde mit großer Mehrheit zum Präses der Synode gewählt, Konsistorialrat Reinicke und Appelationsgerichtspräsident Becker (Insterburg) zu seinen Beisitzern.[115]

Auf Wunsch der Versammelten wurde die Beratung des zweiten Proponendums (Revision der Gemeinde- und Kreissynodalordnung) vorgezogen, zu dessen erstem Punkt, *der bindenden Vorschlagsliste*, die vom Präsidium ernannten Referenten, Pfarrer Künstler (Böttchersdorf) und Pfarrer Dr. Voigdt (Sackheim), sich zunächst äußerten.

Künstler empfahl aufs entschiedenste die Beibehaltung der Vorschlagsliste, wobei er anführte, es sei bedenklich, auf kirchlichem Gebiete zu experimentieren, besonders da die alte Ordnung eine so »gesegnete Wirksamkeit« entfaltet hätte. Die geplante Aufhebung der bindenden Vorschlagsliste interpretiert er als ängstliches Zugeständnis des EOK an die liberalen Protestanten, deren Sache vom Landtage widerrechtlich vertreten werde. »Wenn die kirchlichen Indifferenten veranlaßt werden, sich als das, was sie sind, als Kirchenfeinde zu offenbaren, so kommt ein Gemeindekirchenrath zusammen, in dem die Einmüthigkeit fehlt, in dem Ein angesehener Mann die Andern, Halben gewinnt und die Kirchlichen zum Austritt zwingt und der ganze Gemeindekirchenrath wird lahmgelegt.«[116]

Der Korreferent Voigdt vertrat ebenso entschieden die entgegengesetzte Ansicht: die evangelische Lehre vom allgemeinen Priestertum der Gläubigen, so führte er aus, fordere eine stärkere Mitbeteiligung aller Gemeindeglieder an der Gestaltung ihrer Kirche. Da überdies im staatlichen Leben die Bevormundung des einzelnen weitgehend aufgehört habe, sei auch im kirchlichen Bereich der Wunsch nach einer freiheitlichen Ordnung erwacht. »Als tiefer liegende Ursachen stellten sich heraus der Geist der Zeit, der nicht blos als Zeitgeist aufgefaßt werden darf — sondern als Mahnung, daraus den Willen Gottes zu erkennen. Keine Zeit ohne Gott.«[117]

Hierauf ergriff der Königliche Kommissar, Generalsuperintendent Moll, das Wort und erläuterte, daß vor allem die Notwendigkeit, den § 15

---

[114] *Aktenstücke...*, Bd. 6, S. 169.
[115] *Protokolle über die Berathungen der außerordentlichen Provinzialsynode der Provinz Preußen*, Königsberg 1870, S. 2 ff.
[116] *A. a. O.*, S. 78.
[117] *A. a. O.*, S. 79.

der preußischen Staatsverfassung zu seinem Recht zu bringen, auf die Konstituierung einer selbständigen kirchlichen Verwaltung dränge. Diese liege in der Verbindung der Konsistorial- und Presbyterialverfassung. Der Weg, den die Kirchenbehörde zur Erlangung dieses Zieles eingeschlagen habe, die kirchliche Gemeindeorganisation, sei von namhaften Kirchenrechtslehrern empfohlen worden; »darum mahne das Kirchenregiment mit Ernst zu dem Einschlagen des proponirten Weges«.[118]

Im Auftrage des Kultusministers v. Mühler erklärte sich dessen Kommissar, Oberregierungsrat Krossa, für die Aufhebung der bindenden Vorschlagsliste, weil sie im Gegensatz zu evangelischen wie konstitutionellen staatlichen Grundsätzen stehe und »das Eindringen destruktiver unchristlicher ... Tendenzen in den Kirchenvorstand« nicht unbedingt verhindere.[119]

Nach der sich hieran anschließenden Debatte, bei der acht Redner gegen und sieben für den Fortfall der bindenden Vorschlagsliste votierten, stimmte man unabhängig von dieser Frage zunächst darüber ab, ob bei der Wahl zum Gemeindekirchenrat eine bestimmte Qualifikation zum aktiven und passiven Wahlrecht gefordert werden sollte. Für eine solche Festlegung (Wahlberechtigung nach dem Proponendum; Wählbarkeit gemäß der Bestimmungen der schleswig-holsteinischen Gemeindeordnung)[120] stimmte die Majorität.

Danach erst erfolgte die (namentliche) Abstimmung über Beibehalten oder Fallen der Vorschlagsliste, welche eine Mehrheit von achtundfünfzig Synodalen gegen siebenundzwanzig (fünf fehlten) für den Fortfall derselben ergab.

Über den zweiten Punkt des Proponendums, die *Vereinigung des Gemeindekirchenrats und Kirchenvorstandes*, verlief die Diskussion weit weniger engagiert. Referent Dr. Medem votierte ganz im Sinne der EOK-Vorlage, deren Annahme er schließlich en bloc beantragte, während sein Kollege, Konsistorialrat Henrici, die Verbindung als eine allmähliche Fortentwicklung begriffen wissen wollte, in der bestimmte patronatische Rechte erst nach und nach dem Gemeindekirchenrat übereignet werden sollten.

Im Verlauf der Debatte wurden schließlich einige Ergänzungsvorschläge zu Abs. 1 und 2 des Proponendums angenommen, die ausnahmslos dem Patronat zugute kamen.

---

[118] *A. a. O.*, S. 13.
[119] *A. a. O.*, S. 80.
[120] *A. a. O.*, S. 32.

Danach referierten Superintendent Thornwald und Geheimrat Siehr über Punkt 3 des Proponendums, *die größere Gemeindevertretung*.

Jener bestritt grundsätzlich die Notwendigkeit einer perpetuierlichen Kommission, hielt es jedoch bei Gemeinden, die selbst das Patronatsrecht ausübten, für annehmbar, nicht aber bei Kirchen des Königlichen und Privatpatronats.[121]

Sein Korreferent sprach sich dagegen für eine größere konstante Gemeinderepräsentation aus, wobei er dem Proponendum zwar prinzipiell zustimmte, aber bei Einzelfragen — zumeist die Vorlage präzisierende — Amendements vorbrachte.[122]

Der Bevollmächtigte des Kultusministeriums, Oberregierungsrat Krossa, verteidigte selbstverständlich das Proponendum ebenso wie der Kommissar des Königlichen Konsistoriums, Hohenfeldt. Gleichwohl vermochten ihre Voten die Mehrheit der Synodalen nicht zu überzeugen, denn nach einer äußerst lebhaften Debatte, in deren Verlauf sich die konservativen und liberalen Kräfte gegen die weitere Gemeinderepräsentation wandten, wurde diese mit einundvierzig gegen siebenunddreißig Stimmen abgelehnt.

Das Referat der *Finanzkommission* bildete den nächsten Gegenstand der Beratungen. Im Verlauf der Debatte stellte der Synodale v. Qeen den Antrag, die außerordentliche Provinzialsynode wolle beschließen:

»Wenn die Synode in die Berathung über die Aufbringung der Synodalkosten nach den Vorschlägen des Kirchenregiments eintritt, so geschieht dies sowohl für die Kosten dieser außerordentlichen, wie für diejenigen der spätern Synoden nur unter der Voraussetzung, daß und soweit eine rechtliche Verpflichtung des Staates zur Tragung dieser Kosten nicht nachzuweisen sei; auch nur mit dem ausdrücklichen Vorbehalt, daß dadurch einer etwaigen späteren Entscheidung über die Verpflichtung des Staates nicht präjudicirt werde.«[123]

Da zahlreiche Kreissynodalkassen die anfallenden Kosten für ihre Abgeordneten nicht aufzubringen vermochten oder sich gar weigerten zu zahlen, beantragte der Synodale Gehrt, die Provinzialsynode möge den Evangelischen Oberkirchenrat ersuchen, in diesen Fällen Vorschüsse zu leisten. Beide Anträge wurden mit unzweifelhafter Majorität angenommen.

---

[121] *A. a. O.*, S. 94 f.
[122] *A. a. O.*, S. 96 ff.
[123] *A. a. O.*, S. 40.

Über eine *Revision der Kreissynodalordnung* hatte sich der EOK in seiner Vorlage absichtlich nicht näher ausgelassen, weil zu befürchten stand, daß ein Mitspracherecht bei der Besetzung der Superintendentenstellen gefordert und damit die Position des Kirchenregiments auf der Kreisebene erheblich geschwächt würde.[124]

Unterstützt von Präses Erdmann stellte dann auch der dem Protestantenverein nahestehende Synodale, Gutsbesitzer v. Saucken-Tarputschen, den Antrag: »Der Kreissynode ist das Recht einzuräumen, bei der Besetzung erledigter Superintendentenstellen drei Personen vorzuschlagen, von denen das Konsistorium einen bestätigt. Die Amtsdauer ist auf sechs Jahre festzusetzen.«[125]

Nachdem, wie zu erwarten, Generalsuperintendent Moll dem Sauckenschen Antrag heftig widersprach, fiel derselbe mit großer Mehrheit. Dagegen fand der sehr unbestimmt formulierte Antrag des Superintendenten Wald — »Es ist wünschenswerth, daß den Synoden eine Mitwirkung bei der Wahl der Superintendenten gewährt werde« — die allgemeine Zustimmung der Versammlung.

In der noch übrig gebliebenen Zeit, vom 26. bis 30. November, verhandelte die Provinzialsynode endlich über den aus der Arbeit ihrer Kommission hervorgegangenen, von der EOK-Vorlage geringfügig abweichenden *Entwurf für die Provinzialsynodalordnung*.[126]

Dabei erregte die Bekenntnisfrage (§ 5) das Hauptinteresse. Die Forderung, sowohl bestimmte Bekenntnisse zu nennen, als auch ihren normativen Charakter für die öffentliche Lehre schärfer zu betonen, fand sehr warme Fürsprecher unter den Synodalen. Insbesondere Pfarrer Künstler wandte sich namens seiner Gesinnungsgenossen gegen die indifferente Formulierung der Vorlage, indem er eindringlich vor einem »krankhaften Unionismus, der in Preußen zu einer herrischen Gewalt« geworden sei, warnte und auf »den Unmuth, die Betrübniß und Sorge aller Freunde der lutherischen Glaubensrichtung« hinwies.[127] Generalsuperintendent Moll, sekundiert vom Bevollmächtigten des Kultusministers, beschwichtigte die erregten Lutheraner mit dem Hinweis »auf den vorherrschend lutherischen Typus der Gemeinden dieser Provinz«, der unbedingt erhalten blei-

---

[124] Vgl. *Aktenstücke* ... , Bd. 6, S. 224 f.

[125] *Protokolle ... der außerordentlichen Provinzialsynode der Provinz Preußen ...,* S. 44.

[126] *A. a. O.,* S. 110 ff. Der durch die außerordentliche Provinzialsynode revidierte Entwurf zur Provinzialordnung ist *a. a. O.,* S. 115 ff., abgedruckt.

[127] *Protokolle ... der außerordentlichen Provinzialsynode der Provinz Preußen ...,* S. 52; hier findet sich auch das nachfolgende Zitat.

ben solle. Dann stellte er den Antrag, der weiteren Verhandlung nicht länger die Kommissions-, sondern die Regierungsvorlage zugrunde zu legen, um das Verfahren abzukürzen. Die Mehrheit stimmte dem Vorschlag zu.

Nachdem das Amendement der liberalen Minderheit, die Bekenntnisfeststellung auf die Formulierung in § 1 zu beschränken, ebensowenig Anklang gefunden hatte wie die konfessionalistischen Vorschläge der Lutheraner, einigte man sich schließlich mit großer Mehrheit auf die Vorlage des Kirchenregimentes.

§ 5 Abs. 5 erfuhr eine Erweiterung, die der Provinzialsynode das Recht auf die Mitwirkung bei der Abfassung neuer Instruktionen für die Konsistorien einräumte. Abänderungen der Konfirmations- und Vokationsurkunden, soweit sie die Bekenntnisstellung der Gemeinden berührten, sollte ebenfalls die Provinzialsynode mitentscheiden.

§ 5 Abs. 6 wurde mit großer Majorität ein Zusatz angenommen, der die Provinzialsynode ermächtigte, eine gewisse Kontrolle bei der Verwaltung kirchlicher Stiftungen auszuüben.

§ 5 Abs. 8 erhielt eine Ergänzung, die die Provinzialsynode verpflichtete, vor der Verteilung der Kirchen- und Hauskollekte die Kreissynoden anzuhören; die Verwaltung der Kollekteneinnahmen bis zu deren Verteilung wurde den Konsistorien zugestanden.

Zwei weitere Befugnisse, welche die Kommission den Provinzialsynoden beigelegt wissen wollte — Teilnahme an Kandidatenprüfungen und Mitsprache bei der Besetzung vakanter Generalsuperintendenturen (§ 5 Abs. 10 und 11) — nahm die Versammlung gleichfalls mit großer Mehrheit an.

Bei der Abstimmung über § 10 überzeugte die Fassung des Kommissionsentwurfes, welche einen erheblichen Teil der Regierungsvorlage ausgelassen hatte, die Mehrheit der Synodalen.

Die Veränderungen des § 11 betonten die Verpflichtung des Staates, Provinzialsynoden zu bezuschussen, und nahmen die Bestimmungen von § 7 der Verordnung vom 16. Juni 1869 auf, nach der die Bestreitung der allgemeinen Synodalkosten sowie die Kosten für die landesherrlich berufenen Mitglieder »allgemeine kirchliche Fonds« tragen mußten.[128]

Überblickt man die Beschlüsse der außerordentlichen Provinzialsynode der Provinz Preußen, so läßt sich unzweifelhaft feststellen, daß die wichtigsten Entscheidungen im Sinne des Kirchenregimentes gefallen waren.

---

[128] *Aktenstücke...*, Bd. 6, S. 167.

Die außerordentliche Provinzialsynode der Provinz Brandenburg

Weitaus interessanter als die preußische mußte sich die brandenburgische Provinzialsynode gestalten, denn hier saßen sowohl die für die Kirchenpolitik des preußischen Staates Verantwortlichen als auch namhafte
Vertreter der lutherischen und protestantisch-liberalen Opposition.

Der Kommissar des landesherrlichen Kirchenregimentes, Generalsuperintendent Hoffmann,[129] eröffnete am 14. November 1869 die Versammlung, der 122 Synodale (sechs fehlten) angehörten. Mit absoluter
Stimmenmehrheit (66 Stimmen) wurde der milde Lutheraner Pastor
Wölbling, welcher von der unionsgesinnten Richtung immerhin auch für
das Amt des Vizepräsidenten vorgeschlagen worden war, zum Präses gewählt. Wölblings Ruf, kein einseitiger Parteimann zu sein, rührte von seinem Vortrag auf der Gnadauer Frühjahrskonferenz (6. April 1869) her, in
dem er sich für eine Vereinigung des konfessionellen Luthertums mit den
Positiv-Unierten ausgesprochen hatte.[130] Im übrigen unterlagen bei der
Wahl des Vorstandes die Kandidaten der unionsgesinnten Richtung, Konsistorialrat Reichhelm und Professor Curtius, gegen den Superintendenten Gensichen und Freiherrn von Manteuffel — beide wenig kompromiß-
freudige Lutheraner.[131]

Als Referenten für den ersten Verhandlungsgegenstand, den *Entwurf
zur Provinzialsynodalordnung* (Proponendum I des EOK), bestellte die
Synode Oberkonsistorialrat Dorner[132] und Superintendent Tauscher. Dorner vertrat im wesentlichen die von ihm mitgestaltete Vorlage und
wünschte lediglich hinsichtlich der Befugnisse der Provinzialsynode (§ 5)
noch einige Erweiterungen. So forderte er unter anderem eine Mitwirkung
bei Disziplinarfällen und den theologischen Examen.

Mit großem Nachdruck setzte er sich ferner für die Unantastbarkeit der
akademischen Lehrfreiheit ein (§ 5 Abs. 1), erkannte jedoch an, daß der
Provinzialsynode ein Beschwerderecht zustehe. Hinsichtlich der Konfessionsfrage betonte Dorner, die Provinzialsynode dürfe am Bekenntnis-

---

[129] Siehe oben S. 121 ff.

[130] (Wölbling), *Pflüget ein Neues. Eine Ansprache über die kirchliche Lage und Frage auf
der Conferenz zu Gnadau am 6. April 1869,* Neu-Ruppin 1869; vgl. *NEKZ,* 1869, Sp. 264 f.;
670 f.

[131] *Verhandlungen der außerordentlichen Provinzial-Synode der Provinz Brandenburg
im Jahre 1869,* Berlin 1870, S. 2 f. Die Verhandlungsprotokolle sind auffallend knapp gefaßt,
so daß z. T. die Berichte der *NEKZ* (1869, Sp. 772 ff.) eine ausführlichere Darstellung bieten.

[132] Siehe oben S. 128 ff.

stand der Kirchenprovinz nichts ändern und müsse sich dessen bewußt bleiben, daß ihre Organisation auf der Zugehörigkeit zu der einen preußischen Landeskirche beruhe und nicht auf der konfessionellen Unterscheidung innerhalb derselben.

In diesem Punkt widersprach ihm Korreferent Tauscher entschieden, indem er vor dem falschen Unionismus in Preußen warnte und mit Unterstützung seiner lutherisch-konfessionellen Gesinnungsgenossen zu § 1 einen Antrag einbrachte, der die Aufrechthaltung und Pflege des Bekenntnisstandes der einzelnen Gemeinden in den Vordergrund rückte.

Nach einer langen Diskussion über die beiden zuvor gehörten Referate votierte die Versammlung schließlich mit großer Majorität für das — nur geringfügig geänderte — Tauschersche Amendement.

Mehrere Redner wandten sich gegen § 2 Abs. 3 und wünschten die landesherrliche Ernennung ganz gestrichen zu sehen, weil dadurch die Selbständigkeit der Synode in erheblicher Weise beeinträchtigt werde; letztlich dienten diese landesherrlichen Ernennungen nur der Stärkung des Kirchenregimentes. Dagegen forderten die Synodalen wiederholt, in den Paragraphen eine geordnete Vertretung der Kirchenpatrone aufzunehmen, damit deren Rechte nicht durch etwaige Synodalbeschlüsse beeinträchtigt werden könnten.

Hoffmann versicherte, unterstützt vom Kommissar des Kultusministeriums, Lucanus, an eine Beschneidung der Patronatsrechte sei nie gedacht worden, vielmehr sollten diese gegenüber den Gemeindekirchenräten abgesichert werden. Bezüglich der landesherrlichen Ernennung hob Hoffmann hervor, daß es sich eben nicht um kirchenregimentliche, sondern landesherrliche Ernennungen handele, auf die der Landesherr als *summus episcopus* der evangelischen Landeskirche schlechterdings nicht verzichten könne.

Mittlerweile waren eine ganze Reihe von Anträgen zu § 2 Abs. 3 eingebracht worden. Für das Amendement Fittbogen entschied sich nach einer längeren Debatte schließlich die Mehrheit (63 gegen 58 Stimmen):

»Die Provinzial-Synode wird gebildet durch . . . 3) Ehrenmitglieder, deren Zahl den sechsten Theil der sämmtlichen Mitglieder nicht übersteigen darf. Die eine Hälfte derselben beruft der Landesherr, die Andere die Provinzial-Synode, wobei letztere gehalten ist, mehrere Kirchenpatrone zu wählen.«[133]

Zu § 5 der Vorlage stellte die mit der Bekenntnisfrage befaßte Kommission den Antrag, das Kirchenregiment zu ersuchen, Aufklärung über die in

---

[133] *Verhandlungen der außerordentlichen Provinzial-Synode Brandenburg . . .*, S. 31.

der Provinzialkirche zu Recht bestehenden Bekenntnisse zu geben und deren Verhältnis zueinander zu bestimmen. Als eine Art Entscheidungshilfe formulierte sie darüber hinaus eine der Rheinisch-Westfälischen Kirchenordnung analoge Deklaration über den Bekenntnisstand der Brandenburgischen Provinzialkirche.[134]

Während der erste Teil des Kommissionsantrages nach kurzer Debatte ohne weiteres angenommen wurde, verursachte der Entwurf zum Bekenntnisstand der Provinzialkirche den Ausbruch der — bis dahin nur latent spürbar gewesenen — tiefgreifenden konfessionellen Differenzen unter den Synodalen.

Für die protestantisch-liberale Seite sprach sich Oberbürgermeister Seydel, unterstützt durch Prediger Thomas, gegen die Erklärung aus, da diese »eine formelle Anerkennung« der genannten Bekenntnisse enthielte. Durch solche Anerkennung aber werde Gewissenszwang ausgeübt, denn die Bekenntnisse bildeten dann eine rechtliche Norm und Schranke für die individuelle Überzeugung des einzelnen. Endlich würde durch die Annahme des Entwurfs der Bekenntnisstand der Provinzialkirche für alle Zeiten fixiert und die Fortbildung der Lehre unmöglich gemacht.

Nachdem Brückner und noch einige prominente Redner (Hoffmann, Reichhelm) der positiv-unierten Richtung das Wort zur Widerlegung der Seydelschen Bedenken ergriffen hatten, erklärte sich die Mehrheit mit einer leicht verbesserten Fassung der Kommissionsvorlage einverstanden. Als daraufhin aber der lutherische Superintendent Tauscher noch ein ergänzendes Amendement einbrachte, das die Bekenntnisindifferenz der Unierten schärfer pointieren sollte,[135] erhob sich auf unierter Seite ein solcher Sturm der Entrüstung, daß Brückner den Abbruch der Diskussion beantragte, um der Kommission eine neuerliche Beratung zu ermöglichen.

Tags darauf erklärte Brückner, die Kommission habe beschlossen, ihre Deklaration des Bekenntnisstandes vollkommen zurückzuziehen, da sie so schwere Bedenken erregt und konfessionelle Mißverständnisse heraufbeschworen habe. Nach erregter Debatte erklärte sich die Synode damit schließlich auch einverstanden.

Schließlich trug der Referent der Finanzkommission, Staatsminister a.D. v. Patow deren Ergebnisse bezüglich des § 11 vor.[136] Zur Beseitigung der gesetzlichen Mängel, die im Zusammenhang mit dem Synodalkosten-

---

[134] *A. a. O.*, S. 50 f. Zu dem in der Rheinisch-Westfälischen Kirchenordnung formulierten Bekenntnisstand vgl. E. Friedberg. *Die geltenden Verfassungs-Gesetze...*, S. 21.
[135] *Verhandlungen der außerordentlichen Provinzial-Synode Brandenburg...*, S. 60.
[136] *A. a. O.*, S. 94—99 Abdruck des Kommissionsberichtes.

wesen hervorgetreten seien, so führte er aus, habe es die Kommission als ihre Aufgabe angesehen, die EOK-Vorlage durch ergänzende Vorschläge zu vervollständigen. Da keine Aussicht bestehe, daß von der Staatskasse erhebliche Teile der entstehenden Kosten übernommen würden, es aber auch nicht möglich sei, nur vermögende Gemeinden (zum Beispiel die Königlichen Patronate) zu Synodalkosten zu veranlagen oder sich auf die freiwilligen Beiträge von Kirchen- und Hauskollekten zu verlassen oder gar die Stolgebühren zu erhöhen, bleibe nur noch übrig, den Mitgliedern der Kirchengemeinden die Synodalkosten »in der Form unbedingt einziehbarer Beiträge aufzuerlegen«.

Nach kurzer Diskussion wurde hierauf § 11 der Kommissionsvorlage fast einstimmig angenommen.

Gegen § 11a erhoben sich hinsichtlich der Rechtmäßigkeit und Zweckmäßigkeit einer zwangsweisen Aufbringung der Synodalkosten schwere Bedenken. Da jedoch keiner der Synodalen einen Alternativantrag vorzubringen wußte, stimmte die Mehrheit einer leicht amendierten Fassung des § 11a und der unveränderten Kommissionsvorlage des § 11b schließlich zu.

Im Verlauf der Schlußberatungen erörterte die Versammlung nochmals kurz den revidierten Synodalordnungsentwurf, ohne jedoch entscheidende Änderungen vorzunehmen.[137]

Danach begannen die Verhandlungen über Nr. 1 des zweiten Proponendums, der *Beibehaltung oder Aufhebung der bindenden Vorschlagsliste* bei der Wahl des Gemeindekirchenrats.

Superintendent Ebeling, der als Referent für die Beibehaltung der Vorschlagsliste bestellt war, führte aus, zur Aufhebung derselben liege weder eine äußere noch innere Nötigung vor, ihr Fortfall müsse hingegen schlimme Folgen zeitigen. »Der Gedanke nun, daß die Wahl einer Majorität Jemanden die Eigenschaft eines wirklichen Vertreters der Wählerschaft gebe, ist das falsche Princip, das unsere modernen kirchlichen Verfassungsbildungen beherrscht. Wird es beibehalten, dann muß die Vorschlagsliste fallen, der großen Masse muß gewährt werden, sich ihre angeblichen Vertreter möglichst schrankenlos zu wählen, es wird aber damit ein Strom in die Kirche eindringen, der nicht bloß das Hirtenamt in Bedrängniß bringt, sondern Consistorium, Oberkirchenrath und auch den Thron des Königs hinwegfluthen wird.«[138] Ohne Vorschlagsliste sei die Bildung eines geeigneten Gemeindekirchenrates höchst unwahrschein-

---

[137] Vgl. *a. a. O.*, S. 181 ff.
[138] *A. a. O.*, S. 117 f.

lich, »denn zu der Anmeldung der Wahl würden viele der trefflichsten Gemeindeglieder sich nur schwer entschließen«.[139]

Der Korreferent, Pastor Krummacher, votierte für den Fortfall der Vorschlagsliste, weil diese »früher oder später« doch beseitigt werden müsse und zum gegenwärtigen Zeitpunkt noch die Möglichkeit bestehe, das aktive und passive Wahlrecht gegen Massenwillkür sinnvoll zu beschränken. Allein eine solche Wahl gewährleiste eine wirkliche Gemeindevertretung und hebe das innere Leben der Gemeinden.

Es folgten eine Reihe von Amendements seitens der Synodalen, als deren Motiv häufig die Beschränkung der »Wählerei« genannt wurde. Generalsuperintendent Hoffmann suchte in einer langen Rede die Ebelingschen Argumente für die Beibehaltung der Vorschlagsliste zu entkräften. Er wies darauf hin, welche Schwierigkeiten sich bei der Berufung einer Landessynode ergäben, wenn ein Teil der zu vertretenden Landeskirchen auf der schmalen Basis der Vorschlagslisten ruhe, während der andere sich durch freie Wahlen konstituiert habe.

In einer langen, lebhaften Diskussion wurde für die Beibehaltung der Vorschlagsliste vor allem geltend gemacht, es sei bedenklich, so kurz nach der Einführung der Gemeindeordnung diese von Grund auf wieder zu revidieren. »Jetzt heißt es: 'weg mit der Vorschlagsliste!'; bald wird es dann heißen: 'weg mit den Kriterien!' und Herr Omnes auf politischem Gebiet ein Tyrann, in der Kirche ein Zerstörer, wird die Herrschaft an sich reißen zum Verderben der Kirche.«[140]

Gegen die Beibehaltung der Vorschlagsliste führte man an, es gelte, eine neue Kirchenverfassung zu konstituieren, die auf dem Boden des Evangeliums stehe und keine Kritik durch das Abgeordnetenhaus zu fürchten brauche. »Der Gemeinde gebührt das Recht bei der Herstellung der neuen Kirchenverfassung mit zu rathen und zu thaten; dies Recht der Gemeinde ist ein göttliches, in der heiligen Schrift begründetes und geht aus dem Wesen des Protestantismus hervor.«[141]

Der Kommissar des Kultusministers, Regierungsrat Lucanus, unterstrich nachdrücklich, daß sich vom Regierungsstandpunkt aus eine Gemeindevertretung, die aufgrund von Wahlen mittels der Vorschlagsliste zustande gekommen sei, nicht einwandfrei gegen den Protest des Abgeordnetenhauses verteidigen lasse.

[139] *A. a. O.*, S. 113.
[140] *A. a. O.*, S. 148.
[141] *A. a. O.*, S. 149.

Superintendent Tauscher unterstellte dem Kirchenregiment unter lebhaftem Beifall, das Proponendum über den Wegfall der Vorschlagsliste habe seine wirkliche Ursache in der Petition des Protestantenvereins an das Abgeordnetenhaus[142] und ziele darauf ab, die Kirche vom Königtum zu trennen. Obwohl Hermes entschieden widersprach und Kögel vor der Aufstellung falscher Alternativen warnte, ignorierte die Versammlung mehrheitlich diese Stimmen. Superintendent Hammer sprach aus, was die Mehrheit gedacht haben mochte: »Wenn in der Armee freie Wahl eingeführt wird, würde diese wohl dieselbe Kraft haben wie bisher? Wir stehen vielleicht vor einem neuen 48, ist es da wohl angetan, mit einer so radicalen Umgestaltung umzugehen, und den Wall wegzunehmen, der die Feinde noch abhält, in die Festung einzutreten?«[143]

Schließlich kam der Antrag des Redakteurs Dr. Heffter zur Abstimmung:

»Die Synode wolle beschließen: Die bindende Vorschlagsliste für die Wahlen zum Gemeindekirchenrathe ist beizubehalten.«[144]

60 Stimmen erklärten sich für die Beibehaltung der Vorschlagsliste, während 27 Synodale für deren Fortfall eintraten und 29 sich bei der Abstimmung ganz enthielten.

Eine Reihe namhafter Synodalmitglieder — darunter Bethmann-Hollweg, Brückner, Lehnerdt, Reichhelm, Krummacher, Dorner, Curtius und Kögel — gaben einen schriftlichen Protest gegen die Art der Fragestellung zu Protokoll.

Die *Vereinigung des Gemeindekirchenrates mit dem Kirchenvorstand* bildete den nächsten Tagesordnungspunkt. Nachdem Krummacher als Referent der Kommission über deren Vorschläge dazu berichtet hatte, trat die Versammlung in die allgemeine Diskussion ein.[145] Gegen die Kommissionsvorschläge wurde insonderheit geltend gemacht, daß die empfohlenen Änderungen unzweckmäßig seien, indem sie zu erheblichen Differenzen zwischen Patron und Gemeindekirchenrat führen würden und daß überdies die beabsichtigte Verschmelzung der Kirchenvorsteher mit dem Gemeindekirchenrat die Patronatsrechte verletze. Gleichwohl setzte sich hier die EOK-Vorlage — leicht amendiert durch Kommissionsvorschläge zugunsten der Patrone — mit großer Mehrheit durch, wogegen freilich zwanzig Patrone beim Präsidium Protest erhoben.

---

[142] Siehe oben S. 275 f.
[143] *Verhandlungen der außerordentlichen Provinzial-Synode Brandenburg...*, S. 154.
[144] *A. a. O.*, S. 145.
[145] Wortlaut des Kommissionsberichtes: *A. a. O.*, S. 163.

Hinsichtlich der *Einrichtung einer größeren Gemeindevertretung* stimmten die Synodalen einem Amendement Bethmann-Hollwegs zu, wonach eine solche auf Antrag des Gemeindekirchenrates in größeren Gemeinden konstituiert werden konnte. Wegen der noch verbliebenen knappen Zeit, überließ man es im übrigen dem Kirchenregiment, nähere Bestimmungen hierüber zu treffen.

In Anlehnung an die Vorlage formulierte der Präses hierauf einen Entwurf für die Kreissynodalordnung, der mit einem Amendement von Ritterschaftsrat v. Pfuel, nach dem die Patronate zwei bis drei kirchlich qualifizierte Vertreter zur Kreissynode wählen durften, auch von der Mehrheit akzeptiert wurde.

Es bedarf kaum der Erwähnung, daß mit dem insgesamt enttäuschenden Ergebnis dieser wichtigen brandenburgischen Provinzialsynode — namentlich dem Votum für die Beibehaltung der Vorschlagsliste — den Verfassungsplänen des Evangelischen Oberkirchenrates in dessen unmittelbarer Einflußsphäre eine deutliche Absage erteilt worden war, die den Erfolg des ganzen Unternehmens erheblich in Frage stellen mußte. Wie sehr man im Oberkirchenrat mit einer anderen Entscheidung der Kirchenprovinz Brandenburg gerechnet hatte, belegt ein Bericht der *Neuen Evangelischen Kirchenzeitung* über die vorausgegangenen Kreissynoden ganz deutlich: » ... in Brandenburg«, so heißt es dort, »sollen die Wahlen [sc. zur Provinzialsynode] überwiegend im Sinne der positiven Union, welche sich wohl durchweg für die freiere Wahl erklären dürfte, ausgefallen sein.«[146]

Die außerordentliche Provinzialsynode der Provinz Pommern

Wie die pommersche Provinzialsynode votieren würde, schien kaum einem Kirchenpolitiker der preußischen Landeskirche zweifelhaft. Allein die Kenntnis von dem eindeutigen Ausgang der Kreissynoden — 45 Synoden hatten sich gegen den Wegfall der Vorschlagsliste erklärt und nur drei dafür — genügte, um zu wissen, daß der Evangelische Oberkirchenrat in dieser Provinz auf die härteste Opposition gefaßt sein mußte.

---

[146] *NEKZ,* 1869, Sp. 661. Weit realistischer hatte dagegen Dorner im Oktober 1869 die Situation eingeschätzt (*Briefwechsel...,* Bd. 2, S. 77 f., Hervorhebungen im Original): »Sie [sc. die Provinzialsynoden] sind erwählt auf Grund der alten Gemeindeordnung, nach welcher die Aeltesten auf Grund einer bindenden Vorschlagsliste gewählt waren. Von den so zu Stande gekommenen Presbyterien und Kreissynoden sind nun die Deputirten zur Provinzialsynode gewählt. Da die Wähler sonach s e h r konservativ waren, so sind die Gewählten fast nur z u konservativ.«

Schon bei Eröffnung der Synode drohte der erste ernsthafte Konflikt zwischen der konfessionalistisch-lutherischen Majorität und den Positiv-Unierten. Obwohl in der Schloßkirche zu Stettin, in der die Eröffnungs-feier stattfinden sollte, die agendarische Formel in Gebrauch war, verlang-ten die Lutheraner als Bedingung ihrer Teilnahme, daß die lutherische Spendenformel angewandt würde. Als Wortführer dieser Gruppe trat der ehemalige Oberpräsident Hans v. Kleist-Retzow (1814—1892) hervor, der mit seinem schroffen: »Nein, das können wir nicht«, jede weitere Ver-handlung über den Gegenstand rücksichtslos abschnitt.[147] Das Kirchenre-giment, an einem reibungslosen Ablauf aller Provinzialsynoden interes-siert, gab sofort nach — allerdings vorbehaltlich der Zustimmung aller Synodalen. Damit war die Entscheidung den Unierten zugeschoben. Diese erklärten schließlich im Sinne des EOK, »daß wir um des Friedens willen, und um die genannte Abendmahlsfeier überhaupt nicht in Frage zu stellen, uns von der Feier des heiligen Abendmahls unter Anwendung der soge-nannten lutherischen Formel nicht ausschließen werden, da wir den Segen des Sakraments von der Anwendung der einen oder der anderen Spende-formel nicht abhängig erachten.«[148]

Zugleich aber sahen sie sich nun ihrerseits zu einer Rechtsverwahrung genötigt, dahingehend, daß die agendarische Spendenformel in der pom-merschen Provinzialkirche zu Recht bestehe, dieselbe in der Stettiner Schloßkirche allein ordnungs- und rechtmäßig sei und der Rechtsbestand der Union in Pommern durch ihr Nachgeben keineswegs tangiert werde.

Tags darauf erflehte der Kommissar des landesherrlichen Kirchenregi-mentes, Generalsuperintendent Jaspis, für die Synodalen die Gnade und den Frieden Gottes und empfahl in seiner einleitenden Ansprache die EOK-Proponenda einer unbefangenen, vertrauensvollen Erwägung.

Entweder stimmten Jaspis' Worte nachdenklich oder aber die ortho-doxen Lutheraner wollten die Konfrontation mit dem Kirchenregiment nicht auf die Spitze treiben und dessen Nachgiebigkeit honorieren — je-denfalls gaben sie die von vielen Seiten intendierte Demonstration, Mein-hold[149] zum Präses ihrer Synode zu wählen, auf und stimmten für Superin-tendent Lengerich, der zwar ebenfalls zu den Konfessionellen gehörte, aber nicht als eigentlicher Parteiführer galt.[150] Weniger Rücksicht übte

---

[147] NEKZ, 1869, Sp. 754.

[148] Verhandlungen der außerordentlichen Provinzial-Synode der Provinz Pommern im Jahre 1869, Stettin 1870, S. 14; vgl. NEKZ, 1869, Sp. 735 ff.

[149] Siehe oben S. 269 f.

[150] Vgl. Theodor Meinhold, Lebensbild des D. Carl Meinhold, Superintendent in Kam-min in Pommern. Ein Stück pommersche Kirchengeschichte, Berlin 1899, S. 123; Verhand-lungen der außerordentlichen Provinzial-Synode ... Pommern ..., S. 15.

man dagegen bei der Wahl der Beisitzer; 50 beziehungsweise 51 Synodale (von insgesamt 68, vier Mitglieder fehlten) votierten für Pastor Euen, den früheren Herausgeber der lutherischen Monatsschrift, und Kleist-Retzow, der ja schon in der Abendmahlsfrage bewiesen hatte, daß er einen harten Kurs einzuschlagen gedachte.[151]

Beunruhigt über die starre Kampfhaltung der pommerschen Lutheraner warnte das Kirchenregiment eindringlich vor einem Verstoß gegen die vorgeschriebene Geschäftsordnung, der »möglicher Weise unerwünschte Folgen haben würde«.[152]

Auf der Tagesordnung stand als erster Verhandlungsgegenstand das Proponendum des EOK über die *Revision der kirchlichen Gemeindeordnung* vom 27. Februar 1860.

Das Referat von Superintendent Zietlow, der sich für die Beibehaltung der *Vorschlagsliste* aussprach, gipfelte in dem Ausruf: »non possumus. Es kann keiner Gesellschaft, keiner Korporation zugemuthet werden, daß sie sich unter eine Ordnung stellte, durch welche sie sich selbst zerstört. Und eine Selbstzerstörung wäre es, wenn wir unsere Gemeinde-Kirchenräthe dazu hergäben, daß sie Heerde würden, auf denen unreines Feuer brennt.«[153] Der Korreferent, Pastor Wilhelmi, behauptete dagegen, der Wegfall der Vorschlagsliste sei unbedenklich, zweckmäßig, notwendig und sogar unvermeidlich, wenn man nicht wolle, daß eine Kirchenverfassung oktroyiert würde, die unkirchliche Landtagsabgeordnete entworfen hätten. Der Königliche Kommissar, Generalsuperintendent Jaspis, erklärte sich ebenfalls für den Fortfall der Vorschlagsliste und regte an, die Synode möge lieber, falls sie Bedenken gegen diesen Vorschlag des EOK hege, die Kautelen für die Verleihung des aktiven und passiven Wahlrechtes verschärfen.

Im Verlauf der nachfolgenden Diskussion äußerten sich zahlreiche Synodale zugunsten der Vorschlagsliste. Graf Krassow zum Beispiel warnte: »In Schleswig-Holstein werden jetzt eben die Wahlen vollzogen, in Neumünster z. B. von dem Lassalleschen Arbeiter-Verein; will man das etwa auch bei uns in Pommern?«[154] Ähnlich klagte Pastor Wittenberg: »Seit

---

[151] Kleist-Retzow hatte sich schon lange für diesen Auftritt vorbereitet. Freilich war es lange zweifelhaft geblieben, ob er in die pommersche Synode hineingelangen würde, weil er sich in seiner eigenen Gegend nicht gerade großer Beliebtheit erfreute. Zu seiner Genugtuung entsandte ihn aber die Bezirkssynode Belgard-Körlin-Kolberg-Schivelbein als ihren Vertreter (vgl. Heinrich v. Petersdorff, *Kleist-Retzow. Ein Lebensbild,* Stuttgart-Berlin 1907, S. 400 ff.); vgl. auch den VIERTEN TEIL, S. 484 ff., dieser Arbeit.

[152] *Verhandlungen der außerordentlichen Provinzial-Synode … Pommern …,* S. 24.

[153] *A. a. O.,* S. 288.

[154] *A. a. O.,* S. 33.

1850 ist die Zeit anders geworden; wir hatten damals zwar schon einen Strauß, aber noch keinen Renan, keinen Schenkel, keine Protestantenvereine, keine von Atheisten geleiteten Arbeitervereine..., noch nicht die Massenerklärungen und Abstimmungen über die Wahrheit des Wortes Gottes.«[155] Vielfach bezeichnete man die Vorschlagsliste als Teil einer genuin lutherischen Kirchenverfassung, während ihr Wegfall reformierten Prinzipien entspreche. Superintendent Meinhold ergänzte, die Gemeinden hätten einen Widerwillen gegen alles Wählen »und ein richtiges Gefühl gegen kirchliche Wahlen besonders«; durch eine solche Prozedur verlöre man darum die tüchtigsten Gemeindeglieder.

Nach Abschluß der Diskussion stimmten 56 Synodalmitglieder für die Beibehaltung der Vorschlagsliste, 14 dagegen. Selbst das Amendement des Synodalen Wieseler, in Zukunft wenigstens drei statt zwei Kandidaten vorzuschlagen, stieß auf breite Ablehnung.

Der zweite Abschnitt des Hauptproponendums, die *Vereinigung des Gemeindekirchenrates mit dem Kirchenvorstand,* war nur von zweien der vorangegangenen Kreissynoden gebilligt worden und stieß erwartungsgemäß auch in der Provinzialsynode auf erheblichen Widerstand. Dabei legte man das Hauptgewicht auf die veränderte Stellung des Patronats, dessen Rechte in der Tat geringfügig beschränkt werden sollten. »Unser Patronat«, so führte Zietlow aus, »ist eine lebendige Institution. Es soll nun allerdings noch nicht durch die vorgeschlagenen Veränderungen ihr das Leben genommen werden. Aber sie wird vorläufig in den Hintergrund gerückt. Nach dem ersten Schritt folgt der zweite leichter. Principiis obsta!«[156] Mit diesem Ausruf kam Zietlow der herrschenden Stimmung natürlich sehr entgegen, denn es waren weniger vernünftige Argumente, die in den Augen der Synodalen gegen die EOK-Vorlage sprachen, als vielmehr die von einem starren, religiös motivierten Konservativismus getragene Abneigung gegen das diesen Vorschlägen vermeintlich zugrunde liegende Konzept: Zugeständnisse an den atheistischen Zeitgeist um den Preis der Anerkennung kirchlicher Selbständigkeit zu machen. Der Synodale v. Meding ergänzte denn auch Zietlows Ausführungen, indem er Pastorat, Provisorat und Patronat als die drei historischen Grundsäulen der Kirche in Pommern bezeichnete, die sich in glaubensloter Zeit immer wieder als deren Stütze bewährt hätten.

Wie zu erwarten, wurde das EOK-Proponendum mit großer Majorität abgelehnt, dagegen ein Antrag von Kleist-Retzow fast einstimmig ange-

---

[155] *A. a. O.,* S. 35.
[156] *A. a. O.,* S. 292.

nommen, wonach der Patron, falls er die Qualifikationen der Wählbarkeit besaß, beantragen konnte, als stimmberechtigtes Mitglied in den Gemeindekirchenrat einzutreten; ebenso sollten die von ihm ernannten Kirchenvorsteher die Qualifikation zum Mitglied des Gemeindekirchenrates besitzen.

Auch der Antrag auf *Einrichtung einer größeren Gemeinderepräsentation* wurde zunächst abgelehnt, dann aber — unter der Voraussetzung, daß die Vorschlagsliste abgeschafft würde — für größere Gemeinden von mindestens 1000 Seelen doch angenommen.

Im Anschluß daran begannen die *Verhandlungen über die Kreissynodalordnung*. Pastor Wetzel, der Referent für diesen Komplex, stellte unter Berufung auf die Voten der meisten pommerschen Kreissynoden folgenden Antrag:

»Hochwürdige Synode wolle erklären, daß sie die Bezeichnung des rechtmäßigen Bekenntnißstandes der zu einer Synode gehörigen Gemeinden im Synodal-Statut mit Hinsicht auf die gegenwärtigen Verhältnisse der evangelischen Landeskirche Preußens für nothwendig erkenne, und das Hohe Kirchen-Regiment ersuche, diese Bezeichnung anzuordnen.«[157]

Generalsuperintendent Jaspis entgegnete, das Konsistorium habe solche Forderungen bisher als unstatthaft zurückgewiesen, zumal sich die Anträge oft derart widersprochen hätten, daß die Bildung eines einheitlichen Konzeptes nicht möglich gewesen wäre. Außerdem sei die Betonung des Bekenntnisses in den Statuten vollkommen überflüssig, denn dasselbe erfreue sich ja des beständigen Schutzes durch das Kirchenregiment. Unter dem schallenden Gelächter der Synode gelang es daraufhin Graf Krassow, dem Königlichen Kommissar die Inkonsequenz vor Augen zu führen, indem er fragte, wie denn zum Beispiel die reformierte Gemeinde in Stargard genannt werde. Jaspis antwortete, nichts Böses ahnend: »reformierte Gemeinde«. Krassow fragte weiter, ob denn auch die lutherischen Gemeinden »lutherisch« genannt würden. Darauf mußte der Kommissar schweigen.[158]

Diese kleine Episode — eine für preußische Verhältnisse ungewöhnliche Renitenz gegen einen königlichen Beamten — macht einmal mehr deutlich, daß das konfessionelle Luthertum in den Jahren zwischen 1866 und 1872 auch vor der harten Konfrontation mit der offiziellen Staatskir-

---

[157] *A. a. O.*, S. 313.

[158] *A. a. O.*, S. 84; vgl. Th. Meinhold, *Lebensbild des D. Carl Meinhold ...*, S. 125. Ein Vergleich beider Darstellungen macht deutlich, in welch gereinigter Fassung die Verhandlungsprotokolle der Öffentlichkeit vorgelegt wurden.

che nicht mehr zurückschreckte, was in Berlin die Furcht vor einer zweiten Separiertenbewegung aufkommen ließ.

Zum Schluß der heftig geführten Debatte wurde der Antrag Wetzel trotz Jaspis' erneutem Protest mit großer Majorität angenommen. Darüber hinaus beschloß die Synode auf Kleist-Retzows Rat hin sogar eine *itio in partes* für Kreissynoden, sobald in denselben lutherische und reformierte Gemeinden vereinigt seien und Angelegenheiten, die das Sonderbekenntnis beträfen, zur Diskussion stünden.

Hierauf beantragte Wetzel einen Zusatz zu § 3 Abs. 4 des Allerhöchsten Erlasses vom 5. Juni 1861, demzufolge die Kreissynode das Recht erhalten sollte, bis zu drei Ehrenmitglieder aus dem höheren Lehrstande, der Polizeiverwaltung oder auch Justiz zu wählen. Wiederum verwahrte sich Jaspis energisch gegen derartige Anträge, weil sie dem Prinzip der Kreissynodalordnung direkt widersprächen. Für dieses Mal gelang es ihm denn tatsächlich auch, die Mehrheit der Synodalabgeordneten von seinem Standpunkt zu überzeugen.

Die Verhandlungen über das erste Proponendum — den *Entwurf zur Provinzialsynodalordnung* — wurden durch ein Referat Pastor Euens eingeleitet, das die Ergebnisse der betreffenden Kommission zusammenfaßte.

Schon der Einleitungssatz des § 1 führte zu schweren Auseinandersetzungen zwischen den Vertretern des Kirchenregimentes und den orthodoxen Lutheranern, denn in separatistischer Manier wollte man allein über eine Provinzialsynodalordnung für Pommern beraten und unterließ darum die Erwähnung anderer Provinzen. Kleist-Retzow begründete die Haltung der Majorität ganz offen mit der für konföderative Tendenzen günstigen politischen Lage: »Es kommt gerade im kirchlichen Leben vorzugsweise auf die Wahrung der Eigenthümlichkeiten an. Sollen wir denn durch das Hinzufügen der neuen Provinzen nicht den Vorteil haben, daß die Centralisation, welche das individuelle Leben beeinträchtigt, nachläßt? Wie im politischen Leben den einzelnen Provinzen ihre Eigenthümlichkeiten gelassen und gegeben sind, so ist das auch im kirchlichen nötig. Das Verlangen danach ist übrigens älter als 1866 und ein dahin gehender Ruf zuerst aus der Rheinprovinz erschollen vom Missionsinspektor Fabri. Ich habe also den dringenden Wunsch, daß wie Hannover, Schleswig-Holstein, Hessen ihre eigene Kirchenordnung bekommen haben, eine solche auch Pommern zu Theil werden möge.«[159]

---

[159] *Verhandlungen der außerordentlichen Provinzial-Synode ... Pommern ...*, S. 103.

Mit großer Majorität wurde der Kommissionsvorschlag angenommen, obwohl Jaspis sowie die Konsistorialräte Carus und Küper eindringlich darauf verwiesen, daß es sich dabei um einen massiven Anschlag auf die Einheit der preußischen Landeskirche handele und den Intentionen des EOK direkt zuwiderlaufe.

Zum folgenden Teil des § 1 brachte die Kommission ein Proponendum ein, das scheinbar nur wenig von der EOK-Vorlage abwich, aber in Wahrheit die offizielle Lesart des Kirchenregimentes hinsichtlich des Konfessionsstandes genau umkehrte. Die Formulierung ».. . unter Wahrung des [doch wohl lutherischen] Bekenntnißstandes der Provinzialkirche, sowie der einzelnen Gemeinden und ihrer Stellung zur Union . . .«[160] mußte nämlich den Eindruck erwecken, als bezöge sich die Stellung zur Union nur auf die einzelnen Gemeinden, nicht aber auch auf die ganze Provinzialkirche.

Im Vergleich zu den übrigen Amendements klang der Kommissionsentwurf dagegen noch überaus gemäßigt, denn in jenen suchte man die »bekenntnislosen« Konsensusgemeinden zu desavouieren, den Begriff »Landeskirche« auszumerzen und die »lutherische Provinzialkirche Pommerns« als selbständige Einheit zu konstituieren. Wenn auch die am weitestgehenden Vorschläge keine Mehrheit gewinnen konnten, so bedeutete die Annahme des betont konfessionalistisch orientierten Amendements v. Maltzahn (»unter Wahrung des Bekenntnisstandes der Provinzialkirche, welche . . . lutherischen Bekenntnisses ist«) doch eine starke Brüskierung des Kirchenregimentes.

Auf Antrag der Kommission sprach die Provinzialsynode dann ihr Bedauern über die kirchliche Ausnahmestellung der Stadt Stralsund aus und bat die Kirchenbehörde, diesem Übelstand abzuhelfen.[161]

Zu § 2 (Bildung der Provinzialsynode) schlug die Kommission vor, den Generalsuperintendenten — unter der Voraussetzung, daß er Vorsitzender des Konsistoriums, nicht aber königlicher Kommissar sei — auch mit dem Amt des Synodalpräses zu betrauen, um durch dessen bischöfliche Stellung neben dem presbyterialen und synodalen Element auch dem — genuin lutherischen — episkopalen Gedanken Rechnung zu tragen. In der weiteren ausführlichen Begründung dazu heißt es: »Der General-Superintendent ist das geistliche Haupt der Provinzialkirche, und es ist unnatür-

---

[160] *A. a. O.*, S. 105.

[161] *A. a. O.*, S. 332. Ende des Jahres 1830 hatte die Stadt zwar ihren Widerstand gegen die Annahme von Union und Agende aufgegeben, trat aber nicht der Union bei und hielt nur eine lockere Verbindung zur preußischen Landeskirche aufrecht (vgl. Hellmuth Heyden, *Kirchengeschichte von Pommern*, Bd. 2, Stettin 1938, S. 292 ff.).

lich, ihn von dem Körper, welcher die concentrirte Provinzialkirche ist, der Synode, zu trennen. In jedem lebendigen Organismus giebt es natürliche, d. h. gottgegebene Spitzen, so in der Familie, dem Staat. Es ist ein Grundirrthum der Zeit, die Spitze immer nur aus einem Mandat von unten her zu konstruiren, und dem Gewählten den Vorzug vor dem Gegebenen zuzuerkennen. Der Kirche gebührt es, das geborene Haupt, d. i. das von oben her, von Gott gewiesene Haupt, anzuerkennen, freudig anzunehmen und sich ihm unterzuordnen. Auch die Synode darf bei ihrer Organisation diesen Grundsatz nicht verleugnen und muß ihn um so energischer festhalten und zum Ausdruck bringen, als derselbe von der principiellsten Bedeutung ist und den ächt konservativen Grundzug der Kirche ausspricht.

Eine Synode mit einem selbst gewählten Präsidenten ist ein konstitutioneller Gedanke, und wenn der Konstitutionalismus in der Anschauung unserer Zeit eine so unbedingte Anerkennung findet, so ist das für die Kirche kein Grund, sich ebenfalls unter die Herrschaft desselben zu beugen.«[162] Kleist-Retzow ergänzte, die Kirche sehne sich nach einem persönlichen Regiment, ein Kollegium dagegen könne den Bedürfnissen der Gläubigen, zu einer bischöflichen Persönlichkeit aufzuschauen, niemals gerecht werden. Generalsuperintendent Jaspis bedauerte, zu den Kommissionssitzungen nicht herangezogen worden zu sein, und lehnte den Antrag ab, indem er auf die Schwierigkeiten hinwies, die ein solches Doppelamt mit sich brächte.[163] Der Präses hielt dem entgegen, man verfahre lediglich nach Analogie der unteren synodalen Ebenen, denn auch Pfarrer und Superintendent würden beide nicht gewählt, säßen aber gleichwohl dem Gemeindekirchenrat beziehungsweise der Kreissynode vor.

Trotz des Widerspruchs seitens der kirchenregimentlichen Vertreter entschied die Synode auch hier mit 40 gegen 27 Stimmen zugunsten der Kommissionsvorlage.

Ferner erhöhte man die Zahl der zu berufenden Synodalmitglieder je Bezirkssynode auf insgesamt vier Abgeordnete (zwei Geistliche und zwei Laien), verringerte die durch landesherrliche Ernennung berufenen Ehrenmitglieder auf den zwölften Teil sämtlicher Abgeordneter und räumte dafür der Synode das Recht ein, nun ihrerseits einen genauso hohen Prozentsatz ausgesuchter Mitglieder zu berufen. Dabei dachte man vor allem an Mitglieder des Patronats, des Lehrstandes sowie der Justiz. Außerdem sollte sich die in der EOK-Vorlage auf drei Jahre projektierte Synodalperiode über den doppelten Zeitraum erstrecken.

---

[162] *Verhandlungen der außerordentlichen Provinzial-Synode ... Pommern ...,* S. 333 f.
[163] Siehe oben S. 261 f.

Die Diskussion über § 5 — den Vorsitz hatte Kleist-Retzow inne — nahm eine lange Zeit in Anspruch. Zunächst empfahl die Kommission, den Paragraphen zu teilen, so daß im ersten Abschnitt die Bekenntnisgrundlage der Synode, im zweiten ihr Wirkungskreis auf dieser Basis formuliert würde. Damit zeigten sich die meisten auch einverstanden.

Obwohl selbst eine Reihe von Lutheranern unter Berufung auf Hengstenberg[164] die Anerkennung der Augustana als gemeinsames Symbol vorschlugen und der reformierte Vertreter, Konsistorialrat Küper, mit Bugenhagens »Satis est Christum scire, nihil aluid« eindringlich für die Aufstellung eines Konsensussymbols warb, stimmte die Majorität für zwei Amendements der äußersten konfessionellen Rechten. Die Vorschläge sahen den Einschub ». . . auch nach Einführung der Union zu Recht bestehenden Bekenntnisse der lutherischen und reformirten Kirche [!] . . .« vor, worauf dann diese Bekenntnisse aufgezählt wurden.

Superintendent Schenk beantragte zu § 5 Abs. 3 (§ 6 Abs. 3 des Pommerschen Entwurfes) einen Zusatz, der die Synode berechtigen sollte, durch Vorlagen selbst initiativ zu werden. Jaspis wandte sich zwar — ständig unterbrochen durch laute Zwischenrufe — gegen diese Erweiterung der Synodalbefugnisse, aber die Majorität ließ sich dadurch nicht beirren und stimmte der Ergänzung zu.

§ 5 Abs. 9 (§ 6 Abs. 8 des Pommerschen Entwurfes) erhielt ein völlig neues Gepräge, indem nunmehr die Beteiligung der Synode an der Besetzung von Superintendenturen im Vordergrund stand.

Ebenfalls im Zuge der Ausweitung synodaler Rechte beantragte die Kommission eine maßgebliche Mitwirkung bei Kandidatenprüfungen (§ 6 Abs. 9 des Pommerschen Entwurfes) und bei Besetzung der Generalsuperintendentur (§ 6 Abs. 10 des Pommerschen Entwurfes), wofür sie ebenso die Mehrheit der Versammlung gewinnen konnte, wie für das Recht, Eingaben unmittelbar an den König oder den EOK zu richten.

Die besprochenen Amendements dürften freilich kaum als plötzliche Einsicht der lutherischen Orthodoxie Pommerns in das Wesen synodalen Geistes zu bewerten sein, sondern entsprangen vielmehr der Überlegung daß — wenn schon ungeliebte synodale Einrichtungen — diese wenigstens zur Autonomie und Ablösung ihrer lutherischen Provinzialkirche von dem unierten Kirchenregiment führen sollten.

Die *itio in partes* — § 7 (respektive 8), Abs. 2 — erfuhr eine Verschärfung, indem über die konfessionelle Vorfrage die betreffende Abteilung auf Anrufung eines jeden Mitgliedes der Synode entscheiden sollte, so daß,

---

[164] Siehe oben S. 62 f.

wer die konfessionelle Majorität besaß, jeden Verhandlungsgegenstand als bekenntnisgebundene Frage qualifizieren konnte. Um dogmatischen Streitigkeiten hinsichtlich der Abendmahlsfrage aus dem Wege zu gehen, beschloß die Synode beinahe einstimmig, den Satz in § 9 (respektive 10): »Nach Schluß desselben wird das heilige Abendmahl ausgetheilt«, ersatzlos zu streichen.

Im Mittelpunkt der Diskussion über § 11 des EOK-Proponendum (respektive § 12 des Pommerschen Entwurfes) stand ein Antrag Kleist-Retzows — auf ihm basierte im wesentlichen auch das Referat der Finanzkommission — mit dem Wortlaut:

»Die Synode wolle beschließen: das gute Recht der Kirche geltend zu machen, die zu ihrer synodalen Organisation erforderlichen Mittel von Seiten des Staates — unbeschadet der vollen Freiheit ihrer desfallsigen Entwicklung — überwiesen zu erhalten.«[165]

Die von Kleist-Retzow dem Antrag beigefügten Motive trugen den Charakter einer Denkschrift und wiesen in ihren Grundzügen bereits alle Gedanken der 1886 eingebrachten Kleist-Hammersteinschen Herrenhausanträge auf finanzielle Besserstellung und größere Selbständigkeit der evangelischen Kirche auf.[166] Die Denkschrift enthielt auch den Versuch einer ungefähren Berechnung der durch Säkularisation in den Besitz des Staates übergegangenen Einkünfte aus pommerschen Kirchengütern, wonach die jährliche Rendite 140 000 Taler betragen sollte.

Aufgrund dieser Angaben empfahl die Finanzkommission der Synode, eine Entschädigung zu fordern, die an den gegenwärtigen Bedürfnissen der Provinzialkirche ausgerichtet sein sollte. Da sich augenblicklich jedoch die berechtigten Ansprüche der Kirche auf eine angemessene staatliche Dotation noch nicht realisieren ließen, so der Kommissionsreferent, Justizrat Hildebrandt, schlage er vor, notfalls die Einnahmen der Provinzialsynodalkasse durch Gemeindeabgaben entsprechend der Veranlagung ihrer Gemeindeglieder zu staatlichen Steuern, zu erhöhen.

Im Verlauf der Debatte über die Kommissionsanträge schlug Präses Lengerich eine Vertagung vor, um der Versammlung die Möglichkeit zu

---

[165] *Verhandlungen der außerordentlichen Provinzial-Synode ... Pommern ...*, S. 382 f.

[166] Vgl. H. v. Petersdorff, *Kleist-Retzow ...*, S. 512 ff. Eine gute Paraphrase der Kleist-Hammersteinschen Gesetzentwürfe gibt Fabri (*Wie weiter? Kirchenpolitische Betrachtungen zum Ende des Kulturkampfes*, Gotha 1887, S. 60 f.), ebenso wie Beyschlag (vgl. *Aus meinem Leben ...*, Bd. 2, S. 609) ein leidenschaftlicher Gegner dieser Pläne und von ihrem Scheitern überzeugt. Vgl. auch die Kommentare in der *Neuen Preußischen Zeitung* vom 13. 4. 1887 und im *Grenzboten*, 46. Jg., 1. Vierteljahr 1887, S. 224. Über den Inhalt der Denkschrift aus dem Jahre 1869 siehe unten S. 489 f.

geben, sich mit den schwierigen Proponenda näher vertraut zu machen. Aber Generalsuperintendent Jaspis — wohl in der Furcht, es könnten in der Zwischenzeit unliebsame Themen erörtert werden — bestand mit starken Worten auf einer Fortsetzung der Verhandlungen, die schließlich zu einer einstimmigen Annahme der Kommissionsvorschläge führten. Ebenso geschlossen votierten die Synodalabgeordneten für eine von der Kommission aufgesetzte Petition an den König, in der um eine angemessene Dotation aus Staatsmitteln gebeten wurde und für den Entwurf einer Verordnung, betreffend das Synodalkostenwesen.

Damit waren die offiziellen Proponenda erledigt, aber es lagen noch verschiedene Anträge vor. So regte Kleist-Retzow an, der Königlichen Regierung eine Resolution des Inhalts zu übermitteln, Seine Majestät habe die provisorische Synode, mit der der Pommerschen Provinzialkirche nur wenig gedient sei, einberufen; folglich müsse der Staat auch die Kosten tragen. Jaspis, dessen Ausführungen nichts mehr an Schärfe zu wünschen übrig ließen, war es kaum gelungen, der provozierenden Erklärung Kleist-Retzows zu begegnen, als Pastor Euen schon den nächsten Antrag einbrachte: eine Adresse an den König zu richten mit der Bitte um baldige Einberufung einer ordentlichen Provinzialsynode. Bei diesen Worten unterbrach der Königliche Kommissar unter Berufung auf § 5 der Geschäftsordnung den Redner und erklärte aufgrund der ihm vom Evangelischen Oberkirchenrat erteilten Vollmacht die Synode für geschlossen.[167]

Präses Lengerich hielt gleichwohl eine Schlußansprache, in der er die Behauptung aus Unionskreisen, die Pommersche Provinzialsynode habe die Union abschaffen wollen, als Verleumdung zurückwies. »Aber freilich einen Frieden wollten wir nicht der kein Friede ist. Die Verpflichtung auf die Symbole, die man so sehr fürchtet, ist nicht so gemeint, als sei zur Seligkeit jedes Christen eine Kenntniß und Anerkennung ihres ganzen Inhaltes nöthig. Aber hier handelt es sich um die rechtsgültigen historischen Grundlagen unserer Kirche. Die wollen wir in der Union und in der Landeskirche bewahrt sehen.«[168]

Nicht zur Verhandlung gekommen waren eine brisante Adresse an den König, in der um Niederschlagung des Disziplinarverfahrens gegen

---

[167] Lt. § 15 der Geschäftsordnung für die Provinzialsynodalversammlung (*Aktenstücke...*, Bd. 6, S. 225 ff.) konnte der Königliche Kommissar zwar »zu jeder Zeit das Wort verlangen«, aber § 16 bestimmte: »Wer das Wort hat, darf in seiner Rede nicht unterbrochen werden...«

[168] *Verhandlungen der außerordentlichen Provinzial-Synode... Pommern...*, S. 197 (Hervorhebungen im Original).

Meinhold gebeten wurde,[169] und der Entwurf einer Ansprache des Moderamens an die Gemeinden unbekannten Inhaltes.[170]

Der eilige und für die Vertreter des Kirchenregimentes höchst peinliche Schluß dieser »Kampfsynode«, wie Heyden sagt,[171] bezeugt die Furcht des Evangelischen Oberkirchenrates vor dem Ausbruch der offenen Rebellion der Pommerschen Kirchenprovinz sowohl gegen die Vorlage als auch gegen die Union selbst. Die Nervosität der Kirchenbeamten, denen auf synodaler Seite so gut wie keine Unterstützung zuteil wurde, wuchs mit der Anzahl konfessionalistischer Synodalbeschlüsse. Insbesondere Jaspis trug zur Zuspitzung der Situation bei, indem er sich immer öfter auf die Geschäftsordnung berief, die lutherischen Argumente nur noch negierte und so die Schwäche der kirchenbehördlichen Position offenbarte.

Praktisch war mit dem Ausgang der Pommerschen Synode der Versuch, eine einheitliche Provinzialsynodalordnung für die sechs älteren Provinzen zu konstituieren, gescheitert, denn bei Nichtbeachtung jener extremen Beschlüsse drohte die kirchliche Separation Pommerns; das hieß aber Zerfall der preußischen Landeskirche und Bildung von Konfessionskirchen.

Die außerordentliche Provinzialsynode der Provinz Schlesien

Obwohl in Schlesien ebenso wie in Pommern die lutherische Tradition das kirchliche Leben nahezu ungebrochen bestimmte, gaben die Gutachten der dortigen Kreissynoden doch zu der Hoffnung Anlaß, daß die Provinzialsynode zugunsten der EOK-Proponenda votieren würde.[172]

Das ausgewogene Ergebnis der Wahlen zum Synodalvorstand schien dies auch zu bestätigen. So proklamierte die Versammlung mit absoluter Mehrheit (mit 37 von insgesamt 68 Stimmen) den Superintendenten Stiller, einen milden Lutheraner, zum Präses der Synode. Stiller verdankte seine Wahl wohl überwiegend dem Vertrauen, das er sich als langjähriger Leiter der Schlesischen Pastoralkonferenz erworben hatte. Daß seinem Sieg über den unierten Superintendenten Redlich aus Ratibor jedoch keine prinzipielle Bedeutung beizumessen war, ergab sich sofort aus der Wahl der Beisitzer, Superintendent Werkenthin und Stadtrat Becker, Präses des

---

[169] Siehe oben S. 141 ff.

[170] Vgl. Th. Meinhold, *Lebensbild des D. Carl Meinhold . . .*, S. 125 ff. Die *NEKZ*, 1869, Sp. 807, stellt den Ausgang der Synode gerade umgekehrt dar — so als habe die lutherische Partei auf einen eiligen Abschluß gedrängt.

[171] H. Heyden, *Kirchengeschichte von Pommern . . .*, Bd. 2, S. 330 f.

[172] *NEKZ*, 1869, Sp. 660.

Schlesischen Hauptvereins der Gustav-Adolf-Stiftung — beide überzeugte Unionsanhänger und Gegner der bindenden Vorschlagsliste.

Vor Beginn der Debatte über das zweite Proponendum des Evangelischen Oberkirchenrates (Revision der Gemeinde- und Kreissynodalverfassung) trug der Breslauer Professor Meuß (1817—1893)[173] als Referent der für diesen Komplex bestellten Kommission deren Beratungsergebnis vor. Dieses enthielt vor allem eine scharfe Kritik an den vorwiegend äußeren, staatsrechtlichen Motiven der Vorlage, verbunden mit der Empfehlung an die Synode, dieselbe möge sich gegen jegliche Einmischung des Landtages in die inneren Angelegenheiten der evangelischen Kirche verwahren.[174] Trotz erheblicher Bedenken, »daß von dem neuen Recht im übelsten Sinne würde Gebrauch gemacht werden«, entschied sich die Kommission doch (mit 11 gegen 7 Stimmen) — »allerdings unter Berücksichtigung der nöthigen Vorsichtsmaßregeln« — für die *Aufhebung der bindenden Vorschlagsliste*.[175] Als Hauptargument für diese Entscheidung führte sie an, daß die Vorschlagsliste jetzt, nachdem ihr Wegfall offen diskutiert worden sei, unmöglich noch gehalten werden könne, ohne das größte Mißtrauen der Gemeinde gegen Kirchenregiment und Synodalvertretung hervorzurufen. Der landesherrliche Kommissar Generalsuperintendent Erdmann[176] unternahm wohl den Versuch, klarzustellen, daß das wirkliche Motiv für die EOK-Vorlage nicht in der Haltung des Abgeordnetenhauses zu dieser Frage, sondern in dem Bemühen zu suchen sei, eine auf Gemeinderepräsentation gegründete Kirchenverfassung zu konstituieren, aber der Glogauer Gymnasialdirektor Dr. Hasper entgegnete ihm unter Zustimmung vieler Synodalabgeordneter: »Die Expansionskraft der Zeitideen, das Drängen von politischer Seite her, spricht sich in den Motiven aus und hat den Anlaß zu dem Vorschlage des Kirchenregimentes gegeben. Kein historischer Grund liegt vor, man will nur zeitgemäße Ideen in der Kirche einführen; diese Einführung ist aber eine Gefahr für dieselbe.«[177]

---

[173] Zu seinen bekanntesten Schriften zählten: Eduard Meuß, *Lebensbild des evangelischen Pfarrhauses, vornehmlich in Deutschland*, 2. Aufl., Bielefeld 1884; ders., *Das Weihnachtsfest und die Kunst*, Breslau 1866; ders., *Wodurch haben wir in der Gegenwart, besonders als Theologen, uns der Wahrheit unseres Christenglaubens zu versichern? Vortrag auf der Pastoral-Conferenz zu Liegnitz am 8. Juni gehalten*, Breslau 1881.

[174] *Verhandlungen der außerordentlichen Provinzial-Synode der Provinz Schlesien im Jahre 1869*, Breslau 1870, S. 52.

[175] *A. a. O.*, S. 51.

[176] Siehe oben S. 137 ff.

[177] *Verhandlungen der außerordentlichen Provinzial-Synode ... Schlesien ...*, S. 53.

Daraufhin erklärte der Kommissar des Kultusministers, wenn die Synode die Vorschlagsliste fallen lasse, handele sie nach dem ausdrücklichen Wunsch der Staatsregierung, und Erdmann fügte ergänzend hinzu, entgegen allen Gerüchten bestehe »kein Dissensus zwischen den maßgebenden höchsten Behörden. Der Evangelische Ober-Kirchenrat geht mit dem geistlichen Ministerium bei der proponirten Grundlegung und Weiterbildung der Verfassung unserer evangelischen Kirche Hand in Hand.«[178]

Superintendent Flössel brachte einen Alternativantrag ein, nach dem an die Stelle der bindenden Vorschlagsliste eine erweiterte bindende Vorschlagsliste treten sollte, dergestalt, daß der Gemeindekirchenrat mindestens die sechsfache Zahl der zu wählenden Mitglieder vorschlagen müsse. Meuß regte die Aufstellung einer fakultativen Vorschlagsliste von seiten des Gemeindekirchenrates oder einen Wechsel zwischen Kooptation des Gemeindevorstandes und freier Gemeindewahl an.

Beide Anträge stießen auf lebhaften Widerhall. Baron v. Zedlitz-Neukirch warnte davor, »die Kirche der Massenherrschaft zu überantworten«, während sein Standesgenosse, Rittmeister a. D. v. Scheliha, auf die Abneigung der Bevölkerung gegen Wahlen hinwies.

Obwohl für den Wegfall der Vorschlagsliste nur die königlichen Beamten sprachen, genügte ihr Einfluß offenbar, die Versammlung für das EOK-Proponendum zu erwärmen. Die Vorschläge von Flössel und Meuß wurden abgelehnt, beide Kommissionsanträge dagegen — also auch die Verwahrung gegen äußere Einmischung — angenommen.

Verglichen mit dem EOK-Proponendum erweiterte die Schlesische Provinzialsynode — hauptsächlich aufgrund der Kommissionsempfehlungen — das aktive Wahlrecht für den Gemeindekirchenrat deutlich. Sie räumte es — ein absolutes Novum in Preußen — unter den gleichen Bedingungen wie Männern auch Frauen ein und ließ Armut und untergeordnete gesellschaftliche Stellung nicht länger als Grund für den Ausschluß vom Wahlrecht gelten. Dafür erfuhr das passive Wahlrecht eine gewisse — in erster Linie konfessionelle — Verschärfung, indem der Älteste sich verpflichten mußte, »das Amt treu dem Bekenntniß seiner Kirchengemeinde und in Übereinstimmung mit deren Ordnungen zu führen«.[179]

Mit einer nur geringfügigen Änderung wurden hierauf die noch verbleibenden Einzelbestimmungen zu Abschnitt 1 des Proponendum II der EOK-Vorlage en bloc angenommen.[180] Auch die EOK-Vorlage über die

---

[178] A. a. O., S. 55.

[179] A. a. O., S. 72.

[180] Auf den Antrag der Kommission hin fügte man lediglich in den Abschnitt, der die Amtsdauer regelte, nach den Worten: »... thatsächlich wieder beseitigt werden können« den Nachsatz ein: »Es ist daher eine Wiederwahl zulässig.«

Vereinigung des Gemeindekirchenrates und Kirchenvorstandes fand weitgehend die Zustimmung der Kommission, weil, wie ihr Referent Pastor Hartmann ausführte, der jetzt in der Kirchenvertretung bestehende Dualismus sich mit der Zeit nachteilig auf das innere Gemeindeleben auswirken müsse. Die Landräte v. Salisch und v. Götz sowie Graf v. Stosch auf Manze erklärten jedoch gegen das Proponendum, sie hielten die Wahrung aller gegenwärtig noch bestehenden Patronatsrechte für unbedingt wünschenswert.

Der angesprochene Dualismus — der sich im übrigen als durchaus fruchtbar erwiesen habe — werde durch eine Verschmelzung beider Organe ohnedies nicht wirklich verhindert, sondern bleibe durch die verschiedenartige Berufung der Gemeindekirchenratsmitglieder faktisch erhalten.

Nach eingehender Debatte votierte die Versammlung zwar für die Vorlage, ergänzte diese aber durch eine Bestimmung, nach der die kirchliche Vermögensverwaltung allein in den Händen des Patronats verbleiben sollte, sofern dieses auch für die gesamten kirchlichen Bedürfnisse aufkam.[181]

Hinsichtlich der Bildung von größeren Gemeindevertretungen bezog die Kommission Stellung gegen den EOK-Vorschlag der obligatorischen Einführung, indem sie die Auffassung vertrat, daß der Beschluß, ob eine größere Gemeinderepräsentation gewählt werden sollte oder nicht, allein der betreffenden Gemeinde zustehe.

Da aber die Kommissare und der Konsistorialpräsident sich überaus energisch für die obligatorische Einführung einsetzten, einigte die Versammlung sich schließlich auf einen Kompromiß: In Gemeinden von fünfhundert bis 2000 Seelen *konnten,* darüber hinaus aber *mußten* größere Gemeindevertretungen gewählt werden. Gegen den Willen der staatlichen Kirchenbeamten wurde jedoch die Kompetenz der Gemeinderepräsentation, die Mitglieder des Gemeindekirchenrates zu wählen (§ 2 Abs. 1 des EOK-Proponendum), auf Antrag des freisinnigen Professors Räbiger (1811—1891)[182] ersatzlos gestrichen, da die Synode dieses Recht der ganzen Gemeinde zugestehen wollte.

---

[181] Diese Regelung zielte vor allem auf die Breslauer Verhältnisse, wo Kirchen- und Stadtregiment identisch waren und die Kämmerer ohne irgendeine Beitragsleistung seitens der Kirchengemeinden für alle Verpflichtungen der evangelischen Kirche aufkamen. Die Kommune, die hier das Patronatsrecht ausübte, betrachtete die Kirchenvorsteher lediglich als Organe des Magistrats, dem auch die Anstellung der Kirchenbedienten wie die Vokation der Geistlichen zustand.

[182] Räbiger gehörte zu den Mitherausgebern der *Protestantischen Kirchenzeitung.*

Zur *Revision der Kreissynodalordnung* aus dem Jahre 1861 stellten Räbiger und Graf York — der zweite Liberale der Schlesischen Provinzialsynode — verschiedene Anträge, deren Annahme eine weitgehende Rezeption der Rheinisch-Westfälischen Kreissynodalordnung bedeutet hätte.[183] Aber nur der Antrag zu Artikel III, Nr. 3 (aus dem Allerhöchsten Erlaß vom 5. 6. 1861)[184] — demzufolge nicht mehr allein die Mitglieder der Gemeindekirchenräte, sondern alle Gemeindeglieder, sofern sie die nötige Qualifikation besaßen, in die Kreissynode gewählt werden konnten — fand die Zustimmung der Mehrheit. Ebenfalls angenommen wurde ein Zusatz zu Artikel II Nr. 3, der die prinzipielle Parität zwischen geistlichen und weltlichen Mitgliedern in der Kreissynode anordnete.

Zu Beginn der *Verhandlungen über das erste Proponendum des Evangelischen Oberkirchenrates* erklärte der Referent der Kommission für die Provinzialsynodalordnung, Graf Stosch, sein Ausschuß habe die Absicht, nur da Änderungen von der Vorlage zu beantragen, wo es dringend geboten erscheine. So habe man denn auch trotz mancher Bedenken bewußt auf eine Präzisierung des Begriffes »Wahrung des Bekenntnißstandes und Stellung zur Union« in § 1 verzichtet und diese erst in § 5 vorgenommen.

Nach kurzer Debatte votierten die Synodalen mehrheitlich für den Vorschlag der Kommission, § 1 der Vorlage in unveränderter Fassung anzunehmen.

Gegen § 2 Absatz 1 der Vorlage machte der Ausschuß geltend, daß die darin proponierten Bezirksynoden viel zu groß seien, um für die Wahl der Provinzialsynodalabgeordneten genug Personalkenntnisse besitzen zu können; überdies fördere ein solches Verfahren nur allzu leicht die Lokalinteressen der aus dem Bezirk vertretenen Kreise. Er stelle darum bei der Synode den Antrag, auf das EOK-Proponendum von 1867 zurückzugreifen, wodurch die Provinzialsynode nur um etwa fünfzig Mitglieder verstärkt würde. Der Vorschlag erhielt bald die Zustimmung der Majorität — zumal die in dem Entwurf von 1867 ebenfalls vorgeschriebene Parität zwischen Geistlichen und Laien auch den freiheitlicheren Bestrebungen der Liberalen entgegenkam.

Während das aktive Wahlrecht zu den Provinzialsynoden auf den Gemeindekirchenrat beschränkt bleiben sollte (§ 3, Satz 1), schlug die Kommission vor, das passive Wahlrecht auf alle zu Mitgliedern des Gemeinde-

---

[183] Vgl. *Verhandlungen der außerordentlichen Provinzial-Synode… Schlesien…*, S. 83—86, und E. Friedberg, *Die geltenden Verfassungs-Gesetze…*, S. 30—32.

[184] Der Allerhöchste Erlaß vom 5. Juni 1861, betreffend die Einrichtung von Kreissynoden in den sechs östlichen Provinzen, in: *Aktenstücke…*, Bd. 5, S. 124—128.

kirchenrates qualifizierte Personen zu erweitern, womit sich die Mehrzahl der Synodalen auch ohne weiteres einverstanden erklärte.

Unter allgemeiner Zustimmung zerlegte man dann § 5 der EOK-Vorlage in zwei Teile. Als Referent für die Provinzialsynodalordnung warnte Graf Stosch davor, die Frage des Bekenntnisstandes (§ 5 Abschnitt 1) zum Ausgangspunkt für unionsfeindliche Amendements zu nehmen, und beantragte in diesem Sinne namens seines Ausschusses, statt »unserer evangelischen Landeskirche«, »der evangelischen Kirche unseres Landes« zu setzen, um die Anerkennung der Union in Schlesien zu dokumentieren. Wider Erwarten erhoben die Lutheraner keinen Protest gegen diesen Antrag — offenbar, weil ihnen die Bekenntnisgrundlage durch die nachfolgende Präzisierung nach Analogie des zweiten der der Rheinisch-Westfälischen Kirchenordnung vorangestellten Bekenntnisparagraphen ausreichend gesichert erschien.[185]

Das noch unionsfreundlichere Amendement des Superintendenten Werkenthin, alle drei Bekenntnisparagraphen der Rheinisch-Westfälischen Kirchenordnung vollinhaltlich aufzunehmen, wurde allerdings — wenn auch mit geringer Majorität (35 gegen 32 Stimmen) — abgelehnt.

In § 6 Abs. 1 (§ 5 Nr. 1 der EOK-Vorlage) beschränkte die Provinzialsynode ihre Aufsicht über die Schule auf den Religionsunterricht, um so — im Sinne der sich abzeichnenden Trennung beider Bereiche — zu verdeutlichen, daß die Geistlichen ihre allgemeine Schulaufsicht nicht im Auftrage der Kirche, sondern als Inspektoren des Staates ausübten. Im Anschluß an diese überraschend zeitgemäße Interpretation wurde ein Passus eingeschaltet, wonach die Provinzialsynoden dafür sorgen sollten, daß der historisch überlieferte Kultus- und Bekenntnisstand der jeweiligen Gemeinde in kirchlicher und schulischer Lehre ungestört zum Ausdruck kommen dürfe. Die Amendements der Liberalen York und Räbiger zu den übrigen Abschnitten des Paragraphen — Aufhebung der Bestätigung der Vorstandswahl durch den EOK und Mitwirkung bei Besetzung des Konsistoriums — wurden nur von einer kleinen Minorität unterstützt.

Von besonderem Interesse waren die Verhandlungen über § 8 (respektive 7) Abschnitt 2, denn die Kommission hatte unter Hinweis auf die Gewissensfreiheit der Minorität ein Amendement eingereicht, das einer klaren Verschärfung der *itio in partes* Vorschub leistete, indem dieselbe eintreten sollte, sobald der Antrag eines Mitgliedes darauf von nur einem Viertel der Versammlung unterstützt würde. Kaum hatten jedoch die Königlichen Beamten, insbesondere Erdmann, eindringlich darauf hingewie-

---

sen, daß dieser Zusatz ein unmotiviertes Mißtrauen gegen die Synodalmajorität impliziere, stimmte die Versammlung — freilich mit knapper Majorität — für die von Räbiger entscheidend verkürzte Kommissionsfassung, wonach zwar wohl ein Mitglied die *itio in partes* beantragen konnte, aber nach dem üblichen Abstimmungsprinzip (Majorität) darüber entschieden werden sollte.

Die in § 10 (respektive 9 der EOK-Vorlage) vorgeschriebene Abendmahlsfeier am Tage der Synodaleröffnung wurde auf Empfehlung der Kommission dagegen ersatzlos gestrichen — allerdings erst, als Erdmann erklärte, »das Kirchenregiment lege principiell kein Gewicht auf die Bestimmung des Entwurfs«.[186]

Den § 12 (respektive 11 des EOK-Proponendums) präzisierte die Kommission für Synodalkostenfragen, indem sie Tage- und Reisekostengelder genau festlegte und eine eventuelle Verzichtsleistung seitens der Synodalen für unzulässig erklärte. Ein als Ergänzung angefügter Paragraph regelte die Beitreibung der Synodalkosten durch ein Abgabensystem, das nach Maßgabe der staatlichen Steuerquoten errechnet und notfalls auf dem Verwaltungswege eingezogen werden sollte.

Abschließend beriet die Versammlung noch über die Aufbringung der Kosten für die außerordentliche Provinzialsynode und verabschiedete auf Verlangen des Konsistorialpräsidenten tatsächlich ein Gutachten, wonach — gemäß dem Erlaß des Evangelischen Oberkirchenrates —[187] die Kreissynodalkassen für die Kosten aufkommen sollten, ohne daß zuvor über die Liquidität derselben verhandelt wurde.

Ebenso unerwartet wie sich die Brandenburgische Synode mehrheitlich gegen wesentliche Bestandteile der EOK-Vorlage ausgesprochen hatte, rezipierte die Schlesische Synode — von wenigen Ausnahmen abgesehen — sinngemäß die kirchenregimentlichen Vorschläge, obwohl die konfessionellen Lutheraner auch hier zweifellos die Majorität besaßen. Eine Erklärung für diesen Sachverhalt ist sicherlich zu suchen in dem offensichtlich beherrschenden Einfluß, den die Königlichen Beamten — insbesondere Generalsuperintendent Erdmann — auf die Schlesischen Synodalverhandlungen ausübten. Sobald sie sich gemeinsam gegen ein Amendement aussprachen, verfiel dieses unweigerlich der Ablehnung. In Pommern dagegen war es dem Kirchenregiment nicht gelungen, die leitenden kirchlichen Ämter mit auch nur einigermaßen loyalen Beamten zu besetzen; darüber

---

[186] *Verhandlungen der außerordentlichen Provinzial-Synode . . . Schlesien . . .*, S. 171.
[187] Vgl. *Aktenstücke . . .*, Bd. 6, S. 167.

hinaus provozierten die Königlichen Kommissare — vor allem Jaspis — mit ihrem unklugen Verhalten beständig die lutherische Majorität zu intransigentem Widerstand.

Die Kommissionsentwürfe der Schlesischen Provinzialsynode hinterlassen freilich einen ungewöhnlich disparaten Eindruck, insofern derselbe Personenkreis neben überraschend liberalen Empfehlungen auch ausgesprochen konservative Amendements vorlegte, die — wenn man bloß redaktionelle Änderungen nicht miteinbezieht — trotz ihrer Widersprüchlichkeit von der Versammlung bis auf ein einziges Mal durchweg gutgeheißen wurden. In dem einen Fall der Ablehnung aber *(itio in partes),*[188] ging die Opposition nicht von einem gewählten Synodalvertreter, sondern von dem landesherrlichen Kommissar aus. Daß viele der Synodalmitglieder sowohl den Kirchenverfassungsentwurf insgesamt als auch einzelne Amendements in allen ihren Konsequenzen offenbar gar nicht richtig durchdacht hatten und das meiste guthießen, läßt sich teilweise gewiß aus einem breiten Desinteresse an den oktroyierten Neuerungen und tiefer Verständnislosigkeit gegenüber ungewohnten, oft verabscheuten demokratischen Prinzipien erklären.[189] Man folgte zwar gehorsam den Anweisungen der Obrigkeit, begnügte sich aber mit einer bloßen Statistenrolle, die alle befohlenen Reformen — noch ehe sie überhaupt Rechtsgültigkeit erhielten — zu einem leblosen Paragraphenwerk erstarren ließen.

Die außerordentliche Provinzialsynode der Provinz Posen

Vollkommen im Sinne des Kirchenregimentes fiel die Wahl des Synodalvorstandes in Posen aus, wo Konsistorialrat Schultze zum Präses und Superintendent Schönfeld sowie Appellationsgerichtsvizepräsident Hahndorff zu Beisitzern gewählt wurden. Die mit ihren 44 stimmberechtigten Mitgliedern kleinste Provinzialsynode lief denn auch programmgemäß ab, ohne daß die Versammlung wesentliche Teile der EOK-Vorlage entscheidend modifiziert oder gar abgelehnt hätte.

Die Verhandlungen wurden eröffnet mit der Debatte über das aktive und passive Wahlrecht, wobei man sich prinzipiell dem EOK-Proponendum anschloß und — abgesehen von der Heraufsetzung des passiven Wahlalters um ein Jahr — nur redaktionelle Änderungen vornahm.

---

[188] Siehe oben S. 321 f.

[189] Man wird sich freilich gerade bei den in Rede stehenden offiziellen Protokollen vor einer Überinterpretation hüten müssen, denn der genaue Diskussionsverlauf läßt sich aus der oft dürren Faktenaneinanderreihung nicht mehr ablesen.

Hierauf empfahl der Synodalausschuß die *Aufhebung der bindenden Vorschlagsliste* für die Wahl des Gemeindekirchenrates. Als Sprecher der Kommissionsminorität wandte Superintendent Mischke zwar ein, im Falle der Annahme dieser Empfehlung ignoriere man das Votum fast aller Kreissynoden und verschaffe dem Majoritätsprinzip, das unweigerlich Wahlumtriebe und Agitationen nach sich zöge, Eingang in die Kirche, aber die Mehrheit (32 Ja-, 12 Neinstimmen) schloß sich der Auffassung des landesherrlichen Kirchenregimentes an.

Das Proponendum über die *größere Gemeindevertretung* fand bei den Synodalabgeordneten dagegen gar keinen Anklang.[190] Sie beschlossen, das Recht der Pfarrwahl denjenigen Gemeinden, die es bisher schon innehatten, auch weiterhin zu belassen, alle anderen, jener größeren Gemeinderepräsentation zugedachten Befugnisse aber dem gewählten Gemeindekirchenrate zu übertragen.

Die *Verschmelzung des bisherigen Kirchenvorstandes mit dem Gemeindekirchenrat* genehmigte die Versammlung dann wieder mit großer Majorität in der Fassung der EOK-Vorlage, wobei sie die Patrone ausdrücklich darauf hinwies, daß ihre Rechte durch die Befugnis, zwei Mitglieder in den Gemeindekirchenrat zu wählen, durchaus gewahrt blieben. Ferner erklärten sich die Synodalmitglieder einstimmig für einen Antrag auf Aufhebung der Exemtionen[191] und gestanden dem Gemeindekirchenrat den Rekurs an den EOK zu, falls jener durch das Provinzialkonsistorium aufgelöst werde.

Zur *Kreissynodalordnung* verabschiedete die Posener Provinzialsynode verschiedene Zusätze, denenzufolge die Superintendenten auf Lebenszeit ernannt werden und den Kreissynoden ein öffentlicher Gottesdienst vorangehen sollte.

---

[190] Der Referent der ersten Kommission, Oberprediger Klette, gab z. B. zu bedenken: »Wenn künftig schon die aufgestellten kirchlichen Requisite die Auswahl der für den Gemeinde-Kirchenrath qualificirten Personen bedeutend verengt haben, so wird es umsomehr für eine größere Gemeinde-Vertretung an geeignetem Material fehlen.« (*Die erste außerordentliche Provinzial-Synode Posens...*, S. 37.)

[191] Der Begriff Exemtion entstammt dem katholischen Kirchenrecht und bezeichnet eine Ausnahmestellung gegenüber der kirchlichen Amtsgewalt. Seit dem Ende des 17. Jahrhunderts kannte man auch in der evangelischen Kirche Exemtionen, dergestalt, daß einer privilegierten Bevölkerungsklasse (z. B. Staatsbeamten) die Wahl der Geistlichen für die Vornahme begehrter Amtshandlungen zustand, womit teilweise die Freiheit von der Teilnahme an den kirchlichen Lasten in der betreffenden Parochie verbunden war. In Preußen wurde die Exemtion 1867 beseitigt (vgl. Audomar Scheuermann, *Die Exemtion nach geltendem kirchlichem Recht mit einem Überblick über die geschichtliche Entwicklung* [= Görres-Gesellschaft. Veröffentlichungen der Sektion für Rechts- und Staatswissenschaft 77], Paderborn 1938).

Für die *Bildung der Provinzialsynoden* lehnten die Synodalen Bezirkssynoden als Zwischenstufe ab; sie votierten vielmehr zugunsten einer direkten Entsendung von Abgeordneten aus den einzelnen Kreissynoden,
wobei sie — ganz im Sinne des EOK-Proponendum — der numerischen
Gleichstellung von Geistlichen und Laien das Zwei-Zu-Eins-Verhältnis
(ein Geistlicher, ein Superintendent, ein Laie) vorzogen.

Bei der nachfolgenden Beratung über die Provinzialsynodalordnung
konnte der Antrag Pfeiffer, in § 1 allein die Provinz Posen zu nennen, nur
drei Stimmen auf sich vereinigen, während die unveränderte Fassung des
EOK-Proponendum breite Zustimmung fand. Zu § 2 Abs. 3 beantragte
Professor Köstlin (1826—1902) aus Breslau den Zusatz: »Der Vorstand
der Provinzial-Synode ist befugt, hierfür geeignete Persönlichkeiten beim
Kirchenregiment in Vorschlag zu bringen.«[192] Obwohl daraufhin der
Kommissar des landesherrlichen Kirchenregimentes, Generalsuperintendent Cranz, die Abgeordneten bat, »den Gedanken, als existirte ein Gegensatz zwischen Kirchenregiment und Synode, nicht aufkommen zu lassen«,
stimmte die Versammlung für das Köstlinsche Amendement.[193] Ferner
wurde der Paragraph noch dahingehend ergänzt, daß die Vorstandsmit-
glieder der vorangegangenen Synode automatisch auch der folgenden Synode angehören sollten.

Ein Antrag, in § 5 die Bekenntnisse der lutherischen und reformierten
Gemeinden näher zu bezeichnen, wurde mit großer Majorität abgelehnt,
als sich im Verlauf der Diskussion herausstellte, derselbe könne den Gedanken involviren, daß die Synode kein Gemeinsames in den Bekenntnissen, auf dem sie als Gesamtheit stehe, anerkenne. § 5 Abs. 1 erweiterte
man die Befugnisse der Provinzialsynode durch das Recht, zwei gewählte
Personen aus ihrer Mitte mit vollem Stimmrecht an den theologischen
Prüfungen teilnehmen zu lassen.

Die *itio in partes* (§ 7) wurde in der Fassung des Proponendum gegen
die Stimme eines Konfessionellen angenommen, dem die Formulierung
des Kirchenregimentes nicht weitreichend genug erschien. Dieses einmütige Votum erfolgte jedoch mehr aus Loyalität gegen die Kirchenbehörde,
denn aus Überzeugung. In der vorausgegangenen Diskussion hatten sich
nämlich zahlreiche Synodalabgeordnete gegen eine *itio in partes* überhaupt ausgesprochen. Selbst der Präses, Konsistorialrat Schultze, gab zu
bedenken, es »liege in der Institution die Gefahr, daß die Synode in dauernd getrennte coetus zerrissen werde, da der Kreis derjenigen Fragen, die

[192] *Die erste außerordentliche Provinzial-Synode Posens…*, S. 62.
[193] *A. a. O.*, S. 63.

zum Bekenntniß in irgend welche, wenn auch relative, Beziehung gesetzt werden könnten, ein unbegrenzter sei«.[194]

Auch Professor Köstlin erklärte, er billige eine solche *itio in partes* an sich grundsätzlich nicht, wolle ihr aber im Interesse des Friedens beistimmen, wenn ausdrücklich festgestellt werde, daß über die Vorfrage, ob dieselbe eintrete, in jedem Fall nur das Plenum zu entscheiden habe.

Eine entschiedene Präzisierung durch die Synode erfuhr allein § 11, den man ähnlich wie in Schlesien gestaltete: Die Tage- und Reisegelder wurden genau festgelegt, eine Verzichtleistung für unzulässig erklärt und ein Zuschlag zu den persönlichen Steuern eines jeden Bürgers beschlossen, falls die Aufbringung der Provinzialsynodalkosten sich nicht anderweitig sichern ließe.

Was die Ausgaben der gegenwärtigen außerordentlichen Provinzialsynode betraf, empfahl der Synodalausschuß den Abgeordneten die Annahme einer von ersterem schon vorformulierten Resolution an das Kultusministerium mit dem Wortlaut: »Die Kosten der gegenwärtigen außerordentlichen Provinzialsynode wolle Hochdasselbe nicht den Gemeinden auferlegen, sondern aus Staats- oder solchen Fonds gewähren, welche für kirchliche Zwecke bestimmt sind.«[195] Obwohl der Vertreter des Kultusministers, Herr v. Bünting, hier einwarf, es möge nicht immer nur von Pflichten der Regierung gegenüber der Kirche geredet werden, nahm die Synode die Kommissionsresolution einstimmig an.

Trotz dieser kleinen Mißstimmung endete die Provinzialsynode in vollem Einvernehmen mit den Königlichen Regierungsbeamten. Der Präses sprach letzteren seinen Dank aus und schloß: »ich hoffe zu Gott: die Beschlüsse, die wir im Aufblick zu Ihm gefaßt haben, werden dazu gesegnet sein, das Kirchenregiment in der Lösung der ihm gestellten großen Aufgaben zu stützen und zu stärken.«[196]

Welche Gründe führten zu dem EOK-konformen Synodalergebnis?

Das exklusive Luthertum oder andere extreme und zugleich trennende kirchliche Richtungen hatten in Posen keinen Boden fassen können, weil die Minderheit der rund 542 000 Evangelischen sich ständig der Übermacht von etwa 1 164 000 Katholiken erwehren mußte, wobei das völkische Problem — evangelisch galt als identisch mit deutsch, katholisch mit

---

[194] *A. a. O.,* S. 68.
[195] *A. a. O.,* S. 82.
[196] *A. a. O.,* S. 86.

polnisch — eine nicht geringe Rolle spielte.[197] Der einzige Garant gegen polnische Übergriffe, vor denen die deutsche Oberschicht in ständiger Furcht lebte, war der Preußische Staat, für dessen sämtliche Organe — also auch den EOK — die evangelische Bevölkerung jede erdenkliche Hilfe leistete.

Die außerordentliche Provinzialsynode der Provinz Sachsen

Erheblich schwieriger gestalteten sich die Verhandlungen dagegen wieder in Sachsen, wo die 121 Mitglieder zählende Synode in zwei fast gleich starke Lager zerfiel. Bei der Vorstandswahl siegte zwar die Gruppe der »Hallenser«, bestehend aus positiv gesinnten Unionsfreunden und gemäßigten Lutheranern, mit ihrem Kandidaten Superintendent Schollmeyer (65 Stimmen), aber die konfessionell schroffen »Gnadauer« unter Führung von Superintendent Westermeyer (er erhielt bei der Wahl zum Präses 45 Stimmen) konnten bei der Abstimmung über wichtige Fragen mit der starken Fraktion des Patronats (24 Patrone) rechnen, das wie sie etwa der Aufhebung der bindenden Vorschlagsliste prinzipiell ablehnend gegenüberstand. Zu Beisitzern wählte man (mit 57 Stimmen) Superintendent Schapper, einen Anhänger der erstgenannten Richtung, und als Laien den Oberpräsidenten a. D. v. Beurmann, der mit 109 Stimmen das Vertrauen beider Parteien besaß.

Gleich zu Beginn der Synode drohte ein schwerer Konflikt, als die Reformierten erklärten, sie könnten an der synodalen Abendmahlsfeier unmöglich teilnehmen, denn im Magdeburger Dom sollte auf der einen Seite des Altars uniert und auf der anderen lutherisch administriert werden. Unter Beyschlags Führung[198] solidarisierten sich die Positiv-Unierten sogleich mit den Reformierten und legten Beschwerde bei Generalsuperintendent Möller ein. Dieser stimmte den Protestierenden zwar grundsätzlich zu, sah sich aber außerstande einzuschreiten, weil das Kirchenregiment Konsistorialrat Appuhn bei dessen Eintritt in das Provinzialkon-

---

[197] Die Auseinandersetzungen des Kulturkampfes, wenige Jahre später, trieben diese Entwicklung auf den Höhepunkt; vgl. Erich Schmidt-Volkmar, *Der Kulturkampf in Deutschland 1871—1890,* Göttingen-Berlin-Frankfurt 1962, S. 160 f.; 170 ff. Zur allgemeinen politischen und gesellschaftlichen Stellung der polnischen Minderheiten im preußischen Staat vgl. Heinrich Ernst Otto Hartmann, *Probleme des Polentums in Preußen zwischen 1815 und 1871. Das preußische Staatsgefüge, seine Gesetzgebung und die Nationalitätenfrage. Die rechtliche Stellung der polnischen Untertanen und ihre Konflikte mit der preußischen Staatsregierung,* Phil. Diss., Erlangen/Nürnberg 1973.

[198] Siehe oben S. 81 ff.

sistorium das Recht zugesichert hatte, das Abendmahl nach lutherischem Brauch auszuteilen. Der vorgesehene Abendmahlsboykott der Nichtlutheraner wurde schließlich vermieden durch die vorangehende Synodalpredigt des Wittenberger Superintendenten Romberg, der sich für eine derart freie Gestaltung der Kirche aussprach, daß Appuhn sich entrüstet weigerte, dieser Ketzersynode überhaupt das Abendmahl zu reichen. An seine Stelle trat nun Generalsuperintendent Borghardt, der allein nach dem unierten Ritus administrierte und somit den konfessionellen Hader vorerst verstummen ließ.[199]

Die Plenarverhandlungen begannen am 19. November mit der *Beratung der Kreissynodalordnung*. Die Majorität der dafür eingesetzten Kommission erklärte sich prinzipiell gegen den Fortbestand der Bezirkssynoden, zeigte sich aber mit ihrer provisorischen Beibehaltung als Wahlkörper einverstanden. Die Kommissionsminorität wünschte dagegen den Ausbau der Bezirkssynoden zu einer vollgültigen synodalen Zwischenstufe. In der nachfolgenden Diskussion brachte man unter anderem eine Teilung Sachsens in zwei Kirchenprovinzen in Vorschlag, Oberbürgermeister v. Voß verlangte eine Anlehnung der kirchlichen Organisation an die staatliche. Unter Ablehnung der Kirchenregimentsvorlage entschied sich die Versammlung schließlich für das Amendement der Kommissionsmajorität — allerdings mit dem Zusatz, die Kirchenbehörde möge den Kreissynoden mit möglichster Schonung der bestehenden Verhältnisse eine Struktur geben, wodurch die Einsetzung von Bezirkssynoden überflüssig werde.

Auf die Parität zwischen geistlichen und weltlichen Deputierten in den Kreissynoden legte die Versammlung offenbar kein allzu großes Gewicht, denn der dahingehende Kommissionsantrag wurde mit 48 gegen 44 Stimmen zugunsten des Amendements v. Gerlach abgelehnt, demzufolge man es den Kreissynoden weiterhin anheimstellte, bei einem besonderen Mißverhältnis zwischen Geistlichen und Laien mittels statutarischer Bestimmungen den Proporz zu harmonisieren.[200]

Besondere Schwierigkeiten bereitete der Synode die *Patronatsfrage*, ausgelöst durch ein Proponendum der Kommission, das dem Patronat zugestehen wollte, ein bis drei Vertreter aus seiner Mitte — unabhängig von den Gemeindekirchenräten — in die Kreissynode zu wählen. Der Hallen-

---

[199] Bezeichnenderweise ist in den offiziellen Protokollen über diesen Vorfall nichts vermerkt; vgl. W. Beyschlag, *Aus meinem Leben . . .*, Bd. 2, S. 288 f.

[200] Dies bedeutete faktisch die unveränderte Annahme von III, 3 der Kreissynodalordnung vom 5. Juni 1861 (vgl. *Aktenstücke . . .*, Bd. 5, S. 124 f.)

ser Unionstheologe Professor Jacobi (1815—1888) widersprach am heftigsten der kirchlichen Sonderstellung des Patronats und stellte den Gegenantrag: »Die Kreis-Synode wählt 1—3 Patrone aus ihrem Bereiche zu Mitgliedern für die Dauer der Synode.«[201]

Selbst der Königliche Kommissar, Generalsuperintendent Möller, hielt bei allen Verdiensten des Patronats für das kirchliche Leben eine so weitreichende Privilegierung dieses Standes, wie sie die Kommissionsvorlage empfahl, für unangebracht. Oberpräsident v. Witzleben trat dagegen als Vertreter der Patrone auf und beklagte in einer längeren Rede deren Nichtberücksichtigung schon bei der Gemeindeordnung von 1850, wobei er an das analoge Verhältnis von Landesherr und Patron erinnerte und eine völlige Trennung von Staat und Kirche, die er bei einem Fortgang dieser Entwicklung als gegeben ansah, in den abschreckendsten Farben schilderte.

Trotz allen Widerstandes von seiten der »Hallenser« wurde der Kommissionsentwurf schließlich mit den Stimmen des konfessionellen Luthertums und der Patronatsvertreter angenommen.

Bei der *Beratung der Provinzialsynodalordnung* ging die zuständige Kommission von der Ansicht aus, daß erhebliche Änderungen nur in dringend erscheinenden Fällen zu beantragen seien, da es zunächst auf die baldige Feststellung eines für alle sechs Provinzen gleichermaßen geltenden Verfassungswerkes ankomme.

So empfahl der Kommissionsreferent den § 1 des Proponendum unverändert anzunehmen, jedoch mit dem Zusatz, das Königliche Konsistorium zu ersuchen, auch die Stolbergschen Grafschaften in den Provinzialsynodalverband einzufügen. Oberpräsident v. Witzleben fürchtete zwar, die Grafen zu Stolberg könnten diese Formulierung als Affront auffassen, aber die Synode lehnte seine diplomatischere Fassung zugunsten des durchaus sachgemäßen Kommissionsantrages ab.

Für § 2 Abs. 1 schlug die Kommission die Wahl von vier Provinzialsynodalen pro Wahlbezirk vor, einem Superintendenten, einem Geistlichen und zwei Laien. Da in dem Amendement jedoch nicht genügend zum Ausdruck kam, daß man das Institut der Bezirkssynoden lediglich als provisorischen Notbehelf ansehen wollte, wurden noch drei Zusatzanträge gestellt, die diesen Punkt klarlegten und darüber hinaus den Kreissynoden in einzelnen Fällen das Recht zustanden, eigene Wahlkörper zu bilden.

[201] *Verhandlungen der außerordentlichen Provinzial-Synode der Provinz Sachsen im Jahre 1869,* Magdeburg 1870, S. 120.

Gleichfalls mit bedeutender Majorität akzeptierte die Versammlung ein Amendement zu § 2 Abs. 3, das eine Beschränkung der durch landesherrliche Ernennung berufenen Ehrenmitglieder auf sechs Personen vorsah und dafür der Synode das Recht erteilte, durch Kooptation drei Mitglieder hinzuzuwählen. Bedenken erregte dagegen die ausdrückliche Erwähnung der Wählbarkeit von Patronen in der Kommissionsempfehlung zu § 3, denn man fürchtete, daß dann die Provinzialsynoden bald nur noch aus Geistlichen und Patronen bestehen könnten. Gleichwohl billigte man nach längerer Diskussion auch diesen Paragraphen in der Kommissionsfassung.

Unter vorläufiger Auslassung der Bekenntnisfrage verhandelte die Synode dann über §§ 5—10 des EOK-Proponendum. Dabei verabschiedete sie — von bloß redaktionellen Amendierungen abgesehen — die eigenständige Verwaltung der Provinzialsynodalkasse durch die Provinzialsynode (§ 5 Abs. 6), strich die Bestätigungspflicht für den gewählten Synodalvorstand durch den EOK (§ 5 Abs. 7), bestimmte den Ertrag der Kirchen- und Hauskollekte primär für die evangelische Diaspora der Provinz (§ 5 Abs. 8), präzisierte die Beteiligung von Synodalen an disziplinarrechtlichen Verfolgungen (§ 5 Abs. 9) und erweiterte die Synodalbefugnisse um das Recht, an Kandidatenprüfungen teilzunehmen (§ 5 Abs. 10). § 9 redigierte man dahingehend, daß die Teilnahme am Hl. Abendmahl ausdrücklich als fakultativ bezeichnet wurde und der Austeilungsritus sich nach dem kirchenordnungsmäßigen Gebrauch der betreffenden Kirche richten sollte.

Die eigens zur Klärung der Bekenntnisfrage (§§ 1 und 5) gebildete Kommission hatte — wie ihr Bericht zeigt — offensichtlich vergeblich nach einer Formel gesucht, unter der sich die verschiedenen Konfessionen subsumieren ließen. Sie war ausgegangen von den drei Bekenntnisparagraphen der Rheinisch-Westfälischen Kirchenordnung, mußte aber bald feststellen, daß diese ebensowenig den Eigentümlichkeiten der Sächsischen Provinzialkirche gerecht wurden wie die einfache Nennung der Confessio Augustana. Dabei herrschte in der Kommission keineswegs Uneinigkeit über das vorwiegend lutherische Gepräge der Kirchenprovinz, wohl aber über die Tragweite der Union.[202] Beyschlag, der in den Verhandlungen die Unionsseite vertrat, berichtet: »Die Gnadauer wollten, daß in der Kirchenordnung dem lutherischen Bekenntniß nicht nur 'Wahrung', sondern 'Schutz und Pflege' zugesagt wurde; daneben wollten sie auch die Union anerkennen, aber nur im Sinne der Cabinetsordre von 1834.«[203] Resigniert empfahl die Kommission der Synode schließlich, die einschlägi-

---

[202] *A. a. O.*, S. 167 ff.
[203] W. Beyschlag, *Aus meinem Leben...*, Bd. 2, S. 290.

gen EOK-Proponenda unverändert anzunehmen, was denn auch mit bedeutender Majorität geschah.

Ähnlich verlief die Diskussion über die *itio in partes* (§ 7 Al. 2) Professor Schlottmann (1819—1887) erklärte als Referent seiner Kommission, diese hege zwar schwere Bedenken gegen eine *itio in partes,* weil in ihr der Keim künftigen Unfriedens gelegt sei; gleichwohl stimme die Mehrzahl der Kommissionsmitglieder aus Achtung gegen das fremde Gewissen und in der Hoffnung, gerade durch dieses Entgegenkommen die beiderseitige Verständigung zu erleichtern, für die Annahme des Proponendum. Um möglichem Mißbrauch vorzubeugen, empfahl die Kommission lediglich folgenden Satz aus den »Motiven« in das Gesetz einzufügen: »Der Antrag auf itio in partes kann von jedem Mitgliede gestellt werden, ist aber in pleno zu erledigen.«[204]

Dem exklusiven Konfessionalismus freilich genügte die EOK-Fassung nicht. Für die »Gnadauer« beantragte Pastor Wegener darum den Zusatz: »Jedes Mitglied der Synode hat zu Eingang derselben eine Erklärung abzugeben, welchem Bekenntniß es persönlich angehört.«[205] Daraufhin forderte Beyschlag die Streichung des ganzen Absatzes, indem er eine Scheidung der Bekenntnisse für nicht praktikabel erklärte: »Selbst wenn die Forderung einer Bekenntniß-Erklärung beim Eintritt in die Synode durchgehen sollte, wird man nur hören: 'Lutherisch innerhalb der Union' und wo bleibt dann die itio in partes?«[206] Hierauf setzte eine heftige Diskussion zwischen »Gnadauern« und »Hallensern« ein, an deren Schluß man endlich doch der Kommissionsempfehlung folgte.

Nach dem Bericht der Kommission für die kirchliche Gemeindeordnung eröffnete die Synode mit zwei Spezialreferaten die Diskussion über die alles entscheidende *Frage der bindenden Vorschlagsliste.* Der Referent der Kommissionsmajorität, Professor Beyschlag, führte aus, Artikel 15 der Verfassungsurkunde nötige die evangelische Kirche zu einem im Inneren freien und nach außen hin vom Staat unabhängigen Verfassungsneubau. Im Zuge dieser Reorganisation müsse in erster Linie die bindende Vorschlagsliste fallen, denn dem Pfarramt sei zwar das Lehramt, nicht aber das Regierungsamt übertragen und auch die biblische Lehre vom allgemeinen Priestertum lasse eine Bevormundung der Gemeinde in der bisherigen Weise nicht länger zu. »Wenn wir heute zuwarten, heute, da es uns vielleicht noch vergönnt ist, unsere Kirche in Frieden zu bauen und der Ge-

---

[204] *Verhandlungen der außerordentlichen Provinzial-Synode... Sachsen...,* S. 170.
[205] *A. a. O.,* S. 174.
[206] *A. a. O.,* S. 178 f.

meinde in Frieden das Ihre zu geben, ja, dann wird der Sturm hereinbrechen, den schon so mancher Sturmvogel verkündet, und wird nicht nur diese Vorschlagsliste, sondern auch alle die Cautelen, die wir heute aufstellen, und nicht bloß diese, sondern noch vieles Andere und Größere, das uns lieb und theuer ist, in alle Winde streuen, und dann wird denen, die heute trotzigen und verzagten Herzens der Gemeinde ihr bescheidenes Recht verweigern, nur die traurige Wahl bleiben, entweder zu ducken unter den Tyrannen, den Luther den Herrn Omnes nennt, oder mit blutigem Herzen auszuwandern aus der entweihten deutsch-evangelischen Volkskirche, um mit einem armen Häuflein eine kümmerliche Freikirche zu bauen.«[207]

Als Sprecher der Kommissionsminorität machte Superintendent Hahn für die Beibehaltung der Vorschlagsliste geltend, in Wahrheit bestehe gar kein so großer Unterschied zwischen seiner und der Auffassung seines Vorredners, denn beide Seiten fürchteten ja das alle Ordnungen nivellierende moderne Gemeindeprinzip. Aber während die »Hallenser« mit Hilfe von Kautelen nur defensiv gegen die Herrschaft der Masse stritten, bevorzuge seine Gruppe präventiv-koerzitive Mittel: die Vorschlagsliste.

Im Verlauf der hieran anschließenden, äußerst heftig geführten zweitägigen Debatte appellierten Generalsuperintendent Möller und der Präsident des Konsistoriums, Nöldechen, eindringlich und unter Hinweis auf ihre Autorität als höchste Kirchenbeamte der Provinz an die Synode, für den Wegfall der Vorschlagsliste zu stimmen. Aber alle Anstrengungen zugunsten der EOK-Vorlage erwiesen sich als vergeblich: In namentlicher Abstimmung blieben die Gegner der bindenden Vorschlagsliste mit 54 gegen 61 Stimmen in der Minorität — übrigens ein überraschend niedriger Sieg der Konfessionellen, wenn man berücksichtigt, daß sich von 89 Kreissynoden 70 für die Beibehaltung der Vorschlagsliste ausgesprochen hatten.[208]

Die Minorität legte in einem Separatvotum, das Professor Schlottmann formuliert hatte, Protest gegen die starre Haltung der Mehrheit ein und forderte die Kirchenbehörde auf, »die für und wider angeführten Gründe

---

[207] Willibald Beyschlag, *Artikel XV der preußischen Verfassung und die Frage der bindenden Vorschlagsliste. Ein Synodalreferat*, Halle 1870, S. 35 f.; vgl. ders., *Aus meinem Leben . . .*, Bd. 2, S. 290 ff.

[208] Beyschlag (*a. a. O.*, Bd. 2, S. 294) hielt das Wahlverhalten des Patronats für ausschlaggebend: »Die kleine Mehrheit zugunsten derselben [sc. der Vorschlagsliste] war auch nur durch das übermäßig vertretene Patronat zu Stande gekommen, welches überhaupt dazu neigte, seine feudale Stellung gegen alles Recht der Gemeinde auszuspielen; von 62 Theologen hatten 32 für den Wegfall der Vorschlagsliste, aber von 24 Patronen 19 für die Beibehaltung derselben gestimmt.«

nicht nach der Zahl der Stimmen [zu] messen, sondern nach ihrem Gewicht ab[zu]wägen ...«.[209]

Die weitere Beratung des Kommissionsberichtes über die kirchliche Gemeindeordnung verlief jetzt erwartungsgemäß reibungslos. Die Synode stimmte der *Aufhebung noch bestehender Exemtionen* ebenso anstandslos zu wie der fakultativen (!) *Bildung einer größeren Gemeinderepräsentation* und dem Wahlreglement für den Gemeindekirchenrat. Dabei legte man zwar die Kommissionsfassung zugrunde, aber diese war meistens im Sinne der EOK-Vorlage gehalten und enthielt darüber hinaus lediglich präzisierende Einzelbestimmungen.

Die Berechtigung des Patronats zur Ernennung von Kirchenvorstehern fiel weg, der Patron verlor seinen Einfluß auf den Gemeindekirchenrat und wurde anderen Gemeindegliedern weitgehend gleichgestellt. Auch hinsichtlich der Geschäftsführung, der Obliegenheiten und Befugnisse des Gemeindekirchenrates sowie der Gemeinderepräsentation einigte sich die Versammlung bald, indem sie die ausführlichen Vorarbeiten der Kommission ohne längere Diskussion annahm.

Die Hauptursache für den flüssigen Verhandlungsablauf lag in der Annahme vieler Synodalabgeordneter, die Gemeindeordnung werde noch ein zweites Mal gelesen. Dies hatte Nöldechen zunächst auch zugesagt, aber die Majorität wollte darauf nun verzichten und dem Präsidenten des Konsistoriums schien plötzlich eine zweite Lesung ebenfalls nicht mehr opportun.[210] Eine große Anzahl Abgeordneter sah sich durch diesen Vorgang getäuscht; Oberbürgermeister Hasselbach legte sein Mandat nieder und verließ unter Protest die Sitzung.

Am Schluß der Synodalverhandlungen stand die Dotationsfrage (§ 11 des I. EOK-Proponendum). Nach dem von der betreffenden Kommission vorbereiteten Entwurf sollte es den Deputierten gestattet sein, auf ihre Diäten zu verzichten; aber die Synode verwarf den Vorschlag sogleich und stellte ausdrücklich fest, eine Verzichtleistung sei ausgeschlossen. Ungeteilte Zustimmung fand dagegen ein 12 Paragraphen umfassendes Regulativ, das der Ausschuß verfaßt hatte, um die Beitreibung der Provinzialsynodalkosten zu ordnen. Diesem zufolge konnte jede Kreissynode über die Aufbringung ihres Kostenanteiles selbst beschließen; rückständige Beiträge einzelner Gemeinden sollten nach Maßgabe der klassifizierten Einkommensteuer von den Gemeindegliedern auf dem Wege administrativer Exekution eingezogen werden.

---

[209] *Verhandlungen der außerordentlichen Provinzial-Synode ... Sachsen ...*, S. 245.
[210] Vgl. W. Beyschlag, *Aus meinem Leben ...*, Bd. 2, S. 293.

Daß die außerordentliche Provinzialsynode im lutherischen Sachsen sich kaum als Triumphzug der unionsfreundlichen Kräfte gestalten lassen würde, mußte jedermann im Evangelischen Oberkirchenrat und im Provinzialkonsistorium gewußt haben. Aber wenn man das glänzende Aufgebot der bekannten Hallenser Unionstheologen Beyschlag, Jacobi und Schlottmann sowie das langjährige Werben Nöldechens um das Vertrauen der Konfessionellen in Rechnung stellt, nimmt sich das Ergebnis der Synodalverhandlungen doch äußerst kläglich aus. Es belegt einmal den ungeheuren Einfluß der Gnadauer Pastoralkonferenzen auf Pfarrer und Laien[211] und zum anderen das unüberwindliche Mißtrauen des konfessionellen Luthertums vor kirchenverfassungsrechtlichen Neuerungen zugunsten der Gemeinden. Einen Großteil der Schuld an den EOK-feindlichen Beschlüssen trug natürlich auch die stattliche Reihe adliger Patrone, die zur Zeit des zunehmend erstarkenden Liberalismus mit extrem konservativen Voten ihre unaufhaltsam schwindende Macht in Staat und Kirche zu erhalten suchten.

Das Scheitern der Bemühungen um eine Fortbildung der Kirchenverfassung der Evangelischen Landeskirche der älteren preußischen Provinzen im Jahre 1869

Etwa ein halbes Jahr nach dem Ende der außerordentlichen Provinzialsynoden in den sechs östlichen Provinzen brach der deutsch-französische Krieg aus. Aber es wäre verfehlt, wenn man allein in diesem Ereignis die entscheidende Ursache für die Verschleppung der preußischen Kirchenverfassungsentwicklung um weitere drei Jahre sehen wollte.[212]

Die Opposition gegen das ganze Synodalunternehmen war selbstverständlich auch während der letzten beiden Monate des Jahres 1869 nicht verstummt. So behauptete die Partei des lutherischen Konfessionalismus, die in den meisten Kreissynoden ein starkes Übergewicht besaß, diese hätten der Berufung *außerordentlicher* Provinzialsynoden niemals zugestimmt und seien entgegen der Bestimmungen im Allerhöchsten Erlaß vom 5. Juni 1861 dazu auch gar nicht gehört worden.[213] Die *Evangelische Kirchenzeitung* warf dem Evangelischen Oberkirchenrat »unsicheres Ex-

---

[211] Siehe oben S. 138 ff.

[212] So Walther Hubatsch, *Geschichte der evangelischen Kirche Ostpreussens*, Bd. 1, Göttingen 1968, S. 326.

[213] Vgl. Art. V, 2 des Allerh. Erlasses vom 5. Juni 1861 (*Aktenstücke . . .*, Bd. 5, S. 125); *EKZ* 85 (1869), Sp. 1100—1117.

perimentiren« vor, übte im einzelnen harte Kritik an den Proponenda und riet den Synodalabgeordneten: »halten wir fest an dem Rechte und der Freiheit unserer Kirche, wie wir sie haben — geben wir keinen Theil des Selbst unserer Kirche, also jetzt auch nicht die Vorschlagsliste, — hin an Urwähler — erinnern wir uns einander, und, wo wir können, unsere Landesobrigkeit an die heiligen Pflichten, die uns und ihr obliegen gegen unsere Kirche — und stärken wir uns in der Ueberzeugung, daß das voreilige Uebergeben der uns anvertrauten Festung durch Capitulation viel schlimmer ist, als das Unterliegen in treuem Kampfe auf welchen wir hoffen dürfen ein fröhliches Auferstehen zu erleben hier oder jenseits«.[214] Dieser Aufruf mußte bei zahlreichen Deputierten auf fruchtbaren Boden gefallen sein, denn der hier formulierte starre Konservatismus und die Verteufelung alles liberalen Gedankengutes gehörten in der Tat zum Grundtenor der meisten Synodalverhandlungen.

Durfte die Mittelgruppe der Positiv-Unierten angesichts dieser Propaganda kaum auf die Unterstützung der Konfessionalisten hoffen, so konnte sie der ungebrochen intransigenten Gegnerschaft seitens des kirchlichen Liberalismus absolut gewiß sein. Kurz vor Beginn der Synodalverhandlungen überraschte die *Protestantische Kirchenzeitung* mit einem Kommentar, in dem sie sich dagegen verwahrte, »daß diese Provinzial-Synoden einen anderen als einen berathenden Charakter haben sollten. 'Constituirend', d. h. gesetzlich beschließend kann nur diejenige Synode sein, welche eine Repräsentation der Gemeinden darstellt.«[215] Der Artikel kündigte eine konzertierte Aktion aller liberalen Synodalabgeordneten an, die denn auch nicht lange auf sich warten ließ.

Am 16. November 1869, also am zweiten Sitzungstag der Provinzialsynode, gab der Berliner Prediger Thomas eine Erklärung zu Protokoll, des Inhalts, daß er zwar die gegenwärtige Außerordentliche Brandenburgische Provinzialsynode als eine rechtmäßige Vertretung der Gemeinden nicht anerkennen könne, auch allen Beschlüssen derselben die bindende Kraft absprechen müsse, aber dennoch an den Beratungen und Arbeiten dieser Synode teilzunehmen sich gedrungen fühle.[216]

In Preußen stellte Graf York am gleichen Tag einen Antrag, der von der Provinzialsynode nicht weniger verlangte als das Zugeständnis ihrer eigenen Inkompetenz sowie die Forderung nach Einberufung einer Landessynode auf der Grundlage freier Gemeindewahlen.[217]

---

[214] *EKZ* 85 (1869), Sp. 1128 (Hervorhebungen im Original).
[215] *PKZ* 17 (1869), Sp. 1067; vgl. *a. a. O.*, Sp. 1041 ff.; 1113 ff.
[216] *Verhandlungen der außerordentlichen Provinzial-Synode ... Brandenburg ...*, S. 11 f.
[217] *Verhandlungen der außerordentlichen Provinzial-Synode ... Schlesien ...*, S. 185 ff.

Auf der sechsten Sitzung der preußischen Provinzialsynode reichte der Deputierte v. Saucken-Tarputschen ein Separatvotum ein, in dem er die Rechtsbeständigkeit und Legitimität dieser Synode bestritt und sich dagegen verwahrte, daß ihren Beschlüssen »ein anderer als lediglich der Charakter von unverbindlichen Gutachten beigelegt werde«.[218]

Da diese Voten nur von einer verschwindenden Minorität unterstützt wurden, schenkten die Synoden ihnen wenig Beachtung und gingen über sie zur Tagesordnung über.

Gefährlicher erschien dagegen das liberale Störfeuer aus dem preußischen Abgeordnetenhaus, das die Synodalverhandlungen begleitete. Man protestierte dort gegen den beschließenden Charakter der Synoden, der Abgeordnete v. Saucken-Tarputschen sprach von der Konfusion, die allgemein über die Funktion dieser Synoden herrsche, und Virchow argumentierte von Artikel 15 der Verfassung aus gegen jegliche Einmischung des Kultusministers in innerkirchliche Angelegenheiten. Der Abgeordnete Richter (Sangerhausen) richtete sogar eine Interpellation an die Staatsregierung, in der er anfragte, welche Haltung sie zu dem ungesetzlichen Beschluß der Brandenburgischen Synode, den Gemeinden Zwangsbeiträge für die Synodalkasse aufzuerlegen, einnehme.[219]

Alle Anstrengungen von liberaler Seite, die laufenden Provinzialsynoden in ihrem geplanten Ablauf zu unterbrechen, blieben jedoch ohne Erfolg. In der zweiten Dezemberhälfte lagen dem EOK die Ergebnisse der ordnungsgemäß durchgeführten Synoden vor. Konnte die Kirchenbehörde auf dieser Grundlage einen gemeinsamen Kirchenverfassungsentwurf erstellen?

Die unterschiedlichen Synodalbeschlüsse, insbesondere die Beibehaltung der bindenden Vorschlagsliste durch drei Kirchenprovinzen (Brandenburg, Pommern, Sachsen), erleichterten das Unternehmen zwar gewiß nicht, mußten es aber auch nicht gänzlich zum Scheitern verurteilen — vorausgesetzt, der EOK war bereit, den faktischen Kräfteverhältnissen in der Evangelischen Landeskirche der älteren preußischen Provinzen ausreichend Rechnung zu tragen.

Nachdem die Provinzialsynoden ein so eindeutiges Zeugnis für das Übergewicht des konfessionellen Luthertums abgelegt hatten, ließ sich die Krise der unierten Kirchenregimentspartei nicht mehr länger verbergen:

---

[218] *Protokolle ... der außerordentlichen Provinzial-Synode der Provinz Preußen ...*, S. 82 f.; vgl S. 25.
[219] *Stenographische Berichte des Abgeordnetenhauses ... über die Verhandlungen ... der beiden Häuser des Landtages ...*, Bd. 2, S. 851 ff.; 887 ff.; 939 ff.; 967 ff.

Das nach außen hin einheitliche kirchenpolitische Gebilde der sechs unierten östlichen Provinzialkirchen ruhte nicht — wie von der Kirchenbehörde immer wieder behauptet — auf der breiten Zustimmung der Gemeinden zum Gemeinsamen der evangelischen Bekenntnisse, sondern die Union verdankte in den meisten Provinzen ihre Existenz der stets präsenten Kirchenbürokratie. Wollte der EOK trotz dieses Sachverhaltes sein Kirchenverfassungsmodell gegen den Widerstand der Hengstenbergianer durchsetzen, riskierte er eine konfessionelle Spaltung, die nicht allein sein Ende, sondern auch das der Evangelischen Landeskirche der älteren preußischen Provinzen bedeutet hätte. Die Einführung einer neuen gemeinsamen Kirchenordnung war also nur denkbar, wenn der EOK den Konflikt mit dem mehrheitlich liberalen Abgeordnetenhaus auf sich nahm und eine Annäherung an die Vorstellungen der lutherischen Orthodoxie vollzog. Durch diese konfessionsfreundliche Kirchenpolitik aber hätte das Berliner Oberkonsistorium sich noch mehr von der mit dem Liberalismus paktierenden Staatsregierung isoliert und seiner ganzen Tradition zuwidergehandelt, die es von Anfang an zur Kooperation mit der Staatsmacht verpflichtete, weil einzig diese und nicht die kirchliche Basis ihm seine kirchenregimentliche Autorität sicherte.

Die oberste preußische Kirchenbehörde hatte sich in dieses Dilemma freilich selbst hineinmanövriert, als sie von einer Oktroyierung der neuen Kirchenverfassung absah und die Revision der Kirchengemeinde- und Kreissynodalordnung ausgerechnet jenen Abgeordneten anvertraute, die ihr Mandat den wenig freiheitlichen Bestimmungen der alten Kirchenordnungsfassung verdankten. So trafen sich zu den außerordentlichen Provinzialsynoden zwar die nach den geltenden Kirchenverfassungsgesetzen gewählten, legitimen Vertreter der Gemeinden, das breite Kirchenvolk aber repräsentierten diese Notabeln nicht.

Ohne Rücksicht auf die sich stark verändernde Sozialstruktur in Preußen bestimmten wie eh und je der konservative Adel (Patrone, Gutsbesitzer), hohe königliche Regierungsbeamte (ehemalige Minister, Oberpräsidenten, Regierungsräte), Offiziere, Theologieprofessoren, Lehrer und Pfarrer Leben und Gestalt der evangelischen Kirche.[220] Während der wachsende Einfluß des liberalen Bürgertums diese Kreise allenthalben aus ihren angestammten gesellschaftlichen Stellungen verdrängte, blieben im

---

[220] Zu den tiefgreifenden Veränderungen in der Sozialstruktur Deutschlands während dieser Zeit vgl. Werner Pöls (Hrsg.), *Deutsche Sozialgeschichte. Dokumente und Skizzen*, Bd. 1, München 1973, und Günter Brakelmann, *Die soziale Frage des 19. Jahrhunderts*, 3. Aufl., Witten 1966.

kirchlichen Raum die traditionellen Herrschaftsverhältnisse nicht allein erhalten, sondern man begriff die Kirche darüber hinaus geradezu als Bollwerk gegen den liberalen Zeitgeist.

Erfüllt von dem Gedanken, die alte überkommene Ordnung in Staat und Kirche vor dem drohenden Einbruch radikaler Kräfte zu schützen, votierten zahlreiche lutherische Synodalabgeordnete für die Beibehaltung der Gemeindeordnung aus dem Jahre 1861. Ihre Parole lautete: »principiis obsta!« und schloß jede Neuerung grundsätzlich aus. Aber auch die Positiv-Unierten verfolgten letztlich das Ziel, dem Liberalismus auf Dauer den Weg in die Kirche zu versperren, wie aus dem Synodalvortrag Beyschlags sehr deutlich hervorgeht.[221] Sie hielten es lediglich für taktisch klüger, unhaltbar gewordenen Positionen —vor allem die bindende Vorschlagsliste — aufzugeben, um dann mit Zustimmung des Abgeordnetenhauses eine Kirchenverfassung zu verabschieden, die ihnen auf Jahrzehnte die ungebrochene Herrschaft zu sichern versprach.

Mit der Staatsregierung uneins,[222] von den Konfessionalisten wie von den Liberalen hart attackiert, fehlte dem Evangelischen Oberkirchenrat der nötige Rückhalt zur Durchsetzung seines Kirchenverfassungsprojektes; deshalb ließ er diesen neuerlichen Ansatz zu einer selbständigen Kirchenordnung für die sechs östlichen Provinzialkirchen ebenso im Sande verlaufen wie alle früheren Anstrengungen.[223] Gleichwohl darf man die Berufung der Synoden nicht »als eine klägliche Velleität« und als »Wind ei« verstehen, wie Beyschlag das nach ihrem Scheitern tat.[224] Der EOK konnte es angesichts der konkreten politischen und kirchenpolitischen Situation in Preußen einfach nicht wagen, den Ständen eine Vorlage zu unterbreiten, die dem Liberalismus als willkommene Gelegenheit gedient hätte, unter Berufung auf Artikel 15 der preußischen Verfassung eine Kirchenordnung im Sinne des uneingeschränkten »Gemeindeprinzips« zu oktroyieren.[225]

Wie wenig der erfolglose Ausgang des Unternehmens mit den sachlichen Inhalten der Proponenda in Zusammenhang stand, zeigte sich drei Jahre später, als die neuen Männer im Kultusministerium und EOK, Falk und Herrmann, eine Kirchenverfassung oktroyierten, die nur unwesent-

---

[221] Siehe oben S. 331 f.

[222] Siehe unten S. 425 ff.

[223] Siehe oben S. 34 ff.

[224] W. Beyschlag, *Aus meinem Leben...*, Bd. 2, S. 295.

[225] So beurteilt auch Dorner — als Mitglied des EOK bestens informiert — die kirchenpolitische Situation im Juli 1870 (*Briefwechsel...*, Bd. 2, S. 96 f.)

lich von den 69iger Entwürfen abwich.[226] Dieses Mal handelte man jedoch im erklärten Einvernehmen mit der Staatsregierung und —wenigstens bis Anfang 1875 — auch mit Zustimmung oder zumindest doch stillschweigender Duldung der Landtagsmehrheit.[227]

Herrmanns »Verfassungswerk« fand innerhalb der Kirche keine begeisterte Aufnahme; ähnlich wie 1869 standen Konfessionelle und Liberale der neuen Gemeinde- und Synodalordnung äußerst skeptisch oder gar ablehnend gegenüber.[228] Auf den ersten Provinzialsynoden im Jahre 1875 mußten die Königlichen Kommissare häufig von ihrem Recht Gebrauch machen, Anträge durch Einspruch von der Verhandlung auszuschließen; der Pommerschen Synode wurde in altbekannter Manier[229] angedroht, sie vor Erledigung ihrer Geschäfte zu vertagen oder ganz aufzulösen, falls sie sich nicht an die Tagesordnung hielte.[230]

Einerseits die erstaunliche Parallelität zwischen den 69iger und 75iger Provinzialsynoden sowohl in ihrer inneren Substanz als auch in der personellen Zusammensetzung und kirchenregimentlichen Vorgehensweise und andererseits die Diskrepanz in ihrem Ergebnis, nötigt zu einer historischen Korrektur hinsichtlich der Bedeutung Herrmanns für die Einführung der konsistorial-synodalen Mischverfassung in den sechs östlichen Provinzen Preußens.

Die Kirchenverfassungsreform gelang in den Jahren zwischen 1873 und 1876 nicht etwa deshalb, weil im Gegensatz zu früheren Versuchen eine kirchliche Mehrheit hinter einem neuen, überzeugenderen Entwurf gestanden hätte, sondern weil Reichskanzler, Kultusminister, EOK-Präsi-

---

[226] Die Kirchengemeinde- und Synodalordnung für die sechs östlichen Provinzen aus dem Jahre 1873 ist abgedruckt in: E. Friedberg, *Die geltenden Verfassungs-Gesetze . . .*, S. 51 ff.

[227] Das Abgeordnetenhaus forderte 1875, daß die Generalsynode aus Urwahlen hervorgehen sollte. Schließlich kam ein Vergleich zustande, in dem man die Urwahlen fallen ließ und dafür im beiderseitigen Einverständnis einige Änderungen in betreff der Zusammensetzung der Kreis- und Provinzialsynoden vornahm. Auf diese Weise entstanden die sogenannten Schlußbestimmungen der Generalsynodalordnung. Sie enthielten eine Vermehrung des Laienelementes in den Synoden bis auf annähernd die doppelte Zahl der Geistlichen, eine angemessene Berücksichtigung der an Einwohnerzahl stärkeren städtischen Gemeinden und Kreise sowie die Wahl der Kreissynodalen durch die vereinigten Gemeindeorgane (vgl. E. Friedberg, *Die geltenden Verfassungs-Gesetze . . .*, S. 99 ff.). Eine graphische Darstellung der Preußischen Kirchenverfassung aus den Jahren 1873/76 siehe im ANHANG am Ende des Buches.

[228] Vgl. J. Heintze, *Die Grundlagen der heutigen preußischen Kirchenverfassung . . .*, S. 66 ff.

[229] Siehe oben S. 307; 315.

[230] *Verhandlungen der ersten ordentlichen Provinzial-Synode der Provinz Pommern*, Stettin 1875, S. 9 f.; vgl. S. 60 ff.; 73; 82 f.

dent und Abgeordnetenhaus nun geschlossen das im Grunde alte Projekt unterstützten.

Die Pläne zu einer gemischt konsistorial-synodalen Kirchenverfassung lagen seit Mitte der sechziger Jahre vor und hätten ebensogut auch schon 1869 verwirklicht werden können. Herrmanns Verdienst bestand darin, den Grundgedanken der Vereinigung konsistorialer und synodaler Faktoren wissenschaftlich entwickelt und literarisch propagiert zu haben.[231] In Preußen wurde die Realisierung dieses Entwurfes aber nicht durch ihn, seinen Amtsantritt als Präsident des preußischen EOK ermöglicht, sondern letztlich durch Bismarck, der Anfang 1873 einen neuen kirchenpolitischen Kurs einschlug, um im Kulturkampf das evangelische Kirchenregiment auf seiner Seite zu wissen.[232] Unter den politischen Bedingungen des Jahres 1869 wäre Herrmann ebenso gescheitert wie sein Vorgänger Mathis.

Die Reorganisation der evangelischen Kirchen in Neupreußen

Leitende Gesichtspunkte

Nachdem sich die Preußische Staatsregierung im Interesse der *politischen* Integration der neupreußischen Gebiete den kirchlichen Einverleibungswünschen des Evangelischen Oberkirchenrates und König Wilhelms I. vorerst erfolgreich widersetzt hatte,[233] begann Kultusminister v. Mühler in dem von Bismarck abgesteckten Rahmen mit der kirchlichen Reorganisation der neuen Landesteile.

Die Grundzüge für eine solche Verwaltungsreform der evangelischen Kirchen Neupreußens lagen im Entwurf bereits seit Juli 1867 vor und basierten auf dem Prinzip möglichster Schonung aller provinziellen Eigentümlichkeiten sowie der Wahrung der Rechtskontinuität.[234] Sie gingen juristisch aus von dem Akt der Einverleibung der eroberten Landesteile in

---

[231] Zur Wirksamkeit Herrmanns vgl. S. 154 ff. in dieser Arbeit.

[232] Siehe unten S. 518.

[233] Siehe unten S. 447 ff.

[234] Grundzüge für die Organisation der Verwaltung der evangelisch-kirchlichen Angelegenheiten in den durch die Gesetze vom 20. September und 24. Dezember 1866 der Preußischen Monarchie einverleibten neuen Landestheile. Nebst Begleitschreiben v. Mühlers an den König vom 27. 7. 1867: ZSTA, Hist. Abt. II, Merseburg, Geh. Zivilkabinett 2.2.1. Nr. 22831, pag. 68—73 R. (wiedergegeben bei G. Besier, *Preußische Kirchenpolitik 1866—1872...*, S. 822 ff.).

die Preußische Monarchie durch die Gesetze vom 20. September und 24. Dezember 1866, als dessen unmittelbare Folge nach gemeinem protestantischem Kirchenrecht die kirchenhoheitlichen Befugnisse der früheren Landesherrschaften auf den König von Preußen übergegangen waren.[235] In der ersten Zeit nach den Annexionen wurde diese Kirchenhoheit den Generalgouverneuren und Administratoren übertragen und später an den Kultusminister delegiert, ohne daß der König damit seine Summepiskopalrechte aufgegeben hätte.

Aufgrund dieser Rechtsverhältnisse hielt sich die Staatsregierung für befugt, folgende staatskirchenrechtliche oder kirchenverfassungsrechtliche Veränderungen beziehungsweise Ergänzungen in den neuen Provinzialkirchen vorzunehmen:

1. Überweisung derjenigen kirchlichen Angelegenheiten an das preußische Kultusministerium, die ehedem von der entsprechenden Ministerialinstanz der vormaligen Länderregierungen verwaltet wurden.

2. Übertragung der Ehegerichtsbarkeit von den Konsistorien auf die bürgerlichen Gerichte, entsprechend den durch die Verfassung festgelegten preußischen Verhältnissen (betraf Hannover).

3. Übertragung der Leitung und Aufsicht über das evangelische Schulwesen von den Konsistorien auf die einzurichtenden Landesregierungen (ebenfalls Hannover).

4. Bildung von Provinzialkirchenbehörden, soweit noch nicht vorhanden, deren Kompetenzen den Konsistorien in den alten Provinzen entsprechen sollten (Schleswig-Holstein und Herzogtum Nassau).

5. Zentralisierung der Konsistorialverwaltung (Kurfürstentum Hessen).

6. Übertragung der kirchlichen Externa auf die neue Landesregierung (Kurfürstentum Hessen).

7. Fortbildung bestehender Synodalorgane (Hannover, Frankfurt, Kurfürstentum Hessen) beziehungsweise Neubildung von Presbyterien und Synoden (Schleswig-Holstein, Herzogtum Nassau).

Dieser durchaus maßvolle Katalog dokumentiert den Willen der Staatsregierung, die politische Vereinigung Alt- und Neupreußens nicht durch extreme kirchenpolitische Maßnahmen zu gefährden. Jeder Provinzialkir-

---

[235] *Gesetz-Sammlung für die Königlichen Preußischen Staaten*, Berlin 1866, Nr. 6406, S. 555 f. Nach dem Hannoverschen Landesverfassungsgesetz z. B. war die Ausübung der Kirchengewalt lediglich an die Bedingung geknüpft, daß der König sich zur »evangelischen« Landeskirche bekennen müsse. So bekannte sich der Vorgänger Georgs V., Ernst August, nicht zur lutherischen, sondern zur anglikanischen Kirche.

che sollte — zunächst wenigstens — ihre kirchliche Eigenständigkeit weitgehend erhalten bleiben und lediglich eine parallele Kirchenverfassungsentwicklung angestrebt werden, an deren Ende freilich unüberhörbar die Frage nach einer kirchlichen Zentralbehörde und einer gemeinsamen Synodalvertretung stand. Da in der zweiten Hälfte des 19. Jahrhundert die Verbindung konsistorialer und synodaler Verfassungselemente jedoch als konstitutive Voraussetzung für eine funktionsfähige Kirchenordnung galt, ließ sich gegen den gleichartigen Aufbau gemäß dieser Grundsätze kaum etwas einwenden. Überdies erforderte die organische Entfaltung der genannten Prinzipien so viel Zeit, daß an eine Verknüpfung der selbständigen Provinzialkirchen vorerst nicht zu denken war und mithin genügend Abstand zu den kriegerischen Ereignissen des Jahres 1866 gewonnen wurde.

Hannover

Angesichts der bekannten Absichten des Evangelischen Oberkirchenrates in Berlin mußte das erst seit dem 16. Juni 1866 bestehende hannoversche Landeskonsistorium, dem die Haltung der Staatsregierung in dieser Frage zunächst natürlich noch unbekannt war, um seine Existenz fürchten. Es suchte darum bei der preußischen Regierung so schnell wie möglich eine Zusicherung zu erwirken, daß die Selbständigkeit der hannoverschen Landeskirche gewahrt blieb.

Besorgnisse dieser Art waren kaum laut geworden, als König Wilhelm in dem Besitzergreifungspatent vom 3. Oktober 1866 die beruhigende Erklärung abgab: » ... Wir wollen die Gesetze und Einrichtungen der bisherigen Hannoverschen Lande erhalten, soweit sie der Ausdruck berechtigter Eigenthümlichkeiten sind und in Kraft bleiben können, ohne den durch die Einheit des Staats und seiner Interessen bedingten Anforderungen Eintrag zu thun ... «, und in der gleichzeitig veröffentlichten Proklamation an die Einwohner Hannovers hieß es: »Die Diener der Kirchen werden auch fernerhin die Bewahrer des väterlichen Glaubens sein ... «.[236]

Das Landeskonsistorium wünschte jedoch deutlichere Zusagen, zumal bei ihm ständig Petitionen weiter Kreise der hannoverschen Geistlichkeit eingingen, in denen dazu aufgefordert wurde, sich in Berlin mit größerem Nachdruck für die Abwendung der Unionsbestrebungen einzusetzen.[237]

---

[236] Christian Hermann Ebhardt, *Gesetze, Verordnungen und Ausschreiben für den Bezirk des Königlichen Consistorii zu Hannover, 2. F., 1858—1869,* Hannover 1869, S. 39 f.
[237] Vgl. *NEKZ,* 1867, Sp. 96 ff.

Am 9. Oktober 1866 sandte das Landeskonsistorium dann eine ausführliche Bittschrift an den König, worin es hauptsächlich seiner Besorgnis über die mögliche Unterstellung unter den EOK Ausdruck verlieh. Daneben äußerte es die Befürchtung, die Ausführung der Kirchenvorstands- und Synodalordnung könnte gehemmt werden und die hannoversche Landeskirche ihren Körperschaftsstatus verlieren. Abschließend wies das Landeskonsistorium mit erstaunlicher Offenheit darauf hin, daß Eingriffe in das kirchliche Leben unweigerlich zu einer Ausweitung des politischen Widerstandes führen mußten.[238]

In dem ersten Teil seiner Erwiderung vom 8. Dezember 1866 lehnte der König sich eng an ein Gutachten des Direktors des hannoverschen Kultusdepartements, Ludwig Brüel (1818—1896)[239] an, das die Regierung aufgrund der Bittschrift angefordert hatte. Der zweite, in unserem Zusammenhang wesentlichere Teil, schloß sich an die Petition des hannoverschen Landeskonsistoriums an und entsprach sachlich genau der Auffassung Bismarcks: »Meine neuen Unterthanen dürfen daher vertrauen, daß sie unter Meinem Scepter ruhig und in Frieden ihres Glaubens und Bekenntnisses leben werden und daß ich die Ordnungen, welche erst vor wenigen Jahren als die Frucht schwerer Kämpfe für die Evangelisch-lutherische Kirche in dem vormaligen Königreiche Hannover aufgerichtet worden sind, anerkennen und ehren und für ihre weitere Durchführung sorgen werde.«[240]

Diese Erklärung beseitigte zum größten Teil die Furcht der evangelischen Landeskirche Hannovers vor einer kirchlichen Einverleibung, denn sie stellte unmißverständlich klar, daß weder daran gedacht war, die Union mit staatlichen Zwangsmitteln einzuführen noch die hannoversche Provinzialkirche dem EOK zu unterstellen. Freilich vermochte auch diese

---

[238] Vgl. W. Rädisch, *Die Evangelisch-lutherische Landeskirche Hannovers . . .*, S. 11 ff.

[239] Zu Brüel siehe Wilhelm Rothert (Hrsg.), *Allgemeine hannoversche Biographie,* Bd. 1, Hannover 1912, S. 67 ff.

[240] Chr. H. Ebhardt, *Gesetze . . .*, 2. F., S. 252. Im dritten Theil *(ebda.),* auf dessen Grundlage die *NEKZ* (1867, Sp. 138; vgl. *a. a. O.,* Sp. 99) die ganze Erklärung in völlig entstellender Weise interpretierte, bekannte sich der König gleichwohl zur Union: »spreche dieses [sc. Schutz von Bekenntnis und kirchlicher Verfassung] um so offener und um so lieber aus, je tiefer Ich von der Überzeugung durchdrungen bin, daß das Verlangen nach wachsender Einigung aller Theile und Glieder der evangelischen Kirche, welches Ich, wie meine in Gott ruhenden Vorfahren, unwandelbar im Herzen trage, sich um so freudiger entfalten und die rechten Wege und Formen zu finden wissen werde, je freier und unbeirrter die Herzen sein werden, das Gemeinsame in Liebe zu suchen und zu pflegen.« Am 23. Juni 1868 gab der König vor der hannoverschen Geistlichkeit noch einmal eine beruhigende Erklärung ab; vgl. *PKZ* 15 (1868), Sp. 671 f.

neuerliche Zusicherung einen Rest von Mißtrauen nicht zu beseitigen, wie aus dem Begleittext, den das Landeskonsistorium der königlichen Erwiderung bei ihrer öffentlichen Bekanntgabe beifügte, hervorgeht: »Welche auch immer die Zukunft unserer Kirche sein mag, sind wir nur treu, so können wir sie getrost unserem Gott befehlen, dessen Wege lauter Segen sind und sein Gang ist lauter Licht, und können es ihm überlassen, wie Er, der das allein vermag, wenn auch durch Kampf hindurch, Seine evangelische Kirche zu einer völligeren Einigung in Ihm, die wir gewiß alle betend auf dem Herzen tragen, hinführen wolle.«[241]

Daß man das preußische Unionswerk dabei nicht als die von Gott gestiftete, »wahre Einheit« akzeptieren konnte, drückte die Dankadresse des hannoverschen Landeskonsistoriums an den König vom 18. Dezember 1866 nur allzu deutlich aus: »Wie auch wir die wachsende Einigung aller Theile und Glieder der evangelischen Kirche auf dem Herzen tragen, so sind mit Ew. Majestät wir überzeugt, daß eine wahre Einigung frei und unbeirrt in Liebe gesucht werden muß, dagegen durch den Zwang äußerer Beeinflussung und Beirrung des kirchlichen Lebens nur würde verzögert und erschwert werden. Mögen zunächst nur alle Theile der evangelischen Kirche die ihnen von dem Herrn verliehenen Gaben treu bewahren und pflegen, und alle einander dienend und helfend in der Liebe dem Frieden und der gegenseitigen Erbauung nachtrachten, so wird unser Herr Jesus Christus, der allein wahre Einheit geben kann [und nicht der preußische König mit Gewaltakten, d. Vf.], dem gemeinsamen Gebete Seiner Gläubigen um Einigung der ganzen evangelischen Kirche Erhörung schenken, vielleicht noch, ehe sie es erwarten.«[242] Zugleich gab das Landeskonsistorium in seinem Schreiben zu verstehen, daß es den König als einzig legitimen Sachwalter der Selbständigkeit der evangelischen Landeskirche Hannovers betrachte und seine eigene Funktion in dieser Angelegenheit auf die loyaler Assistenz beschränkt wissen wolle: »Ew. Majestät wollen mit diesem Danke auch die Versicherung huldreichst entgegennehmen, daß unter Ew. Majestät Schutz und Schirm wir in aller Treue daran mitarbeiten werden, daß, soweit Gott Gnade giebt, unsere Kirche auf dem Grunde des göttlichen Wortes und ihres Bekenntnisses in Gemäßheit ihrer Ordnungen erbauet und Gottesfurcht und Frieden unter uns gepflanzet und gepflegt werde.«[243]

[241] Chr. H. Ebhardt, *Gesetze . . .,* 2. F., S. 256.
[242] Zitiert nach *NEKZ,* 1867, Sp. 114.
[243] *Ebda.,* vgl. auch *NEKZ,* 1867, Sp. 135 ff.

Wie sehr der preußischen Regierung daran gelegen war, in Hannover jede Komplikation auf kirchlichem Gebiet zu vermeiden, zeigt ihr ablehnendes Verhalten gegenüber einem Gesuch dreier lutherischer Geistlicher aus Ostfriesland. In dieser Petition wurde die ostfriesische Sonderstellung, die sich unter anderem in der häufigen Abendmahlsgemeinschaft mit Reformierten äußerte, betont und um die Errichtung einer eigenen, vom hannoverschen Landeskonsistoriums unabhängigen, Provinzialsynode gebeten.[244] Obwohl die Petenten zugleich erklärten, aus Bekenntnisgründen nicht der Union beitreten zu können, und eine Unterstellung ihrer projektierten Synode unter den EOK ebenfalls ablehnten, hätte die Förderung dieser Spaltungstendenzen gewiß zur Schwächung der hannoverschen Landeskirche beigetragen und die Erfolgschancen der preußischen Unionspartei erhöht.[245]

Nachdem so der konfessionelle wie rechtliche status quo der evangelisch-lutherischen Landeskirche Hannovers einigermaßen gesichert erschien, begann das Landeskonsistorium — gemäß der Anweisung v. Mühlers an das hannoversche Kultusdepartement — für die weitere Ausgestaltung der kirchlichen Verfassung zu sorgen. Die zwischen 1864 und 1866 eingeführte Kirchenordnung hatte zwar eine einheitliche Hannoversche Landeskirche begründet, aber jetzt galt es, den geschaffenen Rahmen auszufüllen und die Synodalordnung durchzuführen.[246]

Als erstes ordnete man die Abgrenzung der Inspektionen und Synodalbezirke neu und berief dann zwischen 1867 und 1869 die insgesamt hundert Bezirkssynoden, die je zur Hälfte aus geistlichen und weltlichen Mitgliedern bestanden.[247] Zu den vordringlichsten Aufgaben dieser Bezirkssynoden — erstere waren in einem Erlaß des Landeskonsistoriums vom 13. April 1867 genau bezeichnet —[248] gehörte auch die Wahl von neunundzwanzig geistlichen und ebensoviel weltlichen Abgeordneten für die bevorstehende Landessynode.

Die *Neue Evangelische Kirchen-Zeitung* behielt die Bezirkssynodalverhandlungen genau im Auge, um bei gegebenem Anlaß sogleich warnend

---

[244] Vgl. *EKZ* 81 (1867), Sp. 700; 719 ff.; *PKZ* 14 (1867), Sp. 645.

[245] Vgl. W. Rädisch, *Die Evangelisch-lutherische Landeskirche Hannovers...*, S. 18 f. Ganz ähnlich verhielt sich übrigens die Regierung bei dem mehrmaligen Gesuch der Gemeinde Loquard im Amte Emden, in die Evangelische Landeskirche der älteren preußischen Provinzen aufgenommen zu werden; vgl. dazu *NEKZ*, 1872, Sp. 63 ff.

[246] Vgl. Gerhard Uhlhorn, *Hannoversche Kirchengeschichte in übersichtlicher Darstellung*, Stuttgart 1902, S. 160 ff.

[247] Siehe oben S. 47 ff.

[248] Chr. H. Ebhardt, *Gesetze...*, 2. F., S. 164 ff.; vgl. *PKZ* 14 (1867), Sp. 135.

ihre Stimme zu erheben und auf den in Hannover herrschenden, extremen Konfessionalismus hinzuweisen. Eine vorzügliche Gelegenheit hierfür bot die Bezirkssynode zu Esens, wo man mit 17 gegen 13 Stimmen zwei Mitglieder des Protestantenvereins für synodalunfähig erklärte und von den Verhandlungen ausschloß.[249] Über die Bezirkssynode Celle zeigte die *Neue Evangelische Kirchen-Zeitung* ebenfalls helle Empörung, denn dort wurde ein Antrag der Minorität, »die Bezirkssynode wolle beschließen, bei der nächsten Landessynode zu beantragen, dieselbe wolle zur baldigen Herbeiführung einer organischen Verbindung der evangelisch-lutherischen Landessynode mit der evangelischen Kirche Preußens die geeigneten Maßregeln in Erwägung nehmen«, von der orthodoxen Majorität schroff abgewiesen.[250]

Daneben wurde die Synodalentwicklung in Hannover auch vom Preußischen Abgeordnetenhaus aufmerksam verfolgt. Als sich der Landtag beispielsweise am 23. Januar 1868 mit dem Etat des Kultusministeriums beschäftigte, rückten die kirchlichen Verhältnisse Hannovers bald in den Vordergrund der Debatte. Gleich zu Anfang richtete der Abgeordnete Schläger eine Anfrage an den Regierungskommissar: »Ist der Herr Kultus-Minister entschlossen, soweit ihm eine verfassungsmäßige Einwirkung zusteht, auf eine raschere Durch- und Ausführung der in anerkannter gesetzlicher Wirksamkeit stehenden Kirchen-Vorstands- und Synodal-Ordnung für die evangelisch-lutherische Kirche in Hannover hinzuarbeiten?«[251] Nachdem Regierungskommissar Lehnert versichert hatte, die Staatsregierung schenke »der Entwicklung der kirchlichen Verhältnisse in Hannover fortdauernd die ernsteste Aufmerksamkeit«, führte ein Antrag des Abgeordneten Richter (Sangerhausen) erneut auf das Thema zurück. Richter hatte nämlich die Staatsregierung aufgefordert, »eine verfassungsmäßige Kirchen-Regierung für die evangelische Kirche der neuen [!] und alten Provinzen unter entscheidender Mitwirkung freigewählter kirchlicher Vertreter herzustellen«.[252] Auf den lebhaften Protest der hannoverschen Abgeordneten hin, beeilte er sich jedoch, in der Motivierung seines Antrages sogleich zu beteuern: »Ich weiß sehr wohl, daß wir einen Landestheil erworben haben, der in kirchlicher Verfassung am Weitesten gefördert worden ist, nämlich Hannover, und ich bin weit davon entfernt, die

---

[249] *NEKZ*, 1869, Sp. 515 f.; vgl. *PKZ* 16 (1869), Sp. 960; 989.
[250] *NEKZ*, 1869, Sp. 601 ff.; vgl. *PKZ* 16 (1869), Sp. 886; 934 f.
[251] *Stenographische Berichte des Abgeordnetenhauses ... über die Verhandlungen ... der beiden Häuser des Landtages ...*, Bd. 2, S. 1066.
[252] Siehe oben S. 276 f.

Verfassung der evangelischen Kirche in Hannover irgendwie antasten zu wollen; ich bin weit entfernt, die Synodal-Verfassung irgend wie in Frage stellen zu wollen. Im Gegentheil würde ich mich freuen, wenn wir in den alten Landestheilen jetzt nur die Aussicht hätten, etwas Aehnliches zu erlangen.«[253]

Im Verlauf der Debatte um den Antrag Richter zeigte ein Votum des Abgeordneten Miquél, daß das behutsame kirchenpolitische Vorgehen der preußischen Regierung in Hannover begann, erste Früchte zu tragen, denn Miquéls Ausführungen kamen einer richtiggehenden Vertrauenserklärung für die Kirchenpolitik des Kultusministeriums gleich: »Meine Herren, wir in der Provinz Hannover sind auch bei dieser Gelegenheit durchaus mit dem Vorgehen der Königlichen Regierung einverstanden, und ich betone dieß um so mehr, als es aus der Rede des Herrn Abgeordneten den Anschein gewinnen könnte, als wenn die Regierung auf die kirchlichen Zustände in Hannover in ungeeigneter Weise eingegriffen hätte. Meine Herren, ich sage dieß nicht bei dieser Gelegenheit, was sich ja auch von selbst versteht, um etwas besonders Angenehmes der Regierung zu sagen, sondern um den von Zeit zu Zeit immer aufs Neue wieder auftauchenden, wahrscheinlich künstlich erregten Befürchtungen entgegenzutreten, als wenn die Absicht der Regierung wäre, wenn nicht heut, so doch morgen die dort bestehenden verfassungsmäßigen Rechte der lutherischen Kirche zu beseitigen und durch einen mehr oder weniger zulässigen oder unzulässigen Druck von Oben die Union uns zu oktroyieren. Meine Herren, ich sage dieß ausdrücklich, um meine Ueberzeugung auszusprechen, daß derartige Befürchtungen unbegründet sind.«[254]

Im Dezember 1868 verlangte der Abgeordnete Richter (Sangerhausen) im Landtag Auskunft von dem Kultusminister, warum die Zusage seines Kommissars, binnen Jahresfrist werde die hannoversche Landessynode zusammentreten, nicht eingehalten worden sei, und äußerte dabei den Verdacht, man wolle die kirchliche Selbstverwaltung hintertreiben. v. Mühler begründete die Verzögerung mit der überaus schwierigen Neuabgrenzung der Superintendenturbezirke und versicherte anschließend, daß die Einberufung der Landessynode »mit Sicherheit im Herbste des bevorstehenden Jahres erwartet werden kann«.[255]

Kultusminister v. Mühler hatte nicht zuviel versprochen: Am 3. November 1869 trat die erste Landessynode der evangelisch-lutherischen

[253] *A. a. O.,* Bd. 2, S. 1081.
[254] *A. a. O.,* Bd. 2, S. 1084.
[255] *A. a. O.,* Bd. 1, S. 648.

Kirche des vormaligen Königreichs Hannover zusammen; mit ihrer Eröffnung war die Synodalordnung ihrem ganzen Umfang nach zur Ausführung gekommen.

Außer den von den Bezirkssynoden gewählten 58 geistlichen und weltlichen Abgeordneten gehörten der Präsident des Landeskonsistoriums und der Abt von Loccum kraft ihrer Ämter der Synode an. Hinzu kamen ein von der theologischen Fakultät zu wählender theologischer und ein vom König zu ernennender juristischer Ordinarius der Landesuniversität sowie weitere je sechs Geistliche und Laien, die ebenfalls der König ernannt hatte.

Da die Wahlen zur Landessynode im Sinne der streng konfessionellen Richtung ausgefallen waren, lag es einerseits nahe, durch die königlichen Ernennungen ein unionsfreundliches Gegengewicht zu schaffen, andererseits aber stand zu befürchten, daß solche Auswahlkriterien die kirchenpolitischen Fronten nur noch mehr verhärteten. In strikter Beachtung der leitenden Gesichtspunkte Bismarckscher Innenpolitik, entschied man sich schließlich — um eine Verschärfung der konfessionellen Gegensätze zu vermeiden — für die Ernennung von milden Lutheranern, die auch auf dem politischen Sektor eine vermittelnde Stellung einnahmen.[256]

Ein Vergleich mit dem Wahlergebnis der Vorsynode (1863) ergibt, wie innig die Symbiose zwischen welfischer und konfessioneller Haltung inzwischen geworden war. Damals gehörten die Laienvertreter politisch wie kirchenpolitisch durchweg der liberalen Celler Partei an und votierten entsprechend unionsfreundlich.[257] Jetzt solidarisierten sich auch konfessionell nicht extrem gesonnene Männer wie Brüel und Uhlhorn mit der orthodoxen Partei, denn sowohl im Bewußtsein führender Kreise als auch in der breiten Bevölkerung resultierte aus dem allgemeinen Preußenhaß auch eine antiunionistische Haltung.

Am Abend vor der Eröffnung der Synode hatten sich auf Einladung von fünf Synodalabgeordneten — darunter Brüel und Uhlhorn — etwa sechzig Synodale der verschiedenen kirchenpolitischen Richtungen im Hotel de Russie eingefunden, um sich über die drei für das Amt des Synodalvorsitzenden dem König zur Auswahl zu präsentierenden Kandidaten zu ver-

---

[256] Vgl. *NEKZ*, 1869, Sp. 657 ff. Hinsichtlich der Zusammensetzung und des genauen Ablaufes der hannoverschen Landessynode vgl. die ausführliche Darstellung von W. Rädisch, *Die Evangelisch-lutherische Landeskirche Hannovers...*, S. 83 ff.

[257] Man wird freilich berücksichtigen müssen, daß die Wahlen zur Vorsynode noch wesentlich unter dem Einfluß des Katechismusstreites standen, der das Hauptmotiv zu der kurzlebigen liberalen Bewegung bildete.

ständigen.[258] Die konfessionell-partikularistische Mehrheit unter Bruels Führung favorisierte den ehemaligen Klosterkammerdirektor v. Wangenheim, der als gemäßigter Deutsch-Hannoveraner galt. Um die Wahrscheinlichkeit seiner Bestätigung zu erhöhen, stellte man die noch extremeren Kandidaten Brüel und v. d. Beck auf, in der sicheren Gewißheit, daß dem Kultusminister diese beiden noch weniger angenehm sein würden als der schwerhörige v. Wangenheim. Die in konfessionellen und politischen Fragen vermittelnde Partei — hoffnungslos in der Minorität — erklärte sich bereit, die Kandidatur v. Wangenheims und Brüels gutzuheißen, wenn der dritte Platz durch einen Mann ihrer Wahl — vorgeschlagen wurden der Stadtdirektor Rasch oder der Landdrost Braun — besetzt würde. Als die Majorität diesen Kompromißvorschlag glattweg ignorierte und nur ihre Kandidaten aufstellte, verließen die Professoren Ritschl und Dove,[259] die Superintendenten Thilo und Harmsen sowie die Pastoren Diestelmann und Pfaff die Versammlung.

Wie abgesprochen wählte die Synode am folgenden Tag die drei von der Majorität bevorzugten Kandidaten, worauf der Oberpräsident kraft der ihm vom Kultusminister verliehenen Vollmacht sofort v. Wangenheim zum Vorsitzenden der Landessynode ernannte.

Mit Blickrichtung nach Berlin empfahlen der Präsident des Landeskonsistoriums, Lichtenberg, und Brüel — als Konzession an die Minderheit — den Appellationsgerichtspräsidenten Friedrich Meyer (Celle) und den Superintendenten Hüpeden (Gr. Solschen) zu Vizepräsidenten zu wählen. Meyer galt zwar als ein Gegner der Union, war aber in der Öffentlichkeit als erklärter Preußenfreund bekannt. Vom Vorsitzenden darüber befragt, ob er seine Wahl annehme, dankte Meyer sinnigerweise für das ihm geschenkte Vertrauen, »um so mehr, als seine Wahl ihm ein Beweis dafür sei, daß die Motive für die Handlungen der Synode ausschließlich auf kirchlichem Gebiet lägen«.[260] Auch Hüpeden, der zu den weniger extremen Vertretern der Pfingstkonferenz gehörte, wurde mit großer Mehrheit (67 Stimmen) zum geistlichen Vertreter v. Wangenheims gewählt.

Schon unmittelbar nach der Wahl für die Vorsitzenden der Landessynode stellte Brüel einen nach ihm benannten Urantrag, der sehr bald zum Hauptgegenstand der Verhandlungen werden sollte.

»Die Hochwürdige Landessynode wolle die Frage in Verhandlung nehmen, ob etwas, eventuell was von ihrer Seite gegenwärtig wahrzunehmen

---

[258] Vgl. *NEKZ*, 1869, Sp. 725 f.
[259] Siehe oben S. 174 f.
[260] *Protokolle der ordentlichen Versammlung der Ersten Landessynode der evangelisch-lutherischen Kirche des vormaligen Königreichs Hannover*, Hannover 1869, S. 10.

ist, um der evangelisch-lutherischen Kirche des Königreichs Hannover ihre Selbständigkeit zu sichern und zu mehren, und zur Vorbereitung der Berathung und Beschlußfassung über diesen Gegenstand zunächst einen Ausschuß niedersetzen mit der Aufgabe, den Gegenstand zu prüfen und danach speciellere Anträge bei der Synode einzubringen.«[261]

Dove protestierte zwar gegen den provozierenden Ausdruck »des Königreichs Hannover« und schlug statt dessen »des ehemaligen Königsreichs« oder »der Provinz Hannover« vor, aber Brüel weigerte sich, der Abänderung zuzustimmen, indem er erklärte, der Begriff sei wohlbedacht gewählt und staatsrechtlich zulässig.

Es spricht für die Objektivität der Synodalen, daß trotz dieses Zwischenfalls bei der Wahl der weltlichen Ausschußmitglieder Dove die meisten Stimmen erhielt. Der renommierte Kirchenrechtler schnitt vielleicht aber auch deshalb so gut ab, weil die unversöhnliche Haltung Brüels sogar in vergleichsweise nebensächlichen Dingen vielen — wenigstens vorübergehend — zu denken gab. Da die übrigen weltlichen und geistlichen Vertreter der Kommission jedoch alle der streng konfessionellen Partei angehörten, waren Anträge zu erwarten, die eine ganz erhebliche Beschränkung der kultusministeriellen und königlichen Rechte bezweckten.

Zweifellos um vor allem Dove zu desavouieren, reichte Brüel drei Tage später beim Legitimationsausschuß der Synode den Antrag ein, die Qualifikation der Professoren Dove und Ritschl näher zu prüfen, da sich diese früher zur Union bekannt hätten.[262] Auf die Erklärung Lichtenbergs hin, daß beide den Eid auf die evangelisch-lutherischen Bekenntnisschriften abgelegt hätten, zog Brüel seinen Antrag zurück. Die kleine Episode zeigt, was für einen erbitterten Kleinkrieg die kirchenpolitischen Parteien sogar am Rande der großen Sachfragen gegeneinander führten und damit von vornherein die Verhandlungsatmosphäre unerträglich gestalteten.

Dem genannten Ausschuß wurde weiterhin ein Urantrag des ultrakonfessionellen Göttinger Superintendenten Rudolf Rocholl (1822—1905)[263] überwiesen, den dieser eingebracht hatte, weil von der Preußischen Regierung ohne Rücksprache mit dem Landeskonsistorium am 10. November des Jahres ein Bettag angeordnet worden war. Lichtenberg erklärte auf die Interpellation Rocholls, er nehme mit Sicherheit an, daß es sich bei dem

---

[261] *A. a. O.*, S. 11.

[262] *A. a. O.*, S. 38 f.

[263] Vgl. Heinrich Hübner, *Rudolf Rocholl. Ein Lebens- und Charakterbild*, Elberfeld 1910, und Rocholls Autobiographie, *Einsame Wege*, 2 Bde., 2. Aufl., Leipzig 1898, bes. S. 307 ff.

Vorgehen der Regierung um einen Ausnahmefall gehandelt habe, denn das Ministerium habe nach einem Protest des Landeskonsistoriums er- klärt, »daß es unter den gegebenen [sc. zeitlichen] Verhältnissen nicht möglich gewesen, sich mit dem Landes-Consistorium über die Anordnung selbst und deren Ausführung zu benehmen«.[264]

Obwohl Rocholl seinen Antrag aufrecht hielt, ersuchte der Ausschuß die Synode, über ihn zur Tagesordnung überzugehen, da die Annahme der *Brüelschen Anträge*[265] eine Wiederholung derartiger Regierungsmaßnah- men ein für allemal unterbinden würde. Dove schlug ebenfalls vor, zur Ta- gesordnung überzugehen, weil Lichtenbergs Erklärungen die Bedenken Rocholls beseitigt hätten. Sicher nicht zuletzt, um einen unnötigen Zu- sammenstoß mit der Staatsregierung zu vermeiden, stimmte die Mehrheit der Synodalen für Doves Vorschlag.

Die Anträge einiger Bezirkssynoden, die Selbständigkeit des hannover- schen Klosterfonds im Interesse der Kirche zu erhalten, wurde von der Kommission in die Brüelschen Anträge eingearbeitet.[266]

Der von dem sogenannten Brüelschen Ausschuß in der vierten Ta- gungswoche vorgelegte Gesetzentwurf schlug bei der Regierung ein wie eine Bombe. Das in acht Paragraphen gefaßte Proponendum suchte nicht nur die »gesammte, bisher noch von dem Cultus-Ministerium geübte Zu- ständigkeit zur Ausübung der Kirchengewalt in der evangelisch-lutheri- schen Kirche des vormaligen Königreichs Hannover mit vorläufiger Aus- nahme einiger untergeordneter Angelegenheiten« zu beseitigen, die »Un- terordnung des Landeskonsistoriums unter das Cultusministerium« mit allen sich daraus gesetzlich ergebenden Rechten aufzuheben und hinsicht- lich der Provinzialkonsistorien die »Disziplinar- und Bestellungsbefug- niß« sowie jede Zuständigkeit »bei Ernennungen, Beförderungen, Ge- halts- oder Remunerationsbewilligungen und Versetzungen« auf ein nur in Gemeinschaft des Kultusministeriums mit dem Landeskonsistorium zu übendes Vorschlagsrecht zu beschränken, sondern auch das Recht der »landesherrlichen Ernennung der stimmführenden ordentlichen und außerordentlichen Mitglieder des Landesconsistoriums und sämmtlicher Provinzialconsistorien« daran zu knüpfen, »daß das vereinigte Collegium der Mitglieder des Landesconsistoriums und des Ausschusses der Landes-

---

[264] *Protokolle ... der Ersten Landessynode ... Hannover ...,* S. 55.

[265] Damit bezeichnete man in der Synode die Gesetzentwürfe, welche aufgrund des oben zitierten Brüelschen Antrages von der »Brüelschen Kommission« erarbeitet worden waren.

[266] Zum hannoverschen Klosterfonds vgl. W. Rädisch, *Die Evangelisch-lutherische Lan- deskirche Hannovers ...,* S. 80 ff.

synode die Ernennung für unbedenklich nach Recht und Interesse der Kirche erklärt«.[267] § 5 Abs. 2 schrieb vor, daß der Vorsitzende und die ordentlichen Mitglieder des Landeskonsistoriums außer durch Disziplinarverfahren oder wegen körperlicher oder geistiger Unfähigkeit »wider ihren Willen weder auf eine andere Stelle versetzt, noch sonst ihres Dienstes enthoben werden können« — es sei denn, das vereinigte Kollegium von Landeskonsistorium und Synodalausschuß stimmte zu.

In der allgemeinen Begründung dieser massiven Anträge führte Brüel die Konflikte zwischen Kultusministerium und hannoverscher Landeskirche seit der Annexion an, wobei er seine politische Animosität gegen die neue Herrschaft in keiner Weise verhehlte.[268] So sagte er im Zusammenhang mit der Einführung des preußischen Kirchengebetes, dieses »... fordere im zweiten Theil die Fürbitte dafür, daß uns die Erhaltung dieses Königs [sc. Wilhelms I.] lange möge erhalten bleiben. — Und das habe man gefordert in einer Zeit, wo auf den Herzen nicht der Schlechtesten [!] Bitten gelegen hätten mehr gleich dem 94. Psalme. Ob das christlich sei, lasse er dahin gestellt; so viel aber sei gewiß, jeder der sein Vaterland geliebt habe und ein loyaler Anhänger seines Königshauses gewesen sei und den Krieg nicht als einen gerechten habe ansehen können, habe damals bitten müssen, Gott möge bald den König zurückführen und unsere Selbständigkeit uns wiedergeben.«[269]

Bei der Motivierung der einzelnen Kommissionsanträge begründete Brüel die geforderte Aufwertung des Landeskonsistoriums zu einer dem EOK analogen Kirchenbehörde mit dem Argument, das zwischen der lutherischen Landeskirche und dem Landesherrn stehende Kultusministerium beeinflusse den Monarchen im Sinne der Unionsziele. Den Wunsch nach einer Beschränkung der landesherrlichen Rechte führte Brüel vor allem auf die Bestimmungen des Artikel 15 der preußischen Verfassung zurück.

---

[267] *Aktenstücke der ersten Landessynode*, Hannover 1869, Nr. 17, S. 4. Gegen diesen unerhörten Gesetzentwurf erhoben die Abgeordneten Bennigsen, Miquél und Karl Twesten im Abgeordnetenhaus schärfste Kritik und verlangten vom Kultusminister — freilich ohne Erfolg — energisches Einschreiten (*Stenographische Berichte des Abgeordnetenhauses über die Verhandlungen ... der beiden Häuser des Landtages ...* 1869, Bd. 1, S. 856 ff.).
[268] Die Auseinandersetzungen zwischen der hannoverschen Kirche und dem preußischen Staat werden ausführlich geschildert in: W. Rädisch, *Die Evangelisch-lutherische Landeskirche Hannovers ...* , S. 33—83.
[269] *Protokolle der ersten hannoverschen Landessynode ...* , S. 195. Der 94. Psalm beginnt: »Herr, Du Gott der Vergeltung, du Gott der Vergeltung erscheine! Erhebe dich du Richter der Welt; vergilt den Hoffärtigen, was sie verdienen!«

Als das einzige, völlig dissentierende Ausschußmitglied trat Dove Brüels Ausführungen zwar entgegen, wirkte aber wenig überzeugend, da sich seine Entgegnung fast nur auf die Negation des vorher Gehörten beschränkte.

Mit seinen politisch-partikularistischen Tendenzen fehlte dem Gesetzentwurf von vornherein jedwede Aussicht auf Bestätigung durch die preußische Regierung. Letztere mußte angesichts des eindeutig demonstrativen Charakters der Anträge vielmehr die leitenden Gesichtspunkte ihrer bisherigen Kirchenpolitik in Hannover überdenken, denn ihre wirklich entgegenkommende Haltung in konfessionellen Fragen war nicht allein ohne politische Gegenleistung geblieben, sondern hatte offensichtlich im Gegenteil die Opposition der hannoverschen Kirchenführer geradezu herausgefordert.

Mindestens ebenso gefährlich wie der Brüelsche Gesetzentwurf war der Antrag des teilweise dissentierenden Ausschußmitgliedes Pastor Schaaf, denn sein Amendement lief praktisch auf die Errichtung eines lutherischen Oberkonsistoriums hinaus, in dem »die lutherischen Kirchenkörper der neuen Provinzen des Staats eine gemeinsame Vertretung erhalten« sollten.[270] Die Annahme dieses Antrages hätte den Ruin der Evangelischen Landeskirche der älteren preußischen Provinzen bedeutet, denn die Ausdehnung einer rein lutherischen Oberbehörde von den neuen auf die alten Provinzen — man denke zum Beispiel an Pommern — wäre kaum aufzuhalten gewesen. Außerdem besaß der Antrag wesentlich mehr Aussichten, bei der Regierung Gehör zu finden, als der Gesetzentwurf der Brüelschen Kommission, denn jener enthielt sich im Gegensatz zu diesem jeder politischen Spitze und ruhte allein auf konfessionellen Argumenten.

Gleichwohl lehnte die Synode mit großer Mehrheit den Schaafschen Antrag ab und nahm — abgesehen von einer Amendierung —[271] den Gesetzentwurf unverändert mit 43 gegen 28 Stimmen an. Die Gegner der Brüelschen Anträge — zumeist vom Landesherrn ernannte Synodale — überreichten bei der Abstimmung eine Erklärung, in der sie mit Ausnahme der gewünschten Selbständigkeit des Klosterfonds die gesamte Adresse schärfstens verurteilten.

---

[270] *Protokolle der ersten hannoverschen Landessynode ...* , S. 210.

[271] Statt einer ausdrücklichen Zustimmung des vereinigten Kollegiums bedurften die landesherrlichen Ernennungen nach der in Rede stehenden Abänderung nur noch der vorherigen Anhörung dieses Gremiums. Die formelle Umgestaltung des Gesetzentwurfes in eine Adresse an den König mit beiliegender Denkschrift ist lediglich als politisch-taktischer Kunstgriff zu werten, der an den inhaltlichen Aussagen nichts änderte.

Eine offizielle Antwort auf die Adresse erfolgte erst durch Falk unmittelbar vor Zusammentritt der zweiten ordentlichen Landessynode (1875). Darin erklärte der liberale Kultusminister hinhaltend, die Ausführung der Anträge könnte erst in Erwägung gezogen werden, wenn die geplante Umgestaltung der hannoverschen Kirchenbehörden abgeschlossen und eine Verstärkung des Laienelementes in den Synoden verwirklicht sei.

Obwohl die *Neue Evangelische Kirchen-Zeitung* »die wenigen Freunde der Union, die in der Synode sitzen, vor allem unzeitigen Vorgehen« eindringlich gewarnt hatten,[272] stellte die Bezirkssynode Osnabrück den von vornherein aussichtslosen Antrag, die Landessynode möge in der Landeskirche Hannover die Union einführen und dann einen Anschluß an die Evangelische Landeskirche der älteren preußischen Provinzen bewirken. Es wäre den extrem Konfessionellen ein leichtes gewesen, überhaupt die Beratung des Antrages zu verhindern, denn nach § 65 der Kirchenvorstands- und Synodalordnung durfte die Lehre selbst keinen Gesetzgebungsgegenstand der Landeskirche bilden.[273] Aber man benutzte die Gelegenheit, um lutherische Einheit zu demonstrieren und auf die Nichtanerkennung der Union als Kirche hinzuweisen. Letzteres geschah durch den Vortrag des Generalsuperintendenten Hildebrand, der in seiner versöhnlichen Art nicht etwa gegen die Union polemisierte, sondern viel wirkungsvoller die Gleichberechtigung zwischen der lutherischen und reformierten Kirche betonte sowie deren Gemeinsamkeiten und Unterschiede erörterte, ohne die Existenz der Union, die ein eigenes Bekenntnis ja nicht besaß, auch nur mit einer Silbe zu erwähnen.[274] Die abschließende Abstimmung ergab eine fast einstimmige Ablehnung des Osnabrücker Antrages, da auch die Befürworter der Union die Einführung derselben in Hannover zu diesem Zeitpunkt für nicht opportun hielten.

Über den Antrag der Vienenburger Bezirkssynode, eine nähere Konföderation der deutschen evangelischen Kirchen anzustreben, ging die Synode nach kurzer Diskussion zur Tagesordnung über. Dabei begründete Konsistorialrat Münchmeyer seine Ablehnung des Vienenburger Amendements mit dem für die konfessionelle Argumentation bezeichnenden Hinweis, daß die Konföderation »oft eine Vorstufe zur Union« bilde.[275] Ein Antrag der Bezirkssynode Bergen-Soltau wegen der mangelhaften kirchlichen Versorgung lutherischer Soldaten aus der Provinz Hannover

[272] *NEKZ*, 1969, Sp. 658 f.
[273] Vgl. E. Friedberg, *Die geltenden Verfassungs-Gesetze* ... , S. 141 f.
[274] Vgl. *Protokolle der ersten hannoverschen Landessynode* ... , S. 364 ff.
[275] *A. a. O.*, S. 390.

rief dagegen eine lange, heftige Debatte hervor. Der bearbeitende Ausschuß forderte eine Ausdehnung des § 3 der Verordnung vom 24. Juni 1867[276] auch auf Altpreußen sowie die Anstellung lutherischer Geistlicher für alle preußischen Garnisonsgemeinden, in denen Lutheraner in der Mehrheit seien. Darüber hinaus sollte für lutherische Soldaten, die in überwiegend reformierten oder unierten Garnisonen lagen, eine Bereisung durch lutherische Geistliche auf Staatskosten eingerichtet werden.[277] Ein Verbesserungsantrag Brüels, demzufolge die Ausschußanträge auf die hannoverschen Mannschaften lutherischen Bekenntnisses und auf hannoversches Territorium eingeschränkt werden sollten, erhielt schließlich die meisten Stimmen. Das Ergebnis zeigt wiederum deutlich die politische Tendenz zum Separatismus, hinter der das Interesse an einer Stärkung der lutherischen Konfession über die Grenzen Hannovers hinaus weit zurückblieb.

Am Schluß der Landessynode stand die Wahl ihres ständigen Ausschusses, der im vereinigten Kollegium mit dem Landeskonsistorium über die Rechtgläubigkeit der Geistlichen zu wachen hatte, im übrigen aber eine mehr gutachterliche Funktion wahrnahm. Das Wahlergebnis zeigte, daß nur die schärfsten konfessionellen beziehungsweise welfischen Vertreter die notwendige absolute Mehrheit erreichen konnten. Neben den streng lutherischen Geistlichen Hafermann, Danckwerts — später Vertrauensmann der Pfingstkonferenz — und Haccius wählte die Synode erwartungsgemäß die Laien Brüel (als Ausschußvorsitzenden) Meyer und v. d. Beck — alles Männer, die während der Synodalverhandlungen in entscheidenden Fällen immer mit der konfessionellen Mehrheit gestimmt hatten.

Am 9. Dezember erhielt der Synodalpräsident völlig überraschend die Mitteilung, daß der König den Schluß der Synode auf den 13. Dezember festgesetzt habe. Als v. Wangenheim dies der Synode bekanntgab, erhob sich ein Sturm der Entrüstung, in den auch Lichtenberg, der ebenfalls nicht früher informiert worden war, einstimmte.[278]

---

[276] Abgedruckt in: H. Rudolph, *Das evangelische Militärkirchenwesen*..., S. 356 f. Nach dieser Verordnung konnten lutherische Soldaten aus Hannover sich von einem anderen Pfarrer als dem Garnisonsprediger kirchlich betreuen lassen.

[277] Nach § 58 der Königlich-Preußischen Militärkirchenordnung vom 12. Februar 1832 (abgedruckt in: H. Rudolph, *Das evangelische Militärkirchenwesen*..., S. 314 ff., hier: S. 330) durfte die katholische und »evangelische Kirche« eine solche Bereisung zweimal im Jahr auf Staatskosten durchführen, wenn sich kein Geistlicher der betreffenden Konfession am Ort befand.

[278] *Protokolle der ersten hannoverschen Landessynode* ..., S. 425.

Diese überaus kurzfristige Bekanntgabe des Schlußtermins hatte ihre
Ursache zweifellos in einer verwaltungstechnischen Panne, denn im Kultusministerium hatte man den Zeitpunkt schon am 4. Dezember endgültig
festgelegt. Aber unabhängig davon entsprach das Vorgehen des Ministeriums doch exakt den zutiefst undemokratischen preußischen Praktiken,
wie ein Vergleich mit Pommern beweist.[279] Offenbar fürchtete man, eine
noch längere Ausdehnung der Verhandlungen stabilisiere die Front der
konfessionalistischen Preußengegner in Hannover doch zu sehr — eine
Annahme, die bei dem mit Sicherheit genau verfolgten Ablauf der Synode
in der Tat nahelag.[280]

Die Fortbildung und Revision der kirchlichen Verfassung Hannovers
war mit der ersten Landessynode gewiß nicht abgeschlossen, aber alle weiteren Gesetze und Verordnungen hielten sich im Rahmen der prinzipiell
getroffenen Entscheidung, daß die Unabhängigkeit der hannoverschen
Landeskirche von der Evangelischen Landeskirche der älteren preußischen Provinzen trotz der politischen Einverleibung des Königreiches Georgs V. gewahrt blieb.[281] Die Landessynode bildete den Prüfstein für die
kirchliche Unversehrtheit Hannovers auch über das Jahr 1869 hinaus und
markierte zugleich den Abschluß einer kirchenpolitischen Phase, die auf

---

[279] Siehe oben S. 315 f.

[280] Die *NEKZ*, 1869, Sp. 657 ff.; 725 f.; 740 ff.; 758 ff.; 779 ff.; 820 ff., kommentierte Woche für Woche eingehend den Stand der Synodalverhandlungen, wobei sie nicht mit warnen-
den Hinweisen sparte; vgl. auch die Berichte in der *PKZ* 16 (1869), Sp. 1058; 1080; 1132;
1151; 1198; 1222 und in der *EKZ* 85 (1869), Sp. 957 ff.; *EKZ* 86 (1870), Sp. 153 ff.; 177 ff.

[281] Am 1. April 1869 wurde trotz einer Petition des orthodoxen Konsistorialbezirks Stade
den preußischen Verhältnissen entsprechend die Ehegerichtsbarkeit den weltlichen Gerich-
ten zugewiesen. Entgegen der ursprünglichen Absicht der preußischen Staatsregierung
(siehe oben S. 341 f.) verblieben den Konsistorien die Schulsachen bis zum Erlaß des Schulaufsichtsgesetzes vom 11. März 1872; anschließend übten sie diese Funktion nur noch im Auftrage des Staates aus. Mit der veränderten Organisation der allgemeinen Landesverwaltung
im Jahre 1885 übernahm die Regierung die Schulaufsicht ganz. Völlig umgestaltet wurden
die Konsistorien durch den königlichen Erlaß vom 13. April 1885 und das Staatsgesetz vom
6. Mai 1885, betr. Änderungen der Kirchenverfassung der evangelisch-lutherischen Kirche
der Provinz (!) Hannover. Die Konsistorien in Osnabrück und Otterndorf wurden aufgelöst,
das erstere mit Hannover und das zweite mit Stade verbunden. Der Magistrat von Osnabrück und das Kloster Loccum verloren ihre konsistorialen Rechte, die auf das hannoversche
Konsistorium übertragen wurden. Die Generaldiözese Lüneburg-Harburg und die Stadt Lü-
neburg wurden dem Konsistorialbezirk Stade zugeteilt. Zugleich wurden die Konsistorien
jetzt rein kirchliche Behörden und mußten die bisher im Auftrage des Staates ausgeübten
Rechte an diesen zurückgeben. Die Abhängigkeit des Landeskonsistoriums vom Kultusministerium blieb jedoch erhalten.

der einen Seite bestimmt war durch eine konfessionalistisch überhöhte und politisch motivierte Annexionsphobie und auf der anderen durch die permanente Anstrengung der Staatsregierung, um den Preis äußerster Nachgiebigkeit in kirchenpolitischen Fragen die politische Integration des neuen Territoriums voranzutreiben.

Kurhessen

Die Frage der kirchlichen Organisation des neuen Regierungsbezirkes Kassel hatte eine weit über diese Provinz hinausreichende Bedeutung, denn hier unternahm das Kultusministerium erstmals den Versuch, eine Kirche der annektierten Gebiete von Grund auf zu reorganisieren und eine gemischt konsistorial-presbyteriale Kirchenverfassung einzuführen.

Die Lösung dieser Aufgabe war keineswegs leicht und wurde durch die Verschiedenartigkeit der Bekenntnisse in den einzelnen Regionen, die jeweils über ein eigenes Konsistorium verfügten, noch komplizierter. Der etwa 362 000 Seelen umfassende Konsistorialbezirk Kassel (Niederhessen) gehörte mit Ausnahme der lutherischen Grafschaft Schaumburg fast ganz der »reformierten Kirche« an; im Konsistorialbezirk Marburg (Oberhessen, circa 120 000 Einwohner) lebten, abgesehen von der reformierten Inspektion Ziegenrück, fast nur Lutheraner, und die etwa 110 000 Evangelischen des Konsistorialbezirkes Hanau bekannten sich zur Union.[282]

Über den wahren Bekenntnisstand der niederhessischen Kirche herrschte seit den dreißiger Jahren zudem noch ein erbitterter Streit, weil die exklusiv lutherische und zugleich politisch reaktionäre Partei der — nach ihren Führern, August Friedrich Christian Vilmar[283] und seinem Bruder Wilhelm, benannten — Vilmarianer die Auffassung vertrat, daß die niederhessische Kirche ihrer Lehre nach eindeutig der lutherischen Konfession zugehöre und ihr Name »reformiert« sich folglich als irreführend erweise.[284] Neben den Vilmarianern, die sich von 1833 an mit Unterstüt-

---

[282] Die Daten entstammen einer geheimen Bestandsaufnahme des preußischen Kultusministeriums über die annektierten Kirchen, in: ZSTA, Hist. Abt. II, Merseburg, Geh. Zivilkabinett, 2. 2. 1. Nr. 22831, pag. 5.

[283] Siehe oben S. 63 ff.

[284] In Wahrheit war es wohl so, daß Landgraf Wilhelm VI. — obwohl persönlich dem reformierten Bekenntnis zugeneigt — mit seiner Kirchenordnung vom 12. Juli 1657, auf die sich jetzt beide Parteien beriefen, dem Grundsatze seines Ahnen Philipp gemäß beiden Konfessionen gerecht zu werden suchte. Der beste Beweis für diese Mittelstellung der Kirchenordnung liegt darin, daß sowohl von reformierter wie von lutherischer Seite anfänglich der stärkste Widerstand gegen sie erhoben wurde.

zung des erzreaktionären Ministers Hassenpflug der Einführung einer Presbyterial- und Synodalverfassung immer wieder erfolgreich widersetzt hatten und aufgrund ihres übersteigerten Amtsverständnisses die Aufrichtung einer reinen Episkopalverfassung planten, hatte sich unter Führung des Marburger Kirchenhistorikers Heinrich Heppe (1820—1879) eine zweite kirchenpolitische Partei, die liberalen Antivilmarianer gebildet, deren erklärtes Ziel in der Konstituierung synodaler Einrichtungen bestand. Dazwischen bemühte sich eine bekenntnistolerante Mittelgruppe hessischer Pfarrer, als deren Wortführer seit 1855 der Generalsuperintendent von Kassel, Martin, hervortrat,[285] um die Erhaltung des konfessionellen und kirchenverfassungsrechtlichen status quo in Kurhessen, wie ihn die Kirchenordnung vom 12. Juli 1657 offensichtlich intendiert hatte.[286]

Nachdem v. Mühler sein erstes Projekt, die Errichtung eines Provinzialkonsistoriums für ganz Hessen-Nassau, aus Rücksicht auf Bismarcks Innenpolitik hatte fallen lassen müssen,[287] beauftragte er den Marburger Theologieprofessor Heppe, ein Gutachten auszuarbeiten, »wie und durch welche Anordnungen ein hohes Kirchenregiment der evangelischen Landeskirche Preußens für die evangelische Provinzialkirche Hessens eine dem Art. 15 der Verf. Urk. des preußischen Staates entsprechende Organisation ins Leben zu rufen imstande sein wird«.[288] Erwartungsgemäß riet Heppe dem Kultusminister, zunächst die hessische Kirchenverwaltung durch Aufhebung der drei Provinzialkonsistorien und Ersetzung derselben durch ein Gesamtkonsistorium zu vereinfachen. Dieses sollte dann »zum Zwecke der Anbahnung einer definitiven Repräsentativverfassung der evangelischen Kirche Hessens« mit der Vorbereitung einer außerordentlichen Provinzialsynode betraut werden. Anfang 1867 fragte v. Mühler dann unter Hinweis auf die Rheinisch-Westfälische Kirchenordnung bei den drei kurhessischen Provinzialkonsistorien an, wie die in der hessischen Kirchenverfassung bereits vorhandenen presbyterialen und synodalen Elemente weiter auszubauen seien.

---

[285] Ursprünglich hatten die Pfarrer der Diözese Kassel mit überwältigender Mehrheit Vilmar zum Generalsuperintendenten gewählt, aber der Kurfürst fürchtete, daß Vilmar sich zum Bischof von Hessen aufschwingen könnte, und bestätigte seine Wahl nicht (vgl. W. Hopf, *August Vilmar...*, Bd. 2, S. 218 ff.).

[286] So Rudolf Francke, *Kirchenverfassung und Vermögensverwaltung in Hessen-Kassel*, Heckershausen 1930, S. 105 f.

[287] Auch das Kasseler Konsistorium und die Provinzialregierung hatten dringend von einem solchen Schritt abgeraten, wie aus einem Schreiben des Oberpräsidenten v. Moeller vom 10. 10. 1867 an v. Mühler hervorgeht (ZSTA, Hist. Abt. II, Merseburg, Geh. Zivilkabinett, 2. 2. 1. Nr. 22831, pag. 12).

[288] Zitiert nach W. Reichle, *Zwischen Staat und Kirche ...*, S. 247.

Inzwischen hatte sich längst der — ähnlich wie in Hannover von politischen Aversionen gegen Preußen genährte — Widerstand der konfessionalistischen Kirchenpartei formiert. Die Strafversetzung Wilhelm Vilmars von seiner Stelle als Metropolitan und erster Pfarrer zu Melsungen auf die Dorfpfarre Sand am 24. August 1866, die die Landesadministration ohne jede Mitwirkung der kirchlichen Behörden vornahm, war für diese Kräfte der Startschuß gewesen.[289] Als die Anfrage des Kultusministers bekannt wurde, brach ein Sturm der Entrüstung aus, aber Generalsuperintendent Martin — im Falle von Vilmars Versetzung ganz auf dessen Seite — hinderte jetzt die Vilmarianer »wegen ihrer prinzipiellen Feindschaft gegen die Union und gegen die Presbyterial- und Synodalverfassung« an der geplanten, scharfen Verwahrung gegen v. Mühlers Kirchenverfassungsprojekt.[290]

Ebenso erregte der Fall des Konsistorialrats Kratz die konfessionellen Gemüter. Kratz hatte die Ernennung zum Garnisonsprediger des 11. preußischen Armeekorps angenommen und war damit Geistlicher einer unierten Gemeinde geworden, ohne seine Mitgliedschaft im Kasseler Konsistorium aufzugeben. Die Vilmarianer betrachteten die Annahme der Stelle als Übertritt Kratz' zur preußischen Unionskirche und sein Verbleiben im Konsistorium als Einbruch der Preußischen Union in das niederhessische Kirchenregiment. Generalsuperintendent Martin beantragte beim Kultusministerium zwar »Aufklärung über die rechtliche Stellung des gedachten Geistlichen zu der hessischen Kirche,« aber diese eher zurückhaltende Reaktion genügte den radikalen Unions- und Preußenfeinden natürlich nicht.

Im Mai 1867 veröffentlichte Wilhelm Vilmar zunächst einen Vortrag, den er zuvor auf der von ihm begründeten niederhessischen Pastoralkonferenz gehalten hatte. Darin rief er zur Verteidigung der hessischen Kirchenordnung vom Jahre 1657 mit den Worten auf: »Gibt es noch eine Zukunft für das hessische Volk, noch eine Zukunft für die hessische Kirche,

---

[289] Vgl. I. Martin, *Die Versetzung des Metropolitans (J. W. G.) Vilmar von Melsungen nach Sand und das Verhalten der kurhessischen Geistlichkeit bei derselben*, Kassel 1867; vgl. auch Karl Wicke, *Die hessische Renitenz, ihre Geschichte und ihr Sinn*, Kassel 1930, S. 46 ff.

[290] Zitiert nach W. Hopf, *August Vilmar . . .*, Bd. 2, S. 430. Die von Martin verhinderte Petition der orthodoxen Geistlichkeit der Diözese Kassel an König Wilhelm ist im Entwurf abgedruckt in: I. Martin, *Einige Worte der Erwiderung auf die Schrift des Prof. Dr. Vilmar: Die Gegenwart und Zukunft der niederhessischen Kirche. Zunächst für die Geistlichen der Diöcese Cassel bestimmt*, Cassel 1867, S. 8 f., Anm.

so ist dieses nur durch die Erhaltung dieses von Gott gegebenen Leibes möglich.«[291]

Ferner erklärte sich am 12. Juni 1867 eine Versammlung niederhessischer Pfarrer in Bebra entschieden für die Erhaltung der Kirchenordnungen von 1657 und regte eine Zusammenkunft aller Geistlichen des Kasseler Konsistorialbezirkes an, um ihrer Haltung in dieser Frage Nachdruck zu verleihen. Auf dem Treffen, das am 11. Juli in Guntershausen stattfand, beschloß die niederhessische Pfarrerschaft, Eingaben an den König von Preußen und den Kultusminister zu richten. Diese von dem Metropolitan F. Hoffmann (Felsberg), einem Parteigänger Wilhelm Vilmars formulierte Stellungnahme bezeichnete die niederhessische Kirche als eine schlechthin lutherische und die Freunde der Synodalverfassung als vom Glauben abgefallene Demokraten. Weiter heißt es da: »Auf unserer Kirchenordnung von 1657, deren Grundzüge bis in die ersten Anfänge der hessischen Kirchengemeinschaft zur Zeit der Reformation zurückreichen, und in welcher mittelst treuer Ausrichtung des oberst-bischöflichen Amtes, also im Namen Jesu Christi, des Herrn der Kirche, alle vor 1657 hevorgetretenen kirchlichen Gestaltungen ihren rechtlichen, bis zur Feststellung eines neuen ökumenischen Bekenntnisses endgültigen Abschluß erhalten haben, ruht alles Recht unserer Kirchengemeinschaft und seit der Reformationszeit unsere gesamte, nie abgebrochene kirchliche Entwicklung ... Die Einführung der Rheinisch-Westfälischen Presbyterial- und Synodalordnung in unsere Kirchengemeinschaft würde diese unter allen Umständen schädigen.«[292] Ein Teil der Anwesenden verfaßte schließlich noch ein Schreiben an den Konsistorialrat Kratz, in dem dieser aufgefordert wird, aus dem Konsistorium auszuscheiden: »Wir halten es mit Ihrer Stellung als Garnisonprediger für durchaus unerträglich, daß Sie in unserer Kirchengemeinschaft ein Amt, zumal ein Amt im Konsistorium bekleiden. Wir erwarten daher von Ihrer Wahrhaftigkeit, Redlichkeit und Ehrenhaftigkeit, daß Sie, um große Ärgernisse und Verwirrungen zu vermeiden, die Bekleidung eines jeden Amtes in Ihrer früheren Kirchengemeinschaft in möglichster Kürze aufgeben.«[293]

---

[291] Wilhelm Vilmar, *Die hessischen Kirchen-Ordnungen vom Jahre 1657 in ihrem Zusammenhang und ihrer Bedeutung für die Gegenwart*, Frankfurt/Main 1867, S. 29.

[292] Zitiert nach W. Hopf, *August Vilmar* ... , Bd. 2, S. 431; vgl. K. Wicke, *Die hessische Renitenz* ... , S. 50 ff.

[293] Zitiert nach R. Francke, *Kirchenverfassung* ... , S. 115; vgl. auch I. Martin, *Einige Worte der Erwiderung* ... , S. 11, Anm.; hier wird das Schreiben etwas anders wiedergegeben.

Die Vilmarianer gebrauchten hier zum ersten Mal den Begriff »unsere Kirchengemeinschaft«; sie bestimmten damit die zumindest unklaren niederhessischen Konfessionsverhältnisse im lutherischen Sinne und vereinnahmten — wie der Brief an Kratz zeigt — das von seiner Besetzung her eindeutig interkonfessionelle Konsistorium in Kassel für diese konfessionell-lutherische »Kirchengemeinschaft«, die ja nur einen Teil der Evangelischen Niederhessens umfaßte.

A. Fr. Chr. Vilmar verfolgte die niederhessische Widerstandsbewegung selbstverständlich mit lebhafter Anteilnahme, kritisierte aber die vornehmlich auf Verteidigung und Erhaltung der Kirchenordnung hin angelegte Strategie. Er vertrat demgegenüber die Ansicht, zur Abwehr der drohenden Union müsse sich die niederhessische Kirche klar und unzweideutig zur lutherischen norma doctrinae bekennen und sich mit den anderen lutherischen Kirchen Neupreußens, insbesondere Oberhessen, zusammenschließen. In dieser Haltung bestärkte ihn vor allem die Kirchenpolitik des Kasseler Konsistoriums und seines führenden Kopfes, des Generalsuperintendenten Martin, denn dieser lehnte die Rheinisch-Westfälische Kirchenordnung nicht prinzipiell ab und hatte die Unterzeichner der Guntershäuser Remonstration gegen das Verbleiben Kratz' im Konsistorium streng gemaßregelt. Um von seinem Standpunkt zu überzeugen, veröffentlichte A. Vilmar eine kleine Streitschrift, die eine doppelte Stoßrichtung enthielt: Zum einen wandte sie sich unverhüllt gegen das betont neutrale Verhalten des Kasseler Konsistoriums, zum anderen gegen die bisherige partikularistische Verteidigungsmethode seiner kirchenpolitischen Freunde.[294] Aber seine Broschüre veranlaßte die Angesprochenen nicht zum Umdenken, sondern isolierte ihn nur von den früheren Kampfgefährten.

Als am 30. Oktober 1867 Deputierte aus lutherischen Kirchengemeinschaften aller deutschen Länder in Hannover zusammenkamen, um über eine kirchliche Vereinigung sowie über gegenseitige kirchenpolitische Hilfsaktionen zu beraten, war Niederhessen nicht vertreten.[295] Dieser Sachverhalt dokumentiert, daß diejenigen kirchenpolitischen Kreise, welche nach wie vor für die Erhaltung des status quo in Niederhessen eintraten, das Heft fest in der Hand hielten.

---

[294] A. Vilmar, *Die Gegenwart und die Zukunft der niederhessischen Kirche...*, vgl. oben S. 64 ff.

[295] Von den neupreußischen Provinzen fehlten außer Niederhessen nur die Unierten: der Konsistorialbezirk Hanau und die nassauische Kirche (ohne Frankfurt, das ebenfalls vertreten war).

Besonders das Kasseler Konsistorium unterstützte jede Äußerung von dieser Seite nach Kräften. So sprach ein gedrucktes Ausschreiben des besagten Kirchenregimentes vom 17. Oktober 1867 seine lobende Anerkennung für die Broschüre des Hersfelder Inspektors Pfaff aus, in der dieser für die Erhaltung der bisherigen Sonderexistenz der niederhessischen Kirche plädierte und die in ihrer Kirchenordnung fehlende Definition der Unterscheidungslehren zwischen reformiertem und lutherischem Bekenntnis als ungewöhnlichen Vorzug pries.[296] Noch deutlicher formulierte Generalsuperintendent Martin selbst in seiner Erwiderung auf die Vilmarsche Schrift, »daß die Hessische Kirche auch nach der Einverleibung Hessens noch in Identität besteht; daß sie was sie ist bleiben, was sie in Bekenntnis, Cultus und Verfassung besitzt, als ihr bestehendes Recht behalten will, allen auf ihrem Boden und aus ihrem eigenen Leben nicht erwachsenen Veränderungen widersteht und überhaupt weder jetzt noch in Zukunft andere Reformen annehmen will als solche, die eine Wiederbelebung und Entfaltung ihrer eigenen Ordnungen sind«.[297] Stimmte Martin bis dahin mit dem konfessionalistischen Kreis um Wilhelm Vilmar überein, so wird im folgenden die Differenz deutlich: »Ich meines Ortes werde niemals zugeben, daß die Kirche, zu deren Dienst ich von Gott bestellt und von der Obrigkeit verpflichtet bin, eine lutherische und von der übrigen lutherischen Kirche nur durch ihren Namen und durch einige Cultusformen unterschieden sei . . . ;« ich werde »weder dem Partikularismus mich anschließen, welcher . . . jeden Gedanken einer Ausgleichung in den äußeren Einrichtungen mit anderen Kirchen spröde zurückweist, noch dem Widerwillen gegen eine tüchtige Ausbildung der presbyterialen und synodalen Elemente unserer Kirche, . . . noch, so sehr ich aller Unionsmacherei abhold bin und sowenig ich gerade die preußische Union vertreten will, der Abneigung gegen Union überhaupt d. h. gegen den Gedanken, daß die Lutheraner und diejenigen Verwandten der Augsburger Konfession, welche Reformierte genannt werden, sich zu einem Kirchenwesen einigen und, die Vorstellung von der Art der Mittheilung Christi an die Communicanten freilassend, an einem und demselben Altar communiciren«.[298]

Auf A. Fr. Chr. Vilmars Drängen hin verfaßten die ihm treu ergebenen Pfarrer Grau und Ruckert als Entgegnung eine »Deklaration über den Be-

[296] J. G. Pfaff, *Bedenken der Pfarrer der Inspektur Hersfeld in Sachen der hessischen Kirche gegen diejenigen, welche sie aus der Reihe der berechtigten Existenzen streichen wollen*, Hersfeld 1867.

[297] I. Martin, *Einige Worte der Erwiderung* . . . , S. 15.

[298] *A. a. O.*, S. 15 f.

kenntnisstand der niederhessischen Kirche«, die mit der Bitte um Unterzeichnung insgeheim unter den Pfarrern in Umlauf gebracht wurde. Aber noch bevor die Aktion abgeschlossen war, veröffentlichten die liberalen *Evangelischen Blätter* den Wortlaut der Deklaration.[299] Daraufhin verbot das Kasseler Konsistorium durch Erlaß vom 18. Februar 1868 unter Androhung einer Geldstrafe von zehn Talern den weiteren Beitritt sowie die Verbreitung des Schriftstückes, da »ein solches öffentliches Vorgehen der Geistlichen gegen ihren Diözesanvorstand beziehungsweise ein Mitglied der denselben vorgesetzten oberen Kirchenbehörde [sc. Martin] nicht zulässig ist«.[300] Grau und Ruckert strichen nun die Bezugnahme auf die Martinsche Broschüre und veröffentlichten die so nur geringfügig veränderte und mit insgesamt 96 Unterschriften von Geistlichen versehene Deklaration in zahlreichen Zeitschriften, Broschüren und Einzeldrucken.[301] Den vorläufigen Schlußpunkt im Streit um den niederhessischen Konfessionsstand setzten schließlich ein gemeinsamer Hirtenbrief der Diözesen Kassel, Hersfeld, Marburg und Allendorf und die Gegendeklaration von 119 Pfarrern, in denen die Beteiligten ihr Einverständnis mit der Martinschen Schrift erklärten.[302]

Anders als die Synodalordnung bildete der erst im Januar 1868 öffentlich bekannt gewordenen Plan einer Verschmelzung der drei Konsistorien merkwürdigerweise kein Gegenstand öffentlicher Diskussion.[303] Die Zeitungen rätselten lediglich darüber, ob das neue Gesamtkonsistorium seinen Sitz in Kassel oder Marburg haben sollte. Für Kassel sprach der Umstand, daß es die Hauptstadt der Provinz und der Sitz der höchsten Behörden des Regierungsbezirks war. Gleichwohl gab das Kultusministerium Marburg den Vorzug, weil dort wegen der Universität »eine reichlichere Ausstattung des Konsistoriums mit geistlichen und rechtsgelehrten Kräften« gewährleistet schien.[304] Mit Sicherheit spielten auch die ruhigeren kirchenpolitischen Verhältnisse im Konsistorialbezirk Marburg eine ent-

---

[299] *Evangelische Blätter aus beiden Hessen und Nassau.* Herausgegeben im Auftrag der vereinigten evangelischen Conferenzen von beiden Hessen und Nassau, Nr. 10, Kassel 1868.

[300] Zitiert nach W. Hopf, *August Vilmar . . .*, Bd. 2, S. 451. Die *Evangelischen Blätter*, Nr. 24 vom 13. Juni 1868 (*a. a. O.*), berichten, daß alle Metropolitane, die die Deklaration unterschrieben hatten, suspendiert wurden. Vgl. *PKZ* 15 (1868), Sp. 280 ff.

[301] Abgedruckt bei W. Hopf, *August Vilmar . . .* , Bd. 2, S. 452 ff.

[302] Vgl. *NEKZ*, 1868, Sp. 326 f.; 622.

[303] *Evangelische Blätter*, Nr. 4 vom 25. Januar 1868.

[304] ZSTA, Hist. Abt. II, Merseburg, Geh. Zivilkabinett 2. 2. 1. Nr. 22831, pag. 69 R; vgl. *NEKZ*, 1868, Sp. 155; 446.

scheidende Rolle, denn obgleich in Oberhessen das lutherische Bekenntnis unumstrittene Geltung besaß, nahmen die oberhessischen Lutheraner unter Führung von Pfarrer Kolbe eine ausgesprochen distanzierte Haltung zu den politisch-kirchlichen Agitationen ihrer Vilmarschen Glaubensbrüder ein.[305] Vor allem der Vorsitzende des Marburger Konsistoriums, der aus Posen stammende Geheime Regierungsrat Rödenbeck — nach dem Urteil der liberalen Kirchenpresse »ein gläubiger kirchlich gesinnter Mann lutherischen Bekenntnisses« —[306] war zu unbedingter Zusammenarbeit mit dem preußischen Kultusministerium bereit. Im Auftrage v. Mühlers führte er erste Sondierungsgespräche mit den Vertretern der beiden anderen Konsistorien und inspizierte die räumlichen Möglichkeiten für die Unterbringung eines vergrößerten Gesamtkonsistoriums. Abgesehen von diesen personellen und kirchenpolitischen Erwägungen stellte die Wahl des lutherischen Marburg auch eine versöhnliche Geste an das oppositionelle Luthertum in ganz Preußen dar.

Durch Allerhöchsten Erlaß vom 13. Juni 1868 verfügte der König schließlich die Vereinigung der drei Konsistorien zu einem der Aufsicht des Kultusministers unterstellten Gesamtkonsistorium zu Marburg.[307] Außer in Fragen, die unmittelbar das Bekenntnis berührten und Vorentscheidungen auf dem Wege der *itio in partes* verlangten, sollte dieses Gesamtkonsistorium seine Beschlüsse kollegialisch nach Stimmenmehrheit der Konsistorialmitglieder fassen. Für den Posten des Konsistorialpräsidenten hatte man seitens des Kultusministeriums natürlich Rödenbeck ins Auge gefaßt, der sich noch Ende September vergeblich um die Besetzung der Ratsstellen bemühte und auf seine Anfragen nur ablehnende Bescheide erhielt.[308]

Das war der unveränderte Stand der Dinge, als am 14. Dezember 1868 im Abgeordnetenhause bei der Beratung des Staatshaushaltes die Besetzung und Ausstattung der neuen kirchlichen Behörde zur Sprache kam. v. Mühler und sein Regierungskommissar de la Croix verteidigten die in Kurhessen getroffenen und von liberaler Seite heftig kritisierten Maßnahmen, indem sie darauf hinwiesen, daß mit der Zusammenlegung der Konsistorien nur die ursprünglichen Zustände vor der politischen Aufteilung des Territoriums im Jahre 1821 wiederhergestellt worden seien. Marburg

---

[305] Zu W. Kolbes Haltung im hessischen Kirchenverfassungsstreit vgl. seine Schrift *Das gute Recht der evangelisch-lutherischen Kirche Oberhessens*, Marburg 1869.

[306] *Evangelische Blätter*, Nr. 10 vom 1. Februar 1868.

[307] *Gesetz-Sammlung für die Königlich Preußischen Staaten . . .*, 1868, Nr. 41, S. 583 ff.

[308] Vgl. *Evangelische Blätter*, Nr. 38 vom 19. September 1868.

habe man gewählt, weil diese älteste protestantische Universitätsstadt Deutschlands von jeher der geistige und auch geographische Mittelpunkt Hessens gewesen sei.[309]

Aber der liberale Mehrheitsblock lehnte die gegenüber dem Vorjahr verlangte Mehrbewilligung, die die Mittel für das hessische Konsistorium auf insgesamt 14 875 Reichstaler erhöht hätte, ab und forderte die Staatsregierung auf, dem nächsten Landtag einen Gesetzentwurf über Besetzung und Zuständigkeit des Gesamtkonsistoriums vorzulegen.[310] Die damit verklammerte Regelung der Kompetenzverhältnisse zwischen Staat und Kirche bezeichnete zugleich die Bedingung des Abgeordnetenhauses für sein Plazet — es setzte die Schaffung einer Presbyterial- und Synodalordnung für die kurhessische Kirche voraus.[311]

Daraufhin lud v. Mühler »die hessischen Abgeordneten zu einer vertraulichen Besprechung über die Behandlung der hessischen Kirchenfrage« ein, in deren Verlauf man sich dazu entschloß, die Organisation des Gesamtkonsistoriums und der Synode gleichzeitig in Angriff zu nehmen.[312] Wieder wurde Rödenbeck beauftragt, mit den anderen Konsistorien über die Herstellung einer presbyterial-synodalen Verfassung und die demnächst vorzulegenden neuen Entwürfe zu verhandeln.

Im Mai 1869 begab sich Heppe nach Berlin, um die vom Kultusministerium erarbeiteten Entwürfe für die Einführung einer Presbyterial- und Synodalordnung in Hessen — sie basierten auf dem Heppeschen Gutachten von 1867 — zu beurteilen und mit v. Mühler das weitere Vorgehen zu beraten.[313] Der Marburger Theologieprofessor empfahl dem Kultusminister, die geschichtliche Rechtskontinuität zu wahren und die Synodalverfassung auf den in Althessen bestehenden Presbyterien aufzubauen.[314] Dagegen sprach jedoch, daß diese uralten, sich von jeher durch Kooptation ergänzenden Presbyterien wegen ihrer Zusammensetzung (Pfarrer, landesherrliche Räte, Theologieprofessoren) schwerlich als wirkliche Gemeinderepräsentation betrachtet werden konnten. Das Recht zur Wahl von Deputierten für die nächsthöhere Synodalstufe hätte diesen, zu ganz anderen Zwecken bestellten Kirchenvorständen erst noch verliehen wer-

---

[309] *Stenographische Berichte des Abgeordnetenhauses* . . . , Session 1868, Bd. 1, S. 645; 747 f.

[310] *A. a. O.*, S. 761.

[311] Vgl. Friedrich Oetker, *Die kurhessische Kirchenfrage*, in: *Preußische Jahrbücher*, Bd. 27 (1871), S. 436.

[312] Zitiert nach W. Reichle, *Zwischen Staat und Kirche* . . . , S. 249.

[313] *Evangelische Blätter*, Nr. 22 vom 29. Mai 1869.

[314] *NEKZ*, 1869, Sp. 553 f.

den müssen und außerdem wäre für die Einrichtung einer Landessynode die Oktroyierung einer Wahlordnung durch die oberste Kirchenbehörde nicht vermieden worden. Überdies stand zu befürchten, daß die auf diesem Wege gewählten Synodalabgeordneten überwiegend der Vilmarschen Richtung angehören würden, denn nach einer Herrschaft von achtzehn Jahren hielten die Vilmarianer nahezu alle einflußreichen Metropolitanstellen besetzt.

Eine grundlegende Reform der bestehenden Presbyterialordnung aber, sowie der daran anschließende Aufbau von Kreissynoden und von diesen fortschreitend zu einer Landessynode, hatte sich in den altpreußischen Provinzialkirchen als zu langwierig und unpraktisch erwiesen. Darum entschied sich der Minister für die sofortige Berufung einer außerordentlichen Landessynode, wobei er sich hinsichtlich der Wahl und Zusammensetzung derselben an den in Hessen schon 1831 und 1848 geleisteten Vorarbeiten orientierte.

Durch Königlichen Erlaß vom 9. August 1869 wurde eine außerordentliche Provinzialsynode für »die evangelischen Gemeinden des Regierungsbezirks Cassel« in Marburg angeordnet. Dem Erlaß war eine Wahlordnung und der Entwurf einer Presbyterial- und Synodalverfassung beigegeben.[315]

Laut § 1 der Verordnung sollte die Synode aus den 6 Superintendenten der Provinzialkirche, 24 geistlichen und ebensoviel weltlichen Abgeordneten sowie aus 6 vom König berufenen Mitgliedern — darunter einem Marburger Theologieprofessor — bestehen; dem Ephorus der Marburger Stipendienanstalt verlieh man ebenfalls den Status des Synodalabgeordneten.

Als ausschließliche Beratungsgegenstände nannte § 9 drei Regierungsentwürfe: eine Presbyterial- und Synodalordnung, eine Verordnung betreffend die Aufbringung der Synodalkosten und ein Gesetz betreffend die Ressortverhältnisse der kirchlichen Verwaltungsbehörden im Regierungsbezirk Kassel. Bei der Ausarbeitung der Vorlagen hatte man — selbstverständlich unter Berücksichtigung der spezifisch hessischen Verhältnisse — auf die Rheinisch-Westfälische Kirchenordnung vom 5. März 1835, die Grundzüge einer kirchlichen Gemeindeordnung für die östlichen Provinzen der preußischen Monarchie vom 29. Juni 1850 und die Kreis-

---

[315] *Gesetz-Sammlung für die Königlich Preußischen Staaten . . .* , 1869, Nr. 52, S. 930 ff.; *Zeitschrift für Kirchenrecht* 9 (1869), S. 166 ff.

synodalordnung für dieselben Landesteile vom 5. Juni 1861 zurückgegriffen.[316]

Bereits am 12. August 1869 hielten vier der sechs Superintendenten und zwei geistliche Inspektoren in Wabern eine Konferenz ab und erklärten in einer Eingabe an den Kultusminister einmütig ihre Renitenz gegenüber dem Allerhöchsten Erlaß.[317] In der Immediateingabe[318] beklagten sich die Diözesanvorstände im einzelnen darüber, daß sie als die verantwortlichen Führer der Kirche bei dieser Angelegenheit vollkommen übergangen worden seien, kündigten ein Promemoria an, das den kultusministeriellen Rechtsbruch eingehend darlegen sollte,[319] und sprachen die Befürchtung aus, mit der für alle drei hessische Kirchengemeinschaften geltenden Synodalordnung wolle das Kultusministerium eine der preußischen analoge Union vorbereiten. Die Remonstration gipfelte in der Erklärung, »daß wir uns außer Stande befinden, bei Berufung und Abhaltung einer mit den Rechten und Gesetzen der Kirche in Hessen nicht übereinstimmenden Synode mitzuwirken«. Gleichzeitig mit der Eingabe wurde von den Superintendenten die verfassungsmäßige Einberufung von Diözesansynoden unter dem Titel von »Konferenzen« beschlossen.

Einen Tag später, am 13. August, tagten dann in Guntershausen 33 Pfarrer — der harte oppositionelle Kern der Vilmarianer.[320] Sie verfaßten eine Petition ähnlichen Inhalts an den König, sowie ein Schreiben an den Generalsuperintendenten, »in welchem gebeten wird, die Diözesan-Vorstände möchten veranlassen, daß von der gesamten Kirche in ihrem geordneten Zusammenhang durch Consistorien, Superintendenten, Convente und Presbyterien ... Protest und Verwahrung eingelegt werde«.[321]

---

[316] Eine ausführliche Besprechung des Synodalentwurfes bietet Georg Meyer, *Die Bestrebungen zur Herstellung einer Presbyterial- und Synodalverfassung im Gebiete des ehemaligen Kurfürstenthums Hessen*, in: *Zeitschrift für Kirchenrecht* 10 (1871), S. 412 ff.

[317] Ein Superintendent und ein Inspektor, die nicht mittagen konnten, hatten ihre schriftliche Zustimmung eingesandt. Damit war nur ein Superintendent — Berger — an dem Protest nicht beteiligt.

[318] Der Wortlaut ist abgedruckt in: K. Wicke, *Die hessische Renitenz ...* , S. 59 f.

[319] *Gehorsamstes Promemoria der am 12. August 1869 zu Wabern versammelt gewesenen Diözesanvorstände, betreffend die Einführung der Presbyterial- und Synodalverfassung in die evangelischen Gemeinden des Regierungsbezirks Cassel*, Rengshausen-Beiserhaus 1869.

[320] Vgl. *Das Strafurteil des Consistoriums zu Cassel gegen den Metropolitan J. W. G. Vilmar in Melsungen, nebst der von den Gliedern der Melsunger Gemeinde gegen dasselbe an das Cultusministerium abgesandten Beschwerdeschrift*, Cassel 1871, S. 19 ff.

[321] *Evangelische Blätter*, Nr. 34 vom 21. August 1869.

Tatsächlich reagierte Martin auf diese Aufforderung hin am 21. August mit einem ablehnenden Promemoria an den Kultusminister,[322] und auch in der lutherischen Diözese Marburg kam unter der Leitung von Superintendent Kümmel eine von 39 Metropolitanen und Pfarrern unterzeichnete Immediatvorstellung gegen die befohlene Synode zustande. Oberappellationsrat Martin, der Sohn des Generalsuperintendenten, organisierte am 8. September 1869 in Guntershausen eine Laienversammlung, die zur Unterstützung ihrer Pfarrer eine von nahezu 7000 Petenten unterzeichnete Immediateingabe an den König richtete.[323]

Neben diesen Sammelpetitionen erhoben sich in Form von Briefen und Broschüren zahlreiche Einzelproteste gegen die aufgedrängte Synodalangelegenheit.[324]

Natürlich wurden auch Stimmen laut, die — wie die Wahlershausener Konferenz vom 25. August 1869 — die Initiative der preußischen Staatsregierung begrüßten und in einer Resolution erklärten: »Die Presbyterial- und Synodal-Verfassung entspricht den Grundgedanken der heiligen Schrift Neuen Testaments über die Ordnung und Verwaltung der kirchlichen Angelegenheiten.«[325] Aber im Vergleich zu dem Geschrei über die angebliche Vergewaltigung durch Preußen und die antipreußische Agitation von seiten der Vilmarschen Partei blieben diese — zum Teil wohl auch vom Kultusministerium bestellte — Voten ohne Resonanz.

Trotzdem gab die Staatsregierung nicht nach. Schon am 21. August 1869 antwortete v. Mühler auf die Immediateingabe der Diözesanvorstände

---

[322] Einer der Kernsätze der Martinschen Beschwerdeschrift lautet: »Alle drei Denominationen unserer Kirche (Reformierte, Lutheraner und Unierte) werden in eine solche Einheit gefaßt, welche zwar nicht schon selbst Union ist, aber den Schein des Hinstrebens zur Union erwecken kann, und zwar trotz der offenbaren Abneigung eines großen Teils der Geistlichen und der Gemeinden gegen die Union . . . « (zitiert nach W. Reichle, *Zwischen Staat und Kirche* . . . , S. 249); vgl. *NEKZ*, 1869, Sp. 565 ff.; 645 ff.

[323] Vgl. H. R. Martin, *Kurzer Bericht über den Erfolg der am 8. September d. J. in Sachen der hessischen Kirchenverfassung in Guntershausen beschlossenen Rechtsverwahrung, mit einigen weiteren Erörterungen zur Sache*, Kassel-Leipzig 1870.

[324] Vgl. Hermann Zülch, *Der gegenwärtige Kampf der Hessischen Kirche um ihre Selbständigkeit*, H. 1: *Das Fundament der Hessischen Kirche aus der Reformation durch den Rechtsbestand ihrer Ordnungen. Geschichtliche Skizze. Nebst Anhang einiger Schriftstücke aus der Gegenwart*, Cassel 1870. Im Anhang S. 65 f. ist das Protestschreiben des Metropolitanen J. W. G. Vilmar in Melsungen vom 29. September 1869 abgedruckt. Im Laufe des Oktober 1869 gingen etwa 50 Schreiben von Pfarrern bei den Konsistorien ein, worin diese erklärten, daß es ihnen aus Gewissensbedenken nicht möglich sei, die Wahlen zur Vorsynode vorzunehmen.

[325] Zitiert nach *NEKZ*, 1869, Sp. 604.

vom 12. des Monats. In dem an den Superintendenten Martin gerichteten Schreiben suchte er die vorgebrachten Bedenken zu zerstreuen und schloß mit der Erwartung, »daß den von zuständiger Stelle ausgehenden Anordnungen Folge geleistet und allen böswilligen Entstellungen der Wahrheit entschieden entgegen getreten werde«.[326] Tags darauf folgten Verbote an sämtliche Superintendenten und geistliche Inspektoren, die in Wabern beschlossenen Konferenzen abzuhalten.[327] Gleichzeitig räumte der Kultusminister den Diözesanvorständen aber die Möglichkeit ein, sich in einer besonderen, sogenannten Nachsynode zu der Presbyterial- und Synodalordnung zu äußern, und genehmigte damit praktisch doch die Einberufung der alten Geistlichkeitssynoden. Mit zwei beruhigenden, die vorangegangenen Beschlüsse erläuternden Bescheiden vom 3. und 11. September setzte v. Mühler seine Bemühungen, die offiziellen Kirchenführer Hessens zu gewinnen, weiter fort.[328]

Die Diözesanvorstände ließen infolgedessen ihren Widerstand gegen die Synodalordnung tatsächlich fallen. Generalsuperintendent Martin, der die Waberner Eingabe vom 12. August mit unterzeichnet hatte, rief sogar in zwei Hirtenbriefen Ende August und dann endgültig am 30. September die extremen Vilmarianer auf, sich der Obrigkeit zu unterwerfen. Er beklagte, daß eine namhafte Zahl »frommer und trefflicher Geistlichen dahin geführt worden ist, nicht nur Behauptungen vor den Thron zu bringen, die das rechte Maaß der Besonnenheit und Nüchternheit überschreiten und zum Teil als unevangelisch bezeichnet werden müssen, sondern auch eine Berufung auf ihren Diensteid einzulegen, die, wenn sie sich nicht eines Besseren belehren lassen, die allertraurigsten Folgen haben kann.«[329]

Schließlich ermahnte er die Pfarrer seiner Diözese dringend, in Erfüllung ihrer Gehorsamspflicht nicht nur der Verordnung vom 9. August des Jahres Folge zu leisten, »sondern auch activ und passiv mit allem Eifer bei den Wahlen sich zu betheiligen und ihren ganzen Einfluß aufzubieten, daß fromme, erleuchtete, besonnene, von Liebe zu unserer Niederhessischen Kirche beseelte Vertreter geistlichen und weltlichen Standes gewählt werden.«[330]

---

[326] Vgl. *Hessische Morgenzeitung*, 1869, Nr. 3520, und *Evangelische Blätter*, Nr. 38 vom 18. September 1869.

[327] Vgl. *Hessische Morgenzeitung*, 1869, Nr. 3499.

[328] Vgl. Rödenbeck, *Zur Hessischen Kirchenfrage*. Als Manuskript abgedruckt, Marburg 1871, Anlage A und B.

[329] Zitiert nach *NEKZ*, 1869, Sp. 566; vgl. *a. a. O.*, Sp. 738 f.

[330] *Evangelische Blätter*, Nr. 41 vom 9. Oktober 1869.

Unbehelligt von weiteren Protesten gegen die kirchenbehördlichen Maßnahmen setzte das Marburger Konsistorium durch Erlaß vom 2. Oktober 1869 die Wahl der Deputierten für den 21. Oktober 1869 fest.[331] Ein zweiter Erlaß vom 4. November beraumte dann »im Einvernehmen mit den beiden anderen Kirchenbehörden des Regierungsbezirks die (endgültige) Wahl der 24 geistlichen und 24 weltlichen Synodal-Abgeordneten und ihrer Stellvertreter auf den 18. November des Jahres, Vormittags 11 Uhr« ein.[332]

Kaum waren die neuen Verordnungen bekannt geworden, verweigerten zahlreiche Pfarrer schriftlich bei ihren Konsistorien jede Beteiligung an dieser ganzen Angelegenheit, und die liberale *Hessische Morgenzeitung* sorgte für größere Verbreitung dieser faktischen Renitenz, indem sie über mehrere Nummern hinweg die Namen der Remonstranten veröffentlichte — nicht ohne sie als »Mucker«, »Schwarze«, »Idioten« und »Affen Vilmars« zu beschimpfen.[333]

Daß das Kasseler Konsistorium jetzt aber fest entschlossen war, jeden Widerstand gegen die Synodalentwürfe zu brechen, zeigte sein Vorgehen gegen die Metropolitane Hoffmann und Vilmar.

Für den Landesbußtag am 1. November hatten die Kirchenbehörden ein Gebet vorgeschrieben, worin auch die Geistlichen sich bezichtigen sollten, der Anfechtung unterlegen zu sein, und in dem der »verkehrte Eifer um die zeitlichen Stützen der Kirche« als Sünde bezeichnet wurde, für die das Volk Buße zu tun habe.[334] Metropolitan Hoffmann (Felsberg), für den der Kampf gegen die Synodalordnung eine heilige Gewissenssache war, erklärte in einem Schreiben an das Konsistorium, daß ihn nichts würde bewegen können, den Bettagszettel im Gottesdienst zu verlesen. Die Antwort des Konsistoriums war die Suspension Hoffmanns und die Anordnung einer Disziplinaruntersuchung.

Dem Metropolitan Vilmar in Melsungen sandte das Konsistorium durch Verfügung vom 20. September 1869 den »Entwurf einer Presbyterial- und Synodalordnung für die evangelischen Gemeinden der hessischen Provinzialkirche« mit der Anweisung, amtlich danach zu verfahren. Hiergegen erhob Vilmar jedoch scharfen Protest und sprach vor der Gemeinde die Erwartung aus, daß sie ihm »in der Verweigerung der Annahme dieser

---

[331] *Amtsblatt der Königlichen Regierung zu Cassel*, 1869, Nr. 58.

[332] *A. a. O.*, Nr. 64.

[333] Vgl. *Hessische Morgenzeitung*, 1869, Nr. 3543 ff.

[334] *Kirchenblatt aus Kurhessen*, herausgegeben von Th. Groß, Marburg 1870, Nr. 6; vgl. *NEKZ*, 1869, Sp. 739.

neuen Presbyterial- und Synodal-Ordnung folgen, und sich bei ihrer Einführung in keinerlei Weise betheiligen und dieselbe standhaft von sich weisen« würde.[335] Daraufhin suspendierte ihn das Konsistorium — schon zum zweiten Mal — vom Amt und leitete ein Disziplinarverfahren wegen Dienstvergehen ein. Als Vilmar gleichwohl Bibelstunden abhielt, erfolgte am 1. Dezember ein Strafmandat von zwanzig Reichstalern.

Trotz der weitverbreiteten Unruhe unter der hessischen Geistlichkeit bestanden die Kirchenbehörden darauf, die Wahlen termingerecht abzuhalten. Die geringe Wahlbeteiligung stellte jedoch die schlimmsten Befürchtungen noch in den Schatten: nur etwa ein Drittel aller Pfarrer und 1 % der gesamten Bevölkerung hatten dem Aufruf des Generalsuperintendenten Martin Folge geleistet. Auch die Superintendenten wollten mit der ganzen Sache nichts zu tun haben und baten den Kultusminister um Dispensation von dem Besuch der außerordentlichen Synode, wurden aber selbstverständlich abschlägig beschieden.[336]

Am 8. Dezember 1869 wurde die außerordentliche hessische Provinzialsynode — unter Abänderung des ursprünglichen Tagungsortes — im ehemaligen Ständehaus zu Kassel mit einer Predigt des Generalsuperintenden Martin eröffnet.[337] Die nachfolgende Eröffnungsansprache Rödenbecks, der zum landesherrlichen Kommissar ernannt worden war, bekräftigte noch einmal den Willen der Staatsregierung, die nötigen kirchenverfassungsrechtlichen Reformen gegen alle Widerstände durchzusetzen: »Leider haben dieselben nicht überall entgegenkommendes Verständnis gefunden, sondern hier und da zu beklagenswerthen Verirrungen Anlaß gegeben. Das Kirchenregiment kann und wird sich jedoch durch diese Erfahrungen in keiner Weise davon abhalten lassen, die einmal als gut und nothwendig erkannten Reformen durchzuführen.«[338]

Bei der Wahl zum Präsidenten der Synode bat Generalsuperintendent Martin, ihn als Kandidaten unberücksichtigt zu lassen, da ihm nicht nur die dazu nötige Übung fehle, sondern ihn auch sein Dienst zu sehr in Anspruch nehme. Superintendent Scheffer stellte dasselbe Ersuchen »aus Gründen, die nahe lägen«.[339] Danach fiel die Wahl mit großer Majorität

---

[335] *Das Strafurteil des Consistoriums* ... , S. 25 ff. Vgl. H. Zülch, *Der gegenwärtige Kampf der Hessischen Kirche um ihre Selbständigkeit* ... , S. 65 ff.

[336] *Hessische Morgenzeitung*, 1869, Nr. 3593.

[337] *Ansprache des Herrn Geheimen Regierungsraths Rödenbeck, sowie Predigt des Herrn Generalsuperintendenten Martin bei Eröffnung der außerordentlichen Synode zu Cassel am 8. Dezember 1869*, Cassel 1869.

[338] Zitiert nach *Evangelische Blätter*, Nr. 51 vom 18. Dezember 1869.

[339] *Hessische Morgenzeitung*, 1869, Nr. 3607.

(45 von 55 Stimmen) auf Berger (Neundorf), den einzigen Superintendenten, der in Wabern nicht unterschrieben hatte und von vornherein mit dem preußischen Kirchenregiment gegangen war.

Die Superintendenten Kümmel (Marburg), Wendel (Hanau) und Schüler (Allendorf) beteiligten sich nicht an der Synode und entschuldigten sich dort mit Gewissensbedenken und Unabkömmlichkeit im Dienst oder schützten Krankheit vor.[340]

Gleich in der ersten ordentlichen Synodalsitzung teilte der Präsident ein Schreiben von Martin und Scheffer mit, »durch welches dieselben erklären, daß sie auch jetzt noch an den Ueberzeugungen festhalten, welche sie in ihren früheren Protesten ausgesprochen haben, aber aus Gehorsam gegen das Gebot des Kirchenregimentes an der Synodal-Berathung theil nehmen wollen, und zwar um so lieber, als das Kirchenregiment ihnen in Aussicht gestellt habe, daß die Kirchenverfassung nach der Beratung der Synode vor ihrer Einführung erst noch den gesetzlich bestehenden Organen der hessischen Kirche [Superintendenten] zur Begutachtung unterbreitet werde«.[341]

Die Vorberatung der kirchenregimentlichen Entwürfe übertrug die Synode einem Ausschuß von achtzehn Mitgliedern, der sich auf besonderen Wunsch des Kultusministers zuerst die Gesetzesvorlage, betreffend die Rechtsverhältnisse der kirchlichen Verwaltungsbehörden im Regierungsbezirk Kassel vornahm.

Der zuständige Referent, Konsistorialrat Kraushaar, beantragte namens des Ausschusses, den Gesetzentwurf mit folgenden Amendierungen anzunehmen:

1. den Sitz des Gesamtkonsistoriums nach Kassel zu verlegen
2. Angemessene Mitwirkung von Synodalabgeordneten bei bestimmten Konsistorialgeschäften (Kandidatenprüfungen; Anstellung von Superintendenten, Inspektoren und Metropolitane; Disziplinaruntersuchungen; Visitation von Predigerseminaren)
3. Aufsichtsführung des Konsistoriums über den Religionsunterricht an allen Schulen.

Auf Antrag des Abgeordneten Dr. Bernhardi wurde nahezu einstimmig der Wunsch ausgedrückt, »daß bei Besetzung des Gesammtconsistoriums die Bestimmung in Anwendung kommen möge, welche laut königlichen Erlasses vom 6. März 1832 für den Oberkirchenrat angeordnet ist, daß nämlich nur solche Personen eintreten können, welche das Zusammen-

---

[340] *Evangelische Blätter*, Nr. 50 vom 11. Dezember 1869.
[341] *Ebda.*

wirken von Gliedern beider evangelischen Confessionen im Regiment mit ihrem Gewissen vereinbar finden«.[342]

Der Antrag war offenbar als Affront gegen die orthodox-konfessionellen Vilmarianer gedacht und schloß ihre namhaften Führer, die sich aus konfessionellen Gründen offen gegen das Gesamtkonsistorium ausgesprochen hatten, von einer späteren Beteiligung an der Konsistorialverwaltung praktisch aus. Überdies läßt die breite Zustimmung zu diesem Antrag einige Rückschlüsse auf die Zusammensetzung dieser Synode zu: Sie repräsentierte ausschließlich die schmale Minorität der preußenfreundlichen Unionsanhänger und liberalen Protestanten; Vertreter der Majorität saßen in dieser Synode so gut wie keine.

Die dritte öffentliche Plenarsitzung verlief außerordentlich stürmisch, da sich die Synode mit zwei eingelaufenen Protesten, unterschrieben von je 70 und 57 Gemeindegliedern befaßte, die gegen ihre Rechtsbeständigkeit Einspruch erhoben. Offenbar durch ähnliche Schreiben schon aus der Fassung gebracht, forderte ein großer Teil der Versammelten den landesherrlichen Kommissar erregt auf, unverzüglich gegen die anhaltenden Verunglimpfungen der Synode und ihrer Teilnehmer vorzugehen.[343]

Am 18. Dezember vertagte sich dann die Synode, während die Unterausschüsse ihre Arbeiten fortsetzten, um am 6. Januar im Plenum die Beratung über die Presbyterial- und Synodalordnung wieder aufzunehmen.

Erwartungsgemäß empfahl die Kommission prinzipiell die Annahme auch dieses Regierungsentwurfes, suchte aber die Rechte der presbyterialen und synodalen Organe nach verschiedenen Richtungen hin zu erweitern. Die wichtigste Änderung in dieser Beziehung war zweifellos, daß die Provinzialsynode aus ihrem Vorstand zwei Mitglieder, darunter mindestens ein weltliches wählen sollte, um an den Beratungen und Entschließungen des Konsistoriums über wichtigere Gegenstände als außerordentliche Mitglieder teilzunehmen.[344]

Auch in bezug auf die Bildung und Zusammensetzung der in Rede stehenden Organe nahm die Synode verschiedene Änderungen vor. Hinsichtlich der Presbyterien wurde festgesetzt, daß die Zahl der Ältesten in Filialgemeinden auch bis auf zwei vermindert werden könne. Die Ältesten sollten auf sechs Jahre statt vier gewählt werden und alle drei Jahre die Hälfte ausscheiden. Um das Gleichgewicht zwischen den geistlichen und weltli-

---

[342] *Evangelische Blätter*, Nr. 51 vom 18. Dezember 1869.

[343] Vgl. *Evangelische Blätter*, Nr. 52 vom 25. Dezember 1869.

[344] Vgl. *NEKZ*, 1870, Sp. 85 ff.; 110 f.; G. Meyer, *Presbyterial- und Synodalverfassung in Kurhessen* ... , S. 416 ff.

chen Abgeordneten herzustellen, sollte auf den Kreissynoden die Zahl der Ältesten nicht der der Gemeinden, sondern der der Pfarrstellen entsprechen. Für die Landessynode wurde die Zahl der Wahlkreise von 24 auf 25 erhöht und die Wählbarkeit als weltliches Mitglied auf alle zu Ältesten wählbaren Mitglieder der Landeskirche ausgedehnt. Der König erhielt die Auflage, ausschließlich Laien zu ernennen. Außerdem sollten noch der Ephorus der Stipendiatenanstalt und ein von der theologischen Fakultät zu Marburg gewählter Theologieprofessor der Synode angehören.

Mit Rücksicht auf die konfessionellen Interessen wurden auch hinsichtlich der Beschlußfassung und des Geschäftsganges einige Abänderungen vorgenommen. So räumte man jeder Konfession das Recht ein, Sonderbeschlüsse zu fassen, die der Wirksamkeit des gemeinsamen Synodalbeschlusses entzogen waren und allein der Entscheidung des Kirchenregimentes unterlagen. Darüber hinaus wurde den einzelnen Konfessionen das Recht zugestanden, Einrichtungen zu beantragen, die sich nur auf ihre Kirchengemeinschaft bezogen und dieselben, nachdem die Gesamtsynode ihr Einverständnis erklärt hatte, dem Kirchenregiment zur Genehmigung zu unterbreiten. Überhaupt war man sichtlich bemüht, den Konfessionalisten goldene Brücken zu bauen. Auf Empfehlung des Generalsuperintendenten Martin ergänzte man zum Beispiel § 1 der Presbyterialordnung durch einen Hinweis auf die verschiedenen Bekenntnisse, so daß derselbe jetzt begann: »Jede evangelische Gemeinde hat die Aufgabe, auf Grund des lauteren Wortes Gottes und ihres zu Recht bestehenden Bekenntnisses . . . «[345]

Schließlich setzte die Synode ein — wenn auch nur sehr beschränktes — Wahlrecht der Gemeinden bei Pfarrstellenbesetzungen durch. Das sah so aus, daß vom Konsistorium mindestens drei qualifizierte Geistliche oder Pfarramtskandidaten vorgeschlagen wurden, aus denen das große Presbyterium (Älteste und Gemeindeverordneten) einen zu wählen hatte, der dann vom Kirchenregiment noch bestätigt werden mußte. Von dieser Regelung ausgenommen waren die Pfarrstellen an Hof-, Militär- und Anstaltsgemeinden.

Am 21. Januar 1870 war die außerordentliche Landessynode der evangelischen Landeskirche in Hessen beendet und bald darauf, am 8. März 1870, traten neun Superintendenten und Inspektoren unter Führung von Generalsuperintendent Martin zu einer »Nachsynode« zusammen, um sich

---

[345] Vgl. Anm. 315 mit: *Die Kirchenfrage vor der preußischen Volksvertretung. Separat-Abdruck der Verhandlungen des Abgeordnetenhauses über die Organisation der Hessischen Kirche. Mit sämmtlichen Aktenstücken*, Berlin 1871, Anlage II (S. 7).

über die Ergebnisse gutachtlich zu äußern.[346] Das Kirchenregiment akzeptierte jedoch nur zwei der zahlreich vorgebrachten Abänderungsvorschläge. So wurde nachträglich die Wählbarkeit zu weltlichen Mitgliedern der Landessynode für jeden Wahlkreis auf Angehörige derselben Konfession beschränkt und der Singular »evangelische Landeskirche in Hessen« in den Plural »Landeskirchen« umgeändert, um die weiterhin geltende, konfessionell motivierte innere Selbständigkeit der drei Kirchengemeinschaften im ehemaligen Kurhessen zu unterstreichen.

Den verbesserten Entwurf legte v. Mühler nun dem Staatsministerium zur Genehmigung vor und teilte dies Bismarck nach Varzin mit. Am 13. Juni 1870 ließ der Kultusminister den abwesenden Kanzler wissen, »daß ich in der Behandlung der Sache mich im wesentlichen Einverständnis befinde mit dem Oberpräsidenten, mit der Majorität der Konsistorialen und Superintendenten (10 gegen 6) mit der großen Majorität der Kasseler Synode (37 gegen 16) und mit den hessischen Abgeordneten zum Landtage (namentlich Oetker und Wehrpfennig). Meine Bitte ist nun die, daß Sie der weiteren Entwicklung der Angelegenheit in der Beratung durch das Staatsministerium, in der Berichterstattung an den König und schließlich in der Vorlegung an den Landtag stillschweigend ihren Lauf lassen, indem ich mir vollkommen bewußt bin, daß die Verantwortung dafür schließlich doch wesentlich auf den Ressortminister fallen muß und fällt. Nur den Selbstvorwurf möchte ich mir ersparen, ohne Ihr Vorwissen eilfertig vorgegangen zu sein...«[347] Bismarck wies seinen Kultusminister jedoch an, die Beratung der Vorlagen zu vertagen, »bis ein angekündigtes Schreiben an Euer Excellenz eingetroffen sein werde«.[348] Für Bismarck waren zwei Gründe maßgebend, vorläufig eine abwartende Haltung einzunehmen: einmal die Rücksicht auf die bevorstehenden Neuwahlen in Hessen und zweitens das damit verbundene Bestreben, der oppositionell eingestellten hessischen Geistlichkeit keinen Anlaß zur Beteiligung an politischen Demonstrationen und zu einer gegen die preußische Regierung gerichteten Agitation zu bieten.

Inzwischen war in Hessen die Nachricht über gewisse Meinungsverschiedenheiten zwischen Bismarck und v. Mühler wegen der hessischen Kirchenangelegenheit an die Öffentlichkeit gedrungen. Die Vilmarianer verbreiteten durch die *Hessische Volkszeitung* das Gerücht, die Einführung eines Gesamtkonsistoriums sowie der neuen Kirchenverfassung sei

---

[346] Vgl. R. Francke, *Kirchenverfassung* ..., S. 118.
[347] Zitiert nach W. Reichle, *Zwischen Staat und Kirche* ..., S. 351.
[348] *Ebda.*

auf unbestimmte Zeit verschoben und v. Mühler werde nicht mehr lange im Amt bleiben. Durch die Versetzung Rödenbecks als Kurator nach Halle erhielten diese Meldungen starke Glaubwürdigkeit und gaben den konfessionalistisch-partikularistischen Umtrieben unerhörten Aufschwung.

Aber v. Mühler ließ sich durch all das nicht abhalten, im November 1870 die Abwesenheit Bismarcks in Frankreich zu nutzen, um die Entwürfe seinen Ministerkollegen zur Genehmigung einzureichen. Aber der Kanzler hatte für solche Fälle durch die Bestimmung vorgesorgt, alle kirchlichen Fragen angehenden Gesetzentwürfe seinem Vertrauten, dem Geheimen Oberregierungsrat Wagener[349] »ad votandum« vorzulegen. Obwohl Wagener zahlreiche Bedenken äußerte, ging die Beratung der Entwürfe im Staatsministerium glatt vonstatten und eine Allerhöchste Order aus Versailles vom 19. Dezember 1870 ermächtigte den Kultusminister, die beiden Gesetzentwürfe vor den Landtag zu bringen.

In der Session des Winters 1870/71 gelangten die Vorlagen an den Landtag. Das Abgeordnetenhaus hatte sich allerdings schon im Herbst 1869, zu derselben Zeit, als in Kassel die Synode tagte, mit der Angelegenheit beschäftigt.[350] Damals hatte nämlich das Kultusministerium dem Verlangen des Landtages vom Vorjahr[351] entsprochen und ihm einen »Gesetzentwurf betreffend die Ressortverhältnisse der kirchlichen Verwaltungsbehörden im Regierungsbezirk Cassel« vorgelegt. Der Entwurf war aber nur in der Kommission, nicht auch im Plenum zur Beratung gekommen. Bei der Erörterung dieser Vorlage hatte der Ausschuß aber nicht allein den Gesichtspunkt der Abgrenzung des Ressorts zwischen Regierung und Konsistorium zugrundegelegt, sondern wünschte darüber hinaus für den betreffenden Bezirk eine prinzipielle Auseinandersetzung zwischen Staat und Kirche im Sinne des Artikel 15 der preußischen Verfassung.

Wenn das Kultusministerium diesem weitgesteckten Ziel vorerst auch nicht zu folgen vermochte, hatte es doch die von der Kommission im einzelnen vorgeschlagenen Verbesserungen in den neuen Entwurf, jetzt unter dem Titel »Gesetz, betreffend die Verhältnisse der evangelischen Kirchen im Regierungsbezirk Kassel«, fast wörtlich eingearbeitet. Da inzwischen die Verhandlungen über die Presbyterial- und Synodalordnung zum Abschluß gelangt waren, wurde auch die Kirchenverfassung mit vorgelegt — nicht zur Beratung und Beschlußfassung, sondern um die Landesvertre-

---

[349] Siehe unten S. 495 ff.
[350] *Stenographische Berichte des Abgeordnetenhauses* ... , Session 1869/70, Bd. 1, S. 307 ff.
[351] Siehe oben S. 364 f.

tung von dem Inhalt derselben in Kenntnis zu setzen und prüfen zu lassen, ob sie nach Auffassung des Hohen Hauses Artikel 15 der Verfassungsurkunde nicht widerspreche. Obwohl es sich hierbei um reine Kirchenangelegenheiten handelte, die im alleinigen Entscheidungsbereich des Landesherrn als Träger der Kirchengewalt lagen, benötigte die Staatsregierung doch das Plazet des Landtages, um bei der Durchführung der Synodalverfassung staatliche Institutionen in Anspruch nehmen zu können. Außerdem hing die Einführung der Presbyterial- und Synodalverfassung von der Zustimmung des Abgordnetenhauses zu einem Gesetz ab, das die mit der neuen Kirchenordnung in Widerspruch stehenden gesetzlichen Bestimmungen aufheben und über die Erhebung der kirchlichen Abgaben das Erforderliche festsetzen sollte — namentlich die zur Selbstbesteuerung der Kirche nötig werdende Amtshilfe durch die Exekutive.

Die Vorlagen wurden vom Abgeordnetenhaus einer Kommission zur Vorberatung überwiesen und von dieser mit einigen nicht sehr wesentlichen Änderungen zur Annahme empfohlen. Dagegen stießen sie im Abgeordnetenhaus selbst auf vielfachen Widerspruch. Den Rechten waren sie zu freisinnig, den Linken nicht freisinnig genug, und eine dritte Gruppe kritisierte, durch die Erwähnung der Presbyterial- und Synodalordnung in dem Gesetz werde dem Landtag zugemutet, sich in die kirchlichen Angelegenheiten Hessens einzumischen.

Die zuletzt ausgesprochenen Bedenken rührten von der Formulierung der zentralen §§ 1 und 2 der Regierungsvorlage her:

»§ 1 Die Leitung aller Angelegenheiten der evangelischen Kirchen im Regierungsbezirk Kassel, insbesondere die Befugnisse der bisherigen Konsistorien, gehen nach Maßgabe der nachfolgenden Bestimmungen auf das durch Meinen Erlaß vom 13. Juni 1868 vorgesehene evangelische Gesammtkonsistorium über und wird dessen Sitz hiermit nach Kassel verlegt.

§ 2 Ueber die Zuständigkeit des Konsistoriums gegenüber den sonstigen kirchlichen Organen und Behörden im Einzelnen wird durch die Presbyterial- und Synodal-Ordnung vom heutigen Tage, sowie durch die in Gemäßheit derselben unter Zustimmung der hessischen Synode ferner ergehenden Ordnungen das Nähere bestimmt, soweit solches ohne Mitwirkung der Gesetzgebung geschehen kann.«[352]

Die Erwähnung der Presbyterial- und Synodalordnung verfolgte sichtlich einen doppelten Zweck: einmal, den baldigen oder gleichzeitigen Erlaß von Gesamtkonsistorium und Synodalverfassung zu sichern und zum

---

[352] Zitiert nach: *Die Kirchenfrage vor der preußischen Volksvertretung* ... , S. 68.

anderen, künftig Kompetenzänderungen hinsichtlich des Konsistoriums an die Zustimmung der Synode zu binden.

Die Regierung legte indessen keinen erheblichen Wert auf diese Formulierung und akzeptierte ein Amendement des Abgeordneten v. Cranach, das im Gesetz selbst lediglich die kirchenverfassungsmäßigen Organe erwähnen wollte, die Hindeutung auf die Presbyterial- und Synodalordnung dagegen in den Eingang desselben verwies und § 2 ersatzlos strich. § 1 der Vorlage hätte danach folgenden Wortlaut erhalten: »Die Ordnung und Verwaltung der Angelegenheiten der evangelischen Kirchen im Regierungsbezirk Cassel geht auf die kirchenverfassungsmäßigen Organe über.«[353] Aber auch dieses Amendement vermochte nicht die Zustimmung des Abgeordnetenhauses zu erlangen.

Als Sprecher der klerikalen Fraktion führte v. Mallinckrodt aus: »Die evangelische Kirche ist vollberechtigt, aus sich selbst heraus sich selbständig zu gestalten, und in dem Augenblicke, wo sie das thut, stehen ihr kraft der Verfassungsgesetze gesetzliche Hindernisse nicht mehr im Wege, soweit es sich um ihre eigenen kirchlichen Angelegenheiten handelt ... Das aber, worauf der Ton fällt, das ist die indirekte Mitwirkung bei der innern Organisation und Konstituirung der Hessischen Kirche. Wenn es sich darum nicht handelte, warum denn die §§ 1 in beiden Gesetzes-Vorlagen oder der Eingang zum Gesetze in der Fassung des Herrn v. Cranach und Genossen, denn sie enthalten nichts dispositives; sie lauten wie eine geschichtliche Erwähnung und die wäre zu dem völlig entbehrlich. Aber der Herr Minister hat es bei seiner Eingangsrede schon hervorgehoben, er legt gerade Werth darauf, daß eine Prüfung von Seiten des Staates und darauf die staatliche Billigung oder Nichtbilligung der Gesammt-Organisation erfolgt und das gerade ist es, was ich nicht mitthun kann. Ich bin in keiner Weise berufen, prüfend, billigend oder mißbilligend über die innere Organisation der Hessischen Kirche zu urtheilen und so wenig, wie ich es bin, ist es dieses Hohe Haus.«[354]

Von liberaler Seite wurde getadelt, daß der Minister an der Presbyterial- und Synodalordnung, wie sie aus den Beschlüssen der Synode hervorgegangen war, einseitig noch einige Änderungen vorgenommen hatte. Am meisten Anstoß erregte das Amendement zu § 37, wonach die Wählbarkeit zur Synode auf die »zu Aeltesten wählbaren Mitglieder der betreffenden Kirchengemeinschaften« eingeschränkt sein sollte. Der Abgeordnete

---

[353] A. a. O., S. 77.
[354] Verhandlungen des preußischen Abgeordnetenhauses vom 7. Februar 1871, Berlin 1871, S. 498 f

Richter (Sangerhausen) erklärte sogar, er sei zur Annahme des Gesetzentwurfes bereit, wenn »der Herr Minister die Beschlüsse der Hessischen
Vorsynode vollständig wieder hergestellt haben wird«.[355] Über die Hintergründe gerade der oben genannten Abänderung, die auf der »Nachsynode«
als Kompromiß mit den hessischen Kirchenführern ausgehandelt worden
war,[356] wußte man freilich nichts. Dagegen konnte die — gleichfalls nachträglich erfolgte — Ermächtigung des Konsistoriums, die Wahl des Pres-
byteriums durch einen Kommissar vornehmen zu lassen, falls der betreffende Pfarrer sich weigerte, dieselbe durchzuführen, nur als zweckmäßig
und im Sinne liberaler Kirchenpolitik betrachtet werden.

Am 7. Februar 1871 wurden die ersten zwei Paragraphen des ersten Gesetzentwurfes mit knapper Mehrheit (169 gegen 158 Stimmen) vom
Landtag verworfen, wodurch auch die wesentlichen Voraussetzungen für
die Durchführbarkeit des zweiten Gesetzes gefallen waren. Daraufhin zog
v. Mühler beide Gesetzesvorlagen zurück, um nicht, wie er seinem König
nach Versailles berichtete, »durch eine weitere, unfruchtbare Einzelbera-
tung Zeit und Kräfte zu verschwenden, und um den hessischen Abgeordneten selbst Raum zu lassen, durch einen aus ihrer Mitte kommenden Antrag an das Haus die ihnen bereits zugefallenen Stimmen noch fester zu
binden und die weitere Behandlung der Sache zu erleichtern...«.[357]

Am 25. Februar 1873 — nur zwei Jahre, nachdem der Versuch, ein Gesamtkonsistorium und eine Presbyterial- und Synodalordnung für Hessen
herzustellen, gescheitert war, und ein Jahr nach dem Rücktritt v. Mühlers
(17. 1. 1872) — bat Kultusminister Falk das Abgeordnetenhaus erneut um
die erforderlichen Mittel zur Konstituierung eines Gesamtkonsistoriums,
und tatsächlich wurden sie dieses Mal bewilligt, ohne daß man die Einrichtung einer Synodalordnung zur Vorbedingung machte.

Die Errichtung der neuen Behörde am 28. Juli 1873 rief nun wieder die
Vilmarianer auf den Plan.[358] Unter Führung der Metropolitane Hoffmann
und Vilmar sammelten sich etwa 46 Pfarrer zum letzten entschlossenen
Widerstand, den das neue Konsistorium nach vergeblichen Warnungen
und Geldbußen schließlich mit Disziplinaruntersuchungen und Amtsent-
hebungen beantwortete. Obwohl die renitenten Pfarrer durch zahlreiche
Erklärungen und Aufrufe versuchten, die Gemeindeglieder zu sich her-
überzuziehen, hatten ihre Bemühungen nur wenig Erfolg; die hessische

---

[355] *A. a. O.,* S. 484.
[356] Siehe oben S. 374 f.
[357] Zitiert nach W. Reichle, *Zwischen Staat und Kirche...,* S. 261.
[358] Vgl. K. Wicke, *Die hessische Renitenz...,* S. 79 ff.

Renitenzbewegung vermochte nur etwa 2900 Anhänger zu gewinnen.

Aufgrund dieser Ereignisse wagte man erst im Jahre 1882, an die Wiederaufnahme der Verhandlungen über die Presbyterial- und Synodalordnung zu denken. Der neue Anlauf führte am 12. November 1884 zur Eröffnung einer zweiten außerordentlichen Synode, deren Ergebnisse die Grundlage für die bis 1918 geltende »Presbyterial- und Synodalordnung für die evangelischen Kirchengemeinschaften im Bezirke des Konsistoriums zu Kassel« bildeten.[359]

Obwohl zwischen beiden Synoden fünfzehn Jahre liegen, »deckt sich der Entwurf [von 1869] im wesentlichen mit der späteren Presbyterial- und Synodalordnung vom Jahre 1885«.[360] Sowohl die kirchenpolitische wie kirchenverfassungsrechtliche Entwicklung in Kurhessen weist eine erstaunliche Parallelität zu der in den altpreußischen Provinzen auf und belegt einmal mehr, daß während der siebziger Jahre und später oft nur Kirchenordnungsmodelle ausgeführt wurden, die man schon in der zweiten Hälfte der sechziger entworfen hatte. Durch diese Verzögerung, an der — zumindest in Preußen — weniger innerkirchliche als innenpolitische Gründe die Schuld trugen, mußte der Eindruck entstehen, daß die fruchtbarste Periode kirchenpolitischen Denkens und Handelns während der zweiten Hälfte des 19. Jahrhunderts erst mit der Ära Falk/Herrmann begann. In Wirklichkeit aber waren zwischen 1866 und 1872 die grundlegenden Entscheidungen schon gefallen.

Nassau und das hessische Hinterland

Während sich in Hannover und Kurhessen die antipreußische Stimmung der Bevölkerung nicht zuletzt in kirchenpolitischen Agitationen gegen vermeintliche oder tatsächliche Unionsbestrebungen der neuen Herren entlud, fehlten im unierten Nassau solche oppositionellen Strömungen fast völlig. Obwohl das ehemalige Herzogtum mit Kurhessen, Frankfurt am Main und dem hessischen Hinterland als Preußische Provinz Hessen-Nassau nunmehr eine politische Einheit bildete, bereitete die unterschiedliche historische Entwicklung auf politischem und kirchenpolitischem Gebiet der preußischen Administration bei der Neuordnung große Schwierigkeiten.

[359] *Gesetz-Sammlung für die Königlich Preußischen Staaten . . .* , 1886, S. 1; 79.
[360] So R. Francke, *Kirchenverfassung . . .* , S. 116.

Die evangelische Kirche in Nassau mit ihren etwa 240 000 Gläubigen bekannte sich seit 1817 zur Union,[361] die — ohne daß man dort den Begriff kannte — eindeutig den Charakter einer Konsensusunion trug. Die kirchliche Verwaltung, sowohl Interna als auch Externa, befanden sich fast ausschließlich in der Hand der politischen Behörden (Landesregierung und Ministerium), zu denen der evangelische Landesbischof eine dem Generalsuperintendenten analoge Stellung einnahm und darüber hinaus als Referent in Kirchensachen bei der Landesregierung fungierte. Einem im Jahre 1851 neuerrichteten Kirchensenat, der in innerkirchlichen Angelegenheiten der Regierung gutachtend zur Seite treten sollte, war es nicht gelungen, sich durchzusetzen; seit August 1865 hatte er nicht mehr getagt.[362]

Da in Nassau also weder eine Konsistorial- noch eine Synodalordnung existierte, das unumstrittene Bekenntnis zur Union aber konfessionelle Bedenken ausschloß, schienen dem Kultusministerium die Verhältnisse zunächst ideal für einen einfachen Anschluß an die Rheinische Provinzialkirche. Eine solche Lösung hätte mit Sicherheit auch den Wünschen des preußischen EOK entsprochen, der in einer Denkschrift an den König behauptete: »Am natürlichsten wäre der Anschluß an die Rheinprovinz, der sie nach Naturell, Bodenwert, Cultur und Verkehr wie nach ihrer Union am verwandtschaftlichsten sind.«[363] Selbstverständlich unterstützte die *Neue Evangelische Kirchen-Zeitung* diese Überlegungen nach Kräften, indem sie gleich zu Beginn der öffentlichen Diskussion feststellte: »Dort [sc. in Nassau] wird . . . der Grundsatz vom Fortgehenlassen der alten Ordnungen keinerlei Anwendung finden können . . . « und ihre Berichterstattungen aus Nassau mit der Überschrift »Vom Rhein« oder »Aus der Rheinprovinz« versah.[364]

In Nassau selbst favorisierte die der preußischen Oberkirchenratspartei nahestehende *Oraniensteiner Pastoralkonferenz* das Projekt. Am 26. September 1866 erklärte sie einmütig, »es möge die seitherige Nassauische Landeskirche in den Verband der Rheinisch-Westphälischen Provinzialkirche aufgenommen und die Kirchenordnung dieser Provinz einfach auf Nassau übertragen werden«.[365] Die liberale *Limburger Konferenz* unter

---

[361] Siehe oben S. 53.
[362] Einzelheiten sind einem geheimen Dossier v. Mühlers, bestimmt für das Staatsministerium, entnommen (ZSTA, Hist. Abt. II, Merseburg, Geh. Zivilkabinett, 2. 2. 1. Nr. 22831, pag. 5).
[363] Denkschrift des EOK an den preußischen König aus dem Jahre 1867 (ZSTA, Hist. Abt. II, Merseburg, Geh. Zivilkabinett, 2. 2. 1. Nr. 22831, pag. 24).
[364] Vgl. *NEKZ*, 1866, Sp. 663; 682 f.
[365] *NEKZ*, 1866, Sp. 696 f.

Führung des Kammerrates Fritze sprach sich jedoch mit Entschiedenheit gegen einen Anschluß aus, um das »wirklich Gute und Vollkommene, das die Nassauische Kirche besitzt, zu conserviren«.[366] In einer Vereinigung der nassauischen und hessischen Kirche mit Sitz des Konsistoriums in Kassel glaubte diese Partei die erhaltenswerten Eigentümlichkeiten ihrer Kirche besser gewahrt zu sehen.[367]

Löste die konservative Argumentation der liberalen Limburger zunächst Befremden aus — hatten sie doch die Rolle des konfessionalistischen Partikularismus übernommen —, so werden ihre Beweggründe durchsichtiger, wenn man die Motive der Oraniensteiner näher beleuchtet. Als man die Union in Nassau einführte, hatte man bewußt über die Fortgeltung der Bekenntnisschriften keinerlei Bestimmungen getroffen, um die Lehrfreiheit innerhalb der neuen »Evangelisch-christlichen Kirche« nicht wieder einzuschränken.[368] Der Herborner Seminardirektor Otto formulierte diese Intention in seinem *Handbuch des nassauischen Kirchenrechtes* im Zusammenhang mit der Ordination sehr deutlich: »Der Ordinand verpflichtet sich . . . auf keine andere Lehrnorm, als allein auf die heilige Schrift, und verspricht, die christliche Lehre nach den Grundsätzen der evangelischen Kirche so vorzutragen, wie er sie selbst nach redlicher Forschung und bester Ueberzeugung aus der Bibel schöpft.«[369]

Wenn die Anhänger der Oraniensteiner Konferenz sich nun für die Annahme der Rheinisch-Westfälischen Synodalverfassung aussprachen, weil sie in Nassau eine »ordnungsgemäße Einführung der Union, . . . die bis jetzt unter uns nur in schwachem Maaße vorhanden ist«, sicherstelle, dann lag der Verdacht nahe, daß es diese Partei vor allem darauf abgesehen hatte, durch die drei Bekenntnisparagraphen der Rheinisch-Westfälischen Kirchenordnung in der nassauischen Kirche wieder »einen geordneten Bekenntnisstand« zu schaffen.[370] Tatsächlich verlagerte sich die Diskussion um den Anschluß Nassaus an die Rheinische Kirche mehr und mehr auf die Unions- und Bekenntnisfrage. Sympathisanten der Oraniensteiner

---

[366] *PKZ* 13 (1866), Sp. 933 f.

[367] *NEKZ*, 1867, Sp. 22.

[368] Vgl. Alfred Adam, *Die nassauische Union von 1817*, in: *Jahrbuch der hessischen kirchengeschichtlichen Vereinigung* (im folgenden JHKGV zitiert) 1 (1949), S. 35 ff.

[369] Wilhelm Otto, *Handbuch des besonderen Kirchenrechts der evangelisch-christlichen Kirche im Herzogthume Nassau*, Nürnberg 1828, S. 193 (Hervorhebung im Original).

[370] Vgl. *NEKZ*, 1866, Sp. 682; 697; *PKZ* 14 (1867), Sp. 456; vgl. E. Friedberg, *Die geltenden Verfassungs-Gesetze . . .* , S. 21.

suchten in Broschüren zu belegen, daß die Lehrbestimmungen der Bekenntnisschriften nach wie vor Gültigkeit besäßen und die Nassauer
Union auf den dogmatischen Konsensus der lutherischen und reformierten Symbole gegründet sei.[371] Vertreter der Limburger Konferenz mühten
sich dagegen um die Beweisführung, daß der kirchenrechtliche Ausdruck
des Bekenntnisstandes in der Nassauischen Kirche lediglich das Evangelium und die drei protestantischen Prinzipien — Rechtfertigung, absolute
Autorität der Hl. Schrift und allgemeines Priestertum — enthalte.[372]

Das Fehlen einer orthodox-konfessionalistischen Partei hatte offenbar
zu einer merkwürdigen Verschiebung der kirchenpolitischen Fronten
nach rechts geführt: Die positiven Unionsfreunde — anderswo in Preußen
hart bedrängt von der Forderung des konfessionellen Luthertums nach einer Klarstellung des Bekenntnisstandes — betonten nun ihrerseits aus
Angst vor zuviel Union, die den liberalen Protestanten das Vordringen
sehr erleichterte, die Fortgeltung der lutherischen und reformierten Symbole in Nassau. Der kirchliche Liberalismus berief sich dagegen — wie die
Oberkirchenratspartei in Altpreußen — auf die Synodalbeschlüsse und
Edikte aus der Zeit der Unionsgründung, um eine Rekonfessionalisierung
der Nassauischen Kirche zu verhindern.[373]

Zwischen diesen beiden traditionellen kirchenpolitischen Gruppen etablierte sich im Dezember 1866 mit der *Schiersteiner Konferenz* eine dritte
Partei, der es durch die Abspaltung linker »Oraniensteiner« und rechter
»Limburger« bald gelang, an die erste Stelle zu rücken. Die neue Partei
wünschte die Erhaltung der kirchlichen Selbständigkeit Nassaus mit eigenem Konsistorium in Wiesbaden und die Einführung einer presbyterialsynodalen Verfassung nach den Entwürfen des Nassauers Ludwig Wilhelm Eibach (gest. 1869). Die meisten führenden kirchlichen Persönlichkeiten des Herzogtums, namentlich Landesbischof Wilhelmi, förderten
verständlicherweise auch aus persönlichem Interesse diese Pläne, denn ein
kirchlicher Anschluß in die Rheinprovinz hätte ihre Amtsentlassung zur
Folge gehabt.

---

[371] Vgl. E. Stamm, *Die evangelische Lehrfreiheit. Eine Frage des Kirchenrechts, beantwortet mit besonderer Berücksichtigung der unierten Kirche Nassaus*, Wiesbaden 1866; August Nebe, *Der Bekenntnisstand der evangelischen Kirche in Nassau*, Darmstadt 1866.

[372] Vgl. August Schröder, *Das Recht der evangelischen Lehrfreiheit in Nassau*, Wiesbaden 1866; ders., *Die Bekenntnisfrage in der nassauer unirten Kirche*, Wiesbaden 1867; ders.,
*Die evangelische Union und ihre Bedeutung für die kirchliche Entwicklung der Gegenwart,
mit besonderer Beziehung auf das kirchliche Recht in Nassau*, Wiesbaden 1871.

[373] Vgl. *PKZ* 13 (1866), Sp. 1086 f.

Inzwischen hatte sich auch die neue Regierung in Wiesbaden unter dem bisherigen Landrat in Wetzlar, Gustav v. Diest, mit der nassauischen Kirchenorganisation befaßt.[374] Schon Ende 1866 sandte sie einen Bericht nach Berlin, in dem sie vorschlug, entweder den Kirchensenat durch Ernennung neuer weltlicher Mitglieder zu ergänzen oder ein eigenes Konsistorium zu errichten, wobei zuvor entschieden werden müsse, ob für Nassau allein oder in Verbindung mit anderen preußischen Gebietsteilen eine besondere Kirchenverfassung eingeführt werden solle.[375] Regierungsrat v. Diest selbst riet wegen der Kleinheit des Bezirkes von einem eigenen Konsistorium ab und empfahl die Unterstellung Nassaus und des unierten Kreises Hanau unter das Konsistorium zu Koblenz. Der vormals hessische Kreis Biedenkopf aber sollte seinem lutherischen Bekenntnis und seiner geschichtlichen Entwicklung entsprechend in kirchlicher Hinsicht dem Regierungsbezirk Kassel zugeschlagen werden.

Diese Pläne wurden jedoch durchkreuzt von den innenpolitischen Auswirkungen eines am 30. Januar 1867 an König Wilhelm abgesandten Immediatgesuches, in dem 152 Pfarrer, 452 Kirchenvorsteher und 166 Gemeindeglieder um die Erhaltung der kirchlichen Selbständigkeit Nassaus baten. Die Eigenart der kirchlichen Bekenntnisentwicklung zu einer vollen Konsensusunion gebiete es, für Nassau eine selbständige kirchliche Oberbehörde zu bewilligen und die längst erstrebte Kirchenverfassung auf presbyterial-synodaler Grundlage zu schaffen. Unbeschadet ihrer Selbständigkeit müsse diese Nassauische Kirche dann in eine organische Verbindung mit der evangelischen Kirche Preußens und der gesamten deutschen evangelischen Kirche gebracht werden.[376]

Die Petition, hinter der die »Schiersteiner« und viele sympathisierende »Limburger« standen,[377] stimmte inhaltlich mit dem Urteil der gutacht-

---

[374] § 11 der Allerhöchsten Verordnung vom 22. Februar 1867, wodurch die Regierungsbezirke Kassel und Wiesbaden gebildet wurden, lautet: »Die Organe, welche in Bezug auf die Verwaltung des Kirchen- und Schulwesens und der Medizinalangelegenheiten bestehen, werden, soweit ihre Funktionen nicht instruktionsmäßig auf die neu zu errichtenden Behörden übergehen, in ihrer bisherigen Wirksamkeit beibehalten. Die Einsetzung eines Konsistoriums für beide Regierungsbezirke, eines Schulkollegiums, eines Medizinalkollegiums, einer Behörde für die Verwaltung der indirekten Steuern und Zölle, sowie einer Auseinandersetzungsbehörde bleibt vorbehalten« (*Gesetz-Sammlung für die Königlich Preußischen Staaten . . .*, 1867, S. 273; vgl. Friedrich Wilhelmi, *Kirchenrecht im Amtsbezirke des Konsistoriums zu Wiesbaden*, Wiesbaden 1867; 1. Erg.-Heft 1894).

[375] Vgl. Heinrich Schlosser, *Festschrift zur Hundertjahrfeier der Union in Nassau*. Im Auftrag der Bezirkssynode Wiesbaden bearbeitet, Herborn 1917, S. 67 f.

[376] Vgl. Heinrich Steitz, *Geschichte der Evangelischen Kirche in Hessen und Nassau*, Bd. 3, Marburg 1965, S. 397.

[377] *PKZ* 14 (1867), Sp. 104 f.; 250 f.

lich gehörten Vertrauensmänner überein (»Gegen den Anschluß an Coblenz wie an Cassel besteht eine starke Abneigung«) und bewog das Staatsministerium, trotz der wohl stichhaltigeren Argumente v. Diests seine ursprünglichen Organisationspläne aufzugeben.[378] In diesem Sinne schrieb v. Mühler am 27. Juli 1867 an den König: »Die Errichtung eines eigenen Consistoriums für Nassau in Wiesbaden muß als ein berechtigter Wunsch angesehen werden. Die Verhältnisse in Nassau sind in Externis wie Internis zu sehr abweichend von denen in der Rheinprovinz und denen in Kurhessen, als daß eine bloße Anfügung des Nassauischen Consistorialbezirks an eines dieser Gebiete rathsam wäre.«[379]

Abgesehen von den auch für die anderen annektierten Provinzen geltenden Rücksichten, spielte bei dieser Entscheidung wohl auch die Tatsache eine besondere Rolle, daß man die preußenfreundliche Haltung der nassauischen Bevölkerung mit weitgehenden Zugeständnissen in letztlich zweitrangigen Fragen honorieren wollte. Immerhin hatte die liberale Mehrheit der nassauischen Ständekammer seinerzeit ihrer Regierung die Kredite zum Krieg gegen Preußen verweigert und auch nach der Niederlage und dem Machtwechsel hatte sich die Bevölkerung in die neuen Verhältnisse gefügt, ohne daß sich bedeutende oppositionelle Bewegungen bildeten.[380]

Ein Beispiel dafür bot die Haltung der nassauischen Pfarrerschaft bei der Entbindung von ihrem auf den Herzog Adolf geleisteten Diensteid und die erneute Vereidigung auf den König von Preußen. Während zum Beispiel in Hannover dieser Huldigungseid zum Gegenstand harter kirchenpolitischer Auseinandersetzungen wurde,[381] sorgte der nassauische Landesbischof Wilhelmi in Kooperation mit dem Regierungspräsidenten v. Diest für einen reibungslosen Ablauf der Zeremonie.[382]

[378] Von dieser Entscheidung unberührt blieb freilich die Möglichkeit, die nassauische Kirche als weitere Provinzialkirche dem EOK zu unterstellen. v. Diest schrieb am 13. 8. 1867 an v. Mühler, eine solche kirchliche Vereinigung stoße in Nassau auf keinerlei Schwierigkeiten (ZSTA, Hist. Abt. II, Merseburg, Geh. Zivilkabinett, 2. 2. 1. Nr. 22831, pag. 11).

[379] ZSTA, Hist. Abt. II, Merseburg, Geh. Zivilkabinett, 2. 2. 1. Nr. 22831, pag. 70. Dort findet sich auch das oben zitierte Urteil der Vertrauensmänner.

[380] Vgl. Wolf-Arno Kropat, *Die nassauischen Liberalen und Bismarcks Politik in den Jahren 1866—1867. Die Reaktion der Fortschrittspartei in der Bevölkerung in Nassau auf die preußische Annexion, bes. im Spiegel der Reichstagswahlen vom 12. 2. u. 31. 8. 1867*, in: *Hessisches Jahrbuch für Landesgeschichte* 16 (1966), S. 243 ff.

[381] Vgl. W. Rädisch, *Die Evangelisch-lutherische Landeskirche Hannovers . . .*, S. 42 ff.

[382] Im Zentralarchiv der Evangelischen Kirche in Hessen und Nassau (im folgenden EKHN zitiert), Best. 3, Akte Nr. 68 (»Aufhebung des auf den Herzog von Nassau geleisteten Diensteides der Nassauischen Pfarrerschaft und erneute Vereidigung auf den König von Preußen, 1867—1868«) findet sich kein einziges Protestschreiben aus der nassauischen Pfarrerschaft.

Am 22. September 1867 wurde durch Königlichen Erlaß die Errichtung eines Konsistoriums für den Regierungsbezirk Wiesbaden angeordnet, mit Ausnahme der Stadt Frankfurt am Main, das dem Minister der geistlichen Angelegenheiten unterstellt werden sollte.[383] v. Mühler, den man ressortgemäß auch mit der Ausführung dieser Verordnung beauftragt hatte, schuf eine nach Zusammensetzung und Wirkungskreis den Verhältnissen in Altpreußen analoge Kirchenbehörde.[384] Am 31. März 1868 benachrichtigte der Kultusminister dann v. Diest, daß er »den Zeitpunkt, mit welchem das ... für den dortigen Bezirk einzurichtende evangelische Consistorium in Wirksamkeit treten soll, auf den 12. April d. J. festgesetzt habe«.[385]

Das neue Konsistorium bestand aus einem weltlichen Vorsitzenden, dem Generalsuperintendenten, einem Justitiarius und aus der erforderlichen Anzahl von geistlichen Räten. Nach den Vorschlägen des Regierungspräsidenten ernannte der König zu Mitgliedern des Konsistoriums: Oberregierungsrat v. Prittwitz, den Leiter der Kirchen- und Schulabteilung der Regierung als Vorsitzenden, Landesbischof D. Wilhelmi als Generalsuperintendenten, Regierungsrat Dodel als Justitiar, Kirchenrat Eibach, Divisionspfarrer Lohmann (Wiesbaden) und Pfarrer Wolf (Seulberg) als Konsistorialräte. Letzterem war die Aufgabe zugedacht, das dem Regierungsbezirk Wiesbaden zugeteilte lutherische Hinterland des Großherzogtums Hessen (Biedenkopf, Vohl und Homburg) kirchlich zu vertreten.

Durch die Zuweisung dieser hessischen Gebiete verlor die Nassauische Kirche ihre konfessionelle Homogenität — ein Umstand, der das Konsistorium schon in seinem ersten Hirtenbrief veranlaßte, zu den Bekenntnisverhältnissen in der neuen Provinzialkirche Stellung zu nehmen: »Unter Gottes Führung sind in dem größten Teil unseres Consistorial-Bezirkes die beiden protestantischen Schwesterkirchen zu einer evangelischen Kirche vereinigt. Was Gott zusammengefügt hat, wollen wir mit Treue pflegen. Die Gemeinden aber, welche nicht unirt sind, sondern entweder auf dem lutherischen oder auf dem reformirten Bekenntnis stehen, mögen versichert sein, daß, was ihnen theuer ist, uns heilig sein wird. Auch ihnen werden wir eine gleich gewissenhafte Fürsorge widmen.«[386]

[383] Vgl. F Wilhelmi, *Kirchenrecht* ... , S. 2 f.; *Kirchliches Amtsblatt des Königlichen Konsistoriums zu Wiesbaden*, 1868, S. 1.

[384] Vgl. Fritz Grünschlag, *Die rechtliche Stellung der Nassauischen Landeskirche*, Jur. Diss., Erlangen 1916, S. 23 ff.

[385] Zentralarchiv der EKHN, Best. 1, Akte Nr. 1: Bildung des Königlichen Consistoriums zu Wiesbaden (die Akte ist nicht paginiert).

[386] *NEKZ*, 1868, Sp. 266, Anm. 1.

Die Einsetzung des Konsistorium sowie dessen beruhigende Erklärung markierten auch das Ende der kirchlichen Wirren, die im *hessischen Hinterland* nach dessen Abtretung entstanden waren.[387] Besonders aus Fronhausen berichtet das dem Luthertum zugeneigte *Hessische Kirchenblatt* über Zwistigkeiten zwischen Gemeinde und Pfarrer: »Die Gemeinde verlangt die Entfernung des Pfarrers, der die Gemeinde unirt machen will. Die von Kreisrat M[eyer] in B[iedenkopf] vorgenommene Vernehmung der Kirchengemeinde zu Eifa hat zu keinem für die Gemeinde erwünschten Resultat geführt ... Die Gemeinden sollen dem Pfarrer namentlich Vernachlässigung seines Amtes, Abschaffung der Abrenunciation, Unverständlichkeit seiner Predigtweise zum Vorwurf machen.«[388] Eine neue Beschwerde der Gemeinde Fronhausen gegen Pfarrer Kröll wegen Unterzeichnung des Biedenkopfer Protokolls, in dem der Anschluß an Nassau beschlossen worden war, und die Bitte um Bestellung eines anderen Pfarrers, wurde durch einen Bescheid des Kultusministeriums vom 9. Juli 1867 brüsk zurückgewiesen. Die Homburger Landesregierung wies ferner am 9. August 1867 die Beschwerde der Battenfelder Gemeindeglieder zurück, welche die Abrenuntiation bei der Taufe forderten. Eine letzte Petition einiger konfessioneller Geistlicher, in der um Anschluß des Hinterlandes an die lutherische Diözese zu Marburg gebeten wurde, lehnte der König ebenfalls strikt ab.[389]

Die vom Kultusministerium als vordringlich hingestellte Aufgabe des neuerrichteten Konsistoriums war die Herstellung einer presbyterial-synodalen Kirchenverfassung. In den Konsistorialmitgliedern Wilhelmi und Eibach glaubte man die richtigen Männer für die Ausführung dieses Werkes gefunden zu haben. Ersterer, eine wahrhaft bischöfliche Persönlichkeit, kannte durch seine beinahe fünfzigjährige Wirksamkeit für die Nassauische Kirche fast die gesamte Geistlichkeit des neuen Konsistorialbezirkes und war auch mit den lokalen Schwierigkeiten wohlvertraut. Der siebzigjährige Greis, den die preußischen Behörden schon bald nach der Annexion für sich zu gewinnen wußten, garantierte quasi mit seiner Person die von den politischen Ereignissen unberührte Kontinuität der Nassauischen Kirche und rechtfertigte in Hirtenbriefen die kirchenpolitischen Maßnahmen des preußischen Kultusministeriums. So schrieb er am

---

[387] Vgl. Erich Winkelmann, *Die Kämpfe um Bekenntnis und Verfassung in der evangelischen Landeskirche von Hessen-Darmstadt (1848—1878). Ein Beitrag zur Kirchengeschichte des 19. Jahrhunderts*, in: JHKGV 5 (1954), S. 66 ff.

[388] *Hessisches Kirchenblatt* 5 (1867).

[389] Vgl. *Hessisches Kirchenblatt* 16 (1868).

16. April 1868, mit der Errichtung eines evangelischen Konsistoriums habe »unsre theure evangelische Kirche eine Wohlthat empfangen, die schon seit Jahren von Vielen ersehnt und erstrebt worden ist«. Unter Hinweis auf die weiteren Kirchenverfassungspläne fuhr er dann fort: »Ich bin entschlossen, diesen Anforderungen als des zur Rechten Gottes erhöhten Erzhirten zu entsprechen, soweit mir Gott dazu Kraft und Gnade gibt« und bat die Gemeinden, ihm »auch fernerhin das Vertrauen, das ihr mir bisher in so beschämend reichem Maße geschenkt habt«, zu erhalten.[390]

Während Wilhelmi so seinen persönlichen Einfluß geltend machen konnte, war der seit 1851 dem Evangelischen Kirchensenat angehörende Kirchenrat Ludwig Wilhelm Eibach der beste Kenner der nassauischen Kirchenverfassungsentwicklung, hatte die meisten ausländischen Kirchenordnungen studiert und eigene Vorschläge ausgearbeitet. Nach der Annexion galt er von vornherein als Verfechter der nassauischen Lösung und wollte seiner Heimatkirche das Erbe ihrer eigentümlich ausgeprägten Union erhalten. Schon 1866 hatte er auf Wunsch der Regierung ein umfassendes Referat über die Verfassung und Verwaltung der evangelischen Kirche in Nassau zur Information des Geheimrates de la Croix verfaßt. Jetzt legte das Konsistorium zunächst Eibachs letzten Kirchenverfassungsentwurf aus dem Jahre 1862, der sich der Rheinisch-Westfälischen und Badischen Kirchenordnung anschloß, seinen Beratungen zugrunde. Leider starb Eibach schon 1868 vor Vollendung seines Lebenswerkes. Sein früher Tod trug mit dazu bei, daß man seine Vorarbeiten nicht mehr weiter berücksichtigte.[391]

Das Konsistorium begann unverzüglich mit dem stufenweisen Aufbau der nassauischen Presbyterial- und Synodalverfassung. Schon am 22. Dezember 1868 übersandte es den Kirchenvorständen den »Entwurf einer Presbyterial-Ordnung für den Bezirk des Consistorii zu Wiesbaden« zur Begutachtung.[392] Ob die kooptierten, den Geistlichen zutiefst ergebenen Kirchenvorsteher freilich kompetente Gutachter für die neue Presbyterialordnung waren — daran durfte man füglich zweifeln.

Hier setzte denn auch die Kritik der liberalen Kirchenpresse an, die es sich zur Aufgabe gemacht hatte, den Entwurf »einer öffentlichen und ein-

---

[390] Zentralarchiv der EKHN, Best. 1, Akte Nr. 1; vgl. *NEKZ*, 1868, Sp. 319.

[391] Eibachs umfangreiche Vorarbeiten zur nassauischen Kirchenverfassung lagern im Hessischen Hauptstaatsarchiv Wiesbaden.

[392] *Der Entwurf einer Presbyterialordnung für den Bezirk des Consistoriums zu Wiesbaden.* Besonderer Abdruck aus den *Evangelischen Blättern aus beiden Hessen und Nassau.* Veranstaltet im Auftrage des Ausschusses der Nassauischen Protestanten-Conferenz, Cassel 1869.

gehenden Beleuchtung zu unterwerfen«.[393] Gegen die Gemeindeordnung selbst ließ sich zwar wenig sagen, denn sie war der — auf der untersten Stufe unzweifelhaft ausgezeichneten — Rheinisch-Westfälischen ziemlich genau nachgebildet, aber sie stellte eben doch nur ein Bruchstück der projektierten Verfassung dar, und manche ihrer Bestimmungen, vornehmlich auch die beigefügten Motive, ließen schon die künftige Gestalt des gesamten Werkes als wenig verheißungsvoll vorausahnen. So hieß es in den »Motiven«: »Die einzelnen Gemeinden möchti durch ihre Geistlichen und Abgesandten aus den weltlichen Gliedern des Kirchenvorstandes zu einem engeren und weiteren Synodalverband vereinigt werden«, woraus klar hervorging, daß für die nächsthöheren Synodalstufen — entgegen den liberalen Vorstellungen von direkten Wahlen — dem System der Siebwahl der Vorzug gegeben wurde.[394] Auch der Satz: »An Stelle der Landesregierung möchte in Kirchensachen eine besondere Kirchenbehörde treten«, erregte den Unwillen der Liberalen, denn das Konsistorium meinte natürlich keine rein kirchliche, sondern eine selbständige staatliche Kirchenbehörde.

Der vom Konsistorium vorgelegte Entwurf der Presbyterialordnung selbst wurde nur von der »Oraniensteiner Partei« uneingeschränkt gutgeheißen. Die »Schiersteiner« beantragten in einem Gegenentwurf ein Mitwirkungsrecht der Gemeinden bei der Besetzung von Pfarrstellen und forderten die Streichung einer Bestimmung, wonach es zu den Pflichten der Gemeindeglieder gehören sollte, »die Gnadenmittel der Kirche in der Gemeinde fleißig zu gebrauchen« und »ein erbauliches Leben zu führen« (§ 3). Auch die Bestimmungen, denenzufolge die Wählbarkeit zu Gemeindeämtern abhängig gemacht wurde von der »Bethätigung kirchlicher Gesinnung durch Theilnahme am öffentlichen Gottesdienst und an dem heiligen Abendmahl« (§ 10) oder »an den kirchlichen Gnadenmitteln« (§ 20) hielten die »Schiersteiner« für untragbar und setzten hierfür: »die Wähler haben ihr Augenmerk auf Männer von gutem Ruf, evangelisch-christlichem Sinn, kirchlicher Einsicht und Erfahrung zu richten«.[395] Im Schiersteiner Entwurf fehlte ebenfalls, daß die Kandidaten »ihre Liebe zur evangelischen Kirche ... durch Erziehung ihrer Kinder im evangelischen Bekenntnisse« (§ 10) beweisen müßten.

Die liberale »Limburger Partei« kritisierte darüber hinaus, daß die Kirchengemeindeversammlung nur in Gemeinden unter fünfhundert Seelen,

[393] *A. a. O.*, S. 17.
[394] Vgl. auch § 14 Abs. 11 des Entwurfes.
[395] *A. a. O.*, S. 35.

in denen die Repräsentation wegfiel, einen tatsächlichen Wirkungskreis besaß. In Gemeinden über fünfhundert Evangelischen wählten nicht diese selbst, sondern das alte Presbyterium in Gemeinschaft mit der größeren Gemeindevertretung die neuen Presbyter. Nach den Übergangsbestimmungen verblieb noch die Hälfte der alten, vom Pfarrer ernannten Kirchenvorsteher im Amt und stellte mit diesem als Vorsitzendem die Majorität im Presbyterium. Die »Limburger« wiesen deshalb mit Recht darauf hin, daß diese Gruppe auch die Mitglieder der Kreissynode bestimmte, von deren Urteil dann wiederum die Gestalt der künftigen Provinzialsynodalordnung abhing. Gerade die hier berührten Mängel des Einführungsmodus, die durch die Einberufung einer verfassunggebenden Landessynode hätten vermieden werden können, veranlaßten die »Limburger« zu dem abschließenden Urteil: »Da man einer Synode nicht gestatten will, das Ganze der Verfassung zu beraten und festzustellen, so darf auch die Synode nicht eher in's Leben treten, bis die ganze Kirchenordnung eine vollendete Thatsache geworden ist. Die Synode soll nicht der Werkmeister, sondern das Werk der Kirchenordnung sein, und man darf gewiß sein, daß eine solche Synode den Ast, auf dem sie sitzt, nicht absägen wird.«[396]

Nachdem Konsistorium und Ministerium die — den Entwurf nur noch unwesentlich verändernde — Schlußredaktion vorgenommen hatten, wurde die »Kirchengemeinde-Ordnung« durch Allerhöchste Kabinettsorder vom 27. August 1869 eingeführt.[397] Noch vor Ende des Jahres ließ das Konsistorium die neuen Kirchenvorstände und Gemeindevertretungen wählen und kündigte für das kommende Jahr die Berufung von Kreissynoden und schließlich einer Bezirkssynode an, unter deren Mitwirkung die Gemeindeordnung revidiert und die weitere kirchliche Verfassung ausgearbeitet werden sollte.

Nicht allein der Krieg von 1870/71,[398] sondern vor allem die mit der Versetzung sowohl des Regierungspräsidenten v. Diest nach Danzig als auch des Konsistorialpräsidenten v. Prittwitz nach Liegnitz — beide Ende 1869 — in Zusammenhang stehende Krise der preußischen Verwaltungsspitze in Nassau führte zu einer Verzögerung des geplanten Verfassungsneubaus um fast genau zwei Jahre.

---

[396] *A. a. O.*, S. 45 f.; *PKZ* 16 (1869), Sp. 207 f.

[397] Vgl. *Gesetz-Sammlung für die Königlichen Preußischen Staaten* ... , 1869, S. 1024—1032.

[398] So H. Schlosser, *Festschrift zur Hundertjahrfeier der Union in Nassau* ... , S. 74, und H. Steitz, *Geschichte der Evangelischen Kirche in Hessen und Nassau* ... , Bd. 3, S. 398.

Ermutigt durch die zunächst gleichgültige oder sogar positive Einstellung der nassauischen Bevölkerung zu der Einverleibung, hatte die Provinzialregierung während des Jahres 1868 auf politischem wie kirchenpolitischem Gebiet eine Reihe von Verordnungen erlassen, die den unmittelbaren Interessen der Einwohner zuwiderliefen und in erster Linie auf einen totalen Anschluß an die altpreußischen Provinzen hinarbeiteten.[399] Wahrscheinlich wäre es den Behörden auch gelungen, hier und da aufkommenden Widerstand geräuschlos zu unterdrücken, wenn nicht der bekannte Kirchenhistoriker Friedrich Nippold im Februar 1869 in einer Erwiderung auf die *NEKZ*-Besprechung seiner »Kirchenpolitischen Rundschau« in der *Protestantischen Kirchenzeitung* geschrieben hätte: »Aus Nassau z. B., wo nicht blos in politischer Beziehung eine bittere Unzufriedenheit um sich frißt, die grell absticht gegen die freudige Aufnahme der Vereinigung mit dem deutschen Staate, die täglich dem alles zersetzenden und negirenden Radikalismus mehr Anhänger zuführt; wo vor allem aber auf dem Gebiete der Kirche und Schule eine verhängnißvolle Oktroyirung der andern gefolgt ist, so daß man sich wahrlich nicht mehr wundern darf, von nationalen, von frommen, von sympathischen Beobachtern das Urtheil zu hören: Wenn das Hietzinger reactionäre Revolutionsbüreau über die Regierung in Nassau hätte verfügen können, es hätte schwerlich Maßregeln treffen können, die den Preußenfeinden mehr in die Hände gearbeitet als diejenigen, die das Verdienst Herrn von Diest's sind. Wenn Herr von Ketteler das Loos der Nassauischen evangelischen Kirche in Händen gehabt hätte, er hätte nichts besseres wünschen können als Maßregeln, die beinahe nur so sich erklären lassen, daß das kirchliche Interesse in der Gemeinde systematisch ertödtet werden sollte ... Die muthwillige Untergrabung des kirchlichen Lebens in Nassau, die das letzte Jahr uns gebracht, ist allerdings nicht das Werk des Oberkirchenraths ... «[400]

[399] Welcher totalen politischen Fehleinschätzung der nassauischen Verhältnisse sich vor allem der konservative preußische Zivilkommissar v. Diest hingab, geht aus einer Bemerkung in seinen Memoiren hervor (Gustav v. Diest, *Aus dem Leben eines Glücklichen. Erinnerungen eines alten Beamten*, Berlin 1904, S. 341): »Der Nassauer ist gutmütig und umgänglich, aber eine große Gleichgültigkeit und Apathie gegenüber höheren Fragen, die nicht in seinem engen Gesichtskreis liegen, ist ihm eigen. Es erscheint dies wohl auch erklärlich durch die Geschichte, welche in den kleindeutschen Ländern den Horizont des Volkes eingeengt hat. Mich belebte aber die Erfahrung, die ich in Wetzlar [vorher als Landrat] gemacht, daß die Gleichgültigkeit und Apathie des Volkes zu bessern, ja nach einigen Jahren zu heilen ist. Und so ist denn auch meine Hoffnung in Erfüllung gegangen. Welch ein Unterschied im nassauischen Volkswesen von damals und jetzt!« Was für ein Paradebeispiel preußischer Beamten-Arroganz und Engstirnigkeit!

[400] *PKZ* 16 (1869), Sp. 169 f.; vgl. Friedrich Nippold, *Kirchenpolitische Rundschau im Advent 1868*, Mannheim 1869, und die Besprechung der Broschüre in der *NEKZ*, 1869, Sp. 49 ff.

Am 13. März 1869 druckte die *Protestantische Kirchenzeitung* eine scharfe Entgegnung des nassauischen Konsistorialpräsidenten v. Prittwitz ab, mit der v. Diest sich durch Unterschrift solidarisch erklärte. Darin heißt es: »Insoweit dem mitunterzeichneten Regierungspräsidenten von Diest verhängnißvolle Octroyirungen aus dem Gebiete der Kirche und Schule zugeschrieben werden, so beweiset das Inserat zunächst eine Unkenntniß der Verhältnisse, indem derselbe seit dem letzten Jahre, seit welcher Zeit das Königliche Consistorium in's Leben getreten, an den Maßnahmen des Kirchenregimentes nicht beteiligt ist. — Wie derselbe die behaupteten Octroyirungen bezüglich der Schule, als durchaus unwahr, von sich ablehnen muß, so muß er die durch keinerlei Thatsache unterstützte Angabe zurückweisen, daß nämlich die von der Regierung in Nassau getroffenen Maßregeln geeignet gewesen seien, den Preußenfeinden in die Hände zu arbeiten. — Was ferner das Königliche Consistorium anlangt, welchem die Sorge für die evangelische Kirche anvertraut ist, so sind ebensowenig auf dem Gebiete der Kirche Octroyirungen erfolgt. Die Behauptungen, die Maßregeln in der Kirche Nassau's ließen sich beinahe nur so erklären, daß das kirchliche Interesse in der Gemeinde systematisch habe ertödtet werden sollen und daß das kirchliche Leben in Nassau in dem letzten Jahre muthwillig untergraben worden sei', muß das Consistorium um so mehr als rein aus der Luft gegriffen bezeichnen, als auch nicht ein einziges factum angeführt ist und freilich auch nicht nachgewiesen werden kann. — Wenn solche unwahre Behauptungen in einer Zeitung Aufnahme finden, welche in der Hauptstadt Preußens erscheint, wenn Euer Wohlgeboren als Preuße solchen böswilligen Anfeindungen in den Spalten ihrer Zeitung Raum geben, und dadurch Ihrerseits den Feinden des Vaterlandes in die Hände arbeiten, so müssen wir dies tief beklagen. Das Inserat giebt uns, weil es keinerlei Thatsachen enthält, keine Gelegenheit, jene Behauptungen als völlig grundlos öffentlich zu widerlegen; wir müssen uns eben darauf beschränken, dieselben als völlig unwahr zu bezeichnen. Euer Wohlgeboren, als verantwortlichen Verleger, ersuchen wir aber zugleich, indem wir uns den Antrag auf Aufnahme dieser unserer Erklärung in Ihre Zeitung vorbehalten, in der nächsten oder folgenden Nummer den Inhalt jenes Artikels, soweit er die hiesigen Verhältnisse betrifft, zurückzunehmen, und uns, daß und wie dies geschehen, gefälligst mitzutheilen.«[401]

Nippold wollte den Beweis, die Wahrheit gesagt zu haben, durchaus nicht schuldig bleiben und erbot sich sofort zu einer eingehenden Erwiderung. Durch persönliche Intervention bei dem Verleger der *PKZ* verhin-

[401] *PKZ* 16 (1869), Sp. 253 f.

derte v. Diest jedoch den Abdruck von Nippolds Antwort, indem er drohte, gegen das Blatt einen »Preßproceß« wegen »Beleidigung eines Beamten in seinem Beruf« anzustrengen.[402] Daraufhin zog sich die *PKZ* mit der Erklärung aus der Schußlinie: »in eine ausführliche Erörterung über das Thatsächliche einzutreten halten wir in diesem Augenblick nicht für geboten«.[403] Der einflußreiche Autor des umstrittenen Artikels aber dachte nicht daran, sich von den Drohungen v. Diests einschüchtern zu lassen, und veröffentlichte schon Mitte des Jahres eine Streitschrift, in der er nicht allein seiner »mundtodt gemachten Vertheidigung« große Publizität verlieh, sondern auch die skandalösen Hintergründe ihrer Unterdrückung aufdeckte.[404] Dabei begnügte er sich nicht allein mit der Beschreibung eklatanter Fälle von Nepotismus und den Willen der Bevölkerung mißachtenden Oktroyierungen, sondern suchte nachzuweisen, daß allen diesen Maßregeln eine Methode zugrunde lag, die in dem nach wie vor geltenden »System Raumer« ihre Manifestation gefunden habe: »Ehe die alten Kanäle durchbrochen werden, werde durch dieselben der Kirche eine Anzahl gläubiger Organe geschenkt.« Gegen dieses reaktionäre Prinzip wendet der Kirchenhistoriker ein: »Am grünen Tisch mag man . . . sich einbilden, dem Rad der Geschichte Halt bieten zu können. Wer das Leben kennt, sieht ganz andere Folgen. Noch nie ist durch äußere Begünstigung äußerer Frömmigkeit etwas Anderes erzeugt als 'Heuchelei und Scheinheiligkeit' auf der einen Seite, maßloser Radikalismus und Materialismus auf der anderen.«[405]

Ein Bescheid des Wiesbadener Konsistoriums aus dem Jahre 1868 mag belegen, daß die neue Kirchenbehörde in dem Bestreben, Nassau mit den alten Provinzen total zu vereinigen, tatsächlich äußerst ungeschickt vorging.

Veranlaßt durch das Gerücht von der Einführung altpreußischer Geistlicher in nassauische Pfarrämter, hatten sich mehrere einheimische Pastoren, darunter zwei Dekane, mit der Bitte an die Kirchenbehörde gewandt,

---

[402] *Evangelische Blätter*, Nr. 27 vom 3. Juli 1869.

[403] *PKZ* 16 (1869), Sp. 254.

[404] Friedrich Nippold, *Die gegenwärtigen Zustände im ehemaligen Herzogthum Nassau vornehmlich auf dem Gebiete der Kirche und Schule. Eine Streitschrift*, Mannheim 1869. Nippold konnte sich einen solchen Privatkrieg gegen hohe Provinzbeamte durchaus leisten, wenn man sich vergegenwärtigt, daß er z. B. zu den engsten kirchenpolitischen Beratern des preußischen Kronprinzen gehörte, wie aus seiner Korrespondenz mit diesem hervorgeht (ZSTA, Hist. Abt. II, Merseburg, Nachlaß Kaiser Friedrich III., Rep. 52 E III Nr. 14 [nicht paginiert]; siehe unten S. 481 Anm., 482, in dieser Arbeit.

[405] F. Nippold, *Die gegenwärtigen Zustände . . .*, S. 22.

das Vorrecht der nassauischen Geistlichkeit auf die zumeist gut dotierten Pfarrstellen zu wahren. Das Konsistorium beantwortete diese Eingabe mit folgendem Schreiben: »Auf die von Euer Hochwürden und mehreren anderen Geistlichen unseres Consistorialbezirkes an uns gerichtete Eingabe erwidern wir Euer Hochwürden, daß, so bereitwillig wir jeder Zeit sind, Wünsche der Herren Geistlichen entgegen zu nehmen, wir doch erwarten müssen, daß dieselben sich zu derartigen Vorstellungen nicht nur durch bloße Gerüchte veranlassen lassen. Wir dürfen Seitens der Herren Geistlichen unseres Consistorialbezirkes wohl das Vertrauen beanspruchen, daß wir bemüht sein werden, denselben den Zugang zu den besser dotierten Pfarrstellen zu erhalten. Bei dieser Gelegenheit glauben wir jedoch die Herren Geistlichen darauf aufmerksam machen zu müssen, daß, nachdem die den Regierungsbezirk Wiesbaden bildenden Ländertheile Glieder des preußischen Staates geworden sind, sich auch die Herren Geistlichen unseres Consistorialbezirks als solche anzusehen haben, und daß, wie ihnen die Bewerbung um Pfarrstellen in den altpreußischen Provinzen zusteht, altpreußischen Theologen eine Bewerbung um eine Pfarrstelle in dem ehemaligen Herzogthum Nassau nicht untersagt werden kann . . . Euer Hochwürden wollen gefälligst den Mitunterzeichnern der Eingabe von dem Inhalte dieses Schreibens Kenntniß geben. Uebrigens machen wir die beiden mitunterzeichneten Herren Decane darauf aufmerksam, daß wir wohl hätten erwarten können, daß dieselben derartigen Gerüchten ihrerseits entgentreten, nicht aber zur Verbreitung derselben beitragen würden. Wir müssen ein solches Vorgehen lebhaft mißbilligen.«[406]
Der widersprüchliche Bescheid — einerseits wird die Anstellung altpreußischer Geistlicher als Gerücht bezeichnet, andererseits aber deren Recht, sich zu bewerben, herausgestellt — ignorierte völlig die durch Königliche Kabinettsorder vom 8. Dezember 1866 garantierte Sonderstellung aller neupreußischen, also auch der Nassauischen Kirche, und verletzte deren Selbständigkeit.
Aus ganz Nassau liefen Proteste beim Wiesbadener Konsistorium ein, als durch eine Artikelserie in den *Evangelischen Blättern* die Sache bekannt wurde; ». . . unsere wirkliche Union«, so heißt es in der erwähnten Zeitung, »wird zurückgeschraubt auf jenen Zwitterzustand, in dem Union und Confession zugleich wahr sein soll«.[407] Freilich ging es in dem Streit weniger um konfessionelle als um wirtschaftliche Interessen. Die Nassauische Kirche besaß neben ihren durchweg gut dotierten Pfarrstellen zum

---

[406] *Evangelische Blätter*, Nr. 42 vom 17. September 1868; vgl. *PKZ* 15 (1868), Sp. 769.
[407] *Evangelische Blätter*, Nr. 51 vom 19. Dezember 1868.

Beispiel auch einen wohlausgestatteten Witwen- und Waisenfond, den ältere Geistliche aus Altpreußen nach nur kurzer Amtszeit in Nassau ohne nennenswerte Gegenleistung rechtlich in Anspruch nehmen konnten. Außerdem stand zu befürchten, daß unfähige Geistliche aus der Rheinprovinz, die keine Aussicht hatten, in ihrer Heimat von einer Gemeinde gewählt zu werden, auf den königlichen Patronatsstellen Nassaus Unterschlupf suchen würden.

Dieser und eine Reihe ähnlicher Konflikte führten schließlich dazu, daß die an sich günstige kirchenpolitische Ausgangssituation in Nassau durch eine wachsende Entfremdung zwischen Geistlichkeit und Kirchenbehörde allmählich aufgehoben wurde und jenem distanzierten bis feindseligen Verhältnis Platz machte, das die Lage in anderen Provinzialkirchen Neupreußens kennzeichnete. Wie fein man plötzlich auch in Nassau zu differenzieren wußte, charakterisiert der folgende Abschnitt aus den *Evangelischen Blättern:* »Glaubt dasselbe [sc. das Konsistorium] uns erinnern zu müssen, daß wir 'preußische Geistliche' seien, so müssen wir erwidern, daß wir allerdings wissen, daß wir 'preußische Bürger und Unterthanen' sind, aber nicht wissen, was wir mit uns als 'preußische Geistliche' anfangen sollen, denn mit unserem Beruf als Geistliche ist doch keine Veränderung vorgegangen, und die Kirche ist doch nicht erobert und unser Glaube und Christenthum nicht annectirt. Alle öffentlichen Staatsacte seit der Annexion verkündigen feierlich: die Kirche bleibt unberührt. Woher kommen denn da plötzlich die 'preußischen Geistlichen', zu denen wir geworden sein sollen? Wir sind noch, was wir waren, Geistliche der evangelischen Kirche Nassaus, preußische Bürger und Unterthanen sind wir, aber weiter reicht denn doch das Preußischwerden nicht. Der preußischen Landeskirche gehören wir zur Stunde keineswegs an.«[408]

Daß Bismarck die beiden Verantwortlichen für einen solchen Meinungsumschwung als zu große Belastung für seine Innenpolitik betrachten mußte und darum ihre Versetzung nach Altpreußen wünschte, ist mit ziemlicher Sicherheit anzunehmen.

Aber auch unter dem neuen Regierungspräsidenten Graf Eulenburg (1831—1912) und dem Konsistorialrat de la Croix (1817—1896) kehrte das früher so unbefangene Verhältnis zwischen der nassauischen Bevölkerung und der preußischen Bürokratie nicht wieder zurück.

Auf dem kirchlichen Sektor sorgte der Fall des liberalen Pfarrers August Schroeder (Freirachsdorf), gegen den das Konsistorium wegen Abwei-

---

[408] *Evangelische Blätter*, Nr. 52 vom 26. Dezember 1868 (Hervorhebung im Original).

chung von der Liturgie, insbesondere wegen der Weigerung, das apostolische Glaubensbekenntnis genau nach der agendarischen Vorschrift zu gebrauchen, ein Disziplinarverfahren eingeleitet hatte, für eine fortgesetzte Konfrontation zwischen den kirchenpolitischen Kräften.[409] Zu Beginn des Jahre 1871 — der Schroedersche Streit näherte sich gerade seinem Höhepunkt — erschien dann die anonyme Broschüre eines Positiv-Unierten, in der dieser auf versöhnliche Weise den Nachweis zu erbringen versuchte, daß durch die Verordnung über den Gebrauch der kurpfälzischen Kirchenordnung und durch die Agende von 1843 für die Nassauische Kirche zwar nicht die Augsburger Konfession, wohl aber das apostolische Bekenntnis als Glaubens- und Lehrnorm unbedingt Geltung besitze.[410]

Die Amtsenthebung Schroeders am 1. März 1871 verursachte schließlich eine Agitation gegen das Konsistorium in bisher unbekanntem Ausmaß, die nicht allein von der *Nassauischen Protestantenkonferenz*, sondern von der Mehrheit der nassauischen Geistlichkeit mitgetragen und unterstützt wurde.[411] So hielten auf der Generalversammlung des — gerade erst gebildeten — Nassauischen Zweig-Protestantenvereins die Pfarrer Rat »über die Mittel, kraft derer der lästige, aufdringliche Geist einer fremden Bureaukratie aus dem kirchlichen Leben der Provinz wieder zu verjagen sei«.[412]

Es gelang dem Konsistorium zwar, mit Hilfe von fünf willfährigen Dekanen eine Gegenversammlung abzuhalten, die dem Kultusminister eine Adresse sandte, in der Schroeders theologischer Standpunkt verurteilt und seine Amtsenthebung als gerechtfertigt bezeichnet wurde, aber diese von oben protegierte und organisierte Opposition konnte nicht über die wirklichen kirchenpolitischen Mehrheitsverhältnisse in Nassau hinwegtäuschen.[413]

Völlig unerwartet platzte mitten in diese Auseinandersetzung eine durch Königliche Kabinettsorder vom 9. August erlassene Kreissynodalordnung, die inhaltlich jedoch kaum Überraschungen bot, da ihre Struktur den vorausweisenden Passagen der Presbyterialordnung von 1869 genau entsprach.[414] Wesentlich anders verhielt es sich dagegen mit dem

---

[409] Vgl. *NEKZ*, 1870, Sp. 343 ff.; 781 f.; *NEKZ*, 1871, Sp. 63 f.

[410] *Der deutsche Protestantenverein und die nassauische evangelische Landeskirche*, Wiesbaden 1871; vgl. *PKZ* 18 (1871), Sp. 77 ff.; vgl. Johann Victor Bredt, *Neues evangelisches Kirchenrecht für Preußen...*, Bd. 1, S. 513.

[411] *PKZ* 18 (1871), Sp. 238.

[412] *A. a. O.*, Sp. 357.

[413] Vgl. *NEKZ*, 1871, Sp. 409 ff.

[414] Kreissynodalordnung für die evangelischen Gemeinden im Bezirk des Konsistoriums zu Wiesbaden vom 9. August 1871 (*Gesetz-Sammlung für die Königlich Preußischen Staaten...*, 1871, S. 332). Vgl. *PKZ* 18 (1871), Sp. 876 ff.; *NEKZ*, 1871, Sp. 716 ff.

gleichzeitig vom Konsistorium vorgelegten Entwurf einer Bezirkssyn-
odalordnung. Von anderen Mängeln einmal ganz abgesehen, entfesselte
die Vorlage besonders mit ihrer Bestimmung des nassauischen Bekenntnisstandes (§ 2) schwere kirchenpolitische Kämpfe. Dort hieß es nämlich:
»Sämmtliche Gemeinden des Consistorialbezirks stehen auf dem Grunde
des lautern Wortes Gottes alten und neuen Testaments und halten an dem
apostolischen Glaubensbekenntnis und der Augsburgischen Confession
fest. In dem Bekenntnißstande der nicht unirten evangelisch-lutherischen
und reformirten Gemeinden des Consistorialbezirks wird durch die Eingliederung in den Synodalverband nichts geändert.«[415]

Am 12. September bildete die Oberlahnsteiner (Limburger) Konferenz
einen »Ausschuß für Union und Kirchenverfassung«, der radikale Gegen-
anträge zu dem kirchenbehördlichen Synodalentwurf ausarbeitete und
diese mittels Flugblättern publizierte. Darin wurden die ersatzlose Streichung des § 2, die Beschränkung der königlichen Ernennungen auf zwei
Synodalmitglieder, allgemeine, direkte und geheime Wahlen durch die Gemeinden der Kreise und die Erweiterung der Befugnisse des Synodalausschusses gefordert.

Auch die Schiersteiner Konferenz prüfte Anfang Oktober unter großer
Beteiligung ihrer Mitglieder die Vorlage des Konsistoriums und stellte
eine ganze Reihe Amendements dazu auf. Vor allem sprach auch sie sich
entschieden für eine Streichung des Bekenntnisparagraphen aus,
wünschte die Parität zwischen Geistlichen und Laien durch die königlichen
Ernennungen gewahrt zu sehen und hielt ebenfalls eine Erweiterung des
passiven Wahlrechts sowie der Befugnisse des Synodalausschusses für unabdingbar.[416]

Selbst die am 26. September zu Dietz tagende Oraniensteiner Konferenz erklärte sich gegen die unveränderte Annahme des Bekenntnisparagraphen und verlangte, daß neben einer stärkeren Betonung der Hl.
Schrift als alleiniger und vollkommener Richtschnur des Glaubens nur die
fortdauernde Geltung des Apostolikum und der reformatorischen Bekenntnisse im allgemeinen ausgesprochen werde.

Angesichts der sich abzeichnenden Niederlage des Konsistorialentwur-
fes distanzierte sich sogar die *Neue Evangelische Kirchen-Zeitung* von
dem Vorgehen der Kirchenbehörde: »... wie weit es klug war, in die ohnehin schon agitatorisch zerwühlten Zustände der Nassauischen Kirche mit
der Erwähnung der Augustana noch einen neuen Zankapfel hineinzuwer-
fen, kann bezweifelt werden.«[417]

[415] *PKZ* 18 (1871), Sp. 964.
[416] Vgl. *NEKZ*, 1871, Sp. 735.
[417] *NEKZ*, 1871, Sp. 718.

Von den insgesamt zehn nassauischen Kreissynoden, die am 7. November 1871 — häufig unter Protest — zusammentraten, schlossen sich fünf (Wiesbaden, Marienberg-Selters, Dietz-Runkel, Weilburg und Cromberg-Wallau) dem Lahnsteiner Entwurf an, zwei lehnten die Fassung des § 2 grundsätzlich ab und nur die restlichen drei Synoden erklärten sich mit dem Entwurf bedingt einverstanden.[418] Bis auf eine verweigerten jedoch alle Kreissynoden die Vornahme der Wahlen für die Bezirkssynode. Die Folge davon war, daß die Weiterentwicklung der nassauischen Kirchenverfassung bis 1876 ruhte, Kirchenvorstände und Kreissynoden setzten aber ihre Arbeit fort.

Am 6. September wurde eine außerordentliche Bezirkssynode (= Provinzialsynode) — bestehend aus fünfunddreißig gewählten und vier ernannten Mitgliedern sowie einem Königlichen Kommissar und den Konsistorialbeamten — nach Wiesbaden einberufen.[419] Die Vorlage des Kirchenregimentes erfuhr ebenso wie die Presbyterial- und Kreissynodalordnung mancherlei Abänderungen durch die Synodalbeschlüsse. So wurde eingefügt, daß der Bekenntnisstand und die Union durch die Kirchenverfassung nicht geändert werde und für die evangelischen Gemeinden in Nassau das Unionsedikt von 1817 und das Organisationsedikt von 1818 in Geltung bleibe. Damit war der Hauptanstoß, der seinerzeit die Unruhen bewirkt hatte, beseitigt. Daneben räumte man den Synodalorganen nach dem Vorbild der Rheinisch-Westfälischen Kirchenordnung größere Befugnisse in der Verwaltung ein.[420]

Die aus den Verhandlungen hervorgegangene »Kirchengemeinde- und Synodal-Ordnung für die evangelischen Gemeinden im Amtsbezirk des Consistoriums zu Wiesbaden« erhielt am 4. Juli 1877 die königliche Genehmigung; die »Ausführungsbestimmungen« wurden am 28. August 1877 erlassen. Das begleitende Staatsgesetz erging unter dem 6. April 1878.[421]

Am Scheitern der Bemühungen um die Einführung einer vollständigen, gemischt konsistorial-synodalen Kirchenverfassung in Nassau während der Ära v. Mühler/Mathis trugen vorwiegend das Wiesbadener Konsisto-

---

[418] Vgl. *PKZ* 18 (1877), Sp. 1022 ff.; 1048.

[419] Näheres siehe H. Schlosser, *Festschrift zur Hundertjahrfeier der Union in Nassau . . .*, S. 76 f., und H. Steitz, *Geschichte der Evangelischen Kirche in Hessen und Nassau . . .*, Bd. 3, S. 398 ff.

[420] Vgl. E. Friedberg, *Die geltenden Verfassungs-Gesetze . . .*, S. 236 ff.; F. Grünschlag, *Die rechtliche Stellung der Nassauischen Landeskirche . . .*, S. 39 ff.

[421] *Gesetz-Sammlung für die Königlich Preußischen Staaten . . .*, 1877, S. 182; *Gesetz-sammlung für die Königlich Preußischen Staaten . . .*, 1878, S. 145.

rium und das Regierungspräsidium des Bezirkes die Schuld. Beide Behörden hatten sich von der anfangs aufgeschlossenen Haltung der nassauischen Bevölkerung täuschen lassen und versucht, ihr eine den preußischen Verhältnissen analoge Verwaltungshierarchie aufzuoktroyieren. Als man den verhängnisvollen Fehler endlich erkannte, war es zu spät, um das ursprüngliche Vertrauen der Einheimischen wiederzugewinnen. Gleichwohl gilt auch für Nassau, daß die grundlegenden Entscheidungen über den Verfassungsaufbau der Provinzialkirche zwischen 1866 und 1872 fielen.

Frankfurt am Main

Die Eroberung der freien Reichsstadt durch Preußen erzeugte bei der Bevölkerung Frankfurts tiefe Bitterkeit, und auch kirchliche Kreise reagierten mit Abscheu auf die Annexion. Aus den Predigten jener Tage, die zum Teil das Einschreiten des neuen Polizeipräsidenten v. Madai provozierten, läßt sich die niedergeschlagene Stimmung der Pfarrerschaft gut ablesen.[422] Zu den ersten Zusammenstößen zwischen dem lutherischen Konsistorium und der preußischen Militärverwaltung kam es, als Garnisonspfarrer Frankfurter Kirchen zu Gottesdiensten und Bibelstunden benutzten, ohne vorher um Erlaubnis nachzusuchen. Im Gegenzug lehnte es der Gemeindevorstand nun ab, die Militärgottesdienste in die Kirchenzettel aufzunehmen, und begründete seine Entschließung mit der unterschiedlichen Konfession.

Ernster als dieser Kleinkrieg gestalteten sich die Auseinandersetzungen um die Fürbitte für das königliche Haus und die Vereidigung der Geistlichen.

Am 25. September 1866 forderte Madai die Abschaffung des herkömmlichen Formulars und die Einführung des preußischen Fürbittegebetes. Der katholische Stadtpfarrer widersetzte sich der Anordnung mit dem Hinweis, daß ihm nur der Bischof von Limburg eine Änderung des Gebetes vorschreiben könne. Die lutherische Geistlichkeit protestierte nicht gegen die Forderung der Fürbitte an sich, sondern nur gegen deren Inhalt. Das Formular enthielt nämlich nicht nur eine Fürbitte für den König, sondern auch für sämtliche Prinzen und Prinzessinnen, und die Wendung »unser Herr« sowie das Gebet für die »sieghaften Kriegsheere« verletzten

---

[422] Vgl. Georg Ferdinand Jäger, *Wie wir in diesen Tagen der Heimsuchung unseres Volkes vor Gott erscheinen sollen*, Frankfurt 1866, sowie hierzu und im folgenden: Hermann Dechent, *Kirchengeschichte von Frankfurt am Main seit der Reformation*, Bd. 2, Leipzig-Frankfurt am Main 1921, S. 469—476; 480—486.

die Empfindungen der gerade erst eroberten Stadt. Als am 14. Oktober 1866 in den lutherischen Kirchen Frankfurts zum erstenmal für den König gebetet wurde, artikulierten die Gemeinden ihren Protest denn auch durch Räuspern und Füßescharren;[423] am Reformationstage ließen einzelne Geistliche in Anlehnung an die alten Frankfurter Kirchenbücher die befohlene Fürbitte weg, woraufhin die Militärverwaltung alle Gottesdienste bespitzeln ließ. Der lutherische Gemeindevorstand drängte in Eingaben und Anfragen zwar noch einige Zeit auf eine verkürzende Abänderung des Gebetswortlautes, aber die preußischen Behörden gaben nicht nach.

Während sich die deutsche reformierte Gemeinde ohne Widerspruch fügte,[424] verweigerte die vom Staat völlig unabhängige französische reformierte Gemeinde erfolgreich den Gebrauch der preußischen Fürbitteformel, fügte aber aus freien Stücken ihrem Gebet eine Fürbitte für die neue Landesherrschaft hinzu.

Weitere Schwierigkeiten ergaben sich, als von dem neuen Landesregiment die Vereidigung der Geistlichen gefordert wurde. Die lutherische Pfarrerschaft unterwarf sich der Verordnung nur unter der Voraussetzung, daß ihre Eidesleistung keinesfalls die Rechte der lutherischen Gemeinde hinsichtlich der bestehenden Kirchenverfassung, der Finanzverhältnisse und des Konfessionsstandes verändere. Allein der französischen reformierten Gemeinde, deren Geistliche ja keine Staatsdiener waren, gelang es auch dieses Mal, ihre Sonderstellung zu bewahren.

Die brennendste Sorge galt auch in Frankfurt der Erhaltung des bisherigen Kirchentums, denn man befürchtete allerseits die Einverleibung in die preußische Landeskirche. Ähnlich wie in anderen neupreußischen Provinzen widersetzte man sich dem Anschluß weniger aus konfessioneller Befangenheit als aus einer tiefen Abneigung gegen alles Preußische und wegen der »in jener Kirche herrschenden retrograden antediluvialischen Tendenz«.[425]

Tatsächlich dachten die preußischen Behörden des Regierungsbezirkes Wiesbaden eine Zeitlang ernsthaft an die Eingliederung der Frankfurter evangelischen Gemeinden in die Nassauische Provinzialkirche. Der Frankfurter Gemeindevorstand schöpfte erstmals Verdacht, als man sich bei der Anordnung eines Gebetes für den Landtag der Vermittlung des

---

[423] Vgl. Otto Kanngießer, *Geschichte der Eroberung der freien Stadt Frankfurt durch Preußen im Jahre 1866*, Frankfurt am Main 1877, S. 407.

[424] Rudolph Ehlers, *Lebensbild eines evangelischen Theologen. Aus seinen Briefen*, Frankfurt am Main 1912, S. 61 u. 63.

[425] (E. F. Souchay), *Die protestantischen Gemeinden der Stadt Frankfurt in Preußen*, Frankfurt am Main 1868, S. 5.

nassauischen Landesbischofs Wilhelmi bediente.[426] Im Juni 1868 schrieb der Vorsitzende des Wiesbadener Konsistoriums, v. Prittwitz, nach Frankfurt, er sei vom Kultusminister beauftragt, über die kirchenregimentlichen Befugnisse der Frankfurter Konsistorien mit dem Senat zu verhandeln. Nachdem die Gespräche aber offenbar ergebnislos verlaufen waren und der Gemeindevorstand in einer Eingabe vom 17. September 1868 — unter Berufung auf die preußische Verfassungsurkunde und das in Frankfurt geltende Kirchenverfassungsrecht[427] — mit Entschiedenheit auf die Selbständigkeit der Frankfurter Gemeinden bestand, begrub man diese Pläne aus Furcht vor politischen Unruhen schleunigst.[428]

Mit den Befugnissen des Senats der ehemals freien Reichsstadt Frankfurt ging selbstverständlich auch das Kirchenregiment auf die neue Landesregierung über. Es blieb jedoch die Frage offen, ob nicht einige landesherrlichen Rechte des jetzt preußischen Senats dem neugegründeten Magistrate der Stadt zuständen. Nach langen Verhandlungen brachte schließlich am 26. Februar 1869 ein Gesetz, der *Auseinandersetzungsrezeß* zwischen dem preußischen Staat und der Stadt Frankfurt, Klarheit in diese Angelegenheit.[429]

Nach § 13 verblieb das Patronatsrecht über die Kirchen und Schulen in der Stadt (mit Sachsenhausen), sowie in den Ortschaften Oberursel, Schwanheim, Praunheim, Bonames und Hausen der Stadtgemeinde, welche auch alle aus dem Patronat sich ergebende Verpflichtungen zu übernehmen hatte. Dagegen ging das Patronatsrecht über Bornheim, Oberrad, Niederrad und Niederursel auf den preußischen Senat über. Alle zur Dotation oder zur Benützung für Kirche, Pfarrei und Schule in diesen Ortschaften gegenwärtig bestimmten und überwiesenen Grundstücke, Gebäude und andere Guthaben wurden Eigentum der betreffenden Kirchen, Pfarreien und Schulen. Die Verwaltung der vorhandenen Stiftungen verblieb der Stadtgemeinde (Artikel 15). Der 23. Artikel legte fest, daß aufgrund von Bewilligungen der freien Stadt Frankfurt für Kirchen, Pfarreien, Schu-

---

[426] Vgl. *Mitteilungen des evangelisch-lutherischen kirchlichen Gemeindevorstands an die evangelisch-lutherische Gemeinde zu Frankfurt a. M. über die Zeit von 1847—1870,* Frankfurt am Main 1870, S. 8.

[427] Siehe oben S. 53 f.

[428] Näheres siehe Zentralarchiv der EKHN, Best. 1 Nr. 6: Verhandlungen wegen Unterstellung Frankfurts unter das Königliche Konsistorium zu Wiesbaden, und Best. 24: Evangelisch-lutherischer Gemeindevorstand in Frankfurt a. M.; vgl. auch (Rudolph Ehlers), *Zur Verständigung über die Frankfurter Kirchenfrage,* Frankfurt am Main 1868.

[429] Richard Schwemer, *Geschichte der Freien Stadt Frankfurt a. M.,* Bd. 3, T. 2, Frankfurt am Main 1918, S. 468 ff.

len usw. weitere Ansprüche an den preußischen Staat als in dem Umfange der in jedem Rezeß festgelegten Verpflichtungen nicht stattfinden. Trotz dieser grundsätzlichen Regelung ergaben sich aber im Laufe der Zeit immer wieder Kompetenzstreitigkeiten zwischen Senat und Magistrat wegen der Bestätigung von Pfarrwahlen, der Pensionierung von Geistlichen, der Übernahme der Kosten für das lutherische Konsistorium und der Oberaufsicht über die allen drei christlichen Gemeinden gehörenden Stiftungen.

Infolge des Verlustes der Selbständigkeit der Stadt mußte 1872 gegen den widerstrebenden Gemeindevorstand die Gemeindeordnung abgeändert werden. Artikel 2, der die Zugehörigkeit zur Gemeinde vormals an das Bürgerrecht knüpfte, lautete in der neuen Fassung: »Mitglieder der Gemeinde sind diejenigen im hiesigen Stadtbezirk ihren gesetzlichen Wohnsitz habenden Personen, welche ihre Zugehörigkeit zur evangelisch-lutherischen Kirche durch die Taufe und die Konfirmation oder durch das Zeugnis einer zuständigen evangelisch-lutherischen Kirchenbehörde nachgewiesen haben.« Artikel 3 machte das Stimmrecht ursprünglich von der »vordersamsten Ableistung des Bürgereides« abhängig; jetzt erklärte er jedes großjährige männliche Mitglied für stimmberechtigt, das in das Gemeinderegister eingetragen war und einen beliebigen jährlichen Beitrag an eine der Gemeindekassen zahlte.[430]

Erst zehn Jahre später — drei Jahre nach Falks Entlassung — erfuhr die Frankfurter Konsistorialverfassung durch das Gesetz vom 13. März 1882 eine geringfügige Modifikation. Danach wurde bestimmt, daß der Vorsitzende des lutherischen Konsistoriums vom König und ein Mitglied vom Magistrat zu ernennen sei, wobei dem König die Bestätigung der letzteren Wahl vorbehalten blieb. Eine entsprechende Anordnung wurde auch für das reformierte Konsistorium getroffen. Trotzdem erhielten beide Behörden noch nicht den Titel »Königl. Konsistorien«.

Das Frankfurter Kirchenwesen konnte sich nach diesen leichten Modifikationen relativ unverändert bis zum Jahre 1899 halten. Dann trat an die Stelle der alten Kirchenverfassung eine »Kirchengemeinde- und Synodalordnung für die evangelischen Kirchengemeinschaften des Konsistorialbezirks Frankfurt a. M.«. Gleichzeitig wurde das lutherische Konsistorium mit dem reformierten zu einem einheitlichen »Königlichen Konsistorium« vereinigt, das ganz nach den altpreußischen Grundsätzen — vor allem ohne jede Beteiligung der Gemeinden an seiner Zusammensetzung — ausgerichtet war.[431]

[430] Vgl. E. Friedberg, *Die geltenden Verfassungs-Gesetze ...* , S. 266 ff.
[431] Vgl. Allerhöchster Erlaß vom 27. September 1899 betreffend die Kirchengemeinde-

Ähnlich wie für Hannover gilt auch für die Stadt Frankfurt am Main, daß ihre ausgebildete presbyterial-synodale Kirchenverfassung lange Zeit ein Bollwerk gegen mögliche Eingriffe der preußischen Verwaltung bildete. Nach einem zaghaften Versuch, die Frankfurter Gemeinden dem Wiesbadener Konsistorium zu unterstellen, beschränkte man sich lediglich auf einige geringfügige, durch die Einführung der preußischen Verfassung sich notwendig ergebende Modifikationen, um keinen offenen Rechtsbruch zu begehen und die innenpolitischen Pläne Bismarcks nicht zu stören. Alle Veränderungen wurden in der Zeit zwischen 1866 und 1872 und nicht erst während der Amtszeit des Kultusministers Falk vorgenommen. Die unter v. Mühler getroffenen Regelungen blieben vielmehr bis zur Jahrhundertwende nahezu unverändert in Geltung und mußten dann einer Verfassung weichen, die man unter vollkommen anderen politischen Bedingungen — die neukonservativ-nationalistische Ära Wilhelms II. verstärkte wieder den deutschen Einheitsdrang — für »zeitgemäß« hielt.[432]

Schleswig-Holstein

Die Einverleibung Schleswig-Holsteins in den preußischen Staat durch das Gesetz vom 24. Dezember 1866 brachte für die Landeskirche ebenfalls einen bedeutenden Wandel.[433] Blieb sie auch Staatskirche, so gewann sie doch durch die neue Verfassung, die ihr nach und nach gegeben wurde, eine wesentlich freiere Gestalt als unter der dänischen Herrschaft.[434] Andererseits hörte aber mit dem Eintritt in den konfessionell paritätischen Staat Preußen das schleswig-holsteinische Luthertum auf, eine privilegierte

und Synodalordnung für die evangelischen Kirchengemeinschaften des Konsistorialbezirks Frankfurt a. M. (*Gesetz-Sammlung für die Königlich Preußischen Staaten...*, 1899, S. 425). Dazu das Staatsgesetz vom 28. September 1899 betreffend die Kirchenverfassung der evangelischen Kirche im Konsistorialbezirke Frankfurt a. Main (*Gesetz-Sammlung für die Königlich Preußischen Staaten ...*, 1899, S. 457).

[432] Vgl. Teichmann, *Die Fortbildung der kirchlichen Ordnungen in der evangelisch-lutherischen Gemeinde zu Frankfurt am Main. Zeitgemäße Vorschläge und Wünsche,* Frankfurt am Main 1892.

[433] *Gesetz-Sammlung für die Königlich Preußischen Staaten...*, 1866, S. 875. Die feierliche Besitznahme erfolgte durch das Patent vom 12. Januar 1867 (*a. a. O.*, 1867, S. 129). Zur Verwaltung der Schleswig-holsteinischen Kirche zwischen 1864 und 1866 vgl. Heinrich Franz Chalybaeus, *Sammlung der Vorschriften und Entscheidungen betreffend das Schleswig-Holsteinische Kirchenrecht. Ein Handbuch für Geistliche, Kirchenälteste und Synodale,* Bd. 1, Kiel 1883, S. 3.

[434] Vgl. Gottfried Mehnert, *Die Kirche in Schleswig-Holstein. Eine Kirchengeschichte im Abriß,* Kiel 1960, S. 126 f.

Staatsreligion zu sein. Von nun an war die lutherische Konfession nicht mehr Voraussetzung für die Staatsbürgerrechte.

Obwohl sich der politische Machtwechsel insgesamt gesehen durchaus vorteilhaft auf die kirchlichen Verhältnisse auswirkte, wurde er von den Lutheranern keineswegs begrüßt, sondern löste im Gegenteil Besorgnis um die Wahrung des lutherischen Bekenntnisses aus. Vor allem der Schleswiger Generalsuperintendent Godt[435] und der Holsteiner Bischof Koopmann[436] setzten sich schon bald nach der Annexion energisch dafür ein, daß der lutherische Bekenntnisstand in der neuen preußischen Provinz unverändert erhalten bliebe und die schleswig-holsteinische Kirche nicht dem unierten Oberkirchenrat in Berlin unterstellt würde.

Den ersten Schritt zur Sicherung der kirchlichen Selbständigkeit unternahm Koopmann unmittelbar nach Bekanntwerden der bedrohlichen EOK-Denkschrift vom 18. Februar 1867.[437] Noch im selben Monat trafen unter seiner Leitung die Pröpste Holsteins zu einer Konferenz über die kirchenpolitische Lage zusammen, an der auch Godt teilnahm. Nach eingehender Beratung reichte die Versammlung durch Vermittlung des schleswig-holsteinischen Oberpräsidiums dem König eine Immediateingabe ein, in der sie die Bitte aussprach, der neue Summus Episcopus möge bis zum 1. Oktober des Jahres — an diesem Tag trat die preußische Verfassung in Kraft — für die schleswig-holsteinische Landeskirche ein Ober- oder Landeskonsistorium ernennen. Gleichzeitig gab man der Erwartung Ausdruck, daß bei der Besetzung dieser obersten geistlichen Behörde die Vorschläge der Pröpste Beachtung finden und die beiden Generalsuperintendenten als Mitglieder ernannt werden sollten.

Einen Monat später reisten Koopmann und Godt nach Berlin, um dem Monarchen die Wünsche ihrer Kirche noch einmal persönlich vorzutragen. »Se Majestät ertheilten ihnen die erneuerte huldvolle Zusicherung, daß Ihm nichts so sehr am Herzen liege als daß der religiöse Glaube im Volke auch bei dem Vorhandensein confessioneller Verschiedenheiten, mit Aufrichtigkeit und Gewissenhaftigkeit gepflegt wird, und daß die evangelische Kirche in den Herzogthümern wie anderwärts des Königlichen Schutzes in ihrem väterlichen Glauben und Bekenntnisse gewiß sein dürfe.«[438]

Die schleswig-holsteinischen Kirchenführer glaubten offenbar, daß mit der Konstituierung eines Konsistoriums die Gefahr der Unterstellung un-

---

[435] Siehe oben S. 151 f.
[436] Siehe oben S. 165 f.; 233 ff.
[437] Siehe oben S. 117 ff.
[438] *NEKZ*, 1867, Sp. 192.

ter den EOK gebannt sein würde und wollten mit der ungewöhnlichen Befristung zur Erfüllung ihrer Bitte (1. Oktober des Jahres) — diese verlieh der Petition den Charakter einer drohenden Forderung — von vornherein alle Vertröstungen auf einen ungewissen späteren Zeitpunkt verhindern.

Da die Staatsregierung über ihre kirchenpolitischen Pläne offiziell nichts mehr verlauten ließ, erneuerte am 5. September eine Versammlung schleswig-holsteinischer Geistlicher unter dem Vorsitz des Hauptpastors Jensen die Forderung nach einem eigenen Konsistorium. Sie beschlossen einstimmig, »falls nach dem 1. October des Jahres nicht ein Landesconsistorium eingesetzt und demselben der Auftrag erteilt sein sollte, die Einleitungen zur Einführung einer presbyterial-synodalen Verfassung zu treffen, im Laufe des October in Rendsburg oder Neumünster wieder zusammenzukommen und über weitere Schritte zur Erreichung dieses Ziels zu berathen«.[439]

Die unverhohlene Drohung, mit Hilfe von demonstrationsartigen Pfarrkonferenzen der Forderung nach einem Landeskonsistorium mehr Nachdruck zu verleihen, wäre freilich nicht nötig gewesen, denn schon Ende Juli empfahl v. Mühler seinem König die Einrichtung einer kirchlichen Oberbehörde für Schleswig-Holstein: »Es ist die Bitte der beiden General-Superintendenten, welche hierin in Uebereinstimmung mit der gesamten Geistlichkeit des Landes zu handeln versichern, ein eigenes Konsistorium für die Herzogthümer zu errichten. Der Ober-Präsident von Scheel-Plessen unterstützt den Antrag. Der Erfüllung desselben steht weder rechtlich noch praktisch ein Bedenken entgegen. Die dazu erforderlichen Geldmittel sind in dem neuen Etat vorgesehen. Die Befugnisse des für die Elbherzogthümer neu zu bildenden Konsistoriums werden dann den Konsistorien in den alten Provinzen gleichzustellen sein, unbeschadet der den beiden General-Superintendenten und den Kirchenpröbsten zustehenden besonderen Amtsbefugnisse.«[440] Daß v. Mühler bei der Errichtung eines Konsistoriums nicht stehen bleiben wollte, sondern in Analogie zu den übrigen preußischen Provinzen die Bildung einer vollständigen, gemischt konsistorial-synodalen Kirchenverfassung auch für Schleswig-Holstein anstrebte, geht aus demselben Schreiben hervor: »Erst nach Errichtung eines eigenen Consistoriums für Holstein und Schleswig und mit Hülfe desselben, als des berathenden und ausführenden Organs, wird die Bildung von Presbyterien und einer Provinzialsynode für die Elbherzogthümer in das Auge gefaßt werden können.«

[439] *A. a. O.*, Sp. 616 f.
[440] ZSTA, Hist. Abt. II, Merseburg, Geh. Zivilkabinett, 2. 2. 1. Nr. 22831, pag. 69 R.

Am 24. September 1867 erfolgte eine Königliche Verordnung »betr. die Einrichtung eines evangelisch-lutherischen Consistoriums zu Kiel«, durch welche die kirchliche Verwaltung in der Provinzialinstanz von der staatlichen Verwaltung abgetrennt und einer eigenen Behörde übertragen wurde.[441] Die Befugnisse des neuen Konsistoriums beschränkten sich jedoch im wesentlichen auf das Gebiet der sogenannten kirchlichen Interna. Die Verwaltung der kirchlichen Externa verblieb weiterhin den Regierungen, die durch den Königlichen Erlaß vom 20. Juni 1868 zu einer Regierung mit Sitz in Schleswig vereinigt wurden.[442]

Am 28. Mai 1868 nahm das in Kiel eingerichtete Konsistorium seine Amtswirksamkeit auf. Bei der personellen Zusammensetzung der neuen Kirchenbehörde hatte man sich sichtlich bemüht, neben den unvermeidlichen Vertretern des exklusiven Konfessionalismus — Koopmann und Godt — Männer der gemäßigteren Richtung zu ernennen. Als solcher galt der zum Konsistorialpräsidenten bestellte Jurist Dr. Mommsen, ein milder Lutheraner, der zuvor am Obertribunal in Berlin gearbeitet hatte und mithin kein Preußengegner sein konnte. Die übrigen Mitglieder waren Propst Versmann (Itzehoe), der sich durch seine Tätigkeit in der Ständeversammlung und auf Pastoralkonferenzen einen Namen gemacht hatte, Klosterprediger Franz Rendtorff (Preetz), seit 1866 Herausgeber des Kirchen- und Schulblattes der Provinz und Hauptpastor Jensen, Pfarrer in der St. Nicolaikirche in Kiel. Der Jurist Heinrich Chalybäus, Sohn des bekannten Philosophen und vorher Bevollmächtigter bei der Regierung für Holstein, wurde zum Justitiar des neuerrichteten Konsistoriums ernannt.[443]

In seiner Eröffnungsansprache »an die evangelisch-lutherischen Gemeinden und Prediger in Schleswig-Holstein« erklärte das Konsistorium mit Nachdruck, die von ihm geleitete evangelisch-lutherische Landeskirche werde keinen Gläubigen einer anderen evangelischen Konfession von

---

[441] *Gesetz-Sammlung für die Königlich Preußischen Staaten . . .*, 1867, S. 1669. Da nach § 1 des Gesetzes vom 24. Dezember 1866 die Preußische Verfassung erst mit dem 1. Oktober 1867 in Schleswig-Holstein in Kraft zu treten hatte, wurden bis zu dem genannten Termin eine große Anzahl von gesetzgeberischen Anordnungen im Wege der Königlichen Verordnung erlassen. Dieselben verfolgten durchweg den Zweck, die rechtlichen Verhältnisse Schleswig-Holsteins den eingetretenen staatsrechtlichen Veränderungen anzupassen und eine möglichst weitgehende Rechtsgleichheit zwischen der neu erworbenen Provinz und den älteren Provinzen der Monarchie herbeizuführen. Vgl. dazu Heinz Geil, *Die verfassungsrechtliche Entwicklung der Evangelisch-Lutherischen Landeskirche Schleswig-Holsteins in der preußischen Zeit bis zur Gegenwart*, Jur. Diss., Erlangen 1935, S. 16 f.

[442] *Gesetz-Sammlung für die Königlich Preußischen Staaten . . .*, 1868, S. 620.

[443] Vgl. *NEKZ*, 1868, Sp. 318; 347 ff.

ihrem kirchlichen Leben ausschließen, solange sichergestellt sei, daß der Bekenntnisstand unverändert gewahrt bleibe:

»Wir halten fest an dem alten Glauben unserer Väter als einem theuren Erbe. Den Schatz, welchen unsere evangelisch-lutherische Kirche in der ungeänderten Augsburgischen Confession besitzt, halten wir hoch und theuer und werden ihn unter Gottes gnädigem Beistande unserer Kirche bewahren. Aber auf der anderen Seite sind wir auch der Ueberzeugung, daß die Treue gegen das Bekenntniß unserer evangelisch-lutherischen Kirche das brüderliche Verhältniß zu den anderen evangelischen Kirchen nicht ausschließt. Unsere schleswig-holsteinische Kirche hat bisher das Gemeinsame, welches die verschiedenen Kirchen verbindet, nicht um der Differenzpunkte willen zurückgestellt oder gar vergessen und ihre Diener haben den Reformirten anderer Orten, wo keine reformirten Gemeinden sich fanden, bereitwillige Handreichung geleistet. Daß dies Verhältnis, wie es sich im Laufe der Zeiten gebildet hat, auch fernerhin ungetrübt erhalte, ist unser inniger Wunsch... Je fester wir uns davon überzeugt halten können, daß der Bekenntnißstand unserer theuren evangelisch-lutherischen Kirche in Schleswig-Holstein gewahrt bleibt, je unbedingter das Vertrauen ist, welches das Königliche Wort in der Allerhöchsten Proklamation vom 12. Januar v. J. 'die Diener der Kirche werden auch fernerhin die Bewahrer des väterlichen Glaubens sein' uns einflößt, desto mehr dürfen wir uns der Hoffnung hingeben, daß unsere lutherische Landeskirche auch in Zukunft in der vorerwähnten Beziehung ihren bisherigen Charakter bewahre.«[444]

Schon zwei Monate später, am 23. Juli des Jahres, erhielten einige der Konsistorialräte auf der Schleswig-Holsteinischen Kirchenkonferenz ausreichend Gelegenheit, die von ihnen in der Ansprache eingenommene Haltung zur Bekenntnisfrage gegen den strengen Konfessionalismus der lutherischen Orthodoxie Nordschleswigs zu verteidigen.

Da man seitens der Konferenzleitung so unklug war, die Stadt Tondern an der dänischen Grenze, unweit der Westküste Schleswigs, als Tagungsort zu wählen, erfuhr der dort ausgeprägte lutherische Konfessionalismus noch eine politische Verschärfung durch den in dieser Region weitverbreiteten Preußenhaß.[445] Erst ein Jahr zuvor, im Mai 1867, hatte die preußische Regierung siebenundzwanzig nordschleswigsche Prediger entlassen müssen, teils weil sie sich geweigert hatten, die Fürbitte für den Landes-

---

[444] Zitiert nach *NEKZ*, 1868, Sp. 364.

[445] Die Stadt Tondern, dänisch Tønder, liegt heute in Dänemark, vier Kilometer nördlich der deutschen Grenze.

herrn in das allgemeine Kirchengebet aufzunehmen, teils weil sie den vorgeschriebenen Diensteid nicht leisten wollten.[446]

Von dieser etwa hundert Teilnehmer zählenden Versammlung, in der
die Gruppe konfessionalistischer, antipreußischer Pastoren — vergleichbar etwa mit den Vilmarianern in Hessen oder der hannoverschen Welfenpartei — eine dominierende Stellung einnahm, trug Konsistorialrat
Rendtorff eine Reihe von Thesen zur Abendmahlsgemeinschaft vor.
Darin bezeichnete er es als »hyperlutherische Verirrung«, wenn man dem
»Wie« der realen Gegenwart Christi im Abendmahl eine so fundamentale
Bedeutung beilege, daß seine unterschiedliche Interpretation kirchenspal-
tende Wirkung haben müsse. Da er keinen bekenntnismäßigen Widerspruch zwischen der unierten und lutherischen Abendmahlsfeier feststellen konnte, forderte Rendtorff in seinen Thesen, an der lutherischen Lehre
und Abendmahlsverwaltung zwar unbedingt festzuhalten, aber gleichwohl die Angehörigen der preußischen Kirche unter denselben Verpflichtungen und Kautelen wie die Gläubigen der schleswig-holsteinischen Kirche zum Abendmahl zuzulassen. Obwohl sich Rendtorff abschließend
scharf gegen eine Ausdehnung der Evangelischen Landeskirche der älteren preußischen Provinzen auf die nordelbischen Herzogtümer verwahrte, wirkten seine Sätze äußerst provozierend auf die konfessionelle
Richtung. Ihre Vertreter, namentlich Propst Neelsen und Pastor Claussen,
warfen ihm vor, er nehme einen vermittlungstheologischen Standpunkt
ein und ebne den Weg zur Einführung der Union. Dagegen sprach sich die
kleine Gruppe der Freisinnigen unter Führung von Lipsius — eine organisierte Partei des Protestantenvereins gab es in Schleswig-Holstein noch
nicht — für die Annahme der Rendtorffschen Thesen aus, und auch die
wenigen gemäßigten Lutheraner stimmten den Vorschlägen des Konsistorialrates zu. Als man zur Abstimmung über zwei Resolutionen schrei-
ten wollte, in denen die beiden Parteien ihren gegensätzlichen Standpunkt
formuliert hatten, entschied eine geringe Majorität gegen jede Beschlußfassung überhaupt. Wenn so dem Konsistorium auch die vorauszusehende
Abstimmungsniederlage erspart geblieben war, »hatte sich doch gezeigt,
daß die prinzipielle Stellung der Kirchenbehörde keineswegs allgemein
Anklang in der Landesgeistlichkeit findet«.[447]

Die konfessionellen Auseinandersetzungen auf der Konferenz zu Tondern wurden im *Schleswig-Holsteinischen Kirchen- und Schulblatt* mit
unverminderter Schärfe fortgesetzt und erhielten neuen Zündstoff durch

---

[446] Vgl. *NEKZ*, 1867, Sp. 266; 363; 464; 491 f.; 574 f.
[447] *NEKZ*, 1868, Sp. 489.

den sogenannten zweiten Harmsschen Streit, den Theodor Harms (1819—1885) aus Hermannsburg mit seiner Predigt anläßlich eines Missionsfestes in Burg auf Fehmarn auslöste.[448] Trotz einer längeren Untersuchung ließ sich der exakte Wortlaut der Rede nachher nicht mehr genau feststellen, doch soll sie folgende Passage enthalten haben: »Einen ächten Heiden bekehren ist leichter als einen solchen, welcher durch die Reformirten verpfuscht ist. Keine Gemeinschaft mit Reformirten und Unirten, sie sind schlimmer als die Zulukaffern. Vor der Religionsmengerei haben wir uns mehr in Acht zu nehmen, als vor dem Katholicismus. Der Gott der Juden, der Muhamedaner und der ungläubigen Christen ist ein bloßes Gedankending und schlechter als ein heidnischer Götze. Jeder, welcher sein ist, versündigt sich, verleugnet den dreieinigen persönlichen Gott. Segne, guter Gott, die Mission, aber nur die lutherische.«[449]

Das kirchenpolitische Engagement des hannoverschen Konfessionalisten in Schleswig-Holstein gründete in der Furcht vor einer zu nachgiebigen Haltung des schleswig-holsteinischen Luthertums gegenüber dem Drängen der Evangelischen Landeskirche der älteren preußischen Provinzen auf kirchliche Vereinigung. Gelang es dem Evangelischen Oberkirchenrat in Berlin, nur eine der drei lutherischen Kirchen — Hannover, Hessen oder Schleswig-Holstein — der Preußischen Union gewaltlos einzugliedern, war die Einverleibung der beiden anderen nur noch eine Frage der Zeit. Allerdings unterschätzte Harms den — auf große Agitationen freilich verzichtenden — Widerstandswillen der schleswig-holsteinischen Lutheraner, deren Mißtrauen gegen die Aufrichtigkeit aller offiziellen Verlautbarungen, den kirchlichen status quo in den annektierten Provinzen zu respektieren, spätestens seit dem Kieler Kirchentag[450] erwacht war. Daran änderte auch die Zusicherung, die der König im September 1868 Mommsen gab, nur wenig. »Ich kann Ihnen nur wiederholen«, sagte er zu dem Konsistorialpräsidenten, »was ich bei gleicher Veranlassung in Hannover und Kassel gesagt. Aus voller Ueberzeugung der Union zugethan, weil ich in ihr die beste Gewähr und Bürgschaft für den Frieden unter den evangelischen Konfessionen erkenne, wie es mein in Gott ruhender Vater gethan, bin ich doch weit entfernt von dem Gedanken, irgend einen Zwang

[448] Vgl. *AELKZ* 2 (1869), Sp. 596 ff.; 757 ff.; 773 ff., *NEKZ*, 1868, Sp. 589 f.; siehe auch Theodor Jeß, *Zur kirchlichen Verfassungsfrage. Reisestudien*, Itzehoe 1868. In dieser Schrift versucht der Autor, seinen schleswig-holsteinischen Landsleuten die rheinisch-westfälische Kirchenordnung nahezubringen. Vgl. auch weiter unten S. 412 ff.

[449] *PKZ* 16 (1869), Sp. 586; 834; vgl. W. Rädisch, *Die Evangelisch-lutherische Landeskirche Hannovers...*, S. 52 ff.

[450] Siehe oben S. 163 ff.

anwenden zu wollen; ja ich würde sogar eine Ueberredung mißbilligen, wenn sie nicht durch die Sache und die Zwecke der Union selbst herbeigeführt wird. Von Herzen werde ich zu allen Zeiten die Union ebenso lebhaft wünschen, als ich überhaupt den Frieden auf religiösem Gebiete wünsche, aber ich werde nie etwas anordnen, was wie ein auferlegter Zwang gefühlt oder gedeutet werden könnte.«[451]

Am 16. August 1869 erteilte der König von Preußen in seiner Eigenschaft als oberster Landesbischof der angeblich vom Kieler Konsistorium entworfenen Gemeindeordnung für die evangelisch-lutherische Gemeinden der Provinz Schleswig-Holstein seine Genehmigung.[452] Ähnlich wie in Nassau[453] handelte es sich dabei wieder um ein Überraschungsmanöver, das alle kirchenpolitischen Gruppierungen völlig unvorbereitet antraf und statt erregter Proteste eine lähmende Resignation auslöste. Selbst acht Wochen nach der Veröffentlichung des Erlasses hüllten sich die regionalen und auch viele überregionale Kirchenblätter in tiefstes Schweigen und druckten lediglich den Wortlaut der oktroyierten Gemeindeordnung kommentarlos ab. Aus einem der spärlichen Berichte geht klar hervor, warum die Lutheraner auf jeden Widerstand verzichteten. Dort heißt es: »Wir . . . sind schlimmer daran als die Kurhessen. Die können noch protestiren. Das können wir nicht, nachdem unser Consistorium sich hat umgarnen lassen.«[454]

Die Gemeindeordnung, für deren Inhalt das Konsistorium verantwortlich zeichnete, entsprach keinesfalls den Verfassungswünschen lutherischer Konfessionalisten. Allein ihre auffallende Ähnlichkeit mit der presbyterialen Organisation Altpreußens beziehungsweise Rheinland-Westfalens, mußte Widerwillen und den Verdacht erwecken, daß diese kirchliche Uniformierung letzlich auf die Errichtung einer preußischen Großkirche hinauslief. Darüber hinaus sahen die Schöpfer der neuen Gemeindeordnung von jeder Anknüpfung an die bestehenden Kirchenkollegien, Kirchenjuraten und sonstigen Gemeindevertretungen ab und gaben der Kirchenverfassung eine völlig neue Grundlage.[455] In Schleswig-Hol-

---

[451] Zitiert nach *PKZ* 15 (1868), Sp. 948.

[452] *Gesetz-Sammlung für die Königlich Preußischen Staaten . . .* , 1869, S. 978.

[453] Siehe oben S. 388 f.

[454] *AELKZ* 2 (1869), Sp. 725; vgl. *PKZ* 16 (1869), Sp. 1007.

[455] Vgl. Ernst Wolgast, *Schleswig-Holsteinische Kirchenverfassung in Vergangenheit und Gegenwart. Betrachtungen aus Anlaß der schleswig-holsteinischen verfassunggebenden Landeskirchenversammlung 1921*, Kiel 1922, S. 16 f. Wie H. Geil, *Die verfassungsrechtliche Entwicklung . . .* , S. 15 f., betont Wolgast die Kontinuität zwischen der alten Kirchenordnung von 1542 und der Kirchengemeinde- und Synodalordnung aus den sechzi-

stein fürchtete man, »die allzu breite Basis der Wahl« verwandele die Gemeinden in einen »Tummelplatz demokratischer Parteiintriguen« und der Kirchenvorstand könne seine Aufgaben unter den herrschenden Bedingungen nicht erfüllen.[456]

Nach der neuen Presbyterialverfassung sollten — in Analogie zur Rheinisch-Westfälischen Kirchenordnung — in jeder Gemeinde zwei Organe, der Kirchenvorstand und die weitere Gemeindevertretung, gebildet werden; nur in Gemeinden unter fünfhundert Seelen (in Schleswig-Holstein gab es nur eine einzige!) trat an die Stelle der letzteren die Gemeindeversammlung. Alle selbständigen volljährigen Gemeindeglieder, die im vollen Besitz der bürgerlichen Ehrenrechte und nicht in ein Kriminalverfahren verwickelt waren, über deren Vermögen nicht der Konkurs schwebte und die keine Armenunterstützung empfingen, besaßen auch das aktive Wahlrecht; es sei denn, sie verachteten das göttliche Wort und führten einen unehrbaren Lebenswandel. Zur Verleihung des passiven Wahlrechtes mußte man darüber hinaus dreißig Jahre alt sein und durfte sich dem öffentlichen Gottesdienst sowie dem heiligen Abendmahl nicht ferngehalten haben. Die auf sechs Jahre gewählten Gemeindevertreter, deren Zahl nicht unter zwölf und nicht über dreißig liegen sollte, wählten je nach Größe der Gemeinden aus ihren Reihen vier bis zehn Älteste, die ebenfalls für sechs Jahre mit dem Geistlichen den Kirchenvorstand bildeten. Ein Drittel der Mitglieder aus beiden Vertretungen schied jedoch alle zwei Jahre aus und wurde nachgewählt. Ebenso wie der skizzierte Aufbau der Presbyterialverfassung entsprachen auch die Befugnisse beider Gemeindeorgane denen der Rheinischen Kirchenordnung.[457]

Der oben erwähnte Erlaß ordnete ferner an, daß nach Einführung der Gemeindeordnung eine aus Abgeordneten der Geistlichen und Kirchenvorstände zusammengesetzte außerordentliche Provinzialsynode einberufen werden sollte, unter deren Mitwirkung die Kirchenverfassung für Schleswig-Holstein zum Abschluß zu bringen sei. Damit hatte sich das preußische Kultusministerium wie in Kurhessen[458] gegen die langsame, stufenweise Entwicklung der Synodalverfassung entschieden, um den Aufbau der synodalen Organisation zu beschleunigen.

Erwartungsgemäß verlief die Einführung der neuen Presbyterialordnung völlig reibungslos — ohne jede Protestkundgebung und in aller

ger und siebziger Jahren. Meines Erachtens überwiegt der Bruch mit der Tradition bei weitem die Übereinstimmungen.

[456] *AELKZ* 2 (1869), Sp. 726.

[457] Vgl. *NEKZ*, 1869, Sp. 588 ff.

[458] Siehe oben S. 366.

Stille. Nur in einigen ritterschaftlichen Bezirken mußte sie einstweilen sistiert werden, weil etwa fünfundsiebzig Gutsbesitzer am 12. Oktober 1869 eine Beschwerde an den Kultusminister gerichtet hatten, daß durch die Gemeindeordnung ihr Patronatsrecht verletzt würde.[459]

In den Städten gelang es den Positiv-Unierten und liberalen Protestanten bei durchweg geringer Wahlbeteiligung, viele ihrer Leute in die Gemeindevertretung zu bringen, während die Landgemeinden fast ausschließlich konfessionelle Lutheraner wählten.[460]

Die kirchlichen Gemeindewahlen waren noch nicht überall abgeschlossen, als sich die kirchenpolitische Situation in Schleswig-Holstein grundlegend änderte. Angesichts der baldigst in Aussicht gestellten Berufung einer Provinzialsynode, deren Zusammensetzung die endgültige Gestalt der Kirchenverfassung natürlich entscheidend mitbestimmte, brach der Gegensatz zwischen den Liberalen und Orthodoxen nun voll auf und führte zu kirchlichen Parteibildungen.[461]

Was lag näher, als die kirchenpolitische Auseinandersetzung in ihrer neuen Dimension dort aufzunehmen, wo sie seit Tondern als ein auf wenige Theologen begrenzter Streit schwelte — im *Schleswig-Holsteinischen Kirchen- und Schulblatt* und um dasselbe?

Sein Herausgeber, Pastor Jeß, hatte seinerzeit auf Harms Äußerungen hin gefordert, die einzuberufende Landessynode müsse darauf hinwirken, jede bindende Ordinationsverpflichtung aufzuheben und nur an dem Bekenntnis zu Christo als dem Herrn sowie an dem Grundsatz des »sola fide« festzuhalten.[462] Gegen diese undogmatischen Ansichten trat sogleich der konfessionalistische Bischof Koopmann — teils in derselben Zeitung, teils in einer eigenen Broschüre —[463] mit aller Schärfe auf, indem er — nicht ohne seinem Gegner ständig polemische Seitenhiebe zu versetzen — den engen theologischen Standpunkt vertrat, die in der Schrift gegebene göttliche Offenbarung und die in ihr bezeugten Heilstatsachen hätten in den lutherischen Bekenntnisschriften ihren vollständig adäquaten Ausdruck gefunden. Daraufhin nahmen die beiden Kieler Theologieprofessoren

---

[459] Vgl. *NEKZ*, 1870, Sp. 73; *AELKZ* 3 (1870), Sp. 46 ff.; 270.

[460] In Altona wählten von 40 000 Wahlberechtigten nur 628; in Kiel gaben von 4 800 Wahlberechtigten nur 674 ihre Stimme ab, die Gemeinde umfaßte aber 30 000 Seelen! Zu ihrer Teilung vgl. *NEKZ*, 1870, Sp. 843 f.

[461] Vgl. G. Mehnert, *Die Kirche in Schleswig-Holstein...*, S. 128 f.

[462] Zu Einzelheiten vgl. das *Schleswig-Holsteinische Kirchen- und Schulblatt*, Jge. 1866—1870, Altona-Kiel; siehe auch Anm. 448.

[463] Wilhelm Heinrich Koopmann, *Die Rechtfertigung durch den Glauben an Christum im Lichte der neueren Theologie*, Kiel 1870.

Thomsen und Lipsius Partei für den Angegriffenen und ließen es auch ihrerseits an polemischen Spitzen nicht fehlen. In den Streit griff schließlich auch noch ein Vertreter des schroffsten Konfessionalismus, Propst Neelsen (Plön), ein und entlastete Koopmann durch beständige Attacken gegen Thomsen, so daß jener sich ganz auf die Abwehr Lipsius' konzentrieren konnte.

Anfang 1870 erschien dann anonym eine vermittelnde Broschüre, die den Blick von dem bloßen Bekenntnisstreit weg auf die Verfassungsfrage hinlenkte.[464] Die Gemeinden werden ermahnt, den verheißungsvollen Anfängen der Kirchenverfassung nicht länger mit Gleichgültigkeit oder kühler Distanz zu begegnen, sondern sich am Weiterbau aktiv zu beteiligen. Gegen die Gruppe um Lipsius gewandt, erklärt der Verfasser es geradezu für einen Mißbrauch der neu geschenkten Freiheit, wenn man, statt an der Ausgestaltung des kirchlichen Lebens zu arbeiten, damit beginnen wolle, an dem Bekenntnis der Kirche zu rütteln, das ihre geistige Einheit konstituiere. Auf der anderen Seite verurteilt er aber auch den starren Dogmatismus der lutherischen Orthodoxie und plädiert vielmehr für die Aufrechterhaltung des in Schleswig-Holstein beheimateten milden, weitherzigen Luthertums.

Wegen der liberal-unionistischen Tendenz des Kirchen- und Schulblattes suchten die konfessionalistischen Lutheraner unter Koopmanns Führung der Zeitung das Wasser abzugraben, indem sie sich im Januar 1870 ein neues Organ, die *Kirchlichen Blätter,* schufen, deren Redaktion Edgar Bauer, ein Erzkonservativer, übernahm. Koopmann selbst tat noch ein übriges und forderte seine Gesinnungsgenossen öffentlich auf, dem bisherigen Organ der Provinz wegen seiner jetzigen antikirchlichen Richtung ihre Mitwirkung zu entziehen. Darüber empörte sich Konsistorialrat Versmann (1814—1873), der 1844 mit dem schon vier Jahre später verstorbenen Vater des umstrittenen Herausgebers Jeß das *Kirchen- und Schulblatt* gegründet hatte und auch dem Sohn trotz dessen liberaler Gesinnung in väterlicher Freundschaft zugetan blieb. Der einflußreiche Kirchenführer Versmann sagte sich aus Protest nicht nur von den Anschauungen des Bischofs los, sondern stellte ihn wegen seiner leidenschaftlichen Sprache und seines Auftretens als Parteiführer öffentlich zur Rede, wodurch das Konsistorium in zwei Parteien gespalten wurde.[465]

Unterdessen hatten Lipsius, Jeß, Thomsen und Lüdemann ein als Manuskript gedrucktes Blatt, das »Vorschläge zur Verständigung im Hinblick

---

[464] *Die Zukunft der Schleswig-Holsteinischen Landeskirche. Ein offenes Wort aus der Kirche an die Kirche und die Gemeinden,* Oldenburg 1870.
[465] Vgl. *NEKZ,* 1870, Sp. 267 ff.; *AELKZ* 3 (1870), Sp. 48 f.

auf die bevorstehende Provinzial-Synode« enthielt, in alle Teile der Provinz versandt und damit den eigentlichen Wahlkampf eröffnet. Das Programm lautete:

»Wir schlagen vor, dahin zu wirken:

I. daß von der bevorstehenden Provinzial-Synode alle Verhandlungen über Union und Bekenntniß ausgeschlossen bleiben, um dem Parteihader nicht von vorne herein neue Nahrung zu geben und dadurch den gedeihlichen Fortgang der Verfassungsarbeit zu stören; daß wenigstens die Aufnahme von solchen Bestimmungen in die neue Kirchenverfassung verhindert werde, welche der künftigen Entwicklung der Landeskirche präjudiciren oder dadurch, daß sie eine buchstäbliche Verpflichtung auf die ungeänderte Augsburgische Confession sanctioniren, den historischen Status quo unserer Landeskirche verändern würden;

II. daß die Verfassung ein wirkliches Selbstregiment der Gemeinden, der Probsteien und der gesammten Landeskirche herstelle, und zwar

1) daß das Wahlgesetz zur Provinzial-Synode gemeinsame Wahl der geistlichen und weltlichen Abgeordneten durch dieselben Wahlkörper einführe;

2) daß die Wählbarkeit nicht auf Wahlbezirke beschränkt werde;

3) daß dem Consistorium ein Synodal-Ausschuß zur Seite gestellt werde mit mitbeschließender Befugniß für die wichtigsten Verwaltungs-Angelegenheiten;

4) daß die Kirchenvisitatorien in rein kirchliche Behörden umgestaltet werden;

5) daß die Patronatsverhältnisse im Sinne des Art. XVII der Verfassung vom 31. Januar 1850 geordnet werden;

6) daß bei der Besetzung der Pfarrstellen den Gemeinden eine entsprechende Mitwirkung eingeräumt werde.«[466]

Auf dieses etwas geheimniskrämerisch betriebene Unternehmen, das zunächst wohl nur als Fühler gedacht war und die Bereitschaft der Geistlichkeit zur Mitarbeit erkunden sollte, fiel durch eine Indiskretion plötzlich grelles Licht. Ein vertrauliches Schreiben von Lipsius, in welchem dieser vollkommen ungeschützt die Wahlkampfstrategie seiner Partei offenlegte, war infolge einer Ungenauigkeit der Adresse in die falschen Hände geraten, erbrochen, abgeschrieben und an die *Kirchlichen Blätter* zur Veröffentlichung geschickt worden.[467]

Aus diesem Schreiben ging hervor, daß die Gruppe um Lipsius nicht so sehr an die Erhaltung des status quo, wie sie behauptet hatte, als an einer

---

[466] Zitiert nach *EKZ* 86 (1870), Sp. 392.
[467] Vgl. *EKZ* 86 (1870), Sp. 437 f.

Aufhebung des bekenntnismäßigen Charakters der schleswig-holsteinischen Kirche auf dem Wege der Verfassung interessiert war. Am Ende seines Briefes ermahnte Lipsius den Empfänger zu größter Diskretion und empfahl seinem Mitstreiter, vorerst vom Protestantenverein nichts verlauten zu lassen, um die Leute nicht gleich zu verprellen. Da das Schriftstück wesentlich zur Verhärtung der kirchenpolitischen Fronten beitrug und bei weiten Kreisen der Bevölkerung, die sich getäuscht sah, Entrüstung über die in lichtscheuer Heimlichkeit angelegten Agitationen der liberalen Protestanten auslöste, soll es im Wortlaut widergegeben werden:

Kiel, den 1. März 1870

»Sehr geehrter Herr!

Endlich kann ich Ihnen ein Lebenszeichen zukommen lassen, freilich nur ein kleines. Demnächst stehen die Wahlen der Kirchenvorstände in die Propsteisynoden bevor; jede Propsteisynode wird einen geistlichen und einen weltlichen Abgeordneten in die Landessynode wählen; welche vielleicht schon zwischen Ostern und Pfingsten zusammentritt. Von dem Ausfall der Wahlen wird es abhängen, ob unsere künftige Kirchenverfassung liberalen Grundsätzen Raum giebt, ob die Einfügung eines sogenannten Bekenntnißparagraphen in die Verfassung verhindert, ob mit dem Selbstbestimmungsrecht der Gemeinden es ferner bei einem constitutionell hierarchischen und bureaukratischen Regiment bleibt. Da die Geistlichen und Weltlichen gesondert wählen, haben wir wenig Hoffnung, viel freisinnige Geistliche durchzubringen. Zumal in Ihrer Propstei sind alle Pastoren confessionell, der Einzige, der vielleicht mit den Liberalen geht, Pastor ... in ..., ist wenigstens sehr zweifelhaft. Wenn also die Wahl der weltlichen Abgeordneten eben so schlecht ausfällt, wie voraussichtlich die der Geistlichen, so steht es schlimm. Eben so ist es anderwärts. Unsere einzige Hoffnung sind die weltlichen Wahlen; auf diese muß also Einfluß gewonnen werden.

Zu dem Ende hat sich hier in Kiel ein provisorisches Wahlcomité gebildet, dem auch die beiden Geistlichen, Pastor ... und Archidiakonus ..., angehören. Zweck desselben ist, überall, in jedem Propsteibezirk besondere Wahlcomité's in's Leben zu rufen, welche die Wahlen auf freisinnige Männer zu lenken suchen. Wo es möglich ist, haben wir Geistliche ersucht, die Sache in die Hand zu nehmen und sich mit angesehenen Nichttheologen zu verbinden. Wo dies nicht angeht, müssen die Weltlichen sich selbst helfen. Ich habe daher den Auftrag, Sie zu ersuchen, ob Sie in Verbindung mit einigen gleichgesinnten Freunden (vielleicht auch Männer aus dem Leh-

rerstande) für den Propsteibezirk ... die Bildung eines Localcomité's zum
Zwecke der Wahl eines Laiendeputirten in die Hand nehmen wollen. Wir
ersuchen Sie zugleich, uns diejenigen Männer zu bezeichnen, die sich besonders für die Sache in Ihrem Kreise interessiren. Gleichzeitig lege ich Ihnen einige Exemplare eines vorläufigen Programm-Entwurfes bei, welche
die Hauptforderungen unserer Partei, an deren Verwirklichung wir auf
der Landessynode arbeiten müssen, zusammenstellt. Es ist beabsichtigt,
demnächst — vorausgesetzt, daß die Betheiligung namentlich seitens der
Geistlichen groß genug ausfällt — eine große Versammlung im ganzen
Lande zusammenzurufen, um das Programm definitiv festzustellen und
das Vorgehen unserer Partei zu organisiren. Ungeachtet dieser Versammlung müssen sofort in jeder Propstei die Localcomité's in Thätigkeit treten.
    Ein gewisses vorsichtiges Auftreten thut zur Zeit noch Noth, damit al-
lerhand schwankende Gemüther mit fortgezogen werden können. Vom
Protestanten-Verein darf daher vorläufig nicht gesprochen werden.
    Ueberhaupt thut die größte Discretion Noth, damit die Gegenpartei
Nichts von unserer in der Bildung begriffenen Organisation erfährt.
    Binnen 8 Tagen darf ich vielleicht Antwort auf die Frage erwarten, ob
Sie geneigt sind, uns in dem angedeuteten Sinne zu unterstützen.
    Die weitere Correspondenz bitte ich ebenfalls an mich zu richten. Wei-
tere Nachrichten werden Ihnen rechtzeitig von hier aus zugehen.
            Hochachtungsvoll und ergebenst
                        Prof. Dr. R. U. Lipsius.«[468]

    Um ihr Gesicht nicht völlig zu verlieren, entschloß sich die kirchliche
Linke in Schleswig-Holstein, jetzt offen mit einem Wahlprogramm hervorzutreten und Gleichgesinnte zum Beitritt einzuladen. Am 5. Mai 1870
stellte sie in einer Versammlung zu Neumünster ein solches »Programm
für die Wahlen zur außerordentlichen schleswig-holsteinischen Provinzialsynode« auf und veröffentlichte es im *Kirchen- und Schulblatt*.[469] Zu
den neunzehn Geistlichen und drei Kirchenältesten — darunter Lipsius
—, die es verfaßt hatten, gesellten sich nachträglich noch die Professoren
Lüdemann und Thomsen, Propst Heinrich und zehn Pastoren sowie eine
große Anzahl von Kirchenältesten und Gemeindevertretern.
    Das Programm verlangte die Mitwirkung der Gemeinden bei der Wahl
ihrer Geistlichen und die Aufhebung des Patronats auf gesetzlichem

---

[468] Zitiert nach *EKZ* 86 (1870), Sp. 391 f.
[469] *Programm für die Wahlen zur außerordentlichen schleswig-holsteinischen Provinzialsynode*, in: *AELKZ* 3 (1870), Sp. 398 f.

Wege, wobei aber dem Grundbesitz eine entsprechende Stimmenzahl in der Gemeindevertretung gesichert werden sollte. Ferner schlug das Propagandablatt die Umwandlung der bisherigen Kirchenvisitatorien in gewählte Organe der Propsteisynode und die Ergänzung des Landeskonsistoriums bei allen wichtigen Beschlußfassungen durch einen von der Synode gewählten Ausschuß, dessen Mitglieder nur zur Hälfte Geistliche sein durften, vor. Am meisten Anstoß erregte die dezidiert liberale Forderung nach freien direkten und allgemeinen Wahlen zur Provinzialsynode. Dagegen stimmten auch die Anhänger der Positiven Union aus vollstem Herzen der Erklärung zu, die bevorstehende Synode sei zu einer Entscheidung über den Bekenntnisstand der Kirche nicht befugt.[470]

Wie nicht anders zu erwarten, reagierten die konfessionellen Lutheraner (am 30. Mai 1870) auf die liberale Herausforderung mit der Einberufung einer Gegenversammlung nach Flensburg, wo sie nun ihrerseits ein Wahlprogramm beschlossen, das eine Festlegung des Bekenntnisstandes der schleswig-holsteinischen Kirche — namentlich durch die Anerkennung der unveränderten CA — in der zukünftigen Synodalordnung forderte.[471] Neben diesem, von neunundvierzig Pastoren und vier Ältesten unterzeichneten Votum erschienen von orthodoxer Seite noch mehrere Erklärungen aus verschiedenen Gegenden Schleswig-Holsteins.

Außer diesen Programmen lancierten auch zwei unionsfreundliche und durch ihre kirchenpolitischen Broschüren bereits bekannt gewordene Theologen, Propst Hansen[472] und Pastor Ziese,[473] einen Vermittlungsvorschlag, der die Überschrift trug: *Zur Verständigung für die bevorstehenden Wahlen zur Synode der ev.-luth. Kirche unserer Provinz.*[474] Der — im übrigen recht schwach unterstützte — Aufruf enthielt die Empfehlung, nur solche Männer zu Synodalabgeordneten zu wählen, die unter Anerkennung der überkommenen konfessionellen Verhältnisse nicht die Bekenntnisfrage in den Mittelpunkt der Verhandlungen rückten, sondern sich den brennenden gesellschaftlichen Aufgaben der Kirche zuwandten.

Die von allen drei Gruppen eifrig betriebene Sammlung von Beitrittserklärungen ergab schon bald, daß weitaus der größte Teil der schleswig-holsteinischen Geistlichkeit hinter Bischof Koopmann und seinem streng konfessionellen Programm stand. Zu diesem klaren Votum zugunsten der alten, vorpreußischen Verhältnisse, deren Repräsentant Koopmann frag-

---

[470] Vgl. *NEKZ*, 1870, Sp. 411 ff.
[471] Es ist abgedruckt in der *AELKZ* 3 (1870), Sp. 530.
[472] Siehe oben S. 111.
[473] Siehe oben S. 113.
[474] Der Wahlaufruf ist abgedruckt in der *AELKZ* 3 (1870), Sp. 531 f.

los war, hatte wesentlich die Enttäuschung über die fremdartige Gemeindeordnung und das uneffektive, mit preußischen Behörden kooperationswillige Konsistorium beigetragen. »Von unserm neuen Konsistorium«, urteilte ein Beobachter aus Schleswig-Holstein, »haben wir in den zwei Jahren seines Bestehens sehr wenig erfahren und die Erlasse, welche von demselben ausgegangen sind, haben bei Geistlichen wie Gemeinden bis jetzt nur wenig Befriedigung gefunden. Ja letztere wissen eigentlich nichts Weiteres von demselben, als daß durch die neue, wenig anerkannte Kirchenordnung ihre frühern Juraten nun Kirchenälteste genannt werden sollen und meinen, daß wir mit unsern beiden Generalsuperintendenten allein weit besser daran gewesen wären, da diese ja doch das Vertrauen des ganzen Landes besitzen.«[475]

Da die Positiv-Unierten wegen ihrer Affinität zur Evangelischen Landeskirche der älteren preußischen Provinzen von vornherein kaum Chancen im Wahlkampf besaßen, blieben als ernsthafte Gegner der Konfessionellen nur die liberalen Protestanten unter Leitung des populären Kieler Theologieprofessors Lipsius übrig. Aber dessen Briefaffäre hatte nicht nur seinem persönlichen Ansehen, sondern auch dem der liberalen Bewegung so schwer geschadet, daß der von Lipsius im Streit mit Koopmann unverändert vertretene liberale Standpunkt nur noch Beifall bei den jungen Kieler Theologen fand.[476] Als sich Anfang 1871 immer mehr Stimmen gegen die Kirchenpolitik des liberalen Protestantismus in Schleswig-Holstein erhoben, sah sich dieser gezwungen, den Rückzug in die Universität, von wo er gekommen war, anzutreten. Hier vermochte der orthodoxe Bischof mit seiner schwerfälligen Rhetorik — anders als seinerzeit Claus Harms — keinen Einfluß zu gewinnen.

Kaum jemand erwartete, daß sich an der kirchenpolitischen Situation bis zu der in nächster Zeit erwarteten Provinzialsynode noch etwas ändern würde, da starb am 20. Mai 1871 Bischof Koopmann völlig unerwartet an einem Herzschlag, und die *Neue Evangelische Kirchen-Zeitung* scheute sich nicht, den Todesfall als »ausgereckten Gottesfinger« zu interpretieren.[477]

Durch den schweren Verlust in ihrem Kampfeseifer stark gedämpft, stimmten die Lutheraner dem einlenkenden Vorschlag von Jeß zu, die alljährlich stattfindende *Kirchliche Konferenz für Schleswig-Holstein* — dieses Mal am 20. Juli in Preetz — zur Verständigung und Versöhnung

---

[475] *AELKZ* 3 (1870), Sp. 740 f.
[476] Vgl. *AELKZ* 4 (1871), Sp. 141 ff.
[477] *NEKZ*, 1871, Sp. 667; Vgl. *AELKZ* 4 (1871), Sp. 382 f.

zwischen den kirchlichen Parteien zu nutzen. Obwohl das gewählte Thema »Bekenntniskirche oder Landeskirche« sich für eine überkonfessionelle »Friedenskonferenz« denkbar schlecht eignete, gelang es dem Moderamen, indem es trennende Prinzipienfragen nicht berührte, bis zuletzt ein versöhnliches Klima unter den Teilnehmern aufrechtzuhalten.[478] Bald danach traf auch die kirchliche Linke ein schwerer Schlag: Professor Lipsius nahm eine Berufung nach Jena an. Da seine Vertrauten, insbesondere Pastor Jeß, von Lipsius' Plänen, Kiel zu verlassen, mit Sicherheit schon vorher wußten, erscheint ihre Versöhnungsbereitschaft in einem anderen Licht.[479] Mit dem geistigen Urheber und Führer der kirchlich-liberalen Bewegung in Schleswig-Holstein verlor die Partei jede Aussicht, sich gegenüber den zahlenmäßig überlegenen Lutheranern zu behaupten. Jeß, unter dessen Redaktion in wenigen Jahren Leserkreis und Mitarbeiter des *Kirchen- und Schulblattes* rapide abgenommen hatten, konnte trotz seiner dialektischen Gewandtheit unmöglich Lipsius' Platz einnehmen und entschloß sich darum lieber zur Beilegung des Streites.

Wenn sich an den kirchenpolitischen Mehrheiten auch kaum etwas geändert hatte, so steuerten beide Parteien jetzt doch führungslos der Provinzialsynode entgegen.

Durch Allerhöchsten Erlaß vom 9. August 1871 wurde endlich die schon lange erwartete Einberufung der außerordentlichen Provinzialsynode angeordnet.[480] Die angeschlossene Instruktion über Zusammensetzung und Zuständigkeit der Synode bestimmte, daß sie aus sechsundzwanzig geistlichen und ebensoviel weltlichen Abgeordneten, einem von der theologischen Fakultät zu Kiel gewählten Professor und aus acht vom König ernannten Mitgliedern bestehen sollte. Jeder der dreizehn schleswigschen und dreizehn holsteinischen Wahlbezirke hatte einen Geistlichen und einen Laien, sowie je einen Stellvertreter zu wählen. Wählbar waren sämtliche wahlberechtigte Geistliche des Wahlkreises sowie alle Mitglieder der Kirchengemeinden, die die zur Wählbarkeit in eine Gemeindevertretung erforderlichen Eigenschaften besaßen. Die Verordnung bestimmte ferner als Tagungsort die Stadt Rendsburg und gab bekannt, daß ein Königlicher Kommissar die für die Beratung vorgesehenen Entwürfe vorlegen werde

---

[478] Vgl. *AELKZ* 4 (1871), Sp. 660 ff. Die Beiträge der beiden Hauptreferenten, der Pastoren A. Decker und Th. Jeß, erschienen gedruckt unter dem Titel: *Bekenntniskirche oder Landeskirche?*, Kiel 1871. Die Überschrift wurde in Anlehnung an die bekannte Broschüre von Scheurl *Bekenntniskirche und Landeskirche*, Erlangen 1868, gewählt.

[479] Vgl. *NEKZ*, 1871, Sp. 668; *PKZ* 18 (1871), Sp. 653 ff.

[480] *Gesetz-Sammlung für die Königlich Preußischen Staaten . . .*, 1871, S. 337; vgl. *PKZ* 18 (1871), Sp. 772 f.

und überdies befugt sei, an allen Sitzungen und Kommissionen teilzunehmen und in ihnen jederzeit das Wort zu ergreifen und Anträge zu stellen. Durch den Kommissar sollte die Synode auch eröffnet und geschlossen werden. Die Synodalversammlung erhielt die Anweisung, einen Vorstand, bestehend aus einem Vorsitzenden und zwei Beisitzern, zu wählen, wobei ersterem die Aufgabe zufiel, die Verhandlungen zu leiten sowie die einzelnen Sitzungen zu eröffnen und zu schließen.[481]

Die Synode tagte vom 14. November bis 7. Dezember 1871. Schon die Wahl des Präsidenten zeigte, daß die streng konfessionelle Richtung dominierte, denn nach kurzem Schwanken zwischen den beiden Spitzenkandidaten, dem intransigenten, orthodoxen Generalsuperintendenten Godt und dem milden, versöhnlichen Lutheraner, Konsistorialrat Versmann, entschied sich die Versammlung mit dreißig gegen achtundzwanzig Stimmen für ersteren, um den exklusiv lutherischen Charakter der Synode zu betonen.[482]

Obwohl man nach diesem Anfang allgemein stürmische Auseinandersetzungen zwischen den kirchenpolitischen Parteien erwartete, schienen die nachfolgenden Verhandlungen derlei Befürchtungen vorerst nicht zu bestätigen. Trotz zahlreicher Amendements passierte nämlich die Vorlage des Kirchenregimentes beinahe unverändert die Vorberatungen, ohne daß es zwischen den konträren Gruppen zu schweren Debatten kam.[483]

Erwartungsgemäß besaß der »Entwurf einer Kirchenvorstands- und Synodal-Ordnung für die evangelisch-lutherische Kirche der Provinz Schleswig-Holstein« verblüffende Ähnlichkeit mit den anderen, während dieser Zeit vom Kultusministerium ausgearbeiteten Synodalentwürfen.[484] In Abweichung von der sonst als Vorlage dienenden Rheinisch-Westfälischen Kirchenordnung hatte man allerdings auf einen eigenen Bekenntnisparagraphen verzichtet, um nicht den gerade beigelegten Bekenntnisstreit von neuem aufleben zu lassen.[485]

Die Synode erweiterte gegenüber dem kultusministeriellen Entwurf die Kompetenz der größeren Gemeindevertretung, dehnte die Wählbarkeit

[481] Vgl. *AELKZ* 4 (1871), Sp. 632 f.; vgl. *PKZ* 18 (1871), Sp. 989 f.

[482] Vgl. *Verhandlungen der außerordentlichen schleswig-holsteinischen Provinzialsynode nebst den Anlagen 1871*, Rendsburg 1872, S. 2 f.; *NEKZ*, 1871, Sp. 783 f.

[483] Vgl. *PKZ* 18 (1871), Sp. 1065 ff.

[484] Vgl. *Verhandlungen der außerordentlichen Provinzialsynode Schleswig-Holsteins...*, S. 187—204.

[485] Vgl. *NEKZ*, 1871, Sp. 685. Der *Entwurf einer Gemeinde- und Synodalordnung für die evangelisch-lutherische Kirche der Provinz Schleswig-Holsteins*, wie er aus den Synodalverhandlungen hervorging, ist in den *Verhandlungen der außerordentlichen schleswig-holsteinischen Provinzialsynode 1871* ..., S. 215—225, wiedergegeben.

zu den Synoden auf die Glieder der Gemeindevertretung aus und stellte das alte Kirchenvisitatorium wieder her. Am schwierigsten gestalteten sich die Verhandlungen mit den Großgrundbesitzern, die den größten Teil der Kirchenlasten trugen und sich mit den bisherigen Konzessionen noch nicht zufrieden gaben. Nach eingehenden Kommissionsverhandlungen gelang es schließlich Professor Hinschius, einen Kompromiß zu formulieren, den die vier vom König ernannten Patrone ebenso akzeptierten wie die Mehrheit der Synodalabgeordneten.[486]

Die liberale Partei versuchte natürlich besonders die Parität zwischen Geistlichen und Laien in der Propstei — wie in der Gesamtsynode zugunsten der letzteren zu ändern und anstelle der Wahl von Synoden aus den Kirchenvorständen respektive Propsteisynoden, direkt auf die Gemeindevertretungen zurückzugreifen; aber diese Vorschläge wurden von der orthodoxen Mehrheit zurückgewiesen.

Die exklusiv lutherische Partei setzte dagegen durch, daß im Gelübde der Gemeindeältesten (§ 24) ausdrücklich die evangelisch-lutherische Kirche namhaft gemacht wurde:

»Ich gelobe vor Gott, des mir befohlenen Dienstes mit Sorgfalt und Treue in Uebereinstimmung mit den Ordnungen unserer evangelisch-lutherischen Kirche zu warten und gewissenhaft mit Gottes Hilfe der Gemeinde Bestes zu fördern, namentlich die Kirchlichkeit und das christliche Leben in derselben zu pflegen.«[487]

Der in Preetz geschlossene Friede zerbrach jäh, als man in die Verhandlungen über den § 84 des Entwurfes, der vom Wirkungskreis der Synode handelte, eintrat. Bis dahin hatte man es sorgfältig vermieden, Bekenntnisfragen zu erörtern; jetzt aber stellte der Flensburger Stadtrat Knuth den Zusatzantrag: »Das Bekenntniß selbst ist kein Gegenstand der Gesetzgebung.«[488] Bei dem Amendement handelte es sich um keinen spontanen Einfall des Antragstellers, sondern um eine tags zuvor ohne Wissen der Liberalen sorgfältig abgesprochene Aktion. Nur um dem lutherischen Vorstoß einen unverfänglichen Anschein zu verleihen, hatte die orthodoxe Geistlichkeit den Laien Knuth vorgeschoben.[489]

---

[486] Vgl. § 60—63 der Vorlage des Kirchenregimentes mit § 68—71 der redigierten Fassung (*Verhandlungen der außerordentlichen schleswig-holsteinischen Provinzialsynode 1871 . . .*, S. 193; 221 f.). Von den insgesamt acht Ernennungen, die dem König laut Verfassungsentwurf zustanden, fielen allein vier auf Patrone!

[487] *Verhandlungen der außerordentlichen schleswig-holsteinischen Provinzialsynode 1871 . . .*, S. 217.

[488] *A. a. O.*, S. 224.

[489] Vgl. *PKZ* 18 (1871), Sp. 1088 ff.; *NEKZ*, 1871, Sp. 810 f.

An dieser im Grunde selbstverständlichen und daher praktisch unerheblichen Bestimmung entzündete sich von neuem die ganze Gereiztheit und Verbitterung des kurz zuvor geführten Bekenntnisstreites. Von beiden Seiten bauschte man den belanglosen Zusatz mit immer gewagteren Interpretationen zu einer Grundsatzfrage auf, die man schließlich zum Schibboleth der prinzipiell geschiedenen Richtungen erhob. Der Königliche Kommissar, Konsistorialpräsident Mommsen, hatte zwar sofort versucht, die Abstimmung über den Antrag zu verhindern, indem er ihn als gegenstandslos abqualifizierte und daran erinnerte, »daß wir evangelisch-lutherische Christen . . . eine Unabänderlichkeit des Bekenntnisses nicht anerkennen« können,[490] aber der Wortführer der Orthodoxen, Propst Neelsen, bestand uneinsichtig auf der Annahme des Zusatzes. Nachdem auf liberaler Seite nur Propst Schwartz, Pastor Jeß, Propst Hansen und Professor Hinschius zu Wort gekommen waren, erzwangen die Konfessionalisten den Abbruch der Debatte und verlangten, über den Antrag abzustimmen. Dieser wurde schließlich mit 31 gegen 27 Stimmen angenommen.[491]

Die Linke drohte nun, sie werde dem ganzen Entwurf ihre Zustimmung versagen, wenn die Majorität bei der Schlußberatung nicht zu Konzessionen bereit sei. Aber nur das bei der Vorberatung gefallene Amendement des Schuldirektors Andresen, wonach den Gemeinden bei der Besetzung ihrer Pfarrstellen ein Recht auf Mitwirkung eingeräumt werden sollte, wurde jetzt in etwas geänderter Form mit 31 gegen 20 Stimmen angenommen. Im übrigen lehnte die Synode alle anderen Anträge der liberalen Protestanten — sie bezogen sich auf die Zusammensetzung und die Wahl der Synoden —, die diese in gemilderter Fassung noch einmal vorgelegt hatten, kompromißlos ab.

Daraufhin votierte die Linke geschlossen gegen den ganzen Entwurf, der mit 40 Ja- gegen 22 Neinstimmen gleichwohl von fast zwei Dritteln der Synodalabgeordneten angenommen wurde.[492] Freilich hatte das orthodoxe Luthertum damit nur einen Pyrrhussieg errungen. Die *Protestantische Kirchenzeitung* brachte das in ihrem Resumée äußerst treffend zum Ausdruck: »Was aber wird aus dem ganzen Entwurf werden? Vielleicht wird ihn schon der Cultusminister wieder ändern, und den Bekenntnißparagraphen herausmerzen; das Abgeordnetenhaus kann ihn nur ablehnen, und damit beginnt ja die Arbeit von Neuem. Wie imaginär ist doch eigent-

---

[490] *Verhandlungen der außerordentlichen schleswig-holsteinischen Provinzialsynode 1871 . . .*, S. 129.

[491] Vgl. *PKZ* 18 (1871), Sp. 1110 ff.

[492] Vgl. *Verhandlungen der außerordentlichen schleswig-holsteinischen Provinzialsynode 1871 . . .*, S. 186.

lich die Arbeit der Synode! Dabei ist die Gemeindeordnung seit 2 Jahren in unserer Provinz eingeführt; hat sie Gesetzeskraft?«[493]

Wenn der Kultusminister sich nicht dem Vorwurf aussetzen wollte, eine Kirchenverfassung zu oktroyieren, konnte er an dem von der Synode verabschiedeten Entwurf nichts mehr ändern. Andererseits war es ausgeschlossen, daß die liberale Mehrheit des Abgeordnetenhauses der unkorrigierten Endfassung zustimmen würde, nachdem ihre Gesinnungsgenossen in der Synode dieselbe abgelehnt hatten. So geschah fünf Jahre lang gar nichts.

Durch Allerhöchsten Erlaß vom 4. November 1876 wurde die fünf Jahre zuvor erarbeitete Kirchengemeinde- und Synodalordnung endlich als Kirchengesetz eingeführt — übrigens so gut wie unverändert.[494] Der den Streit seinerzeit auslösende Bekenntnissatz fehlte freilich in der endgültigen Kirchenordnung.[495] Das begleitende Staatsgesetz vom 6. April 1878 brachte gleichzeitig eine grundsätzliche Ordnung der *iura circa sacra* und ihre Abgrenzung gegenüber den *iura in sacra*.[496]

Bis zum Jahre 1877 nahm das *Herzogtum Lauenburg* eine gewisse Sonderstellung ein. Erst durch Gesetz vom 23. Juni 1876 wurde es dem Preußischen Staat einverleibt und ein Jahr später die schleswig-holsteinische Kirchengemeinde- und Synodalordnung eingeführt.[497] Der Anschluß an den Gesamtsynodalverband Schleswig-Holstein erfolgte 1880, die *Insel Helgoland* kam 1892 dazu.[498]

Die bis zum Zusammenbruch des Kaiserreiches gültige Kirchenverfassung für Schleswig-Holstein entstand demnach im Jahre 1871, kurz vor dem Rücktritt v. Mühlers am 17. Januar 1872. Es wäre Falks Aufgabe gewesen, den von der Synode rechtsgültig verabschiedeten Verfassungsentwurf noch im Jahre 1872 dem Landtag zur Genehmigung vorzulegen. Aber der neue Kultusminister hütete sich, das heiße Eisen anzufassen, und wartete — ohne die Kirchenordnung zu verändern — auf eine günstigere Gelegenheit zur Einführung.

---

[493] *PKZ* 18 (1871), Sp. 1112; vgl. auch die auffällig knappe Notiz in der *AELKZ* 4 (1871), Sp. 942.

[494] *Gesetz-Sammlung für die Königlich Preußischen Staaten* . . ., 1876, S. 416.

[495] Vgl. § 93 des Synodalentwurfes von 1871 mit § 92 der Kirchenordnung von 1876 (*Verhandlungen der außerordentlichen schleswig-holsteinischen Provinzialsynode 1871* . . . , S. 224, und E. Friedberg, *Die geltenden Verfassungs-Gesetze* . . ., S. 215).

[496] *Gesetz-Sammlung für die Königlich Preußischen Staaten* . . . , 1878, S. 145.

[497] *A. a. O.*, 1876, S. 169; S. 232.

[498] *A. a. O.*, 1892, S. 73 f.

Als Ergebnis des DRITTEN TEILS darf mithin festgehalten werden, daß die entscheidenden Maßnahmen zur Herstellung einer gemischt konsistorial-synodalen Kirchenverfassung in allen preußischen Provinzen von den Mitgliedern des EOK — (Mathis), Hoffmann und Dorner — sowie von Kultusminister v. Mühler ausgingen. Diese zwischen 1867 und 1871 von beiden Seiten unternommenen Anstrengungen scheiterten aber teilweise — wie bereits mehrfach erwähnt — sowohl an dem schlechten Verhältnis der beiden Behörden zueinander als auch an politischen und kirchenpolitischen Überlegungen, die man auf höchster Regierungsebene anstellte und von denen die Öffentlichkeit zumeist nichts erfuhr.

Den Auseinandersetzungen um die kirchliche Frage innerhalb der preußischen Staatsregierung wie zwischen Kultusministerium und EOK wendet sich nun der folgende Teil zu. Dabei gewinnt selbstverständlich Bismarcks Haltung zur Kirchenpolitik eine besondere Bedeutung, denn angesichts der Machtfülle des preußischen Kanzlers — er regierte bekanntlich unabhängig vom Parlament und selbst das Kollegialprinzip des preußischen Staatsministeriums galt für ihn nicht —[499] hing letztlich von seinem Urteil, seinem Gewährenlassen oder Verhindern, die zukünftige Gestaltung der evangelischen Kirche in Preußen entscheidend ab.

---

[499] Vgl. Hans Rabe, *Die staatsrechtliche Stellung des Reichskanzlers des Deutschen Reiches in den Jahren 1871 bis 1945*, Jur. Diss., Hamburg 1970, S. 3—55.

VIERTER TEIL

Die Kirchenpolitik der preußischen Staatsregierung zwischen 1866 und 1872

Preußisches Staatsministerium contra Evangelischer Oberkirchenrat

Der Streit um den Anschluß der neupreußischen Provinzialkirchen an die Evangelische Landeskirche der älteren preußischen Provinzen

Am 23. August 1866, also genau am Tage des endgültigen preußisch-österreichischen Friedensschlusses zu Prag, unternahm der Evangelische Oberkirchenrat seinen ersten Vorstoß bei dem König, um den militärischen Sieg Preußens auch kirchenpolitisch gewinnbringend auszunutzen.

In einem Immediatbericht äußerte EOK-Präsident Mathis[1] schwere Bedenken im Blick auf die Zukunft der evangelischen Kirche in Österreich, deren gesetzliche Absicherung, insbesondere die in der Bundesakte garantierte Parität zwischen der katholischen und evangelischen Kirche mit der Auflösung des Deutschen Bundes hinfällig werde.[2] Um möglichen Repressalien gegen die protestantische Bevölkerung Österreichs nach dem Abzug der preußischen Truppen entgegenzuwirken, riet Mathis darum vorsichtig zur Aufnahme entsprechender Schutzbedingungen in den Friedensvertrag. »Am meisten dürften solche [sc. Schutzmaßnahmen] in Böhmen erforderlich werden, wo allgemein erwartet wird und auch nach uns gewordenen Mitteilungen aus dem Lande selbst wahrscheinlich ist, daß die tschechisch-katholische Bevölkerung ihren ganzen Grimm gegen die fremde Occupation, sobald unsere Truppen das Land verlassen haben, an ihren evangelischen und hußitischen Landsleuten zu kühlen geneigt sein werden.«[3]

---

[1] Siehe oben S. 41 f.

[2] Vgl. Art. XVI der Bundesakte vom 8. Juni 1815 und Art. LIII der Wiener Schlußakte vom 15. Mai 1820.

[3] ZSTA, Hist. Abt. II, Merseburg, Geh. Zivilkabinett, 2. 2. 1. Nr. 22831, pag. 1a—1b + R; das Dokument ist vollständig wiedergegeben bei G. Besier, *Preußische Kirchenpolitik 1866—1872* . . . , S. 778 ff.

Wohl erscheint es unmittelbar verständlich, daß die Bevölkerung des Hauptkriegsschauplatzes Böhmen — mithin am meisten von Plünderungen und Brandschatzung der preußischen Soldaten heimgesucht — den Eroberern kaum freundschaftliche Gefühle entgegenzubringen vermochte; daß sich ihr Haß aber gegen protestantische Landsleute entlud, beweist aufs neue, in welch hohem Maße diese rein machtpolitische Auseinandersetzung im Bewußtsein der breiten Masse mit religiösen Gegensätzen motiviert wurde.[4] Inwieweit die Geistlichen beider Konfessionen an diesem Sachverhalt die Schuld tragen, verdiente eine eigene Untersuchung.[5]

Im zweiten Teil seines Schreibens erörterte Mathis das zukünftige kirchliche Verhältnis zwischen den annektierten Landesteilen und der Evangelischen Landeskirche der älteren preußischen Provinzen. Zwar lehnte er eine gewaltsame Annäherung der neuen Provinzialkirchen an die bisherige preußische Landeskirche strikt ab, »aber es dürften nicht minder auch alle Schritte zu vermeiden sein, die eine von den Gemeinden und Provinzial-Kirchen selbst ausgehende Annäherung dieser Art irgend erschweren könnten. Es läßt sich eine irgend länger dauernde absolute Trennung dieser neuen Lande in kirchlicher Hinsicht von den alten Provinzen wenigstens, was die oberste Kirchenleitung betrifft, kaum als möglich denken.«[6] Nach Auffassung des EOK würde eine Sonderstellung der neuen lutherischen Provinzialkirchen — gedacht ist vor allem an Hannover, Schleswig-Holstein und Teile Kurhessens — die separierten Lutheraner Altpreußens benachteiligen und überdies die Einheit innerhalb der Evangelischen Landeskirche der älteren preußischen Provinzen durch konfessionalistische Ablösungsbestrebungen gefährden. Allerdings bedürfe das oberste Kirchenregiment, um seinem erweiterten Wirkungskreis in jeder Hinsicht zu genügen, einer personellen Aufstockung durch nichtunierte Vertreter aus den neuen Landesteilen.

Das Königliche Geheime Zivilkabinett reichte den Immediatbericht zur Begutachtung an Kultusminister v. Mühler weiter, der umgehend antwortete. Eine Beschlußfassung über die kirchliche Zukunft der neupreußischen Provinzialkirchen hielt v. Mühler angesichts der Tatsache, daß die betreffenden Gebiete noch unter preußischer Militärverwaltung standen, für absolut verfrüht.

---

[4] Siehe oben S. 43 f.

[5] Eine Untersuchung der Kriegstheologie des Jahres 1866 fehlt bislang noch. In der deutsch-französischen Auseinandersetzung des Jahres 1870/71 spielte jedenfalls der Aspekt des evangelisch-katholischen Religionskrieges wieder eine entscheidende Rolle (vgl. Karl Hammer, *Deutsche Kriegstheologie 1870—1918*, München 1971, S. 21; 183 f.).

[6] Siehe Anm. 3.

Hinsichtlich der evangelischen Kirche in Österreich empfahl der Minister namens des ganzen Staatsministeriums dringend, von jeder Einmischung in die inneren Angelegenheiten des besiegten Landes Abstand zu nehmen und allenfalls *nach* dem Friedensschluß in einem persönlichen Schreiben an Kaiser Franz Joseph, diesen um Schutz und paritätische Behandlung seiner evangelischen Untertanen zu bitten.[7]

Mühlers Gutachten verrät deutlich die Signatur Bismarcks, dem es im Interesse seiner Außenpolitik um eine möglichst rasche Aussöhnung mit Österreich zu tun war. Für den Kanzler, der jede Demütigung des geschlagenen Feindes zu vermeiden trachtete und zur Durchsetzung seines politischen Konzeptes sogar heftige Meinungsverschiedenheiten mit König Wilhelm nicht scheute, konnte die vom EOK aufgeworfene kirchliche Problematik eine nur höchst untergeordnete Bedeutung besitzen, deretwegen er sich seine europäisch dimensionierten Pläne kaum durchkreuzen ließ.[8]

Obwohl es keinem Zweifel unterlag, daß König Wilhelm die Durchführung der Union in der ganzen Monarchie wünschte und eine Ausdehnung des EOK-Machtbereichs diesem Ziel unmittelbar gedient hätte, beherzigte er doch das Votum seines Kabinetts und ließ Mathis' Immediatbericht unbeantwortet.[9] Auf Bismarcks Drängen hin ging der König sogar noch einen Schritt weiter und gab in dem Besitzergreifungspatent vom 3. Oktober 1866 sowie in der gleichzeitig veröffentlichten Proklamation beruhigende Erklärungen hinsichtlich der Wahrung des kirchlichen Bestandes in den neuen Provinzen ab.[10]

Als der Evangelische Oberkirchenrat außer diesen öffentlichen Verlautbarungen von dem Summus Episcopus nichts weiter hörte, versuchte er am 6. Oktober 1866 — trotz bereits bestehender Spannungen wegen der Kirchenverfassungsfrage in der Evangelischen Landeskirche der älteren

[7] ZSTA, Hist. Abt. II, Merseburg, Geh. Zivilkabinett, 2. 2. 1. Nr. 22831, pag. 1; vgl. G. Besier, *Preußische Kirchenpolitik 1866—1872* . . . , S. 781.

[8] Vgl. O. v. Bismarck, *Gedanken und Erinnerungen* . . . , Bd. 2, S. 34 ff.; Walter Bussmann, *Das Zeitalter Bismarcks 1852—1890*, 4. Aufl., Frankfurt 1968, S. 91. Überhaupt scheint es zu Bismarcks außenpolitischen Grundsätzen gehört zu haben, sich wegen religiöser Bedrängnis von Glaubensgenossen prinzipiell nicht in die inneren Angelegenheiten fremder Staaten zu mischen. So reagierte die preußische Staatsregierung auch nicht, als die Lutheraner Preußens mehrfach um Intervention zugunsten ihrer Glaubensbrüder in den russischen Ostseeprovinzen baten. Dort versuchte man gerade während der Bismarck-Ära mit allen Mitteln die lutherischen Christen zum Übertritt in die russisch-orthodoxe Kirche zu bewegen.

[9] Zum kirchenpolitischen Denken Wilhelms I. während des in Rede stehenden Zeitabschnittes vgl. Bernt Satlow, *Wilhelm I. als summus episcopus der altpreußischen Landeskirche*, Evang. Theol. Diss., Halle/Saale 1961, S. 141 ff.

[10] Siehe oben S. 342 f.

preußischen Provinzen[11] — den Kultusminister für seine Pläne zu erwärmen, doch der lehnte es ab, »für jetzt auch nur in eine Diskussion über diesen Gegenstand mit ihm einzugehen«.[12]

Daraufhin entschloß sich der starke Mann des Evangelischen Oberkirchenrates, Generalsuperintendent Hoffmann,[13] seinen persönlichen Einfluß auf den Monarchen, den er als Oberhofprediger zweifellos besaß, mit in die Waagschale zu werfen.[14] Am 27. Oktober 1866 reichte er dem König ein von ihm allein verantwortetes Memorandum über »die kirchliche Einverleibung der neu erworbenen Lande« ein, in dem er die inzwischen laut gewordenen politischen Bedenken des Staatsministeriums gegen den Anschluß der neuen Provinzialkirchen an die Evangelische Landeskirche der älteren preußischen Provinzen als kurzsichtig verwarf und sich ausführlich darüber verbreitete, wie die Angliederung möglichst reibungslos zu bewerkstelligen sei.[15]

Hoffmann unterscheidet in seiner Denkschrift zunächst die Behandlung der kirchlichen Frage im Übergangsjahr (Oktober 1866 bis 1867) von der bleibenden Regelung danach.

Auch in der Übergangszeit hält er eine völlige Unterstellung der neuen Provinzialkirchen unter das Kultusministerium für unzulässig, da diese Behörde nicht — wie der EOK — kollegialisch, sondern »bürokratisch« — gemeint ist abgestuft hierarchisch — aufgebaut sei und der Minister selbst als Nichttheologe unmöglich an die Stelle des Oberkonsistoriums treten könne. Wolle man nicht auf solche, in Altpreußen seit 1850 überwundene, territorialistische Maßnahmen zurückgreifen, die eindeutig im Widerspruch zu Artikel 15 der Preußischen Verfassung stünden, dann müßten die bisherigen kirchlichen Organe in Neupreußen als oberste Landeskirchenbehörden unter der Aufsicht des Kultusministeriums weiterhin bestehen bleiben. »Dann aber wären die Kirchen dieser *Länder* nur in *Personal-Union* mit unserer Landeskirche getreten, während das Land selbst dem

---

[11] Siehe oben S. 255 f.

[12] ZSTA, Hist. Abt. II, Merseburg, Geh. Zivilkabinett, 2. 2. 1. Nr. 22831, pag. 3.

[13] Siehe oben S. 121 ff.

[14] Nähere Einzelheiten über Hoffmanns Einfluß auf Wilhelm ließen sich leider nicht ermitteln; die einschlägigen Darstellungen — die von seinem Sohn verfaßte Biographie und der von Kögel in der *RE*, 3. Aufl., geschriebene Artikel — erwähnen mit keinem Wort die mit Sicherheit bestehenden Beziehungen zwischen dem Monarchen und seinem Oberhofprediger. Vgl. auch B. Satlow, *Wilhelm I. . . .* , S. 106.

[15] ZSTA, Hist. Abt. II, Merseburg, Geh. Zivilkabinett, 2. 2. 1. Nr. 22831, pag. 46 bis 53 + R; das Dokument ist vollständig wiedergegeben bei G. Besier, *Preußische Kirchenpolitik 1866—1872 . . .* , S. 782 ff.

Preußischen Staate einverleibt wäre, ein Zustand, der sicherlich nicht beabsichtigt wird, auch für längere Dauer ganz unhaltbar wäre. ... Es ist daher ganz unerläßlich, daß am 1. Oktober 1867 [dem Tag des Inkrafttretens der Preußischen Verfassung in den annektierten Provinzen] die oberste Verwaltung der *inneren Angelegenheiten* der evangelischen Kirche in den neuen Landen *auf den Evangelischen Ober-Kirchenrath übergehen* und daß die bisherigen obersten Kirchenbehörden derselben zu *Provinzial-Behörden* umgestaltet und wo noch keine bestehen, *solche errichtet werden.«*[16]

Der im ersten Teil des Zitates als selbstverständlich ausgesprochene Grundsatz, daß in der Entwicklung von Staat und Kirche notwendig eine Analogie bestehen müsse, gehörte zu den bestimmenden Prinzipien der Kirchenpolitik des Evangelischen Oberkirchenrates. Es entsprach überwiegend preußischem Ordnungs- und Obrigkeitsdenken — und nicht so sehr zügellosem Machtstreben, wie der lutherische Konfessionalismus glauben machen wollte —, daß sich der Evangelische Oberkirchenrat um eine einheitliche Kirchenregierung bemühte. Wo blieb die Autorität, was hatte man dem ultramontanen Katholizismus in Deutschland entgegenzusetzen, wenn die größte evangelische Landeskirche in drei verschiedene Bekenntnisgemeinschaften zerfiel? Einem geordneten Staatsgebilde mit nur einem Volk, einer obersten Regierung und einem von Gott berufenen König, korrespondierte eine geschlossene evangelische Nationalkirche mit einer zentralen Oberbehörde und dem König als oberstem Bischof. Trotz ihrer prinzipiellen Geschiedenheit — die von der Oberkirchenratspartei ebenso bejaht und angestrebt wurde wie von der kirchlichen Rechten und dem Protestantenverein — blieben beide Institutionen schicksalhaft miteinander verbunden: Erlebte der Staat seine historische Sternstunde, mußten diese Ereignisse eine spürbare Veränderung auch in der evangelischen Kirche hervorrufen.[17] So war es den Kirchenführern unvorstellbar, daß Preußen zum mächtigsten Staat in Mitteleuropa avancierte, während die preußische Kirche ein schwaches, in sich zerrissenes Gebilde bleiben sollte und sogar die in der Preußischen Union mühsam gewonnene Einheit in Frage gestellt wurde.

Auf dieser gedanklichen Grundlage hielt Hoffmann es für absurd, die neuen Provinzialkirchen in der Übergangszeit dem hierfür schlecht ausge-

---

[16] *A. a. O.,* S. 784 (Hervorhebungen im Original). Weiter unten (S. 787) heißt es: »Der Grundzug der Einheit, welchem Preußen im Staate folgt, ohne deswegen mechanischer Centralisation zu huldigen, wäre für die Kirche aufgegeben und hier Zerklüftung zum Grundsatz erhoben.«

[17] Siehe oben S. 246 ff.

statteten Kultusministerium zu unterstellen, um sie letzten Endes doch der Evangelischen Landeskirche der älteren preußischen Provinzen anzugliedern und damit dem Herrschaftsbereich des EOK zuzuordnen. Eine solche Übergangsregelung würde den kirchlichen Schwebezustand in den annektierten Provinzen nur verlängern, unionsfeindlichen Agitationen neuen Auftrieb geben und konfessionalistischen Kräften Zeit genug lassen, ihren Widerstand zu organisieren. Hoffmann schlägt darum vor, die kirchlichen Interna entweder sofort dem EOK zuzuweisen oder ihre Verwaltung wenigstens dem Kultusministerium und dem EOK gemeinsam zu übertragen.

Bis zur Vollendung einer kirchlichen Synodalordnung, die nach dem 1. Oktober 1867 verfassungsgemäß (Artikel 15 der preußischen Verfassungsurkunde von 1850) in allen preußischen Provinzialkirchen aufgebaut werden und deren Organe dann die Administration sowohl der kirchlichen Interna als auch der Externa übernehmen sollen, verwaltet der EOK interimistisch die inneren Angelegenheiten der gesamten evangelischen Kirche in Preußen.

Dabei plädiert Hoffmann durchaus für eine abgestufte Behandlung der neuen Provinzialkirchen. So gesteht er dem hannoverschen Provinzialkonsistorium mehr Kompetenzen zu als in den alten Provinzen üblich war; Nassau soll auf »ausgesprochenen Wunsch« hin der rheinischen Provinzialsynode angeschlossen werden; Frankfurt am Main erhält ein Lokalkonsistorium, das ebenfalls Koblenz unterstellt wird; in Hessen hält Hoffmann zwei, in Schleswig-Holstein und Lauenburg nur ein Konsistorium für erforderlich.

Der unierte Evangelische Oberkirchenrat müßte durch die Ernennung von führenden Repräsentanten aus den Kirchen der neuen Provinzen personell erweitert und damit auch zu einem konfessionell gemischten Kollegium ausgebaut werden. Obwohl nach Hoffmanns Überzeugung das oberste Kirchenregiment den unterschiedlichen konfessionellen Charakter der einzelnen Provinzialkirchen durchaus achten und erhalten sollte, lehnt er eine *itio in partes* entschieden ab, denn »... es liegt kein Grund vor, die parteimäßigen Einbildungen, welche der theologisch-kirchliche Kampf in dieser Hinsicht hervorgebracht hat, gleichfalls zu schonen und zu erhalten«.[18] Wer jegliche Berührung mit der Union scheut, dem bleibt der Übertritt in die separierte lutherische Kirche Preußens. Doch Hoffmann glaubt, daß nur sehr wenige davon Gebrauch machen werden: »Wenn man ... an die Gemeinden dieser Lande in ihrer bei weitem größesten

---

[18] Zitiert nach G. Besier, *Preußische Kirchenpolitik 1866—1872...*, S. 786 f.

Zahl denkt, denen die Repristination alt-confessioneller Formen, wie der Katechismusstreit in Hannover aufs Klarste gezeigt hat, ferne liegt und zuwider ist, so muß man viel eher eine Berührung mit der Union und eine weitherzigere Auffassung des Kirchenthums als diese Confessionalisten haben, in den Wünschen der Mehrzahl der Kirchenglieder finden und es wäre eher ein Unrecht, diese der beengenden und unberechtigten Ansicht einer Mehrzahl von Pastoren zu unterwerfen, somit das Recht der Gemeinden in diesen Landeskirchen unbeachtet zu lassen.«[19] Die kirchliche Einverleibung als Akt der Befreiung von dem konfessionellen Joch, das wenige Geistliche ihren Gemeinden aufbürden — so will Hoffmann also seinen Lösungsvorschlag zur Kirchenfrage verstanden wissen.

Schließlich schilderte Hoffmann dem König eingehend, welche Gefahren der Preußischen Union drohten, wenn nicht nach seinen Vorschlägen verfahren würde. Schon jetzt forderten die Konfessionalisten die Beseitigung der Evangelischen Landeskirche der älteren preußischen Provinzen und die Bildung dreier Bekenntniskirchen unter Einschluß der neuen Landesteile. Eine Sonderregelung für die annektierten Provinzen verstärkte den Wunsch des altpreußischen Luthertums nach einer Loslösung von der Evangelischen Landeskirche der älteren preußischen Provinzen nur noch und ließe im Falle der Verweigerung solcher Bestrebungen durch das Kirchenregiment den Schluß zu, als habe man in den neuen Provinzen lediglich aus politischen Gründen konfessionelle Rücksichten geübt, während in den alten Landesteilen die religiöse Bedrückung weiter anhalte. Gebe man den konfessionellen Sonderbewegungen aber nach, dann höre die unierte Landeskirche damit auf zu existieren. »Es ist möglich, daß Staatsmänner von ihrem Standpunkt aus dies für kein Unglück halten und die Aufhebung der Union und Beseitigung des *Unions-Charakters* der Preußischen Landeskirche sogar gerne begrüßen werden. Aber ob sie dabei auch nur politisch richtig rechnen, ist sehr die Frage.«[20] Wohl wissend, wie sehr dem König an der Erhaltung und Fortbildung der von seinem liebevoll verehrten Vater begründeten Union gelegen war, lenkte Hoffmann mit dieser Bemerkung den Blick des Monarchen auf Bismarck, dessen Gegnerschaft zur Union er nicht allein politischen, sondern eben auch religiösen Motiven zuschrieb.[21]

[19] *A. a. O.*, S. 787.
[20] *Ebda.*
[21] B. Satlows These (*Wilhelm I. ...*, S. 141), Bismarcks Nein zur Erweiterung des EOK-Wirkungsbereiches liege teilweise auch in machtpolitischen Erwägungen begründet, läßt sich aufgrund des mir vorliegenden Materials nicht erhärten.

Daß Hoffmann dem Kanzler mit solchen Seitenhieben häufiger übel mitspielte und versuchte, ihn kirchenpolitisch mit dem König zu entzweien, verrät ein Schreiben Bismarcks an Wilhelm vom 12. August 1872, in dem er den fortwährend politisierenden und intrigierenden Hofprediger leidenschaftlich kritisierte: ».. . ich kenne seit Jahren die sanguinische Sicherheit, mit welcher sich dieser geistliche Herr auf dem ihm ganz fremden Boden der Politik bewegt. Sein gänzlicher Mangel an diskreter Zurückhaltung, welche zarte Geschäfte erfordern, läßt mich befürchten, daß er das vorliegende durch seine Einmischung nur erschweren und Eurer Majestät Namen, wie das schon im Winter in Berlin geschehn zu sein scheint, mißbräuchlich benutzen werde.«[22]

Am Schluß seiner Denkschrift hielt Hoffmann dem König noch vor Augen, welche Wirkung die Auflösung der unierten Evangelischen Landeskirche der älteren preußischen Provinzen für das ganze evangelische Deutschland haben würde: »Gewiß würde ein solcher Erfolg eines jetzt zu ganz anderen Zwecken gethanen Schrittes dem kirchlichen Indifferentismus, den Bestrebungen der negativ kirchlichen Parteien, dem Umsichgreifen der religiösen Secten und insbesondere dem der römisch-katholischen Kirche den größesten Vorschub leisten.«[23]

Wenn Hoffmann mit seinem Memorandum etwa die Erwartung verbunden hatte, der König werde nun zugunsten des EOK in den kirchenpolitischen Streit eingreifen, so sah er sich bald bitter enttäuscht. Wilhelm reagierte auf die Vorstellungen seines Oberhofpredigers überhaupt nicht, so daß der Evangelische Oberkirchenrat sich bemüßigt fühlte, in einem offiziellen Immediatbericht vom 15. November 1866 sein Anliegen abermals zu wiederholen.[24]

Neben den schon aus Hoffmanns Denkschrift bekannten Argumenten für die Unterstellung der neuen Provinzialkirchen unter den EOK, behandelte dieser Bericht eingehend die Agitation der konfessionellen Presse, insbesondere der *Evangelischen Kirchenzeitung.* Angesichts der zunehmenden kirchenpolitischen Unruhen verlangt er einen »Schritt von nicht zu mißverstehender Bedeutung«, wobei er keinen Moment Zweifel darüber aufkommen läßt, wie dieser aussehen sollte: Erstmals stellte der EOK in aller Form den als Bitte vorgebrachten Antrag, »daß es Ew. Königlichen

---

[22] Horst Kohl (Hrsg.), *Kaiser Wilhelm I. und Bismarck* (= Anhang zu den *Gedanken und Erinnerungen* von Bismarck, Bd. 1), Stuttgart-Berlin 1901, S. 227.
[23] Zitiert nach G. Besier, *Preußische Kirchenpolitik 1866—1872* . . . , S. 787 f.
[24] ZSTA, Hist. Abt. II, Merseburg, Geh. Zivilkabinett, 2. 2. 1. Nr. 22831, pag. 40—45 + R. Das Dokument ist vollständig wiedergegeben bei G. Besier, *Preußische Kirchenpolitik 1866—1872* . . . , S. 789 ff.

Majestät gefallen möge, die kirchliche Vereinigung der neu einverleibten Landestheile mit der bisherigen preußischen Landeskirche auszusprechen und in Folge dessen dieselbe unserer ressortmäßigen Amtsgewalt, allenfalls mit gewissen durch die politische Lage gebotenen Modificationen zu unterstellen«.[25]

Im Gegensatz zu dem Oberhofprediger, der eine *itio in partes* rundweg abgelehnt hatte, bekräftigte die amtliche EOK-Eingabe deren Rechtmäßigkeit aufgrund der Allerhöchsten Order vom 6. März 1852.[26] Wie das Hoffmann-Memorandum betonte dagegen auch sie, »...welchen Werth es hat..., daß dieser kirchliche und nationale Fortschritt Hand in Hand geht und ermöglicht wird durch die nach Gottes Gnade wachsende Machtfülle des preußischen Staats...«, und gibt mit vielen anderen gedanklichen Parallelen zu der Vermutung Anlaß, daß Hoffmann auch bei dieser Eingabe als »die treibende Kraft im Oberkirchenrath« gewirkt hatte.[27]

Die oberste Kirchenbehörde hoffte zwar wieder vergebens auf einen offiziellen Bescheid oder einen sofortigen kirchenpolitischen Kurswechsel, durfte aber von nun an gewiß sein, daß der König ganz auf ihrer Seite stand, denn bei der Übergabe des Immediatberichtes durch Hoffmann hatte Wilhelm diesem gegenüber geäußert: »Ich bin ganz der Meinung des Oberkirchenraths, aber ich habe in dieser Sache das ganze Staatsministerium wider mich«, und sich damit als heimlicher Verbündeter des Evangelischen Oberkirchenrates zu erkennen gegeben.[28] Gleichwohl mischte sich der Monarch nicht aktiv in die Kirchenpolitik ein. Vielmehr sandte er beide Berichte mit der Bitte um Stellungnahme an das Staatsministerium, enthielt sich aber dabei jeden Kommentars und folgte im übrigen sogar ganz den — keinen Widerspruch duldenden — Empfehlungen seines Kanzlers.

So unterzeichnete der König am 8. Dezember 1866 eine Allerhöchste Erwiderung auf die Petition des hannoverschen Landeskonsistoriums vom 9. Oktober 1866,[29] mit der er die kirchenpolitischen Pläne des EOK insofern durchkreuzte, als die in der Order enthaltenen Zusicherungen praktisch die Anerkennung und Perpetuierung des status quo in der hannover-

---

[25] *A. a. O.*, S. 790.

[26] Siehe oben S. 3.

[27] Zitiert nach G. Besier, *Preußische Kirchenpolitik 1866—1872...*, S. 791; zweites Zitat aus W. Beyschlag, *Aus meinem Leben...*, Bd. 2, S. 281.

[28] Zitiert nach W. Beyschlag, *a. a. O.*, Bd. 2, S. 282.

[29] Siehe oben S. 342 f.

schen Provinzialkirche garantierten.[30] Diese ».. . Vollziehung einer Allerhöchsten Order . . ., welche die bündige Zusicherung der Aufrechterhaltung und Durchführung der zu Recht bestehenden Verfassung der
evangelisch-lutherischen« Landeskirche in Hannover enthält«, hatte das
Staatsministerium in einem Bericht an den König vom 1. Dezember 1866
gefordert, nachdem man sich über die politische Notwendigkeit einer solchen sowie über deren Wortlaut mit dem Königlichen Zivilkommissar für
Hannover, Freiherr v. Hardenberg, verständigt hatte.[31]

Am 5. Februar 1867 reichte Mathis dem König einen Nachtragsbericht
zu der Eingabe vom 15. November 1866 ein, in dem er als Beleg für die Befürchtungen des Evangelischen Oberkirchenrates, die Evangelische Landeskirche der älteren preußischen Provinzen werde sich in Konfessionskirchen auflösen, wenn man den konfessionellen Sonderbestrebungen in
Neupreußen nachgebe, auf einen Artikel in der *Evangelischen Kirchenzeitung* hinweist.[32] Dort heißt es: »Daß die Lutherische Kirche in den neuerworbenen Gebieten unter den Berliner Evang. Oberkirchenrath zu stellen
sei, daran wird wol niemand im Ernste denken und wenn Jemand dennoch
solche Gedanken hegte, so ist ihnen durch Kabinets-Ordre vom 8. Dez. ein
Ziel gesetzt worden, welche den unveränderten Fortbestand der evangelisch-lutherischen Kirche in Hannover gewährleistet. Erkent man aber
dort das Recht der Lutherischen Kirche an, so würde es ein schreiender
und auf die Dauer unerträglicher Widerspruch sein, wenn man es ihr in
den alten Provinzen versagen wollte. So weit wir bis jezt wahrnehmen
können, haben unsere Vorschläge in den weitesten Kreisen Anklang gefunden. Es komt zunächst darauf an, daß alle lebendigen Glieder der Kirche der Deutschen Reformation in dieser Sache eins werden und mit klaren und festem Geiste das zu erstrebende Ziel ins Auge fassen. Ist dies Ziel
erreicht, so wird sich das Weitere, so Gott will, finden.«[33]

In der falschen Annahme, daß der vom König beim Staatsministerium
angeforderte Bericht schon eingetroffen sei, richtete Hoffmann am 12. Februar 1867 noch einmal ein persönliches Handschreiben an Wilhelm, um
diesen schließlich doch noch von seinen kirchenpolitischen Ansichten zu
überzeugen.[34] Unter Berufung auf Mitteilungen »urtheilsfähiger Personen

---

[30] Der Wortlaut der Allerhöchsten Order ist u. a. abgedruckt in: Christian Hermann Ebhardt, *Gesetze, Verordnungen und Ausschreiben für den Bezirk des Königlichen Consistorii
zu Hannover*, 2. Folge, *1858—1868*, Hannover 1869, S. 252.

[31] ZSTA, Hist. Abt. II, Merseburg, Geh. Zivilkabinett, 2. 2. 1. Nr. 22831, pag. 3.

[32] *A. a. O.,* pag 54 + R.

[33] *EKZ* 80 (1867), Sp. 47 f.

[34] ZSTA, Hist. Abt. II, Merseburg, Geh. Zivilkabinett, 2. 2. 1. Nr. 22831, pag. 65 + R.

aus den neuerworbenen Landen« beschwört er den Monarchen, »ohne allen Schaden, ja mit Gewinn auch auf politischer Seite« die sofortige Unterstellung aller neupreußischen Provinzialkirchen — mit Ausnahme Hannovers (jedoch ohne Ostfriesland) — unter den EOK zu veranlassen und weitere Mitglieder in diesen zu berufen; dabei schlägt er vor, Emil Herrmann zum Vizepräsidenten und Propst Versmann[35] zum Konsistorialrat zu ernennen. Hannover solle bis zum Herbst des Jahres vom Kultusministerium interimistisch verwaltet werden, in der Erwartung, daß bis dahin eine Beruhigung der Gemüter eingetreten sei. Im Fall der Nichtbeachtung seiner Ratschläge prophezeit der Hofprediger seinem König den totalen Zusammenbruch der preußischen Kirche und infolgedessen eine innenpolitische Machteinbuße sowie den Verlust jeglichen Einflusses auf den deutschen Protestantismus überhaupt.

Eine Woche später, am 18. Februar 1867, legte das Staatsministerium dann wirklich seinen Immediatsbericht vor, dem als erste offizielle Verlautbarung zu dieser Frage besonderes Gewicht zukommt.[36]

Gleich zu Beginn ihrer Ausführungen lehnen die unterzeichneten Minister, Bismarck und v. Mühler, den Antrag des Evangelischen Oberkirchenrates vom 15. November 1866 mit Entschiedenheit ab: »Wir können uns diesen Antrag nicht aneignen, müssen vielmehr aus rechtlichen, wie aus praktischen und politischen Gründen, demselben auf das Bestimmteste widerrathen.«[37] Nach dem Urteil der Regierung bestehe keinerlei Anlaß, in übereilter, hastiger Weise über das zukünftige Schicksal der neuen Provinzialkirchen zu entscheiden, zumal die vom EOK übertrieben geschilderte Agitation mittlerweile ruhiger Überlegung gewichen sei.

Als die dem Gutachten zugrunde liegenden Informationsquellen gibt v. Mühler »sachkundige Kommissarien«, Aktenmaterial, Gesetzessammlungen, persönliche Gespräche in den betreffenden Ländern, Berichte der Generalgouverneure und Ziviladministratoren sowie zahlreicher Deputationen an. Der ausführliche Immediatbericht enthält in seinem Mittelteil denn auch eine Fülle von interessanten Mitteilungen über die Anzahl der Gläubigen, die Größe und Zahl der Gemeinden, den Bekenntnisstand, die Kirchenverfassung sowie über die kirchenpolitischen Parteien und Stimmungen in den annektierten Landesteilen.

[35] Siehe oben S. 151; 406; 413; 420.
[36] ZSTA, Hist. Abt. II, Merseburg, Geh. Zivilkabinett, 2. 2. 1. Nr. 22831, pag. 29—39 + R; der Immediatbericht ist vollständig wiedergegeben bei G. Besier, *Preußische Kirchenpolitik 1866—1872* ... , S. 794 ff.
[37] *A. a. O.*, S. 794.

Aufgrund dieser Faktoren kommen Bismarck und sein Minister zu dem Ergebnis, daß vor allem in Hannover »eine Alterirung dieses vorgefundenen Rechtsbestandes Seitens der Preußischen Regierung der größte politische Fehler sein« würde und »... die sonst mehr passiven Massen des Bürger- und Bauernstandes in eine gefährliche Bewegung versetzen könnte«.[38] Aber auch die anderen Provinzialkirchen widersetzten sich dem Gedanken, »unter die Obedienz des Evangelischen Ober-Kirchenraths« gestellt zu werden. Alle Provinzialkirchen strebten vielmehr nach der Erhaltung ihrer Selbständigkeit — teils aus konfessionellen Gründen, teils um besondere Eigentümlichkeiten ihrer Kirchen unverändert zu bewahren. Angesichts dieses Sachverhaltes schlägt v. Mühler vor, zunächst in sämtlichen Provinzialkirchen des preußischen Staates — soweit noch nicht vorhanden — eine konsistorial-synodale Mischverfassung aufzubauen, um erst dann, unter Mitwirkung der auf diesem Wege gewählten, legitimen Vertreter der einzelnen Landesteile, die Neubildung einer kirchlichen Landesbehörde in Angriff zu nehmen.

Nach Auffassung des Staatsministeriums stehen der von Mathis und Hoffmann befürworteten, sofortigen Unterstellung der neuen Kirchenprovinzen unter den EOK aber auch Bedenken hinsichtlich der Verfassung und Bestimmung dieser obersten Kirchenbehörde entgegen: Dem Evangelischen Oberkirchenrat wurde lediglich die Verwaltung der acht älteren Provinzialkirchen, und auch diese nur provisorisch bis zur definitiven Konstituierung einer selbständigen Kirchenverfassung übertragen. Eine Ausdehnung seines Wirkungsbereiches erforderte nach Auskunft seiner Mitglieder erhebliche personelle, aber auch strukturelle Veränderungen, denn das zukünftige Oberkonsistorium für Großpreußen müßte »anstatt eines rein beamtlichen, einen mehr repräsentativen Charakter« tragen. Sei es dem EOK überdies schon nicht gelungen, in der Evangelischen Landeskirche der älteren preußischen Provinzen konsolidierte Verhältnisse zu schaffen, wie wolle er erst ein kirchenpolitisches Debakel angesichts der viel schwierigeren Probleme in Neupreußen verhindern. »Endlich darf auch der Umstand nicht unerwähnt bleiben, daß eine baldige Befassung des Evangelischen Ober-Kirchenraths mit der kirchlichen Verwaltung der neuen Länder eine Verstärkung desselben mit Arbeitskräften und die Aufwendung neuer Geldmittel erfordern würde, für deren Beschaffung bei der ungünstigen Stimmung des Landtags gegen den Evangelischen Ober-Kirchenrath keine Aussicht sich bietet.«[39] Das letzte Argument wog wohl am

[38] *A. a. O.*, S. 796.
[39] *Ebda*.

schwersten, denn es bedeutete dem Monarchen unmißverständlich, daß eine kirchliche Neuordnung »nicht kurzer Hand durch ein einfaches Königliches Decret festgestellt« werden konnte, sondern der Zustimmung des Abgeordnetenhauses bedurfte; anders als sein Vater stieß Wilhelm damit auf die Grenzen seiner durch die Verfassung beschränkten Macht.

Als »einzig richtigen Weg« empfahl das Staatsministerium dem König schließlich, er möge den EOK mit der Fortbildung der bruchstückhaften Kirchenordnung in den alten Provinzen, den Kultusminister aber mit dem Aufbau einer konsistorial-synodalen Verfassung in den Provinzen Schleswig-Holstein, Kurhessen und Nassau beauftragen. Erst nachdem dann in allen Landesteilen Provinzialsynoden eingerichtet seien, könne man unter deren Mitwirkung auch eine gemeinsame oberste Kirchenbehörde herstellen. Entwürfe für Allerhöchste Erlasse in diesem Sinne, legte das Staatsministerium seinem Immediatbericht bei.[40]

Wilhelm machte jedoch von den Vorlagen keinen Gebrauch, sondern hielt die ganze Frage vorerst in der Schwebe, indem er sich weder zu den Plänen des EOK noch zu den Vorschlägen seiner Regierung offiziell äußerte. Gleichwohl läßt die weitere Handlungsweise des Königs unschwer erkennen, daß er ungeachtet seiner nach außen hin abwartenden Haltung den EOK heimlich zu begünstigen suchte. So schickte er ohne Wissen seines Staatsministeriums dessen Immediatbericht an Mathis und Hoffmann, um beiden »nochmals Gelegenheit zu geben«, sich »in nicht offizieller Weise« gutachtlich zu der kirchlichen Eingliederungsfrage zu äußern.

Am 2. April 1867 reichten Mathis und Hoffmann dem König ihre Stellungnahme zum Immediatbericht der Staatsregierung ein.[41]

Zunächst erklärten sie, es müsse sich um ein Mißverständnis handeln, wenn das Staatsministerium annehme, der EOK betrachte sich nicht als eine bloß provisorische Behörde. Aber da es vorauszusehen sei, daß bis zur Herstellung einer allgemeinen Landessynode noch geraume Zeit verstreiche, habe man den Vorschlag für legitim gehalten, als Übergangsregelung die neuen Provinzen nicht anders verwalten zu lassen als die alten.

Die konfessionellen Bedenken insbesondere der hannoverschen Kirche gegen eine Unterstellung unter den EOK würden durch die Ratschläge des Ministerpräsidenten und seines Kultusministers keinesfalls ausgeräumt,

[40] ZSTA, Hist. Abt. II, Merseburg, Geh. Zivilkabinett, 2. 2. 1. Nr. 22831, pag. 60; 61 und 64.
[41] ZSTA, Hist. Abt. II, Merseburg, Geh. Zivilkabinett, 2. 2. 1. Nr. 22831, pag. 13—20 + R; vollständig wiedergegeben bei G. Besier, *Preußische Kirchenpolitik 1866—1872 ...* , S. 806 ff.

denn auch die Angehörigen des Kultusministeriums gehörten dem unierten Bekenntnis an. »Bei der Beurtheilung der Abneigung in Hannover darf überdies nicht vergessen werden, daß es nur die Pastoren, und auch diese nicht einmal in der Mehrzahl, nicht im Mindesten aber die Gemeinden sind, welche *confessionelle* Bedenken haben. Nur politische Gründe könnten für den Augenblick auch Nichtgeistliche im particularistischen Interesse zum Protest gegen jede über die Personal-Union hinausgehende Kirchengemeinschaft mit Preußen bewegen.«[42]

Auch was das vermutete Veto des Abgeordnetenhauses zur Erweiterung des EOK-Wirkungskreises angehe, so könne der beabsichtigte Verfassungsbruch des Kultusministeriums leicht eine größere Verstimmung im Landtag gegen diese Behörde hervorrufen, als sie nach Ansicht v. Mühlers gegen den Evangelischen Oberkirchenrat angeblich schon jetzt bestehe.

Als Beleg für die Inkompetenz der Mühlerschen Informanten führen Hoffmann und Mathis ein Schreiben des hannoverschen Zivilkommissars an, in dem dieser offen erklärt habe, »nie ein Anhänger der Union gewesen zu sein und welchem es als gleichgültig erscheint, ob eine oder mehrere oberste Kirchen-Behörden in Preußen bestehen«.[43]

Den schärfsten Protest erheben die beiden Repräsentanten des Evangelischen Oberkirchenrates jedoch gegen die Absicht der Minister, später eine oberste Kirchenbehörde unter Mitwirkung und Beteiligung der Provinzialsynoden entstehen zu lassen. »Es ist dies der Rath, welcher die liberal-kirchliche Partei (Sydow, Krause und andere) so oft ausgesprochen, und dessen Annahme der Minister der geistlichen Angelegenheiten bisher mit uns auf's Entschiedenste bekämpft hat. Er könnte nur die Folge haben, daß das landesherrliche (oberbischöfliche) Kirchenregiment gegen die synodale Macht bedenklich zurückträte und allmählich ganz gelähmt würde.«[44]

Dieser auch später in offiziellen Stellungnahmen wiederholten Behauptung fehlte freilich jede reale Grundlage, denn daß die vom Staatsministerium postulierte »Mitwirkung und Beteiligung« der Synoden an der obersten Kirchenleitung über die übliche beratende Funktion nicht hinausgehen sollte, verstand sich angesichts der konservativ-antidemokratischen Grundhaltung der preußischen Staatsregierung von selbst. Überdies war knapp ein Jahr zuvor der EOK-Entwurf einer Provinzialsynodalordnung für die alten Provinzen an dem Veto des Kultusministers gescheitert, dem

[42] *A. a. O.*, S. 807.
[43] *A. a. O.*, S. 808.
[44] *Ebda.*

die Vorschläge der obersten Kirchenbehörde damals viel zu liberal erschienen.[45] Nach dem Krieg von 1866 hatte die Staatsregierung aus politischen Gründen zwar eine leichte Kurskorrektur nach links vorgenommen, aber von der Position des Liberalismus stand sie denn doch noch weit entfernt.[46]

Dem Gutachten von Hoffmann und Mathis waren eine »von ganz discreter Hand mundirte« Denkschrift und der Entwurf einer Allerhöchsten Order beigelegt.

Letztere nahm gegenüber den am 15. November 1866 gestellten Anträgen eine mehr vermittelnde Haltung ein, weil »in der Zwischen-Zeit durch die Verzögerung der Sache von Seiten des Ministeriums die Agitation ihre schädliche Wirkung gethan hätte« und man deshalb vorsichtiger zu Werke gehen müsse als ursprünglich beabsichtigt. Nach diesen Modifikationen sollte die Verwaltung der Interna der Kirchenprovinzen Hannover und Schleswig-Holstein für ein Interimisticum von etwa zwei bis drei Jahren dem Kultusminister überlassen bleiben; alle übrigen Vorschläge wurden sachlich unverändert aufrechterhalten.[47]

Die oben erwähnte Denkschrift, deren Verfasser ungenannt bleibt, aber jedenfalls aus EOK-Kreisen stammen mußte, geht von der These aus, daß die Vorschläge des Staatministeriums nicht von den — nur vorgeschobenen — Wirkungen auf politischem Gebiet ausgingen, sondern vielmehr von rein innerkirchlichen Erwägungen getragen seien, die der König als oberster Landesbischof keineswegs zu berücksichtigen brauche.[48] Im übrigen wiederholt sie sehr pointiert die schon bekannten Argumente zugunsten einer Unterstellung der neupreußischen Provinzialkirchen unter den EOK.

Ungeduldig geworden durch die zögernde Haltung des Monarchen und zermürbt von der Agitation konfessioneller Kreise, hatte sich der EOK jedoch nicht allein auf die Abfassung dieses Gutachtens und seiner Anlagen beschränkt, sondern schon am 23. Februar 1867 den Versuch unternommen, die Entscheidung auf einem anderen Wege zu erzwingen. Mit einer Denkschrift, »betreffend die gegenwärtige Lage der evangelischen Landeskirche Preußens«,[49] trug er die kirchliche Problematik — freilich ohne etwas von seinen Einverleibungsabsichten verlauten zu lassen oder son-

---

[45] Siehe oben S. 255 f.
[46] Vgl. W. Bussmann, *Das Zeitalter Bismarcks* ... , S. 93 ff.
[47] ZSTA, Hist. Abt. II, Merseburg, Geh. Zivilkabinett, 2. 2. 1. Nr. 22831, pag. 27—28 + R.
[48] ZSTA, Hist. Abt. II, Merseburg, Geh. Zivilkabinett, 2. 2. 1. Nr. 22831, pag. 21—26 + R.
[49] Siehe oben S. 117 ff.

stige kirchenpolitische Details aus dem Streit mit dem Staatsministerium preiszugeben — an die breite Öffentlichkeit, wohl in der Hoffnung, daß eine kirchenpolitische Bewegung zugunsten der EOK-Pläne einsetzen würde.

Aber nicht nur das Gegenteil trat ein,[50] die Staatsregierung erblickte in dem Vorgehen des EOK auch eine günstige Gelegenheit, diesen ein für allemal in seine Schranken zu verweisen.

Am 2. März 1867 bedankte sich Bismarck in einer kurzen Adresse an den EOK äußerst höflich für die Zusendung der Denkschrift, bemerkte aber abschließend vieldeutig: »Wenngleich ich den darin enthaltenen Ausführungen nicht überall beitreten kann, so wollen Sich Ew. Excellenz doch überzeugt halten, daß ich mit großem Interesse von dem Inhalt der Denkschrift Kenntniß genommen habe.«[51]

Wie erheblich der Kanzler tatsächlich von den Anschauungen des EOK abwich und insbesondere auch sein Vorgehen verurteilte, wurde dann in einem Schreiben des Staatsministeriums vom 15. Mai 1867 an den König deutlich.[52] Die Regierung teilt darin dem preußischen Staatsoberhaupt mit, sie wolle keineswegs in die Kompetenzen des EOK eingreifen, halte es aber um so mehr für ihre Pflicht, »den evangelischen Ober-Kirchen-Rath auf die Grenzen seiner Competenz zu verweisen und jedem Uebergriff und Abschweifung auf das politische Gebiet entgegenzutreten, als wir es mit unserer Verantwortlichkeit nicht würden zu vereinigen wissen, die ohnehin schon schwierige Situation in den neu erworbenen Ländern noch durch Hinzufügung kirchlicher Motive und religiöser Aufregung zu verwirren und zu erschweren«.[53] In den annektierten Landesteilen habe man die Denkschrift vielfach »als eine offizielle Rechtfertigung jenes Verlangens«, die neuen Provinzialkirchen dem EOK zu unterstellen, aufgefaßt und damit eine große Beunruhigung hervorgerufen, da »man von der nicht ganz unberechtigten Voraussetzung ausging, daß die Veröffentlichung nicht ohne Vorwissen und Genehmigung Eurer Majestät Regierung stattgefunden haben dürfe«.[54] Um den größten Schaden zu verhüten, regte das Staatsministerium an, den Folgerungen aus jener Denkschrift »öffentlich entgegenzutreten« und die Versicherung abzugeben, daß die Kirchenpoli-

---

[50] Siehe oben S. 131 ff.

[51] Archiv der EKU, Berlin, Ev. Oberkirchenrat, Gen. I, 31 Bd. I, pag. 54.

[52] ZSTA, Hist. Abt. II, Merseburg, Geh. Zivilkabinett, 2. 2. 1. Nr. 22771, pag. 268—271 + R; vollständig wiedergegeben bei G. Besier, *Preußische Kirchenpolitik 1866—1872* . . . , S. 816 ff.

[53] *A. a. O.*, S. 816.

[54] *A. a. O.*, S. 817.

tik der Regierung »fest in den bisherigen Bahnen beharren wird«. Schließlich beantragte es in aller Form, »den Evangelischen Ober-Kirchen-Rath huldreichst mit der Anweisung zu versehen, Schriftstücke von so weittragender politischer Bedeutung und von so zweifelhafter Auslegung für die Folge nicht ohne Vorwissen der Königlichen Staatsregierung zu verbreiten«.[55]

Das Schreiben verhehlte darüber hinaus auch nicht, daß es die in der Denkschrift ausgesprochenen Sorgen um die Einheit der evangelischen Landeskirche Preußens nicht teilen könne, da diese in dem oberstbischöflichen Amt des Monarchen, nicht aber in der provisorischen Institution des EOK begründet sei. Die gegenwärtige oberste Kirchenbehörde müsse ohnehin »mit dem Abschluß der in der Organisation begriffenen Synodal-Verfassung gesetzlich von selbst in Wegfall kommen«, und eine zu starke Identifikation der preußischen Landeskirche mit dem EOK erschwere nur die spätere Vereinigung mit den neupreußischen Provinzialsynoden.

Dem Schreiben lagen im Entwurf zwei Allerhöchste Erlasse bei, die das Staatsministerium ermächtigten, sich öffentlich von der EOK-Denkschrift zu distanzieren, und den EOK anwiesen, in Zukunft nicht ohne Vorwissen und Einverständnis des Staatsministeriums mit derartigen Memoranden an die Öffentlichkeit zu treten.[56]

Wilhelm, dem der Evangelische Oberkirchenrat zusammen mit der Denkschrift wohlweislich eine Rechtfertigung für seinen Schritt hatte zugehen lassen, hüllte sich aber in beharrliches Schweigen, so daß die Staatsregierung zunächst von weiteren Vorstößen in dieser Angelegenheit absah.[57]

Nach einer Atempause von zwei Monaten eröffnete dann der EOK mit einem Schreiben des Konsistorialrates Stahn an den König vom Juli 1867 erneut die Diskussion über die Frage der kirchlichen Neuordnung in den annektierten Provinzen.[58] Merklich bescheidener geworden machte er jetzt nur mehr ein Recht auf Mitwirkung an der Reorganisation jener Provinzialkirchen geltend, um als einzige dazu berufene amtliche Stelle »zu prüfen, inwiefern die den neuen Provinzen zu gebende kirchliche Einrichtung für die Verhältnisse der Landeskirche förderlich oder von nachtheiliger Einwirkung sein wird und wie die allenfalls für den Augenblick nicht zu vermeidenden Nachtheile in ihren Folgen für unser Amtsgebiet mög-

[55] *Ebda.*
[56] ZSTA, Hist. Abt. II, Merseburg, Geh. Zivilkabinett, 2. 2. 1. Nr. 22771, pag. 278 und 279.
[57] ZSTA, Hist. Abt. II, Merseburg, Geh. Zivilkabinett, 2. 2. 1. Nr. 22771, pag. 234 + R.
[58] ZSTA, Hist. Abt. II, Merseburg, Geh. Zivilkabinett, 2.2.1. Nr. 22831, pag. 80—81 + R.

lichst eingeschränkt werden können«.[59] Schließlich gab Stahn dem König noch zu bedenken, daß der gänzliche Ausschluß des EOK von der Verfassungsentwicklung in den Kirchen Neupreußens für diesen einen schweren Prestigeverlust auch innerhalb der Evangelischen Landeskirche der älteren preußischen Provinzen nach sich zöge und die Hoffnung konfessioneller Kreise auf Beseitigung der obersten Kirchenbehörde erheblich nähren würde.

Auf dieses Schreiben hin forderte Wilhelm am 19. Juli 1867 Kultusminister v. Mühler auf, ihm einen Bericht über die Neupreußen betreffenden kirchlichen Organisationspläne seiner Behörde vorzulegen und denselben auch dem EOK zur Begutachtung einzureichen. Gleichzeitig mahnte er den EOK, künftig den »vorgezeichneten Weg der geschäftlichen Behandlung« einzuhalten und seine gutachtlichen Äußerungen direkt an das Kultusministerium zu richten.

Schon acht Tage später, am 27. Juli 1867, übergab v. Mühler dem Königlichen Geheimen Zivilkabinett, am 30. Juli dem Evangelischen Oberkirchenrat je ein Exemplar seiner *Grundzüge für die Organisation der Verwaltung der evangelisch-kirchlichen Angelegenheiten in den durch die Gesetze vom 20. September und 24. Dezember 1866 der Preußischen Monarchie einverleibten neuen Landestheile.*[60]

Die hier geäußerten Vorschläge für eine Verwaltungsreform der evangelischen Kirchen Neupreußens basierten ganz auf dem innenpolitischen Grundsatz des Staatsministeriums, den annektierten Provinzen durch möglichste Schonung überkommener Einrichtungen und strenge Wahrung der Rechtskontinuität den Verlust ihrer Selbständigkeit erträglicher erscheinen zu lassen und ihnen so die Aussöhnung mit dem ehemaligen Gegner zu erleichtern.[61] Nach diesem Konzept sollte die Kirchenprovinz Hannover mit ihrer voll ausgebildeten konsistorial-synodalen Mischverfassung am behutsamsten behandelt werden; ihr Landeskonsistorium erhielt praktisch den Status eines zweiten konfessionellen Oberkirchenrates unter der Oberaufsicht des Kultusministeriums. Ebenso wie in Schleswig-Holstein, wo die Errichtung von Provinzialkirchenbehörden geplant war, wollte man als Zugeständnis an den lutherischen Konfessionalismus den reformierten Minderheiten keine eigene Verwaltung zugestehen. Die drei in Kurhessen bestehenden Konsistorien sollten vereinigt und mit Rück-

---

[59] *Ebda.*
[60] ZSTA, Hist. Abt. II, Merseburg, Geh. Zivilkabinett, 2. 2. 1. pag. 69—73 + R; vollständig wiedergegeben bei G. Besier, *Preußische Kirchenpolitik 1866—1872* ... , S. 820 ff.
[61] Siehe oben S. 340 ff.

sicht auf die konfessionelle Verschiedenheit eine *itio in partes* eingeführt werden. Für Nassau wurde die Errichtung eines eigenen Konsistoriums vorgesehen; die fortschrittliche Kirchenverfassung Frankfurts am Main sollte weithin unangetastet bleiben.

Wieder unter Mißachtung des vorgeschriebenen Dienstweges reichte darauf der EOK am 19. August 1867 dem König einen dreißig Seiten langen Bericht ein, in dem die Ausführungen des Kultusministeriums kritisch kommentiert wurden.[62]

Die oberste Kirchenbehörde moniert an dem ministeriellen Schreiben, daß das Verhältnis zwischen den alten und neuen Provinzialkirchen überhaupt nicht berücksichtigt werde und eine spätere kirchliche Vereinigung aufgrund dieser Vorschläge nur als Personalunion weitgehend autonomer Provinzialkirchen denkbar sei. Wenn das Staatsministerium den einzelnen Provinzialkirchen aber nicht den Rang von — dem EOK vergleichbaren — Oberkonsistorien verleihen wolle, müsse der Kultusminister unter Nichtachtung der Preußischen Verfassung (Artikel 15) die kirchlichen Interna jener Provinzialkirchen widerrechtlich selbst verwalten und dazu innerhalb seiner Behörde eine eigene Abteilung für die inneren evangelischen Kirchenangelegenheiten bilden, wie sie vor 1850 in Preußen schon einmal bestanden hatte.[63] Ob freilich der Landtag dem ruhig zusehe, stehe noch dahin — zumal durch diese territorialistische Regelung die neuen Provinzialkirchen gegenüber der Evangelischen Landeskirche der älteren preußischen Provinzen mit ihrer eigenen Behörde deutlich benachteiligt würden. »Mag auch jetzt ein übelverstandener Confessionalismus, der für seine engherzigen Interessen fürchtet, noch mehr aber ein in denselben sich hüllender politischer Partikularismus in einigen der neuen Lande diese schlechtere Stellung willkommen heißen, es scheint uns eine der preußischen Krone nicht ganz würdige Zumuthung zu sein, wenn man diese Stimmung des Augenblicks zum Nachtheile dieser neuen Kirchenprovinzen und sogar auch derjenigen, welche, wie Nassau, Kurhessen, Ostfriesland, gerade die entgegengesetzten Wünsche haben, zu benutzten räth.«[64]

Für die Verwaltung der kirchlichen Interna in den annektierten Territorien biete sich darum als einzig legitimer Rechtsnachfolger der ehemaligen landesherrlichen Kirchenbehörden nur der Evangelische Oberkirchenrat in Berlin an. »Das Recht des Evangelischen Ober-Kirchenraths ist

[62] ZSTA, Hist. Abt. II, Merseburg, Geh. Zivilkabinett, 2. 2. 1. Nr. 22831, pag. 82—98 + R.
[63] Siehe oben S. 34.
[64] *A. a. O.*, pag. 85 R.

durch die beantragten Maßnahmen verletzt, sobald sie über den 1. October d. J. hinüber dauern sollen.«[65] Wie wenig das Argument, der überwiegend mit unierten Persönlichkeiten besetzte EOK könne unmöglich an der Spitze lutherischer Provinzialkirchen stehen, an Gewicht besitze, beweise im übrigen der Vorschlag des Kultusministeriums, unter Wahrung der Rechtskontinuität in Kurhessen ein uniertes Kirchenregiment zu schaffen. Überhaupt verwickele sich das Kultusministerium in Widersprüche, wenn es aus politischen Motiven heraus einerseits das Prinzip möglichster Schonung walten lassen wolle, andererseits aber den neu hinzugekommenen Provinzialkirchen die Ehegerichtsbarkeit und kirchliche Schulaufsicht abnehme, weil die Preußische Verfassung diese tiefgreifenden Änderungen fordere — ebenso wie sie die Verwaltung der kirchlichen Interna durch den EOK fordert. Unvereinbar mit Artikel 15 der Preußischen Verfassung habe das Kultusministerium auch gehandelt, als es den neupreußischen Konsistorien die Verwaltung der kirchlichen Externa entzog und, entsprechend der Regelung in der alten Landeskirche, seinem Ressort unterstellte.

»Wenn wir endlich (unter XV) die Behauptung lesen, daß die Anordnung einer höchsten Kirchenbehörde nur erst nach der Entstehung der Provinzialsynoden möglich sei, so müssen wir in dieser Behauptung einen uns unerwarteten Angriff auf die Schöpfung Seiner Majestät des Hochseligen Königs Friedrich Wilhelm IV. erkennen, Höchstwelcher nicht auf die Provinzial-Synoden gewartet hat, um den Evangelischen Ober-Kirchenrat als solche höchste Behörde für die 11 Millionen Evangelischen der alten Provinzen einzusetzen ... «[66] An ein überwiegend synodales Kirchenregiment habe der selige König nie gedacht, und angesichts der inneren Verschiedenheit der großen preußischen Landeskirche empfehle sich heute eine synodale Kirchenleitung ebensowenig.

In Wahrheit lag dem Kultusministerium natürlich nichts ferner als die Errichtung einer obersten Kirchenbehörde auf der Basis des liberalen »Gemeindeprinzips«, wie der EOK aus taktischen Überlegungen hier unterstellt. Es war lediglich von einer Mitwirkung der synodalen Organe an einem später zu schaffenden Oberkonsistorium die Rede gewesen.

Besonders im zweiten Teil des Berichtes, in dem auf die schon bekannten Gefahren für die Evangelische Landeskirche der älteren preußischen Provinzen hingewiesen wird, bedient sich der EOK einer überwiegend religiös und emotional gefärbten Argumentation, die einige Rückschlüsse

---

[65] *A. a. O.*, pag. 87 R.
[66] *A. a. O.*, pag. 92.

auf das starke persönliche Engagement seiner Mitglieder zuläßt. So wird tatsächlich behauptet, im Falle der Verwirklichung der Regierungsvorschläge hätten »die herrlichen Thaten Gottes an Preußen und Deutschland ... dann durch die Schuld der Menschen eine Calamität für die evangelische Kirche Preußens und Deutschlands, für das Reich Gottes überhaupt herbeigeführt«.[67] Die Annahme des Projektes, schreibt Mathis dann weiter, könnten die EOK-Mitglieder nur als »schmerzliche Kränkung ihrer persönlichen Ehre durch die factische Mißtrauens-Erklärung Eurer Königlichen Majestät« ansehen.[68] Schließlich seien alle Schwierigkeiten, die sich in dieser Angelegenheit mittlerweile aufgetürmt hätten, durch die Hinauszögerung einer endgültigen Regelung und vor allem »durch den Schein des Mißtrauens, welcher an der Spitze der Staatsregierung selbst« gegen den EOK herrsche, erst hervorgerufen worden.

In einem dritten Abschnitt bringt der EOK noch einmal seine Vorschläge hinsichtlich einer kirchlichen Neuordnung der annektierten Provinzen zu Gehör: Nur der Kirchenprovinz Hannover (unter Ausschluß Ostfrieslands) wird eine gewisse Übergangsregelung zugestanden; alle anderen Provinzialkirchen sollen sofort, das heißt spätestens bis zum 1. Oktober 1867, dem personell vergrößerten Evangelischen Oberkirchenrat in Berlin unterstellt werden. Abgesehen von der Anregung, das angeblich preußen- und EOK-freundliche Ostfriesland in die Provinz Westfalen einzugliedern, hatte der Evangelische Oberkirchenrat sein Konzept aus dem Vorjahre also nicht modifiziert.

Kultusminister v. Mühler, dem der EOK anheimgestellt hatte, seine »etwaigen Gegenbemerkungen« dem Immediatbericht beizugeben, stellte in seiner an den König adressierten Erwiderung vom 6. September 1867 zunächst richtig, daß die Vorschläge der Staatsregierung nicht auf eine definitive Gestaltung des preußischen Kirchenwesens hin angelegt seien, wie der EOK irrtümlich annehme, sondern nur einer provisorischen Regelung dienen sollten. Auch die Klage des Evangelischen Oberkirchenrates, die Staatsregierung mißtraue ihm, entbehre jeder Grundlage. »... nicht um ein allgemeines Vertrauen oder Mißtrauen handelt es sich hier, sondern um die bestimmte, in den Immediatberichten vom 1. Dezember v. J. und 18. Februar d. J. gemeinschaftlich mit dem Vorsitzenden des Staatsministeriums ausgesprochene und motivierte Ueberzeugung, daß der Ober-Kirchenrath in seiner bisherigen Verfassung und Gestalt nicht geeignet

[67] *A. a. O.*, pag. 93 R.
[68] *A. a. O.*, pag. 94 R.

ist, die kirchliche Verwaltung der neuen Provinzen ganz oder theilweise zu übernehmen.«[69]

Auf den massiven Vorwurf des Verfassungsbruches entgegnet v. Mühler nur kurz, Artikel 15 der Preußischen Verfassung bestimme lediglich, daß die evangelische Kirche »ihre Angelegenheiten selbständig zu ordnen und zu verwalten« habe, nicht aber durch welche Organe dies geschehen solle. Darüber hinaus erhebt er jedoch Beschwerde »über die ganze Haltung, welche der Bericht mir und der Staatsregierung gegenüber einnimmt«. Abgesehen von der Beschuldigung, das Kultusministerium verletzte mit seinen Vorschlägen die Verfassung, ziehe der EOK fortgesetzt die Redlichkeit und Aufrichtigkeit der Staatsregierung in Zweifel und bezichtige deren politisches Handeln moralischer Fragwürdigkeit. »Ich selbst habe dem Evangelischen Ober-Kirchenrath, zu dessen Mitgliede ich ohne mein Zuthun durch den verewigten Staats-Minister von Ladenberg bestimmt wurde, seit seiner Gründung angehört, lange ehe die jetzt thätigen Mitglieder desselben in ihn berufen waren, und mich den dort gestellten Aufgaben mit Liebe und Hingebung gewidmet; ich habe die Kämpfe mit durchgekämpft, welche derselbe, um eine Stellung in der Kirche zu gewinnen, zu bestehen hatte; aber ich darf in freudigem Rückblicke darauf bezeugen, daß der Geist, welcher das Collegium trotz der entschiedensten Gegensätze, damals vereinigte und förderte, ein anderer war, als der, von welchem der gegenwärtige Bericht Zeugnis gibt.«[70]

Abschließend bat v. Mühler den König noch einmal dringend, er möge doch die im Immediatbericht vom 18. Februar 1867 gestellten Anträge durch die Vollziehung der dort beigefügten Ordre-Entwürfe genehmigen.

Am 19. September 1867 — Wilhelm schwankte zu diesem Zeitpunkt offenbar noch — überreichte v. Mühler seinem Monarchen einen zusammenfassenden Bericht über die Stellungnahmen der Generalgouverneure Neupreußens zu dem Antrag des EOK vom 15. November 1866.[71] Der König hatte in dem Schreiben vom 19. Juli des Jahres solche Gutachten beim Kultusministerium angefordert — wohl um sich aufgrund dieses Materials endlich zu einer Entscheidung durchzuringen.

Mühlers Bericht brachte klar zum Ausdruck, daß bis auf den Wiesbadener Regierungspräsidenten v. Diest[72] alle Befragten sich entschieden ge-

---

[69] ZSTA, Hist. Abt. II, Merseburg, Geh. Zivilkabinett, 2. 2. 1. Nr. 22831, pag. 74—79 + R.
[70] *Ebda.*
[71] ZSTA, Hist. Abt. II, Merseburg, Geh. Zivilkabinett, 2. 2. 1. Nr. 22831, pag. 7—8 + R.
[72] Siehe oben S. 384 f.; 390 ff.

gen eine kirchliche Eingliederung der annektierten Provinzen in die Evangelische Landeskirche der älteren preußischen Provinzen aussprachen und im Falle eines solchen Schrittes sogar schwere Bedenken hinsichtlich der politischen Folgen anmeldeten. Aber auch Diests Auffassung stand in Widerspruch zu den Ausführungen des Kasseler Oberpräsidenten v. Moeller, so daß v. Mühler das Schreiben mit der Bemerkung schloß, »daß das Votum des v. Diest nur das Herzogtum Nassau im Auge hat, während die zu dem Regierungsbezirk Wiesbaden gelegten kleinen Gebiete, in welchen die Unterstellung unter den Evangelischen Ober-Kirchenrath ohne Zweifel Anstoß erregen würde, nicht wohl einer andern Consistorialbehörde zugewiesen werden können, als derjenigen, welche für das Herzogtum Nassau einzurichten sein wird.«[73]

Diese eindeutigen Berichte zugunsten der Regierungsvorschläge konte Wilhelm nun nicht mehr einfach ignorieren und mußte sich folglich entschließen, den seiner persönlichen Auffassung weit mehr entsprechenden Antrag des EOK endgültig abzulehnen.

Obwohl sich der König in den erbitterten Notenwechsel zwischen den Ministerien und dem EOK nur so selten wie möglich eingeschaltet hatte und offiziell um strengste Neutralität bemüht gewesen war, unterliegt es doch keinem Zweifel, daß er die Durchführung der Union in der ganzen Monarchie wünschte und es deswegen in persönlichen Gesprächen mit Bismarck und dem Kultusminister immer wieder zu schweren Differenzen kam.[74] Als Wilhelm sich im Oktober 1867 dann schließlich den besseren Argumenten des Staatsministeriums beugte,[75] betonte er gegenüber v. Mühler, es sei sein bestimmter Wille, »eine Rückwirkung aus diesen Anordnungen auf die kirchlichen Verhältnisse der alten Landestheile der Monarchie nicht eintreten zu lassen«, und er hoffe weiterhin, »daß die Vereinigung der evangelischen Kirchen in den neuen Landestheilen unter ihrer eigenen Mitwirkung aus freier Zustimmung zu stande kommen werde«.[76] Ferner beauftragte er den Kultusminister mit dem Entwurf ei-

[73] ZSTA, Hist. Abt. II, Merseburg, Geh. Zivilkabinett, 2. 2. 1. Nr. 22831, pag. 7—8 + R.
[74] Vgl. W. Reichle, *Zwischen Staat und Kirche...*, S. 235 ff.; 243 f.; 246 f.; vgl. unten S. 465 ff. in dieser Arbeit.
[75] B. Satlow (*Wilhelm I....*, S. 141 u. ö.) unterliegt doch zu häufig der Klischeevorstellung von dem Gewaltmenschen Bismarck, der jede Opposition einfach niederwalzte. Häufig gelang es dem Kanzler eben auch, überzeugende Argumente zugunsten seiner Auffassung geltend zu machen.
[76] ZSTA, Hist. Abt. II, Merseburg, Geh. Zivilkabinett, 2. 2. 1. Nr. 22831 pag. 105 + R.

ner Allerhöchsten Order an den EOK, in der dessen Antrag vom 15. November 1866 begründet abgelehnt, zugleich aber die genannten Zusicherungen für die Evangelische Landeskirche der älteren preußischen Provinzen ausgesprochen werden sollten.

Am 13. Oktober 1867 erging dann dieser vom Kultusminister vorgefertigte Königliche Erlaß an den EOK, verbunden mit der Ermächtigung, denselben zu veröffentlichen.[77]

Das Schreiben war so gehalten, daß es die Angriffe von konfessioneller Seite gegen den EOK eindeutig bestätigen und der Agitation gegen ihn neue Nahrung liefern mußte. So heißt es gleich eingangs: »Das Verlangen, welches der Evangelische Ober-Kirchenrath Mir in seinem Berichte vom 15. November v. J. ausgesprochen hat, denselben mit der Verwaltung der kirchlichen Angelegenheiten in den neuen Landestheilen... zu betrauen... kann ich nicht erfüllen.« Auf die Anträge des EOK könne nicht eingegangen werden, um der Rücksicht willen, »bestehende Ordnungen nicht ohne Noth zu beseitigen, Neues mit Schonung und Achtung gegebener Verhältnisse ins Leben treten zu lassen«. Unzweifelhaft mußten solche Formulierungen den Eindruck erwecken, als habe der EOK aus rein machtpolitischen Erwägungen, ohne Rücksicht auf die vorgefundenen Verhältnisse, sich die neupreußischen Provinzialkirchen einverleiben wollen. Auch der Satz, »dem Wunsche des Evangelischen Ober-Kirchenraths, seinen Wirkungskreis weiter auszudehnen«, ständen gewichtige Gründe entgegen, mußte einer solchen Interpretation der EOK-Kirchenpolitik unbedingt Vorschub leisten. Demgegenüber klappten die beruhigenden Versicherungen, an den kirchlichen Verhältnissen Altpreußens werde sich nichts ändern, so deutlich nach, daß die lutherischen Konfessionalisten innerhalb der Evangelischen Landeskirche der älteren preußischen Provinzen daran eher die Hoffnung knüpfen durften, auch in den alten Landen zeichne sich ein merklicher Umschwung in der Kirchenpolitik ab.

Angesichts dieser durchaus vorhersehbaren, verheerenden Auswirkungen für die Kirchenpolitik in der Evangelischen Landeskirche der älteren preußischen Provinzen, beabsichtigte der EOK, den Erlaß einfach totzuschweigen. Hier hatte er jedoch nicht mit der Gegnerschaft des Kultusministeriums gerechnet.

Schon vierzehn Tage später, am 28. Oktober 1867, beschwerte sich v. Mühler bei Wilhelm in ungewöhnlich scharfer Form über das Verfahren

[77] ZSTA, Hist. Abt. II, Merseburg, Geh. Zivilkabinett, 2. 2. 1. Nr. 22831, pag. 106—107 + R; siehe G. Besier, *Preußische Kirchenpolitik 1866—1872...*, S. 826 f.

des EOK, ihm unliebsame Entscheidungen glattweg zu ignorieren.[78] Das Protestschreiben enthielt nicht zuletzt auch versteckte Vorwürfe gegen den Monarchen selbst, der immer wieder ohne Wissen des Kultusministers geheime Verbindungen mit seiner Kirchenbehörde pflegte. »Erst im vergangenen Monat«, erinnerte der Kultusminister den König, »hat der General-Superintendent Dr. Hoffmann — wie ich nachträglich durch Zufall in Erfahrung gebracht — in einer geheimen Mission nach Baden die Zurücknahme einer Allerhöchsten Ordre über die Feier der Union erwirkt, welche nach meinen Anträgen ergangen und an mich mitgerichtet war, ohne daß mir davon auch nur eine amtliche Benachrichtigung zugegangen ist ... Euer Königlichen Majestät Weisheit wird es nicht entgehen, wie sehr die Königliche Autorität gefährdet wird, wenn eine Behörde sich daran gewöhnt, Allerhöchste Bescheide, wenn sie nicht nach ihrem Wunsch ausfallen, jedesmal zum Gegenstande von Remonstrationen zu machen und auf deren Zurücknehmen oder Abänderung hinwirken zu wollen. Es hört damit schließlich der Begriff des Gehorsams und der Disciplin auf.«[79] Im Falle einer Wiederholung solcher Praktiken müsse er die weitere Verantwortung für den Komplex der kirchlichen Verwaltung ablehnen, drohte v. Mühler, und bat den Monarchen abschließend, in Zukunft »jeden solchen Versuch von Vornherein bestimmt zurückweisen zu wollen« oder doch zumindest auf der »correkten Geschäftsform« zu bestehen.

Inzwischen hatte ein Mitglied des EOK, wohl wieder Hoffmann, den König darüber aufgeklärt, warum die Veröffentlichung der Allerhöchsten Order unterblieben war. Wilhelm beherzigte die Mahnung v. Mühlers und ließ Mathis am 30. Oktober den Befehl zugehen, umgehend einen offiziellen Bericht über die nur mündlich geäußerten Bedenken einzureichen. Dieser erfolgte denn auch noch am gleichen Tage und machte auf die wahrscheinlichen Mißdeutungen des Erlasses aufmerksam.[80] Gleichzeitig ersuchte Mathis den König um die Erlaubnis, »von der Publikation der Allerhöchsten Order ihrem ganzen Inhalte nach, welcher in unsere Ermächtigung gestellt ist, Abstand nehmen und nur den unzweifelhaft beruhigen-

---

[78] ZSTA, Hist. Abt. II, Merseburg, Geh. Zivilkabinett, 2. 2. 1. Nr. 22831, pag. 109—111 + R; vollständig wiedergegeben bei G. Besier, *Preußische Kirchenpolitik 1866—1872 ...*, S. 828.

[79] *Ebda.*, vgl. unten Anm. 82.

[80] ZSTA, Hist. Abt. II, Merseburg, Geh. Zivilkabinett, 2. 2. 1. Nr. 22831, pag. 112—114 + R; vollständig wiedergegeben bei G. Besier, *Preußische Kirchenpolitik 1866—1872 ...*, S. 929 f.

den Theil derselben in einem unsererseits an die Consistorien zu richtenden Erlasse veröffentlichen zu dürfen.«[81]

Die beabsichtigte Fassung eines solchen EOK-Erlasses lag dem Schreiben im Entwurf bei. Sie enthielt praktisch eine Rechtfertigung der EOK-
Kirchenpolitik im Übergangsjahr 1866/67: »Wir haben ... wiederholt ... an des Königs Majestät Anträge gerichtet, welche bezweckten
theils die Einordnung der neuerworbenen Provinzen in den Bereich und
die Verfassung der evangelischen Landeskirche ohne Alterirung der in
Hinsicht des Bekenntnisses bestehenden Zustände unmittelbar herbeizuführen, theils für einzelne Gebiete, namentlich Hannover und die Elbherzogthümer, zunächst die Herstellung besonderer Einrichtungen zu vermitteln.«[82] Über die Gründe für die Ablehnung seines Gesuches verlautete
der EOK nichts; dagegen nahmen die in bezug auf die Evangelische Landeskirche der älteren preußischen Provinzen geäußerten Zusicherungen
einen unverhältnismäßig breiten Raum ein.

Der König entschloß sich jedoch noch am gleichen Tag, unter Berücksichtigung der vom EOK vorgebrachten Einwände selbst eine Allerhöchste Order ergehen zu lassen, um damit kraft seiner Autorität als Summus
Episcopus aller evangelischen Kirchen in Preußen weiteren Auseinandersetzungen über die kirchliche Einverleibungsfrage endgültig einen Riegel
vorzuschieben. Den Entwurf seines Erlasses legte er Hoffmann zur Beurteilung vor, der ihm umgehend folgendes schrieb: »Allein auch in dieser
Gestalt der Veröffentlichung giebt die Ordre kein Wort dazu zu erkennen,
daß Eure Majestät die Selbständigkeit der Kirche erhalten wissen wollen.
Und doch ist dies ohne Zweifel Eurer Königlichen Majestät gnädigster
Wille; die ganze Synodal-Verfassung hat sonst keinen Sinn, das Daseyn
des Evangelischen Ober-Kirchenraths auch nicht. Die Verfassung des
Staates findet sie in Artikel 15, die katholische Kirche besitzt sie in Folge
dieses Artikels. Der Minister kann möglicher Weise ein Katholik sein,
Eure Königliche Majestät bleiben das Haupt der Kirche und sie lebt mit
dem Staate in Personal-Union ...

Wenn die Kirche glauben darf, daß sie nicht fortdaure, so ist der Evangel. Ober-Kirchenrath gewichtlos und deckt auch beim Daseyn eine Be-
strebung, welche gerade zu den Grund seines Daseyns beseitigen will; er
dient also nicht mehr der Wahrheit. Mein Gewissen zu Gott würde mir

---

[81] Ebda.
[82] ZSTA, Hist. Abt. II, Merseburg, Geh. Zivilkabinett, 2. 2. 1. Nr. 22831, pag. 116—117 +
R; vollständig wiedergegeben bei G. Besier, Preußische Kirchenpolitik 1866—1872 ..., S.
831 f.

verbieten, Mitglied eines kirchlichen Collegiums in solcher Lage zu seyn. Ebenso meine Dankbare Pietät gegen den hochseligen König, für dessen kirchliche Gedanken diese Selbständigkeit die stetige Voraussagung war und blieb. Dieser Geistesgrund zwingt mich, Eurer Königlichen Majestät mit der Bitte zu nahen, daß in der Veröffentlichung der Allerhöchsten Ordre, wo von der Schädigung der alten Landeskirche die Rede ist, die Worte etwa eingefügt werden: 'weder in ihrer Einheit noch in ihrer Selbständigkeit!'

Ich kann Eurer Majestät zu Gott versichern, daß ich lauter und frei in allen Nebenabsichten nur die Beruhigung der Landeskirche bestrebe . . . «[83]

Tatsächlich ergänzte Wilhelm seinen Entwurf noch durch den Vorschlag Hoffmanns und ließ am 3. November 1867 den so endgültig verabschiedeten Erlaß dem EOK mit der Anweisung zugehen, diesen »nunmehr unverzüglich zur öffentlichen Kenntniß zu bringen«.[84] Die Reaktion des Königs zeigt deutlich, welchen Einfluß der Hofprediger auf ihn besaß. Eine entscheidende Rolle mag auch gespielt haben, daß mit einem aufsehenerregenden Eklat — etwa dem Rücktritt des EOK — zu rechnen war, wenn der Monarch selbst diesem vergleichsweise geringfügigen Ergänzungswunsch nicht stattgegeben hätte. Das sah wohl auch die Staatsregierung ein und ließ die Allerhöchste Order in folgendem Wortlaut passieren:

»An den Evangelischen
Ober-Kirchenrath

Berlin, den 3. November 1867
Nachdem Ich durch Meine Verordnungen vom 22. und 24. September d. J. die Errichtung von Consistorien in Wiesbaden und Kiel angeordnet und eine Unterstellung dieser neu errichteten Kirchenbehörden, sowie der in der Provinz Hannover und in dem Regierungsbezirk Kassel bestehenden Consistorien unter die Instanz des Evangelischen Ober-Kirchenraths nach

[83] Schreiben Hoffmanns vom 30. Oktober 1867 an König Wilhelm (ZSTA, Hist. Abt. II, Merseburg, Geh. Zivilkabinett, 2. 2. 1. Nr. 22817, pag. 54 + R). Im gleichen Brief bedauert es der Oberhofprediger, daß sein — gemeinsam mit Snethlage — in Baden eingereichtes »Wort über die Erhaltung der Union und der Selbständigkeit der Kirche« anläßlich des 350-jährigen Reformationsfestes und des 50jährigen Unionsjubiläums keine Billigung gefunden habe (vgl. den Entwurf dieser Ansprache bei G. Besier, *Preußische Kirchenpolitik 1866—1872 . . .*, S. 833). Immerhin war es Hoffmann bei dieser Audienz gelungen, den König zur Zurücknahme einer Allerhöchsten Order über die Unionsfeier zu bewegen, deren Entwurf wohl der Kultusminister vorgelegt hatte.
[84] ZSTA, Hist. Abt. II, Merseburg, Geh. Zivilkabinett, 2. 2. 1. Nr. 22831, pag. 120.

Lage der Verhältnisse nicht für gut befunden habe, finde Ich Mich bewogen, zur Vermeidung von Mißdeutungen, hierdurch ausdrücklich zu erklären, daß eine Besorgniß wegen etwaiger Schädigung der Union und der Landeskirche in den alten Provinzen, sowohl in ihrer Einheit, als auch in ihrer Selbständigkeit, aus diesen Meinen Anordnungen in keiner Weise hergeleitet werden darf und daß es Mein bestimmter Wille ist, eine Rückwirkung daraus auf die kirchlichen Verhältnisse der alten Provinzen nicht eintreten zu lassen. Ich gebe Mich vielmehr der Hoffnung hin, daß die Vereinigung der evangelischen Kirchen unter ihrer eigenen Mitwirkung und freien Zustimmung, aus der allein die wahre Union hervorgehen kann, immer mehr und mehr erstarken wird, und dies um so sicherer, je mehr Ich Mich auf die vertrauende Hingebung aller dabei Betheiligten und dazu Berufenen verlassen kann. Dieser Mein Erlaß ist zur öffentlichen Kenntniß zu bringen.

Wilhelm.«[85]

Dieser Erlaß setzte jedoch keinen Schlußpunkt unter die tiefgreifenden Meinungsverschiedenheiten zwischen Staatsministerium und Evangelischem Oberkirchenrat, sondern führte lediglich zu einer Verlagerung des Problemfeldes. In dem Maße, wie die Unterstellung der neupreußischen Provinzialkirchen unter den EOK an Aktualität verlor, rückte die Frage der Fortbildung der altpreußischen Kirchenverfassung wieder mehr in den Vordergrund.

Schon im Jahre 1865 hatte Kultusminister v. Mühler einen vom EOK erstellten Entwurf zur Provinzialsynodalverfassung abgelehnt, so daß den Kreissynoden nach manchen Verzögerungen erst im Herbst 1867 ein in mehrfachen Kompromissen ausgehandeltes Proponendum zur Begutachtung vorgelegt werden konnte.[86] Hatte v. Mühler vor 1866 die Verfassungsentwicklung eher gebremst, so trat er auf Veranlassung Bismarcks jetzt mit großangelegten Kirchenordnungsentwürfen für ganz Preußen auf, die zahlreiche Zugeständnisse an die Liberalen enthielten, und beschuldigte gleichzeitig den EOK, er verzögere laufend die Einberufung von Provinzialsynoden in der Evangelischen Landeskirche der älteren preußischen Provinzen.[87]

---

[85] Unter anderem abgedruckt in: *PKZ* 14 (1867), Sp. 1053 f.
[86] Siehe oben S. 255 f.
[87] Siehe oben S. 280 ff.

Die kirchlichen Neuordnungsvorschläge des Kultusministers v. Mühler
aus dem Jahre 1868

Die kirchenpolitischen Auseinandersetzungen des Jahres 1868 begannen mit einem Nachspiel zu den Ereignissen des Vorjahres. Dem Staatsministerium genügte es nämlich offenbar nicht, die Pläne des Evangelischen Oberkirchenrates hinsichtlich der neupreußischen Provinzialkirchen erfolgreich durchkreuzt zu haben. Sein zweites Ziel, die oberste Kirchenbehörde mittels einer Allerhöchsten Order so gründlich zu desavouieren, daß sie in ihren Grundfesten erschüttert würde, hatte der milde Erlaß
des Königs vom 3. November 1867 vereitelt.

Um dies doch noch zu bewirken, erinnerte die Staatsregierung den Monarchen in einem Schreiben vom 24. März 1868 an ihren Bericht vom 15.
Mai des vergangenen Jahres über die Denkschrift des EOK zur gegenwärtigen Lage der evangelischen Landeskirche Preußens und bat erneut, »in
Betreff derartiger Publikationen für die Zukunft Allerhöchst Entscheidung treffen zu wollen«.[88] Eine Entschließung des Königs in dieser Angelegenheit sei nach wie vor von großer Wichtigkeit, denn »noch heute
leiden ... die Organisations-Bestrebungen der Staats-Regierung in den
neu erworbenen Provinzen sowohl auf dem politischen als auf dem kirchlichen Gebiete unter dem Mißtrauen, welches denselben in der kirchlich gesinnten Bevölkerung entgegen tritt ... «

Wilhelm antwortete am 18. April des Jahres seiner Regierung, die inzwischen getroffenen kirchenpolitischen Entscheidungen sowie insbesondere auch seine eigene, bei verschiedenen Gelegenheiten geäußerte Ansicht zu dieser Frage, hätten die Befürchtungen der Bevölkerung in den annektierten Provinzen als völlig unbegründet erwiesen. Er könne der Bitte
des Staatsministeriums aber auch deshalb nicht entsprechen, »weil dadurch die Autorität des Evangelischen Ober-Kirchenraths als oberste Kirchenbehörde für die Evangelische Kirche in den alten Provinzen in be-
denklicher Weise geschwächt und zugleich denjenigen Parteien, welche
ihre Bestrebungen auf eine Aenderung im Evangelischen Kirchenregimente gerichtet haben, eine solche Unterstützung gewährt würde, daß
eine Schädigung der Evangelischen Landeskirche eine unmittelbare Folge
davon sein müßte«.[89] Schließlich führte der König auch noch den Um-

---

[88] ZSTA, Hist. Abt. II, Merseburg, Geh. Zivilkabinett, 2. 2. 1. Nr. 22771, pag. 273 + R;
vollständig wiedergegeben bei G. Besier, *Preußische Kirchenpolitik 1866—1872...*, S. 834.

[89] ZSTA, Hist. Abt. II, Merseburg, Geh. Zivilkabinett, 2. 2. 1. Nr. 22771, pag. 281—282 +
R; vollständig wiedergegeben bei G. Besier, *Preußische Kirchenpolitik 1866—1872...*, S.
835.

stand, daß seit der Publikation der EOK-Denkschrift mehr als ein Jahr verstrichen sei, als zusätzliches Argument dafür an, warum er die vom Staatsministerium geforderte Ermächtigung, sich von derselben öffentlich distanzieren zu dürfen, nicht für angemessen halte.

Der Monarch hatte damit zugleich unmißverständlich deutlich gemacht, daß er seitens der Staatsregierung nun keine weiteren Angriffe mehr auf den EOK dulden wolle und unbedingt an der unierten Evangelischen Landeskirche der älteren preußischen Provinzen festzuhalten gedenke.[90]

Tatsächlich herrschte daraufhin für etwa sechs Monate ein — wenn auch trügerischer — Waffenstillstand zwischen den kirchenpolitischen Fronten.

Am 16. September 1868 eröffnete v. Mühler dann mit seiner an den König gerichteten »Denkschrift, betreffend die Lage der evangelischen Landeskirche in Preußen und die für dieselbe erforderlichen weiteren Maßnahmen« die zweite Phase der kirchenpolitischen Diskussion um die zukünftige Gestaltung des evangelischen Kirchenwesens in Preußen.[91]

Entgegen allen Befürchtungen des EOK — beginnt der Kultusminister seine Ausführungen — hätten sich die kirchlichen Verhältnisse in Alt- und Neupreußen inzwischen derart konsolidiert, daß er die Zeit jetzt durchaus für reif halte, Überlegungen zur Neuordnung der evangelischen Kirchen auf preußischem Territorium anzustellen. Als Grundlage für seine Reorganisationspläne nimmt v. Mühler zunächst eine Bestandsaufnahme aller Provinzialkirchen nach Bekenntnis, Liturgie und Verfassung vor. Dabei kommt er zu dem Ergebnis, daß »alle ... gegenwärtig vorhandenen Verschiedenheiten in der evangelischen Kirche der Monarchie ... nicht größer« seien »als diejenigen es waren, welche sich nach der Reconstruction des Staates im Jahre 1815 in dem damaligen Umfange der Monarchie vorfanden«.[92] Er schränkt freilich sofort ein, daß man angesichts der veränderten politischen Verhältnisse nicht alle Einigungsmittel von damals werde einsetzen können,[93] aber andererseits aus den Fehlern jener Zeit genug gelernt habe, um eine Wiederholung derselben zu vermeiden.

[90] Siehe unten S. 465 f.
[91] ZSTA, Hist. Abt. II, Merseburg, Geh. Zivilkabinett, 2. 2. 1. Nr. 22771, pag. 290—307 + R; vollständig wiedergegeben bei G. Besier, *Preußische Kirchenpolitik 1866—1872* ..., S. 837 ff. Mühler handelte hier allerdings auf Befehl des Königs, der ihn um »Vorschläge zur Herbeiführung einer gesunden kirchlichen Entwicklung« gebeten hatte; vgl. zu dem ganzen Kapitel W. Reichle, *Zwischen Staat und Kirche* ..., S. 227—235.
[92] G. Besier, *Preußische Kirchenpolitik 1866—1872* ..., S. 839.
[93] Siehe oben S. 10 ff.

»Die Aufgabe, welche sich das Kirchenregiment zu stellen und welche es consequent zu verfolgen hat, ist: Die Verbindung aller der verschiedenen Gliederungen und Abtheilungen der evangelischen Kirche in der Gesammt-Monarchie zu einem organischen Ganzen. Diese Aufgabe ist *nicht* identisch mit der *Union*. Sie ist es nicht einmal in den alten Provinzen.«[94]

Aus dieser Formulierung der Aufgabenstellung seiner Behörde geht klar hervor, daß v. Mühler die Verfassungsfrage nicht mit der Bekenntnis- und Unionsfrage vermischen wollte. Vielmehr sollten das landesherrliche Kirchenregiment, synodale Verfassungseinrichtungen sowie das Zugeständnis aller drei Konfessionen zu einer Gottesdienst- und Sakramentsgemeinschaft als Basis für die Einheit der Preußischen Landeskirche dienen. Ebensowenig strebte v. Mühler aber eine »büreaukratische Centralisation« an, sondern beabsichtigte, den einzelnen Provinzialkirchen ein ausreichendes Maß von Freiheit und Selbständigkeit zu belassen. Allerdings sprach er sich — gegen die lutherischen Konfessionalisten innerhalb der Evangelischen Landeskirche der älteren preußischen Provinzen gewandt — auch dafür aus, »daß Alles, was eine Trennung oder Spaltung herbeiführen oder erweitern könnte, vermieden, und so weit wie möglich, zurückgedrängt werde«.[95]

Die »gemeinsame Anerkennung des obersten Kirchenregimentes in der Allerhöchsten Person seiner Majestät des Königs« betrachtete der Kultusminister als das wichtigste »Gemeinschaftsband« für alle preußischen Provinzialkirchen. Im Hinblick auf Artikel 15 der Preußischen Verfassungsurkunde bedarf die seit der Reformation in den Händen des Summus Episcopus liegende *potestas iurisdictionis* über die Landeskirche freilich rechtlicher Modifikationen. So muß die gesetzgebende Gewalt des Landesherrn eingeschränkt werden durch Synoden, welche die Funktion eines Begutachtungs- und Kontrollorgans wahrnehmen. Auch die richterliche Gewalt übt nicht der König selbst aus, sondern bestimmte Kollegien (Oberkirchenrat, Konsistorien), denen zugleich — jedoch nur in dessen Auftrag (abgeleitete Gewalt) — die Verwaltung der kirchlichen Angelegenheiten übertragen wird.

Als weitere Vereinigungsmomente nennt v. Mühler ferner verschiedene geographische, völkische, politische und administrative Gemeinsamkeiten, insbesondere die überkonfessionelle Einheitlichkeit der gesamtevangelischen Ausbildungseinrichtungen (Religionsunterricht; evangelisch-theologische Fakultät) sowie die Gemeinschaft des Gottesdienstes und der Ministerialhandlungen.

»Es bleibt aber noch ein ferneres, sehr mächtiges und nach der rechtli-

---

[94] G. Besier, *Preußische Kirchenpolitik 1866—1872...*, S. 840.   [95] *Ebda.*

chen Lage der Dinge unerläßliches und unaufschiebliches [Einigungs-] Mittel — nämlich die Fortentwicklung der *kirchlichen Verfassung.*«[96] Um diese Bindung und eine legitimierte Repräsentation für die gesamte evangelische Kirche herzustellen, hielt es Mühler für erforderlich, unter Benutzung bereits bestehender synodaler Einrichtungen zunächst die Bildung von Provinzialsynoden in den sechs östlichen Provinzen der Monarchie sowie in den neuen Kirchenprovinzen Nassau, Kurhessen und Schleswig-Holstein voranzutreiben. War in allen Provinzen des Preußischen Staates die synodale Organisation bis zur Stufe der Provinzialsynoden durchgeführt, sollte nach dem Plan des Kultusministers eine Generalsynode einberufen werden, in der man sich unter Mitwirkung von Vertretern aller Provinzialsynoden dann auf eine Gesamtverfassung für die Preußische Landeskirche einigen werde.

»Bei der Bildung der Provinzial-Synoden wird ferner auch der Grundsatz festzuhalten sein, daß dieselben eine rechtmäßige *Vertretung* der Provinzialkirchen darstellen . . .«[97] und nicht, wie der EOK — aus Furcht vor der Analogie zu konstitutionellen Prinzipien — in den alten Provinzen fälschlich behaupte, nur eine Erweiterung des Kirchenregimentes.[98] In diesem Zusammenhang erinnerte v. Mühler noch einmal an den provisorischen Charakter des EOK und dessen Unvermögen, in seiner derzeitigen Gestalt auch nur den Auftrag auszuführen, eine Provinzialsynodalverfassung für Altpreußen zu entwickeln — geschweige denn die Verwaltung über die neupreußischen Kirchenprovinzen zu übernehmen. Demgemäß wiederholte er die zwei entscheidenden Forderungen seines Immediatberichtes vom 18. Februar 1867:

»1. Daß der Minister der geistlichen Angelegenheiten für die neuen Provinzen, der Evangelische Ober-Kirchenrath für die alten Provinzen angewiesen werde, die Bildung von Provinzialsynoden in denselben zu beschleunigen, und

2. daß dieselben gleichzeitig den Auftrag erhalten, den Gesammtentwurf einer evangelischen Kirchenverfassung vorzubereiten, in welcher auch der definitiv zu constituierenden Centralkirchenbehörde die entsprechende Stellung anzuweisen sein wird. Ueber diesen Entwurf wird alsdann nach vorgängiger Prüfung des Staatsministeriums und auf Grund Allerhöchster Ermächtigung mit den Provinzial-Synoden und soweit die staatlichen Verhältnisse berührt werden, auch mit dem Landtage der Monarchie in Verhandlung zu treten sein.«[99]

[96] *A. a. O.,* S. 843. [97] *A. a. O.,* S. 844. [98] Siehe oben S. 284 ff.
[99] Zitiert nach G. Besier, *Preußische Kirchenpolitik 1866—1872 . . .,* S. 846; vgl. auch S. 799 f.

Schließlich empfahl v. Mühler die Anwendung »der nach den Gesetzen zulässigen Repressivmittel«, falls dem Kirchenregiment bei der Verwirklichung seiner Konzeption von seiten oppositioneller Gruppen ernsthafter Widerstand entgegengesetzt würde. »Bloße Ansichten und Meinungen dagegen, auch wenn sie den Intentionen des Kirchenregimentes zuwiderlaufen, sie mögen in der Presse oder in Versammlungen kundgegeben werden, können nicht Gegenstand einer Verfolgung sein, so lange sie nicht die Form strafbarer Handlungen annehmen.«[100] Damit schloß Mühler noch einmal eine Rückkehr zu den unter Friedrich Wilhelm III. geübten Praktiken[101] für den Bereich seiner Kirchenpolitik aus und riet lediglich zur Ausschöpfung der durch die Verfassung eingeschränkten rechtlichen Möglichkeiten im Rahmen der staatlichen Ordnung. Ob es sich hierbei freilich um ein politisches Bekenntnis des Kultusministers oder einfach um eine bloß realistische Einschätzung der politischen Kräfteverhältnisse in Preußen handelte, ist nicht zu entscheiden.

Aufgrund zahlreicher Randbemerkungen des Monarchen zu der Denkschrift reichte v. Mühler am 28. Oktober 1868 einen ergänzenden Bericht ein, der neben statistischem Material und bloßen Erläuterungen auch manche interessante Einzelheiten über das von ihm beabsichtigte Vorgehen enthält.[102] So bezeichnete er die der Rheinisch-Westfälischen Kirchenordnung im Jahre 1853 vorangestellten Bekenntnisparagraphen und die Deklaration der reformierten Gemeinden in der Provinz Preußen über ihre Stellung zur Union aus dem Jahre 1859 als wichtige Unionserklärungen und fuhr dann fort: »Ähnliche Erklärungen werden auch von den Synoden in den östlichen Provinzen, sobald dieselben in das Leben getreten sein werden, zu verlangen sein und von ihnen abgegeben werden und auch die neuen Provinzen werden sich, wenn das Kirchenregiment mit Geduld und Festigkeit dabei beharrt, einer gleichen Kundgebung auf die Dauer nicht entziehen können.«[103] Als das letzte Ziel der organisatorischen Tätigkeit des Kirchenregimentes und der von ihm im »Geiste der Union zu begründenden Kirchenverfassung«, nennt v. Mühler »die Herstellung einer geeinigten evangelischen Kirche, welche die Merkmale der im apostolischen Glaubensbekenntnisse bezeugten 'heiligen, allgemeinen, christlichen Kirche' an sich trägt«.[104]

[100] *A. a. O.*, S. 846.
[101] Siehe oben S. 22 ff.
[102] ZSTA, Hist. Abt. II, Merseburg, Geh. Zivilkabinett, 2. 2. 1. Nr. 22771, pag. 308—314 + R; vollständig wiedergegeben bei G. Besier, *Preußische Kirchenpolitik 1866—1872 . . .*, S. 848 ff.
[103] *A. a. O.*, S. 850.
[104] *Ebda.*

Wenig später, am 20. November 1868, übergab der Kultusminister dem König und Bismarck seine umfassenden »Gesichtspunkte für die Entwerfung einer Verfassungs-Urkunde für die evangelische Kirche in Preußen«.[105] Die hier programmatisch entwickelten Grundzüge einer Kirchenverfassung für ganz Preußen, gehen von der Notwendigkeit aus, Artikel 15 der Preußischen Verfassung vom 31. Januar 1850 mit Hilfe kirchlicher Vertretungen (Synoden) und politischer Organe (Staatsministerium und Landtag) endlich auszuführen.

1. Zunächst definiert v. Mühler *Begriff und Umfang der evangelischen Kirche in Preußen* als »alle, unter dem landesherrlichen Kirchenregiment stehende kirchliche Gliederung: Reformirte und Lutheraner, der Union Beigetretene und Nichtbeigetretene aus den alten und neuen Provinzen«.[106]

2. Abgesehen von der Abendmahlsgemeinschaft und der kirchenregimentlichen Vereinigung behalten die einzelnen Kirchengemeinschaften in Fragen des *Bekenntnisses und* der *Union* ihre vollkommene Unabhängigkeit, welche durch das Prinzip der *itio in partes* in allen kirchlichen Gremien rechtlich abgesichert wird.

3. Wegen der besonderen Beziehungen der *evangelischen Gesamtkirche zum Staat* — bedingt durch den Summepiskopat und der vom König bestellten, kirchenleitenden Behörden — lehnt v. Mühler bei der Verhältnisbestimmung beider Institutionen eine strenge Analogie zur katholischen Kirche strikt ab.

Im Zuge der notwendigen, klaren Scheidung zwischen staatlichen und kirchlichen Belangen, muß der Staat der Kirche die Gesetzgebungsgewalt, Disziplinargewalt und Verwaltungsautonomie zugestehen, wobei freilich zu den diese Rechte ausübenden, rein kirchlichen Organen auch die Königlichen Behörden und der Landesherr selbst hinzugehören. Schon im Prozeß der kirchlichen Meinungsbildung steht dem Staat das Recht zu, mit eigenen Beiträgen in die Diskussion einzugreifen und bereits getroffenen Entscheidungen, sofern sie gesellschaftliche Belange berühren oder das Staatsinteresse gefährden, seine Zustimmung zu versagen. Das Recht der Finanzgewalt behält sich der Staat selbst vor, so daß die Besteuerung der Kirchenmitglieder jeweils einer ausdrücklichen Genehmigung bedarf. Die innerkirchliche Vermögensverwaltung geht dagegen mit wenigen Einschränkungen auf die kirchlichen Behörden über.

---

[105] ZSTA, Hist. Abt. II, Merseburg, Geh. Zivilkabinett, 2. 2. 1. Nr. 22771, pag. 317—328 + R; vollständig wiedergegeben bei G. Besier, *Preußische Kirchenpolitik 1866—1872...*, S. 853 ff.

[106] *A. a. O.*, S. 854.

4. Das *landesherrliche Kirchenregiment* bleibt ungeschmälert erhalten. Jedes Kirchengesetz bedarf der landesherrlichen Genehmigung, die jedoch nicht ohne Kenntnis und Rat des Kultusministers erfolgen sollte. Die richterliche Gewalt und die oberste Verwaltung nehmen im Auftrage des Summus Episcopus kirchliche Kollegien wahr, wobei eine exakte Abgrenzung der dem König verbleibenden Reservatrechte noch vorgenommen werden muß.

5. Die *Organisation der kirchlichen Behörden* zerfällt in ein Oberkonsistorium und elf Konsistorien, deren Kompetenzen und Zusammensetzung von den bestehenden Verhältnissen nur unwesentlich abweichen. Lediglich bei den Stellenbesetzungen erhalten der Kultusminister und der Präsident des Oberkonsistoriums im Vergleich zu dem geltenden Verfahren ein etwas erweitertes Vorschlags- und Mitwirkungsrecht.

6. Die *Vertretung der Gemeinden und Kirchen* geschieht durch die Kirchenvorstände (Presbyterien, Gemeindekirchenräte) beziehungsweise durch Kreis- und Provinzialsynoden. Die Bildung einer Generalsynode ist nach Auffassung des Kultusministers »wegen der natürlichen, traditionellen und confessionellen Verschiedenheiten der einzelnen Provinzen untereinander für jetzt eine Unmöglichkeit«, doch regt er eine Kirchenkonferenz aus Deputierten der Provinzialsynoden an, »welche nach Bedürfniß von dem Kirchenregimente berufen wird, um gemeinsame Fragen zu erörtern, gemeinsame Vorlagen an die Provinzial-Synoden zu berathen, Differenzen auszugleichen, das Kirchenregiment mit seiner moralischen Autorität zu unterstützen«.[107] Beschließende Gewalt besitzt diese Kirchenkonferenz freilich nicht. Die Einrichtung der synodalen Organe erfolgt unter sorgfältiger Berücksichtigung provinzieller Verschiedenheiten und Eigentümlichkeiten nach dem Muster der rheinisch-westfälischen und der hannoverschen Kirchenordnung. Die Vorarbeiten für die östlichen Provinzen sowie die Synodal- und Kirchenordnungen von Sachsen, Württemberg, Baden, Oldenburg, Bayern und Österreich werden ebenfalls herangezogen.

7. Endlich faßt v. Mühler die Möglichkeit eines späteren *Zusammenschlusses der evangelischen Kirche in Preußen mit den evangelischen Kirchen anderer deutscher Länder* (inklusive Österreich) ins Auge und schlägt eine regelmäßige Beschickung der Eisenacher Konferenz mit einer angemessenen Zahl von Abgeordneten des Oberkonsistoriums vor.

Mühlers erklärtes kirchenpolitisches Ziel war also die Herstellung einer überkonfessionellen evangelischen Gesamtkirche auf der Grundlage einer konsistorial-synodalen Mischverfassung, in der die drei evangelischen Be-

[107] *A. a. O.*, S. 862.

kenntnisse sowie provinzialkirchliche Besonderheiten ein gleich anerkanntes Recht und gleichen Schutz genießen sollten. Darüber hinaus schwebte ihm die Schaffung einer Konföderation aller evangelischen Landeskirchen Deutschlands vor, in welcher jeder Teil die Integrität seines Bekenntnisstandes und seiner landeskirchlichen Regimentsgewalt behalten sollte. Die Verwirklichung dieser Pläne setzte freilich voraus, daß die Union ihren Anspruch aufgab, in Preußen das allumfassende und allbeherrschende Prinzip über den Konfessionen zu sein, und sich in die Rolle eines den Lutheranern und Reformierten gleichgestellten Bekenntnisses fand.

Wie reagierte der Evangelische Oberkirchenrat als Sachwalter der Union und des kirchlichen Zentralismus in Preußen auf die Mühlerschen Vorschläge?

Das Königliche Geheime Zivilkabinett hatte dem EOK am 7. Oktober 1868 eine Abschrift der Denkschrift v. Mühlers mit dem Vermerk zugestellt, »etwaige Einwendungen dazu an Seine Majestät gelangen zu lassen«.[108]

Dies geschah am 17. Februar 1869 in Form eines Immediatberichtes.[109] Darin beurteilt der EOK die kirchenpolitische Lage nach wie vor äußerst düster und bezeichnet den Mühlerschen Vergleich zwischen 1815 und 1866 als absolut unzutreffend, da seinerzeit in Staat und Kirche der zur Einheit drängende Rationalismus geherrscht und man gemeinsam gegen einen fremden Feind und Bedrücker gekämpft habe.

Da der König sein landesherrliches Kirchenregiment unmöglich selbst ausüben kann, sondern dazu einheitlicher Verwaltungsorgane bedarf, besitzt dieses vom Kultusminister an erster Stelle genannte Gemeinschaftsband nach Auffassung des EOK allenfalls theoretische Bedeutung. Auch die anderen aufgeführten Einheitsfaktoren, wie diverse Bildungseinrichtungen, Pfarrstellenbesetzungen etc., entbehren bei näherer Betrachtung ihrer behaupteten Einigungskraft. So vertreten die theologischen Fakultäten höchst unterschiedliche theologische Richtungen, und es bleibt dem Studenten überlassen, sich dieser oder jener Richtung anzuschließen.

Was die Annäherung der alt- und neupreußischen Kirchenprovinzen angeht, meint der EOK, lassen sich im Vergleich mit früheren Verbindungen eher Rück- als Fortschritte konstatieren. Wurden vor 1866 des öfteren

---

[108] Archiv der EKU, Berlin, Ev. Oberkirchenrat, Gen. III, 13 Bd. II, pag. 55.

[109] ZSTA, Hist. Abt. II, Merseburg, Geh. Zivilkabinett, 2. 2. 1. Nr. 22771, pag. 330—340 + R; vollständig wiedergegeben bei G. Besier, *Preußische Kirchenpolitik 1866—1872...*, S. 864 ff.

altpreußische Geistliche nach Hannover oder Schleswig-Holstein berufen, so stoßen derartige Versuche gegenwärtig auf den härtesten Widerstand,[110] und auch die in weiten Landstrichen ehemals stillschweigend geübte Abendmahls- und Gottesdienstgemeinschaft hat als Folge des Jahres 1866 plötzlich aufgehört.

An den Vorschlägen des Kultusministers zur Fortbildung der Kirchenverfassung kritisiert der EOK vor allem, daß von der Einrichtung einer Generalsynode Abstand genommen werde und die einzelnen Provinzialkirchen somit beziehungslos nebeneinander stünden. »Wir müssen ... dabei stehen bleiben: zuvorderst ist die Herstellung einer Landes-Synode erforderlich, ehe die abschließende Revision der Verfassung, die Herstellung einer definitiven kirchlichen Central-Behörde bewirkt und damit der jetzigen Organisation unseres Collegii, sowie der genau ebenso interimistischen Stellung des Ministers zur Verfassungs- und anderen Kirchensachen ... ein Ende bereitet werden kann.«[111]

Im Zusammenhang der vermeintlichen Streitfrage, ob die Provinzialsynoden als rechtmäßige Vertretung ihrer Kirchen oder als bloße Erweiterung des Kirchenregimentes aufzufassen seien, beschuldigt der EOK das Kultusministerium einer ständig schwankenden Kirchenpolitik, denn früher habe v. Mühler die genau entgegengesetzte Auffassung vertreten und den EOK seinerzeit gezwungen, den Begriff »vertreten« aus seinem Synodalentwurf zu streichen.[112] Allerdings sei der Meinungswechsel des Kultusministers dem EOK in dieser Form des »entweder — oder« wiederum nicht nachvollziehbar: »Die Synoden können nicht ausschließlich Organ des Kirchen-Regiments sein, ebensowenig aber ausschließlich Organ der Kreis-Synoden und Gemeinden; sie werden vielmehr, wie auf anderem Gebiete der Landrath, beide Bestimmungen in sich vereinigen müssen ... «[113]

Seine Überlegungen zusammenfassend, erklärt sich der EOK abschließend mit dem Mühlerschen Ziel, der Bildung einer preußischen Gesamtkirche und den ersten Maßnahmen dazu (Einberufung von Provinzialsynoden), zwar einverstanden, hält aber die »Aufstellung des Entwurfs einer Gesammt-Verfassung, einschließlich der Organisation einer definitiven kirchlichen Centralbehörde ... für verfrüht und wegen der darin liegenden Absicht, eine Landes-Synode zu umgehen, für verwerflich«.[114]

---

[110] Siehe oben S. 393 ff.
[111] Zitiert nach G. Besier, *Preußische Kirchenpolitik 1866—1872...*, S. 869.
[112] Siehe oben S. 284 ff.
[113] Zitiert nach G. Besier, *Preußische Kirchenpolitik 1866—1872...*, S. 870.
[114] *A. a. O.*, S. 871.

In einer kurzen Stellungnahme vom 28. April 1869 verzichtete v. Mühler darauf, die Kritik des EOK an seiner Denkschrift im einzelnen zu widerlegen. Er schlug dem König vielmehr vor, seine oberste Kirchenbehörde zu veranlassen, »eine kurze gedrängte Zusammenstellung derjenigen Bestimmungen und Verfassungs-Einrichtungen zu geben, welche nach ihrer Ansicht, Behufs Ausführung des Artikel 15 der Verfassungs-Urkunde, sowohl für die Auseinandersetzung zwischen Staat und Kirche, als auch für die kirchenordnungsmäßige Regelung der Gesetzgebung, der Verwaltung und der richterlich-disciplinaren Gewalt in der evangelischen Kirche der Monarchie erforderlich, und als das unter den gegebenen Verhältnissen zu erstrebende, erreichbare Ziel anzusehen sind.«[115]

Der König ging auf den Vorschlag ein und erließ noch am gleichen Tag eine dementsprechende Order an den EOK. Dies teilte er am 3. Mai 1869 dem Kultusminister mit und schloß: »Nach Lage der Dinge finde ich es angemessen, zunächst den Eingang dieses Berichtes abzuwarten und will bis dahin die Beschlußnahme auf den, in Ihrem Berichte vom 28. v. M. gestellten Antrag Mir vorbehalten.«[116]

Obwohl nach den Worten des Königs dieser EOK-Bericht »binnen kurzem« zu erwarten war, traf er niemals ein. Ohne daß man sich zuvor über Ziele und Inhalte einer definitiven Kirchenverfassung für ganz Preußen geeinigt hatte, ordnete Wilhelm einen Monat später die Einberufung außerordentlicher Provinzialsynoden für die sechs östlichen Provinzen des Staates an.[117] Während der EOK sich so um die Fortbildung der Synodalverfassung in der alten Landeskirche bemühte,[118] versuchte Kultusminister v. Mühler, in den neuen Kirchenprovinzen Kurhessen, Nassau und Schleswig-Holstein eine analoge gemischt konsistorial-synodale Kirchenverfassung aufzubauen.[119] Obgleich sich beide Behörden über ihr Vorgehen bis zur Stufe der Provinzialsynoden grundsätzlich einig waren, führten sie ihren Kleinkrieg um die Gunst des Monarchen ungebrochen fort und scheiterten — nicht zuletzt aufgrund dieser Uneinigkeit — schließlich mit ihren Plänen am Veto des Abgeordnetenhauses und der Opposition Bismarcks, der insgeheim ganz andere kirchenpolitische Ziele verfolgte.

Die Stellung Bismarcks zur Kirchenpolitik seiner Zeit liegt ebenso wie sein Engagement für kirchenpolitische Fragen — wenigstens soweit sie

---

[115] ZSTA, Hist. Abt. II, Merseburg, Geh. Zivilkabinett, 2. 2. 1. Nr. 22771, pag. 329 + R.
[116] ZSTA, Hist. Abt. II, Merseburg, Geh. Zivilkabinett, 2. 2. 1. Nr. 22771, pag. 341.
[117] Siehe oben S. 290.
[118] Siehe oben S. 290 ff.
[119] Siehe oben S. 357 ff.

die evangelische Kirche betrafen — noch gänzlich im Dunkeln. Gleichwohl kann kein Zweifel darüber bestehen, daß bei zahlreichen kirchenpolitischen Entscheidungen jener Zeit die Haltung des preußischen Ministerpräsidenten ausschlaggebend war. Darum wollen die folgenden Kapitel den Versuch unternehmen, sich an Bismarcks kirchenpolitische Konzeption, deren geistige Träger, Fürsprecher und Gegner heranzutasten.

Die kirchenpolitische Konzeption Bismarcks

Kaum eine andere Gestalt der neueren deutschen Geschichte erlebte
hinsichtlich ihrer religiösen Einstellung so zahlreiche und einander wider-
sprechende Deutungen wie Bismarck, dessen Glaubensleben man als
Schlüssel für sein staatsmännisches Handeln ansah.[120] Man arbeitete sich
mit unglaublicher Indiskretion bis in die letzten Seelenwinkel vor, erstellte
geistliche Stammbäume und parallelisierte den »schrankenlosen Individualismus« Bismarckscher Frömmigkeit mit dem Glauben Luthers.[121] Das
laue Verhältnis des in pietistischer Tradition verhafteten Reichskanzlers
zur institutionellen Kirche — schon seinen Zeitgenossen ein Ärgernis[122]
— sowie der — wenn man dieser Version Glauben schenken will[123] — anfangs mit persönlicher Leidenschaft geführte Kulturkampf, gaben schließlich Anlaß zu mancherlei gewagten Vermutungen über die Motive seines
kirchenpolitischen Handelns, deren historische Faktizität sich freilich

---

[120] Vgl. Karl Erich Born (Hrsg.), *Bismarck-Bibliographie. Quellen und Literatur zur Geschichte Bismarcks und seiner Zeit*, Köln-Berlin 1966, S. 132 ff.; 166 ff.

[121] » . . . allein das Christentum M. Luthers hielt er fest . . . in innerlicher Verwandtschaft
des Deutschen mit dem Deutschen, des Genius mit dem Genius« (Erich Marcks, *Der Aufstieg des Reiches. Deutsche Geschichte von 1807—1871/78*, Bd. 2, Stuttgart-Berlin 1936, S.
3); vgl. zu der ganzen Problematik Karl Kupisch, *Der Staatsmann und die Kirche*, in: *Theologia Viatorum. IV. Jahrbuch der Kirchlichen Hochschule Berlin*, Berlin 1952, S. 274 ff.

[122] Vgl. die Kritik des mit Bismarck befreundeten Rittergutsbesitzers Alexander Andrae-
Roman. Abgedruckt in: Horst Kohl (Hrsg.), *Bismarck Jahrbuch*, Bd. 3, Berlin 1896, S. 213 ff.

[123] Bismarck stürzte sich mit unverhältnismäßig großem Engagement in den Kulturkampf, erkannte aber bald die Aussichtslosigkeit dieses Unternehmens und suchte fortan —
mit Erfolg — den Eindruck zu erwecken, als sei er wegen Krankheit und Überarbeitung an
den Kampfmaßnahmen nicht beteiligt gewesen, sondern habe alles seinem Kultusminister
überlassen (vgl. O. v. Bismarck, *Gedanken und Erinnerungen . . .*, Bd. 2, S. 130). In Wirklichkeit aber arbeitete er alle Gesetze der Kulturkampfzeit genau durch und kontrasignierte sie
ohne Beanstandung. E. Foerster (*Adalbert Falk . . .*, S. 237 ff.) hat anhand des Quellenmaterials überzeugend nachgewiesen, daß Bismarck bis 1878 mit voller Überzeugung den Kulturkampf geführt hatte und daß er eher noch schärfere und weitreichendere Maßregeln ergreifen wollte als Falk.

kaum beweisen ließ, was denn auch bald zu einer gewissen Resignation führte. So vermag Otto Baumgarten lediglich erstaunt zu konstatieren: »Ueberhaupt scheint die evangelische Kirchenfrage den großen Staatsmann als eine nebensächliche wenig beschäftigt zu haben.«[124] Und Hans Kars, dessen Buch mit dem Titel *Kanzler und Kirche. Bismarcks grundsätzliche Einstellung zu den Kirchen während des Kulturkampfes* allen voran Aufklärung über Bismarcks kirchenpolitisches Denken verheißt, widmet nur vier der einundsiebzig Seiten den kirchenpolitischen Überlegungen des Kanzlers.[125]

Die sich darin offenbarende Verlegenheit liegt einmal im Denkansatz, denn Bismarck ließ sich in seinen kirchenpolitischen Maßnahmen weniger von persönlicher Frömmigkeit leiten, als vielmehr von staatspolitischem Kalkül. Zum anderen reichen gerade im Hinblick auf die evangelische Kirche die spärlichen Äußerungen des Kanzlers für eine befriedigende Charakterisierung seiner Kirchenpolitik allein nicht aus.[126]

Neben den wenigen direkten und offiziellen Stellungnahmen des Kanzlers zu den kirchlichen Fragen seiner Zeit, erlauben jedoch die kirchenpolitischen Differenzen Bismarcks mit dem Kultusminister, Mitgliedern der königlichen Familie und konservativen Freunden eine ergänzende Betrachtung. Als weiterer Anhaltspunkt bieten sich Hinweise einiger Zeitgenossen auf die zeitweilige Abhängigkeit der Kirchenpolitik Bismarcks vom kirchenpolitischen Denken Friedrich Fabris[127] sowie Fabris eigene Aussagen hierzu an.[128]

---

[124] Otto Baumgarten, *Bismarcks Stellung zu Religion und Kirche zumeist nach eigenen Aeußerungen dargestellt*, Tübingen 1900, S. 70; Georg Graue, der sich in einem Aufsatz mit dem Titel *Bismarcks Stellung zu Religion und Kirche* (in: *Der Protestant. Evangelisches Gemeindeblatt*, 4. Jg., Berlin 1900, S. 870 ff.) mit Baumgartens Buch auseinandersetzt, meint gar, mangelnde Zeit sei einer der Gründe gewesen, warum sich Bismarck nicht eingehender mit der Frage der Neuordnung der Evangelischen Kirche beschäftigt habe. Auch Friedrich Nippold, *Aus dem Leben der beiden ersten deutschen Kaiser und ihrer Frauen. Forschungen und Erinnerungen*, Berlin 1906, S. 309, glaubt feststellen zu müssen, daß »die inneren Angelegenheiten der evangelischen Kirche dem Manne, welcher mit dem Papste als ebenbürtiger Gegner zu verhandeln liebte, völlig unbekannt waren«.

[125] Hans Kars, *Kanzler und Kirche. Bismarcks grundsätzliche Einstellung zu den Kirchen während des Kulturkampfes*, Gießen 1934, S. 63 ff.

[126] Die Quellenlage hat sich bis heute nicht verbessert. Neu entdeckte Bismarckiana über den genannten Komplex ließen sich nicht ermitteln; auch in den Beständen des Bismarck-Archivs in Friedrichsruh befindet sich laut freundlicher Auskunft von Professor Pöls kein Material zu Bismarcks Kirchenpolitik.

[127] Siehe unten S. 500 ff.

[128] S. A. Kaehler bemerkt in einem Brief an Meinecke vom 18. 1. 1945, daß er im Zusammenhang der Mühler-Biographie von Reichle auf das bislang noch unbearbeitete Gebiet der

Bismarcks Meinungsverschiedenheiten mit dem Hof und Kultusminister v. Mühler

Über das Verhältnis des Kanzlers zu seinem Monarchen ist eine Fülle von Literatur erschienen. Dabei hat man immer wieder lobend hervorgehoben, daß Wilhelm die Führung seiner Regierung weitestgehend Bismarck überließ. Freilich ist dieser Verzicht Wilhelms auf eine selbständige Politik keineswegs immer so reibungslos verlaufen, wie manche Darstellungen der Hofhistoriker glauben machen wollen.[129] Vielmehr gingen manchen politischen Entscheidungen dramatische Zusammenstöße zwischen dem Monarchen und seinem Kanzler voraus, die Bismarck mit Hilfe wiederholter Rücktrittsdrohungen freilich regelmäßig siegreich zu bestehen wußte.[130] So beklagte sich Wilhelm einmal gegenüber dem Fürsten Hohenlohe-Schillingsfürst, »daß Bismarck ihm gleich mit Rücktritt drohe, um seinen Willen durchzusetzen, daß das nicht so fortgehen könne. Bismarck sei in großer Aufregung, und man wisse gar nicht, wohin er ihn, den Kaiser, noch führen werde.«[131] Aber auch Bismarck kosteten die beständigen Auseinandersetzungen mit dem König erhebliche Anstrengung, wie er am 22. Februar 1869 Roon gestand: »Ich bin mit meinen Kräften wieder fertig; ich kann die Kämpfe gegen den König gemütlich nicht aushalten.«[132] Und Diest gegenüber äußerte er: »Wenn Sie wüßten, wie mir der Kaiser die Geschäfte erschwert! Gott mag wissen, wie das weiter gehen soll.«[133]

Fügte sich der König aber zumeist am Ende solcher Auftritte schließlich doch den politischen Wünschen seines Kanzlers, so zeigte er auf dem Gebiet der evangelischen Kirchenpolitik eine bemerkenswerte Standfestigkeit.

»Kirchenpolitik Bismarcks« gestoßen sei (Friedrich Meinecke, *Ausgewählter Briefwechsel* [= Ders., *Gesammelte Werke,* Bd. 4], München 1962, S. 484). Auf ein Fehlen gerade des evangelischen Aspektes macht Heinrich Bornkamm in seinem ausgezeichneten Büchlein *Die Staatsidee im Kulturkampf* aufmerksam (Darmstadt 1969, S. 80; vgl. S. 42 ff.) und vermutet eine Übereinstimmung zwischen dem kirchenpolitischen Denken Bismarcks und Fabris. Vor ihm hatte schon der Falk-Biograph, Erich Foerster (*Adalbert Falk* . . . , S. 186 f.), eine einseitige Abhängigkeit Bismarcks vom kirchenpolitischen Denken Fabris behauptet.

[129] Vgl. dazu B. Satlow, *Wilhelm I.* . . . , S. 74.

[130] Vgl. O. v. Bismarck, *Gedanken und Erinnerungen* . . . , Bd. 2, S. 46 f.; 119 ff.; Hans Delbrück, *Bismarcks Erbe,* Berlin-Wien 1915, S. 28 ff.; Friedrich Syben, *Preußische Anekdoten nach Memoiren und Biographien,* Berlin 1939, S. 479.

[131] Friedrich Curtius (Hrsg.), *Denkwürdigkeiten des Fürsten Chlodwig zu Hohenlohe-Schillingsfürst,* Bd. 2, Stuttgart-Leipzig 1907, S. 133.

[132] O. v. Bismarck, *Gesammelte Werke* . . . , Bd. 14/II, S. 748.

[133] *A. a. O.,* Bd. 8, S. 70; vgl. E. Foerster, *Adalbert Falk* . . . , S. 386.

Als Bismarck, der bei dem »independentistischen Charakter« seiner Frömmigkeit ohnehin kein inneres Verhältnis zur Union besaß, 1866/67 mit dem Plan umging, diese in Verbindung mit der Neuordnung der kirchlichen Verhältnisse ganz aufzuheben, weil er sie für einen unnötigen innenpolitischen Störfaktor hielt, stieß er bei Wilhelm auf Granit.[134] Beyschlag weiß »sicherem Vernehmen nach« von einer Auseinandersetzung zwischen Bismarck und dem König über dieses Thema zu berichten. Der Kanzler habe dem König die Aufhebung der Union vorgeschlagen, doch Wilhelm habe dieses Ansinnen mit einem entschiedenen »Nein, Bismarck, daran lasse ich nicht rühren« ein für allemal abgelehnt.[135] Beyschlags Zeugnis wird bekräftigt durch eine Notiz Mühlers: »Zwischen dem König und Bismarck ist es zu neuen Differenzen gekommen. Ersterer will unbedingt an der Union festhalten und sie in der ganzen Monarchie durchführen.«[136] Am 27. Februar 1867, vier Tage nach Veröffentlichung der EOK-Denkschrift,[137] trug v. Mühler dem König seine Gedanken über die kirchlichen Verhältnisse vor und beschreibt dessen Reaktion: »König damit einverstanden, setzte aber hinzu: 1. Ziel muß sein die Union. Wenn also Hannover, Schleswig-Holstein usw. bei der künftigen Zusammensetzung des Oberkirchenrats partizipieren, werden sie nicht Keile in die Union hinein treiben? Der König wünschte bestimmte Garantien, daß das nicht geschieht. 2. Warum soll der Oberkirchenrat nicht alsbald auch in Nassau, Kurhessen, Hannover usw. in Funktion treten, da doch damit die Verschmelzung gefördert würde.«[138]

Nur zögernd nahm Wilhelm schließlich von seinem Wunsch Abstand, die Union auch auf die annektierten Provinzen auszudehnen.[139] Im Herbst 1867 einigte er sich mit seinem Kanzler auf den Kompromiß, vorerst an dem kirchlichen status quo in den alten und neuen Provinzen nichts zu än-

---

[134] Bekanntlich erlebte Bismarck seine Bekehrung in den pietistischen Konventikeln der altlutherischen Separierten in Hinterpommern. Durch die Verwandtschaft seiner Frau blieb Bismarck diesen seinen Jugendeindrücken verbunden und mag von daher auch persönlich eine ablehnende Haltung gegenüber der altpreußischen Landeskirche als Unionskirche eingenommen haben. Man wird sich freilich hüten müssen, diese persönliche Religiosität überzubewerten, denn ausschlaggebend für Bismarcks kirchenpolitische Pläne waren sicher politische Überlegungen.

[135] W. Beyschlag, *Aus meinem Leben* . . . , Bd. 2, S. 281.

[136] W. Reichle, *Zwischen Staat und Kirche* . . . , S. 243 f.

[137] Siehe oben S. 117 ff.

[138] W. Reichle, *Zwischen Staat und Kirche* . . . , S. 246 f.

[139] Zwischen Wilhelms Neigung, im Friedensschluß mit Österreich große Gebiete zu annektieren, und dem Wunsch einer kirchlichen Einverleibung der eroberten Provinzen liegt übrigens eine gedankliche Parallele.

dern — ein Abkommen, durch das der Monarch — gegen die ursprüngliche Absicht Bismarcks — die Evangelische Landeskirche der älteren preußischen Provinzen wenigstens in ihrem überlieferten Bestand vor der Auflösung bewahrt hatte. Diese Vorgänge hinterließen freilich eine tiefe Verstimmung bei dem König. Mehr als zehn Jahre später bezeichnete er in einem Gespräch mit dem Feldpropst Thielen seinen Kanzler noch glattweg als »Feind der Union«.[140]

Hinsichtlich der von Bismarck angestrebten Trennung von Staat und Kirche bildete der König ebenfalls das größte Hindernis, wenn der Kanzler anfangs offenbar auch noch glaubte, dessen Widerstand brechen zu können. Mühler schreibt in seinen Aufzeichnungen: »Es trat die bestimmte Absicht der Trennung von Staat und Kirche bei Bismarck hervor, obwohl er wußte, daß er sich hier in schärfstem Gegensatz zum König befand, dessen Ansicht nach wie vor fest und Bismarck auch bekannt war . . . In der Folgezeit ließ sich Bismarck immer mehr von seinem Kampfeseifer fortreißen. Eine ruhige und sachliche Besprechung der Kirchenfragen mit ihm war überhaupt nicht mehr möglich. Auch die Ansichten und Wünsche des Königs respektierte er nicht mehr.«[141] Doch bald vertrat Bismarck aus »Rücksicht auf den König« diese Ideen nicht mehr »mit der ihm sonst eigenen Kraft«, um einen endgültigen Bruch zwischen ihm und Wilhelm, »mit dem er schon genug Reibungen hatte«, zu vermeiden.[142]

Den stärksten Rückhalt für seine unbeugsame Haltung zugunsten der überkommenen unierten Staatskirche erhielt Wilhelm zweifelsohne von der Königin. Augusta bestärkte ihn immer wieder, die Ratschläge des ihr verhaßten Kanzlers wenigstens im Bereich der Kirchenpolitik zu mißachten, und hatte damit offenbar so viel Erfolg, daß Bismarck 1878 im Gespräch mit Moritz Busch bekennen mußte: Die Königin »tut, was sie kann, gegen uns, und bei ihm [dem Kaiser] nicht immer ohne Erfolg«.[143] Nach 1866 wuchs die Feindschaft zwischen Bismarck und Augusta in dem Maße, wie sich der Kanzler den Liberalen näherte, denn die Königin huldigte sowohl in der Politik als auch in der Kirche einem starren Konservatismus. »Ihre Majestät galt dafür«, so schreibt der Geheime Kabinettsrat v. Wilmowski in seinen Erinnerungen, »eine starke Hinneigung zum Katholizismus zu haben — es wurden verschiedene Motive unterstellt, insbesondere, daß sie denselben für eine Schutzwehr gegen revolutionäre Bewegun-

---

[140] E. Foerster, *Adalbert Falk* . . . , S. 431.
[141] W. Reichle, *Zwischen Staat und Kirche* . . . , S. 323 f.
[142] E. Foerster, *Adalbert Falk* . . . , S. 187.
[143] O. v. Bismarck, *Gesammelte Werke* . . . , Bd. 8, S. 277.

gen halte, welche sie fürchte.« Daneben waren ihr »Glanz und Ansehen nach außen ... ein Bedürfniß. — Beides fand sie zur Genüge in der katholischen Hierarchie. Der Papst und die Bischöfe waren für sie besondere Grössen ... da ich *gegen* Bismarck nicht zu gebrauchen war, verfiel ich gleichfalls der Acht. Jahre lang bin ich von Ihrer M. lediglich u. demonstrativ als Luft behandelt« worden.[144]

Die Sätze belegen zur Genüge, was für einen schweren Stand Bismarck gegen die Königin und deren »Politik im Unterrock«[145] hatte, und erklären auch seine kompromißbereite Haltung auf dem kirchenpolitischen Sektor: Der »Ring« seiner Gegner zwang den Kanzler immer wieder, Prioritäten bei seinen politischen Plänen zu setzen, wenn er nicht das Vertrauen Wilhelms und damit seine Stellung verlieren wollte.[146]

Die »politisierenden Frauen und Priester« in allen Lagern waren Bismarck ein Greuel, denn sie nahmen den Monarchen gegen ihn ein und versuchten fortwährend, den großen Einfluß des eigenwilligen Kanzlers bei seinem König zu brechen.[147] Insbesondere die »Dompfaffen« Hoffmann,[148] Kögel und später Stoecker (1835—1909) gehörten zu seinen gefährlichsten Gegenspielern, weshalb Bismarck sie auch mit unversöhnlicher Feindschaft verfolgte.[149] Als der Kanzler 1876 in einer öffentlichen Rede die »Giftmischereien« der *Kreuzzeitung* brandmarkte, erklärten sich zahlreiche evangelische Geistliche durch eine Unterschriftensammlung solidarisch mit dem Inhalt des angegriffenen Artikels. Im Rückblick auf

---

[144] Gerhard Besier (Hrsg.), *Die »Persönlichen Erinnerungen« des Chefs des Geheimen Zivilkabinetts, Karl von Wilmowski (1817—1893)*, in: *Jahrbuch für Berlin-Brandenburgische Kirchengeschichte* 50 (1977), S. 148. Zum Verhältnis Bismarck - Augusta vgl. auch Hans-Joachim Schoeps, *Bismarck über Zeitgenossen. Zeitgenossen über Bismarck*, Berlin 1972, S. 31 ff.

[145] Heinz Bosbach, *Fürst Bismarck und die Kaiserin Augusta*, Phil. Diss., Köln 1936, S. 57.

[146] Vgl. Johannes Heyderhoff (Hrsg.), *Im Ring der Gegner Bismarcks. Denkschriften und politischer Briefwechsel Franz v. Roggenbachs mit Kaiserin Augusta und Albrecht v. Stosch 1865—1896*, Leipzig 1943, S. 47 ff.

[147] O. v. Bismarck, *Gedanken und Erinnerungen* ... , Bd. 2, S. 77; zu Falk äußerte Bismarck 1889, Schwarzröcke und Frauen fürchte er in der Politik, sonst nichts (E. Foerster, *Adalbert Falk* ... , S. 672).

[148] Siehe oben S. 122 ff.

[149] Am 30. 6. 1879 äußerte Bismarck, daß »Dompfaffen wie Stoecker« vom Kaiser in die Generalsynode berufen worden seien (Walter Frank, *Hofprediger Adolf Stoecker und die christlich-soziale Bewegung*, Berlin 1928, S. 70; 422, Anm. 60); zur Kirchenpolitik Kögels, die sich besonders während der liberalen Regierungsperiode gefährlich für den Kanzler auswirkte, vgl. Günter Wolf, *Rudolf Kögels Kirchenpolitik und sein Einfluß auf den Kulturkampf*, Evang. Theol. Diss., Bonn 1968.

diesen Vorfall schreibt Bismarck in seinen Erinnerungen: »Ich habe gegen
Politiker in langen Kleidern, weiblichen und priesterlichen, immer Mißtrauen gehegt, und dieses Pronunciamiento einiger Hundert evangelischer
Pfarrer zugunsten einer der frivolsten, gegen den ersten Beamten des Landes gerichteten Verleumdung war nicht geeignet, mein Vertrauen grade zu
Politikern, die im Priesterrock, auch in einem evangelischen, stecken, zu
stärken.«[150] In dem berühmten Brief vom 6. Januar 1888 an den späteren
Kaiser Wilhelm II. bekannte Bismarck erbittert: »ich habe seit 20 Jahren
zu viel unter der Giftmischerei der Herren von der Kreuzzeitung und den
evangelischen Windthorsten gelitten«, und: »Der evangelische Priester
ist, sobald er sich stark genug dazu fühlt, zur Theokratie ebenso geneigt
wie der katholische, und dabei schwerer mit ihm fertig zu werden, weil er
keinen Papst über sich hat.«[151]

Obwohl der offizielle Notenwechsel zwischen Staatsministerium und
EOK aus den Jahren 1866/69 nichts von *Spannungen zwischen Bismarck
und Mühler* verrät,[152] herrschte auch auf Regierungsebene beileibe keine
Einigkeit. Vielmehr nahm der Kultusminister in den kirchenpolitischen
Fragen eine »Mittelstellung zwischen dem Kanzler und dem König«[153]
ein, lebte aber auch »mit dem Evangelischen-Oberkirchenrath in
Fehde«[154] und saß mithin zwischen allen Stühlen. Wilhelm hielt freilich
große Stücke auf ihn und bemerkte auf einer Gesellschaft im Hause Roon
zu Mühler selbst: »Von allen, die ich bis jetzt über Kirchensachen befragt
habe, sind Sie der einzige in Preußen, der dieses Terrain so genau kennt
und beherrscht.«[155] Bismarck wußte natürlich, welches Gehör der Kultusminister bei dem Monarchen fand und drohte ihm darum: »Machen Sie
mir den König nicht scheu!«[156] Denn seitdem Mühler sich gegen das Indemnitätsgesuch des Ministerpräsidenten gewandt hatte, wurde das Verhältnis zwischen Mühler und Bismarck sichtlich kühler. »Aus dem treuen
Helfer der Konfliktzeit war der politische Gegner geworden, der das Vertrauen des Monarchen in die Politik des Kanzlers zu erschüttern und zu
untergraben schien.«[157]

---

[150] O. v. Bismarck, *Gedanken und Erinnerungen . . .* , Bd. 2, S. 156.
[151] *A. a. O.*, Bd. 3, S. 22; 20.
[152] Siehe oben S. 425 ff.
[153] W. Reichle, *Zwischen Staat und Kirche . . .* , S. 236.
[154] G. Besier (Hrsg.), *Die »Persönlichen Erinnerungen« . . .* , S. 138.
[155] W. Reichle, *Zwischen Staat und Kirche . . .* , S. 123.
[156] *A. a. O.*, S. 203.
[157] *A. a. O.*, S. 179. Zu Mühlers Rolle in der Indemnitätsangelegenheit vgl. DRITTER
TEIL, S. 278, Anm. 77.

Im Hintergrund der Wirksamkeit des Kultusministers stand — zum Gespött der Öffentlichkeit — seine Frau Adelheid v. Mühler, geb Goßler. Eine Unzahl von Geschichten und Witzen wurde über sie erzählt. Wilmowski, zweifellos ein intimer Kenner der Szene, berichtet in seinen Erinnerungen über die Mühlers: »Ohne Frage gescheut und talentvoll war er [sc. der Kultusminister] ein sehr schwacher Charakter und sogar in amtlichen Sachen ganz seiner, zudem etwas überspannten Gattin... unterworfen. Auf deren Vornamen Adelheid zirkulierte das Rätsel: Die ersten werden in Berlin niemals verborgt, doch oft verliehen, die dritte herrscht im Reiche der Finanzen (Finanzminister v. d. Heydt); pfeifft das Ganze, tanzt herum, das Kultus-Ministerium!«[158] Der mißtrauische Bismarck argwöhnte schon bald einen gegen ihn gerichteten Kampfbund der beiden streitbaren, »heiligen Frauen machthabender Herren«[159] — Augusta und Adelheid. Als es in einer an sich unbedeutenden Personalfrage (Ernennung eines höheren Postbeamten) zu einem Dissens zwischen dem Kanzler und Mühler kam, schrieb ersterer erzürnt an Roon: »Ich weiß nicht, ob Mühler einen anderen Postkandidaten in petto hat, oder ob er nur jene frivole Motivierung der allerhöchsten Entscheidung fabriziert hat, um irgendwelcher weiblichen Einbläserei den Mantel umzuhängen. Aber ich kann weder mit der Postkamarilla noch mit Haremsintrigen bestehen...«[160] Auch in seinen *Gedanken und Erinnerungen* behauptet Bismarck, Frau v. Mühler sei ein Werkzeug der Kaiserin gewesen: Sie »empfing ihre politische Direction nicht von ihrem Gemale, sondern von Ihrer Majestät, mit welcher Fühlung zu erhalten sie vor Allem bestrebt war«.[161] Nippold versichert jedoch unter Berufung auf die »kompetentesten Stellen«, daß solche Behauptungen lediglich »auf Vermutung und Klatsch« beruhten. »Tatsächlich richtig ist danach nur, daß Frau v. Mühler das Vertrauen der Kaiserin zu gewinnen versucht hat. Es ist ihr dies aber zweifellos nicht gelungen.«[162]

Enge Verbindungen bestanden auch zwischen Mühler und einem anderen Gegner Bismarcks — Rudolf Kögel (1829—1896). Der Kultusminister hatte sich 1862/63 gegen den Willen des EOK nachhaltig für die Beru-

---

[158] G. Besier (Hrsg.), *Die »persönlichen Erinnerungen«* ..., S. 138.

[159] Herman v. Petersdorff, *Heinrich v. Mühler,* in: *Schlesische Lebensbilder,* Bd. 3, Breslau 1928, S. 276.

[160] O. v. Bismarck, *Gesammelte Werke* ..., Bd. 14/II, S. 756 f.

[161] O. v. Bismarck, *Gedanken und Erinnerungen* ..., Bd. 1, S. 302; vgl. *a. a. O.,* Bd. 2, S. 128.

[162] F. Nippold, *Aus dem Leben der beiden ersten deutschen Kaiser und ihrer Frauen* ..., S. 268; vgl. H.-J. Schoeps, *Bismarck über Zeitgenossen* ..., S. 115 ff.

fung des konservativen Gesinnungsgenossen an den Dom in Berlin eingesetzt, weil er, wie er seinem Favoriten schrieb »großen Werth ... darauf
lege, Sie wieder im Vaterlande und insbesondere in Berlin zu besitzen ... Eine besondere Freude wird es mir sein, hier in meinem Ministerium mit Ihnen in unmittelbare amtliche Verbindung zu treten.«[163] Als
Vertrauter Mühlers gewann der neue Hofprediger bald starken Einfluß
auf die Entschließungen des Kultusministeriums, avancierte zum Vortragenden Rat und beriet in dieser Funktion den Kultusminister nicht allein
bei der Besetzung der theologischen Lehrstühle, sondern wirkte auch fe-
derführend bei der Abfassung von Denkschriften an den Monarchen.[164]
Mit sichtlicher Freude an der Pikanterie übermittelt uns Friedrich Nippold, daß Kögel »der Hausfreund des Ministers und noch mehr derjenige
der Frau Adelheid von Mühler« gewesen sei, »welcher die Bismarckschen
'Gedanken und Erinnerungen' das fein ausgemeißelte Denkmal gesetzt
haben«.[165]

Aus dem Gesagten erhellt, daß Bismarck allen Grund hatte, sich von
dem willensschwachen, fremdbestimmten Kultusminister zu trennen, und
tatsächlich galt es nach der innenpolitischen Annäherung an den Liberalismus 1866/67 nur noch als eine Frage der Zeit, wie lange sich Mühler gegen
die offene Feindschaft der Abgeordnetenhausmehrheit im Amte würde
halten können.[166] Überdies nahmen auch nach 1866 die sachlichen Differenzen auf kirchenpolitischem Gebiet zwischen dem Kanzler und seinem
Minister beständig zu. Es »war gerade der grundlegende Fehler, der in
Mühlers Charakter wurzelte«, schreibt sein Biograph Reichle, »daß er kirchenpolitische Angelegenheiten — und die Frage der Herstellung einer
evangelischen Kirchenverfassung war nicht nur eine kirchliche, sondern
in noch viel höherem Grade eine politische von eminent großer Bedeutung
— immer nur als kirchliche, das heißt die betreffende Religionsgemeinschaft angehende, und nicht zugleich auch als politische wertete und behandelte«.[167]

Aber der Kanzler trug seine kirchenpolitischen Meinungsverschiedenheiten mit v. Mühler nicht offen aus, sondern ließ diesen vielmehr völlig

[163] Gottfried Kögel, *Rudolf Kögel. Sein Werden und Wirken*, Bd. 2, Berlin 1901, S. 146 f.;
vgl. G. Wolf, *Rudolf Kögels Kirchenpolitik* ... , S. 66 ff.
[164] Herman v. Petersdorff, *Kleist-Retzow. Ein Lebensbild,* Stuttgart-Berlin 1907, S.
394; vgl. ders., *Heinrich v. Mühler* ... , S. 271.
[165] Friedrich Nippold, *Geschichte der Kirche im deutschen Protestantismus des neunzehnten Jahrhunderts* (= *Handbuch der neuesten Kirchengeschichte*, Bd. 5), 3. Aufl., Leipzig
1906, S. 559.
[166] Vgl. W. Reichle, *Zwischen Staat und Kirche* ... , S. 212.
[167] *A. a. O.*, S. 223.

im Unklaren über seine ganz andersgearteten kirchenpolitischen Ideen. Da Bismarck wußte, daß ein unüberbrückbarer Gegensatz zwischen seinen Zielen und denen des Königs und v. Mühlers bestanden und daß die Durchführung seiner Absichten unmöglich war, solange Mühler einen festen Rückhalt am König besaß, suchte er den Kultusminister zu Fall zu bringen. Dabei beschränkte er sich zunächst darauf, die kirchenpolitischen Organisationspläne seines Ministers zu verschleppen und zu hintertreiben, und das mit einer Gründlichkeit, daß es v. Mühler trotz größter Anstrengungen bis zu seiner Entlassung nicht gelang, eine Synodalverfassung für Altpreußen zu verabschieden, geschweige denn, in den neuen Provinzen geordnete Verhältnisse zu schaffen.[168] »Erst Anfang 1869«, schreibt Mühler, »konnte ich aus einigen beiläufigen Äußerungen Bismarcks entnehmen, daß er jede Einwirkung der Staatsgewalt, namentlich der königlichen Autorität auf die Gestaltung der kirchlichen Angelegenheiten scheue, daß diese Auffassung (landesherrliches Kirchenregiment) auf Anschauungen beruhe, wie sie aus der Unionsgeschichte und den Vorstellungen der separierten Lutheraner herstammen, und daß er, wie er letzteres auch bestimmt und positiv später aussprach, am liebsten die Kultusangelegenheiten ganz von dem Kultusministerium abtrennen und sie dem Justizministerium überweisen wolle, um sie möglichst unparteiisch, juristisch zu behandeln. Ich widersprach dem im Interesse der evangelischen Kirche. Dieselbe werde nie das landesherrliche Kirchenregiment und seine Autorität entbehren können, wenn auch dieselbe durch die Synoden in festere Grenzen eingeschlossen werden könne, am wenigsten aber, solange der Organisationsprozeß der evangelischen Kirche noch nicht durchgeführt sei. Dies blieb ohne Eindruck auf Bismarck.«[169]

Zum endgültigen Bruch zwischen Bismarck und dem Kultusminister kam es dann zu Beginn des Kulturkampfes. In zahllosen Briefen an Bekannte verbreitete Mühler, der Grundgedanke Bismarckscher Kirchenpolitik sei die Trennung von Kirche und Staat, wobei er auf die verhängnisvollen Folgen dieses Planes für die evangelische Kirche hinwies. Kurz nach seiner Entlassung schrieb er an den Grafen Schwerin: »Zu erklären ist das Vorgehen Bismarcks in seinem Kirchenkampf nur durch die ganze, der Bismarckschen Politik zu Grunde liegende, mehr als realistische — ich darf wohl sagen — materialistische Anschauungsweise. Bismarck verachtet die geistigen und moralischen Hebel der Politik. Blut und Eisen — materielle Machtmittel — sind die Faktoren mit denen er rechnet. Am lieb-

---

[168] Siehe oben S. 424.

[169] W. Reichle, *Zwischen Staat und Kirche* ..., S. 241 f.

sten möchte er die Kirche und die religiösen Ideen ganz aus dem öffentlichen Leben verbannen und zu einer bloßen Privatsache machen. Trennung der Kirche vom Staat, Absonderung der Schule von der Kirche und vom Religionsunterricht sind ihm geläufige Anschauungen, wie solches die von ihm getanen Schritte und zahlreiche öffentliche und vertrauliche Aeußerungen, die ich verbürge, beweisen. Es tritt hierin ein, wenn nicht entschieden unchristlicher, so doch jedenfalls unkirchlicher und separatistischer Zug in ihm hervor, bei welchem die Grenzen zwischen Verblendung und Feindschaft schwer inne zu halten sind. Dazu kommt sein übergroßer Ehrgeiz, der keinen Widerstand erträgt, selbst nicht mehr die persönlichen Ueberzeugungen des Kaisers respektiert. Preußen und Deutschland müssen auf der Basis des evangelischen Glaubens und Bekenntnisses bleiben. Eben dieser evangelische Glaube hat uns aber von den Tagen des großen Kurfürsten an gelehrt, auch die Katholiken nicht gewaltsam zu unterdrücken, sondern sie mit Gerechtigkeit und Milde zu behandeln; weichen wir von dieser Basis, so verwunden wir uns selbst auf das Empfindlichste . . . «[170] Im Sommer 1871, also im letzten Jahr von Mühlers Ministerzeit, führten dieser und Bismarck am Urlaubsort des Kaisers, Bad Gastein, erstmals offene Gespräche über die kirchenpolitischen Fragen. Seit Wochen beschäftigte den Kanzler schon der Gedanke, wie er Mühler zum Rücktritt veranlassen könne,[171] und er glaubte in seinem Freund Keyserling schon einen geeigneten Nachfolger gefunden zu haben, aber der König hielt trotz einer ernsten Zurechtweisung Mühlers wegen dessen streitsüchtiger Frau an seinem Kultusminister fest.[172] »Mit der Behandlung der Kirchenfragen«, ließ er den Kanzler wissen, »bin ich mit Mühler prinzipiell ganz einverstanden«, so daß dem Kanzler angesichts dieses Vertrauensvotums vorläufig jede Aussicht auf Ablösung schwand.[173] Bismarck wechselte daraufhin vorübergehend seine Taktik und suchte zum letzten Mal, Mühler für seine kirchenpolitischen Ziele zu gewinnen. Obwohl er noch unmittelbar vorher den Verkehr mit dem Kultusminister und dessen Frau so gut wie möglich gemieden hatte, besuchte er Mühler jetzt und entwickelte ihm seine ganzen Ideen. Diese Unterredung gibt wie kein anderes Dokument Aufschluß über die kirchenpolitischen Pläne des Kanzlers: »Er [sc. Bismarck] enthüllte nun sein ganzes Spiel und System«,

---

[170] *A. a. O.*, S. 328 f.
[171] »Der Mühler muß weg . . . !« sagte Bismarck im August 1871 zu dem deutschen Gesandten in Wien (zitiert nach W. Reichle, *a. a. O.*, S. 332).
[172] Vgl. dazu G. Besier (Hrsg.), *Die »Persönlichen Erinnerungen«* . . . , S. 142 f.
[173] W. Reichle, *Zwischen Staat und Kirche* . . . , S. 332.

berichtet Mühler, »das er mir doch nicht mehr verbergen konnte, unzweideutig. Seine Ziele seien:
Kampf gegen die ultramontane Partei, insbesondere in den polnischen
Gebieten, Westpreußen, Posen, Oberschlesien.
Trennung von Kirche und Staat, von Kirche und Schule überhaupt. Ue-
bergabe der Schulinspektion an Nichtgeistliche. Hinausweisung des Religionsunterrichtes aus der Schule, nicht nur aus den Gymnasien, sondern
auch aus der Volksschule.
Ueberweisung der Kultusangelegenheiten an den Justizminister.

Bismarck erläuterte diese Ziele noch mit folgenden Worten: 'Der Religionsunterricht kann außerhalb der Schule lediglich der Kirche überlassen
bleiben. Ich brauche in diesem Kampf einen Kultusminister, der hierin die
Initiative nimmt. Finde ich Sie hierin nicht bereit oder finde ich einen solchen überhaupt nicht, so kann ich die Verantwortung für den Gang der
Staatsgeschäfte nicht ferner tragen'. Er wies dabei ausdrücklich auf das Beispiel im Elsaß und in Frankreich hin. Bei den überaus heftig geführten Reden brach er in die Worte aus: 'Da Sie mich hinderten an der Ausführung
in der evangelischen Kirche, so muß ich über Rom hinein' und er wiederholte auf meine Frage und Mahnung, ob er das alles dem Kaiser klar gesagt
hätte oder sagen würde, da er doch genau dessen Standpunkt kenne, ganz
außer sich vor Aufregung: 'Nein, ich weiß, wie der Kaiser steht; wenn Sie
ihn mir aber nicht scheu machen, werde ich ihn trotzdem führen, wohin
ich will.'«[174]

Als Mühler auch auf diese letzte Offerte seines Kanzlers nicht einging,
betrieb letzterer nun mit allen Mitteln die Entlassung des Kultusministers
und hatte schließlich im Dezember 1871 damit Erfolg.[175]

Der Kronprinz und seine Kirchenpolitik

Das Verhältnis Friedrich Wilhelms zu Bismarck schwankte in den einzelnen Lebensperioden des Kronprinzen sehr und war von einer merkwürdigen Ambivalenz.

Einerseits wünschte er eine Liberalisierung der preußischen Innenpolitik, andererseits sah er in Bismarck den Zerstörer der Dynastie und skru-

---

[174] A. a. O., S. 333. Schon Ende des Jahres 1866 hatte Mühler resigniert festgestellt: »Bismarck ist gegen Union, gegen Einheit, gegen landesherrliches Kirchenregiment« (a. a. O., S.
239).
[175] Siehe unten S. 520 ff.

pellosen Abenteurer, dessen Erfolge ihm als bloße Glücksfälle erschienen.[176] So kam es zum offenen Bruch zwischen ihm und dem leitenden Staatsmann, als er in einer öffentlichen Ansprache am 5. Juni 1863 in Danzig die von Bismarck oktroyierten Pressegesetze kritisierte.[177] Seit 1864 führten die Annexionsbestrebungen Bismarcks auch auf dem Gebiet der auswärtigen Politik zu schweren Konflikten mit »Otto Annexandrowitsch« und seiner »Seeräuberpolitik«.[178]

Entsprechend seinem Naturell erwiderte der Kanzler die Feindschaft des Kronprinzen äußerst lebhaft, nannte ihn geradeheraus einen »Kretin«[179] und bemerkte zu dessen familiärer Lebensführung: »der Herr ist faul«.[180] In einer Unterredung mit v. d. Goltz am 3. und 4. Oktober 1865 in Biarritz fiel über den Kronprinzen die vertrauliche Bemerkung: »Er stehe unter dem unbedingten Einfluß seiner Gemahlin, welche kein Herz für Preußen, kein Verständnis für preußische Zustände habe und lieber ihren Vettern als der preußischen Monarchie ein Land zuwende. Wenn der königliche Herr jetzt die Augen schlösse und dem Kronprinzen die Regierung ließe, dann wäre es überhaupt gleich vorbei mit der Dynastie der Hohenzollern. Der Kronprinz würde mit einer neuen englischen Ära anfangen, die den preußischen Traditionen und der preußischen Monarchie bald ein Ende machen würde.«[181]

Um so erstaunlicher ist es, daß der Kronprinz nach dem Sieg von Königgrätz, an dem er als Armeeführer maßgeblichen Anteil hatte, an der Spitze derjenigen stand, die ihre bis dahin festgehaltenen prinzipiellen Bedenken gegen diesen Krieg aufgaben und einer rücksichtslosen Annexionspolitik das Wort redeten.[182]

[176] Vgl. Otto Graf zu Stolberg-Wernigerode, *Robert Heinrich Graf von der Goltz. Botschafter in Paris 1863—1869*, Oldenburg-Berlin 1941, S. 189; Kaiser Friedrich III., *Tagebücher von 1848—1868*, hrsg. von Heinrich Otto Meisner, Leipzig 1929, S. 408.

[177] Vgl. O. v. Bismarck, *Gesammelte Werke...*, Bd. 15, S. 218; Georg Schuster (Hrsg.), *Briefe, Reden und Erlasse des Kaisers und Königs Friedrich III*, Berlin 1902, S. 84. Der König erteilte seinem Sohn wegen dieser politischen Taktlosigkeit eine scharfe Rüge.

[178] Wilhelm v. Schweinitz (Hrsg.), *Briefwechsel des Botschafters General Hans Lothar von Schweinitz 1859—1891*, Berlin 1928, S. 20 f.; vgl. G. Schuster (Hrsg.), *Briefe...*, S. 148.

[179] Zitiert nach H.-J. Schoeps, *Bismarck über Zeitgenossen...*, S. 34.

[180] G. Besier (Hrsg.), *Die »Persönlichen Erinnerungen«...*, S. 158. Auf Wunsch des Königs sollte der Kronprinz an den Sitzungen des Staatsministeriums teilnehmen, gab aber nach anfänglichem Eifer bald jede Beteiligung an den Staatsgeschäften auf — »man höre doch nur immer Bismarck dicta!« erklärte er später Wilmowski sein Desinteresse (*a. a. O.*, S. 157).

[181] O. Graf zu Stolberg-Wernigerode, *Robert Heinrich Graf von der Goltz...*, S. 406 f.

[182] Vgl. G. Schuster (Hrsg.), *Briefe...*, S. 160 ff.

In der Folgezeit herrschte zwar auch weiterhin noch ein gewisses Mißtrauen zwischen Bismarck und Friedrich Wilhelm, aber die frühere Feindschaft der beiden Männer wurde doch zunehmend abgelöst von einem
Verhältnis, das auf gegenseitiger Achtung und Loyalität basierte. Während
der kurzen Regierungszeit Friedrichs III. gestaltete sich die Zusammenarbeit Kaiser — Kanzler dann sogar viel harmonischer, als weite politische
Kreise und die unmittelbar Beteiligten selbst ursprünglich geglaubt hatten.

Die Ursachen für diese Annäherung der beiden ehemaligen Kontrahen-
ten liegen einerseits wohl darin begründet, daß der Kronprinz als Folge
der militärischen Siege Preußens mehr und mehr von seinen liberalen
Grundsätzen abrückte und eine Wiederherstellung von »Kaiser und
Reich« in fast mittelalterlichen Formen anstrebte;[183] andererseits modifizierte auch der Kanzler nach 1866 durch das Bündnis mit den Nationalliberalen die Grundpositionen seiner ehemals stockkonservativen Politik.
Im Spätherbst 1892 beurteilte Bismarck rückblickend seinen ehemaligen
Gegner: »Er hätte konservativ regiert. Er war vielleicht der Reaktionärste
unter allen Hohenzollern.«[184]

Kirchenpolitisch traf dieses Urteil freilich nicht so sehr für den Kronprinzen und Kaiser der achtziger Jahre als für den jungen Thronanwärter
zu, der sich schon als Dreiundzwanzigjähriger Gedanken über »das Verhältnis der Kirche zum Staat« machte und die Ergebnisse seiner Überlegungen niederschrieb. In diesen, bis jetzt noch nicht veröffentlichten Aufzeichnungen, suchte Friedrich Wilhelm gegen die liberalen Forderungen
der fünfziger Jahre die kirchliche und politische Notwendigkeit des landesherrlichen Summepiskopats zu erweisen: » . . . die protestantische Kirche
bedarf eines Oberhauptes, welches eine starke Macht in Händen hat, um
sie gegen Ein- und Angriffe fremder Gewalten zu sichern. Ist diese Macht
aber nicht in Händen des Königs, so kann es leicht dazu kommen, daß wie
einst die katholische Kirche gegen den deutschen Kaiser, so auch die protestantische Kirche gegen den Landesherrn als gebietende Macht auftritt.
Die Folgen eines solchen Kampfes für Kirche und Staat brauchen wohl
nicht erst auseinandergesetzt zu werden . . . Es ist richtig, daß keine traditionelle oder göttliche Vollmacht den König an die Spitze der Kirche ge-

---

[183] Bismarck spottete: »Der Kronprinz ist der dümmste und eitelste Mensch und stirbt
noch einmal an Kaiserwahn« (Ernst Feder [Hrsg.], *Bismarcks großes Spiel. Die geheimen
Tagebücher Ludwig Bambergers*, Frankfurt am Main 1932, S. 243).

[184] Heinrich v. Poschinger (Hrsg.), *Also sprach Bismarck*, Bd. 3, Wien 1910, S. 171; vgl.
Hermann Hofmann, *Fürst Bismarck 1890—1898*, Bd. 1, Leipzig-Stuttgart 1913-1914, S.
185; *a. a. O.*, Bd. 2, S. 388 f.

stellt hat; auch können seine menschlichen Schwächen leicht der Kirche Verderben bringen. Damit also die Kirche davor bewahrt werde, müßte eine Versammlung, wir wollen sie Consistorium nennen, dem Könige zur Seite stehen. Dasselbe müßte aus lauter Geistlichen und Theologen bestehen und durch Wahl sämmtlicher Theologen und Geistlichen der Monarchie zusammentreten.... Dieses Consistorium würde die Vollmacht haben, die Verwaltung der Kirche zu leiten, die Anstellung der Geistlichen vorzunehmen, auf die Schulen, die Schullehrer einzuwirken, ferner den Gottesdienst und die Lithurgie anzuordnen.« Allerdings bedürften alle wichtigen Beschlüsse der Zustimmung des Königs, dem auch das Recht zukommen müsse, die »Consistorialräthe und Bischöfe nach Vorschlag zu ernennen oder abzusetzen. — Käme aber der Fall vor, daß der Monarch evident darauf ausginge, durch Einführung einer anderen Confession oder durch Erlaß von Gesetzen, welche nothwendigerweise schädlich auf die Kirche einwirken müßten, dann hätte das Consistorium die Vollmacht, als eine Person gegen solche Angriffe aufzutreten, um in jeder Weise das kirchliche Recht zu wahren; dann müßte sich der König ihrem Willen fügen.«[185]

Diese Ausführungen stehen in krassem Widerspruch zu den kirchenpolitischen Zielen der liberalen Protestanten: Der Kronprinz spricht sich nicht allein gegen eine Trennung der Kirche vom Staat aus, sondern vertritt darüber hinaus offenbar das Modell einer reinen Geistlichkeitskirche ohne jedes Mitspracherecht für Laien. Wäre Friedrich Wilhelm mit diesen kirchenpolitischen Anschauungen an die Öffentlichkeit getreten, man hätte ihn fortan zweifellos dem rechten Flügel der Oberkirchenratspartei zugerechnet.

Unter dem Einfluß seiner Gattin Viktoria vertrat der Kronprinz jedoch bald derart liberale Auffassungen von Kirche, daß es nach dem Zeugnis Wilmowskis häufig zu Streitigkeiten zwischen dem König und seinem Sohn kam: »Der Einfluß der Kronprinzessin auf die politische Gedankensphäre ihres Gemahls war unbezweifelt, vielleicht noch mehr auf kirchlichem Gebiete. Der Kronprinz hatte sehr freie religiöse Ansichten, was dem Kaiser sehr unliebsam war und manche Verdrießlichkeiten verursachte, auch mit der Kronprinzessin... Der Kaiser hatte das volle Bewußtsein, dass seine und die Ansichten des Kronprinzen wie auf religiösem so auch auf politischem Gebiete auseinandergingen; dass letzter auf

[185] ZSTA, Hist. Abt. II, Merseburg, Brandenburg-Preußisches Hausarchiv, Rep. 52 E III Nr. 14 (Akte nicht paginiert).

beiden einer sehr liberalen Richtung folge . . . «[186] Mit dem Kirchenbesuch nahm es das Kronprinzenpaar wohl ebenfalls nicht mehr so ernst, denn Friedrich Wilhelm klagte einmal dem Chef des Zivilkabinetts, daß seine Mutter beständig »nachforschen lasse, ob er die Kirche besuche«.[187]

Tatsächlich sympathisierte der Kronprinz etwa seit Mitte der sechziger Jahre heimlich mit der Partei des Protestantenvereins. Sein kirchenpolitischer Berater war der Stettiner Pfarrer Gustav Adolf Schiffmann, ein »Protestantenvereinler vom reinsten Wasser«, wie Wilhelm in einem Handschreiben an Falk später empört feststellte.[188]

Am 16. April 1866 sandte Schiffmann seinen ersten Bericht an Friedrich Wilhelm, den dieser ausdrücklich von ihm angefordert hatte. Darin gab er dem Kronprinzen die Verhandlungsthemen des zweiten Protestantentages bekannt[189] und berichtete ihm anschließend von der Ablehnung eines vom Magistrat gewählten, liberalen Predigers (Rohde) durch das Berliner Konsistorium wegen angeblicher Lehrabweichung. »Der eigentliche Grund, um dessentwillen man die Bestätigung verweigert hat, ist freilich wohl ein anderer. Prediger Rohde hatte sich öffentlich gegen die von Knak und Genossen Seiner Majestät dem Könige eingereichten Adresse ausgesprochen. Daß man aber die Verpflichtung auf die symbolischen Bücher so in besonderen Fällen als bequeme Handhabe gebrauchen kann, mißliebige Geistliche fernzuhalten, giebt der herrschenden Richtung in der evangelischen Kirche Preußens diese hierarchische Macht. Fordern auch nur die Orthodoxen, Hengstenberg an der Spitze, das volle Luthertum, oder was jetzt dafür gilt, so gestehen doch auch die freien pietistisch gerichteten Glieder der Behörden, deren Richtung vor allem der Generalsuperinten-

---

[186] G. Besier (Hrsg.), *Die »Persönlichen Erinnerungen«* . . ., S. 159 und 157. Die »englische Heirat« fand übrigens im Jahr 1858 statt. Vgl. W. v. Schweinitz (Hrsg.), *Briefwechsel* . . . , S. 17; F. Nippold, *Geschichte der Kirche im deutschen Protestantismus des neunzehnten Jahrhunderts* . . ., S. 519 f., behauptet dagegen, in kirchlichen Fragen hätten Vater und Sohn bis zur »Ära Kögel« immer übereingestimmt.

[187] G. Besier (Hrsg.), *Die »Persönlichen Erinnerungen«* . . . , S. 156. Als das Kronprinzenpaar seinem Seelsorger, Pfarrer Persius, den Konfirmandenunterricht der kleinen Prinzen übertrug, setzte der Kaiser, der Persius für einen wenig frommen Mann hielt, durch, daß Hofprediger Kögel vor der Konfirmation noch einen Nachkurs veranstaltete. Bei der Wiederbesetzung der Friedenskirche zu Potsdam schlug Friedrich Wilhelm Persius vor, da er diese Kirche mit seiner Familie zumeist besuche. Statt dessen wurde auf Vorschlag der Kaiserin der katholisierende Pfarrer Wiedel berufen (*a. a. O.*, S. 160).

[188] E. Foerster, *Adalbert Falk* . . . , S. 367.

[189] Vgl. *PKZ* 13 (1866), Sp. 385. Dieser zweite, für 1866 in Hannover geplante Protestantentag fiel wegen des bevorstehenden Krieges mit Österreich aus und fand erst im September 1867 in Neustadt an der Haardt statt (siehe oben S. 184 ff.).

dent Hoffmann vertritt, nur soweit freiere Forschung und freiere Bewegung auf dem Gebiete der kirchlichen Lehre zu, als es gerade mit ihrer subjectiven Überzeugung übereinstimmt; und so fehlt in der That jedes objective Maaß für die Beurtheilung; daß solche Zustände nicht angemessen sind, leuchtet ein.«[190]

Im weiteren Verlauf des Briefes berichtet Schiffmann über das Fortschreiten der liberal-kirchlichen Bewegung in ganz Deutschland (»nur nicht in Preußen«), in der »die wahre christliche Frömmigkeit sich eine neue Gestaltung zu geben sucht, angemessen für unsere Zeit ... stände nur nicht ein Bismarck an der Spitze in Preußen, der nichts Edles in den Menschen anerkennt, und darum auch das Edle und Wahre in den geschichtlichen Bewegungen nicht zu erkennen vermag. Gebe Gott, daß Eure Königliche Hoheit einst von Männern berathen werden, die nicht bloß durch Selbstsucht bestimmt werden, und nicht bloß auf die Schwäche und Schlechtigkeit der Menschen ihre Berechnungen bauen, sondern im Stande und geneigt sind, die edlen Kerne im Volksleben zu reicherer Entfaltung zu bringen. Die nächsten Jahrzehnte dürften leicht auf Jahrhunderte hin die Schicksale Preußens und Deutschlands entscheiden ...«

Mit diesem schweren Ausfall gegen den Kanzler leitet Schiffmann zur Charakteristik der politischen Stimmung in Preußen über, die zu beobachten ihm der Kronprinz offenbar ebenfalls aufgetragen hatte.[191] Er berichtet von Massenversammlungen und Wahlagitationen. »Man hört wohl hie und da von der Möglichkeit einer Revolution sprechen ... aber das alles sind doch vereinzelte Äußerungen und Leute der Fortschrittspartei, die sonst sehr gut unterrichtet sind, haben mir die Versicherung gegeben, daß ernstlich an eine Volkserhebung bis jetzt niemand denke.« Unmittelbar in diesem Zusammenhang bedauert Schiffmann, dem Kronprinzen die unangenehme Nachricht übermitteln zu müssen, daß er kein ausgesprochenes Vertrauen in diesen unruhigen, liberalen Bevölkerungskreisen genieße, denn »sobald einmal liberalere Züge [sc. von Friedrich Wilhelm] mitgetheilt und geglaubt werden, ist die feudale Partei geschäftig, Erzählungen zu verbreiten, aus denen die entgegengesetzte Gesinnung hervorleuchtet. Indeß soviel ist doch mit gutem Gewissen zu sagen, daß man Eu-

---

[190] Schreiben Schiffmanns an den Kronprinzen vom 16. April 1866 (ZSTA, Hist. Abt. II, Merseburg, Brandenburg-Preußisches Hausarchiv, Rep. 52 E III Nr. 14 [Akte nicht paginiert]); vgl. H. Th. Wangemann, *Gustav Knak. Ein Prediger der Gerechtigkeit, die vor Gott gilt,* Basel 1881, S. 377 ff.

[191] »Ich habe«, so entschuldigt er das späte Eintreffen des Briefes, »ein Schreiben von Woche zu Woche verschoben, um über die politische Stimmung ein bestimmtes und klares Urtheil zu gewinnen.«

rer Königlichen Hoheit nicht mißtrauisch gegenübersteht; und sobald
Eure Königliche Hoheit einmal entschieden die Regierung auf andere
Bahnen hinüberführen, wird es, deß bin ich gewiß, an völliger Hingebung
und dankbarer Verehrung nicht fehlen.«

Am 2. April 1868 schrieb Schiffmann dem König seine Meinung über
die beabsichtigte Berufung des Stettiner Konsistorialrates Kundler in den
Ev. Oberkirchenrat.[192] Kundler sei zwar ein tüchtiger Arbeiter, aber »Förderung der Entwicklung unserer Kirche ist von ihm wohl nicht zu erwarten. Herr C. Rath Kundler war der Vorgänger des Superintendenten
Meinhold in Cammin und damals Mitbegründer und Mitglied des Lutherischen Vereins, welcher sich als Ziel gesetzt hatte, die Union aus der Landeskirche wieder zu verdrängen. Seit mehreren Jahren stellt er sich jetzt
zwar auf die Seite der Union, aber was er unter Union versteht, ist nichts
anderes als was man sonst Conföderation nannte. Seine theologische Ansicht ist noch jetzt ganz die orthodoxe lutherische.«[193]

Schiffmann hoffte wohl, daß der Kronprinz auf diese Nachricht hin die
Berufung Kundlers verhindern würde, aber das konnte Friedrich Wilhelm
nicht, denn der König achtete sorgfältig auf die Wahrung der allein ihm
vorbehaltenen Kompetenzen und sprach mit Familienangehörigen »nie
von Geschäften«.[194]

Inzwischen hatte der Thronfolger Schiffmann auch eine Audienz gewährt, »welche hier und wohl auch in Berlin außerordentliches Aufsehen
erregt hat. Die Herren Hofprediger Hoffmann und Kögel hatten die
Gnade, sich aufs Freundlichste mit mir zu unterhalten«.

Zwei Monate später schrieb Schiffmann dem Kronprinzen einen Bericht über den dritten Protestantentag zu Bremen,[195] der das Bemühen verrät, Friedrich Wilhelm wieder ein eindrucksvolles Stimmungsbild der
kirchlich-liberalen Szene zu vermitteln: »Die reichsten und angesehensten
Leute der Stadt überboten sich in Aufmerksamkeiten für die Gäste und
zeigten im Privatgespräch wie durch öffentliche Theilnahme ihr reges Interesse für die Sache des Vereins.«[196] Besonders eingehend schilderte er die

---

[192] In einem Schreiben vom 30. April 1868 schlugen Mühler und Mathis dem König dann
tatsächlich die Berufung Kundlers auf die dritte, im Staatshaushalt bewilligte, vollbesoldete
Ratsstelle vor; der positive Bescheid Wilhelms erfolgte am 2. Mai 1868 (ZSTA, Hist. Abt. II,
Merseburg, Evangelischer Oberkirchenrat, 2. 2. 1. Nr. 22817, pag. 70—72 + R; 73).
[193] Schreiben Schiffmanns vom 2. April 1868 an den Kronprinzen (ebda.).
[194] G. Besier (Hrsg.), Die »Persönlichen Erinnerungen« . . . , S. 156.
[195] Siehe oben S. 187 ff.
[196] Schreiben Schiffmanns an den Kronprinzen vom 7. Juni 1868 (ZSTA, Hist. Abt. II,
Merseburg, Brandenburg-Preußisches Hausarchiv, Rep. 52 E III Nr. 14).

Empörung weiter liberaler Kreise über die jüngsten Angriffe gegen den Protestantenverein. »Namentlich war allgemeine Erbitterung über die verleumderischen Anklagen, womit der Generalsuperintendent Hoffmann in seinem neuesten Werk sich gegen den Protestantenverein gewandt.«[197]

Im März 1869 sandte der Kronprinz die Allerhöchste Kabinettsorder und den Bericht des EOK zur schlesischen Gesangbuchfrage[198] mit der Bitte um Stellungnahme an Schiffmann. Der liberale Protestant schrieb zurück: »Den jetzigen Kirchlichen Behörden liegt Alles daran, ihrer theologischen Ansicht wo möglich auch für die Zukunft die Herrschaft zu sichern. Zu den Mitteln, die man hierfür anwendet, gehört auch die Einführung revidierter Gesangbücher ... jedenfalls bildet die Gesangbuchangelegenheit, die ja neuerdings auch in Finsterwalde Aufregung hervorgebracht hat, ein Symptom der Ungesundheit unserer Kirchlichen Zustände. Zur Ruhe wird auch diese Sache erst kommen, wenn wir Synoden haben, in denen die Gemeinden wirklich vertreten sind, und wenn man dann nicht mehr vom grünen Tisch aus dekretirt, woran sich die Gemeinde erbauen soll, sondern auch die Zeugnisse der Gemeinden darüber hört, was ihnen wirklich erbaulich ist.«[199]

Dem Brief legte Schiffmann ein Exemplar seines liberalen Vortrages über »die Bedeutung der Augsburger Confession für die Gegenwart« bei, welcher nach eigenem Bekunden »der Durcharbeitung der Gegensätze und der endlichen Verständigung« unter den Evangelischen dienen sollte.

Mittlerweile schätzte der Kronprinz den Rat Schiffmanns offenbar so sehr, daß er im Frühjahr 1869 dessen Berufung zum Garnisonsprediger nach Berlin auf die frei gewordene Stelle des Lic. Strauß betrieb.[200] Ende März gewährte er dem Stettiner Prediger eine zweite Audienz — offiziell

---

[197] In seiner zweiten Audienz am 29. Mai 1868, berichtete auch Nippold dem Kronprinzen über das Hoffmannsche Buch (F. Nippold, *Aus dem Leben der beiden ersten deutschen Kaiser und ihrer Frauen* ... , S. 358). Weiter unten in seinem Brief nimmt Schiffmann zu der Behauptung Stellung, v. Mühler habe die Stadt Bremen unter Druck gesetzt, um zu verhindern, daß dort der Protestantenverein sein Treffen abhalten könne: »Daß der Minister Mühler versucht habe, durch den Herrn Krüger auf den Senat in Bremen zu wirken, ist ja wiederholt von der Kreuz-Zeitung dementirt. Ich halte es auch für möglich, daß die Bremer, die den Versuch einer solchen Einwirkung trotz des Dementi behaupten, sich irren. Sie gefallen sich darin, zu zeigen, daß trotz des Druckes von Preußen her und in Preußen, sie in Kirche und Schule die Freiheit auch für die liberale Richtung beschützen.«

[198] Vgl. *PKZ* 15 (1868), Sp. 1131; *PKZ* 16 (1869), Sp. 147 ff.; 161 ff.; 425 ff.

[199] Schreiben Schiffmanns vom 8. März 1869 an den Kronprinzen (ZSTA, Hist. Abt. II, Merseburg, Brandenburg-Preußisches Hausarchiv, Rep. 52 E III 14).

[200] Vgl. G. Wolf, *Rudolf Kögels Kirchenpolitik* ... , S. 94.

aufgrund des genannten Vortrages, in Wirklichkeit aber wohl, um nach außen hin zu dokumentieren, daß ihm an der Ernennung von Schiffmann sehr viel lag. Anläßlich der Berufungsgespräche nahmen auch die Berliner Protestantenvereinler jetzt erstmals Kontakt mit dem Kronprinzen auf, und etwa um die gleiche Zeit, am 3. März 1869, überreichte der bekannte Heidelberger Kirchenhistoriker Friedrich Nippold (1838—1918), ebenfalls ein Anhänger des Protestantenvereins, dem Thronfolger einige wichtige Schriftstücke zur kirchlichen Frage, die Friedrich Wilhelm umfassend über den Stand der preußischen Kirchenpolitik informieren sollten.[201] In seinem Begleitschreiben dankte Nippold dem Thronfolger für die gewährte dritte Audienz im Januar d. J., indem er in glühenden Worten seine grenzenlose Bewunderung und Hochachtung für die Hohenzollern aussprach: Auch »das dritte Mal . . . haben Höchst Sie abermals eine tiefe innere Begeisterung in mich geworfen, die Stunden lang brauchte, um zum stillen Gebete zu werden. Gott segne Euer Königliche Hoheit! Gott lasse die innere Vollendung, den geistigen Ausbau des von seiner Majestät so großartig begonnenen Werkes Höchst Ihren Antheil sein an der ruhmreichsten Geschichte, die je eine Dynastie hatte!«[202]

Im Zuge dieser regen Aktivitäten des Protestantenvereins um den Kronprinzen muß wohl auch der Gedanke geboren worden sein, den nächsten Protestantentag in Berlin abzuhalten.[203] Aber alle Anstrengungen der Protestantenvereinler und des mit ihnen sympathisierenden Kronprinzen, etwas liberales Gedankengut in die evangelische Kirche Preußens hineinzutragen, scheiterten am erbitterten Widerstand der Konservativen.

Kaum war nämlich bekannt geworden, daß Schiffmann »der geistliche Führer des preußischen Militärs in Berlin vom General bis zum Grenadier werden soll(te)«,[204] begann man in diesen Kreisen eine Unterwanderung

---

[201] Eine von Nippold gefertigte Liste über die leider nicht mehr vorhandenen Dokumente nennt einen Aufsatz über die geplante Nuntiatur in Berlin und einen Auszug aus einem Brief Tholucks, betitelt »Zur Kirchenverfassungsfrage«, der »die geheimen Intriguen entschleiert, durch welche es in Preußen bisher nicht zu einer Kirchenverfassung gekommen ist«; ebenso Beiträge zur Bekenntnis- und Gesangbuchfrage. Nachgereicht wurde ein Aufsatz Nippolds über die Zustände in Nassau, besonders auf dem Gebiete der Kirche und Schule (siehe oben S. 391 ff.), sowie »ein Cyclus von Aufsätzen über Holland in politischer, kirchlicher und pädagogischer Beziehung« (ZSTA, Hist. Abt. II, Merseburg, Brandenburg-Preußisches Hausarchiv, Rep. 52 E III Nr. 14).

[202] Ebda. Nippold berichtet von seinen insgesamt sechs »Audienzen bei Kaiser Friedrich« in: F. Nippold, Aus dem Leben der beiden ersten deutschen Kaiser und ihrer Frauen . . . , S. 353—367.

[203] Siehe oben S. 189 ff.

[204] Zitiert nach G. Wolf, Rudolf Kögels Kirchenpolitik . . . , S. 94.

der Stützen des preußischen Throns zu fürchten und suchte mit allen Mitteln, die vermeintlich drohende Gefahr abzuwenden. Kögel sorgte bei dem Monarchen schließlich für die Verhinderung der Berufung von Schiffmann, und Hegel untersagte ein halbes Jahr später der Protestantenversammlung die Benutzung aller Berliner Kirchen.[205] Natürlich setzte auch Augusta alles daran, dem preußischen König die Augen für die »maßlosen Forderungen ... der übel berüchtigten bekannten Fortschrittsmahner zu öffnen, die seit Jahren an den Stützen der Throne und des religiösen Bekenntnisses beider Kirchen rütteln«.[206] Angesichts dieser Verfolgungskampagne äußerte Schiffmann gegenüber Holtzmann und Bluntschli seine Besorgnis, »Hoffmann wolle zum Schluß [!] noch das Ziel seines langjährigen Strebens, die hierarchische Herrschaft mit Entfernung der protestantenvereinlichen Pfarrer, erreichen; er wisse wohl, dass das System doch fallen werde, wenn der Kronprinz zur Regierung komme«.[207]

Schiffmann genoß nach wie vor das »zu hingebender Treue verpflichtende besondere Vertrauen Seiner Königlichen Hoheit«, des Kronprinzen, erstellte für diesen Gutachten, berichtete über die Protestantentage und wichtige kirchenpolitische Ereignisse, »für welche Sie wiederholt eine so lebhafte Theilnahme ausgesprochen haben«.[208] Aber die Ablehnung Schiffmanns in Berlin und der Ausgang des Streites mit dem Brandenburger Konsistorium wegen der Kirchenbenutzung,[209] hatten doch offenkundig gemacht, daß der Thronfolger einfach nicht genug Einfluß und Macht besaß, um der von ihm favorisierten Kirchenpartei ernsthafte Unterstützung gewähren zu können. Darum hoffte man in protestantisch-liberalen Kreisen auf den baldigen Regierungsantritt Friedrich Wilhelms ebenso, wie man diesen in konservativen Kreisen fürchtete.

---

[205] Siehe oben S. 189 f.

[206] Zitiert nach Adelheid Constabel, *Die Vorgeschichte des Kulturkampfes. Quellenveröffentlichungen aus dem Deutschen Zentralarchiv Merseburg.* Mit einer Einleitung von Fritz Hartung (= Schriftenreihe der Staatlichen Archivverwaltung Nr. 6), Berlin 1956, S. 123.

[207] J. C. Bluntschli, *Denkwürdigkeiten aus meinem Leben ...*, Bd. 3, S. 294.

[208] Im ZSTA Merseburg (Brandenburg-Preußisches Hausarchiv, Rep. 52 E III Nr. 14) finden sich, außer den schon genannten, noch Briefe Schiffmanns an den Kronprinzen vom 28. Juni 1869; 18. Juli 1869; 19. Oktober 1869; 9. Februar 1870. Dann bricht die Korrespondenz ab. Im Jahre 1876 sollte Schiffmann an die Stelle des aus Altersgründen ausscheidenden Predigers Sydow berufen werden, aber Wilhelm und Kögel verhinderten auch dieses Mal die Berufung, welche sich zum »Fall Schiffmann« auswuchs (vgl. G. Wolf, *Rudolf Kögels Kirchenpolitik ...*, S. 170 ff.). Inwieweit der Kronprinz an diesen Vorgängen beteiligt war, ist unbekannt.

[209] Siehe oben S. 189 ff.

Die Frage, ob Bismarck den Kronprinzen als potentiellen Bündnispartner für seine Kirchenpolitik in Betracht zog, ist mit hoher Wahrscheinlichkeit zu verneinen. Beide Männer zählten zwar die Oberkirchenratspartei, den König und v. Mühler[210] zu ihren kirchenpolitischen Gegnern, aber in ihren Zielvorstellungen mußten sie doch erheblich voneinander abweichen. Wenn man voraussetzen darf, daß der Kronprinz in den kirchenpolitischen Grundüberzeugungen mit seinen Ratgebern übereinstimmte, verfolgte er wie diese den Plan einer bekenntnisindifferenten evangelischen Nationalkirche auf der Grundlage des Gemeindeprinzips. Bismarck dagegen betrieb die Auflösung der Union zugunsten einer lockeren Konföderation autonomer Provinzialkirchen, ein Konzept, das weit eher im Lager des konservativen Luthertums auf Gegenliebe stoßen mußte als bei Sympathisanten des Protestantenvereins. In Anbetracht des hohen Alters des Monarchen steht vielmehr zu vermuten, daß der Kanzler in dem Thronfolger einen baldigen kirchenpolitischen Gegner sah, der freilich im Moment überhaupt keinen Einfluß auf die Geschicke der evangelischen Kirche nehmen konnte.[211]

Die konservativen Freunde und Mitarbeiter Bismarcks: Kleist-Retzow, Roon, Blanckenburg und Herrmann Wagener

Die politischen Ereignisse und Weichenstellungen des Jahres 1866 veranlaßten die Konservativen, sich von ihrem langjährigen Kampfgefährten und Gesinnungsgenossen Bismarck loszusagen. Hatten sie schon das Vorgehen des preußischen Ministerpräsidenten in der deutschen Frage schärfstens mißbilligt, so führte das Bündnis mit den Liberalen zu einer tiefen Verstimmung, die sich über der Bismarckschen Kirchenpolitik im Kulturkampf zum offenen Bruch steigerte.[212] Von persönlicher Tragik für

---

[210] Siehe unten S. 522.

[211] Denkbar wäre freilich auch eine spätere — der politischen analoge — kirchenpolitische Annäherung zwischen Bismarck und dem Kronprinzen, denn nach 1874 ließ sich der Thronfolger nicht mehr durch Schiffmann, sondern durch Friedrich Fabri über die kirchenpolitischen Vorgänge in Preußen unterrichten. Jedenfalls schickte der Barmer Missionsinspektor von 1874 bis 1877 regelmäßig Berichte an den Kronprinzen (ZSTA, Hist. Abt. II, Merseburg, Brandenburg-Preußisches Hausarchiv, Rep. 52 E III Nr. 14). Fritz Fischer, *Moritz August v. Bethmann-Hollweg und der Protestantismus,* Berlin 1937, S. 70, berichtet, Bethmann-Hollweg habe 1869/70 für den Kronprinzen »eine umfängliche Denkschrift über Staat und Kirche ... eine Art politisches Testament« verfertigt. In den Akten ist darüber nichts vermerkt, und auch die Denkschrift selbst war unauffindbar.

[212] Vgl. O. v. Bismarck, *Gedanken und Erinnerungen ...,* Bd. 2, S. 142—161; Engelbert Schulte, *Die Stellung der Konservativen zum Kulturkampf 1870—1878,* Phil. Diss., Köln 1959.

Bismarck war dabei, daß nicht allein die Ultras der konservativen Partei, wie Ludwig v. Gerlach (1795—1877), seine Politik als »halsbrechend und unsittlich« verurteilten, sondern auch die alten Freunde sich von ihm trennten.[213]

Hans v. Kleist-Retzow (1814—1892), ein Pommer aus dem engsten Freundeskreis Bismarcks und mit diesem über Johanna, geb. v. Puttkamer verwandt, suchte 1866 aus konservativer Prinzipientreue — er vertrat als Herrenhausmitglied und eloquenter Führer der Rechtskonservativen die Interessen des preußischen Junkertums — die Indemnitätsvorlage zu verhindern. Hatte diese Opposition schon zu erheblichen Spannungen zwischen den beiden Männern geführt, so zerbrach ihr Freundschaftsverhältnis über dem Schulaufsichtsgesetz (11. 3. 1872), das sowohl auf seiten Bismarcks wie auf seiten so vieler Konservativen das gegenseitige Vertrauen zerstörte.[214]

In den Jahren nach der Gründung des Norddeutschen Bundes beschäftigte sich Kleist-Retzow eingehend mit der Gestaltung der kirchlichen Verhältnisse in den annektierten Provinzen.[215] Er fand dabei an Kriegsminister Roon,[216] der in Organisationsfragen außerordentliches Talent besaß, einen wirksamen Helfer. Schon früher hatte Kleist den »frommen Soldaten«[217] in kirchenpolitischen Angelegenheiten wiederholt um seine Hilfe gebeten. So suchte er ihn im September 1863 anläßlich der Neuberufung eines EOK-Präsidenten zugunsten des Breslauer Konsistorialpräsidenten v. Roeder[218] zu beeinflussen, den er schon im Vorjahre neben Mühler zum Kultusminister vorgeschlagen hatte. Mit eindringlichen Worten stellte er ihm die Notwendigkeit vor Augen, die Politik des Oberkirchenrates im Sinne der Lutheraner zu modifizieren. »Seine Hauptwirksamkeit [sc. die des EOK] war ein Kampf gegen die Bekenntnistreue. Es genügte

[213] Jakob v. Gerlach (Hrsg.), *Ernst Ludwig von Gerlach, Aufzeichnungen aus seinem Leben und Wirken*, Bd. 2, Schwerin 1903, S. 286; vgl. S. 253; 396. Vereinzelt wurden im konservativen Lager sogar Stimmen laut, daß man mit am Strick ziehe, wenn Bismarck gehängt werden sollte (F. Syben, *Preußische Anekdoten...*, S. 493). Der Ausspruch verdeutlicht, mit welcher Erbitterung und Leidenschaft man sich auf beiden Seiten befehdete.

[214] Im April 1866 bricht die bis dahin regelmäßig geführte Korrespondenz zwischen Bismarck und Kleist-Retzow jäh ab, um erst 1878 fortgesetzt zu werden, als es über dem Sozialistengesetz, das Kleist bejahte, wieder zur Aussöhnung kam; vgl. Herman v. Petersdorff (Hrsg.), *Bismarcks Briefwechsel mit Kleist-Retzow*, Stuttgart-Berlin 1919.

[215] Vgl. Hermann v. Petersdorff, *Kleist-Retzow. Ein Lebensbild*, Stuttgart-Berlin 1907, S. 390 ff.

[216] Siehe unten S. 491 ff.

[217] So E. Bammel, *Die Reichsgründung und der deutsche Protestantismus...*, S. 29 ff.

[218] Siehe oben S. 257 ff.; 262 f.

einige Entschiedenheit, um ferngehalten zu werden von jedem bedeutenden Kirchenamte.«[219] Obwohl es Kleist damals gelungen war, auch Bismarck und v. Mühler für seinen Favoriten zu mobilisieren, setzte der König gegen das ganze Kabinett den liberal angehauchten Mathis durch, einen Freund Bethmann-Hollwegs, den Wilhelm ursprünglich für diesen
Posten hatte haben wollen.[220]

Um so eifriger arbeitete er nach dem preußischen Sieg über Österreich
und seine Verbündeten dem Verlangen des EOK entgegen, die Union auch
auf die annektierten Provinzen auszudehnen. Im September 1866 be-
sprach er die Angelegenheit mit Roon, der ihm völlig beipflichtete und
meinte, die kirchliche Frage könne nur durch die Umwandlung der Union
in eine Konföderation selbständiger Provinzialkirchen gelöst werden.
Kleist gab diese erfreuliche Stellungnahme des einflußreichen Freundes
sofort an Hengstenberg weiter, der in seiner Zeitschrift dann auch massive
Schützenhilfe zugunsten des Kleist-Roonschen Planes leistete.[221] Zur selben Zeit trat Carl Meinhold [222] mit Kleist wegen der Einberufung einer
kirchlichen Konferenz in dieser Sache in Verbindung.[223] Einen besonderen Ansporn erhielten Kleist und seine Freunde durch die Tätigkeit des
hessen-nassauischen Zivilkommissars v. Moeller, an dessen »kirchlichen
Unverstand« Kleist schon früher Anstoß genommen hatte und hierin mit
Bismarck voll übereinstimmte. In der Gewißheit, daß ein Vorgehen gegen
die Moellersche Kirchenpolitik nicht auf den Widerstand des Kanzlers stoßen würde, verfaßte Kleist nach der Proklamation des Königs vom 8. Dezember 1866 eine Denkschrift über die anzustrebende kirchliche Organisation in Hessen-Nassau, Hannover und Schleswig-Holstein. Darin heißt
es: »Werden die kirchlichen Angelegenheiten schonend behandelt, so werden die neuen Landesteile uns bald zufallen, jedes rücksichtslose Verfahren
kann uns in jenen Landesteilen ein bleibendes inneres Widerstreben bereiten. Mit vollem Recht sind die kirchlichen Verhältnisse jener Länder bisher noch völlig intakt erhalten.«[224] Um eine Isolation der neupreußischen
Provinzialkirchen zu vermeiden, schlug er eine Reorganisation der kirchlichen Verhältnisse in Preußen vor, die für die gesamte evangelische Kirche

[219] Zitiert nach H. v. Petersdorff, *Kleist-Retzow* ..., S. 390.
[220] Siehe oben S. 40 ff.
[221] Siehe oben S. 59 ff.
[222] Siehe oben S. 142 ff.
[223] Zu dieser Konferenz lud Meinhold noch weitere namhafte Persönlichkeiten ein: Philipp Nathusius (1815—1872), Hengstenberg, Büchsel, Thadden, Blanckenburg, Knak, Vilmar und Euen.
[224] Zitiert nach H. v. Petersdorff, *Kleist-Retzow* ..., S. 393.

Deutschlands zukunftsweisend werden sollte. Da die Union ohnehin nur zur Verflachung »des religiösen Empfindens« führe, regte er an, diese aufzulösen und für die preußische Monarchie drei konfessionelle Oberkonsistorien zu bilden, die jährlich einmal als Evangelischer Oberkirchenrat zusammentreten sollten. Den Generalsuperintendenten der wesentlich selbständigen Provinzialkirchen wollte er eine einflußreichere Stellung mit einem mehr bischöflichen Charakter geben.

Die Dinge nahmen aber bald eine ganz andere Entwicklung als Kleist vorgeschlagen hatte, denn sein einstiger Protegé v. Mühler verwaltete zwar nach wie vor die geistlichen Angelegenheiten in Neupreußen, ging aber fremde Wege. Auf die Nachricht, daß die drei bekenntnisverschiedenen Konsistorien in Kurhessen zusammengelegt werden sollten, schrieb Kleist bedrückt an Roon: »Je nach Ausführung kann das gegen die verschiedenen Konfessionen das größte Unrecht, ein Bruch der königlichen Verheißungen, das unglückseligste unvermeidliche Präzedenz für die weitere Gestaltung der evangelischen Kirche in Preußen, oder es kann ein heilsames und gutes Präzedenz werden. Marburg (Oberhessen) ist entschieden lutherisch, Niederhessen (Kassel) hat ein lutherisches Fundament mit mannigfachen, stark reformierten Einrichtungen, Hanau ist uniert. Diese drei Richtungen mußten bestehen bleiben. Wird die Sache umgekehrt eingerichtet, ist die Union da, alle unsere Hoffnungen sind zertrümmert, nicht durch den Oberkirchenrat, sondern durch 'v. Mühler selbst'.«[225] An den Kultusminister selbst schrieb Kleist am 29. Juni 1868: » . . . Diese Einrichtung würde dem Rechte der Konfession, den bestimmten Verheißungen S. M. widersprechen, wäre gegen den geschichtlichen Hergang bei Motivierung der Order v. 13. Juni, hieße für ganz Hessen auf allmählichem Wege die Union proklamieren, wäre ein entscheidendes unheilvolles praecedens für die evangelische Kirche Preußens überhaupt . . . Die Union ist für ganz Kassel die notwendige Folge, der Weg der Entwicklung unserer altländischen evangelischen Kirche, auf den wir mit und durch Euer Excellenz infolge der wunderbaren Ereignisse von 66 mit Zuversicht hofften, ist abgeschnitten, nicht durch den Einfluß des Oberkirchenrats, sondern durch freie Entschließung von Eurer Excellenz selbst . . . «[226] Es bereitete Kleist unter diesen Umständen eine besondere Genugtuung, alles daran zu setzen, um das von Mühler beim Landtag eingereichte Gesetz zur Reorganisation der kurhessischen Kirche zu Fall zu bringen.[227]

---

[225] *A. a. O.*, S. 394 f.
[226] Zitiert nach W. Reichle, *Zwischen Staat und Kirche* . . . , S. 248.
[227] Siehe oben S. 376 ff.

Die Regelung der kirchlichen Verhältnisse in Hannover[228] entsprach dagegen ganz den Vorstellungen Kleists, der die dort gegebenen Anordnungen Bismarck selbst zuschrieb. Als ihn ungeduldige Freunde wegen der vermeintlichen Zurückhaltung des Kanzlers in kirchenpolitischen Fragen bedrängten, auf den Jugendgefährten einzuwirken, gab er ihnen zur Antwort: »Er [sc. Bismarck] kann auch nicht alles. In kirchlichen Dingen sucht er zu erreichen, was möglich, und die grundlegenden Entscheidungen für Hannover verdanken wir ihm.«[229]

Obwohl Kleist der Bismarckschen Versöhnungspolitik in den annektierten Provinzen aus voller Überzeugung zustimmte, schien ihm der in Aussicht genommene Betrag für den hannoverschen Provinzialfond doch zu hoch bemessen. Am 18. Februar 1868 begründete er seinen Standpunkt im Herrenhaus, blieb aber mit 14 gegen 127 Stimmen in der Minorität.[230]

Neben seinem Engagement für die Neuordnung der gesamten evangelischen Kirche Preußens beschäftigte sich Kleist seit 1865 auch mit den kirchlichen Verhältnissen in seiner Heimatprovinz Pommern. So gehörte er mit Thadden zu den wenigen Laien, die zusammen mit einer großen Zahl von Geistlichen am 7. September 1865 in der Hengstenbergschen Kirchenzeitung eine flammende Erklärung gegen die *Protestantischen Thesen* des Pastors Hanne[231] erließen.[232] Der liberale Theologe hatte in der *Protestantischen Kirchenzeitung* die Dreieinigkeit, die Gottheit und den Opfertod Christi sowie die Erbsünde geleugnet und damit an den Grundfesten des christlichen Glaubens gerüttelt.[233]

Als auf der Friedrich-Werderschen Kreissynode zu Berlin im Jahre 1868 Pastor Gustav Knak (1806—1878), Kleists Freund und geistlicher Berater, durch die von dem freisinnigen Prediger Lisco provozierte Anzweiflung des Kopernikanischen Systems in schwere Bedrängnis geriet, trat Kleist in seinem Bekanntenkreis unerschütterlich für Knaks Glauben an die Verbalinspiration der Schrift ein.[234] Darüber hinaus unternahm er sogar den

---

[228] Siehe oben S. 342 ff.

[229] Zitiert nach H. v. Petersdorff, *Kleist-Retzow* . . . , S. 395.

[230] *Verhandlungen des Preußischen Herrenhauses vom 18. Februar 1868,* Berlin 1868, S. 187 ff.

[231] Siehe oben S. 59, Anm. 33.

[232] *EKZ* 77 (1865), Sp. 935 f.

[233] *PKZ* 12 (1865), Sp. 657 ff.

[234] Im Verlauf der Debatte über den auf der vorjährigen Kreissynode abgegebenen kirchlichen Bericht Liscos, fragte letzterer den orthodoxen Knak, er werde doch, beispielsweise, schwerlich mit der Bibel glauben, daß die Erde feststehe und die Sonne sich um dieselbe bewege. Tatsächlich erwiderte Knak sofort: »Ja, das thue ich, ich kenne keine andere Weltanschauung, als die der heiligen Schrift!« (Vgl. H. Th. Wangemann, *Gustav Knak* . . ., S. 383 f.).

Versuch, das Stillstehen der Sonne im Tale Gibeon (Jos. 10, 12—15) wissenschaftlich zu begründen, und stellte das Postulat auf, das Kopernikanische Weltbild sei ebensowenig absolut unanfechtbar wie das Ptolemäische.

Auch in der Meinholdschen Angelegenheit[235] setzte sich Kleist mit großer Energie für den Freund ein. Er selbst verfaßte dem Kamminer Superintendenten die Eingabe an den König und wußte nach allen Richtungen hin einflußreiche Männer für dessen Sache zu interessieren. So gewann er schließlich neben dem Mitvorsitzenden seiner Fraktion v. Plötz, dem Oberpräsidenten v. Meding, Büchsel, Hengstenberg, Wagener, Mühler und Roon auch Bismarck selbst, der »sich der Sache mit Erfolg beim König« annahm.[236]

Gleichzeitig wollte Kleist den Meinholdschen Konflikt zum Anlaß nehmen, einen schweren Angriff gegen den EOK zu führen. Graf Botho Stolberg und andere sollten in einer Audienz dem König eine von ihm entworfene Adresse überreichen, in der die oberste Behörde angeklagt wurde, auf die Lutheraner Gewissensdruck auszuüben. Davon riet Bismarck jedoch entschieden ab, weil er fürchtete, der König werde sich dadurch veranlaßt sehen, für den EOK Partei zu ergreifen. Infolgedessen wurde dem König die Klage nur auf schriftlichem Wege zugestellt. »Man gewinnt den Eindruck«, kommentiert Petersdorff aufgrund der ihm vorliegenden Akten des lutherischen Vereins in Pommern, »daß Bismarck froh war, so diese Audienz zu beseitigen, und einige Ungeduld über das stürmische und Schwierigkeiten schaffende Drängen der Lutheraner bemeistern mußte«.[237] Der Kanzler war nur so lange bereit, die Anliegen der konfessionellen Lutheraner zu unterstützen, wie es ihm im Horizont seiner Politik insgesamt opportun oder zumindest gefahrlos erschien; nichts lag ihm ferner als ein kirchenpolitisches Abenteuer um den Preis des Zerwürfnisses mit dem Monarchen.

Im Herbst 1869 entsandte die Bezirkssynode Belgard-Köslin-Kolberg-Schivelbein Kleist-Retzow zu dessen großer Freude als ihren Vertreter zur außerordentlichen pommerschen Provinzialsynode nach Stettin. Kleist, der sich schon seit Jahren mit der Neuordnung der evangelischen Kirche beschäftigt hatte, ergriff jetzt die Gelegenheit, eine Denkschrift über die zu erstrebende Dotation der Kirche vorzulegen, welche bald in den Mittelpunkt der Verhandlungen rückte.[238] Das unter die Synodalmitglieder ver-

---

[235] Siehe oben S. 142 ff.
[236] Vgl. H. v. Petersdorff, *Kleist-Retzow . . .*, S. 399.
[237] *A. a. O.*, S. 400.
[238] Siehe oben S. 314 f.

teilte Memorandum begann mit dem Leitsatz: »Die Antheilnahme der Landes-Vertretung an der Gesetzgebung und ihr Einfluß auf die Regierung des Vaterlandes auf Grund der Verfassungs-Urkunde, verbunden mit der Bestimmung im Art. 12 der letzteren, daß der Genuß der bürgerlichen und staatsbürgerlichen Rechte von dem religiösen Bekenntnisse unabhängig ist, hat mit Nothwendigkeit eine Loslösung der evangelischen Kirche von denjenigen Organen der Regierung seiner Majestät zur Folge, durch welche letzterer die ihm in jener Kirche durch die Reformation anvertrauten Rechte bisher geltend machte, insofern sie durch ihre gleichzeitige staatliche Stellung jenem Einflusse ausgesetzt sind.«[239] Um aber eine Loslösung beider Bereiche verwirklichen zu können, fuhr Kleist fort, benötige die Kirche ausreichende finanzielle Mittel, zu deren Bereitstellung der Staat aufgrund der historischen Entwicklung seit der Reformation verpflichtet sei. Abgesehen davon habe »nicht die evangelische Kirche zuerst, [sondern] der Staat . . . durch seine Verfassungs-Urkunde zu obigen [Synodal-] Organisationen Veranlassung gegeben. Der preußische Staat und die evangelische Kirche standen bisher in Verhältnissen, wie in einer Ehe. Würde die Verfassungs-Urkunde von Seiten des Staates als eine Scheidung angesehen, der Staat wäre der schuldige Theil.«[240] Gleichzeitig betonte Kleist-Retzow auch ausdrücklich, daß der Kirche — oder doch zumindest jener Kreise in ihr, als deren Vertreter er sich berufen fühlte — an einer klar durchgeführten Trennung vom Staate keineswegs gelegen gewesen sei. Vielmehr » . . . hoffen [wir] zu Gott und bitten ihn darum, daß es zu einer solchen Scheidung nicht kommt, daß es sich schließlich nur um Herstellung eines anderweiten Verhältnisses beider, in dem geschlossenen Bunde, um freie Gewährung einer größeren Selbständigkeit für die Kirche handelt, wie der Artikel 15 der Verf.-Urkunde diese ausspricht«.[241]

Schien es bis dahin, als stimmten Bismarck und Kleist-Retzow kirchenpolitisch weitgehend miteinander überein, so macht der zuletzt behandelte Punkt doch deutlich, daß Kleist sich um eine gewisse historische Kontinuität bemühte und den völligen Bruch der dreihundertjährigen Gemeinschaft von Staat und Kirche unbedingt zu vermeiden suchte, während Bismarck hierin weit radikaler dachte.[242] Unter der Neuordnung des Verhältnisses von Staat und Kirche verstand Kleist einseitig die Erweiterung der

---

[239] *Verhandlungen der außerordentlichen Provinzial-Synode der Provinz Pommern im Jahre 1869*. Stettin 1870, S. 383.

[240] *A. a. O.*, S. 387.

[241] *Ebda.*

[242] Siehe unten S. 500 ff.

kirchlichen Selbständigkeit und Rechte im Sinne einer Zurückdrängung des allgegenwärtigen, omnipotenten Staates. Der in den Kulturkampf einmündende kirchenpolitische Konflikt, den Kleist wesentlich vom evangelischen Standpunkt aus beurteilte, verfolgte nach dem Willen Bismarcks dagegen den umgekehrten Zweck: die gesellschaftliche Entflechtung und politische Entmachtung der beiden Volkskirchen im Interesse des Aufbaus und dann der Sicherung des neuen Reiches.[243]

Im Unterschied zu Kleist-Retzow blieb der preußische Generalfeldmarschall und Kriegsminister von 1859 bis 1873, *Albrecht v. Roon* (1803 —1879), zeitlebens ein treuer Gefolgsmann Bismarcks. Er war es, der im Herbst 1862 den König zur Berufung Bismarcks bewog und Wilhelm zu einer Abkehr von seiner liberalen Politik der Neuen Ära bestimmte.[244] Zahlreiche Briefe des Kanzlers, aber auch des Monarchen an Roon beweisen, daß ein enges Vertrauensverhältnis zwischen ihm und den beiden mächtigsten Männern Preußens bestand, so daß der Einfluß des Kriegsministers auf das politische und kirchenpolitische Geschehen seiner Zeit nicht leicht zu überschätzen ist.[245] Seine Verbundenheit mit Bismarck hinderte Roon jedoch nicht daran, sich des öfteren recht kritisch über ihn zu äußern. So schrieb er am 16. Januar 1870 seinem Freund Blanckenburg[246]: »Er [sc. Bismarck] redet mit den Konservativen konservativ und mit den Liberalen liberal und bekundet durch dies alles entweder eine so souveräne Verachtung seiner Umgebungen oder so unbegreifliche Illusionen, daß mir dabei ganz graulich zu Sinne wird. Er will à tout prix möglich bleiben, jetzt und künftig, und zwar weil er wohl die Empfindung hat, daß der begonnene Bau unter dem Hohngelächter der Welt zusammenfällt, sobald er die Hand davontut. Das ist auch nicht unrichtig, — aber — die Mittel zum Zwecke! Werden sie um seinetwillen geheiligt?«[247] Wohl kaum ein anderer Zeitgenosse traf mit seinem Urteil so scharf die Motivation Bismarckschen Handelns: Der Kanzler favorisierte Parteien, Ideologien und auch kirchenpolitische Konzeptionen nicht um ihrer selbst willen, sondern allein im Hinblick auf ihre Nützlichkeit für die Schaffung eines geeinten deutschen Kaiserreiches unter preußischer Führung. Sobald diese oder

---

[243] Vgl. H. Bornkamm, *Die Staatsidee im Kulturkampf...*, S. 65.

[244] H.-J. Schoeps, *Bismarck über Zeitgenossen...*, S. 130 f.

[245] Vgl. B. Satlow, *Wilhelm I. ...*, S. 100 f. Während seiner sechs letzten Lebensjahre lebte Roon krank und zurückgezogen im Ruhestand. In dieser Zeit teilte ihm der Monarch in verschiedenen Briefen seine Sorgen über die kirchenpolitische Entwicklung mit.

[246] Siehe unten S. 493 ff.

[247] *Denkwürdigkeiten aus dem Leben des General-Feldmarschalls Kriegsminister Grafen von Roon*, Bd. 3, Breslau 1897, S. 159.

jene politische Richtung ihren Wert für das angestrebte Ziel verlor oder es gar gefährdete, trennte sich der Staatsmann — oft unter größter persönlicher Überwindung — von dieser.

Über die kirchenpolitischen Aktivitäten Roons wissen wir wenig, obgleich er zwischen 1866 und 1872 zweifellos an allen Entscheidungen der preußischen Staatsregierung maßgeblich mitgewirkt hat. Wie Kleist-Retzow galt er zurecht als ein »Verächter des Oberkirchenrates«[248] und arbeitete mit dem Führer der Altkonservativen eng zusammen, als es im Kampf gegen den EOK um die Gestaltung der Verhältnisse in den neuen Provinzen ging.[249] In kirchlichen Fragen vertraute Roon oft — wie Bismarck übrigens auch —[250] seinem »langjährigen Freund und Seelsorger«,[251] Generalsuperintendent Büchsel (1803—1889), der zwar kein ausgesprochener Gegner der Landeskirche war, sich aber doch für Reformen im Sinne des Luthertums aussprach und vor allem den »Götzen der Majorität«[252] im kirchlichen Raum scharf bekämpfte. Der andere Ratgeber Roons, der Potsdamer Hof- und Garnisonsprediger Bernhard Rogge (1831—1895), ein Bruder seiner Frau, bildete das Korrektiv zu dem Einfluß des rechten Lutheraners Büchsel.[253] Rogge bejahte nämlich die Union aus ganzem Herzen und vertrat ein kirchliches und doch nicht zu eng dogmatisch gebundenes Christentum. Als Verfasser mehrerer populärer Schriften zur Kirchengeschichte und einer ebensolchen Kaiser-Wilhelm-Biographie hatte er zeitweise auch engen Kontakt mit dem Monarchen, hielt 1870/71 in seiner Eigenschaft als Feldprediger mehrere Gottesdienste vor Wilhelm und gestaltete schließlich sogar die liturgische Feier bei der Kaiserproklamation.[254] Nach dem Kriege lockerte sich allerdings die Verbindung zum König, denn Rogge stellte sich zu betont auf die Seite der von Falk und Herrmann betriebenen Kirchenpolitik.[255] Wahrscheinlich lag es am Einfluß Rogges, daß der Kriegsminister trotz seiner unverbrüchlichen Freundschaft mit Mühler bei dem Kaiser für Falk eintrat und ihn mehr-

---

[248] So bezeichnete Falk den Kriegsminister in einem Brief an Sydow vom 26. Februar 1886 (E. Foerster, *Adalbert Falk . . .*, S. 680).

[249] Siehe oben S. 486.

[250] Siehe unten S. 510.

[251] *Denkwürdigkeiten aus dem Leben . . . Roons . . .*, Bd. 3, S. 490.

[252] Carl Büchsel, *Erinnerungen aus dem Leben eines Landgeistlichen*, 4. Aufl., Bd. 4, Berlin 1897, S. 132. Vgl. auch Büchsels Bericht über das Ende Roons (*a. a. O.*, S. 152 f.).

[253] Vgl. *Denkwürdigkeiten aus dem Leben . . . Roons . . .*, Bd. 3, S. 20.

[254] Vgl. Bernhard Rogge, *Aus sieben Jahrzehnten. Erinnerungen aus meinem Leben*, Bd. 2, Hannover-Berlin 1899, S. 178 ff.; 233 ff.

[255] Vgl. *a. a. O.*, S. 403.

mals unterstützte, ohne sich durch Büchsel in dieser Haltung beirren zu lassen.[256] »Überhaupt«, bemerkt Satlow mit Recht, »besaß Roon im Gegensatz zu vielen Doktrinaristen unter seinen altkonservativen Gesinnungsfreunden Blick für politische [und sicher nicht zuletzt auch für kirchenpolitische] Realitäten«.[257] Darin war er Bismarck sehr ähnlich.

Einer der engsten Freunde und Mitarbeiter des Kanzlers, *Moritz v. Blanckenburg* (1815—1888), zögerte 1866 keinen Augenblick, sich in der deutschen Frage unbedingt an Bismarcks Seite zu stellen.[258] Beide Männer kannten sich seit ihrer Schulzeit und gehörten dem durch verwandtschaftliche Beziehungen, konservative Gesinnung und lutherisch-pietistische Frömmigkeit fest verknüpften Stand des pommerschen Landadels an. Blanckenburg war durch seine zweite Ehe sowohl ein Neffe Ludwig v. Gerlachs als auch Albrecht v. Roons, der Schwiegersohn Adolf v. Thaddens, dessen Tochter Marie bis zu ihrer Ehe mit dem Rittergutsbesitzer (Kardemin und Zimmerhausen) Bismarcks Seelenfreundin, aber auch eine Freundin Johanna v. Puttkamers war, die 1847 Bismarcks Frau wurde. Bismarck, der wohl keinem anderen Menschen sein Inneres so offenbart hat wie Moritz v. Blanckenburg, schrieb rückblickend über den Freund: »Er war ohne Ehrgeiz und frei von der Krankheit vieler altpreußischer Standesgenossen, dem Neide gegen mich . . . Das politische Getriebe war ihm fremdartig. Er war weich und gegen Beredtsamkeit nicht gepanzert, keine unerschütterliche Säule, auf die ich mich hätte stützen können. Der Kampf zwischen seinem Wohlwollen für mich und seinem Mangel an Energie anderen Einflüssen gegenüber bewog ihn schließlich, sich von der Politik überhaupt zurückzuziehen.«[259]

Anders als Bismarck, der sich mit kirchenpolitischen Fragen wohl erst nach 1866 beschäftigt hat,[260] verteidigte sich Blanckenburg schon seit 1847 gemeinsam mit der Mehrzahl seiner Bauern gegen den von Zwangsmaßnahmen begleiteten Versuch des pommerschen Konsistoriums, die Union

---

[256] Vgl. E. Foerster, *Adalbert Falk . . .*, S. 103; *Denkwürdigkeiten aus dem Leben . . . Roons . . .*, Bd. 3, S. 316 f.

[257] B. Satlow, *Wilhelm I. . . .*, S. 101.

[258] In seinem berühmten Brautwerbungsbrief schrieb Bismarck dem Schwiegervater Puttkamer im Dezember 1846 über Blanckenburg: ». . . und fand in ihm, was ich bis dahin im Leben nicht gehabt hatte, einen Freund« (*Gesammelte Werke . . .*, Bd. 14, S. 47).

[259] O. v. Bismarck, *a. a. O.*, Bd. 15, S. 342. Nach ihrer politischen Entfremdung verbrannte Blanckenburg in Anwesenheit Roons mehrere hundert Briefe Bismarcks aus dessen Jugendtagen. Dieser unersetzliche Verlust wird durch die Gegenbriefe Blanckenburgs (Bismarck-Archiv, Friedrichsruh) nicht wettgemacht.

[260] So W. Reichle, *Zwischen Staat und Kirche . . .*, S. 236.

einzuführen. Am 29. Oktober 1848 schrieb er Wangemann: »Gott gebe, daß ich in Breslau mit den Irvingianern oder Gichtelianern oder mit der neuen katholischen Kirche eins werde, sonst bleibt mir nichts übrig als kirchlicher Vagabund.« Auf kirchlichem Gebiet wisse er sich nur mit Ludwig v. Gerlach völlig einverstanden, »sollte der zu Breslau schwenken, dann bekomme ich Courage, mit ihm Breslau katholisch zu machen«.[261] Obwohl es ihm sehr schwer fiel, sich von den überlieferten kirchlichen Gemeinschaftsformen zu trennen, trat Blanckenburg kurz danach aus der Landeskirche aus und den separierten Altlutheranern bei. 1851 klagte Wangemann (!) über Blanckenburgs zunehmenden lutherischen Fanatismus und bat Bismarck, doch mäßigend auf den Freund einzuwirken. Doch dieser bedauerte, »ihm aus der Ferne nicht helfen zu können, die nicht nur räumlich, sondern auch geistig sei«.[262]

In den kirchenpolitischen Kämpfen um die Angliederung der annektierten Kirchenprovinzen und die Beseitigung der Union stand Blanckenburg selbstverständlich ganz auf der Seite Bismarcks und seines Freundes Kleist-Retzow, hielt sich im Gegensatz zu diesem aber bis 1871/72 völlig im Hintergrund. Erst die von Bismarck Ende 1871 eingeschlagene Kirchenpolitik veranlaßte ihn, seine Zurückhaltung aufzugeben, denn seine religiöse Überzeugung verbot es ihm, im Reichstag für den bayerischen Antrag des Kanzelparagraphen zu stimmen.[263] Gleichwohl brachte er es nicht fertig, wie Kleist gegen den alten Freund aufzutreten, und spielte darum mit dem Gedanken, durch die Niederlegung seines Mandates dem Konflikt zu entgehen. Im Januar 1872 beschwor ihn jedoch Bismarcks Bruder Bernhard, von seiner Absicht abzusehen, um die konservative Partei vor dem Zerfall zu bewahren.[264] Tatsächlich blieb Blanckenburg im Reichstag, versuchte aber nun, auf Bismarcks Kirchen- und Sozialpolitik Einfluß zu nehmen und ihn auf den konservativen Weg zurückzuführen. In den ersten Monaten des Jahres 1872 widmete er sich einer Reorganisation der konservativen Partei und konnte Bismarck schon am 10. Mai — mitten in den aufregenden Debatten des preußischen Landtages über die Kreisordnung — das unter seiner Führung nach einem Entwurf Hermann

---

[261] Zitiert nach Hans Goldschmidt, *Moritz von Blanckenburg (1815—1888). Ein Beitrag zur Geschichte des pommerschen Konservativismus*, in: *Blätter für deutsche Landesgeschichte*, N. F. 91 (1954), S. 164.

[262] *A. a. O.*, S. 165.

[263] Gegen die Stimmen der Konservativen wurde am 10. Dezember 1871 das Reichsgesetz gegen den Mißbrauch der Kanzel zu politischen Zwecken verabschiedet.

[264] Vgl. H. Goldschmidt, *Moritz von Blanckenburg . . .*, in: *Blätter für deutsche Landesgeschichte*, N. F. 91 (1954), S. 173.

Wageners zustande gekommene Programm der »monarchisch-nationalen Partei des Reichstages« vorlegen. Dieses Programm sollte den Zwiespalt zwischen der konservativen Partei und dem Reichskanzler überbrücken, indem es die — als Kompromiß verstandenen — Prinzipien für eine mögliche gemeinsame Politik formulierte.

Bevor wir aber den Gang der Ereignisse weiter verfolgen und uns dem Schriftstück näher zuwenden, soll der zweiten zentralen Figur des Geschehens, dem Verfasser des Programms, *Hermann Wagener* (1815—1889), einige Aufmerksamkeit geschenkt werden.

Der einstige Kreuzzeitungsredakteur und spätere konservative Sozialpolitiker zählte zu den »intimsten persönlichen und politischen Freunden«[265] Bismarcks, dessen Bekanntschaft er 1845 durch Moritz v. Blanckenburg gemacht hatte. Auf Blanckenburgs Rat hin wurde Wagener — übrigens gegen den Widerstand des Königs — 1866 zum Zweiten Vortragenden Rat im Staatsministerium und 1872 zum Wirklichen Geheimen Oberregierungsrat ernannt und genoß auch nach seinem Abschied wegen angeblich dunkler Geschäfte (1873) weiterhin das volle Vertrauen des Reichskanzlers.[266] Wie eng das Verhältnis zwischen den beiden Männern wenigstens zeitweise gewesen sein muß, geht aus einem Brief Bismarcks an Wagener aus dem Jahre 1872 hervor: »Sie sind der einzige meiner Umgebung«, schreibt er, »mit dem ich mich rückhaltlos offen ausspreche, und wenn ich das nicht mehr kann, ersticke ich an meiner Galle.«[267]

Als Vortragender Rat im Staatsministerium hatte Wagener alle Kammerfragen und kirchlichen Angelegenheiten sowie die sozialpolitischen Probleme zu bearbeiten, soweit letztere nicht zum Aufgabenbereich des Handelsministeriums gehörten.[268] Obwohl der Schwerpunkt seiner Tätigkeit ganz ohne Frage auf dem sozialpolitischen Sektor lag und er sich hier, entsprechend seinen Neigungen, am stärksten engagierte, darf sein Einfluß auf die Kirchenpolitik zwischen 1866 und 1872 nicht unterschätzt werden.[269] So führte Kleist die Regelung der kirchlichen Verhältnisse

[265] O. v. Bismarck, *Gesammelte Werke...*, Bd. 14, S. 231.

[266] Vgl. Wolfgang Saile, *Hermann Wagener und sein Verhältnis zu Bismarck. Ein Beitrag zur Geschichte des konservativen Sozialismus,* Tübingen 1958, S. 97 ff.; 114 ff.

[267] O. v. Bismarck, *Gesammelte Werke...*, Bd. 14, S. 828; vgl. *Denkwürdigkeiten aus dem Leben ... Roons...,* S. 101 ff.

[268] So Leo Wehrmann (Hrsg.), *Aus dem Leben des Otto Wehrmann. Blätter der Erinnerung an das Werden des Deutschen Reiches,* Stuttgart-Berlin 1910, S. 55; vgl. W. Reichle, *Zwischen Staat und Kirche...,* S. 258.

[269] Obwohl sonst nicht gerade sehr diskret (vgl. *Denkwürdigkeiten aus dem Leben ... Roons...,* S. 146 ff. u. ö.), glaubte Wagener in seiner Biographie die Jahre im Staatsministe-

Hannovers nach 1866 auf »die durchgreifende Hand Bismarcks« zurück, »der sich zudem in diesen Fragen von Hermann Wagener beraten ließ«.[270] Im feindlichen Lager der Vermittlungstheologie klagte Beyschlag, die kirchenpolitischen Ratschläge Hengstenbergs »hätten bei ihrer frivolen Verachtung des landesherrlichen Rechtsbestandes doch kaum eine Gegenwehr erfordert, wenn sie nicht durch Vermittelung des Kreuzzeitungsredacteurs Wagener den mächtigsten Mann in Preußen [sc. Bismarck] für sich eingenommen hätten«. Aber bei einer bloßen Vermittlung blieb es offenbar nicht, denn unter Berufung auf seine Berliner Freunde berichtet Beyschlag weiter, daß »kein Geringerer als Graf Bismarck, der — ohne Einsicht und Rücksicht für evangelisch-kirchliche Dinge — sich [von Wagener!] überreden ließ, das lutherische Bekenntniß werde ein gutes politisches Band zwischen alten und neuen Provinzen sein und die Union dürfe einem solchen politischen Vorteil wohl zum Opfer gebracht werden.«[271]

Tatsächlich ließ der Kanzler auf kirchenpolitischem Gebiet Wagener oft völlig freie Hand und bewies damit seine sachliche Übereinstimmung mit dem klugen Ratgeber. Während seiner Abwesenheit in Frankreich, im Winter 1870, bestimmte Bismarck, daß alle kirchliche Fragen angehenden Gesetzentwürfe vor ihrer Verabschiedung im Kabinett erst Wagener »ad votandum« vorgelegt werden müßten.[272] Und als am 3. August 1872 im Kultusministerium eine Konferenz »über die gesetzliche Regelung der Verhältnisse des Staates zur Kirche« eröffnet wurde, nahm Wagener als »Bismarcks Vertrauensmann« an den Verhandlungen teil.[273]

Um so merkwürdiger ist es, daß Wagener weder Unionist noch Lutheraner oder — wie sein Freund Blanckenburg — separierter Altlutheraner war, sondern sich zur katholisch-apostolischen Gemeinde (Irvingianer)

---

rium auslassen zu müssen (Hermann Wagener, *Erlebtes. Meine Memoiren aus der Zeit von 1848 bis 1866 und von 1873 bis jetzt,* 2 Bde., Berlin 1884). Während über den Sozialpolitiker Wagener eine Reihe wichtiger Arbeiten veröffentlicht wurden (Hans-Joachim Schoeps, *Das andere Preussen. Konservative Gestalten und Probleme im Zeitalter Friedrich Wilhelms IV.,* 3. Aufl., Berlin 1964, S. 246 ff.; 268 ff. [mit Literatur]), fehlt bislang eine Untersuchung über das kirchenpolitische Wirken dieser etwas schillernden Persönlichkeit. Schoeps hat bereits darauf aufmerksam gemacht, daß eine Monographie über Wagener »längst fällig« ist. Eine solche Darstellung müßte freilich den umfangreichen Wagener-Nachlaß, der im ZSTA, Hist. Abt. I, Potsdam (DDR) lagert, mitverarbeiten. Der Verfasser erhielt im Sommer 1974 — trotz einer generellen Benutzungsgenehmigung für die beiden Archive in Potsdam und Merseburg — leider nicht die Erlaubnis, den Wagener-Nachlaß durchzusehen.

[270] H. v. Petersdorff, *Kleist-Retzow . . .,* S. 395.
[271] W. Beyschlag, *Aus meinem Leben . . .,* Bd. 2, S. 277.
[272] W. Reichle, *Zwischen Staat und Kirche . . .,* S. 258; siehe auch S. 385.
[273] E. Foerster, *Adalbert Falk . . .,* S. 145.

bekannte, einer enthusiastischen Sekte, die die urchristliche Frömmigkeit erneuern wollte und in apokalyptischer Naherwartung lebte.[274] Die Tatsache, daß es Wagener in der hierarchisch strukturierten irvingitischen Gemeinschaft immerhin zum Diakon gebracht hat, läßt einige Rückschlüsse auf sein persönliches Engagement in diesem Kreis zu.

Die Thesen 7 und 8 des bereits oben erwähnten, von Wagener im Frühjahr 1872 verfaßten Programmes der konservativen Partei lauteten:
»Für die Lösung der sozialen Frage ist endlich selbstredend die Mitwirkung der Kirche von hervorragender Bedeutung. — Hier ist der evangelischen sowohl, wie der katholischen ein weites Arbeitsfeld eröffnet und von letzteren bereits eifrig in den Bereich ihrer Thätigkeit gezogen. Die evangelische Kirche aber wird dem Staate erst dann in vollem Maße Handreichung zu thun vermögen, wenn ihr die verheißene Selbständigkeit gewährt und sie dadurch in den Stand gesetzt und genöthigt sein wird, sich auf sich selbst und die ihr innewohnenden geistigen und geistlichen Kräfte zu stützen.

Die praktische Aufgabe für diesen Zweck ist nicht Trennung von Kirche und Staat, welche überhaupt unmöglich ist, sondern Definirung und Regelung des Grenzgebiets, welche sobald als möglich auszuführen sind, weil die Voraussetzungen und Aussichten insbesondere für die evangelische Kirche mit jedem Jahre ungünstiger zu werden drohen. Unter den jetzt gegebenen Verhältnissen empfiehlt es sich, für die Verfassung der evangelischen Kirche in Preußen die relative Selbständigkeit, sowie den bestehenden Rechts- und Bekenntnißstand der Provinzen zum Ausgangspunkt zu nehmen und für die Zusammenfassung des gesammten Kirchenwesens eine der Ausdehnung nach dem Reiche hin fähige Instanz zu schaffen, welche die Selbstständigkeit und Selbstverwaltung der Kirche in föderativem Sinne garantirt und ein unabhängiges Organ, welches alle zwischen Staat und Kirche obschwebenden kirchenrechtlichen Fragen als Rechtsfragen zum Austrag bringt.«[275]
Bismarck, niedergeschlagen und enttäuscht darüber, daß die Mehrheit der Konservativen in der Frage des Schulaufsichtsgesetzes (11. 3. 1872) gegen ihn gestimmt hatte, glaubte aufgrund dieses — ihm sehr entgegenkommenden — Programms eine Zeitlang tatsächlich, wieder mit den ehe-

---

[274] Die Sekte ist heute so gut wie verschwunden; zur Zeit leben nur noch einige tausend Gläubige verstreut in den verschiedenen europäischen Ländern.

[275] Zitiert nach Ludwig Parisius, *Deutschlands politische Parteien und das Ministerium Bismarck. Ein Beitrag zur vaterländischen Geschichte*, Bd. 1, Berlin 1874, S. 154 (Hervorhebungen im Original).

maligen, seinen Grundüberzeugungen eben doch viel näherstehenden Bundesgenossen paktieren zu können. Blanckenburg hoffte sogleich auf eine Beilegung des Konfliktes mit dem »großen Zauberer« und schrieb an Kleist, »daß Bismarck das Programm Satz für Satz durchkorrigiert und mit Wagener besprochen habe, der des Kanzlers Ansichten über Kirche und Sozialpolitik genau kenne«. »... Mir«, eröffnete er dem Freund, »bot er an, Minister des Innern zu werden.«[276]

Diese offenkundige Absicht Bismarcks, die konservativen Elemente der preußischen Regierung zu stärken, erfährt eine Bestätigung durch Briefe Kleists, aus denen hervorgeht, daß der Kanzler bereits im Sommer 1872, also erst ein halbes Jahr nach der Ernennung Falks zum Kultusminister, mit dem Gedanken spielte, diesen schon wieder zu entlassen.[277] An Falks Stelle sollte der berühmte Nationalökonom Rodbertus treten, mit dem Wagener zu diesem Zweck auch schon Verbindung aufgenommen hatte.

Etwa zur gleichen Zeit, im August 1872, erschien eine anonyme Broschüre mit dem Titel: *Suum cuique. Die Verfassung der Kirche nach ihrer Trennung vom Staate. Eine kirchenpolitische Abhandlung.*[278] Als Verfasser der kleinen programmatischen Schrift nannte die Presse sofort zwei Namen: Moritz v. Blanckenburg und Hermann Wagener.[279] Da keiner der beiden dementierte, liegt die Vermutung nahe, daß in konservativen Kreisen ein gewisses Interesse bestand, die Öffentlichkeit in dem Glauben zu belassen, es handele sich hier um Pläne aus der unmittelbaren Umgebung des Kanzlers.

Erinnerte das Programm der konservativen Partei schon sehr an die Vorschläge Friedrich Fabris aus den Jahren 1866/67 und 1872[280] — wenngleich die wenigen Sätze kaum eine beweiskräftige Vergleichsanalyse erlauben — so weisen die Ideen der genannten Broschüre derart eklatante Parallelen zu den zeitlich früheren Fabrischen Plänen auf, daß ein Zufall ausgeschlossen werden muß.

Gleich eingangs wird betont, daß die geplante Beseitigung der Verwaltungsgemeinschaft von Staat und Kirche keinesfalls einer Entchristli-

---

[276] H. Goldschmidt, *Moritz von Blanckenburg...,* in: *Blätter für deutsche Landesgeschichte,* N. F. 91 (1954), S. 174.

[277] Vgl. H. v. Petersdorff, *Kleist-Retzow...,* S. 415.

[278] *Suum cuique. Die Verfassung der Kirche nach ihrer Trennung vom Staate. Eine kirchenpolitische Abhandlung,* Breslau 1872.

[279] Vgl. *NEKZ,* 1872, Sp. 548; Ernst Bammel, *Die evangelische Kirche in der Kulturkampfaera. Eine Studie zu den Folgen des Kulturkampfes für das Kirchentum, Kirchenrecht und Lehre von der Kirche,* Evang. Theol. Diss., Bonn 1949, S. 54 u. 117; ders., *Die Reichsgründung und der deutsche Protestantismus,* Erlangen 1973, S. 51.

[280] Siehe oben S. 68 ff.

chung des ersteren gleichkomme. Die Aufgabe der Kirche gegenüber dem Staate bestehe vielmehr darin, Maximen bereitzustellen, die die ethische Grundlage alles staatlichen Lebens bilden könnten.[281]

Die Neugestaltung der evangelischen Kirche Preußens setze voraus, daß der Staat das scheinbar kirchliche, in Wirklichkeit aber staatliche Kirchenregiment, den Evangelischen Oberkirchenrat, abschaffe und der König auf seine landesherrlichen Summepiskopatsrechte verzichte. Durch eine neue synodale Kirchenverfassung, die in Preußen »selbständige Provinzialkirchen« ins Leben rufen müsse, soll die Trennung von Staat und Kirche derart vollzogen werden, »... daß unter Uebertragung der kirchenregimentlichen Gewalt auf die Kirche und ihre Organe diese ihre inneren und äußeren Angelegenheiten fortan selbständig ordnet, während der Staat sein oberhoheitliches Aufsichtsrecht auf alle diejenigen Aeußerungen der Kirche beschränkt, welche das Staatswesen als solches und die bürgerliche Stellung seiner Angehörigen unmittelbar berühren.«[282]

Auf diese mehr grundsätzlichen Ausführungen folgt ein detaillierter Plan über den provinzialkirchlichen Aufbau, der mit Fabris Modell so gut wie identisch ist.[283]

Sollten wirklich Blanckenburg und Wagener dieses kirchenpolitische Programm verfaßt haben — und die Wahrscheinlichkeit spricht dafür —, geschah dies, wenn nicht auf Anregung des Kanzlers, so doch schwerlich ohne sein Einverständnis. Das hieße zugleich aber, daß Bismarck spätestens seit Sommer 1872 mit Fabris Gedanken vertraut war und über Blanckenburg und Wagener dessen kirchenpolitisches Programm einfach übernahm. Der gewöhnlich gut informierte Beyschlag berichtet uns jedoch, daß schon erheblich früher — nämlich seit 1867 — enge kirchenpolitische Kontakte zwischen dem Kanzler und dem rheinischen Missionsinspektor bestanden, und bezeichnet Fabri neben Wagener als den »zweiten Rathgeber« in kirchenpolitischen Angelegenheiten.[284] Der Frage, inwieweit sich tatsächlich sachliche oder persönliche Übereinstimmungen beziehungsweise Verbindungen zwischen dem kirchenpolitischen Denken Bismarcks und Fabris nachweisen lassen, wollen die folgenden Abschnitte nachgehen.

[281] Vgl. *Suum cuique...*, S. 5 f., mit F. Fabri, *Über den christlichen Staat...*, S. 153 f. (Abgedruckt als Beilage zu Fabris Schrift: *Die Entstehung des Heidenthums und die Aufgabe der Heidenmission*, Barmen 1859).
[282] *Suum cuique...*, S. 20.
[283] Vgl. *Suum cuique...*, S. 21—45, mit F. Fabri, *Kirchenpolitische Fragen der Gegenwart...*, S. 53—80 (vgl. oben S. 73 ff. in dieser Arbeit).
[284] W. Beyschlag, *Aus meinem Leben...*, Bd. 2, S. 277.

Die sachliche Übereinstimmung zwischen Bismarck und Friedrich Fabri

Das kirchenpolitische Denken und Handeln einer Reihe von Persönlichkeiten aus der engsten Umgebung Bismarcks sowie deren Urteil über die Ansichten und Maßnahmen des Kanzlers in politischen und kirchlichen Fragen, erlaubten schon einige Rückschlüsse auf die kirchenpolitische Konzeption des großen Staatsmannes. In einem nächsten Schritt sollen diese Aussagen anhand von Bismarcks eigenen gelegentlichen Äußerungen zu dem Problemkreis verifiziert und zugleich den Fabrischen Grundsätzen vergleichend gegenübergestellt werden. Der Kanzler besaß vermutlich zwar ebensowenig wie seine konservativen Freunde ein vollkommen in sich geschlossenes kirchenpolitisches Programm, hatte aber bestimmte, in erster Linie von politischem Kalkül, aber auch von seinen religiösen Anschauungen getragene Prinzipien, deren Beachtung und Förderung er sich sehr wohl angelegen sein ließ.[285]

Die *Trennung von Staat und Kirche* gehörte für Bismarck seit dem Jahre 1867 zu den grundlegenden Gesichtspunkten einer Neuordnung des Verhältnisses von Staat und Kirche. Dies drückt er deutlich in einem Erlaß vom 26. Mai 1869 an von Arnim aus: »... Für Preußen gibt es verfassungsmäßig wie politisch nur einen Standpunkt: den der vollen Freiheit der Kirche in kirchlichen Dingen und der entschiedenen Abwehr jedes Übergriffs auf das staatliche Gebiet.«[286] Als ihm Windhorst zu Anfang des Kulturkampfes am 14. Mai 1872 vorhielt, die Schwierigkeit, das Verhältnis zwischen Staat und Kirche zu lösen, liege nicht bei der katholischen, sondern bei der evangelischen Kirche, denn letztere sei so eng mit dem Staat verbunden, daß »... die Lösung dieses Bandes kaum möglich ist, ohne die evangelische Kirche schwer, tief, vielleicht tödlich zu treffen«, antwortete ihm der Kanzler unter allgemeinem Beifall: »Ich habe dem Herrn Vorredner als Minister in dieser Beziehung weiter Nichts zu sagen; als evangelischer Christ aber habe ich ihm noch zu sagen: wenn er glaubt, daß die Trennung der evangelischen Kirche vom Staate für die evangelische Kirche tödlich sei, so muß ich ihm, was ich seiner ganzen Haltung nach voraussehen konnte, entgegnen, daß ihm zu meinem Bedauern der wahre Begriff des Evangeliums noch nicht aufgegangen ist!«[287]

---

[285] Vgl. dazu auch H. Bornkamm, *Die Staatsidee im Kulturkampf ...*, S. 41 ff.; 79 f.

[286] O. v. Bismarck, *Gesammelte Werke ...*, Bd. 6 b, Berlin 1935, S. 88.

[287] *Die politischen Reden des Fürsten Bismarck. Historisch-kritische Gesamtausgabe*, Bd. 5: *1871—1873*, Stuttgart 1893, S. 345. Diese Grundauffassung vertrat Bismarck auch noch 15 Jahre später, wie eine Abgeordnetenhausrede vom 21. 4. 1887 belegt: »Die evangeli-

Bismarck ging es also keinesfalls um die Zerstörung der evangelischen Kirche, sondern er war im tiefsten davon überzeugt, daß eine Lösung des bisherigen Verhältnisses zwischen dem Staat und den Kirchen beiden Teilen zugute käme.

Auch Fabri sieht als Grundbedingung für eine Neuordnung die »Selbständigkeit der Kirche gegenüber dem Staate«, an.[288] Es handelt sich hier nicht um ein abstraktes Prinzip, sondern liegt ganz in der Linie der Entwicklung des Protestantismus. »Ja, man darf sagen, die Trennung von Kirche und Staat ist nicht nur eine urchristliche Idee, sie ist auch eine Folgerung des reformatorischen Grundgedankens von der Freiheit und Selbstverantwortlichkeit jedes einzelnen Christenmenschen in religiösen Dingen.«[289] Das Argument, die evangelische Kirche sei zu einer freien Konkurrenz mit der katholischen nicht in der Lage, hält Fabri für nicht stichhaltig, denn es schätze die Lebenskraft der evangelischen Kirche zu niedrig ein.

Die finanziellen Mittel zur praktischen Ausführung seines Verfassungsplanes klagt Fabri bei dem Staate ein: »Hat der Staat nicht finanzielle Verpflichtungen gegen die Kirche? Hat er die Güter der Kirche nicht an sich gezogen, allüberall mit der Verpflichtung, für die kundbaren Bedürfnisse der letzteren zu sorgen?«[290] Dem stimmt Bismarck zu, wenn er sagt, daß der evangelischen Kirche nur geholfen werden könne »durch reichlichere, bessere Dotation, durch bessere Ausstattung, aber nicht durch einen gesetzgeberischen Eingriff in ihre Verfassung«.[291]

---

sche Kirche ist im preußischen Staat ursprünglich im Gastrecht gewesen, und daraus ist allmählich ein Mitbesitzer des Hauses geworden, aber der ursprüngliche Besitzer ist immer der preußische Staat gewesen, und eine solche Gleichstellung führt uns zum Nonsens« (*Gesammelte Werke...*, Bd. 13, S. 301 f.).

[288] F. Fabri, *Die Unions- und Verfassungsfrage...*, S. 44 (Hervorhebung von Fabri). Schon in seiner ersten — völlig unbeachteten — Schrift *Die politische Bewegung in Deutschland und die Geistlichkeit. Ein Sendschreiben an Herrn Dr. Eisenmann,* Würzburg 1848, S. 19, vertritt Fabri diese Position: »Wie nur eine rechtzeitig gegebene, auf breiter Basis erbaute C o n s t i t u t i o n Preußen vor der Revolution hätte retten können, so konnte auch nur eine rechtzeitige, fest und entschieden ausgesprochene T r e n n u n g d e r K i r c h e v o m S t a a t e den heillosen kirchlichen Wirren ein Ziel setzen.«

[289] Friedrich Fabri, *Wie weiter? Kirchenpolitische Betrachtungen zum Ende des Kulturkampfes,* Gotha 1887, S. 28.

[290] F. Fabri, *Die politische Lage und die Zukunft der evangelischen Kirche in Deutschland...*, S. 94.

[291] *Gesammelte Werke...*, Bd. 13, S. 302. Dem Zitat wird man allerdings in diesem Zusammenhang nicht allzu großen Wert beimessen dürfen, da es aus dem Jahre 1887 stammt — die Erfahrung der Niederlage des Staates im Kulturkampf spricht hier mit.

Ein sehr wesentlicher Punkt in Bismarcks Plänen war die *Aufhebung des landesherrlichen Kirchenregimentes*. Schon im Jahre 1865 äußerte der Kanzler gegenüber von Mühler: »Der summus episcopus in der evangelischen Kirche muß einmal verschwinden.«[292] Auch im Interesse einer paritätischen Behandlung beider großer Kirchen sah Bismarck die Abschaffung des Summepiskopats als unerläßlich an: »So lange das Oberhaupt der protestantischen Kirche das volle Drittel im Antheil an unserer Gesetzgebung hat und im absoluten und alleinigen Besitz der vollziehenden Gewalt ist, mit anderen Worten: so lange der König von Preußen Oberhaupt der evangelischen Kirche ist, ist von einer formalen Gleichheit zwischen beiden Kirchen gar nicht zu sprechen.«[293]

Im Interesse der Selbständigkeit der evangelischen Kirche plädiert Fabri ebenso wie Bismarck für die Rückgabe des landesherrlichen Summepiskopats an die Kirche, weil er in diesem die Zementierung des längst überholten territorialistischen Prinzips erblickt.[294] Als »obersten Grundgedanken« seiner Kirchenverfassungsreform formuliert Fabri darum: »Die evangelische Kirche wird selbständig indem der Landesherr die ihm geschichtlich wie rechtlich bis jetzt zustehende Kirchenregierung, das jus in sacra, an die Kirche zurückgibt.«[295] Politische Rücksichten veranlaßten Fabri jedoch, mit der Forderung an den Monarchen, seinen Rechtsanspruch als Summus Episcopus aufzugeben, eine neue — und doch ganz reformatorische — Definition des landesherrlichen Kirchenregimentes zu verbinden: Der Träger des landesherrlichen Summepiskopats soll sich dazu entschließen »forthin als membrum praecipuum ecclesiae ein Schutz- und Pflegeamt in der evangelischen Landeskirche auf Grundlage der von ihm sanktionierten Verfassungsgestalten auszuüben«.[296]

Im Jahre 1867 proklamiert Fabri die Übereignung der *iura in sacra* an eine dermaleinst selbständige evangelische Kirche noch als Fernziel, das für die Gegenwart in erster Linie die Lösung *einer* Vorfrage voraussetzt: was mit der *Preußischen Union* geschehen soll. Fabri empfiehlt » ... eine feierliche Deklaration des evangelischen Ober-Kirchenrathes im Namen und Auftrag des Königs, daß die Union als kirchenregimentliches Prinzip aufgehoben und die Conföderation der drei Bekenntnisse an ihre Stelle getreten sei«.[297] Mit dieser Sentenz entfachte er einen derartigen Sturm ge-

[292] Zitiert nach W. Reichle, *Zwischen Staat und Kirche ...*, S. 241.
[293] *Die politischen Reden des Fürsten Bismarck ...*, Bd. 12, *1886—1890*, Stuttgart 1894, S. 376.
[294] Vgl. dazu F. Fabri, *Die politische Lage ...*, S. 34.
[295] *A. a. O.*, S. 86.
[296] F. Fabri, *Wie weiter? ...*, S. 91.
[297] F. Fabri, *Die politische Lage ...*, S. 87.

gen sein ganzes Verfassungsprojekt, daß er — um seinen Plänen nicht jede Aussicht auf Erfolg zu nehmen — seine Position vorsichtig modifizierte. Er räumt ein, seine Formulierung sei mißverständlich gewesen, denn sie lasse die Deutung zu, er habe sich für drei nur lose verbundene Bekenntniskirchen ausgesprochen. Aber die »bestimmt conföderative Deutung der Union« heißt für Fabri nichts anderes als Bewahrung der evangelischen Landeskirche bei weitester konfessioneller Freiheit. »Uns fällt ... der Begriff der Union (kirchlich) ... völlig zusammen mit dem einer evangelischen Landeskirche.«[298]

Wenn sich die Haltung des Kanzlers zur Unionsfrage auch durch kein direktes Zitat belegen läßt, so geht aus den oben[299] geschilderten Auseinandersetzungen mit dem Monarchen doch eindeutig hervor, daß er auch in diesem Punkt eine Fabri sehr ähnliche Position vertrat.[300]

Bismarcks Motive hierfür erklärt Mühlers Biograph, Reichle, meines Erachtens zutreffend mit der Abneigung des Kanzlers gegen Uniformität und Zentralismus in religiösen Fragen.[301] Hinzu kommt, daß eine Eingliederung der neuen Provinzen die Oberkirchenratspartei, die sich seit Jahrzehnten im Besitz des preußischen Kirchenregimentes befand und gegen eine Trennung von Staat und Kirche sowie gegen die Aufhebung des Summepiskopates auftrat, nur noch gestärkt hätte — eine Entwicklung, an der Bismarck nicht interessiert sein konnte. Darum gab er den partikularistischen Bestrebungen der Kirchen in Lauenburg, Hannover und Schleswig-Holstein auch sofort nach und bürgte für einen Verzicht auf die kirchliche Einverleibung in die Evangelische Landeskirche der älteren preußischen Provinzen.[302] Diesen Schritt mißbilligte Fabri als wider die Logik der nationalen Gesamtentwicklung.[303]

---

[298] F. Fabri, *Die Unions- und Verfassungsfrage...*, S. 12; 38 (Hervorhebungen im Original).

[299] S. 466 ff.

[300] Vgl. dazu auch W. Reichle, *Zwischen Staat und Kirche...*, S. 239.

[301] *Ebda.*

[302] Die erste Zusicherung, der politischen Annexion keine kirchliche folgen zu lassen, gab Bismarck dem Superintendenten des Herzogtums Lauenburg in einem Schreiben vom 30. Juni 1866: »Ew. Hochwürden haben mir von Besorgnissen geschrieben, welche in Ländern des alt-lutherischen Bekenntnisses unter den gegenwärtigen Verhältnissen entstehen oder erregt werden können ... die vor zwei Menschenaltern bei einer entsprechenden Disposition der Gemüter zu Stande gekommene Vereinigung zweier Confessionen ist heute bei uns noch nicht allgemein angenommen.

Und um dieser Vereinigung willen sollte die Regierung in Schleswig-Holstein den Frieden stören wollen? oder gar in Staaten, mit welchen Preußen anstatt des zerrissenen ein neues völkerrechtliches Band zu knüpfen denkt? Ich vertraue, daß eine solche Besorgniß,

Aber wenn auch Uneinigkeit in diesem Punkt bestand, so herrschte um so mehr Einvernehmen über die Art und Weise, wie man den beiden Gefahren einer Kirchenordnung, der Uniformität und dem Atomismus, begegnen könne. Das Zauberwort Friedrich Fabris lautete hierfür »Mannigfaltigkeit in der Einheit« und nahm konkrete Gestalt an in seinem Projekt der Herstellung *autonomer Provinzialkirchen* — einen Gedanken, den Bismarck ebenfalls vertrat.[304]

Bismarck und Fabri stimmten auch darin überein, daß eine prinzipielle Neuordnung des Verhältnisses von Staat und Kirche die *Aufhebung des Kultusministeriums* erforderlich mache. Nachdem die Belange zwischen Staat und Kirche durch ein interkonfessionelles Religionsgesetz einheitlich geregelt sind, kommt nach Fabris Überzeugung » . . . forthin nur noch die juristische Kompetenz der Gesetzesüberwachung und Auslegung in Betracht . . . , wofür der Justizminister von selbst das zuständige Organ sein würde«.[305] Und der Geheime Kabinettsrat Wilmowski berichtet, »mir wurde von Bismarck zugemuthet durch seinen Rath (ni fallor Gf. Hermann Arnim), S. M. zu bestimmen, sämtliche kirchlichen Angelegenheiten auf das Ressort des Justizministers zu übertragen . . . «.[306]

Die wirklich auffallende sachliche Übereinstimmung zwischen Bismarck und Fabri in den wesentlichen kirchenpolitischen Fragen jener Zeit

wenn sie erregt werden sollte, vor einer unbefangenen Betrachtung von selbst verschwinden würde, ergreife aber gern die Gelegenheit, Ew. Hochwürden ausdrücklich zu erklären, daß der Staatsregierung der Gedanke völlig fremd ist, für die preußische Landeskirche Propaganda machen oder dulden oder sonst wie das Bekenntnis und die Verfassung der altlutherischen Länder beunruhigen zu wollen« (zitiert nach *Neues Zeitblatt,* 1866, S. 224).

[303] F. Fabri, *Die politische Lage . . .,* S. 4 f.

[304] Die These, daß sich Bismarck für die Bildung von Provinzialkirchen einsetzte, vertritt W. Reichle, *Zwischen Staat und Kirche . . .,* S. 240, aufgrund des ihm vorliegenden Materials. Aus Petersdorffs Kleist-Biographie (*Kleist-Retzow . . .,* S. 391 f.) geht ebenfalls klar hervor, daß der Kanzler sich für die Bildung autonomer Provinzialkirchen aussprach. Und in einem Brief Dorners an Herrmann vom 20. 9. 1872 heißt es: »Bismarck scheint auf völlige Trennung von Kirche und Staat, für die evangelische Kirche auf Zerteilung in autonome Provinzen hinzuzielen, wie wir lange vermutet« (zitiert nach A. v. Bamberg, *Emil Herrmann . . .,* S. 597, Anm. 1). Am 15. 12. 1872 schrieb Dorner an Martensen: »Er [sc. Bismarck] soll dem Fabrischen Gedanken der Zertheilung der Preußischen Landeskirche in viele wesentlich autonome Provincialkirchen hold sein. Das würde das leibhaftige Chaos« (*Briefwechsel . . .,* Bd. 2, S. 160).

[305] F. Fabri, *Staat und Kirche . . .,* S. 40.

[306] G. Besier (Hrsg.), *Die »Persönlichen Erinnerungen« . . .,* S. 146. Kultusminister v. Mühler (W. Reichle, *Zwischen Staat und Kirche . . .,* S. 333) bestätigt, daß Bismarck die Absicht hatte, die Kultusangelegenheiten an das Justizministerium zu überweisen (siehe auch oben S. 474 in dieser Arbeit).

— jedenfalls soweit sie die evangelische Kirche betrafen — läßt doch vermuten, daß diese nicht zufällig, sondern aufgrund persönlicher Kontakte und eines häufigen Gedankenaustausches zustande kam. Diese Vermutung verdichtet sich noch, wenn man Fabris Elsaß-Lothringische Episode aus dem Jahr 1871 näher in Augenschein nimmt.

Fabris Versuch einer kirchlichen Neuordnung des Elsaß

Anfang Januar 1871 erhielt Fabri vom Generalgouverneur Elsaß-Lothringens, Graf Bismarck-Bohlen, einem Vetter des Reichskanzlers, die Einladung, in der annektierten Reichsprovinz eine kommissarische Tätigkeit als Berater für Kirchenangelegenheiten zu übernehmen. Trotz der großen Aufregung, die seine Berufung in liberalen Kreisen des Elsaß hervorrief, sagte Fabri zu, denn er nahm wohl an, daß sich ihm hier die einmalige Gelegenheit böte, seine kirchlichen Neuordnungsvorschläge wenigstens teilweise in die Tat umsetzen zu können. Darauf weist seine Schrift *Einiges über Kirche und Schule in Elsaß-Lothringen* hin, in der er sein Aufgabengebiet in zwei Kreisen darstellt: erstens die kirchlichen Verhältnisse des Elsaß zu studieren und zweitens Vorschläge zu einer Neuordnung der dortigen protestantischen Kirchen vorzulegen. »Am Elsaß, sagte ich mir, hat nun Gott unerwartet noch einmal ein Objekt gegeben, an welchem es gilt, vor allem jenen kirchenpolitischen Doppelfehler [sc. des Jahres 1866] zu vermeiden.«[307] Darüber hinaus mußten nach Fabris Überzeugung die im Elsaß getroffenen Maßnahmen »von vorbildlicher Bedeutung sein für das, was wir in Deutschland in nächster Zukunft zu erwarten haben«.[308]

Man darf wohl annehmen, daß Fabris Beauftragung zumindest mit dem »Einverständnis des Herrn Bundeskanzlers«[309] geschah. Nach seiner eige-

[307] Friedrich Fabri, *Einiges über Kirche und Schule in Elsaß-Lothringen...*, S. 46 (abgedruckt als Anhang zu Fabris Schrift: *Staat und Kirche. Betrachtungen zur Lage Deutschlands in der Gegenwart*, Gotha 1872). Der Doppelfehler lag nach Fabris Auffassung darin, daß man die durch Annexionen geschaffene Lage nicht dazu benutzte, die notwendige Verfassungsreform der evangelischen Kirche durchzuführen, und daß man die Landeskirchen der annektierten Länder in ihrem Partikularismus beließ, was auch den politischen Partikularismus förderte.

[308] F. Fabri, *Einiges über Kirche und Schule in Elsaß-Lothringen...*, S. 139.

[309] *Allgemeine kirchliche Zeitschrift*, 1871, H. 3, S. 121. Die genauen Umstände von Fabris Wirksamkeit im Elsaß sind noch nicht befriedigend geklärt; in den Straßburger Archiven sind keine Unterlagen vorhanden, die seine Arbeit dokumentieren könnten.

nen Darstellung erfolgte die Berufung jedenfalls mit ausdrücklicher Genehmigung aus dem deutschen Hauptquartier in Versailles, wo sich Bismarck gerade aufhielt.[310] Wie sicher Fabri mit der vollen Unterstützung der neuen Reichsregierung offenbar rechnete, geht auch daraus hervor, daß er bei seinen Plänen keine Rücksicht auf die kirchenpolitischen Mehrheitsverhältnisse im Elsaß nahm und sehr ungeschickt taktierte, indem er die kleine elsässische Mittelpartei gegen die liberale Majorität favorisierte.[311]

Von den etwa 300 000 Protestanten des neuen Reichslandes, insgesamt ein Fünftel der Gesamtbevölkerung, bekannten sich etwa 250 000 zur l'église de la Confession d'Augsbourg en France, der Rest gehörte der l'église réformée de France an.[312] Die kleine und darum weniger wichtige reformierte Kirche war auf den unteren Stufen rein presbyterial in Conseils presbytéraux und Consistoires gestaltet und besaß weder eine Zentralbehörde noch eine Provinzial- oder Generalsynode. Fabri erklärt denn auch, hier bedürfe es außer der Bildung einer Generalsynode und der Wahl eines Moderamens keiner weiteren Veränderung der bestehenden Verhältnisse.

Anders die Organisation der Kirche Augsburger Konfession, die auf den Organischen Artikeln vom 18. Germinal X und auf dem Dekret Napoleons III. vom 26. März 1852 beruhte. Die Grundzüge der Verfassung lassen sich wie folgt beschreiben: Die Kirchengemeinden haben ihre Vertretung in *Conseils presbytéraux*, denen die Verwaltung der Gemeinde unter der Autorität des Konsistoriums sowie die Administration allerlei Kirchengelder und die Mitwirkung bei Pfarrerernennungen übertragen ist. Die vier bis sechs zu demselben Konsistorialbezirk gehörenden Gemeinden sind durch die *Consistoires* (Kreissynoden) vertreten, die die Aufsicht über die Disziplin der Gemeinden und die Kirchengüter ausüben. Die Mitglieder des Consistoire bestehen zu einem Drittel aus Beamten der kaiserlichen Regierung, sämtlichen Pfarrern des Bezirks, Delegierten der Kirchenräte und gewählten Abgeordneten der Pfarreien. Fünf bis neun Konsistorien bilden eine *Inspektion,* deren Vorsitz ein von der Regierung ernannter geistlicher Inspektor einnimmt. Sämtliche Geistliche jeder Inspektion bilden zusammen mit einer gleichen Zahl von Laien die *Assem-*

---

[310] F. Fabri, *Einiges über Kirche und Schule in Elsaß-Lothringen...*, S. 141.

[311] Vgl. dazu D. Hackenschmidt, *Das kirchliche Parteiwesen im Elsaß*, Straßburg 1897, bes. S. 25 f.

[312] Zur Geschichte und zum Aufbau der evangelischen Kirche im Elsaß vgl. Gustav Anrich, *Die evangelische Kirche im Reichsland Elsaß-Lothringen nach Vergangenheit und Gegenwart*, Leipzig 1903, insbes. S. 33 ff.; speziell zur reformierten Kirche: Fritz Hoffet, *Das Reformierte Kirchenrecht in Elsaß-Lothringen und seine wichtigsten Urkunden*, Straßburg 1909.

blées d'inspection, die nur mit Erlaubnis der Regierung zusammentreten und auch dann nur über autorisierte Gegenstände beraten dürfen. Das *Consistoire supérieur* (Generalsynode), bestehend aus zwei Laien pro Inspektion, den geistlichen Inspektoren, einem Delegierten des protestantischen Seminars, dem Präsidenten und dem Regierungskommissar des *Directoire* (Direktoriums) — insgesamt siebenundzwanzig Mitglieder, von denen zehn von der Regierung ernannt werden — hat über Verfassung und Disziplin der Kirche zu wachen. Das Direktorium, das sich aus einem Präsidenten — der zugleich Präsident des Consistoire supérieur ist — einem weltlichen Mitglied und einem geistlichen Inspektor (alle drei werden von der Regierung ernannt) sowie aus zwei von dem Oberkonsistorium erwählten Deputierten zusammensetzt, stellt die oberste Verwaltungsbehörde dar.

Nach Fabris Urteil trägt diese Ordnung, als deren Grundgedanke er die völlige Abhängigkeit der Kirche vom Staat zu erkennen glaubt, das Gepräge napoleonischen Geistes. Er kritisiert die repräsentativen Körperschaften als bloße »Sprechversammlungen« ohne Beschlußrecht. Am Direktorium tadelt er, daß es der Kirche gegenüber souverän und mit unerhörter Vollmacht ausgestattet sei. Den größten Übelstand sieht er darin, daß die Gemeindebeschlüsse der Entscheidung des Konsistoriums unterworfen seien und damit die Lokalkirchengemeinden zerstörten.

Als rechtliche Konsequenz der Zugehörigkeit des Elsaß zu Deutschland fordert Fabri die Aufhebung des Directoire als ehemaliger kaiserlich-kirchlicher Oberbehörde sowie des Consistoire supérieur, das durch die Abtrennung ohnedies eine Anzahl seiner Glieder verloren habe. Für die nunmehr notwendig gewordene Neubildung einer Kirchenbehörde reichte er Bismarck folgenden Antrag ein: Da das Reichskanzleramt keine eigenen Organe für Kultusangelegenheiten besaß, schlug er vor, »... einen Kirchencommissar zu berufen, welcher loco Straßburg die nach dem bestehenden Recht der Regierung zur Entscheidung zustehenden Kirchensachen für den Reichskanzler ... zu bearbeiten habe, und hinwiederum dessen Organ der protestantischen Kirche gegenüber sei«.[313] Dieser Reichskommissar sollte beauftragt werden, gemeinsam mit der Oberkirchenbehörde den Entwurf einer neuen kirchlichen Verfassung auszuarbeiten, um diesen dann mit einer *ad hoc* berufenen Landessynode nach einer Beratung zu verabschieden. Nach Einführung der Verfassung sollte das Kirchenkommissariat aufgehoben werden und die neuen kirchlichen Organe an seine Stelle treten.

[313] F. Fabri, *Einiges über Kirche und Schule in Elsaß-Lothringen ...,* S. 148.

Fabri brachte noch einige kleinere Vorlagen und Anträge ein[314] und schloß dann Ende April den ersten Teil seiner kommissarischen Tätigkeit im Elsaß ab.

Inzwischen waren aber auch die oppositionellen Kräfte in Elsaß-Lothringen nicht untätig gewesen. Ihr Wortführer, Professor D. Bruch (1792—1874),[315] organisierte rechtzeitig den Widerstand gegen die Fabrischen Pläne und vermochte auf der im Juni in Straßburg tagenden Pastoralkonferenz durch eine einmütige Kundgebung seine Position eindrucksvoll zu unterstreichen. In einer Eingabe vom 6. Juni 1871 an den Reichskanzler, sprach sich die Pastoralkonferenz namens der elsaß-lothringischen Kirche für eine autonome Regelung ihrer Angelegenheiten aus.[316]

Bismarck, obwohl grundsätzlich dem Fabrischen Vorschlag zugetan, konnte auf kirchlichem Sektor — der sogenannte Badische Kirchenstreit der frühen sechziger Jahre hatte zur Genüge die Wechselwirkung zwischen kirchlicher und staatlicher Politik deutlich gemacht[317] — keine Entscheidungen treffen, die gegen den Gang seiner allgemeinen, vom Liberalismus getragenen Politik konservative Strömungen in der Kirche, und damit eben auch im Staate, begünstigten. Er antwortete darum am 19. Juni 1871 der Pastoralkonferenz, es bestünde seitens der Reichsregierung nicht die Absicht, »... Abänderungen in der zu Recht bestehenden Verfassung der evangelischen Kirche im Elsaß und in Lothringen in Vorschlag zu bringen«.[318]

Anfang Juli erhielt der Generalgouverneur vom Reichskanzler den Auftrag, die personelle Rekonstruktion der alten Oberkirchenbehörde — wie oben schon erwähnt hatte das Directoire durch die Abtrennung eine Anzahl seiner Mitglieder verloren — vorzunehmen.

Auch dieses Mal lud Bismarck-Bohlen Fabri ein, ihm bei der Besetzung der freien Stellen behilflich zu sein. Fabri nahm tatsächlich seine elsässische Wirksamkeit nochmals auf und beantragte, den beiden noch im Amt

---

[314] Fabri setzte sich für die Berufung neuer Kräfte an der theologischen Fakultät ein, forderte eine stärkere Zusammenarbeit zwischen der elsässischen Kirche und den übrigen deutschen Landeskirchen sowie ein interkonfessionelles Religionsgesetz.

[315] Vgl. *Johann Friedrich Bruch. Seine Wirksamkeit in Schule und Kirche, 1821—1872.* Aus seinem handschriftlichen Nachlaß herausgegeben von Th. F., Straßburg 1890, S. 87 ff.; J. F. Bruch, *Fliegende Blätter zur Beurtheilung der Verfassung der evangelischen Kirche Augsburgischer Konfession im Elsaß und Deutsch-Lothringen,* 1—3, Straßburg 1871.

[316] Otto Michaelis, *Grenzlandkirche. Eine evangelische Kirchengeschichte Elsaß-Lothringens, 1870—1918,* Essen 1934, S. 4; 89 ff.

[317] Vgl. J. Becker, *Liberaler Staat und Kirche* ..., S. 82 ff., 109 ff.; W. Beyschlag, *Aus meinem Leben* ..., Bd. 2, S. 57 ff.

[318] Zitiert nach O. Michaelis, *Grenzlandkirche* ..., S. 90.

verbliebenen liberalen Mitgliedern zwei beziehungsweise drei »positiv gesinnte« und betont deutschfreundliche Glieder zur Seite zu stellen, von denen einer die Präsidentenschaft übernehmen sollte. Die liberale Opposition wies Fabris Vorschläge aber empört zurück und bezeichnete die von
ihm präsentierten Kandidaten als Vertreter des »exklusiven Konfessionalismus«.[319]

Im August erfolgte dann vom Reichskanzler ohne Angabe von Gründen
der Bescheid, die Berufung eines Kirchenkommissars sei abgelehnt, die
Mitglieder des Directoire seien einfach zu bestätigen und das Consistoire supérieur sei sofort zu berufen, um ihm die Wahl der noch fehlenden
Mitglieder zu übertragen.[320] Bismarck-Bohlen, der sich der vom Reichskanzler durch Erlaß vom 4. August verfügten Einführung der konfessions-
losen Schulinspektion in Elsaß-Lothringen widersetzt und in Gastein mit
Mühler in dieser Hinsicht gemeinsame Sache gemacht hatte, wurde bald
darauf als Generalgouverneur durch den nationalliberalen Oberpräsidenten v. Moeller abgelöst.[321]

Über den Ausgang seiner Bemühungen stellte Fabri angesichts der Tatsache, daß alle von ihm eingebrachten Anträge verworfen worden waren,
die mit großer Wahrscheinlichkeit zutreffende Vermutung an, der Reichskanzler wolle in dem gerade einsetzenden Kampf gegen den Ultramontanismus die liberale Partei durch Zugeständnisse auf seine Seite bringen.[322]

Anfang November macht Fabri in einem Brief an Willibald Beyschlag
(1823—1900), der sein kirchenpolitisches Urteil als das eines »... zeitweilige[n] Vertrauensmann[es] des Reichskanzlers...« sehr schätzte,
seinem Ärger Luft: »Ich war Anfangs November in Berlin, wo ich auch
einigermaßen in Bismarcks kirchliche Pläne Einblick zu gewinnen Gelegenheit fand. In jeder Beziehung betrübt und erschreckt bin ich heimge-
kehrt. Der gegebenen Lage gegenüber waren die Brückner'schen Vorschläge (auf der Octoberconferenz) gänzlich unter dem Bedürfnis. Ihre

---

[319] Vgl. dazu: *Die Wirksamkeit Dr. Fabri's in Elsaß-Lothringen. Ein Wort zu der Reichstagsdebatte vom 22. April*, in: *PKZ* 19 (1872), Sp. 373—382. Die Gegenposition vertrat der
Elsässer G. M., *Das Elsaß und seine Bedeutung für Deutschland. II. Die religiösen und kirchlichen Zustände*, in: *Deutsche Blätter*, 1872, S. 94 ff. Fabri nennt die Namen der Kandidaten
nicht, wie er sich überhaupt in der vorliegenden Schrift alle Mühe gibt, sich der innegehab-
ten Vertrauensstellung als Geheimnisträger würdig zu erweisen, indem er keine näheren
Aufschlüsse über die Vorgänge gibt, sondern sich auf das beschränkt, was die Zeitungen ohnehin veröffentlicht hatten.

[320] F. Fabri, *Einiges über Kirche und Schule in Elsaß-Lothringen...*, S. 149.

[321] Vgl. W. Reichle, *Zwischen Staat und Kirche...*, S. 329 ff.

[322] F. Fabri, *Einiges über Kirche und Schule in Elsaß-Lothringen...*, S. 156 ff.

Motion war der einzig richtige Gegenstand der Verhandlungen. Wir sind
nach der Seite unseres äußeren Kirchenbestandes in einer so kritischen
Lage wie nie. In den entscheidenden politischen Kreisen ein Drängen auf
möglichst radicale Trennung von Kirche und Staat, in den kirchlichen
Kreisen eine naive Unbesorgtheit, ein Fehlen aller prinzipiellen Gedanken gegenüber der gegebenen Lage. Ein (Kultus-) Minister, wie er nicht
unglücklicher in solchem Augenblick vorhanden sein könnte. Ein omnipo-
tenter Reichskanzler, der von Kirchensachen noch nichts versteht und
keine Zeit hat sich mit ihnen zu beschäftigen, — der ihnen gegenüber noch
halb Junker, halb Staatsmann ist, auch keine Rathgeber hat noch braucht.
Doch nein, — er hat ja im October — Büchsel consultirt!!«[323]

Ob Fabri bei diesem Besuch in Berlin überhaupt Gelegenheit erhielt, mit
Bismarck selbst zu sprechen, bleibt sehr zweifelhaft, denn Friedrich Nippold berichtet, Fabri habe zwar um eine Audienz nachgesucht, sei aber
vom Reichskanzler erst gar nicht empfangen worden. Nicht einmal mehr
den Geheimrat Hermann Wagener, vor dem er seine — wohl vor allem elsaß-lothringischen — Pläne in Berlin verteidigen durfte, hätte er von seinem Konzept noch überzeugen können.[324]

Wie schwer Fabri an seiner Niederlage im Elsaß und an Bismarcks op-
portunistischer Haltung in kirchenpolitischen Dingen trug, belegt ein
Brief vom 13. November 1871 an August Schreiber. Darin heißt es: »Die
Sache mit Strassburg ist, wie Sie wissen werden, beseitigt. Zwar hatte Bismarck im Mai privatim erklärt , er nähme meine kirchl. Vorschläge an,
schließlich aber durch Mienen und Intrigen aller Art geschah es, daß er die

---

[323] Zitiert nach W. Beyschlag, *Aus meinem Leben . . .,* Bd. 2, S. 342 f. (Hervorhebungen
im Original). Die Anspielung, Bismarck lasse sich in kirchenpolitischen Fragen von Büchsel
beraten, hat den realen Hintergrund, daß der Kanzler den damals prominenten Prediger —
ebenso wie dessen Kollegen Goßner und Knak — gerne hörte und als Seelsorger öfter kon-
sultierte. Am Morgen vor einem Duell, das Bismarck 1852 mit dem liberalen Kammerabgeordneten Georg v. Vincke auszutragen hatte, reichte Büchsel Bismarck das Abendmahl —
ein Erlebnis, das die persönliche Bindung an den Geistlichen mit Sicherheit festigen half
(vgl. dazu H. v. Petersdorff, *Kleist-Retzow . . .,* S. 228; Agnes v. Gerlach (Hrsg.), *Denkwürdigkeiten aus dem Leben Leopold v. Gerlachs, Generals der Infanterie und General-Adjutanten König Friedrich Wilhelms IV.* Nach seinen Aufzeichnungen hrsg. von seiner Tochter,
Bd. 1, Berlin 1891, S. 746 f.; J. v. Gerlach (Hrsg.), *Ernst Ludwig v. Gerlach, Aufzeichnungen
aus seinem Leben und Wirken . . .,* Bd. 2, S. 145 ff.).

[324] F. Nippold, *Geschichte der Kirche im deutschen Protestantismus des neunzehnten
Jahrhunderts . . .,* S. 530 f. Daß Nippold wohl den im Brief an Beyschlag angesprochenen
Besuch Fabris in Berlin meint, ergibt sich aus der Reihenfolge seiner Erzählung. Bei der Be-
wertung seines Berichtes wird man freilich die Parteilichkeit Nippolds hinsichtlich der kirchenpolitischen Fragen in Rechnung stellen müssen.

Kirchen- und Schul-Sachen plötzlich den Liberalen (u. französisch Gesinnten!) in die Arme warf. Der General-Gouverneur gab in Folge dessen
seine Demission, u. aus meiner Berufung, die seit Monaten bei jedermann
als feststehend galt, konnte natürlich unter diesen Verhältnissen nichts
werden. Das sachliche Verfahren dabei ist sehr betrübend u. zeigt, daß wir
uns von Bismarck in Kirchensachen noch allerlei Übles versehen dürfen.
Er hat zu diesen Fragen keine persönliche Stellung, sondern behandelt sie
nach augenblicklicher und zufälliger politischer Opportunität. Das vertra-
gen Kirchen-Angelegenheiten nicht, am wenigsten in unseren überdieß so
verwirrten Verhältnissen.«[325]

Die konservative Episode in Bismarcks Kirchenpolitik (1872)

Am 15. Januar 1872 — eine Woche vor der Entlassung Heinrich v. Mühlers[326] beendete Fabri seine in den kirchenpolitischen Kreisen jener Zeit
wohl meistdiskutierte Schrift: *Staat und Kirche, Betrachtungen zur Lage
Deutschlands in der Gegenwart* (Gotha 1872). Neben den schon bekann-
ten Vorschlägen für eine Neuordnung des Verhältnisses von Staat und
Kirche, die nur wenig verändert wiederholt werden,[327] übt Fabri in seiner
Broschüre scharfe Kritik an dem beginnenden Kulturkampf, obwohl er genau wußte, daß er damit Bismarck und dessen Kirchenpolitik öffentlich in
den Rücken fiel.[328]
Fabri befürchtet, daß der zur Vernichtung der Zentrumspartei geführte
Kulturkampf vornehmlich die evangelische Kirche treffen werde. Die
Struktur der »ultramontanen Partei« als kirchlich-politische Formation
mache es zudem unmöglich, dem katholischen Volk den Unterschied zwischen Ultramontanismus und Katholizismus zu erläutern. Selbst der Staat
könne keine Grenzlinie feststellen, um mit seinen Kampfmaßnahmen
nicht auch auf kirchliches Gebiet überzugreifen. Dies, sowie die mit der
Kulturkampfgesetzgebung präjudizierte Neuordnung von Kirche und

---

[325] Archiv der Rheinischen Missionsgesellschaft zu Barmen. Brief Fabris an August
Schreiber vom 13. 11. 1871.

[326] Siehe unten S. 521 ff.

[327] Fabri schlägt vor, die dem Staat notwendig erscheinenden gesetzlichen Maßnahmen,
welche kirchliche Angelegenheiten berührten, mit einem kleinen Kreis von Vertrauensmännern aller Kirchen eingehend zu erörtern und begründete Einwände zu berücksichtigen. »Eine solche S t a a t s - K i r c h e n c o m m i s s i o n wäre dann auch mit Ausschei-
dung der nicht evangelischen Landeskirchen angehörenden Mitglieder ... von selbst das Organ, das auch in Beziehung auf die Reform der Verfassung der evangelischen Kirche mit der
Regierung zu verhandeln hätte« (F. Fabri, *Staat und Kirche ...*, S. 111).

[328] Vgl. F. Fabri, *Staat und Kirche ...*, S. 61 ff.

Staat in Richtung auf eine radikale Trennung beider, gereiche nationalen und kirchlichen Interessen zu großem Schaden.

Darüber hinaus widerstrebt Fabri die Entwicklung zum imperialistischen Einheitsstaat.[329] An der Kulturkampfpolitik ist ersichtlich geworden, »... daß, obwohl die Cultusangelegenheiten den Einzelstaaten verblieben sind, doch auch die ganze Initiative kirchenpolitischen Handelns bereits in der Hand des Reichskanzlers sich concentriert«.[330]

Im Mai 1872 unternahm Fabri dann noch einen weiteren Versuch, die Richtlinien der Kirchenpolitik in seinem Sinne zu bestimmen. Er sandte dem Staatsministerium ein Exposé »Zur kirchlichen Verfassungsfrage« nebst einer Anlage »Zur kirchlichen Lage der neuen Provinzen«, worin er auf seine zwischen 1866 und 1872 verfaßten Schriften hinwies und deren Hauptgesichtspunkte wiederholte.[331]

Sei es, daß die hier geäußerten Bedenken und Vorschläge den Kanzler zu einer konservativen Rückbesinnung bestimmten, sei es, daß eine Reihe anderer Faktoren, zum Beispiel die innen- und kirchenpolitischen Anstrengungen Blanckenburgs und Wageners,[332] Bismarck zum Umdenken veranlaßten — jedenfalls stand das Jahr 1872 ganz im Zeichen eines kirchenpolitischen Umschwungs zugunsten der Fabrischen Kirchenverfassungspläne. Auf der anderen Seite setzte freilich unter der Führung Hoffmanns[333] eine mächtige Gegenbewegung ein, deren erklärtes Ziel es war, die Berufung Emil Herrmanns[334] zum Präsidenten des EOK — und damit dessen Kirchenverfassungsprojekt — gegen die »Bismarcksche Blase«[335] durchzusetzen.

Anfang November erschien ein anonymes Pamphlet mit dem Titel: *Moderne Kirchenbaupläne mit besonderer Beziehung auf Dr. Fabri's Schrift: »Staat und Kirche«,*[336] das eindeutig die Absicht verfolgte, Fabris kirchenpolitische Vorschläge mit allen Mitteln zu diskreditieren; so

---

[329] Vgl. dazu F. Fabri, *Die politische Lage* ..., S. 98 ff.

[330] F. Fabri, *Staat und Kirche* ..., S. 6.

[331] Vgl. Albert v. Bamberg, *Emil Herrmanns Eintritt in die Leitung des EOK und sein Austritt. Mitteilungen aus seinem schriftlichen Nachlaß,* in: *Deutsch-evangelische Blätter,* Halle 1906, S. 597, Anm. 1.

[332] Siehe oben S. 497 f.

[333] Siehe oben S. 122 ff.

[334] Siehe unten S. 527 ff.

[335] Brief Hoffmanns an Herrmann vom 4. 9. 1872. Abgedruckt in: A. v. Bamberg, *Emil Herrmanns Eintritt in die Leitung des EOK* ..., in: *Deutsch-evangelische Blätter,* 1906, S. 595 ff.

[336] *Moderne Kirchenbaupläne mit besonderer Beziehung auf Dr. Fabri's Schrift: »Staat und Kirche«,* Gotha 1872.

scheute sich der anonyme Autor beispielsweise nicht, den Missionsinspektor katholisierender Tendenzen zu verdächtigen. Im übrigen vertrat die Broschüre derart auffällig die kirchenpolitische Konzeption des Evangelischen Oberkirchenrats, daß kaum Zweifel darüber aufkommen konnten, aus welchen Kreisen sie stammte. Die *Kreuzzeitung* tippte denn auch mit gutem Grund sofort auf Hoffmann als den Verfasser oder doch zumindest Initiator der Streitschrift.[337] Das größte Aufsehen erregte fraglos der dritte Teil dieser Broschüre, denn hier wurde offen der Wunsch nach einer preußisch-unierten Gesamtkirche unter Einschluß der annektierten Provinzen ausgesprochen und zugleich angedeutet, der König werde demnächst in diesem Sinne wirken. »Das wird dem Fürsten nicht können angesonnen werden«, heißt es da, »daß er dauernd für eine Vielheit unter sich zusammenhangsloser Kirchen den obersten Einheitspunkt bilde, ohne diese Vielheit in eine rechtlich gegliederte Ordnung zu bringen und ohne eine gemeinsame kirchliche Centralbehörde; das hieße eine in die Länge unmögliche und allen Theilen schädliche Einrichtung ohne sachliches Bedürfniß festhalten. Dem Fürsten wird das Recht nicht abzusprechen sein, die Bedingungen festzustellen, unter welchen allein er den Summepiskopat fortzuführen gewillt oder im Stande ist. Zu diesen Bedingungen wird vor allem gehören, daß er von den Kirchen der neuen Lande verlangt, in die natürliche Ordnung der Dinge, wie sie durch die neueren Ereignisse geworden ist, unter Vorbehalt ihrer Rechte, sich zu finden; ferner daß (wie er seinerzeit ausdrücklich verheißen) das ältere Recht der Landeskirche in keiner Weise kränken läßt, weder durch ein centrale Nebenbehörde für die neuen Lande, noch sonst wie. Den neuen Landestheilen wird eine mit der alten Landeskirche gemeinsame Behörde nicht aufgedrungen werden können; aber wenn eine solche aus den Gliedern der einzelnen Lande und zu ihrer speciellen Vertretung mit dem Rechte der Itio in Partes gebildet wird, so wird denen, die sich ihr nicht anschließen wollen, nur noch freistehen dürfen, sich zur Freikirche zu gestalten, oder doch den Versuch dazu zu machen, das landesherrliche Kirchenregiment aber fortan zu entbehren. Die Folge davon würde allerdings sein, daß einer solchen provinziellen Freikirche nicht verwehrt werden dürfte, sich ihre Anhänger auch in der Landeskirche zu suchen; aber auch das umgekehrte wäre dann freigegeben, daß die preußische Landeskirche mit offenen Armen die Gemeinden oder die Einzelnen aufnähme, die, wie schon jetzt mehrfach, den Anschluß an sie suchen.«[338]

---

[337] Vgl. Hinweis in *AELKZ* 5 (1872), Sp. 922.
[338] *Moderne Kirchenbaupläne . . .,* S. 36 f.

Das Zitat beweist zu Genüge, daß maßgebende lutherische Kreise innerhalb aber auch außerhalb Preußens auf diese Schrift hin nicht ohne Grund einen gewaltsamen Eingriff in die kirchlichen Verhältnisse des führenden deutschen Staates befürchten mußten und darum sogleich in Alarmstimmung versetzt wurden.

Das wichtigste Organ des deutschen Luthertums, die AELKZ, übte herbe Kritik an der Broschüre und erklärte deren ungewöhnlich scharfe, auf die Schriften Fabris zugespitzte Polemik mit einem hochinteressanten Hinweis auf die kirchenpolitische Bedeutung des Missionsinspektors: »Vor einigen Monaten verlautete . . ., daß die konservative Partei in Preussen als 'neukonservative' oder als 'nationalkonservative' Partei sich neu konstituirt, daß diese Partei auch die Behandlung der kirchlichen Angelegenheiten in ihr Programm gezogen, und zwar das in jener Schrift [sc. Staat und Kirche, d. Verf.] des Dr. Fabri entwickelte Programm acceptirt habe und daß für dieses Programm auch die Billigung des Reichskanzlers und Ministerpräsidenten erlangt worden sei. Bedenkt man nun, daß der Kirchenbauplan Fabri's den Summepiskopat auf ein Minimum reduciren, den O.-K.-Rath aufheben und die synodal verfaßten einzelnen Provinzen mit der kirchlichen Autonomie belehnen will, so begreift sich vielleicht, warum die Abwehr des Programms der nationalkonservativen Partei in eine Polemik gegen das Buch Fabris travestirt.«[339]

Zwei Tage vor Veröffentlichung dieses Artikels, am 26. November 1872, hatte der Herausgeber der *Allgemeinen Evangelisch-Lutherischen Kirchenzeitung*, Luthardt, höchst beunruhigende Nachrichten von einem Freund, dem Waldenburger Altlutheraner Besser (1816—1884) erhalten, der offenbar über ausgezeichnete Beziehungen zu namhaften Persönlichkeiten der großen Politik verfügte. Besser schrieb: »Zuerst wünschest Du zu wissen, was Oberkirchen-Rath u. Minister mit der luth. Kirche in den neuen Provinzen vorhaben? Hr. v. Kleist wußte nichts Positives, meinte aber: das Schlimmste sey leider das Wahrscheinlichste, nachdem die provinzielle Gestaltung (ohne *kirchliche* Centralbehörde) der Landeskirche dem König als Unions-feindlich u. dem Kronprinzen als antinational kirchlich denuncirt worden. Die Berufung Herrmanns bedeutet die Oberhand des absorptiven Unionismus, u. wer auch von den drei nationalkirchlichen Größen, Hoffmann, Dorner u. Herrmann — hinter welchen die Protestantenvereinler, jetzt ganz stille, auf ihre Zeit warten — zum Verfertigen der Broschüre 'Moderne Kirchenbaupläne' beauftragt worden seyn mag, zweifelsohne enthält dieselbe am Schluß das Programm zu der bewußten 'Action', mit der man ohne Säumen schon im nächsten Jahre

---

[339] *AELKZ* 5 (1872), Sp. 897; vgl. *NEKZ*, 1872, Sp. 714 ff.

vorgehen will. Biederwald sagte mir, Falk betrachte es als eine abgemachte Sache, daß die Kirche der neuen Provinzen in die 'Preußische Landeskirche' inkorporirt (ein netter Ausdruck für eine verwerfliche Sache!) werden *müsse.*«[340]

Tief erschrocken über Bessers Alarmbrief schickte Luthardt das Schreiben an Fabri weiter und bat diesen um eine Beurteilung der augenblicklichen kirchlichen Lage. Fabri, der unter dem Titel *Kirchenpolitisches Credo* auf den Angriff der *Modernen Kirchenbaupläne* gerade ein scharfes »Wort der Abwehr« hatte folgen lassen,[341] suchte voller Optimismus den Freund zu beruhigen: »Für so schlimm, wie B. [sc. Besser]«, schrieb er, »halte ich die Lage noch nicht; Bismarck wird noch einmal mit Ernst dahinter greifen, u. die O. K. R's-Partei hat einen ungeheuren Fehler begangen, daß sie vor der Zeit ihre Pläne in dem Angriff auf mich bloßgelegt. Das ist für H.'s [sc. Hoffmanns] Unbesonnenheit, der seit Monaten gegen jedermann von seinen Plänen u. der kommenden 'Aktion' schwatzt... Die ersten Exemplare meiner Schrift gingen an den Kaiser, Bismarck, Falk u. den Kronprinzen. Letzterer steht, wie ich annehmen muß, anders zu der Frage als B. vermuthet. Er dürfte so ziemlich für meine Vorschläge gewonnen sein. Doch, nichts weiter plaudern im Blick auf, will's Gott bald mündliche Rede.«[342]

Aber Besser, der in seinem Brief die Interdependenz zwischen der preußischen Kirchenpolitik und den allgemeinen politischen Fragen klar erkannt und auch ausgesprochen hatte und in diesem Zusammenhang auf die kurz vor der Entscheidung stehende Diskussion um die Kreisordnung hinwies, sollte recht behalten.[343]

---

[340] Landeskirchliches Archiv Nürnberg — Rep. 101/Personen, VIII. Nachlaß Luthardt, Nr. 1 Korrespondenz, Brief Bessers an Luthardt vom 26. November 1872. Vgl. den ganzen, für die Kirchenpolitik jener Monate wichtigen Brief bei G. Besier, *Preußische Kirchenpolitik 1866—1872...*, S. 872 ff.

[341] Friedrich Fabri, *Kirchenpolitisches Credo. In einem Worte der Abwehr an den Verfasser der Schrift:* »*Moderne Kirchenbaupläne*«, Gotha 1872. Fabri schließt seine Schrift mit den bezeichnenden, offenbar gegen den EOK gerichteten Worten (*a. a. O.*, S. 68): »... mein lebhaftes Bedauern will ich zum Schlusse nicht zurückhalten, daß man in Kreisen, denen ich stets aufrichtig in Achtung begegnet bin, zu solcher Weise der Polemik gegriffen hat.« Vgl. *AELKZ* 5 (1872), Sp. 922 f.; *NEKZ*, 1872, Sp. 771 ff.

[342] Landeskirchliches Archiv Nürnberg — Rep. 101/Personen, VIII. Nachlaß Luthardt, Nr. 1 Korrespondenz, Brief Fabris an Luthardt vom 18. 12. 1872. Eine knappe Inhaltsangabe des Briefes hat schon Hans Beyer gegeben (*Kirchenverfassung und Sozialreform bei Th. Lohmann und E. F. Wyneken*, in: *Jahrbuch der Gesellschaft für niedersächsische Kirchengeschichte* 54 (1956), S. 132, Anm. 27). Vollständige Wiedergabe des Schreibens bei G. Besier, *Preußische Kirchenpolitik 1866—1872...*, S. 876.

[343] Siehe Anm. 340.

Bismarck konnte den seit Frühjahr 1872 eingeschlagenen kirchenpolitischen Kurs natürlich nur beibehalten, wenn eine starke konservative Fraktion im preußischen Landtag seine Pläne unterstützte. Die Voraussetzung
dafür war, daß die *Kreuzzeitung* auf das neue Programm der »monarchisch-nationalen Partei des Reichstages«[344] einschwenkte und fortan dessen Prinzipien und die darauf beruhende Politik des Kanzlers verteidigte.
Damit erklärte sie sich zunächst auch einverstanden, schränkte im September des Jahres aber ein, die »versuchte und gefundene Verständigung
würde in ihren Grundvoraussetzungen zerstört, das Programm wäre ein
werthloses zerrissenes Stück Papier, wenn das Staatsministerium diese
Kreisordnung mit den ihm gebotenen Machtmitteln im Herrenhause zur
Annahme zu bringen versuchen sollte«.[345]

Das geschah am 13. Dezember 1872, fünf Tage vor Fabris zuversichtli-
chem Schreiben an Luthardt. Gegen den Willen Bismarcks setzte der liberale Innenminister Eulenburg beim König durch, daß die Opposition der
Junker im Herrenhaus gegen die Kreisordnung durch einen sogenannten
Pairsschub gebrochen wurde.[346] Mit der Annahme der Kreisordnung spaltete sich auch die konservative Fraktion des Landtages, indem von den 116
konservativen Abgeordneten 71 ihrer alten Überzeugung treu blieben und
gegen das Gesetz stimmten, während 45 die neue konservative Fraktion
bildeten, die ihre wesentliche Übereinstimmung mit der konservativen
Fraktion des Reichstages erklärte.[347]

Kurz zuvor, am 6. Dezember 1872, hatte Bismarck, der das Debakel
kommen sah, Blanckenburg den Posten des ausscheidenden Landwirt-
schaftsministers Selchow angeboten, um abermals mit Hilfe des Freundes
die konservativen Elemente in der preußischen Regierung zu verstärken.[348] Blanckenburg sagte zu,[349] stellte aber folgende Bedingungen: »die
Zivilehe wird beseitigt, nur Notgesetz nach Bedürfnis ausgedehnt — die
ganze kirchenpolitische Gesetzgebung wird verlangsamt — nur ein Diszi-
plinargesetz sollte diesmal kommen.«[350] Seine Berufung scheiterte jedoch

---

[344] Siehe oben S. 494 f.; 497 f.
[345] Zitiert nach Parisius, *Deutschlands politische Parteien...*, S. 155.
[346] Vgl. W. Bußmann, *Das Zeitalter Bismarcks...*, S. 156.
[347] Vgl. L. Parisius, *Deutschlands politische Parteien...*, S. 155 f.
[348] Vgl. H. Goldschmidt, *Moritz von Blanckenburg...*, in: *Blätter für deutsche Landesgeschichte*, N. F. 91 (1956), S. 174 f.; E. Schulte, *Die Stellung der Konservativen zum Kulturkampf 1870—1878...*, S. 109 ff.
[349] Die schriftliche Zusage Moritz v. Blanckenburgs an Otto v. Bismarck vom 9. 12. 1872
ist abgedruckt in: H.-J. Schoeps, *Bismarck über Zeitgenossen...*, S. 344.
[350] Zitiert nach H. v. Petersdorff, *Kleist-Retzow...*, S. 415 f., aus einem Brief Blanckenburgs an Kleist-Retzow vom 17. Januar 1873.

an dem energischen Widerspruch der liberalen Minister Falk (Kultus), Camphausen (Finanzen) und Eulenburg, die inzwischen gestärkt aus der Machtprobe um die Verabschiedung der Kreisordnung hervorgegangen waren.

Mitte Dezember, für die Öffentlichkeit ganz überraschend, trat Bismarck vom Amt des preußischen Ministerpräsidenten zurück, behielt aber das preußische Ministerium des Auswärtigen bei. Der König nahm Bismarcks Demission an und übertrug am 21. Dezember 1872 den Vorsitz im Staatsministerium an Roon.[351] Schon einmal in diesem Jahr, im September, hatte Bismarck aus dem Staatsministerium ausscheiden wollen — Dorner vermutet, daß damals die Abweisung der Fabrischen Pläne durch den König einer der Gründe für seine Rücktrittsabsichten gewesen sei.[352] Ob im Dezember 1872 ebenfalls kirchenpolitische Motive eine Rolle spielten, mag dahingestellt bleiben. Jedenfalls fiel mit dem Interim der Roonschen Ministerpräsidentschaft auch Bismarcks Rückzug aus der ohnehin heillos verworrenen Diskussion um eine neue evangelische Kirchenverfassung für Preußen zusammen.[353]

Dagegen beseitigte die päpstliche Unnachgiebigkeit — sie fand ihren schärfsten Ausdruck in der Kaiser und Reich beleidigenden Neujahrsallokution Pius IX. vom 23. Dezember 1872 — vollends Bismarcks Bedenken gegen den Kulturkampf.[354] Hatte er während des Jahres 1872 noch gezögert, den Ultramontanismus mit einem ausgedehnten System von Strafbe-

---

[351] W. Reichle, *Zwischen Staat und Kirche . . .*, S. 419 ff., vertritt die wenig wahrscheinliche These, der Kaiser habe aufgrund eines Vorschlages v. Mühlers Bismarck den Rücktritt nahegelegt, um eine Scheidung zwischen der (liberalen) Reichspolitik und der preußischen Innenpolitik vornehmen zu können — mit dem Zweck, die letztere wieder in konservative Bahnen zurückzulenken.

[352] Vgl. A. v. Bamberg, *Emil Herrmanns Eintritt in den EOK . . .*, in: *Deutsch-evangelische Blätter*, 1906, S. 597, Anm. 1. Die Bemerkung stammt aus einem Brief Dorners an Herrmann vom 15. 12. 1872.

[353] Roons Ministerpräsidentschaft dauerte nur zehn Monate, da der im Kriegsministerium körperlich schon recht verbrauchte Mann sich dem politisch leitenden Amt zunehmend nicht gewachsen fühlte. Am 9. November 1873 übernahm Bismarck wieder offiziell das Amt des preußischen Ministerpräsidenten und bemühte sich erneut, Moritz v. Blanckenburg für den Eintritt ins Ministerium zu gewinnen. Aber dieses Mal versagte sich ihm der Freund. Adolf v. Thadden schrieb am 2. 1. 1873 an Ludwig v. Gerlach: »Moritz ist nun auch entschieden gegen die neuen Kirchengesetze. Es wird ihm nur sehr schwer, sich ganz von Bismarck zu trennen« (zitiert nach H.-J. Schoeps, *Bismarck über Zeitgenossen . . .*, S. 345).

[354] Am 27. Dezember 1872 erhielt Stumm, der Legationssekretär der preußischen Gesandtschaft am Vatikan, telegraphisch die Order, auf keinen Fall zur Neujahrsaudienz des Papstes zu erscheinen, sondern Unwohlsein vorzuschützen und dann sofort auf Urlaub zu gehen. Nach der Abreise Stumms am 30. Dezember blieb der Gesandtschaftsposten Preußens am Vatikan auf viele Jahre verwaist. Die Eskalation des Konfliktes wurde durch diesen

stimmungen zu bekämpfen, und eine Reihe »administrativer Maßnahmen« für ausreichend gehalten, so bestärkte er Falk jetzt in dessen harter Strategie. Die Kampfgesetze der Jahre 1873/74 bestätigen das.[355]

Die kompromißlose Durchführung des Kulturkampfes mit dem Ziel, »die Rechte des Staates der Kirche gegenüber wiederherzustellen«,[356] und die wieder erneuerte Allianz mit dem Liberalismus erlaubten dem Kanzler nicht länger die Verfolgung seiner alten kirchenpolitischen Pläne. Mit der Berufung Emil Herrmanns war es Falk zudem gelungen, das evangelische Kirchenregiment als wichtigen Bündnispartner auf seine Seite zu ziehen.[357] Die derart verstärkte Phalanx gegen den politischen Katholizismus bezahlte Bismarck freilich mit der Aufgabe des Fabrischen Kirchenverfassungsmodells.

Fabris Vorschläge, soviel mußte dem Kanzler inzwischen klar geworden sein, ließen sich schwerlich gegen den Widerstand des Königs und seiner obersten Kirchenbehörde und zugleich gegen die entschiedene Opposition der Liberalen in die Tat umsetzen. Der zersplitterten konservativen Partei fehlte aber die Kraft, eine wirkungsvolle Unterstützung zu leisten. Emil Herrmanns Kirchenverfassungsvorschläge dagegen entsprachen in vielem zwar nicht den Intentionen des Kanzlers, trugen aber den Mehrheitsverhältnissen im preußischen Abgeordnetenhaus Rechnung und tasteten doch die Rechte des landesherrlichen Kirchenregimentes nicht an. Wenn die Staatsregierung nicht einen neuerlichen Eklat mit dem EOK riskieren wollte, mußte sie sich ohnehin darüber im klaren sein, daß sie mit Emil Herrmanns Berufung auch dessen Modell einer neuen preußischen Kirchenverfassung gutgeheißen hatte.

Dieser Umschwung in Bismarcks Kirchenpolitik verurteilte Fabris Pläne endgültig zum Scheitern.

Im Dezember 1873 brachte der Missionsinspektor zwar noch einmal in einem Aufsatz *Gedanken zur bevorstehenden Generalsynode*[358] seine kirchlichen Neuordnungsvorschläge in Erinnerung, um auf die in Aussicht stehende Generalsynode Einfluß zu nehmen, aber in den kirchenpolitisch

---

Schritt deutlich (vgl. Erich Schmidt-Volkmar, *Der Kulturkampf in Deutschland 1871—1890*, Göttingen-Berlin-Frankfurt 1961, S. 105 f.).

[355] Vgl. *a. a. O.*, S. 113 ff.

[356] E. Foerster, *Adalbert Falk...*, S. 75.

[357] Siehe unten S. 533.

[358] Friedrich Fabri, *Gedanken zur bevorstehenden Generalsynode*, in: *Deutsche Blätter. Eine Monatsschrift für Staat, Kirche und soziales Leben*, Gotha 1874; vgl. ders., *Nach der Generalsynode. Betrachtungen über die Lage der evangelischen Landeskirche in Preußen in Briefen an einen Freund in England*, Gotha 1876; vgl. dazu einen Brief Fabris an Falk vom 11. Februar 1876, wiedergegeben bei G. Besier, *Preußische Kirchenpolitik 1866—1872...*, S. 877 f.

maßgebenden Kreisen schenkte man ihm kaum noch Beachtung. Zwei
Jahre später, nach Verabschiedung der Generalsynodalordnung, zog sich
Fabri für zwölf Jahre aus der Kirchenpolitik zurück. In einem Brief an Willibald Beyschlag äußert er 1875 rückblickend: »Bismarck hat seit Frühling
1872 in evangelicis abgedankt.«[359]

Im Jahre 1887 — Bismarck hatte den Kulturkampf verloren und Herrmanns Kirchenverfassung die Entkirchlichung der Massen nicht aufhalten
können — unterzieht Fabri die Kirchenpolitik der vergangenen zwanzig
Jahre einer kritischen Prüfung. Dabei bemerkt er über die damaligen Aussichten seiner 1872 in *Staat und Kirche* lancierten Reformvorschläge:
»Die bezügliche Schrift hat seinerzeit einiges Aufsehen gemacht; ja, einige
Monate schien es, als wolle auch die Staatsregierung die in ihr befürworteten Wege beschreiten. Durch mannigfache Gegenwirkung wurde dieses
verhindert, und vom Sommer 1872 ab setzte unter dem Vorgang des neuen
Kultusministers die Richtung auf den Kulturkampf voll und breit ein.«[360]

Diese »petits faits significatifs« (Hippolyte Taine), gesammelt und zu
einem Mosaik zusammengelegt, haben meines Erachtens die zeitweilige
sachliche Übereinstimmung zwischen den kirchenpolitischen Gedanken
des Reichskanzlers und des rheinischen Missionsinspektors erwiesen. Wie
weit Bismarck dabei von Fabri angeregt oder — was wohl anzunehmen ist
— auch in eigenen Überlegungen bestärkt wurde, läßt sich schwerlich exakt abgrenzen.

Die Motive der beiden Politiker freilich, sich an der Diskussion um eine
Neuordnung des Verhältnisses von Staat und Kirche zu beteiligen, dürften
einer ganz entgegengesetzten Zielvorstellung entsprungen sein. Ging es
dem kirchenpolitisch dilettierenden Staatsmann Bismarck um die Unabhängigkeit des Staates von der Kirche, so betonte der politisch agierende
Kirchenmann Fabri die Selbständigkeit der Kirche gegenüber dem Staate.
Wollte der Kanzler, der die Theokratie evangelischer Priester ebenso
fürchtete wie die der katholischen,[361] die politische Ohnmacht der Kirchen
zur Sicherung des neuen profanen Reiches endgültig besiegeln und ihre
Herrschaft auf die religiöse Innerlichkeit beschränken, so dachte sich der
Missionsinspektor die zukünftige evangelische Kirche auch als freie politi-

---

[359] Zitiert nach W. Beyschlag, *Aus meinem Leben . . .*, Bd. 2, S. 367, Anm. Otto H. Frommel, *Emil Frommels Lebensbild,* Bd. 2, Berlin 1901, S. 384, Anm., zitiert ebenfalls diese
Stelle aus Fabris Brief an Beyschlag und schreibt, der Kanzler habe Fabri ». . . bereits Anfang
der siebziger Jahre Einblick in seine kirchlichen Pläne gewährt . . .«.
[360] Friedrich Fabri, *Wie weiter? Kirchenpolitische Betrachtungen zum Ende des Kulturkampfes,* Gotha 1887, S. 43.
[361] Vgl. O. v. Bismarck, *Gedanken und Erinnerungen . . .*, Bd. 3, S. 20.

sche Kraft, der in religiös-kulturellen Fragen seitens des Staates Gestaltungsrecht zugestanden werden sollte.

Diese unterschiedliche Zielsetzung in der Kirchenpolitik mußte Interessenkonflikte heraufbeschwören. Bismarck opferte schließlich das Kirchenverfassungsmodell Fabris, das ja auch seines war, anderen politischen Überlegungen und den sie tragenden Strömungen. Die erheblichen Differenzen über Sinn und Erfolgsaussichten des Kulturkampfes gaben dabei wohl den letzten Ausschlag.

Fabri steht damit in der langen Reihe der zeitweiligen Gefolgs- und Vertrauensleute Bismarcks, die der Reichskanzler so lange favorisierte wie ihr Konzept auch in seine Pläne paßte und sie dann, seiner undoktrinären politischen Intuition, das im Augenblick Notwendige zu tun, folgend — häufig mit persönlichem Schmerz — vorrangigeren Überlegungen preisgab. Das Schicksal seiner Freunde von der konservativen Partei legt darüber ja ebenfalls beredtes Zeugnis ab.

Personalpolitische Konsequenzen der Bismarckschen Kirchenpolitik

Die Entlassung Heinrich v. Mühlers und die Berufung Adalbert Falks

Waren die Jahre 1866/70 schon durch eine zunehmende Verschlechterung der Beziehungen zwischen Bismarck und Mühler gekennzeichnet,[362] so machte die Diskussion um das Unterrichts- und Schulaufsichtsgesetz dem Kanzler erst recht deutlich, daß er für die Durchführung seiner Kulturkampfpolitik so bald wie möglich einen anderen Kultusminister brauchte.

Zunächst sperrte sich Mühler grundsätzlich gegen das Ansinnen Bismarcks, die geistliche Schulaufsicht durch eine staatliche zu ersetzen, denn »ich wußte, daß das Gesetz sich nicht gegen die katholische Kirche allein, sondern auch gegen die evangelische, also gegen beide Konfessionen, richten sollte und daß es auch den Zweck hatte, den christlichen Charakter der Schule in Frage zu stellen«.[363] Schließlich gab Mühler widerstrebend nach und erhielt dafür die Zusage Bismarcks, dem Landtag das Schulaufsichtsgesetz gemeinsam mit dem großen Unterrichtsgesetz vorzulegen, durch das der christliche Grundcharakter der Schule vollauf gewahrt blieb.[364] Ganz im Gegensatz zu seinem ausdrücklichen Versprechen setzte

---

[362] Siehe oben S. 469 ff.

[363] Zitiert nach W. Reichle, *Zwischen Staat und Kirche . . .*, S. 369.

[364] Vgl. dazu die ausführliche Darstellung von G. Wolf, *Rudolf Kögels Kirchenpolitik . . .*, S. 102 ff.

Bismarck in der Folgezeit aber alles daran, die von Mühler verlangte Koppelung zu umgehen und lediglich das Spezialgesetz einzubringen.[365]

Mühler glaubte zunächst auch, aufgrund seines Entgegenkommens werde der Kanzler hinfort endlich aufhören, die ihm nicht genehme Verfassungsentwicklung für die evangelische Kirche in Preußen zu behindern. Als der Kultusminister ihn daraufhin ansprach und für sein Verfassungsprojekt um Unterstützung bat, wich Bismarck verstimmt mit der Bemerkung aus: »Ja, aber später! Man darf nicht alles auf einmal anfangen und überstürzen. Übrigens wird diese Idee auf Widerstand beim Kaiser stoßen, in dessen Hinneigung zum Unionismus und Caesaropapismus.«[366]

Mühler bemerkte bald, daß Bismarck ihn zu hintergehen trachtete, und nutzte eine kurze Abwesenheit des Kanzlers, um in die Thronrede des Königs vor dem Parlament einen Passus aufnehmen zu lassen, in dem die Regierung ihre Absicht erklärte, dem Landtag ein umfassendes Unterrichtsgesetz vorzulegen. Wilhelm war mit diesem Vorgehen durchaus einverstanden, denn die Erfahrungen mit der Kreisordnung hatten ihn Bismarcks Ratschlägen gegenüber äußerst mißtrauisch gemacht.[367]

Mittlerweile setzte Bismarck alles daran, »den Einfluß dieses unbequemen Kollegen beim Kaiser [zu] brechen, den 'Frondeur' seiner Pläne [zu] entfernen«.[368] Da Mühler gar nicht daran dachte, von selbst zu gehen, suchte ihm der Kanzler das Arbeitsklima unerträglich zu gestalten, indem er die Staatsminister aufforderte, ihren Kollegen zu schneiden. Erstaunlicherweise entzog sich nicht einmal Roon dieser Kampagne und bemerkte resigniert zu dem Freund: »So wie ich Bismarck kenne, ist alles schon vorbereitet ... Es ist kein Zweifel, daß er alles aufbietet, Sie zu Fall zu bringen. Wir Minister können Ihnen auch nicht helfen ... «[369] Zweifellos hatte Mühler mit seinem ständigen Hin- und Herlavieren auch die konservativen Minister gegen sich eingenommen.

Inzwischen war es dem Kanzler gelungen, durch eine geschickte Manipulation das Einverständnis des Königs zu dem Schulaufsichtsgesetz zu erwirken. Wilmowski hatte ihm nur dieses vorgelegt, aber den Eindruck erweckt, als würde das ausführliche Allgemeine Unterrichtsgesetz gleichfalls angenommen. Bismarck brachte das genehmigte Spezialgesetz sofort am 14. Dezember 1871 zur Annahme ein und hatte damit die erste Etappe

---

[365] »Erst später«, schreibt Mühler, »merkte ich, daß es ihm [Bismarck] mit seiner Zusage und seinem ausdrücklichen Versprechen nicht Ernst war.« Zitiert nach W. Reichle, *Zwischen Staat und Kirche* ..., S. 371, Anm. 13.

[366] *A. a. O.,* S. 373 f.

[367] *A. a. O.,* S. 376; vgl. *a. a. O.,* S. 389.

[368] So W. Reichle, *Zwischen Staat und Kirche* ..., S. 408.

[369] Zitiert nach W. Reichle, *a. a. O.,* S. 386; vgl. *a. a. O.,* S. 382; 391 f.

auf dem Weg der Trennung von Staat und Kirche erfolgreich zurückgelegt.[370] Der Kultusminister hatte in dem guten Glauben, daß das große Gesetz in kürzester Frist folgen würde, ebenfalls eingewilligt, erkannte aber bald, daß Bismarck statt dessen die Verabschiedung eines Zivilehegesetzes betrieb.

Am Morgen vor der entscheidenden Staatsministerialsitzung vom 11. Januar 1872[371] versicherte sich Mühler der ungeteilten Zustimmung des Königs und verlangte dann abends unter Hinweis auf dessen Intentionen die Absetzung des Zivilehegesetzes zwecks weiterer Beratung und die Wiederherstellung der beiden gestrichenen Paragraphen in dem Unterrichtsgesetz.[372] Bismarck, über das eigenmächtige Vorgehen Mühlers, das solchen Erfolg gezeitigt hatte, aufs höchste erregt, hob die Sitzung auf, ohne eine weitere Aussprache zuzulassen. Unmittelbar nach Schluß der Sitzung bat Bismarck den Kultusminister in sein Kabinett und händigte ihm dort eine Kabinettsorder aus, welche die Unterschrift des Kaisers und das Datum vom 5. Januar trug. Darin erteilte Wilhelm seinem Kultusminister eine scharfe Rüge, weil dieser bei der Besetzung dreier Ratsstellen am Staatlichen Museum in Berlin die Personalwünsche des Kronprinzen einfach ignoriert hatte — im Grunde eine belanglose Angelegenheit.[373] Mühler fühlte sich von dem ungewöhnlich groben Ton der Order — sie war von Wilmowski verfaßt und von Bismarck umgearbeitet worden —[374] jedoch derart verletzt, daß er ohne Zögern erklärte, er werde sein Abschiedsgesuch einreichen.[375] Das hatte Bismarck gehofft. Zusätzlich sprach er dem Kultusminister auch das Mißtrauen seiner Kollegen aus und drohte darüber hinaus noch mit einem Mißtrauensvotum des Landtages.

Der König fand sich zunächst jedoch nicht bereit, ohne weiteres das Entlassungsgesuch seines Kultusministers zu akzeptieren, und fragte bei Bismarck an, ob dieses in Zusammenhang mit der Schul- und Kirchengesetzgebung stehe. Das konnte der Kanzler natürlich nicht zugeben und verschanzte sich hinter den Staatsministern, die sich alle — auch Roon — gegen Mühlers Bleiben im Kabinett aussprachen.[376] Am 17. Januar entließ

---

[370] Vgl. W. Reichle, a. a. O., S. 383 f.

[371] Vgl. A. Constabel, Die Vorgeschichte des Kulturkampfes . . ., S. 164 ff.

[372] Vgl. W. Reichle, Zwischen Staat und Kirche . . ., S. 388 ff.

[373] Wilmowski geht in seinen Erinnerungen mit keinem Wort auf die Rolle ein, die er bei Mühlers Entlassung spielte, sondern schildert nur trocken den Hergang (G. Besier [Hrsg.], Die »Persönlichen Erinnerungen« . . ., S. 144).

[374] Vgl. B. Satlow, Wilhelm I. . . ., S. 150 f.

[375] Der Wortlaut der Order ist abgedruckt in: W. Reichle, Zwischen Staat und Kirche . . ., S. 392 f.

[376] Vgl. Denkwürdigkeiten aus dem Leben . . . Roons . . ., Bd. 3, S. 316.

der König schließlich schweren Herzens den ihm treu ergebenen Kultusminister, hörte aber auch danach noch gern auf den Rat des bewährten
Mannes, der ihn reichlich mit Eingaben versorgte.[377]

Voll Zynismus schrieb Bismarck später in seinen *Gedanken und Erinnerungen* über Mühlers Entlassung: »Zur dekorativen Platirung seines Ab-
ganges wurde eine Differenz über eine die Verwaltung der Museen betreffende Personalfrage benutzt.«[378]

Mit dem Sturz v. Mühlers war der konservative Einfluß auf den König
unterbunden und Bismarck hatte nun endlich freie Bahn, auch im Bereich
des Kultus stärker liberale Akzente zu setzen.

Als Nachfolger Mühlers wurden bereits in der zweiten Hälfte des Jahres
1871 eine Reihe von Namen genannt, darunter Bismarcks Jugendfreund
Graf Alexander Keyserling und Rudolf v. Gneist.[379] Aber die Wahl des
Kanzlers fiel auf einen Außenseiter.

»Am letzten Sonntag vor Weihnachten 1871« wurde der Vortragende
Rat im Justizministerium Adalbert Falk (1827—1900) unter dem Vorwand zu einer Staatsministerialsitzung eingeladen, er solle über den in Arbeit befindlichen Entwurf des Pensionsgesetzes Bericht erstatten.[380] Dem
bis dahin ahnungslosen Falk fiel auf, daß man ihm eine für solche Anläße
ungewöhnliche Beachtung zuteil werden ließ, und erfuhr dann nach Schluß
der Sitzung von Delbrück, Bismarck habe ihn für das Amt des Kultusministers ausersehen.[381] Ende Dezember 1871 empfing der Kanzler seinen de-
signierten Kultusminister und bat diesen, ihm »keinen Korb« zu geben.
Auf Falks Frage, was Bismarck von ihm erwarte, antwortete der Kanzler
mit dem berühmten Satz: »Die Rechte des Staates der Kirche gegenüber

[377] Vgl. W. Reichle, *Zwischen Staat und Kirche...*, S. 413 ff. E. Foerster, *Adalbert
Falk...*, S. 79 f. Ein Jahr vor seinem Tode schrieb Mühler ein Buch (*Philosophie der Staats-
und Rechtslehre nach evangelischen Prinzipien*, Berlin 1873), das offensichtlich dazu dienen sollte, seine Anschauungen, die ihn als Minister geleitet hatten, klarzulegen und zu
rechtfertigen.

[378] O. v. Bismarck, *Gedanken und Erinnerungen...*, Bd. 2, S. 129.

[379] Untersuchungen über Gneist und Keyserling, die wirklichen Aufschluß über ihre politische Rolle geben könnten, fehlen bislang; vgl. Dieter Weber, *Die Lehre vom Rechtsstaat
bei Otto Bähr und Rudolf v. Gneist*, Jur. Diss., Köln 1968. Hermann Oncken, *Ein Freund Bismarcks: Graf Alexander Keyserling*, in: Ders., *Historisch-politische Aufsätze und Reden*,
Bd. 2, München-Berlin 1914, S. 93—117.

[380] Vgl. hierzu wie im folgenden: E. Foerster, *Adalbert Falk...*, S. 72 ff.

[381] »In meiner großen Überraschung«, schreibt Falk, unterließ ich damals die Frage, wie
der Genannte [sc. Bismarck] auf mich gekommen sei, und als ich dieselbe nach Jahren stellte,
erhielt ich keine Aufklärung« (E. Foerster, *Adalbert Falk...*, S. 74). Der Grund liegt m. E.
auf der Hand: Bismarck glaubte den bis dahin unbekannten Mann zu seinem willfährigen
Werkzeug machen zu können.

wieder herzustellen und zwar mit möglichst wenig Geräusch.«[382] Als sich
der Justizrat mit dieser Aufgabe einverstanden erklärte, wurde das schwierige Problem erörtert, wie sich die vorauszusehenden Widerstände beim
Kaiser gegen eine Berufung des nationalliberalen Falk am besten ausräu-
men lassen würden. Schließlich instruierte Bismarck seinen Favoriten
sorgfältig für die bevorstehende Audienz beim Kaiser. »Fürst Bismarck
hielt es für nützlich,« berichtet Falk, »mich auf Einzelnes aufmerksam zu
machen, was den Ansichten des Kaisers entspräche und unter deren Beachtung im Gespräche zu behandeln sei, so des Kaisers Vorliebe für die
Union und die noch aus seiner Jugend stammende Abneigung gegen die
'Pietisten'.«[383] Offenbar beherzigte Falk diese Ratschläge genau, denn der
Kaiser empfing bei der Audienz am 13. Januar 1872 einen günstigen Eindruck von ihm. Der Justizrat hatte in dem Gespräch herausgestrichen, daß
sein mit Mühler befreundeter Vater Geistlicher und »mit aller Kraft der
Union zugetan sei«. Damit nicht genug, bezeichnete er sich »in dieser Be-
ziehung als den echten Sohn meines Vaters«.[384]

Natürlich konnte in Hofkreisen, aber auch der Presse die Absicht Bismarcks, den liberalen Falk als Kultusminister zu berufen, nicht verborgen
bleiben. Insbesondere Augusta und Büchsel hintertrugen dem Kaiser möglichst ungünstige und bedenkliche Nachrichten über den Justizrat, um dessen Ernennung zu verhindern. Hochwillkommen war dem Kanzler deshalb ein Zeitungsartikel, worin Falk einer Rede wegen angegriffen wurde,
mit der er seinerzeit die Reorganisation des Heeres verteidigt hatte.
»Wohlauf zur Falkenbeize«, soll Bismarck ausgerufen haben und mit dem
Artikel zum Kaiser geeilt sein.[385] Hinsichtlich der Haltung Falks im Ver-
fassungskonflikt zog Wilhelm nähere Erkundigungen bei Roon ein, der
ihm gerecht und objektiv über Falk Auskunft erteilte.[386]

Insgesamt mußten die eingeholten Informationen den Kaiser wohl zu-
friedengestellt haben, denn am 22. Januar 1872 wurde Falk durch Königlichen Erlaß zum neuen Kultusminister ernannt.[387]

Über seinen Vorgänger urteilte Falk, er sei »ein Mann von hohen
Gaben ... aber nicht auf dem Gebiet des Willens« gewesen. Er erkannte
Mühlers Leistungen durchaus an und gab zu, er habe in einigen Fällen Ge-

---

[382] E. Foerster, *Adalbert Falk* ..., S. 75.

[383] *Ebda.*

[384] *A. a. O.,* S. 76 f.

[385] Der damalige Pressedezernent im Auswärtigen Amt, Prof. Aegidi, berichtete darüber
im Septemberheft der *Deutschen Revue* aus dem Jahre 1898; vgl. E. Foerster, *Adalbert
Falk* ..., S. 77 f.

[386] Vgl. *Denkwürdigkeiten aus dem Leben ... Roons* ..., Bd. 3, S. 316 f.

[387] Der Wortlaut des Erlasses ist abgedruckt in: E. Foerster, *Adalbert Falk* ..., S. 78.

legenheit gehabt, »an das, was Mühler beabsichtigt hatte, anzuknüpfen und es weiter und zu Ende zu führen. Den Weg zum Beispiel, den Mühler bezüglich der Nassauischen Kirchengemeinde- und Synodalordnung gegangen war, und zwar schon weit, dann aber plötzlich verlassen hatte, nahm ich wieder auf.«[388]

Diesen unbestreitbaren Sachverhalt ließen jedoch die liberalen Historiographen — insbesondere Nippold — vollständig außer acht, wenn sie es als ausschließliches Verdienst der Ära Falk-Herrmann darstellten, die evangelische Kirchenverfassung in Preußen begründet zu haben.[389] Die Tatsache, daß der Schwerpunkt der historischen Forschung bisher auf den Jahren 1872 bis etwa 1878 lag, scheint mir ein Indiz dafür zu sein, daß sich die Kirchenhistoriker dieses Jahrhunderts von den Fachkollegen des vorigen haben irreführen lassen.

Die Berufung Emil Herrmanns zum Präsidenten des Evangelischen Oberkirchenrates

Der erst 1865 zum Präsidenten des EOK berufene Ludwig Emil Mathis[390] erwies sich schon ein Jahr später als verhängnisvoller Fehlgriff, denn aufgrund seiner angegriffenen Gesundheit war Mathis nicht in der Lage, die anstehenden Geschäfte auch nur einigermaßen befriedigend zu erledigen. Vom Sommer 1866 an bat er beinahe halbjährlich um einen sechs- bis achtwöchigen Genesungsurlaub, den ihm der Monarch auch jedesmal gewährte.[391] Diese Verhältnisse ermöglichten es Hoffmann, zunehmend die Führung im EOK an sich zu reißen und alle Entscheidungen des Kollegiums in seinem Sinne zu beeinflussen.

[388] *A. a. O.,* S. 79. (Zum Vorgehen Mühlers in Nassau siehe oben S. 387 ff.) »Ich habe wiederholt gesehen«, berichtet Falk weiter, »daß die sorgfältigst erwogenen, bis ins einzelne durchdachten Maßnahmen nicht zur Durchführung gelangten, weil im letzten Augenblick die Entschlußkraft versagte« (E. Foerster, *Adalbert Falk . . .,* S. 79).

[389] Vgl. F. Nippold, *Geschichte der Kirche im deutschen Protestantismus des neunzehnten Jahrhunderts . . .,* S. 541 ff.

[390] Siehe oben S. 40 ff.

[391] Am 9. Juni 1866 bittet Mathis wegen seiner angegriffenen Gesundheit um einen fünfwöchigen Urlaub. Die vom Arzt verordnete Molkenkur in der Schweiz ». . . habe ich bei der critischen Lage der Verhältnisse aufgegeben und soll sie durch eine Brunnenkur hier am Orte ersetzen . . .« (ZSTA, Hist. Abt. II, Merseburg, Geh. Zivilkabinett, 2.2.1. Nr. 22817, pag. 4). Am 2. Mai 1867 bittet Mathis erneut um Erholungsurlaub (*a. a. O.,* pag 37+R). Die nächste Bitte um einen achtwöchigen Genesungsurlaub erfolgt dann erst wieder zwei Jahre später, am 10. 5. 1869 (*a. a. O.,* pag. 94 f.). Im Sommer 1870 fährt Mathis dann für zwei Monate zu einer Brunnenkur nach Bad Ems (*a. a. O.,* pag 122 f.), die er im folgenden Jahr — ebenfalls für zwei Monate — wiederholt (*a. a. O.,* pag. 143+R).

Im Februar 1872 ließ sich Mathis dann wegen Krankheit für drei Monate von seinen Pflichten entbinden, um anschließend zu entscheiden, ob er noch in der Lage sei, sein Amt weiterzuführen. Als Vertreter schlug er den Oberhofprediger Hoffmann vor, der sich von Stahn und Hermes assistieren lassen sollte. Professor Twesten, dem als Vizepräsident die Vertretung an sich zugefallen wäre, mochte wegen seiner Pflichten als Ordinarius das schwere Amt nicht übernehmen.[392]

Offenbar noch nicht endgültig entschlossen, den Stuhl des Präsidenten freizugeben, bat Mathis Anfang Mai um eine Verlängerung seines Urlaubs um weitere zwei Monate.[393] Aber Hoffmann, der angesichts des Bismarckschen Kurswechsels die Existenz der obersten Kirchenbehörde bedroht sah, wünschte eine neue, bedeutendere Persönlichkeit auf diesem Posten. Seit April 1872 bedrängte er den kranken Mathis, doch endlich zurückzutreten, und erreichte schließlich, daß der Präsident etwa Mitte Mai seine Versetzung in den Ruhestand beantragte.[394]

Dem neuen Kultusminister Falk kam die Ablösung des konservativen Mathis natürlich sehr gelegen, denn dieser hatte sich lebhaft den Protestkundgebungen weiter evangelischer Kreise gegen die ersten von Falk durchgepaukten Kulturkampfgesetze angeschlossen und suchte überdies durch Eingaben an den König dessen ohnehin schwelendes Mißtrauen gegen die von Bismarck und Falk zu Beginn des Jahres gemeinsam betriebene Kirchenpolitik zu schüren.[395]

Am 24. Mai benachrichtigte Wilhelm den EOK, er habe Mathis vom 1. Juli ab in den Ruhestand versetzt und fordere das Kollegium nun auf, »wegen Ernennung des Nachfolgers mit dem Minister der geistlichen Angele-

---

[392] ZSTA, Hist. Abt. II, Merseburg, Geh. Zivilkabinett, 2.2.1. Nr. 22817, pag. 154—155+R; 156. Auch während seines Urlaubs hatte sich Mathis allerdings vorbehalten, personelle Entscheidungen im EOK selbst zu treffen.

[393] ZSTA, Hist. Abt. II, Merseburg, Geh. Zivilkabinett, 2.2.1. Nr. 22817, pag. 159.

[394] A. v. Kirchenheim, *Emil Herrmann und die preußische Kirchenverfassung . . .*, S. 57 f., weiß von einer Unterredung zwischen Hoffmann und Mathis vom 13. April 1872 zu berichten, in der dieser seine Bereitschaft zu erkennen gab, zurückzutreten und sich angeblich Herrmann als Nachfolger wünschte. G. Wolf (*Rudolf Kögels Kirchenpolitik . . .*, S. 460, Anm. 87) vermutet, der Rücktritt Mathis' stehe im Zusammenhang mit den Kämpfen um das Schulaufsichtsgesetz und dem vom König erstrebten Lehrzuchtverfahren gegen Sydow und Lisco. Diese Ereignisse mögen dazu beigetragen haben, die Amtsmüdigkeit Mathis' zu verstärken; den Ausschlag gaben sie gewiß nicht. Bei all dem wird man berücksichtigen müssen, daß Mathis im Jahre 1872 schließlich ein verbrauchter Greis von 75 Jahren war, der sich den kirchenpolitischen Kämpfen ja schon lange nicht mehr gewachsen zeigte. Ein Schreiben, in dem Mathis um seine Pensionierung bittet, war merkwürdigerweise nicht in den Archivbeständen zu finden.

[395] Vgl. G. Wolf, *Rudolf Kögels Kirchenpolitik . . .*, S. 113 f.

genheiten ins Benehmen zu treten und unter Betheiligung des Letzteren Mir eine geeignete Persönlichkeit vorzuschlagen«.[396]
Darauf hatte Hoffmann nur gewartet. Anläßlich einer Audienz beim König schlug er diesem die Berufung eines Mannes vor, den er schon in den Wirren der Jahre 1866/67 gerne als Mitglied des EOK gesehen hätte[397]: Emil Herrmann. Offenbar hatte Wilhelm grundsätzlich nichts gegen den Heidelberger Professor der Rechte einzuwenden, denn am 19. Juni 1872 bat der EOK Kultusminister Falk, »Sich mit uns zu dem unter-thänigsten Vorschlage an des Kaisers und Königs Majestät vereinigen zu wollen, dem Geheimen Justizrath und Professor der Rechte Dr. Herrmann zu Heidelberg die erledigte Stelle eines Präsidenten des Evangelischen Ober-Kirchenraths Allergnädigst zu übertragen«.[398] In dem Brief wurde weiterhin auf die außergewöhnlich hohe Qualifikation Herrmanns auf-grund dessen literarischer Tätigkeit und Mitwirkung bei der hannover-schen Kirchenverfassung hingewiesen. Um Falk schließlich möglichst umfassend über den ihm unbekannten Heidelberger Juristen zu informie-ren, legte der EOK seinem Schreiben noch »... ein von kundiger Hand entworfenes Bild des Mannes und seines Wirkens ... « bei.[399]
Kaum war Mathis in allen Ehren seines Amtes entbunden,[400] da bean-tragte Hoffmann im Einverständnis mit seinen Kollegen die kommissari-sche Geschäftsführung des EOK, »und zwar jetzt für den ganzen Umfang der präsidialen Leitung ... bis ein Präsident wieder ernannt, und derselbe in sein Amt wirklich eingetreten ist«.[401] Die Motive für diesen eiligen Schritt lagen nicht in dem persönlichen Ehrgeiz des Oberhofpredigers be-gründet, selbst EOK-Präsident zu werden, sondern hatten ihre Ursache in der existenziellen Bedrohung dieser Behörde durch Bismarck und seine kirchenpolitischen Ratgeber. Ein führungsloser EOK konnte in der Öf-fentlichkeit leicht den Anschein erwecken, als sei er schon in Auflösung begriffen, und seinen Feinden den gewünschten Vorwand liefern, eine

[396] Archiv der EKU, Berlin, Ev. Oberkirchenrat, Präs. IV, 2, pag. 22.
[397] Siehe oben S. 435.
[398] Archiv der EKU, Berlin, Ev. Oberkirchenrat, Präs. IV, 2 pag. 34; das Schreiben ist voll-ständig wiedergegeben bei G. Besier, *Preußische Kirchenpolitik 1866—1872...*, S. 880 f.
[399] Diese Kurzbiographie (vollständig wiedergegeben bei G. Besier, *a. a. O.*, S. 882 ff.) hatte Hoffmann verfaßt, wie aus einer Aktennotiz hervorgeht (Archiv der EKU, Berlin, Ev. Oberkirchenrat, Präs. IV, 2, pag. 23).
[400] Archiv der EKU, Berlin, Ev. Oberkirchenrat, Präs. IV, 2, pag. 40—42 (die Abschieds-schreiben von Wilhelm und dem EOK sind vollständig wiedergegeben bei G. Besier, *Preußi-sche Kirchenpolitik 1866—1872...*, S. 885 f.).
[401] ZSTA, Hist. Abt. II, Merseburg, Geh. Zivilkabinett, 2.2.1. Nr. 22817, pag. 169+R. Ent-wurf im Archiv des EKU Berlin, Ev. Oberkirchenrat, Präs. IV, 2, pag. 44+R; (das Schreiben ist wiedergegeben bei G. Besier, *Preußische Kirchenpolitik 1866—1872...*, S. 887).

grundlegende Neuordnung der evangelischen Kirchenleitung vorzunehmen. Der König stimmte denn auch Hoffmanns Wünschen sofort zu.[402]
Am 20. Juli brachte eine verabredete Begegnung in Leipzig Falk und
Herrmann einander näher. Der Kultusminister berichtete drei Tage später dem EOK, er habe aufgrund dieses Gesprächs »die Ueberzeugung
gewonnen ... daß seine [sc. Herrmanns] Wahl zum Präsidenten des
Evangelischen Oberkirchenraths eine glückliche sein wird. In diesem
Sinne habe ich mich gegen Herrn von Wilmowski bereits ausgesprochen.«[403] Gleichzeitig bedauerte er, daß Herrmann Bedenken geltend gemacht habe, die Stelle überhaupt anzunehmen, und regte die EOK-Mitglieder an, »auf H.'s Entschließungen einzuwirken«.

Herrmann wußte durch eine vertrauliche Mitteilung Hoffmanns schon
seit Mitte April von der Absicht des Oberhofpredigers und seines Freundes Dorner, ihn zum Präsidenten des preußischen Evangelischen Oberkirchenrates vorzuschlagen. Am 12. Juli konnte Hoffmann Herrmann dann
melden, »daß der Oberkirchenrat ihn einmütig vorschlage, der Kaiser im
voraus dem Vorschlag geneigt sei, Falk in der Hauptsache zustimme, aber
um bei Sr. Majestät nicht bloß als Echo des Oberkirchenrats zu erscheinen,
Herrmanns persönliche Bekanntschaft zu machen wünsche«.[404]

Am 26. Juli, eine Woche nach dem Treffen mit Falk, schrieb Herrmann
dem Kultusminister seine Vorbehalte gegen die angebotene Stelle. Neben
der finanziellen Schlechterstellung sorgte sich der Heidelberger Professor
vor allem um einen kirchenpolitischen Kurswechsel im Sinne der Bis-
marck-Fabrischen Konzeption,[405] deren Durchführung ja das Ende des
EOK — zumindest in seiner derzeitigen Gestalt — bedeutet hätte. »Bei der
gegenwärtigen Lage der Dinge«, gibt Herrmann zu bedenken, »steht der
Oberkirchenrat institutionell in der Luft: nur die persönliche Überzeugung und Willensbestimmung des Kaisers scheint ihn zu halten«.[406]

Alarmiert durch dieses pessimistische Schreiben, setzten Kultusministerium und EOK alles in Bewegung, Herrmann doch noch zur Annahme

---

[402] ZSTA, Hist. Abt. II, Merseburg, Geh. Zivilkabinett, 2.2.1. Nr. 22817, pag. 170.

[403] Archiv der EKU, Berlin, Ev. Oberkirchenrat, Präs. IV, 2, pag. 49 (vollständig wiedergegeben bei G. Besier, *Preußische Kirchenpolitik 1866—1872...*, S. 889).

[404] Zitiert nach A. v. Bamberg, *Emil Herrmanns Eintritt in die Leitung des EOK...*, S. 587.

[405] Siehe oben S. 500 ff.

[406] A. v. Bamberg, *Emil Herrmanns Eintritt in die Leitung des EOK...*, S. 590. Darüber
hinaus nannte Herrmann als Bedingung für seinen Eintritt »eine wirksame Oberleitung der
konsistorialen Verwaltung in den Angelegenheiten von prinzipieller Tragweite«. Mit dieser
Bemerkung spielte er auf das schwebende Sydow-Liscosche Lehrzuchtverfahren an, in dem
das Konsistorium ohne Zustimmung des EOK disziplinarisch gegen Geistliche vorging.

des Präsidentenamtes zu bestimmen, weil andernfalls tatsächlich zu befürchten stand, daß Fabris Kirchenverfassungsmodell durchgeführt wurde.

Wie ernst die Lage für den EOK im Sommer 1872 wirklich war, geht aus einem Bericht des Konsistorialrates Stahn hervor, der in vertraulichen Fragen als Verbindungsmann zwischen Kultusministerium und oberster Kirchenbehörde fungierte. »Ganz besonders wichtig würde es für den Herrn Minister sein«, schreibt Stahn, »wenn unser hochverehrter Herr Vorsitzender die Geneigtheit haben wollte, ihm die Einsicht des im Auftrag des Fürsten Bismarck von dem Geh. Rath Wagener an ihn gerichteten Schreibens über das mitgetheilte Promemoria zu gestatten. Er legt einen um so größeren Werth darauf, als an der bezeichneten Stelle Verhandlungen über die Kirchenverfassungsfrage im Gang zu sein scheinen, bei welchem der Minister übergangen wird (doch dieß ganz vertraulich!).«[407]

Dieses Schriftstück macht zugleich deutlich, wie sehr sich die kirchenpolitische Situation gegenüber den Vorjahren verändert hatte: Zwischen 1866 und 1871 hatte Bismarck durch die auch in Persönliches hineinreichende Zerstrittenheit zwischen Kultusministerium und EOK[408] verhältnismäßig leichtes Spiel gehabt, denn im Zweifelsfall entschloß sich Mühler lieber zu einem Bündnis mit Bismarck als mit Mathis und Hoffmann, so daß der Kanzler jederzeit beide voneinander isolierte Behörden unter Druck setzen und in seinem Sinne lenken konnte. Jetzt kooperierten Falk und Hoffmann in kirchenpolitischen Fragen eng miteinander und bildeten gemeinsam mit dem Königlichen Geheimen Zivilkabinett ein beachtliches Machtkartell.

Falk hatte Herrmanns entmutigenden Brief sofort an Wilmowski weitergereicht, der den Versuch machen wollte, »durch Dorner, welcher H. sehr nahe stehe, auf eine günstige Entschließung bei ihm [sc. Herrmann] hinzuarbeiten«.[409] Dieser Intervention hätte es jedoch gar nicht bedurft, da Dorner von sich aus dem Freund eifrig zuredete, in die Berufung einzuwilligen. »Was die Existenz des Evangelischen Oberkirchenrats betrifft«, suchte er ihn zu beruhigen, »so ist sie seitens des Ministers Falk und des Kaisers als nicht bedroht, sondern entschieden festgehalten zu betrachten. Der Kaiser würde, des sind wir überzeugt, eher Bismarck als die Einheit

---

[407] Bericht Stahns an den EOK über eine Unterredung mit dem Kultusminister vom 6. August 1872 (Archiv der EKU, Berlin, Ev. Oberkirchenrat, Präs. IV, 2, pag. 52 bis 53+R); vollständig wiedergegeben bei G. Besier, *Preußische Kirchenpolitik 1866—1872...*, S. 890 f.

[408] Siehe oben S. 446.

[406] Zitiert nach G. Besier, *Preußische Kirchenpolitik 1866—1872...*, S. 890.

der Landeskirche und damit die Union fahren lassen. Bismarck selber aber, wie wir aus sicherster Quelle wissen, will eine oberste Kirchenbehörde erhalten wissen. Immerhin kann's nicht schaden, daß Du das erwähnt hast; es muß eine Dich und den Evangelischen Oberkirchenrat sicherstellende Erklärung darauf gewünscht werden. Deine Ernennung selbst wäre aber schon als solche Erklärung in der Hauptsache anzusehen.«[410] Diese Argumentation leuchtet ein, denn niemand konnte ernsthaft annehmen, daß man zuerst einen so renommierten Juristen wie Emil Herrmann zum Präsidenten des Evangelischen Oberkirchenrates ernannte, um dann diese Behörde aufzulösen.

Noch stärker als von Dorner wurde der Heidelberger Jurist von Hoffmann gedrängt, doch zuzusagen. Den »revolutionären Charakter«, den das »Wirkenwollen des Reichskanzler« an sich trage, bekämpfe er »an allerhöchster Stelle« und könne »aus genauer Kenntnis mit Sicherheit« sagen, daß der König niemals auf seine Summepiskopatsrechte verzichten werde, noch auf das Privileg, die leitenden Mitglieder des Kirchenregimentes selbst zu ernennen. Er beschwört Herrmann: »Eine Ablehnung unter den jetzigen Umständen würde einen sehr bedenklichen Rückschlag auf die Stabilität der Verhältnisse selbst üben. Der König würde eher geneigt werden können, den bedenklichen Plänen Bismarcks, die auf Fabris Ideen im wesentlichen gehen, Gehör zu geben, wenn er sich sagen müßte, daß ein Mann wie Sie die jetzige Entwicklung nicht für hoffnungsvoll genug erachte, um sich daran tätig zu beteiligen.« Und da Herrmann mit Rücksicht auf seine Heidelberger Verpflichtungen die Präsidentschaft im EOK ohnehin erst am 1. Februar 1873 aufnehmen konnte, versicherte ihm der politisch agierende Hofprediger: »Kommen Sie wirklich so spät erst, so wird die Bismarcksche Blase schon geplatzt sein, ehe Sie kommen.«[411] Knapp vier Wochen später erhielt Herrmann erneut ein ermutigendes Schreiben von Hoffmann. Darin heißt es: »Die provinzialistischen Verfassungspläne unseres guten Fabri finden, wie ich aus sicherer Mitteilung weiß, bei Sr. Majestät keinen Anklang und der König spricht es aus, daß er es nicht glaube, man werde ihm von einer Seite je solche Vorschläge machen.«[412]
Die Berufung Herrmanns — soviel wird aus diesen Zitaten deutlich —

---

[410] Brief Dorners an Herrmann vom 31. Juli 1872; zitiert nach A. v. Bamberg, *Emil Herrmanns Eintritt in die Leitung des EOK . . .*, S. 593 f.

[411] Schreiben Hoffmanns an Herrmann vom 10. 8. 1872. Abgedruckt bei A. v. Bamberg, *a. a. O.*, S. 595 ff.

[412] Brief Hoffmanns an Herrmann vom 4. 9. 1872. Abgedruckt bei A. v. Bamberg, *a. a. O.*, S. 603.

richtete sich in erster Linie gegen die Kirchenverfassungspläne Fabris und Bismarcks. Der Kanzler hatte sich in Falk offenbar gründlich verrechnet, wenn er glaubte, daß dieser ihm blind folgen würde. Der Kultusminister hielt sich jedoch unbeirrt an die im Januar des Jahres als Voraussetzung für seine Einstellung formulierten Grundsätze, was zwangsläufig zu einer Kollision mit Bismarck führen mußte, der sich im Sommer denn ja auch mit dem Gedanken trug, ihn schon wieder zu entlassen.[413] Um den politischen Ultramontanismus erfolgreich bekämpfen zu können, verbündete sich Falk mit den politisch national und theologisch vermittelnd eingestellten Kräften im evangelischen Kirchenregiment, das nur als geeinte Zentralistanz und unter der Führung einer bekannten Persönlichkeit in den kommenden kirchenpolitischen Auseinandersetzungen einen wirklichen Machtfaktor darstellte.

Inzwischen suchte die badische Regierung den renommierten Juristen zum Bleiben zu bewegen, indem Staatsminister Jolly in mehreren Handschreiben Herrmanns Bedenken unterstützte und ihm eine beachtliche Erhöhung seiner Bezüge anbot.[414]

Aber auch Falk griff jetzt persönlich in die Verhandlungen ein und stellte Herrmann die Bedeutung der in Preußen auf ihn wartenden Aufgabe vor Augen, »deren selbst nur teilweise Lösung Ihnen für die Lebenszeit Befriedigung zu gewähren vermag.«[415]

In seiner Antwort an Falk vom 12. September 1872 erklärte Herrmann endlich, daß er trotz mancher noch bestehender Bedenken nun glaube, die Annahme des »...wichtige[n] Amt[es] ... wagen zu dürfen, wenn Eure Exzellenz sich in der Lage fänden mir zu versichern, daß Se Majestät, gewillt den königlichen Summepiskopat und damit die Einheit der Landeskirche zu bewahren, von dem zu berufenden Präsidenten des Evangelischen Oberkirchenrats erwarte, derselbe werde den Ausbau der Kirchenverfassung mittels Einfügung eines bis zur Generalsynode durchgeführten Synodalinstituts in die Verfassung der evangelischen Landeskirche mit allem Fleiße fördern«.[416]

Da der Brief zahlreiche Passagen enthielt, welche die innere Notwendigkeit einer geeinten unierten Landeskirche unter Beibehaltung des lan-

---

[413] Siehe oben S. 498.

[414] Vgl. A. v. Bamberg, *Emil Herrmanns Eintritt in die Leitung des EOK ...*, S. 588, Anm. 1; 598, Anm. 1.

[415] Brief Falks an Herrmann vom 28. 8. 1872. Abgedruckt bei A. v. Bamberg, *a. a. O.*, S. 598 ff.

[416] *A. a. O.*, S. 607; vgl. A. v. Kirchenheim, *Emil Herrmann und die preußische Kirchenverfassung ...*, S. 59 f.

desherrlichen Kirchenregimentes betonten, ließ Falk dem Geheimen Zivilkabinett eine Abschrift davon zugehen, um den Monarchen nunmehr restlos von der Richtigkeit der Wahl zu überzeugen.[417]

Dem Kaiser lag seit Mitte August der förmliche Antrag des Evangelischen Oberkirchenrats vor, im ausdrücklichen Einverständnis mit Falk Emil Herrmann zum Präsidenten der obersten Kirchenbehörde zu berufen.[418] Nach der endgültigen Zusage des Heidelberger Juristen lag es nun allein bei ihm, seine während der Berufungsverhandlungen eingenommene wohlwollende, aber passive Haltung aufzugeben und die letzte Entscheidung über Herrmanns Ernennung zu treffen. Zu diesem Zweck vereinbarte Wilmowski mit Herrmann eine Audienz bei dem Kaiser, die am 8. Oktober in Baden-Baden stattfand.[419] Schon jetzt kam Herrmann ein Verdacht: ».. . war [es etwa] gelungen, durch allerhand Einflüsterungen dem Kaiser nachträgliche Bedenken gegen meine Berufung beizubringen, die der gewissenhafte Herr auf dem Wege persönlicher Exploration zu prüfen für angemessen hielt?«[420] Herrmanns Mißtrauen schien aber grundlos, denn das einstündige Gespräch verlief in bestem Einvernehmen und beide Männer gewannen die Überzeugung, miteinander gut auskommen zu können. Einen weit weniger günstigen Eindruck empfing Herrmann von der Unterredung, die er anschließend mit Augusta führte. »Es bleibt übel, daß, soviel ich sehe, auf einen gesunden und förderlichen Einfluß auf Seiten der Kaiserin nicht wird gerechnet werden können. Wenn der Kaiser auch seine Entschlüsse aus sich schöpft und auf Grund der Beratung mit seinen verfassungsmäßigen Beratern feststellt, so verfehlt doch gewiß in religiösen und kirchlichen Dingen das Wort seiner Gemahlin nicht einen gewissen Einfluß auszuüben, auch wenn dadurch nur seine Zuversicht zu den dennoch gefaßten Beschlüssen gemindert werden sollte.«[421] Herrmann sollte in der Folgezeit noch erfahren, daß Wilhelm »in religiösen und kirchlichen Dingen« nicht nur seiner Gemahlin, sondern auch inoffiziellen Beratern, vor allem Kögel, sein Ohr lieh.[422]

[417] Die Abschrift des Herrmann-Briefes vom 12. September 1872 (ZSTA, Hist. Abt. II, Merseburg, Geh. Zivilkabinett, 2.2.1. Nr. 22821, pag 46—49+R) ist absolut identisch mit dem Abdruck in A. v. Bamberg, wie ein Vergleich ergab.

[418] Archiv der EKU, Berlin, Präs. IV, 2, pag. 50—51+R.

[419] Das Datum der Audienz geht aus dem den Empfang vorbereitenden Briefwechsel zwischen Wilmowski und Herrmann hervor (ZSTA, Hist. Abt. II, Merseburg, Geh. Zivilkabinett, 2.2.1. Nr. 22821, pag. 50+R).

[420] Brief Herrmanns an Dorner vom 10. Oktober 1872. Abgedruckt in A. v. Bamberg, *Emil Herrmanns Eintritt in die Leitung des EOK . . .,* S. 608 ff.

[421] *A. a. O.,* S. 610.

[422] Vgl. hierzu G. Wolf, *Rudolf Kögels Kirchenpolitik . . .,* S. 183 ff.

Am 9. Oktober 1872 teilte Wilmowski dem Kultusminister mit, daß der Kaiser Herrmanns »Ansichten über die Verwaltung und Fortbildung der preußischen Landeskirche gebilligt habe[n] und mit der Ernennung desselben zum Präsidenten des Evangelischen Ober-Kirchen-Raths einverstanden« sei.[423] Durch Königliche Kabinettsorder vom 26. November 1872 wurde Herrmann schließlich mit Wirkung vom 1. November des Jahres zum neuen Präsidenten des EOK ernannt, konnte aber wegen seiner Lehrverpflichtungen in Heidelberg seine neue Stelle erst am 1. Februar 1873 antreten. Dies hatte zur Folge, daß sich die mit Herrmanns Ernennung tatsächlich eingetretene, tiefgreifende Veränderung der kirchenpolitischen Verhältnisse im nächsten Vierteljahr noch nicht auswirkte.

Die Berufung Emil Herrmanns zum Präsidenten des EOK bildete eine Zäsur in der preußischen Kirchenpolitik, deren Bedeutung die kirchliche Opposition freilich nicht gleich erfaßte. Sie beendete für lange Zeit — praktisch bis 1918 — die Diskussion um das Existenzrecht des landesherrlichen Summepiskopats, des Evangelischen Oberkirchenrats und der Preußischen Union und machte die Pläne Fabris ebenso zunichte wie die des orthodoxen Luthertums. Andererseits nahm sie aber auch der Konzeption des liberalen Protestantismus jede Aussicht auf Erfolg, was bald zu einer Erstarrung der kirchenpolitischen Fronten führte.

Entgegen den hochgespannten Erwartungen weiter kirchlicher Kreise, beschritt Herrmann bei der Fortbildung der evangelischen Kirchenverfassung in Preußen aber keine prinzipiell neuen Wege, sondern verwirklichte gemeinsam mit Falk — aufgrund der ihnen gewährten Unterstützung durch Staatsministerium und Landtag — jene Pläne, an denen Mathis und Mühler wegen innerer Zerstrittenheit und äußerer Bedingungen gescheitert waren.

Bismarck hatte mit der Berufung Herrmanns ganz gewiß eine Schlacht verloren, aber nur — wie er glaubte —, um die viel entscheidendere gegen den politischen Ultramontanismus zu gewinnen. Überdies konnte er Herrmanns Ernennung gar nicht verhindern, denn Falk hatte es wohlweislich verstanden, die Mitwirkung des Staatsministeriums bei der Einstellung des neuen EOK-Präsidenten geschickt zu unterlaufen.[424]

[423] ZSTA, Hist. Abt. II, Merseburg, Geh. Zivilkabinett, 2.2.1. Nr. 22821, pag. 51.
[424] Am 23. Oktober 1872 schrieb Falk dem König: Obwohl mit der Stelle eines Präsidenten des Evangelischen Ober-Kirchenraths, die aus der Direktorstelle der Abtheilung des Ministeriums für die inneren kirchlichen Angelegenheiten hervorgegangen ist, der Rang eines

ZUSAMMENFASSUNG UND ERGEBNISSE

Die vorliegende Arbeit hat zu erklären versucht, warum in dem Zeitraum zwischen 1866 und 1872 die Lösung der weithin problematischen kirchenverfassungsrechtlichen Verhältnisse in der evangelischen Kirche Preußens — so wie sie sich in der ersten Hälfte des Säkulums herausgebildet hatten — keinen längeren Aufschub mehr duldete, und hat sich zugleich um den Nachweis bemüht, daß im Prinzip auf alle drängenden kirchenpolitischen Zeitfragen Antworten gegeben wurden, die bis zum Ende der Wilhelminischen Ära bleibende Gültigkeit behalten sollte.[425]

Die umfangreichen Annexionen Preußens nach seinem Sieg über Österreich und dessen Verbündete brachte eine Reihe von Landeskirchen in den preußischen Herrschaftsbereich, die zum Teil schon eine ausgebildete konsistorial-synodale Mischverfassung besaßen und sich zum exklusiven lutherischen Konfessionalismus bekannten. Gemeinsam mit den Lutheranern in der Evangelischen Landeskirche der älteren preußischen Provinzen und darüber hinaus aus ganz Deutschland (besonders Erlanger und Rostocker Theologen), kämpften namhafte Vertreter dieser vormals selbständigen Kirchen in anonymen Streitschriften, Zeitungsartikeln (in der *Evangelischen Kirchenzeitung* und in der *Allgemeinen Evangelisch-Lutherischen Kirchenzeitung*), aber auch in offiziellen Eingaben gegen eine Unterstellung ihrer Provinzialkirchen unter den unierten Evangelischen Oberkirchenrat und für die Konstituierung einer evangelisch-lutherischen Kirche Großpreußens.

Rathes erster Klasse verbunden ist, so habe ich, der Minister der geistlichen Angelegenheiten von einer Zuziehung des Staatsministeriums doch absehen zu sollen geglaubt, da es sich nicht um eine Staatsdienerstelle im engeren Sinne, sondern um ein kirchenregimentliches Amt handelt, auch Ew. Majestät in dem Allerhöchsten Erlasse vom 24. Mai d. J. nur die Vorschläge des Evangelischen Ober-Kirchenraths unter meiner Betheiligung zu erfordern und Ihr Allerhöchstes Einverständnis mit der Ernennung des Geheimen Raths Herrmann bereits auszusprechen geruht haben« (Abschrift im Archiv der EKU, Berlin, Ev. Oberkirchenrat, Präs. IV, 2, pag. 60—63+R).

[425] Als Ergänzung zu diesem Abschnitt sei auf die Zusammenfassung am Ende des ZWEITEN TEILS (S. 246 ff.) und auf S. 334 ff.; 424 im DRITTEN TEIL verwiesen.

Dieses Projekt gefährdete die Existenz der Preußischen Union und damit die Evangelische Landeskirche der älteren preußischen Provinzen sowie deren oberste Kirchenbehörde. Darum ließ der EOK unter Führung von Mathis und Hoffmann nichts unversucht, um bei dem König die kirchliche Eingliederung der neuen Kirchenprovinzen zu erwirken. In diesen Bemühungen wurde das Kirchenregiment von der kirchenpolitischen Gruppierung der Positiv-Unierten und seinem publizistischen Sprachrohr, der *Neuen Evangelischen Kirchenzeitung*, unterstützt.

Bismarck und das Staatsministerium verhinderten jedoch eine solche gewaltsame Einverleibung, da sie die politische Integration der gerade erst annektierten Provinzen in das preußische Staatsgebilde nicht unnötig durch kirchliche Streitfragen erschweren wollten.

Aber nicht nur zwischen dem EOK und dem König auf der einen und Bismarck und dem Staatsministerium auf der anderen Seite herrschten tiefgreifende kirchenpolitische Meinungsverschiedenheiten: Der preußische Ministerpräsident, dessen kirchenpolitisches Denken sich an dem föderativen Kirchenverfassungsmodell Fabris orientierte, hatte wegen der kirchlichen Frage auch schwere Differenzen mit seinem Kultusminister. Er hintertrieb — zumeist mit Erfolg — alle Maßnahmen, die Mühler zur Neuordnung der kirchlichen Verhältnisse ergriff, und gewährte ihm keinerlei Unterstützung in der Auseinandersetzung mit der liberalen Abgeordnetenhausmehrheit und dem Protestantenverein. Die Anhänger dieser freisinnigen Kirchenpartei scharten sich um Krauses *Protestantische Kirchenzeitung*, propagierten eine rein synodale Kirchenordnung und hofften, nach dem Sieg des politischen Liberalismus die Herrschaft in der Kirche übernehmen zu können.

Als Bismarck seinen Kultusminister Ende 1871 schließlich zu Fall brachte, weil dieser gegen die Kulturkampfgesetzgebung opponiert hatte, war es Mühler zuvor gleichwohl gelungen, die Richtlinien der evangelischen Kirchenpolitik in Neupreußen soweit festzulegen, daß sein Nachfolger Falk wohl oder übel den ihm vorgezeichneten Weg beschreiten mußte.

Auch der wenig später zum Präsidenten des EOK ernannte Kirchenrechtler Emil Herrmann verwirklichte in der Evangelischen Landeskirche der älteren preußischen Provinzen nur die zwischen 1866 und 1869 von Mathis, Hoffmann und Dorner entwickelte und im Kompromißverfahren mit Mühler und Bismarck ausgehandelte Konzeption, deren Durchführung zu einem früheren Zeitpunkt nur an der ungünstigen politischen Konstellation gescheitert war.

Als Bismarck sich im Frühjahr 1873 ganz auf den Kulturkampf konzentrierte und fortan dem evangelischen Aspekt der Kirchenpolitik keine nähere Aufmerksamkeit mehr schenkte, waren alle grundlegenden Entscheidungen für die nächsten fünfundvierzig Jahre bereits gefallen:

Die Provinzialkirchen Alt- und Neupreußens blieben bis 1918 verwaltungsmäßig getrennt, besaßen jedoch durch die uneingeschränkte Beibehaltung des landesherrlichen Kirchenregimentes eine einheitliche Spitze. Aufgrund dieser Regelung überstanden der Evangelische Oberkirchenrat, die Preußische Union und damit die Evangelische Landeskirche der älteren preußischen Provinzen ihre letzte große Existenzkrise, und der Gedanke einer strikten Trennung von Staat und evangelischer Kirche verlor jede Aussicht auf Verwirklichung. Schließlich setzte sich in dem genannten Zeitraum das Prinzip der konsistorial-synodalen Mischverfassung in Preußen durch und fand kurz darauf unter Falk in allen preußischen Kirchenprovinzen Eingang.

Erst der Zusammenbruch des Kaiserreiches und die Weimarer Republik brachten eine grundlegende Veränderung dieser kirchlichen Verhältnisse mit sich.

ANHANG

ABBILDUNG 1

Fabris Verfassungsvorschlag

```
┌─────────┐
│  König  │
└─────────┘
```

Erzbischof = 1. Oberhofprediger und führt den Vorsitz im EOK,

der aus 4 theologischen und 4 rechtsgelehrten (nebenamtlichen) Mitgliedern gebildet ist. Funktion des **EOK:** Repräsentation der Gesamtkirche gegenüber der Staatsgewalt und Stellung eines obersten kirchlichen Gerichtshofes.

Dem EOK ist eine **Kirchenkonvokation** beigegeben, in der jede Provinzialkirche durch den Bischof, den Präses und zwei gewählte Mitglieder der Provinzialsynode vertreten ist, insgesamt etwa 80 Mitglieder. Dazu kommen gewählte Vertreter der Fakultäten. Aufgabe: Beschlußfassung kirchenrechtlicher Angelegenheiten. EOK und Kirchenkonvokation bilden richterlichen Gesamtsenat.

Die theologischen Fakultäten entsenden gewählte Vertreter.

Bischof. Aufgaben: Ordination und Visitation; Vorsitzender des aus

2 Theologen und 1 Juristen gebildeten **Konsistoriums.** Er nimmt wie die Konsistorialräte nur beratend an den Provinzialsynoden teil, besitzt jedoch ein bedingtes suspensives Veto. Das Konsistorium muß den Jahresetat der Kreissynode billigen und die Wahl des Superintendenten bestätigen. Disziplinargewalt auf 2. Stufe.

Die **Provinzialsynode** für 6 Jahre gewählt, besteht aus sämtlichen Superintendenten, je einem geistlichen und einem weltlichen, von den Kreissynoden zu wählenden Abgeordneten und einem Vertreter der nächstgelegenen theologischen Fakultät. Sie hat die gesetzgebende Gewalt für die Provinzialkirche inne, präsentiert dem König drei Bischofskandidaten zur Wahl und dem Bischof potentielle Konsistorialräte, aus denen dieser das Konsistorium bildet. Disziplinargewalt auf der 1. Stufe.

Die theologische Fakultät entsendet einen Vertreter.

Kreissynode. Der leitende Superintendent wird für 6 Jahre von sämtlichen Pastoren sowie von je einem weltlichen Abgeordneten aus jeder Gemeinde gewählt; zusammen bilden sie die Kreissynode, der u. a. die Prüfung und Revision der Gemeindekirchenrechnungen obliegt.

Der Pastor führt den Vorsitz im **Presbyterium** wie **in der Repräsentation.**

Pastor

Presbyterium von 7—16 Mitgliedern, die sich monatlich einmal versammeln

Presbyterium und **Repräsentanten** wählen die Presbyter sowie den Pastor. Die Repräsentation besteht aus 30—80 Mitgliedern, die sich zwei- oder dreimal im Jahr versammeln. Hier wird über den jährlichen Kirchenetat entschieden.

Die **Gemeinde** wählt den **Gemeindekörper.** Jedes 25-jährige Gemeindemitglied hat aktives Wahlrecht.

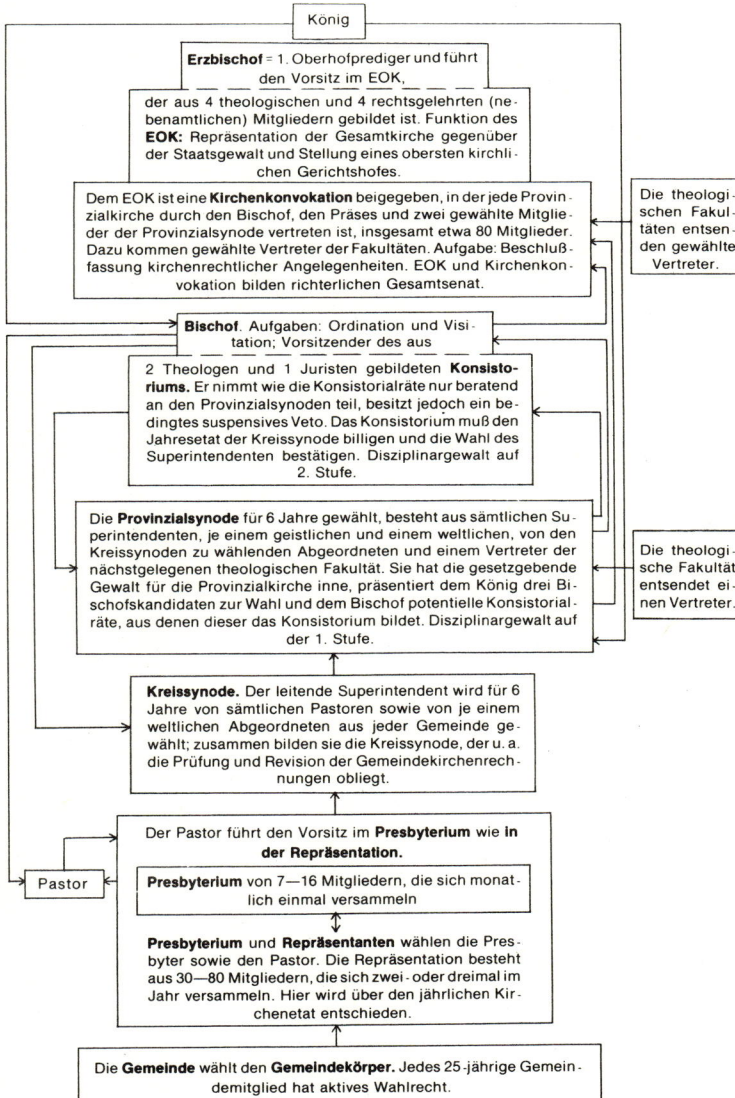

Es gibt 500—600 Pfarreien je Provinzialkirche mit durchschnittlich je 900 000 Seelen und insgesamt 18 Provinzialkirchen.

ABBILDUNG 2

Verfassung der preußischen Landeskirche nach der Kirchengemeinde- und Synodalordnung vom 10. September 1873 und der Generalsynodalordnung vom 20. Januar 1876

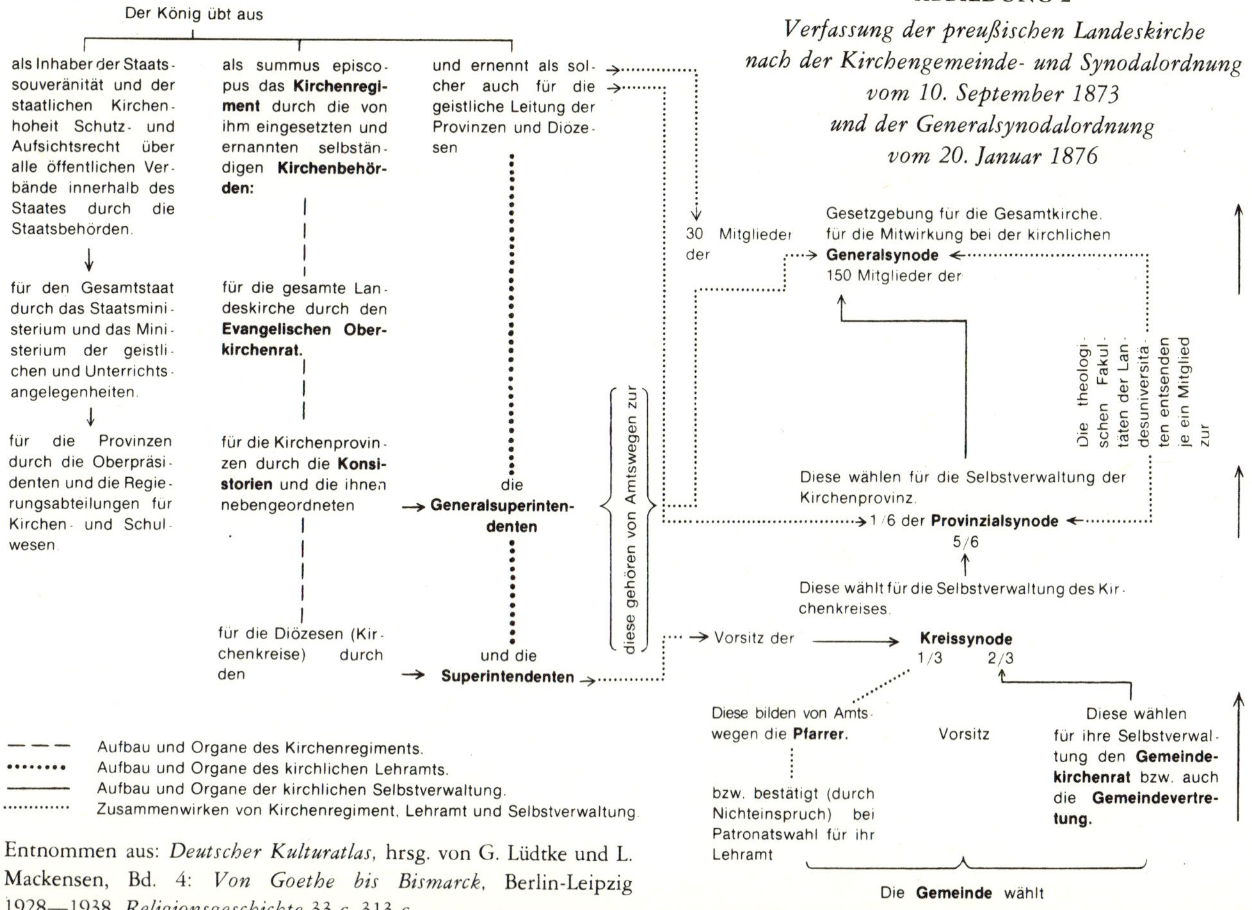

Der König übt aus

als Inhaber der Staatssouveränität und der staatlichen Kirchenhoheit Schutz- und Aufsichtsrecht über alle öffentlichen Verbände innerhalb des Staates durch die Staatsbehörden.

als summus episcopus das **Kirchenregiment** durch die von ihm eingesetzten und ernannten selbständigen **Kirchenbehörden:**

und ernennt als solcher auch für die geistliche Leitung der Provinzen und Diözesen

für den Gesamtstaat durch das Staatsministerium und das Ministerium der geistlichen und Unterrichtsangelegenheiten.

für die gesamte Landeskirche durch den **Evangelischen Oberkirchenrat.**

für die Provinzen durch die Oberpräsidenten und die Regierungsabteilungen für Kirchen- und Schulwesen.

für die Kirchenprovinzen durch die **Konsistorien** und die ihnen nebengeordneten

→ **Generalsuperintendenten** ←

für die Diözesen (Kirchenkreise) durch den

und die **Superintendenten** →

die

diese gehören von Amtswegen zur

Gesetzgebung für die Gesamtkirche. für die Mitwirkung bei der kirchlichen → **Generalsynode** ←
150 Mitglieder der

Die theologischen Fakultäten der Landesuniversitäten entsenden je ein Mitglied zur

30 Mitglieder der

Diese wählen für die Selbstverwaltung der Kirchenprovinz. → 1-6 der **Provinzialsynode** ← 5/6

Diese wählt für die Selbstverwaltung des Kirchenkreises

→ Vorsitz der **Kreissynode** 1/3   2/3

Diese bilden von Amtswegen die **Pfarrer.**

bzw. bestätigt (durch Nichteinspruch) bei Patronatswahl für ihr Lehramt

Vorsitz

Diese wählen für ihre Selbstverwaltung den **Gemeindekirchenrat** bzw. auch die **Gemeindevertretung.**

Die **Gemeinde** wählt

——— Aufbau und Organe des Kirchenregiments.
••••••• Aufbau und Organe des kirchlichen Lehramts.
········· Aufbau und Organe der kirchlichen Selbstverwaltung.
··········· Zusammenwirken von Kirchenregiment, Lehramt und Selbstverwaltung.

Entnommen aus: *Deutscher Kulturatlas*, hrsg. von G. Lüdtke und L. Mackensen, Bd. 4: *Von Goethe bis Bismarck*, Berlin-Leipzig 1928–1938, *Religionsgeschichte* 33 c, 313 c.

TABELLE

Statistik über die Religionszugehörigkeit der preußischen Bürger im Jahre 1867

Religionsbekenntnis	Summe der alten Provinzen	Summe der neuen Provinzen	Summe vom Staat
A. Christen			
Evangelische Landeskirche	11 974 967	3 639 923	15 614 890
Separierte Lutheraner (Altlutheraner)	29 620	2 049	31 669
Herrenhuter und mährische Brüder	2 918	407	3 325
Irvingianer	2 104	109	2 213
Baptisten	10 038	2 754	12 792
Mennoniten	13 697	947	14 644
Römisch-Katholische	7 351 804	598 875	7 950 679
Deutsch- und Christ-Katholische	8 595	2 325	10 920
Griechisch-Katholische	1 707	286	1 993
Angehöriger anderer als der vorgenannten christlichen Religionsgemeinschaften	13 660	951	14 611
B. Israeliten	262 726	50 430	313 156
C. Bekenner anderer als der vorgenannten Religionen	5	44	49
Summe der Personen	19 672 237	4 299 100	23 970 941

Quelle: Jahrbuch für die amtliche Statistik des preußischen Staats, hrsg. vom königlichen statistischen Bureau, 3. Jg., Berlin 1869, S. 583 f.

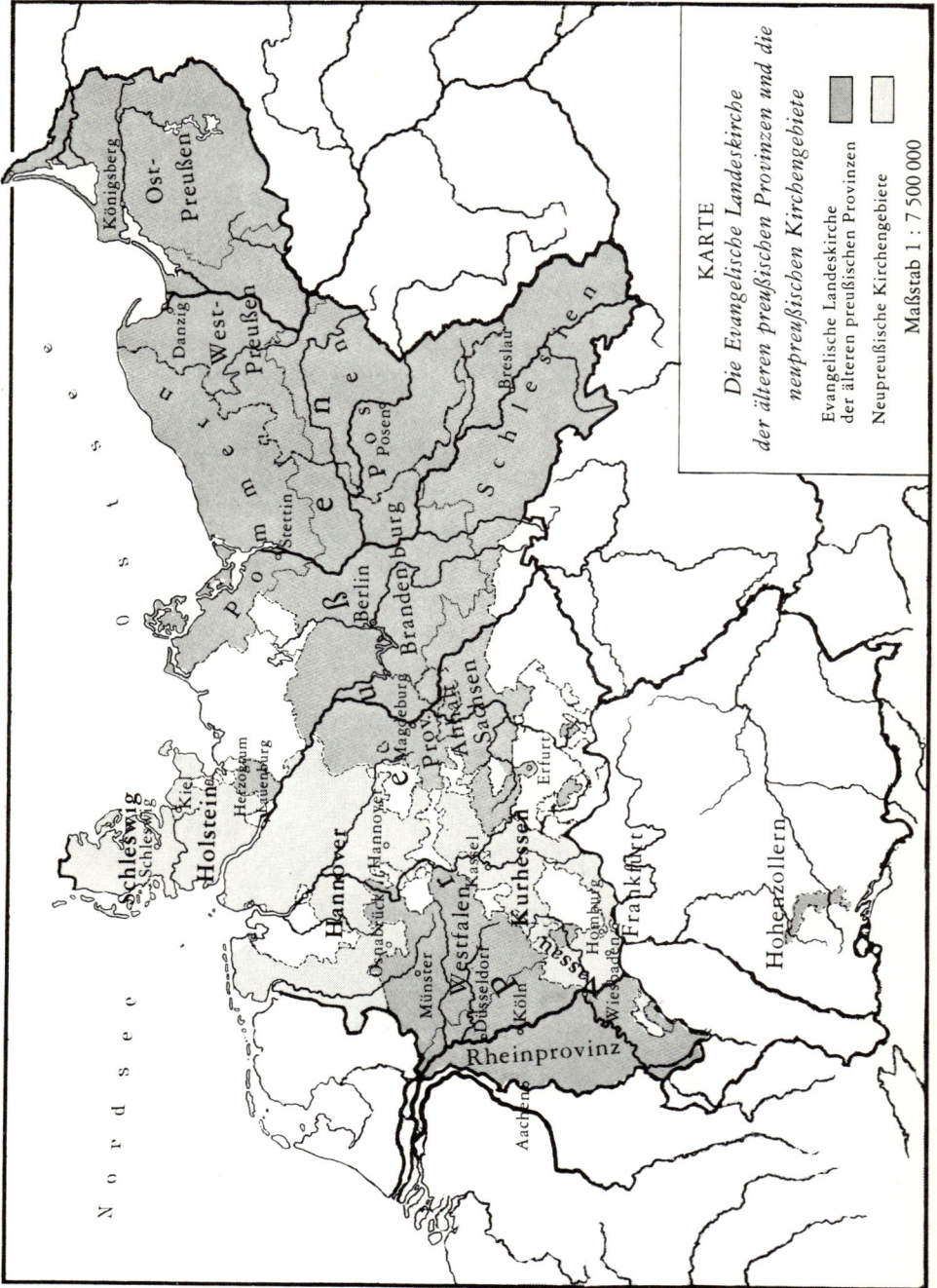

KARTE

*Die Evangelische Landeskirche
der älteren preußischen Provinzen und die
neupreußischen Kirchengebiete*

Evangelische Landeskirche
der älteren preußischen Provinzen

Neupreußische Kirchengebiete

Maßstab 1 : 7 500 000

Königsberg

Ost-
Preußen

Danzig

West-
Preußen

P o m m e r n

Stettin

P o s e n

P. Posen

Breslau

B r a n d e n b u r g

Berlin

S c h l e s i e n

Magdeburg

Prov.

Anhalt

Sachsen

Erfurt

Kiel

Schleswig-
Holstein

Schleswig

Herzogtum
Lauenburg

H a n n o v e r

O s t s e e

N o r d s e e

Osnabrück

Pr. Hannover

Münster

Westfalen

Düsseldorf

Köln

Kurhessen

Kassel

Hessen

Homburg

Wiesbaden

Frankfurt

Hohenzollern

Rheinprovinz

Aachen

QUELLEN- UND LITERATURVERZEICHNIS

A. Quellen

1. Unveröffentlichte archivalische Quellen

Zentrales Staatsarchiv, Historische Abteilung II, Merseburg
Ehem. Preußisches Geheimes Staatsarchiv:
    Geheimes Zivilkabinett 2. 2. 1., Nr. 22771; 22772; 22816; 22817; 22821; 22828; 22831.
    Rep. 76 III. Sekt. 1. Abt. XII Nr. 52.
    Rep. 92. Nachlaß Herrmann; Nachlaß Mühler.
Ehem. Brandenburg-Preußisches Hausarchiv:
    Rep. 51. Kaiser Wilhelm I. und Familie
        F II 1 Eigenhändige Aufzeichnungen über Religion
        F III 10 Persönliche Erinnerungen des Geheimen
            Kabinettsrates v. Wilmowski
    Rep. 52. Kaiser Friedrich III.
        E III 14 Acta S. M. des Kaisers und Königs Friedrich (als Kronprinz)
            betr. Angelegenheiten der ev. Kirche in Preußen.

Archiv der Evangelischen Kirche der Union in Berlin
Akten des Evangelischen Oberkirchenrats

Generalia	I, 31, Bd. I u. II; I 41; II, 2; II, 21; II, 22; III, 7; III, 10;III, 11; III, 13, Bd. 1—IV; III, 17; III, 18; III, 19, Bd. I u. II; III, 20; III, 21; III, 22; III, 23; III, 25; III, 26; III, 35.
Präsidialia	I, 1; I, 4; I, 20; I, 68; II, 18; II, 20; II, 26; IV, 2.
Personalia	H. 3; H. 4; K. 66; M. 3; S. 4.

Geheimes Staatsarchiv Berlin-Dahlem. Preußischer Kulturbesitz. Preußisches Justizministerium Bd. 5 Rep. 84 a
    Akte Nr. 1104; 1105; 9998; 9857.

Archiv der Rheinischen Missionsgesellschaft zu Barmen (Akten unpaginiert)
    1. Rundschreiben der Heimatleitung unter Fabri an die Missionare, 1866 ff.
    2. Briefe von Friedrich Fabri.

Landeskirchliches Archiv Nürnberg
    Best. Herzogl.-Sächs. Staatsministerium Coburg, Akt Nr. 56.
    Rep. 101/Personen, VII. Nachlaß Luthardt, Nr. 1 Korrespondenz.

Zentralarchiv der Ev. Kirche in Hessen und Nassau
    Best. 1 A   Das Königl. Haus, Königl. Behörden, Bildung des Königl. Konsistoriums
                zu Wiesbaden, Zuständigkeit desselben und Verhältniß zu anderen Behör-
                den, Mitglieder und Beamte des Königl. Konsistoriums, Ordensverleihun-
                gen.
    Best. 3   Evangelischer Landesbischof in Nassau.
    Best. 24   Evangelisch-lutherischer Gemeindevorstand in Frankfurt/Main.

Zentralbibliothek Zürich
Nachlaß Joh. Caspar Bluntschli, Nr. 1 Korrespondenz.

2. Gedruckte Quellen

*1871 — Fragen an die deutsche Geschichte. Historische Ausstellungen im Reichstagsge-
    bäude in Berlin und in der Paulskirche in Frankfurt am Main aus Anlaß der hundertsten
    Wiederkehr des Jahres der Reichsgründung 1871. Katalog.*
Aktenstücke aus der Verwaltung des Evangelischen Ober-Kirchenraths, 6 Bde, Berlin
    1851—1873.
*Der allgemeine deutsche Protestantenverein in seinen Statuten, den Ansprachen seines en-
    gern, weitern und geschäftsführenden Ausschusses und den Thesen und Resolutionen
    seiner Hauptversammlungen 1865—1888,* 2. Aufl., Berlin 1889.
Die Allgemeine lutherische Konferenz in Hannover am 1. und 2. Juli 1868, Hannover 1868.
Amtsblatt der Königlichen Regierung zu Cassel, 1867—1872.
Bamberg, Albert v., *Emil Herrmanns Eintritt in die Leitung des Evangelischen Oberkir-
    chenrats zu Berlin und sein Austritt. Mitteilungen aus seinem schriftlichen Nachlaß,* in:
    Deutsch-evangelische Blätter, 31. Jg. der neuen Folge 6. Jg., Halle 1906, S. 587—613;
    663—691; 729—759.
Bergsträsser, Ludwig (Hrsg.), *Die Verfassung des Deutschen Reiches vom Jahre 1849. Mit
    Vorentwürfen, Gegenvorschlägen und Modifikationen bis zum Erfurter Parlament,*
    Bonn 1913.
Besier, Gerhard (Hrsg.), *Preußischer Staat und Evangelische Kirche in der Bismarckära* (=
    Texte zur Kirchen- und Theologiegeschichte, hrsg. von G. Ruhbach), Gütersloh 1980.
Binding, Karl (Hrsg.), *Deutsche Staatsgrundgesetze in diplomatisch genauem Abdrucke. Zu
    amtlichem und akademischem Gebrauche. H. 1: Die Verfassungen des norddeutschen
    Bundes vom 17. April 1867 und des Deutschen Reiches vom 16. April 1871,* Leipzig 1892
    (3. Aufl. 1906).
Bismarck, Otto v., *Die gesammelten Werke* (= Friedrichsruher Ausgabe), 15 Bde, Berlin
    1924—1935.
Bodelschwingh, Friedrich v., *Ausgewählte Schriften,* Bd. 1: *Veröffentlichungen aus den Jah-
    ren 1858—1871,* Bethel 1955.
Bonwetsch, Gottlieb Nathanael (Hrsg.), *Aus vierzig Jahren deutscher Kirchengeschichte.
    Briefe an E. W. Hengstenberg* (= Beiträge zur Förderung christlicher Theologie 22), Gü-
    tersloh 1918, S. 69—74.
Brandenburg, Erich (Hrsg.), *Briefe Kaiser Wilhelms des Ersten. Nebst Denkschriften und
    anderen Aufzeichnungen,* Leipzig 1911.
Briefwechsel zwischen H. L. Martensen und I. A. Dorner 1839—1881, hrsg. aus deren Nach-
    laß, 2 Bde, Berlin 1888.

Burckhardt, Jacob, *Gesammelte Werke,* hrsg. von Albert Oeri und Emil Dürr, Bd. 7, Stuttgart 1929.

Chalybaeus, Heinrich Franz/Mommsen, Friedrich, *Die Kirchengemeinde- und Synodalordnung für Schleswig-Holstein,* Kiel 1878.

Chalybaeus, Heinrich Franz, *Sammlung der Vorschriften und Entscheidungen betreffend das Schleswig-Holsteinische Kirchenrecht. Ein Handbuch für Geistliche, Kirchenälteste und Synodale,* Bd. 1, Kiel 1883.

Constabel, Adelheid, *Die Vorgeschichte des Kulturkampfes. Quellenveröffentlichungen aus dem Deutschen Zentralarchiv Merseburg,* Berlin 1956.

Der Deutsche Protestantentag, gehalten zu Eisenach am 7. und 8. Juni 1865, Elberfeld 1865,
Neustadt a. d. Haardt am 26. und 27. September 1867, Elberfeld 1867,
Bremen am 3. und 4. Juni 1868, Elberfeld 1868,
Berlin am 6. und 7. October 1869, Elberfeld 1869,
Darmstadt am 4. und 5. October 1871, Elberfeld 1871.

Diwald, Hellmut (Hrsg.), *Ernst Ludwig von Gerlach: Von der Revolution zum Norddeutschen Bund. Politik und Ideengut der preußischen Hochkonservativen 1848—1866.* Aus dem Nachlaß hrsg., 2 Thle (= Deutsche Geschichtsquellen des 19. und 20. Jahrhunderts, Bd. 46), Göttingen 1970.

Dove, Richard Wilhelm, *Sammlung der wichtigeren neuen Kirchenordnungen, Kirchen-Verfassungsgesetze, Synodal- und kirchlichen Gemeindeordnungen des evangelischen Deutschlands* (= Urkunden zur Darstellung des gegenwärtigen Zustandes der Verfassung in den deutschen Landeskirchen) (= Ergänzungsband der *Zeitschrift für Kirchenrecht*), Tübingen 1865.

Duchrow, Ulrich/Huber, Wolfgang/Reith, Louis (Hrsg.), *Umdeutungen der Zweireichelehre Luthers im 19. Jahrhundert* (= Texte zur Kirchen- und Theologiegeschichte, H. 21), Gütersloh 1975, S. 13—34.

Ebhardt, Christian Hermann, *Gesetze, Verordnungen und Ausschreiben für den Bezirk des Königl. Consistorii zu Hannover,* Bd. 1 u. 2, Hannover 1845, sowie die 1. und 2. Folge, *1845—1858* bzw. *1858—1868,* Hannover 1858 bzw. 1869.

Eger, Karl/Friedrich, Julius, *Kirchenrecht der evangelischen Kirche im Großherzogtum Hessen,* 2 Bde, Darmstadt 1911—1914.

Entwurf der Kirchenverfassung der Herzogthümer Coburg und Gotha nebst den dazu gehörigen Gesetzen, Gotha 1869.

Der Entwurf einer Presbyterialordnung für den Bezirk des Konsistoriums zu Wiesbaden. Besonderer Abdruck aus den Evangelischen Blättern aus beiden Hessen und Nassau. Veranstaltet im Auftrage des Ausschusses der Nassauischen Protestanten-Conferenz, Cassel 1869.

Entwurf eines Gesetzes über das Volksschulwesen, München 1867.

Falck, Niels Nikolaus, *Aktenstücke betreffend die neue preußische Kirchenagende,* Kiel 1827.

Feder, Ernst (Hrsg.), *Bismarcks großes Spiel. Die geheimen Tagebücher Ludwig Bambergers,* Frankfurt am Main 1932.

Frankfurt 1866. Eine Dokumentation aus deutschen Zeitungen, ausgew. und eingel. von Wolfgang Klötzer (= Archiv für Frankfurts Geschichte und Kunst, H. 50), Frankfurt am Main 1966.

Friedberg, Emil (Hrsg.), *Die geltenden Verfassungs-Gesetze der evangelischen deutschen Landeskirchen,* Haupt- und 1. Erg.bd., Freiburg i. Brsg. 1885—1888.

Gehorsamstes Promemoria der am 12. August 1869 zu Wabern versammelt gewesenen Diö-cesanvorstände, betreffend die Einführung der Presbyterial- und Synodalverfassung in die evangelischen Gemeinden des Regierungsbezirks Cassel, Rengshausen-Beiserhaus 1869.

Gesetz-Sammlung für die Königlichen Preußischen Staaten, Berlin 1866 ff.

Gesetz- und Statutensammlung der freien Stadt Frankfurt, Bd. 2, Frankfurt am Main 1862.

Die Gesetze und Verordnungen über die evangelische Kirchenverfassung des Konsistorial-bezirks Wiesbaden seit der Zeit der Errichtung des Königlichen Konsistoriums, Amtliche Ausgabe, Wiesbaden 1903.

Goebel, Max, *Die evangelische Kirchenverfassungsfrage. Mit Actenstücken*, Coblenz 1848.

Hahn, Ludwig, *Geschichte des Kulturkampfes in Preußen*. In Aktenstücken dargestellt, Berlin 1881.

Handbuch über den Königlich preussischen Hof und Staat, 2 Bde, Berlin 1868—1873.

Harnoch, Agathon (Hrsg.), *Chronik und Statistik der evangelischen Kirchen in den Provinzen Ost- und Westpreußen*, Neidenburg 1890.

Hegel, Georg Wilhelm Friedrich, *Studienausgabe* (= Fischer Bücherei), Bd. 2, Frankfurt am Main 1968.

Heyderhoff, Julius (Hrsg.), *Im Ring der Gegner Bismarcks. Denkschrift und politischer Briefwechsel Franz v. Roggenbachs mit Kaiserin Augusta und Albrecht v. Stosch 1865—1896*, Leipzig 1943.

Hinschius, Paul (Hrsg.), *Die preußischen Kirchengesetze der Jahre 1873—1875 nebst dem Reichsgesetz vom 4. Mai 1874*. Mit Einleitung und Kommentar, Berlin-Leipzig 1873—1881.

Hohlfeld, Johannes (Hrsg.), *Dokumente der Deutschen Politik und Geschichte von 1848 bis zur Gegenwart. Ein Quellenwerk für die politische Bildung und staatsbürgerliche Erziehung*, Bd. 1: *Die Reichsgründung und das Zeitalter Bismarcks 1848—1890*, Berlin-München 1951.

Huber, Ernst Rudolf/Huber, Wolfgang (Hrsg.), *Staat und Kirche im 19. und 20. Jahrhundert*, Bd. 1: *Staat und Kirche vom Ausgang des alten Reichs bis zum Vorabend der bürgerlichen Revolution*, Berlin 1973. Bd. 2: *Staat und Kirche im Zeitalter des Hochkonstitutionalismus und des Kulturkampfes 1848—1890*, Berlin 1976.

Jahrbuch für die amtliche Statistik des Preussischen Staats, hrsg. vom Königl. Statistischen Bureau, Bd. 1—3, Berlin 1863, 1867, 1869 u. 1876.

Kirchengemeinde- und Synodalordnung für die evangelischen Gemeinden im Amtsbezirke des Konsistoriums zu Wiesbaden vom 28. August 1877, Wiesbaden 1877.

Kirchliches Amtsblatt des Königlichen Konsistoriums zu Wiesbaden, Wiesbaden 1868—1872.

Kling, Christian Friedrich (Hrsg.), *Die Verhandlungen der Wittenberger Versammlung für Gründung eines deutschen evangelischen Kirchenbundes im September 1848*, Berlin 1848.

Kohl, Horst (Hrsg.), *Aus Bismarcks Briefwechsel* (= Anhang zu den »Gedanken und Erinnerungen« von Bismarck, Bd. 2), Stuttgart-Berlin 1901.

Kohl, Horst (Hrsg.), *Bismarck-Jahrbuch*, Bd. 3, Berlin 1896.

Kohl, Horst (Hrsg.), *Kaiser Wilhelm I. und Bismarck* (= Anhang zu den »Gedanken und Erinnerungen« von Bismarck, Bd. 1), Stuttgart-Berlin 1901.

Kohl, Horst (Hrsg.), *Die politischen Reden des Fürsten Bismarck. Historisch-kritische Gesamtausgabe*, 14 Bde, Stuttgart 1892—1905.

Kolde, Erich, *Aus Adolf Harleß' Briefwechsel 1850—1875,* in: *Beiträge zur bayerischen Kirchengeschichte,* hrsg. von Hermann Jordan, Bd. 23, Erlangen 1917, S. 49—61.

Kries (Hrsg.), *Die preußische Kirchengesetzgebung nebst den wichtigsten Verordnungen, Instruktionen und Ministerialerlassen,* Danzig 1887.

Krumwiede, Hans-Walter/Greschat, Martin/Jacobs, Manfred/Lindt, Andreas (Hrsg.), *Neuzeit.* 1. T.: *17. Jahrhundert bis 1870* (= Kirchen- und Theologiegeschichte in Quellen, hrsg. von Heiko A. Oberman, Adolf Martin Ritter und Hans-Walter Krumwiede, Bd. 4/1), Neukirchen-Vluyn 1979.

Kupisch, Karl (Hrsg.), *Quellen zur Geschichte des deutschen Protestantismus 1871—1945* (= Siebenstern Taschenbuch), München-Hamburg 1965.

Lagarde, Paul de, *Deutsche Schriften. Gesammtausgabe letzter Hand,* Göttingen 1892.

Lilge, H. (Hrsg.), *Die Gesetze und Verordnungen über die Verfassung und Verwaltung der evangelischen Landeskirche in den älteren Provinzen der Monarchie,* 8. Aufl., Berlin 1909.

Lohmann, Theodor (Hrsg.), *Kirchengesetze der evangelisch-lutherischen Kirche des vormaligen Königreichs Hannover nebst den zu deren Ausführung erlassenen Verordnungen, Bekanntmachungen und Ausschreiben,* Hannover 1871 (fortgesetzt durch Uhlhorn u. Chalybäus, Hannover 1886).

Meinecke, Friedrich, *Ausgewählter Briefwechsel* (= Friedrich Meinecke, *Gesammelte Werke,* Bd. 4), München 1962.

Meinhold, Peter (Hrsg.), *Claus Harms. Ausgewählte Schriften und Predigten,* Bd. 1, Flensburg 1955.

Meisner, Heinrich Otto (Hrsg.), *Kaiser Friedrich III. Tagebücher von 1848—1868,* Leipzig 1929.

Mitteilungen des evangelisch-lutherischen kirchlichen Gemeindevorstands an die evangelisch-lutherische Gemeinde zu Frankfurt a. M. über die Zeit von 1847—1870, Frankfurt am Main 1870.

Müller, Konrad (Hrsg.), *Instrumenta Pacis Westphalicae. Die Westfälischen Friedensverträge 1648. Vollständiger lateinischer Text mit Übersetzung der wichtigeren Teile und Regesten,* Berlin 1949.

Nitze, E., *Die Verfassungs- und Verwaltungs-Gesetze der evangelischen Landeskirche in Preußen mit besonderer Berücksichtigung der sieben östlichen Provinzen,* 2., wesentl. verm. u. verb. Aufl., Berlin 1895.

Nitzsch, Carl Immanuel, *Urkundenbuch der Evangelischen Union,* Bonn 1853.

Petersdorff, Herman v. (Hrsg.), *Bismarcks Briefwechsel mit Kleist-Retzow,* Stuttgart-Berlin 1919.

Poschinger, Heinrich v. (Hrsg.), *Also sprach Bismarck,* 3 Bde, Wien 1910.

Poschinger, Heinrich v. (Hrsg.), *Fürst Bismarck und die Parlamentarier,* 3 Bde, 2. Aufl., Breslau 1894—1896.

Protokolle der deutschen evangelischen Kirchen-Conferenz im Juni 1870, Stuttgart o. J.

Protokolle der ordentlichen Versammlung der Ersten Landessynode der evangelisch-lutherischen Kirche des vormaligen Königreichs Hannover, Hannover 1869.

Protokolle über die Berathungen der außerordentlichen Provinzial-Synode der Provinz Posen im Jahre 1869, Posen 1870.

Protokolle über die Berathungen der außerordentlichen Provinzialsynode der Provinz Preußen, gehalten zu Königsberg in Preußen im November 1869, Königsberg 1870.

Ranke, Leopold v., *Aus dem Briefwechsel Friedrich Wilhelms IV. mit Bunsen,* Leipzig 1873.

Reichs-Gesetzblatt, Berlin 1871 u. 1872.

Richter, Aemilius Ludwig (Hrsg.), *Die evangelischen Kirchenordnungen des sechzehnten Jahrhunderts. Urkunden und Regesten zur Geschichte des Rechts und der Verfassung der evangelischen Kirche in Deutschland,* Bd. 2, Weimar 1846.

Richter, Aemilius Ludwig, *Die Verhandlungen der neupreußischen Generalsynode. Übersichtliche Darstellung nach der amtlichen Ausgabe der Protokolle,* Leipzig 1847.

Rudloff, Georg, *Gothaisches Kirchen- und Pastoralrecht,* Gotha 1883.

Scheibel, Johann Gottfried, *Actenmäßige Geschichte der neuesten Unternehmung einer Union zwischen der reformirten und lutherischen Kirche,* 2 Bde, Leipzig 1834.

Schleiermacher, Friedrich Daniel Ernst, *Sämmtliche Werke,* Abth. 1—3 (31 Bde), Berlin 1834—1862.

Schleiermacher, Friedrich Daniel Ernst, *Kleine Schriften und Predigten,* hrsg. von Hayo Gerdes und Emanuel Hirsch, Bd. 2: *Schriften zur Kirchen- und Bekenntnisfrage,* Berlin 1969.

Schulte, Franz Xaver, *Geschichte des Kulturkampfes in Preußen, dargestellt in Aktenstükken,* Essen 1882.

Schultze, Johannes (Hrsg.), *Max Duncker. Politischer Briefwechsel aus seinem Nachlaß,* Stuttgart 1923.

Schuster, Georg (Hrsg.), *Briefe, Reden und Erlasse des Kaisers und Königs Friedrich III.,* Berlin 1902.

Schweinitz, Wilhelm v. (Hrsg.), *Briefwechsel des Botschafters General Hans Lothar von Schweinitz 1859—1891,* Berlin 1928.

Die Selbständigkeit der evangelischen Landeskirche und ihre Vollziehung durch das Cultusministerium. Aktenmäßig dargestellt und der 2. Preußischen Kammer überreicht von Jonas, Sydow, Eltester, Krause, Lisco, Müller, Berlin 1851.

Sitzungsberichte des preussischen Landtags.
  Stenographische Berichte über die Verhandlungen des Hauses der Abgeordneten, Berlin 1866—1872.
  Stenographische Berichte über die Verhandlungen des Preußischen Herrenhauses, Berlin 1866—1872.

Uckeley, Alfred (Hrsg.), *Die Generalsynodal-Ordnung (Preußens),* Bonn 1912.

Uckeley, Alfred (Hrsg.), *Die Kirchengemeinde- und Synodalordnung für die Provinzen Preussen, Brandenburg, Pommern, Posen, Schlesien und Sachsen,* Bonn 1912.

Die Verfassungsurkunde für das Kurfürstenthum Hessen sowie die darauf Bezug habenden Verordnungen und Gesetze vom 13. April 1852, Cassel 1852.

Verhandlungen der auf Allerhöchsten Befehl vom 2. November bis 5. Dezember 1856 in Berlin abgehaltenen kirchlichen Conferenz, Berlin 1857.

Verhandlungen der außerordentlichen Generalsynode der evangelischen Landeskirche Preußens, Berlin 1876.

Verhandlungen der außerordentlichen Provinzial-Synode der Provinz Brandenburg im Jahre 1869, Berlin 1870.

Verhandlungen der außerordentlichen Provinzialsynode der Provinz Pommern im Jahre 1869, Stettin 1870.

Verhandlungen der außerordentlichen Provinzialsynode der Provinz Sachsen im Jahre 1869, Magdeburg 1870.

Verhandlungen der außerordentlichen Provinzialsynode der Provinz Schlesien, Breslau 1870.

Verhandlungen der außerordentlichen schleswig-holsteinischen Provinzialsynode nebst den Anlagen 1871, Rendsburg 1872.

Verhandlungen der ersten ordentlichen Pommerschen Provinzial-Synode im Jahre 1875, Stettin 1875.

Verhandlungen der evangelischen Generalsynode zu Berlin vom 2. Juli bis zum 29. August 1846, Berlin 1846.

Verhandlungen der Generalsynode der evangelisch-protestantischen Landeskirche Badens, Karlsruhe 1867.

Verhandlungen der Kammer der Abgeordneten des bayerischen Landtages. Stenographische Berichte, München 1867 ff.

Verhandlungen der Kammer der Reichsräthe des Königreiches Bayern vom Jahre 1866 (Zweiundzwanzigster Landtag), Bd. 1, München 1866.

Die Verhandlungen der kirchlichen October-Versammlung in Berlin vom 10. bis 12. October 1871, Berlin 1872.

Verhandlungen der Kreissynode Altenkirchen in ihrer Versammlung zu Gebhardshain am 30. Juli 1867, Altenkirchen 1867.

Verhandlungen der preußischen Generalsynode zu Berlin vom 2. Juni bis 29. August 1846. Amtlicher Abdruck, Berlin 1846.

Verhandlungen der vereinigten General-Synode zu Ansbach im Jahre 1877, Ansbach 1877.

Verhandlungen der Vorsynode des ehem. Kurfürstentums Hessen, Cassel 1870.

Verhandlungen der zweiten Wittenberger Versammlung für Gründung eines Deutschen evangelischen Kirchenbundes im Sept. 1849, hrsg. von Dr. Weiß, Berlin 1849.

Die Verhandlungen des fünfzehnten deutschen evangelischen Kirchentages und Congresses für die innere Mission zu Stuttgart vom 31. August bis 3. September 1869, Stuttgart 1869.

Die Verhandlungen des sechzehnten deutschen evangelischen Kirchentages und Congresses für die innere Mission zu Halle vom 1. bis 4. October 1872, Halle 1872.

Verhandlungen des vierten deutschen evangelischen Kirchentages zu Elberfeld im September 1851, Berlin 1851.

Verhandlungen des vierzehnten deutschen evangelischen Kirchentages zu Kiel im September 1867. Im Auftrage der vereinigten Ausschüsse hrsg. von dem Secretariat, Berlin 1867.

Verhandlungen des zwölften deutschen evangelischen Kirchentags, Berlin 1862.

Wangemann, Hermann Theodor, *Sieben Bücher preußischer Kirchengeschichte. Eine aktenmäßige Darstellung des Kampfes um die lutherische Kirche im XIX. Jahrhundert,* 3 Bde, Berlin 1859—1860.

Weiß, G. B., *Beschlüsse der evangelischen Generalsynode zu Berlin im Jahre 1846. Übersichtlich aus den Akten zusammengestellt,* Königsberg 1846.

Wentzcke, Paul/Heyderhoff, Julius (Hrsg.), *Deutscher Liberalismus im Zeitalter Bismarcks. Eine politische Briefsammlung,* 2 Bde, Bonn-Leipzig 1925—1926.

Wilhelmi, Friedrich (Hrsg.), *Kirchenrecht im Amtsbezirke des Consistoriums zu Wiesbaden,* Wiesbaden 1887.

Die zweite allgemeine lutherische Conferenz in Leipzig am 9. und 10. Juni 1870, Leipzig 1870.

3. Flugschriften und zeitgenössische polemische Literatur

Altmann, Albrecht, *Die evangelische Union in Preußen, ihre Entwicklung, ihr Recht und ihre Stellung in den neu einverleibten Provinzen. Eine Gedenkschrift zur fünfzigjährigen Feier ihres Bestehens,* Braunschweig 1867.

Allgov, Philaleth, *Zur Schulfrage in Bayern. Gedanken über eine rechtliche und ersprießliche Lösung. Ein Entwurf mit Anmerkungen*, München 1868.

Ansprache des Herrn Geheimen Regierungsraths Rödenbeck, sowie Predigt des Herrn Generalsuperintendenten Martin bei Eröffnung der außerordentlichen Synode zu Cassel am 8. December 1869, Cassel 1869.

Die außerordentliche Provinzialsynode zu Königsberg und Preußen November 1869. Zeugniß der Minorität, als Manuscript gedruckt, Pr. Eylau 1870.

Baerens, Julius, *Der preußische Staat und die hannoversche Kirche. Deutsche Worte an die Hannoveraner in Stadt und Land*, Hannover 1870.

Baumgarten, Michael, *An seine Majestät, Wilhelm den Ersten, König von Preußen. Ein nothgedrungenes Wort zum Schutz des deutschen Protestantenvereins*, Berlin 1870.

Baumgarten, Michael, *Der deutsche Protestantenverein. Ein heiliges Panier im neuen deutschen Reich*, Berlin 1871.

Baumgarten, Michael, *Der deutsche Protestantenverein und ein mecklenburgischer Dunkelmann oder: Unfug an hoher Stelle*, Kiel 1869.

Baumgarten, Michael, *Herr Generalsuperintendent Dr. W. Hoffmann in Berlin vor den Richterstuhl der deutschen Christenheit gestellt*, Berlin 1869.

Baumgarten, Michael, *Der Krieg und die Reichstagswahlen. Eine kirchliche Stimme an das mecklenburgische Volk*, Rostock 1871.

Baumgarten, Michael, *Das neueste Blatt mecklenburgischer Kirchengeschichte oder die Ankündigung einer Appellation an den deutschen Reichstag*, Rostock 1871.

Baumgarten, Michael, *Ein rückständiges Capitel für die mecklenburgische Reichstagsdebatte. Offenes Sendschreiben an Herrn Prof. H. v. Treitschke*, Rostock 1872.

Baumgarten, Michael, *Ein Wort zum Frieden in dem Bremer Kirchenstreit*, Bremen 1869.

Baumgarten, Michael, *Zwölf kirchengeschichtliche Vorträge zur Beleuchtung der kirchlichen Gegenwart*, gehalten in Bremen, Bremen 1869.

Das bayrische Schulgesetz in der Kammer der Reichsräte des Königreichs Bayern, Augsburg 1869.

Becker, Carl, *Ist eine wahrhafte schriftgemäße Union zwischen der lutherischen und reformirten Kirche denkbar, wenn letztere ihre schriftwidrigen Lehren nicht aufgibt?*, Berlin 1860.

Das Bekenntnis der lutherischen Kirche gegen das Bekenntnis des Berliner Kirchentages, Erlangen 1853.

Die Berufung der Provinzialsynoden. Ein Wort an die Evangelischen Gemeinden der sechs östlichen Provinzen. Gerichtet von dem Vorstande des Berliner Unionsvereins, Berlin 1869.

Beyschlag, Willibald, *Artikel XV der preußischen Verfassung und die Frage der bindenden Vorschlagsliste. Ein Synodalreferat*, Halle 1870.

Beyschlag, Willibald/Köstlin, Julius Theodor, *Die außerordentliche Generalsynode der evangelischen Landeskirche in Preußen. Referat und Correferat*, Halle 1876.

Beyschlag, Willibald, *Die Bedeutung der neuen Kirchenordnung und der bevorstehenden Gemeindewahlen. Ein Vortrag zur Orientierung der Gemeinde auf Veranlassung des Vereins für kirchliche Zwecke in der Provinz Sachsen; gehalten zu Halle den 24. November 1873*, Berlin 1874.

Beyschlag, Willibald, *Das Bedürfnis einer engeren Verbindung der deutschen protestantischen Landeskirchen. Referat auf der Jahreskonferenz des Evangelischen Vereins in der Provinz Sachsen*, Halle 1899.

Beyschlag, Willibald, *Die evangelische Union. Akademische Festrede an ihrem fünfzigjährigen Stiftungstag (31. Oktober 1867)*, in: *Zur deutsch-christlichen Bildung. Populartheologische Vorträge*, 2. Aufl., Halle 1899, S. 204—216.

Beyschlag, Willibald, *Die Hohenzollern in der deutsch-protestantischen Kirchenpolitik*, Berlin 1869.

Beyschlag, Willibald, *Die neuen evangelischen Landestheile und die Union. Auch ein Votum über die Gestaltung der evangelischen Landeskirche in Preußen*, Berlin 1867.

Beyschlag, Willibald, *Über die durch die neuere Gesetzgebung herbeigeführte Veränderung in dem Verhältnis von Staat und Kirche. Vortrag vor dem Evangelischen Verein zu Halle und Erfurt im Frühjahr 1874*, Halle 1874.

Beyschlag, Willibald, *Wider ungerechte Angriffe auf unsere neue Kirchenverfassung*, in: *Deutsch-Evangelische Blätter*, Berlin-Halle 1877, S. 34 ff.

Die bisherigen Conflikte, Unionsideen und Unionsversuche zwischen Lutheranern und Reformirten in Ostfriesland, Aurich 1867.

Bluntschli, Johann Caspar, *Die nationale Bedeutung des Protestanten-Vereins für Deutschland. Vortrag*, gehalten im Unions-Verein am 15. Mai 1868, Berlin 1868.

Brachmann, Carl, *Die Stellung der evangelischen Landeskirche in Preußen zu den Provinzialkirchen der neuerworbenen Landestheile. Vortrag*, gehalten auf der rheinischen Pastoral-Conferenz, Gütersloh 1867.

Brand, C. J., *Streiflichter zur Schulreformfrage in Bayern*, Kempten 1869.

Brandes, Friedrich, *Die Wiedervereinigung der beiden evangelischen Kirchen. Fünf Reden.* Nebst einer Zuschrift an die evangelisch-lutherischen Gemeinden in der Provinz Hannover, Göttingen 1868.

Brömel, A., *Herr Prof. Dr. von Hofmann und die Aktenstücke, die Amts-Entlassung des Professors der Theologie, Dr. Baumgarten in Rostock betreffend*, Berlin 1858.

Brückner, Benno Bruno, *Die Gemeinschaft der evangelischen Landeskirchen im deutschen Reich. Vortrag* auf der October-Versammlung zu Berlin gehalten. Mit einer Beilage, Berlin 1872.

(Brüel, L. A.), *Die evangelisch-lutherische Kirche Hannovers in ihrer Berührung mit der evangelisch-unirten Kirche Preussens. Von einem hannoverschen Lutheraner weltlichen Standes*, Hannover 1867.

Brüel, L. A., *Die Selbständigkeit der evangelisch-lutherischen Landeskirche Hannovers*, Hannover 1870.

Bunsen, Christian Carl Josias Freiherr v., *Die Verfassung der Kirche der Zukunft. Praktische Erläuterungen zu dem Briefwechsel über die deutsche Kirche, das Episkopat und Jerusalem*, Hamburg 1845.

Christiansen, C. M., *Kann ein Lutheraner ohne Gewissensbeschwerung der Union zustimmen?*, Hamburg Altona 1867.

Danneil, Friedrich H. O., *Zur Verständigung über die Frage: Was heißt Romanisiren?*, Magdeburg 1868.

Decker, A./Jeß, Th., *Bekenntnißkirche oder Landeskirche? Vortrag*, gehalten bei der am 20. Juli versammelten schleswig-holsteinischen kirchlichen Conferenz nebst einem Nachtrage, Kiel 1871.

Delitzsch, Franz, *Die bayerische Abendmahlsgemeinschaftsfrage. Ein Anfang eingehenderer Erörterung*, Erlangen 1852.

Die Denkschrift des evangelischen Oberkirchenraths betreffend die gegenwärtige Lage der evangelischen Landeskirche Preußens. Beleuchtet von einem lutherischen Theologen, Erlangen 1867.

Der deutsche Protestantenverein und die nassauische evangelische Landeskirche, Wiesbaden 1871.

Dorner, Isaak August, *Sendschreiben über Reform der evangelischen Landeskirchen im Zusammenhang mit der Herstellung einer evangelisch-deutschen Nationalkirche*, Bonn 1848.

Eberhard, Anton, *Kritik des bayrischen Schulgesetzes im Entwurf. Ein Wort an die Familienväter des Landes*, Regensburg 1868.

(Ehlers, R.), *Zur Verständigung über die Frankfurter Kirchenfrage*, Frankfurt am Main 1868.

Endemann, K., *Bekenntniß und Verfassung der Hessischen Kirche (in ihrer geschichtlichen Entwicklung), zur Orientierung für Jedermann, in Beziehung auf die in Aussicht gestellte Einführung der Presbyterial- und Synodal-Verfassung*, Kassel 1869.

Ernst, Karl, *Über Abendmahlsgemeinschaft der lutherischen Kirche mit Reformirten und Unirten in besonderer Rücksicht auf die Hannöversche Lutherische Kirche*, Hannover 1869.

Ewald, Heinrich, *Aus dem deutschen Reichstage zu Berlin. Mit fünf Reichstagsreden über die wichtigsten Kirchenfragen im heutigen Staate*, Braunschweig 1872.

Ewald, Heinrich, *Die drei Übel in Europa*, Leipzig 1869.

Ewald, Heinrich, *Fragen zur Wiederherstellung Deutschlands*, Leipzig 1870.

Ewald, Heinrich, *Lob des Königs und des Volkes. An die Preußen*, 1. u. 2. Aufl., Stuttgart 1869 (3.—5. Aufl. mit neuen Zusätzen und einem besonderen Anhang den wörtlichen Abdruck der Akten über die Anklage der Majestätsbeleidigung, Stuttgart 1870).

Ewald, Heinrich, *Die Mecklenburgische Kirchennoth. Denkschrift für den deutschen Protestanten-Verein. Mit einer Ansprache von dem Ausschuß des deutschen Protestantenvereins an die Gemeinden der Mecklenburgischen Landeskirche*, Duderstadt 1865.

Ewald, Heinrich, *Neue Worte an die Preußen*. Mit einem Anhange: *Aus dem Norddeutschen Reichstage*, Leipzig 1870.

Ewald, Heinrich, *Die zwei Wege in Deutschland*, Stuttgart 1869.

Fabri, Friedrich, *Gedanken zur bevorstehenden Generalsynode*, in: *Deutsche Blätter. Eine Monatsschrift für Staat, Kirche und sociales Leben*, Gotha 1874, S. 133—156.

Fabri, Friedrich, *Kirchenpolitische Schriften*. Neue Ausgabe in einem Sammelbande, Gotha 1874.

Fabri, Friedrich, *Kirchenpolitisches Credo. In einem Worte der Abwehr an den Verfasser der Schrift: »Moderne Kirchenbaupläne«*, Gotha 1872.

Fabri, Friedrich, *Die materiellen Nothstände der protestantischen Kirche Bayerns und deren mögliche Abhülfe. Eine Denkschrift*, Nürnberg 1848.

Fabri, Friedrich, *Nach der Generalsynode. Betrachtungen über die Lage der evangelischen Landeskirche in Preußen in Briefen an einen Freund in England*, Gotha 1876.

Fabri, Friedrich, *Die politische Bewegung in Deutschland und die Geistlichkeit. Ein Sendschreiben an Herrn Dr. Eisenmann*, Würzburg 1848.

Fabri, Friedrich, *Die politische Lage und die Zukunft der evangelischen Kirche in Deutschland*, 2. Aufl., Gotha 1867.

Fabri, Friedrich, *Die politischen Ereignisse des Sommers 1866. Ein Wort zur Verständigung und zum Frieden zwischen Nord- und Süddeutschland*, Barmen und Elberfeld 1866.

Fabri, Friedrich, *Der preußische Staat und die kirchliche Frage mit besonderer Berücksichtigung der Fabrischen Vorschläge für Verfassungen der evangelischen Kirche in Preußen*, Oldenburg 1873.

Fabri, Friedrich, *Staat und Kirche. Betrachtungen zur Lage Deutschlands in der Gegenwart,* Gotha 1872.

Fabri, Friedrich, *Die Stellung des Christen zur Politik,* Barmen 1863.

Fabri, Friedrich, *Ueber den christlichen Staat,* Barmen 1859 (abgedruckt als Beilage zu der Schrift: *Die Entstehung des Heidenthums und die Aufgabe der Heidenmission*).

Fabri, Friedrich, *Über Kirchenzucht im Sinne und Geiste des Evangeliums. Eine Synodalfrage im Zusammenhang kirchlicher Zeitfragen,* Stuttgart 1854.

Fabri, Friedrich, *Die Unions- und Verfassungsfrage. Ein Wort zur Abwehr und Verständigung. Zugleich zur Fortsetzung und Ergänzung der Schrift: Die politische Lage und die Zukunft der evangelischen Kirche in Deutschland. Gedanken zur kirchlichen Verfassungsfrage von einem Deutschen Theologen,* Gotha 1867.

Fabri, Friedrich, *Wie weiter? Kirchenpolitische Betrachtungen zum Ende des Kulturkampfes,* Gotha 1887.

Feldner, Friedrich Wilhelm Paul Ludwig, *Preußens Ländererwerb und die lutherische Kirche,* Essen 1866.

Fontane, Theodor, *Der deutsche Krieg von 1866,* Bd. 1, Berlin 1871.

Friedberg, Emil, *Die evangelische und katholische Kirche der neueinverleibten Länder in ihren Beziehungen zur preußischen Landeskirche und zum Staate,* Halle 1867.

Frommel, Max, *Kirche der Zukunft oder Zukunft der Kirche. Den Brüdern zum Dienst, den Gegnern zur Prüfung,* Hannover 1868.

Die fünfzigjährige Jubelfeier der Union in Preussen. Die Zukunft der Preussischen Evangelischen Landeskirche. Von einem rheinischen Theologen, Neuwied-Leipzig 1867.

Für die Union. Ein Beitrag zur Orientierung über dieselbe, Berlin 1868.

Furcht und Hoffnung der reformirten Kirche Deutschlands. Eine Stimme aus ihrer Mitte, Elberfeld 1867.

Gaß, W., *Das Recht der Union. Eine Schutzrede,* Gießen 1867.

Gaupp, Karl Friedrich, *Die Union in der Kirche,* 2., zum Theil neu bearbeitete Ausgabe, Breslau 1847.

Gerlach, Ernst Ludwig v., *Die Annexionen und der Norddeutsche Bund,* Berlin 1866.

Gerlach, Ernst Ludwig v., *Kaiser und Papst. Vom Verfasser der Rundschauen,* Berlin 1872.

Gillet, J. F. A., *Falks Abschiedspredigt und die Geschichte. Zur Steuer der Wahrheit und als ein Beitrag zur Geschichte der Reformirten in Schlesien und der Union nach urkundlichen Quellen zusammengestellt,* 2 Abth., Breslau 1855.

Die gläubige Union, Magdeburg 1863.

Goltz, Hermann v. d., *Isaac August Dorner und Emil Hermann. Eine Gedächtnisrede,* Gotha 1885.

Goltz, Hermann v. d., *Der kirchliche Friede im Deutschen Reiche. I.: Der Staat und die Kirche. II.: Die Gegensätze innerhalb der Kirchen,* in: *Deutsche Blätter. Eine Monatsschrift für Staat, Kirche und sociales Leben,* Gotha 1871, S. 3—41; 99—138.

Gröbl, Dominik, *Preussens protestantische Kaiseridee und Österreichs katholisch-politische Zukunft,* 2., verm. Aufl., Eichstätt 1872 (3. Aufl., Amberg 1873).

Großpreußen und die Union der evangelischen Kirche in Deutschland. Briefe eines süddeutschen an einen norddeutschen Kirchenmann von H. v. H., Elberfeld 1867.

Grote, Ludwig, *Was ist die Union? Die brennende Kirchenfrage der Gegenwart unter besonderer Berücksichtigung der Hannöverschen Landeskirche beantwortet,* Hannover 1867.

Hanne, Johann Wilhelm, *Anti-Hengstenberg. Drei protestantische Briefe nebst einem An-hang protestantischer Thesen*, Elberfeld 1867.

Hansen, R., *Die Union im Zusammenhang der Zeitgeschichte*, Schleswig 1867.

Harder, H., *Eine evangelische Kirchenverfassung nach ihrer principiellen Bedeutung und praktischen Bewährung. Die Badische Kirchenverfassung vom 5. September 1861 nach ihrer principiellen und praktischen Bewährung*, Kiel 1871.

Harleß, Adolf v., *Auch ein »kirchen-politisches« Credo*, in: *Zeitschrift für Protestantismus und Kirche* 63 (1873), S. 242 ff.

Harleß, Adolf v., *Staat und Kirche oder: Irrtum und Wahrheit in den Vorstellungen von »christlichem« Staat und »freier« Kirche*, Leipzig 1870.

Harleß, Adolf v., *Das Verhältniß des Christenthums zu Cultur- und Lebensfragen der Gegenwart*, 2., verm. Aufl., Erlangen 1866.

Harnack, Theodosius, *Die freie lutherische Volkskirche. Der lutherischen Kirche Deutschlands zur Prüfung und Verständigung vorgelegt*, Erlangen 1870.

Harnack, Theodosius, *Die Kirche, ihr Amt und ihr Regiment. Grundlegende Sätze mit durchgehender Bezugnahme auf die symbolischen Bücher der lutherischen Kirche zur Prüfung und Verständigung hinausgegeben*, Nürnberg 1862.

Hase, Karl August, *Die deutsche Kirche und der Staat. Eine academische Rede*, Leipzig 1839.

Hassencamp, Friedrich Wilhelm, *Das Wesen der reformirten Kirche und die Union*, Elberfeld 1867.

Hausrath, Adolf, *David Friedrich Strauß und die Theologie seiner Zeit*, Th. 2, München 1878.

Hengstenberg, Ernst Wilhelm, *Die lutherische Kirche und die Union*, in: *Evangelische Kirchenzeitung* 79 (1866), Sp. 1161—1184.

Heppe, Heinrich, *Die Einführung der Verbesserungspunkte in Hessen von 1604—1610 und die Entstehung der hessischen Kirchenordnung von 1657 als Beiträge zur Geschichte der deutsch-reformirten Kirche urkundlich dargestellt*, Cassel 1849.

Heppe, Heinrich, *Die Presbyteriale Synodalverfassung der evangelischen Kirche in Norddeutschland nach ihrer historischen Entwicklung und evangelisch-kirchlichen Bedeutung beleuchtet*, Iserlohn 1868.

Hinschius, Paul, *Die evangelische Landeskirche in Preußen und die Einverleibung der neuen Provinzen*, Berlin 1867.

Hinschius, Paul, *Zur augenblicklichen Lage der preußischen Landeskirche*, T. 1 u. 2, in: *Spenersche Zeitung*, Nr. 55/56 vom 6. und 7. März 1867.

Höfling, Johann Friedrich Wilhelm, *Grundsätze evangelisch-lutherischer Kirchenverfassung*, in: *ZPK* 19 (1850), S. 317—420 (auch als Separatabdruck in 3 Aufl., Erlangen 1850—1852).

Hoffmann, L. F. Wilhelm, *Deutschland Einst und Jetzt im Lichte des Reiches Gottes*, Berlin 1868.

Hoffmann, L. F. Wilhelm, *Deutschland und Europa im Lichte der Weltgeschichte. Ein zurückgelegtes Capitel aus: Deutschland Einst und Jetzt im Lichte des Reiches Gottes*, Berlin 1869.

Hoffmann, L. F. Wilhelm, *Das Jahr 1870 und die von ihm begründete Zukunft Deutschlands*, in: *Deutschland. Eine periodische Schrift zur Beleuchtung deutschen Lebens* 2 (1871), S. 28 ff. und 33 ff.

Hofmann, Johann Christian Konrad v., *Aus der lutherischen Kirche der neupreußischen Lande*, 2 Tle, Erlangen 1867.

Hofmann, Johann Christian Konrad v., *Die gegenwärtige Lage und was wir aus ihr lernen sollten. Vortrag zu Erlangen* gehalten am 2. März 1870, Erlangen 1870.

Hofmann, Johann Christian Konrad v., *Die rechte Verwaltung der Konfirmation, eine Grundvoraussetzung rechter Kirchenverfassung,* in: ZPK 18 (1849), S. 1—18.

Hofmann, Johann Christian Konrad v., *Was lehrt die heilige Schrift über Kirchenverfassung,* in: ZPK 17 (1849), S. 137—151.

Hollweck, Joh. Nepomuk, *Zur Verstaatlichung der bayrischen Volksschule,* Regensburg 1867.

Jäger, Georg Ferdinand, *Wie wir in diesen Tagen der Heimsuchung unseres Volkes vor Gott erscheinen sollen. Predigt über Richter 10,7—16,* gehalten am IV. Sonntage nach Trinitatis 8. Juli 1866 in der St. Peterskirche zu Frankfurt, Frankfurt am Main 1866.

Jeß, Theodor, *Zur kirchlichen Verfassungsfrage. Reisestudien,* Itzehoe 1868.

(Kähler, Martin), *Bedeutung und Erfolge der kirchlichen October-Versammlung zu Berlin. Ein Wort zur Verständigung über dieselbe an ihre Mitglieder und ihre Beurtheiler von einem schweigenden Theilnehmer,* Gotha 1872.

Kahnis, Karl Friedrich August, *Die Sache der lutherischen Kirche gegenüber der Union. Sendschreiben an Herrn Ober-Konsistorial-Rat Prof. D. K. J. Nitzsch,* Leipzig 1854.

Die Kirchenfrage vor der preußischen Volksvertretung. Separat-Abdruck der *Verhandlungen des Abgeordneten-Hauses über die Organisation der Hessischen Kirche (6. u. 7. Februar 1871).* Mit sämmtlichen Aktenstücken, Berlin 1871.

Kirchliche Neujahrsbetrachtungen eines Veteranen aus den Befreiungskriegen. Als Manuskript gedruckt, Königsberg 1868.

Kirchmann, J. H. v., *Die Reform der Evangelischen Kirche in Lehre und Verfassung. Mit Bezug auf die Preussische Synodalordnung vom 20. Januar 1876,* Berlin 1876.

Klemme, Friedrich, *Das gute Recht der evangelisch-reformirten Kirche in Hessen. Ein Beitrag zu einer gerechten Beurtheilung derselben,* Marburg 1867.

Kliefoth, Theodor, *Die Göttinger Theol. Facultät und die lutherische Partei,* Schwerin 1855.

Kliefoth, Theodor, *Der preußische Staat und die Kirchen,* Schwerin 1873.

Kliefoth, Theodor, *Der Schriftbeweis des Dr. J. Chr. K. v. Hofmann,* Schwerin-Rostock 1860.

Kliefoth, Theodor, *Zwei politische Theologen. I. Dr. Daniel Schenkel in Heidelberg. II. Dr. J. Chr. K. v. Hofmann in Erlangen,* in: *Theologische Zeitschrift,* red. von A. W. Dieckhoff und Th. Kliefoth, Bd. 5, Schwerin 1864, S. 651—778.

Kögel, Rudolf, *Unsere Stellung zur General-Synodal-Ordnung namentlich von Seiten der Geistlichen. Vortrag* gehalten in der Versammlung des Sächsischen Provinzial-Vereins am 26. April 1876 zu Straßfurt. Als Manuscript gedruckt.

Kolbe, W., *Das gute Recht der evangelisch-lutherischen Kirche in Oberhessen,* Marburg 1869.

Koopmann, Wilhelm Heinrich, *Das evangelische Christenthum in seinem Verhältnis zu der modernen Cultur; zugleich ein motivirter Protest gegen die Tendenzen des sogenannten Protestantenvereins,* Hamburg 1866.

Koopmann, Wilhelm Heinrich, *Die Rechtfertigung durch den Glauben an Christum im Lichte der neueren Theologie,* Kiel 1870.

Krabbe, Otto, *Wider die gegenwärtige Richtung des Staatslebens im Verhältniß zur Kirche. Ein Zeugniß,* Rostock 1873.

Krüger, Gustav, *Berichte über die erste evangelische Generalsynode Preußens im Jahre 1846.* Mit einem Anhang der wichtigsten Actenstücke, Leipzig 1846.

Krüger, W., *Die Aufgabe der Union in der Gegenwart. Conferenz-Vortrag*, Barmen 1867.

Krummacher, Hermann, *Ueber evangelische Kirchenverfassung, ihr Wesen, ihre Geschichte und ihre nothwendige Fortbildung in der Gegenwart. Fingerzeige zur Orientierung*, Gotha 1869.

Kümmel/Pfaff/Thamer, *Zur Abwehr in der Synodalfrage*, von den Diöcesan-Vorständen, Cassel-Leipzig 1869.

Küster/Neumann/Triebel, *Grundlinien der künftigen Verfassung der protestantischen Kirche im preußischen Staate*, Berlin 1815.

Lammers, A., *Deutschland nach dem Kriege*, Leipzig 1871.

Langbein, Bernhard Adolf, *Der christliche Glaube nach dem Bekenntniß der lutherischen Kirche. Vorträge*, Leipzig 1873.

Lechler, Gotthard Victor, *Geschichte der Presbyterial- und Synodalverfassung seit der Reformation*. Gekrönt von der Haager Gesellschaft zur Vertheidigung des Christenthums, Leiden 1854.

Löhe, Wilhelm, *Die bayerische Generalsynode vom Frühjahr 1849 und das lutherische Bekenntnis. Eine Beleuchtung der Synodalbeschlüsse in Betreff der Petition » Wahrung des Bekenntnisses und Einführung desselben in seine Rechte«*, Nürnberg 1849.

Lohmann, R., *Die kirchliche Krisis unserer Tage. Vortrag* auf der lutherischen Pastoral-Conferenz zu Hannover am 26. Mai 1875, Hannover 1875.

Lohmann, R., *Lutherische und unirte Kirche. Ein Wort der Warnung an die Glieder unserer lutherischen Landeskirche, die ihr Beruf in das Gebiet der preußischen Union führt*, Berlin 1867.

Lührs, Albert, *Die Union in Altpreußen. Actenstücke und Zeitstimmen, den Einverleibten in Norddeutschland zu Nutz und Frommen*, Braunschweig 1868.

Martin, H. R., *Kurzer Bericht über den Erfolg der am 8. Sept. d. J. in Sachen der hessischen Kirchenverfassung in Guntershausen beschlossenen Rechtsverwahrung mit einigen weiteren Erörterungen zur Sache*, Kassel-Leipzig 1870.

Martin, I., *Einige Worte der Erwiderung auf die Schrift des Prof. Dr. Vilmar: Die Gegenwart und Zukunft der niederhessischen Kirche*. Zunächst für die Geistlichen der Diöcese Cassel bestimmt, Cassel 1867.

Martin, I., *Die Opposition gegen das durch die Allerhöchsten Erlasse vom 13. Juni 1868 und vom 24. April 1873 zu Cassel errichtete Consistorium für den Regierungsbezirk Cassel*, Cassel 1873.

Martin, I., *Die Versetzung des Metropolitans (J. W. G.) Vilmar von Melsungen nach Sand und das Verhalten der kurhessischen Geistlichkeit bei derselben*, Cassel 1867.

Martin, W., *Über die Einführung der Presbyterial- und Synodal-Verfassung in der evangelischen Kirche des vormaligen Kurfürstenthums Hessen*, Cassel 1872.

(Meinhold, Carl), *Union und lutherische Kirche in den alten östlichen Provinzen des preußischen Staates. Eine geschichtliche und rechtliche Erörterung von einem Lutheraner der preußischen Landeskirche*, Berlin 1867.

Mejer, Otto, *Der Rechtsschutz für die lutherische Kirche in den neupreußischen Provinzen*, Rostock 1867.

Mejer, Otto, *Um was streiten wir mit den Ultramontanen?*, Hamburg 1875.

Mejer, Otto, *Das Veto deutscher protestantischer Staatsregierungen gegen katholische Bischofswahlen*, Rostock 1866.

Mejer, Otto, *Zur Geschichte der römisch-deutschen Frage*, 3 Bde, Rostock 1871—1885.

Mejer, Otto, *Zur Naturgeschichte des Centrums,* Freiburg i. Brsg. 1882.

Moderne Kirchenbaupläne mit besonderer Beziehung auf Dr. Fabris's Schrift: »Staat und Kirche«, Gotha 1872.

Mücke, *Der Hohenzollern reformatorisches Kirchenwerk und die Parteien der Gegenwart in der Preußischen Landeskirche,* Brandenburg 1879.

Müller, Julius, *Die erste Generalsynode der evangelischen Landeskirche Preussens und die kirchlichen Bekenntnisse,* Breslau 1847.

Müller, Julius, *Die evangelische Union, ihr Wesen und göttliches Recht,* Berlin 1854.

Nagel, J., *Die Kämpfe der evangelisch-lutherischen Kirche in Preußen seit Einführung der Union. I. Die lutherische Kirche in Preußen und der Staat,* Stuttgart 1869.

Nebe, August, *Der Bekenntnisstand der evangelischen Kirche in Nassau,* Darmstadt 1866.

Nebe, August, *Union oder Conföderation?,* Hamburg 1867.

(Neidhardt), *Die Friedensaufgabe der evangelischen Kirche im einigen Deutschland.* Von einem schwäbischen Theologen, Tübingen 1871.

Nippold, Friedrich, *Die gegenwärtigen Zustände im ehemaligen Herzogthum Nassau, vornehmlich auf dem Gebiete der Kirche und Schule. Eine Streitschrift,* Mannheim 1869.

Nippold, Friedrich, *Kirchenpolitische Rundschau im Advent 1868,* Mannheim 1869.

Nitzsch, Carl Imanuel, *Würdigung der von Dr. Kahnis, ordentlichem Professor der Theologie zu Leipzig, gegen die evangelische Union und deren theologische Vertreter gerichteten Angriffe,* Berlin 1854.

Die Nothwendigkeit einer neuen Parteibildung in der preußischen evangelischen Landeskirche, Berlin 1875.

Offene Antwort auf die Denkschrift des Hochwürdigen Evangelischen Ober-Kirchenraths vom 18. Februar 1867. Von einem rheinischen Pfarrer, Saarbrücken 1867.

Palmié, Rudolf, *Der Confessionsstreit in der evangelischen Kirche,* Stettin 1850.

Pfaff, J. G., *Bedenken der Pfarrer der Inspektur Hersfeld in Sachen der hessischen Kirche gegen diejenige, welche sie aus der Reihe der berechtigten Existenzen streichen wollen,* Hersfeld 1867.

Pfaff, J. G., *Die Synodal-Frage, unter dem Gesichtspunkt des Rechts der Hessischen Kirche beleuchtet,* Cassel-Leipzig 1869.

Die Provinzial-Synode in der preußischen evangelischen Landeskirche. Ein Wort der Erwiderung für den Berliner Unionsverein von einem treuen Freunde der Union, Berlin 1868.

Richter, Ernst Ludwig, *Vortrag über die Berufung einer evangelischen Landessynode,* Berlin 1848.

Rödenbeck, *Zur Hessischen Kirchenfrage.* Als Manuskript gedruckt, Marburg 1871.

Sack, Karl Heinrich, *Die evangelische Kirche und die Union. Eine theologisch-praktische Prüfung des Werkes von Dr. Stahl: »Die lutherische Kirche und die Union«,* Bremen 1861.

Sack, Friedrich Samuel Gottfried, *Über die Vereinigung der beiden protestantischen Kirchenparteien in der preußischen Monarchie,* Berlin 1812.

Sander, F., *Die Abendmahlsgemeinschaft zwischen Lutherischen und Reformirten. Mit besonderer Beziehung auf die drei Bekenntnißparagraphen der Rheinisch-Westphälischen Kirchen-Ordnung. Sendschreiben an die evangelisch-lutherische Gemeinde in Elberfeld,* Elberfeld 1859.

Scheele, Carl, *Der kirchliche Beruf Preußens für Deutschland und sein neues Unionsprincip nach Dorner. In Briefen,* Berlin 1868.

Schenkel, Daniel, *Brennende Fragen in der Kirche der Gegenwart. Drei Vorträge*, Wiesbaden 1869.

Schenkel, Daniel, *Christenthum und Kirche im Einklange mit der Kulturentwicklung. 20 Betrachtungen*, Wiesbaden 1867.

Schenkel, Daniel, *Der Erneuerungskampf des deutschen Volkes nach seiner religiös-sittlichen Bedeutung. Predigt*, gehalten zu Heidelberg am 28. 8. 1870, Heidelberg 1870.

Schenkel, Daniel, *Die gegenwärtige Lage der protestantischen Kirche in Preußen und Deutschland. Ein Vortrag* gehalten im Auftrage des deutschen Protestanten-Vereins, Mannheim 1867.

Schenkel, Daniel, *Luther in Worms und in Wittenberg und die Erneuerung der Kirche in der Gegenwart*, Elberfeld 1870.

Schenkel, Daniel, *Die Protestantische Freiheit in ihrem gegenwärtigen Kampfe mit der kirchlichen Reaktion. Eine Schutzschrift*, Wiesbaden 1865.

Schenkel, Daniel, *Der Unionsberuf des evangelischen Protestantismus aus der principiellen Einheit, der confessionellen Sonderung und der unionsgeschichtlichen Entwicklung derselben nachgewiesen*, Heidelberg 1855.

Schenkel, Daniel, *Zur Orientierung über den kirchenpolitischen Standpunkt des Herrn Dr. Fabri*, in: *Allgemeine kirchliche Zeitschrift. Ein Organ für die evangelische Geistlichkeit und Gemeinde*, 12. Jg., Elberfeld 1871, S. 121—125.

Scheurl, Christoph Gottlieb Adolf v., *Bekenntniskirche und Landeskirche*, Erlangen 1868.

Scheurl, Christoph Gottlieb Adolf v., *Die Gewissensfreiheit und das Recht der lutherischen Kirche*, Erlangen 1867.

Scheurl, Christoph Gottlieb Adolf v., *Das gute Recht der Lutheraner in Baden. Eine kirchenrechtliche Erörterung*, Stuttgart 1852.

Scheurl, Christoph Gottlieb Adolf v., *Die lutherische Kirche in dem neupreussischen Staatsgebiete. Vortrag* auf der Leipziger evangelisch-lutherischen Pastoralkonferenz vom 13. Juni 1867. *Nebst Zustimmungs-Erklärungen*, Leipzig 1867.

Scheurl, Christoph Gottlieb Adolf v., *Die Sache der Lutheraner in Baden aus dem Gesichtspunkte der Gewissensfreiheit*, Stuttgart 1852.

Scheurl, Christoph Gottlieb Adolf v., *Die verfassungsmäßige Stellung der Evangelisch-lutherischen Kirche in Bayern zur Staatsgewalt*, Erlangen 1872.

Scheurl, Christoph Gottlieb Adolf v., *Zu den Streitfragen über Kirchenverfassung*, in: *Zeitschrift für Kirchenrecht*, hrsg. von R. Dove und E. Friedberg, 6 (1866), S. 28—71, und 7 (1867), S. 151—192.

Schmidt, Dettmar, *Der Protestantenverein in zehn Briefen für und wider beleuchtet und aus den Vereinsverhandlungen und den Schriften seiner Vertreter dargestellt*. Gekrönte Preisschrift, Gütersloh 1873.

Schmidt, Paul Wilhelm, *Das Ende der Union nach D. Fabri*, in: *Protestantische Kirchenzeitung* 19 (1872), Sp. 157—167.

Schroeder, August, *Die Bekenntnißfrage in der nassauischen unirten Kirche. Mit besonderer Beziehung auf die Schrift des Herrn Prof. Nebe: »Der Bekenntnißstand der evangelischen Kirche in Nassau«*, Wiesbaden 1867.

Schroeder, August, *Die evangelische Union und ihre Bedeutung für die kirchliche Entwicklung der Gegenwart, mit besonderer Beziehung auf das kirchliche Recht in Nassau*, Wiesbaden 1871.

Schroeder, August, *Das Recht der evangelischen Lehrfreiheit in Nassau*, Wiesbaden 1866.

Die Schulernennung von einem Priester des Bistums, Regensburg 1867.

Senckel, E., *Ein Leib und ein Geist! Zu den gegenwärtigen Erörterungen über unsere Gemeindeordnung*, Berlin 1869.

Die Signatur der evangelischen Kirche in Hessen zu dieser Zeit. Dargestellt von einem hessischen Pfarrer, Marburg 1867.

(Souchay, E. F.), *Die protestantischen Gemeinden der Stadt Frankfurt in Preußen*, Frankfurt am Main 1868.

Stählin, Adolf, *Zur Schulreformfrage. Mit besonderer Berücksichtigung der Denkschrift des bayerischen Volksschullehrervereins*, Nördlingen 1865.

Stahl, Friedrich Julius, *Die lutherische Kirche und die Union*, Berlin 1859.

Stamm, E., *Die evangelische Lehrfreiheit. Eine Frage des Kirchenrechts, beantwortet. (Mit besonderer Berücksichtigung der unirten Kirche Nassaus)*, Wiesbaden 1866.

Stier, Rudolf, *Dr. Stahl's Buch: »Die lutherische Kirche und die Union«. Ein kritisches Referat*, Berlin 1859.

Stoecker, Adolf, *Wach' auf Evangelisches Volk! Aufsätze über Kirche und Kirchenpolitik*, Berlin o. J.

Das Strafurteil des Consistoriums zu Cassel gegen den Metropolitan J. W. G. Vilmar in Melsungen, nebst der von den Gliedern der Melsunger Gemeinde gegen dasselbe an das Cultusministerium abgesandten Beschwerdeschrift, Cassel 1871.

Ein Stück aus der Hinterlassenschaft des Herrn von Mühler. Zur Erwägung für die Folgezeit, Berlin 1872.

suum cuique. Die Verfassung der Kirche nach ihrer Trennung vom Staate. Eine kirchenpolitische Abhandlung, Breslau 1872.

Thomas, A. J. B., *Union, lutherische Kirche und Friedrich Julius Stahl. Ein Wort für das gute Recht*, Berlin 1860.

Über die gegenwärtige Krisis des kirchlichen Lebens. Denkschrift der Theol. Fakultät zu Göttingen, Göttingen 1854.

Ueber die zukünftige Gesammtverfassung der evangelischen Kirche Preußens. Eine kritische Beleuchtung darauf gerichteter Vorschläge mit besonderer Beziehung auf die Schrift eines »Deutschen Theologen« über: »die politische Lage und die Zukunft der evangelisch-lutherischen Theologen der Provinz Hannover«, Göttingen 1867.

Ullmann, C., *Die bürgerliche und politische Gleichberechtigung aller Confessionen; die unbeschränkte Freiheit der Sektenbildung und die Trennung der Kirche vom Staat, im Zusammenhang erwogen*, Stuttgart-Tübingen 1848.

Ullrich, A., *Über die kirchlichen Kämpfe und den Bezirks-Synodal-Entwurf des Consistorialbezirks Wiesbaden. Ein offenes Wort an alle Freunde der unierten Kirche in Nassau*, Wiesbaden 1872.

Die Union. Ein Zuruf an die evangelischen Gemeinden in Preußen. Von der Generalversammlung der Unionsfreunde, 1. u. 2. Aufl., Potsdam 1853.

Die Union und ihr neuester Vertreter, Erlangen 1855.

Union und lutherische Kirche in den alten östlichen Provinzen des preußischen Staates. Eine geschichtliche und rechtliche Erörterung von einem Lutheraner der preußischen Landeskirche, Berlin 1867.

Vilmar, August Friedrich Christian, *Die Gegenwart und die Zukunft der niederhessischen Kirche. In Aphorismen erörtert*, Marburg 1867.

Vilmar, August Friedrich Christian, *Geschichte des Confessionsstandes der evangelischen Kirche in Hessen*, Marburg 1860.

Vilmar, August Friedrich Christian, *Die Lehre vom geistlichen Amt*, Marburg 1870.

Vilmar, August Friedrich Christian, *Die Theologie der Thatsachen wider die Theologie der Rhetorik. Bekenntnis und Abwehr*, Marburg 1856.

Vilmar, August Friedrich Christian, *Ueber Synodal- und Presbyterial-Verfassung. Ein kurzes Wort*, Frankfurt am Main 1869.

Vilmar, Jakob Wilhelm Georg, *Die hessischen Kirchen-Ordnungen vom Jahre 1657 in ihrem Zusammenhang und ihrer Bedeutung für die Gegenwart. Ein Vortrag* gehalten in der niederhessischen Pastoralconferenz am 3. April 1867, Frankfurt am Main 1867.

Von der Generalversammlung der Unionsfreunde, 2. Aufl., Potsdam 1853.

Die Vorschlagsliste und die Provinzialsynode. Ein Wort zur Verständigung von einem Unparteiischen, Berlin 1869.

Wach, Adolf, *Die preußischen Kirchengesetze. Rede*, gehalten am 2. Juli 1873 vor der Bonner Pastoral-Conferenz, Bonn 1873.

Warum sich kein Lutheraner bei seiner Seelen Seligkeit an eine »unirte« Kirche anschließen darf, hrsg. vom Lutheraner-Verein zu Dresden, Dresden 1868.

Was will die allgemeine lutherische Conferenz? Gutgemeinte Vorrede zur Verhütung von übler Nachrede von einem lutherischen Theologen, Braunschweig 1868.

Wilsing, C. Friedlieb Gustav, *Die reformirte Kirche in Deutschland, die ursprüngliche Lutherische Kirche als die Kirche der Augsburgischen Confession im Sinne Melanchthons. Ein Ruf an alle gläubige Evangelischen, sich um die Augsburgische Confession als das einrechte Unionspanier wieder zu sammeln*, Altena 1853.

(Wölbling), *Pflüget ein Neues. Eine Ansprache über die kirchliche Lage und Frage auf der Conferenz zu Gnadau am 6. April 1869*, Neu-Ruppin 1869.

Zahn, Adolph, *Das gute Recht des reformirten Bekenntnisses und des Heidelberger Katechismus in Anhalt*, Elberfeld 1866.

Zahn, Detlev, *Die freie Einzel-Gemeinde innerhalb des weiten, aber festen Rahmens einer vereinigten Kirche Preußens resp. Deutschlands unter der Aufsicht eines unparteiischen Kirchenregiments. Bemerkungen zur kirchlichen Frage*, Berlin 1867.

(Zezschwitz, Carl Adolph Gerhard v.), *Die lutherische Kirche in den neupreußischen Ländern, ihre Gefahr und ihre Pflicht*, Erlangen 1867.

Zezschwitz, Carl Adolph Gerhard v., *Ueber die Aufgaben welche die Selbständigkeitspflicht der lutherischen Kirche auf Grund der Ereignisse der letzten Jahre stellt. Vortrag* auf der lutherischen Conferenz zu Leipzig den 4. Juni 1868, Leipzig 1868.

Ziese, J. H., *Nicht Union oder Confession, sondern Union in n e u e r Confession. Eine Gabe zur Reformationsfeier des Jahres 1867*, Flensburg 1867.

Zorn, Ph., *Papstwahlen und Ausgleich. Eine Antwort auf die Frage: Culturkampf oder Friede in Staat und Kirche?*, Leipzig 1878.

Zorn, Ph., *Die Reform der Evangelischen Kirchenverfassung in Bayern*, Tübingen 1878.

Zülch, Hermann, *Der gegenwärtige Kampf der Hessischen Kirche um ihre Selbständigkeit*. 1. H.: *Das Fundament der hessischen Kirche aus der Reformation durch den Rechtsbestand ihrer Ordnungen. Geschichtliche Skizze. Nebst Anhang einiger Schriftstücke aus der Gegenwart*, Cassel 1870.

Die Zukunft der Schleswig-Holsteinischen Landeskirche. Ein offenes Wort aus der Kirche an die Kirche und die Gemeinden, Oldenburg 1870.

Zur 50jährigen Jubelfeier der Union in Preußen. Die Zukunft der Preußischen Evangelischen Landeskirche. Von einem rheinischen Theologen, Neuwied-Leipzig 1867.

Zur Jubelfeier der Union. 1817. 1867, Berlin 1867.

Zur Signatur der modernsten theologischen Unionsbestrebungen, Frankfurt am Main 1854.

Zur Verständigung über Union, Halle 1857.

4. Zeitgenössische wissenschaftliche Abhandlungen

Bamberg, Albert v., *Ist für die deutschen evangelischen Kirchengemeinschaften Föderation oder Union anzustreben? Ein Versuch*, Gotha 1887.

Berner, Ernst, *Geschichte des Preußischen Staates*, München-Berlin 1891.

Beyschlag, Willibald, *Schleiermacher als politischer Charakter*, Berlin 1866.

Beyschlag, Willibald, *Welche Entwicklung hat das Verhältnis von Staat und Kirche in Preußen im 19. Jahrhundert genommen und welcher Verbesserung ist es fähig und bedürftig?*, Halle 1891.

Bluntschli, Johann Caspar, *Geschichte des Rechts der religiösen Bekenntnißfreiheit*, Elberfeld 1867.

Bluntschli, Johann Caspar, *Das moderne Völkerrecht der civilisierten Staaten als Rechtsbuch dargestellt*, Nördlingen 1867.

Böhm, Johannes, *Beiträge zur Geschichte der bayrischen Volksschule*, Nürnberg 1900.

Brandes, Friedrich, *Geschichte der kirchlichen Politik des Hauses Brandenburg*, Bd. 1: *Die Geschichte der evangelischen Union in Preußen*, Gotha 1873.

Brandes, Friedrich, *Die Verfassung der Kirche nach evangelischen Grundsätzen*, 2 Bde, Elberfeld 1867.

Bruch, J. F., *Fliegende Blätter zur Beurtheilung der Verfassung der evangelischen Kirche Augsburgischer Konfession im Elsaß und Deutsch-Lothringen*, 1—3, Straßburg 1871.

Büff, G. Ludwig, *Kurhessisches Kirchenrecht*, bearbeitet mit Rücksicht auf C. W. Ledderhose und Chr. H. Pfeiffer, Cassel 1861.

Callisen Chr. Fr., *Abriß des Wissenswürdigsten aus den, den Prediger und sein Amt in den Herzogthümern Schleswig und Holstein betreffenden Verordnungen*, 3. Aufl., Altona 1843.

Delitzsch, Franz, *Für und wider Kahnis. Kritik der Dogmatik von Kahnis mit Bezug auf dessen Vertheidigungsschrift*, Leipzig 1863.

Delitzsch, Franz, *Vier Bücher von der Kirche*, Dresden 1847.

Dorner, Isaak August, *Geschichte der protestantischen Theologie, besonders in Deutschland, nach ihrer prinzipiellen Bewegung und im Zusammenhang mit dem religiösen, sittlichen und intellectuellen Leben betrachtet*, München 1867.

Dorner, Isaak August, *System der christlichen Glaubenslehre*, 2. Aufl., Berlin 1886—1887.

Dorner, Isaak August, *Das Verhältnis zwischen Kirche und Staat aus dem Gesichtspunkte evangelischer Wissenschaft*, Bonn 1847.

Ebert, Wilhelm, *Die Geschichte der evangelischen Kirche in Kurhessen von der Reformation bis auf die neueste Zeit als Zeugniß des Unionscharakters dieser Kirche kurz dargestellt*, Cassel 1860.

Eichhorn, Karl Friedrich, *Grundsätze des Kirchenrechts der katholischen und evangelischen Religionspartheien in Deutschland*, Göttingen 1831.

Fertsch, F. Fr., *Handbuch des besonderen Kirchenrechts der evangelischen Kirche im Großherzogthum Hessen*, Friedberg 1853.

Ficker, Julius, *Über das Eigenthum des Reichs am Reichskirchengute*, Darmstadt 1967. (Unveränderter reprographischer Nachdruck aus: *Sitzungsberichte der Philosophisch-Historischen Classe der Kaiserlichen Akademie der Wissenschaften*, Bd. 72 [1872], H. 1 [S. 55—146] u. H. 2 [S. 381—450]).

Friedberg, Emil, *Die Grundlagen der preußischen Kirchenpolitik unter Friedrich Wilhelm IV.*, Leipzig 1882.

Gass, W. (Hrsg.), *Dr. E. L. Th. Henke's Neuere Kirchengeschichte. Nachgelassene Vorlesungen,* Bd. 3: *Geschichte der Kirche von der Mitte des 18. Jahrhunderts bis 1870,* Halle 1880.

Gebhardt, Hermann, *Thüringische Kirchengeschichte, seinen Landsleuten erzählt,* 3 Bde, Gotha 1880—1882.

Goebel, Max, *Die evangelische Kirchenverfassungsfrage. Mit Actenstücken,* Coblenz 1848.

Goltz, Hermann v. d., *Bericht über die General-Synode an die evangelischen Gemeinden,* Bielefeld 1876.

Goltz, Hermann v. d./Wach, Adolf (Hrsg.), *Synodalfragen. Zur Orientierung über die bevorstehende General-Synode,* Bielefeld 1874—1875.

Hackenschmidt, D., *Das kirchliche Parteiwesen im Elsaß,* Straßburg 1897.

Harleß, Adolf v., *Die christliche Ethik,* 2., unveränd. Abdruck, Stuttgart 1842 (3., unveränd. Abdruck 1845).

Harleß, Adolf v., *Commentar über den Brief Pauli an die Epheser,* Erlangen 1834.

Harleß, Adolf v., *Theologische Encyklopädie und Methodologie vom Standpunkt der protestantischen Kirche,* Nürnberg 1837.

Hase, Karl August, *Kirchengeschichte. Lehrbuch zunächst für akademische Vorlesungen,* 11., verb. Aufl., Leipzig 1886.

Heppe, Heinrich, *Geschichte der Evangelischen Kirche von Cleve-Mark und der Provinz Westfalen,* Iserlohn 1867.

Heppe, Heinrich, *Kirchengeschichte beider Hessen,* 2 Bde, Marburg 1876.

Heppe, Heinrich, *Die presbyteriale Synodalverfassung der evangelischen Kirche in Norddeutschland,* Iserlohn 1868.

Heppe, Heinrich, *Die Verfassung der evangelischen Kirche im ehemaligen Kurhessen in ihrer historischen Entwicklung dargestellt,* Marburg 1869.

Herrmann, Emil, *Die nothwendigen Grundlagen einer die consistoriale und synodale Ordnung vereinigenden Kirchenverfassung. Ein Kirchentags-Vortrag,* Berlin 1862.

Herrmann, Emil, *Ueber den Entwurf einer Kirchenordnung für die sächsische Landeskirche,* in: *Zeitschrift für Kirchenrecht* 1 (1861), S. 43—99.

Herrmann, Emil, *Zur Beurtheilung des Entwurfs der badischen Kirchenverfassung,* Göttingen 1861.

Hinschius, Paul, *Das Patronatsrecht und die moderne Gestaltung des Grundeigenthums,* in: *Zeitschrift für Kirchenrecht* 7 (1867), S. 1—55.

Hönig, W., *Die Arbeit des deutschen Protestantenvereins während seines 25jährigen Bestehens,* Berlin 1888.

Hönig, W., *Der Deutsche Protestantenverein,* Berlin 1904.

Hofmann, Johann Christian Karl v., *Encyklopädie der Theologie, nach Vorlesungen und Manuscripten* hrsg. von H. J. Bestmann, Nördlingen 1879.

Hofmann, Johann Christian Karl v., *Theologische Ethik. Abdruck einer im Sommer 1874 gehaltenen Vorlesung,* Nördlingen 1878.

Hofmann, Johann Christian Karl v., *Vermischte Aufsätze. Eine Auswahl aus der Zeitschrift für Protestantismus und Kirche,* zusammengestellt von H. Schmid, Erlangen 1878.

Hofmann, Johann Christian Karl v., *Weissagung und Erfüllung im Alten und Neuen Testament,* 2 Bde, Nördlingen 1844.

Hundeshagen, Karl Bernhard, *Beiträge zur Kirchenverfassungsgeschichte und Kirchenpolitik insbesondere des Protestantismus,* Bd. 1, Wiesbaden 1864.

Hundeshagen, Karl Bernhard, *Der deutsche Protestantismus, seine Vergangenheit und seine heutigen Lebensfragen,* Frankfurt am Main 1847.

Hundeshagen, Karl Bernhard, *Ueber einige Hauptmomente in der geschichtlichen Entwicklung des Verhältnisses zwischen Staat und Kirche,* Heidelberg 1860.

Jacobsen, H. F., *Das Evangelische Kirchenrecht des preußischen Staates und seiner Provinzen,* Halle 1864.

Jensen, H. N. A./Michelsen, A. L. J., *Schleswig-holsteinische Kirchengeschichte.* Nach hinterlassenen Handschriften, überarbeitet und hrsg. von A. L. J. Michelsen, 3 Bde, Kiel 1873—1877.

Kähler, Martin, *Die starken Wurzeln unserer Kraft. Betrachtungen über die Begründung des deutschen Kaiserreiches und seine erste Krise,* Gotha 1872.

Kahl, Wilhelm, *Lehrsystem des Kirchenrechts und der Kirchenpolitik,* 1. Hälfte, Freiburg i. Brsg.-Leipzig 1894.

Kahnis, Karl Friedrich August, *Die Lutherische Dogmatik historisch-genetisch dargestellt,* 3 Bde, Leipzig 1861—1868.

Kanngießer, Otto, *Geschichte der Eroberung der freien Stadt Frankfurt durch Preußen im Jahre 1866,* Frankfurt am Main 1877.

Kawerau, G., *Ueber Berechtigung und Bedeutung des landesherrlichen Kirchenregiments. Vortrag* auf der theologischen Konferenz zu Kiel am 6. Juli 1887 gehalten, Kiel 1887.

Kirchmann, J. H. v., *Die Reform der evangelischen Kirche in Lehre und Verfassung mit Bezug auf die preußische Synodalordnung vom 20. Januar 1876. Ein Vortrag,* Berlin 1876.

Kliefoth, Theodor, *Acht Bücher von der Kirche,* Schwerin-Rostock 1854.

Kliefoth, Theodor, *Theorie der evangelischen Kirche,* Rostock 1844.

Kliefoth, Theodor, *Das Verhältnis der Landesherrn als Inhaber der Kirchengewalt zu ihren Kirchenbehörden,* Schwerin 1861 (Separatdruck seines Vortrages auf der Eisenacher Konferenz vom 4. Juli 1861).

Lasson, Georg, *Hundert Jahre Preußischer Kirchengeschichte. Eine Säkularbetrachtung,* Berlin 1899.

Lechler, Karl, *Der deutsch-evangelische Kirchenbund,* Gütersloh 1890.

Lechler, Karl, *Der Evangelische Bund und die kirchlichen Parteien,* Stuttgart 1887.

Lechler, Karl, *Die Taufpatenschaft. Ein Mittel zur geistlichen und sittlichen Hebung der deutschen Jugend,* Heilbronn 1886.

Löhe, Wilhelm, *Drei Bücher von der Kirche. Den Freunden der lutherischen Kirche zur Überlegung und Besprechung dargeboten,* Darmstadt 1969 (1. Aufl.: Stuttgart 1845).

Löhe, Wilhelm, *Kirche und Amt. Neue Aphorismen,* Erlangen 1851.

Luthardt, Christoph Ernst, *Die Lehre vom freien Willen und seinem Verhältnis zur Gnade,* Leipzig 1863.

Mejer, Otto, *Institutionen des gemeinen deutschen Kirchenrechts,* 2. Aufl., Göttingen 1856.

Meuß, Eduard, *Lebensbild des evangelischen Pfarrhauses vornehmlich in Deutschland. Ein Beitrag zur Kulturgeschichte und Pastoraltheologie,* 2. Aufl. von »Leben und Frucht des evangelischen Pfarrhauses«, Bielefeld 1884.

Meuß, Eduard, *Das Weihnachtsfest und die Kunst. Vortrag,* Breslau 1866 (2. Aufl. 1876).

Meuß, Eduard, *Wodurch haben wir in der Gegenwart, besonders als Theologen, uns der Wahrheit unseres Christenglaubens zu versichern? Vortrag* auf der Pastoral-Conferenz zu Liegnitz am 8. Juni gehalten, Breslau 1881.

Meyer, Georg, *Die Bestrebungen zur Herstellung einer Presbyterial- und Synodalverfassung im Gebiete des ehemaligen Kurfürstenthums Hessen,* in: *Zeitschrift für Kirchenrecht* 10 (1871), S. 408—441.

Mühler, Heinrich v., *Die Geschichte der protestantischen Kirchenverfassung in der Mark Brandenburg,* Weimar 1846.

Mühler, Heinrich v., *Grundlinien einer Philosophie der Staats- und Rechtslehre nach evangelischen Prinzipien*, Berlin 1873.

Nebe, August, *Zur Geschichte der evangelischen Kirche in Nassau*. 1.—4. Abth. In der Denkschrift des Herzoglich Nassauischen evangelisch-theologischen Seminars zu Herborn für die Jahre 1863—1867, Herborn 1863—1867.

Nippold, Friedrich, *Die Anfänge des Evangelischen Bundes und seiner Pressetätigkeit*, Berlin 1897.

Nippold, Friedrich, *Ziele und Vorgeschichte des Evangelischen Bundes. 2 Reden*, Berlin 1889.

Oetker, Friedrich, *Die kurhessische Kirchenfrage*, in: *Preußische Jahrbücher*, Bd. 27, Berlin 1871, S. 427—459.

Otto, Wilhelm, *Handbuch des besonderen Kirchenrechts der evangelisch-christlichen Kirche im Herzogthume Nassau*, Nürnberg 1828.

Parisius, Ludwig, *Deutschlands politische Parteien und das Ministerium Bismarck. Ein Beitrag zur vaterländischen Geschichte mit einem Vorwort über die gegenwärtige Kanzlerkrise*, Berlin 1878.

Richter, Aemilius Ludwig, *Die Geschichte der evangelischen Kirchenverfassung in Deutschland*, Leipzig 1851.

Richter, Aemilius Ludwig, *König Friedrich Wilhelm IV. und die Verfassung der evangelischen Kirche*, Berlin 1861.

Richter, Aemilius Ludwig, *Lehrbuch des katholischen und evangelischen Kirchenrechts mit bes. Berücksichtigung auf deutsche Zustände*, 4. Aufl., Leipzig 1853.

Rößler, Constantin, *Das deutsche Reich und die kirchliche Frage*, Leipzig 1876.

Rothe, Richard, *Die Anfänge der christlichen Kirche und ihrer Verfassung*, Wittenberg 1837.

Rothe, Richard, *Theologische Ehtik*, Bd. 3, Wittenberg 1848.

Rudelbach, Andreas Gottlob, *Bericht über die in Leipzig am 7. und 8. September 1843 gehaltene erste allgemeine Conferenz von Gliedern der evangelisch-lutherischen Kirche. Extract aus den darüber gehaltenen Protocollen*, Leipzig 1843.

Schedtler, H., *Die Bedeutung Vilmars für die hessische Kirche. Zur Erinnerung für seine Freunde bei Gelegenheit der Errichtung seines Grabdenkmahls*, Marburg 1869.

Schenkel, Daniel, *Das Charakterbild Jesu. Ein biblischer Versuch*, Wiesbaden 1864.

Scheurl, Adolf v., *Sammlung kirchenrechtlicher Abhandlungen 1873*, 1.—4. Abth., Erlangen 1872—1873.

Schleiermacher, Friedrich Daniel Ernst, *Ueber die Religion. Reden an die Gebildeten unter ihren Verächtern* (= Philosophische Bibliothek , Bd. 255), Hamburg 1958.

Schliephake, F. W. Th./Menzel, K., *Geschichte von Nassau von den ältesten Zeiten bis auf die Gegenwart. Auf der Grundlage urkundlicher Quellenforschung*, 7 Bde, Wiesbaden 1887—1889.

(Schultze, L.), *Die Partei der positiven Union, ihr Ursprung und ihre Ziele*, Halle 1878.

Schwarz, Carl, *Das Wesen der Religion*, 2 Thle in 1 Bd., Halle 1847.

Schwarz, Carl, *Zur Geschichte der neuesten Theologie*, 4., sehr verm. u. umgearb. Aufl., Leipzig 1869.

Stahl, Friedrich Julius, *Der Christliche Staat und sein Verhältnis zu Deismus und Judentum*, Berlin 1847.

Stahl, Friedrich Julius, *Die gegenwärtigen Parteien in Staat und Kirche*, Berlin 1863.

Stahl, Friedrich Julius, *Die Kirchenverfassung nach Lehre und Recht der Protestanten*, Erlangen 1840.

Stahl, Friedrich Julius, *Philosophie des Rechts,* Darmstadt 1963 (fotomech. Abdruck der 5. Aufl. aus dem Jahre 1878).

Teichmann, *Die Fortbildung der kirchlichen Ordnungen in der evangelisch-lutherischen Gemeinde zu Frankfurt am Main. Zeitgemäße Vorschläge und Wünsche,* Frankfurt am Main 1891.

Thiersch, Heinrich Wilhelm Josias, *Ueber die Mißverhältnisse der theologischen Wissenschaft und des christlichen Lebens,* in: *Protestantische Monatsblätter für innere Zeitgeschichte* 7 (1856), S. 208 ff.

Vinet, Alexandre, *Mémoire en fraveur de la liberté des cultes,* Paris 1826.

Woltersdorf, Theodor, *Das preußische Staatsgrundgesetz und die Kirche. Studien und Urkunden zur Verfassungsfrage der evangelischen Landeskirche in Preußen,* Berlin 1873.

Woltersdorf, Theodor, *Zur Geschichte der evangelisch-kirchlichen Selbständigkeits-Bewegung,* in: *Protestantische Monatshefte,* N.F. der *Protestantischen Kirchenzeitung* 9 (1905), S. 41—54; 91—110; 138—155.

Woltersdorf, Theodor, *Zur Geschichte und Verfassung der evangelischen Landeskirche in Preußen. Gesammelte Aufsätze,* Greifswald 1891.

Zahn, Adolph, *Abriss einer Geschichte der evangelischen Kirche auf dem europäischen Festlande im neunzehnten Jahrhundert,* Stuttgart 1886.

5. Zeitschriften, Zeitungen, Periodica

Allgemeine Evangelisch-Lutherische Kirchenzeitung, hrsg. von Christoph Ernst Luthardt, Leipzig 1868 ff. (zitiert *AELKZ*).

Allgemeine Missionszeitschrift. Monatshefte für geschichtliche und theoretische Missionskunde, hrsg. von Gustav Warneck, Gütersloh 1874 ff.

Allgemeine kirchliche Zeitschrift. Ein Organ für die evangelische Geistlichkeit und Gemeinde, hrsg. von Daniel Schenkel, Jge. 7—13, Elberfeld 1866—1872 (zitiert *AKZ*).

Allgemeine Kirchenzeitung, ein Archiv für die neueste Geschichte und Statistik der christlichen Kirche, nebst einer kirchenhistorischen und kirchenrechtlichen Urkundensammlung, begr. von Ernst Zimmermann (fortgesetzt von K. G. Bretschneider und G. Zimmermann), Darmstadt 1822 ff.

Allgemeines Kirchenblatt für das evangelische Deutschland, hrsg. von Christian Gottlieb Moser, Stuttgart-Tübingen, Jge. 14—20 (1864—1872).

Berlinische Nachrichten von Staats- und gelehrten Sachen, Berlin 1866 ff.

Coburger Zeitung. Nebst Regierungsblatt für das Herzogthum Coburg, 1867—1870.

Deutsch-Evangelische Blätter. Zeitschrift für den gesamten Bereich des deutschen Protestantismus, Berlin-Halle 1876 f.

Deutsche Blätter. Eine Monatszeitschrift für Staat, Kirche und soziales Leben, hrsg. von G. Füllner, Gotha 1871 ff.

Deutschland. Eine periodische Schrift zur Beleuchtung deutschen Lebens in Staat, Gesellschaft, Kirche, Kunst und Wissenschaft, Weltgeschichte und Zukunft, hrsg. von Wilhelm Hoffmann, Berlin 1870/71 f.

Evangelische Blätter aus beiden Hessen und Nassau, hrsg. im Auftrag der vereinigten evangelischen Conferenzen von beiden Hessen und Nassau, Kassel 1867 ff.

Evangelische Kirchen-Zeitung, hrsg. von Ernst Wilhelm Hengstenberg, Berlin 1827 ff. (zitiert *EKZ*).

Göttingische gelehrte Anzeigen. Unter Aufsicht der Königlichen Gesellschaft der Wissenschaften, Göttingen 1865 ff.

Die Grenzboten. Zeitschrift für Politik, Literatur und Kunst, Leipzig-Berlin 26 (1867) — 31 (1872).

Hessische Morgenzeitung, Cassel 1867 ff.

Hessisches Kirchenblatt, Cassel 1867 ff.

Kirchenblatt aus Kurhessen, hrsg. von Th. Groß, Marburg 1867 ff.

Kirchenblatt für Angelegenheiten der lutherischen Kirche im Herzogthum Braunschweig und Königreich Hannover, hrsg. von H. Ueltzen, Hannover 1868 ff.

Kirchliche Zeitschrift, hrsg. von Theodor Kliefoth u. Otto Mejer, Schwerin-Rostock 1854 ff.

Kladderadatsch. Humoristisch-satyrisches Wochenblatt, 19. Jg., Berlin 1866.

Neue Evangelische Kirchenzeitung. Auf Veranstaltung des deutschen Zweiges des Evangelischen Bundes hrsg. von Hermann Meßner, Berlin 1866 ff. (zitiert *NEKZ*).

Neue Preußische Zeitung (Kreuzzeitung), Berlin 1866 ff.

Neues Zeitblatt für die Angelegenheiten der lutherischen Kirche, hrsg. von K. K. Münkel, Verden 1866 ff.

Norddeutsche Allgemeine Zeitung, Berlin 1866 ff.

Protestantische Kirchenzeitung, hrsg. von H. Krause, Berlin 1865 ff. (zitiert *PKZ*).

Schleswig-Holsteinisches Kirchen- und Schulblatt, hrsg. von Th. Jeß, Altona-Kiel 1866 ff.

Theologische Studien und Kritiken, hrsg. von Carl Ullmann (u. a.), 38 (1866) — 44 (1872).

Volksblatt für Stadt und Land zur Belehrung und Unterhaltung, hrsg. von Philipp v. Nathusius, Neinstadt bei Quedlinburg 1866 ff.

Wochenschrift der Fortschrittspartei in Bayern, Erlangen 1867 ff.

Zeitblatt für die evangelisch-lutherische Kirche Mecklenburgs, hrsg. von Karsten, Kliefoth, Krabbe, Delitzsch, Schröder, 1.—4. Jg., Schwerin 1848—1851.

Zeitschrift für die gesammte lutherische Theologie und Kirche, hrsg. von Rudelbach u. Guericke, Leipzig 1840 ff.

Zeitschrift für Kirchenrecht, hrsg. von Richard Dove u. Emil Friedberg, Berlin 1 (1861) — 22 (1889).

Zeitschrift für Protestantismus und Kirche, hrsg. von Adolf v. Harleß, Erlangen 1849 ff. (zitiert *ZPK*).

6. *Memoiren und Lebensbilder*

Bachmann, Johannes/Schmalenbach, Theodor, *Ernst Wilhelm Hengstenberg nach seinem Leben und Wirken,* 3 Bde, Gütersloh 1876—1892.

Besier, Gerhard (Hrsg.), *Die »Persönlichen Erinnerungen« des Chefs des Geheimen Zivilkabinetts, Karl von Wilmowski (1817—1893),* in: *Jahrbuch für Berlin-Brandenburgische Kirchengeschichte* 50 (1977), S. 131—185.

Beyschlag, Willibald, *Aus meinem Leben,* 2 Bde, Halle 1896—1899.

Beyschlag, Willibald, *Karl Immanuel Nitzsch. Eine Lichtgestalt der neueren deutsch-evangelischen Kirchengeschichte,* Berlin 1872.

Bismarck, Otto v., *Gedanken und Erinnerungen,* 3 Bde, Stuttgart 1898.

Bluntschli, Johann Caspar, *Denkwürdiges aus meinem Leben,* 3 Bde, Nördlingen 1884.

Johann Friedrich Bruch, seine Wirksamkeit in Schule und Kirche 1821—1872. Aus seinem handschriftlichen Nachlaß hrsg. von Th. F., Straßburg 1890.

Büchsel, Carl, *Erinnerungen aus dem Leben eines Landgeistlichen,* 5 Bde, 4. Aufl., Berlin 1897.

Bunke, Ernst (Hrsg.), *Adolf Stoecker. Erinnerungsblätter*, Berlin 1907.

Busch, Moritz, *Unser Reichskanzler. Studien zu einem Charakterbilde*, 2 Bde, Leipzig 1884.

Curtius, Friedrich (Hrsg.), *Denkwürdigkeiten des Fürsten Chlodwig zu Hohenlohe-Schillingsfürst*, 2 Bde, Stuttgart-Leipzig 1907.

Diest, Gustav v., *Aus dem Leben eines Glücklichen. Erinnerungen eines alten Beamten*, Berlin 1904.

Dilthey, Wilhelm, *Das Leben Schleiermachers*, Berlin 1922.

Dryander, Ernst v., *Erinnerungen aus meinem Leben*, Bielefeld-Leipzig 1922.

Ehlers, Rudolph, *Lebensbild eines evangelischen Theologen. Aus seinen Briefen*, Frankfurt am Main 1912.

Eylert, Rulemann Friedrich, *Charakterzüge und historische Fragmente aus dem Leben König Friedrich Wilhelms III.*, 3 Thle, Magdeburg 1846.

Fischer, Fritz, *Moritz August von Bethmann-Hollweg und der Protestantismus. Religion, Rechts- und Staatsgedanke*, Berlin 1937.

Foerster, Erich, *Adalbert Falk. Sein Leben und Wirken als Preußischer Kultusminister* dargestellt auf Grund des Nachlasses unter Beihilfe des Generals d. I. Adalbert Falk, Gotha 1927.

Frommel, Otto H., *Frommels Lebensbild*, 2 Bde, 2. Aufl., Berlin 1901—1902.

Delbrück, Rudolph v., *Lebenserinnerungen*, Bd. 2, Leipzig 1905.

Frank, Walter, *Hofprediger Adolf Stoecker und die christlichsoziale Bewegung*, Berlin 1928.

Gennrich, Paul/Goltz, Eduard v. d., *Hermann von der Goltz. Ein Lebensbild als Beitrag zur Geschichte der deutschen evangelischen Kirche im 19. Jahrhundert*, Göttingen 1935.

Gerlach, Ernst Ludwig v., *Aufzeichnungen aus seinem Leben und Wirken*, 2 Bde, Schwerin/Mecklenburg 1903.

Gerlach, Leopold v., *Denkwürdigkeiten aus dem Leben Leopold v. Gerlachs, Generals der Infanterie und General-Adjutanten König Friedrich Wilhelms IV.*, hrsg. von seiner Tochter, Berlin 1891.

Goldschmidt, Hans, *Moritz von Blanckenburg (1815—1888). Ein Beitrag zur Geschichte des pommerschen Konservativismus*, in: *Blätter für deutsche Landesgeschichte* 91 (1954), S. 158—181.

Greschat, Martin (Hrsg.), *Theologen des Protestantismus im 19. und 20. Jahrhundert*, Bd. 1, Stuttgart-Berlin-Köln-Mainz 1978.

Haack, Ernst, *Theodor Kliefoth. Ein Charakterbild aus der Zeit der Erneuerung des christlichen Glaubenslebens und der lutherischen Kirche im 19. Jahrhundert*, Schwerin/Mecklenburg 1910.

Hausrath, Adolf, *Karl Holsten. Worte der Erinnerung*, Heidelberg 1897.

Hausrath, Adolf, *Richard Rothe und seine Freunde*, 2 Bde, Berlin 1902—1906.

Heckel, Theodor, *Adolf v. Harleß. Theologie und Kirchenpolitik eines lutherischen Bischofs*, München 1933.

Hegel, Immanuel, *Erinnerungen aus meinem Leben*, Berlin 1891.

Hinrichs, Carl, *Friedrich Wilhelm I., König in Preußen. Eine Biographie*, Hamburg 1941.

Hoffmann, Carl, *Leben und Wirken des Dr. Ludwig Friedrich Wilhelm Hoffmann*, Berlin 1878.

Hofmann, Hermann, *Fürst Bismarck 1890—1898. Nach persönlichen Mitteilungen des Fürsten und eigenen Aufzeichnungen des Verfassers, nebst einer authentischen Ausgabe aller vom Fürsten Bismarck herrührenden Artikel in den »Hamburger Nachrichten«*, 3 Bde, Stuttgart 1913—1914.

Hopf, Wilhelm, *August Vilmar. Ein Lebens- und Zeitbild,* 2 Bde, Erlangen 1912—1913.

Hübner, Heinrich, *Rudolf Rocholl. Ein Lebens- und Charakterbild,* Elberfeld 1910.

Jaspis, Albert Sigismund, *Erinnerungen an eine Zeit, wo es trübe und finster war; dargeboten in 14 Predigten aus den Leidensjahren 1846 und 1847,* 2., durch 16 Predigten verm. Ausg., hrsg. von Johannes S. Jaspis, Köln 1888.

Kappstein, Theodor, *Emil Frommel. Ein biographisches Gedenkbuch,* Leipzig 1903.

Kirchenheim, Artur v., *Emil Herrmann und die preußische Kirchenverfassung. Nach Briefen und andern meist ungedruckten Quellen,* Berlin 1912.

Kögel, Gottfried, *Rudolf Kögel. Sein Werden und Wirken,* 3 Bde, Berlin 1904.

Kunze, Johannes, *Christoph Ernst Luthardt. Ein Lebens- und Charakterbild,* Leipzig 1903.

Kupisch, Karl, *Adolf Stoecker. Hofprediger und Volkstribun. Ein historisches Porträt* (= Berlinische Reminiszenzen 29), Berlin o. J.

Lehmann, Max, *Freiherr vom Stein,* 3 Bde, Leipzig 1902—1904.

Leuss, Hans, *Wilhelm Freiherr von Hammerstein. 1881—1895 Chefredakteur der Kreuzzeitung. Auf Grund hinterlassener Briefe und Aufzeichnungen,* Berlin 1905.

Luthardt, Christoph Ernst, *Erinnerungen aus vergangenen Tagen,* Leipzig 1889 (2. Aufl. 1891).

Marcks, Erich, *Bismarck. Eine Biographie 1815—1851,* Stuttgart-Berlin 1939.

Martensen, Hans Lassen, *Aus meinem Leben,* 3 Bde, Karlsruhe-Leipzig 1883—1884.

Meinhold, Theodor, *Lebensbild des D. C. Meinhold, Superintendent in Kammin in Pommern. Ein Stück pommerscher Kirchengeschichte,* Berlin 1899.

Nigg, Walter, *Kirchliche Reaktion. Dargestellt an Michael Baumgartens Lebensschicksal,* Bern 1939.

Nippold, Friedrich, *Richard Rothe. Ein christliches Lebensbild auf Grund der Briefe Rothe's entworfen,* 2 Bde, Wittenberg 1873—1874.

Nippold, Friedrich, *Rothe, Richard, Ein christliches Lebensbild auf Grund der Briefe Rothe's entworfen,* 2 Bde, Wittenberg 1873—1874.

Oertzen, Dietrich v., *Adolf Stoecker. Lebensbild und Zeitgeschichte,* Bd. 1, Berlin 1910.

Oncken, Hermann, *Rudolf v. Bennigsen. Ein deutscher liberaler Politiker. Nach seinen Briefen und hinterlassenen Papieren,* Stuttgart-Leipzig 1910.

Pahncke, K. H., *Willibald Beyschlag. Ein Gedenkblatt zur fünfjährigen Wiederkehr seines Todestages,* Tübingen 1905.

Petersdorff, Herman v., *Heinrich v. Mühler,* in: *Schlesische Lebensbilder,* Bd. 3, Breslau 1928, S. 265—281.

Petersdorff, Herman v., *Kaiserin Augusta,* Leipzig 1900.

Petersdorff, Herman v., *Kleist-Retzow. Ein Lebensbild,* Stuttgart-Berlin 1907.

Petersdorff, Herman v., *König Friedrich Wilhelm der Vierte,* Stuttgart 1900.

Poschinger, Margaretha v., *Kaiser Friedrich. In neuer quellenmäßiger Darstellung,* 3 Bde, Berlin 1898—1900.

Puttkamer, Albert v. (Hrsg.), *Staatsminister Robert von Puttkamer. Ein Stück preußischer Vergangenheit 1828—1900,* Leipzig 1928.

Ranke, Leopold v., *Denkwürdigkeiten des Staatskanzlers Fürsten Hardenberg bis zum Jahre 1806,* 5 Bde, Leipzig 1877.

Redeker, Martin, *Friedrich Schleiermacher* (= Sammlung Göschen, Bd. 1177/1177 a), Berlin 1968.

Regele, Oskar, *Feldzeugmeister Benedek. Der Weg nach Königgrätz,* Wien 1960.

Reichle, Wilhelm, *Zwischen Staat und Kirche. Das Leben und Wirken des preußischen Kultusministers Heinrich v. Mühler. Dargestellt unter der Benutzung des schriftlichen Nachlasses des Ministers,* Berlin 1938.

Reiners, Ludwig, *Bismarck 1815—1871,* München 1970.

Richter, Werner, *Bismarck,* Frankfurt am Main 1962.˙

Ritter, Gerhard, *Stein. Eine politische Biographie,* 2 Bde, 3. Aufl., Stuttgart 1958.

Rocholl, Rudolf, *Einsame Wege,* 2 Bde, 2. Aufl., Leipzig 1898.

Rogge, Bernhard, *Aus sieben Jahrzehnten. Erinnerungen aus meinem Leben,* 2 Bde, Hannover-Berlin 1899.

Roon, Wilhelm v. (Hrsg.), *Denkwürdigkeiten aus dem Leben des Generalfeldmarschalls Kriegministers Grafen von Roon. Sammlung von Briefen, Schriftstücken und Erinnerungen,* 3 Bde, 4. Aufl., Breslau 1897.

Spael, Wilhelm, *Ludwig Windhorst. Bismarcks kleiner grosser Gegner. Ein Lebensbild,* Osnabrück 1962.

Stolberg-Wernigerode, Otto Graf zu, *Robert Heinrich Graf von der Goltz. Botschafter in Paris 1863—1869,* Oldenburg-Berlin 1941.

Strasser, Otto Erich, *Alexandre Vinet. Sein Kampf um ein Leben der Freiheit,* Zürich 1946.

Studt, H. H. (Hrsg.), *Professor Michael Baumgarten. Ein aus 45jähriger Erfahrung geschöpfter biographischer Beitrag zur Kirchenfrage,* 2 Bde, Kiel 1891.

Sydow, Marie, *Dr. Adolf Sydow. Ein Lebensbild, den Freunden gewidmet,* Berlin 1885.

Thadden-Trieglaff, Reinold v., *Der junge Bismarck. Eine Antwort auf die Frage: War Bismarck Christ?,* Hamburg-Berlin 1950.

Vigener, Fritz, *Ketteler. Ein deutsches Bischofsleben des 19. Jahrhunderts,* München 1924.

Wagener, Hermann, *Erlebtes. Meine Memoiren aus der Zeit von 1848 bis 1866 und von 1873 bis jetzt,* 2 Bde, 2. Aufl., Berlin 1884.

Wangemann, Hermann Theodor, *Gustav Knak. Ein Prediger der Gerechtigkeit, die vor Gott gilt. Ein Lebensbild aus dem ewigen Leben und ein Spiegelbild für das zeitliche,* Basel 1881.

Wapler, Paul, *Johannes v. Hofmann. Ein Beitrag zur Geschichte der theologischen Grundprobleme, der kirchlichen und der politischen Bewegungen im 19. Jahrhundert,* Leipzig 1914.

Wehrmann, Leo (Hrsg.), *Aus dem Leben des Otto Wehrmann. Blätter der Erinnerung an das Werden des Deutschen Reiches,* Stuttgart-Berlin 1910.

Wendland, Walter, *Ludwig Ernst von Borowski, Erzbischof der evangelischen Kirche in Preußen* (= Schriften der Synodalkommission für ostpreußische Kirchengeschichte, H. 9), Königsberg i. Pr. 1910.

Winter, Friedrich Julius, *Karl Friedrich August Kahnis. Ein theologisches Lebens- und Charakterbild. Festschrift zur Feier des fünfzigjährigen Bestehens des theologischen Studentenvereins in Leipzig,* Leipzig 1896.

Zeitz, Karl, *Kriegserinnerungen eines Kriegsfreiwilligen aus den Jahren 1870 und 1871,* Altenburg 1895.

B Sekundärliteratur

1. Biographische und andere Nachschlagewerke

Allgemeine deutsche Biographie, Leipzig 1875 ff. (zitiert *ADB*).

Das Evangelische Kirchenlexikon, 3 Bde, Göttingen 1963 ff. (zitiert *EKL*).

Evangelisches Staatslexikon, 2. Aufl., Stuttgart 1975 (zitiert *EStL*).

Kirchliches Handlexikon, Leipzig 1887 ff.

Mommsen, Wolfgang A., *Die Nachlässe in den deutschen Archiven (mit Ergänzung aus anderen Beständen)*, Boppard am Rhein 1971.

Neue Deutsche Biographie, Berlin 1953 ff. (zitiert *NDB*).

Realencyklopädie für protestantische Theologie und Kirche, 3. Aufl., Leipzig 1893 ff. (zitiert *RE*).

Die Religion in Geschichte und Gegenwart, 2. Aufl., Tübingen 1927 ff. (zitiert *RGG*, 2. Aufl. . . .).

Die Religion in Geschichte und Gegenwart, 3. Aufl., Tübingen 1956 ff. (zitiert *RGG*, 3. Aufl. . . .).

Rothert, Wilhelm (Hrsg.), *Allgemeine hannoversche Biographie*, Bd. 1, Hannover 1912.

2. Gesamtdarstellungen, Aufsätze und Einzeluntersuchungen

Adam, Alfred, *Bekenntnisstand und Bekenntnisbindung im Bereich der deutschen Unionskirchen des 19. Jahrhunderts*, in: ZevKR 9 (1962/63), S. 178—200.

Adam, Alfred, *Die Nassauische Union von 1817*, in: *Jahrbuch der hessischen kirchengeschichtlichen Vereinigung* (= JKVHN) 1 (1949), S. 35—408.

Adam, Alfred, *Nationalkirche und Volkskirche im deutschen Protestantismus. Eine historische Studie*, Göttingen 1938.

Anrich, Gustav, *Die evangelische Kirche im Reichsland Elsaß-Lothringen nach Vergangenheit und Gegenwart*, Leipzig 1903.

Anschütz, Gerhard, *Die Verfassung-Urkunde für den preußischen Staat vom 31. 1. 1850. Ein Kommentar für Wissenschaft und Praxis. 1. T.: Einleitung. Vom Staatsgebiete und von den Rechten der Preußen*, Berlin 1912.

Bachem, Karl, *Vorgeschichte, Geschichte und Politik der deutschen Zentrumspartei*, 9 Bde, Köln 1926—1932.

Bachmann, Philipp, *J. Chr. K. v. Hofmanns Versöhnungslehre und der über sie geführte Streit. Ein Beitrag zur Geschichte der neueren Theologie* (= Beiträge zur Förderung christlicher Theologie 14,6), Gütersloh 1910.

Bade, Klaus J., *Friedrich Fabri und der Imperialismus in der Bismarckzeit: Revolution, Depression, Expansion*, Freiburg i. Brsg.-Zürich 1975.

Bammel, Ernst, *Die evangelische Kirche in der Kulturkampfaera. Eine Studie zu den Folgen des Kulturkampfes für Kirchentum, Kirchenrecht und Lehre von der Kirche*, Evang. Theol. Diss., Bonn 1949.

Bammel, Ernst, *Die Oktoberversammlung des Jahres 1871*, in: *. . . und fragten nach Jesus. Beiträge aus Theologie, Kirche und Geschichte. Festschrift für Ernst Barnikol zum 70. Geburtstag*, Berlin 1964, S. 251—268.

Bammel, Ernst, *Die Reichsgründung und der deutsche Protestantismus*, Erlangen 1973.

Barnikol, Ernst, *Willibald Beyschlag 1823—1900. Halles Jubiläumsrektor 1867 und 1894*, in: *250 Jahre Universität Halle. Streifzüge durch ihre Geschichte in Forschung und Lehre,* Halle 1944.

Bartels, Wolfgang, *Das presbyterial-synodale, das konsistoriale und das episkopale Element und ihre Verbindung in der neuen Verfassung für die evangelische Kirche der Alt-Preußischen Union,* Jur. Diss., Münster 1925.

Barth, Karl, *Die Möglichkeit einer Bekenntnis-Union,* München 1935.

Barth, Karl, *Die protestantische Theologie im 19. Jahrhundert. Ihre Vorgeschichte und ihre Geschichte,* 3. Aufl., Zürich 1960.

Baumgarten, Otto, *Bismarcks Religion,* Göttingen 1922.

Baumgarten, Otto, *Bismarcks Stellung zu Religion und Kirche zumeist nach eigenen Aeußerungen,* Tübingen 1900.

Becker, Josef, *Liberaler Staat und Kirche in der Ära von Reichsgründung und Kulturkampf. Geschichte und Strukturen ihres Verhältnisses in Baden 1860—1876,* Mainz 1973.

Beiträge zur schlesischen Kirchengeschichte. Gedenkschrift für Kurt Engelbert (= Forschungen und Quellen zur Kirchen- und Kulturgeschichte Ostdeutschlands, Bd. 6), Köln-Wien 1969.

Benn, Ernst Viktor, *Entwicklungsstufen des evangelischen Kirchenrechts im 19. Jahrhundert,* in: *ZevKR* 15 (1970), S. 2—19.

Benz, Ernst, *Bischofsamt und apostolische Sukzession im deutschen Protestantismus,* Stuttgart 1953.

Benz, Ernst, *Leibniz und die Wiedervereinigung der christlichen Kirchen,* in: *Zeitschrift für Religions- und Geistesgeschichte* 2 (1949/50), S. 97—113.

Berner, Ernst, *Kaiser Wilhelm des Großen Briefe, Reden und Schriften,* Bd. 2, Berlin 1906.

Berner, Max, *Das Kirchenregiment in der altpreußischen Landeskirche,* 2. Aufl., Berlin 1919.

Berner, Max, *Die rechtliche Natur des Deutschen Evangelischen Kirchenbundes,* Berlin 1930.

Besier, Gerhard, *Das kirchenpolitische Denken Friedrich Fabris auf dem Hintergrund der staatskirchlichen Geschehnisse im 19. Jahrhundert,* in: *Zeitschrift für bayrische Kirchengeschichte* 46 (1977), S. 173—238.

Besier, Gerhard, *Die preußische Kirchenpolitik 1866—1872,* Evang. Theol. Diss., Tübingen 1976.

Beyer, Hans, *Friedrich Fabri über Nationalstaat und kirchliche Eigenständigkeit, Mission und Imperialismus,* in: *Zeitschrift für bayrische Kirchengeschichte* 30 (1961), S. 70—97.

Beyer, Hans, *Grundlinien der lippischen Kirchenpolitik 1848—1854,* in: *Lippische Mitteilungen aus Geschichte und Landeskunde* 26 (1957), S. 171—209.

Beyer, Hans, *Heinrich Ewald (1803—1875) und die Entwicklung in Deutschland,* in: *Jahrbuch der Gesellschaft für niedersächsische Kirchengeschichte* 56 (1958), S. 150—183.

Beyer, Hans, *Kirchenverfassung und Sozialreform bei Th. Lohmann und E. F. Wyneken,* in: *Jahrbuch der Gesellschaft für niedersächsische Kirchengeschichte* 54 (1956), S. 114—156.

Bihlmeyer, Karl, *Kirchengeschichte,* 3. T.: *Die Neuzeit und die neueste Zeit,* 18. Aufl., Paderborn 1969.

Böhme, Helmut (Hrsg.), *Probleme der Reichsgründungszeit 1848—1879* (= Neue Wissenschaftliche Bibliothek 26: Geschichte), 2. Aufl., Köln-Berlin 1972.

Born, Karl Erich (Hrsg.), *Bismarck-Bibliographie. Quellen und Literatur zur Geschichte Bismarcks und seiner Zeit,* Köln-Berlin 1966.

Bornkamm, Heinrich, *Die Staatsidee im Kulturkampf,* Darmstadt 1969 (fotomech. Abdruck aus der *Historischen Zeitschrift* 170 [1950]).

Bosbach, Heinz, *Fürst Bismarck und die Kaiserin Augusta,* Phil. Diss., Köln 1936.

Brakelmann, Günter, *Das »Heilige evangelische Reich deutscher Nation«,* in: *Evangelische Kommentare* 4 (1971), S. 11—15. In ungekürzter Fassung: Brakelmann, Günter, *Der Krieg 1870/71 und die Reichsgründung im Urteil des Protestantismus,* in: Huber, Wolfgang/Schwerdtfeger, Johannes (Hrsg.), *Kirche zwischen Krieg und Frieden. Studien zur Geschichte des deutschen Protestantismus* (= Forschungen und Berichte der Evangelischen Studiengemeinschaft, im Auftrage des Wissenschaftlichen Kuratoriums hrsg. von Georg Picht, Hans Dombois und Heinz Eduard Tödt, Bd. 31), Stuttgart 1976, S. 293—320.

Brakelmann, Günter, *Die soziale Frage des 19. Jahrhunderts,* 3. Aufl., Witten 1966.

Brandenburg, Erich, *Von Bismarck zum Weltkrieg,* Leipzig 1939.

Braun, Theodor, *Zur Frage der engeren Vereinigung der deutschen evangelischen Landeskirchen,* Berlin 1902.

Braun, Walter, *Evangelische Parteien in historischer Darstellung und sozialwissenschaftlicher Beleuchtung,* Heidelberg 1939.

Bredt, Johann Victor, *Neues evangelisches Kirchenrecht für Preußen,* Bd. 1, Berlin 1921.

Bredt, Johann Victor, *Die Rechte des Summus Episcopus. Rechtsgutachten,* Berlin 1919.

Brilioth, Yngve, *The Anglican Revival. Studies in the Oxford Movement,* London 1925.

Brunstäd, Friedrich, *Theologie der lutherischen Bekenntnisschriften,* Gütersloh 1951.

Buchheim, Karl, *Geschichte der christlichen Parteien in Deutschland,* München 1953.

Buske, Thomas, *Thron und Altar. Die Rolle der Berliner Hofprediger im Zeitalter des Wilhelminismus,* Neustadt an der Aisch 1970.

Bussmann, Walter, *Das Zeitalter Bismarcks 1852—1890,* 4. Aufl., Frankfurt am Main 1968.

Christoph, Siegfried, *Hermann Wagener als Sozialpolitiker. Ein Beitrag zur Vorgeschichte der Ideen und Intentionen für die große deutsche Sozialgesetzgebung im 19. Jahrhundert,* Phil. Diss., Erlangen 1950.

Conze, Werner (Hrsg.), *Beiträge zur deutschen und belgischen Verfassungsgeschichte im 19. Jahrhundert,* Stuttgart 1967.

Damm, Richard, *Die General-Synode der preußischen Landeskirche, ihre Geschichte, Zusammensetzung und Zuständigkeit,* Berlin 1908.

Dechent, Hermann, *Kirchengeschichte von Frankfurt am Main seit der Reformation,* Bd. 2, Leipzig-Frankfurt am Main 1921.

Delius, Walter, *Probleme, die der evangelischen Kirche in den Kriegen 1864 und 1866 gestellt waren,* in: *Theologische Literaturzeitung* 89 (1964), S. 535—538.

Dickmann, Fritz, *Der Westfälische Frieden,* Münster/Westf. 1959.

Drews, Paul/Curtius, Friedrich/Friedrich, Julius, *Grundfragen der evangelischen Kirchenverfassung. Drei Vorträge,* gehalten in Darmstadt auf Veranlassung der Freien Landeskirchlichen Vereinigung für das Großherzogtum Hessen, Darmstadt 1911.

Eberhardt, Fritz, *Friedrich Wilhelm Hermann Wagener, die ideellen Grundlagen seines Konservatismus und Sozialismus,* Phil. Diss., Leipzig 1922.

Ebers, Godehard Josef, *Staat und Kirche im neuen Deutschland,* München 1930.

Ecke, Gustav, *Die theologische Schule Albrecht Ritschls und die evangelische Kirche der Gegenwart,* Bd. 2: *Die evangelischen Landeskirchen Deutschlands im neunzehnten Jahrhundert. Blicke in ihr inneres Leben,* Berlin 1904.

Ehler, Sidney, *Der Kulturkampf in Deutschland,* Essen 1962.

Eisfeld, Gerhard, *Die Entstehung der liberalen Parteien in Deutschland 1858—1870. Studie zu den Organisationen und Programmen der Liberalen und Demokraten*, Hannover 1969.

Elliger, Walter (Hrsg.), *Die evangelische Kirche der Union. Ihre Vorgeschichte und Geschichte*, Witten 1967.

Die Entwicklung der evangelischen Landeskirche der älteren Preußischen Provinzen seit der Errichtung des Evangelischen Oberkirchenrats, Berlin 1900.

Eppstein, Georg Freiherr v./Bornhak, Conrad, *Bismarcks Staatsrecht. Die Stellungnahme des Fürsten Otto von Bismarck zu den wichtigsten Fragen des Deutschen und Preußischen Staatsrechts*, Berlin 1923.

Faber, Karl Georg, *Die nationalistische Publizistik Deutschlands 1866 bis 1871*, Düsseldorf 1963.

Faber, Karl Georg, *Realpolitik als Ideologie. Die Bedeutung des Jahres 1866 für das politische Denken in Deutschland*, in: *Historische Zeitschrift* 203 (1966), S. 1—45.

Fagerberg, Holsten, *Bekenntnis, Kirche und Amt in der deutschen konfessionellen Theologie des 19. Jahrhunderts*, Uppsala 1952.

Fischer, Fritz, *Der deutsche Protestantismus und die Politik im 19. Jahrhundert*, in: *Historische Zeitschrift* 171 (1951), S. 473—518.

Fischer, Gerhard, *Die Altpreußische Union (1817—1834)*, in: *Blätter für Pfälzische Kirchengeschichte und religiöse Volkskunde* 35 (1968), S. 106—112.

Fleisch, Paul, *Für Kirche und Bekenntnis. Geschichte der Allgemeinen Evangelisch-Lutherischen Konferenz*, Berlin 1956.

Foerster, Erich, *Die Entstehung der Preußischen Landeskirche unter der Regierung König Friedrich Wilhelms des Dritten nach den Quellen erzählt. Ein Beitrag zur Geschichte der Kirchenbildung im deutschen Protestantismus*, 2 Bde, Tübingen 1905—1907.

Foerster, Erich, *Liberalismus und Kulturkampf*, in: *Zeitschrift für Kirchengeschichte*, Bd. 47, N. F. 10, Gotha 1928, S. 543—559.

Francke, Rudolf, *Kirchenverfassung und Vermögensverwaltung in Hessen-Kassel*, Hekkershausen 1930.

Francke, Rudolf, *Die kirchlichen Verfassungstreitigkeiten in Kurhessen und die Renitenz* (= Verein für kurhessische Kirchengeschichte, H. 1), Kassel 1914.

Franz, Georg, *Kulturkampf. Staat und katholische Kirche in Mitteleuropa von der Säkularisation bis zum Abschluß des preussischen Kulturkampfes*, München 1954.

Franzel, Emil, *1866. Il mondo casca. Das Ende des alten Europa*, 2 Bde, Wien-München 1968.

Fricke, Dieter (Hrsg.), *Die bürgerlichen Parteien in Deutschland. Handbuch der Geschichte der bürgerlichen Parteien und anderer bürgerlicher Interessenorganisationen vom Vormärz bis zum Jahre 1945*, 2 Bde, Leipzig 1968—1970.

Friedrich, Julius, *Kirchenrecht der evangelischen Kirche im Großherzogtum Hessen*, Bd. 1, Darmstadt 1914.

Friedrich, Otto, *Einführung in das Kirchenrecht unter besonderer Berücksichtigung des Rechts der Evangelischen Landeskirche in Baden*, Göttingen 1961.

Fuchs, Walther Peter (Hrsg.), *Staat und Kirche im Wandel der Jahrhunderte*, Stuttgart-Berlin-Köln 1966.

Gebhardt, Bruno, *Handbuch der deutschen Geschichte*, Bd. 3: *Von der Französischen Revolution bis zum ersten Weltkrieg*, 8. Aufl., Stuttgart 1960.

Geil, Heinz, *Die verfassungsrechtliche Entwicklung der Evangelisch-Lutherischen Landeskirche Schleswig-Holsteins in der preußischen Zeit bis zur Gegenwart*, Jur. Diss., Erlangen 1935.

Geppert, Walter, *Das Wesen der preußischen Union. Eine kirchengeschichtliche und konfessionskundliche Untersuchung*, Berlin 1939.

Gerdes, Hayo/Hirsch, Emanuel (Hrsg.), Friedrich Daniel Schleiermacher, *Kleine Schriften und Predigten,* Berlin 1969.

Göbell, Walter, *Die Entwicklung der Evangelischen Kirchenverfassung vom 18. bis zum 20. Jahrhundert* (= Kirchengeschichtliche Quellenhefte 17), Gladbeck 1966.

Göbell, Walter, *Die Rheinisch-westfälische Kirchenordnung vom 5. März 1835. Ihre geschichtliche Entwicklung und ihr theologischer Gehalt,* 2 Bde, Duisburg 1948—1954.

Goltz, Hermann Freiherr v. d., *Kirche und Staat. Eine akademische Vorlesung,* Berlin 1907.

Grane, Leif, *Die Confessio Augustana. Einführung in die Hauptgedanken der lutherischen Reformation,* Göttingen 1970.

Grant, John Webster (Hrsg.), *Die unierten Kirchen* (= Die Kirchen der Welt [Reihe A], Bd. 10), Stuttgart 1973.

Graue, Georg, *Bismarcks Stellung zu Religion und Kirche,* in: *Der Protestant. Evangelisches Gemeindeblatt,* 4. Jg., Berlin 1900, S. 870 ff.

Griewank, Karl, *Das Problem des christlichen Staatsmannes bei Bismarck,* Berlin 1953.

Grote, Heiner, *Sozialdemokratie und Religion. Eine Dokumentation für die Jahre 1863—1875,* Tübingen 1968.

Grünschlag, Fritz, *Die rechtliche Stellung der Nassauischen Landeskirche,* Jur. Diss., Erlangen 1916.

Gussmann, Wilhelm, *Der Zusammenschluß der deutschen evangelischen Landeskirchen,* Leipzig 1902.

Haenchen, Karl, *Zur revolutionären Unterwühlung Berlins vor den Märztagen des Jahres 1848,* in: *Forschungen zur Brandenburgischen und Preußischen Geschichte,* Bd. 55, Berlin 1943, S. 83—114.

Hammer, Karl, *Deutsche Kriegstheologie 1870—1918,* München 1971.

Hammer, Karl, *Weltmission und Kolonialismus. Sendungsideen des 19. Jahrhunderts im Konflikt,* München 1978.

Hartmann, Heinrich Ernst Otto, *Probleme des Polentums in Preußen zwischen 1815 und 1871. Das preußische Staatsgefüge, seine Gesetzgebung und die Nationalitätenfrage. Die rechtliche Stellung der polnischen Untertanen und ihre Konflikte mit der preußischen Staatsregierung,* Phil. Diss., Erlangen-Nürnberg 1973.

Hartung, Fritz, *Verantwortliche Regierung, Kabinette und Nebenregierungen im konstitutionellen Preußen 1848—1918,* in: *Forschungen zur Brandenburgischen und Preußischen Geschichte,* Bd. 44, München-Berlin 1932, S. 1—45, 302—373.

Hase, Karl v., *Geschichte der protestantischen Kirche im 19. Jahrhundert,* hrsg. von G. Krüger, Leipzig 1892.

Heckel, Johannes, *Cura religiones — Ius in sacra — Ius circa sacra,* 2. Aufl., Darmstadt 1962. (Unveränderter photomech. Abdruck aus der *Festschrift für Ulrich Stutz* [= Kirchenrechtliche Abhandlungen, H. 117/118 (1938)].)

Heckel, Johannes, *Ein Kirchenverfassungsentwurf Friedrich Wilhelms IV. von 1847,* in: *Gesammelte Aufsätze,* Wien 1964, S. 434 ff. (ebenfalls abgedruckt in der *Zeitschrift der Savigny-Stiftung für Rechtsgeschichte,* Bd. 43, Kanonistische Abteilung [1922], S. 444 ff.).

Heckel, Martin, *Zur Entwicklung des deutschen Staatskirchenrechts von der Reformation bis zur Schwelle der Weimarer Verfassung,* in: ZevKR 12 (1966/67), S. 1 ff.

Hederich, Michael, *Um die Freiheit der Kirche. Geschichte der Evangelischen Kirche in Kurhessen-Waldeck,* Kassel 1972.

Heer, Friedrich, *Europäische Geistesgeschichte,* 2. Aufl., Stuttgart 1965.

Heffter, Heinrich, *Die deutsche Selbstverwaltung im 19. Jahrhundert,* Stuttgart 1950.

Heffter, Heinrich, *Die Kreuzzeitungspartei,* Leipzig 1927.

Heintze, Johannes, *Die Grundlagen der heutigen preußischen Kirchenverfassung in ihren Vorstadien seit der Generalsynode von 1846,* Greifswald 1931.

Hermelink, Heinrich, *Das Christentum in der Menschheitsgeschichte,* 3 Bde, Tübingen 1951—1955.

Herrmann, Rudolf, *Thüringische Kirchengeschichte,* 2 Bde, Jena-Weimar 1937—1947.

Herzfeld, Hans (Hrsg.), *Berlin und die Provinz Brandenburg im 19. und 20. Jahrhundert* (= Veröffentlichungen der historischen Kommission zu Berlin beim Friedrich-Meinecke-Institut der Freien Universität Berlin, Bd. 25), Berlin 1968.

Hess, Ulrich, *Die Verwaltungsorganisation der Evangelischen Landeskirchen in Thüringen bis zur Gründung der Thüringer Evangelischen Kirche 1914,* in: *Aus zwölf Jahrhunderten. Einundzwanzig Beiträge zur thüringischen Kirchengeschichte* (= Thüringer kirchliche Studien 2), Berlin [DDR] 1974, S. 237—257.

Heussi, Karl, *Kompendium der Kirchengeschichte,* 12. Aufl., Tübingen 1960.

Heyden, Hellmuth, *Kirchengeschichte von Pommern, Bd. 2: Die evangelische Kirchengeschichte Pommerns in der Zeit von der Annahme der Reformation bis zur Gegenwart,* Stettin 1938.

Heyden, Hellmuth, *Verzeichnis von Büchern und Aufsätzen zur Kirchengeschichte Pommerns.* Mit einem Anhang: *Literatur zur Kultur-, Landes- und Stadtgeschichte,* Hannover 1952.

Hintze, Otto, *Die Epochen des evangelischen Kirchenregiments in Preußen,* in: *Geist und Epochen der preußischen Geschichte. Gesammelte Abhandlungen* Bd. 3, Leipzig 1943.

Hintze, Otto, *Das Preußische Staatsministerium im 19. Jahrhundert,* in: *Festschrift zu Gustav Schmollers 70. Geburtstag,* Leipzig 1908, S. 403—493.

Hirsch, Emanuel, *Geschichte der neueren evangelischen Theologie im Zusammenhang mit den allgemeinen Bewegungen des europäischen Denkens,* 5 Bde, 4. Aufl., Gütersloh 1968.

Hirsch, Emanuel, *Die Reich-Gottes-Begriffe des neueren europäischen Denkens. Ein Versuch zur Geschichte der Staats- und Gesellschaftsphilosophie,* Göttingen 1921.

Hirsch, Emanuel, *Staat und Kirche im 19. und 20. Jahrhundert,* Göttingen 1929.

Höfele, Karl Heinrich, *Königgrätz und die Deutschen von 1866,* in: *Geschichte in Wissenschaft und Unterricht,* 1966, S. 393—416.

Hoenen, Richard, *Die Freien evangelischen Gemeinden in Deutschland,* Tübingen 1930.

Hoffet, Fritz, *Das Reformierte Kirchenrecht in Elsaß-Lothringen und seine wichtigsten Urkunden,* Straßburg 1909.

Holl, Karl, *Die Bedeutung der großen Kriege für das religiöse und kirchliche Leben innerhalb des deutschen Protestantismus,* Tübingen 1917.

Holstein, Günther, *Die Grundlagen des evangelischen Kirchenrechts,* Tübingen 1928.

Hubatsch, Walther, *Die Geschichte der evangelischen Kirche in Ostpreußen,* 3 Bde, Göttingen 1968.

Huber, Wolfgang, *Kirche und Öffentlichkeit,* Stuttgart 1973.

Hüttenrauch, H., *Der Evangelische Bund. Sein Werden, Wachsen und Wirken,* Hamburg 1911.

150 Jahre Evangelisches Konsistorium (Evangelische Kirche Berlin-Brandenburg). Reden von H. Ranke, K. Kupisch und Hagemeyer, Berlin 1967.

Jedele, Eugen, *Die kirchenpolitischen Anschauungen des Ernst Ludwig v. Gerlach,* Phil. Diss., Tübingen 1910.

Kahlenberg, Friedrich P., *Preußen und die Annexionen des Jahres 1866. Nationalstaat und Selbstverwaltung während des Übergangsjahres in Kurhessen*, in: *Hessisches Jahrbuch für Landesgeschichte* 16 (1966), S. 165—214.

Kantzenbach, Friedrich Wilhelm, *Die Erlanger Theologie. Grundlinien ihrer Entwicklung im Rahmen der Geschichte der Theologischen Fakultät 1743—1877*, München 1960.

Kantzenbach, Friedrich Wilhelm, *Evangelische Frömmigkeit und Theologie im 19. Jahrhundert* (= Kirchengeschichtliche Quellenhefte, H. 18), Gladbeck 1967.

Kantzenbach, Friedrich Wilhelm, *Gestalten und Typen des Neuluthertums. Beiträge zur Erforschung des Neukonfessionalismus im 19. Jahrhundert*, Gütersloh 1968.

Kantzenbach, Friedrich Wilhelm, *Programme der Theologie. Denker, Schulen, Wirkungen. Von Schleiermacher bis Moltmann*, München 1978.

Kantzenbach, Friedrich Wilhelm, *Zwischen Erweckung und Restauration. Einige Kapitel aus der unbekannten Kirchengeschichte des 19. Jahrhunderts*, Gladbeck 1967.

Kars, Hans, *Kanzler und Kirche. Bismarcks grundsätzliche Einstellung zu den Kirchen während des Kulturkampfes*, Gießen 1934.

Kattenbusch, Ferdinand, *Die deutsche evangelische Theologie seit Schleiermacher. Ihre Leistungen und ihre Schäden*, 5. Aufl., Gießen 1926.

Kawerau, Peter, *Die ökumenische Idee seit der Reformation*, Stuttgart 1968.

Kiefl, Franz Xaver, *Leibniz und die religiöse Wiedervereinigung Deutschlands. Seine Verhandlungen mit Bossuet und europäischen Fürstenhöfen über die Versöhnung der christlichen Konfessionen*, 2., wesentl. umgearb. Aufl., Regensburg 1925.

Kirche und Staat im 19. und 20. Jahrhundert. Vorträge — Aufsätze — Gutachten (= Veröffentlichungen der Arbeitsgemeinschaft für das Archiv- und Bibliothekswesen in der evangelischen Kirche 7), Neustadt 1968.

Kißling, Johannes Baptist, *Geschichte des Kulturkampfes im Deutschen Reiche*, 3 Bde, Freiburg 1911.

Kiunke, Martin, *Johann Gottfried Scheibel und sein Ringen um die Kirche der lutherischen Reformation*, Phil. Diss, Erlangen 1941.

Kramer, Wolfgang, *Ernst Wilhelm Hengstenberg, die Evangelische Kirchenzeitung und der theologische Rationalismus*, Evang. Theol. Diss., Erlangen-Nürnberg 1972.

Kriege, Anneliese, *Geschichte der Evangelischen Kirchen-Zeitung unter der Redaktion Ernst-Wilhelm Hengstenbergs (vom 1. Juli 1827 bis zum 1. Juni 1869)*, Evang. Theol. Diss., Bonn 1958.

Kropat, Wolf-Arno, *Die nassauischen Liberalen und Bismarcks Politik in den Jahren 1866—1867. Die Reaktion der Fortschrittspartei und der Bevölkerung in Nassau auf die preussische Annexion, besonders im Spiegel der Reichstagswahlen vom 12. 2. und 31. 8. 1867*, in: *Hessisches Jahrbuch für Landesgeschichte* 16 (1966), S. 215—296.

Krüger, Uwe, *Das Prinzip der Trennung von Staat und Kirche in Deutschland*, in: *Festschrift für Erwin Jacobi aus Anlaß der fünfzigsten Wiederkehr seiner Promotion an der Juristenfakultät zu Leipzig*, Berlin [DDR] 1957, S. 260—286.

Kübel, Johannes, *Evangelisches Kirchenrecht für Frankfurt am Main*, Frankfurt 1932.

Kupisch, Karl, *Christlich-kirchliches Leben in den letzten hundert Jahren*, in: *Berlin und die Provinz Brandenburg im 19. und 20. Jahrhundert* (= Veröffentlichungen der Historischen Kommission zu Berlin beim Friedrich-Meinecke-Institut der Freien Universität Berlin, Bd. 25: Geschichte von Brandenburg und Berlin, Bd. 3), Berlin 1968, S. 479—513.

Kupisch, Karl, *Die deutschen Landeskirchen im 19. und 20. Jahrhundert*, Göttingen 1966.

Kupisch, Karl, *Der Staatsmann und die Kirche*, in: *Theologia Viatorum IV. Jahrbuch der Kirchlichen Hochschule Berlin*, Berlin 1952, S. 274—303.

Kupisch, Karl, *Tradition und Gegenwart. Grundzüge und Probleme der deutschen Geschichte*, Bd. 2: *Der Staat*, Berlin-Stuttgart 1965.

Kupisch, Karl, *Zwischen Idealismus und Massendemokratie*, 4. Aufl., Berlin 1963.

Lange, Karl, *Bismarck und die norddeutschen Kleinstaaten im Jahre 1866*, Berlin 1930.

Leffler, Werner, *Ursachen und Anfänge der Deutsch-Hannoverschen (welfischen) Bewegung 1866—1870*, Phil. Diss., Rostock 1932.

Lenz, Max, *Bismarcks Religion. Kleine historische Schriften*, München-Berlin 1910.

Lindt, Andreas, *Protestanten — Katholiken — Kulturkampf. Studien zur Kirchen- und Geistesgeschichte des neunzehnten Jahrhunderts*, Zürich 1963.

Link, Christoph, *Die Grundlagen der Kirchenverfassung im lutherischen Konfessionalismus des 19. Jahrhunderts insbesondere bei Theodosius Harnack*, München 1966.

Linneborn, Johannes, *Kirche und Staat in Preußen*, in: *Staatslexikon.* Im Auftrag der Görres-Gesellschaft unter Mitwirkung zahlreicher Fachleute hrsg. von Hermann Sacher, Bd. 3, Freiburg i. Brsg. 1929, Sp. 181—228.

Ludwig, Karl, *Bismarcks Glaubensleben*, Berlin 1919.

Lüdicke, Reinhard, *Die Preußischen Kultusminister und ihre Beamten im 1. Jahrhundert des Ministeriums. 1817—1917*, Stuttgart-Berlin 1918.

Mahrenholz, Ernst Gottfried, *Die Kirchen in der Gesellschaft der BRD*, 2. Aufl., Hannover 1972.

Mann, Golo, *Deutsche Geschichte des 19. und 20. Jahrhunderts*, Frankfurt am Main 1958.

Marcks, Erich, *Der Aufstieg des Reiches. Deutsche Geschichte von 1807—1871/78*, Bd. 2, Stuttgart-Berlin 1936.

Marcks, Erich, *Fürst Bismarcks Gedanken und Erinnerungen. Versuch einer kritischen Würdigung*, Berlin 1899.

Marsch, Wolf-Dieter, *Institution im Übergang. Evangelische Kirche zwischen Tradition und Reform*, Göttingen 1970.

Marsson, Richard, *Die preußische Union. Eine kirchenrechtliche Untersuchung*, Berlin 1923.

Maurer, Wilhelm, *Bekenntnis und Recht in der kurhessischen Kirche des 19. Jahrhunderts*, in: *ZThK* NF 18 (1937), S. 112—131.

Mehnert, Gottfried, *Die Kirche in Schleswig-Holstein. Eine Kirchengeschichte im Abriß*, Kiel 1960.

Mehnert, Gottfried, *Programme evangelischer Kirchenzeitungen im 19. Jahrhundert*, Witten 1972.

Meyer, Philipp, *Hannover und der Zusammenschluß der deutschen evangelischen Landeskirchen im 19. Jahrhundert. Zugleich ein Beitrag zur Geschichte der kirchlichen deutschen Einheitsbewegung* (= Forschungen zur Geschichte Niedersachsens, Bd. 1 H. 3), Hannover-Leipzig 1906.

Michaelis, Otto, *Grenzlandkirche. Eine evangelische Kirchengeschichte Elsaß-Lothringens, 1870—1918*, Essen 1934.

Mogk, Walter, *Paul Rohrbach und das »Größere Deutschland«. Ethischer Imperialismus im Wilhelminischen Zeitalter. Ein Beitrag zur Geschichte des Kulturprotestantismus*, München 1973.

Mommsen, Wilhelm, *Deutsche Parteiprogramme*, 2. Aufl., München 1960.

Morsey, Rudolf, *Die oberste Reichsverwaltung unter Bismarck 1867—1890*, Münster 1957.

Morsey, Rudolf, *Probleme der Kulturkampfforschung*, in: *Historisches Jahrbuch* 89 (1964), S. 217—245.

Muralt, Leonhard v., *Bismarcks Verantwortlichkeit*, Göttingen 1955.

Neumeyer, Heinz, *Bibliographie zur Kirchengeschichte von Danzig und Westpreußen,* Rautenberg 1967.

Niedner, Johannes, *Die Ausgaben des preußischen Staats für die evangelische Landeskirche der älteren Provinzen. Ein Beitrag zur Geschichte der evangelischen Kirchenverfassung in Preussen,* Stuttgart 1904.

Niedner, Johannes, *Grundzüge der Verwaltungsorganisation der altpreußischen Landeskirche* (= *Verwaltungsarchiv,* Bd. 11), Berlin 1903, S. 1—127.

Nigg, Walter, *Geschichte des religiösen Liberalismus. Entstehung, Blütezeit, Ausklang,* Zürich-Leipzig 1937.

Nippold, Friedrich, *Handbuch der neuesten Kirchengeschichte,* Bd. 5: *Geschichte der Kirche im deutschen Protestantismus des neunzehnten Jahrhunderts,* Leipzig 1906.

Nobbe, Stephan, *Der Einfluß religiöser Überzeugung auf die politische Ideenwelt Leopold von Gerlachs,* Phil. Diss., Erlangen-Nürnberg 1970.

Nürnberger, Richard, *Kirche und Staat in Deutschland während des 19. Jahrhunderts,* in: *Beiträge zur deutschen und belgischen Verfassungsgeschichte im 19. Jahrhundert,* Stuttgart 1967, S. 26—37.

Oncken, Hermann, *Ein Freund Bismarcks: Graf Alexander Keyserling,* in: *Historisch-politische Aufsätze und Reden,* Bd. 2, München-Berlin 1914, S. 93—117.

Pett, Ernst, *Thron und Altar in Berlin. 18 Kapitel Berliner Kirchengeschichte,* Berlin 1971.

Philipp, Wolfgang (Hrsg.), *Der Protestantismus im 19. und 20. Jahrhundert,* Bremen 1965.

Pöls, Werner (Hrsg.), *Deutsche Sozialgeschichte. Dokumente und Skizzen,* Bd. 1, München 1973.

Rabe, Hans, *Die staatsrechtliche Stellung des Reichskanzlers des Deutschen Reichs in den Jahren 1871 bis 1945,* Jur. Diss., Hamburg 1970.

Rädisch, Wolfgang, *Die Evangelisch-lutherische Landeskirche Hannovers und der preußische Staat 1866—1885* (= Veröffentlichungen der Historischen Kommission für Niedersachsen, Bd. 25: Niedersachsen und Preußen, H. 10), Hildesheim 1972.

Rassow, Peter (Hrsg.), *Deutsche Geschichte im Überblick. Ein Handbuch,* 3. Aufl., Stuttgart 1973.

Rein, Gustav Adolf, *Die Revolution in der Politik Bismarcks,* Göttingen 1957.

Rendtoff, Franz Martin, *Zur Entstehungsgeschichte der schleswig-holsteinischen Landeskirche,* in: *Schriften des Vereins für schleswig-holsteinische Kirchengeschichte,* Reihe 2, Bd. 5, H. 1, Kiel 1910—1913, S. 72—87.

Rieker, Karl, *Die Krisis des landesherrlichen Kirchenregiments in Preußen 1848—1850 und ihre kirchenrechtliche Bedeutung,* in: *Deutsche Zeitschrift für Kirchenrecht,* 3. F., Bd. 10 (1901), S. 160.

Rieker, Karl, *Die rechtliche Stellung der evangelischen Kirche Deutschlands in ihrer geschichtlichen Entwicklung bis zur Gegenwart,* Leipzig 1893.

Rieker, Karl, *Sinn und Bedeutung des landesherrlichen Kirchenregimentes. Vortrag,* gehalten auf der Landespastoralkonferenz zu Klosterlausnitz, Leipzig 1902.

Riemann, Paul, *Das Ende der renitenten Kirche,* Kassel 1973.

Ritter, Gerhard, *Die preußischen Konservativen in der Krisis von 1866,* Phil. Diss., Heidelberg 1912.

Ritter, Gerhard, *Die preußischen Konservativen und Bismarcks deutsche Politik 1858 bis 1876,* Heidelberg 1913.

Rosseeu, Annelies, *Zur Theologie und Kirchenpolitik am Preußischen Hof 1768—1850. Dargestellt an den Hofpredigern Sack, Eylert und Strauß,* Phil. Diss., Göttingen 1957.

Rosskopf, Christian, *Staat und Kirche des 19. und 20. Jahrhunderts im Spiegel verfassungsrechtlicher Zeugnisse,* in: *Blätter für pfälzische Kirchengeschichte und religiöse Volkskunde* 35 (1968), S. 46—91.

Rothenbücher, Karl, *Die Trennung von Staat und Kirche,* München 1908.

Rothfels, Hans, *Bismarck. Vorträge und Abhandlungen,* Stuttgart-Berlin-Köln-Mainz 1970.

Rudolph, Hartmut, *Das evangelische Militärkirchenwesen in Preußen,* Göttingen 1973.

Ruhbach, Gerhard, *Kirchenunionen im 19. Jahrhundert* (= Texte zur Kirchen- und Theologiegeschichte, H. 6), 2. Aufl., Gütersloh 1967.

Ruhbach, Gerhard, *Die Religionspolitik Friedrich Wilhelms III. von Preußen,* in: *Bleibendes im Wandel der Kirchengeschichte. Kirchenhistorische Studien.* Hrsg. von B. Moeller und G. Ruhbach, Tübingen 1973, S. 307 ff.

Saile, Wolfgang, *Hermann Wagener und sein Verhältnis zu Bismarck. Ein Beitrag zur Geschichte des konservativen Sozialismus,* Tübingen 1958.

Salomon, Ludwig, *Geschichte des deutschen Zeitungswesens von den ersten Anfängen bis zur Wiederaufrichtung des Deutschen Reiches,* Bd. 3, Oldenburg-Leipzig 1906.

Sasse, Hermann, *Union und Bekenntnis,* München 1936.

Sasse, Hermann, *Was heißt lutherisch?,* 2. Aufl., München 1936.

Satlow, Bernt, *Wilhelm I. als »summus episcopus« der altpreußischen Landeskirche: Persönlichkeit, Frömmigkeit, Kirchenpolitik,* Evang. Theol. Diss., Halle 1960.

Schaper, Ewald, *Die geistespolitischen Voraussetzungen der Kirchenpolitik Friedrich Wilhelms IV. von Preußen,* Stuttgart 1938.

Scheffler, Karl, *Bismarck. Eine Studie,* Leipzig 1919.

Scheuermann, Andomar, *Die Exemtion nach geltendem kirchlichen Recht mit einem Überblick über die geschichtliche Entwicklung* (= Görres-Gesellschaft. Veröffentlichungen der Sektion für Rechts- und Staatswissenschaft 77), Paderborn 1938.

Schian, Martin, *Das kirchliche Leben der evangelischen Kirche der Provinz Schlesien,* Tübingen-Leipzig 1903.

Schieder, Theodor/Deuerlein, Ernst (Hrsg.), *Reichsgründung 1870/71. Tatsachen — Kontroversen — Interpretationen,* Stuttgart 1970.

Schiele, Friedrich Michael, *Die kirchliche Einigung des evangelischen Deutschland im 19. Jahrhundert,* Tübingen 1908.

Schlink, Edmund, *Theologie der lutherischen Bekenntnisschriften,* München 1940.

Schlosser, Heinrich, *Festschrift zur Hundertjahrfeier der Union in Nassau,* Herborn 1917.

Schmidt, Eberhard, *Rechtsentwicklung in Preußen.* Mit einem Nachwort zum unveränderten Neudruck (der 2. Aufl., Berlin 1929), Darmstadt 1961.

Schmidt, Eugen, *Geschichte des Religionsunterrichts in der evangelischen Volksschule im 19. Jahrhundert,* Stuttgart 1925.

Schmidt, Kurt Dietrich, *Grundriß der Kirchengeschichte,* 5. Aufl., Göttingen 1967.

Schmidt, Kurt Dietrich, *Staat und evangelische Kirche seit der Reformation,* Göttingen 1947.

Schmidt, Martin, *Die innere Einheit der Erweckungsbewegung im Übergangsstadium zum lutherischen Konfessionalismus,* in: *ThLZ* 74 (1949), Sp. 18—28.

Schmidt-Clausen, Kurt, *Vorweggenommene Einheit. Die Gründung des Bistums Jerusalem im Jahre 1841* (= Arbeiten zur Geschichte und Theologie des Luthertums, Bd. 15), Berlin-Hamburg 1965.

Schmidt-Volkmar, Erich, *Der Kulturkampf in Deutschland 1871—1890,* Göttingen 1962.

Schnabel, Franz, *Deutsche Geschichte im 19. Jahrhundert,* Bd. 8: *Die protestantischen Kirchen in Deutschland,* Freiburg i. Brsg. 1965.

Schneemelcher, Wilhelm, *Carl Immanuel Nitzsch (1787—1868)*, in: *150 Jahre Rheinische Friedrich-Wilhelms-Universität zu Bonn 1818—1868* (= Bonner Gelehrte Beiträge zur Geschichte der Wissenschaften in Bonn. Evangelische Theologie), Bonn 1968, S. 15—30.

Schoen, Paul, *Das evangelische Kirchenrecht in Preußen*, 2 Bde, Berlin 1903—1910.

Schoen, Paul, *Das Landeskirchenthum in Preußen*, Berlin 1898.

Schoeps, Hans-Joachim, *Das Andere Preußen. Konservative Gestalten und Probleme im Zeitalter Friedrich Wilhelms IV.*, 3. Aufl., Berlin 1964.

Schoeps, Hans-Joachim, *Der Christliche Staat im Zeitalter der Restauration*, in: *Staat und Kirche im Wandel der Jahrhunderte*, hrsg. von W. P. Fuchs, Stuttgart-Berlin-Köln-Mainz 1966, S. 146—165.

Schoeps, Hans-Joachim, *Preußen. Geschichte eines Staates*, 8. Aufl., Berlin 1968.

Schoeps, Hans-Joachim, *Der Weg ins Deutsche Kaiserreich*, Berlin 1970.

Scholder, Klaus, *Neuere deutsche Geschichte und protestantische Theologie*, in: *Evangelische Theologie* 23 (1963), S. 510—536.

Scholle, Joseph, *Thüringische Kirchengeschichte*, 2., erw. Aufl., Heiligenstadt 1951.

Schünemann, Werner, *Die Synodalverfassung der evangelisch-lutherischen Landeskirche Hannovers*, Jur. Diss., Göttingen 1926.

Schulte, Engelbert, *Die Stellung der Konservativen zum Kulturkampf 1870—1878*, Phil. Diss., Köln 1959.

Schwemer, Richard, *Geschichte der Freien Stadt Frankfurt a. M. (1814—1866)*, Bd. 3, T. 2, Frankfurt am Main 1918.

Seeberg, Reinhold, *Das Christentum Bismarcks* (= Zeit- und Streitfragen zur Aufklärung der Gebildeten 10, 6), Berlin 1915.

Seeberg, Reinhold, *Die Kirche Deutschlands im Neunzehnten Jahrhundert. Eine Einführung in die religiösen, theologischen und kirchlichen Fragen der Gegenwart*, 2. Aufl., Leipzig 1904.

Seesemann, Otto, *Die Theologische Fakultät der Universität Dorpat 1802—1918*, in: Reinhard Wittram (Hrsg.), *Baltische Kirchengeschichte. Beiträge zur Geschichte der Missionierung und der Reformation der evangelisch-lutherischen Landeskirche und des Volkskirchenthums in den baltischen Landen*, Göttingen 1956, S. 206—219.

Sehling, Emil, *Geschichte der protestantischen Kirchenverfassung* (= Grundriss der Geschichtswissenschaft, Reihe 2, Abt. 8), 2. Aufl., Leipzig-Berlin 1914.

Smend, Rudolf, *Zur neueren Bedeutungsgeschichte der evangelischen Synode*, in: *ZevKR* 10 (1963/64), S. 248 ff.

Soden, Hans v., *Bismarcks Glaube*, Stuttgart-Berlin 1915.

Söhngen, Oskar (Hrsg.), *Hundert Jahre Evangelischer Oberkirchenrat der altpreußischen Union 1850—1950*, Berlin 1950.

Spielmann, Christian, *Geschichte von Nassau (Land und Haus) von den ältesten Zeiten bis zur Gegenwart in drei Teilen*, Wiesbaden 1910—1912.

Steiner, R., *Pearsall Smith in Wuppertal*, in: *Monatshefte für Evangelische Kirchengeschichte des Rheinlandes* 22 (1973), S. 195—228.

Steitz, Heinrich, *Geschichte der Evangelischen Kirche in Hessen und Nassau*, Bd. 3 u. 4, Marburg 1965—1971.

Stephan, Horst/Schmidt, Martin, *Geschichte der deutschen evangelischen Theologie seit dem deutschen Idealismus*, 2. Aufl., Berlin 1960.

Stephan, Horst/Leube, Hans, *Handbuch der Kirchengeschichte für Studierende*, 4. T.: *Die Neuzeit*, 2. Aufl., Tübingen 1931.

Sternberger, Dolf, *Panorama oder Ansichten vom 19. Jahrhundert,* Frankfurt-Berlin 1974.

Stiewe, Martin, *Das Unionsverständnis Friedrich Schleiermachers. Der Protestantismus als Konfession in der Glaubenslehre,* Witten 1969.

Streich, Hans, *Der rechtliche Charakter der Synoden in der evangelischen Landeskirche Preußens, insbesondere im Vergleich zu dem von Landtag und Stadtverordnetenversammlung,* Jur. Diss., Breslau 1910.

Strenge, Karl Friedrich v./Rudloff, Georg/Claus, Friedrich, *Die Grundsätze des Kirchenrechts der evangelischen Landeskirchen der Herzogtümer Sachsen-Coburg und Gotha,* Gotha 1908.

Stupperich, Robert, *Die Auflösung der preußischen Kirchenverfassung im Jahre 1808 und ihre Folgen,* in: *Jahrbuch für brandenburgische Kirchengeschichte* 33 (1938), S. 114—122.

Stupperich, Robert, *Die Preußische Union in der Krise des Jahres 1867,* in: *Blätter für pfälzische Kirchengeschichte und religiöse Volkskunde* 35 (1968), S. 159—171.

Sybel, Heinrich v., *Die Begründung des Deutschen Reiches durch Wilhelm I. Vornehmlich nach den preußischen Staatsacten,* 7 Bde, 3. Aufl., München-Berlin 1913.

Syben, Friedrich, *Preußische Anekdoten nach Memoiren und Biographien erzählt,* Berlin 1939.

Thadden, Rudolf v., *Die brandenburgisch-preussischen Hofprediger im 17. und 18. Jahrhundert. Ein Beitrag zur Geschichte der absolutistischen Staatsgesellschaft in Brandenburg-Preussen* (= Arbeiten zur Kirchengeschichte 32), Berlin 1959.

Theimer, Walter, *Geschichte der politischen Ideen,* 2. Aufl., Bern 1955.

Theinert, Hans, *Ein Beitrag zur rechtlichen Kennzeichnung der Konsistorial-Synodalverfassung der altpreussischen evangelischen Landeskirche,* Jur. Diss., Göttingen 1906.

Tiesmeyer, L., *Die Erweckungsbewegung in Deutschland während des 19. Jahrhunderts,* 4 Bde, Kassel 1901—1912.

Treitschke, Heinrich v., *Deutsche Geschichte im Neunzehnten Jahrhundert,* 5 Bde, Leipzig 1928.

Uhlhorn, Gerhard, *Hannoversche Kirchengeschichte in übersichtlicher Darstellung,* Stuttgart 1902.

Vossler, Otto, *Bismarcks Ethos,* in: *Historische Zeitschrift* 171 (1951), S. 269 ff.; 282 ff.

Wahl, Adalbert, *Deutsche Geschichte. Von der Reichsgründung bis zum Ausbruch des Weltkrieges (1871—1914),* Bd. 2, Stuttgart 1929.

Wahl, Adalbert, *Vom Bismarck der 70er Jahre,* Tübingen 1920.

Weber, Dieter, *Die Lehre vom Rechtsstaat bei Otto Bähr und Rudolf v. Gneist,* Jur. Diss., Köln 1968.

Wendland, Walter, *Bismarcks Stellung zum Christentum und zur evangelischen Kirche,* in: *Beiblatt zur Zeitschrift des Vereins für die Geschichte Berlins* (N. F. des »Nachrichtenblattes«) (1943), Nr. 2.

Wendland, Walter, *Die Entstehung des Evangelischen Oberkirchenrates,* in: *Jahrbuch für brandenburgische Kirchengeschichte* 28 (1933), S. 3—30.

Wendland, Walter, *Die Religiosität und die kirchenpolitischen Grundsätze Friedrich Wilhelms des Dritten in ihrer Bedeutung für die Geschichte der kirchlichen Restauration* (= Studien zur Geschichte des neueren Protestantismus 5), Gießen 1909.

Wendland, Walter, *Siebenhundert Jahre Kirchengeschichte Berlins* (= Berlinische Forschungen 3), Berlin-Leipzig 1930.

Wendland, Walter, *Zur reaktionären Gesinnung R. Fr. Eylerts,* in: *Jahrbuch für brandenburgische Kirchengeschichte* 9/10 (1913), S. 403—406.

Wendland, Walter, *Schwierigkeiten der Durchführung der Union von 1817,* in: *Jahrbuch für brandenburgische Kirchengeschichte* 16 (1918), S. 94—101.

Wentzcke, Paul, *Der deutschen Einheit Schicksalsland. Elsass-Lothringen und das Reich im neunzehnten und zwanzigsten Jahrhundert. Geschichtliche und politische Untersuchungen zur großen rheinischen Frage,* München 1921.

Wentzcke, Paul (Hrsg.), *Deutscher Staat und deutsche Parteien. Beiträge zur deutschen Partei- und Ideengeschichte. Friedrich Meinecke zum 60. Geburtstag dargebracht.* In Gemeinschaft mit Hermann Bächthold, Hans Fraenkel, Siegfried Kaehler u. a., München-Berlin 1922.

Westphal, Otto, *Die Welt- und Staatsauffassung des deutschen Liberalismus. Eine Untersuchung über die Preussischen Jahrbücher und den konstitutionellen Liberalismus in Deutschland von 1858—1863* (= Historische Bibliothek, Bd. 44), München 1919.

Weth, Gustav, *Die Heilsgeschichte. Ihr universeller und ihr individueller Sinn in der offenbarungsgeschichtlichen Theologie des 19. Jahrhunderts,* München 1931.

Wicke, Karl, *Die hessische Renitenz, ihre Geschichte und ihr Sinn,* Kassel 1930.

Winkelmann, Erich, *Die Kämpfe um Bekenntnis und Verfassung in der evangelischen Landeskirche von Hessen-Darmstadt (1848—1878). Ein Beitrag zur Kirchengeschichte des 19. Jahrhunderts,* in: *Jahrbuch der hessischen kirchengeschichtlichen Vereinigung (JKVHN)* 5 (1954), S. 66 ff.

Wolf, Günter, *Rudolf Kögels Kirchenpolitik und sein Einfluß auf den Kulturkampf,* Evang. Theol. Diss., Bonn 1968.

Wolgast, Ernst, *Schleswig-Holsteinische Kirchenverfassung in Vergangenheit und Gegenwart. Betrachtungen aus Anlaß der schleswig-holsteinischen verfassungsgebenden Landeskirchenversammlung 1921,* Kiel 1922.

(Zahn, Adolph), *Die Kirchenpolitik der Hohenzollern. Von einem Deutschen,* Frankfurt am Main 1906.

Zechlin, Egmont, *Die Reichsgründung* (= Deutsche Geschichte 3/2. Ereignisse und Probleme, hrsg. von Walther Hubatsch), 3., erg. Aufl., Frankfurt am Main-Berlin-Wien 1978.

Zeller, Hermann v., *Die Berliner Kirchenkonferenz 1846 — ein Grundstein zum Deutschen Evangelischen Kirchenbund,* in: *Blätter für württembergische Kirchengeschichte* NF 34 (1930), S. 1—84.

Zilleßen, Horst, *Protestantismus und politische Form. Eine Untersuchung zum protestantischen Verfassungsverständnis,* Gütersloh 1971.

Zilleßen, Horst, *Volk — Nation — Vaterland. Der deutsche Protestantismus und der Nationalismus,* Gütersloh 1970.

Zimmermann, Wilhelm, *Die Entstehung der provinziellen Selbstverwaltung in Preußen 1848—1875,* Berlin 1932.

PERSONENREGISTER

Adolf, Herzog von Nassau 385

Ahlfeld, Johann Friedrich, Pfarrer an der St. Nikolaikirche in Leipzig 199

Altenstein, Karl von, preußischer Staatsmann, Kultusminister (1817—1838) 12, 17, 22, 24

Altmann, Albrecht, Stadtrichter in Berlin 111 f.

Andrae-Roman, Alexander, Rittergutsbesitzer in Pommern 463 Anm.

Andresen, Schuldirektor und Mitglied der schleswig-holsteinischen Provinzialsynode 422

Appuhn, Konsistorialrat in Sachsen (preuß. Provinz) 327 f.

Arndt, Superintendent in Wernigerode 139

Arnim, Harry Graf von, preußischer Diplomat 500

Arnim, Hermann Graf von, Regierungsrat im preußischen Staatsministerium 504

Augusta, Königin von Preußen und deutsche Kaiserin 467, 470, 477, 483, 527, 532

Bammel, Ernst, apl. Professor für Neues Testament in Erlangen und Lecturer in Cambridge 1, 254 Anm.

Baumgarten, Michael, Professor der Theologie in Rostock 126 Anm., 182, 191 f., 207

Baumgarten, Otto, Professor für praktische Theologie in Jena und Kiel 464

Bauer, Edgar, Redakteur der schleswig-holsteinischen »Kirchlichen Blätter« 413

Baur, Gustav Adolf Ludwig, Professor für Theologie und Universitätsprediger in Leipzig 177

Beck, G. von der, Konsistorialrat a. D. in Hannover 349, 355

Becker, Appelationsgerichtspräsident in Insterburg/Preußen 294

Becker, Stadtrat und Präses der schlesischen Gustav-Adolf-Stiftung 316 f.

Bening, Mitglied des Preußischen Landtages 274

Bennigsen, Rudolf von, nationalliberaler Politiker, Mitglied des Preußischen Landtages, 48, 185 Anm., 352 Anm.

Berger, Superintendent in Neundorf/Kurhessen 367 Anm., 372

Bernhardi, Mitglied der hessischen Landessynode 372

Besser, Wilhelm Friedrich, Pfarrer in Waldenburg/Schlesien und Mitglied des lutherischen Oberkirchenkollegiums in Breslau 514 f.

Bethmann-Hollweg, Moritz August von, preußischer Politiker, Kultusminister (1858—1862) 33, 40, 172 ff., 176 f., 304 f., 486

Bethusy-Huc, Eduard Georg Graf von, preußischer Politiker und Gutsbesitzer 276

Beurmann, Freiherr von, Oberpräsident a. D. und Mitglied der sächsischen Provinzialsynode 327

Beyschlag, Willibald, Professor für Theologie in Halle an der Saale 80 ff., 86, 88, 103, 105, 126, 135 Anm., 173, 180 Anm., 252 Anm., 327, 330 f., 334, 338, 466, 496, 499; 509 f., 519

Bieck, Mitglied des Preußischen Landtages 273 ff., 283

Bismarck, Bernhard von, Gutsbesitzer in Pommern, älterer Bruder Otto von Bismarcks 494

Bismarck, Otto Fürst von 4, 6, 40, 42, 69, 70, 146 Anm., 150, 182, 184 Anm., 200 Anm., 210, 241 ff., 246 f., 278 Anm., 279, 339 f., 343, 358, 375 f., 395, 424, 427, 431 ff., 440, 447, 452, 458, 462 ff., 479, 484 f.,

Münkel, K. K., Pfarrer in Oiste bei Verden 139 f., 141, 227 f.

Napoleon I. 9 f.

Nathusius, Marie von, geb. Scheele, Volksschriftstellerin, Gründerin des »Lindenhof« 130 Anm.

Nathusius, Philipp Engelhard von, Herausgeber des »Volksblatt für Stadt und Land« 130 Anm., 135 Anm., 486 Anm.

Neander, Daniel Amadeus, Generalsuperintendent der Provinz Brandenburg und Konsistorialdirektor, Bischof und Mitglied des Staatsrats 121 f.

Nebe, August, Professor am theologischen Seminar und Pfarrer in Herborn, Pfarrer in Roßleben (Prov. Sachsen) (1879) 113 ff.

Neelsen, Propst in Plön/Schleswig-Holstein 408, 413, 422

Neidhardt, Pfarrer in Hechingen (Württemberg) 129

Neumann, Superintendent in Preußen 11 Anm.

Nicolovius, Leiter der Sektion für Kultus im preußischen Innenministerium 10, 20

Niebuhr, Marcus, preußischer Kabinettsrat 34 Anm.

Niemann, Eduard, Generalsuperintendent von Calenberg/Hannover 214

Nippold, Friedrich, Professor für Kirchengeschichte in Heidelberg 2, 6, 7, 82, 86, 252 Anm., 391 ff., 464 Anm., 470 f., 482, 510, 525

Nitzsch, Karl Immanuel, Professor für systematische Theologie in Bonn und Berlin 30, 39, 81, 121 f., 128, 170 Anm., 262

Nöldechen, Wilhelm, Konsistorialpräsident der Kirchenprovinz Sachsen 41, 140 f., 147 ff., 256, 259 f., 264 f., 332 f.

Oetker, A., Mitglied des preußischen Abgeordnetenhauses 274, 375

Oettingen, Alexander von, Professor für systematische Theologie in Dorpat 200

Offelsmeyer, preußischer Feldpropst 20 Anm.

Otto, Wilhelm, Seminardirektor in Herborn 142, 382

Patow, Erasmus Robert, Freiherr von, Staatsminister a. D. und Mitglied der brandenburgischen Provinzialsynode, Oberpräsident von Sachsen (1873—1881) 302 f.

Persius, Pfarrer in Berlin 478 Anm.

Petersdorff, Herman von, Königlicher Archivar und Schriftsteller 489

Petri, Ludwig Adolf, erster Prediger an der Kreuzkirche in Hannover 203

Pfaff, Christian, Pfarrer in Hadeln/Hannover 349

Pfaff, J. G., Inspektor in Hersfeld 362

Pfeiffer, Pfarrer in Fraustadt/Posen 325

Philipp der Großmütige, Landgraf von Hessen, 357 Anm.

Philippi, Friedrich Adolf, Professor der Theologie in Dorpat und Rostock 228, 239

Pius, IX., Papst (1846—1878) 517

Plötz, Freiherr von, Vorsitzender der Konservativen Fraktion im preußischen Parlament 489

Pöls, Werner, Professor für Geschichte an der Technischen Universität Braunschweig 464 Anm.

Prittwitz, von, Oberregierungsrat in Wiesbaden, Vorsitzender des nassauischen Konsistoriums 386, 390 ff., 401

Qeen, Freiherr von, Mitglied der preußischen Provinzialsynode 296

Räbiger, Julius Ferdinand, Professor der Theologie in Breslau 319 ff.

Rauch, Gustav von, preußischer Generaladjutant 34 Anm.

Rasch, Stadtdirektor von Hannover 349

Raumer, Karl Otto von, preußischer Kultusminister (1850—1858) 35 f., 38, 393

Redlich, Superintendent in Ratibor/Schlesien 316

Reichhelm, Konsistorialrat in Brandenburg 299, 301, 304

ORTSREGISTER

SACHREGISTER

VERÖFFENTLICHUNGEN DER HISTORISCHEN KOMMISSION ZU BERLIN

Band 45

Quellen zur Ketzergeschichte Brandenburgs und Pommerns

Gesammelt, herausgegeben und eingeleitet von Dietrich Kurze
Groß-Oktav. XII, 390 Seiten. Mit 1 Faltkarte und 1 Tafel. 1975.
Ganzleinen DM 98,—
(Quellenwerke, Band 6)

Band 46

Industrialisierung und „Europäische Wirtschaft" im 19. Jahrhundert

Ein Tagungsbericht

Bearbeitet und herausgegeben von Otto Büsch, Wolfram Fischer, Hans Herzfeld
in Verbindung mit Stefi Jersch-Wenzel, Hermann J. Rupieper, Monika Wölk,
Wolfgang Wölk

Mit Beiträgen von François Crouzet, Yehuda Don, Susan Fairlie, Wolfram Fischer,
R. Max Hartwell, Eric J. Hobsbawn, Jürgen Kocka, Wolfgang Köllmann,
David Landes, Peter Lundgreen, Alan S. Milward, Thomas Nipperdey,
Douglass C. North, William N. Parker, Hans Pohl, Sidney Pollard,
Henryk Skrzypczak, Alice Teichova, Brinley Thomas, Wilhelm Treue
Groß-Oktav. XIV, 148 Seiten. 1976. Ganzleinen DM 58,—
(Publikationen zur Geschichte der Industrialisierung, Band 5)

Band 47

HSI-HUEY LIANG

Die Berliner Polizei in der Weimarer Republik

Aus dem Amerikanischen übersetzt von Brigitte und Wolfgang Behn
Groß-Oktav. XX, 232 Seiten und 3 Seiten mit Karten. 1977.
Ganzleinen DM 68,—

Band 48

Humanismus und Naturrecht in Berlin/Brandenburg/Preußen

Ein Tagungsbericht

In Verbindung mit Otto Büsch, Stefi Jersch-Wenzel, Wilhelm Treue
Herausgegeben von Hans Thieme

Mit Beiträgen von Peter Baumgart, Otto Büsch, Pio Caroni, Horst Denzer,
Alfred Dufour, Frédéric Hartweg, Stefi Jersch-Wenzel, Margarete Kühn,
Ulrich von Lübtow, Horst Möller, Gerhard Oestreich, Hinrich Rüping, Günter Scheel,
Martin Schmidt, Hans-Peter Schneider, Julius H. Schoeps, Eberhard Günter Schulz,
Ditlev Tamm, Hans Thieme, Marcel Thomann, Wilhelm Treue, Dietmar Willoweit
Groß-Oktav. XVIII, 250 Seiten. 1979. Ganzleinen DM 98,—

WALTER DE GRUYTER · BERLIN · NEW YORK